DICCIONARIO

ESPAÑOL-PORTUGUÉS PORTUGUÉS-ESPAÑOL

Marta 26 marzo
8:00pm

AGATA

© 2000, Editorial ÁGATA
C/ San Rafael, 4
28108 Alcobendas (Madrid)
Tel.: (34) 91 657 25 80
Fax: (34) 91 657 25 83
e-mail: libsa@libsa.es

Coordinación lingüística:
Miriam Lopes / Almudena Valero

ISBN: 84-8238-362-0
Depósito Legal: M-27797-00

Impreso en España / *Printed in Spain*

Parte I

ESPAÑOL-PORTUGUÉS

A

a.- *(a)* prep. primeira letra do alfabeto espanhol; indica direcção, tempo, modo.

ábaco.- *(abako)* s. ábaco, tabuleiro.

abad.- *(abad)* s. abade, cura, pároco.

abadesa.- *(abadesa)* s. abadessa, prelada.

abadía.- *(abadia)* s. abadia, mosteiro.

abajo.- *(abajo)* adv. embaixo, abaixo.

abalanzar.- *(abalanzar)* v. abalançar, balancear.

abalorio.- *(abalorio)* s. avelórios, contas de vidro.

abanderado.- *(abanderado)* s. porta-bandeira.

abandonado.- *(abandonado)* adj. abandonado, descuidado.

abandonar.- *(abandonar)* v. abandonar, desamparar, renunciar.

abandono.- *(abandono)* s. abandono, negligência.

abanicar.- *(abanikar)* v. abanicar, abanar com leque.

abanico.- *(abaniko)* s. abanico, leque.

abaratar.- *(abaratar)* v. abaratar, baratear, baixar o preço.

abarca.- *(abarka)* s. abarca, tamanco, calçado rústico.

abarcar.- *(abarkar)* v. abarcar, abranger, alcançar, cingir.

abarrancarse.- *(abarrankarse)* v. embarrancar, encalhar.

abarrotado.- *(abarrotado)* adj. abarrotado, cheio.

abarrotar.- *(abarrotar)* v. abarrotar, encher completamente.

abastecedor.- *(abastezedor)* adj. abastecedor, que abastece.

abastecer.- *(abastezer)* v. abastecer, fornecer, prover.

abastecimiento.- *(abastezimiento)* s. abastecimento, aprovisionamento.

abasto.- *(abasto)* s. abasto, provisão de comestíveis.

abate.- (abate) *s.* eclesiástico de ordens menores, minorista.

abatimiento.- *(abatimiento)* s. abatimento, prostração, fraqueza, desalento.

abatir.- *(abatir)* v. abater, derrubar, baixar, descer.

abdicar.- *(abdikar)* v. abdicar, renunciar.

abdomen.- *(abdomen)* s. abdome.

abdominal.- *(abdominal)* adj. abdominal.

abecedario.- *(abezedario)* s. alfabeto, cartilha, lista por ordem alfabética.

abedul.- *(abedul)* s. bétula, álamo branco.

abeja.- *(abeja)* s. abelha, trabalhador esperto.

abejorro.- *(abejorro)* s. besouro.

aberración.- *(aberrazion)* s. aberração, desvio.

abertura.- *(abertura)* s. abertura, fenda, orifício, greta.

abeto.- *(abeto)* s. abeto.

abiertamente.- *(abiertamente)* adv. abertamente, francamente.

abierto.- *(abierto)* adj. aberto, franco, sincero, dilatado.

abigarrado.- *(abigarrado)* adj. matizado, em diversas cores.

abismar.- *(abismar)* v. abismar, guardar, ocultar.

abismo.- *(abismo)* s. abismo, precipício, despenhadeiro.

abjurar.- *(abjurar)* v. abjurar, renunciar.

ablación.- *(ablazion)* s. ablação, extirpação.

ablandar.- *(ablandar)* v. abrandar, amolecer, suavizar, moderar.

ablución.- *(abluzion)* s. ablução, lavagem.

abnegación.- *(abnegazion)* s. abnegação, renúncia.

abnegado.- *(abnegado)* adj. abnegado.

abocado.- *(abokado)* adj. abocado, delicado, agradável.

abocar.- *(abokar)* v. abocar, apanhar com a boca, embocar, aproximar.

abochornar.- *(abochornar)* v. abafar com calor.

abofetear.- *(abofetear)* v. esbofetear, esmurrar, dar bofetadas.

abogacía.- *(abogazia)* s. advocacia.

abogado.- *(abogado)* s. advogado, magistrado.

abogar.- *(abogar)* v. advogar, defender.

abolengo.- *(abolengo)* s. avoengo, relativo aos avós, linhagem.

abolición.- *(abolizion)* s. abolição, anulação, extinção.

abolir.- *(abolir)* v. abolir, revogar, suprimir, anular, cessar.

abolladura.- *(abolladura)* s. amolgadura.

abollar.- *(abollar)* v. amolgar, amassar.

abominable.- *(abominable)* adj. abominável, detestável.

abominación.- *(abominazion)* s. abominação.

abominar.- *(abominar)* v. abominar, condenar, maldizer.

abonar.- *(abonar)* v. abonar, afiançar, garantir, creditar.

abono.- *(abono)* s. abono, subscrição, assinatura.

abordaje.- *(abordaje)* s. abordagem, abalroamento.

abordar.- *(abordar)* v. abordar, aproximar, atracar.

aborigen.- *(aborijen)* adj. aborígene, nativo.

aborrecer.- *(aborrezer)* v. aborrecer, detestar, odiar, desagradar.

aborrecimiento.- *(aborrezimiento)* s. aborrecimento, tédio, antipatia.

abortar.- *(abortar)* v. abortar, falhar, fracassar.

aborto.- *(aborto)* s. aborto, frustração.

abotonar.- *(abotonar)* v. abotoar.

abovedar.- *(abobedar)* v. abobadar, dar forma de abóbada.

abrasador.- *(abrasador)* adj. abrasador, ardente, candente.

abrasar.- *(abrasar)* v. abrasar, queimar, incendiar, arder.

abrasivo.- *(abrasibo)* s. abrasivo.

abrazadera.- *(abrazadera)* s. abraçadeira, argola, colchete.

abrazar.- *(abrazar)* v. abraçar, cingir, cercar.

abrazo.- *(abrazo)* s. abraço.

abrelatas.- *(abrelatas)* s. abridor de latas.

abrevadero.- *(abrebadero)* s. bebedouro ou bebedoiro.

abrevar.- *(abrebar)* v. abrevar, regar.

abreviar.- *(abrebiar)* v. abreviar, encurtar, resumir, apressar.

abreviatura.- *(abrebiatura)* s. abreviatura.

abrigar.- *(abrigar)* v. abrigar, resguardar, proteger, amparar, recolher, defender.

abrigo.- *(abrigo)* s. abrigo, agasalho, sobretudo, amparo, asilo, acolhida.

abril.- *(abril)* s. abril.

abrillantar.- *(abrillantar)* v. abrilhantar, dar brilho, lustrar.

abrir.- *(abrir)* v. abrir, destampar, desdobrar, desenrolar, separar, inaugurar.

abrochar.- *(abrochar)* v. abrochar.

abrogar.- *(abrogar)* v. abrogar, revogar, abolir, anular.

abrojo.- *(abrojo)* s. abrolho.

abrumar.- *(abrumar)* v. abrumar, afligir, oprimir, esmagar, aborrecer.

abrupto.- *(abrupto)* adj. abrupto, escarpado, íngreme, inacessível.

absceso.- *(abszeso)* s. abscesso.

ábside.- *(abside)* s. abside.

absolución.- *(absoluzion)* s. absolvição.

absolutamente.- *(absolutamente)* adv. absolutamente.

absolutismo.- *(absolutismo)* s. absolutismo.

absoluto.- *(absoluto)* adj. absoluto, independente, incondicional, autoritário.

absolver.- *(absolber)* v. absolver, perdoar, indultar, amnistiar.

absorber.- *(absorber)* v. absorver, aspirar, sorver, tragar, engolir.

absorción.- *(absorzion)* s. absorção, impregnação.

absorto.- *(absorto)* adj. absorto, distraído, contemplativo, extasiado.

abstención.- *(abstenzion)* s. abstenção, abstinência, privação.

abstemio.- *(abstemio)* adj. abstémio.

abstenerse.- *(abstenerse)* v. abster-se, privar-se.

abstinencia.- *(abstinenzia)* s. abstinência, privação.

abstracto.- *(abstrakto)* adj. abstracto, alheio, irreal.

abstraer.- *(abstraer)* v. abstrair, separar, prescindir.

absuelto.- *(absuelto)* adj. absolto.

absurdo.- *(absurdo)* adj. absurdo, disparatado, fantástico, incrível.

abuchear.- *(abuchear)* v. assobiar, apitar, silvar.

abucheo.- *(abucheo)* s. troça.

abuelo.- *(abuelo)* s. avô, ancião, velho.

abulia.- *(abulia)* s. abulia, falta de vontade.

abúlico.- *(abuliko)* adj. abúlico, apático.

abultar.- *(abultar)* v. avultar, aumentar, engrossar.

abundancia.- *(abundanzia)* v. abundância, fartura, abastança, opulência.

abundante.- *(abundante)* adj. abundante, farto, copioso, opulento.

aburrido.- *(aburrido)* adj. aborrecido, enfadonho, chato, tedioso.

aburrimiento.- *(aburrimiento)* s. aborrecimento, tédio, chateação, fastio.

aburrir.- *(aburrir)* v. aborrecer, cansar, molestar.

abusar.- *(abusar)* v. abusar, estuprar, violentar sexualmente, faltar à confiança.

abuso.- *(abuso)* s. abuso, violência, desordem, excesso.

abusón.- *(abuson)* adj. abusador.

abyecto.- *(abyekto)* adj. abjecto, vil, desprezível, indigno.

acá.- *(aka)* adv. aqui, cá.

acabado.- *(akabado)* adj. acabado, concluído, terminado, arruinado, perfeito.

acabar.- *(akabar)* v. acabar, concluir, terminar, destruir, gastar.

acacia.- *(akazia)* s. acácia.

academia.- *(akademia)* s. academia.

académico.- *(akademiko)* adj. académico, referente ao ensino universitário.

acaecer.- *(akaezer)* v. acontecer, suceder, ocorrer.

acallar.- *(akallar)* v. aplacar, sossegar, fazer calar.

acalorado.- *(akalorado)* adj. acalorado, ardente, vivo, fogoso.

acalorar.- *(akalorar)* v. acalorar, aquecer, animar, excitar, inflamar, entusiasmar.

acampar.- *(akampar)* v. acampar.

acanalar.- *(akanalar)* v. acanalar, abrir canais.

acantilado.- *(akantilado)* adj. alcantilado, escarpado.

acanto.- *(akanto)* s. acanto.

acaparador.- *(akaparador)* adj. açambarcador.

acaparar.- *(akaparar)* v. açambarcar, monopolizar.

acaramelado.- *(akaramelado)* adj. doce, requintado, coberto de açúcar.

acaramelar.- *(akaramelar)* v. acaramelar, caramelizar.

acariciar.- *(akariziar)* v. acariciar, afagar, mimar.
acarrear.- *(akarrear)* v. conduzir, transportar.
acarreo.- *(akarreo)* s. acarreio, transporte em carro.
acartonarse.- *(akartonarse)* v. acartonar-se.
acaso.- *(akaso)* s. acaso, casualidade. / adv. por acaso, tal vez.
acatar.- *(akatar)* v. acatar, respeitar, aguardar.
acatarrarse.- *(akatarrarse)* v. resfriar-se.
acaudalado.- *(akaudalado)* adj. rico, abastado.
acaudillar.- *(akaudillar)* v. acaudilhar, capitanear, guiar.
acceder.- *(akzeder)* v. aceder, consentir, anuir, assentir, concordar.
accesible.- *(akzesible)* adj. acessível.
acceso.- *(akzeso)* s. acesso, entrada, ingresso.
accesorio.- *(akzesorio)* adj. acessório, secundário.
accidental.- *(akzidental)* adj. acidental, casual, imprevisto, eventual.
accidente.- *(akzidente)* s. acidente, incidente, casualidade, peripécia, desastre.
acción.- *(akzion)* s. acção, ato, feito, atitude.
accionar.- *(akzionar)* v. accionar, ligar.
accionista.- *(akzionista)* s. accionista.
acebo.- *(azebo)* s. azevinho.
acechar.- *(azechar)* v. espreitar, observar, espiar.
acecho.- *(azecho)* s. espreita.
acedera.- *(azedera)* s. azedeira.
acéfalo.- *(azefalo)* adj. acéfalo, que não tem cabeça.
aceite.- *(azeite)* s. azeite, óleo.
aceitera.- *(azeitera)* s. azeiteira.
aceitoso.- *(azeitoso)* adj. azeitado, gorduroso, oleoso.
aceituna.- *(azeituna)* s. azeitona, fruto de oliveira.
aceitunado.- *(azeitunado)* adj. azeitonado, verde-oliva.
aceleración.- *(azelerazion)* s. aceleração, aquecimento.
acelerador.- *(azelerador)* adj. acelerador.
acelerar.- *(azelerar)* v. acelerar, apressar, antecipar, activar, instigar.
acelga.- *(azelga)* s. acelga.
acémila.- *(azemila)* s. azémola, cavalgadura.
acento.- *(azento)* s. acento, tom de voz, entonação, timbre, sotaque.
acentuar.- *(azentuar)* v. acentuar, realçar, salientar.
acepción.- *(azepzion)* s. acepção, sentido.
aceptable.- *(azeptable)* adj. aceitável, admissível.
aceptación.- *(azeptazion)* s. aceitação, acolhida, aprovação.
aceptar.- *(azeptar)* v. aceitar, receber, admitir, aprovar.
acequia.- *(azekia)* s. acéquia, açude.
acera.- *(azera)* s. passeio, calçada para pedestres.
acerado.- *(azerado)* adj. acerado.
acerbo.- *(azerbo)* adj. acerbo, áspero.
acerca.- *(azerka)* adv. sobre, a respeito de.
acercar.- *(azerkar)* v. acercar, aproximar, chegar perto.
acería.- *(azeria)* s. aceria, aciaria.
acero.- *(azero)* s. aço.
acérrimo.- *(azerrimo)* adj. acérrimo, forte.
acertado.- *(azertado)* adj. acertado, avisado.
acertar.- *(azertar)* v. acertar, igualar, coincidir.
acertijo.- *(azertijo)* s. adivinhação, enigma.
acervo.- *(azerbo)* s. acervo, cúmulo.
acetileno.- *(azetileno)* s. acetileno.
achacar.- *(achakar)* v. achacar, atribuir, imputar, inculpar.
achacoso.- *(achakoso)* adj. achacoso, que tem achaques.
achantarse.- *(achantarse)* v. ter medo, ocultar-se.
achaque.- *(achake)* s. achaque, indisposição, doença.
achatar.- *(achatar)* v. achatar, amassar.
achicar.- *(achikar)* v. diminuir, encurtar, reduzir.
achicoria.- *(achikoria)* s. chicória.
achicharrar.- *(achicharrar)* v. torrar, crestar, tostar.
achispado.- *(achispado)* adj. embriagado.
achisparse.- *(achisparse)* v. embriagar-se.
achuchar.- *(achuchar)* v. apertar, esmagar, incitar.
achuchón.- *(achuchon)* s. empurrão.
achuras.- *(achuras)* s. intestinos.
aciago.- *(aziago)* adj. aziago, infausto, de mau agouro.
acicalar.- *(azikalar)* v. açacalar, polir.
acicate.- *(azikate)* s. acicate, incentivo.
acidez.- *(azidez)* s. acidez.
ácido.- *(azido)* adj. ácido, azedo.
acierto.- *(azierto)* s. acerto, ajuste.
aclamación.- *(aklamazion)* s. aclamação, aplausos, glorificação.
aclamar.- *(aklamar)* v. aclamar, aplaudir, glorificar.
aclaración.- *(aklarazion)* s. aclaração, esclarecimento.
aclarar.- *(aklarar)* v. aclarar, esclarecer, explicar.
aclimatar.- *(aklimatar)* v. aclimatar, climatizar.
acobardar.- *(akobardar)* v. acovardar, amedrontar, assustar, atemorizar.
acodarse.- *(akodarse)* v. apoiar os cotovelos sobre alguma coisa.
acogedor.- *(akojedor)* adj. acolhedor, hospitaleiro, receptivo.
acoger.- *(akojer)* v. acolher.
acogida.- *(akojida)* s. acolhida, recepção.
acogotar.- *(akogotar)* v. matar com uma pancada na nuca.
acólito.- *(akolito)* s. acólito.
acometer.- *(akometer)* v. acometer, atacar, invadir.
acometida.- *(akometida)* s. acometida, acometimento.
acomodado.- *(akomodado)* adj. acomodado, apto, oportuno, rico.

acariciar.- *(akomodador)* adj. acomodador.
acomodar.- *(akomodar)* v. acomodar, adaptar, ajustar, adequar, dispor.
acomodo.- *(akomodo)* s. emprego, cargo.
acompañamiento.- *(akompañamiento)* s. acompanhamento, cortejo, séquito.
acompañante.- *(akompañante)* s. acompanhante, companhia.
acompañar.- *(akompañar)* v. acompanhar, seguir, escoltar.
acompasar.- *(akompasar)* v. compassar.
acondicionar.- *(akondizionar)* v. acondicionar, condicionar, embalar.
acongojar.- *(akongojar)* v. angustiar, afligir, inquietar, oprimir, entristecer.
aconsejable.- *(akonsejable)* adj. aconselhável, recomendável.
aconsejar.- *(akonsejar)* v. aconselhar, guiar, recomendar.
acontecer.- *(akontezer)* v. acontecer, suceder, ocorrer.
acontecimiento.- *(akontezimiento)* s. acontecimento.
acopiar.- *(akopiar)* v. aprovisionar, juntar.
acopio.- *(akopio)* s. juntar grande quantidade.
acoplar.- *(akoplar)* v. acoplar, juntar, unir.
acoquinar.- *(akokinar)* v. acovardar, intimidar.
acorazado.- *(akorazado)* s. encouraçado, couraçado, blindado.
acordar.- *(akordar)* v. acordar, concordar, conciliar.
acorde.- *(akorde)* adj. acorde, conforme.
acordeón.- *(akordeon)* s. acordeão, harmónica.
acordonar.- *(akordonar)* v. acordoar.
acorralar.- *(akorralar)* v. encurralar.
acortar.- *(akortar)* v. encurtar, reduzir.
acosar.- *(akosar)* v. acossar, perseguir.
acoso.- *(akoso)* s. acossamento.
acostar.- *(akostar)* v. deitar, encostar, atracar.
acostumbrar.- *(akostumbrar)* v. acostumar, habituar.
acotar.- *(akotar)* v. cotar, demarcar, delimitar.
acre.- *(akre)* s. acre, medida agrária, azedo, picante.
acrecentar.- *(akrezentar)* v. acrescentar, aumentar, adicionar, juntar.
acreditar.- *(akreditar)* v. acreditar, creditar, abonar.
acreedor.- *(akreedor)* adj. credor, merecedor.
acribillar.- *(akribillar)* v. fazer muitos furos, crivar.
acrisolar.- *(akrisolar)* v. acrisolar, purificar no crisol, apurar.
acritud.- *(akritud)* s. acritude.
acrobacia.- *(akrobazia)* s. acrobacia.
acróbata.- *(akrobata)* s. acrobata.
acrópolis.- *(akropolis)* s. acrópole.
acta.- *(akta)* s. ata, registro.
actitud.- *(aktitud)* v. atitude, postura, pose.
activar.- *(aktibar)* v. activar, impulsionar, despertar, excitar.
actividad.- *(aktibidad)* s. actividade, pressa, dinamismo, vivacidade.
activo.- *(aktibo)* adj. activo, ágil, diligente, animado.
acto.- *(akto)* s. ato, feito, acção.
actor.- *(aktor)* s. actor, artista.
actriz.- *(aktriz)* s. actriz, artista.
actuación.- *(aktuazion)* s. actuação, funcionamento.
actual.- *(aktual)* adj. actual, efectivo, real, corrente, presente.
actualidad.- *(aktualidad)* s. actualidade, oportunidade.
actualizar.- *(aktualizar)* v. actualizar, modernizar, realizar.
actualmente.- *(aktualmente)* adv. actualmente.
actuar.- *(aktuar)* v. actuar.
acuarela.- *(akuarela)* s. aquarela.
acuario.- *(akuario)* s. aquário.
acuartelar.- *(akuartelar)* v. aquartelar, alojar.
acuático.- *(akuatiko)* adj. aquático.
acuchillar.- *(akuchillar)* v. esfaquear.
acuciar.- *(akuziar)* v. estimular, aguçar, induzir, incentivar.
acudir.- *(akudir)* v. acudir, socorrer, atender, acorrer.
acueducto.- *(akuedukto)* s. aqueduto.
acuerdo.- *(akuerdo)* s. acordo, contrato, ajuste, convénio.
acumulador.- *(akumulador)* s. acumulador.
acumular.- *(akumular)* v. acumular, reunir, juntar, aglomerar.
acunar.- *(akunar)* v. embalar, balançar uma criança no berço.
acuñar.- *(akuñar)* v. cunhar, meter cunhas.
acuoso.- *(akuoso)* adj. aquoso.
acurrucarse.- *(akurrukarse)* v. acocorar-se, encolher-se.
acusación.- *(akusazion)* s. acusação, incriminação.
acusado.- *(akusado)* adj. acusado.
acusador.- *(akusador)* adj. acusador, que acusa.
acusar.- *(akusar)* v. acusar, culpar, incriminar.
acústica.- *(akustika)* s. acústica.
adagio.- *(adajio)* s. adágio, ditado, sentença, aforismo.
adalid.- *(adalid)* s. chefe, caudilho.
adán.- *(adan)* s. adão, homem sujo, apático, negligente.
adaptable.- *(adaptable)* adj. adaptável.
adaptación.- *(adaptazion)* s. adaptação.
adaptar.- *(adaptar)* v. adaptar, ajustar, moldar.
adecentar.- *(adezentar)* v. arrumar, assear.
adecuado.- *(adekuado)* adj. adequado, conveniente, apropriado.
adecuar.- *(adekuar)* v. adequar, ajustar, igualar, convir.
adefesio.- *(adefesio)* s. extravagância.

adelantado.- *(adelantado)* adj. adiantado, antecipado.
adelantar.- *(adelantar)* v. adiantar, acelerar.
adelante.- *(adelante)* adv. adiante.
adelanto.- *(adelanto)* s. adiantamento, melhoria.
adelgazar.- *(adelgazar)* v. emagrecer, adelgaçar.
ademán.- *(ademan)* s. ademã, gesto, trejeito.
además.- *(ademas)* adj. ademais, demais, além disso.
adentro.- *(adentro)* adv. adentro, dentro, interiormente.
adepto.- *(adepto)* adj. adepto, partidário.
aderezar.- *(aderezar)* v. adereçar, enfeitar, compor.
aderezo.- *(aderezo)* s. adereço, enfeite, aparelho, tempero, condimento.
adeudar.- *(adeudar)* v. endividar, dever.
adherirse.- *(aderirse)* v. aderir, anuir, vincular, ligar.
adhesión.- *(adesion)* s. adesão, acordo, união, ligação.
adhesivo.- *(adesibo)* adj. adesivo, aderente.
adicción.- *(adikzion)* s. adicção, dependência.
adición.- *(adizion)* s. adição, acréscimo, adiantamento, aumento.
adicto.- *(adikto)* adj. adepto, apegado, dedicado, propenso.
adiestramiento.- *(adiestramiento)* s. adestramento, treino, exercício.
adiestrar.- *(adiestrar)* v. adestrar, treinar, exercitar.
adinerado.- *(adinerado)* adj. endinheirado, rico.
adiós.- *(adios)* s. adeus.
adiposo.- *(adiposo)* adj. adiposo, gorduroso.
adivinanza.- *(adibinanza)* s. adivinhação, enigma.
adivinar.- *(adibinar)* v. adivinhar, predizer, profetizar.
adivino.- *(adibino)* s. adivinho, profeta.
adjetivo.- *(adjetibo)* s. adjectivo.
adjudicación.- *(adjudikazion)* s. adjudicação.
adjudicar.- *(adjudikar)* v. adjudicar, declarar judicialmente.
adjuntar.- *(adjuntar)* v. juntar, unir, agregar, associar.
adjunto.- *(adjunto)* adj. adjunto, unido, junto, anexo.
administración.- *(administrazion)* s. administração, gerência, direcção.
administrador.- *(administrador)* s. administrador, gerente, director.
administrar.- *(administrar)* v. administrar, gerenciar, conduzir, conferir.
admirable.- *(admirable)* adj. admirável, digno de admiração.
admirablemente.- *(admirablemente)* adv. admiravelmente.
admiración.- *(admirazion)* s. admiração, entusiasmo, arroubo, espanto, assombro.
admirador.- *(admirador)* s. admirador, entusiasta, apaixonado.
admirar.- (admirar) *v.* admirar, contemplar, apreciar.
admisión.- *(admision)* s. admissão, ingresso, iniciação, entrada.
admitir.- *(admitir)* v. admitir, receber, consentir, concordar, permitir, aceitar.
adobar.- *(adobar)* v. temperar, condimentar, adubar.
adobe.- *(adobe)* s. adobe, tijolo cru, adobo.
adobo.- *(adobo)* s. adobo, tempero, adubo, reparo.
adocenado.- *(adozenado)* adj. vulgar.
adoctrinar.- *(adoctrinar)* v. doutrinar, educar.
adolecer.- *(adolezer)* v. adoecer, sofrer.
adolescencia.- *(adoleszenzia)* s. adolescência.
adolescente.- *(adoleszente)* adj. adolescente
adonde.- *(adonde)* adv. aonde, para onde.
adopción.- *(adopzion)* s. adopção, aceitação, perfilhação.
adoptar.- *(adoptar)* v. adoptar, aceitar, abraçar, perfilhar.
adoptivo.- *(adoptibo)* adj. adoptivo, adoptado.
adoquín.- *(adokin)* s. paralelepípedo, pedra, macadame.
adoquinar.- *(adokinar)* v. empedrar.
adorable.- *(adorable)* adj. adorável, encantador, estimável.
adoración.- *(adorazion)* s. adoração, veneração, estima.
adorar.- *(adorar)* v. adorar, prestar culto, amar apaixonadamente, reverenciar.
adormecer.- *(adormezer)* v. adormecer, acalentar, entorpecer.
adornar.- *(adornar)* v. adornar, enfeitar, decorar, ornamentar, embelezar.
adorno.- *(adorno)* s. adorno, enfeite, ornamento.
adosar.- *(adosar)* v. encostar, apoiar.
adquirir.- *(adkirir)* v. adquirir, comprar, obter, conseguir.
adquisición.- *(adkisizion)* s. aquisição, obtenção, compra.
adrede.- *(adrede)* adv. adrede, de propósito.
aduana.- *(aduana)* s. aduana, alfândega.
aduanero.- *(aduanero)* s. aduaneiro, alfandegário.
aducir.- *(aduzir)* v. aduzir, alegar, apresentar, juntar, acrescentar.
adueñarse.- *(adueñarse)* v. apossar-se, apoderar- se, apropriar-se.
adulación.- *(adulazion)* s. adulação, lisonja.
adulador.- *(adulador)* adj. adulador.
adular.- *(adular)* v. adular, lisonjear, bajular.
adulterar.- *(adulterar)* v. adulterar, falsificar.
adulterio.- *(adulterio)* s. adultério.
adulto.- *(adulto)* adj. adulto, crescido.
adusto.- *(adusto)* adj. adusto, queimado, tostado.
advenimiento.- *(adbenimiento)* s. advento, vinda, chegada.
adverbio.- *(adberbio)* s. advérbio.
adversario.- *(adbersario)* adj. adversário, oponente, antagonista.

adversidad.- *(adbersidad)* s. adversidade, desventura, infelicidade.
adverso.- *(adberso)* adj. adverso, desfavorável, infeliz.
advertencia.- *(adbertenzia)* s. advertência, conselho.
advertir.- *(adbertir)* v. advertir, chamar a atenção, notar, reparar.
adyacente.- *(adyazente)* adj. adjacente, vizinho, contíguo.
aéreo.- *(aereo)* adj. aéreo.
aeródromo.- *(aerodromo)* s. aeródromo.
aerolito.- *(aerolito)* s. aerólito.
aeronauta.- *(aeronauta)* s. aeronauta.
aeronáutica.- *(aeronautika)* s. aeronáutica.
aeronave.- *(aeronabe)* s. aeronave.
aeroplano.- *(aeroplano)* s. aeroplano, avião.
aeropuerto.- *(aeropuerto)* s. aeroporto.
aerosol.- *(aerosol)* s. aerossol.
aerostática.- *(aerostatika)* s. aerostática.
aerovía.- *(aerobia)* s. aerovia.
afable.- *(afable)* adj. afável, benevolente, cortês, meigo, delicado.
afamado.- *(afamado)* adj. afamado, famoso, notável, célebre.
afán.- *(afan)* s. afã, esforço, trabalho, empenho.
afear.- *(afear)* v. afear.
afección.- *(afekzion)* s. afeição.
afectación.- *(afektazion)* s. afectação, vaidade, fingimento, presunção.
afectado.- *(afektado)* adj. afectado, fingido, falso.
afectar.- *(afektar)* v. afectar, fingir, simular, dissimular.
afectividad.- *(afektibidad)* s. afectividade, emotividade.
afectivo.- *(afektibo)* adj. afectivo, sensível, afectuoso.
afecto.- *(afekto)* s. afecto, afeição, amor, carinho, dedicação.
afectuoso.- *(afektuoso)* adj. afectuoso, carinhoso, afável, cordial, meigo.
afeitado.- *(afeitado)* s. barbeado.
afeitar.- *(afeitar)* v. barbear, fazer a barba.
afeite.- *(afeite)* s. enfeite, cosmético.
afeminado.- *(afeminado)* adj. afeminado.
aferrar.- *(aferrar)* v. aferrar, agarrar com força, segurar, prender.
afgano.- *(afgano)* adj. afegã.
afianzar.- *(afianzar)* v. afiançar, garantir, afirmar.
afición.- *(afizion)* s. afeição, afecto, predilecção.
aficionado.- *(afizionado)* adj. aficcionado, amador.
aficionarse.- *(afizionarse)* v. afeiçoar-se.
afijo.- *(afijo)* s. afixo.
afilador.- *(afilador)* adj. afiador, amolador.
afilar.- *(afilar)* v. afiar, amolar, aguçar, dar fio.
afiliado.- *(afiliado)* adj. afiliado.
afiliar.- *(afiliar)* v. afiliar, adoptar, ingressar.
afín.- *(afin)* adj. afim, com afinidades, próximo.
afinar.- *(afinar)* v. afinar, aperfeiçoar.
afinidad.- *(afinidad)* s. afinidade, analogia, parentesco.
afirmación.- *(afirmazion)* s. afirmação, confirmação, afirmativa, declaração.
afirmado.- *(afirmado)* adj. afirmado, consolidado, assegurado.
afirmar.- *(afirmar)* v. afirmar, garantir, certificar, assegurar.
afirmativo.- *(afirmatibo)* adj. afirmativo.
aflicción.- *(aflikzion)* s. aflição, sentimento, amargura, angústia, ansiedade.
aflictivo.- *(afliktibo)* adj. aflitivo, perturbador, angustiante.
afligir.- *(aflijir)* v. afligir, inquietar, assolar, devastar.
aflojar.- *(aflojar)* v. afrouxar, alargar.
aflorar.- *(aflorar)* v. aflorar, nivelar, emergir.
afluencia.- *(afluenzia)* s. afluência, abundância.
afluente.- *(afluente)* adj. afluente.
afluir.- *(afluir)* v. afluir, convergir, correr, concorrer.
afonía.- *(afonia)* s. afonia.
afónico.- *(afoniko)* adj. afónico.
aforar.- *(aforar)* v. aforar, avaliar.
aforismo.- *(aforismo)* s. aforismo, máxima, sentença.
afortunado.- *(afortunado)* adj. afortunado, feliz, ditoso, favorecido.
afrancesado.- *(afranzesado)* adj. afrancesado.
afrenta.- *(afrenta)* s. afronta, injúria, insulto, ofensa, agravo.
afrentar.- *(afrentar)* v. afrontar, insultar, ofender, injuriar.
africano.- *(afrikano)* adj. africano.
afrodisíaco.- *(afrodisiako)* adj. afrodisíaco.
afrontar.- *(afrontar)* v. enfrentar, encarar, confrontar.
afuera.- *(afuera)* adv. fora.
agachar.- *(agachar)* v. agachar, esconder, encobrir, ocultar.
agalla.- *(agalla)* v. guelra.
ágape.- *(agape)* s. ágape, banquete, festim, jantar.
agarrado.- *(agarrado)* adj. agarrado, avarento, avaro, mesquinho, sovina.
agarrar.- *(agarrar)* v. agarrar, pegar, segurar, apreender, colher.
agasajar.- *(agasajar)* v. tratar com atenção, obsequiar.
agasajo.- *(agasajo)* s. hospedagem.
ágata.- *(agata)* s. ágata.
agazapar.- *(agazapar)* v. agarrar, esconder.
agencia.- *(ajenzia)* s. agência, filial.
agenciar.- *(ajenziar)* v. agenciar, negociar, solicitar.
agenda.- *(ajenda)* s. agenda, apontamento.
agente.- *(ajente)* s. agente, corretor.

agigantar.- *(ajigantar)* v. agigantar.

ágil.- *(ajil)* adj. ágil, rápido, ligeiro, destro, vivo, desembaraçado.

agilidad.- *(ajilidad)* s. agilidade, rapidez, vivacidade, desembaraço.

agio.- *(ajio)* s. ágio, usura, especulação.

agitación.- *(ajitazion)* s. agitação.

agitar.- *(ajitar)* v. agitar, sacudir.

aglomeración.- *(aglomerazion)* s. aglomeração, agrupamento, ajuntamento.

aglomerado.- *(aglomerado)* adj. aglomerado.

aglomerar.- *(aglomerar)* v. aglomerar, juntar, reunir, amontoar.

aglutinar.- *(aglutinar)* v. aglutinar, unir, reunir.

agnóstico.- *(ajnostiko)* adj. agnóstico.

agobiado.- *(agobiado)* adj. preocupado.

agobiar.- *(agobiar)* v. curvar, dobrar o corpo para o chão, incomodar.

agobio.- *(agobio)* s. angústia, sufocação.

agolpar.- *(agolpar)* v. amontoar, empilhar.

agonía.- *(agonia)* s. agonia, angústia, aflição.

agonizante.- *(agonizante)* adj. agonizante, moribundo.

agonizar.- *(agonizar)* v. agonizar, agonia.

agorero.- *(agorero)* adj. agoureiro, adivinhador.

agostar.- *(agostar)* v. agostar, murchar, estiolar.

agosto.- *(agosto)* s. agosto, colheita.

agotamiento.- *(agotamiento)* s. esgotamento, exaustão.

agotar.- *(agotar)* v. esgotar, consumir, fatigar, extenuar.

agraciado.- *(agraziado)* adj. agraciado, felizardo.

agraciar.- *(agraziar)* v. agraciar, favorecer.

agradable.- *(agradable)* adj. aprazível, ameno, suave, amável.

agradar.- *(agradar)* v. agradar, amenizar, suavizar.

agradecer.- *(agradezer)* v. agradecer.

agradecido.- *(agradezido)* adj. agradecido.

agradecimiento.- *(agradezimiento)* s. agradecimento, gratidão.

agrado.- *(agrado)* s. agrado, gosto, deleite, prazer.

agrandar.- *(agrandar)* v. engrandecer, tornar grande.

agrario.- *(agrario)* adj. agrário, agrícola.

agravar.- *(agrabar)* v. agravar, exagerar.

agravio.- *(agrabio)* s. agravo, ofensa, dano.

agraz.- *(agraz)* s. agraço, amargura.

agredir.- *(agredir)* v. agredir, atacar, ir contra.

agregado.- *(agregado)* adj. agregado, adido, anexo.

agregar.- *(agregar)* v. agregar, associar, anexar, juntar, reunir.

agresión.- *(agresion)* s. agressão, ataque, assalto, embate.

agresividad.- *(agresibidad)* s. agressividade, combatividade, violência.

agresivo.- *(agresibo)* adj. agressivo.

agresor.- *(agresor)* s. agressor, provocador, atacante.

agreste.- *(agreste)* adj. agreste, rústico, silvestre.

agriar.- *(agriar)* v. azedar.

agrícola.- *(agrikola)* adj. agrícola.

agricultor.- *(agrikultor)* s. agricultor, lavrador.

agricultura.- *(agrikultura)* s. agricultura.

agrio.- *(agrio)* adj. acre, ácido, azedo.

agronomía.- *(agronomia)* s. agronomia.

agropecuario.- *(agropekuario)* adj. agro-pecuário.

agrupación.- *(agrupazion)* s. agrupação.

agrupamiento.- *(agrupamiento)* s. agrupamento, ajuntamento.

agrupar.- *(agrupar)* v. agrupar, ajuntar, reunir.

agua.- *(agua)* s. água, líquido.

aguacate.- *(aguakate)* s. abacate.

aguacero.- *(aguazero)* s. aguaceiro, chuva forte.

aguada.- *(aguada)* s. aguada.

aguador.- *(aguador)* s. aguadeiro.

aguafiestas.- *(aguafiestas)* s. desmancha-prazeres.

aguafuerte.- *(aguafuerte)* s. água-forte.

aguantar.- *(aguantar)* v. aguentar, suportar, tolerar.

aguante.- *(aguante)* s. tolerância, paciência.

aguar.- *(aguar)* v. aguar, regar, borrifar, frustrar.

aguardar.- *(aguardar)* v. aguardar, esperar.

aguardiente.- *(aguardiente)* s. aguardente, cachaça.

aguarrás.- *(aguarras)* s. aguarrás.

agudeza.- *(agudeza)* s. agudeza, astúcia, perspicácia, sagacidade.

agudizar.- *(agudizar)* v. aguçar.

agudo.- *(agudo)* adj. agudo, penetrante, aguçado.

agüero.- *(aguero)* s. agouro, presságio, vaticínio.

aguerrido.- *(agerrido)* adj. aguerrido, valente, belicoso.

aguijón.- *(agijon)* s. aguilhão, ferrão.

aguijonear.- *(agijonear)* v. aguilhoar.

águila.- *(agila)* s. águia.

aguileño.- *(agileño)* adj. aquilino.

aguja.- *(aguja)* s. agulha, bússola, ponteiro de relógio.

agujerear.- *(agujerear)* v. furar, esburacar, perfurar.

agujero.- *(agujero)* s. agulheiro, buraco, furo, perfuração.

agujeta.- *(agujeta)* s. agulhada, pontada, dores musculares.

aguzar.- *(aguzar)* s. aguçar, estimular, avivar, incitar.

aherrojar.- *(aerrojar)* v. aferrolhar, algemar, trancar, oprimir.

ahí.- *(ai)* adv. aí, nesse lugar.

ahijado.- *(aijado)* adj. afilhado, protegido.

ahijar.- *(aijar)* v. adoptar, perfilhar, proteger.

ahínco.- *(ainko)* s. afinco, persistência, empenho.

ahíto.- *(aito)* adj. farto, fatigado, abarrotado.

ahogado.- *(aogado)* adj. afogado, sufocado.

ahogar.- *(aogar)* v. afogar, sufocar, asfixiar.
ahogo.- *(aogo)* s. sufoco, aflição, pressão, aperto.
ahondar.- *(aondar)* v. afundar, penetrar, aprofundar.
ahora.- *(aora)* adv. agora, neste instante.
ahorcado.- *(aorkado)* adj. enforcado.
ahorcar.- *(aorkar)* v. enforcar, estrangular.
ahorrar.- *(aorrar)* v. economizar, poupar.
ahorro.- *(aorro)* s. economia, poupança.
ahuecar.- *(auekar)* v. cavar, escavar, tornar oco, afofar.
ahulado.- *(aulado)* s. oleado, tecido impermeável.
ahumado.- *(aumado)* adj. defumado.
ahumar.- *(aumar)* v. defumar, fumegar.
ahuyentar.- *(auyentar)* v. afugentar, espantar.
airado.- *(airado)* adj. colérico, irritado.
airar.- *(airar)* v. irar, irritar, encolerizar.
aire.- *(aire)* s. ar, vento, atmosfera, clima.
aireación.- *(aireazion)* s. ventilação, arejamento.
airear.- *(airear)* v. arejar, desabafar, ventilar.
airoso.- *(airoso)* adj. arejado, airoso, garboso.
aislacionismo.- *(aislazionismo)* s. isolacionismo.
aislado.-*(aislado)* adj. isolado, avulso, desacompanhado, solitário.
aislador.- *(aislador)* adj. isolador.
aislante.- *(aislante)* s. isolante.
aislar.- *(aislar)* v. isolar, separar.
ajar.- *(ajar)* v. estragar, maltratar, amarfanhar.
ajedrecista.- *(ajedrezista)* s. enxadrista.
ajedrez.- *(ajedrez)* s. xadrez.
ajenjo.- *(ajenjo)* s. absinto.
ajeno.- *(ajeno)* s. alheio, alienado, distante.
ajetreo.- *(ajetreo)* s. agitação, fadiga.
ají.- *(aji)* s. pimentão.
ajo.- *(ajo)* s. alho.
ajorca.- *(ajorka)* s. pulseira, bracelete.
ajuar.- *(ajuar)* s. enxoval.
ajustado.- *(ajustado)* adj. ajustado, aparelhado.
ajustador.- *(ajustador)* adj. ajustador, montador.
ajustar.- *(ajustar)* v. ajustar, estipular, reconciliar, combinar.
ajuste.- *(ajuste)* s. ajuste, trato, pacto, acordo, ajustamento.
ajusticiado.- *(ajustiziado)* adj. justiçado, executado.
ajusticiar.- *(ajustiziar)* v. justiçar, executar.
al.- *(al)* contracção da prep. *a* com o art. *el*.
ala.- *(ala)* s. ala, aba, asa.
alabanza.- *(alabanza)* s. elogio, louvor, louvação, aplauso.
alabar.- *(alabar)* v. louvar.
alabastro.- *(alabastro)* s. alabastro.
alacena.- *(alazena)* s. armário embutido.
alaco.- *(alako)* s. farrapo, andrajo.
alacrán.- *(alakran)* s. escorpião, lacrau.
alado.- *(alado)* adj. alado, com asas, ligeiro.
alajú.- *(alaju)* s. massa de amêndoas e nozes.
alambique.- *(alambike)* s. alambique, destilador.
alambrar.- *(alambrar)* v. alambrar, cercar com arame.
alambre.- *(alambre)* s. arame, fio de metal.
alambrera.- *(alambrera)* s. rede de arame, tela.
alameda.- *(alameda)* s. alameda, rua com árvores, avenida.
álamo.- *(alamo)* s. álamo.
alarde.- *(alarde)* s. alarde, ostentação, orgulho, vaidade.
alardear.- *(alardear)* v. alardear, propalar, divulgar.
alargar.- *(alargar)* v. alongar, encompridar, estender, dilatar, prolongar.
alarido.- *(alarido)* s. alarido, clamor.
alarma.- *(alarma)* s. alarme, rebate, susto, clamor.
alarmar.- *(alarmar)* v. alarmar, assustar, clamar.
alarmista.- *(alarmista)* adj. alarmista, assustador.
alazán.- *(alazan)* adj. alazão.
alba.- *(alba)* s. alva, alvorada, aurora, amanhecer.
albacea.- *(albazea)* s. testamenteiro.
albanés.- *(albanes)* adj. albanês.
albañil.- *(albañil)* s. pedreiro.
albañilería.- *(albañileria)* s. alvenaria, construção civil.
albarán.- *(albaran)* s. tabuleta, rótulo.
albarda.- *(albarda)* s. albarda.
albaricoque.- *(albarikoke)* s. abricó, damasco.
albear.- *(albear)* v. alvejar, branquear.
albedrío.- *(albedrio)* s. arbítrio.
alberca.- *(alberca)* s. alverca.
albergar.- *(albergar)* v. albergar, hospedar, acolher, alojar.
albergue.- *(alberge)* s. albergue, estalagem, hospedaria, pensão, pousada.
albino.- *(albino)* adj. albino.
albóndiga.- *(albondiga)* s. almôndega.
alborada.- *(alborada)* s. alvorada, madrugada.
alborear.- *(alborear)* v. alvorecer, romper o dia.
albor.- *(albor)* s. alvor, brancura.
albornoz.- *(albornoz)* s. albornoz.
alborotar.- *(alborotar)* v. alvoroçar.
alboroto.- *(alboroto)* s. alvoroço, balbúrdia, motim.
alborozar.- *(alborozar)* v. alvoroçar, alegrar.
alborozo.- *(alborozo)* s. alvoroço, alegria, animação.
albricias.- *(albrizias)* s. alvíssaras.
albufera.- *(albufera)* s. lagoa, restinga.
álbum.- *(album)* s. álbum, livro.
albumen.- *(albumen)* s. albume, albúmen.
albúmina.- *(albumina)* s. albumina.
albur.- *(albur)* s. boga.
alcachofa.- *(alkachofa)* s. alcachofra.
alcahuete.- *(alkauete)* s. alcoviteiro, fofoqueiro, mexeriqueiro.

alcaldada.- *(alkaldada)* s. abuso de autoridade.
alcalde.- *(alkalde)* s. alcaide, prefeito.
alcaldía.- *(alkaldia)* s. alcaidia, prefeitura.
alcalino.- *(alkalino)* adj. alcalino.
alcaloide.- *(alkaloide)* s. alcalóide.
alcance.- *(alkanze)* s. alcance, seguimento.
alcancía.- *(alkanzia)* s. alcanzia.
alcanfor.- *(alkanfor)* s. cânfora.
alcantarilla.- *(alkantarilla)* s. cloaca, esgoto.
alcanzar.- *(alkanzar)* v. alcançar, atingir, tocar, avisar.
alcaparra.- *(alkaparra)* s. alcaparra.
alcatifa.- *(alkatifa)* s. alcatifa, alfombra.
alcázar.- *(alkazar)* s. fortaleza, castelo.
alce.- *(alze)* s. alce.
alcoba.- *(alkoba)* s. alcova, quarto de dormir.
alcohol.- *(alkool)* s. álcool.
alcohólico.- *(alkooliko)* adj. alcoólico, alcoólatra.
alcoholismo.- *(alkoolismo)* s. alcoolismo.
alcornoque.- *(alkornoke)* s. sobreiro, sobro.
alcurnia.- *(alkurnia)* s. família, linhagem, estirpe.
aldaba.- *(aldaba)* s. aldrava.
aldea.- *(aldea)* s. aldeia, vila, vilarejo, povoado.
aldeano.- *(aldeano)* adj. aldeão.
aleación.- *(aleazion)* s. liga de metal.
aleatorio.- *(aleatorio)* adj. aleatório.
aleccionar.- *(alekzionar)* v. leccionar, adestrar.
aledaño.- *(aledaño)* adj. divisório, limítrofe.
alegación.- *(alegazion)* s. alegação, defesa.
alegar.- *(alegar)* v. alegar, citar, afirmar.
alegato.- *(alegato)* s. alegação por escrito.
alegoría.- *(alegoria)* s. alegoria, fábula, metáfora.
alegórico.- *(alegoriko)* adj. alegórico, simbólico, metafórico.
alegrar.- *(alegrar)* v. alegrar, divertir, brincar.
alegre.- *(alegre)* adj. alegre, contente, animado.
alegría.- *(alegria)* s. alegria, contentamento, animação, brincadeira.
alegro.- *(alegro)* s. alegro.
alejar.- *(alejar)* v. afastar, distanciar.
aleluya.- *(aleluya)* s. aleluia.
alemán.- *(aleman)* adj. alemão, germânico.
alentada.- *(alentada)* s. respiração contínua.
alentar.- *(alentar)* v. alentar, animar, encorajar.
alergia.- *(alerjia)* s. alergia.
alérgico.- *(alerjiko)* adj. alérgico.
alerta.- *(alerta)* s. alerta.
alertar.- *(alertar)* v. alertar, vigiar.
aleta.- *(aleta)* s. aleta, pequena asa.
aletargar.- *(aletargar)* v. aletargar.
aletear.- *(aletear)* v. bater as asas, esvoaçar.
alevosía.- *(alebosia)* s. aleivosia, traição, falsidade, infidelidade.
alevoso.- *(aleboso)* adj. aleivoso, traidor.
alfa.- *(alfa)* s. alfa, primeira letra do alfabeto grego.
alfabético.- *(alfabetiko)* adj. alfabético.
alfabetización.- *(alfabetizazion)* s. alfabetização.
alfabetizar.- *(alfabetizar)* v. alfabetizar.
alfajor.- *(alfajor)* s. alfajor, doce seco.
alfalfa.- *(alfalfa)* s. alfafa, erva para pasto.
alfanje.- *(alfanje)* s. alfange, sabre oriental.
alfarería.- *(alfareria)* s. olaria.
alfarero.- *(alfarero)* s. oleiro, ceramista.
alféizar.- *(alfeizar)* s. batente, vão da porta ou janela.
alfeñique.- *(alfeñike)* s. alfenim, pessoa delicada.
alférez.- *(alferez)* s. alferes.
alfiler.- *(alfiler)* s. alfinete, adorno, broche.
alfiletero.- *(alfiletero)* s. agulheiro.
alfombra.- *(alfombra)* s. tapete.
alfombrar.- *(alfombrar)* v. atapetar.
alforja.- *(alforja)* s. alforje, provisão.
alga.- *(alga)* s. alga, sargaço.
algarabía.- *(algarabia)* s. algaravia.
algarada.- *(algarada)* s. algarada.
algarroba.- *(algarroba)* s. alfarroba.
algazara.- *(algazara)* s. algazarra.
álgebra.- *(aljebra)* s. álgebra.
álgido.- *(aljido)* adj. álgido, muito frio.
algo.- *(algo)* pron. algo.
algodón.- *(algodon)* s. algodão.
algodonero.- *(algodonero)* adj. algodoeiro.
alguacil.- *(alguazil)* s. aguazil.
alguien.- *(algien)* pron. alguém, alguma pessoa.
algún.- *(algun)* pron. algum.
alguno.- *(alguno)* pron. algum.
alhaja.- *(alaja)* s. jóia, adorno.
alhajera.- *(alajera)* s. porta-jóias.
aliado.- *(aliado)* adj. aliado, coligado.
alianza.- *(alianza)* s. aliança, liga, anel de casamento, coligação.
aliar.- *(aliar)* v. aliar, unir, harmonizar.
alias.- *(alias)* adv. aliás, por outro nome.
alicaído.- *(alikaido)* adj. abatido, triste, desanimado, desalentado.
alicates.- *(alikates)* s. alicates.
aliciente.- *(aliziente)* adj. aliciante, sedutor, atraente.
alícuota.- *(alikuota)* s. alíquota.
alienación.- *(alienazion)* s. alienação, demência.
alienar.- *(alienar)* v. alienar, alhear, afastar.
aliento.- *(aliento)* s. alento, vigor.
aligerar.- *(alijerar)* v. aligeirar, aliviar.
alijo.- *(alijo)* s. muamba, contrabando.
alimaña.- *(alimaña)* s. alimária.
alimentación.- *(alimentazion)* s. alimentação, nutrição, sustento.
alimentar.- *(alimentar)* v. alimentar, nutrir, sustentar.
alimenticio.- *(alimentizio)* adj. alimentício, nutritivo, substancial.
alimento.- *(alimento)* s. alimento, comida, sustento.

alinear.- *(alinear)* v. alinhar, enfileirar.
aliñar.- *(aliñar)* v. alinhar, enfeitar, compor, condimentar, temperar.
aliño.- *(aliño)* s. alinho, asseio, gosto, condimento, tempero.
alisar.- *(alisar)* v. alisar, amaciar, desgastar, polir.
alisios.- *(alisios)* adj alísios, vento.
alistamiento.- *(alistamiento)* s. alistamento, recrutamento, arrolamento.
alistar.- *(alistar)* v. alistar, catalogar, dispor, preparar.
aliviar.- *(alibiar)* v. aliviar, moderar, suavizar, consolar.
alivio.- *(alibio)* s. alívio, descanso, consolação.
aljibe.- *(aljibe)* s. algibe, cisterna.
allà.- *(alla)* adv. lá, além.
allanamiento.- *(allanamiento)* s. aplainamento.
allanar.- *(allanar)* v. aplainar, igualar, pacificar.
allegado.- *(allegado)* adj. chegado, próximo, parente.
allegar.- *(allegar)* v. aproximar, ajuntar, acrescentar.
allende.- *(allende)* adv. além de, além disso.
allí; *(alli)* adv. ali.
alma.- *(alma)* s. alma, espírito.
almacén.- *(almazen)* s. armazém, almoxarifado, depósito.
almacenaje.- *(almazenaje)* s. armazenagem, armazenamento.
almacenar.- *(almazenar)* v. armazenar, conservar, depositar, reunir.
almacenista.- *(almazenista)* s. atacadista.
almanaque.- *(almanake)* s. almanaque.
almazara.- *(almazara)* s. lagar de azeite.
almeja.- *(almeja)* s. amêijoa.
almendra.- *(almendra)* s. amêndoa.
almendrado.- *(almendrado)* adj. amendoado.
almendro.- *(almendro)* s. amendoeira.
almíbar.- *(almibar)* s. calda de açúcar.
almibarado.- *(almibarado)* adj. açucarado, em calda.
almibarar.- *(almibarar)* v. adoçar, açucarar.
almidón.- *(almidon)* s. amido, fécula.
almidonar.- *(almidonar)* v. engomar.
alminar.- *(alminar)* s. minarete, almenara.
almirante.- *(almirante)* s. almirante.
almirez.- *(almirez)* s. almofariz, gral.
almizcle.- *(almizkle)* s. almíscar.
almohada.- *(almoada)* s. almofada, travesseiro.
almohadón.- *(almoadon)* s. almofadão.
almoneda.- *(almoneda)* s. leilão.
almorrana.- *(almorrana)* s. hemorróidas.
almorzar.- *(almorzar)* v. almoçar, comer.
almuerzo.- *(almuerzo)* s. almoço, refeição.
alocado.- *(alokado)* adj. amalucado, doido.
alocución.- *(alokuzion)* s. alocução, conferência, discurso.
alojamiento.- *(alojamiento)* s. alojamento, aposento.
alojar.- *(alojar)* v. alojar, hospedar, acomodar, recolher.
alón.- *(alon)* s. asa sem penas.
alondra.- *(alondra)* s. cotovia.
alpaca.- *(alpaka)* s. alpaca, lã.
alpargata.- *(alpargata)* s. alpercata, alpargata.
alpinismo.- *(alpinismo)* s. alpinismo.
alpinista.- *(alpinista)* s. alpinista.
alpino.- *(alpino)* adj. alpino.
alpiste.- *(alpiste)* s. alpiste.
alquería.- *(alkeria)* s. casa de campo, granja.
alquilar.- *(alkilar)* v. alugar, arrendar, deixar por um tempo
alquiler.- *(alkiler)* s. aluguel, arrendamento.
alquimia.- *(alkimia)* s. alquimia.
alquimista.- *(alkimista)* s. alquimista.
alquitrán.- *(alkitran)* s. alcatrão.
alrededor.- *(alrededor)* adv. ao redor, em torno, em volta.
alta.- *(alta)* s. alta, licença para sair do hospital.
altanería.- *(altaneria)* s. altivez, orgulho.
altanero.- *(altanero)* adj. altaneiro, altivo, orgulhoso.
altar.- *(altar)* s. altar, ara.
altavoz.- *(altaboz)* s. alto-falante, megafone.
alteración.- *(alterazion)* s. alteração, inquietação, desordem.
alterar.- *(alterar)* v. alterar, mudar, transformar.
altercar.- *(alterkar)* v. altercar, disputar, discutir.
alternador.- *(alternador)* s. alternador.
alternar.- *(alternar)* v. alternar, revezar, variar.
alternativa.- *(alternatiba)* s. alternativa, opção, escolha.
alterno.- *(alterno)* adj. alternativo, alterno, revezado.
alteza.- *(alteza)* s. alteza.
altibajo.- *(altibajo)* s. desigual, irregular.
altilocuencia.- *(altilokuenzia)* s. grandiloquência.
altímetro.- *(altimetro)* s. altímetro.
altiplanicie.- *(altiplanizie)* s. altiplano, planalto, chapada.
altitud.- *(altitud)* s. altitude, altura, elevação, estatura.
altivez.- *(altibez)* s. altivez, arrogância.
altivo.- *(altibo)* adj. altivo, orgulhoso, arrogante.
alto.- *(alto)* adj. alto, eminente.
altoparlante.- *(altoparlante)* s. alto-falante, amplificador.
altramuz.- *(altramuz)* s. tremoço.
altruismo.- *(altruismo)* s. altruísmo, generosidade.
altruista.- *(altruista)* adj. altruísta, generoso.
altura.- *(altura)* s. altura, elevação.
alubia.- *(alubia)* s. feijão.
alucinación.- *(aluzinazion)* s. alucinação, visão, delírio.

alucinante.- *(aluzinante)* adj. alucinante, delirante.
alucinar.- *(aluzinar)* v. alucinar, delirar, fascinar, ofuscar, deslumbrar.
alucinógeno.- *(aluzinojeno)* adj. alucinógeno.
alud.- *(alud)* s. avalanche.
aludir.- *(aludir)* v. aludir, citar, mencionar.
alumbrado.- *(alumbrado)* s. iluminação.
alumbrado.- *(alumbrado)* adj. iluminado, alumiado.
alumbramiento.- *(alumbramiento)* s. iluminação, parto.
alumbrar.- *(alumbrar)* v. iluminar, alumiar.
alumbre.- *(alumbre)* s. alúmen, pedra-ume.
alúmina.- *(alumina)* s. alumina.
aluminio.- *(aluminio)* s. alumínio.
alumnado.- *(alumnado)* s. alunado, corpo discente.
alumno.- *(alumno)* s. aluno, discípulo, estudante, colegial.
alunizaje.- *(alunizaje)* s. alunissagem.
alunizar.- *(alunizar)* v. alunissar.
alusión.- *(alusion)* s. alusão, menção, citação.
alusivo.- *(alusibo)* adj. alusivo, indirecto.
aluvión.- *(alubion)* s. aluvião, inundação.
alveolar.- *(albeolar)* adj. alveolar.
alvéolo.- *(albeolo)* s. alvéolo, casulo, pequena cavidade.
alza.- *(alza)* s. alça.
alzado.- *(alzado)* adj. alçado.
alzamiento.- *(alzamiento)* s. alçamento, revolta.
alzar.- *(alzar)* v. alçar, levantar, elevar.
ama.- *(ama)* s. ama, dona-de-casa, senhora, governanta.
amabilidad.- *(amabilidad)* s. amabilidade, cortesia, delicadeza, atenção.
amable.- *(amable)* adj. amável, cortês, delicado, atencioso.
amaestrado.- *(amaestrado)* adj. amestrado, treinado.
amaestrar.- *(amaestrar)* v. amestrar, ensinar, treinar.
amagar.- *(amagar)* v. ameaçar.
amago.- *(amago)* s. ameaça, sintoma, sinal, indício.
amainar.- *(amainar)* v. amainar, acalmar.
amalgama.- *(amalgama)* s. amálgama.
amalgamar.- *(amalgamar)* v. amalgamar, mesclar, misturar.
amamantar.- *(amamantar)* v. amamentar.
amancebarse.- *(amanzebarse)* v. amancebar-se, amasiar-se.
amanecer.- *(amanezer)* v. *e* s. amanhecer, aurora.
amanerado.- *(amanerado)* adj. amaneirado, afectado.
amansar.- *(amansar)* v. amansar, domesticar.
amante.- *(amante)* adj. amante, companheiro, amigo, namorado, fã.
amanuense.- *(amanuense)* s. amanuense, tipógrafo.
amañar.- *(amañar)* v. amanhar, lavrar, ajeitar, preparar.
amaño.- *(amaño)* s. amanho, jeito, preparo.
amapola.- *(amapola)* s. papoula.
amar.- *(amar)* v. amar, estimar, apreciar, querer, gostar.
amaraje.- *(amaraje)* s. amerissagem.
amargado.- *(amargado)* adj. amargurado, angustiado, desgostoso, aflito.
amargar.- *(amargar)* v. amargar, amargurar, desgostar, afligir.
amargo.- *(amargo)* adj. amargo, acre.
amargura.- *(amargura)* s. amargura, desgosto, angústia.
amariconado.- *(amarikonado)* adj. afeminado, maricás, bichoso, boneca.
amarillear.- *(amarillear)* v. amarelar.
amarillento.- *(amarillento)* adj. amarelento, amarelado.
amarillo.- *(amarillo)* adj. amarelo, cor-de-ouro.
amarra.- *(amarra)* s. amarra, corda de navio.
amarrado.- *(amarrado)* adj. amarrado.
amarrar.- *(amarrar)* v. amarrar, prender, atracar.
amartelar.- *(amartelar)* v. enciumar, atormentar com ciúmes.
amartillar.- *(amartillar)* v. martelar.
amasar.- *(amasar)* v. amassar, misturar.
amasijo.- *(amasijo)* s. massa, confusão.
amatista.- *(amatista)* s. ametista.
amazona.- *(amazona)* s. amazona.
amazónico.- *(amazoniko)* adj. amazónico.
ambages.- *(ambajes)* s. rodeios, evasivas, circunlóquios.
ámbar.- *(ambar)* s. âmbar.
ambición.- *(ambizion)* s. ambição, cobiça, ganância.
ambicionar.- *(ambizionar)* v. ambicionar, cobiçar, desejar.
ambicioso.- *(ambizioso)* adj. ambicioso, cobiçoso.
ambidextro.- *(ambidekstro)* adj. ambidestro.
ambiental.- *(ambiental)* adj. ambiental.
ambientar.- *(ambientar)* v. ambientar.
ambiente.- *(ambiente)* s. ambiente, meio, atmosfera.
ambigüedad.- *(ambiguedad)* adj. ambiguidade, equívoco, dúvida, incerteza.
ambiguo.- *(ambiguo)* adj. ambíguo, equívoco, duvidoso, incerto.
ámbito.- *(ambito)* s. âmbito, esfera, contorno, circuito.
ambivalencia.- *(ambibalenzia)* s. ambivalência.
ambivalente.- *(ambibalente)* adj. ambivalente.
ambos.- *(ambos)* adj. ambos, os dois.
ambrosía.- *(ambrosia)* s. ambrosia.
ambulancia.- *(ambulanzia)* s. ambulância.
ambulante.- *(ambulante)* adj. ambulante, errante, nómade.
ambulatorio.- *(ambulatorio)* adj. ambulatório.

ameba.- *(ameba)* s. ameba.

amedrentar.- *(amedrentar)* v. amedrontar, atemorizar, assustar.

amén.- *(amen)* s. amém.

amenaza.- *(amenaza)* s. ameaça, intimidação.

amenazador.- *(amenazador)* adj. ameaçador.

amenazar.- *(amenazar)* v. ameaçar, intimidar, coagir.

amenidad.- *(amenidad)* s. amenidade, suavidade, delicadeza, brandura.

amenizar.- *(amenizar)* v. amenizar.

ameno.- *(ameno)* adj. ameno, aprazível, suave, delicado.

americana.- *(amerikana)* s. jaqueta, jaquetão, casaco.

americanismo.- *(amerikanismo)* s. americanismo.

americanista.- *(amerikanista)* s. americanista.

americanizar.- *(amerikanizar)* v. americanizar.

americano.- *(amerikano)* adj. americano, norte-americano.

ametralladora.- *(ametralladora)* s. metralhadora.

ametrallar.- *(ametrallar)* v. metralhar, fuzilar.

amianto.- *(amianto)* s. amianto.

amiga.- *(amiga)* s. amiga, concubina, amante.

amigable.- *(amigable)* adj. amigável.

amígdala.- *(amijdala)* s. amígdala.

amigdalitis.- *(amijdalitis)* s. amigdalite.

amigo.- *(amigo)* adj. amigo, companheiro, camarada, colega, namorado.

amilanar.- *(amilanar)* v. assustar, intimidar.

aminoración.- *(aminorazion)* s. diminuição, minoração, redução.

aminorar.- *(aminorar)* v. minorar, diminuir, reduzir.

amistad.- *(amistad)* s. amizade, dedicação.

amistosamente.- *(amistosamente)* adv. amistosamente.

amistoso.- *(amistoso)* adj. amistoso, amigável, dedicado, gentil, amável.

amnesia.- *(amnesia)* s. amnésia, perda de memória.

amnésico.- *(amnesiko)* adj. amnésico.

amniótico.- *(amniotiko)* adj. amniótico.

amnistía.- *(amnistia)* s. amnistia, indulto, perdão.

amnistiar.- *(amnistiar)* v. amnistiar, indultar, perdoar.

amo.- *(amo)* s. amo, dono de casa, proprietário.

amodorrarse.- *(amodorrarse)* v. amodorrar-se.

amohinar.- *(amoinar)* v. aborrecer.

amojonar.- *(amojonar)* v. demarcar, delimitar.

amolar.- *(amolar)* v. amolar, afiar, aguçar.

amoldar.- *(amoldar)* v. amoldar, moldar, modelar.

amonestación.- *(amonestazion)* s. admoestação, repreensão.

amonestar.- *(amonestar)* v. admoestar, repreender.

amoníaco.- *(amoniako)* s. amoníaco.

amontonar.- *(amontonar)* v. amontoar.

amor.- *(amor)* s. amor, afecto, afeição, carinho, paixão.

amoral.- *(amoral)* adj. amoral.

amoralidad.- *(amoralidad)* s. amoralidade.

amoratar.- *(amoratar)* v. arroxear.

amordazar.- *(amordazar)* v. amordaçar.

amorfo.- *(amorfo)* adj. amorfo, disforme.

amorío.- *(amorio)* s. amoricos, devaneio.

amoroso.- *(amoroso)* adj. amoroso, carinhoso, afectuoso, meigo.

amortiguador.- *(amortiguador)* adj. amortecedor.

amortiguar.- *(amortiguar)* v. amortecer.

amortizable.- *(amortizable)* adj. amortizável.

amortización.- *(amortizazion)* s. amortização.

amortizar.- *(amortizar)* v. amortizar, pagar, resgatar.

amotinar.- *(amotinar)* v. amotinar, sublevar, alvoroçar.

amovible.- *(amobible)* adj. removível, transferível.

amparar.- *(amparar)* v. amparar, proteger.

amparo.- *(amparo)* s. amparo, protecção, auxílio, socorro, defesa, abrigo.

amperímetro.- *(amperimetro)* s. amperímetro.

amperio.- *(amperio)* s. ampere.

ampliación.- *(ampliazion)* s. ampliação, amplificação, aumento.

ampliar.- *(ampliar)* v. ampliar, amplificar, aumentar, dilatar.

amplificación.- *(amplifikazion)* s. amplificação, aumento, acréscimo.

amplificador.- *(amplifikador)* s. amplificador.

amplio.- *(amplio)* adj. amplo, espaçoso, extenso, vasto.

amplitud.- *(amplitud)* s. amplitude, extensão, vastidão.

ampolla.- *(ampolla)* s. ampola, bolha, bexiga.

ampolleta.- *(ampolleta)* s. ampulheta.

ampuloso.- *(ampuloso)* adj. empolado, enfático.

amputación.- *(amputazion)* s. amputação, mutilação.

amputar.- *(amputar)* v. amputar, mutilar, extirpar.

amuchar.- *(amuchar)* v. aumentar.

amueblar.- *(amueblar)* v. mobiliar.

amular.- *(amular)* v. esterilizar.

amuleto.- *(amuleto)* s. amuleto, talismã.

anacoreta.- *(anakoreta)* s. anacoreta, ermitão.

anacrónico.- *(anakroniko)* adj. anacrónico.

anacronismo.- *(anakronismo)* s. anacronismo.

anaerobio.- *(anaerobio)* adj. anaeróbio.

anáfora.- *(anafora)* s. anáfora, repetição.

anagrama.- *(anagrama)* s. anagrama.

anal.- *(anal)* adj. anal.

anales.- *(anales)* s. anais, narração de eventos organizada por ano.

analfabetismo.- *(analfabetismo)* s. analfabetismo.

analfabeto.- *(analfabeto)* adj. analfabeto, iletrado, ignorante.

analgésico.- *(analjesiko)* adj. analgésico.

análisis.- *(analisis)* s. análise, estudo, exame.
analista.- *(analista)* s. analista, pesquisador.
analítico.- *(analitiko)* adj. analítico.
analizar.- *(analizar)* v. analisar, decompor, estudar, examinar.
analogía.- *(analojia)* s. analogia, semelhança, similaridade.
análogo.- *(analogo)* adj. semelhante.
ananás.- *(ananas)* s. ananás, abacaxi.
anaquel.- *(anakel)* s. prateleira.
anaranjado.- *(anaranjado)* adj. alaranjado.
anarquía.- *(anarkia)* s. anarquia, desgoverno.
anárquico.- *(anarkiko)* adj. anárquico.
anarquismo.- *(anarkismo)* s. anarquismo.
anarquista.- *(anarkista)* adj. anarquista.
anatema.- *(anatema)* s. anátema, excomunhão.
anatomía.- *(anatomia)* s. anatomia.
anatómico.- *(anatomiko)* adj. anatómico.
anca.- *(anka)* s. anca, quadril.
ancestral.- *(anzestral)* adj. ancestral, antigo.
ancho.- *(ancho)* adj. largo, amplo, extenso, espaçoso.
anchoa.- *(anchoa)* s. anchova.
anchura.- *(anchura)* s. largura, extensão.
ancianidad.- *(anzianidad)* v. ancianidade, velhice.
anciano.- *(anziano)* adj. ancião, velho.
ancla.- *(ankla)* s. âncora.
ancladero.- *(ankladero)* s. ancoradouro.
anclar.- *(anklar)* v. ancorar, fundear.
andaluz.- *(andaluz)* adj. andaluz, natural da Andaluzia.
andamio.- *(andamio)* s. andaime.
andante.- *(andante)* adj. andante.
andanza.- *(andanza)* s. andança.
andar.- *(andar)* v. andar, caminhar, ir.
andariego.- *(andariego)* adj. andarilho, errante, andejo.
andas.- *(andas)* s. padiola, liteira.
andén.- *(anden)* s. cais, embarcadouro, plataforma de estação.
andino.- *(andino)* adj. andino.
andrajo.- *(andrajo)* s. andrajo, farrapo, trapo.
andrajoso.- *(andrajoso)* adj. andrajoso, esfarrapado.
androceo.- *(androzeo)* s. androceu.
andrógino.- *(androjino)* adj. andrógino, hermafrodita.
androide.- *(androide)* s. andróide, robô.
anécdota.- *(anecdota)* s. anedota, episódio.
anecdótico.- *(anecdotiko)* adj. anedótico, episódico.
anegadizo.- *(anegadizo)* adj. alagadiço.
anegar.- *(anegar)* v. alagar, inundar, encher.
anejo.- *(anejo)* adj. anexo, incorporado.
anemia.- *(anemia)* s. anemia, fraqueza, enfraquecimento.
anémico.- *(anemiko)* adj. anémico, fraco, débil.
anémona.- *(anemona)* s. anémona.
anestesia.- *(anestesia)* s. anestesia.
anestesiar.- *(anestesiar)* v. anestesiar.
anestesista.- *(anestesista)* s. anestesista.
anexión.- *(aneksion)* s. anexação, incorporação.
anexionar.- *(aneksionar)* v. anexar, juntar, incorporar.
anexo.- *(anekso)* adj. anexo, ligado, incorporado.
anfibio.- *(anfibio)* adj. anfíbio, ambíguo.
anfibología.- *(anfibolojia)* s. anfibiologia.
anfiteatro.- *(anfiteatro)* s. anfiteatro.
anfitrión.- *(anfitrion)* s. anfitrião.
ánfora.- *(anfora)* s. ânfora, vaso.
angarillas.- *(angarillas)* s. padiola, cangalhas.
ángel.- *(anjel)* s. anjo.
angelical.- *(anjelikal)* adj. angelical, angélico.
angina.- *(anjina)* s. angina.
anglicanismo.- *(anglikanismo)* s. anglicanismo.
anglicismo.- *(anglizismo)* s. anglicismo.
anglófilo.- *(anglofilo)* adj. anglófilo.
anglosajón.- *(anglosajon)* adj. anglo-saxão.
angora.- *(angora)* adj. angora.
angosto.- *(angosto)* adj. estreito, apertado, reduzido.
anguila.- *(angila)* s. enguia.
angular.- *(angular)* adj. angular.
ángulo.- *(angulo)* s. ângulo, aresta, esquina, canto.
anguloso.- *(anguloso)* adj. anguloso.
angustia.- *(angustia)* s. angústia, aflição, opressão, ansiedade, agonia.
angustiado.- *(angustiado)* adj. angustiado, amargurado, oprimido, ansioso.
angustiar.- *(angustiar)* v. angustiar, afligir, amargurar, entristecer.
anhelante.- *(anelante)* adj. anelante, desejoso.
anhelar.- *(anelar)* v. anelar, desejar, aspirar.
anhelo.- *(anelo)* s. anelo, desejo, aspiração, anseio.
anidar.- *(anidar)* v. aninhar.
anilina.- *(anilina)* s. anilina.
anilla.- *(anilla)* s. argola, aro de metal, anel.
anillo.- *(anillo)* s. anel.
ánima.- *(anima)* s. alma.
animación.- *(animazion)* s. animação, entusiasmo, alegria, vivacidade.
animado.- *(animado)* adj. animado, alegre, entusiasmo.
animador.- *(animador)* adj. animador.
animal.- *(animal)* s. animal, besta, fera.
animar.- *(animar)* v. animar, entusiasmar.
anímico.- *(animiko)* adj. anímico.
animismo.- *(animismo)* s. animismo.
ánimo.- *(animo)* s. ânimo, espírito, coragem.
animosidad.- *(animosidad)* s. animosidade, antipatia, aversão, inimizade.
animoso.- *(animoso)* adj. animoso, corajoso.

aniñado.- *(aniñado)* adj. pueril, infantil.
aniquilar.- *(anikilar)* v. aniquilar, exterminar, destruir, acabar.
anís.- *(anis)* s. anis.
aniversario.- *(anibersario)* s. aniversário.
ano.- *(ano)* s. ânus.
anoche.- *(anoche)* adv. ontem à noite.
anochecer.- *(anochezer)* v.y s. anoitecer, crepúsculo.
anodino.- *(anodino)* adj. anódino, inofensivo.
anomalía.- *(anomalia)* s. anomalia, anormalidade.
anómalo.- *(anomalo)* adj. anómalo, anormal.
anonadar.- *(anonadar)* v. reduzir a nada, aniquilar.
anonimato.- *(anonimato)* s. anonimato.
anónimo.- *(anonimo)* adj. anónimo, incógnito.
anorak.- *(anorak)* s. agasalho impermeável.
anormal.- *(anormal)* adj. anormal, extraordinário.
anormalidad.- *(anormalidad)* s. anormalidade, anomalia.
anotación.- *(anotazion)* s. anotação, advertência, minuta, comentário.
anotar.- *(anotar)* v. anotar, tomar notas, explicar.
ánsar.- *(ansar)* v. ganso.
ansia.- *(ansia)* s. ânsia, angústia, desejo, tormento, agonia, anseio.
ansiar.- *(ansiar)* v. ansiar, desejar, ambicionar.
ansiedad.- *(ansiedad)* s. ansiedade, angústia, incerteza.
ansioso.- *(ansioso)* adj. ansioso, ávido, desejoso, aflito, agoniado.
anta.- *(anta)* s. anta, tapir.
antagónico.- *(antagoniko)* adj. antagónico, oposto.
antagonismo.- *(antagonismo)* s. antagonismo, oposição.
antaño.- *(antaño)* adv. antanho, outrora.
antártico.- *(antartiko)* adj. antárctico.
ante.- *(ante)* s. anta, alce. / prep. ante.
anteanoche.- *(anteanoche)* adv. anteontem à noite.
anteayer.- *(anteayer)* adv. anteontem.
antebrazo.- *(antebrazo)* s. antebraço.
antecámara.- *(antekamara)* s. antecâmara.
antecedente.- *(antezedente)* s. antecedente, fato anterior.
anteceder.- *(antezeder)* v. anteceder, preceder.
antecesor.- *(antezesor)* s. antecessor.
antedicho.- *(antedicho)* adj. expresso, dito anteriormente.
antediluviano.- *(antedilubiano)* adj. antediluviano.
antelación.- *(antelazion)* s. antelação, antecipação.
antemano.- *(antemano)* adv. antemão, antecipadamente.
antena.- *(antena)* s. antena.
anteojo.- *(anteojo)* s. óculos, lente, luneta.
antepasado.- *(antepasado)* adj. antepassado, ancestral.
antepecho.- *(antepecho)* s. parapeito, peitoril.
antepenúltimo.- *(antepenultimo)* adj. antepenúltimo.
anteponer.- *(anteponer)* v. antepor, preferir.
anteproyecto.- *(anteproyecto)* s. anteprojecto.
anterior.- *(anterior)* adj. anterior, precedente.
antes.- *(antes)* adv. antes.
antesala.- *(antesala)* s. ante-sala.
antiaéreo.- *(antiaereo)* adj. antiaéreo.
antialcoholismo.- *(antialkoolismo)* s. antialcoolismo.
antiatómico.- *(antiatomiko)* adj. anti-atómico.
antibiótico.- *(antibiotiko)* adj. antibiótico.
anticipar.- *(antizipar)* v. antecipar, avançar, prevenir.
anticipo.- *(antizipo)* s. antecipação, adiantamento.
anticlericalismo.- *(antiklerikalismo)* adj. anticlericalismo.
anticoagulante.- *(antikoagulante)* adj. anticoagulante.
anticomunista.- *(antikomunista)* adj. anticomunista.
anticonceptivo.- *(antikonzeptibo)* adj. contraconceptivo, anticoncepcional.
anticongelante.- *(antikonjelante)* adj. anticongelante.
anticuado.- *(antikuado)* adj. antiquado, velho, obsoleto, ultrapassado.
anticuario.- *(antikuario)* s. antiquário, coleccionador de antiguidades.
anticuerpo.- *(antikuerpo)* s. anticorpo.
antídoto.- *(antidoto)* s. antídoto, contraveneno.
antiestético.- *(antiestetiko)* adj. anti-estético.
antifaz.- *(antifaz)* s. máscara, carapuça.
antigüedad.- *(antiguedad)* s. antiguidade, velhice.
antiguo.- *(antiguo)* adj. antigo, antiquado, obsoleto, velho, desusado.
antillano.- *(antillano)* adj. das Antilhas.
antílope.- *(antilope)* s. antílope.
antimonio.- *(antimonio)* s. antimónio.
antinomia.- *(antinomia)* s. antinomia, contradição.
antipara.- *(antipara)* s. anteparo, biombo.
antipatía.- *(antipatia)* s. antipatia, aversão, repulsa, birra.
antipático.- *(antipatiko)* adj. antipático, desagradável, detestável.
antipirético.- *(antipiretiko)* adj. antipirético.
antípoda.- *(antipoda)* s. antípoda.
antiquísimo.- *(antikisimo)* adj. antiquíssimo.
antirrábico.- *(antirrabiko)* adj. anti-rábico.
antirrobo.- *(antirrobo)* s. anti-roubo.
antisemita.- *(antisemita)* adj. anti-semita.
antisepsia.- *(antisepsia)* s. anti-sepsia.
antiséptico.- *(antiseptiko)* adj. anti-séptico.
antisocial.- *(antisozial)* adj. anti-social.
antítesis.- *(antitesis)* s. antítese, oposição, contraste.
antitoxina.- *(antitoksina)* s. antitoxina.

antojarse.- *(antojarse)* v. apetecer, desejar muito.
antojo.- *(antojo)* s. desejo, capricho, fantasia.
antología.- *(antolojia)* s. antologia, colectânea, selecta, selecção de texto.
antológico.- *(antolojiko)* adj. antológico.
antónimo.- *(antonimo)* s. antónimo.
antonomasia.- *(antonomasia)* s. antonomásia.
antorcha.- *(antorcha)* s. tocha, facho, farol.
antracita.- *(antrazita)* s. antracite.
ántrax.- *(antraks)* s. antraz, tumor.
antro.- *(antro)* s. antro, cova, covil.
antropofagia.- *(antropofajia)* s. antropofagia, canibalismo.
antropófago.- *(antropofago)* adj. antropófago, canibal.
antropoide.- *(antropoide)* adj. antropóide.
antropología.- *(antropolojia)* s. antropologia.
antropólogo.- *(antropologo)* s. antropólogo.
antropomorfo.- *(antropomorfo)* adj. antropomorfo.
anual.- *(anual)* adj. anual.
anualidad.- *(anualidad)* s. anualidade, anuidade.
anuario.- *(anuario)* s. anuário.
anubarrado.- *(anubarrado)* adj. nublado, anuviado, enevoado.
anudar.- *(anudar)* v. atar, juntar, dar nós.
anuencia.- *(anuenzia)* s. anuência, consentimento.
anulación.- *(anulazion)* s. anulação, revogação.
anular.- *(anular)* v. anular, invalidar, cancelar.
anunciación.- *(anunziazion)* s. anunciação, manifestação, notícia.
anunciar.- *(anunziar)* v. anunciar, noticiar, publicar.
anuncio.- *(anunzio)* s. anúncio, aviso, convocação, sinal.
anverso.- *(anberso)* s. anverso, frente, face.
anzuelo.- *(anzuelo)* s. anzol.
añadidura.- *(añadidura)* s. acréscimo, contrapeso, adição, aumento.
añadir.- *(añadir)* v. agregar, acrescentar, adicionar.
añejo.- *(añejo)* adj. antigo, velho, ancestral, antiquado.
añicos.- *(añikos)* s. pedaços, fragmentos.
añil.- *(añil)* s. anil.
año.- *(año)* s. ano.
añoranza.- *(añoranza)* s. nostalgia, saudade.
añorar.- *(añorar)* v. ter saudades, desejar.
aojar.- *(aojar)* v. encantar, fascinar, enfeitiçar.
aojo.- *(aojo)* v. encanto, fascinação, feitiço, quebranto.
aorta.- *(aorta)* s. aorta.
aovado.- *(aobado)* adj. oval, ovalado.
aovar.- *(aobar)* v. desovar.
apabullar.- *(apabullar)* v. esmagar, achatar.
apacentar.- *(apazentar)* v. apascentar, pastorear.
apacible.- *(apazible)* adj. aprazível, agradável.
apaciguar.- *(apaziguar)* v. apaziguar, desarmar, sossegar, pacificar.
apadrinar.- *(apadrinar)* v. apadrinhar.
apagado.- *(apagado)* adj. apagado, tímido, acanhado, extinto.
apagar.- *(apagar)* v. apagar, extinguir, aplacar, abafar.
apagón.- *(apagon)* s. blecaute, apagamento.
apalabrar.- *(apalabrar)* v. apalavrar, ajustar.
apalancar.- *(apalankar)* v. alavancar.
apalear.- *(apalear)* v. espancar, bater.
apandillar.- *(apandillar)* v. formar partidos.
apañado.- *(apañado)* adj. apanhado, colhido.
apañar.- *(apañar)* s. apanhar, colher, furtar.
aparador.- *(aparador)* s. aparador.
aparar.- *(aparar)* v. aparar, cortar.
aparato.- *(aparato)* s. aparato, ostentação, pompa, grandeza.
aparatoso.- *(aparatoso)* adj. aparatoso, grandioso, sumptuoso.
aparcamiento.- *(aparkamiento)* s. estacionamento.
aparcar.- *(aparkar)* v. estacionar, parar.
aparear.- *(aparear)* v. emparelhar, igualar, juntar.
aparecer.- *(aparezer)* v. aparecer, comparecer, surgir.
aparecimiento.- *(aparezimiento)* s. aparição, aparecimento, surgimento.
aparejador.- *(aparejador)* s. aparelhador, construtor.
aparejar.- *(aparejar)* v. aparelhar, preparar.
aparentar.- *(aparentar)* v. aparentar, fingir, enganar.
aparente.- *(aparente)* adj. aparente, falso, enganoso.
aparición.- *(aparizion)* s. aparição, visão, aparecimento.
apariencia.- *(aparienzia)* s. aparência, aspecto.
apartado.- *(apartado)* adj. afastado, distante.
apartamento.- *(apartamento)* s. apartamento, compartimento, aposento.
apartamiento.- *(apartamiento)* s. afastamento.
apartar.- *(apartar)* v. apartar, separar, afastar.
aparte.- *(aparte)* adv. à parte, separadamente.
apasionado.- *(apasionado)* adj. apaixonado, enamorado.
apasionar.- *(apasionar)* v. apaixonar.
apatía.- *(apatia)* s. apatia, indiferença, indolência.
apático.- *(apatiko)* adj. apático, indiferente, impassível, insensível.
apátrida.- *(apatrida)* s. apátrida.
apear.- *(apear)* v. apear, delimitar, demarcar.
apedreamiento.- *(apedreamiento)* s. apedrejamento.
apedrear.- *(apedrear)* v. apedrejar, lapidar.
apegarse.- *(apegarse)* v. apegar-se, agarrar-se.
apego.- *(apego)* s. apego, afeição, afecto.
apelación.- *(apelazion)* s. apelação.
apelar.- *(apelar)* v. apelar, recorrer, invocar, chamar.
apelativo.- *(apelatibo)* adj. apelativo.

apelmazar.- *(apelmazar)* v. condensar, comprimir.

apellidar.- *(apellidar)* v. apelidar, cognominar, nomear.

apellido.- *(apellido)* s. sobrenome.

apenar.- *(apenar)* v. causar pena, desgostar.

apenas.- *(apenas)* adv. apenas, unicamente, somente.

apéndice.- *(apendize)* s. apêndice.

apendicitis.- *(apendizitis)* s. apendicite.

apercibir.- *(aperzibir)* v. aperceber, dispor, avisar, perceber.

aperitivo.- *(aperitibo)* s. aperitivo, antepasto.

apertura.- *(apertura)* s. abertura, entrada, inauguração.

apesadumbrar.- *(apesadumbrar)* v. afligir, entristecer.

apestar.- *(apestar)* v. empestar, infectar.

apestillar.- *(apestillar)* v. agarrar, pegar.

apestoso.- *(apestoso)* adj. pestilento, fétido.

apetecer.- *(apetezer)* v. apetecer, desejar, pretender.

apetencia.- *(apetenzia)* s. apetência, apetite.

apetito.- *(apetito)* s. apetite, estímulo, desejo.

apetitoso.- *(apetitoso)* adj. apetitoso, saboroso, gostoso, tentador.

apiadarse.- *(apiadarse)* v. apiedar-se.

ápice.- *(apize)* s. ápice, auge, cume, vértice.

apicultor.- *(apikultor)* s. apicultor.

apicultura.- *(apikultura)* s. apicultura.

apilar.- *(apilar)* v. empilhar, amontoar.

apiñar.- *(apiñar)* v. apinhar, ajuntar, agregar.

apio.- *(apio)* s. aipo.

apisonar.- *(apisonar)* v. calcar.

aplacar.- *(aplakar)* v. aplacar, acalmar, tranquilizar.

aplanar.- *(aplanar)* v. aplanar, nivelar, igualar.

aplastar.- *(aplastar)* v. achatar, esmagar.

aplaudir.- *(aplaudir)* v. aplaudir, louvar.

aplauso.- *(aplauso)* s. aplauso, aclamação, louvor.

aplazamiento.- *(aplazamiento)* s. aprazamento, convocação.

aplazar.- *(aplazar)* v. aprazar, prorrogar, adiar, retardar.

aplicable.- *(aplikable)* adj. aplicável.

aplicación.- *(aplikazion)* s. aplicação, adaptação.

aplicado.- *(aplikado)* adj. aplicado, estudioso, atento, assíduo, dedicado.

aplicar.- *(aplikar)* v. aplicar, adaptar, adequar.

aplomo.- *(aplomo)* s. gravidade, serenidade, circunspecção.

apocalipsis.- *(apokalipsis)* s. apocalipse.

apocalíptico.- *(apokaliptiko)* adj. apocalíptico.

apocar.- *(apokar)* v. apoucar, diminuir, minguar, reduzir.

apócope.- *(apokope)* s. apócope.

apócrifo.- *(apokrifo)* adj. apócrifo, falso, suposto.

apoderado.- *(apoderado)* s. procurador, agente.

apoderado.- *(apoderado)* adj. apoderado.

apoderar.- *(apoderar)* v. apoderar, dar procuração, autorizar, encarregar.

apodo.- *(apodo)* v. apodo, alcunha.

apófisis.- *(apofisis)* s. apófise.

apogeo.- *(apojeo)* s. apogeu, auge, culminância.

apolillar.- *(apolillar)* v. roer.

apolítico.- *(apolitiko)* adj. apolítico.

apologético.- *(apolojetiko)* adj. apologético.

apología.- *(apolojia)* s. apologia, defesa, elogio.

apologista.- *(apolojista)* adj. apologista.

apoltronarse.- *(apoltronarse)* v. tornar-se preguiçoso.

apoplejía.- *(apoplejia)* s. apoplexia.

aporrear.- *(aporrear)* v. espancar, bater.

aportación.- *(aportazion)* s. contribuição.

aportar.- *(aportar)* v. contribuir, ocasionar.

aposentar.- *(aposentar)* v. hospedar, alojar.

aposento.- *(aposento)* s. aposento, casa, moradia, quarto.

apósito.- *(aposito)* s. apósito, compressa.

apostar.- *(apostar)* v. apostar, competir, arriscar.

apóstata.- *(apostata)* s. apóstata.

apostilla.- *(apostilla)* s. apostila, comentário, anotação.

apostillar.- *(apostillar)* v. apostilar, comentar.

apóstol.- *(apostol)* s. apóstolo, missionário.

apostolado.- *(apostolado)* s. apostolado, missão.

apostólico.- *(apostoliko)* adj. apostólico.

apóstrofe.- *(apostrofe)* v. apóstrofe.

apoteósico.- *(apoteosiko)* adj. apoteótico, consagrador.

apoteosis.- *(apoteosis)* s. apoteose, consagração.

apoyar.- *(apoyar)* v. apoiar, sustentar, colaborar, amparar.

apoyo.- *(apoyo)* s. apoio, arrimo, amparo, favor, base, descanso.

apreciable.- *(apreziable)* adj. apreciável, digno, admirável.

apreciación.- *(apreziazion)* s. apreciação, admiração, estima.

apreciar.- *(apreziar)* v. apreciar, avaliar, julgar.

aprecio.- *(aprezio)* s. apreço, consideração, estima.

aprehender.- *(apreender)* v. apreender, prender.

aprehensión.- *(apreension)* s. apreensão, percepção.

apremiar.- *(apremiar)* v. apressar, acelerar.

aprender.- *(aprender)* v. aprender, estudar, instruir-se.

aprendiz.- *(aprendiz)* s. aprendiz, estagiário. / adj. principiante, novato, calouro.

aprendizaje.- *(aprendizaje)* s. aprendizagem.

aprensión.- *(aprension)* s. apreensão, receio, temor.

aprensivo.- *(aprensibo)* adj. apreensivo, receoso, preocupado.

apresamiento.- *(apresamiento)* s. captura, detenção, prisão.

apresar.- *(apresar)* v. capturar, deter, prender, agarrar.
aprestar.- *(aprestar)* v. preparar, equipar, dispor.
apresurar.- *(apresurar)* v. apressar, acelerar, activar.
apretado.- *(apretado)* adj. apertado.
apretar.- *(apretar)* v. apertar, marrar, estreitar.
apretón.- *(apreton)* s. apertão.
aprieto.- *(aprieto)* s. aperto, perigo.
aprisa.- *(aprisa)* adv. às pressas, velozmente.
aprisionar.- *(aprisionar)* v. aprisionar, capturar, prender.
aprobación.- *(aprobazion)* s. aprovação, permissão, adesão.
aprobado.- *(aprobado)* adj. aprovado, habilitado.
aprobar.- *(aprobar)* v. aprovar, admitir, autorizar, habilitar.
apropiación.- *(apropiazion)* s. apropriação.
apropiado.- *(apropiado)* adj. apropriado, próprio.
apropiar.- *(apropiar)* v. apropriar, acomodar, atribuir.
aprovechable.- *(aprobechable)* adj. aproveitável, útil.
aprovechado.- *(aprobechado)* adj. aproveitado, utilizado.
aprovechar.- *(aprobechar)* v. aproveitar, ganhar.
aprovisionamiento.- *(aprobisionamiento)* s. aprovisionamento, abastecimento.
aprovisionar.- *(aprobisionar)* v. aprovisionar, prover, abastecer.
aproximación.- *(aproksimazion)* s. aproximação, proximidade.
aproximado.- *(aproksimado)* adj. aproximado, próximo, chegado.
aproximar.- *(aproksimar)* v. aproximar.
aproximativo.- *(aproksimatibo)* adj. aproximativo.
aptitud.- *(aptitud)* s. aptidão, habilidade, jeito, queda.
apto.- *(apto)* adj. apto, hábil, conveniente.
apuesta.- *(apuesta)* s. aposta.
apuesto.- *(apuesto)* adj. enfeitado, aplicado.
apuntalar.- *(apuntalar)* v. escorar.
apuntamiento.- *(apuntamiento)* s. apontamento, anotação.
apuntar.- *(apuntar)* v. apontar, anotar, aguçar, fazer pontaria.
apunte.- *(apunte)* s. apontamento, nota, anotação.
apuñalar.- *(apuñalar)* v. apunhalar, esfaquear.
apurado.- *(apurado)* adj. apurado, exacto, esmerado.
apurar.- *(apurar)* v. apurar, purificar, escolher, seleccionar.
apuro.- *(apuro)* s. apuro, aperto, aflição.
aquejar.- *(akejar)* v. afligir, magoar.
aquel.- *(akel)* pron. e adj. aquele.
aquella.- *(akella)* pron. e adj. aquela.
aquello.- *(akello)* pron. e adj. aquilo.
aquí.- *(aki)* adv. aqui, neste lugar.
aquietar.- *(akietar)* v. aquietar, sossegar, acomodar.
ara.- *(ara)* s. ara, altar, lugar sagrado.
árabe.- *(arabe)* adj. árabe.
arabesco.- *(arabesko)* s. arabesco.
arábigo.- *(arabigo)* adj. arábico, árabe, mouro.
arado.- *(arado)* s. arado, charrua.
arancel.- *(aranzel)* s. tarifa.
arancelario.- *(aranzelario)* adj. tarifário.
arandela.- *(arandela)* s. arandela, candelabro.
araña.- *(araña)* s. aranha, lustre, candelabro.
arañar.- *(arañar)* v. arranhar, riscar.
arañazo.- *(arañazo)* s. arranhão.
arar.- *(arar)* v. arar, lavrar a terra.
arbitraje.- *(arbitraje)* s. arbitragem, arbitramento, julgamento.
arbitrar.- *(arbitrar)* v. arbitrar, julgar, dirigir jogos.
arbitrariedad.- *(arbitrariedad)* s. arbitrariedade, injustiça.
arbitrario.- *(arbitrario)* adj. arbitrário, despótico.
árbitro.- *(arbitro)* s. árbitro, juiz.
árbol.- *(arbol)* s. árvore.
arbolado.- *(arbolado)* adj. arborizado, arvoredo, bosque.
arbusto.- *(arbusto)* s. arbusto.
arca.- *(arka)* s. arca, baú, cofre.
arcada.- *(arkada)* s. arcada, série de arcos, náusea.
arcaico.- *(arkaiko)* adj. arcaico, antiquado, antigo.
arcaísmo.- *(arkaismo)* s. arcaísmo.
arcángel.- *(arkanjel)* s. arcanjo.
arcano.- *(arkano)* s. arcano, segredo profundo.
arcilla.- *(arzilla)* s. argila, barro.
arcilloso.- *(arzilloso)* adj. argiloso, barrento.
arco.- *(arko)* s. arco, curva.
archidiócesis.- *(archidiozesis)* s. arquidiocese.
archipiélago.- *(archipielago)* s. arquipélago.
archivador.- *(archibador)* s. arquivista, classificador.
archivero.- *(archibero)* s. arquivista.
archivo.- *(archibo)* s. arquivo, depósito.
arder.- *(arder)* v. arder, abrasar, queimar.
ardid.- *(ardid)* s. ardil, armadilha, emboscada.
ardiente.- *(ardiente)* adj. ardente, tórrido, abrasador.
ardilla.- *(ardilla)* s. esquilo.
ardor.- *(ardor)* s. ardor, calor, afã, paixão.
ardoroso.- *(ardoroso)* adj. ardoroso, ardente, intenso, fogoso.
arduo.- *(arduo)* adj. árduo, difícil, penoso, trabalhoso.
área.- *(area)* s. área, espaço, superfície, zona, campo.
arena.- *(arena)* s. areia, pó.
arenal.- *(arenal)* s. areal.
arenga.- *(arenga)* s. arenga, palavreado.
arenoso.- *(arenoso)* adj. arenoso, areento.
arenque.- *(arenke)* s. arenque.
argamasa.- *(argamasa)* s. argamassa.

argelino.- *(arjelino)* adj. argelino.
argénteo.- *(arjenteo)* adj. argênteo, prateado.
argentino.- *(arjentino)* adj. argentino.
argolla.- *(argolla)* s. argola, aro, elo.
argucia.- *(arguzia)* s. argúcia, perspicácia, subtileza.
argüir.- *(arguir)* v. arguir, deduzir, provar.
argumentación.- *(argumentazion)* s. argumentação, alegação.
argumentar.- *(argumentar)* v. argumentar, discutir, alegar.
argumento.- *(argumento)* s. argumento, assunto.
aria.- *(aria)* s. ária.
aridez.- *(aridez)* s. aridez, secura, esterilidade.
árido.- *(arido)* adj. árido, seco, estéril.
aries.- *(aries)* s. áries.
ario.- *(ario)* adj. ariano.
arisco.- *(arisko)* adj. arisco, esquivo, áspero.
arista.- *(arista)* s. aresta.
aristocracia.- *(aristokrazia)* s. aristocracia, nobreza.
aristócrata.- *(aristokrata)* s. aristocrata, nobre, fidalgo.
aristocrático.- *(aristokratiko)* adj. aristocrático, nobre, fino, distinto.
aristotélico.- *(aristoteliko)* adj. aristotélico.
aritmética.- *(aritmetika)* s. aritmética.
aritmético.- *(aritmetiko)* adj. aritmético.
arma.- *(arma)* s. arma.
armada.- *(armada)* s. armada, esquadra.
armadía.- *(armadia)* s. jangada.
armadillo.- *(armadillo)* s. tatu.
armador.- *(armador)* s. armador.
armadura.- *(armadura)* s. armadura, armação.
armamento.- *(armamento)* s. armamento, arsenal.
armar.- *(armar)* v. armar, munir, equipar, aparelhar.
armario.- *(armario)* s. armário, móvel.
armazón.- *(armazon)* s. armação, esqueleto.
armería.- *(armeria)* s. armaria, depósito de armas.
armero.- *(armero)* s. armeiro.
armiño.- *(armiño)* s. arminho.
armisticio.- *(armistizio)* s. armistício, trégua.
armonía.- *(armonia)* s. harmonia, acordo, fraternidade.
armónica.- *(armonika)* s. harmónica.
armónico.- *(armoniko)* adj. harmónico, harmonioso, melodioso.
armonioso.- *(armonioso)* adj. harmonioso, sonoro, agradável.
armonizar.- *(armonizar)* v. harmonizar, acordar, assentar.
árnica.- *(arnika)* s. arnica.
aro.- *(aro)* s. aro, argola.
aroma.- *(aroma)* s. aroma, perfume, cheiro, odor, fragrância.
aromático.- *(aromatiko)* adj. aromático, perfumado, fragrante.
aromatizar.- *(aromatizar)* v. aromatizar, perfumar.
arpa.- *(arpa)* s. harpa.
arpegio.- *(arpejio)* s. arpejo.
arpía.- *(arpia)* s. hárpia.
arpón.- *(arpon)* s. arpão.
arquear.- *(arkear)* v. arquear, curvar, encurvar.
arqueología.- *(arkeolojia)* s. arqueologia.
arqueológico.- *(arkeolojiko)* adj. arqueológico.
arqueólogo.- *(arkeologo)* s. arqueólogo.
arquero.- *(arkero)* s. arqueiro.
arquetipo.- *(arketipo)* s. arquétipo, modelo, padrão.
arquitecto.- *(arkitekto)* s. arquitecto.
arquitectónico.- *(arkitektoniko)* adj. arquitectónico.
arquitectura.- *(arkitektura)* s. arquitectura.
arrabal.- *(arrabal)* s. arrabalde, subúrbio, cercanias.
arrabalero.- *(arrabalero)* s. suburbano. / adj. vulgar, grosseiro.
arrabio.- *(arrabio)* s. fundido.
arraigar.- *(arraigar)* v. arraigar, enraizar.
arrancar.- *(arrankar)* v. arrancar, extorquir, separar, extirpar.
arranque.- *(arranke)* s. arranque, arrancada.
arras.- *(arras)* s. penhor, sinal, doação.
arrasar.- *(arrasar)* v. arrasar, aplanar, nivelar, demolir, derrubar.
arrastrar.- *(arrastrar)* v. arrastar, impelir, atrelar.
arrastre.- *(arrastre)* s. arrasto.
arrayán.- *(arrayan)* s. murta.
arrear.- *(arrear)* v. arrear, apressar, estimular.
arrebañar.- *(arrebañar)* v. arrebanhar, recolher.
arrebatado.- *(arrebatado)* adj. arrebatado, precipitado, fogoso, impetuoso.
arrebatar.- *(arrebatar)* v. arrebatar, precipitar, irritar, arrancar.
arrebato.- *(arrebato)* s. arrebato, arrebatamento.
arrebol.- *(arrebol)* s. arrebol, cor vermelha.
arrebujar.- *(arrebujar)* v. amarrotar, agasalhar-se.
arreciar.- *(arreziar)* v. aumentar, fortalecer.
arrecife.- *(arrezife)* s. recite, banco de areia.
arredrar.- *(arredrar)* v. arredar, afastar, apartar.
arreglado.- *(arreglado)* adj. regulado, regrado, arranjado.
arreglar.- *(arreglar)* v. regular, ajustar, arrumar, compor.
arreglo.- *(arreglo)* s. regra, ordem, arranjo, concerto.
arremangar.- *(arremangar)* v. arregaçar.
arremeter.- *(arremeter)* v. arremeter, investir, agredir, embater, atacar.
arremetida.- *(arremetida)* s. arremetida.
arremolinarse.- *(arremolinarse)* v. amontoar-se, apinhar-se.
arrendador.- *(arrendador)* s. arrendador.

arrendamiento.- *(arrendamiento)* s. arrendamento.
arrendar.- *(arrendar)* v. arrendar, alugar.
arrendatario.- *(arrendatario)* s. arrendatário.
arreo.- *(arreo)* s. arreio, rédea.
arrepentido.- *(arrepentido)* adj. arrependido, contrito.
arrepentimiento;*(arrepentimiento)* s. arrependimento, contrição, pesar, remorso.
arrepentirse.- *(arrepentirse)* v. arrepender-se.
arrestado.- *(arrestado)* adj. detido, preso, apreendido, embargado.
arrestar.- *(arrestar)* v. prender, deter, arrestar, embargar.
arresto.- *(arresto)* s. arresto, detenção.
arriar.- *(arriar)* v. arriar, afrouxar.
arriba.- *(arriba)* adv. em cima, para cima.
arribada.- *(arribada)* s. arribação.
arribar.- *(arribar)* v. arribar, atracar, ancorar, chegar.
arribista.- *(arribista)* adj. arrivista, oportunista.
arriero.- *(arriero)* s. arrieiro.
arriesgado.- *(arriesgado)* adj. arriscado, perigoso.
arriesgar.- *(arriesgar)* v. arriscar, aventurar, expor.
arrimar.- *(arrimar)* v. arrimar, aproximar, encostar, apoiar.
arrimo.- *(arrimo)* s. arrimo, apoio, encosto, amparo.
arrinconar.- *(arrinkonar)* v. encurralar, acuar.
arritmia.- *(arritmia)* s. arritmia.
arrítmico.- *(arritmiko)* adj. arrítmico.
arroba.- *(arroba)* s. arroba.
arrobamiento.- *(arrobamiento)* s. arroubamento, êxtase.
arrobar.- *(arrobar)* v. elevar, entusiasmar, extasiar.
arrodillar.- *(arrodillar)* v. ajoelhar.
arrogancia.- *(arroganzia)* s. arrogância.
arrogante.- *(arrogante)* adj. arrogante, pretensioso, insolente, altivo.
arrogarse.- *(arrogarse)* v. arrogar-se, atribuir-se.
arrojado.- *(arrojado)* adj. arrojado, empreendedor, audacioso, decidido.
arrojar.- *(arrojar)* v. arrojar, arremessar, lançar.
arrojo.- *(arrojo)* s. arrojo, ímpeto, ousadia, atrevido.
arrollador.- *(arrollador)* adj. arrolador, enrolado.
arrollar.- *(arrollar)* v. enrolar, rolar, envolver.
arropar.- *(arropar)* v. agasalhar, abafar.
arrostrar.- *(arrostrar)* v. encarar, afrontar, enfrentar.
arroyo.- *(arroyo)* s. arroio, riacho, regato, ribeiro, córrego.
arroz.- *(arroz)* s. arroz.
arrozal.- *(arrozal)* s. arrozal.
arruga.- *(arruga)* s. ruga, dobra, prega, franzimento.
arrugar.- *(arrugar)* v. enrugar, franzir, encrespar, amarrotar.
arruinar.- *(arruinar)* v. arruinar, empobrecer, destruir, estragar.
arrullar.- *(arrullar)* v. arrulhar, sussurrar.
arrullo.- *(arrullo)* s. arrulho, sussurro.
arsenal.- *(arsenal)* s. arsenal, depósito.
arsénico.- *(arseniko)* s. arsénico.
arte.- *(arte)* s. arte, cautela, astúcia, método, habilidade, destreza.
artefacto.- *(artefakto)* s. artefacto.
artejo.- *(artejo)* s. falange.
arteria.- *(arteria)* s. artéria.
arterial.- *(arterial)* adj. arterial.
arteriosclerosis.-*(arteriosklerosis)* s. arteriosclerose.
artesanal.- *(artesanal)* adj. artesanal, manual.
artesanía.- *(artesania)* s. artesanato.
artesano.- *(artesano)* s. artesão, artífice.
ártico.- *(artiko)* adj. árctico, boreal.
articulación.- *(artikulazion)* s. articulação, junção.
articulado.- *(artikulado)* adj. articulado.
articular.- *(artikular)* v. articular, unir, ligar, juntar.
artículo.- *(artikulo)* s. artigo.
artífice.- *(artifize)* s. artífice, artesão, artista, autor.
artificial.- *(artifizial)* adj. artificial, falso, fingido.
artificiero.- *(artifiziero)* s. artífice, fogueteiro.
artificio.- *(artifizio)* s. artifício, produto de arte, astúcia, ardil.
artilleria.- *(artilleria)* s. artilharia.
artillero.- *(artillero)* s. artilheiro, atacante.
artimaña.- *(artimaña)* s. artimanha, ardil, astúcia.
artista.- *(artista)* s. artista, artífice. / adj. engenhoso, artístico.
artritis.- *(artritis)* s. artrite.
arzobispado.- *(arzobispado)* s. arcebispado.
arzobispo.- *(arzobispo)* s. arcebispo.
asa.- *(asa)* s. asa, pegadoiro.
asado.- *(asado)* adj. assado.
asador.- *(asador)* s. assador, espeto, assadeira, tabuleiro para assar.
asadura.- *(asadura)* s. entranhas, vísceras, fígado, bofe.
asalariado.- *(asalariado)* adj. assalariado. / s. trabalhador.
asalariar.- *(asalariar)* v. assalariar, pagar salário.
asaltante.- *(asaltante)* s. assaltante, atacante.
asaltar.- *(asaltar)* v. assaltar, atacar, acometer, avançar.
asalto.- *(asalto)* s. assalto, investida, avanço.
asamblea.- *(asamblea)* s. assembleia, junta, reunião, congresso.
asar.- *(asar)* v. assar, torrar, abrasar.
ascendencia.- *(aszendenzia)* s. ascendência, família, linhagem, influência.
ascender.- *(aszender)* v. ascender, subir, elevar-se.
ascendiente.- *(aszendiente)* s. ascendente, antecedente.
ascensión.- *(aszension)* s. ascensão, subida, elevação, promoção.

ascenso.- *(aszenso)* s. ascensão, subida.
ascensor.- *(aszensor)* s. elevador.
ascensorista.- *(aszensorista)* s. ascensorista.
asco.- *(asko)* s. asco, nojo, náusea, repugnância.
ascua.- *(askua)* s. brasa, carvão ardente.
aseado.- *(aseado)* adj. asseado, limpo.
asear.- *(asear)* v. assear, limpar.
asechanza.- *(asechanza)* s. armadilha, cilada.
asediar.- *(asediar)* v. assediar, sitiar, bloquear.
asedio.- *(asedio)* s. assédio, cerco.
asegurar.- *(asegurar)* v. assegurar, garantir.
asemejar.- *(asemejar)* v. assemelhar, semelhar, parecer.
asenso.- *(asenso)* s. assenso, assentimento.
asentado.- *(asentado)* adj. sentado, situado, estável.
asentamiento.- *(asentamiento)* s. assentamento, juízo.
asentar.- *(asentar)* v. assentar, afirmar, pressupor, consolidar.
asentimiento.- *(asentimiento)* s. assentimento, anuência, aprovação.
asentir.- *(asentir)* v. assentir, consentir, concordar, afirmar.
aseo.- *(aseo)* s. asseio, limpeza, esmero.
asepsia.- *(asepsia)* s. assepsia, esterilização.
aséptico.- *(aseptiko)* adj. asséptico, esterilizado.
asequible.- *(asekible)* adj. acessível, exequível, fácil.
aserción.- *(aserzion)* s. asserção, afirmativa, enunciado, proposição.
aserradero.- *(aserradero)* s. serraria.
aserrador.- *(aserrador)* s. serrador.
aserrar.- *(aserrar)* v. serrar, cortar com serra.
asesinar.- *(asesinar)* v. assassinar, matar, eliminar, trucidar.
asesinato.- *(asesinato)* s. assassinato, homicídio.
asesino.- *(asesino)* s. assassino, homicida.
asesor.- *(asesor)* s. assessor, auxiliar. / adj. adjunto, conselheiro.
asesoramiento.- *(asesoramiento)* s. assessoramento, assessoria.
asesorar.- *(asesorar)* v. assessorar, aconselhar, auxiliar.
asesoría.- *(asesoria)* s. assessoria.
aseveración.- *(aseberazion)* s. asseveração, afirmação.
aseverar.- *(aseberar)* v. asseverar, afirmar, certificar.
asexuado.- *(aseksuado)* adj. assexuado.
asfaltado.- *(asfaltado)* adj. asfaltado.
asfaltar.- *(asfaltar)* v. asfaltar, revestir, pavimentar.
asfalto.- *(asfalto)* s. asfalto.
asfixia.- *(asfiksia)* s. asfixia, sufoco.
asfixiar.- *(asfiksiar)* v. asfixiar, sufocar, estrangular.
así.- *(asi)* adv. assim.
asiático.- *(asiatiko)* adj. asiático.
asiduidad.- *(asiduidad)* s. assiduidade, frequência, empenho.
asiduo.- *(asiduo)* adj. assíduo, frequente, pontual.
asiento.- *(asiento)* s. assento, cadeira, banco.
asignación.- *(asijnazion)* s. vencimento, consignação, destinação.
asignar.- *(asijnar)* v. destinar, nomear, atribuir, assinalar.
asignatura.- *(asijnatura)* s. cadeira, disciplina, programa universitário.
asilado.- *(asilado)* adj. asilado, albergado, recolhido.
asilar.- *(asilar)* v. asilar, abrigar, albergar.
asilo.- *(asilo)* s. asilo, albergue, abrigo.
asimetría.- *(asimetria)* s. assimetria.
asimétrico.- *(asimetriko)* adj. assimétrico.
asimilable.- *(asimilable)* adj. assimilável.
asimilación.- *(asimilazion)* s. assimilação, semelhança.
asimilar.- *(asimilar)* v. assimilar, acomodar, assemelhar.
asimismo.- *(asimismo)* adv. deste modo, do mesmo modo.
asir.- *(asir)* v. agarrar, pegar, segurar, prender.
asirio.- *(asirio)* adj. assírio.
asistencia.- *(asistenzia)* s. assistência, auxilio, ajuda.
asistencial.- *(asistenzial)* adj. assistencial.
asistenta.- *(asistenta)* s. criada, empregada, doméstica.
asistente.- *(asistente)* adj. assistente, auxiliar, ajudante.
asistir.- *(asistir)* v. assistir, estar presente.
asma.- *(asma)* s. asma.
asmático.- *(asmatiko)* adj. asmático.
asno.- *(asno)* s. asno, burro.
asociación.- *(asoziazion)* s. associação, sociedade.
asociado.- *(asoziado)* adj. associado, sócio, parceiro.
asociar.- *(asoziar)* v. associar, agregar, aliar.
asolar.- *(asolar)* v. assolar, arrasar, exterminar, destruir.
asomar.- *(asomar)* v. assomar, despontar, aparecer, indicar, apontar.
asombrar.- *(asombrar)* v. assombrar, maravilhar, espantar, admirar.
asombro.- *(asombro)* s. assombro, admiração, espanto, estranheza.
asomo.- *(asomo)* s. assomo, indício, suspeita.
aspecto.- *(aspekto)* s. aspecto, aparência.
aspereza.- *(aspereza)* s. aspereza, rudeza, severidade.
asperjar.- *(asperjar)* v. aspergir.
áspero.- *(aspero)* adj. áspero, rugoso, duro, rigoroso, austero.
aspersión.- *(aspersion)* s. aspersão.
aspiración.- *(aspirazion)* s. aspiração, desejo, anelo, ambição.

aspirador.- *(aspirador)* adj. aspirador.

aspirante.- *(aspirante)* s. aspirante.

aspirar.- *(aspirar)* v. aspirar, desejar, sorver, inalar, pretender.

aspirina.- *(aspirina)* s. aspirina.

asqueroso.- *(askeroso)* adj. asqueroso, repugnante, repelente, sórdido.

asta.- *(asta)* s. haste, lança, chifre.

astenia.- *(astenia)* v. astenia, fraqueza.

asténico.- *(asteniko)* adj. asténico.

asterisco.- *(asterisko)* s. asterisco.

asteroide.- *(asteroide)* s. asteróide, pequeno astro.

astigmatismo.- *(astijmatismo)* adj. astigmatismo.

astilla.- *(astilla)* s. lasca, estilhaço, fragmento.

astillar.- *(astillar)* v. estilhaçar, despedaçar, fragmentar.

astillazo.- *(astillazo)* s. estilhaço, fragmento.

astillero.- *(astillero)* s. estaleiro, depósito de madeira.

astral.- *(astral)* adj. astral, sideral.

astringencia.- *(astrinjenzia)* s. adstringência.

astringente.- *(astrinjente)* adj. adstringente.

astringir.- *(astrinjir)* v. adstringir, contrair, apertar, estreitar.

astro.- *(astro)* s. astro, corpo celeste.

astrofísica.- *(astrofisika)* v. astrofísica.

astrología.- *(astrolojia)* s. astrologia.

astrólogo.- *(astrologo)* s. astrólogo.

astronauta.- *(astronauta)* s. astronauta.

astronomía.- *(astronomia)* s. astronomia.

astronómico.- *(astronomiko)* adj. astronómico.

astrónomo.- *(astronomo)* s. astrónomo.

astroso.- *(astroso)* adj. desastroso, desgraça.

astucia.- *(astuzia)* s. astúcia, sagacidade, esperteza.

astuto.- *(astuto)* adj. astuto, hábil, esperto, sagaz.

asumir.- *(asumir)* v. assumir, atribuir-se, encarregar-se.

asunto.- *(asunto)* s. assunto, tema, motivo, argumento.

asustado.- *(asustado)* adj. assustado, inquieto, intimidado, amedrontado.

asustar.- *(asustar)* v. assustar, intimidar, inquietar, amedrontar.

atacante.- *(atakante)* adj. atacante, agressor.

atacar.- *(atakar)* v. atacar, acometer, agredir.

atado.- *(atado)* adj. atado, amarrado.

atadura.- *(atadura)* s. atadura.

atajar.- *(atajar)* v. atalhar, interceptar, deter, separar.

atajo.- *(atajo)* s. atalho, vereda.

atalaya.- *(atalaya)* s. atalaia, sentinela.

atañer.- *(atañer)* v. corresponder, tocar, pertencer.

ataque.- *(atake)* s. ataque, assalto, investida, agressão, arremesso.

atar.- *(atar)* v. atar, ligar, unir, amarrar, cingir.

atarantar.- *(atarantar)* v. atarantar, atordoar, perturbar, atrapalhar.

atardecer.- *(atardezer)* v. e s. entardecer, a tardinha.

atareado.- *(atareado)* adj. atarefado, ocupado.

atarear.- *(atarear)* v. atarefar, dar tarefa.

atascar.- *(ataskar)* v. atolar, calafetar, entupir.

ataúd.- *(ataud)* s. ataúde, féretro, esquife.

ataviar.- *(atabiar)* v. ataviar, adornar, embelezar, enfeitar, ornar.

atavío.- *(atabio)* s. adorno, enfeite, ornamento.

atavismo.- *(atabismo)* s. atavismo.

ateísmo.- *(ateismo)* s. ateísmo.

atemorizar.- *(atemorizar)* v. atemorizar, assustar, espantar.

atemperar.- *(atemperar)* v. temperar, suavizar, conciliar, restabelecer.

atención.- *(atencion)* s. atenção, cortesia, consideração, deferência.

atender.- *(atender)* v. atender, considerar, observar, notar.

atenerse.- *(atenerse)* v. ater-se, aderir.

atentado.- *(atentado)* adj. atentado.

atentar.- *(atentar)* v. atentar, cometer um atentado, tentar.

atento.- *(atento)* adj. atento, cortês, atencioso, educado.

atenuación.- *(atenuazion)* s. atenuação, suavização.

atenuante.- *(atenuante)* adj. atenuante.

atenuar.- *(atenuar)* v. atenuar, desvanecer, enfraquecer.

ateo.- *(ateo)* adj. ateu, ímpio.

aterciopelado.- *(aterziopelado)* adj. aveludado.

aterirse.- *(aterirse)* v. inteiriçar-se, ficar hirto, enregelar-se.

aterrar.- *(aterrar)* v. espantar, apavorar, aterrorizar.

aterrizaje.- *(aterrizaje)* s. aterrissagem, pouso.

aterrizar.- *(aterrizar)* v. aterrizar, pousar.

aterrorizar.- *(aterrorizar)* v. aterrorizar, aterrar, apavorar, assustar.

atesorar.- *(atesorar)* v. entesourar, acumular.

atestado.- *(atestado)* s. atestado, declaração.

atestar.- *(atestar)* v. atestar, certificar.

atestiguar.- *(atestiguar)* v. testemunhar, atestar.

atiborrar.- *(atiborrar)* v. atulhar.

ático.- *(atiko)* s. ático, água-furtada.

atildar.- *(atildar)* v. ornar, enfeitar. / pontuar, acentuar.

atinar.- *(atinar)* v. atinar, conseguir, encontrar.

atisbar.- *(atisbar)* v. observar, espreitar.

atizar.- *(atizar)* v. atiçar, atear fogo, avivar.

atlántico.- *(atlantiko)* adj. atlântico.

atlas.- *(atlas)* s. atlas, colecção de mapas.

atleta.- *(atleta)* s. atleta.

atlético.- *(atletiko)* adj. atlético.

atmósfera.- *(atmosfera)* s. atmosfera.

atmosférico.- *(atmosferiko)* adj. atmosférico.

atolladero.- *(atolladero)* s. atoleiro, lodaçal, pântano.

atollar.- *(atollar)* v. atolar, encalhar.

atolondrar.- *(atolondrar)* v. estontear, aturdir, atordoar, desorientar.

atómico.- *(atomiko)* adj. atómico.

átomo.- *(atomo)* s. átomo.

atonía.- *(atonia)* s. atonia.

atónito.- *(atonito)* adj. atónito, espantado, aturdido.

átono.- *(atono)* adj. átono.

atontamiento.- *(atontamiento)* s. atordoamento, espanto.

atontar.- *(atontar)* v. atordoar, estontear, espantar.

atormentar.- *(atormentar)* v. atormentar, torturar, afligir, importunar.

atornillar.- *(atornillar)* v. atarraxar, parafusar.

atosigar.- *(atosigar)* v. intoxicar, envenenar.

atracadero.- *(atrakadero)* s. atracadouro.

atracar.- *(atrakar)* v. atracar, aproximar, assaltar, fartar, encher.

atracción.- *(atrakzion)* v. atracção.

atraco.- *(atrako)* v. assalto, roubo.

atractivo.- *(atraktibo)* adj. atractivo, atraente, encantador.

atraer.- *(atraer)* v. atrair.

atragantar.- *(atragantar)* v. engasgar, afogar.

atrancar.- *(atrankar)* v. trancar, atravancar, empacar.

atrapar.- *(atrapar)* v. apanhar, pegar.

atrás.- *(atras)* adv. atrás, detrás, anteriormente.

atrasado.- *(atrasado)* adj. atrasado.

atrasar.- *(atrasar)* v. atrasar, retardar, demorar.

atraso.- *(atraso)* s. atraso, decadência, demora, retardo.

atravesar.- *(atrabesar)* v. atravessar, cruzar, trespassar.

atrayente.- *(atrayente)* adj. atraente, magnético.

atreverse.- *(atreberse)* v. atrever-se, ousar, arriscar.

atrevido.- *(atrebido)* adj. atrevido, audacioso, ousado.

atrevimiento.- *(atrebimiento)* s. atrevimento, ousadia, audácia.

atribución.- *(atribuzion)* s. atribuição, direito, autoridade, competência.

atribuir.- *(atribuir)* v. atribuir, conceder, conferir, dar.

atribular.- *(atribular)* v. atribular, afligir, angustiar, maltratar.

atributo.- *(atributo)* s. atributo, qualidade, condição.

atril.- *(atril)* s. atril.

atrio.- *(atrio)* s. átrio, vestíbulo.

atrocidad.- *(atrozidad)* s. atrocidade, crueldade, ferocidade.

atrofia.- *(atrofia)* s. atrofia, enfraquecimento.

atrofiar.- *(atrofiar)* v. atrofiar, enfraquecer, tolher.

atronar.- *(atronar)* v. atordoar, abalar, troar, retumbar.

atropellar.- *(atropellar)* v. atropelar, derrubar.

atropello.- *(atropello)* s. atropelo, transgressão.

atroz.- *(atroz)* adj. atroz, cruel, desumano.

atún.- *(atun)* s. atum.

aturar.- *(aturar)* v. aturar, suportar, tolerar.

aturdido.- *(aturdido)* adj. aturdido, atordoado, perturbado.

aturdir.- *(aturdir)* v. aturdir, atordoar, perturbar, espantar.

atusar.- *(atusar)* v. aparar, podar.

audacia.- *(audazia)* s. audácia, ousadia, atrevimento, arrojo.

audaz.- *(audaz)* adj. audaz, atrevido, arrojado.

audible.- *(audible)* adj. audível.

audición.- *(audizion)* s. audição.

audiencia.- *(audienzia)* s. audiência, sessão de um tribunal, auditório.

auditor.- *(auditor)* s. auditor, ouvinte, magistrado.

auditoría.- *(auditoria)* s. auditoria.

auge.- *(auje)* s. auge, apogeu, ápice.

augurar.- *(augurar)* v. augurar, prognosticar, pressagiar, vaticinar.

augurio.- *(augurio)* s. augúrio, presságio, vaticínio.

augusto.- *(augusto)* adj. augusto, majestoso, imponente.

aula.- *(aula)* s. sala-de-aula, sala-de-estudo, classe.

aullar.- *(aullar)* v. uivar, ulular.

aullido.- *(aullido)* s. uivo, guincho.

aumentar.- *(aumentar)* v. aumentar, ampliar, alargar, estender, crescer.

aumentativo.- *(aumentatibo)* adj. aumentativo.

aumento.- *(aumento)* s. aumento, acréscimo, extensão, alongamento.

aun.- *(aun)* adv. até inclusive, também.

aún.- *(aun)* adv. ainda, todavia.

aunar.- *(aunar)* v. unir, unificar.

aunque.- *(aunke)* adv. ainda que, embora, mesmo que.

aura.- *(aura)* s. aura, halo.

áureo.- *(aureo)* adj. áureo, dourado, brilhante.

aureola.- *(aureola)* s. auréola.

aurícula.- *(aurikula)* s. aurícula.

auricular.- *(aurikular)* adj. auricular.

aurora.- *(aurora)* s. aurora, amanhecer, madrugada.

auscultación.- *(auskultazion)* s. auscultação.

auscultar.- *(auskultar)* v. auscultar, examinar, explorar.

ausencia.- *(ausenzia)* s. ausência, inexistência, retiro, afastamento, falta.

ausentar.- *(ausentar)* v. ausentar, afastar, retirar.

ausente.- *(ausente)* adj. ausente, afastado, distante, retirado.

auspicio.- *(auspizio)* s. auspício, presságio, augúrio, prognóstico.

austeridad.- *(austeridad)* s. austeridade, integridade, severidade.

austero.- *(austero)* adj. austero, íntegro, severo, sério.

austral.- *(austral)* adj. austral, meridional.

australiano.- *(australiano)* adj. australiano.

austríaco.- *(austriako)* adj. austríaco.

autarquía.- *(autarkia)* s. autarquia, auto-suficiência.

autenticar.- *(autentikar)* v. autenticar, legalizar, autorizar.

autenticidad.- *(autentizidad)* s. autenticidade, veracidade, legitimidade.

auténtico.- *(autentiko)* adj. autêntico, verdadeiro, legítimo.

auto.- *(auto)* s. auto, decreto, despacho, sentença. / 2ª. s. auto, composição dramática. / 3ª. s. automóvel.

autoadhesivo.- *(autoadesibo)* adj. auto-adesivo.

autobiografía.- *(autobiografia)* s. autobiografia.

autobús.- *(autobus)* s. ónibus, lotação.

autocar.- *(autokar)* s. ónibus.

autocracia.- *(autokrazia)* s. autocracia, poder absoluto.

autócrata.- *(autokrata)* adj. autocrata, tirano.

autocrítica.- *(autokritika)* s. autocrítica.

autóctono.- *(autoktono)* adj. autóctone.

autodefensa.- *(autodefensa)* s. autodefesa.

autodeterminación.- *(autodeterminazion)* s. autodeterminação.

autodidacta.- *(autodidakta)* adj. autodidacta.

autoescuela.- *(autoeskuela)* s. auto-escola.

autoestop.- *(autoestop)* s. carona.

autoestopista.- *(autoestopista)* s. caronista.

autógeno.- *(autojeno)* adj. autogéneo.

autogestión.- *(autojestion)* s. autogestão.

autógrafo.- *(autografo)* s. autógrafo.

autómata.- *(automata)* s. autómato, robô.

automático.- *(automatiko)* adj. automático, mecânico.

automatizar.- *(automatizar)* v. automatizar.

automóvil.- *(automobil)* s. automóvel.

automovilismo.- *(automobilismo)* s. automobilismo.

automovilista.- *(automobilista)* adj. automobilista.

autonomía.- *(autonomia)* s. autonomia, independência, soberania.

autopista.- *(autopista)* s. estrada, rodovia.

autopsia.- *(autopsia)* s. autópsia.

autor.- *(autor)* s. autor, criador, produtor, escritor, literato, fundador.

autoría.- *(autoria)* s. autoria.

autoridad.- *(autoridad)* s. autoridade, domínio, man-do, influência.

autoritario.- *(autoritario)* adj. autoritário, dominador, influente.

autorización.- *(autorizazion)* s. autorização, ordem, permissão, licença.

autorizar.- *(autorizar)* v. autorizar, permitir, validar, apoiar.

autorretrato.- *(autorretrato)* s. auto-retrato.

autoservicio.- *(autoserbizio)* s. auto-serviço.

autovía.- *(autobia)* s. rodovia, estrada.

auxiliar.- *(auksiliar)* v. auxiliar, ajudar, socorrer.

auxiliar.- *(auksiliar)* adj. ajudante, subalterno.

auxilio.- *(auksilio)* s. auxílio, ajuda, esmola.

aval.- *(abal)* s. aval, garantia, caução.

avalancha.- *(abalancha)* s. avalancha, avalanche, alude.

avalar.- *(abalar)* v. avaliar, garantir, assegurar.

avalista.- *(abalista)* adj. avalista.

avance.- *(abanze)* s. avance, avanço.

avanzado.- *(abanzado)* adj. avançado, atrevido, saliente, liberal.

avanzar.- *(abanzar)* v. avançar, irradiante; investir, andar, progredir.

avaricia.- *(abarizia)* s. avareza, avidez, mesquinhez, mesquinharia.

avaricioso.- *(abarizioso)* adj. avaro, mesquinho.

avaro.- *(abaro)* adj. avaro, avarento.

avasallar.- *(abasallar)* v. avassalar, dominar, subjugar.

ave.- *(abe)* s. ave, pássaro.

avecinar.- *(abezinar)* v. avizinhar, aproximar.

avellana.- *(abellana)* s. avelã.

avena.- *(abena)* s. aveia.

avenencia.- *(abenenzia)* s. avença, acordo, ajuste, conciliação.

avenida.- *(abenida)* s. avenida, alameda, enchente, inundação.

avenir.- *(abenir)* v. advir, concordar, acontecer, suceder.

aventajar.- *(abentajar)* v. avantajar, adiantar, progredir, exceder.

aventar.- *(abentar)* v. aventar, ventilar, arejar, abanar.

aventura.- *(abentura)* s. aventura, proeza, acontecimento.

aventurero.- *(abenturero)* adj. aventureiro.

avergonzado.- *(abergonzado)* adj. envergonhado, encabulado.

avergonzar.- *(abergonzar)* v. envergonhar, encabular, acanhar.

avería.- *(aberia)* s. avaria, dano, prejuízo.

averiar.- *(aberiar)* v. avariar, estragar, danificar.

averiguación.- *(aberiguazion)* s. averiguação, investigação, exploração.

averiguar.- *(aberiguar)* v. averiguar, investigar, explorar.

aversión.- *(abersion)* s. aversão, antipatia, oposição, repulsa.

avestruz.- *(abestruz)* s. avestruz.

aviación.- *(abiazion)* s. aviação, aeronáutica.

aviador.- *(abiador)* s. aviador, piloto.

aviar.- *(abiar)* v. aviar, despachar, dispor.

avícola.- *(abikola)* s. avícola.

avicultura.- *(abikultura)* s. avicultura.

avidez.- *(abidez)* s. avidez, cobiça, avareza, ganância.

ávido.- *(abido)* adj. ávido, cobiçoso, ganancioso, voraz.

aviejar.- *(abiejar)* v. envelhecer.

avieso.- *(abieso)* adj. avesso, contrário, oposto.

avinagrar.- *(abinagrar)* v. avinagrar, azedar.

avío.- *(abio)* s. aviamento, preparo.

avión.- *(abion)* s. avião, aeronave.

avisado.- *(abisado)* adj. avisado, prudente, experiente.

avisar.- *(abisar)* v. avisar, prevenir, notificar, advertir, delatar, denunciar.

aviso.- *(abiso)* s. aviso, advertência, anúncio, informe, conselho.

avispa.- *(abispa)* s. vespa.

avispado.- *(abispado)* adj. esperto.

avispero.- *(abispero)* s. vespeiro.

avistar.- *(abistar)* v. avistar, ver, encontrar.

avituallar.- *(abituallar)* v. abastecer, prover, fornecer.

avivar.- *(abibar)* v. avivar, animar, despertar, entusiasmar.

axial.- *(aksial)* adj. axial.

axila.- *(aksila)* s. axila, sovaco.

axioma.- *(aksioma)* s. axioma, máxima.

ayer.- *(ayer)* adv. ontem.

ayuda.- *(ayuda)* s. ajuda, auxílio, socorro, favor.

ayudante.- *(ayudante)* s. ajudante, auxiliar, assistente.

ayudar.- *(ayudar)* v. ajudar, auxiliar, socorrer.

ayunar.- *(ayunar)* v. jejuar, privar-se.

ayuno.- *(ayuno)* s. jejum, abstinência.

ayuntamiento.- *(ayuntamiento)* s. ajuntamento, prefeitura, câmara municipal.

ayuntar.- *(ayuntar)* v. ajuntar, juntar, reunir.

azabache.- *(azabache)* s. azeviche.

azada.- *(azada)* s. enxada.

azafata.- *(azafata)* s. aeromoça.

azafrán.- *(azafran)* s. açafrão.

azahar.- *(azaar)* s. flor de laranjeira, de cidreira, de limoeiro.

azar.- *(azar)* s. azar, acaso, casualidade, desgraça.

azogue.- *(azoge)* s. azougue, mercúrio.

azorar.- *(azorar)* v. sobressaltar, irritar.

azotar.- *(azotar)* v. açoitar, chicotear, fustigar.

azote.- *(azote)* s. açoite, chicote.

azotea.- *(azotea)* s. açoteia, terraço.

azteca.- *(azteka)* adj. asteca.

azúcar.- *(azukar)* s. açúcar.

azucarado.- *(azukarado)* adj. açucarado, doce.

azucarar.- *(azukarar)* v. açucarar, adoçar.

azucarero.- (azucarero) adj. açucareiro.

azucena.- (azuzena*)* s. açucena.

azufre.- *(azufre)* s. enxofre.

azufroso.- (azufroso) adj. sulfuroso.

azul.- (azul) adj. azul.

azulejo.- (azulejo) s. azulejo, ladrilho.

azuzar.- (azuzar) v. açular, atiçar, instigar.

B

b.- *(b)* s. segunda letra do alfabeto espanhol.
baba.- *(baba)* s. baba, saliva espessa.
babear.- *(babear)* v. babar.
babel.- *(babel)* *s.* babel.
babero.- *(babero)* s. babador.
babor.- *(babor)* s. bombordo.
babosa.- *(babosa)* s. lesma.
baboso*;* *(baboso)* adj. baboso.
babucha.- *(babucha)* s. chinela, chinelo.
bacalao.- *(bakalao)* s. bacalhau.
bacanal.- *(bakanal)* s. bacanal, orgia.
bache.- (bache) s. cova, buraco.
bachear.- *(bachear)* v. concertar, tapar.
bachiller.- *(bachiller)* s. bacharel.
bachillerato.- *(bachillerato)* *s.* bacharelato.
bacia.- *(bazia)* s. bacia, vasilha.
bacilo.- *(bazilo)* s. bacilo.
bacín.- *(bazin)* s. urino, penico.
bacteria.- (*bakteria)* s. bactéria.
bactericida.- *(bakterizida)* adj. bactericida.
bacteriología.- (*bakteriolojia)* s. bacteriologia.
bacteriólogo.- *(bakteriologo)* s. bacteriologista.
báculo.- *(bakulo)* s. bastão, cajado.
badajo.- *(badajo)* s. badalo.
badana.- *(badana)* s. badana, pele curtida de animal.
bagaje; (*bagaje) s.* bagagem, equipamento militar.
bagatela.- *(bagatela)* s. bagatela, ninharia.
bahía.- *(baia)* s. baía, enseada, angra.
bailable.- *(bailable)* adj. dançante.
bailar.- *(bailar)* v. bailar, dançar.
bailarín.- *(bailarin)* adj. bailarino, dançarino.
baile.- *(baile)* s. baile, dança.
baja.- (baja) *s.* baixa, diminuição de preço.
bajada.- (bajada*)* s. baixada, declive, ladeira.
bajamar.- (bajamar) *s.* baixa mar, maré baixa.
bajar.- *(bajar)* v. baixar, diminuir.
bajeza.- *(bajeza)* s. baixeza, vileza.
bajo.- *(bajo)* adj. baixo, inferior, humilde, desprezível.
bajorrelieve.- *(bajorreliebe)* s. baixo-relevo.
bala.- *(bala)* s. bala, projéctil de arma de fogo, fardo.
balacera.- *(balazera)* s. tiroteio.
balada.- *(balada)* s. balada.
baladí.- *(baladi)* adj. fútil, superficial.
balance.- *(balanze)* s. balanço.
balancear.- *(balanzear)* v. balançar, agitar-se.
balandro.- *(balandro)* s. balandra, barco pequeno, barco pesqueiro.
balanza.- *(balanza)* s. balança.
balar.- *(balar)* v. balir.
balaustre.- *(balaustre)* s. balaústre.
balbucear.- *(balbuzear)* v. balbuciar, gaguejar.
balcón.- *(balkon)* s. balcão, sacada, varanda.
baldar.- *(baldar)* v. baldar, frustrar.
balde.- *(balde)* adv. debalde, sem motivo, gratuitamente. / s. balde.
baldear.- *(baldear)* v. baldear, fazer baldeação, molhar plantas.
baldío.- (baldio) adj. baldio, inútil, vadio, vagabundo.
baldón.- *(baldon)* s. ofensa, afronta.
baldosa.- *(baldosa)* s. ladrilho.
balear.- *(balear)* v. balear, fuzilar.
balido.- (*balido)* s. balido.
balístico.- *(balistiko)* adj. balístico.
baliza.- *(baliza)* s. baliza, bóia, meta.
balizar.- *(balizar)* v. balizar, limitar, demarcar.
ballena.- *(ballena)* s. baleia.
ballenero.- *(ballenero)* adj. baleeiro.
ballet.- *(balet)* s. balé.
balneario.- *(balneario)* s. balneário.
balompié.- *(balompie)* s. futebol.
balón.- *(balon)* s. balão, bola para jogar.
baloncesto.- *(balonzesto)* s. basquete.
balonmano.- *(balonmano)* s. handebol.
balonvolea.- *(balonbolea) s.* voleibol.
balsa.- *(balsa)* s. balsa, jangada, charco, pântano.
bálsamo.- *(balsamo)* s. bálsamo.
baluarte.- *(baluarte)* s. baluarte, bastião.
bambolear.- *(bambolear) v.* bambolear, vacilar.
bambú.- *(bambu)* s. bambu.
banal.- *(banal)* adj. banal, trivial.
banalidad.- *(banalidad)* s. banalidade.
banana.- *(banana)* s. banana.
banano.- *(banano)* s. bananeira.
banca.- (*banka)* s. banco, cadeira sem costas.
bancario.- *(bankario)* adj. bancário, relativo a banco.
banco.- *(banko)* s. banco, assento. / 2ª. s. estabelecimento de crédito.
banda.- *(banda)* s. banda, conjunto de musica. / 2ª. s. banda, faixa, fita. / 3ª. s. bando, grupo de pessoas armadas.
bandada.- *(bandada)* s. bandada, aves voando.
bandeja.- *(bandeja)* s. bandeja, travessa de louça.
bandera.- *(bandera)* s. bandeira.
banderín.- *(banderin)* s. bandeirola, flâmula.
bandido.- *(bandido)* s. bandido, ladrão.
bando.- *(bando)* s. bando, partido, édito, proclamação pública.

bandolero.- *(bandolero)* s. bandoleiro, salteador, bandido, ladrão.
banquero.- *(bankero)* s. banqueiro, cambista.
banqueta.- *(banketa)* s. banqueta, banquinho.
banquete.- *(bankete)* s. banquete.
banquillo.- *(bankillo)* s. banquinho.
bañador.- *(bañador)* s. maiô, traje de banho.
bañar.- *(bañar)* v. banhar, molhar.
bañera.- *(bañera)* s. banheira.
bañista.- *(bañista)* s. banhista.
baño.- *(baño)* s. banho, banheiro, balneário.
baptisterio.- *(baptisterio)* s. baptistério.
baqueta.- *(baketa)* s. baqueta.
bar.- *(bar)* s. bar, cantina, botequim.
barahúnda.- *(baraunda)* s. barafunda, confusão.
baraja.- *(baraja)* s. baralho.
barajar.- *(barajar)* v. baralhar, embaralhar, confundir.
baranda.- *(baranda)* s. corrimão, varanda.
barandilla.- *(barandilla)* s. varanda, galeria.
barata.- *(barata)* s. barata, troca, câmbio.
baratija.- *(baratija)* s. bagatela, ninharia.
barato.- *(barato)* adj. barato, baixo preço.
barba.- *(barba)* s. barba.
barbacoa.- *(barbakoa)* s. grelha.
barbaridad.- *(barbaridad)* s. barbaridade, crueldade, atrocidade.
barbarie.- *(barbarie)* s. barbárie.
bárbaro.- *(barbaro)* adj. bárbaro, rude, grosseiro.
barbería.- *(barberia)* s. barbearia.
barbero.- *(barbero)* s. barbeiro.
barbilla.- *(barbilla)* s. queixo, barbicha.
barbitúrico.- *(barbituriko)* s. barbitúrico.
barbotar.- *(barbotar)* v. resmungar.
barca.- *(barka)* s. barca, jangada.
barcaza.- *(barkaza)* s. barcaça.
barco.- *(barko)* s. barco, navio, embarcação.
bario.- *(bario)* s. bário.
barítono.- *(baritono)* s. barítono.
barniz.- *(barniz)* s. verniz, polimento.
barnizar.- *(barnizar)* v. envernizar, lustrar.
barómetro.- *(barometro)* s. barómetro.
barón.- *(baron)* s. barão.
barquero.- *(barkero)* s. barqueiro.
barquillo.- *(barkillo)* s. barquilho, espécie de doce.
barra.- *(barra)* s. barra, alavanca.
barraca.- *(barraka)* s. barraco, choça.
barracón.- *(barrakon)* s. barracão, alpendre.
barranco.- *(barranko)* s. barranco, obstáculo.
barrena.- *(barrena)* s. verruma.
barrenar.- *(barrenar)* v. verrumar, furar com verruma.
barrendero.- *(barrendero)* s. varredor, gari.
barreño.- *(barreño)* s. terrina.
barrer.- *(barrer)* v. varrer.
barrera.- *(barrera)* s. barreira, tapume, cancela.
barriada.- *(barriada)* s. bairro, arrabalde.
barrica.- *(barrika)* s. barrica, tonel.
barricada.- *(barrikada)* s. barricada, trincheira.
barriga.- *(barriga)* s. barriga, abdome, ventre.
barril.- *(barril)* s. barril.
barrio.- *(barrio)* s. bairro, arrabalde.
barrizal.- *(barrizal)* s. lamaçal, lodaçal.
barro.- *(barro)* s. barro, lama, lodo, argila.
barroco.- *(barroko)* adj. barroco.
barrote.- *(barrote)* s. barrote, travessa, tranca.
bártulos.- *(bartulos)* s. objectos de uso.
barullo.- *(barullo)* s. barulho, desordem.
basalto.- *(basalto)* s. basalto.
basamento.- *(basamento)* s. embasamento.
basar.- *(basar)* v. embasar, fundamentar, basear.
báscula.- *(baskula)* s. balança.
base.- *(base)* s. base, apoio, alicerce.
básico.- *(basiko)* adj. básico, essencial.
basílica.- *(basilika)* s. basílica.
bastante.- *(bastante)* adj. bastante, suficiente.
bastar.- *(bastar)* v. bastar, ser suficiente.
bastardilla.- *(bastardilla)* s. letra cursiva, grifo, itálico.
bastardo.- *(bastardo)* s. bastardo.
bastidor.- *(bastidor)* s. bastidor, caixilho.
bastión.- *(bastion)* s. bastão, fortificação.
basto.- *(basto)* adj. basto, denso, bruto.
bastón.- *(baston)* s. bastão, bengala.
basura.- *(basura)* s. lixo, sujeira, imundície.
basurero.- *(basurero)* s. lixeiro.
bata.- *(bata)* s. bata, roupão.
batalla.- *(batalla)* s. batalha, combate.
batallar.- *(batallar)* v. batalhar, guerrear, combater.
batata.- *(batata)* s. batata-doce.
batel.- *(batel)* s. batel, bote, canoa.
batería.- *(bateria)* s. bateria.
batiborrillo.- *(batiborrillo)* s. confusão.
batidora.- *(batidora)* s. batedeira.
batiente.- *(batiente)* s. batente, ombreira.
batir.- *(batir)* v. bater, explorar, abater, sacudir, mexer.
batiscafo.- *(batiskafo)* s. batiscafo.
batracio.- *(batrazio)* s. batráquio.
baturro.- *(baturro)* adj. rústico.
batuta.- *(batuta)* s. batuta.
baúl.- *(baul)* s. baú, cofre, arca.
bautismo.- *(bautismo)* s. baptismo.
bautizar.- *(bautizar)* v. baptizar.
bauxita.- *(bauksita)* s. bauxita.
baya.- *(baya)* s. baga, bago.
bayoneta.- *(bayoneta)* s. baioneta.
bazar.- *(bazar)* s. bazar, loja.
bazo.- *(bazo)* adj. baço, embaçado. / s. baço.
bazofia.- *(bazofia)* s. bazófia.

beatificar.- *(beatifikar)* v. beatificar.
beatitud.- *(beatitud)* s. beatitude, placidez.
beato.- *(beato)* s. beato, devota, religiosa.
bebé.- *(bebe)* s. bebé, nené.
bebedero.- *(bebedero)* s. bebedouro.
beber.- *(beber)* v. beber, ingerir, engolir, absorver.
bebida.- *(bebida)* s. bebida, beberagem.
bebido.- *(bebido)* adj. embriagado, bêbado.
beca.- *(beka)* s. beca, bolsa de estudos.
becario.- *(bekario)* adj. bolsista.
becerro.- *(bezerro)* s. bezerro.
bedel.- (*bedel)* s. bedel.
beduino.- *(beduino)* s. beduíno.
begonia.- (*begonia)* s. begónia.
beige.- *(beis)* adj. bege.
béisbol.- *(beisbol)* s. beisebol.
beldad.- *(beldad)* s. beldade, formosura.
belén.- *(belen)* s. presépio.
belga.- (belga) adj. belga.
belicismo.- *(belizismo)* s. belicismo.
bélico.- *(beliko)* adj. bélico.
belicoso.- *(belikoso)* adj. belicoso, guerreiro, agressivo.
beligerancia.- *(belijeranzia)* s. beligerância.
bellaco.- *(bellako)* adj. velhaco, astuto.
belladona.- *(belladona) s.* beladona.
bellaquería.- *(bellakeria)* s. velhacaria, baixeza.
belleza.- (*belleza)* s. beleza, formosura, beldade.
bello.- *(bello)* adj. belo, formoso, lindo, distinto, agradável.
bellota.- *(bellota)* s. bolota.
bencina.- *(benzina)* s. benzina.
bendecir.- *(bendezir)* v. benzer, abençoar, bendizer, louvar.
bendición.- *(bendizion)* s. bênção.
bendito.- *(bendito)* adj. bendito, bento.
benefactor.- *(benefaktor)* adj. benfeitor.
beneficencia.- *(benefizenzia)* s. beneficência, caridade.
beneficiar.- *(benefiziar)* v. beneficiar, favorecer, melhorar.
beneficiario.- *(benefiziario)* adj. beneficiário.
beneficio; *(benefizio)* s. benefício, proveito, privilégio.
benéfico.- (benefiko) adj. benéfico.
benemérito.- *(benemerito)* adj. benemérito.
beneplácito.- *(beneplazito)* s. beneplácito, aprovação, licença.
benevolencia.- *(benebolenzia)* s. benevolência, bondade, boa-vontade.
benévolo.- (benebolo) adj. benévolo, afectuoso, bondoso, benevolente.
bengala.- *(bengala)* s. bengala, bastão.
benignidad.- *(benijnidad)* s. benignidade, bondade, doçura, clemência.
benigno.- *(benijno)* adj. benigno, ameno, agradável.
beodo.- *(beodo)* adj. bêbado, ébrio,embriagado.
berbiquí.- *(berbiki)* s. berbequim, furador.
berenjena.- *(berenjena) s.* berinjela.
bermejo.- *(bermejo)* adj. vermelho, encarnado.
bermellón.- *(bermellon)* s. zarcão, mínio, vermelhão.
berrido.- *(berrido) s.* berro, mugido, grito.
berrinche.- *(berrinche)* s. rabugem, cólera, berreiro das crianças.
berro.- (*berro)* s. agrião.
berza.- (*berza)* s. couve, couve-galega.
besamel.- *(besamel)* s. bechamel, tipo de molho.
besar.- *(besar)* v. beijar.
beso.- (*beso)* s. beijo.
bestia.- *(bestia)* s. besta, animal.
bestial.- *(bestial)* adj. bestial, brutal.
bestialidad.- *(bestialidad)* s. bestialidade, brutalidade.
besucón.- (besukon) adj. beijoqueiro.
besugo.- (besugo*)* s. besugo.
besuquear.- *(besukear)* v. beijocar, dar beijocas.
betún.- *(betun)* s. betume.
bezo.- *(bezo)* s. beiço, lábio grosso.
biberón.- *(biberon)* s. mamadeira.
biblia.- *(biblia)* s. bíblia.
biblico.- (bibliko) adj. biblico.
bibliografía.- *(bibliografia) s.* bibliografia.
biblioteca.- *(biblioteka)* s. biblioteca, livraria.
bibliotecario.- *(bibliotekario) s.* bibliotecário.
bicarbonato.- *(bikarbonato) s.* bicarbonato.
bicentenario.- *(bizentenario)* s. bicentenário.
bíceps.- (bizeps*)* s. bíceps.
bicho.- (*bicho)* s. bicho, animal.
bicicleta.- *(bizikleta)* s. bicicleta.
bicoca.- *(bikoka)* s. ninharia.
bicolor.- *(bikolor)* adj. bicolor.
bidé.- *(bide)* s. bidé.
bidón.- *(bidon)* s. vasilha.
biela.- *(biela)* s. biela.
bien.- *(bien)* adv. bem, correctamente, com saúde. / s. bem, benefício, virtude.
bienal.- *(bienal)* adj. bienal.
bienaventurado.- *(bienabenturado)* adj. bem-aventurado.
bienaventuranza.- *(bienabenturanza)* s. bem-aventurança, felicidade.
bienestar.- (*bienestar)* s. bem-estar, conforto.
bienhechor.- *(bienechor)* adj. benfeitor.
bienintencionado.- *(bienintenzionado)* adj. bem-intencionado.
bienio.- *(bienio)* s. biénio.estimar.
bienquerer.- *(bienkerer)* v. bem-querer,
bienvenida.- *(bienbenida)* s. boas-vindas.
bienvenido.- *(bienbenido)* adj. bem-vindo.
biés.- (*bies)* s. viés.
bifásico.- *(bifasiko)* adj. bifásico.
bifurcarse.- *(bifurkarse)* v. bifurcar-se, dividir-se.

bigamia.- *(bigamia)* s. bigamia.
bígamo.- (bigamo) adj. bígamo.
bigote.- (bigote) s. bigode.
bigotudo.- (bigotudo) adj. bigodado, com bigode comprido.
bilabial.- *(bilabial)* adj. bilabial.
bilateral.- *(bilateral)* adj. bilateral.
biliar.- *(biliar)* adj. biliar.
bilingüe.- (bilingue) adj. bilíngue.
bilis.- *(bilis)* s. bílis, bile.
billar.- *(billar)* s. bilhar.
billete.- *(billete)* s. bilhete, escrito breve.
billetero.- *(billetero)* s. bilheteiro.
billón.- *(billon)* s. bilhão, um milhão de milhões.
bimotor.- *(bimotor)* adj. bimotor.
binario.- *(binario)* adj. binário.
bingo.- *(bingo)* s. bingo.
binóculo.- *(binokulo)* s. binóculo.
binomio.- *(binomio)* s. binómio.
biodegradable.- *(biodegradable)* adj. biodegradável.
biofísica.- *(biofisika)* s. biofísica.
biografía.- *(biografia)* s. biografia
biología.- *(biolojia)* s. biologia.
biológico.- *(biolojiko)* adj. biológico.
biólogo.- *(biologo)* s. biólogo.
biomasa.- *(biomasa)* s. biomassa.
biombo.- *(biombo)* s. biombo, anteparo.
biopsia.- *(biopsia)* s. biópsia.
biosfera.- *(biosfera)* s. biosfera.
bióxido.- *(bioksido)* s. bióxido.
bípedo.- (bipedo) adj. bípede.
bipolar.- *(bipolar)* adj. bipolar.
birlar.- *(birlar)* v. derrubar, tirar, tomar algo.
birrete.- *(birrete)* s. barrete, boné.
birria.- *(birria)* s. ridículo, grotesco.
bis.- (bis) *adv*. duas vezes.
bisabuelo.- *(bisabuelo)* s. bisavô.
bisagra.- *(bisagra)* s. dobradiça, gonzo.
bisbiseo.- (*bisbiseo)* s. murmuração, murmúrio, cochicho.
bisección.- (*bisekzion)* s. bissecção, bipartição.
bisector.- (*bisektor)* s. bissector.
bisel.- *(bisel)* s. corte oblíquo, chanfradura.
biselar.- *(biselar)* v. chanfrar.
bisexual.- *(biseksual)* adj. bissexual.
bisiesto.- *(bisiesto)* adj. bissexto.
bisílabo.- *(bisilabo)* adj. dissílabo.
bismuto.- *(bismuto)* s. bismuto.
bisonte.- *(bisonte) s*. bisão, bisonte.
bisoñé.- (*bisoñe)* s. peruca.
bisoño.- (bisoño) adj. acanhado, inexperiente.
bistec.- (*bistec)* s. bife.
bisturí.- *(bisturi)* s. bisturi.
bisutería.- *(bisuteria)* s. bijuteria, quinquilharia.
bíter.- *(biter)* s. bíter.
bituminoso.- *(bituminoso)* adj. betuminoso.
bizantino.- *(bizantino)* adj. bizantino.
bizco.- *(bizko)* adj. vesgo, estrábico.
bizcocho.- *(bizkocho)* s. biscoito, bolacha.
biznieto.- *(biznieto) s*. bisneto.
blanco.- *(blanko)* adj. branco.
blancor.- *(blankor)* s. alvura.
blancura.- *(blankura) s*. brancura.
blandengue.- *(blandenge)* adj. brando, suave.
blandir.- *(blandir)* v. brandir, agitar uma arma.
blando.- *(blando)* adj. brando, suave, macio, fraco, vagaroso.
blandura.- *(blandura)* s. brandura, doçura.
blanquear.- *(blankear)* v. branquear, caiar, alvejar, desencardir.
blanquecino.- *(blankezino)* adj. alvacento, esbranquiçado.
blasfemar.- *(blasfemar)* v. blasfemar, ultrajar.
blasfemia.- *(blasfemia)* s. blasfémia.
blasfemo.- *(blasfemo)* adj. blasfemo, ímpio.
blasón.- *(blason)* s. brasão, escudo de armas.
blenorragia.- *(blenorrajia)* s. blenorragia, gonorreia.
blindado.- *(blindado)* adj. blindado, couraçado.
blindaje.- *(blindaje)* s. blindagem.
blindar.- *(blindar)* v. blindar, couraçar, fortificar.
bloc.- (*blok)* s. bloco de papel.
bloquear.- *(blokear)* v. bloquear, sitiar.
bloqueo.- (*blokeo)* s. bloqueio, cerco.
blusa.- *(blusa)* s. blusa.
boa.- (*boa)* s. boa, jibóia.
boato.- *(boato)* s. ostentação, pompa, luxo.
bobada.- *(bobada)* s. bobaria, bobice.
bobina.- *(bobina)* s. bobina, carretel.
bobinadora.- *(bobinadora)* s. bobinador.
bobinar.- *(bobinar)* v. bobinar.
bobo.- (bobo) adj. bobo, tonto, tolo, bobalhão.
boca.- (*boka)* s. boca, lábios. / 2ª. s. foz de um rio.
bocacalle.- *(bokakalle)* s. embocadura, entrada de rua, cruzamento.
bocadillo.- *(bokadillo)* s. sanduíche.
bocado.- *(bokado)* s. bocado.
bocal.- (*bokal)* s. jarro.
bocanada.- *(bokanada)* s. gole, bochechada.
boceto.- (*bozeto)* s. bosquejo, esboço.
bochorno.- *(bochorno)* s. bochorno, ar quente.
bocina.- (*bozina)* s. buzina, trombeta, megafone.
bocio.- *(bozio)* s. bócio, papeira.
bodas.- (*bodas)* s. bodas, casamento.
bode.- (*bode)* s. bode.
bodega.- *(bodega)* s. bodega, armazém, adega, taverna.
bodegón.- *(bodegon)* s. taverna, tasca.

bodoque.- *(bodoke)* s. bodoque.
bofetada.- *(bofetada)* s. bofetada, sopapo.
boga.- (*boga)* s. voga, ato de remar.
bogar.- *(bogar)* v. vogar, remar.
bohemio.- *(boemio)* s. boémio, cigano.
boicot.- *(boikot)* s. boicote.
boina.- *(boina)* s. boina.
bola.- *(bola)* s. bola.
bolchevique.- *(bolchebike)* adj bolchevique.
bolear.- *(bolear)* v. jogar bola.
bolero.- *(bolero)* s. bolero.
boletín.- *(boletin)* s. boletim, vale, publicação periódica.
boleto.- *(boleto)* s. bilhete de entrada.
bolívar.- *(bolibar)* s. bolívar.
boliviano.- *(bolibiano)* adj. boliviano.
bollería.- *(bolleria)* s. confeitaria.
bollo.- *(bollo)* s. bolo.
bolo.- *(bolo)* s. bola, jogo de bola, pílula.
bolsa.- *(bolsa)* s. bolsa, saco.
bolsillo.- *(bolsillo)* s. bolso, algibeira.
bolso.- *(bolso)* s. bolso.
bomba.- *(bomba)* s. bomba.
bombardear.- *(bombardear)* v. bombardear.
bombardero.- *(bombardero)* s. bombardeiro.
bombear.- *(bombear)* v. bombear, extrair água, bombardear.
bombero.- *(bombero)* s. bombeiro.
bombilla.- *(bombilla)* s. lâmpada eléctrica.
bombo.- *(bombo)* s. bombo, zabumba.
bombón.- *(bombon)* s. bombom, confeito.
bombona.- *(bombona)* s. vasilha de vidro de muita capacidade.
bombonería.- *(bomboneria)* s. confeitaria.
bonachón.- *(bonachon)* adj. bonachão, bondoso, crédulo.
bonanza.- *(bonanza)* s. bonança, calma, sossego.
bondad.- *(bondad)* s. bondade, benevolência.
bondadoso.- *(bondadoso)* adj. bondoso, bom, clemente.
bonete.- (*bonete)* s. boné, barrete.
boniato.- *(boniato)* s. batata-doce.
bonificación.- *(bonifikazion)* s. bonificação.
bonificar.- *(bonifikar)* v. bonificar.
bonito.- *(bonito)* adj. bonito, lindo, formoso.
bono.- (*bono)* s. bónus, título de crédito.
bonzo.- (*bonzo)* s. bonzo, sacerdote budista.
boñiga.- *(boñiga)* s. bosta, esterco.
boomerang.- *(bumeran)* s. bumerangue.
boquear.- *(bokear)* v. boquear, bocejar.
boquerón.- *(bokeron)* s. boqueirão, anchova.
boquete.- *(bokete)* s. boquete, garganta, desfiladeiro, brecha.
boquiabierto.- *(bokiabierto)* adj. boquiaberto.
boquilla.- *(bokilla)* s. boquinha.
borbollar.- *(borbollar)* v. borbulhar.
borbotar.- *(borbotar)* v. borbotar, ferver.
borbotón.- (*borboton)* s. borbotão, jacto forte.
borda.- *(borda)* s. borda, cabana, choça.
bordado.- *(bordado)* s. bordado.
bordar.- *(bordar)* v. bordar, orlar, enfeitar.
borde.- *(borde)* s. borda, margem, orla.
bordear.- *(bordear)* v. bordejar, beirar, costear.
bordo.- (*bordo)* s. bordo, costado, lado do navio.
boreal.- (boreal) adj. boreal, setentrional.
boricado.- *(borikado)* adj. boricado.
bórico.- (boriko) adj. bórico.
borla.- *(borla)* s. borla, barrete de doutor.
borne.- (*borne)* s. borne, extremidade.
bornearse.- *(bornearse)* v. curvar, revolver, dobrar.
boro.- *(boro)* s. boro.
borona.- (*borona)* s. pão de milho, broa.
borra.- *(borra)* s. borra, felpa, fezes.
borrachera.- *(borrachera)* s. bebedeira, embriaguez.
borracho.- (borracho) adj. bêbado, embriagado, beberrão.
borrador.- *(borrador)* s. rascunho, borrão.
borrar.- *(borrar)* v. borrar, rabiscar, apagar, rasurar.
borrasca.- *(borraska)* s. borrasca, tempestade.
borrego.- (*borrego)* s. borrego.
borrico.- (*borriko)* s. burrico, burro, jumento.
borrón.- (*borron)* s. borrão, nódoa de tinta.
borroso.- *(borroso)* adj. impreciso, confuso.
bosque.- (*boske)* s. bosque, mata, selva.
bosquejo.- (*boskejo)* s. bosquejo, esboço.
bosta.- *(bosta)* s. bosta, excremento.
bostezar.- *(bostezar)* v. bocejar.
bostezo.- (*bostezo)* s. bocejo.
bota; (*bota)* s. bota, botina, calçado.
botadura.- *(botadura)* s. bota-fora, lançamento dum barco à água.
botánica.- *(botanika)* s. botânica.
botar.- *(botar)* v. botar, lançar, atirar, arremessar.
bote.- *(bote)* s. bote, golpe, salto de cavalo, pulo.
botella.- *(botella)* s. botelha, garrafa.
botica.- *(botika)* s. botica, farmácia.
boticario.- *(botikario)* s. boticário, farmacêutico.
botija.- *(botija)* s. botija, jarra.
botijo.- *(botijo)* s. moringa, vasilha de barro.
botín.- *(botin)* s. botim, bota de cano curto.
botiquín.- *(botikin)* s. farmácia ou botica portátil. m
botón.- *(boton)* s. botão, rebento, botão de roupa.
botonadura.- *(botonadura)* s. abotoadura.
botones.- (*botones)* s. paquete, rapaz, moço de recado.
botulismo.- *(botulismo)* s. botulismo.
bouquet.- *(bouket)* s. buquê, ramalhete, aroma dos vinhos.

bóveda.- *(bobeda)* s. abóbada.
bovino.- *(bobino)* adj. bovino.
boxeador.- *(bokseador)* s. boxeador, pugilista.
boxear.- *(boksear)* v. boxear.
boxeo.- *(bokseo)* s. boxe, pugilismo.
boya.- *(boya)* s. bóia, baliza.
boyante.- (boyante) adj. flutuante.
boyar.- *(boyar)* v. boiar, flutuar.
boyero.- *(boyero)* s. boiadeiro.
bozo.- *(bozo)* s. buço, bigode incipiente, bigodinho.
bracear.- *(brazear)* v. bracejar, nadar.
bragado.- *(bragado)* adj. pessoa enérgica.
bragas.- *(bragas)* s. calcinha, braga.
braguero.- *(bragero)* s. bragueiro, faixa ou funda.
bragueta.- *(brageta)* s. braguilha.
brahmán.- *(braman)* s. brâmane.
brahmanismo.- *(bramanismo)* s. bramanismo.
bramante.- *(bramante)* adj. bramante, bramador. / s. barbante, fio, cordel.
bramido.- *(bramido)* s. bramido, rugido.
branquia.- *(brankia)* s. brânquia.
braquicéfalo.- *(brakizefalo)* adj. braquicéfalo.
brasa.- *(brasa)* s. brasa, carvão incandescente.
braseiro.- *(braseiro)* s. braseiro, fogareiro.
brasileño.- *(brasileño)* adj. brasileiro.
bravata.- *(brabata)* s. bravata, fanfarronice.
bravío.- (brabio) adj. bravio, silvestre, selvagem.
bravo.- (brabo) adj. bravo, valente, destemido.
bravucón.- (brabukon) adj. fanfarrão, valentão.
bravura.- *(brabura)* s. bravura, coragem.
braza.- *(braza)* s. braça, medida de comprimento.
brazada.- *(brazada)* s. braçada.
brazalete.- *(brazalete) s.* bracelete, pulseira.
brazo.- *(brazo)* s. braço de rio. / 2ª. s. braço. / 3ª. s. ramo de árvore.
brea.- *(brea)* s. breu.
brebaje.- *(brebaje)* s. beberagem, poção.
brecha.- *(brecha)* s. brecha, abertura, fenda.
brega.- *(brega)* s. briga, luta.
bregar.- *(bregar)* v. brigar, lutar, trabalhar muito.
breña.- *(breña)* s. brenha, matagal.
brete.- *(brete)* s. grilhão.
bretón.- (breton) adj. bretão.
breve.- (brebe) adj. breve, curto.
brevedad.- *(brebedad)* s. brevidade, efemeridade.
breviario.- *(brebiario)* s. breviário.
brezo.- *(brezo)* s. urze.
bribón.- *(bribon)* adj. preguiçoso, velhaco.
brigada.- *(brigada)* s. brigada.
brigadier.- *(brigadier)* s. brigadeiro.
brillante.- *(brillante)* adj. brilhante, fulgurante, reluzente.
brillantina.- *(brillantina)* s. brilhantina.
brillar.- *(brillar)* v. brilhar, reluzir, cintilar.
brillo.- *(brillo)* s. brilho, esplendor, claridade.
brincar.- *(brinkar)* v. brincar, saltar, pular.
brinco.- *(brinko)* s. salto, pulo.
brindar.- *(brindar)* v. brindar, oferecer, presentear.
brindis.- *(brindis)* s. brinde, saudação.
brío.- *(brio)* s. brio, valor, coragem.
brisa.- *(brisa)* s. brisa, aragem.
brisca.- *(briska)* s. bisca.
británico.- *(britaniko)* adj. britânico.
brizna.- *(brizna)* s. fibra, fio delgado, fiapo.
broca.- *(broka)* s. broca.
brocado.- *(brokado)* s. brocado, tecido de seda.
brocha.- *(brocha)* s. broxa, pincel.
broche.- *(broche)* s. broche, fecho de metal.
broma.- *(broma)* s. brincadeira, diversão.
bromear.- *(bromear)* v. caçoar, gracejar.
bromista.- *(bromista)* s. brincalhão.
bromo.- *(bromo)* s. bromo.
bronca.- *(bronka)* s. bronca, briga, rixa.
bronce.- *(bronze)* s. bronze.
bronceado.- *(bronzeado)* adj. bronzeado.
bronceador.- *(bronzeador)* s. bronzeador.
broncear.- *(bronzear)* v. bronzear.
bronco.- (bronko) adj. bronco, rude, estúpido.
bronconeumonía.- *(bronkoneumonia)* s. bronco-pneumonia.
bronquio.- *(bronkio)* s. brônquio.
bronquitis.- *(bronkitis)* s. bronquite.
brotar.- *(brotar)* v. brotar, aparecer, nascer, aflorar.
brote.- *(brote)* s. broto, pimpolho.
bruces.- *(bruzes)* adv. bruços, de bruços.
brujería.- *(brujeria)* s. bruxaria, magia, feitiçaria, feitiço.
brujo.- *(brujo)* s. bruxo, mago, feiticeiro.
brújula.- *(brujula)* s. bússola.
bruma.- *(bruma)* s. bruma, nevoeiro.
bruñir.- *(bruñir)* v. brunir, polir, lustrar.
brusco.- (brusko) adj. brusco, desagradável.
brutal.- *(brutal)* adj. brutal, violento.
brutalidad.- *(brutalidad)* adj. brutalidade, violência, estupidez.
bruto.- *(bruto)* adj. bruto, estúpido.
bu.- *(bu)* s. papão, bicho-papão.
bucal.- *(bukal)* adj. bucal.
bucear.- *(buzear)* v. mergulhar, ficar debaixo d´àgua.
buche.- *(buche)* s. bucho, ventre.
bucle.- *(bukle)* s. anel, caracol feito de cabelo.
bucólico.- *(bukoliko)* adj. bucólico, campestre.
budismo.- *(budismo)* s. budismo.
buenaventura.- *(buenabentura)* s. boa sorte.
bueno; (bueno) adj. bom, útil, agradável, divertido.
buey.- *(buey)* s. boi.
búfalo.- *(bufalo)* s. búfalo.

bufanda.- *(bufanda)* s. cachecol.
bufar.- *(bufar)* v. bufar, resfolegar.
bufete.- (*bufete)* s. escrivaninha, banca de advogado.
bufón.- *(bufon)* s. bufão, bobo-da-corte.
buganvilla.- *(buganbilla)* s. buganvília.
buhardilla.- *(buardilla)* s. águas-furtadas, trapeira, desvão.
búho.- *(buo)* s. mocho, bufo.
buhonero.- *(buonero)* s. vendedor ambulante de quinquilharia.
buitre.- *(buitre)* s. abutre.
bujía.- (*bujia)* s. vela de cera, castiçal. / 2ª. s. vela de motor.
bula.- *(bula)* s. bula.
bulbo.- *(bulbo)* s. bulbo.
bulevar.- *(bulebar)* s. bulevar, alameda.
búlgaro.- *(bulgaro)* adj. búlgaro.
bulla.- *(bulla)* s. bulha, confusão, desordem.
bullicio.- *(bullizio)* s. bulício, confusão, motim.
bullir.- *(bullir)* v. bulir, ferver, mexer, agitar.
bulo.- (*bulo)* s. boato, mentira.
bulto.- *(bulto)* s. vulto, volume, fardo, pacote, inchação, maleta.
bungalow.- *(bungaló)* s. bangaló.
búnker.- *(bunker)* s. búnquer.
buñuelo.- *(buñuelo)* s. filhó, massa de farinha com ovos.
buque.- (*buke)* s. buque, barco, navio, casco de navio. / 2ª. s. cabida, espaço ou capacidade.
burbuja.- *(burbuja)* s. borbulha, bolha.
burbujear.- *(burbujear)* v. borbulhar.
burdel.- *(burdel)* s. bordei.
burgués.- *(burges)* adj. burguês.
burguesía.- *(burgesia)* s. burguesia.
buril.- *(buril)* s. buril, cinzel.
burla.- *(burla)* s. burla, engano, trapaça, gozação, zombaria.
burlar.- *(burlar)* v. burlar, enganar, zombar.
burlesco.- (burlesko) adj. burlesco, festivo, caricato, jocoso.
burlón.- *(burlon)* adj. zombador, gozador.
burocracia.- *(burokrazia)* s. burocracia.
burócrata.- *(burokrata)* s. burocrata.
burocrático.- *(burokratiko)* adj. burocrático.
burrada.- *(burrada)* s. burrada, asneira.
burro.- *(burro)* adj. burro, ignorante, teimoso, tonto. / s. burro, asno, jumento.
bus.- (*bus)* s. ónibus.
busca.- *(buska)* s. busca, pesquisa.
buscapiés.- *(buskapies)* s. busca-pé.
buscar.- *(buskar)* v. buscar, procurar, pesquisar, averiguar.
búsqueda.- *(buskeda)* s. busca.
busto.- *(busto)* s. busto, efígie.
butaca.- *(butaka)* s. poltrona, cadeira com braços.
butano.- (*butano)* s. butano.
butifarra.- *(butifarra)* s. espécie de chouriço.
buzo.- *(buzo)* s. mergulhador.
buzón.- (*buzon)* s. tampa, rolha, caixa de correio.
buzonero.- (*buzonero)* s. carteiro.

C

c.- *(c)* s. terceira letra do alfabeto espanhol.
cabal.- *(kabal)* adj. cabal, completo, perfeito.
cábala.- *(kabala)* s. cabala, ciência oculta.
cabalgada.- *(kabalgada)* s. cavalgada.
cabalgar.- *(kabalgar)* v. cavalgar, montar.
caballa.- *(kaballa)* s. cavala, peixe.
caballeresco.- *(kaballeresko)* adj. cavalheiresco, nobre.
caballería.- *(kaballeria)* s. cavalaria, cavalgadura.
caballero.- *(kaballero)* adj. cavaleiro, cavalheiro, gentil, nobre.
caballerosidad.- *(kaballerosidad)* s. cavalheirismo.
caballete.- *(kaballete)* s. cavalete.
caballo.- *(kaballo)* s. cavalo, peça do jogo de xadrez. / 2ª. s. cavalo.
cabaña.- *(kabaña)* s. cabana, choupana.
cabaret.- *(kabare)* s. cabaré.
cabe.- *(kabe)* prep. junto a, cerca de.
cabecear.- *(kabezear)* v. cabecear, pender.
cabecera.- *(kabezera)* s. cabeceira de mesa, de cama. / 2ª. s. cabeceira, origem de um rio.
cabecilla.- *(kabezilla)* s. cabeça pequena, cabecinha. / 2ª. s. cabecilha, líder, chefe de rebeldes.
cabellera.- *(kabellera)* s. cabeleira, peruca.
cabello.- *(kabello)* s. cabelo, pêlo.
cabelludo.- *(kabelludo)* adj. cabeludo, fibroso.
caber.- *(kaber)* v. caber, pertencer, conter, ter capacidade.
cabestro.- *(kabestro)* s. cabresto.
cabeza; *(kabeza)* s. cabeça.
cabezada.- *(kabezada)* s. cabeçada.
cabida.- *(kabida)* s. cabida, cabimento, capacidade.
cabildo.- *(kabildo)* s. cabido.
cabina.- *(kabina)* s. cabina, camarote.
cabizbajo.- *(kabizbajo)* adj. cabisbaixo, abatido.
cable.- *(kable)* s. cabo, corda grossa.
cablegrama.- *(kablegrama)* s. cabograma.
cabo.- *(kabo)* s. cabo, extremidade, fim.
cabotaje.- *(kabotaje)* s. cabotagem.
cabra.- *(kabra)* s. cabra.
cabrear.- *(kabrear)* v. irritar-se.
cabria.- *(kabria)* s. guindaste.
cabriola.- *(kabriola)* s. cabriola, salto, pulo, pinote.
cabritilla.- *(kabritilla)* s. pelica.
cabrito.- *(kabrito)* s. cabrito.
cabrón.- *(kabron)* s. cabrão, bode. / 2ª. s. marido traído, corno; homem infame e ruim.
caca.- *(kaka)* s. caca, cocó, excremento humano.
cacahuete.- *(kakauete)* s. amendoim.
cacao.- *(kakao)* s. cacau.
cacarear.- *(kakarear)* v. cacarejar, gaguejar.
cacerola.- *(kazerola)* s. caçarola.
cacha.- *(kacha)* s. folha do cabo da navalha.
cachafaz.- *(kachafaz)* s. atrevido, velhaco.
cachalote.- *(kachalote)* s. cachalote.
cacharro.- *(kacharro)* s. vasilha ordinária, louça quebrada, cacos.
cachaza.- *(kachaza)* s. cachaça, aguardente. / 2ª. s. lentidão despreocupação, sossego.
cachear.- *(kachear)* v. revistar.
cachete.- *(kachete)* s. soco, murro, bochecha.
cachimbo.- *(kachimbo)* s. cachimbo.
cachiporra.- *(kachiporra)* s. clava, maça.
cacho.- *(kacho)* s. pedaço, porção, talhada, cacho de banana.
cachondo.- *(kachondo)* adj. cachondo, brincalhão. / 2ª. adj. dominado por apetites sexuais.
cachorro.- *(kachorro)* s. cachorro, cão novo.
cachupín.- *(kachupin)* s. espanhol estabelecido na América.
cacique.- *(kazike)* s. cacique.
cacofonía.- *(kakofonia)* s. cacofonia.
cactus.- *(kaktus)* s. cacto.
cada; *(kada)* adv. cada um, cada passo, cada qual. / pron. cada.
cadalso.- *(kadalso)* s. cadafalso, palanque.
cadáver.- *(kadaber)* s. cadáver, defunto.
cadavérico.- *(kadaberiko)* adj. cadavérico.
cadena.- *(kadena)* s. cadeia, prisão; sucessão, série.
cadencia.- *(kadenzia)* s. cadência, ritmo.
cadera.- *(kadera)* s. cadeira, quadril, anca.
cadete.- *(kadete)* s. cadete.
cadmio.- *(kadmio)* s. cádmio.
caducar.- *(kadukar)* v. caducar, declinar, envelhecer.
caduco.- *(kaduko)* adj. caduco, decrépito.
caer.- *(kaer)* v. cair, desabar, tombar, diminuir, morrer, sucumbir.
café.- *(kafe)* s. café.
cafeína.- *(kafeina)* s. cafeína.
cafetera.- *(kafetera)* s. cafeteira.
cafetería.- *(kafeteria)* s. cafeteria, bar.
cagada.- *(kagada)* s. cagada, dejecção.
cagado.- *(kagado)* adj. cagado.
cagalera.- *(kagalera)* s. caganeira, diarreia.
cagar.- *(kagar)* v. cagar, defecar.
cagón.- *(kagon)* adj. cagão, medroso.
caída.- *(kaida)* s. queda, ruína, declive.
caimán.- *(kaiman)* s. caimão, jacaré.

calzado.- *(kalzado)* s. calçado, sapato.

caja.- *(kaja)* s. caixa, arca, cofre.

cajero.- *(kajero)* s. caixeiro, caixa, pessoa que recebe pagamento.

cajetilla.- *(kajetilla)* s. maço de cigarros.

cajón.- *(kajon)* s. gaveta, caixa grande, caixão, esquife.

cajonera.- *(kajonera)* s. gaveteiro.

cal.- *(kal)* s. cal.

cala.- *(kala)* s. enseada pequena. / 2ª. s. pedaço de fruta. / 3ª. s. perfuração em um terreno.

calabaza.- *(kalabaza)* s. abóbora, cabaça.

calabozo.- *(kalabozo)* s. calabouço, cárcere, prisão.

calado.- *(kalado)* s. bordado, entalhe. / 2ª. s. calado do navio.

calafatear.- *(kalafatear)* v. calafetar.

calamar.- *(kalamar)* s. calamar, lula.

calambre.- *(kalambre)* s. cãibra.

calamidad.- *(kalamidad)* s. calamidade, desgraça.

calamitoso.- *(kalamitoso)* adj. calamitoso.

calaña.- *(kalaña)* s. amostra, modelo, padrão, índole, qualidade.

calar.- *(kalar)* v. calar, impregnar, trespassar, atravessar.

calavera.- *(kalabera)* s. caveira.

calcañar.- *(kalkañar)* s. calcanhar.

calcar.- *(kalkar)* v. decalcar; calcar, comprimir, pisar.

calcetín.- *(kalzetin)* s. meia três-quartos.

calcificación.- *(kalzifikazion)* s. calcificação.

calcificar.- *(kalzifikar)* v. calcificar.

calcinar.- *(kalzinar)* v. calcinar, carbonizar.

calcio.- *(kalzio)* s. cálcio.

calco.- *(kalko)* s. calco de um desenho, decalque.

calculable.- *(kalkulable)* adj. calculável.

calculador.- *(kalkulador)* adj. calculador.

calcular.- *(kalkular)* v. calcular, computar, contar.

calculista.- *(kalkulista)* s. calculista, projectista.

cálculo.- *(kalkulo)* s. cálculo, avaliação.

caldear.- *(kaldear)* v. escaldar, temperar.

caldera.- *(kaldera)* s. caldeira reservatório.

caldereta.- *(kaldereta)* s. caldeirada, ensopado.

calderilla.- *(kalderilla)* s. caldeirinha, moedinhas.

caldero.- *(kaldero)* s. caldeirão.

caldo.- *(kaldo)* s. caldo, molho, tempero, caldo de cana.

calefacción.- *(kalefakzion)* s. calefacção.

calefón.- *(kalefon)* s. aparelho para aquecer água.

calendario.- *(kalendario)* s. calendário, almanaque.

calentador.- *(kalentador)* s. aquecedor.

calentar.- *(kalentar)* v. aquecer, esquentar, excitar.

calentura.- *(kalentura)* s. febre, agitação.

calibrar.- *(kalibrar)* v. calibrar.

calibre.- *(kalibre)* s. calibre, volume, diâmetro.

calidad.- *(kalidad)* s. qualidade, nobreza, excelência, carácter, índole.

cálido.- *(kalido)* adj. cálido, quente.

calidoscopio.- *(kalidoskopio)* s. caleidoscópio.

caliente; *(kaliente)* adj. quente, acalorado.

califa.- *(kalifa)* s. califa.

calificación.- *(kalifikazion)* s. qualificação, juízo, apreciação, avaliação.

calificar.- *(kalifikar)* v. qualificar, aprovar, autorizar, distinguir.

caligrafía.- *(kaligrafia)* s. caligrafia.

caligráfico.- *(kaligrafiko)* adj. caligráfico.

calígrafo.- *(kaligrafo)* s. calígrafo.

cáliz.- *(kaliz)* s. cálice.

callado.- *(kallado)* adj. calado, quieto.

callar.- *(kallar)* v. calar, emudecer.

calle.- *(kalle)* s. rua, via, estrada.

calleja.- *(kalleja)* s. ruela, viela, beco.

callejero.- *(kallejero)* adj. andarilho. / s. roteiro, guia das ruas de uma cidade.

callejón.- *(kallejon)* s. beco, passagem estreita.

callista.- *(kallista)* s. calista, pedicuro.

callo.- *(kallo)* s. bucho, dobradinha.

calma.- *(kalma)* s. calma, tranquilidade, calmaria, bonança.

calmante.- *(kalmante)* s. calmante, sedativo.

calmar.- *(kalmar)* v. acalmar, aplacar, pacificar, amortecer.

calmo.- *(kalmo)* adj. calmo, sossegado, tranquilo.

caló.- *(kalo)* s. calão, linguagem dos ciganos.

calofrío.- *(kalofrio)* s. calafrio, arrepio.

calor.- *(kalor)* s. calor.

caloría.- *(kaloria)* s. caloria.

calostro.- *(kalostro)* s. colostro.

calumnia.- *(kalumnia)* s. calúnia, difamação.

calumniar.- *(kalumniar)* v. caluniar, difamar.

calva.- *(kalba)* s. calva, careca.

calvario.- *(kalbario)* s. calvário.

calvicie.- *(kalbizie)* s. calvície.

calvinismo.- *(kalbinismo)* s. calvinismo.

calvinista.- *(kalbinista)* adj. calvinista.

calvo.- *(kalbo)* adj. calvo, careca.

calza.- *(kalza)* s. calça, calção.

calzada.- *(kalzada)* s. calçada.

calzar.- *(kalzar)* v. calçar.

calzo.- *(kalzo)* s. calço, cunha.

calzoncillos.- *(kalzonzillos)* s. cueca, ceroula.

cama.- *(kama)* s. cama, leito.

camada.- *(kamada)* s. camada, ninhada, cambada.

camafeo.- *(kamafeo)* s. camafeu.

camaleón.- *(kamaleon)* s. camaleão.

cámara.- *(kamara)* s. câmara, quarto, câmara municipal, câmara cinematográfica.

camarada.- *(kamarada)* s. camarada, colega, companheiro.
camaradería.- *(kamaraderia)* s. camaradagem.
camarero.- *(kamarero)* s. camareiro, criado.
camarilla.- *(kamarilla)* s. camarilha.
camarín.- *(kamarin)* s. camarim.
camarón.- *(kamaron)* s. camarão.
camarote.- *(kamarote)* s. camarote.
cambalache.- *(kambalache)* s. cambalacho, troca de objectos de pouco valor.
cambiante.- *(kambiante)* adj. cambiante, mutante, furta-cor.
cambiar.- *(kambiar)* v. mudar, trocar, alterar, transferir, converter.
cambio.- *(kambio)* s. câmbio, troca de dinheiro ou letras.
cambista.- *(kambista)* s. cambista.
camelar.- *(kamelar)* v. galantear, seduzir, enganar adulando.
camelia.- *(kamelia)* s. camélia.
camello.- *(kamello)* s. camelo.
camelo; *(kamelo)* s. engano, sarro, gozação.
camilla.- *(kamilla)* s. maca, camilha, cama de encosto, mesa com braseiro.
caminata.- *(kaminata)* s. caminhada, passeio.
camino.- *(kamino)* s. caminho, estrada, senda, direcção, rota.
camión.- *(kamion)* s. caminhão.
camionero.- *(kamionero)* s. caminhoneiro.
camioneta.- *(kamioneta)* s. caminhonete, furgão, perua.
camisa.- *(kamisa)* s. camisa.
camiseta.- *(kamiseta)* s. camiseta.
camisón.- *(kamison)* s. camisão, camisola.
camomila.- *(kamomila)* s. camomila.
camorra.- *(kamorra)* s. briga, rixa.
camote.- *(kamote)* s. batata-doce.
campamento.- *(kampamento)* s. acampamento.
campana.- *(kampana)* s. sino, campana.
campanario.- *(kampanario)* s. campanário.
campanilla.- *(kampanilla)* s. campainha, sineta.
campante.- *(kampante)* adj. alegre, tranquilo.
campaña.- *(kampaña)* s. campanha, batalha.
campar.- *(kampar)* v. ostentar, brilhar.
campechano.- *(kampechano)* adj. afável, franco.
campeón.- *(kampeon)* s. campeão, herói.
campeonato.- *(kampeonato)* s. campeonato.
campesino.- *(kampesino)* s. camponês, campesinho.
campestre.- *(kampestre)* adj. campestre.
camping.- *(kampin)* s. acampamento.
campiña.- *(kampiña)* s. campina.
campo.- *(kampo)* s. campo, planície, extensão.
camposanto.- *(kamposanto)* s. cemitério.
camuflaje.- *(kamuflaje)* s. camuflagem, disfarce.
camuflar.- *(kamuflar)* v. camuflar, disfarçar.
can.- *(kan)* s. cão. / gatilho de arma.
cana.- *(kana)* s. cá, cabelos brancos.
canadiense.- *(kanadiense)* adj. canadense.
canal.- *(kanal)* s. canal, cano, faixa de frequência para sintonizar a televisão.
canalización.- *(kanalizakion)* s. canalização.
canalizar.- *(kanalizar)* v. canalizar.
canalla.- *(kanalla)* adj. canalha, safado, sem-vergonha. / s. canalha.
canalón.- *(kanalon)* s. calha, pia de cozinha.
canapé.- *(kanape)* s. canapé, espécie de divã.
canario.- *(kanario)* s. canário.
canasta.- *(kanasta)* s. canastra.
cancel.- *(kanzel)* s. biombo.
cancela.- *(kanzela)* s. cancela, portão de ferro.
cancelación.- *(kanzelazion)* s. cancelamento.
cancelar.- *(kanzelar)* v. cancelar, anular, apagar.
cáncer.- *(kanzer)* s. câncer, cancro, tumor maligno. / 2ª. s. câncer, constelação zodiacal.
cancerígeno.- *(kanzerijeno)* adj. cancerígeno.
canceroso.- *(kanzeroso)* adj. canceroso.
cancha.- *(kancha)* s. cancha, campo destinado a jogos, terreno espaçoso.
canciller.- *(kanziller)* s. chanceler.
cancillería.- *(kanzilleria)* s. chancelaria.
canción.- *(kanzion)* s. canção, cantiga.
candado.- *(kandado)* s. cadeado, fechadura móvel.
candela.- *(kandela)* s. candeia, vela de sebo ou cera.
candelabro.- *(kandelabro)* s.candelabro, castiçal, lustre.
candelero.- *(kandelero)* s. castiçal.
candente.- *(kandente)* adj. candente, incandescente.
candidato.- *(kandidato)* s. candidato.
candidatura.- *(kandidatura)* s. candidatura.
cándido.- *(kandido)* adj. cândido, simples, sincero.
candil.- *(kandil)* s. candil, candeia.
candor.- *(kandor)* s. candura, alvura.
canela.- *(kanela)* s. canela.
cangrejo.- *(kangrejo)* s. caranguejo.
canguro.- *(kanguro)* s. canguru.
caníbal.- *(kanibal)* s. canibal.
canibalismo.- *(kanibalismo)* s. canibalismo.
canica.- *(kanika)* s. bola-de-gude.
canijo.- *(kanijo)* adj. débil, fraco.
canilla.- *(kanilla)* s. tíbia, canela.
canino.- *(kanino)* adj. canino.
canje.- *(kanje)* s. troca, permuta.
canjear.- *(kanjear)* v. trocar, permutar.
cano.- *(kano)* adj. encanecido, que tem cabelos brancos.
canoa.- *(kanoa)* s. canoa.
canon.- *(kanon)* s. cânon, cânone, regra.
canónico.- *(kanoniko)* adj. canónico.
canónigo.- *(kanonigo)* s. cónego.

canonizar.- *(kanonizar)* v. canonizar.
canoro.- *(kanoro)* adj. canoro, de canto melodioso.
cansado.- *(kansado)* adj. cansado, fatigado, enfraquecido.
cansancio.- *(kansanzio)* s. cansaço, fadiga, canseira.
cansar.- *(kansar)* v. cansar, fatigar, importunar, aborrecer.
cantante.- *(kantante)* adj. cantante, cantor profissional.
cantar.- *(kantar)* s. canto, canção. / v. cantar.
cántaro.- *(kantaro)* s. cântaro, bilha.
cantata.- *(kantata)* s. cantata, serenata.
cantera.- *(kantera)* s. cantaria, pedreira.
cantero.- *(kantero)* s. canteiro, pessoa que trabalha em cantaria. / 2ª. s. canteiro, porção de terreno.
cántico.- *(kantiko)* s. cântico, hino, canto.
cantidad.- *(kantidad)* s. quantidade, quantia, porção.
cantiga.- *(kantiga)* s. cantiga.
cantina.- *(kantina)* s. cantina, adega.
canto.- *(kanto)* s. canto, cantoria, hino. / 2ª. s. canto, extremidade, ponta, ângulo.
cantón.- *(kanton)* s. cantão, distrito, esquina.
cantor.- *(kantor)* s. cantor.
canuto; *(kanuto)* s. canudo, tubo.
caña.- *(kaña)* s. cana, talo, pé de milho, pé de cana, junco. / 2ª. s. caneca de cerveja, chope. / 3ª. s. tíbia, canela. / 4ª. s. vara de pescar.
cañada.- *(kañada)* s. canhada, planície, vale estreito.
cáñamo; *(kañamo)* s. cânhamo.
cañaveral.- *(kañaberal)* s. canavial.
cañería.- *(kañeria)* s. encanamento, aqueduto.
cañero.- *(kañero)* s. encanador.
cañizo.- *(kañizo)* s. caniço.
caño.- *(kaño)* s. cano, canudo, tubo, esgoto.
cañón.- *(kañon)* s. canhão, tubo, cilindro, tronco de árvore.
caoba.- *(kaoba)* s. caoba, acaju.
caos.- *(kaos)* s. caos, desordem, confusão.
caótico.- *(kaotiko)* adj. caótico.
capa.- *(kapa)* s. capa, cobertura.
capacidad.- *(kapazidad)* s. capacidade, extensão, espaço.
capacitación.- *(kapazitazion)* s. capacitação, qualificação.
capacitado.- *(kapazitado)* adj. capacitado, qualificado, habilitado.
capacitar.- *(kapazitar)* v. capacitar, qualificar, habilitar.
capar.- *(kapar)* v. capar, castrar.
caparazón.- *(kaparazon)* s. caparazão, carcaça.
capataz.- *(kapataz)* s. capataz, feitor, caseiro,
capaz.- *(kapaz)* adj. capaz, apto, digno, inteligente.
capcioso.- *(kapzioso)* adj. capcioso, enganoso.
capellán.- *(kapellan)* s. capelão.
caperuza.- *(kaperuza)* s. carapuça, capuz.
capilar.- *(kapilar)* adj. capilar. / s. capilar.
capital.- *(kapital)* adj. capital, principal. / s. capital, dinheiro, património. / 2ª. s. capital, metrópole.
capitalismo.- *(kapitalismo)* s. capitalismo.
capitalista.- *(kapitalista)* s. capitalista.
capitalización.- *(kapitalizazion)* s. capitalização.
capitalizar.- *(kapitalizar)* v. capitalizar.
capitán.- *(kapitan)* s. capitão.
capitanía.- *(kapitania)* s. capitania.
capitel.- *(kapitel)* s. capitel.
capitulación.- *(kapitulazion)* s. capitulação.
capitular.- *(kapitular)* v. capitular, render-se.
capítulo.- *(kapitulo)* s. capítulo.
capó.- *(kapo)* s. capô de automóvel.
capón.- *(kapon)* s. capão, castrado.
capotar.- *(kapotar)* v. capotar.
capote.- *(kapote)* s. capote, capa grande.
capricho.- *(kapricho)* s. capricho, fantasia.
capricornio.- *(kaprikornio)* s. capricórnio.
cápsula.- *(kapsula)* s. cápsula.
captación.- *(kaptazion)* s. captação, conquista.
captar.- *(kaptar)* v. captar, atrair, interceptar.
capturar.- *(kapturar)* v. capturar.
capucha.- *(kapucha)* s. capuz.
capuchino.- *(kapuchino)* s. capuchinho, religioso.
capullo.- *(kapullo)* s. capulho, casulo, botão de flor, prepúcio, glande.
caqui.- *(kaki)* adj. cáqui.
cara.- *(kara)* s. cara, rosto.
carabela.- *(karabela)* s. caravela.
carabina.- *(karabina)* s. carabina, espingarda.
caracol.- *(karakol)* s. caracol.
caracola.- *(karakola)* s. búzio.
carácter.- *(karakter)* s. carácter, marca, dignidade, firmeza.
característico.- *(karakteristiko)* adj. característico.
caracterizar.- *(karakterizar)* v. caracterizar.
caradura.- *(karadura)* s. cara-de-pau, sem-vergonha.
caramba.- *(karamba)* interj. caramba, puxa.
carambola.- *(karambola)* s. carambola, fruta do carambolo. / 2ª. s. carambola, jogo de bilhar. / 3ª. s. mentira, trapaça.
caramelo.- *(karamelo)* s. caramelo, bala, confeito.
caramujo.- *(karamujo)* s. caramujo.
caravana.- *(karabana)* s. caravana.
caray.- *(karay)* interj. caramba, puxa.
carbón.- *(karbon)* s. carvão, brasa apagada.
carbonero.- *(karbonero)* adj. carbonífero. / 2ª. s. carvoeiro.
carbónico.- *(karboniko)* adj. carbónico.
carbonífero.- *(karbonifero)* adj. carbonífero.

carbonización.- *(karbonizazion)* s. carbonização.

carbonizar.- *(karbonizar)* v. carbonizar.

carbono.- *(karbono)* s. carbono.

carbúnculo.- *(karbunkulo)* s. carbúnculo.

carburación.- *(karburazion)* s. carburação.

carburador.- *(karburador)* s. carburador.

carburante.- *(karburante)* s. carburante.

carburar.- *(karburar)* v. carburar.

carburo.- *(karburo)* s. carboneto, carbureto.

carcajada.- *(karkajada)* s. gargalhada, risada.

cárcel.- *(karzel)* s. cárcere, prisão, cadeia.

carcelero.- *(karzelero)* s. carcereiro.

carcinoma.- *(karzinoma)* s. carcinoma.

carcoma.- *(karkoma)* s. carcoma, caruncho.

carcomer.- *(karkomer)* v. carcomer, roer.

cardar.- *(kardar)* v. cardar, pentear a lã.

cardenal.- *(kardenal)* s. cardeal. / 2ª. s. equimose, contusão.

cárdeno.- *(kardeno)* adj. azul-violáceo.

cardíaco.- *(kardiako)* adj. cardíaco.

cardinal.- *(kardinal)* adj. cardinal, cardeal.

cardiología.- *(kardiolojia)* s. cardiologia.

cardiólogo.- *(kardiologo)* s. cardiologista.

cardo.- *(kardo)* s. cardo.

carear.- *(karear)* v. carear, confrontar.

carecer.- *(karezer)* v. carecer, falhar.

carencia.- *(karenzia)* s. carência, necessidade.

carente.- *(karente)* adj. carente, necessitado.

careo.- *(kareo)* s. acareação, confronto.

carestía.- *(karestia)* s. carestia, escassez, falta.

careta.- *(kareta)* s. careta, máscara.

carey.- *(karey)* s. carei, tartaruga do mar.

carga.- *(karga)* s. carga, carregamento, peso, imposto.

cargador.- *(kargador)* s. carregador.

cargamento.- *(kargamento)* s. carregamento, carga.

cargar.- *(kargar)* v. carregar, embarcar mercadorias.

cargo.- *(kargo)* s. cargo, emprego, carga, carregamento.

carguero.- *(kargero)* s. cargueiro.

cariar.- *(kariar)* v. cariar, criar cárie.

caricatura.- *(karikatura)* s. caricatura.

caricia.- *(karizia)* s. carícia, carinho, afago.

caridad.- *(karidad)* s. caridade, benevolência, benefício.

caries.- *(karies)* s. cárie.

cariño.- *(kariño)* s. carinho, amor, ternura.

cariñoso.- *(kariñoso)* adj. carinhoso, afectuoso.

carisma.- *(karisma)* s. carisma.

carismático.- *(karismatiko)* adj. carismático.

cariz.- *(kariz)* s. cariz, aspecto da atmosfera.

carmesí.- *(karmesi)* adj. carmesim, vermelho.

carmín.- *(karmin)* s. carmim.

carnada.- *(karnada)* s. carnada, isca de carne para pescar.

carnal.- *(karnal)* adj. carnal.

carnaval.- *(karnabal)* s. carnaval.

carnavalesco.- *(karnabalesko)* adj. carnavalesco.

carnaza.- *(karnaza)* s. carnaz, carnada, ceva.

carne.- *(karne)* s. carne, tecido muscular, polpa dos frutos.

carnero.- *(karnero)* s. carneiro. / 2ª. s. ossário, jazigo familiar.

carnicería.- *(karnizeria)* s. açougue, matadouro.

carnicero.- *(karnizero)* s. açougueiro.

carnívoro.- *(karniboro)* adj. carnívoro.

carnoso.- *(karnoso)* adj. carnudo, cheio.

caro.- *(karo)* adj. caro, de preço elevado. / 2ª. adj. querido, estimado.

carótida.- *(karotida)* s. carótida.

carozo.- *(karozo)* s. caroço de azeitona, caroço de fruta.

carpa.- *(karpa)* s. carpa. / 2ª. s. toldo de feira.

carpeta.- *(karpeta)* s. pasta para guardar papeis.

carpinteiro.- *(karpinteiro)* s. carpinteiro.

carpintería.- *(karpinteria)* s. carpintaria.

carpir.- *(karpir)* v. rasgar, arranhar, escardar, arrancar as ervas ruins.

carpo; *(karpo)* s. carpo.

carraca.- *(karraka)* s. matraca, brinquedo.

carraspear.- *(karraspear)* v. pigarrear.

carraspera.- *(karraspera)* s. rouquidão, pigarro.

carrera.- *(karrera)* s. carreira profissional. / 2ª. s. carreira, corrida. / 3ª. s. carreira, risca do cabelo.

carreta.- *(karreta)* s. carreta.

carrete; *(karrete)* s. carretel, bobina.

carretera.- *(karretera)* s. estrada.

carretilla.- *(karretilla)* s. carretilha, carrinho de mão.

carril.- *(karril)* s. carril, sulco, pista, trilho.

carrillo.- *(karrillo)* s. bochecha.

carro.- *(karro)* s. carro, automóvel.

carrocería; *(karrozeria)* s. carroçaria, oficina mecânica.

carroña; *(karroña)* s. carniça.

carroza; *(karroza)* s. carroça.

carruaje; *(karruaje)* s. carruagem.

carta.- *(karta)* s. cardápio. / 2ª. s. carta do baralho. / 3ª. s. carta, missiva. / 4ª. s. mapa.

cartabón.- *(kartabon)* s. esquadro.

cartapacio.- *(kartapazio)* s. pasta escolar, caderno de apontamento.

cartel; *(kartel)* s. cartaz, anúncio.

cártel; *(kartel)* s. cartel, consórcio de empresas.

cartelera.- *(kartelera)* s. anúncios de cinema e teatro no jornal. / 2ª. s. armação para cartazes.

cartera.- *(kartera)* s. carteira.

cartería; *(karteria)* s. repartição dos correios.

carterista.- *(karterista)* s. ladrão de carteiras, batedor de carteira.

cartero.- *(kartero)* s. carteiro.
cartilaginoso.- *(kartilajinoso)* adj. cartilaginoso.
cartilago.- *(kartilago)* s. cartilagem.
cartilla.- *(kartilla)* s. cartilha, breviário.
cartografía.- *(kartografia)* s. cartografia.
cartógrafo.- *(kartografo)* s. cartógrafo.
cartomancia.- *(kartomanzia)* s. cartomancia.
cartón.- *(karton)* s. cartão, papelão.
cartucho.- *(kartucho)* s. cartucho.
cartujov *(kartujo)* s. cartuxo, ordem religiosa.
cartulina.- *(kartulina)* s. cartolina.
casa.- *(kasa)* s. casa, morada, habitação, edifício.
casaca.- *(kasaka)* s. casaca.
casación.- *(kasazion)* s. cassação.
casado.- *(kasado)* adj. casado.
casal.- *(kasal)* s. parelha de animais.
casamiento.- *(kasamiento)* s. casamento, enlace, matrimónio, união.
casar.- *(kasar)* v. casar, contrair matrimónio, unir.
casca.- *(kaska)* s. casca.
cascabel.- *(kaskabel)* s. cascavel, guizo.
cascada.- *(kaskada)* s. cascata, cachoeira.
cascajo.- *(kaskajo)* s. cascalho.
cascanueces.- *(kaskanuezes)* s. quebra-nozes.
cascar.- *(kaskar)* v. quebrar, partir, rachar.
cáscara.- *(kaskara)* s. casca, revestimento externo.
cascarón.- *(kaskaron)* s. casca de ovo.
casco.- *(kasko)* s. casco, vasilha, capacete.
cascote.- *(kaskote)* s. cascalho, entulho.
caserío.- *(kaserio)* s. casaria, casario.
casero.- *(kasero)* adj. caseiro, familiar. / s. caseiro, inquilino.
caserón.- *(kaseron)* s. casarão.
casi.- *(kasi)* adj. quase, por pouco.
casilla.- *(kasilla)* s. casinha, bilheteria, compartimento, latrina.
casino.- *(kasino)* s. cassino, clube.
caso.- *(kaso)* s. caso, acontecimento, acaso, circunstância.
casorio.- *(kasorio)* s. casório, casamento sem consideração.
caspa.- *(kaspa)* s. caspa.
casta.- *(kasta)* s. casta, linhagem, qualidade.
castaña.- *(kastaña)* s. castanha.
castañar.- *(kastañar)* s. castanhal, castanhedo.
castaño.- *(kastaño)* adj. castanho. / s. cas-tanheiro.
castañuela.- *(kastañuela)* s. castanholas.
castellano.- *(kastellano)* adj. castelhano.
castidad.- *(kastidad)* s. castidade, pureza,
castigar.- *(kastigar)* v. castigar, punir, fazer sofrer.
castigo.- *(kastigo)* s. castigo, punição.
castillo.- *(kastillo)* s. castelo, fortaleza.
castizo.- *(kastizo)* adj. castiço, de boa casta.
casto.- *(kasto)* adj. casto, puro.
castor.- *(kastor)* s. castor.
castración.- *(kastrazion)* s. castração.
castrar.- *(kastrar)* v. castrar, capar.
casual.- *(kasual)* adj. casual, eventual, fortuito.
casualidad.- *(kasualidad)* s. casualidade, eventualidade, acaso.
cata.- *(kata)* s. prova, degustação.
cataclismo.- *(kataklismo)* s. cataclismo, desastre.
catacumbas.- *(katakumbas)* s. catacumba.
catadura.- *(katadura)* s. catadura, aspecto, aparência, semblante.
catalán.- *(katalan)* adj. catalão.
catalejo.- *(katalejo)* s. binóculo.
catalepsia.- *(katalepsia)* s. catalepsia.
catálisis.- *(katalisis)* s. catálise.
catalizador.- *(katalizador)* adj. catalisador.
catalogación.- *(katalogazion)* s. catalogação, indexação.
catalogar.- *(katalogar)* v. catalogar, apontar, registrar, inscrever.
catálogo.- *(katalogo)* s. catálogo, minuta, inventário.
cataplasma.- *(kataplasma)* s. cataplasma.
catapulta.- *(katapulta)* s. catapulta.
catar.- *(katar)* v. catar, provar, ensaiar, ver, examinar, buscar, pesquisar.
catarata.- *(katarata)* s. catarata.
catarro.- *(katarro)* s. catarro.
catástrofe.- *(katastrofe)* s. catástrofe, grande desgraça.
catecismo.- *(katezismo)* s. catecismo.
cátedra.- *(katedra)* s. cátedra, cadeira, classe.
catedral.- *(katedral)* s. catedral.
catedrático.- *(katedratiko)* adj. catedrático, relativo à cátedra. / s. catedrático, professor universitário.
categoría.- *(kategoria)* s. categoria, classe, ordem.
categórico.- *(kategoriko)* adj. categórico, taxativo.
catequizar.- *(katekizar)* v. catequizar.
caterva.- *(katerba)* s. caterva, multidão.
catéter.- *(kateter)* s. cateter.
cateterismo.- *(kateterismo)* s. cateterismo.
cateto.- *(kateto)* s. cateto.
catinga.- *(katinga)* s. catinga, cheiro desagradável.
catolicismo.- *(katolizismo)* s. catolicismo.
católico.- *(katoliko)* adj. católico.
cauce.- *(kauze)* s. leito de rio ou riacho.
caucho.- *(kaucho)* s. caucho, borracha.
caución; *(kauzion)* s. caução, preocupação, cautela.
caudal.- *(kaudal)* adj. caudaloso, torrencial. / s. caudal, torrente.
caudaloso.- *(kaudaloso)* adj. caudaloso.
caudillo.- *(kaudillo)* s. caudilho, chefe militar.
causa.- *(kausa)* s. causa, origem, razão.
causal.- *(kausal)* adj. causal.

causalidad.- *(kausalidad)* s. causalidade, origem.
causar.- *(kausar)* v. causar, acarretar, originar, produzir.
cáustico.- *(kaustiko)* adj. cáustico.
cautela.- *(kautela)* s. cautela, precaução, prevenção.
cauteloso.- *(kauteloso)* adj. cauteloso.
cauterio.- *(kauterio)* adj. cautério.
cauterización.- *(kauterizazion)* s. cauterização.
cautivar.- *(kautibar)* v. cativar, seduzir, enamorar, encantar.
cautiverio.- *(kautiberio)* s. cativeiro, prisão, cárcere.
cautivo.- *(kautibo)* adj. cativo, prisioneiro.
cava.- *(kaba)* s. cava, fosso.
cavar.- *(kabar)* v. cavar, escavar, aprofundar.
caverna.- *(kaberna)* s. caverna, gruta, antro.
cavernoso.- *(kabernoso)* adj. cavernoso, cavo, profundo.
caviar.- *(kabiar)* s. caviar.
cavidad.- *(kabidad)* s. cavidade, depressão, cova.
cavilar.- *(kabilar)* v. cavilar, matutar, pensar,
cayado; *(kayado)* s. cajado, bordão, bastão de apoio.
caza; *(kaza)* s. caça, caçada, animais caçados.
cazador.- *(kazador)* s. caçador.
cazar.- *(kazar)* v. caçar, procurar, perseguir.
cazo; *(kazo)* s. caçarola, frigideira, concha.
cazuela; *(kazuela)* s. caçarola, guisado.
cazurro.- *(kazurro)* adj. casmurro, carrancudo.
cebada.- *(zebada)* s. cevada.
cebar; *(zebar)* v. cevar, fazer engordar, nutrir.
cebo; *(zebo)* s. ceva, isca, engodo.
cebolla.- *(zebolla)* s. cebola.
cebolleta.- *(zebolleta)* s. cebolinha.
cebra; *(zebra)* s. zebra.
cebú; *(zebu)* s. zebu.
cecina; *(zezina)* s. carne defumada, seca e salgada.
cedazo; *(zedazo)* s. peneira, crivo, rede.
ceder; *(zeder)* v. ceder, transferir, renunciar, deixar.
cedilla.- *(zedilla)* s. cedilha.
cedro; *(zedro)* s. cedro.
cédula; *(zedula)* s. cédula.
cefálico; *(zefaliko)* adj. cefálico.
cegar; *(zegar)* v. cegar, tirar a visão.
ceguera; *(zegera)* s. cegueira.
ceja; *(zeja)* s. sobrancelha, supercílio.
cejar; *(zejar)* v. retroceder, recuar.
celador; *(zelador)* s. zelador, vigilante.
celar; *(zelar)* v. zelar, cuidar, vigiar.
celda; *(zelda)* s. cela, célula, cavidade pequena, cubículo.
celdilla.- *(zeldilla)* s. célula, nicho.
celebrar; *(zelebrar)* v. celebrar, louvar, festejar, comemorar.
célebre; *(zelebre)* adj. célebre, famoso.
celebridad.- *(zelebridad)* s. celebridade, fama.
celeridad.- *(zeleridad)* s. celeridade, rapidez.
celeste.- *(zeleste)* adj. celeste, azul-celeste.
celestial.- *(zelestial)* adj. celestial.
celibato.- *(zelibato)* s. celibato.
célibe.- *(zelibe)* adj. celibatário, solteiro.
celo.- *(zelo)* s. zelo, cuidado, cio, anseio, ciúme.
celofán; *(zelofan)* s. celofane.
celosía.- *(zelosia)* s. gelosia.
celoso.- *(zeloso)* adj. zeloso, ciumento.
celta.- *(zelta)* adj. celta.
célula.- *(zelula)* s. célula.
celular.- *(zelular)* adj. celular.
celulitis.- *(zelulitis)* s. celulite.
celuloide.- *(zeluloide)* s. celulóide.
celulosa.- *(zelulosa)* s. celulose.
cementerio.- *(zementerio)* s. cemitério.
cemento.- *(zemento)* s. cimento.
cena.- *(zena)* s. ceia, jantar.
cenagal.- *(zenagal)* s. atoleiro, lamaçal, lameiro.
cenagoso.- *(zenagoso)* adj. lamacento.
cenar.- *(zenar)* v. cear, jantar.
cencerro.- *(zenzerro)* s. chocalho.
cenefa.- *(zenefa)* s. sanefa, grinalda.
cenicero.- *(zenizero)* s. cinzeiro.
ceniza.- *(zeniza)* s. cinza, pó.
cenizo.- *(zenizo)* adj. cinzento.
censar.- *(zensar)* v. recensear.
censo.- *(zenso)* s. censo, recenseamento.
censor.- *(zensor)* s. censor, crítico.
censura.- *(zensura)* s. censura, crítica.
censurar.- *(zensurar)* v. censurar, examinar, repreender.
centauro.- *(zentauro)* s. centauro.
centella.- *(zentella)* s. centelha, faísca, raio.
centelleante.- *(zentelleante)* adj. cintilante.
centena.- *(zentena)* s. centena.
centenario.- *(zentenario)* adj. centenário. / s. centenário, século.
centeno.- *(zenteno)* s. centeio.
centígrado.- *(zentigrado)* adj. centígrado.
centímetro.- *(zentimetro)* s. centímetro.
céntimo.- *(zentimo)* adj. centésimo. / s. cêntimo.
centinela.- *(zentinela)* s. sentinela, vigia.
centolla.- *(zentolla)* s. centola, santola.
centrado.- *(zentrado)* adj. centrado.
central.- *(zentral)* adj. central, médio. / s. repartição pública.
centralismo.- *(zentralismo)* s. centralismo.
centralita.- *(zentralita)* s. posto telefónico.
centralización.- *(zentralizazion)* s. centralização.
centralizar.- *(zentralizar)* v. centralizar, centrar.
centrar.- *(zentrar)* v. centrar, determinar o centro, concentrar-se.
centrifugar.- *(zentrifugar)* v. centrifugar.

centrífugo.- *(zentrifugo)* adj. centrífugo.
centrípeto.- *(zentripeto)* adj. centrípeto.
centro.- *(zentro)* s. centro, meio.
centuplicar.- *(zentuplikar)* v. centuplicar.
ceñir.- *(zeñir)* v. cingir, rodear, abraçar-se.
ceño.- *(zeño)* s. cenho, semblante severo, enfado.
cepa.- *(zepa)* s. cepa, tronco.
cepillar.- *(zepillar)* v. escovar, alisar, polir.
cepillo.- *(zepillo)* s. escova de cabelo, escova de dente.
cepo.- *(zepo)* s. cepo, tronco cortado.
cera.- *(zera)* s. cera, secreção das abelhas.
cerámica.- *(zeramika)* s. cerâmica.
cerca.- *(zerka)* adv. quase, perto, próximo, em torno. / s. cerca, muro.
cercanía.- *(zerkania)* s. cercania, proximidade.
cercano.- *(zerkano)* adj. próximo, vizinho.
cercar.- *(zerkar)* v. cercar, sitiar, rodear.
cercenar.- *(zerzenar)* v. cercear, cortar rente.
cerciorar.- *(zerziorar)* v. certificar, afirmar, afiançar, assegurar.
cerco.- *(zerko)* s. cerco, sítio, circuito, recinto.
cerda.- *(zerda)* s. cerda, pêlo.
cerdo.- *(zerdo)* s. porco, suíno.
cereal.- *(zereal)* s. cereal.
cerealista.- *(zerealista)* s. cerealista.
cerebelo.- *(zerebelo)* s. cerebelo.
cerebral.- *(zerebral)* adj. cerebral.
cerebro.- *(zerebro)* s. cérebro.
ceremonia.- *(zeremonia)* s. cerimónia, formalidade, etiqueta, ritual.
ceremonial.- *(zeremonial)* adj. cerimonioso. / s. cerimonial.
ceremonioso.- *(zeremonioso)* adj. cerimonial.
cereza.- *(zereza)* s. cereja.
cerilla.- *(zerilla)* s. fósforo, pavio, cerúmen.
cerner.- *(zerner)* v. peneirar, crivar, examinar.
cero.- *(zero)* s. zero.
cerrado.- *(zerrado)* adj. fechado, oculto.
cerradura.- *(zerradura)* s. fechadura.
cerrajero.- *(zerrajero)* s. serralheiro.
cerrar.- *(zerrar)* v. cerrar, fechar, encerrar, saldar, vedar.
cerrazón.- *(zerrazon)* s. cerração, nevoeiro.
cerro.- *(zerro)* s. cerro, colina, outeiro.
cerrojo.- *(zerrojo)* s. ferrolho.
certamen.- *(zertamen)* s. desafio, duelo, competição.
certero.- *(zertero)* adj. certeiro, seguro.
certeza.- *(zerteza)* s. certeza, segurança, convicção.
certificado.- *(zertifikado)* s. certificado, atestado.
certificar.- *(zertifikar)* v. certificar, assegurar, afirmar.
cerumen.- *(zerumen)* s. cerume, cera de ouvido.
cervecería.- *(zerbezeria)* s. cervejaria.
cerveza.- *(zerbeza)* s. cerveja.
cervical.- *(zerbikal)* adj. cervical.
cerviz.- *(zerbiz)* s. cerviz, nuca.
cesante.- *(zesante)* adj. cessante, parado.
cesar.- *(zesar)* v. cessar, parar, acabar, suspender, deixar.
cesárea.- *(zesarea)* s. cesárea, operação cesariana.
cese.- *(zese)* s. cessação, suspensão.
cesión.- *(zesion)* s. cessão, transferência, abandono.
césped.- *(zesped)* s. gramado, relva.
cesta.- *(zesta)* s. cesta.
cesto.- *(zesto)* s. cesto.
cetáceo.- *(zetazeo)* adj. cetáceo.
cetro.- *(zetro)* s. cetro, bastão.
chabacanería.- *(chabakaneria)* s. grosseria, indecência, coisa soez.
chabacano.- *(chabakano)* adj. grosseiro, tosco, sem arte, de mau gosto.
chabola.- *(chabola)* s. favela.
chacal.- *(chakal)* s. chacal.
chacarero.- *(chakarero)* s. caseiro de chácara, camponês, colono.
chacota.- *(chakota)* s. chacota, bulha, zombaria, caçoada.
chacra.- *(chakra)* s. chácara, granja.
chal.- *(chal)* s. xale.
chalado.- *(chalado)* adj. tonto, bobo, enamorado.
chalar.- *(chalar)* v. endoidecer, enamorar, apaixonar-se.
chaleco.- *(chaleko)* s. jaleco, colete.
chalet.- *(chalet)* s. chalé.
chamaco.- *(chamako)* s. menino, rapaz, moço.
champán.- *(champan)* s. champanhe.
champiñón.- *(champiñon)* s. cogumelo.
champú.- *(champu)* s. xampu.
chamuscar.- *(chamuskar)* v. chamuscar, crestar.
chanchullo.- *(chanchullo)* s. negócio ilícito, sujo, tramóia, trapaça.
chancla.- *(chankla)* s. chinela, sapato sem talão, sapato velho.
chanclo.- *(chanklo)* s. galocha, tamanco.
chancro.- *(chankro)* s. cancro, câncer, úlcera venérea.
chantaje.- *(chantaje)* s. chantagem.
chantajear.- *(chantajear)* v. chantagear.
chanza.- *(chanza)* s. gracejo, brincadeira.
chapa.- *(chapa)* s. chapa, folha, lamina.
chapado.- *(chapado)* adj. chapado.
chapar.- *(chapar)* v. chapar.
chaparrón.- *(chaparron)* s. chuva forte de pouca duração, aguaceiro.
chapotear.- *(chapotear)* v. humedecer, molhar.
chapucería.- *(chapuzeria)* s. obra ou serviço mal feito.

chapucero.- *(chapuzero)* adj. incompetente, grosseiro, tosco, atabalhoado.
chapuza.- *(chapuza)* s. trabalho mal feito.
chapuzar.- *(chapuzar)* v. mergulhar.
chapuzón.- *(chapuzon)* s. chapuz, mergulho.
chaqué.- *(chake)* s. fraque.
chaqueta.- *(chaketa)* s. jaqueta, casaco curto.
chaquetón.- *(chaketon)* s. jaquetão.
charada.- *(charada)* s. charada, enigma.
charanga.- *(charanga)* s. charanga.
charca.- *(charka)* s. açude, charca.
charco.- *(charko)* s. charco, lodaçal, atoleiro.
charla.- *(charla)* s. conversa à toa, falatório.
charlatán.- *(charlatan)* s. charlatão, tagarela.
charol.- *(charol)* s. charão, verniz.
chascarrillo.- *(chaskarrillo)* s. anedota ligeira, picante, jocoso.
chasco.- *(chasko)* s. decepção, engano, contratempo, zombaria.
chasis.- *(chasis)* s. chassis.
chasquido.- *(chaskido)* s. estalo.
chatarra.- *(chatarra)* s. sucata.
chatarrero.- *(chatarrero)* s. sucateiro.
chauvinismo.- *(chaubinismo)* s. chauvinismo.
chaval.- *(chabal)* s. garoto, rapaz, jovem.
checoslovaco.- *(chekoslobako)* adj. checoslovaco.
chepa.- *(chepa)* s. corcova, corcunda.
cheque.- *(cheke)* s. cheque.
chequear.- *(chekear)* v. checar, examinar.
chic.- *(chic)* adj. chique, elegante.
chicharra.- *(chicharra)* s. cigarra.
chicharrón.- *(chicharron)* s. torresmo, espécie de fiambre.
chico.- *(chiko)* adj. pequeno. / s. menino.
chifla.- *(chifla)* s. silvo, apito, assobio.
chiflado.- *(chiflado)* adj. louco, demente.
chileno.- *(chileno)* adj. chileno.
chillar.- *(chillar)* v. chiar, guinchar.
chillido.- *(chillido)* s. chiado, guincho, berro.
chimenea.- *(chimenea)* s. chaminé.
chimpancé.- *(chimpanze)* s. chimpanzé.
china.- *(china)* s. pedra pequena, seixo, porcelana.
chinchar.- *(chinchar)* v. importunar, molestar, incomodar.
chinche.- *(chinche)* s. percevejo.
chinchilla.- *(chinchilla)* s. chinchila.
chinela.- *(chinela)* s. chinela, chinelo.
chino.- *(chino)* adj. chinês.
chipirón.- *(chipiron)* s. lula.
chipriota.- *(chipriota)* s. cipriota.
chiquillería.- *(chikilleria)* s. criançada.
chiquillo.- *(chikillo)* s. criança, menino, garoto.
chirriar.- *(chirriar)* v. chiar, guinchar.
chisme.- *(chisme)* s. intriga, mexerico, boato, fofoca.
chispa.- *(chispa)* s. chispa, faísca.
chispear.- *(chispear)* v. chispar, faiscar, reluzir.
chisporrotear.- *(chisporrotear)* v. chispar, crepitar.
chistar.- *(chistar)* v. assobiar.
chiste.- *(chiste)* s. piada, gracejo, brincadeira.
chivar.- *(chibar)* v. denunciar, delatar.
chivato.- *(chibato)* s. delator.
chivo.- *(chibo)* s. cabrito.
chocante.- *(chokante)* adj. chocante, surpreendente.
chocar.- *(chokar)* v. chocar, bater, ofender.
chochear.- *(chochear)* v. caducar, tresvariar.
chocho.- *(chocho)* adj. caduco, decrépito.
choclo.- *(choklo)* s. tamanco, milho verde.
chocolate.- *(chokolate)* s. chocolate.
chocolatera.- *(chokolatera)* s. chocolateira.
chófer.- *(chofer)* s. chofer, motorista.
chopo.- *(chopo)* s. choupo.
choque.- *(choke)* s. choque, embate, briga.
chorizo.- *(chorizo)* s. chouriço.
chorrear.- *(chorrear)* v. jorrar, gotejar, pingar.
chorro.- *(chorro)* s. jorro, esguicho.
choza.- *(choza)* s. choça, palhoça.
chubasco.- *(chubasko)* s. aguaceiro, chuvada, chuvarada.
chubasquero.- *(chubaskero)* s. impermeável, capa de chuva.
chuchería.- *(chucheria)* s. coisa sem importância.
chulear.- *(chulear)* v. zombar.
chuleta.- *(chuleta)* s. costeleta, costela assada.
chulo.- *(chulo)* adj. chulo, grosseiro. / s. rufião.
chunga.- *(chunga)* s. algazarra, barulho.
chupado.- *(chupado)* adj. chupado, extenuado.
chupar.- *(chupar)* v. chupar, sugar, absorver.
chupatintas.- *(chupatintas)* s. empregado de escritório.
chupete.- *(chupete)* s. chupeta.
chupetear.- *(chupetear)* v. chupar aos poucos.
chupinazo.- *(chupinazo)* s. disparo de morteiro, fogos de artifício.
chupón.- *(chupon)* adj. chupão, chupim, parasita, explorador.
churrasco.- *(churrasko)* s. churrasco.
churro.- *(churro)* s. churro, massa frita.
chusma.- *(chusma)* s. chusma, plebe.
chutar.- *(chutar)* v. chutar, dar pontapés.
cianuro.- *(zianuro)* s. cianeto.
ciática.- *(ziatika)* s. ciática, dor no nervo ciático.
cibernética.- *(zibernetika)* s. cibernética.
cicatería.- *(zikateria)* s. mesquinharia, avareza.
cicatero.- *(zikatero)* adj. avaro, sovina, mesquinho.
cicatriz.- *(zikatriz)* s. cicatriz.
cicatrizar.- *(zikatrizar)* v. cicatrizar.
cicerone.- *(zizerone)* s. cicerone.
cíclico.- *(zikliko)* adj. cíclico.

ciclismo.- *(ziklismo)* s. ciclismo.
ciclista.- *(ziklista)* s. ciclista.
ciclo.- *(ziklo)* s. ciclo, período cronológico.
ciclón.- *(ziklon)* s. ciclone.
cicuta.- *(zikuta)* s. cicuta, veneno.
ciego.- *(ziego)* adj. cego.
cielo.- *(zielo)* s. céu, firmamento, atmosfera, paraíso.
ciempiés.- *(ziempies)* s. centopeia.
cien.- *(zien)* adj. cem.
ciencia.- *(zienzia)* s. ciência, conhecimento, sabedoria.
cieno.- *(zieno)* s. lodo, lama, barro.
científico.- *(zientifiko)* adj. científico.
cierne.- *(zierne)* s. imaturo, em verde.
cierre.- *(zierre)* s. fecho, fechamento.
cierto.- *(zierto)* adj. certo, verdadeiro.
ciervo.- *(zierbo)* s. cervo, veado.
cifra.- *(zifra)* s. cifra, digito, algarismo.
cifrar.- *(zifrar)* v. cifrar, escrever em cifra.
cigarra.- *(zigarra)* s. cigarra.
cigarrería.- *(zigarreria)* s. charutaria, tabacaria.
cigarrillo.- *(zigarrillo)* s. cigarro, cigarrilha.
cigarro.- *(zigarro)* s. charuto.
cigüeña.- *(zigueña)* s. cegonha.
cilindrada.- *(zilindrada)* s. cilindrada.
cilíndrico.- *(zilindriko)* adj. cilíndrico.
cilla.- *(zilla)* s. celeiro.
cima.- *(zima)* s. cimo, cume, topo.
cimentar.- *(zimentar)* v. cimentar, alicerçar.
cimiento.- *(zimiento)* s. cimento, alicerce.
cinc.- *(zink)* s. zinco.
cincel.- *(zinzel)* s. cinzel.
cincha.- *(zincha)* s. tento, tira de couro.
cincuentenario.- *(zinkuentenario)* s. cinquetenário.
cine.- *(zine)* s. cine, cinema.
cineasta.- *(zineasta)* s. cineasta.
cineclub.- *(zineklub)* s. cineclube.
cíngaro.- *(zingaro)* adj. zíngaro, cigano.
cínico.- *(ziniko)* adj. cínico, falacioso.
cinismo.- *(zinismo)* s. cinismo.
cinta.- *(zinta)* s. cinta, faixa, tira, fita, cinto.
cinto.- *(zinto)* s. cinto, cinturão.
cintura.- *(zintura)* s. cintura.
cinturón.- *(zinturon)* s. cinturão, cinto largo.
ciprés.- *(zipres)* s. cipreste.
circo.- *(zirko)* s. circo, anfiteatro.
circuito.- *(zirkuito)* s. circuito, contorno.
circulación.- *(zirkulazion)* s. circulação, giro, trânsito.
circular.- *(zirkular)* adj. circular, redondo. / v. circular.
círculo.- *(zirkulo)* s. círculo, circuito, distrito, clube, grémio.
circuncidar.- *(zirkunzidar)* v. circuncidar.
circuncisión.- *(zirkunzision)* s. circuncisão.
circunciso.- *(zirkunziso)* adj. circuncidado.
circunferencia.- *(zirkunferenzia)* s. circunferência.
circunflejo.- *(zirkunflejo)* adj. circunflexo.
circunloquio.- *(zirkunlokio)* s. circunlóquio, perífrase.
circunscribir.- *(zirkunskribir)* v. circunscrever, marcar limites.
circunspección.- *(zirkunspekzion)* s. circunspecção, atenção.
circunspecto.- *(zirkunspekto)* adj. circunspecto, prudente, sério.
circunstancia.- *(zirkunstanzia)* s. circunstância, qualidade, requisito, valor.
circunstante.- *(zirkunstante)* adj. circunstante, que está perto.
cirio.- *(zirio)* s. círio, vela grande de cera.
cirro.- *(zirro)* s. cirro, nuvem branca e muito alta.
cirrosis.- *(zirrosis)* s. cirrose.
ciruela.- *(ziruela)* s. ameixa.
cirugía.- *(zirujia)* s. cirurgia.
cirujano.- *(zirujano)* s. cirurgião.
cisco.- *(zisko)* s. cisco, pó de carvão.
cisma.- *(zisma)* s. cisma, discórdia, desavença.
cisne.- *(zisne)* s. cisne.
cisterna.- *(zisterna)* s. cisterna, poço.
cisura.- *(zisura)* s. fissura, fenda.
cita.- *(zita)* s. entrevista, encontro, citação, epígrafe.
citación.- *(zitazion)* s. citação.
citar.- *(zitar)* v. citar, apontar, avisar, referir, mencionar.
cítara.- *(zitara)* s. cítara.
citología.- *(zitolojia)* s. citologia.
citoplasma.- *(zitoplasma)* s. citoplasma.
cítrico.- *(zitriko)* adj. cítrico.
citrón.- *(zitron)* s. limão.
ciudad.- *(ziudad)* s. cidade, povoação urbana.
ciudadanía.- *(ziudadania)* s. cidadania.
ciudadano.- *(ziudadano)* s. cidadão.
cívico.- *(zibiko)* adj. cívico.
civil.- *(zibil)* adj. civil, sociável, delicado, urbano.
civilización.- *(kibilizazion)* s. civilização, progresso, cultura.
civilizar.- *(zibilizar)* v. civilizar, ilustrar.
civismo.- *(zibismo)* s. civismo, patriotismo.
cizalla.- *(zizalla)* s. cisalha, tesoura mecânica.
cizaña.- *(zizaña)* s. joio, cizânia, discórdia.
clamar.- *(klamar)* v. clamar, vociferar, bradar.
clamor.- *(klamor)* s. clamor, brado.
clan.- *(klan)* s. clã, tribo, família.
clandestinidad.- *(klandestinidad)* s. clandestinidade.
clandestino.- *(klandestino)* adj. clandestino.
clara.- *(klara)* s. clara de ovo.
claraboya.- *(klaraboya)* s. clarabóia.

clarear.- *(klarear)* v. clarear, aclarar, abrir clareiras, amanhecer.
claridad.- *(klaridad)* s. claridade, luz, transparência.
clarificar.- *(klarifikar)* v. clarificar, esclarecer, iluminar.
clarín.- *(klarin)* s. clarim.
clarinete.- *(klarinete)* s. clarinete.
clarividencia.- *(klaribidenzia)* s. clarividência, perspicácia.
claro.- *(klaro)* adj. claro, luminoso, evidente, franco, sincero.
clase.- *(klase)* s. classe, ordem, categoria, sala de aula, grupo.
clasicismo.- *(klasizismo)* s. classicismo.
clásico.- *(klasiko)* adj. clássico.
clasificar.- *(klasifikar)* v. classificar, ordenar.
claudicar.- *(klaudikar)* v. claudicar, mancar.
claustro.- *(klaustro)* s. claustro.
claustrofobia.- *(klaustrofobia)* s. claustrofobia.
cláusula.- *(klausula)* s. cláusula.
clausura.- *(klausura)* s. clausura.
clavar.- *(klabar)* v. cravar, pregar, firmar, fixar, encravar-se.
clave.- *(klabe)* s. clave, chave, explicação.
clavel.- *(klabel)* s. cravo, flor do craveiro.
clavícula.- *(klabikula)* s. clavícula.
clavija.- *(klabija)* s. cavilha, cravelha.
clavo.- *(klabo)* s. cravo, prego, cravo-da índia.
claxon.- *(klakson)* s. buzina.
clemencia.- *(klemenzia)* s. clemência, bondade, indulgência.
cleptomanía.- *(kleptomania)* s. cleptomania.
clérigo.- *(klerigo)* s. clérigo, presbítero, sacerdote.
clero.- *(klero)* s. clero.
cliché.- *(kliche)* s. cliché, matriz.
cliente.- *(kliente)* s. cliente, freguês.
clientela.- *(klientela)* s. clientela, freguesia.
clima.- *(klima)* s. clima, temperatura.
climaterio.- *(klimaterio)* s. climatério.
climático.- *(klimatiko)* adj. climático.
climatizado.- *(klimatizado)* adj. climatizado, refrigerado.
climatología.- *(klimatolojia)* s. climatologia.
clímax.- *(klimaks)* s. clímax, auge.
clínica.- *(klinika)* s. clínica.
clínico.- *(kliniko)* adj. clínico.
clip.- *(klip)* s. clipe, grampo.
clítoris.- *(klitoris)* s. clitóris.
cloaca.- *(kloaka)* s. cloaca, fossa.
cloro.- *(kloro)* s. cloro.
clorofila.- *(klorofila)* s. clorofila.
cloroformo.- *(kloroformo)* s. clorofórmio.
club.- *(klub)* s. clube, grémio, associação.
coacción.- *(koakzion)* s. coacção, imposição.
coaccionar.- *(koakzionar)* v. coagir, obrigar.
coadyuvar.- *(koadyubar)* v. coadjuvar, ajudar, auxiliar, colaborar.
coagulación.- *(koagulazion)* s. coagulação.
coagulante.- *(koagulante)* adj. coagulante.
coagular.- *(koagular)* v. coagular, coalhar, solidificar.
coágulo.- *(koagulo)* s. coágulo.
coalición.- *(koalizion)* s. coalizão, liga.
coartar.- *(koartar)* v. restringir, limitar, reduzir.
coba.- *(koba)* s. adulação fingida, engodo.
cobalto.- *(kobalto)* s. cobalto.
cobarde.- *(kobarde)* adj. covarde, medroso, fraco.
cobardía.- *(kobardia)* s. covardia, medo, indignidade, fraqueza.
cobayo.- *(kobayo)* s. cobaia, porquinho-da-Índia, preá.
cobertura.- *(kobertura)* s. cobertura.
cobijar.- *(kobijar)* v. cobrir, tapar, ocultar.
cobra.- *(kobra)* s. cobra, serpente venenosa.
cobrador.- *(kobrador)* s. cobrador.
cobrar.- *(kobrar)* v. cobrar, receber.
cobre.- *(kobre)* s. cobre.
coca.- *(koka)* s. coca, planta narcótica.
cocaína.- *(kokaina)* s. cocaína.
cocción.- *(kokzion)* s. cocção, cozimento.
cóccix.- *(koksis)* s. coxis.
cocer.- *(kozer)* v. cozer, cozinhar, ferver um líquido.
cochambre.- *(kochambre)* s. sujeira, porcaria, imundície.
cochambroso.- *(kochambroso)* adj. sujo, porco, imundo.
coche.- *(koche)* s. coche, carro, vagão de trem.
cochinería.- *(kochineria)* s. porcaria, sujeira.
cochinillo.- *(kochinillo)* s. leitão novo.
cochino.- *(kochino)* s. porco.
cocido.- *(kozido)* adj. cozido.
cociente.- *(koziente)* s. quociente.
cocina.- *(kozina)* s. cozinha.
cocinar.- *(kozinar)* v. cozinhar, condimentar, temperar.
cocinero.- *(kozinero)* s. cozinheiro.
coco.- *(koko)* s. coco.
cocodrilo.- *(kokodrilo)* s. crocodilo.
cóctel.- *(koktel)* s. coquetel.
codear.- *(kodear)* v. acotovelar.
codicia.- *(kodizia)* s. cobiça, avidez.
codiciar.- *(kodiziar)* v. cobiçar, desejar.
codicioso.- *(kodizioso)* adj. ambicioso, ávido.
codificar.- *(kodifikar)* v. codificar.
código.- *(kodigo)* s. código, conjunto de leis, regras.
codo.- *(kodo)* s. cotovelo.
codorniz.- *(kodorniz)* s. codorniz.
coeficiente.- *(koefiziente)* s. coeficiente.
coercitivo.- *(koerzitibo)* adj. coercitivo.
coetáneo.- *(koetaneo)* adj. coetâneo, coevo, contemporâneo.

coexistir.- *(koeksistir)* v. coexistir.

cofia.- *(kofia)* s. coifa, touca.

cofradía.- *(kofradia)* s. confraria.

cofre.- *(kofre)* s. cofre, baú, arca.

coger.- *(kojer)* v. colher, agarrar, pegar, recolher.

cognoscitivo.- *(kojnoszitibo)* adj. cognitivo, cognoscitivo.

cohabitar.- *(koabitar)* v. coabitar, viver em comum.

cohecho.- *(koecho)* s. suborno.

coherencia.- *(koerenzia)* s. coerência, lógica.

cohesión.- *(koesion)* s. coesão, aderência.

cohete.- *(koete)* s. foguete.

cohibir.- *(koibir)* v. coibir, reprimir, privar-se.

coincidencia.- *(koinzidenzia)* s. coincidência.

coincidir.- *(koinzidir)* v. coincidir, concordar.

coito, *(koito)* s. coito, cópula, relação sexual.

cojear.- *(kojear)* v. coxear, mancar.

cojín.- *(kojin)* s. coxim, almofadão.

cojinete.- *(kojinete)* s. almofadinha.

cojo.- *(kojo)* adj. coxo, manco.

cojonudo.- *(kojonudo)* adj. excelente, incrível.

col.- *(kol)* s. couve.

cola.- *(kola)* s. cauda, rabo, fila, cola, grude.

colaboración.- *(kolaborazion)* s. colaboração, cooperação, ajuda.

colaborador.- *(kolaborador)* s. colaborador, ajudante.

colaborar.- *(kolaborar)* v. colaborar, cooperar, ajudar.

colación.- *(kolazion)* s. colação, nomeação, cortejo, refeição leve.

colada.- *(kolada)* s. filtragem, acção de coar, colagem, desfiladeiro. / 2ª. s. roupa branca lavada.

coladero.- *(koladero)* s. corredor, passagem estreita, filtro.

colador.- *(kolador)* s. coador, filtro.

coladora.- *(koladora)* s. lavadeira.

colapso.- *(kolapso)* s. colapso, queda, paralisação repentina.

colar.- *(kolar)* v. coar, filtrar.

colateral.- *(kolateral)* adj. colateral.

colcha.- *(kolcha)* s. colcha, cobertor.

colchón.- *(kolchon)* s. colchão.

colección.- *(kolekzion)* s. colecção, conjunto, série.

coleccionar.- *(kolekzionar)* v. coleccionar, juntar, compilar.

coleccionista.- *(kolekzionista)* s. coleccionador.

colecta.- *(kolekta)* s. colecta, contribuição.

colectividad.- *(kolektibidad)* s. colectividade, sociedade, conjunto.

colectivo.- *(kolektibo)* adj. colectivo. / s. micro-ónibus.

colector.- *(kolektor)* adj. colector.

colega.- *(kolega)* s. colega, companheiro.

colegiado.- *(kolejiado)* s. colegiado.

colegial.- *(kolejial)* adj. colegial, estudante, escolar.

colegiarse.- *(kolejiarse)* v. agremiar-se, reunir-se em colégio.

colegio.- *(kolejio)* s. colégio, escola, corporação, associação.

colegir.- *(kolejir)* v. coligir, juntar, compilar.

cólera.- *(kolera)* s. cólera, ira, zanga.

colérico.- *(koleriko)* adj. colérico, irado, encolerizado.

colesterol.- *(kolesterol)* s. colesterol.

coleta.- *(koleta)* s. coleta, rabo-de-cavalo.

coletazo.- *(koletazo)* s. rabanada, pancada com a cauda.

colgador.- *(kolgador)* s. varal.

colgadura.- *(kolgadura)* s. tapeçaria pendurada em paredes ou janelas.

colgar.- *(kolgar)* v. pendurar, dependurar, suspender.

colibrí.- *(kolibri)* s. colibri, beija-flor.

cólico.- *(koliko)* s. cólica, dor abdominal.

coliflor.- *(koliflor)* s. couve-flor.

coligar.- *(koligar)* v. coligar, unir-se.

colilla.- *(kolilla)* s. toco de cigarro, bagana.

colina.- *(kolina)* s. colina, morro, outeiro, encosta.

colindar.- *(kolindar)* v. limitar, ser vizinho.

colirio.- *(kolirio)* s. colírio.

coliseo.- *(koliseo)* s. coliseu, anfiteatro.

colisión.- *(kolision)* s. colisão, choque.

colisionar.- *(kolisionar)* v. colidir, chocar.

colitis.- *(kolitis)* s. colite.

collar.- *(kollar)* s. colar, gola, coleira.

collarín.- *(kollarin)* s. colarinho, gola estreita.

colmar.- *(kolmar)* v. cumular, abarrotar.

colmena.- *(kolmena)* s. colmeia.

colmillo.- *(kolmillo)* s. presa, dente canino.

colmo.- *(kolmo)* adj. cheio, abarrotado. / s. cúmulo, demasia, excesso.

colocación.- *(kolokazion)* s. colocação, situação, emprego.

colocar.- *(kolokar)* v. colocar, acomodar, situar, arranjar.

colofón.- *(kolofon)* s. anotação final.

colombiano.- *(kolombiano)* adj. colombiano.

colon.- *(kolon)* s. cólon.

colonia.- *(kolonia)* s. água-de-colónia, perfume. / 2ª. s. colónia, povoação.

colonial.- *(kolonial)* adj. colonial.

colonialismo.- *(kolonialismo)* s. colonialismo.

colonialista.- *(kolonialista)* adj. colonialista.

colonización.- *(kolonizazion)* s. colonização.

colonizar.- *(kolonizar)* v. colonizar.

colono.- *(kolono)* s. colono, colonizador.

coloquial.- *(kolokial)* adj. coloquial, próximo.

coloquio.- *(kolokio)* s. colóquio, palestra.

color.- *(kolor)* s. cor, coloração.
coloración.- *(kolorazion)* s. coloração.
colorado.- *(kolorado)* adj. colorido, corado, vermelho.
colorante.- *(kolorante)* adj. corante.
colorear.- *(kolorear)* v. colorir.
colorete.- *(kolorete)* s. ruge.
colorido.- *(kolorido)* adj. colorido, corado.
colosal.- *(kolosal)* adj. colossal, enorme.
coloso.- *(koloso)* s. colosso, estátua enorme.
columbrar.- *(kolumbrar)* v. vislumbrar, descobrir, lobrigar, divisar.
columna.- *(kolumna)* s. coluna vertebral. / 2ª. s. coluna, pilar, apoio.
columnista.- *(kolumnista)* s. colunista de jornal.
columpiar.- *(kolumpiar)* v. balançar.
columpio.- *(kolumpio)* s. balanço.
coma.- *(koma)* s. coma, sono profundo. / 2ª. s. vírgula, sinal gráfico.
comadre.- *(komadre)* s. comadre, madrinha de baptismo, parteira, amiga.
comadreja.- *(komadreja)* s. doninha.
comandante.- *(komandante)* s. comandante, chefe.
comandar.- *(komandar)* v. comandar, chefiar, dirigir.
comando.- *(komando)* s. comando, chefia.
comarca.- *(komarka)* s. comarca, região.
comatoso.- *(komatoso)* adj. comatoso, em estado de coma.
comba.- *(komba)* s. corda, jogo à corda. / 2ª. s. curva.
combar.- *(kombar)* v. curvar, empenar.
combate.- *(kombate)* s. combate, luta, batalha, acção de guerra.
combatible.- *(kombatible)* adj. combatível.
combatiente.- *(kombatiente)* adj. combatente.
combatir.- *(kombatir)* v. combater, lutar, batalhar, arremeter, atacar.
combatividad.- *(kombatibidad)* s. combatividade.
combativo.- *(kombatibo)* adj. combativo, belicoso.
combinable.- *(kombinable)* adj. combinável.
combinación.- *(kombinazion)* s. combinação, ajuste, pacto. / 2ª. s. combinação, composto. / 3ª. s. combinação, peça do vestuário feminino.
combinar.- *(kombinar)* v. combinar, agrupar, unir, dispor.
combustibilidad.- *(kombustibilidad)* s. combustividade.
combustible.- *(kombustible)* s. combustível, lenha, gás, álcool.
combustión.- *(kombustion)* s. combustão.
comedero.- *(komedero)* adj. comestível, comível. / s. comedor, sala de jantar.
comedia.- *(komedia)* s. comédia, farsa.
comediante.- *(komediante)* s. comediante, actor.
comedido.- *(komedido)* adj. comedido, discreto, modesto.
comedimiento.- *(komedimiento)* s. comedimento, modéstia, sobriedade.
comedir.- *(komedir)* v. comedir, moderar, conter-se.
comedor.- *(komedor)* adj. comilão. / s. sala de jantar.
comendador.- *(komendador)* s. comendador.
comensal.- *(komensal)* s. comensal.
comentar.- *(komentar)* v. comentar, explicar, esclarecer.
comentario.- *(komentario)* s. comentário, análise, crítica.
comenzar.- *(komenzar)* v. começar, iniciar, principiar, abrir, estrear.
comer.- *(komer)* v. comer, alimentar-se, almoçar, jantar.
comercial.- *(komerzial)* adj. comercial, mercantil.
comercialización.- *(komerzializazion)* s. comercialização.
comercializar.- *(komerzializar)* v. comercializar.
comerciante.- *(komerziante)* s. comerciante, negociante.
comerciar.- *(komerciar)* v. comerciar, negociar.
comercio.- *(komerzio)* s. comércio, mercado. / 2ª. s. conjunto de estabele-cimentos comerciais.
comestible.- *(komestible)* adj. comestível
cometa.- *(kometa)* s. cometa, astro errante. / 2ª. s. cometa, papagaio, pipa.
cometer.- *(kometer)* v. cometer, praticar.
cometido.- *(kometido)* s. encargo, incumbência.
comezón.- *(komezon)* s. comichão, coceira.
cómic.- *(komik)* s. história em quadrinhos, gibi.
comicios.- *(komizios)* s. comícios, eleição.
cómico.- *(komiko)* adj. cómico, ridículo.
comida.- *(komida)* s. comida, alimento, refeição.
comidilla.- *(komidilla)* s. fofoca, assunto de murmuração.
comienzo.- *(komienzo)* s. começo, início, princípio, origem.
comilla.- *(komilla)* s. aspa.
comilona.- *(komilona)* s. refeição abundante, regabofe.
comisaría.- *(komisaria)* s. comissariado.
comisario.- *(komisario)* s. comissário.
comisión.- *(komision)* s. comissão, incumbência, encargo.
comisionar.- *(komisionar)* v. comissionar, encarregar, delegar.
comité.- *(komite)* s. comité, junta.
comitiva.- *(komitiba)* s. comitiva, acompanhamento, séquito.
como.- *(komo)* adv. como, assim.
cómoda.- *(komoda)* s. cómoda, gaveteiro para roupas.

comodidad.- *(komodidad)* s. comodidade, bem-estar, conforto.
cómodo.- *(komodo)* adj. cómodo, conveniente, oportuno.
compacto.- *(kompakto)* adj. compacto, denso, espesso.
compadecer.- *(kompadezer)* v. compadecer.
compadre.- *(kompadre)* s. compadre, padrinho de baptismo.
compaginar.- *(kompajinar)* v. compaginar, ligar intimamente.
compañerismo.- *(kompañerismo)* s. companheirismo.
compañero.- *(kompañero)* s. companheiro, camarada, parceiro, colega.
compañía.- *(kompañia)* s. companhia, acompanhante, sociedade, associação, grupo teatral.
comparación.- *(komparazion)* s. comparação, paralelo.
comparar.- *(komparar)* v. comparar, cotejar, confrontar.
comparecencia.- *(komparezenzia)* s. comparecimento.
comparecer.- *(komparezer)* v. comparecer, apresentar-se.
compartimiento.- *(kompartimiento)* s. compartimento, quarto, aposento, departamento.
compartir.- *(kompartir)* v. partilhar, dividir, participar.
compás.- *(kompas)* s. compasso, regra, princípio. / 2ª. s. compasso, ritmo.
compasión.- *(kompasion)* s. compaixão, piedade, dó.
compasivo.- *(kompasivo)* adj. compassivo, bondoso.
compatibilidad.- *(kompatibilidad)* s. compatibilidade.
compatible.- *(kompatible)* adj. compatível.
compatriota.- *(kompatriota)* s. compatriota.
compendio.- *(kompendio)* s. compêndio, resumo, sumário, síntese.
compenetración.- *(kompenetrazion)* s. compenetração.
compenetrarse.- *(kompenetrarse)* v. compenetrar-se.
compensación.- *(kompensazion)* s. compensação.
compensar.- *(kompensar)* v. compensar, contrabalançar, remunerar, equilibrar.
competencia.- *(kompetenzia)* s. competência, disputa, contenda, incumbência.
competente.- *(kompetente)* adj. competente, adequado, apto, devido.
competer.- *(kompeter)* v. competir, pertencer, incumbir.
competición.- *(kompetizion)* s. competição, rivalidade, concorrência.
competidor.- *(kompetidor)* adj. competidor, adversário.
competir.- *(kompetir)* v. competir, concorrer, rivalizar.
compilación.- *(kompilazion)* s. compilação, colecção.
compilador.- *(kompilador)* s. compilador.
compilar.- *(kompilar)* v. compilar, coligir, reunir.
complacencia.- *(komplazenzia)* s. complacência, benevolência.
complacer.- *(komplazer)* v. comprazer, contentar, agradar.
complaciente.- *(komplaziente)* adj. complacente.
complejidad.- *(komplejidad)* s. complexidade.
complejo.- *(komplejo)* adj. complexo, complicado. / s. complexo.
complementar.- *(komplementar)* v. complementar.
complemento.- *(komplemento)* s. complemento, acréscimo.
completar.- *(kompletar)* v. completar, integrar, concluir, acabar, preencher.
completo.- *(kompleto)* adj. completo, total, perfeito, inteiro.
complexión.- *(kompleksion)* s. compleição, constituição fisiológica.
complicación.- *(komplikazion)* s. complicação, concorrência, dificuldade
complicado.- *(komplikado)* adj. complicado, difícil, confuso.
complicar.- *(komplikar)* v. complicar, confundir, embaraçar, agravar.
cómplice.- *(komplize)* s. cúmplice, conivente.
complicidad.- *(komplizidad)* s. cumplicidade, conivência.
complot.- *(komplot)* s. complô, conspiração, intriga.
componente.- *(komponente)* adj. componente, elemento.
componer.- *(komponer)* v. compor, constituir, formar, restaurar, concertar, enfeitar.
comportamiento.- *(komportamiento)* s. comportamento.
comportar.- *(komportar)* v. comportar, suportar, permitir.
composición.- *(komposizion)* s. composição, arranjo, acordo.
compositor.- *(kompositor)* s. compositor, autor.
compostura.- *(kompostura)* s. compostura, arranjo.
compota.- *(kompota)* s. compota.
compra.- *(kompra)* s. compra, aquisição.
comprar.- *(komprar)* v. comprar, adquirir.
compraventa.- *(komprabenta)* s. compra e venda, contrato.
comprender.- *(komprender)* v. compreender, abranger, incluir, entender.
comprensión.- *(komprension)* s. compreensão, percepção.
comprensivo.- *(komprensibo)* adj. compreensivo,
compresa.- *(kompresa)* s. compressa, penso, pensinho.

compresor.- *(kompresor)* s. compressor.
comprimido.- *(komprimido)* adj. comprimido, apertado.
comprimir.- *(komprimir)* v. comprimir, apertar, reduzir.
comprobación.- *(komprobazion)* s. comprovação, prova.
comprobante.- *(komprobante)* adj. comprovante.
comprobar.- *(komprobar)* v. comprovar, confirmar, verificar, constatar.
comprometer.- *(komprometer)* v. comprometer, arriscar, assumir.
compromiso.- *(kompromiso)* s. compromisso, obrigação, acordo.
compuerta.- *(kompuerta)* s. comporta, esclusa.
compuesto.- *(kompuesto)* s. composto.
compulsar.- *(kompulsar)* v. compulsar, constatar, apurar.
compulsión.- *(kompulsion)* s. compulsão.
compunción.- *(kompunzion)* s. compunção.
compungir.- *(kompunjir)* v. compungir, afligir.
computable.- *(komputable)* adj. computável, calculável.
computadora.- *(komputadora)* s. computadora.
computar.- *(komputar)* v. computar, contar, calcular.
cómputo.- *(komputo)* s. cômputo, cálculo, conta.
comulgar.- *(komulgar)* v. comungar.
común.- *(komun)* adj. comum, geral, vulgar, usual, trivial, habitual.
comunicación.- *(komunikazion)* s. comunicação, informação, aviso.
comunicado.- *(komunikado)* s. comunicado, aviso, informação.
comunicar.- *(komunikar)* v. comunicar, informar, participar, ligar.
comunicativo.- *(komunikatibo)* adj. comunicativo, contagioso.
comunidad.- *(komunidad)* s. comunidade.
comunión.- *(komunion)* s. comunhão, harmonia.
comunismo.- *(komunismo)* s. comunismo.
comunista.- *(komunista)* adj. comunista.
comunitario.- *(komunitario)* adj. comunitário.
con.- *(kon) prep.* com, em, sobre, de.
conato.- *(konato)* s. esforço, empenho.
concatenar.- *(konkatenar)* v. concatenar, encadear, ligar.
concavidad.- *(konkabidad)* s. concavidade.
cóncavo.- *(konkabo)* adj. côncavo.
concebir.- *(konzebir)* v. conceber, gerar, inventar, elaborar.
conceder.- *(konzeder)* v. conceder, dar, ceder, permitir, deferir.
concejo.- *(konzejo)* s. concelho.
concentración.- *(konzentrazion)* s. concentração, meditação, reunião.
concentrado.- *(konzentrado)* adj. concentrado.
concentrar.- *(konzentrar)* v. concentrar, centralizar.
concéntrico.- *(konzentriko)* adj. concêntrico.
concepción.- *(konzepzion)* s. concepção, geração.
concepto.- *(konzepto)* s. conceito, opinião, pensamento.
conceptuar.- *(konzeptuar)* v. conceituar, pensar, avaliar.
concernir.- *(konzernir)* v. concernir.
concertar.- *(konzertar)* v. consertar, ajustar, combinar, concordar.
concertista.- *(konzertista)* s. concertista, solista.
concesión.- *(konzesion)* s. concessão, permissão, licença.
concha.- *(koncha)* s. concha.
conchabar.- *(konchabar)* v. conchavar, unir, juntar, tramar.
conciencia.- *(konzienzia)* s. consciência, convicção, justiça.
concierto.- *(konzierto)* s. concerto, acordo.
conciliábulo.- *(konziliabulo)* s. conciliábulo.
conciliación.- *(konziliazion)* s. conciliação, acordo, acomodação.
conciliar.- *(konziliar)* v. conciliar, harmonizar, combinar.
concilio.- *(konzilio)* s. concílio.
concisión.- *(konzision)* s. concisão, brevidade, síntese.
conciso.- *(konziso)* adj. conciso, compacto, resumido.
cónclave.- *(konklabe)* s. conclave, junta, reunião.
concluir.- *(konkluir)* v. concluir, terminar, acabar, arrematar.
conclusión.- *(konklusion)* s. conclusão, consequência, fim, dedução.
concomitancia.- *(konkomitanzia)* s. concomitância, simultaneidade.
concordancia.- *(konkordanzia)* s. concordância, conformidade, consonância.
concordar.- *(konkordar)* v. concordar, conciliar, acertar, condizer.
concordia.- *(konkordia)* s. concórdia, paz, harmonia.
concretar.- *(konkretar)* v. concretizar, combinar, determinar.
concreto.- *(konkreto)* adj. concreto, determinado.
concubina.- *(konkubina)* s. concubina.
concupiscencia.- *(konkupiszenzia)* s. concupiscência, sensualidade.
concurrencia.- *(konkurrenzia)* s. concorrência, afluência.
concurrente.- *(konkurrente)* adj. concorrente, rival.
concurrido.- *(konkurrido)* adj. concorrido.
concurrir.- *(konkurrir)* v. concorrer, cooperar, ajudar.

concursar.- *(konkursar)* v. concorrer, participar de concurso.
concurso.- *(konkurso)* s. concurso, assistência, afluência.
conde.- *(konde)* s. conde.
condecoración.- *(kondekorazion)* s. condecoração.
condecorar.- *(kondekorar)* v. condecorar, agraciar.
condenación.- *(kondenazion)* s. condenação, sentença, censura, reprovação.
condenado.- *(kondenado)* adj. condenado.
condenar.- *(kondenar)* v. condenar, castigar, reprovar.
condensación.- *(kondensazion)* s. condensação, resumo.
condensador.- *(kondensador)* adj. condensador.
condensar.- *(kondensar)* v. condensar, reduzir.
condesa.- *(kondesa)* s. condessa.
condescendencia.- *(kondeszendenzia)* s. condescendência, consentimento.
condescender.- *(kondeszender)* v. condescender, consentir.
condescendiente.- *(kondeszendiente)* adj. condescendente.
condición.- *(kondizion)* s. condição, categoria, índole, carácter.
condicional.- *(kondizional)* adj. condicional.
condicionamiento.- *(kondizionamiento)* s. condicionamento.
condicionar.- *(kondizionar)* v. condicionar, regular, acondicionar.
condigno.- *(kondijno)* adj. adequado.
condimentación.- *(kondimentazion)* s. condimentação, tempero.
condimentar.- *(kondimentar)* v. condimentar, temperar.
condimento.- *(kondimento)* s. condimento, tempero.
condiscípulo.- *(kondiszipulo)* s. condiscípulo.
condolencia.- *(kondolenzia)* s. condolência, pêsames.
condolerse.- *(kondolerse)* v. condoer-se, compadecer-se.
condominio.- *(kondominio)* s. condomínio.
cóndor.- *(kondor)* s. condor.
conducción.- *(kondukzion)* s. condução, transporte, transmissão, guia.
conducir.- *(konduzir)* v. conduzir, dirigir, levar, transportar, orientar.
conducta.- *(kondukta)* s. conduta, procedimento, via, canal.
conductividad.- *(konduktibidad)* s. condutividade.
conductivo.- *(konduktibo)* adj. condutor.
conducto.- *(kondukto)* s. conduto, cano, tubo.
conductor.- *(konduktor)* adj. condutor, chefe, guia, motorista.
conectar.- *(konektar)* v. accionar, ligar aparelho.
conejillo.- *(konejillo)* s. coelhinho, cobaia, porquinho-da-índia.
conejo.- *(konejo)* s. coelho.
conexión.- *(koneksion)* s. conexão, nexo, ligação.
conexo.- *(konekso)* adj. conexo, ligado.
confabulación.- *(konfabulazion)* s. confabulação, trairia.
confabular.- *(konfabular)* v. confabular, tramar.
confección.- *(konfekzion)* s. confecção, acabamento.
confeccionar.- *(konfekzionar)* v. confeccionar, fabricar, produzir roupas.
confederación.- *(konfederazion)* s. confederação, liga, coligação, pacto.
confederar.- *(konfederar)* v. confederar, coligar.
conferencia.- *(konferenzia)* s. conferência, palestra, discurso, entrevista.
conferenciar.- *(konferenziar)* v. conferenciar, discursar.
conferir.- *(konferir)* v. conferir, administrar, examinar, conceder.
confesar.- *(konfesar)* v. confessar, revelar.
confesión.- *(konfesion)* s. confissão, declaração, revelação.
confesor.- *(konfesor)* s. confessor.
confeti.- *(konfeti)* s. confete.
confianza.- *(konfianza)* s. confiança, segurança, firmeza, crédito.
confiar.- *(konfiar)* v. confiar, crer, revelar, depositar.
confidencia.- *(konfidenzia)* s. confidência.
configurar.- *(konfigurar)* v. configurar.
confín.- *(konfin)* s. confim.
confinado.- *(konfinado)* adj. confinado, desterrado.
confinar.- *(konfinar)* v. confinar, limitar, desterrar.
confirmación.- *(konfirmazion)* s. confirmação, certeza, aprovação.
confirmar.- *(konfirmar)* v. confirmar, certificar, aprovar.
confiscación.- *(konfiskazion)* s. confisco.
confiscar.- *(konfiskar)* v. confiscar, expropriar.
confitado.- *(konfitado)* adj. confeitado.
confitar.- *(konfitar)* v. confeitar.
confite.- *(konfite)* s. confeito.
confitería.- *(konfiteria)* s. confeitaria.
conflagración.- *(konflagrazion)* s. conflagração.
conflagrar.- *(konflagrar)* v. conflagrar, guerrear.
conflicto.- *(konflikto)* adj. conflito, luta, embate, desordem.
confluencia.- *(konfluenzia)* s. confluência, concorrência, convergência.
confluir.- *(konfluir)* v. confluir, convergir.
conformación.- *(konformazion)* s. conformação, configuração.
conformar.- *(konformar)* v. conformar, ajustar, convir, resignar-se.
conformidad.- *(konformidad)* s. conformidade, resignação. / semelhança.

conformismo.- *(konformismo)* s. conformismo.
confort.- *(konfort)* s. conforto, comodidade.
confortable.- *(konfortable)* adj. confortável, cómodo.
confortador.- *(konfortador)* adj. confortador, reconfortante.
confraternizar.- *(konfraternizar)* v. confraternizar.
confrontación.- *(konfrontazion)* s. confrontação.
confrontar.- *(konfrontar)* v. confrontar, enfrentar.
confundir.- *(konfundir)* v. confundir, enganar, equivocar, atrapalhar, errar.
confusión.- *(konfusion)* s. confusão, alteração, transtorno.
confuso.- *(konfuso)* adj. confuso, desordenado, misturado.
congelación.- *(konjelazion)* s. congelamento.
congelador.- *(kongelador)* s. congelador, frigorífico
congelar.- *(konjelar)* v. congelar, gelar.
congénere.- *(konjenere)* adj. congénere.
congeniar.- *(konjeniar)* v. congeniar, simpatizar, harmonizar.
congénito.- *(konjenito)* adj. congénito, inato.
congestión.- *(konjestion)* s. congestão.
congestionar.- *(konjestionar)* v. congestionar.
conglomerado.- *(konglomerado)* s. conglomerado.
conglomerar.- *(konglomerar)* v. conglomerar, juntar-se, reunir.
congoja.- *(kongoja)* s. desmaio, fadiga, angústia, aflição.
congraciar.- *(kongraziar)* v. congraciar, reconciliar, adular.
congratulación.- *(kongratulazion)* s. congratulação.
congratular.- *(kongratular)* v. congratular, felicitar.
congregación.- *(kongregazion)* s. congregação, assembleia.
congregar.- *(kongregar)* v. congregar, reunir, unir, juntar.
congresista.- *(kongresista)* s. congressista.
congreso.- *(kongreso)* s. congresso, assembleia.
congruencia.- *(kongruenzia)* s. congruência.
congruente.- *(kongruente)* adj. congruente, harmonioso.
conjetura.- *(konjetura)* s. conjetura, hipótese.
conjeturar.- *(konjeturar)* v. conjecturar.
conjugación.- *(konjugazion)* s. conjugação.
conjugar.- *(konjugar)* v. conjugar.
conjunción.- *(konjunzion)* s. conjunção.
conjuntivitis.- *(konjuntibitis)* s. conjuntivite.
conjuntivo.- *(konjuntibo)* adj. conjuntivo.
conjunto.- *(konjunto)* adj. conjunto, unido, ligado. / s. conjunto, equipe, colecção.
conjura.- *(konjura)* s. conjura, trama, intriga.
conjuración.- *(konjurazion)* s. conjuração, conspiração.
conjurar.- *(konjurar)* v. conjurar, conspirar.
conllevar.- *(konllebar)* v. coadjuvar, ajudar, tolerar.
conmemoración.- *(konmemorazion)* s. comemoração, recordação.
conmemorar.- *(konmemorar)* v. comemorar, festejar, lembrar.
conmigo.- *(konmigo)* pron. comigo.
conminar.- *(konminar)* v. cominar, ameaçar, exigir.
conmiseración.- *(konmiserazion)* s. comiseração, dó, pena, compaixão.
conmoción.- *(konmozion)* s. comoção, abalo.
conmover.- *(konmober)* v. comover, perturbar, emocionar-se.
conmutación.- *(konmutazion)* s. comutação.
conmutar.- *(konmutar)* v. comutar, trocar, permutar.
connivencia.- *(konnibenzia)* s. conivência, cumplicidade.
connivente.- *(konnibente)* adj. conivente, cúmplice.
connotación.- *(konnotazion)* s. conotação.
cono.- *(kono)* s. cone, cone de luz.
conocedor.- *(konozedor)* adj. conhecedor.
conocer.- *(konozer)* v. conhecer, saber, perceber, entender.
conocido.- *(konozido)* adj. conhecido,
conocimiento.- *(konozimiento)* s. conhecimento.
conque.- *(konke)* conj. com que, de modo que.
conquista.- *(konkista)* s. conquista.
conquistador.- *(konkistador)* adj. conquistador.
conquistar.- *(konkistar)* v. conquistar, dominar, subjugar.
consagración.- *(konsagrazion)* s. consagração, devoção.
consagrar.- *(konsagrar)* v. consagrar, sagrar, devotar, dedicar-se.
consanguíneo.- *(konsanguineo)* adj. consanguíneo.
consciente.- *(konsziente)* adj. consciente.
consecucion.- *(konsekuzion)* s. consecução, obtenção.
consecuencia.- *(konsekuenzia)* s. consequência, resultado.
consecuente.- *(konsekuente)* adj. consequente, coerente.
consecutivo.- *(konsekutibo)* adj. consecutivo, próximo, imediato.
conseguir.- *(konsegir)* v. conseguir, obter, alcançar, adquirir.
consejo.- *(konsejo)* s. conselho, advertência.
consenso.- *(konsenso)* s. consenso.
consentido.- *(konsentido)* adj. consentido, mimado, caprichoso.
consentimiento.- *(konsentimiento)* s. consentimento, acordo, anuência.
consentir.- *(konsentir)* v. consentir, permitir, condescender.
conserje.- *(konserje)* s. porteiro, zelador.

conserva.- *(konserba)* s. conserva.

conservador.- *(konserbador)* adj. conservador.

conservar.- *(konserbar)* v. conservar, guardar.

conservatorio.- *(konserbatorio)* s. conservatório.

considerable.- *(konsiderable)* adj. considerável, estimável.

consideración.- *(konsiderazion)* s. consideração, estima.

considerar.- *(konsiderar)* v. considerar, apreciar, estimar.

consignación.- *(konsijnazion)* s. consignação.

consignar.- *(konsijnar)* v. consignar, confiar, depositar.

consigo.- *(konsigo)* pron. consigo.

consiguiente.- *(konsigiente)* adj. conseguinte.

consistencia.- *(konsistenzia)* s. consistência.

consistente.- *(konsistente)* adj. consistente, estável, duradouro.

consistir.- *(konsistir)* v. consistir, fundar-se, basear-se.

consola.- *(konsola)* s. consola, móvel de sala.

consolación.- *(konsolazion)* s. consolação, consolo, alívio, conforto.

consolar.- *(konsolar)* v. consolar, aliviar, reanimar.

consolidar.- *(konsolidar)* v. consolidar, fortalecer, estabilizar.

consonancia.- *(konsonanzia)* s. consonância, concor-dância.

consonante.- *(konsonante)* adj. consonante. / s. consoante.

consonar.- *(konsonar)* v. consoar, concordar, rimar.

consorcio.- *(konsorzio)* s. consórcio, associação.

consorte.- *(konsorte)* s. consorte, cônjuge.

conspicuo.- *(konspikuo)* adj. conspícuo, ilustre, notável.

conspiración.- *(konspirazion)* s. conspiração, conjuração, trama.

conspirador.- *(konspirador)* adj. conspirador, conju-rado.

conspirar.- *(konspirar)* v. conspirar, tramar, conjurar.

constancia.- *(konstanzia)* s. constância, firmeza, empenho.

constante.- *(konstante)* adj. constante, firme, assíduo.

constar.- *(konstar)* v. constar, consistir.

constatación.- *(konstatazion)* s. constatação.

constatar.- *(konstatar)* v. constatar, comprovar.

constelación.- *(konstelazion)* s. constelação.

consternación.- *(konsternazion)* s. consternação, tristeza, desolação.

consternar.- *(konsternar)* v. consternar, desolar, entristecer.

constipado.- *(konstipado)* adj. constipado, resfriado.

constitución.- *(konstituzion)* s. constituição, composição.

constitución.- *(konstituzion)* s. Constituição, lei fundamental dum pais.

constitucional.- *(konstituzional)* adj. constitucional.

constituir.- *(konstituir)* v. constituir, estabelecer, organizar, compor.

constituyente.- *(konstituyente)* adj. constituinte.

constreñimiento.- *(konstreñimiento)* s. constrangimento.

constreñir.- *(konstreñir)* v. constranger.

construcción.- *(konstrukzion)* s. construção, edificação.

constructor.- *(konstruktor)* adj. construtor.

construir.- *(konstruir)* v. construir, erigir.

consuelo.- *(konsuelo)* s. consolo, alívio.

cónsul.- *(konsul)* s. cônsul.

consulado.- *(konsulado)* s. consulado.

consulta.- *(konsulta)* s. consulta.

consultar.- *(konsultar)* v. consultar, perguntar.

consultor.- *(konsultor)* s. consultor.

consultorio.- *(konsultorio)* s. consultório.

consumación.- *(konsumazion)* s. consumação, conclusão, fim.

consumar.- *(konsumar)* v. consumar, completar, terminar, acabar.

consumición.- *(konsumizion)* s. consumição, desgaste.

consumidor.- *(konsumidor)* adj. consumidor

consumir.- *(konsumir)* v. consumir, acabar, desgastar.

consumo.- *(konsumo)* s. consumo, gasto.

contabilidad.- *(kontabilidad)* s. contabilidade, cálculos, contas comerciais.

contable.- *(kontable)* adj. contador, contável.

contacto.- *(kontakto)* s. contacto.

contado.- *(kontado)* adj. contado, escasso, raro.

contagiar.- *(kontajiar)* v. contagiar, propagar, transmitir doença.

contaminación.- *(kontaminazion)* s. contaminação, contágio, infecção.

contaminar.- *(kontaminar)* v. contaminar, contagiar, infeccionar.

contar.- *(kontar)* v. contar, calcular, computar, narrar, dizer.

contemplación.- *(kontemplazion)* s. contemplação.

contemplar.- *(kontemplar)* v. contemplar, admirar, examinar.

contemplativo.- *(kontemplatibo)* adj. contemplativo.

contemporáneo.- *(kontemporaneo)* adj. contemporâneo.

contemporizar.- *(kontemporizar)* v. contemporizar, transigir.

contención.- *(kontenzion)* s. contenção, litígio,

contender.- *(kontender)* v. contender, disputar.

contener.- *(kontener)* v. conter, encerrar, incluir, abranger, coagir.

contenido.- *(kontenido)* adj. contido, moderado. / s. conteúdo, assunto.

contentar.- *(kontentar)* v. contentar, satisfazer, agradar.

contento.- *(kontento)* adj. contente, satisfeito, alegre. / s. contentamento, alegria.

contestar.- *(kontestar)* v. contestar, responder, convir.

contexto.- *(konteksto)* s. contexto.

contienda.- *(kontienda)* s. contenda, luta, disputa.

contigo.- *(kontigo)* pron. contigo.

contiguo.- *(kontiguo)* adj. contíguo, vizinho, próximo.

continente.- *(kontinente)* adj. que contem alguma coisa, moderado. / s. continente.

contingencia.- *(kontinjenzia)* s. contingência.

continuar.- *(kontinuar)* v. continuar, prosseguir, prolongar, durar.

continuidad.- *(kontinuidad)* s. continuidade.

contorcerse.- *(kontorzerse)* v. contorcer-se, dobrar-se.

contornar.- *(kontornar)* v. contornar.

contorno.- *(kontorno)* s. contorno, perímetro, redor, circuito.

contorsión.- *(kontorsion)* s. contorção.

contra.- *(kontra) prep.* contra, diante de, em oposição.

contrabajo.- *(kontrabajo)* s. contrabaixo.

contrabandista.- *(kontrabandista)* s. contrabandista.

contrabando.- *(kontrabando)* s. contrabando, fraude.

contracción.- *(kontrakzion)* s. contracção, retraimento, encolhimento.

contráctil.- *(kontraktil)* adj. contráctil.

contradecir.- *(kontradezir)* v. contradizer, desmentir, contrariar.

contradicción.- *(kontradikzion)* s. contradição, objecção.

contradictorio.- *(kontradiktorio)* adj. contraditório.

contraer.- *(kontraer)* v. contrair, apertar, encolher, restringir.

contraespionaje.- *(kontraespionaje)* s. contraespionagem.

contrahecho.- *(kontraecho)* adj. contrafeito, contrário, aleijado.

contraindicar.- *(kontraindikar)* v. contra-indicar.

contramaestre.- *(kontramaestre)* s. contramestre.

contramarcha.- *(kontramarcha)* s. contramarcha, retrocesso, marcha-a-ré.

contraofensiva.- *(kontraofensiba)* s. contraofensiva.

contraorden.- *(kontraorden)* s. contra-ordem.

contrapartida.- *(kontrapartida)* s. contrapartida.

contrapeso.- *(kontrapeso)* s. contrapeso, compensação.

contraponer.- *(kontraponer)* v. contrapor, confrontar, opor.

contraposición.- *(kontraposizion)* s. contraposição, confronto.

contraproducente.- *(kontraproduzente)* adj. contraproducente.

contrapunto.- *(kontrapunto)* s. contraponto.

contrariar.- *(kontrariar)* v. contrariar, contradizer.

contrariedad.- *(kontrariedad)* s. contrariedade, desgosto, adversidade.

contrario.- *(kontrario)* adj. contrário, oposto, adverso.

contrarrevolución.- *(kontrarreboluzion)* s. contrarevolução.

contrasentido.- *(kontrasentido)* s. contra-senso, absurdo.

contraseña.- *(kontraseña)* s. contra-senha.

contrastar.- *(kontrastar)* v. contrastar, afrontar, opor.

contraste.- *(kontraste)* s. contraste, oposição.

contrata.- *(kontrata)* s. contrato, ajuste.

contratar.- *(kontratar)* v. contratar, negociar, estipular.

contratiempo.- *(kontratiempo)* s. contratempo, acidente, contrariedade.

contrato.- *(kontrato)* s. contrato, ajuste, convenção.

contravenir.- *(kontrabenir)* v. contravir, transgredir, infringir a lei.

contribución.- *(kontribuzion)* s. contribuição, tributo, imposto.

contribuir.- *(kontribuir)* v. contribuir, cooperar, ajudar.

contribuyente.- *(kontribuyente)* adj. contribuinte.

contrición.- *(kontrizion)* s. contrição, arrependimento.

control.- *(kontrol)* s. controle.

controlar.- *(kontrolar)* v. controlar, fiscalizar.

controvertir.- *(kontrobertir)* v. controverter, rebater, contestar.

contubernio.- *(kontubernio)* s. convivência.

contumaz.- *(kontumaz)* adj. contumaz, rebelde.

contundente.- *(kontundente)* adj. contundente.

contundir.- *(kontundir)* v. contundir, bater, moer.

conturbar.- *(konturbar)* v. conturbar, perturbar.

contusión.- *(kontusion)* s. contusão.

convalecer.- *(konbalezer)* v. convalescer, restabelecer-se.

convalidar.- *(konbalidar)* v. convalidar, revalidar.

convencer.- *(konbenzer)* v. convencer, persuadir.

convencimiento.- *(konbenzimiento)* s. convencimento, convicção.

convención.- *(konbenzion)* s. convenção, acordo, ajuste, congresso.

convencional.- *(konbenzional)* adj. convencional.

conveniente.- *(konbeniente)* adj. conveniente.

convenio.- *(konbenio)* s. convénio, arranjo.

convenir.- *(konbenir)* v. convir, concordar, condizer.

conventillo.- *(konbentillo)* s. cortiço.
convento.- *(konbento)* s. convento, mosteiro.
converger.- *(konberjer)* v. convergir, convir, concordar.
conversar.- *(konbersar)* v. conversar, falar.
convertir.- *(konbertir)* v. converter, mudar, transformar.
convexo.- *(konbekso)* adj. convexo, abaulado.
convicción.- *(konbikzion)* s. convicção, certeza.
convicto.- *(konbikto)* adj. convicto, convencido.
convidado.- *(konbidado)* adj. convidado.
convidar.- *(konbidar)* v. convidar, oferecer.
convincente.- *(konbinzente)* adj. convincente, eloquente.
convite.- *(konbite)* s. convite.
convivencia.- *(konbibenzia)* s. convivência, convívio.
convivir.- *(konbibir)* v. conviver.
convocar.- *(konbokar)* v. convocar, citar.
convulsión.- *(konbulsion)* s. convulsão.
conyugal.- *(konyugal)* adj. conjugal.
cónyuge.- *(konyuje)* s. cônjuge.
coñac.- *(koñak)* s. conhaque.
cooperar.- *(kooperar)* v. cooperar, colaborar.
cooperativa.- *(kooperatiba)* s. cooperativa.
coordinación.- *(koordinazion)* s. coordenação.
coordinar.- *(koordinar)* v. coordenar, ajustar, classificar.
copa.- *(kopa)* s. copa, taça, cálice. / 2ª. s. copa, trofeu.
copetín.- *(kopetin)* s. drinque, aperitivo.
copia.- *(kopia)* s. cópia, reprodução, imitação, plágio, fraude.
copiar.- *(kopiar)* v. copiar, reproduzir, imitar, transcrever.
copioso.- *(kopioso)* adj. copioso, abundante, farto.
copla.- *(kopla)* s. copla, estrofe, quadra.
copo.- *(kopo)* s. floco de neve, porção de fio de lã e algodão.
coproducción.- *(koprodukzion)* s. coprodução.
cópula.- *(kopula)* s. cópula, coito.
coqueluche.- *(kokeluche)* s. coqueluche, tosse.
coquetería.- *(koketeria)* s. galantaria.
coraje.- *(koraje)* s. coragem, ânimo.
coral.- *(koral)* s. coral, cobra coral.
coraza.- *(koraza)* s. couraça.
corazón.- *(korazon)* s. coração.
corbata.- *(korbata)* s. gravata.
corbeta.- *(korbeta)* s. corveta.
corchete.- *(korchete)* s. colchete, sinal ortográfico. / 2ª. s. colchete.
corcho.- *(korcho)* s. corcha, casca, cortiça de árvore, rolha.
corcova.- *(korkoba)* s. corcova, corcunda.
cordel.- *(kordel)* s. cordel, barbante.
cordero.- *(kordero)* s. cordeiro.
cordial.- *(kordial)* adj. cordial, afectuoso, sincero.
cordialidad.- *(kordialidad)* adj. cordialidade.
cordillera.- *(kordillera)* s. cordilheira.
cordón.- *(kordon)* s. cordão, corda fina.
cordura.- *(kordura)* s. cordura, juízo, prudência.
coreano.- *(koreano)* adj. coreano.
coreografía.- *(koreografia)* s. coreografia.
coreógrafo.- *(koreografo)* s. coreógrafo.
córnea.- *(kornea)* s. córnea.
corneta.- *(korneta)* s. corneta.
coro.- *(koro)* s. coro, canto de muitas vozes.
corola.- *(korola)* s. corola.
corona.- *(korona)* s. coroa, auréola, grinalda.
coronación.- *(koronazion)* s. coroação.
coronar.- *(koronar)* v. coroar, premiar.
coronario.- *(koronario)* adj. coronário.
coronel.- *(koronel)* s. coronel.
corpiño.- *(korpiño)* s. corpinho, sutiã, espartilho.
corporación.- *(korporazion)* s. corporação, comunidade, associação.
corporal.- *(korporal)* adj. corporal, material, físico.
corporativo.- *(korporatibo)* adj. corporativo.
corpóreo.- *(korporeo)* adj. corpóreo, material.
corpulencia.- *(korpulenzia)* s. corpulência.
corpulento.- *(korpulento)* adj. corpulento, encorpado.
corpúsculo.- *(korpuskulo)* s. corpúsculo.
corral.- *(korral)* s. curral.
correa.- *(korrea)* s. correia.
corrección.- *(korrekzion)* s. correcção, rectificação, emenda, revisão.
correctivo.- *(korrektibo)* adj. correctivo.
correcto.- *(korrekto)* adj. correcto, alinhado, fino.
corredor.- *(korredor)* s. corredor, pessoa que corre.
corregir.- *(korrejir)* v. corrigir, emendar, melhorar.
correlación.- *(korrelazion)* s. correlação.
correo.- *(korreo)* s. correio, carteiro.
correr.- *(korrer)* v. correr, passar.
correspondencia.- *(korrespondenzia)* s. correspondência.
corresponder.- *(korresponder)* v. corresponder, retribuir, equivaler.
corretear.- *(korretear)* v. vadiar.
corrida.- *(korrida)* s. corrida, tourada.
corriente.- *(korriente)* adj. corrente, habitual, usual. / s. corrente, correnteza.
corroborar.- *(korroborar)* v. corroborar, fortalecer, fortificar.
corroer.- *(korroer)* v. corroer, roer, desgastar.
corromper.- *(korromper)* v. corromper, apodrecer, subornar, depravar.
corrosión.- *(korrosion)* s. corrosão.
corrosivo.- *(korrosibo)* adj. corrosivo.

corrupción.- *(korrupzion)* s. corrupção, putrefacção, degeneração.
corrupto.- *(korrupto)* adj. corrupto, corrompido.
corruptor.- *(korruptor)* s. corruptor.
corsario.- *(korsario)* s. corsário, pirata.
corsé.- *(korse)* s. espartilho, corpete.
cortacircuitos.- *(kortazirkuitos)* s. corta-circuitos, fusível.
cortadera.- *(kortadera)* s. talhadeira.
cortado.- *(kortado)* adj. cortado, talhado, interrompido.
cortadura.- *(kortadura)* s. corte, incisão.
cortante.- *(kortante)* adj. cortante, afiado.
cortapapeles.- *(kortapapeles)* s. corta-papel.
cortar.- *(kortar)* v. cortar, talhar.
corte.- *(korte)* s. corte, talho.
cortejar.- *(kortejar)* v. cortejar.
cortejo.- *(kortejo)* s. cortejo, acompanhamento.
cortés.- *(kortes)* adj. cortês, atencioso, educado.
cortesano.- *(kortesano)* adj. cortesão.
cortesía.- *(kortesia)* s. cortesia, educação, polidez.
corteza.- *(korteza)* s. cortiça, casca.
cortijo.- *(kortijo)* s. granja, construção rústica.
cortina.- *(kortina)* s. cortina.
corto.- *(korto)* adj. curto, breve, escasso, deficitário.
cortocircuito.- *(kortozirkuito)* s. curto-circuito.
cortometraje.- *(kortometraje)* s. curta- metragem.
corva.- *(korba)* s. curva, dobra do joelho.
corvo.- *(korbo)* adj. curvo, curvado, arqueado.
corzo.- *(korzo)* s. veado, corça.
cosa.- *(kosa)* s. coisa, objecto, elemento.
cosecha.- *(kosecha)* s. colheita, safra.
cosechadora.- *(kosechadora)* s. colheitadeira.
cosechar.- *(kosechar)* v. colher.
coseno.- *(koseno)* s. co-seno, cosseno.
coser.- *(koser)* v. coser, costurar, juntar, prender.
cosmético.- *(kosmetiko)* adj. cosmético.
cósmico.- *(kosmiko)* adj. cósmico.
cosmonauta.- *(kosmonauta)* s. cosmonauta.
cosmonave.- *(kosmonabe)* s. cosmonave.
cosmopolita.- *(kosmopolita)* s. cosmopolita.
cosmos.- *(kosmos)* s. cosmos, universo.
cosquillas.- *(koskillas)* s. cócegas.
costa.- *(kosta)* s. custo, preço, despesa. / 2ª. s. margem, litoral.
costado.- *(kostado)* s. costas.
costanera.- *(kostanera)* s. ladeira, declive.
costar.- *(kostar)* v. custar, valer.
costarriqueño.- *(kostarrikeño)* adj. costariquenho.
coste.- *(koste)* s. custo, preço.
costear.- *(kostear)* v. custear, costear.
costilla.- *(kostilla)* s. costela.
costo.- *(kosto)* s. custo.
costoso.- *(kostoso)* adj. custoso, caro, trabalhoso.
costumbre.- *(kostumbre)* s. costume, hábito.
costura.- *(kostura)* s. costura.
costurero.- *(kosturero)* s. costureiro.
cotidiano.- *(kotidiano)* adj. quotidiano.
cotizar.- *(kotizar)* v. cotar, taxar, cotizar.
coto.- *(koto)* s. couto, cerrado.
cotorra.- *(kotorra)* s. periquito, papagaio.
coxis.- *(koksis)* s. coxis.
coyote.- *(koyote)* s. coiote.
coyuntura.- *(koyuntura)* s. conjuntura, junta, articulação.
coz.- *(koz)* s. coice.
cráneo.- *(kraneo)* s. crânio.
crápula.- *(krapula)* s. crápula.
cráter.- *(krater)* s. cratera, boca.
creación.- *(kreazion)* s. criação, invenção.
creador.- *(kreador)* s. criador, inventor.
crear.- *(krear)* v. criar, gerar, produzir, compor.
crecer.- *(krezer)* v. crescer, prosperar, subir, aumentar.
crecida.- *(krezida)* s. enchente de rio.
crecimiento.- *(krezimiento)* s. crescimento, aumento, desenvolvimento.
credencial.- *(kredenzial)* adj. credencial, alvará.
crédito.- *(kredito)* s. crédito, consideração.
credo.- *(kredo)* s. credo.
crédulo.- *(kredulo)* adj. crédulo, ingénuo.
creencia.- *(kreenzia)* s. crença, fé.
creer.- *(kreer)* v. crer, acreditar.
crema.- *(krema)* s. creme, nata
cremación.- *(kremazion)* s. cremação, incineração.
cremallera.- *(kremallera)* s. cremalheira, zíper, fecho-ecler.
crematorio.- *(krematorio)* s. crematório
cremoso.- *(kremoso)* adj. cremoso.
crepitar.- *(krepitar)* v. crepitar.
crepúsculo.- *(krepuskulo)* s. crepúsculo, ocaso.
crespo.- *(krespo)* adj. crespo, franzido.
cresta.- *(kresta)* s. crista de aves, cume de montanhas, crista de onda.
cretino.- *(kretino)* adj. cretino, idiota, estúpido.
cretona.- *(kretona)* s. cretone.
creyente.- *(kreyente)* adj. crente.
cría.- *(kria)* s. cria, criação, criança pequena, ninhada.
criada.- *(kriada)* s. criada, empregada doméstica.
criado.- *(kriado)* adj. criado, educado.
crianza.- *(krianza)* s. criação, educação.
criar.- *(kriar)* v. criar, produzir, gerar.
criatura.- *(kriatura)* s. criatura, ser, indivíduo.
criba.- *(kriba)* s. crivo, peneira grande.
crimen.- *(krimen)* s. crime, delito grave.
criminoso.- *(kriminoso)* adj. criminoso, réu.
crin.- *(krin)* s. crina.
crío.- *(krio)* s. criança pequena.

criollo.- *(kriollo)* adj. crioulo, mestiço.
cripta.- *(kripta)* s. cripta, gruta, caverna.
crisálida.- *(krisalida)* s. crisálida.
crisantemo.- *(krisantemo)* s. crisântemo.
crisis.- *(krisis)* s. crise.
crisma.- *(krisma)* s. crisma.
crispar.- *(krispar)* v. crispar, enrugar, franzir.
cristal.- *(kristal)* s. cristal, vidro.
cristiandad.- *(kristiandad)* s. cristandade.
cristianizar.- *(kristianizar)* v. cristianizar.
cristiano.- *(kristiano)* adj. cristão.
criterio.- *(kriterio)* s. critério.
crítica.- *(kritika)* s. crítica, apreciação.
criticar.- *(kritikar)* v. criticar, apreciar, julgar.
cromar.- *(kromar)* v. cromar.
cromosoma.- *(kromosoma)* s. cromossoma.
crónica.- *(kronika)* s. crónica, narração.
crónico.- *(kroniko)* adj. crónico, permanente.
cronista.- *(kronista)* s. cronista.
cronología.- *(kronolojia)* s. cronologia.
cronometrar.- *(kronometrar)* v. cronometrar.
cronómetro.- *(kronometro)* s. cronómetro.
croqueta.- *(kroketa)* s. croquete, bolinho de bechamel.
croquis.- *(krokis)* s. esboço, croque.
cruce.- *(kruze)* s. cruzamento, encruzilhada.
crucero.- *(kruzero)* s. cruzeiro, encruzilhada.
crucial.- *(kruzial)* adj. crucial, decisivo.
crucificar.- *(kruzifikar)* v. crucificar, torturar.
crucifijo.- *(kruzifijo)* s. crucifixo.
crudeza.- *(krudeza)* s. crueza, crueldade.
crudo.- *(krudo)* adj. cru.
cruel.- *(kruel)* adj. cruel, atroz.
crueldad.- *(krueldad)* s. crueldade.
crujido.- *(krujido)* s. rangido, estalo.
crujir.- *(krujir)* v. ranger.
crustáceo.- *(krustazeo)* s. crustáceo.
cruz.- *(kruz)* s. cruz.
cruzar.- *(kruzar)* v. cruzar, atravessar.
cuaderno.- *(kuaderno)* s. caderno, caderneta.
cuadra.- *(kuadra)* s. quadra, quarteirão.
cuadrado.- *(kuadrado)* adj. quadrado.
cuadrante.- *(kuadrante)* s. quadrante.
cuadrar.- *(kuadrar)* v. quadrar, quadricular.
cuadrilátero.- *(kuadrilatero)* adj. quadrilátero.
cuadrilla.- *(kuadrilla)* s. quadrilha.
cuadro.- *(kuadro)* s. quadro, painel.
cuadrúpedo.- *(kuadrupedo)* adj. quadrúpede.
cuadruplicar.- *(kuadruplikar)* v. quadruplicar.
cuajada.- *(kuajada)* s. coalhada, leite coalhado.
cuajado.- *(kuajado)* adj. coalhado.
cuajar.- *(kuajar)* v. coalhar, coagular.
cuajo.- *(kuajo)* s. coalho, coágulo.
cual.- *(kual)* pron. qual.
cualesquier.- *(kualeskier)* pron. quaisquer.
cualidad.- *(kualidad)* s. qualidade, índole, natureza.
cualitativo.- *(kualitatibo)* adj. qualitativo.
cualquier.- *(kualkier)* pron. qualquer.
cuán.- *(kuan)* adv. quão, quanto.
cuando.- *(kuando)* adv. quando.
cuantía.- *(kuantia)* s. quantia, quantidade.
cuantitativo.- *(kuantitatibo)* adj. quantitativo.
cuánto.- *(kuanto)* adv. quanto.
cuarentena.- *(kuarentena)* s. quarentena.
cuaresma.- *(kuaresma)* s. quaresma.
cuartear.- *(kuartear)* v. esquartejar, dividir.
cuartel.- *(kuartel)* s. quartel.
cuarteto.- *(kuarteto)* s. quarteto.
cuarto.- *(kuarto)* adj. quarto.
cuarzo.- *(kuarzo)* s. quartzo.
cuaternario.- *(kuaternario)* adj. quaternário.
cuatrimestre.- *(kuatrimestre)* s. quadrimestre.
cuatro.- *(kuatro)* adj. quatro.
cuba.- *(kuba)* s. cuba, tina, tonel.
cubano.- *(kubano)* adj. cubano.
cubículo.- *(kubikulo)* s. cubículo.
cubierta.- *(kubierta)* s. coberta, cobertor, colcha, tampa, telhado.
cubierto.- *(kubierto)* adj. coberto. / s. talheres, serviço de mesa.
cubil.- *(kubil)* s. covil, antro.
cubismo.- *(kubismo)* s. cubismo.
cúbito.- *(kubito)* s. cúbito.
cubo.- *(kubo)* s. cubo, balde.
cubrir.- *(kubrir)* v. cobrir, tapar, ocultar, encobrir, abrigar, fecundar.
cucaracha.- *(kukaracha)* s. barata.
cuchara.- *(kuchara)* s. colher.
cucharada.- *(kucharada)* s. colherada.
cucharilla.- *(kucharilla)* s. colherzinha, colherinha.
cuchichear.- *(kuchichear)* v. cochichar.
cuchilla.- *(kuchilla)* s. cutelo, machadinha.
cuchillo.- *(kuchillo)* s. faca.
cuchitril.- *(kuchitril)* s. pocilga. / aposento estreito.
cuclillas.- *(kuklillas)* adv. cócoras.
cuello.- *(kuello)* s. pescoço, colo, gargalo.
cuenca.- *(kuenka)* s. conca, tigela, órbita do olho, vale, bacia de rio.
cuenco.- *(kuenko)* s. tigela.
cuenta.- *(kuenta)* s. cansa, cálculo.
cuentagotas.- *(kuentagotas)* s. conta-gotas.
cuento.- *(kuento)* s. conto, narração, fábula.
cuerda.- *(kuerda)* s. corda.
cuerno.- *(kuerno)* s. corno, chifre.
cuero.- *(kuero)* s. couro.
cuerpo.- *(kuerpo)* s. corpo, tronco.
cuervo.- *(kuerbo)* s. corvo.
cuesta.- *(kuesta)* s. costa, ladeira, declive.

cuestión.- *(kuestion)* s. questão, pergunta.
cuestionario.- *(kuestionario)* s. questionário.
cueva.- *(kueba)* s. cova, gruta, antro.
cuidado.- *(kuidado)* s. cuidado.
cuidadoso.- *(kuidadoso)* adj. cuidadoso, solícito, atencioso.
cuidar.- *(kuidar)* v. cuidar, conservar, guardar.
culata.- *(kulata)* s. culatra, anca, traseiro.
culebra.- *(kulebra)* s. cobra.
culinario.- *(kulinario)* adj. culinário.
culminante.- *(kulminante)* adj. culminante
culminar.- *(kulminar)* v. culminar.
culpa.- *(kulpa)* s. culpa, falta, delito.
culpado.- *(kulpado)* adj. culpado.
culpar.- *(kulpar)* v. culpar, recriminar.
cultivar.- *(kultibar)* v. cultivar, lavrar, aperfeiçoar.
cultivo.- *(kultibo)* s. cultivo.
culto.- *(kulto)* adj. culto, cultivado. / s. culto, cerimónia religiosa.
cultura.- *(kultura)* s. cultura, cultivo.
cultural.- *(kultural)* adj. cultural.
cumbre.- *(kumbre)* s. cume.
cumpleaños.- *(kumpleaños)* s. aniversário.
cumplido.- *(kumplido)* adj. completo, cheio. / s. amabilidade, cortesia.
cumplimentar.- *(kumplimentar)* v. cumprimentar.
cumplir.- *(kumplir)* v. cumprir, observar, completar.
cúmulo.- *(kumulo)* s. cúmulo, montão. / nuvens.
cuna.- *(kuna)* s. berço.
cundir.- *(kundir)* v. estender, aumentar, propagar-se.
cuña.- *(kuña)* s. cunha.
cuñado.- *(kuñado)* s. cunhado.
cuño.- *(kuño)* s. cunho, marca.
cuota.- *(kuota)* s. quota.
cupo.- *(kupo)* s. quota.
cupón.- *(kupon)* s. cupom.
cúpula.- *(kupula)* s. cúpula, abóbada.
cura.- *(kura)* s. cura, sacerdote, pároco, padre.
curandero.- *(kurandero)* s. curandeiro.
curar.- *(kurar)* v. curar, sanar, sarar.
curia.- *(kuria)* s. cúria.
curiosear.- *(kuriosear)* v. curiosar, bisbilhotar.
curiosidad.- *(kuriosidad)* s. curiosidade.
curioso.- *(kurioso)* adj. curioso, indiscreto.
cursar.- *(kursar)* v. cursar, frequentar, estudar.
cursi.- *(kursi)* adj. ridículo, afectado.
curso.- *(kurso)* s. curso, direcção, carreira.
curtir.- *(kurtir)* v. curtir, preparar as peles, bronzear.
curva.- *(kurba)* s. curva.
curvar.- *(kurbar)* v. curvar, arquear.
curvatura.- *(kurbatura)* s. curvatura, arqueamento.
cúspide.- *(kuspide)* s. cúspide, ponto, pico.
custodia.- *(kustodia)* s. custódia, guarda.
custodiar.- *(kustodiar)* v. custodiar, guardar, vigiar.
cutáneo.- *(kutaneo)* adj. cutâneo.
cutis.- *(kutis)* s. cútis.
cuyo.- *(kuyo)* pron. cujo.

D

d.- *(d)* s. quarta letra do alfabeto espanhol.
dable.- *(dable)* adj. possível, praticável, factível.
dactilografía.- *(daktilografia)* s. dactilografia.
dactilógrafo.- *(daktilografo)* s. dactilógrafo.
dádiva.- *(dadiba)* s. dádiva, donativo, presente.
dado.- *(dado)* s. dado, cubo.
daga.- *(daga)* s. adaga, punhal.
dalia.- *(dalia)* s. dália.
dálmata.- *(dalmata)* adj. dálmata.
daltonismo.- *(daltonismo)* s. daltonismo.
dama.- *(dama)* s. dama, senhora.
damasco.- *(damasko)* s. damasco.
damnificado.- *(damnifikado)* adj. danificado.
damnificar.- *(damnifikar)* v. danificar, avariar.
dañar.- *(dañar)* v. danificar, estragar, avariar.
danés.- *(danes)* adj. dinamarquês.
dañino.- *(dañino)* adj. daninho, prejudicial.
daño.- *(daño)* adj. dano, prejuízo.
dañoso.- *(dañoso)* adj. danoso, pernicioso, nocivo.
dantesco.- *(dantesko)* adj. dantesco.
danza.- *(danza)* s. dança, baile.
danzar.- *(danzar)* v. dançar, bailar.
danzarín.- *(danzarin)* adj. dançarino, bailarino.
dar.- *(dar)* v. dar, confiar, entregar, conferir, outorgar.
dardo.- *(dardo)* s. dardo.
dársena.- *(darsena)* s. doca, dique.
data.- *(data)* s. data.
datar.- *(datar)* v. datar, debitar.
dátil.- *(datil)* s. tâmara.
dato.- *(dato)* s. dado, indicação, antecedente, base, documento.
deán.- *(dean)* s. deão.
debacle.- *(debakle)* s. desastre, caos.
debajo.- *(debajo)* adv. debaixo, embaixo, sob.
debate.- *(debate)* s. debate, discussão.
debatir.- *(debatir)* v. debater, discutir, altercar, contestar.
debelar.- *(debelar)* v. debelar, vencer, conter.
deber.- *(deber)* s. dever, obrigação, incumbência. / v. dever.
debido.- *(debido)* adj. devido, merecido.
débil.- *(debil)* adj. débil, fraco.
debilidad.- *(debilidad)* s. debilidade, fraqueza.
debilitar.- *(debilitar)* v. debilitar, enfraquecer.
débito.- *(debito)* s. débito, dívida.
debut.- *(debut)* s. estreia.
debutante.- *(debutante)* adj. debutante, principiante.
debutar.- *(debutar)* v. debutar, estrear.
década.- *(dekada)* s. década.
decadencia.- *(dekadenzia)* s. decadência, declínio, atraso.
decadente.- *(dekadente)* adj. decadente.
decaer.- *(dekaer)* v. decair, diminuir, declinar, abater-se.
decálogo.- *(dekalogo)* s. decálogo.
decanato.- *(dekanato)* s. decanato.
decano.- *(dekano)* s. decano, deão.
decantación.- *(dekantazion)* s. decantação.
decapitar.- *(dekapitar)* v. decapitar.
decasílabo.- *(dekasilabo)* s. decassílabo.
decena.- *(dezena)* s. dezena.
decencia.- *(dezenzia)* s. decência, honestidade, decoro, modéstia.
decenio.- *(dezenio)* s. decénio.
decente.- *(dezente)* adj. decente, honesto, conveniente.
decepción.- *(dezepzion)* s. decepção, desilusão.
decepcionar.- *(dezepzionar)* v. decepcionar, desiludir.
decibelio.- *(dezibelio)* s. decibel.
decidido.- *(dezidido)* adj. decidido, resoluto.
decidir.- *(dezidir)* v. decidir, resolver, determinar.
decimal.- *(dezimal)* adj. decimal.
décimo.- *(dezimo)* adj. décimo.
decir.- *(dezir)* v. dizer, enunciar, falar, assegurar, narrar.
decisión.- *(dezision)* s. decisão, sentença, resolução, coragem.
declamación.- *(deklamazion)* s. declamação, discurso.
declamar.- *(deklamar)* v. declamar, recitar.
declaración.- *(deklarazion)* s. declaração, manifestação, confissão.
declarar.- *(deklarar)* v. declarar, manifestar.
declinación.- *(deklinazion)* s. declinação, inclinação, declive.
declinar.- *(deklinar)* v. declinar, decair, pender.
declive.- *(deklibe)* s. declive, descida.
decolorante.- *(dekolorante)* adj. descolorante.
decolorar.- *(dekolorar)* v. descorar, desbotar.
decomisar.- *(dekomisar)* v. confiscar.
decorado.- *(dekorado)* adj. decorado, ornamentado.
decorador.- *(dekorador)* s. decorador.
decorar.- *(dekorar)* v. decorar, enfeitar, condecorar.
decorativo.- *(dekoratibo)* adj. decorativo.
decoro.- *(dekoro)* s. decoro, dignidade, decência.
decrecer.- *(dekrezer)* v. decrescer, diminuir, baixar.
decrépito.- *(dekrepito)* adj. decrépito, senil.
decretar.- *(dekretar)* v. decretar, deliberar, resolver, ordenar.
decreto.- *(dekreto)* s. decreto, decisão, resolução.

decurso.- *(dekurso)* s. decurso, duração.

dedicación.- *(dedikazion)* s. dedicação, devoção, consagração.

dedicar.- *(dedikar)* v. dedicar, consagrar, oferecer, aplicar-se.

dedicatoria.- *(dedikatoria)* s. dedicatória.

dedillo.- *(dedillo)* s. dedinho.

dedo.- *(dedo)* s. dedo.

deducción.- *(dedukzion)* s. dedução, conclusão.- abatimento, diminuição.

deducir.- *(deduzir)* v. deduzir, concluir.- diminuir, abater.

defecación.- *(defekazion)* s. defecação, dejecção.

defecar.- *(defekar)* v. defecar, evacuar.

defectivo.- *(defektibo)* adj. defectivo, defeituoso, imperfeito.

defecto.- *(defekto)* s. defeito, imperfeição, erro, vício, mancha.

defectuoso.- *(defektuoso)* adj. defeituoso, imperfeito.

defender.- *(defender)* v. defender, proteger, socorrer, amparar.

defensa.- *(defensa)* s. defesa, amparo, abrigo, auxilio.

defensiva.- *(defensiba)* s. defensiva.

defensor.- *(defensor)* adj. defensor, protector.

deferencia.- *(deferenzia)* s. deferência, atenção.

deferente.- *(deferente)* adj. deferente, respeitoso.

deferir.- *(deferir)* v. deferir, conceder, acatar.

deficiencia.- *(defizienzia)* s. deficiência, falta.

deficiente.- *(defiziente)* adj. deficiente.

déficit.- *(defizit)* s. déficit.

deficitario.- *(defizitario)* adj. deficitário.

definición.- *(definizion)* s. definição. / decisão.

definir.- *(definir)* v. definir, determinar, decidir.

definitivo.- *(definitibo)* adj. definitivo.

deflación.- *(deflazion)* s. deflação.

deflagrar.- *(deflagrar)* v. deflagrar, desencadear.

deforestación.- *(deforestazion)* s. desflorestamento, desmatamento.

deforestar.- *(deforestar)* v. desflorestar, desmatar.

deformación.- *(deformazion)* s. deformação.

deformar.- *(deformar)* v. deformar, alterar.

deformidad.- *(deformidad)* s. deformidade.

defraudar.- *(defraudar)* v. defraudar, furtar, despojar.

defunción.- *(defunzion)* s. falecimento, morte.

degeneración.- *(dejenerazion)* s. degeneração, decadência, aviltamento.

degenerar.- *(dejenerar)* v. degenerar, decair, declinar.

deglución.- *(degluzion)* s. deglutição, ingestão.

deglutir.- *(deglutir)* v. deglutir, ingerir, engolir.

degollación.- *(degollazion)* s. degolação.

degollar.- *(degollar)* v. degolar, decapitar.

degradable.- *(degradable)* adj. degradável.

degradante.- *(degradante)* adj. degradante, humilhante.

degradar.- *(degradar)* v. degradar, humilhar, aviltar.

degustación.- *(degustazion)* s. degustação.

dehesa.- *(deesa)* s. devesa, pastagem.

deidad.- *(deidad)* s. deidade, divindade.

dejadez.- *(dejadez)* s. preguiça, negligência, desleixo.

dejar.- *(dejar)* v. deixar, abandonar, omitir, tolerar.

delación.- *(delazion)* s. delação, denúncia, acusação.

delantal.- *(delantal)* s. avental.

delante.- *(delante)* adv. diante, em frente, defronte, frente a.

delantera.- *(delantera)* s. dianteira, fachada.

delantero.- *(delantero)* adj. dianteiro.

delatar.- *(delatar)* v. delatar, denunciar, acusar.

delator.- *(delator)* s. delator, denunciante, acusador.

delegación.- *(delegazion)* s. delegação, missão.

delegado.- *(delegado)* adj. delegado, enviado, encarregado.

delegar.- *(delegar)* v. delegar, incumbir.

deleitar.- *(deleitar)* v. deleitar, deleitar-se.

deleite.- *(deleite)* s. deleite, encanto, prazer sensual.

deletrear.- *(deletrear)* v. soletrar.

delfín.- *(delfin)* s. delfim.

delgadez.- *(delgadez)* s. magreza.

delgado.- *(delgado)* adj. delgado, magro, fino, ténue, delicado.

deliberación.- *(deliberazion)* s. deliberação, decisão.

deliberar.- *(deliberar)* v. deliberar, decidir.

delicadeza.- *(delikadeza)* s. delicadeza, suavidade, cortesia, fragilidade.

delicado.- *(delikado)* adj. delicado, suave, meigo, amável.

delicia.- *(delizia)* s. delícia, deleite, encanto.

delicioso.- *(delizioso)* adj. delicioso, excelente.

delimitar.- *(delimitar)* v. delimitar, demarcar.

delincuencia.- *(delinkuenzia)* s. delinquência.

delincuente.- *(delinkuente)* adj. delinquente.

delineante.- *(delineante)* s. delineador, projectista.

delinear.- *(delinear)* v. delinear, delimitar, esboçar.

delinquir.- *(delinkir)* v. delinquir.

delirar.- *(delirar)* v. delirar, devanear.

delirio.- *(delirio)* s. delírio, devaneio, desordem.

delito.- *(delito)* s. delito, crime.

delta.- *(delta)* s. delta.

demacrarse.- *(demakrarse)* v. consumir-se, extenuar-se.

demagogia.- *(demagojia)* s. demagogia.

demagógico.- *(demagojiko)* adj. demagógico.

demagogo.- *(demagogo)* adj. demagogo.

demanda.- *(demanda)* s. demanda, petição, requerimento.

demandar.- *(demandar)* v. demandar, pedir, rogar, exigir.

demarcar.- *(demarkar)* v. demarcar, delimitar, assinalar.

demás.- *(demas)* adj. demais, outro. / adv. além disso.
demasía.- *(demasia)* s. demasia, excesso.
demasiado.- *(demasiado)* adj. demasiado, excessivo.
demencia.- *(demenzia)* s. demência, loucura.
demente.- *(demente)* adj. demente, louco, imbecil.
demiurgo.- *(demiurgo)* s. demiurgo.
democracia.- *(demokrazia)* s. democracia.
demócrata.- *(demokrata)* adj. democrata.
democrático.- *(demokratiko)* adj. democrático.
democratizar.- *(demokratizar)* v. democratizar.
demografía.- *(demografia)* s. demografia.
demoler.- *(demoler)* v. demolir, derrubar, desmantelar, destruir.
demoníaco.- *(demoniako)* adj. demoníaco.
demonio.- *(demonio)* s. demónio, diabo.
demora.- *(demora)* s. demora, atraso.
demorar.- *(demorar)* v. demorar, retardar.
demostrar.- *(demostrar)* v. demonstrar, manifestar.
denegación.- *(denegazion)* s. denegação, recusa.
denegar.- *(denegar)* v. denegar, negar, recusar.
denigrar.- *(denigrar)* v. denegrir.
denodado.- *(denodado)* adj. impetuoso, ousado.
denominar.- *(denominar)* v. denominar, nomear, chamar, distinguir.
denotar.- *(denotar)* v. denotar, anunciar, indicar.
densidad.- *(densidad)* s. densidade, espessura.
denso.- *(denso)* adj. denso, espesso, compacto.
dentado.- *(dentado)* adj. dentado.
dentadura.- *(dentadura)* s. dentadura, dentadura postiça.
dentar.- *(dentar)* v. dentar, dentear.
dentición.- *(dentizion)* s. dentição.
dentífrico.- *(dentifriko)* s. dentifrício.
dentista.- *(dentista)* s. dentista.
dentro.- *(dentro)* adv. dentro.
denuesto.- *(denuesto)* s. afronta, insulto.
denuncia.- *(denunzia)* s. denúncia, delação, acusação.
denunciar.- *(denunziar)* v. denunciar, acusar, noticiar, declarar.
deparar.- *(deparar)* v. deparar, proporcionar, conceder.
departamento.- *(departamento)* s. departamento, apartamento.
depauperar.- *(depauperar)* v. depauperar, debilitar.
dependencia.- *(dependenzia)* s. dependência, subordinação.
depender.- *(depender)* v. depender, subordinar-se.
dependiente.- *(dependiente)* adj. dependente, empregado, subordinado.
depilación.- *(depilazion)* s. depilação.
depilar.- *(depilar)* v. depilar.
depilatorio.- *(depilatorio)* adj. depilatório.
deplorable.- *(deplorable)* adj. deplorável, lamentável.
deplorar.- *(deplorar)* v. deplorar, lamentar, lastimar.
deponer.- *(deponer)* v. depor, destituir, separar. / evacuar, defecar.
deportación.- *(deportazion)* s. deportação, exílio.
deportar.- *(deportar)* v. deportar, exilar, banir.
deporte.- *(deporte)* s. esporte, recreação.
deportista.- *(deportista)* adj. esportista.
deportivo.- *(deportibo)* adj. esportivo.
deposición.- *(deposizion)* s. deposição, destituição, exoneração, evacuação.
depositar.- *(depositar)* v. depositar, entregar, confiar, colocar.
depósito.- *(deposito)* s. depósito.
depravación.- *(deprabazion)* s. depravação, perversão.
depravado.- *(deprabado)* adj. depravado, viciado, corrompido.
depreciar.- *(depreziar)* v. depreciar, desvalorizar.
depredación.- *(depredazion)* s. depredação.
depredar.- *(depredar)* v. depredar, saquear.
depresión.- *(depresion)* s. depressão.
depresivo.- *(depresibo)* adj. depressivo, deprimente.
deprimir.- *(deprimir)* v. deprimir, humilhar, rebaixar.
deprisa.- *(deprisa)* adv. depressa, rapidamente.
depurar.- *(depurar)* v. depurar, limpar, purificar.
derecha.- *(derecha)* s. direita, destra, mão direita.
derecho.- *(derecho)* adj. direito, recto, igual, justo, legítimo. / s. direito, conjunto de leis, justiça.
deriva.- *(deriba)* s. deriva.
derivar.- *(deribar)* v. derivar.
dermatitis.- *(dermatitis)* s. dermatite.
dermatología.- *(dermatolojia)* s. dermatologia.
dermatólogo.- *(dermatologo)* s. dermatologista.
dérmico.- *(dermiko)* adj. dérmico.
dermis.- *(dermis)* s. derme.
derogar.- *(derogar)* v. derrogar, anular, destruir.
derramar.- *(derramar)* v. derramar, verter, entornar, transbordar.
derrame.- *(derrame)* s. derramamento.
derredor.- *(derredor)* s. derredor, contorno.
derretir.- *(derretir)* v. derreter, descongelar.
derribar.- *(derribar)* v. derrubar, desmantelar.
derrochar.- *(derrochar)* v. esbanjar, desperdiçar, dissipar.
derroche.- *(derroche)* s. esbanjamento, desperdício.
derrotar.- *(derrotar)* v. derrotar, arruinar, destruir.
derrotero.- *(derrotero)* s. roteiro, caminho, via, rumo.
derrotismo.- *(derrotismo)* s. derrotismo, pessimismo.
derruir.- *(derruir)* v. derruir, destruir, desmoronar, arruinar.
derrumbar.- *(derrumbar)* v. derrubar, despencar.
derrumbe.- *(derrumbe)* s. despenhadeiro, precipício, derrubada.
desabastecer.- *(desabastezer)* v. desabastecer, desprover.

desabotonar.- *(desabotonar)* v. desabotoar, desabrochar.

desabrido.- *(desabrido)* adj. desabrido, tempestuoso, áspero, severo.

desabrir.- *(desabrir)* v. desanimar, temperar mal.

desabrochar.- *(desabrochar)* v. desabrochar, abrir.

desacatar.- *(desakatar)* v. desacatar, desobedecer, afrontar.

desacato.- *(desakato)* s. desacato, desobediência, escândalo.

desacelerar.- *(desazelerar)* v. desacelerar.

desacierto.- *(desazierto)* s. desacerto, erro.

desacomodar.- *(desakomodar)* v. desacomodar, deslocar.

desaconsejar.- *(desakonsejar)* v. desaconselhar, dissuadir.

desacoplar.- *(desakoplar)* v. separar, desajustar.

desacordar.- *(desakordar)* v. desacordar, desafiar, destoar.

desacostumbrar.- *(desakostumbrar)* v. desacostumar.

desacreditar.- *(desakreditar)* v. desacreditar, difa-mar.

desacuerdo.- *(desakuerdo)* s. desacordo, discórdia, desarranjo.

desafiar.- *(desafiar)* v. desafiar, provocar.

desafinar.- *(desafinar)* v. desafinar, destoar.

desafío.- *(desafio)* s. desafio, provocação.

desafortunado.- *(desafortunado)* adj. desafortunado, desventurado, infeliz.

desafuero.- *(desafuero)* s. desaforo, atrevimento.

desagradar.- *(desagradar)* v. desagradar, desgostar.

desagradecer.- *(desagradezer)* v. não agradecer.

desagradecido.- *(desagradezido)* adj. ingrato, malagradecido.

desagrado.- *(desagrado)* s. desagrado, desgosto, descontentamento.

desagraviar.- *(desagrabiar)* v. desagravar, vingar.

desagravio.- *(desagrabio)* s. desagravo, reparação.

desaguar.- *(desaguar)* v. desaguar.

desagüe.- *(desague)* s. desaguamento.

desahogar.- *(desaogar)* v. desafogar, aliviar, desabafar.

desahogo.- *(desaogo)* s. desafogo, alívio.

desahuciar.- *(desauziar)* v. desesperançar.

desahucio.- *(desauzio)* s. despejo de inquilino.

desairar.- *(desairar)* v. desprezar, humilhar.

desaire.- *(desaire)* s. desaire, menosprezo.

desajustar.- *(desajustar)* v. desajustar, desnivelar, desconcertar.

desalentar.- *(desalentar)* v. desalentar, desanimar, desconsolar.

desaliñar.- *(desaliñar)* v. desalinhar, desarranjar.

desalmado.- *(desalmado)* adj. desalmado, malvado, cruel.

desalojar.- *(desalojar)* v. desalojar, expulsar.

desamarrar.- *(desamarrar)* v. desamarrar, soltar.

desamparar.- *(desamparar)* v. desamparar, abandonar.

desangrar.- *(desangrar)* v. dessangrar, tirar o sangue.

desanimar.- *(desanimar)* v. desanimar, desencorajar.

desánimo.- *(desanimo)* s. desânimo, desalento, abatimento.

desapacible.- *(desapazible)* adj. desagradável.

desaparecer.- *(desaparezer)* v. desaparecer, sumir.

desapegar.- *(desapegar)* v. desapegar.

desaprobar.- *(desaprobar)* v. desaprovar,

desaprovechar.- *(desaprobechar)* v. desperdiçar.

desarmar.- *(desarmar)* v. desarmar, desmantelar.

desarraigar.- *(desarraigar)* v. desarraigar, desenraizar.

desarreglar.- *(desarreglar)* v. desregrar, desordenar.

desarrollar.- *(desarrollar)* v. desenvolver, estender, progredir.

desarrollo.- *(desarrollo)* s. desenvolvimento, progresso.

desarticular.- *(desartikular)* v. desarticular, deslocar.

desasear.- *(desasear)* v. desassear, sujar.

desasir.- *(desasir)* v. desasir, soltar, largar, desprender.

desasosegar.- *(desasosegar)* v. desassossegar, inquietar.

desastre.- *(desastre)* s. desastre, fatalidade.

desatar.- *(desatar)* v. desatar, soltar, desamarrar.

desatascar.- *(desataskar)* v. desatascar, desentupir, desatolar.

desatender.- *(desatender)* v. desatender, desconsiderar.

desatinar.- *(desatinar)* v. desatinar.

desatino.- *(desatino)* s. desatino, loucura.

desautorizar.- *(desautorizar)* v. desautorizar.

desavenir.- *(desabenir)* v. discordar, indispor.

desayunar.- *(desayunar)* v. desjejuar, tomar o café da manhã.

desbancar.- *(desbankar)* v. desbancar, despejar.

desbandar.- *(desbandar)* v. debandar.

desbarajuste.- *(desbarajuste)* s. desordem, desarranjo.

desbaratar.- *(desbaratar)* v. desbaratar, arruinar.

desbarrar.- *(desbarrar)* v. esbarrar, descarrilar.

desbastar.- *(desbastar)* v. desbastar, diminuir.

desbloquear.- *(desblokear)* v. desbloquear.

desbordar.- *(desbordar)* v. trasbordar, derramar.

desbravar.- *(desbrabar)* v. desbravar.

descabellar.- *(deskabellar)* v. descabelar, despentear.

descabezar.- *(deskabezar)* v. decapitar.

descalabro.- *(deskalabro)* s. descalabro, dano.

descalificar.- *(deskalifikar)* v. desqualificar, desclassificar.

descalzar.- *(deskalzar)* v. descalçar.

descaminar.- *(deskaminar)* v. desencaminhar, extraviar.

descampado.- *(deskampado)* adj. descampado, despovoado.

descansar.- *(deskansar)* v. descansar, tranquilizar, repousar, sossegar.

descanso.- *(deskanso)* s. descanso, repouso, quietude, sossego, alívio.

descarado.- *(deskarado)* adj. descarado, atrevido, insolente.

descargar.- *(deskargar)* v. descarregar, esvaziar.

descarnar.- *(deskarnar)* v. descarnar.

descaro.- *(deskaro)* s. descaramento, insolência, atrevimento.

descarriar.- *(deskarriar)* v. descarrilar, desencaminhar.

descarrilar.- *(deskarrilar)* v. descarrilar, sair do trilho.

descartar.- *(deskartar)* v. descartar, excluir.

descasar.- *(deskasar)* v. descasar, separar-se.

descascarar.- *(deskaskarar)* v. descascar.

descendencia.- *(deszendenzia)* s. descendência, linhagem.

descender.- *(deszender)* v. descender, descer.

descendiente.- *(deszendiente)* adj. descendente, sucessor.

descenso.- *(deszenso)* s. descenso, descida, descimento.

descentralización.- *(deszentralizazion)* s. descentralização.

descentralizar.- *(deszentralizar)* v. descentralizar, descentrar.

descentrar.- *(deszentrar)* v. descentrar, descentralizar.

descerrar.- *(deszerrar)* v. descerrar, abrir.

descifrar.- *(deszifrar)* v. decifrar, interpretar.

desclavar.- *(desklabar)* v. desencravar, despregar.

descocado.- *(deskokado)* adj. descarado, atrevido, ousado.

descoco.- *(deskoko)* s. descaramento, atrevimento, desplante.

descodificar.- *(deskodifikar)* v. decodificar.

descolgar.- *(deskolgar)* v. desprender, arriar.

descollar.- *(deskollar)* v. sobressair.

descolonizar.- *(deskolonizar)* v. descolonizar.

descolorido.- *(deskolorido)* adj. descolorido, desbotado.

descombrar.- *(deskombrar)* v. desentulhar, desobstruir.

descomedido.- *(deskomedido)* adj. descomedido, desproporcional.

descompasado.- *(deskompasado)* adj. descompassado.

descomponer.- *(deskomponer)* v. decompor, desordenar, apodrecer.

descomposición.- *(deskomposizion)* s. decomposição, putrefacção.

descompostura.- *(deskompostura)* s. descompostura, desalinho.

descompuesto.- *(deskompuesto)* adj. descomposto, desarranjado.

descomunal.- *(deskomunal)* adj. descomunal, enorme, colossal.

desconcertar.- *(deskonzertar)* v. desconcertar, perturbar, embaraçar.

desconcierto.- *(deskonzierto)* s. desconcerto, desarranjo.

desconectar.- *(deskonektar)* v. desligar, desvincular.

desconfiado.- *(deskonfiado)* adj. desconfiado, receoso.

desconfianza.- *(deskonfianza)* s. desconfiança, suspeita, receio.

desconfiar.- *(deskonfiar)* v. desconfiar, suspeitar, recear.

descongelar.- *(deskonjelar)* v. descongelar.

descongestionar.- *(deskonjestionar)* v. descongestionar.

desconocer.- *(deskonozer)* v. desconhecer, ignorar.

desconsideración.- *(deskonsiderazion)* s. desconsideração.

desconsolar.- *(deskonsolar)* v. desconsolar, desolar.

desconsuelo.- *(deskonsuelo)* s. desconsolo.

descontaminar.- *(deskontaminar)* v. descontaminar.

descontar.- *(deskontar)* v. descontar, abater, deduzir.

descontento.- *(deskontento)* adj. descontente, descontentamento.

descorazonar.- *(deskorazonar)* v. desacorçoar, desalentar, desencorajar.

descorchar.- *(deskorchar)* v. descortiçar.

descorrer.- *(deskorrer)* v. retroceder, retornar.- enrolar as cortinas.

descortés.- *(deskortes)* adj. descortês, grosseiro.

descortesía.- *(deskortesia)* s. descortesia, grosseria.

descoser.- *(deskoser)* v. descosturar.

descote.- *(deskote)* s. decote.

descoyuntar.- *(deskoyuntar)* v. desconjuntar.

descrédito.- *(deskredito)* s. descrédito, desonra.

descreído.- *(deskreido)* adj. descrente, incrédulo.

describir.- *(deskribir)* v. descrever, narrar, explicar.

descuartizar.- *(deskuartizar)* v. esquartejar, despedaçar.

descubierta.- *(deskubierta)* s. descoberta, descobrimento, revelação.

descubierto.- *(deskubierto)* adj. descoberto, destampado.

descubrir.- *(deskubrir)* v. descobrir, achar.

descuento.- *(deskuento)* s. desconto, abatimento.

descuidar.- *(deskuidar)* v. descuidar.

descuido.- *(deskuido)* s. descuido, negligência.

desde.- *(desde)* prep. desde, a partir de.

desdecir.- *(desdezir)* v. desdizer, negar.

desdén.- *(desden)* s. desdém, indiferença.

desdeñar.- *(desdeñar)* v. desdenhar, descuidar, desprezar.

desdicha.- *(desdicha)* s. desdita, infortúnio.
desdichado.- *(desdichado)* adj. desventurado, infeliz.
desdoblar.- *(desdoblar)* v. desdobrar.
deseable.- *(desable)* adj. desejável.
desear.- *(desear)* v. desejar, querer, aspirar.
desechar.- *(desechar)* v. desprezar, excluir.
desembalar.- *(desembalar)* v. desembalar, desembrulhar.
desembarazar.- *(desembarazar)* v. desembaraçar, desocupar, livrar.
desembarazo.- *(desembarazo)* s. desembaraço, desenvoltura, agilidade.
desembarcar.- *(desembarkar)* v. desembarcar.
desembocar.- *(desembokar)* v. desembocar, entrar, desaguar.
desembolsar.- *(desembolsar)* v. desembolsar.
desembrollar.- *(desembrollar)* v. desembrulhar.
desempacar.- *(desempakar)* v. desempacotar.
desempaquetar.- *(desempaketar)* v. desembrulhar.
desempatar.- *(desempatar)* v. desempatar.
desempeñar.- *(desempeñar)* v. desempenhar, executar, exercitar.
desempeño.- *(desempeño)* s. desempenho, interpretação.
desempleado.- *(desempleado)* adj. desempregado.
desempleo.- *(desempleo)* s. desemprego.
desempolvar.- *(desempolbar)* v. desempoeirar.
desencadenar.- *(desenkadenar)* v. desencadear, desprender.
desencajar.- *(desenkajar)* v. desencaixar.
desencajonar.- *(desenkajonar)* v. desencaixotar, desembalar.
desencaminar.- *(desenkaminar)* v. desencaminhar.
desencantar.- *(desenkantar)* v. desencantar, desiludir.
desencanto.- *(desenkanto)* s. desencanto, desilusão.
desenchufar.- *(desenchufar)* v. desligar, interromper o contacto.
desencuadernar.- *(desenkuadernar)* v. desencadernar.
desenfadar.- *(desenfadar)* v. desenfadar, distrair, alegrar.
desenfado.- *(desenfado)* s. desenfado, distracção.
desenfrenar.- *(desenfrenar)* v. desenfrear.
desengañar.- *(desengañar)* v. desenganar, desiludir.
desenganchar.- *(desenganchar)* v. desenganchar, desprender, soltar.
desengaño.- *(desengaño)* s. desengano, desilusão.
desenlace.- *(desenlace)* s. desenlace.
desenlazar.- *(desenlazar)* v. desenlaçar.
desenredar.- *(desenredar)* v. desenredar, desembaraçar.
desenrollar.- *(desenrollar)* v. desenrolar.
desenroscar.- *(desenroskar)* v. desenroscar.
desentenderse.- *(desentenderse)* v. desentender-se, desinteressar-se.
desenterrar.- *(desenterrar)* v. desenterrar.
desentonar.- *(desentonar)* v. desentoar, desafinar.
desentrañar.- *(desentrañar)* v. desentranhar.
desentumecer.- *(desentumezer)* v. desentorpecer.
desenvoltura.- *(desenboltura)* s. desenvoltura, desembaraço.
desenvolver.- *(desenbolber)* v. desembrulhar, desenvolver, esclarecer.
desenvolvimiento.- *(desenbolbimiento)* s. desenvolvimento, extensão.
desenvuelto.- *(desenbuelto)* adj. desenvolto, desembaraçado.
deseo.- *(deseo)* s. desejo, vontade, apetite.
desequilibrar.- *(desekilibrar)* v. desequilibrar.
desequilibrio.- *(desekilibrio)* s. desequilíbrio.
desertar.- *(desertar)* v. desertar, abandonar.
desertor.- *(desertor)* adj. desertor.
desesperar.- *(desesperar)* v. desesperar.
desestimar.- *(desestimar)* v. desestimar, desprezar, menosprezar, desconsiderar.
desfachatez.- *(desfachatez)* s. desfaçatez, descaramento.
desfalcar.- *(desfalkar)* v. desfalcar, reduzir.
desfallecer.- *(desfallezer)* v. desfalecer, desmaiar.
desfasar.- *(desfasar)* v. defasar.
desfavorable.- *(desfaborable)* adj. desfavorável.
desfigurar.- *(desfigurar)* v. desfigurar.
desfiladero.- *(desfiladero)* s. desfiladeiro.
desfilar.- *(desfilar)* v. desfilar.
desfile.- *(desfile)* s. desfile.
desfloración.- *(desflorazion)* s. desfloramento.
desflorar.- *(desflorar)* v. desflorar.
desgajar.- *(desgajar)* v. escachar, desgalhar, despedaçar.
desgana.- *(desgana)* s. inapetência.
desganar.- *(desganar)* v. aborrecer, perder o apetite.
desgarrar.- *(desgarrar)* v. rasgar, dilacerar, esfarrapar.
desgarro.- *(desgarro)* s. rompimento, ruptura, dilaceração.
desgastar.- *(desgastar)* v. desgastar.
desglosar.- *(desglosar)* v. separar, suprimir folhas impressas.
desgobernar.- *(desgobernar)* v. desgovernar.
desgracia.- *(desgrazia)* s. desgraça, infelicidade, desventura, azar.
desgraciado.- *(desgraziado)* adj. desgraçado, infeliz, desventurado.
desgraciar.- *(desgraziar)* v. desgraçar, desagradar, estragar.
desgranar.- *(desgranar)* v. debulhar, descaroçar.
desgrasar.- *(desgrasar)* v. desengordurar, desensebar, desengraxar.

desgreñar.- *(desgreñar)* v. desarenhar, despentear, descabelar-se.
desguace.- *(desguaze)* s. desmantelamento.
desguarnecer.- *(desguarnezer)* v. desguarnecer.
deshabitar.- *(desabitar)* v. desabitar, despovoar.
deshabituar.- *(desabituar)* v. desabituar.
deshacer.- *(desazer)* v. desfazer, desmanchar.
desharrapado.- *(desarrapado)* adj. esfarrapado.
deshecho.- *(desecho)* adj. desfeito.
deshelar.- *(deselar)* v. degelar, descongelar.
desheredar.- *(deseredar)* v. deserdar.
deshidratar.- *(desidratar)* v. desidratar.
deshielo.- *(desielo)* s. degelo, descongelamento.
deshilachar.- *(desilachar)* v. desfiar.
deshilar.- *(desilar)* v. desfiar, desfibrar.
deshinchar.- *(desinchar)* v. desinchar.
deshojar.- *(desojar)* v. desfolhar.
deshonestidad.- *(desonestidad)* adj. desonestidade.
deshonra.- *(desonra)* s. desonra.
deshuesar.- *(desuesar)* v. desossar, descaroçar.
deshumanizar.- *(desumanizar)* v. desumanizar.
desidia.- *(desidia)* s. indolência.
desierto.- *(desierto)* adj. deserto, desabitado, despovoado.
designar.- *(desijnar)* v. designar, apontar.
desigual.- *(desigual)* adj. desigual, diferente, variável.
desigualar.- *(desigualar)* v. desigualar.
desigualdad.- *(desigualdad)* s. desigualdade, diferença.
desilusión.- *(desilusion)* s. desilusão, desengano, desencanto.
desilusionar.- *(desilusionar)* v. desiludir, desenganar, desencantar.
desinencia.- *(desinenzia)* s. desinência.
desinfectar.- *(desinfektar)* v. desinfectar, sanear.
desinflar.- *(desinflar)* v. desinchar.
desintegrar.- *(desintegrar)* v. desintegrar, decompor.
desinterés.- *(desinteres)* s. desinteresse, indiferença.
desinteresarse.- *(desinteresarse)* v. desinteressar-se.
desistir.- *(desistir)* v. desistir, ceder, abandonar, deixar.
desleal.- *(desleal)* adj. desleal, infiel, traidor.
deslealtad.- *(deslealtad)* s. deslealdade.
deslenguado.- *(deslenguado)* adj. desbocado.
desligar.- *(desligar)* v. desligar, desamarrar.
deslindar.- *(deslindar)* v. deslindar.
desliz.- *(desliz)* s. deslize, escorregão.
deslizar.- *(deslizar)* v. deslizar, escorregar.
deslucido.- *(desluzido)* adj. opaco, fosco, sem brilho.
deslumbrar.- *(deslumbrar)* v. deslumbrar, ofuscar, estontear.
desmán.- *(desman)* s. desmando, abuso.
desmandar.- *(desmandar)* v. desmandar, debandar.
desmantelamiento.- *(desmantelamiento)* s. desmantelamento.
desmantelar.- *(desmantelar)* v. desmantelar, desbaratar.
desmayar.- *(desmayar)* v. desmaiar, desfalecer.
desmayo.- *(desmayo)* s. desmaio.
desmedido.- *(desmedido)* adj. desmedido, desmesurado.
desmejorar.- *(desmejorar)* v. desmelhorar, piorar.
desmembrar.- *(desmembrar)* v. desmembrar.
desmentir.- *(desmentir)* v. desmentir, contradizer.
desmenuzar.- *(desmenuzar)* v. esmiuçar, esmigalhar.
desmerecer.- *(desmerezer)* v. desmerecer.
desmesurado.- *(desmesurado)* adj. desmesurado, excessivo.
desmilitarizar.- *(desmilitarizar)* v. desmilitarizar.
desmontar.- *(desmontar)* v. desmontar, desbravar, apear.
desmoralización.- *(desmoralizazion)* s. desmoralização.
desmoralizante.- *(desmoralizante)* adj. desmoralizador.
desmoralizar.- *(desmoralizar)* v. desmoralizar.
desmoronar.- *(desmoronar)* v. desmoronar, derrubar, demolir.
desnatar.- *(desnatar)* v. desnatar.
desnaturalizar.- *(desnaturalizar)* v. desnaturalizar.
desnivel.- *(desnibel)* s. desnível, desigualdade.
desnuclearizar.- *(desnuklearizar)* v. desnuclearizar.
desnudar.- *(desnudar)* v. desnudar, despir, despojar.
desnudez.- *(desnudez)* s. nudez.
desnudo.- *(desnudo)* adj. nu, desnudo, despido.
desnutrición.- *(desnutrizion)* s. desnutrição.
desnutrir.- *(desnutrir)* v. desnutrir.
desobedecer.- *(desobedezer)* v. desobedecer, desrespeitar.
desobediencia.- *(desobedienzia)* s. desobediência, indisciplina.
desocupar.- *(desokupar)* v. desocupar, deixar, abandonar. / 2ª. v. desocupar, esvaziar.
desodorante.- *(desodorante)* adj. desodorante.
desoír.- *(desoir)* v. não ouvir, não entender.
desolación.- *(desolazion)* s. desolação.
desollar.- *(desollar)* v. esfolar.
desorbitar.- *(desorbitar)* v. exorbitar, exagerar.
desorden.- *(desorden)* s. desordem, confusão.
desordenar.- *(desordenar)* v. desordenar, desarranjar, desarrumar.
desorganizar.- *(desorganizar)* v. desorganizar, perturbar, desordenar.
desorientar.- *(desorientar)* v. desorientar, desnortear.
desovar.- *(desobar)* v. desovar.
despabilar.- *(despabilar)* v. espevitar, avivar.
despachar.- *(despachar)* v. despachar, expedir.
despacho.- *(despacho)* s. despacho, decisão, escritório.

despachurrar.- *(despachurrar)* v. esmagar.
despacio.- *(despazio)* adv. devagar, lentamente, silenciosamente.
despacito.- *(despazito)* adv. devagarinho.
despampanante.- *(despampanante)* adj. espantoso, maravilhoso, deslumbrante.
desparejo.- *(desparejo)* s. desigual, díspar.
desparramar.- *(desparramar)* v. esparramar, espalhar, espargir.
despavorido.- *(despaborido)* adj. apavorado.
despechado.- *(despechado)* adj. despeitado.
despecho.- *(despecho)* s. despeito, irritação.
despedazar.- *(despedazar)* v. despedaçar, partir.
despedida.- *(despedida)* s. despedida.
despedir.- *(despedir)* v. despedir, lançar, expulsar.
despegar.- *(despegar)* v. separar, decolar.
despeinar.- *(despeinar)* v. despentear.
despejar.- *(despejar)* v. despejar, tornar claro, desanuviar.
despellejar.- *(despellejar)* v. esfolar, pelar.
despeñadero.- *(despeñadero)* s. despenhadeiro, precipício.
despeñar.- *(despeñar)* v. despenhar, precipitar, atirar.
despensa.- *(despensa)* s. despensa.
desperdiciar.- *(desperdiziar)* v. desperdiçar, esbanjar.
desperdicio.- *(desperdizio)* s. desperdício, esbanjamento.
desperdigar.- *(desperdigar)* v. separar, esparramar.
desperezarse.- *(desperezarse)* v. espreguiçar-se.
desperfecto.- *(desperfekto)* s. defeito leve, imperfeição.
despersonalizar.- *(despersonalizar)* v. despersonalizar.
despertador.- *(despertador)* s. despertador.
despertar.- *(despertar)* v. despertar, acordar.
despiadado.- *(despiadado)* adj. desapiedado, despiedado, despiedoso.
despilfarrar.- *(despilfarrar)* v. esbanjar, desperdiçar.
despilfarro.- *(despilfarro)* s. esbanjamento, dissipação, desordem.
despistar.- *(despistar)* v. despistar, desorientar, desinformar.
desplante.- *(desplante)* s. desplante, descaramento.
desplazar.- *(desplazar)* v. deslocar, mudar.
desplegar.- *(desplegar)* v. despregar, desenrolar, estender.
despliegue.- *(despliegue)* v. despregadura, desenvolvimento.
desplomar.- *(desplomar)* v. desaprumar, desabar.
desplumar.- *(desplumar)* v. depenar.
despoblado.- *(despoblado)* adj. despovoado.
despoblar.- *(despoblar)* v. despovoar.
despojar.- *(despojar)* v. despojar, espoliar, expropriar.
despojo.- *(despojo)* s. despojo, espólio.
desportillar.- *(desportillar)* v. lascar, fender.
desposar.- *(desposar)* v. desposar, casar.
desposeer.- *(desposeer)* v. desempossar, expropriar.
desposorio.- *(desposorio)* s. esponsais.
déspota.- *(despota)* s. déspota, tirano.
despotismo.- *(despotismo)* s. despotismo, tirania.
despreciable.- *(despreziable)* adj. desprezável, vergonhoso.
despreciar.- *(despreziar)* v. desprezar, menosprezar.
despreciativo.- *(despreziatibo)* adj. depreciativo, ofensivo.
desprecio.- *(desprezio)* s. desprezo, menosprezo, desdém.
desprender.- *(desprender)* v. desprender, desengatar.
despreocuparse.- *(despreokuparse)* v. despreocupar-se.
desprestigiar.- *(desprestijiar)* v. desprestigiar, desacreditar.
desprevenido.- *(desprebenido)* s. desprevenido, descuidado.
desproporción.- *(desproporzion)* s. desproporção.
despropósito.- *(desproposito)* s. despropósito, disparate.
desproveer.- *(desprobeer)* v. desprover, despojar.
después.- *(despues)* adv. depois, após, atrás.
despuntar.- *(despuntar)* v. despontar, aparecer, sobressair.
desquiciar.- *(deskiziar)* v. desengonçar, alterar, desordenar.
desquitar.- *(deskitar)* v. desquitar, desforrar, vingar-se.
desquite.- *(deskite)* s. desquite, desforra, vingança.
destacar.- *(destakar)* v. destacar, separar.
destajo.- *(destajo)* s. empreitada.
destapar.- *(destapar)* v. destapar, descobrir.
destartalado.- *(destartalado)* adj. destrambelhado, descomposto, desproporcionado.
destellar.- *(destellar)* v. cintilar, faiscar.
destemplar.- *(destemplar)* v. destemperar, perturbar.
desteñir.- *(desteñir)* v. desbotar.
desterrar.- *(desterrar)* v. desterrar, degredar, exilar.
destetar.- *(destetar)* v. desmamar.
destiempo.- *(destiempo)* adv. fora do tempo.
destierro.- *(destierro)* s. desterro, exílio.
destilar.- *(destilar)* v. destilar, filtrar, gotejar.
destilería.- *(destileria)* s. destilaria.
destinar.- *(destinar)* v. destinar, designar, dedicar.
destino.- *(destino)* s. destino, fatalidade.
destituir.- *(destituir)* v. destituir.
destornillador.- *(destornillador)* s. chave de fenda.
destornillar.- *(destornillar)* v. desaparafusar.
destreza.- *(destreza)* s. destreza, habilidade, jeito.
destripar.- *(destripar)* v. estripar.

destronar.- *(destronar)* v. destronar, depor.
destrozar.- *(destrozar)* v. destroçar, despedaçar, destruir.
destructor.- *(destruktor)* adj. destrutivo.
destruir.- *(destruir)* v. destruir, arruinar, desfazer.
desunión.- *(desunion)* s. desunião.
desunir.- *(desunir)* v. desunir, separar, desatar.
desuso.- *(desuso)* adj. desusado, estranho.
desvaído.- *(desbaido)* adj. desbotado.
desvalido.- *(desbalido)* adj. desvalido, desamparado.
desvalijar.- *(desbalijar)* v. roubar.
desvalorizar.- *(desbalorizar)* v. desvalorizar.
desván.- *(desban)* s. desvão.
desvanecer.- *(desbanezer)* v. desvanecer, apagar, desmaiar.
desvariar.- *(desbariar)* v. desvairar, delirar.
desvelar.- *(desbelar)* v. desvelar, tirar o sono.
desvelo.- *(desbelo)* s. desvelo, cuidado, zelo.
desvencijar.- *(desbenzijar)* v. desvencilhar, separar.
desventaja.- *(desbentaja)* s. desvantagem.
desventura.- *(desbentura)* s. desventura, infelicidade.
desvergüenza.- *(desberguenza)* s. sem-vergonhice.
desvestir.- *(desbestir)* v. despir.
desviar.- *(desbiar)* v. desviar, afastar, apartar.
desvincular.- *(desbinkular)* v. desvincular.
desvirtuar.- *(desbirtuar)* v. desvirtuar, deturpar.
detall.- *(detall)* loc. adv. a varejo.
detallar.- *(detallar)* v. detalhar, esmiuçar.
detalle.- *(detalle)* s. detalhe, minúcia, pormenor.
detectar.- *(detektar)* v. detectar, descobrir.
detective.- *(detektibe)* s. detective.
detener.- *(detener)* v. deter, prender, impedir, reter.
detenido.- *(detenido)* adj. detido, preso.
detergente.- *(deterjente)* s. detergente.
deteriorar.- *(deteriorar)* v. deteriorar, apodrecer, estragar.
deterioro.- *(deterioro)* s. deterioração, estrago.
determinación.- *(determinazion)* s. determinação, decisão.
determinar.- *(determinar)* v. determinar, estabelecer, assentar, decidir.
detestable.- *(detestable)* adj. detestável, abominável.
detestar.- *(detestar)* v. detestar, condenar, repelir.
detonar.- *(detonar)* v. detonar, estourar, explodir.
detractor.- *(detraktor)* v. detractor.
detrás.- *(detras)* adv. detrás, atrás.
detrimento.- *(detrimento)* s. detrimento, prejuízo, dano.
detrito.- *(detrito)* s. detrito, resíduo.
deuda.- *(deuda)* s. dívida, débito.
deudo.- *(deudo)* s. parente, parentesco.
deudor.- *(deudor)* s. devedor.
devaluar.- *(debaluar)* v. desvalorizar, depreciar.
devaneo.- *(debaneo)* s. devaneio, sonho.
devastar.- *(debastar)* v. devastar, arruinar, assolar, destruir.
devenir.- *(debenir)* v. suceder, acontecer.
devoción.- *(debozion)* s. devoção, dedicação, zelo.
devolución.- *(deboluzion)* s. devolução, restituição.
devolver.- *(debolber)* v. devolver, restituir.
devorar.- *(deborar)* v. devorar, consumir, comer.
devoto.- *(deboto)* adj. devoto, afeiçoado.
deyección.- *(deyekzion)* s. dejecção, defecação.
día.- *(dia)* s. dia.
diabetes.- *(diabetes)* s. diabete.
diablo.- *(diablo)* s. diabo, demónio.
diabólico.- *(diaboliko)* adj. diabólico.
diácono.- *(diakono)* s. diácono.
diadema.- *(diadema)* s. diadema, tiara.
diáfano.- *(diafano)* adj. diáfano, transparente.
diafragma.- *(diafrajma)* s. diafragma.
diagnosticar.- *(diajnostikar)* v. diagnosticar.
diagrama.- *(diagrama)* s. diagrama, esquema.
dialéctico.- *(dialektiko)* adj. dialéctico.
dialecto.- *(dialekto)* s. dialecto.
dialogar.- *(dialogar)* v. dialogar, conversar.
diálogo.- *(dialogo)* s. diálogo, conversa, colóquio.
diamante.- *(diamante)* s. diamante.
diámetro.- *(diametro)* s. diâmetro.
diapositiva.- *(diapositiba)* s. diapositivo, slide.
diario.- *(diario)* adj. diário. / s. jornal, periódico, diário.
diarrea.- *(diarrea)* s. diarreia.
diáspora.- *(diaspora)* s. diáspora, dispersão.
diástole.- *(diastole)* s. diástole.
dibujante.- *(dibujante)* adj. desenhista.
dibujar .- *(dibujar)* v. desenhar.
dibujo.- *(dibujo)* s. desenho.
dicción.- *(dikzion)* s. dicção.
diccionario.- *(dikzionario)* s. dicionário.
dicha.- *(dicha)* s. fortuna, felicidade, sorte.
dicho.- *(dicho)* s. dito, sentença.
dichoso.- *(dichoso)* adj. ditoso, feliz, bem-aventurado.
diciembre.- *(diziembre)* s. dezembro.
dictado.- *(diktado)* s. ditado.
dictador.- *(diktador)* s. ditador, déspota.
dictadura.- *(diktadura)* s. ditadura.
dictamen.- *(diktamen)* s. ditame.
dictar.- *(diktar)* v. ditar, ordenar, mandar.
didáctica.- *(didaktika)* s. didáctica.
diente.- *(diente)* s. dente.
diéresis.- *(dieresis)* s. diérese.
diesel.- *(diesel)* s. diesel.
diestro.- *(diestro)* adj. destro, direito, hábil.
dieta.- *(dieta)* s. dieta, regime alimentar.
dietario.- *(dietario)* s. agenda.
dietético.- *(dietetiko)* adj. dietético.

diez.- *(diez)* adj. dez.
diezmar.- *(diezmar)* v. pagar dízimo.
difamar.- *(difamar)* v. difamar, caluniar.
diferencia.- *(diferenzia)* s. diferença, diversidade.
diferencial.- *(diferenzial)* adj. diferencial.
diferenciar.- *(diferenziar)* v. diferenciar, distinguir, discordar.
diferente.- *(diferente)* adj. diferente, desigual, diverso.
diferir.- *(diferir)* v. diferir, demorar, adiar.
difícil.- *(difizil)* adj. difícil, custoso, trabalhoso, arriscado.
dificultad.- *(difikultad)* s. dificuldade, embaraço, transtorno.
dificultar.- *(difikultar)* v. dificultar.
difteria.- *(difteria)* s. difteria.
difundir.- *(difundir)* v. difundir, espalhar, propagar.
difunto.- *(difunto)* adj. defunto, falecido, morto.
difusión.- *(difusion)* s. difusão, divulgação.
digerir.- *(dijerir)* v. digerir, engolir.
digestión.- *(dijestion)* s. digestão.
digital.- *(dijital)* adj. digital.
dígito.- *(dijito)* s. dígito.
dignarse.- *(dijnarse)* v. dignar-se, condescender.
dignidad.- *(dijnidad)* s. dignidade.
dignificar.- *(dijnifikar)* v. dignificar, honrar, enobrecer.
digno.- *(dijno)* adj. digno, merecedor, honesto.
digresión.- *(digresion)* s. digressão.
dilación.- *(dilazion)* s. demora, atraso.
dilapidar.- *(dilapidar)* v. dilapidar, esbanjar, desperdiçar.
dilatación.- *(dilatazion)* s. dilatação, ampliação.
dilatar.- *(dilatar)* v. dilatar, estender, alongar, demorar, retardar.
dilema.- *(dilema)* s. dilema.
diletante.- *(diletante)* s. diletante.
diligencia.- *(dilijenzia)* s. diligência, carruagem. / 2ª. s. diligência, prontidão, agilidade, pressa.
dilucidar.- *(diluzidar)* v. elucidar, esclarecer.
diluir.- *(diluir)* v. diluir, dissolver.
diluvio.- *(dilubio)* s. dilúvio.
dimensión.- *(dimension)* s. dimensão, medida, tamanho.
diminutivo.- *(diminutibo)* adj. diminutivo.
diminuto.- *(diminuto)* adj. diminuto, pequeno, minúsculo.
dimisión.- *(dimision)* s. demissão, renúncia, exoneração.
dimitir.- *(dimitir)* v. demitir, exonerar.
dinamarqués.- *(dinamarkes)* adj. dinamarquês.
dinámica.- *(dinamika)* s. dinâmica.
dinamita.- *(dinamita)* s. dinamite.
dínamo.- *(dinamo)* s. dínamo.
dinastía.- *(dinastia)* s. dinastia.
dinero.- *(dinero)* s. dinheiro.
dinosaurio.- *(dinosaurio)* s. dinossauro.
dios.- *(dios)* s. deus.
diosa.- *(diosa)* s. deusa.
diploma.- *(diploma)* s. diploma.
diplomacia.- *(diplomazia)* s. diplomacia.
diptongo.- *(diptongo)* s. ditongo.
diputado.- *(diputado)* s. deputado.
dique.- *(dike)* s. dique, açude, doca.
dirección.- *(direkzion)* s. direcção, rumo.
directo.- *(direkto)* adj. directo, recto.
director.- *(direktor)* adj. director.
directriz.- *(direktriz)* s. directriz.
dirigir.- *(dirijir)* v. dirigir, guiar, conduzir, governar.
discente.- *(diszente)* adj. discente.
discernimiento.- *(diszernimiento)* s. discernimento.
disciplina.- *(disziplina)* s. disciplina, obediência.
discípulo.- *(diszipulo)* s. discípulo, aluno.
disco.- *(disko)* s. disco.
díscolo.- *(diskolo)* adj. rebelde, indócil.
disconforme.- *(diskonforme)* adj. desconforme, inconformado.
discontinuo.- *(diskontinuo)* adj. descontínuo, interrompido.
discordancia.- *(diskordanzia)* s. discordância, divergência.
discoteca.- *(diskoteka)* s. discoteca.
discreción.- *(diskrezion)* s. discrição, reserva.
discrepar.- *(diskrepar)* v. discrepar, divergir.
discreto.- *(diskreto)* adj. discreto, reservado.
discriminar.- *(diskriminar)* v. discriminar, distinguir, separar.
disculpa.- *(diskulpa)* s. desculpa,
disculpar.- *(diskulpar)* v. desculpar, perdoar.
discurrir.- *(diskurrir)* v. discorrer.
discurso.- *(diskurso)* s. discurso.
discusión.- *(diskusion)* s. discussão, debate, polémica.
discutir.- *(diskutir)* v. discutir, debater.
disecar.- *(disekar)* v. dissecar.
diseminar.- *(diseminar)* v. disseminar, semear, espalhar.
diseñar.- *(diseñar)* v. desenhar.
diseño.- *(diseño)* s. desenho.
disensión.- *(disension)* s. dissensão, oposição, contradição.
disentería.- *(disenteria)* s. disenteria, diarreia.
disentir.- *(disentir)* v. dissentir, discrepar, discordar.
disertar.- *(disertar)* v. dissertar, discorrer.
disfraz.- *(disfraz)* s. disfarce, fantasia.
disfrazar.- *(disfrazar)* v. disfarçar, encobrir, mentir, fantasiar.
disfrutar.- *(disfrutar)* v. desfrutar, aproveitar.

disgregar.- *(disgregar)* v. desagregar, dispersar.
disgustar.- *(disgustar)* v. desgostar, aborrecer, magoar.
disgusto.- *(disgusto)* s. desgosto, aborrecimento.
disidencia.- *(disidenzia)* s. dissidência.
disimular.- *(disimular)* v. dissimular, esconder, encobrir, ocultar.
disimulo.- *(disimulo)* s. dissimulação, encobrimento.
disipar.- *(disipar)* v. dissipar, consumir, devorar, esbanjar.
dislate.- *(dislate)* s. dislate, disparate.
dislexia.- *(disleksia)* s. dislexia.
dislocar.- *(dislokar)* v. deslocar, mexer.
disminuir.- *(disminuir)* v. diminuir, reduzir, abater, minguar.
disociar.- *(disoziar)* v. dissociar, separar, desagregar.
disolución.- *(disoluzion)* s. dissolução.
disolvente.- *(disolvente)* adj. dissolvente.
disolver.- *(disolber)* v. dissolver, diluir.
disonancia.- *(disonanzia)* s. dissonância, desarmonia.
disonar.- *(disonar)* v. destoar, discrepar.
dispar.- *(dispar)* adj. díspar, desigual.
disparada.- *(disparada)* s. disparada, correria, fuga precipitada.
disparar.- *(disparar)* v. disparar, atirar com arma de fogo.
disparatar.- *(disparatar)* v. desatinar, desvairar.
disparate.- *(disparate)* s. disparate, despropósito, desatino, absurdo.
disparidad.- *(disparidad)* s. disparidade, desigualdade.
disparo.- *(disparo)* s. disparo, tiro.
dispendio.- *(dispendio)* s. dispêndio, consumo, despesa.
dispensar.- *(dispensar)* v. dispensar, dar, desculpar.
dispensario.- *(dispensario)* s. dispensário.
dispepsia.- *(dispepsia)* s. dispepsia.
dispersar.- *(dispersar)* v. dispersar, separar, espalhar.
displicencia.- *(displizenzia)* s. displicência.
disponer.- *(disponer)* v. dispor, arrumar, coordenar, preparar.
dispuesto.- *(dispuesto)* adj. disposto, hábil, apto, animado.
disputa.- *(disputa)* s. disputa, luta, debate, controvérsia.
disputar.- *(disputar)* v. disputar, lutar, debater.
distancia.- *(distanzia)* s. distância.
distanciar.- *(distanziar)* v. distanciar, afastar.
distender.- *(distender)* v. distender, dilatar.
distinguir.- *(distingir)* v. distinguir, honrar, avistar.
distinto.- *(distinto)* adj. distinto, diferente.
distorsión.- *(distorsion)* s. distorção.
distorsionar.- *(distorsionar)* v. distorcer.
distracción.- *(distrakzion)* s. distracção, recreação.
distraer.- *(distraer)* v. distrair, divertir.
distribuir.- *(distribuir)* v. distribuir, dividir.
distrito.- *(distrito)* s. distrito, circunscrição.
disturbio.- *(disturbio)* s. distúrbio, desordem, tumulto.
disuadir.- *(disuadir)* v. dissuadir, desviar.
disyuntor.- *(disyuntor)* s. disjuntor, interruptor.
diurético.- *(diuretiko)* adj. diurético.
diurno.- *(diurno)* adj. diurno.
divagar.- *(dibagar)* v. divagar.
diván.- *(diban)* s. divã, sofá.
divergencia.- *(diberjenzia)* s. divergência, discórdia.
divergir.- *(divergir)* v. divergir, discordar.
diversidad.- *(dibersidad)* s. diversidade, diferença, variedade.
diversificar.- *(dibersifikar)* v. diversificar, variar.
diversión.- *(diversión)* s. diversão, distracção, passatempo.
diverso.- *(diberso)* adj. diverso, diferente.
divertir.- *(dibertir)* v. divertir, recrear, alegrar, entreter.
dividir.- *(dibidir)* v. dividir, partir, cortar.
divinidad.- *(dibinidad)* s. divindade.
divino.- *(dibino)* adj. divino, maravilhoso.
divisa.- *(dibisa)* s. divisa, lema. / 2ª. s. moeda estrangeira.
divisar.- *(dibisar)* v. divisar, perceber, entrever.
división.- *(dibision)* s. divisão.
divisor.- *(dibisor)* s. divisor.
divorciar.- *(diborziar)* v. divorciar, descasar.
divorcio.- *(diborzio)* s. divórcio, separação.
divulgar.- *(dibulgar)* v. divulgar, expandir.
do.- *(do)* s. dó, primeira nota da escala.
dobladillo.- *(dobladillo)* s. prega, bainha, franzido em roupa.
doblado.- *(doblado)* adj. dobrado, duplicado, amarrotado.
doblaje.- *(doblaje)* s. dublagem.
doblar.- *(doblar)* v. dobrar, duplicar, dublar, mudar de direcção, inclinar.
doble.- *(doble)* adj. dobre, duplo, falso, fingido.
doblegar.- *(doblegar)* v. dobrar, torcer, amolecer.
doblez.- *(doblez)* s. dobra, vinco.
docena.- *(dozena)* s. dúzia.
docente.- *(dozente)* adj. docente.
dócil.- *(dozil)* adj. dócil, suave, submisso.
docto.- *(dokto)* s. douto, sábio, ilustrado.
doctor.- *(doktor)* s. doutor, médico.
doctrina.- *(doktrina)* s. doutrina, norma, disciplina.
documentación.- *(dokumentazion)* s. documentação.
documental.- *(dokumental)* adj. documental. / s. documentário.
documentar.- *(dokumentar)* v. documentar, fundamentar, comprovar.
documento.- *(dokumento)* s. documento, prova, confirmação.

dogma.- *(dojma)* s. dogma.
dólar.- *(dolar)* s. dólar.
dolencia.- *(dolenzia)* s. doença, indisposição, mal, achaque.
doler.- *(doler)* v. doer, padecer.
dolo.- *(dolo)* s. dolo, fraude, engano.
dolor.- *(dolor)* s. dor, mágoa, pesar.
doloroso.- *(doloroso)* adj. doloroso, lamentável.
doloso.- *(doloso)* adj. doloso, fraudulento.
domador.- *(domador)* s. domador.
domar.- *(domar)* v. domar, domesticar.
domeñar.- *(domeñar)* v. dominar, submeter, reprimir.
domesticar.- *(domestikar)* v. domesticar, amansar.
doméstico.- *(domestiko)* adj. doméstico.
domiciliar.- *(domiziliar)* v. domiciliar.
domicilio.- *(domizilio)* s. domicílio, residência.
dominar.- *(dominar)* v. dominar, sujeitar, subjugar, conquistar.
domingo.- *(domingo)* s. domingo.
dominguero.- *(domingero)* adj. domingueiro.
dominicano.- *(dominikano)* adj. dominicano.
dominio.- *(dominio)* s. domínio, posse, propriedade.
dominó.- *(domino)* s. dominó.
don.- *(don)* s. dom, dádiva, qualidade.
doña.- *(doña)* s. dona, senhora, proprietária.
donación.- *(donazion)* s. doação.
donaire.- *(donaire)* s. elegância, graça, gentileza.
donar.- *(donar)* v. doar, presentear.
donativo.- *(donatibo)* s. donativo, doação, oferta, esmola.
doncella.- *(donzella)* s. donzela.
donde.- *(donde)* adv. onde.
dondequiera: *(dondekiera)* adv. onde quer que seja.
dorado.- *(dorado)* adj. dourado.
dorar.- *(dorar)* v. dourar.
dormilón.- *(dormilon)* adj. dorminhoço, preguiçoso.
dormir.- *(dormir)* v. dormir, repousar, pernoitar.
dormitar.- *(dormitar)* v. dormitar, cochilar.
dorso.- *(dorso)* s. dorso, costas.
dos.- *(dos)* s. dois.
dosificar.- *(dosifikar)* v. dosar.
dosis.- *(dosis)* s. dose, dosagem.
dotación.- *(dotazion)* s. dotação.
dotar.- *(dotar)* v. dotar, prover.
dote.- *(dote)* s. dote.
draga.- *(draga)* s. draga.
dragar.- *(dragar)* v. dragar.
dragón.- *(dragon)* s. dragão.
drama.- *(drama)* s. drama.
dramático.- *(dramatiko)* adj. dramático.
dramaturgia.- *(dramaturjia)* s. dramaturgia.
drástico.- *(drastiko)* adj. drástico, violento.
drenaje.- *(drenaje)* s. drenagem.
droga.- *(droga)* s. droga.
drogadicto.- *(drogadikto)* adj. drogado, viciado.
droguería.- *(drogeria)* s. drogaria.
dromedario.- *(dromedario)* s. dromedário.
dualidad.- *(dualidad)* s. dualidade.
ducha.- *(ducha)* s. ducha, chuveiro.
dúctil.- *(duktil)* adj. dúctil, flexível.
duda.- *(duda)* s. dúvida, incerteza, suspeita.
dudar.- *(dudar)* v. duvidar, desconfiar, suspeitar.
dudoso.- *(dudoso)* adj. duvidoso, incerto.
duelo.- *(duelo)* s. duelo. / lástima, pena, nojo, luto.
duende.- *(duende)* s. duende, trasgo.
dueño.- *(dueño)* s. dono, proprietário.
dulce.- *(dulze)* adj. doce, brando, grato. / s. doce.
dulcificar.- *(dulzifikar)* v. adoçar.
dulzón.- *(dulzon)* adj. adocicado, enjoativo.
dulzura.- *(dulzura)* s. doçura.
duna.- *(duna)* s. duna.
dúo.- *(duo)* s. duo.
duodeno.- *(duodeno)* s. duodeno.
duplicar.- *(duplikar)* v. duplicar, copiar, dobrar.
duplo.- *(duplo)* adj. duplo, dobro.
duque.- *(duke)* s. duque.
durabilidad.- *(durabilidad)* s. durabilidade.
duración.- *(durazión)* s. duração, durabilidade.
duradero.- *(duradero)* adj. duradouro, resistente.
durante.- *(durante)* adv. durante.
durar.- *(durar)* v. durar, persistir, viver.
durazno.- *(durazno)* s. pêssego.
dureza.- *(dureza)* s. dureza, solidez.
duro.- *(duro)* adj. duro, sólido, consistente, forte.

E

e.- *(e)* s. quinta letra do alfabeto espanhol.
ebanista.- *(ebanista)* s. ebanista, marceneiro, entalhador.
ébano.- *(ebano)* s. ébano.
ebrio.- *(ebrio)* adj. ébrio, embriagado, bêbado.
ebullición.- *(ebullizion)* s. ebulição, efervescência.
eccema.- *(ekzema)* s. eczema.
echar.- *(echar)* v. expulsar. / 2ª. v. jogar, lançar, atirar, arremessar, jogar fora, exalar. / 3ª. v. projectar filme, seguir, calcular, entregar, repartir.
ecléctico.- *(eklektiko)* adj. ecléctico, versátil.
eclesiástico.- *(eklesiastiko)* adj. eclesiástico.
eclipsar.- *(eklipsar)* v. eclipsar.
eclipse.- *(eklipse)* s. eclipse.
eclosión.- *(eklosion)* s. eclosão, explosão.
eco.- *(eko)* s. eco.
ecografía.- *(ekografia)* s. ecografia.
ecología.- *(ekolojia)* s. ecologia.
ecológico.- *(ekolojiko)* adj. ecológico.
economato.- *(ekonomato)* s. cooperativa de consumo, varejão.
economía.- *(ekonomia)* s. economia, moderação, conjunto de bens, poupança.
economizar.- *(ekonomizar)* v. economizar, poupar, acumular, juntar, guardar.
ecosistema.- *(ekosistema)* s. ecossistema.
ecuación.- *(ekuazion)* s. equação.
ecuador.- *(ekuador)* s. equador.
ecuánime.- *(ekuanime)* adj. equânime, imparcial.
ecuatorial.- *(ekuatorial)* adj. equatorial.
ecuatoriano.- *(ekuatoriano)* adj. equatoriano.
ecuestre.- *(ekuestre)* adj. equestre.
ecuménico.- *(ekumeniko)* adj. ecuménico.
edad.- *(edad)* s. idade, período, era.
edema.- *(edema)* s. edema, inchaço.
edén.- *(eden)* s. éden, paraíso terrenal.
edición.- *(edizion)* s. edição, impressão, publicação.
edicto.- *(edikto)* s. édito, edital, ordem, decreto.
edificación.- *(edifikazion)* s. edificação, construção.
edificante.- *(edifikante)* adj. edificante, instrutivo.
edificar.- *(edifikar)* v. edificar, construir.
edificio.- *(edifizio)* s. edifício, prédio, construção.
editar.- *(editar)* v. editar, publicar, divulgar.
editor.- *(editor)* s. editor.
editorial.- *(editorial)* adj. editorial, artigo em jornal. / s. editora, editorial.
edredón.- *(edredon)* s. edredão, acolchoado.
educación.- *(edukazion)* s. educação, instrução, ensino, delicadeza, polidez.
educar.- *(edukar)* v. educar, instruir, dirigir, ensinar.
edulcorante.- *(edulkorante)* adj. adoçante.
efectivamente.- *(efektibamente)* adv. efectivamente.
efectivo.- *(efektibo)* adj. efectivo, real, verdadeiro. / s. dinheiro.
efectuar.- *(efektuar)* v. efectuar, realizar, concretizar.
efemérides.- *(efemerides)* s. efeméride, almanaque.
efervescencia.- *(eferbeszenzia)* s. efervescência, ebulição.
eficacia.- *(efikazia)* s. eficácia, energia, eficiência.
efigie.- *(efijie)* s. efígie, imagem, figura.
efímero.- *(efimero)* adj. efémero, passageiro.
efluvio.- *(eflubio)* s. eflúvio, emanação, fragrância.
efusión.- *(efusion)* s. efusão, desafogo.
egocéntrico.- *(egozentriko)* adj. egocêntrico.
egoísta.- *(egoista)* s. egoísta, individualista.
eje.- *(eje)* s. eixo.
ejecución.- *(ejekuzion)* s. execução, realização, aplicação.
ejecutar.- *(ejekutar)* v. executar, empreender, realizar.- cumprir pena de morte.
ejemplar.- *(ejemplar)* adj. exemplar, que serve de modelo. / s. exemplar, indivíduo, protótipo.
ejemplo.- *(ejemplo)* s. exemplo, modelo, demonstração.
ejercer.- *(ejerzer)* v. exercer, praticar, exercitar.
ejercitar.- *(ejerzitar)* v. exercitar, treinar, exercer.
ejército.- *(ejerzito)* s. exército.
ejido.- *(ejido)* s. logradouro.
el.- *(el)* art. *o*, artigo definido do género masculino e singular.
él.- *(el)* pron. *ele*, pronome pessoal da terceira pessoa, masculino singular.
elaborar.- *(elaborar)* v. elaborar, preparar, criar.
elasticidad.- *(elastizidad)* s. elasticidade, maleabilidade, flexibilidade.
elección.- *(elekzion)* s. eleição, votação, escolha.
elector.- *(elektor)* adj. eleitor.
electoral.- *(elektoral)* adj. eleitoral.
electricidad.- *(elektrizidad)* s. electricidade.
electrificar.- *(elektrifikar)* v. electrificar.
electrizante.- *(elektrizante)* adj. electrizante.
electrizar.- *(elektrizar)* v. electrizar.
electrocardiograma.- *(elektrokardiograma)* s. electrocardiograma.
electrochoque.- *(elektrochoke)* s. electrochoque.
electrocutar.- *(elektrokutar)* v. electrocutar.

electrodo.- *(elektrodo)* s. eléctrodo.
electrodoméstico.- *(elektrodomestiko)* adj. electrodoméstico.
electrógeno.- *(elektrojeno)* adj. electrógeno.
electrólisis.- *(elektrolisis)* s. electrólise.
electrón.- *(elektron)* s. eléctron.
electrostática.- *(elektrostatika)* s. electrostática.
elefante.- *(elefante)* s. elefante.
elefantíasis.- *(elefantiasis)* s. elefantíase.
elegancia.- *(eleganzia)* s. elegância, distinção, nobreza.
elegante.- *(elegante)* adj. elegante, distinto, nobre.
elegía.- *(elejia)* s. elegia.
elegido.- *(elejido)* adj. eleito, escolhido.
elegir.- *(elejir)* v. eleger, escolher, nomear.
elemental.- *(elemental)* adj. elementar, necessário, principal, óbvio.
elemento.- *(elemento)* s. elemento, essência, fundamento, matéria.
elenco.- *(elenko)* s. elenco.
elevador.- *(elebador)* adj. elevador.
elevar.- *(elebar)* v. elevar, exaltar, aumentar, erguer.
eliminar.- *(eliminar)* v. eliminar, suprimir, tirar, separar, excluir.
elipse.- *(elipse)* s. elipse, curva.
elite.- *(elite)* s. elite.
elixir.- *(eliksir)* s. elixir.
ella.- *(ella)* pron. ela, feminino de ele.
ello.- *(ello)* pron. género neutro, inexistente no português.
ellos, ellas.- *(ellos, ellas)* pron. eles, elas.
elocución.- *(elokuzion)* s. elocução.
elocuencia.- *(elokuenzia)* s. eloquência.
elocuente.- *(elokuente)* adj. eloquente, expressivo.
elogiar.- *(elojiar)* v. elogiar, louvar, aclamar.
elogio.- *(elojio)* s. elogio, louvor, aplauso.
eludir.- *(eludir)* v. iludir, evitar.
emanar.- *(emanar)* v. emanar, provir, proceder.
emancipar.- *(emanzipar)* v. emancipar, libertar, livrar.
embadurnar.- *(embadurnar)* v. enlambuzar, besuntar, manchar, enlamear, sujar.
embajada.- *(embajada)* s. embaixada.
embajador.- *(embajador)* s. embaixador.
embalaje.- *(embalaje)* s. embalagem, empacotamento, encaixotamento.
embalar.- *(embalar)* v. embalar, empacotar, embrulhar.
embaldosar.- *(embaldosar)* v. ladrilhar, pavimentar.
embalsamar.- *(embalsamar)* v. embalsamar, mumificar.- perfumar, aromatizar.
embalse.- *(embalse)* s. estagnação, represa, açude.
embarazar.- *(embarazar)* v. embaraçar, impedir, atrapalhar, entravar, engravidar.
embarcación.- *(embarkazion)* s. embarcação, embarque.
embarcar.- *(embarkar)* v. embarcar.
embargar.- *(embargar)* v. embargar, impedir, reter.
embarque.- *(embarke)* s. embarque.
embarrancar.- *(embarrankar)* v. embarrancar, encalhar.
embarrar.- *(embarrar)* v. embarrar, barrar, rebocar.
embarullar.- *(embarullar)* v. embaralhar, atrapalhar, confundir, desordenar.
embate.- *(embate)* s. embate, choque, golpe.
embaucar.- *(embaukar)* v. embaucar, enganar, iludir.
embebecer.- *(embebezer)* v. embevecer, entreter.
embeber.- *(embeber)* v. embeber, empapar, encharcar.
embelesar.- *(embelesar)* v. embelezar, encantar.
embeleso.- *(embeleso)* s. embelezo, êxtase.
embellecer.- *(embellezer)* v. embelezar, ornamentar, enfeitar.
embestida.- *(embestida)* s. investida, assalto.
embestir.- *(embestir)* v. investir, acometer.
embetunar.- *(embetunar)* v. embetumar, betumar.
emblema.- *(emblema)* s. emblema, símbolo, insígnia.
embobar.- *(embobar)* v. embevecer, distrair, cativar.
embocadura.- *(embokadura)* s. embocadura, foz de rio, bocal.
embocar.- *(embokar)* v. embocar.
embolia.- *(embolia)* s. embolia, coágulo.
émbolo.- *(embolo)* s. êmbolo.
embolsar.- *(embolsar)* v. embolsar, guardar.
emborrachar.- *(emborrachar)* v. embriagar, embebedar.
emborronar.- *(emborronar)* v. borrar, rabiscar.
emboscada.- *(emboskada)* s. emboscada, cilada, armadilha.
emboscar.- *(emboskar)* v. emboscar, esconder.
embotamiento.- *(embotamiento)* s. embotamento, entorpecimento.
embotar.- *(embotar)* v. embotar, entorpecer.
embotellado.- *(embotellado)* adj. engarrafado.
embotellar.- *(embotellar)* v. engarrafar, encurralar, congestionar o trânsito.
embozar.- *(embozar)* v. embuçar.
embozo.- *(embozo)* s. embuço.
embragar.- *(embragar)* v. engrenar, embraiar.- atar.
embrague.- *(embrage)* s. embraiagem.
embravecer.- *(embrabezer)* v. enfurecer, irritar.
embriagador.- *(embriagador)* adj. embriagador, inebriante.
embriagar.- *(embriagar)* v. embriagar, embebedar.
embriaguez.- *(embriagez)* s. embriaguez, bebedeira.
embrión.- *(embrion)* s. embrião.
embrionario.- *(embrionario)* adj. embrionário.
embrollar.- *(embrollar)* v. embrulhar, confundir, emaranhar, desnortear.

embrollo.- *(embrollo)* s. embrulhada, enredo, confusão, trapalhada, mentira.

embromar.- *(embromar)* v. embromar, enganar, gracejar, zombar, caçoar, troçar.

embrujar.- *(embrujar)* v. embruxar, enfeitiçar.

embrutecer.- *(embrutezer)* v. embrutecer, entorpecer.

embuchado.- *(embuchado)* s. embuchado, chouriço, amuo, zanga.

embudo.- *(embudo)* s. funil.

embuste.- *(embuste)* s. embuste, engano, mentira.

embutido.- *(embutido)* adj. embutido, encaixado, incrustado. / s. embutido, chouriço.

emerger.- *(emerjer)* v. emergir, subir.

emigrar.- *(emigrar)* v. emigrar.

eminencia.- *(eminenzia)* s. eminência, superioridade, excelência.

eminente.- *(eminente)* adj. eminente, elevado, excelente.

emisario.- *(emisario)* s. emissário, mensageiro.

emisión.- *(emision)* s. emissão, emanação, ejaculação.

emisor.- *(emisor)* adj. emissor.

emisora.- *(emisora)* s. emissora, estação de rádio.

emitir.- *(emitir)* v. emitir, lançar.

emocional.- *(emozional)* adj. emocional.

emocionante.- *(emozionante)* adj. emocionante, impressionante, comovente.

emocionar.- *(emozionar)* v. emocionar, comover, abalar, impressionar.

emotividad.- *(emotibidad)* s. emotividade, emoção.

emotivo.- *(emotibo)* adj. emotivo, comovente, emocionante.

empachar.- *(empachar)* v. empachar, fartar.

empacho.- *(empacho)* s. empacho, indigestão.

empadronamiento.- *(empadronamiento)* s. recenseamento, alistamento, censo.

empadronar.- *(empadronar)* v. empadroar, recensear, alistar.

empajar.- *(empajar)* v. empalhar.

empalagar.- *(empalagar)* v. enjoar, enfastiar-se.

empalagoso.- *(empalagoso)* adj. enjoativo, fastidioso.

empalar.- *(empalar)* v. empalar, aplicar a empalação.

empalizada.- *(empalizada)* s. paliçada, estacada.

empalizar.- *(empalizar)* v. estacar.

empanada.- *(empanada)* s. empanada, empada, pastel.

empanar.- *(empanar)* v. panar.

empantanar.- *(empantanar)* v. alagar.

empañar.- *(empañar)* v. empanar, denegrir, tirar o brilho, embaciar. / 2ª. v. enfaixar criança com fralda.

empapar.- *(empapar)* v. empapar, embeber, encharcar.

empapelar.- *(empapelar)* v. empapelar, embrulhar, forrar, revestir com papel.

empaque.- *(empake)* s. empacotamento. / aspecto.

empaquetador.- *(empaketador)* s. empacotador.

empaquetar.- *(empaketar)* v. empacotar.

emparedado.- *(emparedado)* adj. emparedado, preso. / s. sanduíche.

emparedar.- *(emparedar)* v. emparedar, enclausurar, prender, isolar.

emparejar.- *(emparejar)* v. emparelhar, nivelar, igualar.

emparentar.- *(emparentar)* v. aparentar, contrair parentesco.

empastar.- *(empastar)* v. empastar, encadernar.- obturar dentes.

empatar.- *(empatar)* v. empatar, igualar.

empate.- *(empate)* s. empate, igualdade, equilíbrio.

empecinarse.- *(empezinarse)* v. obstinar-se, teimar.

empedernido.- *(empedernido)* adj. empedernido, insensível.

empedrado.- *(empedrado)* adj. empedrado. / s. pavimento de pedras, piso.

empedrar.- *(empedrar)* v. calçar, pavimentar.

empeine.- *(empeine)* s. peito do pé.

empellón.- *(empellon)* s. empurrão.

empeñar.- *(empeñar)* v. empenhar, endividar.

empeño.- *(empeño)* s. empenho, constância, tenacidade.

empeorar.- *(empeorar)* v. piorar, agravar.

empequeñecer.- *(empekeñecer)* v. diminuir,reduzir, minguar, encolher.

emperador.- *(emperador)* s. imperador, monarca. / 2ª. s. peixe-espada.

empero.- *(empero)* conj. mas, porém, todavia.

emperrarse.- *(emperrarse)* v. obstinar-se, teimar.

empezar.- *(empezar)* v. começar, principiar, iniciar.

empinar.- *(empinar)* v. empinar, empertigar.

empírico.- *(empiriko)* adj. empírico, prático.

empirismo.- *(empirismo)* s. empirismo.

emplastar.- *(emplastar)* v. emplastrar, lambuzar.

emplasto.- *(emplasto)* s. emplastro, unguento.

emplazar.- *(emplazar)* v. emprazar, marcar prazos, marcar um lugar.

empleado.- *(empleado)* s. empregado, funcionário.

emplear.- *(emplear)* v. empregar, ocupar, destinar.

empleo.- *(empleo)* s. emprego, cargo, colocação.

emplomar.- *(emplomar)* v. chumbar, soldar.

emplumar.- *(emplumar)* v. emplumar.

empobrecer.- *(empobrezer)* v. empobrecer.

empollar.- *(empollar)* v. empolhar, chocar ovos, incubar.

emponzoñador.- *(emponzoñador)* adj. envenenador, peçonhento, daninho.

emponzoñar.- *(emponzoñar)* v. empeçonhar, envenenar.

emporio.- *(emporio)* s. empório, entreposto, centro comercial internacional.

empotrar.- *(empotrar)* v. embutir, encravar.

emprendedor.- *(emprendedor)* adj. empreendedor.

emprender.- *(emprender)* v. empreender.

empresa.- *(empresa)* s. empresa, empreendimento.

empresarial.- *(empresarial)* adj. empresarial,

empréstito.- *(emprestito)* s. empréstimo.

empujar.- *(empujar)* v. empurrar, impelir, pressionar.

empujón.- *(empujon)* s. empurrão, embate.

empuñar.- *(empuñar)* v. empunhar, obter, conseguir.

emular.- *(emular)* v. emular, rivalizar, competir.

émulo.- *(emulo)* s. émulo, rival, competidor.

emulsión.- *(emulsion)* s. emulsão.

en.- *(en)* prep. em, indica lugar, tempo, modo.

enagua.- *(enagua)* s. anágua, combinação.

enajenación.- *(enajenazion)* s. alienação, loucura.

enajenar.- *(enajenar)* v. alienar, alhear, enlouquecer, transferir.

enaltecer.- *(enaltezer)* v. enaltecer, exaltar.

enamorado.- *(enamorado)* adj. enamorado, apaixonado.

enamorar.- *(enamorar)* v. enamorar, apaixonar, encantar, cortejar.

enanismo.- *(enanismo)* s. pequenez, nanismo.

enano.- *(enano)* s. anão.

enarbolar.- *(enarbolar)* v. arvorar, içar, hastear, erigir.

enardecer.- *(enardezer)* v. avivar, excitar, inflamar.

encabezar.- *(enkabezar)* v. encabeçar, liderar.

encadenar.- *(enkadenar)* v. encadear, acorrentar, prender.

encajar.- *(enkajar)* v. encaixar, ajustar.

encaje.- *(enkaje)* s. encaixe, junta, renda de vários desenhos.

encajonar.- *(enkajonar)* v. encaixotar.

encalar.- *(enkalar)* v. caiar, branquear.

encallar.- *(enkallar)* v. encalhar, encruar.

encalmarse.- *(enkalmarse)* v. acalmar-se, amainar.

encamar.- *(enkamar)* v. acamar, deitar, estender.

encaminar.- *(enkaminar)* v. encaminhar, dirigir, endereçar, enveredar.

encandilar.- *(enkandilar)* v. deslumbrar, ofuscar, alucinar.

encanecer.- *(enkanezer)* v. encanecer, criar cãs.

encanijar.- *(enkanijar)* v. definhar, pôr-se fraco ou enfermiço.

encantador.- *(enkantador)* adj. encantador, amável, aprazível.

encantar.- *(enkantar)* v. encantar, seduzir, cativar.

encanto.- *(enkanto)* s. encanto, atractivo, agrado.- encantamento.

encapotarse.- *(enkapotarse)* v. encapotar-se, ocultar, cobrir com capote.

encapricharse.- *(enkapricharse)* v. encaprichar-se, teimar.

encaramar.- *(enkaramar)* v. encarrapitar.

encarar.- *(enkarar)* v. encarar, enfrentar.

encarcelar.- *(enkarzelar)* v. encarcerar, prender, aprisionar.

encarecer.- *(enkarezer)* v. encarecer, exagerar.

encargado.- *(enkargado)* adj. encarregado, gerente.

encargar.- *(enkargar)* v. encarregar, pedir, recomendar.

encargo.- *(enkargo)* s. encargo, obrigação.

encariñarse.- *(enkariñarse)* v. afeiçoar-se.

encarnado.- *(enkarnado)* adj. encarnado, ver-melho.

encarnar.- *(enkarnar)* v. incarnar, encamar.

encarnizar.- *(enkarnizar)* v. encarniçar, enfurecer.

encarrilar.- *(enkarrilar)* v. encarrilhar, pôr nos trilhos.

encartar.- *(enkartar)* v. proscrever, banir.

encasillar.- *(enkasillar)* v. enquadrar, classificar.

encasquetar.- *(enkasketar)* v. encasquetar, obstinar, teimar.

encastillar.- *(enkastillar)* v. encastelar, fortificar com castelos.

encausar.- *(enkausar)* v. processar.

encefálico.- *(enzefaliko)* adj. encefálico.

encefalitis.- *(enzefalitis)* s. encefalite.

encéfalo.- *(enzefalo)* s. encéfalo.

encelar.- *(enzelar)* v. enciumar.

encendedor.- *(enzendedor)* s. acendedor.

encender.- *(enzender)* v. acender, incendiar.

encendido.- *(enzendido)* adj. aceso, inflamado, afogueado, ruborizado.

encerado.- *(enzerado)* s. encerado, oleado, quadro-negro.

enceradora.- *(enzeradora)* s. enceradeira.

encerar.- *(enzerar)* v. encerar.

encerrar.- *(enzerrar)* v. encerrar, fechar prender, incluir.

encerrona.- *(enzerrona)* s. retiro voluntário, encerro.- embaçadela.

enchapado.- *(enchapado)* adj. chapeado, revestido com chapas.

encharcar.- *(encharkar)* v. encharcar, empapar.

enchufado.- *(enchufado)* adj. ligado, conectado, protegido, apadrinhado.

enchufar.- *(enchufar)* v. conectar, ligar na electricidade.

enchufe *(enchufe)* s. tomada eléctrica, ligação, conexão.

encía.- *(enzia)* s. gengiva.

encíclica.- *(enziklika)* s. encíclica, carta papal.

enciclopedia.- *(enziklopedia)* s. enciclopédia.

encierro.- *(enzierro)* s. encerramento, encerro, clausura, prisão.

encima.- *(enzima)* adv. em cima, demais, além disso.

encina.- *(enzina)* s. azinheira, azinheiro, carvalho.
encinta.- *(enzinta)* adj. grávida.
enclaustrar.- *(enklaustrar)* v. enclausurar, prender.
enclavar.- *(enklabar)* v. cravar, pregar, encravar.
enclave.- *(enklabe)* s. encravação, encravamento.
enclenque.- *(enklenke)* adj. adoentado, doentio.
encoger.- *(enkojer)* v. encolher, contrair, diminuir, reduzir.
encolar.- *(enkolar)* v. colar, grudar.
encolerizar.- *(enkolerizar)* v. encolerizar, irritar, enfurecer, indignar.
encomendar.- *(enkomendar)* v. encomendar, incumbir, confiar.
encomiar.- *(enkomiar)* v. encomiar, louvar, elogiar, gabar.
encomienda.- *(enkomienda)* s. encomenda, encargo.
encomio.- *(enkomio)* s. encómio, louvor, grande elogio.
enconar.- *(enkonar)* v. inflamar, irritar, exasperar.
encono.- *(enkono)* s. animadversão, ódio, rancor.
encontrar.- *(enkontrar)* v. encontrar, achar.
encontronazo.- *(enkontronazo)* s. encontrão, embate, choque, empurrão.
encopetado.- *(enkopetado)* adj. presunçoso, esnobe.
encorchar.- *(enkorchar)* v. arrolhar, tapar com rolha.
encorvar.- *(enkorbar)* v. encurvar, curvar.
encrespar.- *(enkrespar)* v. encrespar, arrepiar.
encrucijada.- *(enkruzijada)* s. encruzilhada.
encrudecer.- *(enkrudezer)* v. encruar, encruecer.
encuadernación.- *(enkuadernazion)* s. encadernação.
encuadernar.- *(enkuadernar)* v. encadernar.
encuadrar.- *(enkuadrar)* v. enquadrar, limitar, emoldurar.
encuartelar.- *(enkuartelar)* v. aquartelar.
encubrir.- *(enkubrir)* v. encobrir, ocultar, dissimular.
encuentro.- *(enkuentro)* s. encontro, choque, embate, rixa, oposição.
encuesta.- *(enkuesta)* s. enquete, pesquisa, averiguação.
encuestador.- *(enkuestador)* s. pesquisador.
encumbrar.- *(enkumbrar)* v. encumear, elevar, louvar, enaltecer.
endeble.- *(endeble)* adj. débil, fraco, frágil.
endemia.- *(endemia)* s. endemia.
endémico.- *(endemiko)* adj. endémico, frequente.
endemoniado.- *(endemoniado)* adj. endiabrado, infernal.
enderezar.- *(enderezar)* v. endereçar, dirigir, endireitar.
endeudarse.- *(endeudarse)* v. endividar-se.
endibia.- *(endibia)* s. escarola.
endiosar.- *(endiosar)* v. endeusar, divinizar.
endocardio.- *(endokardio)* s. endocárdio.
endocrino.- *(endokrino)* adj. endócrino.
endocrinólogo.- *(endokrinologo)* s. endocrinologista.
endosar.- *(endosar)* v. endossar.
endulzar.- *(endulzar)* v. adoçar, suavizar.
endurecer.- *(endurezer)* v. endurecer.
enebro.- *(enebro)* s. zimbro.
enemigo.- *(enemigo)* adj. inimigo, contrário, adversário.
enemistad.- *(enemistad)* s. inimizade.
enemistar.- *(enemistar)* v. indispor, brigar.
energético.- *(enerjetiko)* adj. energético, revigorante.
energía.- *(enerjia)* s. energia, vigor.
enérgico.- *(enerjiko)* adj. enérgico, forte.
energúmeno.- *(energumeno)* s. energúmeno, furioso, alvoroçado.
enero.- *(enero)* s. janeiro.
enervar.- *(enerbar)* v. enervar, debilitar, tirar as forças.- irritar, enfadar.
enfadar.- *(enfadar)* v. enfadar, incomodar, aborrecer, irritar.
enfado.- *(enfado)* s. enfado, aborrecimento.
enfangar.- *(enfangar)* v. enlamear, sujar.
énfasis.- *(enfasis)* s. ênfase.
enfático.- *(enfatiko)* adj. enfático.
enfermar.- *(enfermar)* v. adoecer.
enfermedad.- *(enfermedad)* s. enfermidade, doença.
enfermería.- *(enfermeria)* s. enfermaria.
enfermero.- *(enfermero)* s. enfermeiro.
enfermo.- *(enfermo)* adj. enfermo, doente.
enfilar.- *(enfilar)* v. enfiar, enfileirar.
enflaquecer.- *(enflakezer)* v. enfraquecer, debilitar, minguar.
enfocar.- *(enfokar)* v. enfocar, focalizar.
enfrascar.- *(enfraskar)* v. enfrascar, engarrafar.
enfrentamiento.- *(enfrentamiento)* s. confrontação.
enfrentar.- *(enfrentar)* v. enfrentar, defrontar.
enfrente.- *(enfrente)* adv. em frente, diante, defronte.
enfriar.- *(enfriar)* v. esfriar, arrefecer.
enfurecer.- *(enfurezer)* v. enfurecer, irritar.
engalanar.- *(engalanar)* v. engalanar, ataviar, ornamentar, enfeitar.
enganchar.- *(enganchar)* v. enganchar, engatar.
enganche.- *(enganche)* s. engate.
engañar.- *(engañar)* v. enganar, iludir, distrair, ludibriar, mentir.
engaño.- *(engaño)* s. engano, fraude, farsa, mentira.
engarce.- *(engarze)* s. engrenagem.
engarzar.- *(engarzar)* v. engastar, encadear, eriçar.
engastar.- *(engastar)* v. engastar, encravar.
engatusar.- *(engatusar)* v. bajular, adular, seduzir.
engendrar.- *(enjendrar)* v. engendrar, gerar, produzir.
engendro.- *(enjendro)* s. feto, aborto, monstro.
englobar.- *(englobar)* v. englobar.
engomar.- *(engomar)* v. engomar.
engordar.- *(engordar)* v. engordar, encorpar, cevar.

engorde.- *(engorde)* s. engorda.
engorro.- *(engorro)* s. embaraço, impedimento, incómodo, estorvo.
engranaje.- *(engranaje)* s. engrenagem.
engranar.- *(engranar)* v. engrenar, entrosar, encadear.
engrandecer.- *(engrandezer)* v. engrandecer, elevar, exagerar.
engrasar.- *(engrasar)* v. engordurar, engraxar, lubrificar.
engreír.- *(engreir)* v. envaidecer, elevar-se, afeiçoar, inflar-se.
engrescar.- *(engreskar)* v. incitar, atiçar.
engrillar.- *(engrillar)* v. algemar, agrilhoar.
engrosar.- *(engrosar)* v. engrossar, engordar.
engrudo.- *(engrudo)* s. grude, cola.
engullir.- *(engullir)* v. engolir, deglutir, devorar.
enhebrar.- *(enebrar)* v. enfiar a linha na agulha.
enhorabuena.- *(enorabuena)* s. felicitação, parabéns.
enigma.- *(enijma)* s. enigma, charada.
enjabonar.- *(enjabonar)* v. ensaboar.
enjalbegar.- *(enjalbegar)* v. caiar, branquear.
enjambre.- *(enjambre)* s. enxame.
enjaular.- *(enjaular)* v. enjaular, engaiolar.
enjuagar.- *(enjuagar)* v. enxaguar, bochechar.
enjugar.- *(enjugar)* v. enxugar, secar.
enjuiciar.- *(enjuiziar)* v. julgar, ajuizar.
enjuto.- *(enjuto)* adj. enxuto, seco, magro, delgado.
enlace.- *(enlaze)* s. enlace, união, ligação, conexão.
enladrillar.- *(enladrillar)* v. ladrilhar, pavimentar.
enlatar.- *(enlatar)* v. enlatar.
enlazar.- *(enlazar)* v. enlaçar, laçar animais.
enloquecer.- *(enlokezer)* v. enlouquecer, endoidar.
enlosar.- *(enlosar)* v. lajear.
enlucir.- *(enluzir)* v. revestir com gesso, estucar.
enlutar.- *(enlutar)* v. enlutar.
enmaderar.- *(enmaderar)* v. emadeirar, madeirar.
enmarañar.- *(enmarañar)* v. emaranhar, enredar.
enmarcar.- *(enmarkar)* v. emoldurar.
enmascarado.- *(enmaskarado)* adj. mascarado.
enmascarar.- *(enmaskarar)* v. mascarar, disfarçar, encobrir.
enmendar.- *(enmendar)* v. emendar, corrigir.
enmienda.- *(enmienda)* s. emenda, correcção.
enmohecer.- *(enmoezer)* v. abolorecer, mofar.
enmudecer.- *(enmudezer)* v. emudecer, calar.
ennegrecer.- *(ennegrezer)* v. enegrecer, denegrir.
ennoblecer.- *(ennoblezer)* v. enobrecer, elevar, realçar, dignificar.
enojar.- *(enojar)* v. enojar, desgostar, indignar, incomodar, aborrecer.
enojo.- *(enojo)* s. nojo, injúria, cólera.
enología.- *(enolojia)* s. enologia.
enorgullecer.- *(enorgullezer)* v. orgulhar.
enormidad.- *(enormidad)* s. enormidade, grandeza.
enrabiar.- *(enrabiar)* v. irritar, enfurecer, encolerizar.
enraizar.- *(enraizar)* v. enraizar, arraigar.
enramada.- *(enramada)* s. enramada, ramada.
enrarecer.- *(enrarezer)* v. enrarecer, rarear, escassear.
enrasar.- *(enrasar)* v. rasar, nivelar, igualar.
enredadera.- *(enredadera)* s. trepadeira.
enredar.- *(enredar)* v. enredar, entrelaçar, emaranhar.
enredo.- *(enredo)* s. enredo, entrelaçamento.
enrejado.- *(enrejado)* s. gradeamento.
enrejar.- *(enrejar)* v. gradear.
enrevesado.- *(enrebesado)* adj. arrevesado.
enriquecer.- *(enrikezer)* v. enriquecer, prosperar.
enrojecer.- *(enrojezer)* v. incandescer, avermelhar.
enrollar.- *(enrollar)* v. enrolar, encaracolar.
enroscar.- *(enroskar)* v. enroscar, enrolar, torcer.
ensalada.- *(ensalada)* s. salada.
ensalivar.- *(ensalibar)* v. salivar.
ensalzar.- *(ensalzar)* v. elogiar, louvar.
ensamblar.- *(ensamblar)* v. encaixar, embutir, entalhar.
ensanchar.- *(ensanchar)* v. alargar, dilatar, ampliar, inchar.
ensanche.- *(ensanche)* s. alargamento, dilatação.
ensangrentar.- *(ensangrentar)* v. ensanguentar.
ensartar.- *(ensartar)* v. ensartar, enfiar, por um fio, atravessar.
ensayar.- *(ensayar)* v. ensaiar, treinar, experimentar, exercitar, preparar.
ensayo.- *(ensayo)* s. ensaio, exame, dissertação, treinamento.
enseguida.- *(ensegida)* adv. em seguida, logo depois.
ensenada.- *(ensenada)* s. enseada, angra.
enseña.- *(enseña)* s. insígnia, divisa.
enseñanza.- *(enseñanza)* s. ensino, doutrina.
enseñar.- *(enseñar)* v. ensinar, educar, instruir, adestrar.
enseres.- *(enseres)* s. móveis, utensílios.
ensimismarse.- *(ensimismarse)* v. ensimesmar-se, abstrair-se, concentrar-se.
ensombrecer.- *(ensombrezer)* v. escurecer, ensombrar, sombrear.
ensopar.- *(ensopar)* v. ensopar, embeber, encharcar.
ensordecer.- *(ensordezer)* v. ensurdecer.
ensortijado.- *(ensortijado)* adj. cacheado, encaracolado, crespo.
ensortijar.- *(ensortijar)* v. cachear, encaracolar, frisar.
ensuciar.- *(ensuziar)* v. sujar, emporcalhar, manchar.
ensueño.- *(ensueño)* s. sonho, fantasia, ilusão.
entablar.- *(entablar)* v. entabular, dispor, preparar.
entallar.- *(entallar)* v. entalhar, esculpir, aravar.
entarimado.- *(entarimado)* s. soalhado.
entarimar.- *(entarimar)* v. assoalhar.
ente.- *(ente)* s. ente, ser.
entender.- *(entender)* v. entender, compreender.

entendido.- *(entendido)* s. entendido, perito.
enterado.- *(enterado)* adj. inteirado, informado.
enterar.- *(enterar)* v. inteirar, informar.
enteritis.- *(enteritis)* s. enterite.
enternecer.- *(enternezer)* v. enternecer, amolecer, abrandar.
entero.- *(entero)* adj. inteiro.
enterrar.- *(enterrar)* v. enterrar, sepultar.
entibar.- *(entibar)* v. escorar.
entibiar.- *(entibiar)* v. entibiar, tornar tíbio, amornar.
entierro.- *(entierro)* s. enterro, sepultura, sepulcro, túmulo.
entoldar.- *(entoldar)* v. toldar.
entonación.- *(entonazion)* s. entonação, tom.
entonar.- *(entonar)* v. entoar, cantar, harmonizar.
entonces.- *(entonzes)* adv. então.
entontecer.- *(entontecer)* v. estontear, desvairar.
entornar.- *(entornar)* v. entornar, inclinar.
entorpecer.- *(entorpezer)* v. entorpecer, paralisar.
entrada.- *(entrada)* s. entrada, ingresso, introdução.
entrambos.- *(entrambos)* adj. ambos, os dois.
entrante.- *(entrante)* adj. entrante.
entraña.- *(entraña)* s. entranha, víscera.
entrañable.- *(entrañable)* adj. entranhável, íntimo, muito afectuoso.
entrañar.- *(entrañar)* v. entranhar, penetrar.- dedicar-se, unir-se.
entrar.- *(entrar)* v. entrar, introduzir, ingressar, invadir, ocupar.
entre.- *(entre)* prep. entre, no meio.
entreabrir.- *(entreabrir)* v. entreabrir.
entreacto.- *(entreakto)* s. entreacto, intervalo.
entrecano.- *(entrekano)* adj. grisalho.
entrecomillar.- *(entrekomillar)* v. aspar.
entrecortado.- *(entrekortado)* adj. entrecortado.
entrecruzar.- *(entrekruzar)* v. entrecruzar, cruzar.
entredicho.- *(entredicho)* s. interdição, proibição, dificuldade, interdito.
entrega.- *(entrega)* s. entrega, restituição, dedicação.
entregar.- *(entregar)* v. entregar, restituir, dar, depositar.
entrelazar.- *(entrelazar)* v. entrelaçar, entrançar.
entrelínea.- *(entrelinea)* s. entrelinha.
entremedias.- *(entremedias)* adv. entrementes, entre-tanto.
entremés.- *(entremes)* s. aperitivo. / peça teatral de um ato.
entremeter.- *(entremeter)* v. intrometer.
entremezclar.- *(entremezklar)* v. misturar, mesclar.
entrenador.- *(entrenador)* s. treinador, preparador.
entrenar.- *(entrenar)* v. treinar, preparar, ensaiar.
entreoír.- *(entreoir)* v. entreouvir, ouvir de relance.
entrepaño.- *(entrepaño)* s. entrepano, prateleira.
entresacar.- *(entresakar)* v. escolher, desbastar, podar.
entresuelo.- *(entresuelo)* s. sobreloja.
entretanto.- *(entretanto)* adv. entretanto.
entretener.- *(entretener)* v. entreter, divertir.
entrevista.- *(entrebista)* s. entrevista.
entristecer.- *(entristezer)* v. entristecer, causar tristeza.
entrometer.- *(entrometer)* v. intrometer, entremeter.
entrometido.- *(entrometido)* adj. intrometido.
entroncar.- *(entronkar)* v. entroncar.
entronizar.- *(entronizar)* v. entronizar, colocar no trono.
entubar.- *(entubar)* v. tubular.
entuerto.- *(entuerto)* s. torto, agravo, injúria, ofensa.
entumecer.- *(entumezer)* v. impedir, entorpecer, embaraçar.- entumecer, inchar.
entumecimiento.- *(entumezimiento)* s. entumecimento.
entupir.- *(entupir)* v. entupir, tapar, obstruir.
enturbiar.- *(enturbiar)* v. enturvar, tornar turvo, turvar.
entusiasmar.- *(entusiasmar)* v. entusiasmar.
entusiasmo.- *(entusiasmo)* s. entusiasmo, arrebatamento.
enumeración.- *(enumerazion)* s. enumeração, cômputo. / descrição, exposição.
enumerar.- *(enumerar)* v. enumerar, contar.
enunciación.- *(enunziazion)* s. enunciação.
enunciado.- *(enunziado)* adj. enunciado, definição.
enunciar.- *(enunziar)* v. enunciar, declarar, expressar.
envainar.- *(enbainar)* v. embainhar.
envalentonar.- *(enbalentonar)* v. alentar, encorajar.
envanecer.- *(enbanezer)* v. envaidecer.
envasar.- *(enbasar)* v. envasilhar, envasar, engarrafar.
envase.- *(enbase)* s. vasilha, vasilhame, invólucro, envoltório.
envejecer.- *(enbejezer)* v. envelhecer, avelhentar.
envenenar.- *(enbenenar)* v. envenenar.
envergadura.- *(enbergadura)* s. envergadura.
envés.- *(enbes)* s. invés, avesso, revés.
enviado.- *(enbiado)* s. enviado, mensageiro.
enviar.- *(enbiar)* v. enviar, mandar, expedir.
enviciar.- *(enbiziar)* v. viciar, corromper.
envidia.- *(enbidia)* s. inveja, ciúme.
envidiar.- *(enbidiar)* v. invejar, cobiçar, desejar.
envilecer.- *(enbilezer)* v. envilecer, aviltar.
envío.- *(enbio)* s. envio, remessa.
enviudar.- *(enbiudar)* v. enviuvar, ficar viúvo.
envoltorio.- *(enboltorio)* s. envoltório, invólucro.
envolver.- *(enbolber)* v. envolver, embrulhar, enrolar.
enzarzar.- *(enzarzar)* v. enredar, discordar, discutir, brigar.
enzima.- *(enzima)* s. enzima.
epicentro.- *(epizentro)* s. epicentro.
epidemia.- *(epidemia)* s. epidemia.
epidémico.- *(epidemiko)* adj. epidémico, contagioso.

epidermis.- *(epidermis)* s. epiderme.
epígrafe.- *(epigrafe)* s. epígrafe, inscrição.
epilepsia.- *(epilepsia)* s. epilepsia.
epílogo.- *(epilogo)* s. epílogo, conclusão, final.
episcopal.- *(episkopal)* adj. episcopal.
episódico.- *(episodiko)* adj. episódico, secundário.
episodio.- *(episodio)* s. episódio.
epístola.- *(epistola)* s. epístola, carta.
epitafio.- *(epitafio)* s. epitáfio, inscrição tumular.
epitelio.- *(epitelio)* s. epitélio.
época.- *(epoka)* s. época, era, período.
epopeya.- *(epopeya)* s. epopeia.
equidad.- *(ekidad)* s. equidade, rectidão.
equidistante.- *(ekidistante)* adj. equidistante.
equilátero.- *(ekilatero)* adj. equilátero.
equilibrado.- *(ekilibrado)* adj. equilibrado.
equilibrar.- *(ekilibrar)* v. equilibrar, harmonizar, compensar, contrabalançar.
equilibrio.- *(ekilibrio)* s. equilíbrio
equimosis.- *(ekimosis)* s. equimose, contusão.
equino.- *(ekino)* s. equino.
equipaje.- *(ekipaje)* s. equipagem, bagagem, tripulação.
equipar.- *(ekipar)* v. equipar, prover.
equiparable.- *(ekiparable)* adj. equiparável, comparável.
equiparar.- *(ekiparar)* v. equiparar, igualar.
equipo.- *(ekipo)* s. equipe.
equitación.- *(ekitazion)* s. equitação.
equitativo.- *(ekitatibo)* adj. equitativo.
equivalencia.- *(ekibalenzia)* s. equivalência.
equivaler.- *(ekibaler)* v. equivaler, corresponder.
equivocación.- *(ekibokazion)* s. equivocação, erro.
equivocar.- *(ekibokar)* v. equivocar, errar, confundir.
equívoco.- *(ekiboko)* adj. equívoco, confusão, engano, trocadilho.
era.- *(era)* s. eira, espaço de terra limpa. / 2ª. s. era, época.
erario.- *(erario)* s. erário, tesouro público.
erección.- *(erekzion)* s. erecção, tensão.
erecto.- *(erekto)* adj. erecto, rígido, teso, levantado.
eremita.- *(eremita)* s. eremita, ermitão.
erguir.- *(ergir)* v. erguer, levantar, endireitar.
erigir.- *(erijir)* v. erigir, erguer.
erisipela.- *(erisipela)* s. erisipela.
erizar.- *(erizar)* v. eriçar, arrepiar, encrespar.
erizo.- *(erizo)* s. ouriço.
ermita.- *(ermita)* s. ermida, capela.
erosión.- *(erosion)* s. erosão, corrosão.
erótico.- *(erotiko)* adj. erótico, sensual.
erotismo.- *(erotismo)* s. erotismo.
erradicación.- *(erradikazion)* s. erradicação.
errante.- *(errante)* adj. errante, nómade.
errar.- *(errar)* v. errar, faltar, equivocar. / 2ª. v. vaguear.
errata.- *(errata)* s. errata.
erróneo.- *(erroneo)* adj. erróneo, equivocado.
error.- *(error)* s. erro, engano, equívoco.
eructar.- *(eruktar)* v. arrotar.
eructo.- *(erukto)* s. arroto.
erudición.- *(erudizion)* s. erudição, saber.
erupción.- *(erupzion)* s. erupção, explosão.
esa.- *(esa)* pron. e adj. essa.
esbelto.- *(esbelto)* adj. esbelto, elegante.
esbozar.- *(esbozar)* v. esboçar, delinear.
esbozo.- *(esbozo)* s. esboço, ensaio, anteprojecto, resumo.
escabeche.- *(eskabeche)* s. escabeche, conserva de vinagre.
escabroso.- *(eskabroso)* adj. escabroso, acidentado, de difícil resolução.
escabullirse.- *(eskabullirse)* v. escapar, escapulir.
escala.- *(eskala)* s. escala, escada de mão.
escalar.- *(eskalar)* v. escalar, subir.
escaldar.- *(eskaldar)* v. escaldar.
escalera.- *(eskalera)* s. escada.
escalofrío.- *(eskalofrio)* s. calafrio, arrepio.
escalón.- *(eskalon)* s. degrau, escalão, grau, categoria.
escalonar.- *(eskalonar)* v. escalonar, distribuir.
escama.- *(eskama)* s. escama.
escamar.- *(eskamar)* v. escamar. / suspeitar, provocar dúvida.
escamotear.- *(eskamotear)* v. escamotear, esconder.
escampar.- *(eskampar)* v. abrir um espaço, desanuviar o céu.
escanciar.- *(eskanziar)* v. servir vinho ou outro licor.
escandalizar.- *(eskandalizar)* v. escandalizar.
escándalo.- *(eskandalo)* s. escândalo, tumulto, alvoroço.
escapada.- *(eskapada)* s. escapada.
escapar.- *(eskapar)* v. escapar, fugir, omitir.
escaparate.- *(eskaparate)* s. vitrine.
escapatoria.- *(eskapatoria)* s. escapatória, escapadela.
escarabajo.- *(eskarabajo)* s. escaravelho.
escaramujo.- *(eskaramujo)* s. caramujo.
escarbar.- *(eskarbar)* v. escavar, esgaravatar, palitar os dentes.
escarcha.- *(eskarcha)* s. escarcha, orvalho da noite, neve.
escarlata.- *(eskarlata)* s. escarlate, cor vermelha muito viva.
escarmentar.- *(eskarmentar)* v. escarmentar, castigar, punir.
escarnio.- *(eskarnio)* s. escárnio, menosprezo, zombaria.
escarola.- *(eskarola)* s. escarola.
escarpa.- *(eskarpa)* s. escarpa, ladeira.
escarpado.- *(eskarpado)* adj. escarpado, íngreme.

escasear.- *(eskasear)* v. escassear, faltar.
escasez.- *(eskasez)* s. escassez, falta.
escaso.- *(eskaso)* adj. escasso, raro, limitado.
escatimar.- *(eskatimar)* v. regatear, pechinchar.
escayola.- *(eskayola)* s. escaiola, estuque.
escena.- *(eszena)* s. cena, palco.
escenario.- *(eszenario)* s. cenário, palco.
escenografía.- *(eszenografia)* s. cenografia.
escepticismo.- *(eszeptizismo)* s. cepticismo.
escéptico.- *(eszeptiko)* adj. céptico, incrédulo, indiferente.
escisión.- *(eszision)* s. cisão, rompimento, separação, dissidência.
esclarecer.- *(esklarezer)* v. esclarecer.
esclavitud.- *(esklabitud)* s. escravidão, servidão.
esclavizar.- *(esklabizar)* v. escravizar.
esclavo.- *(esklabo)* adj. escravo, cativo.
esclerosis.- *(esklerosis)* s. esclerose.
esclusa.- *(esklusa)* s. eclusa, comporta.
escoba.- *(eskoba)* s. vassoura.
escobar.- *(eskobar)* v. varrer.
escobón.- *(eskobon)* s. escovão.
escocedura.- *(eskozedura)* s. coceira, comichão, ardência.
escocer.- *(eskozer)* v. arder, queimar.
escocés.- *(eskozes)* adj. escocês.
escoger.- *(eskojer)* v. escolher, preferir.
escolar.- *(eskolar)* adj. escolar.
escollo.- *(eskollo)* s. escolho, obstáculo, perigo, risco.
escolta.- *(eskolta)* s. escolta, acompanhamento.
escoltar.- *(eskoltar)* v. escoltar, acompanhar, proteger.
escombro.- *(eskombro)* s. escombro, entulho.
esconder.- *(eskonder)* v. esconder, ocultar, encobrir.
escondite.- *(eskondite)* s. esconderijo.
escoria.- *(eskoria)* s. escória, escuma, fezes, resto.
escorpión.- *(eskorpion)* s. escorpião.
escote.- *(eskote)* s. decote.
escotilla.- *(eskotilla)* s. escotilha.
escozor.- *(eskozor)* s. ardência.
escribano.- *(eskribano)* s. escrivão, tabelião, escriturário.
escribidor.- *(eskribidor)* s. escrivaninha, mau escritor, escrevedor.
escribir.- *(eskribir)* v. escrever, redigir.
escritor.- *(eskritor)* s. escritor, autor, redactor.
escritorio.- *(eskritorio)* s. escrivaninha, escritório.
escrúpulo.- *(eskrupulo)* s. escrúpulo, zelo.
escrupuloso.- *(eskrupuloso)* adj. escrupuloso, cuidadoso, rigoroso.
escrutinio.- *(eskrutinio)* s. escrutínio, apuração de votos.
escuadra.- *(eskuadra)* s. esquadra, esquadro.
escuadrón.- *(eskuadron)* s. esquadrão.
escuálido.- *(eskualido)* adj. esquálido, fraco, muito magro.
escuchar.- *(eskuchar)* v. escutar, ouvir, atender.
escudar.- *(eskudar)* v. escudar, cobrir, defender com escudo.
escudo.- *(eskudo)* s. escudo.
escudriñar.- *(eskudriñar)* v. esquadrinhar.
escuela.- *(eskuela)* s. escola.
escueto.- *(eskueto)* adj. descoberto, livre, despido, simples.
esculpir.- *(eskulpir)* v. esculpir.
escultura.- *(eskultura)* s. escultura.
escupidera.- *(eskupidera)* s. cuspideira, escarradeira.
escupir.- *(eskupir)* v. cuspir, escarrar.
escurridor.- *(eskurridor)* s. escorredor.
escurrir.- *(eskurrir)* v. escorrer, coar.
esdrújulo.- *(esdrujulo)* adj. esdrúxulo, proparoxítono.
ese.- *(ese)* pron. e adj. esse.
esencia.- *(esenzia)* s. essência.
esencial.- *(esenzial)* adj. essencial, fundamental.
esfera.- *(esfera)* s. esfera, bola, âmbito, círculo, órbita.
esférico.- *(esferiko)* adj. esférico, redondo.
esfinge.- *(esfinje)* s. esfinge.
esfínter.- *(esfinter)* s. esfíncter.
esforzar.- *(esforzar)* v. esforçar, reforçar.
esfumar.- *(esfumar)* v. esfumar, atenuar a cor, desvanecer.
esgrima.- *(esgrima)* s. esgrima.
eslabón.- *(eslabon)* s. elo.
eslavo.- *(eslabo)* adj. eslavo.
esmaltar.- *(esmaltar)* v. esmaltar.
esmalte.- *(esmalte)* s. esmalte.
esmeralda.- *(esmeralda)* s. esmeralda.
esmerar.- *(esmerar)* v. esmerar.
esmero.- *(esmero)* s. esmero, cuidado, zelo.
esnob.- *(esnob)* adj. esnobe.
eso.- *(eso)* pron. isso.
esófago.- *(esofago)* s. esófago.
esotérico.- *(esoteriko)* adj. esotérico.
espabilado.- *(espabilado)* adj. vivo, esperto, fresco.
espabilar.- *(espabilar)* v. espevitar, avivar.
espaciar.- *(espaziar)* v. espaçar, espacejar.
espacio.- *(espazio)* s. espaço, extensão, demora.
espacioso.- *(espazioso)* adj. espaçoso, amplo, dilatado, vasto.
espada.- *(espada)* s. espada.
espaldas.- *(espaldas)* s. costas.
espantajo.- *(espantajo)* s. espantalho.
espantar.- *(espantar)* v. espantar, assustar, amedrontar.
espanto.- *(espanto)* s. espanto, susto, pavor. / fantasma.
español.- *(español)* adj. espanhol.
esparadrapo.- *(esparadrapo)* s. esparadrapo.
esparcir.- *(esparzir)* v. esparzir, derramar, espairecer.
espárrago.- *(esparrago)* s. aspargo.
espasmo.- *(espasmo)* s. espasmo.

espátula.- *(espatula)* s. espátula.
especia.- *(espezia)* s. especiaria.
especial.- *(espezial)* adj. especial.
especialidad.- *(espezialidad)* s. especialidade, particularidade.
especialista.- *(espezialista)* s. especialista.
especie.- *(espezie)* s. espécie, classe, qualidade.
especificar.- *(espezifikar)* v. especificar, explicar, declarar.
espectáculo.- *(espektakulo)* s. espectáculo, diversão, representação teatral.
espectador.- *(espektador)* adj. espectador, observador.
espectro.- *(espektro)* s. espectro, sombra, fantasma.
especular.- *(espekular)* s. especular.
espejismo.- *(espejismo)* s. miragem.
espejo.- *(espejo)* s. espelho.
espeleología.- *(espeleolojia)* s. espeleologia.
espeleólogo.- *(espeleologo)* s. espeleólogo.
espeluznante.- *(espeluznante)* adj. arrepiante, horripilante.
espera.- *(espera)* s. espera, calma, paciência.
esperanza.- *(esperanza)* s. esperança, confiança, expectativa.
esperar.- *(esperar)* v. esperar, aguardar.
esperma.- *(esperma)* s. esperma, sémen.
espermatozoide.- *(espermatozoide)* s. espermatozóide.
esperpento.- *(esperpento)* s. espantalho, desatino, absurdo.
espesar.- *(espesar)* v. espessar, engrossar,condensar.
espeso.- *(espeso)* adj. espesso, grosso, denso.
espesor.- *(espesor)* s. espessura, grossura, densidade.
espesura.- *(espesura)* s. espessura, solidez.
espetar.- *(espetar)* v. espetar, cravar.
espía.- *(espia)* s. espião.
espiar.- *(espiar)* v. espiar, espreitar.
espiga.- *(espiga)* s. espiga.
espigón.- *(espigon)* s. espigão, ferrão.
espina.- *(espina)* s. espinho, espinha de peixe.
espinaca.- *(espinaka)* s. espinafre.
espinazo.- *(espinazo)* s. espinha dorsal, coluna vertebral.
espinoso.- *(espinoso)* adj. espinhoso.
espionaje.- *(espionaje)* s. espionagem.
espiral.- *(espiral)* s. espiral.
espirar.- *(espirar)* v. espirar, respirar.
espíritu.- *(espiritu)* s. espírito, alma.- fantasma.
espléndido.- *(esplendido)* adj. esplêndido, magnífico, brilhante.
esplendor.- *(esplendor)* s. esplendor, nobreza, brilho.
espliego.- *(espliego)* s. alfazema, lavanda.
espolear.- *(espolear)* v. esporear.
esponja.- *(esponja)* s. esponja.
esponjoso.- *(esponjoso)* adj. esponjoso.
esponsales.- *(esponsales)* s. esponsais, noivado.
espontáneo.- *(espontaneo)* adj. espontâneo, natural, voluntário.
esporádico.- *(esporadiko)* adj. esporádico, ocasional.
esposado.- *(esposado)* adj. desposado. / algemado.
esposar.- *(esposar)* v. desposar. / algemar.
esposas.- *(esposas)* s. algemas.
esposo.- *(esposo)* s. esposo, cônjuge.
espuela.- *(espuela)* s. espora.
espuma.- *(espuma)* s. espuma.
espumadera.- *(espumadera)* s. espumadeira, escumadeira.
espumoso.- *(espumoso)* adj. espumoso.
espurio.- *(espureo)* adj. espúrio, ilegítimo.
esqueje.- *(eskeje)* s. galho, muda de planta.
esqueleto.- *(eskeleto)* s. esqueleto.
esquema.- *(eskema)* s. esquema, projecto, plano.
esquí.- *(eski)* s. esqui.
esquiador.- *(eskiador)* s. esquiador.
esquife.- *(eskife)* s. esquife. / ataúde, caixão.
esquila.- *(eskila)* s. sineta, chocalho.
esquilar.- *(eskilar)* v. tosquiar.
esquimal.- *(eskimal)* adj. esquimó.
esquina.- *(eskina)* s. esquina.
esquirol.- *(eskirol)* s. esquilo.
esquivar.- *(eskibar)* v. esquivar, evitar, fugir.
esquivo.- *(eskibo)* adj. esquivo, arisco, arredio.
esta.- *(esta)* pron. e adj. esta.
estabilidad.- *(estabilidad)* s. estabilidade, segurança.
estabilizar.- *(estabilizar)* v. estabilizar.
estable.- *(estable)* adj. estável, firme.
establecer.- *(establezer)* v. estabelecer, ordenar, decretar, fundar.
establo.- *(establo)* s. estábulo.
estaca.- *(estaka)* s. estaca.
estacada.- *(estakada)* s. estacada.
estación.- *(estazion)* s. estação, período, temporada, posto policial.
estacionar.- *(estazionar)* v. estacionar, parar.
estadio.- *(estadio)* s. estádio.
estadista.- *(estadista)* s. estadista.
estadístico.- *(estadistiko)* adj. estatístico.
estado.- *(estado)* s. estado, situação, classe, governo.
estafa.- *(estafa)* s. burla, roubo, fraude.
estafar.- *(estafar)* v. burlar, roubar.
estafeta.- *(estafeta)* s. estafeta, carteiro, mensageiro.
estallar.- *(estallar)* v. estalar, fender, estourar, estralar, explodir.
estallido.- *(estallido)* s. estalido, estouro.
estampa.- *(estampa)* s. estampa.
estampado.- *(estampado)* adj. estampado, impresso.
estampar.- *(estampar)* v. estampar, imprimir.
estampido.- *(estampido)* s. estampido, detonação.
estancar.- *(estankar)* v. estancar, parar, deter, vedar.

estancia.- *(estanzia)* s. habitação, estância, fazenda, casa de campo.

estanciero.- *(estanziero)* s. fazendeiro.

estanco.- *(estanko)* adj. estanco. / s. tabacaria, depósito.

estandarte.- *(estandarte)* s. estandarte, bandeira.

estanque.- *(estanke)* s. tanque, reservatório de água, lago artificial.

estante.- *(estante)* adj. parado, fixo. / s. estante, prateleira.

estaño.- *(estaño)* s. estanho.

estar.- *(estar)* v. estar, permanecer, achar-se.

estatal.- *(estatal)* adj. estatal, estadual.

estático.- *(estatiko)* adj. estático, imóvel.

estatua.- *(estatua)* s. estátua.

estatura.- *(estatura)* s. estatura, altura.

estatuto.- *(estatuto)* s. estatuto.

este.- *(este)* pron. e adj. este. / s. este, leste, oriente.

estelar.- *(estelar)* adj. estelar, sideral.

estenografía.- *(estenografia)* s. estenografia.

estepa.- *(estepa)* s. estepe.

estera.- *(estera)* s. esteira.

estereofónico.- *(estereofoniko)* adj. estereofónico.

estereoscopio.- *(estereoskopio)* s. estereoscópio.

estéril.- *(esteril)* adj. estéril, árido, impotente, inútil.

esterilizar.- *(esterilizar)* v. esterilizar, tornar estéril.

esternón.- *(esternon)* s. esterno.

estertor.- *(estertor)* s. estertor.

esteta.- *(esteta)* s. esteta.

estética.- *(estetika)* s. estética.

estético.- *(estetiko)* adj. estético, belo.

estiaje.- *(estiaje)* s. estiagem, estio, seca.

estibador.- *(estibador)* s. estivador, carregador de navio.

estiércol.- *(estierkol)* s. esterco, estrume.

estigma.- *(estijma)* s. estigma, marca, sinal.

estilar.- *(estilar)* v. usar, costumar, estar na moda.

estilete.- *(estilete)* s. estilete.

estilizar.- *(estilizar)* v. estilizar.

estilo.- *(estilo)* s. estilo, modo, maneira, fórmula.

estima.- *(estima)* s. estima, apreço, consideração.

estimado.- *(estimado)* adj. estimado, considerado, bem-visto.

estimular.- *(estimular)* v. estimular, incitar, excitar, avivar.

estímulo.- *(estimulo)* s. estímulo, incentivo, excitação.

estio.- *(estio)* s. estio, verão.

estipendio.- *(estipendio)* s. estipêndio, soldo, remuneração, pagamento, salário.

estipular.- *(estipular)* v. estipular, ajustar, convir, combinar.

estirado.- *(estirado)* adj. estirado, esticado.

estirar.- *(estirar)* v. estirar, esticar, estender, crescer.

estirpe.- *(estirpe)* s. estirpe, linhagem, descendência.

estival.- *(estibal)* adj. estival, pertencente ao verão ou estio.

esto.- *(esto)* pron. isto.

estofado.- *(estofado)* adj. estofado, alinhado, enfeitado. / s. estufado, guisado.

estofar.- *(estofar)* v. estofar, chumaçar.

estómago.- *(estomago)* s. estômago.

estopa.- *(estopa)* s. estopa, tecido grosseiro.

estorbar.- *(estorbar)* v. estorvar, dificultar, atravancar, embaraçar, molestar.

estorbo.- *(estorbo)* s. estorvo, embaraço, dificuldade, moléstia.

estornudar.- *(estornudar)* v. espirrar.

estornudo.- *(estornudo)* s. espirro.

estrábico.- *(estrabiko)* adj. estrábico, vesgo.

estrado.- *(estrado)* s. estrado, sala de visitas, tarima.

estrafalario.- *(estrafalario)* adj. estrafalário, extravagante.

estrago.- *(estrago)* s. estrago, dano, prejuízo, ruína, deterioração.

estrangular.- *(estrangular)* v. estrangular, sufocar.

estraperlista.- *(estraperlista)* s. vendedor clandestino e com preço indevido.

estratagema.- *(estratajema)* s. estratagema.

estrategia.- *(estratejia)* s. estratégia.

estrato.- *(estrato)* s. estrato, camada, espécie de nuvens.

estrechar.- *(estrechar)* v. estreitar, apertar, diminuir, reduzir.

estrella.- *(estrella)* s. estrela.

estremecer.- *(estremezer)* v. estremecer, abalar, tremer, sacudir.

estrenar.- *(estrenar)* v. estrear, debutar, inaugurar.

estreñimiento.- *(estreñimiento)* s. obstrução, prisão de ventre.

estrépito.- *(estrepito)* s. estrépito, estrondo.

estría.- *(estria)* s. estria, sulco.

estribar.- *(estribar)* v. estribar, apoiar.

estribo.- *(estribo)* s. estribo, apoio, fundamento.

estridente.- *(estridente)* adj. estridente, agudo.

estrofa.- *(estrofa)* s. estrofe.

estropajo.- *(estropajo)* s. bucha, esfregão.

estropear.- *(estropear)* v. estropiar, estragar, deformar, deteriorar.

estructura.- *(estruktura)* s. estrutura, composição.

estruendo.- *(estruendo)* s. estrondo, estrépito.

estrujar.- *(estrujar)* v. espremer, tirar o sumo, apertar, comprimir, esmagar.

estuche.- *(estuche)* s. estojo, caixa.

estuco.- *(estuko)* s. estuque.

estudiante.- *(estudiante)* adj. estudante, escolar, aluno.

estudiar.- *(estudiar)* v. estudar, aprender, examinar, analisar.

estudio.- *(estudio)* s. estúdio, gabinete ou sala de belas-artes. / 2ª. s. estudo, ato de estudar.

estufa.- *(estufa)* s. estufa, fogão, braseiro, aquecedor.

estupefacto.- *(estupefakto)* adj. estupefacto, espantado, assombrado.

estupendo.- *(estupendo)* adj. estupendo, admirável, extraordinário.

estupidez.- *(estupidez)* s. estupidez.

estúpido.- *(estupido)* adj. estúpido, falto de inteligência, bruto.

estupor.- *(estupor)* s. estupor.

estuprar.- *(estuprar)* v. estuprar, deflorar, violentar.

etapa.- *(etapa)* s. etapa, período.

éter.- *(eter)* s. éter.

eternizar.- *(eternizar)* v. eternizar, prolongar, perpetuar, imortalizar.

eterno.- *(eterno)* adj. eterno, indestrutível, infinito, interminável.

ético.- *(etiko)* adj. ético, moral.

etimología.- *(etimolojia)* s. etimologia.

etíope.- *(etiope)* adj. etíope.

etiqueta.- *(etiketa)* s. etiqueta, rótulo, marca, formalidade, cerimonial.

etnia.- *(etnia)* s. etnia, raça, nação.

eucalipto.- *(eukalipto)* s. eucalipto.

eucaristia.- *(eukaristia)* s. eucaristia.

eufemismo.- *(eufemismo)* s. eufemismo.

eufonía.- *(eufonia)* s. eufonia.

euforia.- *(euforia)* s. euforia, bem-estar, alegria, optimismo.

eunuco.- *(eunuko)* adj. castrado. / s. eunuco.

europeo.- *(europeo)* adj. europeu.

eutanasia.- *(eutanasia)* s. eutanásia.

evacuación.- *(ebakuazion)* s. evacuação, saída, retirada, ejecção, excreção.

evacuar.- *(ebakuar)* v. evacuar, abandonar, despejar, esvaziar, defecar, excretar.

evadir.- *(ebadir)* v. evadir, escapar, fugir.

evaluar.- *(ebaluar)* v. avaliar, valorizar, medir, estimar.

evangelio.- *(ebanjelio)* s. evangelho.

evangelista.- *(ebanjelista)* s. evangelista, catequista.

evaporar.- *(ebaporar)* v. evaporar, dissipar, desvanecer.

evasión.- *(ebasion)* s. evasão, fuga.

evasivo.- *(ebasibo)* adj. evasivo, vago, ambíguo.

evasor.- *(ebasor)* adj. evasor, fugitivo.

evento.- *(ebento)* s. evento, acontecimento, imprevisto, fato, episódio.

eventual.- *(ebentual)* adj. eventual, casual, ocasional.

evidencia.- *(ebidenzia)* s. evidência, certeza, clareza.

evidente.- *(ebidente)* adj. evidente, claro, indiscutível.

evitar.- *(ebitar)* v. evitar, impedir.

evocar.- *(ebokar)* v. evocar, chamar, lembrar, recordar.

evolucionar.- *(eboluzionar)* v. evolucionar, evoluir, avançar.

exacerbar.- *(eksazerbar)* v. exacerbar, agravar, irritar.

exactitud.- *(eksaktitud)* s. exactidão, perfeição, pontualidade.

exacto.- *(eksakto)* adj. exacto, perfeito, correcto, pontual, rigoroso.

exagerado.- *(eksajerado)* adj. exagerado, excessivo, fabuloso, descomunal.

exagerar.- *(eksajerar)* v. exagerar, ampliar, agravar, exorbitar.

exaltado.- *(eksaltado)* adj. exaltado, frenético, desvairado.

exaltar.- *(eksaltar)* v. exaltar, engrandecer, elevar, realçar.

examen.- *(eksamen)* s. exame, análise, revista, controle.

examinar.- *(eksaminar)* v. examinar, interrogar, sondar, observar, inquirir, investigar.

exangüe.- *(eksangue)* adj. exangue, débil, pálido, exausto, esvaído.

exánime.- *(eksanime)* adj. exânime, desfalecido, desmaiado.

exasperar.- *(eksasperar)* v. exasperar, irritar, exacerbar.

excavación.- *(ekskabazion)* s. escavação.

excavar.- *(ekskabar)* v. escavar, cavar.

excedencia.- *(ekszedenzia)* s. excedência, excesso, sobra.

exceder.- *(ekszeder)* v. exceder, ultrapassar.

excelencia.- *(ekszelenzia)* s. excelência, primazia.

excelente.- *(ekszelente)* adj. excelente, magnífico, muito bom.

excelso.- *(ekszelso)* adj. excelso, eminente, sublime.

excéntrico.- *(ekszentriko)* adj. excêntrico, extravagante, original, esquisito.

excepción.- *(ekszepzion)* s. excepção, privilégio, desvio.

excepcional.- *(ekszepzional)* adj. excepcional, extraordinário, excêntrico.

excepto.- *(ekszepto)* adv. excepto, com de, menos, fora, salvo.

excesivo.- *(ekszesibo)* adj. excessivo, demasiado, desmedido.

exceso.- *(ekszeso)* s. excesso, o que sai dos limites.

excipiente.- *(ekszipiente)* s. excipiente.

excitable.- *(ekszitable)* adj. excitável.

excitación.- *(ekszitazion)* s. excitação, exaltação, agitação, alvoroço.

excitar.- *(ekszitar)* v. excitar, mover, estimular, activar, irritar, animar.

exclamación.- *(eksklamazion)* s. exclamação, brado de prazer, raiva ou ódio.

exclamar.- *(eksklamar)* v. exclamar, gritar, bradar.

excluir.- *(ekskluir)* v. excluir, pôr fora, não admitir, eliminar, omitir.

exclusive.- *(eksklusibe)* adv. exclusive, exclusivamente.

exclusividad.- *(eksklusibidad)* s. exclusividade.

exclusivo.- *(eksklusibo)* adj. exclusivo, privativo, restrito, único, só.

excomulgar.- *(ekskomulgar)* v. excomungar, expulsar da igreja, exorcizar.

excrecencia.- *(ekskrezenzia)* s. excrescência, saliência anormal.

excreción.- *(ekskrezion)* s. excreção, eliminação.

excremento.- *(ekskremento)* s. excremento, fezes.

excretar.- *(ekskretar)* v. excretar, evacuar, dejectar, expelir.

exculpación.- *(ekskulpazion)* s. desculpa, escusa.

exculpar.- *(ekskulpar)* v. desculpar, escusar.

excursión.- *(ekskursion)* s. excursão, passeio.

excusa.- *(ekskusa)* s. escusa, desculpa, pretexto.

excusable.- *(ekskusable)* adj. desculpável.

excusar.- *(ekskusar)* v. escusar, desculpar, evitar, eximir-se.

execrable.- *(eksekrable)* adj. execrável, detestável, odioso, abominável.

exención.- *(eksenzion)* s. isenção, franquia.

exento.- *(eksento)* adj. isento, livre, imune, desobrigado.

exequias.- *(eksekias)* s. exéquias, honras fúnebres.

exhalación.- *(eksalazion)* s. exalação, cheiro, odor.

exhalar.- *(eksalar)* v. exalar, expelir, emanar, evaporar-se.

exhaustivo.- *(eksaustibo)* adj. exaustivo, cansativo.

exhausto.- *(eksausto)* adj. exausto, cansado, esgotado.

exhibir.- *(eksibir)* v. exibir, mostrar, apresentar, expor.

exhortación.- *(eksortazion)* s. exortação, advertência, admoestação.

exhortar.- *(eksortar)* v. exortar, persuadir, induzir.

exhumación.- *(eksumazion)* s. exumação.

exhumar.- *(eksumar)* v. exumar, desenterrar.

exigencia.- *(eksijenzia)* s. exigência.

exigente.- *(eksijente)* adj. exigente, rigoroso.

exigir.- *(eksijir)* v. exigir, reclamar.

exiguo.- *(eksiguo)* adj. exíguo, escasso, insuficiente.

exilado.- *(eksilado)* adj. exilado, banido, expulso, desterrado.

exilio.- *(eksilio)* s. exílio, desterro.

eximio.- *(eksimio)* adj. exímio, insigne, eminente, ilustre, excelente.

eximir.- *(eksimir)* v. eximir, isentar, franquear, escusar.

existencia.- *(eksistenzia)* s. existência, fato de existir.

existencias.- *(eksistenzias)* s. existências, mercadorias, géneros armazenados, estoque.

existir.- *(eksistir)* v. existir, viver, ter vida.

éxito.- *(eksito)* s. êxito, sucesso final, acabamento, resultado feliz.

éxodo.- *(eksodo)* s. êxodo, saída, emigração dum povo.

exoneración.- *(eksonerazion)* s. exoneração, demissão, dispensa, saída.

exonerar.- *(eksonerar)* v. exonerar, demitir, dispensar.

exorbitante.- *(eksorbitante)* adj. exorbitante, excessivo, astronómico.

exorcismo.- *(eksorzismo)* s. exorcismo.

exotérico.- *(eksoteriko)* adj. esotérico.

exótico.- *(eksotiko)* adj. exótico, estranho, diferente.

expandir.- *(ekspandir)* v. expandir, dilatar, espalhar, divulgar.

expansión.- *(ekspansion)* s. expansão.

expansionarse.- *(ekspansionarse)* v. expandir-se, desabafar.

expansivo.- *(ekspansibo)* adj. expansivo, comunicativo, extrovertido.

expatriar.- *(ekspatriar)* v. expatriar, desterrar, exilar, emigrar.

expectativa.- *(ekspektatiba)* s. expectativa.

expectorar.- *(ekspektorar)* v. expectorar, escarrar.

expediente.- *(ekspediente)* s. expediente, despacho, iniciativa.

expedir.- *(ekspedir)* v. expedir, enviar, despachar.

expeler.- *(ekspeler)* v. expelir, expulsar.

expender.- *(ekspender)* v. vender a varejo, gastar.

expendio.- *(ekspendio)* s. venda a varejo.

expensas.- *(ekspensas)* s. expensas, gastos.

experiencia.- *(eksperienzia)* s. experiência, prática, conhecimento.

experimento.- *(eksperimento)* s. experimento, ensaio, pesquisa.

experto.- *(eksperto)* adj. experimentado, perito.

expiar.- *(ekspiar)* v. expiar, reparar, remir.

expiración.- *(ekspirazion)* s. expiração.

expirar.- *(ekspirar)* v. expirar, morrer.

explanada.- *(eksplanada)* s. esplanada.

explayar.- *(eksplayar)* v. espraiar, estender.

explicación.- *(eksplikazion)* s. explicação, esclarecimento.

explicar.- *(eksplikar)* v. explicar, esclarecer.

explícito.- *(eksplizito)* adj. explícito, evidente, claro, expresso.

exploración.- *(eksplorazion)* s. exploração, pesquisa, investigação.

explorar.- *(eksplorar)* v. explorar, investigar, registrar.

explosión.- *(eksplosion)* s. explosão, detonação, eclosão.

expoliar.- *(ekspoliar)* v. espoliar, depredar, expropriar.

exponer.- *(eksponer)* v. expor, explicar, narrar, exibir.
exportar.- *(eksportar)* v. exportar.
exposición.- *(eksposizion)* s. exposição.
expresar.- *(ekspresar)* v. expressar, exprimir, manifestar.
expresión.- *(ekspresion)* s. expressão, fisionomia, gesto.
exprimir.- *(eksprimir)* v. espremer, extrair sumo ou liquido, apertar. / 2ª. v. exprimir, expressar, manifestar.
expropiar.- *(ekspropiar)* v. expropriar, desapropriar.
expuesto.- *(ekspuesto)* adj. exposto, descoberto, perigoso.
expulsar.- *(ekspulsar)* v. expulsar, banir, expelir.
expulsión.- *(ekspulsion)* s. expulsão.
expurgar.- *(ekspurgar)* v. expurgar, purificar, limpar.
exquisito.- *(ekskisito)* adj. delicado, excelente, delicioso, muito agradável.
extasiarse.- *(ekstasiarse)* v. extasiar-se.
extender.- *(ekstender)* v. estender, dilatar, esticar, aumentar.
extensión.- *(ekstension)* s. extensão, ampliação, aumento, alcance.
extenuar.- *(ekstenuar)* v. extenuar, debilitar, enfraquecer.
exterior.- *(eksterior)* adj. exterior, externo, aparente, aparência.
exteriorizar.- *(eksteriorizar)* v. exteriorizar, expor, manifestar.
exterminar.- *(eksterminar)* v. exterminar, eliminar, destruir, arruinar.
exterminio.- *(eksterminio)* s. extermínio, destruição, eliminação.
externar.- *(eksternar)* v. externar, manifestar.
externo.- *(eksterno)* adj. externo.
extinción.- *(ekstinzion)* s. extinção, extermínio.
extinguir.- *(ekstingir)* v. extinguir, acabar, consumir, liquidar, morrer, desaparecer.
extirpar.- *(ekstirpar)* v. extirpar, arrancar, extrair, destruir.
extorsionar.- *(ekstorsionar)* v. extorquir, usurpar, chantagear.
extracción.- *(ekstrakzion)* s. extracção, origem, linhagem.
extracto.- *(ekstrakto)* s. extracto, resumo.
extraer.- *(ekstraer)* v. extrair, extractar.
extralimitarse.- *(ekstralimitarse)* v. exceder-se, exagerar.
extranjero.- *(ekstranjero)* adj. estrangeiro.
extrañar.- *(ekstrañar)* v. estranhar, exilar, desterrar. / ter saudades.
extraño.- *(ekstraño)* adj. estranho, diferente, esquisito.
extraordinario.- *(ekstraordinario)* adj. extraordinário, inacreditável, fantástico.
extraterrestre.- *(ekstraterrestre)* adj. extraterrestre.
extravagante.- *(ekstrabagante)* adj. extravagante, singular, raro, extraordinário, esquisito.
extravasarse.- *(ekstrabasarse)* v. extravasar, transbordar.
extraviado.- *(ekstrabiado)* adj. extraviado, perdido.
extraviar.- *(ekstrabiar)* v. extraviar, desencaminhar, perverter-se.
extremar.- *(ekstremar)* v. extremar, esmerar-se.
extremidad.- *(ekstremidad)* s. extremidade, extremo, limite.
extremo.- *(ekstremo)* adj. extremo, último, excessivo.
exuberancia.- *(eksuberanzia)* s. exuberância, abundância, fartura, vigor.
eyaculación.- *(eyaculazion)* s. ejaculação.
eyacular.- *(eyacular)* v. ejacular, expelir.

F

f.- *(f)* s. sexta letra do alfabeto espanhol.
fa.- *(fa)* s. fá, quarta nota da escala musical.
fabada.- *(fabada)* s. guisado com feijão e carne de porco.
fábrica.- *(fabrika)* s. fábrica, edifício.
fabricación.- *(fabrikazion)* s. fabricação.
fabricar.- *(fabrikar)* v. fabricar, produzir, construir, manufacturar.
fábula.- *(fabula)* s. fábula, ficção, boato, rumor, mexerico, mentira, murmuração.
fabuloso.- *(fabuloso)* adj. fabuloso, falso, incrível, excessivo.
faca.- *(faka)* s. facão, punhal.
facción.- *(fakzion)* s. facção, bando, partido, feição.
faceta.- *(fazeta)* s. faceta, face, superfície.
facha.- *(facha)* s. aspecto, mau aspecto.
fachada.- *(fachada)* s. fachada, frontaria.
fachoso.- *(fachoso)* adj. de figura ridícula.
facial.- *(fazial)* adj. facial, pertencente ao rosto.
fácil.- *(fazil)* adj. fácil, simples, dócil, manejável.
facilidad.- *(fazilidad)* s. facilidade, ligeireza.
facilitar.- *(fazilitar)* v. facilitar, auxiliar, entregar, favorecer, fornecer.
facineroso.- *(fazineroso)* adj. facinoroso, delinquente habitual, malvado.
factor.- *(faktor)* s. factor, feitor, administrador.
factoría.- *(faktoria)* s. feitoria, oficina.
factura.- *(faktura)* s. factura, nota fiscal, relação de mercadorias.
facultad.- *(fakultad)* s. faculdade, capacidade, aptidão.- escola superior.
facultar.- *(fakultar)* v. facultar, facilitar, permitir, conceder.
facultativo.- *(fakultativo)* adj. facultativo, que se pode fazer ou não.
fada.- *(fada)* s. fada, maga, feiticeira.
fado.- *(fado)* s. fado, canção popular Portuguesa.
faena.- *(faena)* s. faina, tarefa, lide, trabalho corporal.
faisán.- *(faisan)* s. faisão.
faja.- *(faja)* s. faixa, cinta, tira.
fajo.- *(fajo)* s. feixe, molho.
falacia.- *(falazia)* s. falácia, engano, mentira.
falange.- *(falanje)* s. falange.
falda.- *(falda)* s. saia, fralda, sopé da montanha.
fallar.- *(fallar)* v. falhar, faltar.
fallecer.- *(fallezer)* v. falecer, acabar, morrer.
fallido.- *(fallido)* adj. falido, fracassado, frustrado.
fallo.- *(fallo)* s. falha.
falo.- *(falo)* s. falo, pénis.
falsear.- *(falsear)* v. falsear, falsificar, deturpar, adulterar.
falsedad.- *(falsedad)* s. falsidade, deslealdade, engano, mentira.
falso.- *(falso)* adj. falso, fingido, dissimulado, adulterado, artificial.
falta.- *(falta)* s. falta, ausência. / defeito, culpa leve.
faltar.- *(faltar)* v. faltar, falhar, acabar, ofender.
fama.- *(fama)* s. fama, reputação, notoriedade.
famélico.- *(fameliko)* adj. famélico, faminto, esfomeado.
familia.- *(familia)* s. família, parentes, prole.
familiar.- *(familiar)* adj. familiar, habitual, comum, íntimo.
familiarizar.- *(familiarizar)* v. familiarizar, habituar.
famoso.- *(famoso)* adj. famoso, célebre, notável.
fan.- *(fan)* s. fã, admirador.
fanático.- *(fanatiko)* adj. fanático, entusiasta, apaixo-nado.
fanfarronear.- *(fanfarronear)* v. fanfarronar, contar vantagem.
fango.- *(fango)* s. lodo, lama, barro.
fantasear.- *(fantasear)* v. fantasiar, inventar, delirar, devanear.
fantasía.- *(fantasia)* s. fantasia, imaginação, capricho.
fantasma.- *(fantasma)* s. fantasma, visão, assombração.
fantoche.- *(fantoche)* s. fantoche, títere.
faraón.- *(faraon)* s. faraó.
fardel.- *(fardel)* s. saco de provisões.
fardo.- *(fardo)* s. fardo, pacote, embrulho, trouxa.
faringe.- *(farinje)* s. faringe.
fariseo.- *(fariseo)* adj. fariseu.
farmacia.- *(farmazia)* s. farmácia, drogaria.
faro.- *(faro)* s. farol.
farol.- *(farol)* s. farol, lanterna, lampião.
farola.- *(farola)* s. lanterna grande.
farsa.- *(farsa)* s. farsa, burla, trapaça.
fascículo.- *(faszikulo)* s. fascículo, caderno, folheto.
fascinar.- *(faszinar)* v. fascinar, encantar, atrair, seduzir.
fascismo.- *(fascismo)* s. fascismo, fascio.
fascista.- *(fascista)* adj. fascista.
fase.- *(fase)* s. fase, ciclo, etapa, mudança.
fastidiar.- *(fastidiar)* v. fastidiar, aborrecer, chatear.
fastidio.- *(fastidio)* s. fastio, tédio, repugnância.
fatal.- *(fatal)* adj. fatal, trágico, inevitável.
fatiga.- *(fatiga)* s. fadiga, cansaço, debilidade.

fatigar.- *(fatigar)* v. fatigar, cansar, incomodar.
fatuo.- *(fatuo)* adj. fátuo, fantasioso, vão.
fauna.- *(fauna)* s. fauna.
favor.- *(fabor)* s. favor, ajuda, socorro, protecção.
favorecer.- *(faborezer)* v. favorecer, ajudar, auxiliar.
faz.- *(faz)* s. face, rosto, cara, lado, parte exterior, aspecto.
fe.- *(fe)* s. fé, confiança, certeza.
fealdad.- *(fealdad)* s. fealdade, feiúra.
febrero.- *(febrero)* s. fevereiro.
fecha.- *(fecha)* s. data, dia.
fechar.- *(fechar)* v. datar.
fécula.- *(fekula)* s. fécula.
fecundar.- *(fekundar)* v. fecundar, gerar, fertilizar.
fecundizar.- *(fekundizar)* v. fecundar, fertilizar.
federación.- *(federazion)* s. federação.
felicidad.- *(felizidad)* s. felicidade, satisfação, contentamento, alegria.
felicitar.- *(felizitar)* v. felicitar, cumprimentar, saudar.
feliz.- *(feliz)* adj. feliz, satisfeito, contente.
femenino.- *(femenino)* adj. feminino.
feminismo.- *(feminismo)* s. feminismo.
fémur.- *(femur)* s. fémur.
fenecer.- *(fenezer)* v. fenecer, concluir, falecer, morrer.
fenomenal.- *(fenomenal)* adj. formidável, fenomenal.
fenómeno.- *(fenomeno)* s. fenómeno, sucesso extraordinário.
feo.- *(feo)* adj. feio, desagradável.
féretro.- *(feretro)* s. féretro, ataúde, caixão.
feria.- *(feria)* s. folga, féria, mercado.
fermentar.- *(fermentar)* v. fermentar, azedar.
ferocidad.- *(ferozidad)* s. ferocidade, crueldade.
férreo.- *(ferreo)* adj. férreo, tenaz, duro, inflexível.
ferrocarril.- *(ferrokarril)* s. ferrovia, estrada-de-ferro.
fertilizante.- *(fertilizante)* adj. fertilizante, adubo.
fertilizar.- *(fertilizar)* v. fertilizar, adubar, fecundar.
fervor.- *(ferbor)* adj. fervor, ardor, ebulição, fervura, dedicação.
festejar.- *(festejar)* v. festejar, homenagear.
festejo.- *(festejo)* v. festejo.
festín.- *(festin)* s. festim.
festival.- *(festibal)* s. festival.
festividad.- *(festibidad)* s. festividade, festa, solenidade.
festón.- *(festón)* s. festão, grinalda.
fetidez.- *(fetidez)* s. fetidez, mau cheiro, empestamento, fedor.
feto.- *(feto)* s. feto, embrião.
feudal.- *(feudal)* adj. feudal, medieval.
feudalismo.- *(feudalismo)* s. feudalismo.
fiambre.- *(fiambre)* s. fiambre, frios.
fianza.- *(fianza)* s. fiança, abono, penhor, garantia.
fiar.- *(fiar)* v. fiar, afiançar, abonar, confiar.
fibra.- *(fibra)* s. fibra, filamento.
ficción.- *(fikzion)* s. ficção, fábula, simulação, invenção.
ficha.- *(ficha)* s. ficha.
fidedigno.- *(fidedijno)* adj. fidedigno, confiável.
fidelidad.- *(fidelidad)* s. fidelidade, lealdade, firmeza.
fiebre.- *(fiebre)* s. febre.
fiel.- *(fiel)* adj. fiel, leal, seguro.
fiera.- *(fiera)* s. fera, bicho, animal selvagem.
fiero.- *(fiero)* adj. feroz, terrível, violento.
fiesta.- *(fiesta)* s. festa, comemoração.
figura.- *(figura)* s. figura, cara, rosto, estátua, aparência.
figurar.- *(figurar)* v. figurar, fingir, aparentar, simbo-lizar.
fijeza.- *(fijeza)* s. fixidez, segurança.
fijo.- *(fijo)* adj. fixo, firme, pregado.
fila.- *(fila)* s. fila, fileira, ordem.
filamento.- *(filamento)* s. filamento, fio, fibra.
filantropía.- *(filantropia)* s. filantropia, beneficência.
filatelia.- *(filatelia)* s. filatelia.
filete.- *(filete)* s. filé de carne ou peixe.
filiación.- *(filiazion)* s. filiação, descendência.
filigrana.- *(filigrana)* v. filigrana.
film.- *(film)* s. filme, película cinematográfica.
filo.- *(filo)* s. fio, corte, gume.
filología.- *(filolojia)* s. filologia.
filón.- *(filon)* s. filão, veio, fonte.
filosofía.- *(filosofia)* s. filosofia.
filtrar.- *(filtrar)* v. filtrar, coar.
filtro.- *(filtro)* s. filtro, coador, beberagem.
fimosis.- *(fimosis)* s. fimose.
fin.- *(fin)* s. fim, conclusão, limite.
finado.- *(finado)* adj. finado, defunto, morto.
final.- *(final)* s. final, fim, desfecho. / adj. definitivo, último.
finalidad.- *(finalidad)* s. finalidade.
finalizar.- *(finalizar)* v. finalizar, concluir, terminar, acabar.
financiar.- *(finanziar)* v. financiar.
financiero.- *(finanziero)* adj. financeiro.
finanzas.- *(finanzas)* s. finanças.
finca.- *(finka)* s. propriedade imóvel, rústica ou urbana, prédio.
fingir.- *(finjir)* v. fingir, simular, mentir, falsear.
finlandés.- *(finlandes)* adj. finlandês.
fino.- *(fino)* adj. fino, delicado, elegante, delgado. / hábil.
finura.- *(finura)* s. finura, cortesia, delicadeza.
firma.- *(firma)* s. firma, assinatura, empresa comercial.
firmamento.- *(firmamento)* s. firmamento, céu.

firmar.- *(firmar)* v. firmar, assinar.
firme.- *(firme)* adj. firme, estável, constante, seguro.
fiscal.- *(fiskal)* adj. fiscal, interventor eleitoral.
fiscalizar.- *(fiskalizar)* v. fiscalizar, vigiar, controlar.
fisiología.- *(fisiolojia)* s. fisiologia.
fisioterapeuta.- *(fisioterapeuta)* s. fisioterapeuta.
fisonomía.- *(fisonomia)* s. fisionomia, aspecto, aparência.
fístula.- *(fistula)* s. fístula, úlcera.
fisura.- *(fisura)* s. fissura, fenda, greta, ulceração.
flácido.- *(flazido)* adj. flácido, brando, fraco, débil, mole.
flaco.- *(flako)* adj. fraco, débil, frouxo, magro.
flagelar.- *(flajelar)* v. flagelar, castigar.
flagelo.- *(flajelo)* s. flagelo, castigo, chicote. / calamidade.
flamante.- *(flamante)* adj. flamejante, reluzente, resplandecente, novo.
flamear.- *(flamear)* v. flamejar, brilhar, reluzir.
flan.- *(flan)* s. flã, pudim feito com ovos, leite e açúcar.
flanco.- *(flanko)* s. flanco, costado.
flaquear.- *(flakear)* v. fraquejar, enfraquecer, decair.
flaqueza.- *(flakeza)* s. fraqueza, debilidade, fragilidade.
flauta.- *(flauta)* s. flauta.
flebitis.- *(flebitis)* s. flebite.
flecha.- *(flecha)* s. flecha, seta.
fleco.- *(fleko)* s. franja.
flema.- *(flema)* s. escarro. / 2ª. s. fleuma, serenidade, lentidão, pachorra.
flequillo.- *(flekillo)* s. franja de cabelo sobre a fronte.
fletar.- *(fletar)* v. fretar, alugar um veículo ou embarcação.
flexibilidad.- *(fleksibilidad)* s. flexibilidade, elasticidade, maleabilidade.
flexible.- *(fleksible)* adj. flexível, elástico, maleável.
flojear.- *(flojear)* v. afrouxar, fraquejar.
flojo.- *(flojo)* adj. frouxo, mole, fraco, débil, indolente.
flor.- *(flor)* s. flor.
flora.- *(flora)* s. flora.
floración.- *(florazion)* s. floração.
florecer.- *(florezer)* v. florescer, deitar flor.
floresta.- *(floresta)* s. floresta, mata.
flota.- *(flota)* s. frota, esquadra de navios.
flotar.- *(flotar)* v. flutuar, boiar.
fluctuar.- *(fluktuar)* v. flutuar, oscilar, ondular, duvidar, hesitar.
fluir.- *(fluir)* v. fluir, derivar, brotar.
flujo.- *(flujo)* s. fluxo, influxo, corrente, corrimento, preamar.
fluvial.- *(flubial)* adj. fluvial.
fobia.- *(fobia)* s. fobia.
foca.- *(foka)* s. foca.
foco.- *(foko)* s. foco, centro, ponto de irradiação.
fofo.- *(fofo)* adj. fofo, macio, brando.
fogón.- *(fogon)* s. fogão, lareira, fornalha.
fogoso.- *(fogoso)* adj. fogoso, ardente, impetuoso.
folio.- *(folio)* s. fólio, folha de livro ou caderno.
folklore.- *(folklore)* s. folclore.
folleto.- *(folleto)* s. folheto, impresso.
follón.- *(follon)* s. confusão.
follón.- *(follon)* adj. frouxo, mole, preguiçoso.
fomentar.- *(fomentar)* v. fomentar, promover.
fonda.- *(fonda)* s. hospedaria, estalagem, taberna.
fondo.- *(fondo)* s. fundo, profundidade.
fonética.- *(fonetika)* s. fonética.
fontanería.- *(fontaneria)* s. encanamento, canalização.
fontanero.- *(fontanero)* s. encanador.
foragido.- *(forajido)* s. foragido, fugitivo.
forastero.- *(forastero)* adj. forasteiro, estranho.
forcejar.- *(forzejar)* v. forcejar, resistir, contradizer tenazmente.
forestal.- *(forestal)* adj. florestal.
forjar.- *(forjar)* v. forjar, fabricar.
forma.- *(forma)* s. forma, figura, feitio, aparência, molde.
formación.- *(formazion)* s. formação, composição.
formalidad.- *(formalidad)* adj. formalidade, seriedade, compostura.
formalizar.- *(formalizar)* v. formalizar, concretizar, legitimar, legalizar.
formar.- *(formar)* v. formar, construir, ordenar, criar, educar.
formato.- *(formato)* s. formato, feito.
formidable.- *(formidable)* adj. formidável, tremendo, temível, descomunal.
fórmula.- *(formula)* s. fórmula, regra, modelo, receita.
foro.- *(foro)* s. foro, fórum.
forraje.- *(forraje)* s. forragem, pasto.
forrar.- *(forrar)* v. forrar, cobrir.
forro.- *(forro)* s. forro, abrigo, resguardo, revestimento.
fortalecer.- *(fortalezer)* v. fortalecer, robustecer, tonificar.
fortaleza.- *(fortaleza)* s. fortaleza.
fortificar.- *(fortifikar)* v. fortificar, fortalecer.
fortuito.- *(fortuito)* adj. fortuito, casual.
fortuna.- *(fortuna)* s. fortuna, sorte, destino.
forzar.- *(forzar)* v. forçar, violentar, violar, obrigar, constranger.
forzudo.- *(forzudo)* adj. robusto, forte, vigoroso, forçudo.
fosa.- *(fosa)* s. fossa, cova, cavidade.

fósforo.- *(fosforo)* s. fósforo, palito ou pavio.
fósil.- *(fosil)* adj. fóssil.
foso.- *(foso)* s. fosso, escavação, vala, cova, alçapão.
fotografía.- *(fotografia)* s. fotografia, foto.
fotografiar.- *(fotografiar)* v. fotografar, retratar.
fracasar.- *(frakasar)* v. fracassar, falhar, malograr.
fracaso.- *(frakaso)* s. fracasso, frustração, infortúnio.
fracción.- *(frakzion)* s. fracção, parte, porção.
fraccionar.- *(frakzionar)* v. fraccionar, dividir, fragmentar, repartir.
fractura.- *(fraktura)* s. fractura, quebra, ruptura.
fragancia.- *(fraganzia)* v. fragrância, aroma suave, perfume.
fragante.- *(fragante)* adj. fragrante, perfumado, cheiroso.
frágil.- *(frajil)* adj. frágil, delicado, quebradiço.
fragilidad.- *(frajilidad)* s. fragilidade, delicadeza.
fragmento.- *(frajmento)* s. fragmento, parte, porção.
fragor.- *(fragor)* s. fragor, estrondo, estrépito.
fraile.- *(fraile)* s. frade.
frambuesa.- *(frambuesa)* s. framboesa.
francés.- *(franzes)* adj. francês.
franciscano.- *(franziskano)* adj. franciscano, pertencente a ordem de S. Francisco.
franco.- *(franko)* adj. franco, dadivoso, desembaraçado.
franela.- *(franela)* s. flanela.
franja.- *(franja)* s. franja, galão.
franquear.- *(frankear)* v. franquear, libertar, livrar, desimpedir.
franqueo.- *(frankeo)* s. franquia, alforria.
franqueza.- *(frankeza)* s. franqueza, privilégio, sinceridade.
frasco.- *(frasko)* s. frasco, recipiente, vaso.
frase.- *(frase)* s. frase.
fraternidad.- *(fraternidad)* s. fraternidade, irmandade, harmonia.
fraternizar.- *(fraternizar)* v. fraternizar.
fratricida.- *(fratrizida)* adj. fratricida.
fraude.- *(fraude)* s. fraude, engano.
freático.- *(freatiko)* adj. freático.
frecuencia.- *(frekuenzia)* s. frequência.
frecuentar.- *(frekuentar)* v. frequentar, repetir, conviver, conversar.
frecuente.- *(frekuente)* adj. frequente, repetido, assíduo, usual, comum.
fregar.- *(fregar)* v. esfregar, friccionar, limpar.
freír.- *(freir)* v. fritar, frigir.
frenar.- *(frenar)* v. frear, parar.
frenesí.- *(frenesi)* s. frenesi, exaltação.
freno.- *(freno)* s. freio.
frente.- *(frente)* s. fronte, testa, rosto, semblante. / adv. em frente, de frente.
fresa.- *(fresa)* s. morango.
fresco.- *(fresko)* adj. fresco, arejado, viçoso, robusto, desavergonhado. / s. frio moderado.
frescura.- *(freskura)* s. frescura, frescor, amenidade, descuido, negligência.
frialdad.- *(frialdad)* s. frieza, frigidez.
frígido.- *(frijido)* adj. frígido, frio.
frigorífico.- *(frigorifiko)* s. frigorífico.
frijol.- *(frijol)* s. feijão.
frío.- *(frio)* s. frio, frialdade. / adj. frio, gélido, frígido.
frisar.- *(frisar)* v. frisar, esfregar, calhar.
friso.- *(friso)* s. friso, faixa, filete, barra.
fritada.- *(fritada)* s. fritada, conjunto de coisas fritas.
fritar.- *(fritar)* v. fritar, frigir.
frito.- *(frito)* s. fritada. / adj. frito.
frívolo.- *(fribolo)* adj. frívolo, fútil, superficial.
frondosidad.- *(frondosidad)* s. frondosidade.
frondoso.- *(frondoso)* adj. frondoso.
frontal.- *(frontal)* adj. frontal.
frontera.- *(frontera)* s. fronteira.
frotar.- *(frotar)* v. esfregar, friccionar.
fructificar.- *(fruktifikar)* v. frutificar.
frugal.- *(frugal)* adj. frugal, moderado, sóbrio, modesto, comedido.
fruncir.- *(frunzir)* v. franzir, enrugar, preguear.
fruta.- *(fruta)* s. fruta, fruto.
fruto.- *(fruto)* s. fruto, fruta.
fuego.- *(fuego)* s. fogo, lume, labareda.
fuelle.- *(fuelle)* s. fole.
fuente.- *(fuente)* s. fonte, manancial, chafariz.- trave-ssa para servir comida.
fuera.- *(fuera)* adv. fora, além de, exteriormente.
fuerte.- *(fuerte)* adj. forte, resistente, enérgico, violento.
fuerza.- *(fuerza)* s. força, resistência, energia, vigor, solidez.
fuga.- *(fuga)* s. fuga, escape, saída.
fugarse.- *(fugarse)* v. fugir, escapar-se.
fulano.- *(fulano)* s. fulano, uma pessoa qualquer.
fulgor.- *(fulgor)* s. fulgor, esplendor, brilho.
fulminar.- *(fulminar)* v. fulminar, bombardear, aniquilar.
fumar.- *(fumar)* v. fumar.
función.- *(funzion)* s. função, exercício, cargo, solenidade, espectáculo.
funcionar.- *(funzionar)* v. funcionar, trabalhar, estar em exercício, estar aberto.
funcionario.- *(funzionario)* s. funcionário, empregado público.
funda.- *(funda)* s. capa, coberta, estojo, invólucro, bolsa.
fundamental.- *(fundamental)* adj. fundamental, principal, essencial.

fundamento.- *(fundamento)* s. fundamento, princípio, base, causa, motivo.

fundar.- *(fundar)* v. fundar, edificar, erigir, inaugurar.

fundición.- *(fundizion)* s. fundição.

fundir.- *(fundir)* v. fundir, derreter, desfazer, arruinar.

fúnebre.- *(funebre)* adj. fúnebre, triste.

funeral.- *(funeral)* s. funeral, velório.

funesto.- *(funesto)* adj. funesto, aziago, infausto, fatal, desastroso, triste.

furgón.- *(furgon)* s. furgão.

furia.- *(furia)* s. fúria, ira, cólera.

furor.- *(furor)* s. furor, fúria, cólera, ira.

furtivo.- *(furtibo)* adj. furtivo, clandestino, oculto.

fusil.- *(fusil)* s. fuzil, espingarda.

fusión.- *(fusion)* s. fusão, fundição, liga, mistura.

fustigar.- *(fustigar)* v. fustigar, açoitar.

fútbol.- *(futbol)* s. futebol.

futilidad.- *(futilidad)* s. futilidade, leviandade, vaidade.

futuro.- *(futuro)* s. futuro, porvir. / adj. vindouro, próximo.

G

g.- *(g)* s. sétima letra do alfabeto espanhol.
gabán.- *(gaban)* s. gabão, capote, sobretudo, abrigo.
gabardina.- *(gabardina)* s. gabardina, sobretudo, capa de chuva.
gabinete.- *(gabinete)* s. gabinete, camarim, escritório, consultório, ministério.
gacela.- *(gazela)* s. gazela.
gaceta.- *(gazeta)* s. gazeta, jornal, periódico.
gafas.- *(gafas)* s. óculos.
gaita.- *(gaita)* s. gaita.
gajo.- *(gajo)* s. galho, ramo, chifre.
gala.- *(gala)* s. gala, festa, ornamento, graça, garbo, trajes e jóias de luxo.
galán.- *(galan)* s. galã, actor principal.
galante.- *(galante)* adj. galante, bonito, gentil.
galanteo.- *(galanteo)* s. galanteio, corte.
galápago.- *(galapago)* s. cágado, tartaruga.
galardón.- *(galardon)* s. galardão.
galardonar.- *(galardonar)* v. galardoar, premiar.
galaxia.- *(galaksia)* s. galáxia.
galería.- *(galeria)* s. galeria em edifício, mina, teatro, corredor.
galgo.- *(galgo)* s. galgo.
galicismo.- *(galizismo)* s. galicismo, francesismo.
gallardía.- *(gallardia)* s. galhardia, elegância, gentileza.
gallego.- *(gallego)* adj. galego.
galleta.- *(galleta)* s. biscoito, bolacha.
gallina.- *(gallina)* s. galinha.
gallinero.- *(gallinero)* s. galinheiro.
gallo.- *(gallo)* s. galo.
galo.- *(galo)* adj. gaulês.
galopar.- *(galopar)* v. galopar.
galope.- *(galope)* s. galope.
galvanizar.- *(galbanizar)* v. galvanizar.
gama.- *(gama)* s. gama, escala musical ou de cores.
gamberro.- *(gamberro)* adj. libertino, grosseiro, arruaceiro.
gameto.- *(gameto)* s. gameta.
gamo.- *(gamo)* s. gamo, veado.
gamuza.- *(gamuza)* s. camurça. / 2ª. s. baeta, pano.
gana.- *(gana)* s. gana, vontade, desejo, apetite.
ganadería.- *(ganaderia)* s. rebanho, gado.
ganado.- *(ganado)* s. gado.
ganancia.- *(gananzia)* s. ganância, ganho, lucro.
ganar.- *(ganar)* v. ganhar, conquistar, vencer, adquirir.
ganchillo.- *(ganchillo)* s. croché, agulha de croché.
gancho.- *(gancho)* s. gancho, engate.
gandul.- *(gandul)* adj. vagabundo, vadio.
ganga.- *(ganga)* s. ganga, escória.
gangrena.- *(gangrena)* s. gangrena.
gansada.- *(gansada)* s. asneira, besteira.
ganso.- *(ganso)* s. ganso.
ganzúa.- *(ganzua)* s. gazua.
gañir.- *(gañir)* v. ganir, grasnar das aves.
garabato.- *(garabato)* s. gancho de ferro, rabisco mal feito.
garaje.- *(garaje)* s. garagem, estacionamento.
garantía.- *(garantia)* s. garantia, penhor, fiança, aval.
garantizar.- *(garantizar)* v. garantir, assegurar, avalizar.
garbanzo.- *(garbanzo)* s. grão-de-bico.
garbo.- *(garbo)* s. garbo, graça, elegância.
garboso.- *(garboso)* adj. garboso, elegante.
garfio.- *(garfio)* s. gancho de ferro.
gargajo.- *(gargajo)* s. escarro.
garganta.- *(garganta)* s. garganta.- desfiladeiro.
gárgaras.- *(gargaras)* s. gargarejo.
gárgola.- *(gargola)* s. gárgula, cano.
garita.- *(garita)* s. guarita.
garito.- *(garito)* s. casa de jogo clandestino.
garra.- *(garra)* s. garra.
garrafa.- *(garrafa)* s. garrafão.
garrapata.- *(garrapata)* s. carrapato.
garrote.- *(garrote)* s. garrote.
gárrulo.- *(garrulo)* adj. falador, tagarela.
gas.- *(gas)* s. gás.
gasa.- *(gasa)* s. gaze.
gaseosa.- *(gaseosa)* s. gasosa, refrigerante.
gaseoso.- *(gaseoso)* adj. gasoso.
gasoil.- *(gasoil)* s. gasóleo.
gasolina.- *(gasolina)* s. gasolina.
gasolinera.- *(gasolinera)* s. posto de gasolina.
gasómetro.- *(gasometro)* s. gasómetro.
gastar.- *(gastar)* v. gastar, usar, consumir.
gasto.- *(gasto)* s. gasto, consumo, despesa.
gástrico.- *(gastriko)* s. gástrico.
gastritis.- *(gastritis)* s. gastrite.
gastronomía.- *(gastronomia)* s. gastronomia.
gata.- *(gata)* s. gata.
gatear.- *(gatear)* v. engatinhar, trepar, subir.
gatillo.- *(gatillo)* s. gatilho.
gato.- *(gato)* s. gato. / macaco para levantar carros.
gaucho.- *(gaucho)* s. gaúcho.
gaveta.- *(gabeta)* s. gaveta.

gavilán.- *(gabilan)* s. gavião.
gavilla.- *(gabilla)* s. feixe de cana e ervas.
gaviota.- *(gabiota)* s. gaivota.
gazpacho.- *(gazpacho)* s. gaspacho, sopa fria de tomate e outras hortaliças.
géiser.- *(jeiser)* s. géiser.
geisha.- *(jeisa)* s. gueixa.
gel.- *(jel)* s. gel.
gelatina.- *(jelatina)* s. gelatina.
gélido.- *(jelido)* adj. gelado, gélido, muito frio.
gema.- *(jema)* s. gema.
gemelo.- *(jemelo)* adj. gémeo.
gemelos.- *(jemelos)* s. binóculos. / abotoaduras.
gemido.- *(jemido)* s. gemido, lamentação.
géminis.- *(jeminis)* s. gémeos, signo do Zodíaco.
gemir.- *(jemir)* v. gemer, suspirar, lamentar.
gendarme.- *(jendarme)* s. gendarme, guarda, policial.
genealogía.- *(jenealojia)* s. genealogia, estirpe, linhagem.
generación.- *(jenerazion)* s. geração, sucessão.
general.- *(jeneral)* s. general. / adj. geral, comum, usual.
generalidad.- *(jeneralidad)* s. generalidade, maioria.
generalizar.- *(jeneralizar)* v. generalizar, difundir, divulgar, propagar.
generar.- *(jenerar)* v. gerar, engendrar.
género.- *(jenero)* s. género, ordem, classe. / mercadorias.
generoso.- *(jeneroso)* adj. generoso, desprendido, nobre, desinteressado.
génesis.- *(jenesis)* s. génese, origem.
genético.- *(jenetiko)* adj. genético.
genialidad.- *(jenialidad)* s. genialidade.
genio.- *(jenio)* s. génio, índole, carácter, talento.
genital.- *(jenital)* adj. genital.
genocidio.- *(jenozidio)* s. genocídio.
gente.- *(jente)* s. gente, população, povo.
gentileza.- *(jentileza)* s. gentileza, amabilidade.
gentío.- *(jentio)* s. gentio, multidão, reunião ou afluência de pessoas.
gentuza.- *(jentuza)* s. gentalha, plebe, ralé.
genuino.- *(jenuino)* adj. genuíno, puro, próprio, natural, legítimo.
geografía.- *(jeografia)* s. geografia.
geología.- *(jeolojia)* s. geologia.
geometría.- *(jeometria)* s. geometria.
geranio.- *(jeranio)* s. gerânio.
gerente.- *(jerente)* s. gerente, administrador.
geriatra.- *(jeriatra)* s. geriatra.
germánico.- *(jermaniko)* adj. germânico.
germen.- *(jermen)* s. germe, embrião, semente.
germinar.- *(jerminar)* v. germinar, brotar, começar.
gerundio.- *(jerundio)* s. gerúndio.
gestación.- *(jestazion)* s. gestação, gravidez.
gesticular.- *(jestikular)* v. gesticular.
gestión.- *(jestion)* s. gestão, administração, gerência.
gestionar.- *(jestionar)* v. gestionar, administrar, negociar.
gesto.- *(jesto)* s. gesto, fisionomia, expressão, careta.
giba.- *(jiba)* s. giba, corcova, corcunda.
gigante.- *(jigante)* adj. gigante, enorme, descomunal.
gigantesco.- *(jigantesko)* adj. gigantesco.
gimnasia.- *(jimnasia)* s. ginástica.
gimnasio.- *(jimnasio)* s. ginásio, centro de esportes.
ginebra.- *(jinebra)* s. genebra, bebida alcoólica.
gineceo.- *(jinezeo)* s. gineceu.
ginecología.- *(jinekolojia)* s. ginecologia.
ginecólogo.- *(jinekologo)* s. ginecologista.
gira.- *(jira)* s. excursão, passeio, viagem de lazer.
girar.- *(jirar)* v. girar, circular, percorrer.
girasol.- *(jirasol)* s. girassol.
giro.- *(jiro)* s. giro, rotação, rodeio.
gis.- *(jis)* s. giz.
gitano.- *(jitano)* adj. cigano.
glacial.- *(glazial)* adj. glacial, gelado.
glaciar.- *(glaziar)* s. glaciar, geleira.
glande.- *(glande)* s. glande, bálano do pénis.
glándula.- *(glandula)* s. glândula.
glandular.- *(glandular)* adj. glandular.
glicerina.- *(glizerina)* s. glicerina.
global.- *(global)* adj. global, total.
globo.- *(globo)* s. globo, esfera, bola, balão.
glóbulo.- *(globulo)* s. glóbulo.
gloria.- *(gloria)* s. glória, fama, renome, esplendor, reputação.
glorieta.- *(glorieta)* s. praça pequena com caramanchão onde terminam várias ruas.
glorificar.- *(glorifikar)* v. glorificar, enaltecer, exaltar, honrar.
glosa.- *(glosa)* s. glosa, comentário, crítica.
glotón.- *(gloton)* adj. glutão, comilão.
glotoneria.- *(glotoneria)* s. voracidade, gula.
glucosa.- *(glukosa)* s. glicose.
gluten.- *(gluten)* s. glúten.
glúteo.- *(gluteo)* adj. glúteo.
gobernador.- *(gobernador)* s. governador.
gobernar.- *(gobernar)* v. governar, dirigir, administrar.
gobierno.- *(gobierno)* s. governo, ordem, regra, autoridade, regime.
goce.- *(goze)* s. gozo, prazer, proveito.
gol.- *(gol)* s. gol.
goleada.- *(goleada)* s. goleada.
golf.- *(golf)* s. golfe.
golfo.- *(golfo)* s. golfo, enseada. / adj. vadio, vagabundo.
golondrina.- *(golondrina)* s. andorinha.
golosina.- *(golosina)* s. guloseima, gulodice.
goloso.- *(goloso)* adj. guloso, glutão, voraz.

golpe.- *(golpe)* s. golpe, pancada, choque.

golpear.- *(golpear)* v. golpear, bater, espancar.

goma.- *(goma)* s. borracha.

gomería.- *(gomeria)* s. borracharia.

gomoso.- *(gomoso)* adj. gomoso, borrachento.

góndola.- *(gondola)* s. gôndola.

gonorrea.- *(gonorrea)* s. gonorreia, blenorragia.

gordo.- *(gordo)* adj. gordo, obeso, corpulento.

gordura.- *(gordura)* s. gordura, obesidade, adiposidade.

gorgorito.- *(gorgorito)* s. trinado.

gorila.- *(gorila)* s. gorila.

gorjeo.- *(gorjeo)* s. gorjeio, trinado.

gorra.- *(gorra)* s. gorra, barrete.

gorrión.- *(gorrion)* s. pardal.

gorro.- *(gorro)* s. gorro.

gorrón.- *(gorron)* adj. parasita, aproveitador.

gota.- *(gota)* s. gota, pingo.

gotear.- *(gotear)* v. gotear, pingar, destilar.

gotera.- *(gotera)* s. goteira.

gótico.- *(gotiko)* adj. gótico.

gozar.- *(gozar)* v. gozar, desfrutar, possuir, sentir prazer.

gozne.- *(gozne)* s. dobradiça, gonzo.

gozo.- *(gozo)* s. gozo, alegria, júbilo, prazer.

grabado.- *(grabado)* s. gravado, gravura.

grabar.- *(grabar)* v. gravar imagem ou som.

gracejo.- *(grazejo)* s. gracejo, graça, brincadeira.

gracia.- *(grazia)* s. graça, atractivo, encanto, benefício, favor, perdão.

grada.- *(grada)* s. degrau, banco, arquibancada.

gradación.- *(gradazion)* s. gradação.

grado.- *(grado)* s. grau.

graduar.- *(graduar)* v. graduar, classificar, colar grau.

gráfico.- *(grafiko)* s. gráfico.

grafología.- *(grafolojia)* s. grafologia.

gragea.- *(grajea)* s. drágea, confeitos miúdos.

gramática.- *(gramatika)* s. gramática.

gramo.- *(gramo)* s. grama.

gramófono.- *(gramofono)* s. gramofone, fonógrafo.

gran.- *(gran)* adj. grã, grão, apócope de grande.

grana.- *(grana)* v. grão, semente miúda, cor escarlate.

granada.- *(granada)* s. romã, granada.

granate.- *(granate)* s. grená, cor de vinho.

grande.- *(grande)* adj. grande, vasto, extenso.

grandeza.- *(grandeza)* s. grandeza, extensão, importância, fortuna.

grandiosidad.- *(grandiosidad)* s. grandiosidade, sumptuosidade, magnificência.

granear.- *(granear)* v. semear, granular.

granero.- *(granero)* s. celeiro, tulha.

granito.- *(granito)* s. granito.

granizar.- *(granizar)* v. chover granizo.

granizo.- *(granizo)* s. granizo.

granja.- *(granja)* s. granja, sítio.

granjear.- *(granjear)* v. granjear, adquirir, obter.

granjero.- *(granjero)* s. granjeiro, agricultor.

grano.- *(grano)* s. grão, semente. / 2ª. s. espinha, borbulha da pele.

granuja.- *(granuja)* s. uva desbagoada, grupo de vadios, malandro, pícaro.

grapa.- *(grapa)* s. grampo, gancho.

grapadora.- *(grapadora)* s. grampeador.

grapar.- *(grapar)* v. grampear, prender, fixar com grampos.

grasa.- *(grasa)* s. gordura, banha, sujeira.

graso.- *(graso)* adj. gorduroso, gordurento.

gratificación.- *(gratifikazion)* s. gratificação, retribuição.

gratificar.- *(gratifikar)* v. gratificar, recompensar, retribuir.

gratinar.- *(gratinar)* v. gratinar, dourar.

gratis.- *(gratis)* adv. grátis, gratuitamente.

grato.- *(grato)* adj. grato, agradecido, reconhecido, agradável.

gratuito.- *(gratuito)* adj. gratuito. / arbitrário.

grava.- *(graba)* s. cascalho, areia grossa.

gravamen.- *(grabamen)* s. encargo, carga, ónus.

gravar.- *(grabar)* v. agravar, oprimir, sobrecarregar, onerar, pesar.

grave.- *(grabe)* adj. grave, pesado, sério, difícil, solene, perigoso.

gravedad.- *(grabedad)* s. gravidade, importância, intensidade.

gravidez.- *(grabidez)* s. gravidez, gestação.

gravitación.- *(grabitazion)* s. gravitação, atracção.

gravitar.- *(grabitar)* v. gravitar, mover-se, descansar um corpo sobre outro.

gravoso.- *(graboso)* adj. oneroso, pesado, incómodo.

graznido.- *(graznido)* s. grasnido, grasno.

gregario.- *(gregario)* adj. gregário, agregado.

gremio.- *(gremio)* s. grémio, associação.

greña.- *(greña)* s. grenha, cabelos emaranhados.

gresca.- *(greska)* s. bulha, barulho, algazarra, briga, rixa, motim.

grey.- *(grey)* s. grei, rebanho de gado miúdo. / congregação de fiéis, raça, povo.

griego.- *(griego)* adj. grego.

grieta.- *(grieta)* s. greta, fenda.

grifo.- *(grifo)* s. grifo, torneira.

grillete.- *(grillete)* s. grilheta, anel de ferro grande.

grillo.- *(grillo)* s. grilo.

gripe.- *(gripe)* s. gripe.

gris.- *(gris)* adj. cor cinza.

grisáceo.- *(grisazeo)* adj. cinzento, acinzentado.

grisú.- *(grisu)* s. gás metano.

gritar.- *(gritar)* v. gritar, bradar, berrar.
griterío.- *(griterio)* s. gritaria, algazarra.
grito.- *(grito)* s. grito, brado, berro.
grosería.- *(groseria)* s. grosseria, vulgaridade, indelicadeza, descortesia, rudeza.
grosor.- *(grosor)* s. grossura, espessura.
grotesco.- *(grotesko)* adj. grotesco, ridículo, extravagante.
grúa.- *(grua)* s. grua, guindaste.
grueso.- *(grueso)* adj. grosso, encorpado. / rude, denso, estúpido, grosseiro.
gruñido.- *(gruñido)* s. grunhido, rosnado.
gruñir.- *(gruñir)* v. grunhir, rosnar.
grupa.- *(grupa)* s. garupa.
grupo.- *(grupo)* s. grupo, conjunto.
gruta.- *(gruta)* s. gruta, caverna.
guadaña.- *(guadaña)* s. foice.
guajiro.- *(guajiro)* s. camponês branco da ilha de Cuba.
gualda.- *(gualda)* adj. amarelo, da cor do ouro.
guanaco.- *(guanako)* s. guanaco, semelhante ao lama.
guano.- *(guano)* s. guano, adubo para a terra.
guantazo.- *(guantazo)* s. bofetada.
guante.- *(guante)* s. luva.
guapo.- *(guapo)* adj. guapo, animoso, brioso, valente, elegante, garboso, esbelto.
guaraní.- *(guarani)* adj. guarani.
guarapo.- *(guarapo)* s. garapa.
guarda.- *(guarda)* s. guarda, protecção, tutela.
guardacoches.- *(guardakoches)* s. guardador de carros.
guardaespaldas.- *(guardaespaldas)* s. guarda-costas.
guardameta.- *(guardameta)* s. goleiro.
guardapolvo.- *(guardapolbo)* s. guarda-pó, avental.
guardar.- *(guardar)* v. guardar, proteger, defender, vigiar.
guardarropa.- *(guardarropa)* s. guarda-roupa, armário.
guardia.- *(guardia)* s. guarda, custódia.
guardián.- *(guardian)* s. guardião.
guarecer.- *(guarezer)* v. guarnecer, amparar, acolher, socorrer.
guarida.- *(guarida)* s. guarida, esconderijo.
guarismo.- *(guarismo)* s. algarismo, número.
guarnecer.- *(guarnezer)* v. guarnecer, enfeitar, ornar, equipar.
guarnición.- *(guarnizion)* s. guarnição.
guarro.- *(guarro)* s. porco, suíno.
guasa.- *(guasa)* s. brincadeira sem graça, zombaria.
guatemalteco.- *(guatemalteko)* adj. guatemalteco.
guayaba.- *(guayaba)* s. goiaba.
guayabo.- *(guayabo)* s. goiabeira.
guedeja.- *(gedeja)* s. juba, cabeleira comprida.
guerra.- *(gerra)* s. guerra, luta armada.
guerrear.- *(gerrear)* v. guerrear, lutar, combater.
guerrilla.- *(gerrilla)* s. guerrilha.
guía.- *(guia)* s. guia, líder, condutor.
guiar.- *(giar)* v. guiar, conduzir, dirigir, encaminhar, orientar.
guija.- *(gija)* s. seixo, pedrinha, pedregulho.
guijarro.- *(gijarro)* s. calhau, pedra.
guijo.- *(gijo)* s. cascalho, conjunto de seixos para calçar os caminhos.
guillotina.- *(gillotina)* s. guilhotina.
guinda.- *(ginda)* s. ginja, fruto da ginjeira.
guindilla.- *(gindilla)* s. pimenta-malagueta.
guiñapo.- *(giñapo)* s. farrapo, trapo.
guiñar.- *(giñar)* v. piscar os olhos.
guiño.- *(giño)* s. piscada, piscadela.
guión.- *(gion)* s. guião, roteiro de filme.
guipar.- *(gipar)* v. ver, notar, bater os olhos.
guirnalda.- *(girnalda)* s. grinalda.
guisado.- *(gisado)* s. guisado, refogado.
guisante.- *(gisante)* s. ervilha.
guisar.- *(gisar)* v. guisar, refogar, cozinhar.
guiso.- *(giso)* s. guisado.
guitarra.- *(gitarra)* s. violão.
gula.- *(gula)* s. gula, gulodice.
gurú.- *(guru)* s. guru.
gusano.- *(gusano)* s. verme, lombriga.
gustar.- *(gustar)* v. gostar, saborear, degustar, agradar.
gusto.- *(gusto)* s. gosto, sabor, paladar. / prazer, satisfação, simpatia.
gutural.- *(gutural)* adj. gutural.

H

h.- *(ache)* s. oitava letra do alfabeto espanhol.

haba.- *(aba)* s. fava.

habanera.- *(abanera)* s. habanera ou havanera, dança originária de Havana.

habano.- *(abano)* adj. havano, havanês, pertencente a Havana. / diz-se do tabaco.

haber.- *(aber)* s. haveres, bens, fazenda, cabedal, riqueza. / v. (verbo auxiliar) ter, possuir, existir, acontecer, ocorrer.

habichuela.- *(abichuela)* s. feijão, planta, fruto esemente.

hábil.- *(abil)* adj. hábil, apto, capaz.

habilidad.- *(abilidad)* s. habilidade, capacidade, talento.

habilitar.- *(abilitar)* v. habilitar, prover, pro-porcionar.

habitable.- *(abitable)* adj. habitável.

habitación.- *(abitazion)* s. habitação, residência, morada, aposento.

habitante.- *(abitante)* adj. habitante.

habitar.- *(abitar)* v. habitar, morar, viver, residir.

hábito.- *(abito)* s. hábito, maneira de ser, costume adquirido. / traje, vestimenta.

habitual.- *(abitual)* adj. habitual, usual, frequente.

habituar.- *(abituar)* v. habituar, acostumar.

habla.- *(abla)* s. fala, língua, idioma, dialecto. / confe-rência, discurso.

hablador.- *(ablador)* adj. falador, conversador, tagarela, indiscreto no falar.

habladuría.- *(abladuria)* s. falatório, tagarelice, loquacidade, palavras inoportunas.

hablar.- *(ablar)* v. falar, discursar,conversar.

hacendado.- *(azendado)* adj. rico, abastado, fazendeiro.

hacendoso.- *(azendoso)* adj. trabalhador, laborioso, solícito, diligente.

hacer.- *(azer)* v. fazer, criar, produzir, realizar, preparar, formar, executar.

hacha.- *(acha)* s. acha, machado. / 2ª. s. vela de cera grande e grossa, tocha, archote.

hacia.- *(hazia)* prep. para, em direcção a, rumo a, perto de, para onde.

hacienda.- *(azienda)* s. fazenda, herdade. / capital, bens, gado.

hacinamiento.- *(azinamiento)* s. amontoamento, empilhamento.

hacinar.- *(azinar)* v. amontoar, pôr os feixes uns sobre os outros, empilhar, acumular sem ordem.

hada.- *(ada)* s. fada, entidade fantástica.

hado.- *(ado)* s. fado, destino, encantamento fatal dos sucessos.

hagiografía.- *(ajiografia)* s. hagiografia, vida dos santos.

haitiano.- *(aitiano)* adj. haitiano.

halagador.- *(alagador)* adj. adulador, bajulador, afagador.

halagar.- *(alagar)* v. afagar, acariciar, adular, agradar.

halago.- *(alago)* s. afago, carinho, mimo, carícia, meiguice, lisonja, adulação.

halcón.- *(alkon)* s. falcão.

hálito.- *(alito)* s. hálito, bafo, alento, fôlego.

hall.- *(jol)* s. hall, vestíbulo.

hallar.- *(allar)* v. achar, encontrar.

hallazgo.- *(allazgo)* s. achado, coisa achada.

halo.- *(alo)* s. halo, auréola.

hamaca.- *(amaka)* s. maca, rede que serve de cama e de balanço.

hambre.- *(ambre)* s. fome, apetite ou desejo ardente de uma coisa.

hambriento.- *(ambriento)* adj. faminto,esfomeado.

hangar.- *(angar)* s. hangar, abrigo para avião.

haragán.- *(aragan)* adj. folgazão, preguiçoso, ocioso.

harapiento.- *(arapiento)* adj. esfarrapado, mal-trapilho.

harapo.- *(arapo)* s. farrapo, trapo, andrajo.

harem.- *(arem)* s. harém.

harina.- *(arina)* s. farinha.

harinero.- *(arinero)* adj. farináceo, farinheiro.

hartar.- *(artar)* v. fartar, saciar a fome ou a sede, satisfazer um desejo, dar em abundância.

harto.- *(arto)* adj. farto, saciado, abundante.

hasta.- *(asta)* prep. até mesmo, até logo, até quando.

hastiar.- *(astiar)* v. aborrecer, enfastiar.

hastío.- *(astio)* s. fastio, tédio, desgosto. / repug-nância à comida.

hatajo.- *(atajo)* s. pequeno rebanho, porção.

hato.- *(hato)* s. roupa de uso diário. / rebanho, manada.

haya.- *(aya)* s. faia.

haz.- *(az)* s. feixe, molho de varas ou canas.

hazaña.- *(azaña)* s. façanha, proeza.

hebilla.- *(ebilla)* s. fivela.

hebra.- *(ebra)* s. fibra, fio, filamento.

hebreo.- *(ebreo)* adj. hebreu, israelita, judeu.

hecatombe.- *(ekatombe)* s. hecatombe, matança, carnificina, catástrofe.

hechicería.- *(echizeria)* s. feitiçaria, magia, bru-xaria, sortilégio

hechicero.- *(echizero)* s. feiticeiro, mago, bruxo.

hechizar.- *(echizar)* v. enfeitiçar, encantar.

hechizo.- *(echizo)* adj. fingido, artificial, postiço. / s. feitiço, encantamento.

hecho.- *(echo)* adj. acostumado, habituado, maduro. / s. feito, fato, acção.

hectárea.- *(ektarea)* s. hectare.

heder.- *(eder)* v. feder, exalar mau cheiro.

hediondo.- *(ediondo)* adj. hediondo, repugnante, nojento, fedorento, imundo, obsceno.

hedonismo.- *(edonismo)* s. hedonismo.

hedor.- *(edor)* s. fedor, mau cheiro.

hegemonía.- *(ejemonia)* s. hegemonia, supremacia.

helada.- *(elada)* s. geada.

heladera.- *(eladera)* s. geladeira.

heladería.- *(eladeria)* s. sorveteria.

helado.- *(elado)* adj. gelado, congelado. / s. sorvete.

hélice.- *(elize)* s. hélice.

helicóptero.- *(elikoptero)* s. helicóptero.

helipuerto.- *(elipuerto)* s. heliporto.

hematíe.- *(ematie)* s. hemátia, glóbulo vermelho.

hematoma.- *(ematoma)* s. hematoma, tumor.

hembra.- *(embra)* s. fêmea, animal do sexo feminino.

hemeroteca.- *(emeroteka)* s. hemeroteca.

hemiplejía.- *(emiplejia)* s. hemiplegia.

hemisferio.- *(emisferio)* s. hemisfério.

hemofilia.- *(emofilia)* s. hemofilia.

hemoglobina.- *(emoglobina)* s. hemoglobina.

hemorragia.- *(emorrajia)* s. hemorragia.

hemorroide.- *(emorroide)* s. hemorróidas.

henchido.- *(enchido)* adj. cheio, preenchido, satisfeito.

henchir.- *(enchir)* v. encher, preencher, inchar, estofar.

hendidura.- *(endidura)* s. fenda, rachadura, incisão.

hendir.- *(endir)* v. fender, rachar, abrir.

henil.- *(enil)* s. palheiro, depósito de feno.

heno.- *(eno)* s. feno, erva ceifada.

hepático.- *(epatiko)* adj. hepático, que sofre dofígado.

hepatitis.- *(epatitis)* s. hepatite, inflamação no fígado.

heráldico.- *(eraldiko)* adj. heráldico, relativo a brasão.

heraldo.- *(eraldo)* s. arauto, mensageiro.

herbario.- *(erbario)* adj. herbário.

herbicida.- *(erbizida)* s. herbicida.

herbívoro.- *(erbiboro)* s. herbívoro.

hercúleo.- *(erkuleo)* adj. hercúleo, forte.

heredad.- *(eredad)* s. herdade, propriedade rústica, bens de raiz.

heredado.- *(eredado)* adj. herdado, abastado, rico.

heredar.- *(eredar)* v. herdar, receber, suceder, consti-tuir corno herdeiro.

heredero.- *(eredero)* adj. herdeiro, sucessor.

hereditario.- *(ereditario)* adj. hereditário.

hereje.- *(ereje)* s. herege, herético.

herejía.- *(erejia)* s. heresia.

herencia.- *(erenzia)* s. herança, legado, sucessão de bens.

herida.- *(erida)* s. ferida, chaga, úlcera.

herido.- *(erido)* adj. ferido, golpeado.

herir.- *(erir)* v. ferir, atacar, golpear.

hermafrodita.- *(ermafrodita)* s. hermafrodita, que tem dois sexos.

hermanar.- *(ermanar)* v. irmanar, igualar, uniformizar.

hermanastro.- *(ermanastro)* s. meio irmão.

hermandad.- *(ermandad)* s. irmandade, fraternidade, grande amizade.

hermano.- *(ermano)* s. irmão, filho dos mesmos pais.- eclesiástico, leigo.

hermético.- *(ermetiko)* adj. hermético, fechado, relativo a alquimia.

hermosear.- *(ermosear)* v. tornar formoso, embelezar.

hermoso.- *(ermoso)* adj. formoso, belo, bonito. / esplên-dido, grandioso, excelente, perfeito, aprazível, sereno.

hermosura.- *(ermosura)* s. formosura, beleza.

hernia.- *(ernia)* s. hérnia.

héroe.- *(eroe)* s. herói, protagonista, célebre pelos seus feitos.

heroico.- *(eroiko)* adj. heróico, ousado.

heroína.- *(eroina)* s. heroína, mulher ilustre pelos seus feitos. / 2ª. s. heroína, substância química, droga.

heroísmo.- *(eroismo)* s. heroísmo.

herpes.- *(erpes)* s. herpes.

herradura.- *(erradura)* s. ferradura.

herramienta.- *(erramienta)* s. ferramenta.

herrar.- *(errar)* v. ferrar, marcar com ferro, pôr ferradura.

herrería.- *(erreria)* s. ferraria, oficio, estabelecimento de ferreiro.

herrero.- *(errero)* s. ferreiro, forjador.

herrumbrar.- *(errumbrar)* v. enferrujar.

herrumbre.- *(errumbre)* s. ferrugem.

hervido.- *(erbido)* adj. fervido, cozido.

hervir.- *(erbir)* v. ferver, fervilhar, borbulhar, cozer um líquido.

hervor.- *(erbor)* s. fervor, fervura.

heterodoxia.- *(eterodoksia)* s. heterodoxia.

heterogéneo.- *(eterogeneo)* adj. misturado.

heterosexual.- *(eteroseksual)* adj. heterossexual.

hexagonal.- *(eksagonal)* adj. hexagonal.

hez.- *(ez)* s. fezes, sedimento, borra. / excremento expelido pelo ânus

hiato.- *(iato)* s. hiato.

hibernación.- *(ibernazion)* s. hibernação.

hibernar.- *(ibernar)* v. hibernar.

híbrido.- *(ibrido)* adj. híbrido.

hidalgo.- *(idalgo)* s. fidalgo, nobre, aristocrata.

hidalguía.- *(idalguia)* s. fidalguia, nobreza, aristocracia.
hidratación.- *(idratazion)* s. hidratação,
hidratar.- *(idratar)* v. hidratar.
hidráulico.- *(idrauliko)* adj. hidráulico
hidroavión *(idroabion)* s. hidroavião.
hidrofobia.- *(idrofobia)* s. hidrofobia, raiva.
hidrógeno.- *(idrojeno)* s. hidrogénio.
hidrografía.- *(idrografia)* s. hidrografia.
hidromiel.- *(idromiel)* s. hidromel, mistura de água e mel.
hidrosfera.- *(idrosfera)* s. hidrosfera, parte liquidada superfície do globo.
hidroterapia.- *(idroterapia)* s. hidroterapia, tratamento pela água.
hiedra.- *(iedra)* s. hera, trepadeira.
hiel.- *(iel)* s. fel, bílis. / adversidade.
hielo.- *(ielo)* s. gelo.
hiena.- *(iena)* s. hiena.
hierba.- *(ierba)* s. erva, pasto, pastagens.
hierbabuena.- *(ierbabuena)* s. hortelã-pimenta, menta.
hierro.- *(ierro)* s. ferro.
higa.- *(iga)* s. figa.
hígado.- *(igado)* s. fígado.
higiene.- *(ijiene)* s. higiene, limpeza, asseio.
higiénico.- *(ijieniko)* adj. higiénico, limpo, asseado.
higo.- *(igo)* s. figo.
higrometría.- *(igrometria)* s. higrometria.
higuera.- *(igera)* s. figueira.
hijastro.- *(ijastro)* s. enteado.
hijo.- *(ijo)* s. filho.
hijuela.- *(ijuela)* s. filhinha. / 2ª. s. valeta, canalete, tira, pedaço.
hila.- *(ila)* s. fileira, alinhamento, fila, fio de água.
hilacha.- *(ilacha)* s. fiapo.
hilado.- *(ilado)* adj. fiado, reduzido a fio.
hilar.- *(ilar)* v. fiar, tecer.
hilaridad.- *(ilaridad)* s. hilaridade, graça, algazarra, alegria súbita.
hilera.- *(ilera)* s. fileira, fila, alinhamento, ordem.
hilo.- *(ilo)* s. fio, fibra, filamento.
hilván.- *(ilban)* s. alinhavo.
hilvanado.- *(ilbanado)* adj. alinhavado.
hilvanar.- *(ilbanar)* v. alinhavar.
himen.- *(imen)* s. hímen.
himno.- *(imno)* s. hino, cântico.
hincapié.- *(inkapie)* s. fincapé, insistência.
hincar.- *(inkar)* v. fincar, apoiar, cravar.
hinchar.- *(inchar)* v. inchar, encher, inflar, entufar, avolumar, intumescer.
hinchazón.- *(inchazon)* s. inchaço.
hinojo.- *(inojo)* s. funcho, anis doce, erva-doce.
hipérbole.- *(iperbole)* s. hipérbole, exagero.
hipermercado.- *(ipermerkado)* s. supermercado.
hipersensible.- *(ipersensible)* adj. hipersensível.
hipertensión.- *(ipertension)* s. hipertensão, tensão arterial excessiva.
hipertrofia.- *(ipertrofia)* s. hipertrofia, desenvolvimento excessivo de um órgão.
hípico.- *(ipiko)* adj. hípico, equino, cavalar.
hipnosis.- *(ipnosis)* s. hipnose.
hipnotizar.- *(ipnotizar)* v. hipnotizar, produzir a hipnose.
hipo.- *(ipo)* s. soluço.
hipocondría.- *(ipokondria)* s. hipocondria, melancolia.
hipocresía.- *(ipokresia)* s. hipocrisia, impostura, fingimento, falsidade.
hipodérmico.- *(ipodermiko)* adj. hipodérmico, que está por baixo da pele.
hipódromo.- *(ipodromo)* s. hipódromo, campo onde se faz corrida de cavalo.
hipopótamo.- *(ipopotamo)* s. hipopótamo.
hipoteca.- *(ipoteka)* s. hipoteca, penhor.
hipotecar.- *(ipotekar)* v. hipotecar, penhorar.
hipótesis.- *(ipotesis)* s. hipótese.
hirviente.- *(irbiente)* adj. fervente.
hispánico.- *(ispaniko)* adj. hispânico.
hispano.- *(ispano)* adj. hispano.
hispanoamericano.- *(ispanoamerikano)* adj. hispano-americano
histérico.- *(isteriko)* adj. histérico.
histerismo.- *(isterismo)* s. histerismo.
historia.- *(istoria)* s. história.- narração, conto.
historiador.- *(istoriador)* s. historiador.
histórico.- *(istoriko)* adj. histórico,comprovado, certo.
hocico.- *(oziko)* s. focinho.
hogar.- *(hogar)* s. lareira, parte da cozinha onde se faz fogo, fogueira.
hogaza.- *(ogaza)* s. fogaça, grande bolo ou pão cozido.
hoguera.- *(ogera)* s. fogueira, labareda.
hoja.- *(oja)* s. folha, pétala. / lâmina.
hojalata.- *(ojalata)* s. lata, folha-de-flandres.
hojalatero.- *(ojalatero)* s. funileiro.
hojaldre.- *(ojaldre)* s. folhado, pastel de massa muito sovada com manteiga.
hojear.- *(ojear)* v. folhear.
hola.- *(ola)* interj. olá, alô.
holandés.- *(olandes)* adj. holandês.
holgado.- *(olgado)* adj. folgado, desocupado, largo, que não aperta, que tem amplitude ou largueza.
holganza.- *(olganza)* s. folga, descanso, repouso, diversão.
holgar.- *(olgar)* v. folgar, descansar, não trabalhar, divertir-se.
holgura.- *(olgura)* s. folga, diversão, largura, desaperto.
hollar.- *(ollar)* v. pisar, calcar.
hollín.- *(ollin)* s. fuligem.
holocausto.- *(olokausto)* s. holocausto, genocídio.

hombre.- *(ombre)* s. homem, varão. / indivíduo, ser humano.
hombrera.- *(ombrera)* s. ombreira.
hombro.- *(ombro)* s. ombro, espádua.
homenaje.- *(omenaje)* s. homenagem.
homeopatía.- *(omeopatia)* s. homeopatia.
homeopático.- *(omeopatiko)* adj. homeopático.
homicida.- *(omizida)* adj. homicida, assassino.
homicidio.- *(omizidio)* s. homicídio, assassinato.
homogéneo.- *(omogeneo)* adj. homogéneo, idêntico, que tem a mesma natureza.
homólogo.- *(omologo)* adj. homólogo, similar, que significa uma mesma coisa.
homónimo.- *(omonimo)* adj. homónimo, pessoas ou coisas que tem o mesmo nome.
homosexual.- *(omoseksual)* adj. homossexual.
honda.- *(onda)* s. funda, estilingue.
hondo.- *(ondo)* adj. fundo, profundo.
hondonada.- *(ondonada)* s. depressão, terreno baixo.
hondura.- *(ondura)* s. profundidade.
hondureño.- *(odureño)* adj. hondurenho.
honestidad.- *(onestidad)* s. honestidade, decoro, decência, recato, pudor.
hongo.- *(ongo)* s. fungo, cogumelo.
honor.- *(onor)* s. honra, dignidade, virtude, talento, honestidade, recato.
honorable.- *(onorable)* adj. respeitável, honrado.
honorario.- *(onorario)* adj. honorário, honorífico. / s. honorário, remuneração.
honorífico.- *(onorifiko)* adj. honorífico, honorário.
honra.- *(onra)* s. honra, dignidade, respeito, pudor, honestidade.
honradez.- *(onradez)* s. honradez, probidade, integridade.
honrado.- *(onrado)* adj. honrado, honesto,íntegro.
hora.- *(ora)* s. hora.
horario.- *(orario)* s. horário.
horca.- *(orka)* s. forca, forquilha, garfo.
horchata.- *(orchata)* s. orchata, espécie de bebida refrescante feita com chufas.
horizonte.- *(orizonte)* s. horizonte.
horma.- *(orma)* s. forma, molde.
hormiga.- *(ormiga)* s. formiga.
hormigón.- *(ormigon)* s. concreto.
hormigonera.- *(ormigonera)* s. betoneira.
hormigueo.- *(ormigeo)* s. formigamento, comichão.
hormiguero.- *(ormigero)* s. formigueiro.
hormona.- *(ormona)* s. hormónio.
hormonal.- *(ormonal)* adj. hormonal.
hornada.- *(ornada)* s. fornada.
hornalla.- *(ornalla)* s. fornalha, forno de fábrica.
hornear.- *(ornear)* v. fornear, assar no forno.
hornillo.- *(ornillo)* s. fornilho, fogareiro, fogãozinho.
horno.- *(orno)* s. forno. / padaria onde se coze e vende pão.
horóscopo.- *(oroskopo)* s. horóscopo.
horquilla.- *(orkilla)* s. forquilha, grampo de cabelo, pau bifurcado.
horrendo.- *(orrendo)* adj. horrendo, medonho.
hórreo.- *(orreo)* s. celeiro, espigueiro.
horrible.- *(orrible)* adj. horrível, medonho, atroz, horrendo, feio.
horror.- *(orror)* s. horror, medo, repulsão, aversão, terror.
horrorizar.- *(orrorizar)* v. horrorizar, apavorar, causar horror, horripilar, espantar.
horroroso.- *(orroroso)* adj. horroroso, medonho, pavoroso, muito feio.
hortaliza.- *(ortaliza)* s. hortaliça, verdura.
hortensia.- *(ortensia)* s. hortênsia.
horticultor.- *(ortikultor)* s. horticultor.
horticultura.- *(ortikultura)* s. horticultura.
hosco.- *(osko)* adj. áspero, intratável, fosco. / de cor muito escura.
hospedaje.- *(ospedaje)* s. hospedagem, alojamento.
hospedar.- *(ospedar)* v. hospedar, alojar.
hospedería.- *(ospederia)* s. hospedaria.
hospicio.- *(ospizio)* s. asilo.
hospital.- *(ospital)* s. hospital.
hospitalario.- *(ospitalario)* adj. hospitalar, hospitaleiro.
hosquedad.- *(oskedad)* s. aspereza no trato, desabrimento, insociabilidade. / cor muito escura.
hostal.- *(ostal)* s. hospedaria, estalagem.
hostelería.- *(osteleria)* s. hotelaria.
hostelero.- *(ostelero)* s. hoteleiro.
hostería.- *(osteria)* s. hospedaria, estalagem, pousada.
hostia.- *(ostia)* s. hóstia.
hostigar.- *(ostigar)* v. fustigar, açoitar.
hostil.- *(ostil)* adj. hostil, inimigo,contrário, adverso, agressivo.
hostilidad.- *(ostilidad)* adj. hostilidade.
hostilizar.- *(ostilizar)* v. hostilizar, maltratar, agredir, prejudicar.
hotel.- *(otel)* s. hotel.
hotelero.- *(otelero)* adj. hoteleiro.
hoy.- *(oy)* adv. hoje.
hoya.- *(oya)* s. fossa, cova, concavidade profunda, sepultura, sementeira.
hoyo.- *(oyo)* s. cova, concavidade formada na terra, fossa, escavação.
hoz.- *(oz)* s. foice, garganta entre montanhas, foz de rio.
hozar.- *(ozar)* v. fuçar.
hucha.- *(ucha)* s. arca, baú, cofre.
hueco.- *(ueko)* adj. oco, côncavo, vazio, vão de abertura em uma parede.

huelga.- *(uelga)* s. greve.
huelguista.- *(uelgista)* s. grevista.
huella.- *(uella)* s. pegada, pisada, sinal, vestígio.
huérfano.- *(uerfano)* adj. órfão, desamparado.
huero.- *(uero)* adj. gorado, vazio, oco, insignificante, chocho.
huerta.- *(uerta)* s. horta.
huerto.- *(uerto)* s. horto, pequena horta.
hueso.- *(ueso)* s. osso.
huésped.- *(uesped)* s. hóspede, anfitrião.
hueste.- *(ueste)* s. hoste, tropa.
huesudo.- *(uesudo)* adj. ossudo.
huevo.- *(uebo)* s. ovo. / ova de peixe.
huida.- *(uida)* s. fuga.
huir.- *(uir)* v. fugir, escapar, retirar-se precipitadamente, livrar-se.
hulla.- *(ulla)* s. hulha, carvão.
humanidad.- *(umanidad)* adj. humanidade, caridade, compaixão. / humanidades, ciências humanas.
humanismo.- *(umanismo)* s. humanismo.
humanitario.- *(umanitario)* adj. humanitário.
humano.- *(umano)* adj. humano, afável, benigno.
humareda.- *(umareda)* s. fumaceira, fumaçada.
humeante.- *(umeante)* adj. fumegante.
humear.- *(umear)* v. fumegar.
humedad.- *(umedad)* s. humidade.
humedecer.- *(umedezer)* v. humedecer.
húmedo.- *(umedo)* adj. húmido.
húmero.- *(umero)* s. úmero.
humildad.- *(umildad)* s. humildade, modéstia.
humillación.- *(umillazion)* s. humilhação.
humillar.- *(umillar)* v. humilhar, vexar, envergonhar.
humo.- *(umo)* s. fumo.
humor.- *(umor)* s. humor, disposição, jovialidade. / 2ª. s. humor, líquido da economia animal.
humus.- *(umus)* s. húmus, terra vegetal.
hundimiento.- *(undimiento)* s. afundamento, submersão, demolição, derrubamento.
hundir.- *(undir)* v. afundar, submergir.
húngaro.- *(ungaro)* adj. húngaro.
huracán.- *(urakan)* s. furacão, tufão.
huraño.- *(uraño)* adj. anti-social, intratável.
hurgar.- *(urgar)* v. remexer, remover uma coisa.
hurgón.- *(urgon)* s. atiçador.
hurtar.- *(urtar)* v. furtar, roubar.
hurto.- *(urto)* s. furto, coisa roubada.
husmear.- *(usmear)* v. farejar, cheirar, buscar pelo faro.
huso.- *(uso)* s. fuso, fuso horário.
huy.- *(ui)* interj. hui, ai.

I

i.- *(i)* s. nona letra do alfabeto espanhol.

ibérico.- *(iberiko)* adj. ibérico.

ibero.- *(ibero)* adj. ibero, ibérico.

iberoamericano.- *(iberoamerikano)* adj. ibero-americano.

iceberg.- *(izeber)* s. icebergue.

iconoclasta.- *(ikonoklasta)* adj. iconoclasta.

iconografía.- *(ikonografia)* s. iconografia, descrição de imagens.

ictericia.- *(ikterizia)* s. icterícia, cor amarela da pele produzida pela bílis.

ida.- *(ida)* s. ida, acção de ir de um lugar a outro.

idea.- *(idea)* s. ideia, representação mental.

ideal.- *(ideal)* adj. ideal, quimérico, imaginário.- excelente, perfeito.

idealismo.- *(idealismo)* s. idealismo.

idealizar.- *(idealizar)* v. idealizar, elevar, fantasiar.

idear.- *(idear)* v. idealizar, projectar, engendrar, conceber, inventar, imaginar.

idem.- *(idem)* pron. idem, o mesmo.

idéntico.- *(identiko)* adj. idêntico, igual.

identidad.- *(identidad)* s. identidade. / semelhança.

identificar.- *(identifikar)* v. identificar.

ideología.- *(ideolojia)* s. ideologia.

idilio.- *(idilio)* s. idílio.

idioma.- *(idioma)* s. idioma, língua.

idiomático.- *(idiomatiko)* adj. idiomático, peculiar a um idioma.

idiosincrasia.- *(idiosinkrasia)* s. idiossincrasia, carácter de cada indivíduo.

idiota.- *(idiota)* adj. idiota, ignorante, maluco, parvo.

idiotez.- *(idiotez)* s. idiotice, estupidez.

idolatrar.- *(idolatrar)* v. idolatrar, adorar,venerar.

ídolo.- *(idolo)* s. ídolo.

idóneo.- *(idoneo)* adj. idóneo, apto, capaz.

iglesia.- *(iglesia)* s. igreja, congregação de fiéis, templo cristão.

iglú.- *(iglu)* s. iglu, casa de esquimó.

ígneo.- *(ijneo)* adj. ígneo, da natureza e da cor do fogo.

ignición.- *(ijnizion)* s. ignição, combustão.

ignominia.- *(ijnominia)* s. ignomínia, afronta pública.

ignorancia.- *(ijnoranzia)* s. ignorância, desconhecimento, incompetência.

ignorante.- *(ijnorante)* adj. ignorante, inculto.

ignorar.- *(ijnorar)* v. ignorar, desconhecer.

igual.- *(igual)* adj. igual, idêntico, equivalente, que tem a mesma natureza.

igualar.- *(igualar)* v. igualar, adequar, ajustar, combinar.

igualdad.- *(igualdad)* s. igualdade,conformidade, correspondência, equivalência.

ilegal.- *(ilegal)* adj. ilegal, ilícito.

ilegalidad.- *(ilegalidad)* v. ilegalidade.

ilegible.- *(ilejible)* adj. ilegível.

ilegítimo.- *(ilejitimo)* adj. ilegítimo, injusto,falso.

ileso.- *(ileso)* adj. ileso, intacto, incólume.

iletrado.- *(iletrado)* adj. iletrado, analfabeto,que não tem cultura.

ilícito.- *(ilizito)* adj. ilícito, ilegal.

ilimitado.- *(ilimitado)* adj. ilimitado, infinito, incalculável.

ilógico.- *(ilojiko)* adj. ilógico, absurdo.

iluminar.- *(iluminar)* v. iluminar, aclarar, esclarecer.

ilusión.- *(ilusion)* s. ilusão, engano, fantasia.

ilusionar.- *(ilusionar)* v. iludir, enganar.

ilusionista.- *(ilusionista)* adj. ilusionista.

iluso.- *(iluso)* adj. iluso, enganado, seduzido.

ilusorio.- *(ilusorio)* adj. ilusório, enganoso, falso.

ilustrar.- *(ilustrar)* v. ilustrar, esclarecer, educar.- colocar gravuras.

ilustre.- *(ilustre)* adj. ilustre, célebre, notável.

imagen.- *(imajen)* s. imagem, figura, representação.

imaginación.- *(imajinazion)* s. imaginação, representação, fantasia.

imaginar.- *(imajinar)* v. imaginar, fantasiar, representar.

imaginario.- *(imajinario)* adj. imaginário, irreal.

imán.- *(iman)* s. imã.

imantar.- *(imantar)* s. imanar, magnetizar.

imbécil.- *(imbezil)* adj. imbecil, idiota, tonto, néscio.

imbecilidad.- *(imbezilidad)* s. imbecilidade.

imborrable.- *(imborrable)* adj. indelével.

imbuir.- *(imbuir)* v. imbuir, infundir, persuadir.

imitación.- *(imitazion)* s. imitação, cópia, arremedo, plágio.

imitar.- *(imitar)* v. imitar, copiar, plagiar.

impaciencia.- *(impazienzia)* s. impaciência, ansiedade, inquietação.

impacientar.- *(impazientar)* v. impacientar.

impaciente.- *(impaziente)* adj. impaciente, ansioso, nervoso, irritado.

impactar.- *(impaktar)* v. causar impacto, impressionar, chocar.

impacto.- *(impakto)* s. impacto, choque, impressão intensa.

impalpable.- *(impalpable)* adj. impalpável.

impar.- *(impar)* adj. ímpar, único.
imparcial.- *(imparzial)* adj. imparcial.
imparcialidad.- *(imparzialidad)* s. imparcialidade, neutralidade.
impartir.- *(impartir)* v. repartir, distribuir.
impasible.- *(impasible)* adj. impassível, inalterado.
impecable.- *(impekable)* adj. impecável, perfeito.
impedido.- *(impedido)* adj. impedido, tolhido, vedado.
impedimento.- *(impedimento)* s. impedimento, obstáculo, empecilho.
impedir.- *(impedir)* v. impedir, obstruir, barrar.
impeler.- *(impeler)* v. impelir, empurrar.
impenetrable.- *(impenetrable)* adj. impenetrável, hermético.
impensado.- *(impensado)* adj. impensado, imprevisto, súbito.
imperar.- *(imperar)* v. imperar, dominar, governar.
imperativo.- *(imperatibo)* adj. imperativo.
imperceptible.- *(imperzeptible)* adj. imperceptível.
imperdible.- *(imperdible)* s. alfinete de segurançade gancho.
imperdonable.- *(imperdonable)* adj. imperdoável, condenável.
imperecedero.- *(imperezedero)* adj. imperecedouro, perdurável.
imperfección.- *(imperfekzion)* s. imperfeição, falha, deformação.
imperfecto.- *(imperfekto)* adj. imperfeito, defeituoso.
imperial.- *(imperial)* adj. imperial.
imperialismo.- *(imperialismo)* s. imperialismo.
imperialista.- *(imperialista)* adj. imperialista.
impericia.- *(imperizia)* s. imperícia.
imperio.- *(imperio)* s. império, poder, potência.
imperioso.- *(imperioso)* adj. imperioso, urgente, indispensável.
impermeabilizar.- *(impermeabilizar)* v. impermear, impermeabilizar.
impermeable.- *(impermeable)* adj. impermeável.
impersonal.- *(impersonal)* adj. impessoal.
impertinencia.- *(impertinenzia)* s. impertinência, inconveniência, atrevimento.
impertinente.- *(impertinente)* adj. impertinente, despropositado.
imperturbable.- *(imperturbable)* adj. impassível, imperturbável, corajoso.
ímpetu.- *(impetu)* s. ímpeto, arrebato, impulso violento, assalto repentino.
impetuoso.- *(impetuoso)* adj. impetuoso, violento, precipitado.
impío.- *(impio)* adj. ímpio, incrédulo, falto de piedade, cruel, desumano.
implacable.- *(implakable)* adj. implacável, que não perdoa.
implantación.- *(implantazion)* s. implantação.
implantar.- *(implantar)* v. implantar, estabelecer, inserir, introduzir uma coisa em outra.
implicación.- *(implikazion)* s. implicação, cumplicidade.
implicancia.- *(implikanzia)* s. implicância, impossibilidade, impedimento legal.
implicar.- *(implikar)* v. implicar, comprometer, envolver, incluir, enredar.
implícito.- *(implizito)* adj. implícito, subentendido.
implorar.- *(implorar)* v. implorar, suplicar, rogar.
imponente.- *(imponente)* adj. imponente, majestoso.
imponer.- *(imponer)* v. impor, atribuir, obrigar, instruir, ensinar, doutrinar.
impopular.- *(impopular)* adj. impopular.
importación.- *(importazion)* s. importação.
importancia.- *(importanzia)* s. importância, utilidade, valor.
importante.- *(importante)* adj. importante, interessante, considerável.
importar.- *(importar)* v. importar, interessar, convir, aproveitar.
importe.- *(importe)* s. importe, custo, preço, importância de um crédito.
importunar.- *(importunar)* v. importunar, incomodar.
importuno.- *(importuno)* adj. importuno, enfadonho, maçador, incomodativo.
imposibilidad.- *(imposibilidad)* s. impossibilidade.
imposibilitar.- *(imposibilitar)* v. impossibilitar.
imposible.- *(imposible)* adj. impossível, impraticável, incrível. / insuportável.
imposición.- *(imposizion)* s. imposição, obrigação.
impostor.- *(impostor)* adj. impostor.
impostura.- *(impostura)* s. impostura.
impotencia.- *(impotenzia)* s. impotência, incapacidade para conceber.
impotente.- *(impotente)* adj. impotente, incapaz.
impracticable.- *(impraktikable)* adj. impraticável, inexequível, intransitável em rua e caminho.
imprecación.- *(imprekazion)* s. imprecação, maldição, praga.
imprecisión.- *(imprezision)* s. imprecisão, indefinição.
impreciso.- *(impreziso)* adj. impreciso, confuso,vago, indeterminado.
impregnar.- *(imprejnar)* v. impregnar, embeber, empapar.
imprenta.- *(imprenta)* s. imprensa, arte deimprimir, tipografia.
imprescindible.- *(impreszindible)* adj. imprescindível, indispensável, necessário.
impresión.- *(impresion)* s. impressão, efeito,marca, sinal.
impresionar.- *(impresionar)* v. impressionar, comover, abalar.

impreso.- *(impreso)* adj. impresso.

impresor.- *(impresor)* s. impressor, tipógrafo.

impresora.- *(impresora)* s. impressora.

imprevisto.- *(imprebisto)* adj. imprevisto, inesperado, repentino.

imprimir.- *(imprimir)* v. imprimir, gravar, editar, publicar, estampar.

improbable.- *(improbable)* adj. improvável, incerto.

ímprobo.- *(improbo)* adj. ímprobo, indigno,árduo, penoso, trabalhoso.

improcedente.- *(improzedente)* adj. improcedente, inadequado, ilógico.

improductivo.- *(improduktibo)* adj. improdutivo, estéril.

improperio.- *(improperio)* s. impropério, injúria-grave de palavra.

impropio.- *(impropio)* adj. impróprio,inoportuno, inadequado, importuno, indecoroso.

improvisar.- *(improbisar)* v. improvisar.

improviso.- *(improbiso)* adj. improvisado,repentino, súbito.

imprudencia.- *(imprudenzia)* s. imprudência, imprevisão.

imprudente.- *(imprudente)* adj. imprudente, imprevidente.

impúdico.- *(impudiko)* adj. impudico, desonesto, sem pudor.

impuesto.- *(impuesto)* s. imposto, tributo, taxa.

impugnación.- *(impujnazion)* s. impugnação, resistência.

impugnar.- *(impujnar)* v. impugnar, combater, refutar, contestar.

impulsar.- *(impulsar)* v. impulsionar, impelir, empurrar.

impulsivo.- *(impulsibo)* adj. impulsivo, impetuoso.

impulso.- *(impulso)* s. impulso, ímpeto, estímulo.

impune.- *(impune)* adj. impune.

impunidad.- *(impunidad)* s. impunidade, falta de castigo.

impureza.- *(impureza)* s. impureza, contaminação, resíduo.

impuro.- *(impuro)* adj. impuro, sujo, adulterado, contaminado.

imputar.- *(imputar)* v. imputar, atribuir alguém uma culpa, delito ou acção.

inaccesible.- *(inakzesible)* adj. inacessível, impossível.

inaceptable.- *(inazeptable)* adj. inaceitável.

inactividad.- *(inaktibidad)* s. inactividade, falta de diligência.

inactivo.- *(inaktibo)* adj. inactivo, ocioso, inerte.

inadecuado.- *(inadekuado)* adj. inadequado.

inadmisible.- *(inadmisible)* adj. inadmissível.

inagotable.- *(inagotable)* adj. inesgotável, infinito.

inaguantable.- *(inaguantable)* adj. insuportável, intolerável, insofrível.

inalterable.- *(inalterable)* adj. inalterável, permanente, fixo, invariável.

inamovible.- *(inamobible)* adj. inamovível, que não se pode deslocar.

inanición.- *(inanizion)* s. inanição, debilidade extrema por falta de alimento.

inanimado.- *(inanimado)* adj. inanimado, que não tem vida, morto.

inapetencia.- *(inapetenzia)* s. inapetência, fastio, falta de apetite.

inapreciable.- *(inapreziable)* adj. inapreciável, precioso, inestimável.

inasequible.- *(inasekible)* adj. inexequível, inatingível.

inaudito.- *(inaudito)* adj. inaudito, nunca ouvido, extraordinário.

inauguración.- *(inaugurazion)* s. inauguração, abertura, estreia.

inaugurar.- *(inaugurar)* v. inaugurar, abrir,estrear.

inca.- *(inka)* adj. inca.

incalculable.- *(inkalkulable)* adj. incalculável.

incandescente.- *(inkandeszente)* adj. incandescente, ardente.

incansable.- *(inkansable)* adj. incansável,assíduo, activo, laborioso.

incapacidad.- *(inkapazidad)* s. incapacidade.

incapacitar.- *(inkapazitar)* v. incapacitar,inabilitar.

incapaz.- *(inkapaz)* adj. incapaz, inapto, incompetente.

incautarse.- *(inkautarse)* v. expropriar, tomarposse dos bens de outra classe.

incauto.- *(inkauto)* adj. incauto, inocente,crédulo.

incendiar.- *(inzendiar)* v. incendiar, pôr fogo aalguma coisa.

incendio.- *(inzendio)* s. incêndio, fogo grandeque destrui.

incensario.- *(inzensario)* s. incensário, incensório, turíbulo.

incertidumbre.- *(inzertidumbre)* s. incerteza, hesitação, dúvida.

incesante.- *(inzesante)* adj. incessante, contínuo, ininterrupto, constante.

incesto.- *(inzesto)* s. incesto.

incidente.- *(inzidente)* adj. incidente.

incidir.- *(inzidir)* v. incidir, sobrevir, incorrer, cair numa falta ou erro.

incienso.- *(inzienso)* s. incenso, resina aromática.

incierto.- *(inzierto)* adj. incerto, duvidoso,dúbio.

incineración.- *(inzinerazion)* s. incineração.

incinerar.- *(inzinerar)* v. incinerar, reduzir a cinzas.

incisión.- *(inzision)* s. incisão, corte, fenda.

incisivo.- *(inzisibo)* adj. incisivo, cortante.

inciso.- *(inziso)* s. inciso.

incitar.- *(inzitar)* v. incitar, estimular, instigar.
inclemencia.- *(inklemenzia)* s. inclemência, rigor, severidade.
inclinación.- *(inklinazion)* s. inclinação,reverência.- propensão, declive.
inclinar.- *(inklinar)* v. inclinar, pender, curvar.
incluir.- *(inkluir)* v. incluir, abranger, conter,inserir.
inclusa.- *(inklusa)* s. orfanato, asilo para crianças abandonadas.
inclusero.- *(inklusero)* adj. criado no orfanato.
inclusión.- *(inklusion)* s. inclusão.
incógnito.- *(inkojnito)* adj. incógnito, desconhecido, anónimo.
incoherencia.- *(inkoerenzia)* s. incoerência, desordem, discrepância.
incoloro.- *(inkoloro)* adj. incolor.
incólume.- *(inkolume)* adj. incólume, são, sem lesão, intacto.
incomodar.- *(inkomodar)* v. incomodar, importunar.
incómodo.- *(inkomodo)* adj. incómodo, embaraçoso, importuno.
incomparable.- *(inkomparable)* adj. incomparável, único.
incompatible.- *(inkompatible)* adj. incompatível, contraditório.
incompetencia.- *(inkompetenzia)* s. incompetência, incapacidade.
incompleto.- *(inkompleto)* adj. incompleto, parcial.
incomprensible.- *(inkomprensible)* adj. incompreensível.
incomprensión.- *(inkomprension)* s. incomprensão.
incomunicación.- *(inkomunikazion)* s. incomunicação.
incomunicar.- *(inkomunikar)* v. incomunicar.
inconcebible.- *(inkonzebible)* adj. inconcebível, incrível, inexplicável.
incondicional.- *(inkondizional)* adj. incondicional, absoluto, sem restrições, sem condições.
inconexo.- *(inkonekso)* adj. desconexo.
inconfesable.- *(inkonfesable)* adj. inconfessável.
incongruente.- *(inkongruente)* adj. incongruente.
inconsciencia.- *(inkonszienzia)* s. inconsciência.
inconsciente.- *(inkonsziente)* adj. inconsciente.
inconsecuente.- *(inkonsekuente)* adj. inconsequente.
inconsistencia.- *(inkonsistenzia)* s. inconsistência, inconstância, incerteza.
inconsistente.- *(inkonsistente)* adj. inconsistente, inconstante, precário.
inconsolable.- *(inkonsolable)* adj. inconsolável.
inconstante.- *(inkonstante)* adj. inconstante, variável, incerto, volúvel.
incontable.- *(inkontable)* adj. incontável, inumerável, incalculável.
incontestable.- *(inkontestable)* adj. incontestável, indiscutível, irrefutável.
incontinencia.- *(inkontinenzia)* s. incontinência, incapacidade de reter fezes ou urina.
inconveniencia.- *(inkonbenienzia)* s. inconveniência, incomodidade, desconformidade.
inconveniente.- *(inkonbeniente)* adj. impróprio. / 2ª. adj. inconveniente, impróprio, inoportuno, indelicado.
incorporar.- *(inkorporar)* v. incorporar, unir, reunir, pôr em pé, tomar corpo.
incorpóreo.- *(inkorporeo)* adj. incorpóreo, imaterial, impalpável, que não tem corpo.
incorrección.- *(inkorrekzion)* s. defeito, grosseria.
incorrecto.- *(inkorrekto)* adj. incorrecto, imperfeito, com erros.
incorregible.- *(inkorrejible)* adj. incorrigível, indisci-plinado, indócil, rebelde.
incredulidad.- *(inkredulidad)* s. incredulidade, descrença, desconfiança.
incrédulo.- *(inkredulo)* adj. incrédulo, desconfiado, descrente.
increíble.- *(inkreible)* adj. incrível, fantástico, inacre-ditável.
incrementar.- *(inkrementar)* v. incrementar,aumentar, adicionar, acrescentar.
increpar.- *(inkrepar)* v. increpar, repreender com dureza e severidade, acusar.
incriminar.- *(inkriminar)* v. incriminar, acusar, recriminar, inculpar.
incruento.- *(inkruento)* adj. incruento, que não derramou sangue.
incrustar.- *(inkrustar)* v. incrustar, encravar,inserir.
incubadora.- *(inkubadora)* s. incubadora, chocadeira.
incubar.- *(inkubar)* v. incubar, chocar ovos.
inculcar.- *(inkulkar)* v. inculcar, apertar, estreitar uma coisa contra outra.
inculpar.- *(inkulpar)* v. inculpar, acusar,atribuir culpas a alguém.
inculto.- *(inkulto)* adj. inculto, sem cultivo, ignorante, rude.
incumbencia.- *(inkumbenzia)* s. incumbência, obrigação.
incumbir.- *(inkumbir)* v. incumbir, encarregar.
incumplido.- *(inkumplido)* adj. não cumprido, não levado a efeito.
incurable.- *(inkurable)* adj. incurável.
incurrir.- *(inkurrir)* v. incorrer, incidir.
incursión.- *(inkursion)* s. incursão, penetração, invasão.
indagación.- *(indagazion)* s. indagação, averiguação, investigação.
indagar.- *(indagar)* v. indagar, perguntar, pesquisar.
indebido.- *(indebido)* adj. indevido, inoportuno.
indecencia.- *(indezenzia)* s. indecência, inconveniência, grosseria.

indecente.- *(indezente)* adj. indecente, indecoroso, vergonhoso.

indecible.- *(indezible)* adj. indizível, inexprimível, inexplicável.

indeciso.- *(indeziso)* adj. indeciso, hesitante, duvidoso, dúbio, irresoluto, perplexo, vacilante.

indecoroso.- *(indekoroso)* adj. indecoroso, indecente, vergonhoso, torpe.

indefenso.- *(indefenso)* adj. indefeso, indefenso, desarmado.

indefinido.- *(indefinido)* adj. indefinido, indeterminado.

indeleble.- *(indeleble)* adj. indelével, indestrutível.

indelicadeza.- *(indelikadeza)* s. indelicadeza, grosseria, inconveniência.

indemne.- *(indemne)* adj. indemne, ileso,incólume.

indemnizar.- *(indemnizar)* v. indemnizar, compensar, ressarcir, pagar.

independencia.- *(independenzia)* s. independência, autonomia, liberdade, emancipação.

independiente.- *(independiente)* adj. independente, livre, autónomo, emancipado.

indescifrable.- *(indeszifrable)* adj. indecifrável.

indescriptible.- *(indeskriptible)* adj. indescritível.

indeterminado.- *(indeterminado)* adj. indeterminado, irresoluto, indeciso.

indiano.- *(indiano)* adj. indiano.

indicar.- *(indikar)* v. indicar, sinalizar,esclarecer, demonstrar.

indicativo.- *(indikatibo)* adj. indicativo, indicador.

índice.- *(indize)* s. índice, sinal, lista, catálogo.

indicio.- *(indizio)* s. indício, sinal, vestígio.

indiferencia.- *(indiferenzia)* s. indiferença, desinteresse, apatia, insensibilidade, frieza, negligência.

indígena.- *(indijena)* adj. indígena, autóctone.

indigencia.- *(indijenzia)* s. indigência, miséria, pobreza.

indigente.- *(indijente)* adj. indigente, pobre, mendigo.

indigestarse.- *(indijestarse)* v. não digerir.

indigestión.- *(indijestion)* s. indigestão.

indignación.- *(indijnazion)* s. indignação, revolta, raiva, ira.

indignar.- *(indijnar)* v. indignar, irritar, revoltar.

indigno.- *(indijno)* adj. indigno, desprezível, indecoroso, desonesto.

indio.- *(indio)* adj. índio.

indirecto.- *(indirekto)* adj. indirecto.

indisciplina.- *(indisziplina)* s. indisciplina, desordem, desobediência.

indiscreción.- *(indiskrezion)* s. indiscrição, imprudência, inconfidência.

indiscreto.- *(indiskreto)* adj. indiscreto,imprudente.

indiscutible.- *(indiskutible)* adj. indiscutível, incontestável.

indisoluble.- *(indisoluble)* adj. indissolúvel.

indispensable.- *(indispensable)* adj. indispensável, necessário.

indisponer.- *(indisponer)* v. indispor, incomodar, irritar, sentir falta de saúde.

indispuesto.- *(indispuesto)* adj. indisposto, quesente alteração na saúde.

indistinto.- *(indistinto)* adj. indistinto, confuso,vago, indefinido.

individual.- *(indibidual)* adj. individual,particular.

individualizar.- *(indibidualizar)* v. individualizar, particularizar.

individuo.- *(indibiduo)* s. indivíduo, pessoa, membro de uma sociedade ou corporação.

indivisible.- *(indibisible)* adj. indivisível.

indócil.- *(indozil)* adj. indócil, rebelde.

índole.- *(indole)* s. índole, temperamento,natureza e condição das coisas.

indolente.- *(indolente)* adj. indolente, negligente, preguiçoso, descuidado.

indoloro.- *(indoloro)* adj. indolor.

indomable.- *(indomable)* adj. indomável.

indómito.- *(indomito)* adj. indómito, que não

inducir.- *(induzir)* v. induzir, instigar, incitar, persuadir.

indudable.- *(indudable)* adj. indubitável, incontestável, evidente, certo.

indulgencia.- *(induljenzia)* s. indulgência, clemência, piedade, benevolência.

indulgente.- *(induljente)* adj. indulgente, benévolo.

indultar.- *(indultar)* v. indultar, perdoar, absolver, amnistiar.

indulto.- *(indulto)* s. indulto, perdão, absolvição, amnistia.

indumentaria.- *(indumentaria)* s. indumentária, traje, roupa, vestuário.

industria.- *(industria)* s. indústria, habilidade, destreza.- empresa.

inédito.- *(inedito)* adj. inédito, original, escritoe não publicado.

inefable.- *(inefable)* adj. inefável, indizível, inebriante.

ineficacia.- *(inefikazia)* s. ineficácia, inutilidade, insuficiência.

ineficaz.- *(inefikaz)* adj. ineficaz, inútil,insuficiente.

ineludible.- *(ineludible)* adj. iniludível.

inepto.- *(inepto)* adj. inapto, incapaz, incompetente, néscio, estúpido.

inequívoco.- *(inekiboko)* adj. inequívoco, evidente, óbvio.

inercia.- *(inerzia)* s. inércia, falta de acção, frouxidão, inacção.

inerte.- *(inerte)* adj. inerte, ineficaz, inútil,frouxo.

inesperado.- *(inesperado)* adj. inesperado, imprevisto.

inestable.- *(inestable)* adj. instável, inconstante, variável.
inestimable.- *(inestimable)* adj. inestimável, incalculável.
inevitable.- *(inebitable)* adj. inevitável,infalível.
inexactitud.- *(ineksaktitud)* s. inexactidão.
inexacto.- *(ineksakto)* adj. inexacto.
inexcusable.- *(inekskusable)* adj. inescusável.
inexistencia.- *(ineksistenzia)* s. inexistência, carência.
inexorable.- *(ineksorable)* adj. inexorável, implacável.
inexperiencia.- *(ineksperienzia)* s. inexperiência.
inexplicable.- *(ineksplikable)* adj. inexplicável.
inexpresivo.- *(inekspresibo)* adj. inexpressivo.
infalible.- *(infalible)* adj. infalível, seguro,certo.
infamar.- *(infamar)* v. infamar, desacreditar, desonrar.
infame.- *(infame)* adj. infame, sem crédito, sem honra, vil, abjecto, torpe, ignóbil.
infamia.- *(infamia)* s. infâmia, má fama, mau nome, desonra, maldade, vileza.
infancia.- *(infanzia)* s. infância.
infantil.- *(infantil)* adj. infantil.
infarto.- *(infarto)* s. infarto, enfarte.
infatigable.- *(infatigable)* adj. infatigável, incansável.
infatuar.- *(infatuar)* v. enfatuar, inflar,envaidecer.
infección.- *(infekzion)* s. infecção, contaminação, contágio.
infeccioso.- *(infekzioso)* adj. infeccioso,contagioso.
infectar.- *(infektar)* v. infectar, contaminar.
infecto.- *(infekto)* adj. infecto, infeccionado, contagiado.
infelicidad.- *(infelizidad)* s. infelicidade,desgraça, sorte adversa.
infeliz.- *(infeliz)* adj. infeliz, desgraçado, desventurado.
inferior.- *(inferior)* adj. inferior, ordinário,comum.
inferioridad.- *(inferioridad)* s. inferioridade.
inferir.- *(inferir)* v. inferir, deduzir, julgar,concluir.
infernal.- *(infernal)* adj. infernal, horrível, medonho.
infestar.- *(infestar)* v. infestar, assolar, empestar, contaminar.
infidelidad.- *(infidelidad)* s. infidelidade, deslealdade, traição, adultério.
infiel.- *(infiel)* adj. infiel, desleal, traidor, adúltero.
infiernillo.- *(infiernillo)* s. espiriteira, pequeño fogareiro de álcool.
infierno.- *(infierno)* s. inferno.
infiltración.- *(infiltrazion)* s. infiltração, penetração.
infiltrar.- *(infiltrar)* v. infiltrar, penetrar.
ínfimo.- *(infimo)* adj. ínfimo, último.
infinidad.- *(infinidad)* adj. infinidade, multidão de pessoas ou coisas.
infinito.- *(infinito)* adj. infinito, ilimitado.
inflación.- *(inflazion)* s. inflação.
inflamable.- *(inflamable)* adj. inflamável, de fácil combustão.
inflamación.- *(inflamazion)* s. inflamação, ardor intenso.
inflamar.- *(inflamar)* v. inflamar, acender, incendiar, afoguear.
inflar.- *(inflar)* v. inflar, inchar, encher de vento.
inflexible.- *(infleksible)* adj. inflexível, rígido, firme, obstinado.
infligir.- *(inflijir)* v. infligir, castigar.
influencia.- *(influenzia)* s. influência, poder.
influir.- *(influir)* v. influir, actuar, estimular, incutir.
influjo.- *(influjo)* s. influxo. / preamar.
influyente.- *(influyente)* adj. influente, ascendente.
información.- *(informazion)* s. informação, esclarecimento.
informal.- *(informal)* adj. informal, inconveniente, incorrecto, impontual.
informalidad.- *(informalidad)* s. informalidade, inconveniência.
informar.- *(informar)* v. informar, avisar,esclarecer.
informativo.- *(informatibo)* adj. informativo.
informe.- *(informe)* adj. disforme, irregular.
infortunio.- *(infortunio)* s. infortúnio, infelicidade, adversidade.
infracción.- *(infrakzion)* s. infracção, transgressão.
infractor.- *(infraktor)* s. infractor, contraventor.
infraestructura.- *(infraestruktura)* s. infraestrutura.
infringir.- *(infrinjir)* v. infringir, transgredir.
infundado.- *(infundado)* adj. infundado, improcedente.
infundio.- *(infundio)* s. mentira, patranha, embuste.
infundir.- *(infundir)* v. infundir, incutir,inspirar.
infusión.- *(infusion)* s. infusão.
infuso.- *(infuso)* adj. infuso.
ingeniar.- *(injeniar)* v. engenhar, maquinar.
ingeniería.- *(injenieria)* s. engenharia.
ingeniero.- *(injeniero)* s. engenheiro.
ingenio.- *(injenio)* s. engenho, máquina. / talento, habilidade.
ingenioso.- *(injenioso)* adj. engenhoso, criativo, inventivo.
ingenuidad.- *(injenuidad)* s. ingenuidade, inexperiência, inocência.
ingenuo.- *(injenuo)* adj. ingénuo, inocente,sincero, cândido, singelo.
ingerencia.- *(injerenzia)* s. ingerência, intervenção.
ingerir.- *(injerir)* v. ingerir.
ingestión.- *(injestion)* s. ingestão, deglutição.
ingle.- *(ingle)* s. virilha.
inglés.- *(ingles)* adj. inglês.
ingobernable.- *(ingobernable)* adj. ingovernável.
ingratitud.- *(ingratitud)* s. ingratidão, desagradecimento.

ingrato.- *(ingrato)* adj. ingrato, desagradecido.
ingrediente.- *(ingrediente)* s. ingrediente, componente.
ingresar.- *(ingresar)* v. ingressar, entrar, internar-se no hospital, alistar-se.
ingreso.- *(ingreso)* s. ingresso, entrada,admissão.
inhábil.- *(inabil)* adj. inábil, inapto, incapaz.
inhabilitar.- *(inabilitar)* v. desabilitar,desqualificar.
inhabitable.- *(inabitable)* adj. inabitável.
inhalar.- *(inalar)* v. inalar, aspirar, cheirar.
inherente.- *(inerente)* adj. inerente, inseparável.
inhibición.- *(inibizion)* adj. inibição,impedimento.
inhibir.- *(inibir)* v. inibir, suspender,bloquear.
inhumacion.- *(inumazion)* s. inumação, enterramento, sepultamento.
inhumar.- *(inumar)* v. inumar, enterrar,sepultar.
iniciación.- *(iniziazion)* s. iniciação, admissão, introdução.
inicial.- *(inizial)* adj. inicial, inaugural.
iniciar.- *(iniziar)* v. iniciar, começar,inaugurar, estrear, fundar,empreender.
iniciativa.- *(iniziatiba)* s. iniciativa, expediente.
inicio.- *(inizio)* s. início, começo, principio.
inicuo.- *(inikuo)* adj. iníquo, injusto, perverso, malvado.
inimaginable.- *(inimajinable)* adj. inimaginável.
ininteligible.- *(inintelijible)* adj. ininteligível incompreensível.
iniquidad.- *(inikidad)* s. iniquidade, maldade,grande injustiça.
injertar.- *(injertar)* v. enxertar.
injerto.- *(injerto)* s. enxerto.
injuria.- *(injuria)* s. injúria, ultraje, ofensa.
injuriar.- *(injuriar)* v. injuriar, ultrajar, ofender, insultar, menoscabar, vituperar.
injusticia.- *(injustizia)* s. injustiça, iniquidade.
injusto.- *(injusto)* adj. injusto.
inmaculado.- *(inmakulado)* adj. imaculado, puro, sagrado.
inmanente.- *(inmanente)* adj. imanente, inseparável.
inmaterial.- *(inmaterial)* adj. imaterial, incorpóreo.
inmaturo.- *(inmaturo)* adj. imaturo, infantil, prematuro
inmediación.- *(inmediazion)* s. imediação, vizinhança, proximidade.
inmediato.- *(inmediato)* adj. imediato, próximo, instantâneo.
inmejorable.- *(inmejorable)* adj. que não se pode melhorar.
inmensidad.- *(inmensidad)* s. imensidade, imensidão, vastidão, amplidão.
inmenso.- *(inmenso)* adj. imenso, infinito,ilimitado.
inmersión.- *(inmersion)* s. imersão, mergulho.
inmerso.- *(inmerso)* adj. imerso, submerso.
inmigración.- *(inmigrazion)* s. imigração.
inmigrante.- *(inmigrante)* adj. imigrante.
inmigrar.- *(inmigrar)* v. imigrar.
inminente.- *(inminente)* adj. iminente, pendente.
inmiscuir.- *(inmiskuir)* v. imiscuir, misturar, intrometer.
inmobiliaria.- *(inmobiliaria)* s. imobiliária.
inmodesto.- *(inmodesto)* adj. imodesto.
inmolar.- *(inmolar)* v. imolar, sacrificar.
inmoral.- *(inmoral)* adj. imoral, indecente, desonesto.
inmortal.- *(inmortal)* adj. imortal, eterno,perpétuo.
inmortalizar.- *(inmortalizar)* v. imortalizar, perpetuar
inmóvil.- *(inmobil)* adj. imóvel, fixo, parado.
inmovilismo.- *(inmobilismo)* s. imobilismo.
inmovilizado.- *(inmobilizado)* s. imobilizado.
inmovilizar.- *(inmobilizar)* v. imobilizar,paralisar.
inmueble.- *(inmueble)* s. imóvel, propriedade, bens de raiz.
inmundicia.- *(inmundizia)* s. imundície, sujeira,lixo, porcaria.
inmundo.- *(inmundo)* adj. imundo, sujo,asqueroso.
inmune.- *(inmune)* adj. imune, isento.
inmunidad.- *(inmunidad)* s. imunidade,privilegio.
inmunizar.- *(inmunizar)* v. imunizar.
inmutable.- *(inmutable)* adj. imutável, firme, inalterável.
inmutar.- *(inmutar)* v. alterar, transmudar,variar ou mudar as coisas.
innato.- *(innato)* adj. inato, inerente,congénito.
innegable.- *(innegable)* adj. inegável,indiscutível.
innoble.- *(innoble)* adj. ignóbil, vil,desprezível.
innovación.- *(innobazion)* s. inovação,renovação.
innovador.- *(innobador)* adj. inovador,renovador.
innovar.- *(innobar)* v. inovar, renovar.
innumerable.- *(innumerable)* adj. inumerável, incontável, infinito.
inocencia.- *(inozenzia)* s. inocência, pureza ,ingenuidade, simplicidade.
inocentada.- *(inozentada)* s. acção ou palavra inocente. / engano ridículo.
inocente.- *(inozente)* adj. inocente, ingénuo.
inocular.- *(inokular)* v. inocular, contagiar.
inocuo.- *(inokuo)* adj. inócuo, inofensivo.
inodoro.- *(inodoro)* adj. inodoro.
inofensivo.- *(inofensibo)* adj. inofensivo, inocente, que não faz mal, que não incomoda.
inolvidable.- *(inolbidable)* adj. inolvidável, inesquecível.
inoperante.- *(inoperante)* adj. inoperante, incompetente.
inopia.- *(inopia)* s. pobreza, indigência.
inopinado.- *(inopinado)* adj. inopinado,imprevisto.
inoportuno.- *(inoportuno)* adj. inoportuno, inconveniente.
inorgánico.- *(inorganiko)* adj. inorgânico.

inoxidable.- *(inoksidable)* adj. inoxidável.
inquebrantable.- *(inkebrantable)* adj. inquebrantável, inflexível.
inquietar.- *(inkietar)* v. inquietar, perturbar, tirar o sossego.
inquieto.- *(inkieto)* adj. inquieto, desassossegado.
inquietud.- *(inkietud)* s. inquietação, inquietude, desassossego,excitação, comoção.
inquilino.- *(inkilino)* adj. inquilino, arrendatário, locatário.
inquina.- *(inkina)* s. aversão, antipatia, má vontade.
inquirir.- *(inkirir)* v. inquirir, perguntar, indagar, investigar, informar.
inquisición.- *(inkisizion)* s. inquisição, averiguação.
inquisidor.- *(inkisidor)* s. inquisidor.
insaciable.- *(insaziable)* adj. insaciável, ávido.
insalivación.- *(insalibazion)* s. insalivação.
insalivar.- *(insalibar)* v. insalivar, impregnar de saliva.
insalubre.- *(insalubre)* adj. insalubre, doentio.
insano.- *(insano)* adj. insano, louco, demente.
insatisfecho.- *(insatisfecho)* adj. insatisfeito.
inscribir.- *(inskribir)* v. inscrever, gravar, registrar, anotar.
inscripción.- *(inskripzion)* s. inscrição de letreiro, gravação, registro.
inscrito.- *(inskrito)* adj. inscrito, gravado, registrado.
insecticida.- *(insektizida)* s. insecticida.
insecto.- *(insekto)* s. insecto.
inseguro.- *(inseguro)* adj. inseguro, instável, vacilante.
inseminación.- *(inseminazion)* s. inseminação, fecundação.
inseminar.- *(inseminar)* v. inseminar, fecundar.
insensatez.- *(insensatez)* s. insensatez, falta de razão.
insensato.- *(insensato)* adj. insensato.
insensibilidad.- *(insensibilidad)* adj. insensibilidade.
insensibilizar.- *(insensibilizar)* v. insensibilizar.
insensible.- *(insensible)* adj. insensível, indiferente.
inseparable.- *(inseparable)* adj. inseparável, indivisível.
inserción.- *(inserzion)* s. inserção, introdução, inclusão.
insertar.- *(insertar)* v. inserir, incluir, entremear.
inservible.- *(inserbible)* adj. inservível, inútil.
insidia.- *(insidia)* s. insídia, cilada.
insigne.- *(insijne)* adj. insigne, notável,eminente, célebre, famoso.
insignia.- *(insijnia)* s. insígnia, sinal, emblema.
insignificancia.- *(insijnifikanzia)* s. insignificância, ninharia, inutilidade.
insignificante.- *(insijnifikante)* adj. insignificante, medíocre.
insinuación.- *(insinuazion)* s. insinuação, sugestão.
insinuar.- *(insinuar)* v. insinuar.
insípido.- *(insipido)* adj. insípido.
insistencia.- *(insistenzia)* s. insistência, perseverança, persistência.
insistir.- *(insistir)* v. insistir, persistir, prosseguir.
insociable.- *(insoziable)* adj. insociável, intratável, misantropo.
insolación.- *(insolazion)* s. insolação.
insolencia.- *(insolenzia)* s. insolência, atrevimento, audácia.
insolente.- *(insolente)* adj. insolente, atrevido, grosseiro.
insólito.- *(insolito)* adj. insólito, extraordinário, incrível.
insoluble.- *(insoluble)* adj. insolúvel.
insolvencia.- *(insolbenzia)* s. insolvência, falência.
insolvente.- *(insolbente)* adj. insolvente, falido.
insomnio.- *(insomnio)* s. insónia.
insondable.- *(insondable)* adj. insondável, impenetrável.
insoportable.- *(insoportable)* adj. insuportável, intolerável.
insostenible.- *(insostenible)* adj. insustentável.
inspección.- *(inspekzion)* s. inspecção, exame, reconhecimento, controlo.
inspeccionar.- *(inspekzionar)* v. inspeccionar, examinar atentamente.
inspector.- *(inspektor)* adj. inspector, fiscal.
inspiración.- *(inspirazion)* s. inspiração.
inspirar.- *(inspirar)* v. inspirar.
instalación.- *(instalazion)* s. instalação.
instalar.- *(instalar)* v. instalar, alojar.
instancia.- *(instanzia)* s. instancia.
instantáneo.- *(instantaneo)* adj. instantâneo, súbito, rápido.
instante.- *(instante)* s. instante, momento.
instar.- *(instar)* v. instar, insistir, pedir urgentemente.
instauración.- *(instaurazion)* s. instauração.
instaurar.- *(instaurar)* v. instaurar, restabelecer, renovar, restaurar.
instigación.- *(instigazion)* s. instigação.
instigar.- *(instigar)* v. instigar, incitar, induzir, açular.
instilar.- *(instilar)* v. instilar.
instintivo.- *(instintibo)* adj. instintivo, espontâneo.
instinto.- *(instinto)* s. instinto, impulso.
institución.- *(instituzion)* s. instituição, fundação, organização.
institucional.- *(instituzional)* adj. institucional.
instituir.- *(instituir)* v. instituir, fundar, criar, estabelecer, constituir.
instituto.- *(instituto)* s. instituto.
instrucción.- *(instrukzion)* s. instrução, ensino, educação.
instructor.- *(instruktor)* s. instrutor.
instruir.- *(instruir)* v. instruir, ensinar, doutrinar, adestrar.

instrumental.- *(instrumental)* adj. instrumental / s. instrumental, conjunto de instrumentos.
instrumentar.- *(instrumentar)* v. instrumentar.
instrumento.- *(instrumento)* s. instrumento.
insubordinación.- *(insubordinazion)* s. insubordinação, desacato, rebeldia, indisciplina.
insubordinar.- *(insubordinar)* v. insubordinar, desacatar, rebelar-se.
insuficiencia.- *(insufizienzia)* s. insuficiência, escassez, deficiência, incapacidade.
insuficiente.- *(insufiziente)* adj. insuficiente, incapaz, inapto, ignorante.
insuflar.- *(insuflar)* v. insuflar.
insufrible.- *(insufrible)* adj. insofrível.
insulso.- *(insulso)* adj. insulso, insosso, insípido, desenxabido.
insultar.- *(insultar)* v. insultar, ultrajar, ofender.
insulto.- *(insulto)* s. insulto, ultraje, injúria, afronta.
insuperable.- *(insuperable)* adj. insuperável, invencível.
insurgente.- *(insurjente)* adj. insurgente, rebelde.
insurrección.- *(insurrekzion)* s. insurreição, rebelião, revolta.
insurrecto.- *(insurrekto)* adj. insurrecto,
insustituible.- *(insustituible)* adj. insubstituível.
intachable.- *(intachable)* adj. irrepreensível, perfeito.
intacto.- *(intakto)* adj. intacto, ileso, inteiro.
intangible.- *(intanjible)* adj. intangível.
integración.- *(integrazion)* s. integração.
integral.- *(integral)* adj. integral, total, inteiro.
íntegramente.- *(integramente)* adv. integralmente, totalmente, inteiramente.
integrar.- *(integrar)* v. integrar, participar, reintegrar.
integridad.- *(integridad)* s. integridade, austeridade.
íntegro.- *(integro)* adj. íntegro, completo, perfeito.
intelecto.- *(intelekto)* s. intelecto,
intelectual.- *(intelektual)* adj. intelectual, pessoa inteligente e culta.
inteligencia.- *(intelijenzia)* s. inteligência.
inteligente.- *(intelijente)* adj. inteligente, instruído, sábio, culto.
intemperancia.- *(intemperanzia)* s. intemperança, glutonaria.
intemperie.- *(intemperie)* s. intempérie, perturbação atmosférica.
intempestivo.- *(intempestibo)* adj. intempestivo, inoportuno.
intención.- *(intenzion)* s. intenção, propósito.
intencionado.- *(intenzionado)* adj. intencionado, deliberado.
intendencia.- *(intendenzia)* s. intendência.
intendente.- *(intendente)* s. intendente, administrador.
intensidad.- *(intensidad)* s. intensidade.
intensificar.- *(intensifikar)* v. intensificar.
intensivo.- *(intensibo)* adj. intensivo, intenso.
intenso.- *(intenso)* adj. intenso, enérgico.
intentar.- *(intentar)* v. intentar, projectar.
interacción.- *(interakzion)* s. interacção.
intercalar.- *(interkalar)* v. intercalar, interpor.
intercambio.- *(interkambio)* s. intercâmbio, troca.
interceder.- *(interzeder)* v. interceder, intervir, intermediar.
interceptar.- *(interzeptar)* v. interceptar, interromper.
interdicción.- *(interdikzion)* s. interdição, proibição.
interdicto.- *(interdikto)* adj. interditado, interdito.
interés.- *(interes)* s. interesse, proveito, vantagem, grande empenho, atenção.
interesado.- *(interesado)* adj. interessado.
interesante.- *(interesante)* adj. interessante, atraente.
interesar.- *(interesar)* v. interessar, atrair.
interferencia.- *(interferenzia)* s. interferência.
interferir.- *(interferir)* v. interferir, intervir.
interino.- *(interino)* adj. interino, temporário.
interior.- *(interior)* adj. interior, interno, íntimo.
interjección.- *(interjekzion)* s. interjeição, exclamação.
interlocutor.- *(interlokutor)* s. interlocutor.
interludio.- *(interludio)* s. interlúdio.
intermediar.- *(intermediar)* v. intermediar, intervir.
intermediario.- *(intermediario)* adj. intermediário, mediador.
intermedio.- *(intermedio)* adj. intermédio.
intermedio.- *(intermedio)* s. intermédio, entreacto, intervalo.
interminable.- *(interminable)* adj. interminável, inacabável, demorado.
internacional.- *(internazional)* adj. internacional.
internado.- *(internado)* adj. internado, hospitalizado.
internar.- *(internar)* v. internar.
interno.- *(interno)* adj. interno. / s. interno, aluno interno, pessoa que vive em instituição.
interpelar.- *(interpelar)* v. interpelar, interrogar, perguntar.
interplanetario.- *(interplanetario)* adj. interplanetário.
interpolar.- *(interpolar)* v. interpolar, alternar, intercalar.
interponer.- *(interponer)* v. interpor, intervir,mediar.
interpretación.- *(interpretazion)* s. interpretação.
interpretar.- *(interpretar)* v. interpretar, traduzir, esclarecer.
intérprete.- *(interprete)* s. intérprete, tradutor.
interrogación.- *(interrogazion)* s. interrogação, pergunta.
interrogar.- *(interrogar)* v. interrogar, perguntar, inquirir.

interrogatorio.- *(interrogatorio)* s. interrogatório, questionário.
interrumpir.- *(interrumpir)* v. interromper, deter, impedir.
interrupción.- *(interrupzion)* s. interrupção, suspensão.
interruptor.- *(interruptor)* s. interruptor de luz e de aparelhos eléctricos.
intersección.- *(intersekzion)* s. intersecção.
intertropical.- *(intertropikal)* adj. intertropical.
interurbano.- *(interurbano)* adj. interurbano.
intervalo.- *(interbalo)* s. intervalo, intermitência.
intervención.- *(interbenzion)* s. intervenção, intromissão.
intervenir.- *(interbenir)* v. intervir, operar, sobrevir, ocorrer, acontecer.
interventor.- *(interbentor)* s. interventor.
intestino.- *(intestino)* s. intestino.
intimación.- *(intimazion)* s. intimação, notificação.
intimar.- *(intimar)* v. intimar, notificar, tornar-se íntimo, familiarizar-se.
intimidad.- *(intimidad)* s. intimidade, familiaridade.
intimidar.- *(intimidar)* v. intimidar, atemorizar, assustar.
íntimo.- *(intimo)* adj. íntimo, interior eprofundo, interno, cordial,
intocable.- *(intokable)* adj. intocável, inacessível.
intolerable.- *(intolerable)* adj. intolerável.
intolerancia.- *(intoleranzia)* s. intolerância, violência.
intoxicación.- *(intoksikazion)* s. intoxicação, envenenamento.
intoxicar.- *(intoksikar)* v. intoxicar.
intraducible.- *(intraduzible)* adj. intraduzível.
intranquilidad.- *(intrankilidad)* s. intranquilidade, desassossego, inquietação.
intranquilizar.- *(intrankilizar)* v. intranquilizar, desassossegar, inquietar.
intranquilo.- *(intrankilo)* adj. intranquilo, inquieto.
intransferible.- *(intransferible)* adj. intransferível, inalienável.
intransigente.- *(intransijente)* adj. intransigente, intolerante.
intransitable.- *(intransitable)* adj. intransitável.
intransitivo.- *(intransitibo)* adj. intransitivo.
intratable.- *(intratable)* adj. intratável, impraticável, rude, áspero.
intrepidez.- *(intrepidez)* s. intrepidez, arrojo, coragem.
intrépido.- *(intrepido)* adj. intrépido, audaz.
intriga.- *(intriga)* s. intriga, enredo oculto, mexerico, bisbilhotice.
intrigante.- *(intrigante)* adj. intrigante,bisbilhoteiro.
intrigar.- *(intrigar)* v. intrigar.
intrincado.- *(intrinkado)* adj. intrincado, complicado, confuso.
intrínseco.- *(intrinseko)* adj. intrínseco, essencial.
introducción.- *(introdukzion)* s. introdução, apresentação, admissão.
introducir.- *(introduzir)* v. introduzir, dar entrada.
intromisión.- *(intromision)* s. intromissão, ingerência.
introspectivo.- *(introspektibo)* adj. introspectivo, introvertido.
introversión.- *(introbersion)* s. introversão, recolhimento.
introvertido.- *(introbertido)* adj. introvertido, intros-pectivo, fechado, absorto.
intrusión.- *(intrusion)* s. intrusão, intromissão.
intruso.- *(intruso)* adj. intruso, intrometido.
intubación.- *(intubazion)* s. entubagem.
intuición.- *(intuizion)* s. intuição, pressentimento, percepção.
intuir.- *(intuir)* v. intuir, pressentir.
inundación.- *(inundazion)* s. inundação, alagamento.
inundar.- *(inundar)* v. inundar, alagar.
inusitado.- *(inusitado)* adj. inusitado, extraordinário.
inútil.- *(inutil)* adj. inútil, desnecessário, ineficaz.
inutilidad.- *(inutilidad)* s. inutilidade, incapacidade.
inutilizar.- *(inutilizar)* v. inutilizar, anular, invalidar.
invadir.- *(inbadir)* v. invadir, ocupar.
invalidar.- *(inbalidar)* v. invalidar, inutilizar.
inválido.- *(inbalido)* adj. inválido, doente, nulo.
invariable.- *(inbariable)* adj. invariável, constante, firme.
invasión.- *(inbasion)* s. invasão, incursão, propagação.
invasor.- *(inbasor)* s. invasor.
invectiva.- *(inbektiba)* s. invectiva.
invencible.- *(inbenzible)* adj. invencível, irresistível.
invención.- *(inbenzion)* s. invenção.
inventar.- *(inbentar)* v. inventar, criar, descobrir.
inventario.- *(inbentario)* s. inventário.
inventiva.- *(inbentiba)* s. inventiva,imaginação.
invento.- *(inbento)* s. invento, invenção.
inventor.- *(inbentor)* s. inventor.
invernada.- *(inbernada)* s. invernada.
invernar.- *(inbernar)* v. invernar.
inverosímil.- *(inberosimil)* adj. inacreditável.
inversión.- *(inbersion)* s. inversão.
inverso.- *(inberso)* adj. invertido, inverso, alterado.
invertebrado.- *(inbertebrado)* adj. invertebrado.
invertir.- *(inbertir)* v. inverter.
investigación.- *(inbestigazion)* s. investigação, averiguação, pesquisa.
investigar.- *(inbestigar)* v. investigar, averiguar.
investir.- *(inbestir)* v. investir, aplicar.
inveterado.- *(inbeterado)* adj. inveterado, entranhado, arraigado, muito antigo.
invicto.- *(inbikto)* adj. invicto, invencível,
invierno.- *(inbierno)* s. inverno.

inviolable.- *(inbiolable)* adj. inviolável.
invisible.- *(inbisible)* adj. invisível.
invitación.- *(inbitazion)* s. convite.
invitado.- *(inbitado)* s. convidado.
invitar.- *(inbitar)* v. convidar, pedir gentilmente, solicitar.
invocar.- *(inbokar)* v. invocar, chamar.
involucrar.- *(inbolukrar)* v. envolver, intercalar.
invulnerable.- *(inbulnerable)* adj. invulnerável, inatacável.
inyección.- *(inyekzion)* s. injecção.
inyectar.- *(inyektar)* v. injectar.
ir.- *(ir)* v. ir, dirigir-se, seguir, progredir.
ira.- *(ira)* s. ira, cólera, raiva, fúria.
iris.- *(iris)* s. íris.
irisar.- *(irisar)* v. irisar, iriar.
irlandés.- *(irlandes)* adj. irlandês.
ironía.- *(ironia)* s. ironia, sarcasmo, zombaria.
irónico.- *(ironiko)* adj. irónico, sarcástico.
irracional.- *(irrazional)* adj. irracional.
irradiar.- *(irradiar)* v. irradiar, propagar.
irreal.- *(irreal)* adj. irreal, imaginário.
irrebatible.- *(irrebatible)* adj. irrefutável.
irreconciliable.- *(irrekonziliable)* adj. irreconciliável.
irrecusable.- *(irrekusable)* adj. irrecusável.
irreductible.- *(irreduktible)* adj. irreduzível, irredutível.
irreflexivo.- *(irrefleksibo)* adj. irreflexivo.
irregular.- *(irregular)* adj. irregular, desigual.
irremediable.- *(irremediable)* adj. irremediável, inevitável.
irreparable.- *(irreparable)* adj. irreparável, irremediável.
irreprochable.- *(irreprochable)* adj. irrepreensível, incensurável, impecável.
irresistible.- *(irresistible)* adj. irresistível.
irrespetuoso.- *(irrespetuoso)* adj. desrespeitador, irrespeituoso, irreverente.
irrespirable.- *(irrespirable)* adj. irrespirável.
irresponsabilidad.- *(irresponsabilidad)* s. irresponsabilidade.
irresponsable.- *(irresponsable)* adj. irresponsável.
irreverencia.- *(irreberenzia)* s. irreverência.
irrevocable.- *(irrebokable)* adj. irrevogável, irrevocável.
irrigación.- *(irrigazion)* s. irrigação.
irrigar.- *(irrigar)* v. irrigar, fazer irrigações.
irrisorio.- *(irrisorio)* adj. irrisório.
irritar.- *(irritar)* v. irritar, encolerizar.
irrumpir.- *(irrumpir)* v. irromper, invadir.
irrupción.- *(irrupzion)* s. irrupção.
isla.- *(isla)* s. ilha.
islámico.- *(islamiko)* adj. islâmico.
islamismo.- *(islamismo)* s. islamismo.
islandés.- *(islandes)* adj. islandês.
isleño.- *(isleño)* adj. ilhéu.
israelí.- *(israeli)* adj. israelita, hebreu, judeu.
italiano.- *(italiano)* adj. italiano.
itinerario.- *(itinerario)* s. itinerário, caminho, roteiro.
izar.- *(izar)* v. içar, levantar, erguer.
izquierdo.- *(izkierdo)* adj. esquerdo, canhoto.

J

j.- *(jota)* s. décima letra do alfabeto espanhol.

jabalí.- *(jabali)* s. javali.

jabalina.- *(jabalina)* s. azagaia, dardo. / fêmea do javali.

jabardillo.- *(jabardillo)* s. enxame, multidão de insectos ou pássaros.

jabato.- *(jabato)* s. javalizinho, porquinho-montês, cria do javali.

jabón.- *(jabon)* s. sabão.

jabonar.- *(jabonar)* v. ensaboar.

jaboncillo.- *(jabonzillo)* s. sabonete, pasta de sabão aromatizado, giz de alfaiate.

jabonera.- *(jabonera)* s. saboneteira.

jabonoso.- *(jabonoso)* adj. saponáceo.

jaca.- *(jaka)* s. faca, cavalo ou égua pequenos.

jacinto.- *(jazinto)* s. jacinto.

jacobino.- *(jakobino)* adj. jacobino.

jactancia.- *(jaktanzia)* s. jactância, vaidade, arrogância.

jactancioso.- *(jaktanzioso)* adj. jactancioso.

jactarse.- *(jaktarse)* v. jactar-se, vangloriar-se, gabar-se, ufanar-se.

jaculatoria.- *(jakulatoria)* s. jaculatória, oração breve e fervorosa.

jade.- *(jade)* s. jade.

jadeante.- *(jadeante)* adj. ofegante, arquejante.

jadear.- *(jadear)* v. arquejar, ofegar.

jadeo.- *(jadeo)* s. arquejo.

jaez.- *(jaez)* s. jaez.

jaguar.- *(jaguar)* s. jaguar, onça pintada.

jaguey.- *(jagey)* s. lago, cova ou depósito grande para recolher água.

jalea.- *(jalea)* s. geléia.

jalear.- *(jalear)* v. animar, aplaudir, incitar, açular os cães.

jaleco.- *(jaleko)* s. jaleco, jaqueta turca.

jaleo.- *(jaleo)* s. animação, algazarra.

jalón.- *(jalon)* s. baliza, bandeirola, estaca usada em agrimensura.

jalonar.- *(jalonar)* v. limitar, alinhar, balizar.

jamaicano.- *(jamaikano)* adj. jamaicano.

jamás.- *(jamas)* adv. jamais, nunca, em nenhum tempo.

jamba.- *(jamba)* s. jamba, ombreira de porta ou de janela.

jamelgo.- *(jamelgo)* s. sendeiro, cavalo magro e esfomeado.

jamón.- *(jamon)* s. presunto.

japonés.- *(japones)* adj. japonês.

jaque.- *(jake)* s. xeque, xeque-mate.

jaqueca.- *(jakeka)* s. enxaqueca.

jarabe.- *(jarabe)* s. xarope.

jarana.- *(jarana)* s. algazarra, gritaria.

jaranear.- *(jaranear)* v. brigar, provocar desordem.

jardín.- *(jardin)* s. jardim.

jardinera.- *(jardinera)* s. jardineira, suporte para vasos e plantas.

jardinería.- *(jardineria)* s. jardinagem.

jardinero.- *(jardinero)* s. jardineiro.

jarifo.- *(jarifo)* adj. belo, bem adornado, bem preparado, vistoso, bem ataviado.

jarra.- *(jarra)* s. jarra.

jarrete.- *(jarrete)* s. jarreta.

jarro.- *(jarro)* s. jarro.

jarrón.- *(jarron)* s. jarrão, vaso artístico.

jaspe.- *(jaspe)* s. jaspe.

jaula.- *(jaula)* s. gaiola, jaula.

jauría.- *(jauria)* s. matilha, grupo de cães de caça.

javanés.- *(jabanes)* adj. javanês.

jazmín.- *(jazmin)* s. jasmim.

jefatura.- *(jefatura)* s. chefatura.

jefe.- *(jefe)* s. chefe.

jeito.- *(jeito)* s. rede usada para a pesca da anchova e da sardinha.

jengibre.- *(jenjibre)* s. gengibre.

jeque.- *(jeke)* s. xeque, governador muçulmano.

jerarquia.- *(jerarkia)* s. hierarquia.

jerárquico.- *(jerarkiko)* adj. hierárquico.

jerga.- *(jerga)* s. geringonça, gíria, calão, linguagem difícil de entender. / 2ª. s. xerga, espécie de burel, tecido grosso.

jerigonza.- *(jerigonza)* s. geringonça.

jeringa.- *(jeringa)* s. seringa.

jeroglífico.- *(jeroglifiko)* s. hieróglifo.

jersey.- *(jersey)* s. casaquinho de agasalho feito de malha.

jesuíta.- *(jesuita)* adj. jesuíta.

jeta.- *(jeta)* s. beiçada, beiços grossos e caídos.

jíbaro.- *(jibaro)* adj. índio, camponês, rústico.

jibia.- *(jibia)* s. siba.

jícara.- *(jikara)* s. xícara, chávena.

jilguero.- *(jilgero)* s. pintassilgo.

jinete.- *(jinete)* s. ginete, cavaleiro armado, cavaleiro.

jira.- *(jira)* s. piquenique.

jirafa.- *(jirafa)* s. girafa.

jirón.- *(jiron)* s. barra, debrum de roupa, farrapo.

jockey.- *(jokey)* s. jóquei.

jocoso.- *(jokoso)* adj. jocoso, engraçado, divertido.

jornada.- *(jornada)* s. jornada, caminho que se anda em um dia.

jornal.- *(jornal)* s. jornal, salário que ganha o trabalhador por dia.
jornalero.- *(jornalero)* s. jornaleiro, a quem se paga jornal.
joroba.- *(joroba)* s. corcunda, corcova.
jorobar.- *(jorobar)* v. importunar, molestar.
jota.- *(jota)* s. dança popular espanhola.
joven.- *(joben)* adj. jovem, moço.
jovial.- *(jobial)* adj. jovial, engraçado, alegre, brinca-lhão.
jovialidad.- *(jobialidad)* s. jovialidade, alegria.
joya.- *(joya)* s. jóia.
joyería.- *(joyeria)* s. joalharia.
joyero.- *(joyero)* s. joalheiro.
juanete.- *(juanete)* s. joanete.
jubilación.- *(jubilazion)* s. aposentadoria.
jubilado.- *(jubilado)* adj. aposentado.
jubilar.- *(jubilar)* v. aposentar.
jubileo.- *(jubileo)* s. jubileu.
júbilo.- *(jubilo)* s. júbilo, alegria.
jubiloso.- *(jubiloso)* adj. jubiloso, cheio de alegria.
jubón.- *(jubon)* s. gibão.
judaísmo.- *(judaismo)* s. judaísmo.
judas.- *(judas)* s. judas, traidor.
judería.- *(juderia)* s. judiaria, bairro de judeus.
judia.- *(judia)* s. judia, feijão.
judicatura.- *(judikatura)* s. judicatura, exercício de julgar.
judicial.- *(judizial)* adj. judicial, forense, legal.
judío.- *(judio)* adj. judeu, hebreu, semita.
juego.- *(juego)* s. jogo.
juerga.- *(juerga)* s. diversão, brincadeira.
jueves.- *(juebes)* s. quinta-feira.
juez.- *(juez)* s. juiz, árbitro.
jugada.- *(jugada)* s. jogada.
jugar.- *(jugar)* v. jogar, brincar.
jugarreta.- *(jugarreta)* s. jogada mal feita.- velhacada.
jugo.- *(jugo)* s. suco, sumo, seiva.
jugoso.- *(jugoso)* adj. suculento.
juguete.- *(jugete)* s. brinquedo.
juguetear.- *(jugetear)* v. brincar.
jugueteo.- *(jugeteo)* s. brincadeira, brinquedo.
juguetería.- *(jugeteria)* s. loja de brinquedos.
juguetón.- *(jugeton)* adj. brincalhão, jovial.
juicio.- *(juizio)* s. juízo. / prudência, sensatez.
julio.- *(julio)* s. julho.
jumento.- *(jumento)* s. jumento, asno.
junco.- *(junko)* s. junco, bengala.
junio.- *(junio)* s. junho.
junior.- *(junior)* adj. júnior.
junta.- *(junta)* s. junta, articulação, acção, reunião, assembleia, congresso. / v. juntar, tinir, reunir.
junto.- *(junto)* adj. junto, unido, próximo.
juntura.- *(juntura)* s. juntura, comissura, junção, articulação.
jura.- *(jura)* s. jura, juramento.
jurado.- *(jurado)* s. jurado, tribunal.
juramentar.- *(juramentar)* v. juramentar.
juramento.- *(juramento)* s. juramento.
jurar.- *(jurar)* v. jurar, declarar solenemente.
jurídico.- *(juridiko)* adj. jurídico, legal.
jurisdicción.- *(jurisdikzion)* s. jurisdição, competência.
jurisprudencia.- *(jurisprudenzia)* s. jurisprudência.
jurista.- *(jurista)* s. jurista.
justicia.- *(justizia)* s. justiça, direito, equidade.
justiciero.- *(justiziero)* s. justiceiro.
justificación.- *(justifikazion)* s. justificação, desculpa, defesa, álibi.
justificar.- *(jurajustifikar)* v. justificar, provar.
justipreciar.- *(justipreziar)* v. avaliar, fixar um preço justo.
justo.- *(justo)* adj. justo, imparcial.
juvenil.- *(juvenil)* adj. juvenil.
juventud.- *(jubentud)* s. juventude, mocidade.
juzgado.- *(juzgado)* s. juízo, tribunal.
juzgar.- *(juzgar)* v. julgar, deliberar, sentenciar. / arbitrar.

K

k.- *(k)* s. décima primeira letra do alfabeto espanhol.
kan.- *(kan)* s. cão, príncipe ou chefe entre os Tártaros.
kantismo.- *(kantismo)* s. kantismo, sistema filosófico ideado por Kant no século XVIII.
kéfir.- *(kefir)* s. leite fermentada artificialmente.
kermés.- *(kermes)* s. quermesse.
keroseno.- *(keroseno)* s. querosene.
kilo.- *(kilo)* s. quilo, abreviatura de quilograma.
kilogramo.- *(kilogramo)* s. quilograma, peso de mil gramas.
kilometraje.- *(kilometraje)* s. quilometragem.
kilométrico.- *(kilometriko)* adj. quilométrico, pertencente ou relativo ao quilómetro.
kilómetro.- *(kilometro)* s. quilómetro, que tem mil metros.
kilovatio.- *(kilobatio)* s. quilovate ou quilovátio, equivale a mil vates.
kimono.- *(kimono)* s. quimono.
kiosco.- *(kiosko)* s. quiosque.
kirie.- *(kirie)* s. kírie, parte da missa em que se invoca três vezes Deus.
kurdo.- *(kurdo)* adj. curdo.

L

l.- *(l)* s. décima segunda letra do alfabeto espanhol.

la.- *(la)* art. artigo definido género feminino e número singular. / s. lá, sexta nota musical.

lábaro.- *(labaro)* s. lábaro, guião ou estandarte dos exércitos romanos.

laberíntico.- *(laberintiko)* adj. labiríntico.

laberinto.- *(laberinto)* s. labirinto.

labia.- *(labia)* s. lábia, manha, astúcia, graça no falar.

labio.- *(labio)* s. lábio.

labor.- *(labor)*s. labor, trabalho. / bordado, lavoura.

laborar.- *(laborar)* v. trabalhar, lavrar, cultivar, bordar, costurar.

laboratorio.- *(laboratorio)* s. laboratório.

laborear.- *(laborear)* v. trabalhar, lavrar, escavar.

laboreo.- *(laboreo)* s. lavra, cultivo de terra, lavoura.

laboriosidad.- *(laboriosidad)* s. laboriosidade, afinco, apego ao trabalho.

laborioso.- *(laborioso)* adj. laborioso, trabalhoso, penoso, árduo, difícil.

labra.- *(labra)* s. lavra, lavoura.

labrador.- *(labrador)* s. lavrador, agricultor.

labranza.- *(labranza)* s. trabalho, lavoura, agricultura.

labrar.- *(labrar)* v. lavrar madeira. / cultivar a terra, arar. / bordar, costurar.

labriego.- *(labriego)* s. labrego, lavrador rústico.

laca.- *(laka)* s. laca, verniz duro, fixador para cabelo.

lacayo.- *(lakayo)* s. criado.

lacerar.- *(lazerar)* v. lacerar, rasgar, dilacerar.

lacio.- *(lazio)* adj. murcho, desbotado, decaído, lasso, cabelo liso.

lacón.- *(lakon)* s. presunto, pernil defumado.

lacónico.- *(lakoniko)* adj. lacónico, conciso, breve.

lacra.- *(lakra)* s. marca, cicatriz, sinal, vestígio ou resto de um mal.

lacrar.- *(lakrar)* v. contagiar, prejudicar a saúde. / 2ª. v. lacrar, fechar, pegar com lacre.

lacre.- *(lakre)* v. lacre.

lacrimal.- *(lakrimal)* adj. lacrimal.

lacrimógeno.- *(lakrimojeno)* adj. lacrimogéneo.

lacrimoso.- *(lakrimoso)* adj. lacrimoso, choroso, aflito.

lactación.- *(laktazion)* s. lactação, amamentação.

lactancia.- *(laktanzia)* s. lactação.

lactante.- *(laktante)* adj. lactante.

lactar.- *(laktar)* v. amamentar.

lácteo.- *(lakteo)* adj. lácteo, leitoso.

lactosa.- *(laktosa)* s. lactose, açúcar do leite.

lacustre.- *(lakustre)* adj. lacustre.

ladeado.- *(ladeado)* adj. inclinado, torcido, desviado.

ladear.- *(ladear)* v. inclinar, desviar, inclinar-se.

ladera.- *(ladera)* s. ladeira, encosta, declive.

ladilla.- *(ladilla)* s. ladilha, piolho ladro, chato.

ladino.- *(ladino)* adj. ladino, esperto, astuto.

lado.- *(lado)* s. lado, costado, banda, parte.

ladrar.- *(ladrar)* v. ladrar, latir.

ladrido.- *(ladrido)* s. latido. / 2ª. s. tijolo.

ladrón.- *(ladron)* s. ladrão, gatuno, assaltante.

lagar.- *(lagar)* s. lagar, onde se pisa a uva.

lagarta.- *(lagarta)* s. lagarta. / mulher astuta.

lagartija.- *(lagartija)* s. lagartixa.

lagarto.- *(lagarto)* s. lagarto.

lago.- *(lago)* s. lago.

lágrima.- *(lagrima)* s. lágrima, gota, pingo.

lagrimoso.- *(lagrimoso)* adj. lacrimoso, choroso.

laguna.- *(laguna)* s. lagoa.

laico.- *(laiko)* adj. laico, leigo, secular.

laja.- *(laja)* s. laja, laje ou lájea.

lama.- *(lama)* s. lama, lodo, areia miúda. / 2ª. s. lhama, tecido de prata ou de ouro. / 3ª. s. lama, sacerdote budista tibetano.

lamaísmo.- *(lamaismo)* s. lamaísmo, seita do budismo tibetano.

lamentable.- *(lamentable)* adj. lamentável, deplorável.

lamentación.- *(lamentazion)* s. lamentação.

lamentar.- *(lamentar)* v. lamentar, sentir, ter pena, deplorar, lastimar.

lamento.- *(lamento)* s. lamento, gemido, lamentação, queixa.

lamer.- *(lamer)* v. lamber.

lamido.- *(lamido)* adj. lambido, gasto, usado.

lámina.- *(lamina)* s. lâmina, chapa, prancha gravada.

laminado.- *(laminado)* adj. laminado, chapeado.

laminar.- *(laminar)* v. laminar, chapear.

lámpara.- *(lampara)* s. lâmpada, luminária, luz.

lamparilla.- *(lamparilla)* s. lamparina.

lampiño.- *(lampiño)* adj. lampinho, imberbe.

lampión.- *(lampion)* s. lampião, lanterna grande.

lana.- *(lana)* s. lã.

lance.- *(lanze)* s. lance, lançamento.

lanceta.- *(lanzeta)* s. lanceta.

lancha.- *(lancha)* s. lancha, barca, bote.

landa.- *(landa)* s. landa, charneca, terreno baldio.

langosta.- *(langosta)* s. gafanhoto, lagosta.

langostino.- *(langostino)* s. lagostim.

languidecer.- *(langidezer)* v. enlanguescer, adoecer.

languidez.- *(langidez)* s. languidez, apatia, abatimento, cansaço.

lánguido.- *(langido)* adj. lânguido, fraco, débil, cansado, abatido.
lanilla.- *(lanilla)* s. felpa, lã fina, penugem.
lanolina.- *(lanolina)* s. lanolina.
lanudo.- *(lanudo)* adj. lanoso, lanudo.
lanza.- *(lanza)* s. lança.
lanzacohetes.- *(lanzakoetes)* s. lança-foguetes.
lanzallamas.- *(lanzallamas)* s. lança-chamas.
lanzamiento.- *(lanzamiento)* s. lançamento.
lanzar.- *(lanzar)* v. lançar, arremessar, atirar.
lapicero.- *(lapizero)* s. lapiseira.
lápida.- *(lapida)* s. lápide ou lápida.
lapidar.- *(lapidar)* v. lapidar, talhar, facetar pedras preciosas, matar a pedrada.
lapidario.- *(lapidario)* adj. lapidário.
lapislázuli.- *(lapislazuli)* s. lápis-lazúli.
lápiz.- *(lapiz)* s. lápis.
lapso.- *(lapso)* s. lapso, decurso de tempo.
laqueado.- *(lakeado)* adj. charoado, envernizado com laca.
lar.- *(lar)* s. lar, lareira, casa.
lardo.- *(lardo)* s. lardo, toucinho, banha, gordura.
larga.- *(larga)* s. calço.
largar.- *(largar)* v. largar, soltar, deixar livre, afrouxar.
largo.- *(largo)* adj. comprido, longo, que tem comprimento, extenso.
largometraje.- *(largometraje)* s. filme de longametragem.
larguero.- *(largero)* s. trave lateral na construção.
largueza.- *(largeza)* s. largueza, largura.
largura.- *(largura)* s. comprimento.
laringe.- *(larinje)* s. laringe.
laringitis.- *(larinjitis)* s. laringite.
larva.- *(larba)* s. larva.
lasca.- *(laska)* s. lasca, fragmento, estilhaço.
lascivia.- *(laszibia)* s. lascívia, inclinação para a luxúria.
lascivo.- *(laszibo)* adj. lascivo, voluptuoso, sensual, libidinoso.
láser.- *(laser)* s. laser.
laso.- *(laso)* adj. lasso, fatigado, cansado.
lástima.- *(lastima)* s. lástima, lamento, compaixão.
lastimar.- *(lastimar)* v. lastimar, ferir, danificar.
lastimero.- *(lastimero)* adj. lastimoso, deplorável.
lastimoso.- *(lastimoso)* adj. lastimoso, lamentável, deplorável.
lastre.- *(lastre)* s. lastro.
lata.- *(lata)* s. lata, folha-de-flandres, vasilha ou caixa de lata.
latente.- *(latente)* adj. latente, oculto, escondido.
lateral.- *(lateral)* adj. lateral.
látex.- *(lateks)* s. látex.
latido.- *(latido)* s. batimento do coração, batida, pulsação.
latifundio.- *(latifundio)* s. latifúndio.
látigo.- *(latigo)* s. látego, chicote, açoite.
latín.- *(latin)* s. latim.
latinidad.- *(latinidad)* s. latinidade.
latinizar.- *(latinizar)* v. latinizar.
latino.- *(latino)* adj. latino.
latinoamericano.- *(latinoamerikano)* adj. latino-americano.
latir.- *(latir)* v. latir, ladrar, ganir, latejar, pulsar, palpitar, bater a artéria, pulsar o coração.
latitud.- *(latitud)* s. latitude, largura, extensão.
lato.- *(lato)* adj. largo, amplo, dilatado.
latón.- *(laton)* s. latão.
latoso.- *(latoso)* adj. fastidioso, enfadonho, pesado, chato, aborrecido.
latrocinio.- *(latrozinio)* v. latrocínio, roubo, furto.
laúd.- *(laud)* s. alaúde.
láudano.- *(laudano)* s. láudano, extracto de ópio.
laudar.- *(laudar)* v. louvar, decidir, sentenciar, julgar.
laudatorio.- *(laudatorio)* adj. laudatório.
laudo.- *(laudo)* s. laudo, parecer.
laureado.- *(laureado)* adj. laureado, premiado, homenageado.
laurear.- *(laurear)* v. laurear, premiar, homenagear.
laurel.- *(laurel)* s. loureiro.
lava.- *(laba)* s. lava, matéria em fusão. / 2ª. s. lavagem, banho que se dá aos metais.
lavable.- *(labable)* adj. lavável.
lavabo.- *(lababo)* s. lavabo, pia de banheiro.
lavacoches.- *(labakoches)* s. lavador de carros.
lavadero.- *(labadero)* s. lavadouro, local ou tanque onde se lava roupa.
lavadora.- *(labadora)* s. lavadora, máquina de lavar roupa.
lavanda.- *(labanda)* s. alfazema.
lavandería.- *(labanderia)* s. lavanderia.
lavandero.- *(labandero)* s. lavadeiro.
lavar.- *(labar)* v. lavar, banhar, limpar, assear.
lavativa.- *(labatiba)* s. clister, ajuda lavativa.
lavavajillas.- *(lababajillas)* s. lava-louça, máquina de lavar pratos.
laxante.- *(laksante)* adj. laxante, laxativo, purgante.
laxitud.- *(laksitud)* s. lassitude ou lassidão.
laxo.- *(lakso)* adj. taxo ou lasso, frouxo, relaxado.
lazada.- *(lazada)* s. laçada, laço de fitas, nó corrediço.
lazareto.- *(lazareto)* s. lazareto, hospital de isolamento ou de quarentena.
lazarillo.- *(lazarillo)* s. guia de cego.
lazo.- *(lazo)* s. laço, laçada ou nó de fitas, armadilha para caçar animais.
le.- *(le)* pron. lhe, a ele, a ela.
leal.- *(leal)* adj. leal, fiel.
lealtad.- *(lealtad)* s. lealdade, fidelidade.
lección.- *(lekzion)* s. lição, exposição.

lechada.- *(lechada)* s. argamassa, massa fina de cal ou gesso.
leche.- *(leche)* s. leite.
lechería.- *(lecheria)* s. leitaria.
lechero.- *(lechero)* s. leiteiro. / adj. leiteiro, lácteo.
lecho.- *(lecho)* s. leito, cama, leito de rio.
lechón.- *(lechon)* s. leitão.
lechoso.- *(lechoso)* adj. leitoso, lácteo.
lechuga.- *(lechuga)* s. alface.
lechuza.- *(lechuza)* s. coruja.
lectivo.- *(lektibo)* adj. lectivo.
lector.- *(lektor)* adj. leitor.
lectura.- *(lektura)* v. leitura.
leer.- *(leer)* v. ler.
legación.- *(legazion)* s. legação, missão, diplomática.
legado.- *(legado)* s. legado.
legajo.- *(legajo)* s. maço de papeis atados que tratam de um mesmo assunto.
legal.- *(legal)* adj. legal, prescrito por lei.
legalizar.- *(legalizar)* v. legalizar, legitimar, validar, autenticar.
legaña.- *(legaña)* s. remela.
legar.- *(legar)* v. legar, deixar de herança.
legendario.- *(lejendario)* adj. legendário.
legible.- *(lejible)* adj. legível.
legión.- *(lejion)* s. legião, multidão.
legionario.- *(lejionario)* adj. legionário.
legislación.- *(lejislazion)* s. legislação.
legislador.- *(lejislador)* adj. legislador.
legislar.- *(lejislar)* v. legislar.
legislatura.- *(lejislatura)* s. legislatura.
legista.- *(lejista)* s. legista, jurista.
legítima.- *(lejitima)* s. legítima.
legitimar.- *(lejitimar)* v. legitimar, reconhecer.
legitimidad.- *(lejitimidad)* s. legitimidade.
legítimo.- *(lejitimo)* adj. legítimo, autêntico, verdadeiro.
lego.- *(lego)* adj. leigo, laico.
legua.- *(legua)* s. légua.
legumbre.- *(legumbre)* s. legume, hortaliça.
leguminoso.- *(leguminoso)* adj. leguminoso.
leíble.- *(leible)* adj. legível.
leído.- *(leido)* adj. lido, erudito.
lejanía.- *(lejania)* s. lonjura, distância.
lejano.- *(lejano)* adj. longínquo, distante.
lejía.- *(lejia)* s. lixívia.
lejos.- *(lejos)* adv. longe, distante, remoto.
lema.- *(lema)* s. lema, divisa.
lencería.- *(lenzeria)* s. roupa branca.
lengua.- *(lengua)* s. língua, idioma, linguagem.
lenguado.- *(lenguado)* s. linguado.
lenguaje.- *(lenguaje)* s. linguagem, língua, idioma.
lengüeta.- *(lengueta)* s. lingueta.
lenitivo.- *(lenitibo)* adj. lenitivo, alívio.
lente.- *(lente)* s. lente, óculos.
lenteja.- *(lenteja)* s. lentilha, planta leguminosa.
lentejuela.- *(lentejuela)* s. lantejoula.
lentilla.- *(lentilla)* s. lente de contacto.
lentitud.- *(lentitud)* s. lentidão.
lento.- *(lento)* adj. lento, lerdo, vagaroso, demorado.
leña.- *(leña)* s. lenha.
leñador.- *(leñador)* s. lenhador.
leño.- *(leño)* s. lenho, tronco de árvore cortado.
león.- *(leon)* s. leão.
leonino.- *(leonino)* adj. leonino.
leopardo.- *(leopardo)* s. leopardo.
lepra.- *(lepra)* s. lepra.
leprosería.- *(leproseria)* s. leprosaria.
leproso.- *(leproso)* adj. leproso, lazarento.
lerdo.- *(lerdo)* adj. lerdo, lento.
les.- *(les)* pron. lhes, a eles, a elas.
lesbianismo.- *(lesbianismo)* s. lesbianismo, homossexualismo feminino.
lesbiano.- *(lesbiano)* adj. lésbico.
lésbico.- *(lesbiko)* adj. lésbico.
lesión.- *(lesion)* s. lesão, dano.
lesionar.- *(lesionar)* v. lesar, prejudicar.
letal.- *(letal)* adj. letal, mortal, mortífero.
letanía.- *(letania)* s. letania, ladainha.
letárgico.- *(letarjiko)* adj. letárgico.
letargo.- *(letargo)* s. letargia, torpor, indolência.
letificar.- *(letifikar)* v. letificar, causar alegria, júbilo, animação.
letra.- *(letra)* s. letra, forma de escrever. / composição para música.
letrado.- *(letrado)* adj. letrado, instruído, erudito, sábio, perito em leis.
letrero.- *(letrero)* s. letreiro, inscrição, rótulo.
letrilla.- *(letrilla)* s. letrinha, letra pequena.
letrina.- *(letrina)* s. latrina, privada, mictório.
leucemia.- *(leuzemia)* s. leucemia.
leucocito.- *(leukozito)* s. leucócito, glóbulo branco do sangue.
leudar.- *(leudar)* v. levedar, fermentar.
leva.- *(leba)* s. leva, saída de embarcações de um porto, recrutamento.
levadizo.- *(lebadizo)* adj. levadiço, que se pode levantar.
levadura.- *(lebadura)* s. levedura, fermento.
levantamiento.- *(lebantamiento)* s. levantamento, revolta, sedição.
levantar.- *(lebantar)* v. levantar, alçar, erguer.
levante.- *(lebante)* s. levante, nascente, oriente, leste.
levantisco.- *(lebantisko)* adj. levantino, levantadiço, de génio inquieto e turbulento.
levar.- *(lebar)* v. levantar ferro, fazer-se à vela, largar.
leve.- *(lebe)* adj. leve, ligeiro, ágil.
levita.- *(lebita)* s. sobrecasaca.

levitación.- *(lebitazion)* s. levitação.
léxico.- *(leksiko)* s. léxico, dicionário, vocabulário.
lexicografía.- *(leksikografia)* s. lexicografia.
lexicología.- *(leksikolojia)* s. lexicologia.
ley.- *(ley)* s. lei, decreto, norma, doutrina.
leyenda.- *(leyenda)* s. legenda, inscrições, fábula, novela, epígrafe.
lía.- *(lia)* s. corda de esparto. / fezes, borra.
liar.- *(liar)* v. ligar, amarrar, atar.
libanés.- *(libanes)* adj. libanês.
libar.- *(libar)* v. libar, beber, provar um licor, chupar levemente o suco de alguma coisa.
libelo.- *(libelo)* s. libelo.
libélula.- *(libelula)* s. libélula.
liberación.- *(liberazion)* s. liberação, quitação de uma dívida, libertação.
liberal.- *(liberal)* adj. liberal, generoso, franco.
liberalidad.- *(liberalidad)* s. liberalidade, generosidade, desprendimento.
liberalismo.- *(liberalismo)* s. liberalismo.
liberalizar.- *(liberalizar)* v. liberalizar.
liberar.- *(liberar)* v. liberar, libertar, desobrigar, emancipar.
libertad.- *(libertad)* s. liberdade.
libertar.- *(libertar)* v. libertar, livrar, soltar, eximir.
libertinaje.- *(libertinaje)* s. libertinagem, devassidão, licenciosidade.
libertino.- *(libertino)* adj. libertino, devasso.
libidinoso.- *(libidinoso)* adj. libidinoso, luxurioso, lascivo.
libido.- *(libido)* s. libido.
libio.- *(libio)* adj. líbio.
libra.- *(libra)* s. libra, peso antigo. / libra, moeda.- signo do zodíaco.
libranza.- *(libranza)* s. livramento, livrança, ordem de pagamento.
librar.- *(librar)* v. livrar, salvar, defender, preservar.
libre.- *(libre)* adj. livre. / atrevido, licencioso, insubordinado. / solteiro, independente.
librea.- *(librea)* s. libré, uniforme de criados.
librería.- *(libreria)* s. livraria, biblioteca.
librero.- *(librero)* s. livreiro.
libreta.- *(libreta)* s. livrete, livro pequeno para apontamentos.
libro.- *(libro)* s. livro.
licencia.- *(lizenzia)* s. licença, autorização, permissão.
licenciado.- *(lizenziado)* adj. licenciado.
licenciar.- *(lizenziar)* v. licenciar, liberar.
licenciatura.- *(lizenziatura)* s. licenciatura, grau de licenciado.
licencioso.- *(lizenzioso)* adj. licencioso, libertino, dissoluto, atrevido, depravado.
liceo.- *(lizeo)* s. liceu, escola.
licitación.- *(lizitazion)* s. licitação.
licitar.- *(lizitar)* v. licitar.
lícito.- *(lizito)* adj. lícito, permitido por lei, justo, legal.
licor.- *(likor)* s. licor.
licorera.- *(likorera)* s. licoreira, jarro de cristal para licores.
licuable.- *(likuable)* adj. liquidificável.
licuadora.- *(likuadora)* s. liquidificador.
licuar.- *(likuar)* v. liquidificar, tornar líquido.
lid.- *(lid)* s. lide, lida, luta, peleja.
líder.- *(lider)* s. líder, chefe, guia.
liderato.- *(liderato)* s. liderança.
lidia.- *(lidia)* s. lida, combate. / corrida de touros.
lidiar.- *(lidiar)* v. lutar, batalhar, pelejar. / tourear.
liebre.- *(liebre)* s. lebre.
liendre.- *(liendre)* s. lêndea.
lienzo.- *(lienzo)* s. tecido, lenço, pintura sobre tela, fachada de um edificio.
liga.- *(liga)* s. liga, fita para prender a meia. / venda. / mistura, liga de metais. / confederação, associação.
ligadura.- *(ligadura)* v. ligadura, atadura, ligamento.
ligamento.- *(ligamento)* s. ligamento, ligação.
ligar.- *(ligar)* v. ligar, atar, unir, amarrar.
ligereza.- *(lijereza)* s. ligeireza, rapidez, prontidão.
ligero.- *(lijero)* adj. ligeiro, veloz, rápido, ágil.
lija.- *(lija)* s. lixa.
lijar.- *(lijar)* v. lixar, desbastar, raspar ou polir com lixa.
lila.- *(lila)* s. lilás, arbusto, flor e cor.
liliáceo.- *(liliazeo)* adj. liliáceo.
lima.- *(lima)* s. lima, fruta. / lima, ferramenta.
limar.- *(limar)* v. limar, desbastar ou polir com a lima.
limbo.- *(limbo)* s. limbo.
limitación.- *(limitazion)* s. limitação, termo, fronteira, limites.
limitar.- *(limitar)* v. limitar, demarcar, estreitar, encurtar, diminuir, reduzir.
límite.- *(limite)* s. limite, termo, fim, linha de demarcação.
limítrofe.- *(limitrofe)* adj. limítrofe, contíguo.
limo.- *(limo)* s. limo, lodo.
limón.- *(limon)* s. limão.
limonada.- *(limonada)* s. limonada, refresco de limão.
limonero.- *(limonero)* adj. limoeiro.
limosna.- *(limosna)* s. esmola.
limosnear.- *(limosnear)* v. esmolar, mendigar.
limpiabotas.- *(limpiabotas)* s. engraxate.
limpiador.- *(limpiador)* adj. limpador.
limpiaparabrisas.- *(limpiaparabrisas)* s. limpador de pára-brisa.
limpiar.- *(limpiar)* v. limpar, tornar limpo.
limpidez.- *(limpidez)* s. limpidez, clareza.
límpido.- *(limpido)* adj. limpo, claro, diáfano.

limpieza.- *(limpieza)* s. limpeza, esmero, perfeição.

limpio.- *(limpio)* adj. limpo, asseado.

linaje.- *(linaje)* s. linhagem, estirpe, ascendência.

linaza.- *(linaza)* s. linhaça.

linchamiento.- *(linchamiento)* s. linchamento.

linchar.- *(linchar)* v. linchar, justiçar e executar sumariamente.

lince.- *(linze)* s. lince.

lindar.- *(lindar)* v. confinar, demarcar, limitar.

linde.- *(linde)* s. limite, fronteira, divisa.

lindero.- *(lindero)* adj. confinante, limítrofe, vizinho.

lindo.- *(lindo)* adj. lindo, belo, formoso.

línea.- *(linea)* s. linha, regra, raia, faixa, fio de linho.

linfa.- *(linfa)* s. linfa.

lingote.- *(lingote)* s. lingote, barra de metal.

lingüística.- *(linguistika)* s. linguística.

linimento.- *(linimento)* s. linimento, unguento, pomada para fricções.

lino.- *(lino)* s. linho, planta, fibra e tecido.

linóleo.- *(linoleo)* s. linóleo.

linotipia.- *(linotipia)* s. linotipo.

linterna.- *(linterna)* s. lanterna, lampião, farol.

lío.- *(lio)* s. pacote, embrulho, envoltório de coisas, maço. / 2ª. s. confusão, embrulhada.

lipotimia.- *(lipotimia)* s. lipotimia.

liquen.- *(liken)* s. líquen.

liquidación.- *(likidazion)* s. liquidação, venda a preços baixos.

liquidar.- *(likidar)* v. liquidar, vender barato. / pagar, quitar.

liquidez.- *(likidez)* s. liquidez, qualidade ou estado do que é líquido.

líquido.- *(likido)* s. líquido.

lira.- *(lira)* s. lira, antigo instrumento musical. / 2ª. s. moeda italiana.

lírica.- *(lirika)* s. poesia lírica.

lírico.- *(liriko)* adj. lírico.

lirio.- *(lirio)* s. lírio, açucena.

lirismo.- *(lirismo)* s. lirismo, poesia.

lirón.- *(liron)* s. arganaz, espécie de roedor.

lirondo.- *(lirondo)* adj. limpo, puro, sem mistura.

lis.- *(lis)* s. lírio, flor-de-lis.

lisiado.- *(lisiado)* adj. aleijado, inválido.

lisiar.- *(lisiar)* v. aleijar, mutilar, lesar.

liso.- *(liso)* adj. liso, plano, macio. / franco, sincero.

lisonja.- *(lisonja)* s. lisonja, adulação.

lisonjear.- *(lisonjear)* v. lisonjear, adular.

lista.- *(lista)* s. listra, risca, tira, faixa. / relação de nomes, catálogo.

listado.- *(listado)* adj. listrado, riscado.

listo.- *(listo)* adj. rápido, diligente, expedito, pronto, sagaz, esperto.

listón.- *(liston)* s. fita de seda, listel, sarrafo.

lisura.- *(lisura)* s. lisura.

litera.- *(litera)* s. liteira, bicama, beliche.

literal.- *(literal)* adj. literal, textual.

literario.- *(literario)* adj. literário.

literato.- *(literato)* adj. literato.

literatura.- *(literatura)* s. literatura, conjunto das produções literárias.

litigante.- *(litigante)* adj. litigante, contestador.

litigar.- *(litigar)* v. litigar, pleitear, demandar.

litigio.- *(litijio)* s. litígio, pleito, demanda, questão.

litografía.- *(litografia)* s. litografia.

litografiar.- *(litografiar)* v. litografar.

litoral.- *(litoral)* s. litoral, beira-mar, costas do mar.

litosfera.- *(litosfera)* s. litosfera.

litro.- *(litro)* s. litro.

liturgia.- *(liturjia)* s. liturgia, ritual.

liviandad.- *(libiandad)* s. leviandade.

liviano.- *(libiano)* adj. leviano, ligeiro, leve, de pouco peso.

lividez.- *(libidez)* s. lividez, palidez.

lívido.- *(libido)* adj. lívido, arroxeado, azulado.

liza.- *(liza)* s. liça, lugar destinado a torneios.

llaga.- *(llaga)* s. chaga, úlcera.

llagar.- *(llagar)* v. chagar, ulcerar.

llama.- *(llama)* s. chama, labareda.

llamada.- *(llamada)* s. chamada, chamamento.

llamado.- *(llamado)* adj. chamado.

llamador.- *(llamador)* s. chamador, botão da campainha eléctrica.

llamamiento.- *(llamamiento)* s. chamamento, chamada, convocação.

llamar.- *(llamar)* v. chamar, convocar, citar.- invocar, pedir auxílio. / nomear, denominar.

llamarada.- *(llamarada)* v. labareda, grande chama.

llamativo.- *(llamatibo)* adj. chamativo, atraente.

llameante.- *(llameante)* adj. chamejante, flamejante.

llamear.- *(llamear)* v. chamejar, arder.

llana.- *(llana)* s. trolha, ferramenta para espalhar o gesso ou a cal amassada.

llanada.- *(llanada)* s. planura, planície, planalto.

llanero.- *(llanero)* s. habitante das planícies.

llaneza.- *(llaneza)* s. franqueza no trato, simplicidade notável.

llano.- *(llano)* adj. plano, raso.

llanta.- *(llanta)* s. aro, peça de ferro que guarnece as rodas do carro. / 2ª. s. variedade de couve de todo o ano.

llantería.- *(llanteria)* s. choradeira.

llanto.- *(llanto)* s. choro, pranto, lágrimas, gemido.

llanura.- *(llanura)* s. planície, superfície plana, lisa, rasa.

llave.- *(llabe)* s.chave de porta, chave de fenda, chave de aparelhos.

llavero.- *(llabero)* s.chaveiro.
llegada.- *(llegada)* s.chegada, vinda.
llegar.- *(llegar)* v. chegar, vir.
llenar.- *(llenar)* v. encher, fartar, satisfazer.
lleno.- *(lleno)* adj. cheio.
llevadero.- *(llebadero)* adj. suportável, tolerável.
llevar.- *(llebar)* v. levar, conduzir, transportar, dirigir. / usar, vestir. / suportar, conseguir.
llorar.- *(llorar)* v. chorar.
lloriquear.- *(llorikear)* v. choramingar, gemer.
lloriqueo.- *(llorikeo)* s. choradeira, lamúria.
llorón.- *(lloron)* adj. chorão.
lloroso.- *(lloroso)* adj. choroso.
llover.- *(llober)* v. chover.
llovizna.- *(llobizna)* s. chuvisco, chuva miúda.
lloviznar.- *(llobiznar)* v. chuviscar, cair chuvisco.
lluvia.- *(llubia)* s. chuva, acção de chover.
lluvioso.- *(llubioso)* adj. chuvoso, abundante em chuva.
lo.- *(lo)* pron. o, ele.
loa.- *(loa)* s. loa, elogio, louvor.
lobato.- *(lobato)* s. lobacho, lobo pequeno.
lobo.- *(lobo)* s. lobo.
lóbrego.- *(lobrego)* adj. lôbrego, sombrio, tenebroso, escuro, cavernoso.
lóbulo.- *(lobulo)* s. lóbulo.
locación.- *(lokazion)* s. locação, aluguel.
local.- *(lokal)* adj. local, lugar, lugar determinado.
localidad.- *(lokalidad)* s. localidade, povoação. / 2ª. s. bilhete, entrada para um espectáculo.
localismo.- *(lokalismo)* s. bairrismo.
localizar.- *(lokalizar)* v. localizar, fixar ou limitar em lugar determinado.
locatario.- *(lokatario)* s. locatário, arrendatário.
loción.- *(lozion)* s. loção, ablução, lavagem, acção de lavar. / 2ª. s. loção, perfume.
loco.- *(loko)* adj. louco, demente, doido.
locomoción.- *(lokomozion)* s. locomoção.
locomotor.- *(lokomotor)* adj. locomotor.
locomotora.- *(lokomotora)* s. locomotiva.
locomotriz.- *(lokomotriz)* adj. locomotriz.
locuacidad.- *(lokuazidad)* s. loquacidade, verbosidade.
locuaz.- *(lokuaz)* adj. loquaz, falador.
locución.- *(lokuzion)* s. locução.
locura.- *(lokura)* s. loucura, insensatez, disparate.
locutor.- *(lokutor)* s. locutor.
lodazal.- *(lodazal)* s. lodaçal, lamaçal, atoleiro.
lodo.- *(lodo)* s. lodo, lama.
logaritmo.- *(logaritmo)* s. logaritmo.
logia.- *(lojia)* s. loja maçónica.
lógica.- *(lojika)* s. lógica.
lógico.- *(lojiko)* adj. lógico, racional, natural.
logotipo.- *(logotipo)* s. logotipo, marca.
logrado.- *(logrado)* adj. obtido, conseguido.
lograr.- *(lograr)* v. lograr, obter, conseguir.
logrero.- *(logrero)* s. logreiro, agiota.
logro.- *(logro)* s. lucro, ganho.
loma.- *(loma)* s. lomba, lombada.
lombarda.- *(lombarda)* s. repolho arroxeado.
lombriz.- *(lombriz)* s. lombriga, parasita, minhoca.
lomo.- *(lomo)* s. lombo, dorso, espinhaço, lombada de livro.
lona.- *(lona)* s. lona.
loncha.- *(loncha)* s. fatia, pedaço.
longaniza.- *(longaniza)* s. linguiça.
longevidad.- *(lonjebidad)* s. longevidade.
longitud.- *(lonjitud)* s. longitude, comprimento, extensão.
longitudinal.- *(lonjitudinal)* adj. longitudinal.
lonja.- *(lonja)* s. tira larga, fatia, talhada. / 2ª. s. edifício da bolsa de comércio, mercado municipal, mer-cearia.
loor.- *(loor)* s. louvor, glorificação, elogio.
loro.- *(loro)* s. louro, papagaio.
losa.- *(losa)* s. lousa, laje.
lote.- *(lote)* v. lote, porção, quinhão, sorte, prémio.
lotería.- *(loteria)* s. lotaria, jogo de azar, rifa.
loto.- *(loto)* s. loto, planta, flor e fruto.
loza.- *(loza)* s. louça.
lozanía.- *(lozania)* s. viço, frescor.
lozano.- *(lozano)* adj. luxuriante, viçoso, garrido, frondoso.
lubina.- *(lubina)* s. robalo, peixe.
lubricán.- *(lubrikan)* s. crepúsculo, ocaso.
lubricante.- *(lubrikante)* adj. lubrificante.
lubricar.- *(lubrikar)* v. lubrificar, untar.
lúbrico.- *(lubriko)* adj. lúbrico.
lubrificar.- *(lubrifikar)* v. lubrificar.
lucero.- *(luzero)* s. luzeiro, astro brilhante.
lucha.- *(lucha)* s. luta, lide, combate, peleja.
luchar.- *(luchar)* v. lutar, combater, pelejar.
lucidez.- *(luzidez)* s. lucidez, clareza.
lúcido.- *(luzido)* adj. lúcido, resplandecente, brilhante.
lucido.- *(luzido)* adj. luzido, pomposo, vistoso.
luciente.- *(luziente)* adj. reluzente, brilhante.
luciérnaga.- *(luziernaga)* s. vaga-lume, pirilampo.
lucimiento.- *(luzimiento)* s. luzimento, brilho.
lucir.- *(luzir)* v. luzir, reluzir, brilhar, resplandecer.
lucrarse.- *(lukrarse)* v. lucrar, ganhar.
lucrativo.- *(lukratibo)* adj. lucrativo, vantajoso.
lucro.- *(lukro)* s. lucro, ganho, proveito.
luctuoso.- *(luktuoso)* adj. lutuoso, digno de tristeza.
lucubración.- *(lukubrazion)* s. lucubração, meditação.
lucubrar.- *(lukubrar)* v. lucubrar, passar a noite em trabalhos intelectuais.
ludibrio.- *(ludibrio)* s. ludíbrio, zombaria.

luego.- *(luego)* adv. logo, em seguida.

lugar.- *(lugar)* s. lugar, sítio, cidade, vila, aldeia.

lugareño.- *(lugareño)* adj. aldeão, natural ou habitante de um lugar pequeno.

lugarteniente.- *(lugarteniente)* s. lugar-tenente.

lúgubre.- *(lugubre)* adj. lúgubre, triste, funesto, melancólico.

lujo.- *(lujo)* s. luxo, sumptuosidade.

lujoso.- *(lujoso)* adj. luxuoso.

lujuria.- *(lujuria)* s. luxúria, sensualidade, lascívia.

lujurioso.- *(lujurioso)* adj. luxurioso.

lumbago.- *(lumbago)* s. lumbago.

lumbar.- *(lumbar)* s. lombar.

lumbrada.- *(lumbrada)* s. fogueira grande, labareda.

lumbre.- *(lumbre)* s. lume, luz, chama.

lumbrera.- *(lumbrera)* s. lumieira, luminoso, fogaréu.

luminaria.- *(luminaria)* s. luminária.

luminosidad.- *(luminosidad)* s. luminosidade.

luminoso.- *(luminoso)* adj. luminoso, brilhante, resplandecente.

luna.- *(luna)* s. lua.

lunar.- *(lunar)* s. lunar, sinal na pele. / adj. luar.

lunático.- *(lunatiko)* adj. lunático, louco.

lunes.- *(lunes)* s. segunda-feira, segundo dia da semana.

lunfardo.- *(lunfardo)* s. gíria argentina.

lupa.- *(lupa)* s. lupa, lente de aumento.

lúpulo.- *(lupulo)* s. lúpulo.

lusitano.- *(lusitano)* adj. lusitano, português.

luso.- *(luso)* adj. luso, lusitano.

lustrar.- *(lustrar)* v. lustrar, polir, dar brilho.

lustre.- *(lustre)* s. lustro, brilho.

lustro.- *(lustro)* s. lustro, período de cinco anos.

lustroso.- *(lustroso)* adj. lustroso, brilhante, reluzente.

luterano.- *(luterano)* adj. luterano.

luto.- *(luto)* s. luto, dó, pena, pesar.

luxación.- *(luksazion)* s. luxação, deslocamento de um osso.

luz.- *(luz)* s. luz, claridade.

M

m.- *(m)* s. décima terceira letra do alfabeto espanhol.
maca.- *(maka)* s. pisadura da fruta, nódoa, mancha nos tecidos.
macabro.- *(makabro)* adj. macabro, fúnebre.
macaco.- *(makako)* s. macaco, mono, símio, primata.
macadán.- *(makadan)* s. macadame, sistema de empedramento de ruas ou estradas.
macana.- *(makana)* s. macaná, arma ofensiva dos ameríndios.
macarrón.- *(makarron)* s. macarrão.
macarrónico.- *(makarroniko)* adj. macarrónico, aplica-se ao latim ou outra língua mal falada.
macarse.- *(makarse)* v. começar a apodrecer as frutas.
macedonia.- *(mazedonia)* s. salada de frutas.
macerar.- *(mazerar)* v. macerar, amolecer.
maceta.- *(mazeta)* s. vaso de barro para plantas.- mar-telo, cabo de ferramentas.
macetero.- *(mazetero)* s. suporte para os vasos de planta.
macilento.- *(mazilento)* adj. macilento, pálido, descorado, triste.
macizo.- *(mazizo)* adj. maciço, sólido. / s. grupo de montanhas.
macrobiótico.- *(makrobiotiko)* adj. macrobiótico.
macrocosmo.- *(makrokosmo)* s. macrocosmo.
mácula.- *(makula)* s. mácula, nódoa.
macuto.- *(makuto)* s. mochila de soldado.
machacar.- *(machakar)* v. pilar, machucar, moer, esmagar, pisar.
machacón.- *(machakon)* adj. maçador, importuno, teimoso, enfadonho.
machete.- *(machete)* s. machete, sabre, facão.
machihembrar.- *(machiembrar)* v. ensamblar, entalhar, embutir, emalhetar.
machismo.- *(machismo)* s. machismo.
machista.- *(machista)* adj. machista.
macho.- *(macho)* adj. macho, masculino.
machorra.- *(machorra)* adj. machorra, fêmea estéril.
machote.- *(machote)* s. mascote, maço de madeira, espécie de malho.
machucar.- *(machukar)* v. machucar, pisar,esmagar.
madeja.- *(madeja)* s. meada.
madera.- *(madera)* s. madeira.
maderaje.- *(maderaje)* s. madeirame, madeiramento.
maderería.- *(madereria)* s. madeireira.
maderero.- *(maderero)* s. madeireiro.
madero.- *(madero)* s. madeiro, tronco, viga, trave, lenho.
madrastra.- *(madrastra)* s. madrasta.
madre.- *(madre)* s. mãe.
madreperla.- *(madreperla)* s. madrepérola.
madreselva.- *(madreselba)* s. madressilva.
madrigal.- *(madrigal)* s. madrigal, galanteio, composição poética.
madriguera.- *(madrigera)* s. madrigueira.
madrina.- *(madrina)* s. madrinha.
madrugada.- *(madrugada)* s. madrugada.
madrugador.- *(madrugador)* adj. madrugador.
madrugar.- *(madrugar)* v. madrugar.
madurar.- *(madurar)* v. amadurecer.
madurez.- *(madurez)* s. maturidade.
maduro.- *(maduro)* adj. maduro.
maestranza.- *(maestranza)* s. oficial de artilharia.
maestrazgo.- *(maestrazgo)* s. mestrado.
maestresala.- *(maestresala)* s. mestre-sala.
maestría.- *(maestria)* s. mestria, habilidade, perícia, título de mestre.
maestro.- *(maestro)* adj. magistral, notável, perfeito. / s. mestre, professor, educador.
mafia.- *(mafia)* s. máfia.
mafioso.- *(mafioso)* adj. mafioso.
magazine.- *(magazine)* s. magazine, revista ilustrada.
magdalena.- *(madalena)* s. madalena, doce.
magia.- *(majia)* s. magia.
mágico.- *(majiko)* adj. mágico, maravilhoso, encantado, enfeitiçado.
magisterio.- *(majisterio)* s. magistério, cargo de professor.
magistrado.- *(majistrado)* s. magistrado, juiz.
magistral.- *(majistral)* adj. magistral, perfeito.
magistratura.- *(majistratura)* s. magistratura.
magnánimo.- *(majnanimo)* adj. magnânimo, generoso.
magnate.- *(majnate)* s. magnata.
magnesio.- *(majnesio)* s. magnésio, magnésia.
magnético.- *(majnetiko)* adj. magnético.
magnetismo.- *(majnetismo)* s. magnetismo.
magnetizar.- *(majnetizar)* v. magnetizar.
magneto.- *(majneto)* s. gerador de electricidade.
magnetofón.- *(majnetofon)* s. gravador.
magnificar.- *(majnifikar)* v. magnificar, engrandecer, louvar, glorificar.
magnificencia.- *(majnifizenzia)* s. magnificência, engrandecimento, glorificação.
magnífico.- *(majnifiko)* adj. magnífico, esplêndido, excelente.
magnitud.- *(majnitud)* s. magnitude, grandeza, importância.
magno.- *(majno)* adj. magno, grande.

magnolia.- *(majnolia)* s. magnólia.
mago.- *(mago)* s. mago, feiticeiro.
magro.- *(magro)* adj. magro, delgado, enxuto.
magulladura.- *(magulladura)* s. machucado, contusão, ferida.
magullamiento.- *(magullamiento)* s. machucado, ferimento.
magullar.- *(magullar)* v. machucar, magoar, pisar, contundir.
mahometano.- *(maometano)* adj. maometano.
maitines.- *(maitines)* s. matinas, ofício que se reza antes do amanhecer.
maíz.- *(maiz)* s. milho.
majada.- *(majada)* s. curral, esterco.
majadería.- *(majaderia)* s. tolice, baboseira, asneira.
majadero.- *(majadero)* adj. malhadeiro, pateta, tolo, inoportuno. / s. maça, socador, pilão.
majar.- *(majar)* v. malhar, pisar, maçar.
majestad.- *(majestad)* s. majestade, nobreza.
majestuoso.- *(majestuoso)* adj. majestoso.
majo.- *(majo)* adj. vistoso, bem vestido, garrido.
majuelo.- *(majuelo)* s. espinheiro-alvar, cardo.
mal.- *(mal)* adj. contracção de malo; mau. / adv. contrariamente, sem razão, de forma imprópria, doença.
malabarismo.- *(malabarismo)* s. malabarismo.
malacostumbrado.- *(malakostumbrado)* adj. mal-acostumado, mimado.
malagradecido.- *(malagradezido)* adj. mal-agradecido, ingrato.
malaventura.- *(malabentura)* s. desgraça, adversidade.
malayo.- *(malayo)* adj. malaio.
malbaratar.- *(malbaratar)* v. esbanjar,desperdiçar, dissipar.
malcomer.- *(malkomer)* v. comer escassamente ou com pouco gosto.
malcriado.- *(malkriado)* adj. malcriado, descortês.
malcriar.- *(malkriar)* v. malcriar, educar mal.
maldad.- *(maldad)* s. maldade, ruindade.
maldecir.- *(maldezir)* v. maldizer.
maldición.- *(maldizion)* s. maldição.
maldito.- *(maldito)* adj. maldito, mau.
maleable.- *(maleable)* adj. maleável, flexível.
maleante.- *(maleante)* adj. perverso, mau, malvado.
malear.- *(malear)* v. estragar, danificar.
maledicencia.- *(maledizenzia)* s. maledicência, difamação.
maleficio.- *(malefizio)* s. malefício, prejuízo, feitiço.
maléfico.- *(malefiko)* adj. maléfico, malfazejo.
malentendido.- *(malentendido)* s. mal-entendido.
malestar.- *(malestar)* s. mal-estar, indisposição indefinida, incomodidade.
maleta.- *(maleta)* s. mala.
maletero.- *(maletero)* s. porta-malas.
maletín.- *(maletin)* s. maleta, valise.
malevolencia.- *(malebolenzia)* s. malevolência.
maleza.- *(maleza)* s. maleza, moita, mata brava.
malformación.- *(malformazion)* s. má formação, defeito congénito, deformação.
malgastar.- *(malgastar)* v. malgastar, esbanjar.
malhablado.- *(malablado)* adj. malfalante, maldizente.
malhechor.- *(malechor)* adj. malfeitor.
malherir.- *(malerir)* v. malferir, ferir gravemente.
malhumorado.- *(malumorado)* adj. mal-humorado.
malicia.- *(malizia)* s. malícia, maldade.
malicioso.- *(malizioso)* adj. malicioso, mau.
maligno.- *(malijno)* adj. maligno, maldoso, malicioso.
malintencionado.- *(malintenzionado)* adj. mal-intencionado.
malo.- *(malo)* adj. mau, nocivo, perverso. / indisposto, doente. / inferior. / difícil, negativo.
malograr.- *(malograr)* v. malograr, fracassar.
malogro.- *(malogro)* s. malogro.
maloliente.- *(maloliente)* adj. fedorento, fétido.
malparado.- *(malparado)* adj. maltratado.
malquistar.- *(malkistar)* v. malquistar, tornar malquisto, inimizar.
malsano.- *(malsano)* adj. malsão, doentio, insalubre.
malsonante.- *(malsonante)* adj. malsoante, que soa mal.
malta.- *(malta)* s. malte.
maltratar.- *(maltratar)* v. maltratar.
maltrato.- *(maltrato)* s. mau trato, dano.
maltrecho.- *(maltrecho)* adj. maltratado.
malva.- *(malba)* s. malva, planta, flore e cor.
malvado.- *(malbado)* adj. malvado, perverso.
malvender.- *(malbender)* v. malbaratar, vender a baixo preço.
malversar.- *(malbersar)* v. malversar, esbanjar, delapidar.
malla.- *(malla)* s. malha, tecido de rede.
mallo.- *(mallo)* s. malho, martelo, maço de madeira.
mama.- *(mama)* s. mama, teta.
mamá.- *(mama)* s. mamãe, mãe.
mamada.- *(mamada)* s. mamada.
mamadera.- *(mamadera)* s. mamadeira.
mamar.- *(mamar)* v. mamar, chupar.
mamarracho.- *(mamarracho)* s. mamarracho, figura defeituosa e ridícula, adorno mal feito.
mamífero.- *(mamifero)* s. mamífero.
mampara.- *(mampara)* s. anteparo, biombo.
mamparo.- *(mamparo)* s. antepara, tabique divisório dos barcos, meio-fio.
mampostería.- *(mamposteria)* s. alvenaria, obra de pedreiro.
mamut.- *(mamut)* s. mamute, espécie de elefante fóssil.

maná.- *(mana)* s. maná, alimento milagroso.
manada.- *(manada)* s. manada.
manantial.- *(manantial)* s. manancial, nascente de águas.
manar.- *(manar)* v. emanar um líquido, brotar.
mancar.- *(mankar)* v. mancar, aleijar, estropiar.
mancebo.- *(manzebo)* adj. mancebo, moço, jovem.
mancilla.- *(manzilla)* s. mancha, desonra.
manco.- *(manko)* adj. maneta.
mancomunar.- *(mankomunar)* v. mancomunar, pactuar.
mancha.- *(mancha)* s. mancha, nódoa, sinal, mácula.
manchar.- *(manchar)* v. manchar, sujar, denegrir.
manda.- *(manda)* s. oferta, promessa, legado.
mandado.- *(mandado)* s. mandado, ordem, recado.
mandamiento.- *(mandamiento)* s. mandamento, preceito, ordem.
mandar.- *(mandar)* v. mandar, ordenar.
mandarín.- *(mandarin)* s. mandarim.
mandatario.- *(mandatario)* s. mandatário.
mandato.- *(mandato)* s. mandato, ordem, encargo.
mandíbula.- *(mandibula)* s. mandíbula, queixada.
mandil.- *(mandil)* s. avental grande.
mandioca.- *(mandioka)* s. mandioca.
mando.- *(mando)* s. mando, autoridade superior.
mandolina.- *(mandolina)* s. bandolim.
mandril.- *(mandril)* s. mandril.
manducar.- *(mandukar)* v. manducar, comer, tomar alimento.
manecilla.- *(manezilla)* s. ponteiro do relógio.
manejar.- *(manejar)* v. manejar, governar, conduzir, dirigir.
manejo.- *(manejo)* s. manejo, gerência.
manera.- *(manera)* s. maneira, modo, forma.
manga.- *(manga)* s. manga, parte da roupa que cobre o braço.
manganeso.- *(manganeso)* s. manganês.
manglar.- *(manglar)* s. mangue, brejo.
mango.- *(mango)* s. manga, fruta. / cabo, asa de objectos.
mangonear.- *(mangonear)* v. mangonear, estar ocioso, ter preguiça, vadiar.
mangueira.- *(mangeira)* s. mangueira de borracha.
mania.- *(mania)* s. mania, espécie de loucura, extravagância, capricho, teima.
maníaco.- *(maniako)* adj. maníaco, louco.
maniatar.- *(maniatar)* v. maniatar, atar as mãos.
maniático.- *(maniatiko)* adj. maniaco, que tem manias.
manicomio.- *(manikomio)* s. manicómio, hospício.
manicuro.- *(manikuro)* s. manicuro.
manido.- *(manido)* adj. amolecido por efeito do tempo, murcho, passado, diz-se de frutas e carnes.
manifestación.- *(manifestazion)* s. manifestação.
manifestar.- *(manifestar)* v. manifestar.
manifiesto.- *(manifiesto)* adj. manifesto, expresso, visível.
manija.- *(manija)* s. cabo, punho de certos utensílios e ferramentas.
manilargo.- *(manilargo)* adj. que tem mãos compridas.
manilla.- *(manilla)* s. bracelete, pulseira, algema.
maniobra.- *(maniobra)* s. manobra, operação manual.
maniobrar.- *(maniobrar)* v. manobrar, executar manobras.
manipulación.- *(manipulazion)* s. manipulação, preparação manual.
manipular.- *(manipular)* v. manipular.
manípulo.- *(manipulo)* s. manípulo.
maniqueísmo.- *(manikeismo)* s. maniqueísmo.
maniquí.- *(maniki)* s. manequim.
manirroto.- *(manirroto)* adj. esbanjador, perdulário.
manivela.- *(manibela)* s. manivela.
manjar.- *(manjar)* s. manjar.
mano.- *(mano)* s. mão, direcção, ponteiro do relógio, auxílio.
manojo.- *(manojo)* s. molho, feixe, faço de flores.
manómetro.- *(manometro)* s. manómetro.
manosear.- *(manosear)* v. manusear, apalpar, tactear.
manoseo.- *(manoseo)* s. manuseio.
manotazo.- *(manotazo)* s. palmada.
manotear.- *(manotear)* v. gesticular, dar palmadas.
mansedumbre.- *(mansedumbre)* s. mansidão, paciência.
mansión.- *(mansion)* s. mansão, aposento, morada.
manso.- *(manso)* adj. manso, dócil, paciente, pacato, pacífico.
manta.- *(manta)* s. manta, cobertor.
manteca.- *(manteka)* s. banha de porco, gordura.
mantecada.- *(mantekada)* s. espécie de bolo doce.
mantecado.- *(mantekado)* s. bolo amassado com gordura de porco. / espécie de sorvete.
mantel.- *(mantel)* s. toalha de mesa e de altar.
mantelería.- *(manteleria)* s. jogo de toalhas de mesa e guardanapos.
mantener.- *(mantener)* v. manter, prover, conservar.
mantenimiento.- *(mantenimiento)* s. manutenção, conservação, mantimento.
manteo.- *(manteo)* s. mantel, capa usada pelos eclesiásticos.
mantequilla.- *(mantekilla)* s. manteiga feita de leite.
mantilla.- *(mantilla)* s. mantilha.
manto.- *(manto)* s. manto, capa.
mantón.- *(manton)* s. mantão, casaco, xale grande.
manual.- *(manual)* adj. manual, caseiro, artesanal. / s. manual, compêndio.
manubrio.- *(manubrio)* s. manivela.
manufactura.- *(manufaktura)* s. manufactura.
manuscrito.- *(manuskrito)* s. manuscrito.

manutención.- *(manutenzion)* s. manutenção, conservação, sustento.

manzana.- *(manzana)* s. maçã. / 2ª. s. quarteirão.

manzanilla.- *(manzanilla)* s. camomila, macela.

maña.- *(maña)* s. manha, destreza, habilidade. / astúcia, mau costume.

mañana.- *(mañana)* adv. amanhã. / s. manhã.

mañoso.- *(mañoso)* adj. manhoso.

mapa.- *(mapa)* s. mapa.

maqueta.- *(maketa)* s. maqueta, modelo.

maquiavélico.- *(makiabeliko)* adj. maquiavélico.

maquillador.- *(makillador)* s. maquiador.

maquillaje.- *(makillaje)* s. maquiagem, pintura.

maquillar.- *(makillar)* v. maquiar, pintar, aplicar cosméticos.

máquina.- *(makina)* s. máquina.

maquinar.- *(makinar)* v. maquinar, tramar.

maquinaria.- *(makinaria)* s. maquinaria, mecanismo.

maquinista.- *(makinista)* s. maquinista.

mar.- *(mar)* s. mar.

maraña.- *(maraña)* s. maranha, fios enredados.

marasmo.- *(marasmo)* s. marasmo, estagnação, apatia.

maratón.- *(maraton)* s. maratona.

maravilla.- *(marabilla)* s. maravilha.

maravillar.- *(marabillar)* v. maravilhar, admirar, deslumbrar.

maravilloso.- *(marabilloso)* adj. maravilhoso, admirável, extraordinário.

marca.- *(marka)* s. marca, sinal.

marcado.- *(markado)* adj. marcado, determinado.

marcador.- *(markador)* s. marcador.

marcaje.- *(markaje)* s. marcação.

marcapasos.- *(markapasos)* s. marcapasso.

marcar.- *(markar)* v. marcar, assinalar.

marcial.- *(marzial)* adj. marcial, bélico.

marco.- *(marko)* s. moeda alemã. / 2ª. s. moldura de quadro.

marcha.- *(marcha)* s. marcha, velocidade.

marchante.- *(marchante)* adj. mercantil, traficante.

marchar.- *(marchar)* v. marchar, andar, caminhar, ir de um lugar.

marchitar.- *(marchitar)* v. murchar, murchecer, emurchecer, privar do viço.

marchito.- *(marchito)* adj. murcho, flácido, sem vigor, amarrotado, desbotado.

marea.- *(marea)* s. maré.

marear.- *(marear)* v. marear, dirigir o navio, enjoar, ficar mareado.

marejada.- *(marejada)* s. marejada.

maremoto.- *(maremoto)* s. maremoto.

mareo.- *(mareo)* s. enjoo, náusea.

marfil.- *(marfil)* s. marfim, dentina.

margarina.- *(margarina)* s. margarina.

margarita.- *(margarita)* s. margarida.

margen.- *(marjen)* s. margem, borda.

marginado.- *(marjinado)* adj. marginalizado, excluído.

marginal.- *(marjinal)* adj. marginal, posto à margem.

marginar.- *(marjinar)* v. marginar, apontar, notar à margem, pôr à margem.

marido.- *(marido)* s. marido, cônjuge, esposo.

marihuana.- *(mariuana)* s. marijuana, maconha.

marimorena.- *(marimorena)* s. rixa, contenda.

marina.- *(marina)* s. marinha, costa, praia, beira-mar.

marinero.- *(marinero)* s. marinheiro, marujo.

marino.- *(marino)* adj. marinho, marítimo.

marioneta.- *(marioneta)* s. marionete, fantoche.

mariposa.- *(mariposa)* s. mariposa, borboleta.

mariquita.- *(marikita)* s. joaninha.

mariscal.- *(mariskal)* s. marechal.

marisco.- *(marisko)* s. marisco, crustáceo ou molusco comestível.

marisma.- *(marisma)* s. marisma, restinga.

marital.- *(marital)* s. marital.

marítimo.- *(maritimo)* adj. marítimo.

marjal.- *(marjal)* s. brejo, pântano, terreno pantanoso.

marmita.- *(marmita)* s. marmita.

mármol.- *(marmol)* s. mármore.

marmota.- *(marmota)* s. marmota.

maroma.- *(maroma)* s. maroma, corda grossa.

marqués.- *(markes)* s. marquês.

marquesina.- *(markesina)* s. marquise, toldo.

marquetería.- *(marketeria)* s. marchetaria, incrustação.

marranada.- *(marranada)* s. cochinada, porcaria.

marrano.- *(marrano)* s. marrano, porco.

marrar.- *(marrar)* v. errar, faltar.

marrón.- *(marron)* adj. marrom, cor castanha.

marta.- *(marta)* s. marta, animal e pele.

martes.- *(martes)* s. terça-feira, terceiro dia da semana.

martillar.- *(martillar)* v. martelar, bater com martelo.

martillo.- *(martillo)* s. martelo, malho.

mártir.- *(martir)* s. mártir, vítima.

martirio.- *(martirio)* s. martírio, tortura, aflição, sacrifício.

martirizar.- *(martirizar)* v. martirizar, torturar, atormentar.

martirologio.- *(martirolojio)* s. martirológio, lista de todos os santos conhecidos.

marxismo.- *(marksismo)* s. marxismo.

marzo.- *(marzo)* s. março.

mas.- *(mas)* conj. mas, porém.

más.- *(mas)* adv. mais.

masa.- *(masa)* s. massa, mistura de farinha. / volume. / multidão, reunião.

masacrar.- *(masakrar)* v. massacrar, matar, chacinar.
masacre.- *(masakre)* s. massacre, matança, chacina, carnificina.
masaje.- *(masaje)* s. massagem.
masajista.- *(masajista)* s. massagista.
mascar.- *(maskar)* v. mascar, mastigar.
máscara.- *(maskara)* s. máscara, disfarce.
mascota.- *(maskota)* s. mascote.
masculinidad.- *(maskulinidad)* s. masculinidade, virilidade.
masculino.- *(maskulino)* adj. masculino, viril.
mascullar.- *(maskullar)* v. resmungar, falar entre dentes.
masificación.- *(masifikazion)* s. massificação.
masificar.- *(masifikar)* v. massificar.
masilla.- *(masilla)* s. massa de vidraceiro.
masivo.- *(masibo)* adj. massivo.
masón.- *(mason)* adj. maçom.
masonería.- *(masoneria)* s. maçonaria.
masónico.- *(masoniko)* adj. maçónico.
masoquismo.- *(masokismo)* s. masoquismo.
masticación.- *(mastikazion)* s. mastigação.
masticar.- *(mastikar)* v. mastigar, mascar.
mástil.- *(mastil)* s. mastro, haste.
mastín.- *(mastin)* s. mastim, cão de guarda.
mastodonte.- *(mastodonte)* s. mastodonte, mamífero paquiderme fóssil.
mastuerzo.- *(mastuerzo)* s. mastruço, planta medicinal.
masturbación.- *(masturbazion)* s. masturbação.
masturbar.- *(masturbar)* v. masturbar.
mata.- *(mata)* s. mata, arvoredo.
matadero.- *(matadero)* s. matadouro.
matador.- *(matador)* adj. matador, toureiro.
matamoscas.- *(matamoskas)* s. mata-moscas.
matanza.- *(matanza)* s. matança.
matar.- *(matar)* v. matar, eliminar, aniquilar, assassinar.
matarratas.- *(matarratas)* s. mata-ratos.
mate.- *(mate)* adj. mate, embaciado, fosco, sem brilho.
mate.- *(mate)* s. mate, arbusto do Paraguai. / infusão das folhas do mate, chá-mate.
matemáticas.- *(matematikas)* s. matemática.
matemático.- *(matematiko)* adj. matemático.
materia.- *(materia)* s. matéria, substância.
material.- *(material)* adj. material.
materialismo.- *(materialismo)* s. materialismo.
materializar.- *(materializar)* v. materializar, tornar concreto.
maternal.- *(maternal)* adj. maternal, materno.
maternidad.- *(maternidad)* s. maternidade,condição de mãe, hospital para parturientes.
materno.- *(materno)* adj. materno.
matinal.- *(matinal)* adj. matinal, matutino.
matiz.- *(matiz)* s. matiz, gradação de cor, nuança.
matizar.- *(matizar)* v. matizar, combinar cores, colorir, realçar.
matón.- *(maton)* s. valentão.
matorral.- *(matorral)* s. mato, matorral, moita, brejo, brenha, matagal, campo inculto.
matraz.- *(matraz)* s. matrás, vaso de laboratório.
matriarca.- *(matriarka)* s. matriarca.
matriarcado.- *(matriarkado)* s. matriarcado.
matrícula.- *(matrikula)* s. matrícula, inscrição, lista, identificação, placa.
matricular.- *(matrikular)* v. matricular, registrar, inscrever.
matrimonio.- *(matrimonio)* s. matrimónio, casamento, união.
matriz.- *(matriz)* s. matriz, útero.
matrona.- *(matrona)* s. matrona, mulher respeitável. / parteira, comadre.
matutino.- *(matutino)* adj. matutino, matinal.
maullar.- *(maullar)* v. miar.
maullido.- *(maullido)* s. miado.
mausoleo.- *(mausoleo)* s. mausoléu, túmulo, sepulcro, tumba.
maxilar.- *(maksilar)* s. maxilar, mandíbula.
máxime.- *(maksime)* adv. principalmente.
máximo.- *(maksimo)* adj. máximo, maior, melhor, superior.
maya.- *(maya)* adj. maia.
mayar.- *(mayar)* v. miar, dar mios.
mayo.- *(mayo)* s. maio.
mayonesa.- *(mayonesa)* s. maionese
mayor.- *(mayor)* adj. maior, superior em qualidade, tamanho e número. / s. pessoa adulta, avô, antepassado.
mayoral.- *(mayoral)* s. maioral, capataz.
mayordomo.- *(mayordomo)* s. mordomo, administrador.
mayoría.- *(mayoria)* s. maioria, maior parte, maioridade.
mayoridad.- *(mayoridad)* s. maioridade.
mayorista.- *(mayorista)* s. atacadista.
mayúsculo.- *(mayuskulo)* adj. maiúsculo.
maza.- *(maza)* s. maça, arma antiga, bate-estaca.
mazapán.- *(mazapan)* s. maçapão, marzipã.
mazmorra.- *(mazmorra)* s. masmorra, prisão subterrânea.
mazo.- *(mazo)* s. maço, martelo de madeira, marreta. / 2ª. s. maço, molho de coisas, feixe.
mazorca.- *(mazorka)* s. maçaroca, espiga de milho, baga do cacau.
me.- *(me)* pron. me, mim.
meada.- *(meada)* s. mijada.
meado.- *(meado)* adj. mijado.

meandro.- *(meandro)* s. meandro, sinuosidade de um caminho ou rio.

mear.- *(mear)* v. mijar, urinar.

mecánica.- *(mekanika)* s. mecânica, parte da física que trata do movimento e das forças e seus efeitos.

mecánico.- *(mekaniko)* adj. mecânico.

mecanismo.- *(mekanismo)* s. mecanismo.

mecanizar.- *(mekanizar)* v. mecanizar, automatizar.

mecanografía.- *(mekanografia)* s. mecanografia, dactilografia.

mecanografiar.- *(mekanografiar)* v. dactilografar.

mecanógrafo.- *(mekanografo)* adj. dactilógrafo.

mecedora.- *(mezedora)* s. cadeira de balanço.

mecenas.- *(mezenas)* s. mecenas, protector, patrocinador.

mecer.- *(mezer)* v. mexer, mover, agitar, balançar.

mecha.- *(mecha)* s. mecha, pavio.

mechero.- *(mechero)* s. isqueiro, acendedor de bolso.

mechón.- *(mechon)* s. mecha, tufo de lã, fios de lã, mecha de cabelos.

medalla.- *(medalla)* s. medalha.

medallón.- *(medallon)* s. medalhão.

media.- *(media)* s. média, metade.- meia hora.- meia comprida.

mediación.- *(mediazion)* s. mediação, intervenção.

mediador.- *(mediador)* adj. mediador, interventor.

medianeiro.- *(medianeiro)* adj. medianeiro, mediador.

medianía.- *(mediania)* s. mediania.

mediano.- *(mediano)* adj. mediano, medíocre, meão, moderado.

medianoche.- *(medianoche)* s. meia-noite.

mediante.- *(mediante)* adj. mediante, que medeia. / adv. mediante, em atenção a, por razão de.

mediar.- *(mediar)* v. mediar, intermediar.

mediato.- *(mediato)* adj. imediato, próximo.

medicación.- *(medikazion)* s. medicação.

medicamento.- *(medikamento)* s. medicamento, remédio.

medicar.- *(medikar)* v. medicar.

medicina.- *(medizina)* s. medicina.

medicinal.- *(medizinal)* adj. medicinal.

medición.- *(medizion)* s. medição, medida.

médico.- *(mediko)* s. médico.

medida.- *(medida)* s. medida.

medieval.- *(mediebal)* adj. medieval.

medio.- *(medio)* adj. médio, metade.

mediocre.- *(mediokre)* adj. medíocre.

mediocridad.- *(mediokridad)* s. mediocridade.

mediodía.- *(mediodia)* s. meio-dia.

medir.- *(medir)* v. medir, avaliar, regular.

meditabundo.- *(meditabundo)* adj. meditabundo, que medita em silêncio, meditativo.

meditación.- *(meditazion)* s. meditação, reflexão.

meditar.- *(meditar)* v. meditar, reflectir.

mediterráneo.- *(mediterraneo)* adj. mediterrâneo.

médium.- *(medium)* s. médium.

medrar.- *(medrar)* v. medrar, crescer plantas e animais.

medroso.- *(medroso)* adj. medroso, receoso.

médula.- *(medula)* s. medula.

medusa.- *(medusa)* s. medusa.

megalito.- *(megalito)* s. megálito.

megalomania.- *(megalomania)* s. megalomania, mania de grandezas.

mejicano.- *(mejikano)* adj. mexicano.

mejilla.- *(mejilla)* s. bochecha, maçã do rosto.

mejillón.- *(mejillon)* s. mexilhão.

mejor.- *(mejor)* adj. melhor, de superior qualidade.

mejora.- *(mejora)* s. melhora, melhoramento, melhoria.

mejorana.- *(mejorana)* s. manjerona, planta medicinal.

mejorar.- *(mejorar)* v. melhorar, acrescentar.

mejoría.- *(mejoria)* s. melhoria, melhora, alívio.

mejunje.- *(mejunje)* s. cosmético ou medicamento feito de várias misturas.

melado.- *(melado)* s. melado, da cor do mel. / xarope da cana-de-açúcar.

melancolía.- *(melankolia)* s. melancolia, tristeza, nostalgia.

melar.- *(melar)* v. melar, melificar, fazer mel.

melaza.- *(melaza)* s. melaço.

melena.- *(melena)* s. melena, cabelo comprido, juba.

melifluo.- *(melifluo)* adj. melífluo, suave, de voz doce, que corre como o mel.

melindre.- *(melindre)* s. melindre, doce feito com farinha, ovos e açúcar.

melindre.- *(melindre)* s. melindres, modos afectados no trato, trejeitos.

melindroso.- *(melindroso)* adj. melindroso, dengoso, afectado.

melisa.- *(melisa)* s. melissa, erva-cidreira.

melocotón.- *(melokoton)* s. pêssego.

melodía.- *(melodia)* s. melodia, composição musical agradável.

melódico.- *(melodiko)* adj. melódico, melodioso.

melodioso.- *(melodioso)* adj. melodioso, suave, agradável ao ouvido.

melodrama.- *(melodrama)* s. melodrama, dramalhão.

melómano.- *(melomano)* adj. melomaníaco, melómano.

melón.- *(melon)* s. melão.

meloso.- *(meloso)* adj. meloso, melado, adocicado.

mella.- *(mella)* s. boca, falha, mossa no fio ou no gume de uma ferramenta.

mellizo.- *(mellizo)* adj. gémeo.

membrana.- *(membrana)* s. membrana, pele fina.

membranoso.- *(membranoso)* adj. membranoso, composto de membranas.
membrete.- *(membrete)* s. lembrete, anotação.
membrillo.- *(membrillo)* s. marmelo, marmelada.
memo.- *(memo)* adj. parvo, estúpido, tonto, bobo, mentecapto.
memorable.- *(memorable)* adj. memorável, inesquecível.
memorándum.- *(memorandum)* s. memorando.
memoria.- *(memoria)* s. memória, lembrança, recordação.
memorial.- *(memorial)* s. memorial.
memorización.- *(memorizazion)* s. memorização, recordação.
menaje.- *(menaje)* s. utensílios e objectos de uma casa, material pedagógico de uma escola.
mención.- *(menzion)* s. menção, referência.
mencionar.- *(menzionar)* v. mencionar, aludir, indicar.
mendicante.- *(mendikante)* adj. mendicante, pedinte, mendigo.
mendigar.- *(mendigar)* v. mendigar, pedir esmola.
mendigo.- *(mendigo)* s. mendigo, pedinte.
mendrugo.- *(mendrugo)* s. mendrugo, pedaço de pão duro, restos de pão que se dava aos mendigos.
menear.- *(menear)* v. menear, mover de um lado para outro.
meneo.- *(meneo)* s. meneio.
menester.- *(menester)* s. mister, falta, necessidade.
menestra.- *(menestra)* s. menestra, guiso de legumes com carne.
mengano.- *(mengano)* s. beltrano.
mengua.- *(mengua)* s. míngua, escassez, pobreza.
menguado.- *(menguado)* adj. minguado.
menguante.- *(menguante)* adj. minguante, lua minguante.
menguar.- *(menguar)* v. minguar, diminuir.
menhir.- *(menir)* s. menir, monumento megalítico.
meninge.- *(meninje)* s. meninge.
meningitis.- *(meninjitis)* s. meningite.
menisco.- *(menisko)* s. menisco.
menopausia.- *(menopausia)* s. menopausa.
menor.- *(menor)* adj. menor em tamanho e número, mínimo, mais novo em idade.
menos.- *(menos)* adv. menos, excepto, salvo.
menoscabar.- *(menoskabar)* v. menosprezar, diminuir.
menoscabo.- *(menoskabo)* s. menoscabo, desprezo, desdém, detrimento.
menospreciable.- *(menospreziable)* adj. desprezível.
menospreciar.- *(menospreziar)* v. menosprezar, desprezar.
menosprecio.- *(menosprezio)* s. menosprezo, desprezo, desdém.
mensaje.- *(mensaje)* s. mensagem, recado, notícia.
mensajero.- *(mensajero)* s. mensageiro.
menstruación.- *(menstruazion)* s. menstruação.
menstruar *(mestruar)* v. menstruar.
mensual.- *(mensual)* adj. mensal.
mensualidad.- *(mensualidad)* s. mensalidade, mesada, salário mensal.
mensurable.- *(mensurable)* adj. mensurável.
menta.- *(menta)* s. menta, hortelã-pimenta.
mental.- *(mental)* adj. mental.
mentalidad.- *(mentalidad)* s. mentalidade.
mentar.- *(mentar)* v. memorar, lembrar, citar.
mente.- *(mente)* s. mente, inteligência, entendimento.
mentecato.- *(mentekato)* adj. mentecapto.
mentir.- *(mentir)* v. mentir, enganar.
mentira.- *(mentira)* s. mentira, engano.
mentiroso.- *(mentiroso)* adj. mentiroso.
mentón.- *(menton)* s. queixo, maxilar.
mentor.- *(mentor)* s. mentor, guia, conselheiro.
menú.- *(menu)* s. menu, cardápio.
menudear.- *(menudear)* v. amiudar, repetir.
menudencia.- *(menudenzia)* s. minúcia, pequenez, minudência, bagatela, ninharia.
menudo.- *(menudo)* adj. miúdo, delgado, pequeno.
meñique.- *(meñike)* s. dedo miudinho.
meollo.- *(meollo)* s. miolo.
mequetrefe.- *(meketrefe)* s. mequetrefe, homem metido.
mercader.- *(merkader)* s. mercador, comerciante, negociante.
mercadería.- *(merkaderia)* s. mercadoria.
mercado.- *(merkado)* s. mercado.
mercancía.- *(merkanzia)* s. mercadoria, mercancia.
mercantil.- *(merkantil)* adj. mercantil.
merced.- *(merzed)* s. mercê, graça, favor, perdão.
mercenario.- *(merzenario)* adj. mercenário.
mercería.- *(merzeria)* s. loja de miudezas, armarinho.
mercurio.- *(merkurio)* s. mercúrio, substância e astro.
merecedor.- *(merezedor)* adj. merecedor.
merecer.- *(merezer)* v. merecer.
merecido.- *(merezido)* adj. merecido, devido.
merecimiento.- *(merezimiento)* s. merecimento, mérito.
merendar.- *(merendar)* v. merendar, lanchar.
merendero.- *(merendero)* s. lugar onde se merenda.
merengue.- *(merenge)* s. merengue, doce.
meretriz.- *(meretriz)* s. meretriz, prostituta.
meridiano.- *(meridiano)* adj. meridiano.
meridional.- *(meridional)* adj. meridional, austral.
merienda.- *(merienda)* s. merenda, lanche da tarde, piquenique.
merino.- *(merino)* adj. merino, raça de carneiros com lã muito fina.
mérito.- *(merito)* s. mérito, merecimento, valor.
meritorio.- *(meritorio)* adj. meritório, louvável.

merluza.- *(merluza)* s. merluza, pescada.

merma.- *(merma)* s. diminuição, quebra, consumo.

mermar.- *(mermar)* v. diminuir, minguar.

mermelada.- *(mermelada)* s. marmelada, doce de marmelo, doce de fruta cozida.

mero.- *(mero)* adj. mero, puro, simples.

merodear.- *(merodear)* v. vaguear, andar pelo campo, vagabundear.

mes.- *(mes)* s. mês, mensalidade. / menstruação.

mesa.- *(mesa)* s. mesa.

mesar.- *(mesar)* v. arrepiar, arrancar os cabelos e a barba com as mãos.

meseta.- *(meseta)* s. patamar, meseta, pequeno planalto.

mesiánico.- *(mesianiko)* adj. messiânico.

mesnada.- *(mesnada)* s. mesnada, gente de guerra assoldadada.

mesón.- *(meson)* s. estalagem, hospedaria, pousada.

mestizaje.- *(mestizaje)* s. mestiçagem.

mestizo.- *(mestizo)* adj. mestiço.

mesura.- *(mesura)* s. mesura, gravidade e compostura.

meta.- *(meta)* s. meta, limite, termo.

metabolismo.- *(metabolismo)* s. metabolismo.

metafísica.- *(metafisika)* s. metafísica.

metáfora.- *(metafora)* s. metáfora, alegoria.

metal.- *(metal)* s. metal.

metálico.- *(metaliko)* adj. metálico.

metalurgia.- *(metalurjia)* s. metalurgia.

metalúrgico.- *(metalurjiko)* adj. metalúrgico.

metamorfosis.- *(metamorfosis)* s. metamorfose.

metano.- *(metano)* s. metano, gás metano.

meteorito.- *(meteorito)* s. meteorito, aerólito.

meteoro.- *(meteoro)* s. meteoro.

meteorología.- *(meteorolojia)* s. meteorologia.

meteorológico.- *(meteorolojiko)* adj. meteorológico.

meter.- *(meter)* v. meter, pôr, introduzir, colocar.

meticuloso.- *(metikuloso)* adj. meticuloso, minucioso.

metido.- *(metido)* adj. metido, intrometido.

metódico.- *(metodiko)* adj. metódico.

método.- *(metodo)* s. método, ordem, processo.

metodología.- *(metodolojia)* s. metodologia.

metraje.- *(metraje)* s. metragem.

metralla.- *(metralla)* s. metralha, estilhaço de bala.

metralleta.- *(metralleta)* s. metralhadora.

métrico.- *(metriko)* adj. métrico, métrica.

metro.- *(metro)* s. metro.

metrópoli.- *(metropoli)* s. metrópole.

metropolitano.- *(metropolitano)* adj. metropolitano.

mezcla.- *(mezkla)* s. mescla, mistura.

mezclar.- *(mezklar)* v. mesclar, misturar.

mezquindad.- *(mezkindad)* s. mesquinharia.

mezquino.- *(mezkino)* adj. mesquinho.

mezquita.- *(mezkita)* s. mesquita.

mi, mis.- *(mi, mis)* adj. contracção de mío, mía, míos, mías. / *(mi)* s. terceira nota musical.

mí.- *(mi)* pron. mim.

miasma.- *(miasma)* s. miasma, emanação de mau cheiro.

micción.- *(mikzion)* s. micção, urina.

mico.- *(miko)* s. mico.

microbiano.- *(mikrobiano)* adj. microbiano.

microbio.- *(mikrobio)* s. micróbio.

microbiología.- *(mikrobiolojia)* s. microbiologia.

microcosmo.- *(mikrokosmo)* s. microcosmo.

microfilme.- *(mikrofilme)* s. microfilme.

micrófono.- *(mikrofono)* s. microfone.

microorganismo.- *(mikroorganismo)* s. microorganismo.

microscópico.- *(mikroskopiko)* adj. microscópico.

microscopio.- *(mikroskopio)* s. microscópio.

miedo.- *(miedo)* s. medo, terror, receio, temor.

miedoso.- *(miedoso)* adj. medroso.

miel.- *(miel)* s. mel.

miembro.- *(miembro)* s. membro.

mientes.- *(mientes)* s. mente, pensamento.

mientras.- *(mientras)* adv. enquanto, entretanto, durante.

miércoles.- *(mierkoles)* s. quarta-feira, quarto dia da semana.

mierda.- *(mierda)* s. merda, excremento, fezes, bosta.

mies.- *(mies)* s. messes, cereal maduro.

miga.- *(miga)* s. miolo de pão, migalha.

migaja.- *(migaja)* s. migalha, fragmento, restos, sobejos, sobras que outros aproveitam.

migar.- *(migar)* v. esfarelar, esmigalhar o pão.

migración.- *(migrazion)* s. migração.

migraña.- *(migraña)* s. dor de cabeça.

migratorio.- *(migratorio)* adj. migratório.

mijo.- *(mijo)* s. espécie de milho originário da Índia.

mil.- *(mil)* adj. mil, dez vezes cem.

milagro.- *(milagro)* s. milagre.

milenario.- *(milenario)* adj. milenário.

milenio.- *(milenio)* s. milénio.

milésimo.- *(milesimo)* adj. milésimo.

milicia.- *(milizia)* s. milícia.

miliciano.- *(miliziano)* adj. miliciano.

miligramo.- *(miligramo)* s. miligrama.

milímetro.- *(milimetro)* s. milímetro.

militante.- *(militante)* adj. militante.

militar.- *(militar)* adj. militar. / v. militar, combater.

milla.- *(milla)* s. milha.

millar.- *(millar)* s. milhar.

millón.- *(millon)* s. milhão, mil milhares.

millonario.- *(millonario)* adj. milionário, muito rico.

mimar.- *(mimar)* v. mimar, amimar, afagar, acariciar.

mimbre.- *(mimbre)* s. vime.
mimbrera.- *(mimbrera)* s. vimeiro, vime, arbusto.
mimetismo.- *(mimetismo)* s. mimetismo.
mímica.- *(mimika)* s. mímica, pantomima.
mimo.- *(mimo)* s. mimo, carinho, ternura, especialmente com as crianças.
mimoso.- *(mimoso)* adj. mimoso, delicado, melindroso.
mina.- *(mina)* s. mina, de onde se extrai minerais.- nascente de água.
minar.- *(minar)* v. minar, abrir caminhos ou galerias por debaixo da terra.
mineral.- *(mineral)* s. mineral.
mineralogía.- *(mineralojia)* s. mineralogia.
minería.- *(mineria)* s. mineração, exploração de minérios.
minero.- *(minero)* adj. mineiro.
miniatura.- *(miniatura)* s. miniatura.
minifalda.- *(minifalda)* s. minissaia.
minifundio.- *(minifundio)* s. minifúndio.
minimizar.- *(minimizar)* v. minimizar.
mínimo.- *(minimo)* adj. mínimo, o menor.
ministerial.- *(ministerial)* adj. ministerial.
ministerio.- *(ministerio)* s. ministério, cargo, organismo do governo.
ministro.- *(ministro)* s. ministro.
minorar.- *(minorar)* v. minorar, diminuir, tornar menor.
minoría.- *(minoria)* s. minoria, inferioridade em número.
minoridad.- *(minoridad)* s. menoridade, estado de uma pessoa menor.
minoritario.- *(minoritario)* adj. minoritário.
minucia.- *(minuzia)* s. minúcia, ninharia, miuçalha.
minucioso.- *(minuzioso)* adj. minucioso.
minúsculo.- *(minuskulo)* adj. minúsculo, miúdo.
minusválido.- *(minusbalido)* adj. deficiente, inválido.
minuta.- *(minuta)* s. minuta, rascunho, apontamento.
minuto.- *(minuto)* s. minuto.
mío, mía, míos, mías.- *(mio, mia, mios, mias)* pron. minha, meus, minhas.
miocardio.- *(miokardio)* s. miocárdio.
miope.- *(miope)* adj. míope.
miopia.- *(miopia)* s. miopia.
mira.- *(mira)* s. mira.
mirada.- *(mirada)* s. mirada, acto de mirar, olhadela.
mirador.- *(mirador)* s. mirante, varanda envidraçada.
miramiento.- *(miramiento)* s. miramento, olhada.-
mirar.- *(mirar)* v. mirar, olhar,
miríada.- *(miriada)* s. miríada, grande quantidade indeterminada.
mirilla.- *(mirilla)* s. vigia, abertura na porta para olhar.
mirlo.- *(mirlo)* s. melro.
mirón.- *(miron)* adj. mirão, que olha muito com curiosidade, curioso.
mirra.- *(mirra)* s. mirra.
misa.- *(misa)* s. missa.
misal.- *(misal)* adj. missal.
misantropía.- *(misantropia)* s. misantropia.
misántropo.- *(misantropo)* adj. misantropo.
miscelánea.- *(miszelanea)* s. miscelânea, mistura.
miserable.- *(miserable)* adj. miserável, desgraçado, infeliz.
miseria.- *(miseria)* s. miséria, pobreza, desgraça, infortúnio, calamidade.
misericordia.- *(miserikordia)* s. misericórdia, compaixão.
mísero.- *(misero)* adj. mísero.
misil.- *(misil)* s. míssil.
misión.- *(mision)* s. missão, encargo.
misionero.- *(misionero)* s. missionário, evangelizador.
misiva.- *(misiba)* s. missiva, carta, mensagem.
mismo.- *(mismo)* adj. mesmo, semelhante, igual.
misterio.- *(misterio)* s. mistério, enigma.
misterioso.- *(misterioso)* adj. misterioso.
misticismo.- *(mistizismo)* s. misticismo.
místico.- *(mistiko)* adj. místico.
mistificación.- *(mistifikazion)* s. mistificação.
mistificar.- *(mistifikar)* v. mistificar.
mitad.- *(mitad)* s. metade, meio.
mítico.- *(mitiko)* adj. mítico.
mitigar.- *(mitigar)* v. mitigar, moderar.
mitin.- *(mitin)* s. comício, reunião pública onde se discutem assuntos políticos ou sociais.
mito.- *(mito)* s. mito.
mitología.- *(mitolojia)* s. mitologia.
mitológico.- *(mitolojiko)* adj. mitológico.
mitomanía.- *(mitomania)* s. mitomania.
mitra.- *(mitra)* s. mitra, ornamento que usamos arcebispos e bispos.
mixto.- *(miksto)* adj. misto, misturado, composto.
mixtura.- *(mikstura)* s. mistura, mescla.
mobiliario.- *(mobiliario)* s. mobiliário, mobília.
mocasín.- *(mokasin)* s. mocassim.
mocedad.- *(mozedad)* s. mocidade, juventude.
moción.- *(mozion)* s. moção.
moco.- *(moko)* s. muco, ranho que sai do nariz.
mocoso.- *(mokoso)* adj. mucoso, ranhoso, ranhento.
mochila.- *(mochila)* s. mochila.
mochilero.- *(mochilero)* s. mochileiro, que viaja com mochila.
mocho.- *(mocho)* adj. mocho, sem ponta.
moda.- *(moda)* s. moda, maneira de vestir, uso, costume, voga.
modales.- *(modales)* s. modo, maneira de ser.
modalidad.- *(modalidad)* s. modalidade, modo de ser.

modelado.- *(modelado)* s. modelado, moldado.
modelar.- *(modelar)* v. modelar, moldar,contornar.
modelo.- *(modelo)* s. modelo, exemplo, imagem, molde, norma, regra, representação, manequim.
moderación.- *(moderazion)* s. moderação.
moderado.- *(moderado)* adj. moderado,comedido.
moderar.- *(moderar)* v. moderar, regular, regrar.
modernismo.- *(modernismo)* s. modernismo.
modernista.- *(modernista)* adj. modernista.
modernizar.- *(modernizar)* v. modernizar, actualizar.
moderno.- *(moderno)* adj. moderno, recente, actual.
modestia.- *(modestia)* s. modéstia, humildade, simplicidade.
modesto.- *(modesto)* adj. modesto, humilde, simples.
módico.- *(modiko)* adj. módico, moderado.
modificar.- *(modifikar)* v. modificar, alterar.
modismo.- *(modismo)* s. modismo, modo de falar próprio de uma língua.
modista.- *(modista)* s. modista, costureira.
modo.- *(modo)* s. modo, maneira de ser, método.
modorra.- *(modorra)* s. modorra, sono muito pesado, sonolência, apatia, indolência.
modoso.- *(modoso)* adj. moderado, de boas maneiras, cortês, respeitoso.
modular.- *(modular)* v. modular, passar de um tom a outro.
módulo.- *(modulo)* s. módulo, medida, padrão.
mofa.- *(mofa)* s. mofa, zombaria, escárnio, gozação.
mofar.- *(mofar)* v. mofar, zombar, escarnecer.
moflete.- *(moflete)* s. bochecha grande e carnuda.
mogollón.- *(mogollon)* s. grande quantidade, montão. / 2ª. s. intrometido.
mohín.- *(moin)* s. gesto, trejeito, esgar, careta.
mohíno.- *(moino)* adj. mofino, triste, desgostoso.
moho.- *(moo)* s. mofo, bolor, ferrugem, azinhavre.
mohoso.- *(mooso)* adj. bolorento, mofado, mofento.
mojadura.- *(mojadura)* s. molhadela, molhadura, molhadinha.
mojama.- *(mojama)* s. moxama, atum seco e salgado.
mojar.- *(mojar)* v. molhar, humedecer.
moje.- *(moje)* s. molho, tempero.
mojigato.- *(mojigato)* adj. hipócrita, fingido, dissimulado, falso beato.
mojón.- *(mojon)* s. baliza, marco divisório.
molde.- *(molde)* s. molde, matriz, modelo, forma.
moldeable.- *(moldeable)* adj. amoldável, flexível, maleável.
moldear.- *(moldear)* v. moldar.
moldura.- *(moldura)* s. moldura, caixilho.
mole.- *(mole)* s. mole, volume enorme
molécula.- *(molekula)* s. molécula.
molecular.- *(molekular)* adj. molecular.
moler.- *(moler)* v. moer, triturar, espremer, reduzir a pó.
molestar.- *(molestar)* v. molestar, incomodar, enfadar.
molestia.- *(molestia)* s. moléstia, incomodo, fadiga.
molicie.- *(molizie)* s. moleza, brandura.
molienda.- *(molienda)* s. moenda, moinho.
molinero.- *(molinero)* adj. moleiro.
molinete.- *(molinete)* s. molinete, cata-vento.
molino.- *(molino)* s. moinho.
molusco.- *(molusko)* s. molusco.
molleja.- *(molleja)* s. moela.
mollera.- *(mollera)* s. moleira, parte superior do crânio, fontanela.
mollete.- *(mollete)* s. molete, pãozinho de trigo.
momentáneo.- *(momentaneo)* adj. momentâneo, instantâneo.
momento.- *(momento)* s. momento, instante.
momia.- *(momia)* s. múmia.
momificar.- *(momifikar)* v. mumificar, embalsamar.
monacal.- *(monakal)* adj. monacal, monástico.
monacato.- *(monakato)* s. monacato.
monada.- *(monada)* s. macacada, macaquice.
monaguillo.- *(monagillo)* s. coroinha.
monarca.- *(monarka)* s. monarca, rei.
monarquía.- *(monarkia)* s. monarquia.
monárquico.- *(monarkiko)* adj.
monasterio.- *(monasterio)* s. mosteiro, convento.
monda.- *(monda)* s. monda, exumação de ossadas.
mondadientes.- *(mondadientes)* s. palito para limpar os dentes.
mondar.- *(mondar)* v. mondar, limpar. / purificar, expurgar.- limpar o leito de um rio. / podar, descascar frutas. / cortar o cabelo.
mondo.- *(mondo)* adj. limpo, mundo, purificado, livre de coisas postiças, misturadas ou supérfluas.
mondongo.- *(mondongo)* s. mondongo, intestinos miúdos de certos animais.
moneda.- *(moneda)* s. moeda.
monedero.- *(monedero)* s. moedeiro, carteira para levar moedas.
monería.- *(moneria)* s. macaquice. / gesto gracioso.
monetario.- *(monetario)* adj. monetário.
monigote.- *(monigote)* s. frade leigo. / fantoche.
monitor.- *(monitor)* s. monitor.
monja.- *(monja)* s. monja, freira.
monje.- *(monje)* s. monge, frade, frei.
mono.- *(mono)* adj. bonito, polido, gracioso, delicado. / s. mono, macaco.
monocorde.- *(monokorde)* s. monocórdio, de uma corda só.
monocromo.- *(monokromo)* adj. monocromo, que tem uma só cor.
monóculo.- *(monokulo)* s. monóculo.
monocultivo.- *(monokultibo)* s. monocultura.
monogamia.- *(monogamia)* s. monogamia.

monógamo.- *(monogamo)* adj. monógamo, casado com uma só mulher.

monografía.- *(monografia)* s. monografia.

monográfico.- *(monografiko)* adj. monográfico.

monograma.- *(monograma)* s. monograma.

monolítico.- *(monolitiko)* adj. monolítico, feito de uma só peça.

monólogo.- *(monologo)* s. monólogo, solilóquio.

monomanía.- *(monomania)* s. monomania, ideia fixa.

monomio.- *(monomio)* s. monómio, expressão algébrica.

monopétalo.- *(monopetalo)* s. monopétalo, que tem uma só pétala.

monopolio.- *(monopolio)* s. monopólio, exclusividade.

monopolizar.- *(monopolizar)* v. monopolizar, açambarcar.

monosílabo.- *(monosilabo)* adj. monossílabo.

monoteísmo.- *(monoteismo)* s. monoteísmo.

monoteísta.- *(monoteista)* adj. monoteísta.

monotonía.- *(monotonia)* s. monotonia.

monótono.- *(monotono)* adj. monótono.

monserga.- *(monserga)* s. algaravia, linguagem confusa e embrulhada.

monstruo.- *(monstruo)* s. monstro.

monstruosidad.- *(monstruosidad)* s. monstruosidade.

monstruoso.- *(monstruoso)* adj. monstruoso, disforme, execrável.

monta.- *(monta)* s. montante, total. / importância, valor.

montacargas.- *(montakargas)* s. elevador de carga.

montaje.- *(montaje)* s. montagem

montante.- *(montante)* s. maré, enchente. / 2ª. s. montante, pé direito, janela sobre uma porta.

montaña.- *(montaña)* s. montanha.

montañés.- *(montañes)* adj. montanhês

montañismo.- *(montañismo)* s. montanhismo, alpinismo.

montañoso.- *(montañoso)* adj. montanhoso.

montar.- *(montar)* v. montar, subir em alguma coisa, armar, preparar.

montaraz.- *(montaraz)* adj. montaraz, montês, montesino.

monte.- *(monte)* s. monte.

montera.- *(montera)* s. monteira, carapuça.

montería.- *(monteria)* s. montaria de caça grossa.

montés.- *(montes)* adj. montês.

montón.- *(monton)* s. montão, acumulação desordenada.

montuoso.- *(montuoso)* adj. montanhoso.

montura.- *(montura)* s. montada, cavalgadura, arreios.

monumental.- *(monumental)* adj. monumental, grandioso.

monumento.- *(monumento)* s. monumento, estátua, obra arquitectónica.

monzón.- *(monzon)* s. monção, vento periódico no oceano indico.

moño.- *(moño)* s. monho, rolo de cabelo natural, topete. / laço de fitas.

moquear.- *(mokear)* v. segregar muco ou ranho.

moquero.- *(mokero)* s. lenço para assoar o nariz.

moqueta.- *(moketa)* s. carpete.

mora.- *(mora)* s. amora.

morada.- *(morada)* s. morada, habitação, residência.

morado.- *(morado)* adj. morado, da cor da amora, arroxeado.

moral.- *(moral)* adj. moral.

moraleja.- *(moraleja)* s. moral, lição, moralidade de uma fábula, moral da história.

moralidad.- *(moralidad)* s. moralidade, moral.

moralista.- *(moralista)* s. moralista, puritano.

moralizar.- *(moralizar)* v. moralizar, reformar os maus costumes.

morar.- *(morar)* v. morar, habitar, residir.

morbidez.- *(morbidez)* s. morbidez, morbideza, suavidade.

mórbido.- *(morbido)* adj. mórbido, enfermiço, doentio.

morbo.- *(morbo)* s. morbo, doença.

morboso.- *(morboso)* adj. morboso, que causa doença.

morcilla.- *(morzilla)* s. morcela, espécie de chouriço.

mordacidad.- *(mordazidad)* s. mordacidade.

mordaz.- *(mordaz)* adj. mordaz, irónico, que corrói, áspero, picante ao falar.

mordaza.- *(mordaza)* s. mordaça.

mordedura.- *(mordedura)* s. mordida.

morder.- *(morder)* v. morder, dar dentadas.

mordisco.- *(mordisko)* s. dentada, mordida leve, picada.

mordisquear.- *(mordiskear)* v. morder levemente, mordiscar.

moreno.- *(moreno)* adj. moreno, trigueiro.

morfina.- *(morfina)* s. morfina.

morfinómano.- *(morfinomano)* adj. morfinomaníaco.

morfología.- *(morfolojia)* s. morfologia.

moribundo.- *(moribundo)* adj. moribundo.

morir.- *(morir)* v. morrer, falecer.

moro.- *(moro)* adj. mouro, muçulmano.

morondo.- *(morondo)* adj. pelado, sem pêlo ou sem folhas.

moroso.- *(moroso)* adj. moroso, lento, vagaroso.

morral.- *(morral)* s. embornal, mochila para provisões.

morrillo.- *(morrillo)* s. cachaço das reses. / cascalho.

morriña.- *(morriña)* s. tristeza, melancolia.

morro.- *(morro)* s. morro. / monte, rochedo.

morsa.- *(morsa)* s. morsa, leão marinho.

mortadela.- *(mortadela)* s. mortadela.

mortaja.- *(mortaja)* s. mortalha.

mortal.- *(mortal)* adj. mortal, fatal, perigoso.

mortalidad.- *(mortalidad)* s. mortalidade.

mortandad.- *(mortandad)* s. mortandade.

mortecino.- *(mortezino)* adj. mortiço, apagado.

mortero.- *(mortero)* s. morteiro, concreto para construção, argamassa.

mortífero.- *(mortifero)* adj. mortífero.

mortificar.- *(mortifikar)* v. mortificar, castigar.

mortuorio.- *(mortuorio)* adj. mortuário.

mosaico.- *(mosaiko)* s. mosaico, pavimento feito de ladrilho colorido.

mosca.- *(moska)* s. mosca.

moscatel.- *(moskatel)* adj. moscatel, uva e vinho.

moscovita.- *(moskobita)* adj. moscovita.

mosquitero.- *(moskitero)* s. mosquiteiro, cortinado.

mosquito.- *(moskito)* s. mosquito.

mostaza.- *(mostaza)* s. mostarda.

mosto.- *(mosto)* s. mosto, sumo das uvas sem fermentar.

mostrador.- *(mostrador)* s. mesa, prateleira.

mostrar.- *(mostrar)* v. mostrar, expor, exibir.

mostrenco.- *(mostrenko)* adj. bens sem dono conhecido.

mote.- *(mote)* s. mote, apelido.

motear.- *(motear)* v. mosquear, pintalgar.

motejar.- *(motejar)* v. apelidar, satirizar, escarnecer.

motel.- *(motel)* s. motel.

motín.- *(motin)* s. motim, tumulto, arruaça.

motivar.- *(motibar)* v. motivar, originar, causar, ocasionar.

motivo.- *(motibo)* s. motivo, origem, causa que determina.

motocicleta.- *(motozikleta)* s. motocicleta, moto.

motor.- *(motor)* adj. motor.

motorizar.- *(motorizar)* v. motorizar, mecanizar.

motriz.- *(motriz)* adj. motriz, motora.

movedizo.- *(mobedizo)* adj. movediço.

mover.- *(mober)* v. mover, movimentar, agitar, mexer.

movible.- *(mobible)* adj. móvel, movível.

móvil.- *(mobil)* adj. móvel, movediço.

movilizar.- *(mobilizar)* v. mobilizar.

movimiento.- *(mobimiento)* s. movimento.

mozo.- *(mozo)* adj. moço, jovem.

mucosidad.- *(mukosidad)* s. mucosidade.

mucoso.- *(mukoso)* adj. mucoso.

muchacho.- *(muchacho)* s. rapaz, moço ou moça que servem como criados. / jovem.

muchedumbre.- *(muchedumbre)* s. multidão.

mucho.- *(mucho)* adj. e adv. muito, numeroso, abundante.

muda.- *(muda)* s. muda, mudança.

mudar.- *(mudar)* v. mudar, deslocar, transferir, renovar, variar, converter.

mudez.- *(mudez)* s. mudez, mutismo.

mudo.- *(mudo)* adj. mudo, calado, silencioso.

mueble.- *(mueble)* s. móvel, mobília.

mueca.- *(mueka)* s. trejeito.

muela.- *(muela)* s. mó, pedra do moinho. / dente molar.

muelle.- *(muelle)* adj. mole, brando, delicado, suave. / s. mola.

muerte.- *(muerte)* s. morte, falecimento.

muerto.- *(muerto)* adj. morto, falecido, extinto.

muesca.- *(mueska)* s. entalhe, encaixe.

muestra.- *(muestra)* s. amostra, modelo, exemplar.

muestrario.- *(muestrario)* s. mostruário.

muestreo.- *(muestreo)* s. amostragem.

mugido.- *(mujido)* s. mugido

mugir.- *(mujir)* v. mugir.

mugre.- *(mugre)* s. imundície, sujeira, porcaria.

mugriento.- *(mugriento)* adj. sujo, ensebado, engordurado.

mujer.- *(mujer)* s. mulher, senhora, esposa, cônjuge.

mujeriego.- *(mujeriego)* adj. mulherengo.

mula.- *(mula)* s. mula, fêmea do macho.

muladar.- *(muladar)* s. muladar, monturo, esterqueira.

mulato.- *(mulato)* adj. mulato, moreno.

muleta.- *(muleta)* s. muleta.

mulo.- *(mulo)* s. mulo.

multa.- *(multa)* s. multa.

multar.- *(multar)* v. multar.

multicolor.- *(multikolor)* adj. multicolor, colorido.

multicopista.- *(multikopista)* s. máquina para tirar cópias.

multiforme.- *(multiforme)* adj. multiforme.

multinacional.- *(multinazional)* adj. multinacional.

múltiple.- *(multiple)* adj. múltiplo, complexo, variado.

multiplicación.- *(multiplikazion)* s. multiplicação.

multiplicador.- *(multiplikador)* s. multiplicador.

multiplicar.- *(multiplikar)* v. multiplicar.

multiplicidad.- *(multiplizidad)* s. multiplicidade.

múltiplo.- *(multiplo)* adj. múltiplo.

multitud.- *(multitud)* s. multidão.

mullir.- *(mullir)* v. afofar, tornar fofo, abrandar, moer.

mundano.- *(mundano)* adj. mundano.

mundial.- *(mundial)* adj. mundial.

mundo.- *(mundo)* s. mundo, conjunto de tudo o que existe. / globo terrestre.

munición.- *(munizion)* s. munição.

municipal.- *(munizipal)* adj. municipal.

municipalidad.- *(munizipalidad)* s. municipalidade, câmara municipal, município.

municipio.- *(munizipio)* s. município.

muñeca.- *(muñeka)* s. pulso, munheca. / boneca.

muñeco.- *(muñeko)* s. boneco.
muñón.- *(muñon)* s. coto, resto de um membro amputado em parte.
mural.- *(mural)* s. mural.
muralla.- *(muralla)* s. muralha, muro que protege uma fortaleza.
murciélago.- *(murzielago)* s. morcego.
murga.- *(murga)* s. banda de músicos ordinários.
murmullo.- *(murmullo)* s. murmúrio, sussurro de vozes.
murmuración.- *(murmurazion)* s. murmuração, detracção, maledicência.
murmurar.- *(murmurar)* v. murmurar, sussurrar.
muro.- *(muro)* s. muro, parede.
musa.- *(musa)* s. musa.
muscular.- *(muskular)* adj. muscular.
musculatura.- *(muskulatura)* s. musculatura.
músculo.- *(muskulo)* s. músculo.
musculoso.- *(muskuloso)* adj. musculoso, robusto, forte.
muselina.- *(muselina)* s. musselina.
museo.- *(museo)* s. museu.
musgo.- *(musgo)* s. musgo, limo.
música.- *(musika)* s. música.
musical.- *(musikal)* adj. musical.
musitar.- *(musitar)* v. mussitar, falar em voz baixa.
muslo.- *(muslo)* s. coxa.
mustio.- *(mustio)* adj. melancólico, triste, lânguido, murcho.
musulmán.- *(musulman)* adj. muçulmano.
mutable.- *(mutable)* adj. mutável.
mutación.- *(mutazion)* s. mutação, mudança.
mutilación.- *(mutilazion)* s. mutilação.
mutilar.- *(mutilar)* v. mutilar, cortar uma parte do corpo.
mutismo.- *(mutismo)* s. mutismo, mudez.
mutualidad.- *(mutualidad)* s. mutualidade.
mutuamente *(mutuamente)* adv. mutuamente, de modo mútuo.
mutuo.- *(mutuo)* adj. mútuo.
muy.- *(mui)* adv. muito.
muzárabe.- *(muzarabe)* adj. moçárabe.

N

n.- *(n)* s. décima quarta letra do alfabeto espanhol.
nabo.- *(nabo)* s. nabo.
nácar.- *(nakar)* s. nácar, madrepérola.
nacarado.- *(nakarado)* adj. nacarado, nacarino.
nacer.- *(nazer)* v. nascer, sair do ventre materno ou do ovo. / brotar, principiar.
nacido.- *(nazido)* adj. nascido.
naciente.- *(naziente)* s. nascente, oriente, este, leste.
naciente.- *(naziente)* adj. nascente.
nacimiento.- *(nazimiento)* s. nascimento.
nación.- *(nazion)* s. nação.
nacional.- *(nazional)* adj. nacional.
nacionalidad.- *(nazionalidad)* s. nacionalidade.
nacionalismo.- *(nazionalismo)* s. nacionalismo.
nacionalizar.- *(nazionalizar)* v. nacionalizar.
nada.- *(nada)* s. nada, a não existência, coisa nula. / pron. nada, coisa nenhuma, não.
nadar.- *(nadar)* v. nadar, flutuar.
nadería.- *(naderia)* s. ninharia, coisa de pouca importância, bagatela.
nadie.- *(nadie)* pron. ninguém.
nafta.- *(nafta)* s. nafta, gasolina.
naftalina.- *(naftalina)* s. naftalina.
nailon.- *(nailon)* s. náilon.
naipe.- *(naipe)* s. carta de baralho.
nalga.- *(nalga)* s. nádega.
nana.- *(nana)* s. nana, canção de embalar, acalanto.
nao.- *(nao)* s. nau, nave, navio.
napa.- *(napa)* s. napa, pele de cabra curtida.
napalm.- *(napalm)* s. napalm.
naranja.- *(naranja)* s. laranja. / 2ª. s. laranjada, sumo de laranja. / adj. alaranjado. / 2ª. s. laranjada, sumo de laranja.
naranjado.- *(naranjado)* adj. alaranjado.
narcótico.- *(narkotiko)* adj. narcótico.
narcotizar.- *(narkotizar)* v. narcotizar, entorpecer, anestesiar.
nardo.- *(nardo)* s. nardo, lírio.
nariz.- *(nariz)* s. nariz, narina.
narración.- *(narrazion)* s. narração, narrativa.
narrar.- *(narrar)* v. narrar, contar, referir.
narrativo.- *(narratibo)* adj. narrativo.
nasa.- *(nasa)* s. nassa, cesto de pescar,samburá.
nasal.- *(nasal)* adj. nasal.
nasalización.- *(nasalizazion)* s. nasalização.
nata.- *(nata)* s. nata, creme, creme chantilli, creme batido com açúcar.
natación.- *(natazion)* s. natação.
natal.- *(natal)* adj. natal, referente ao nascimento.
natalicio.- *(natalizio)* adj. natalício.
natalidad.- *(natalidad)* s. natalidade.
natividad.- *(natibidad)* s. nascimento.
nativo.- *(natibo)* adj. nativo, natural.
natural.- *(natural)* adj. natural, pertencente à natureza.
naturaleza.- *(naturaleza)* s. natureza.
naturalidad.- *(naturalidad)* s. naturalidade, normalidade.
naturalismo.- *(naturalismo)* s. naturalismo.
naturalizar.- *(naturalizar)* v. naturalizar, nacionalizar.
naufragar.- *(naufragar)* v. naufragar, soçobrar, ir a pique.
naufragio.- *(naufrajio)* s. naufrágio.
náufrago.- *(naufrago)* adj. náufrago.
náusea.- *(nausea)* s. náusea, enjoo, ânsia.
nauseabundo.- *(nauseabundo)* adj. nauseabundo, nauseante, nojento, repugnante, nauseoso.
náutico.- *(nautiko)* adj. náutico.
navaja.- *(nabaja)* s. navalha.
navajada.- *(nabajada)* s. navalhada.
naval.- *(nabal)* adj. naval.
nave.- *(nabe)* s. nave, navio, nau.
navegable.- *(nabegable)* adj. navegável.
navegante.- *(nabegante)* adj. navegante, navegador.
navegar.- *(nabegar)* v. navegar.
navidad.- *(nabidad)* s. natal, dia de Natal.
naviero.- *(nabiero)* s. barqueiro, armador.
navieiro.- *(nabieiro)* adj. naval.
navio.- *(nabio)* s. navio.
nazi.- *(nazi)* adj. nazista.
nazismo.- *(nazismo)* s. nazismo.
neblina.- *(neblina)* s. neblina, nevoeiro, cerração.
nebulosa.- *(nebulosa)* s. nebulosa.
necedad.- *(nezedad)* s. necedade, qualidade de néscio.
necesario.- *(nezesario)* adj. necessário.
necesidad.- *(nezesidad)* s. necessidade.
necesitar.- *(nezesitar)* v. necessitar, precisar,carecer.
necio.- *(nezio)* adj. néscio, ignorante, imprudente, estúpido.
necrofilia.- *(nekrofilia)* s. necrofilia.
necrología.- *(nekrolojia)* s. necrologia.
necrópolis.- *(nekropolis)* s. necrópole, cemitério.
necropsia.- *(nekropsia)* s. necropsia, autópsia.
necrosis.- *(nekrosis)* s. necrose, gangrena.
néctar.- *(nektar)* s. néctar, bebida dos deuses.
nefando.- *(nefando)* adj. nefando, execrável, abominável.
nefasto.- *(nefasto)* adj. nefasto, funesto.

nefrítico.- *(nefritiko)* adj. nefrítico.
negación.- *(negazion)* s. negação.
negado.- *(negado)* adj. negado.
negar.- *(negar)* v. negar, recusar.
negativo.- *(negatibo)* adj. negativo.
negligencia.- *(neglijenzia)* s. negligência, preguiça, abandono, desmazelo.
negociar.- *(negoziar)* v. negociar, comerciar.
negocio.- *(negozio)* s. negócio, transação comercial.
negro.- *(negro)* adj. negro, preto, de cor escura.
negrura.- *(negrura)* s. negrura, negror, negridão.
nene.- *(nene)* s. nené, bebé, criança, criancinha.
nenúfar.- *(nenufar)* s. nenúfar.
neoclasicismo.- *(neoklasizismo)* s. neoclassicismo.
neófito.- *(neofito)* adj. neófito.
neolatino.- *(neolatino)* adj. neolatino.
neolítico.- *(neolitiko)* adj. neolítico.
neologismo.- *(neolojismo)* s. neologismo.
neón.- *(neon)* s. néon.
neonato.- *(neonato)* s. recém-nascido.
nepotismo.- *(nepotismo)* s. nepotismo, favoritismo.
nervio.- *(nerbio)* s. nervo.
nerviosismo.- *(nerbiosismo)* s. nervosismo.
nervioso.- *(nerbioso)* adj. nervoso.
neto.- *(neto)* adj. neto, limpo, nítido.
neumático.- *(neumatiko)* adj. pneumático, pneu.
neumonía.- *(neumonia)* s. pneumonia.
neuralgia.- *(neuraljia)* s. neuralgia.
neurálgico.- *(neuraljiko)* adj. nevrálgico.
neurastenia.- *(neurastenia)* s. neurastenia, nervosismo.
neurología.- *(neurolojia)* s. neurologia.
neurólogo.- *(neurologo)* s. neurologista.
neurona.- *(neurona)* s. neurónio, célula nervosa.
neurosis.- *(neurosis)* s. neurose.
neurótico.- *(neurotiko)* adj. neurótico.
neutral.- *(neutral)* adj. neutro, imparcial.
neutralidad.- *(neutralidad)* s. neutralidade, imparcialidade.
neutralizar.- *(neutralizar)* v. neutralizar.
neutro.- *(neutro)* adj. neutro.
neutrón.- *(neutron)* s. nêutron.
nevada.- *(nebada)* s. nevada.
nevado.- *(nebado)* adj. nevado, coberto de neve.
nevar.- *(nebar)* v. nevar, cair neve.
nevera.- *(nebera)* s. geleira, geladeira, frigorífico.
neviscar.- *(nebiskar)* v. neviscar, cair neve em pouca quantidade.
nexo.- *(nekso)* s. nexo, ligação, vínculo, conexão, elo.
ni.- *(ni)* conj. nem, também não, até não.
nicaragüense.- *(nikaraguense)* adj. nicaraguense.
nicho.- *(nicho)* s. nicho, vão, cavidade na parede para locar alguma coisa.
nicotina.- *(nikotina)* s. nicotina.
nidada.- *(nidada)* s. ninhada.
nido.- *(nido)* s. ninho.
niebla.- *(niebla)* s. névoa, nevoeiro.
nieto.- *(nieto)* s. neto.
nieve.- *(niebe)* s. neve.
nihilismo.- *(niilismo)* s. niilismo.
nimbo.- *(nimbo)* s. nimbo, auréola das imagens.
ninfa.- *(ninfa)* s. ninfa.
ninfomanía.- *(ninfomania)* s. ninfornania.
ningún.- *(ninun)* adj. nenhum.
ninguno.- *(ninguno)* adj. nenhum, nem um só ninguém
niña.- *(niña)* s. menina, pupila, menina do olho.
niñada.- *(niñada)* s. criancice, infantilidade.
niñería.- *(niñeria)* s. criancice, ninharia.
niñez.- *(niñez)* s. infância, meninice, puerícia.
niño.- *(niño)* s. menino, criança.
níquel.- *(nikel)* s. níquel.
niquelado.- *(nikelado)* adj. niquelado.
nirvana.- *(nirbana)* s. nirvana.
nitidez.- *(nitidez)* s. nitidez, clareza, limpidez.
nítido.- *(nitido)* adj. nítido, claro, límpido.
nitrato.- *(nitrato)* s. nitrato.
nitrogenado.- *(nitrojenado)* adj. nitrogenado.
nitrógeno.- *(nitrojeno)* s. nitrogênio.
nitroglicerina.- *(nitroglizerina)* s. nitroglicerina, dinamite.
nivel.- *(nibel)* s. nível, instrumento para verificar se um plano está horizontal, prumo.
nivelar.- *(nibelar)* v. nivelar, medir, aplainar, aprumar.
níveo.- *(nibeo)* adj, níveo, branco, alvo como a neve.
nobiliario.- *(nobiliario)* adj. nobiliário, pertencente ou relativo a nobreza.
noble.- *(noble)* adj. nobre.
nobleza.- *(nobleza)* s. nobreza.
noche.- *(noche)* s. noite.
nochebuena.- *(nochebuena)* s. véspera de natal.
noción.- *(nozion)* s. noção, idéia, conhecimento.
nocivo.- *(nozibo)* adj. prejudicial, danoso, pernicioso.
nocturno.- *(nokturno)* adj. noturno.
nodriza.- *(nodriza)* s. nutriz, ama de leite.
nogal.- *(nogal)* s. nogueira.
nómada.- *(nomada)* adj. nômade, vagabundo.
nombradía.- *(nombradia)* s. renome, fama, reputação, opinião, nome.
nombramiento.- *(nombramiento)* s. nomeação.
nombrar.- *(nombrar)* v. nomear.
nombre.- *(nombre)* s. nome.
nomenclatura.- *(nomenklatura)* s. nomenclatura, lista, catálogo, terminologia.
nómina.- *(nomina)* s. nômina, lista de pessoas ou coisas, relação de funcionários,
nonagenario.- *(nonajenario)* adj. nonagenário, que tem noventa anos de idade.

nonato.- *(nonato)* adj. nonato, quem nasceu por cesariana.

nono.- *(nono)* adj. nono.

nordeste.- *(nordeste)* s. nordeste.

nórdico.- *(nordiko)* adj. nórdico.

norma.- *(norma)* s. norma, regra, principio.

normal.- *(normal)* adj. normal, regular, ordinário.

normalizar.- *(normalizar)* v. normalizar,regularizar.

noroeste.- *(noroeste)* s. noroeste.

norte.- *(norte)* s. norte.

nos.- *(nos)* pron. nos, nós.

nosotros.- *(nosotros)* pron. nós.

nostalgia.- *(nostaljia)* s. nostalgia, tristeza, saudade.

nostálgico.- *(nostaljiko)* adj. nostálagico, saudoso, triste, melancólico.

nota.- *(nota)* s. nota, marca, sinal, anotação, apontamento

notable.- *(notable)* adj. notável.

notar.- *(notar)* v. notar, perceber, observar, reparar.

notaria.- *(notaria)* s. cartório.

notario.- *(notario)* s. notário, escriturário, tabelião.

noticia.- *(notizia)* s, notícia, informação, informe.

noticiar.- *(notiziar)* v. noticiar, dar notícia de, comunicar.

noticiario.- *(notiziario)* s. noticiário.

notificar.- *(notifikar)* v. notificar, intimar, avisar, informar.

notorio.- *(notorio)* adj. notório, conhecido, público e sabido de todos.

novatada.- *(nobatada)* s. trote, recepção aos calouros.

novato.- *(nobato)* adj. novato, calouro, principiante, recém-chegado.

novecientos.- *(nobezientos)* adj. novecentos, nove vezes cem.

novedad.- *(nobedad)* s. novidade, notícia, mudança, fato recente.

novel.- *(nobel)* adj. novel, novo, inexperiente, principiante.

novela.- *(nobela)* s. novela, pequeno romance, conto, narrativa.

novelar.- *(nobelar)* v. compor ou escrever novelas.

novelista.- *(nobelista)* s. novelista, autor de novelas.

novena.- *(nobena)* s. novena, rezas durante nove dias.

noveno.- *(nobeno)* adj. nono.

noventa.- *(nobenta)* adj. noventa.

noviazgo.- *(nobiazgo)* s. noivado.

noviciado.- *(nobiziado)* s. noviciado.

noviembre.- *(nobiembre)* s. novembro.

novillo.- *(nobillo)* s. novilho, bezerro.

novio.- *(nobio)* s. noivo.

nubarrón.- *(nubarron)* s. nuvem grande e densa, separada das outras.

nube.- *(nube)* s. nuvem.

nublado.- *(nublado)* adj. nublado, que ameaça tempestade.

nublar.- *(nublar)* v. nublar.

nuca.- *(nuka)* s. nuca.

nuclear.- *(nuklear)* adj. nuclear.

núcleo.- *(nukleo)* s. núcleo.

nudillo.- *(nudillo)* s. nó dos dedos, malha, ponto, nó.

nudismo.- *(nudismo)* s. nudismo.

nudista.- *(nudista)* s. nudista.

nudo.- *(nudo)* s. nó, laço, laçada.

nuera.- *(nuera)* s. nora.

nuestro.- *(nuestro)* pron. nosso.

nueva.- *(nueba)* s. nova, novidade, notícia.

nueve.- *(nuebe)* adj. nove.

nuevo.- *(nuebo)* adj. novo, recente, moderno.

nuez.- *(nuez)* s. noz.

nulidad.- *(nulidad)* s. nulidade.

nulo.- *(nulo)* adj. nulo, sem valor, incapaz, vão, inútil.

numerar.- *(numerar)* v. numerar.

número.- *(numero)* s. número, quantidade, algarismo, cifra.

numeroso.- *(numeroso)* adj. numeroso, abundante, em grande quantidade.

numismática.- *(numismatika)* s. numismática.

nunca.- *(nunka)* adv. nunca, jamais.

nuncio.- *(nunzio)* s. núncio, mensageiro.

nupcias.- *(nupzias)* s. núpcias, bodas,casamento.

nutria.- *(nutria)* s. lontra.

nutrición.- *(nutrizion)* s. nutrição, alimentação, sustento.

nutrido.- *(nutrido)* adj. nutrido, alimentado.

nutrir.- *(nutrir)* v. nutrir, alimentar.

nutritivo.- *(nutritibo)* adj. nutritivo, alimentício.

Ñ

ñ.- *(ñ)* s. décima quinta letra do alfabeto espanhol.

ñaco.- *(ñako)* s. biscoito doce de farinha de milho.

ñacurutú.- *(ñakurutu)* s. espécie de coruja domesticável americana.

ñame.- *(ñame)* s. inhame, raiz semelhante à batata-doce.

ñandú.- *(ñandu)* s. nandu, ema, avestruz americana.

ñandutí.- *(ñanduti)* s. tecido finíssimo feita pelas mulheres do Paraguai, muito usado na América do Sul.

ñaña.- *(ñaña)* s. ama-seca, irmã mais velha.

ñañigo.- *(ñañigo)* adj. negros cubanos filiados numa sociedade secreta.

ñaque.- *(ñake)* s. montão ou conjunto de coisas inúteis e ridículas.

ñeque.- *(ñeke)* adj. na América Latina, pessoa forte e vigorosa.

ñiquiñaque.- *(ñikiñake)* s. pessoa ou coisa muito desprezível.

ñoñería.- *(ñoñeria)* s. bobice, tolice.

ñoño.- *(ñoño)* adj. tonto, bobo.

ñu.- *(ñu)* s. antílope próprio da África do Sul.

O

o.- *(o)* s. décima sexta letra do alfabeto espanhol.
oasis.- *(oasis)* s. oásis.
obcecación.- *(obzekazion)* s. obsessão, teimosia.
obcecar.- *(obzekar)* v. obcecar, cegar, deslumbrar, ofuscar, desvairar.
obedecer.- *(obedezer)* v. obedecer, cumprir ordens, acatar.
obediencia.- *(obedienzia)* s. obediência.
obelisco.- *(obelisko)* s. obelisco, monumento.
obertura.- *(obertura)* s. abertura, introdução musical.
obesidad.- *(obesidad)* s. obesidade, gordura excessiva.
obeso.- *(obeso)* adj. obeso, muito gordo.
óbice.- *(obize)* s. óbice, obstáculo.
obispado.- *(obispado)* s. bispado, diocese.
obispo.- *(obispo)* s. bispo.
óbito.- *(obito)* s. óbito, falecimento.
objeción.- *(objezion)* s. objecção, contestação.
objetar.- *(objetar)* v. objectar, opor, contestar.
objetivo.- *(objetibo)* adj. objectivo.
objeto.- *(objeto)* s. objecto.
oblea.- *(oblea)* s. obreia.
oblicuo.- *(oblikuo)* adj. oblíquo, inclinado, de través, de esguelha.
obligación.- *(obligazion)* s. obrigação, dever.
obligar.- *(obligar)* v. obrigar, exigir, determinar.
obra.- *(obra)* s. obra, acto, acção.
obrar.- *(obrar)* v. obrar, fazer, executar.
obrero.- *(obrero)* s. operário, trabalhador.
obsceno.- *(obszeno)* adj. obsceno, indecente, indecoroso.
obscurecer.- *(obskurezer)* v. obscurecer, escurecer.
obscuridad.- *(obskuridad)* adj. escuridão.
obsequiar.- *(obsekiar)* v. obsequiar, presentear.
obsequio.- *(obsekio)* s. obséquio, presente, dádiva.
observación.- *(obserbazion)* s. observação, atenção.
observar.- *(obserbar)* v. observar, estudar, examinar, olhar, reparar.
observatorio.- *(obserbatorio)* s. observatório.
obsesión.- *(obsesion)* s. obsessão.
obsoleto.- *(obsoleto)* adj. obsoleto, antiquado, arcaico.
obstáculo.- *(obstakulo)* s. obstáculo, empecilho, estorvo, embaraço, impedimento.
obstante.- *(obstante)* adj. obstante.
obstar.- *(obstar)* v. obstar, impedir.
obstinación.- *(obstinazion)* s. obstinação.
obstinarse.- *(obstinarse)* v. obstinar-se, teimar, persistir.
obstruir.- *(obstruir)* v. obstruir, impedir apassagem, tapar um conduto.
obtención.- *(obtenzion)* s. obtenção, conquista.
obtener.- *(obtener)* v. obter, conseguir.
obturación.- *(obturazion)* s. obturação.
obturar.- *(obturar)* v. obturar, fechar, tapar, obstruir.
obtuso.- *(obtuso)* adj. obtuso, rombo, sem ponta.
obviar.- *(obbiar)* v. obviar, evitar, afastar.
obvio.- *(obbio)* adj. óbvio, evidente, patente, manifesto, claro.
oca.- *(oka)* s. ganso.
ocasión.- *(okasion)* s. ocasião, oportunidade.
ocasional.- *(okasional)* adj. ocasional, inesperado, imprevisto, eventual.
ocasionar.- *(okasionar)* v. ocasionar, causar, motivar.
ocaso.- *(okaso)* s. ocaso, pôr-do-sol.
occidental.- *(okzidental)* adj. ocidental.
occidente.- *(okzidente)* s. ocidente, oeste.
oceánico.- *(ozeaniko)* adj. oceânico.
océano.- *(ozeano)* s. oceano.
oceanografia.- *(ozeanografia)* s. oceanografia.
ocio.- *(ozio)* s. ócio, cessação do trabalho, inacção ou total omissão da actividade.
ocioso.- *(ozioso)* adj. ocioso.
ocluir.- *(okluir)* v. obstruir, fechar um conduto, fechar um orifício.
ocre.- *(okre)* s. ocre.
octavilla.- *(oktabilla)* s. folha pequena de papel.
octogenario.- *(oktojenario)* adj. octogenário.
octubre.- *(oktubre)* s. outubro.
ocular.- *(okular)* adj. ocular, óptico.
oculista.- *(okulista)* s. oculista, oftalmologista.
ocultar.- *(okultar)* v. ocultar, esconder.
ocultismo.- *(okultismo)* s. ocultismo.
oculto.- *(okulto)* adj. oculto, escondido, ignorado.
ocupación.- *(okupazion)* s. ocupação, emprego.
ocupante.- *(okupante)* adj. ocupante.
ocupar.- *(okupar)* v. ocupar, preencher um lugar, desempenhar um cargo, habitar.
ocurrencia.- *(okurrenzia)* s. ocorrência.
ocurrir.- *(okurrir)* v. ocorrer, prevenir, vir à ideia, acontecer, suceder, sobrevir, aparecer, acudir.
ocho.- *(ocho)* adj. oito.
oda.- *(oda)* s. ode.
odiar.- *(odiar)* v. odiar, ter ódio, detestar.
odio.- *(odio)* s. ódio, antipatia, aversão, rancor.
odioso.- *(odioso)* adj. odioso, digno de ódio.
odisea.- *(odisea)* s. odisseia.
odontología.- *(odontolojia)* s. odontologia.
odontólogo.- *(odontologo)* s. odontólogo, dentista.
odre.- *(odre)* s. odre.
oeste.- *(oeste)* s. oeste.

ofender.- *(ofender)* v. ofender, fazer mal a alguém, injuriar, lesar, melindrar.

ofensa.- *(ofensa)* s. ofensa, agravo, afronta, injúria.

ofensivo.- *(ofensibo)* adj. ofensivo.

oferta.- *(oferta)* s. oferta, oferenda, dádiva, proposta.

ofertar.- *(ofertar)* v. ofertar, oferecer.

oficial.- *(ofizial)* adj. oficial.

oficina.- *(ofizina)* s. oficina, escritório, laboratório.

oficinista.- *(ofizinista)* s. funcionário público, empre-gado de escritório.

oficio.- *(ofizio)* s. ofício, ocupação habitual, cargo, dever.

ofidio.- *(ofidio)* s. ofídio.

ofrecer.- *(ofrezer)* v. oferecer, ofertar, dar, presentear.

ofrecimiento.- *(ofrezimiento)* s. oferecimento.

ofrenda.- *(ofrenda)* s. oferenda, dádiva, oferta.

ofrendar.- *(ofrendar)* v. oferendar, ofertar, oferecer.

oftalmología.- *(oftalmolojia)* s. oftalmologia.

oftalmólogo.- *(oftalmologo)* s. oftalmologista.

ofuscación.- *(ofuskazion)* s. ofuscação, ofuscamento.

ofuscar.- *(ofuskar)* v. ofuscar, deslumbrar, turvar a vista.

oíble.- *(oible)* adj. audível.

oído.- *(oido)* s. ouvido, aparelho auditivo.

oír.- *(oir)* v. ouvir, escutar.

ojal.- *(ojal)* s. casa do botão.

ojalá.- *(ojala)* interj. oxalá, queira Deus.

ojeada.- *(ojeada)* s. olhada.

ojear.- *(ojear)* v. olhar por alto, dar uma olhada.

ojera.- *(ojera)* s. olheira.

ojeriza.- *(ojeriza)* s. ojeriza, antipatia, aversão, má vontade.

ojete.- *(ojete)* s. ilhós.

ojiva.- *(ojiba)* s. ogiva.

ojo.- *(ojo)* s. olho, órgão da visão.

ola.- *(ola)* s. onda, onda do mar, onda de frio, onda de calor, vaga.

olé.- *(ole)* interj. olé, viva.

oleada.- *(oleada)* s. vaga, onda grande, vagalhão.

oleaginoso.- *(oleajinoso)* adj. oleaginoso, oleoso.

óleo.- *(oleo)* s. óleo, azeite.

oleoducto.- *(oleodukto)* s. oleoduto.

oler.- *(oler)* v. cheirar, sentir cheiro.

olfatear.- *(olfatear)* v. farejar, cheirar com afinco.

olfativo.- *(olfatibo)* adj. olfactivo.

olfato.- *(olfato)* s. olfacto, sentido do cheiro, faro.

oligarquía.- *(oligarkia)* s. oligarquia.

oligofrenia.- *(oligofrenia)* s. oligofrenia.

olimpiada.- *(olimpiada)* s. olimpíada.

olímpico.- *(olimpiko)* adj. olímpico.

olimpo.- *(olimpo)* s. Olimpo, morada dos deuses gregos.

oliva.- *(oliba)* s. azeitona.

olivo.- *(olibo)* s. oliveira.

olmo.- *(olmo)* s. olmeiro, olmo, ulmo.

olor.- *(olor)* s. olor, aroma, cheiro.

oloroso.- *(oloroso)* adj. oloroso, aromático, perfumado, fragrante.

olvidar.- *(olbidar)* v. olvidar, esquecer.

olvido.- *(olbido)* s. olvido, esquecimento.

olla.- *(olla)* s. panela, caldeirada, cozido.

ombligo.- *(ombligo)* s. umbigo.

ombú.- *(ombu)* s. umbuzeiro, árvore da América Meridional.

omisión.- *(omision)* s. omissão, falta.

omiso.- *(omiso)* adj. omisso, descuidado.

omitir.- *(omitir)* v. omitir, postergar, esquecer.

ómnibus.- *(omnibus)* s. ónibus.

omnipotencia.- *(omnipotenzia)* s. omnipotência.

omnipresencia.- *(omnipresenzia)* s. omnipresença.

omnisciencia.- *(omniszienzia)* s. omnisciência.

omnívoro.- *(omniboro)* adj. omnívoro.

omóplato.- *(omoplato)* s. omoplata.

once.- *(onze)* adj. onze.

oncología.- *(onkolojia)* s. oncologia.

oncólogo.- *(onkologo)* s. oncologista.

onda.- *(onda)* s. onda, vaga.

ondear.- *(ondear)* v. ondear, ondular, fazer ondas.

ondulación.- *(ondulazion)* s. ondulação.

ondulado.- *(ondulado)* adj. ondulado, frisado, crespo.

ondular.- *(ondular)* v. ondular, ondear, frisar, encrespar.

oneroso.- *(oneroso)* adj. oneroso, dispendioso, pesado.

onírico.- *(oniriko)* adj. onírico.

onomástico.- *(onomastiko)* adj. onomástico.

ontología.- *(ontolojia)* s. ontologia.

onza.- *(onza)* s. onça, mamífero felino. / 2ª. s. onça, peso equivalente a duzentos e oitenta e sete decigramas. / antiga moeda de ouro.

opacidad.- *(opazidad)* s. opacidade.

opaco.- *(opako)* adj. opaco, fosco, turvo, sombrio, escuro.

opción.- *(opzion)* s. opção, escolha.

ópera.- *(opera)* s. ópera.

operación.- *(operazion)* s. operação.

operar.- *(operar)* v. operar.

operario.- *(operario)* s. operário, trabalhador.

operatorio.- *(operatorio)* adj. operatório.

opinar.- *(opinar)* v. opinar, entender, discorrer.

opinión.- *(opinion)* s. opinião, juízo, julgamento.

opio.- *(opio)* s. ópio.

oponente.- *(oponente)* adj. oponente, opositor.

oponer.- *(oponer)* v. opor, contrapor, impugnar.

oportunidad.- *(oportunidad)* s. oportunidade, ensejo, ocasião própria.

oportunismo.- *(oportunismo)* s. oportunismo.

oportunista.- *(omitiroportunista)* adj. oportunista.

oportuno.- *(oportuno)* adj. oportuno, conveniente, adequado, pertinente.

oposición.- *(oposizion)* s. oposição, resistência, obstáculo.

opositor.- *(opositor)* s. opositor.

opresión.- *(opresion)* s. opressão.

oprimir.- *(oprimir)* v. oprimir, reprimir.

oprobio.- *(oprobio)* s. opróbrio, ignomínia, afronta.

optar.- *(optar)* v. optar, escolher, preferir.

optativo.- *(optatibo)* adj. optativo, facultativo.

óptica.- *(optika)* s. óptica

optimismo.- *(optimismo)* s. optimismo.

óptimo.- *(optimo)* adj. óptimo, excelente.

opuesto.- *(opuesto)* adj. oposto, contrário.

opugnar.- *(opujnar)* v. opugnar.

opulencia.- *(opulenzia)* s. opulência, fausto, abundância, riqueza, magnificência.

opulento.- *(opulento)* adj. opulento, farto, abundante.

opúsculo.- *(opuskulo)* s. opúsculo, folheto.

oquedad.- *(okedad)* s. vão, vazio, espaço oco.

oración.- *(orazion)* s. oração.

orador.- *(orador)* s. orador, pregador.

oral.- *(oral)* adj. oral, verbal, vogal.

orangután.- *(orangutan)* s. orangotango.

orar.- *(orar)* v. orar, rezar. / falar em público.

oratorio.- *(oratorio)* adj. oratório, eloquente.

orbe.- *(orbe)* s. orbe, mundo, universo.

órbita.- *(orbita)* s. órbita, trajectória.

orden.- *(orden)* s. ordem, regra, norma.

ordenación.- *(ordenazion)* s. ordenação.

ordenado.- *(ordenado)* adj. ordenado, organizado, metódico.

ordenador.- *(ordenador)* s. ordenador, arrumador.- computador.

ordenamiento.- *(ordenamiento)* s. ordem, coordenação, prescrição.

ordenanza.- *(ordenanza)* s. ordenança, estatuto.

ordenar.- *(ordenar)* v. ordenar, mandar, dispor.

ordeñar.- *(ordeñar)* v. ordenhar, mungir, tirar o leite.

ordinal.- *(ordinal)* adj. ordinal.

ordinario.- *(ordinario)* adj. ordinário, habitual, comum, rotineiro, vulgar.

orear.- *(orear)* v. arejar, refrescar.

orégano.- *(oregano)* s. orégão.

oreja.- *(oreja)* s. orelha, pavilhão do ouvido.

orfanato.- *(orfanato)* s. orfanato, asilo.

orfandad.- *(orfandad)* s. orfandade.

orfebrería.- *(orfebreria)* s. ourivesaria, arte do ourives.

orfeón.- *(orfeon)* s. orfeão.

orgánico.- *(organiko)* adj. orgânico.

organigrama.- *(organigrama)* s. organograma.

organismo.- *(organismo)* s. organismo.

organización.- *(organizazion)* s. organização.

organizar.- *(organizar)* v. organizar, coordenar, arrumar, dispor, ordenar.

órgano.- *(organo)* s. órgão.

orgasmo.- *(orgasmo)* s. orgasmo.

orgía.- *(orjia)* s. orgia, bacanal.

orgullo.- *(orgullo)* s. orgulho, arrogância, vaidade, altivez, soberba.

orgulloso.- *(orgulloso)* adj. orgulhoso, vaidoso, arrogante.

oriental.- *(oriental)* adj. oriental.

orientar.- *(orientar)* v. orientar, dirigir, guiar.

oriente.- *(oriente)* s. oriente, este, leste, nascente.

orificio.- *(orifizio)* s. orifício, buraco, abertura.

origen.- *(orijen)* s. origem, princípio, começo, nascimento, manancial.

original.- *(orijinal)* adj. original.

originar.- *(orijinar)* v. originar, causar, provocar.

originario.- *(orijinario)* adj. originário, proveniente, oriundo, descendente.

orilla.- *(orilla)* s. borda, beira, orla, ourela.

orina.- *(orina)* s. urina.

orinal.- *(orinal)* s. urinol, penico.

orinar.- *(orinar)* v. urinar.

oriundo.- *(oriundo)* adj. oriundo, originário, procedente, proveniente.

orla.- *(orla)* s. orla, ourela, cercadura, margem.

ornamental.- *(ornamental)* adj. ornamental.

ornamento.- *(ornamento)* s. ornamento, enfeite, adorno.

oro.- *(oro)* s. ouro.

orografía.- *(orografia)* s. orografia.

orondo.- *(orondo)* adj. bojudo.

orquesta.- *(orkesta)* s. orquestra.

orquestación.- *(orkestazion)* s. orquestração.

ortiga.- *(ortiga)* s. urtiga.

ortodoxia.- *(ortodoksia)* s. ortodoxia.

ortodoxo.- *(ortodokso)* adj. ortodoxo, dogmático.

ortografía.- *(ortografia)* s. ortografia.

ortopedia.- *(ortopedia)* s. ortopedia.

ortopédico.- *(ortopediko)* adj. ortopédico.

oruga.- *(oruga)* s. lavra, lagarta.

orujo.- *(orujo)* s. bagaço, bagaço de uva, resíduo de frutas prensadas, aguardente.

orvallar.- *(orballar)* v. chuviscar, orvalhar.

orvallo.- *(orballo)* s. orvalho, chuvisco.

orza.- *(orza)* s. talha, vaso de barro.

orzuelo.- *(orzuelo)* s. terçol.

os.- *(os)* pron. vós.

osadía.- *(osadia)* s. ousadia, atrevimento, audácia.

osado.- *(osado)* adj. ousado, atrevido, decidido.

osar.- *(osar)* v. ousar, atrever-se, empreender.

osario.- *(osario)* s. ossário.

oscilar.- *(oszilar)* v. oscilar, balançar.

ósculo.- *(oskulo)* s. ósculo, beijo.

óseo.- *(oseo)* adj. ósseo, de osso.

osificar.- *(osifikar)* v. ossificar.

ósmosis.- *(osmosis)* s. osmose.

oso.- *(oso)* s. urso.
ostensible.- *(ostensible)* adj. ostensivo, manifesto, visível.
ostensivo.- *(ostensibo)* adj. ostensivo.
ostentación.- *(ostentazion)* s. ostentação, exibição, jactância, vanglória, luxo.
ostentar.- *(ostentar)* v. ostentar, alardear, exibir.
ostra.- *(ostra)* s. ostra.
ostracismo.- *(ostrazismo)* s. ostracismo, desterro.
otear.- *(otear)* v. observar, explorar, investigar.
otero.- *(otero)* s. outeiro, colina.
otomano.- *(otomano)* adj. otomano, turco.
otoñal.- *(otoñal)* adj. outonal.
otoño.- *(otoño)* s. outono.
otorgar.- *(otorgar)* v. outorgar, dar, conceder,doar.
otorrinolaringólogo.- *(otorrinolaringologo)* s. otorrino.
otro.- *(otro)* adj. outro.
otrosí.- *(otrosi)* adv. outrossim, também, igualmente, bem assim, do mesmo modo.
ovación.- *(obazion)* s. ovação.
ovacionar.- *(obazionar)* v. ovacionar, aplaudir.
oval.- *(obal)* adj. oval.
óvalo.- *(obalo)* s. oval, curva geométrica.
ovario.- *(obario)* s. ovário.
oveja.- *(obeja)* s. ovelha.
ovillo.- *(obillo)* s. novelo.
ovino.- *(obino)* adj. ovino, gado lanar.
ovíparo.- *(obiparo)* adj. ovíparo, relativo aos animais
ovulación.- *(obulazion)* s. ovulação.
ovular.- *(obular)* v. ovular.
óvulo.- *(obulo)* s. óvulo.
oxidable.- *(oksidable)* adj. oxidável.
oxidar.- *(oksidar)* v. oxidar.
oxigenación.- *(oksijenazion)* s. oxigenação.
oxigenado.- *(oksijenado)* adj. oxigenado.
oxigenar.- *(oksijenar)* v. oxigenar.
oxigeno.- *(oksijeno)* s. oxigénio.
oyente.- *(oyente)* adj. ouvinte.
ozono.- *(ozono)* s. ozónio.

P

p.- *(p)* s. décima sétima letra do alfabeto espanhol.
pabellón.- *(pabellon)* s. pavilhão, tenda ou barraca, edifício isolado.
pabilo.- *(pabilo)* s. pavio, mecha da vela.
paca.- *(paka)* s. fardo, especialmente de lã ou de algodão. / 2ª. s. paca, mamífero roedor da América.
paciencia.- *(pazienzia)* s. paciência, calma.
paciente.- *(paziente)* adj. paciente, resignado, sofredor, tolerante. / doente.
pacificar.- *(pazifikar)* v. pacificar, acalmar.
pacífico.- *(pazifiko)* adj. pacífico, calmo, tranquilo.
pacifismo.- *(pazifismo)* s. pacifismo.
pacifista.- *(pazifista)* s. pacifista.
pactar.- *(paktar)* v. pactuar, combinar, negociar.
pacto.- *(pakto)* s. pacto, acordo, convenção, contrato.
pachorra.- *(pachorra)* s. pachorra, fleuma, indolência.
padecer.- *(padezer)* v. padecer, suportar,tolerar, sofrer.
padecimiento.- *(padezimiento)* s. padecimento, sofrimento.
padrastro.- *(padrastro)* s. padrasto.
padre.- *(padre)* s. pai. / cura, sacerdote.
padrinazgo.- *(padrinazgo)* s. apadrinhamento.
padrino.- *(padrino)* s. padrinho.
padrón.- *(padron)* s. padrão, recenseamento.
paella.- *(paella)* s. paelha, prato de arroz da região de Valência.
paga.- *(paga)* s. paga, pagamento.
pagador.- *(pagador)* s. pagador, tesoureiro.
pagaduría.- *(pagaduria)* s. pagadoria.
paganismo.- *(paganismo)* s. paganismo.
pagano.- *(pagano)* adj. pagão.
pagar.- *(pagar)* v. pagar, retribuir, remunerar.
página.- *(pajina)* s. página.
paginacion.- *(pajinazion)* s. paginação, numeração de páginas.
paginar.- *(pajinar)* v. paginar, enumerar as páginas.
pago.- *(pago)* s. extensão limitada de terras ou herdades de vinhas ou olivais. / 2ª. s. pagamento, recompensa, prémio.
pagoda.- *(pagoda)* s. pagode, templo oriental.
país.- *(pais)* s. país, nação.
paisaje.- *(paisaje)* s. paisagem.
paisajista.- *(paisajista)* s. paisagista.
paisano.- *(paisano)* adj. paisano, patrício, compatrício.
paja.- *(paja)* s. palha.
pajar.- *(pajar)* s. palheiro, palha.
pajarera.- *(pajarera)* s. gaiola, viveiro, passareira.
pájaro.- *(pajaro)* s. pássaro.
paje.- *(paje)* s. pajem, criado jovem.
pajilla.- *(pajilla)* s. canudo, canudinho.
pajizo.- *(pajizo)* adj. palhiço, cor de palha.
pala.- *(pala)* s. pá, raquete, pala.
palabra.- *(palabra)* s. palavra, vocábulo.
palacete.- *(palazete)* s. palacete.
palaciego.- *(palaziego)* adj. palaciano.
palacio.- *(palazio)* s. palácio, residência real.
paladar.- *(paladar)* s. paladar, palato, céu da boca.
paladear.- *(paladear)* v. saborear.
paladín.- *(paladin)* s. paladim, paladino.
paladino.- *(paladino)* adj. público, claro, evidente, notório, comum.
palafito.- *(palafito)* s. palafita.
palanca.- *(palanka)* s. alavanca.
palangana.- *(palangana)* s. bacia, tina.
palco.- *(palko)* s. camarote de teatro, palco, frisa.
palenque.- *(palenke)* s. estacada, paliçada, trincheira.
paleografía.- *(paleografia)* s. paleografia.
paleolítico.- *(paleolitiko)* s. paleolítico.
paleontología.- *(paleontolojia)* s. paleontologia.
palestino.- *(palestino)* adj. palestino.
palestra.- *(palestra)* s. palestra, lugar para ginástica da antiguidade.
paleta.- *(paleta)* s. paleta, colher de pedreiro, pá de hélice.
paleto.- *(paleto)* adj. homem grosseiro, aldeão.
paletó.- *(paleto)* s. paletó, sobretudo.
paliar.- *(paliar)* v. paliar, atenuar, dissimular.
paliativo.- *(paliatibo)* adj. paliativo.
palidecer.- *(palidezer)* v. empalidecer.
palidez.- *(palidez)* s. palidez.
pálido.- *(palido)* adj. pálido, amarelado, descorado.
paliducho.- *(paliducho)* adj. descorado.
palillero.- *(palillero)* s. paliteiro.
palillo.- *(palillo)* s. pauzinho, palito.
paliza.- *(paliza)* s. sova, surra, pancadaria.
palma.- *(palma)* s. palma, folha da palmeira, tamareira, palmito, planta. / palma da mão.
palmada.- *(palmada)* s. palmada.
palmario.- *(palmario)* adj. claro, patente, manifesto.
palmatoria.- *(palmatoria)* s. palmatória, castiçal com asa.- espécie de castigo nas escolas.
palmear.- *(palmear)* v. aplaudir, bater as palmas.
palmera.- *(palmera)* s. palmeira, tamareira.
palmito.- *(palmito)* s. palmito, miolo da palmeira.
palmo.- *(palmo)* s. palmo, medida de comprimento.

palo.- *(palo)* s. pau, madeira.
paloma.- *(paloma)* s. pomba.
palomar.- *(palomar)* s. pombal.
palpable.- *(palpable)* adj. palpável.
palpar.- *(palpar)* v. palpar, apalpar, tactear, tocar.
palpitar.- *(palpitar)* v. palpitar, latejar.
paludismo.- *(paludismo)* s. paludismo, impaludismo, malária.
pampa.- *(pampa)* s. pampa, planície sul-americana.
pan.- *(pan)* s. pão.
pana.- *(pana)* s. tecido de algodão que imita o veludo.
panacea.- *(panazea)* s. panaceia.
panadería.- *(panaderia)* s. padaria.
panadero.- *(panadero)* s. padeiro.
panal.- *(panal)* s. panal, favo de mel.
panameño.- *(panameño)* adj. panamenho.
páncreas.- *(pankreas)* s. pâncreas.
panda.- *(panda)* s. panda, urso panda.
pandereta.- *(pandereta)* s. pandeireta, pandeiro pequeno.
pandero.- *(pandero)* s. pandeiro.
pandilla.- *(pandilla)* s. bando, grupo, turma.
panecillo.- *(panezillo)* s. pãozinho.
panegírico.- *(panejiriko)* s. panegírico, laudatório.
panel.- *(panel)* s. painel.
pánfilo.- *(panfilo)* adj. muito pausado, mole, tardo.
panfleto.- *(panfleto)* s. panfleto.
pánico.- *(paniko)* s. pânico, pavor, medo.
panorama.- *(panorama)* s. panorama, vista, paisagem.
panorámico.- *(panoramiko)* adj. panorâmico.
pantalón.- *(pantalon)* s. calça.
pantalla.- *(pantalla)* s. pantalha, tela de projecção, quebra-luz, pára-fogo.
pantano.- *(pantano)* s. pântano, depósito artificial de águas.
pantanoso.- *(pantanoso)* adj. pantanoso, alagadiço.
panteísmo.- *(panteismo)* s. panteísmo.
panteón.- *(panteon)* s. panteão, jazigo.
pantera.- *(pantera)* s. pantera.
pantomima.- *(pantomima)* s. pantomima, farsa.
pantorrilla.- *(pantorrilla)* s. panturrilha, barriga da perna.
pantuflo.- *(pantuflo)* s. pantufo, sapato ou chinelo para usar em casa.
panza.- *(panza)* s. pança, barriga, ventre avultado. / bojo de vasilha.
pañal.- *(pañal)* s. cueiro, fralda.
paño.- *(paño)* s. pano, tecido, tela.
pañoleta.- *(pañoleta)* s. lenço, echarpe feminina.
pañuelo.- *(pañuelo)* s. lenço, lenço de assoar, lenço de cabeça, lenço de pescoço.
papa.- *(papa)* s. Papa, Sumo Pontífice.
papá.- *(papa)* s. papai, pai.
papada.- *(papada)* s. papada, queixo duplo.
papagayo.- *(papagayo)* s. papagaio.
papel.- *(papel)* s. papel, folha de papel.
papeleo.- *(papeleo)* s. remeximento de papéis.
papelera.- *(papelera)* s. papeleira, papelada.
papelería.- *(papeleria)* s. papelaria.
papeleta.- *(papeleta)* s. papeleta, cédula.
papelón.- *(papelon)* s. papelão, papel ridículo.- impostor.
paperas.- *(paperas)* s. papeira.
papila.- *(papila)* s. papila.
papilla.- *(papilla)* s. mingau, sopa cremosa, papas para crianças.
papiro.- *(papiro)* s. papiro.
papo.- *(papo)* s. papo, papada, bócio.
paquete.- *(pakete)* s. pacote, embrulho.
paquetería.- *(paketeria)* s. género de mercadoria miúda.
par.- *(par)* adj. par, igual ou semelhante.
para.- *(para)* prep. para.
parabién.- *(parabien)* s. parabéns, felicitação.
parábola.- *(parabola)* s. parábola.
parabrisas.- *(parabrisas)* s. pára-brisa.
paracaídas.- *(parakaidas)* s. pára-quedas.
paracaidismo.- *(parakaidismo)* s. pára-quedismo.
paracaidista.- *(parakaidista)* s. pára-quedista.
parachoques.- *(parachokes)* s. pára-choque.
parada.- *(parada)* s. parada, paragem.
paradero.- *(paradero)* s. parada, paradeiro.
paradigma.- *(paradijma)* s. paradigma, modelo, exemplo.
parado.- *(parado)* adj. parado, tímido,vagaroso, lento.- desocupado, desempregado.
paradoja.- *(paradoja)* s. paradoxo.
paradójico.- *(paradojiko)* adj. paradoxal.
parador.- *(parador)* s. estalagem, albergue.
parafina.- *(parafina)* s. parafina.
parafrasear.- *(parafrasear)* v. parafrasear.
paraguas.- *(paraguas)* s. guarda-chuva.
paraguayo.- *(paraguayo)* adj. paraguaio.
paraíso.- *(paraiso)* s. paraíso.
paraje.- *(paraje)* s. paragem, parada.
paralelo.- *(paralelo)* adj. paralelo.
parálisis.- *(paralisis)* s. paralisia.
paralítico.- *(paralitiko)* adj. paralítico.
paralizar.- *(paralizar)* v. paralisar.
parámetro.- *(parametro)* s. parâmetro.
paramilitar.- *(paramilitar)* adj. paramilitar.
páramo.- *(paramo)* s. páramo, terreno deserto e sem cultivar, local ermo.
parangón.- *(parangon)* s. comparação, semelhança.
paraninfo.- *(paraninfo)* s. paraninfo, padrinho, salão nobre nas universidades.

paranoia.- *(paranoia)* s. paranóia, delírio, loucura.
paranormal.- *(paranormal)* adj. paranormal, fora do normal.
parapeto.- *(parapeto)* s. parapeito.
parapsicología.- *(parasikolojia)* s. parapsicologia.
parar.- *(parar)* v. parar, deter, cessar.
pararrayos.- *(pararrayos)* s. pára-raios.
parásito.- *(parasito)* s. parasita.
parasol.- *(parasol)* s. pára-sol, guarda-sol, sombrinha.
parcela.- *(parzela)* s. parcela, porção pequena.
parcelar.- *(parzelar)* v. parcelar, dividir.
parcial.- *(parzial)* adj. parcial, relativo a uma parte.
parcialidad.- *(parzialidad)* s. parcialidade.
parco.- *(parko)* adj. parco, poupado, sóbrio, frugal, moderado.
parche.- *(parche)* s. emplastro, remendo.
pardo.- *(pardo)* adj. pardo, escuro.
parecer.- *(parezer)* s. parecer, opinião, juízo, voto. / v. aparecer, mostrar-se, deixar-se ver. / opinar, crer.
parecido.- *(parezido)* adj. parecido, semelhante, similar, análogo.
pared.- *(pared)* s. parede, muro, tabique.
pareja.- *(pareja)* s. casal, par de alguns animais, um par.
parejo.- *(parejo)* adj. parelho, igual, semelhante.
parentela.- *(parentela)* s. parentela, conjunto de parentes, família.
parentesco.- *(parentesko)* s. parentesco, vínculo familiar.
paréntesis.- *(parentesis)* s. parêntese.
paridad.- *(paridad)* s. paridade, semelhança, igualdade.
pariente.- *(pariente)* s. parente, familiar.
parir.- *(parir)* v. parir, dar à luz.
parlamentar.- *(parlamentar)* v. parlamentar, falar, propor, negociar.
parlamentario.- *(parlamentario)* s. parlamentário.
parlamento.- *(parlamento)* s. parlamento, assembleia legislativa.
parlanchín.- *(parlanchin)* adj. falador, tagarela.
parlar.- *(parlar)* v. falar, tagarelar, falar com desembaraço, falar muito mas sem dizer nada de importancia.
parloteo.- *(parloteo)* s. tagarelice, conversação barulhenta.
paro.- *(paro)* s. interrupção de um trabalho, situação de quem não tem trabalho, desemprego.
parodia.- *(parodia)* s. paródia, imitação burlesca.
parodiar.- *(parodiar)* v. parodiar, imitar, caricaturar.
paroxismo.- *(paroksismo)* s. paroxismo, acesso violento de uma doença.
parpadear.- *(parpadear)* v. pestanejar.
párpado.- *(parpado)* s. pálpebra.
parque.- *(parke)* s. parque.
parqué.- *(parke)* s. parquete, assoalho trabalhado, taco.
parquedad.- *(parkedad)* s. sobriedade, moderação no uso das coisas.
parra.- *(parra)* s. parreira, videira.
párrafo.- *(parrafo)* s. parágrafo.
parranda.- *(parranda)* s. pândega, festa, folia.
parricidio.- *(parrizidio)* s. parricídio.
parrilla.- *(parrilla)* s. grelha de ferro para assar.
párroco.- *(parroko)* s. pároco, cura, sacerdote.
parroquia.- *(parrokia)* s. paróquia.
parroquiano.- *(parrokiano)* s. paroquiano.
parsimonia.- *(parsimonia)* s. parcimónia, moderação.
parsimonioso.- *(parsimonioso)* adj. parcimonioso, moderado, lento, tranquilo.
parte.- *(parte)* s. parte, porção, secção, pedaço.
partera.- *(partera)* s. parteira.
partero.- *(partero)* s. parteiro, obstetra.
partición.- *(partizion)* s. partição, partilha.
participación.- *(partizipazion)* s. participação.
participar.- *(partizipar)* v. participar, comunicar, avisar, notificar. / tomar parte.
participio.- *(partizipio)* s. particípio.
partícula.- *(partikula)* s. partícula, fragmento.
particular.- *(partikular)* adj. particular, próprio, peculiar, singular, individual.
partida.- *(partida)* s. partida, saída.
partidario.- *(partidario)* adj. partidário, adepto.
partido.- *(partido)* adj. partido, repartido, dividido. / s. partido, agremiação. / proveito, vantagem.
partir.- *(partir)* v. partir, dividir, repartir. / romper, desfazer. / 2ª. v. partir, sair.
partitura.- *(partitura)* s. partitura, texto de uma obra musical.
parto.- *(parto)* s. parto.
parturienta.- *(parturienta)* s. parturiente.
parvulario.- *(parbulario)* s. jardim-de-infância.
párvulo.- *(parbulo)* adj. inocente, criança pequena.
pasa.- *(pasa)* s. passa, uva seca.
pasadizo.- *(pasadizo)* s. passadiço, corredor, passagem estreita de casa ou de rua.
pasado.- *(pasado)* adj. passado, tempo decorrido.
pasaje.- *(pasaje)* s. passadiço entre duas ruas. / 2ª. s. passagem de um livro ou de alguma coisa escrita. / 3ª. s. passagem, acção de passar de uma parte para outra. / 4ª. s. passagem, direito que se paga para passar em algum lugar.
pasajero.- *(pasajero)* adj. passageiro, transitório, que passa ou caminha de um lugar para outro. / s. passageiro, viajante.

pasaporte.- *(pasaporte)* s. passaporte, documento para entrar ou sair de um país.

pasar.- *(pasar)* v. passar, levar, conduzir, mudar, trasladar.

pasarela.- *(pasarela)* s. passarela, ponte pequena.

pasatiempo.- *(pasatiempo)* s. passatempo, divertimento, entretenimento, diversão.

pascua.- *(paskua)* s. páscoa.

pase.- *(pase)* s. passe, licença, permissão.

pasear.- *(pasear)* v. passear, andar por diversão.

paseo.- *(paseo)* s. passeio, lugar próprio para passear.

pasillo.- *(pasillo)* s. corredor.

pasión.- *(pasion)* s. paixão.

pasional.- *(pasional)* adj. passional.

pasividad.- *(pasibidad)* s. passividade.

pasivo.- *(pasibo)* adj. passivo.

pasmado.- *(pasmado)* adj. pasmado, assombrado.

pasmar.- *(pasmar)* v. pasmar, espantar, ficar admirado.

paso.- *(paso)* s. passo, passada, modo de andar.

pasquín.- *(paskin)* s. pasquim, escrito anónimo, panfleto.

pasta.- *(pasta)* s. pasta, massa, massa comestível. / capa de livro.

pastar.- *(pastar)* v. pastar.

pastel.- *(pastel)* adj. lápis de cores claras, tom pastel. / s. pastel, torta, empada.

pastelería.- *(pasteleria)* s. pastelaria.

pasteurización.- *(pasteurizazion)* s. pasteurização, esterilização do leite.

pastilla.- *(pastilla)* s. pastilha, tablete, remédio.

pasto.- *(pasto)* s. pasto, pastagem.

pastor.- *(pastor)* s. pastor, quem cuida do gado.

pastorear.- *(pastorear)* v. pastorear.

pastosidad.- *(pastosidad)* s. pastosidade.

pastoso.- *(pastoso)* adj. pastoso, mole e suave, viscoso.

pata.- *(pata)* s. fêmea do pato. / 2ª. s. pata, perna de animais. / pé de moveis.

patada.- *(patada)* s. patada.

patalear.- *(patalear)* v. espernear, patear.

patán.- *(patan)* adj. caipira, homem rude.

patata.- *(patata)* s. batata.

paté.- *(pate)* s. patê, pasta feita com fígado de animal.

patear.- *(patear)* v. patear, chutar, bater o pé no chão em sinal de protesta.

patentar.- *(patentar)* v. patentear, registrar.

patente.- *(patente)* adj. patente, evidente, claro, óbvio. / s. carta-patente.

paternalismo.- *(paternalismo)* s. paternalismo.

paternidad.- *(paternidad)* s. paternidade.

paterno.- *(paterno)* adj. paterno, paternal.

patético.- *(patetiko)* adj. patético, comovedor, emocionante.

patíbulo.- *(patibulo)* s. patíbulo, cadafalso.

patillas.- *(patillas)* s. patilhas, suíças.

patín.- *(patin)* s. patim.

pátina.- *(patina)* s. pátina, pátina dos objectos de bronze, tons suaves, crosta que se forma nos objectos antigos.

patinaje.- *(patinaje)* s. patinação.

patinar.- *(patinar)* v. patinar, deslizar com patins, derrapar, resvalar.

patio.- *(patio)* s. pátio, recinto descoberto no interior de um edifício.

pato.- *(pato)* s. pato.

patógeno.- *(patojeno)* adj. patógeno,

patología.- *(patolojia)* s. patologia.

patraña.- *(patraña)* s. patranha, mentira, tapeação.

patria.- *(patria)* s. pátria.

patriarca.- *(patriarka)* s. patriarca, cabeça de família.

patrimonio.- *(patrimonio)* s. património.

patriotismo.- *(patriotismo)* s. patriotismo.

patrocinador.- *(patrozinador)* adj. patrocinador.

patrocinar.- *(patrozinar)* v. patrocinar, defender, proteger, amparar, favorecer.

patrón.- *(patron)* s. patrono, padroeiro, protector, defensor, patrão.

patrulla.- *(patrulla)* s. patrulha, ronda de soldados, grupo de vigilantes.

patrullar.- *(patrullar)* v. patrulhar, rondar, vigiar.

paulatino.- *(paulatino)* adj. paulatino, lento, pausado.

pausa.- *(pausa)* s. pausa, intervalo, lentidão.

pauta.- *(pauta)* s. pauta, regra, modelo.

pautar.- *(pautar)* v. pautar, riscar, marcar.

pavesa.- *(pabesa)* s. faísca, fagulha.

pavimentar.- *(pabimentar)* v. pavimentar, calçar, solar.

pavimento.- *(pabimento)* s. pavimento, chão, calçamento.

pavo.- *(pabo)* s. peru.

pavón.- *(pabon)* s. pavão.

pavonear.- *(pabonear)* v. pavonear, fazer vã ostentação.

pavor.- *(pabor)* s. pavor, medo, terror, pânico.

pavoroso.- *(paboroso)* adj. pavoroso, terrível.

payaso.- *(payaso)* s. palhaço.

paz.- *(paz)* s. paz.

peaje.- *(peaje)* s. peagem.

peana.- *(peana)* s. peanha, base, pequeno pedestal.

peatón.- *(peaton)* s. peão.

peca.- *(peka)* s. sarda, pinta, mancha na pele.

pecado.- *(pekado)* s. pecado, falta.

pecar.- *(pekar)* v. pecar, faltar, errar, ofender.

pecera.- *(pezera)* s. aquário.

pectoral.- *(pektoral)* adj. peitoral.

pecuario.- *(pekuario)* adj. pecuário.

peculiar.- *(pekuliar)* adj. peculiar, particular, próprio de uma pessoa ou coisa.

peculiaridad.- *(pekuliaridad)* s. peculiaridade, particularidade.

peculio.- *(pekulio)* s. pecúlio, fazenda, cabedal, bens.

pecho.- *(pecho)* s. peito, tórax. / seio de mulher.

pechuga.- *(pechuga)* s. peito das aves.

pedagogia.- *(pedagojia)* s. pedagogia.

pedagogo.- *(pedagogo)* s. pedagogo, educador, mestre, professor.

pedal.- *(pedal)* s. pedal.

pedalear.- *(pedalear)* v. pedalar.

pedante.- *(pedante)* adj. pedante.

pedazo.- *(pedazo)* s. pedaço, parte de uma coisa, porção.

pederasta.- *(pederasta)* s. pederasta, homossexual.

pederastia.- *(pederastia)* s. pederastia, abuso sexual contra crianças.

pedestal.- *(pedestal)* s. pedestal.

pedestre.- *(pedestre)* adj. pedestre, que anda a pé.

pediatra.- *(pediatra)* s. pediatra.

pediatría.- *(pediatria)* s. pediatria.

pedido.- *(pedido)* s. pedido, lista de encomendas, petição.

pedigüeño.- *(pedigueño)* adj. pedinchão.

pedir.- *(pedir)* v. pedir, rogar. / perguntar, informar-se. / esmolar. / pôr preço. / desejar.

pedo.- *(pedo)* s. peido, gás que sai do intestino com ruído.

pedrada.- *(pedrada)* s. pedrada.

pedregoso.- *(pedregoso)* adj. pedregoso.

pedrero.- *(pedrero)* s. pedreiro, canteiro.

pedrisco.- *(pedrisko)* s. pedrisco, saraiva miúda.

pega.- *(pega)* s. pegamento. / inconveniente, reparo.

pegajoso.- *(pegajoso)* adj. pegajoso.

pegamento.- *(pegamento)* s. cola.

pegar.- *(pegar)* v. pegar, colar, grudar, unir, atar, agarrar raízes. / contagiar. / golpear, castigar.

peinado.- *(peinado)* s. penteado.

peinar.- *(peinar)* v. pentear.

peine.- *(peine)* s. pente.

peineta.- *(peineta)* s. pente convexo que as mulheres usam para enfeite.

peladilla.- *(peladilla)* s. amêndoa confeitada, lisa e redonda.- pedrinha.

pelado.- *(pelado)* adj. pelado, nu. / sem dinheiro.

pelagatos.- *(pelagatos)* s. pobre diabo, homem sem ofício, inútil.

pelaje.- *(pelaje)* s. pelagem, pêlo ou lã dos animais.

pelar.- *(pelar)* v. pelar, descascar, arrancar, cortar o cabelo, despelar.

peldaño.- *(peldaño)* s. degrau.

pelea.- *(pelea)* s. peleja, luta, batalha, briga, combate.

pelear.- *(pelear)* v. pelejar, combater, lutar, brigar, renhir.

pelele.- *(pelele)* s. boneco de palha ou de trapos.

peletería.- *(peleteria)* s. peleteria, comércio de peles finas.

peliagudo.- *(peliagudo)* adj. muito difícil, espinhoso, árduo.

pelícano.- *(pelikano)* s. pelicano.

película.- *(pelikula)* s. película, pele fina e delicada. / filme, fita cinematográfica.

peligrar.- *(peligrar)* v. perigar, correr perigo.

peligro.- *(peligro)* s. perigo, risco, ameaça.

peligroso.- *(peligroso)* adj. perigoso.

pelirrojo.- *(pelirrojo)* adj. ruivo.

pelo.- *(pelo)* s. pêlo, cabelo, penugem.

pelón.- *(pelon)* adj. pelado, calvo, careca.

pelota.- *(pelota)* s. pelota, péla, bola.

pelotera.- *(pelotera)* s. rixa, briga, confusão, bate-boca.

pelotilla.- *(pelotilla)* s. bolinha de cera. / adulador, bajulador.

peluca.- *(peluka)* s. peruca, cabeleira postiça.

peludo.- *(peludo)* adj. peludo, cabeludo.

peluquería.- *(pelukeria)* s. cabeleireira, barbearia.

peluquero.- *(pelukero)* s. cabeleireiro, barbeiro.

pelusa.- *(pelusa)* s. penugem, lanugem de algumas frutas.

pelvis.- *(pelbis)* s. pélvis, bacia.

pellejo.- *(pellejo)* s. pele, couro.

pelliza.- *(pelliza)* s. peliça, peça de vestir feita ou forrada de peles.

pellizcar.- *(pellizkar)* v. beliscar.

pellizco.- *(pellizko)* s. beliscão.

pena.- *(pena)* s. pena, castigo, punição, tormento. / dó, compaixão, aflição, desgosto.

penacho.- *(penacho)* s. penacho.

penal.- *(penal)* s. penitenciária, prisão.

penalista.- *(penalista)* s. advogado criminalista.

penalizar.- *(penalizar)* v. penalizar, castigar.

pendencia.- *(pendenzia)* s. pendência, divergência, desavença, rixa, briga.

pender.- *(pender)* v. pender, pendurar, suspender.

pendiente.- *(pendiente)* adj. pendente, dependurado, suspenso. / s. brinco, pingente. / 2ª. s. inclinação de um terreno, ladeira, encosta, declive de um terreno.

pendón.- *(pendon)* s. pendão, bandeira, estandarte.

péndulo.- *(pendulo)* s. pêndulo.

pene.- *(pene)* s. pénis, falo, genital masculino.

penetración.- *(penetrazion)* s. penetração.

penetrante.- *(penetrante)* adj. penetrante, profundo, que entra em alguma coisa.

penetrar.- *(penetrar)* v. penetrar, entrar, invadir.

península.- *(peninsula)* s. península.

penitencia.- *(penitenzia)* s. penitência, castigo, expiação.
penitenciaría.- *(penitenziaria)* s. penitenciária, prisão, presídio.
penitenciario.- *(penitenziario)* adj. penitenciário, presidiário.
penoso.- *(penoso)* adj. penoso, árduo, trabalhoso, difícil.
pensado.- *(pensado)* adj. pensado, reflectido.
pensador.- *(pensador)* s. pensador.
pensamiento.- *(pensamiento)* s. pensamento.
pensar.- *(pensar)* v. pensar, reflectir, meditar.
pensión.- *(pension)* s. pensão, renda, rendimento. / 2ª. s. pensão. / hospedaria, casa de hóspedes.
pensionado.- *(pensionado)* s. pensionado, internado, aposentado.
pensionista.- *(pensionista)* s. pensionista, pessoa que cobra uma pensão. / hóspede. / aluno interno em colégio.
pentágono.- *(pentagono)* s. pentágono.
pentagrama.- *(pentagrama)* s. pentagrama.
pentecostés.- *(pentekostes)* s. pentecostes.
penúltimo.- *(penultimo)* adj. penúltimo.
penumbra.- *(penumbra)* s. penumbra, sombra, meia-luz.
penuria.- *(penuria)* s. penúria, escassez, falta das coisas mais necessárias.
peña.- *(peña)* s. penha, penhasco, penedo, pedra grande, rocha. / 2ª. s. sociedade, associação, grupo de amigos ou camaradas.
peñasco.- *(peñasko)* s. penhasco, penha alta, rocha extensa, rochedo.
peón.- *(peon)* s. peão, ajudante, trabalhador não especializado.
peonza.- *(peonza)* s. pião, pitorra.
peor.- *(peor)* adj. pior.
pepinillo.- *(pepinillo)* s. pepino em conserva.
pepino.- *(pepino)* s. pepino.
pepita.- *(pepita)* s. semente de fruta.
pequeño.- *(pekeño)* adj. pequeno, diminuto.
pera.- *(pera)* s. pêra.
percal.- *(perkal)* s. percal, tecido de algodão.
percance.- *(perkanze)* s. percalço, contratempo.
percatar.- *(perkatar)* v. precatar, acautelar, precaver, prevenir.
percebe.- *(perzebe)* s. perceba, marisco marinho.
percepción.- *(perzepzion)* s. percepção.
percibir.- *(perzibir)* v. perceber, sentir. / receber, recolher, cobrar.
percusion.- *(perkusion)* s. percussão.
percutir.- *(perkutir)* v. percutir, ferir.
percha.- *(percha)* s. cabide.
perder.- *(perder)* v. perder, extraviar, malgastar, dissipar, desperdiçar.
perdición.- *(perdizion)* s. perdição, perda.
pérdida.- *(perdida)* s. perda, carência, prejuízo, dano.
perdida.- *(perdida)* s. rameira, mulher de maus costumes.
perdido.- *(perdido)* adj. perdido.
perdigón.- *(perdigon)* s. perdigão.
perdiz.- *(perdiz)* s. perdiz.
perdón.- *(perdon)* s. perdão.
perdonar.- *(perdonar)* v. perdoar, absolver, indultar, desculpar.
perdulario.- *(perdulario)* adj. perdulário, dissipador, gastador.
perdurar.- *(perdurar)* v. perdurar, subsistir, durar muito.
perecer.- *(perezer)* v. perecer, morrer, acabar.
peregrinación.- *(peregrinazion)* s. peregrinação, romaria.
peregrinar.- *(peregrinar)* v. peregrinar.
peregrino.- *(peregrino)* s. peregrino, viajante.
perejil.- *(perejil)* s. perrexil, salsa.
perenne.- *(perenne)* adj. perene, perenal, contínuo, incessante.
pereza.- *(pereza)* s. preguiça, lentidão, negligência, tédio.
perezoso.- *(perezoso)* adj. preguiçoso.
perfección.- *(perfekzion)* s. perfeição.
perfeccionar.- *(perfekzionar)* v. aperfeiçoar, melhorar.
perfecto.- *(perfekto)* adj. perfeito.
perfidia.- *(perfidia)* s. perfídia, deslealdade, traição.
pérfido.- *(perfido)* adj. pérfido, traidor, desleal, infiel.
perfil.- *(perfil)* s. perfil, contorno.
perfilado.- *(perfilado)* adj. afilado, perfeito.
perfilar.- *(perfilar)* v. perfilar.
perforación.- *(perforazion)* s. perfuração.
perforar.- *(perforar)* v. perfurar, furar, abrir, esburacar.
perfumar.- *(perfumar)* v. perfumar, aromatizar.
perfume.- *(perfume)* s. perfume, aroma, fragrância, cheiro agradável.
perfumería.- *(perfumeria)* s. perfumaria.
pergamino.- *(pergamino)* s. pergaminho.
pericardio.- *(perikardio)* s. pericárdio.
pericia.- *(perizia)* s. perícia, habilidade, destreza.
periferia.- *(periferia)* s. periferia, contorno.
periférico.- *(periferiko)* adj. periférico.
perilla.- *(perilla)* s. barbicha.
perímetro.- *(perimetro)* s. perímetro, contorno.
periódico.- *(periodiko)* adj. periódico, que aparece periódicamente. / s. periódico, jornal.
periodismo.- *(periodismo)* s. periodismo, jornalismo.

periodista.- *(periodista)* s. jornalista.

período.- *(periodo)* s. período, espaço de tempo.- ciclo menstrual.

peripecia.- *(peripezia)* s. peripécia, imprevisto.

periquito.- *(perikito)* s. periquito, louro.

periscopio.- *(periskopio)* s. periscópio.

perito.- *(perito)* s. perito, experto, conhecedor, experimentado.

perjudicar.- *(perjudikar)* v. prejudicar.

perjuicio.- *(perjuizio)* s. prejuízo, dano, desvantagem, perda.

perjurar.- *(perjurar)* v. perjurar, jurar em falso.

perla.- *(perla)* s. pérola.

permanecer.- *(permanezer)* v. permanecer, ficar, continuar.

permanencia.- *(permanenzia)* s. permanência, duração.

permanente.- *(permanente)* adj. permanente, duradouro, estável.

permeable.- *(permeable)* adj. permeável.

permisivo.- *(permisibo)* adj. permissivo, tolerante.

permiso.- *(permiso)* s. permissão, licença.

permitir.- *(permitir)* v. permitir, consentir.

permuta.- *(permuta)* s. permuta, troca, intercâmbio.

permutar.- *(permutar)* v. permutar, trocar, intercambiar

pernear.- *(pernear)* v. espernear.

pernicioso.- *(pernizioso)* adj. pernicioso, nocivo.

pernil.- *(pernil)* s. pernil, coxa de animal, anca.

pernio.- *(pernio)* s. dobradiça, gonzo.

pernoctar.- *(pernoktar)* v. pernoitar.

pero.- *(pero)* conj. porém, mas.

perol.- *(perol)* s. tacho, vasilha de metal.

peroné.- *(perone)* s. perónio.

perorata.- *(perorata)* s. peroração, perturbação, arenga.

perpendicular.- *(perpendikular)* adj. perpendicular.

perpetrar.- *(perpetrar)* v. perpetrar, cometer, praticar ato condenável.

perpetuar.- *(perpetuar)* v. perpetuar, imortalizar, eternizar.

perpetuo.- *(perpetuo)* adj. perpétuo, eterno.

perplejidad.- *(perplejidad)* s. perplexidade, irresolução, indecisão.

perplejo.- *(perplejo)* adj. perplexo, irresoluto, duvidoso, incerto, confuso, indeciso.

perro.- *(perro)* s. cão.

persecución.- *(persekuzion)* s. perseguição.

perseguir.- *(persegir)* v. perseguir, seguir.

perseverante.- *(perseberante)* adj. perseverante, persistente.

perseverar.- *(perseberar)* v. perseverar persistir.

persiana.- *(persiana)* s. persiana.

persignar.- *(persijnar)* v. persignar.

persistencia.- *(persistenzia)* s. persistência, insistência.

persistir.- *(persistir)* v. persistir, insistir.

persona.- *(persona)* s. pessoa, indivíduo.

personaje.- *(personaje)* s. personagem, pessoa notável.- figura dramática.

personal.- *(personal)* adj. pessoal.

personalidad.- *(personalidad)* s. personalidade.

personalizar.- *(personalizar)* v. personalizar, personificar, individualizar.

personarse.- *(personarse)* v. apresentar-se pessoalmente.

personificar.- *(personifikar)* v. personificar, personalizar.

perspectiva.- *(perspektiba)* s. perspectiva.

perspicaz.- *(perspikaz)* adj. perspicaz.

persuadir.- *(persuadir)* v. persuadir, convencer, induzir.

pertenecer.- *(pertenezer)* v. pertencer.

pértiga.- *(pertiga)* s. pértiga, vara comprida, varapau.

pertinaz.- *(pertinaz)* adj. pertinaz, obstinado, persistente.

pertinente.- *(pertinente)* adj. pertinente, concernente.

pertrechar.- *(pertrechar)* v. petrechar, apetrechar.

pertrechos.- *(pertrechos)* s. petrechos, apetrechos.

perturbación.- *(perturbazion)* s. distúrbio.

perturbar.- *(perturbar)* v. perturbar, transtornar.

perversión.- *(perbersion)* s. perversão, corrupção de costumes.

perverso.- *(perberso)* adj. perverso, que tem muito má índole.

pervertir.- *(perbertir)* v. perverter, alterar, perturbar a ordem ou estado das coisas, viciar, depravar, corromper.

pesa.- *(pesa)* s. peso, peça da balança.

pesadilla.- *(pesadilla)* s. pesadelo.

pesado.- *(pesado)* adj. pesado, fastidioso.

pesadumbre.- *(pesadumbre)* s. pesadume.

pésame.- *(pesame)* s. pêsames, condolência, pesar.

pesar.- *(pesar)* s. pesar, dor, mágoa, desgosto, arrependimento. / v. pesar, ter peso.

pesaroso.- *(pesaroso)* adj. pesaroso, magoado, triste.

pesca.- *(peska)* s. pesca, pescaria.

pescadero.- *(peskadero)* s. peixeiro.

pescadilla.- *(peskadilla)* s. pescada, pescadinha.

pescado.- *(peskado)* s. pescado, peixe.

pescador.- *(peskador)* s. pescador.

pescar.- *(peskar)* v. pescar.

pescuezo.- *(peskuezo)* s. pescoço.

pesebre.- *(pesebre)* s. presepe, presépio, estábulo, manjedoura.

peseta.- *(peseta)* s. peseta, unidade monetária espanhola.

pesimismo.- *(pesimismo)* s. pessimismo.

pesimista.- *(pesimista)* adj. pessimista.

pésimo.- *(pesimo)* adj. péssimo, que não pode ser pior.

peso.- *(peso)* s. peso.

pespuntear.- *(pespuntear)* v. pespontar.

pesquería.-*(peskeria)* s. pesca, acção de pescar, pescaria.

pesquero.- *(peskero)* adj. pesqueiro.

pesquisa.- *(peskisa)* s. pesquisa, indagação, informação.

pesquisar.- *(peskisar)* v. pesquisar, indagar,inquirir.

pestaña.- *(pestaña)* s. pestana.

pestañear.- *(pestañear)* v. pestanejar, piscar.

peste.- *(peste)* s. peste, enfermidade contagiosa e grave.- mau cheiro, fedor.

pesticida.- *(pestizida)* s. pesticida.

pestilencia.- *(pestilenzia)* s. pestilência.

pestillo.- *(pestillo)* s. pestilo, lingueta.

petaca.- *(petaka)* s. arca de couro ou de madeira, charuteira ou tabaqueira.

pétalo.- *(petalo)* s. pétala.

petardo.- *(petardo)* s. petardo.

petición.- *(petizion)* s. pedido, petição, súplica, requerimento, demanda

petrificar.- *(petrifikar)* v. petrificar, empedernir.

petróleo.- *(petroleo)* s. petróleo.

petrolero.- *(petrolero)* s. petroleiro.

petulancia.- *(petulanzia)* s. petulância, atrevimento.

petulante.- *(petulante)* adj. petulante, vaidoso, insolente.

peyorativo.- *(peyoratibo)* adj. pejorativo.

pez.- *(pez)* s. peixe.

pezón.- *(pezon)* s. mamilo, bico do seio.

pezuña.- *(pezuña)* v. úngula, dedos dos animais de pata fendida ou rachada.

piadoso.- *(piadoso)* adj. piedoso, bondoso, devoto.

pianista.- *(pianista)* s. pianista.

piano.- *(piano)* s. piano.

piar.- *(piar)* v. piar.

pica.- *(spika)* s. lança.

picadero.- *(pikadero)* s. picadeiro.

picadillo.- *(pikadillo)* s. picado, iguaria com carne ou peixe, picadinho.

picado.- *(pikado)* adj. picado, furado.

picador.- *(pikador)* s. picador, domador de cavalos, toureiro a cavalo que pica o toro. / cepo de cozinha.

picadura.- *(pikadura)* s. picada, picadura, picadela.

picaflor.- *(pikaflor)* s. beija-flor, colibri.

picante.- *(pikante)* adj. picante, temperado, ardido.

picaporte.- *(pikaporte)* s. trinco, maçaneta.

picar.- *(pikar)* v. picar, ferir, furar, bicar, morder, dividir em bocadinhos, ter comichão.

picardía, *(pikardia)* s. picardia, baixeza, velhacaria, vileza, engano ou maldade. / 2ª. picardia, traquinagem, travessura.

pícaro.- *(pikaro)* adj. pícaro, ardiloso, astuto, patife, maroto, tratante.

pico.- *(piko)* s. pico, cume de montanha.- bico das aves, picareta.

picor.- *(pikor)* v. ardor, comichão.

picota.- *(pikota)* s. pelourinho. / espécie de cereja.

picotada.- *(pikotada)* s. picada, bicada.

picotear.- *(pikotear)* v. picar, bicar.

picudo.- *(pikudo)* adj. bicudo.

pichón.- *(pichon)* s. pombinho implume.

pie.- *(pie)* s. pé, pata, base, medida, haste da planta, árvore ou tronco. / final de página.

piedad.- *(piedad)* s. piedade.

piedra.- *(piedra)* s. pedra.

piel.- *(piel)* s. pele, derme, couro casca de certos frutos.

pienso.- *(pienso)* s. penso, alimento seco para o gado.

pierna.- *(pierna)* s. perna, coxa, pata.

pieza.- *(pieza)* s. peça, parte de alguma coisa.

pigmentación.- *(pijmentazion)* s. pigmentação.

pigmentar.- *(pijmentar)* v. pigmentar, colorir.

pigmeo.- *(pijmeo)* adj. pigmeu.

pijama.- *(pijama)* s. pijama.

pila.- *(pila)* s. pia, pia para lavar, pia baptismal, pia do banheiro. / 2ª. s. pilha, bateria. / 3ª. s. pilha, montão, grande quantidade.

pilar.- *(pilar)* s. pilar, coluna, baliza.

píldora.- *(pildora)* s. pílula, grágea, comprimido.

pilón.- *(pilon)* s. pia grande, tanque, pilha, bebedouro de animais, pilão para pilar o grão.

pilotaje.- *(pilotaje)* s. pilotagem.

pilotar.- *(pilotar)* v. pilotar, dirigir, conduzir navios ou aviões.

pilote.- *(pilote)* s. coluna de concreto, estaca.

piloto.- *(piloto)* s. piloto.

piltrafa.- *(piltrafa)* s. pelanca, pele caída e mole, carne magra e engelhada.

pillaje.- *(pillaje)* s. pilhagem, saque, roubo.

pillar.- *(pillar)* v. pilhar, saquear, roubar.

pillo.- *(pillo)* adj. malandro, velhaco, patife.

pimienta.- *(pimienta)* s. pimenta.

pimiento.- *(pimiento)* s. pimento, pimenteiro.

pimpollo.- *(pimpollo)* s. pimpolho, pinheiro novo, rebento, grelo, botão de rosa.

pinacoteca.- *(pinakoteka)* s. pinacoteca.

pinar.- *(pinar)* s. pinhal, pinheiral.

pincel.- *(pinzel)* s. pincel.

pinchar.- *(pinchar)* v. picar, ferir com objecto pontiagudo, perfurar, furar.

pinchazo.- *(pinchazo)* s. picada, ferida, furo.

pinche.- *(pinche)* s. ajudante de cozinha.

pincho.- *(pincho)* s. ponta aguda.

pingajo.- *(pingajo)* s. farrapo, frangalho.

pingüe.- *(pingue)* adj. gordo, gorduroso, grande.
pingüino.- *(pinguino)* s. pinguim.
pino.- *(pino)* s. pinheiro.
pinta.- *(pinta)* s. pinta, mancha, sinal. / aspecto.
pintado.- *(pintado)* adj. pintado, colorido.
pintar.- *(pintar)* v. pintar, desenhar, colorir.
pintor.- *(pintor)* s. pintor.
pintoresco.- *(pintoresko)* adj. pinturesco.
pintura.- *(pintura)* s. pintura.
pinzas.- *(pinzas)* s. pinças, tenazes pequenas.
piña.- *(piña)* s. pinha, ananás, abacaxi.
piñón.- *(piñon)* s. pinhão.
piojo.- *(piojo)* s. piolho.
pionero.- *(pionero)* adj. pioneiro.
pipa.- *(pipa)* s. pipa, tonel. / cachimbo. / semente.
pipeta.- *(pipeta)* s. pipeta, tubo de vidro.
piqueta.- *(piketa)* s. picareta.
piquete.- *(pikete)* s. piquete, grupo reduzido que faz a guarda.
pira.- *(pira)* s. pira, fogueira.
pirámide.- *(piramide)* s. pirâmide.
piraña.- *(piraña)* s. piranha, peixe voraz.
pirata.- *(pirata)* s. pirata.
piratear.- *(piratear)* v. piratear.
piratería.- *(pirateria)* s. pirataria.
pirómano.- *(piromano)* adj. pirómano, piromaníaco.
piropo.- *(piropo)* s. galantaria, lisonja.
pirueta.- *(pirueta)* s. pirueta, cabriola, salto.
piscina.- *(piszina)* s. piscina.
piso.- *(piso)* s. pavimento, andar. / 2ª. s. piso, apartamento. / 3ª. s. piso, solo, soalho.
pisotear.- *(pisotear)* v. calcar, pisar repetidamente, espezinhar.
pisotón.- *(pisoton)* s. pisão, pisada.
pista.- *(pista)* s. pista, rastro de animal, lugar para aterrizar aviões.
pistola.- *(pistola)* s. pistola, revólver.
pistón.- *(piston)* s. pistão, êmbolo.
pita.- *(pita)* s. piteira, planta oriunda do México.
pitar.- *(pitar)* v. apitar, tocar o apito.
pitido.- *(pitido)* s. assobio, silvo.
pitillo.- *(pitillo)* s. cigarro.
pito.- *(pito)* s. apito, assobio.
pivote.- *(pibote)* s. pivô, apoio.
pizarra.- *(pizarra)* s. ardósia, piçarra, quadro-negro, pedra, lousa escolar.
pizca.- *(pizka)* s. pisca, bocadinho, pouquinho.
placa.- *(plaka)* s. placa, lâmina, chapa de metal.
pláceme.- *(plazeme)* s. felicitações, parabéns, congratulações.
placenta.- *(plazenta)* s. placenta.
placer.- *(plazer)* s. prazer, contentamento, satisfação, gozo. / v. prazer, agradar.
plácido.- *(plazido)* adj. plácido, sossegado, tranquilo.
plaga.- *(plaga)* s. praga, calamidade.
plagado.- *(plagado)* adj. ferido, castigado. / cheio.
plagiar.- *(plajiar)* v. plagiar, copiar, imitar.
plagio.- *(plajio)* s. plagio, cópia, imitação.
plan.- *(plan)* s. plano, projecto, ideia.
plana.- *(plana)* s. lauda, folha de papel. / 2ª. s. plaina de pedreiro.
plancha.- *(plancha)* s. plancha, lamina, chapa. / ferro de passar roupa.
planchar.- *(planchar)* v. passar roupa a ferro.
planeador.- *(planeador)* s. planador.
planear.- *(planear)* v. planejar, fazer planos.
planeta.- *(planeta)* s. planeta.
planetario.- *(planetario)* s. planetário.
planicie.- *(planizie)* s. planície.
planificación.- *(planifikazion)* s. planificação, planejamento.
planificar.- *(planifikar)* v. planificar, planejar.
planisferio.- *(planisferio)* s. planisfério.
plano.- *(plano)* adj. plano, liso. / s. plano, mapa, carta.
planta.- *(planta)* s. planta, desenho arquitectónico, projecto. / 2ª. s. planta, vegetal.
plantación.- *(plantazion)* s. plantação, cultivo.
plantar.- *(plantar)* v. plantar, semear, cultivar.
plantear.- *(plantear)* v. delinear, traçar. / estabelecer, propor, suscitar, expor.
plantilla.- *(plantilla)* s. palmilha de sapato. / quadro de pessoal.
plantón.- *(planton)* s. plantão.
plañidero.- *(plañidero)* adj. choroso, lastimoso, lamentoso.
plañir.- *(plañir)* v. carpir, chorar, gemer.
plaqueta.- *(plaketa)* s. plaqueta, lajota de cerâmica.
plasma.- *(plasma)* s. plasma.
plasmar.- *(plasmar)* v. plasmar, criar, modelar.
plástico.- *(plastiko)* adj. plástico, elástico, amoldável. / s. plástico.
plata.- *(plata)* s. prata.
plataforma.- *(plataforma)* s. plataforma.
plátano.- *(platano)* s. bananeira, árvore da banana, banana, fruto. / 2ª. s. plátano, árvore frondosa.
platea.- *(platea)* s. plateia.
plateado.- *(plateado)* adj. prateado.
platear.- *(platear)* v. pratear.
plática.- *(platika)* s. conversa.
platillo.- *(platillo)* s. pires, prato pequeno.
platino.- *(platino)* s. platina.
plato.- *(plato)* s. prato.
playa.- *(playa)* s. praia.
plaza.- *(plaza)* s. praça.
plazo.- *(plazo)* s. prazo.
plazoleta.- *(plazoleta)* s. pracinha.
plebe.- *(plebe)* s. plebe, gente comum e humilde.

plebeyo.- *(plebeyo)* adj. plebeu.

plebiscito.- *(plebiszito)* s. plebiscito.

plegar.- *(plegar)* v. pregar, preguear.

plegaria.- *(plegaria)* s. prece, rogo, súplica.

pleitear.- *(pleitear)* v. pleitear, demandar.

pleito.- *(pleito)* s. pleito, disputa, demanda, litígio.

plenario.- *(plenario)* adj. plenário, pleno, completo.

plenilunio.- *(plenilunio)* s. plenilúnio, lua-cheia.

plenitud.- *(plenitud)* s. plenitude, totalidade.

pleno.- *(pleno)* adj. pleno, cheio, inteiro, completo, perfeito.

pleonasmo.- *(pleonasmo)* s. pleonasmo, redundância.

pletórico.- *(pletoriko)* adj. pletórico, abundante, repleto.

pleura.- *(pleura)* s. pleura.

pliego.- *(pliego)* s. folha de papel dobrada no meio, carta, documentos.

pliegue.- *(pliege)* s. prega, dobra, vinco, ruga.

plisar.- *(plisar)* v. preguear, plissar, franzir.

plomada.- *(plomada)* s. prumo, chumbada, sonda.

plomo.- *(plomo)* s. chumbo.

pluma.- *(pluma)* s. pluma, pena, plumagem.

plumaje .- *(plumaje)* s. plumagem.

plúmbeo.- *(plumbeo)* adj. plúmbeo.

plumero.- *(plumero)* s. espanador, penacho.

plural.- *(plural)* adj. plural, múltiplo.

pluralidad.- *(pluralidad)* s. pluralidade, multiplicidade.

plusvalía.- *(plusbalia)* s. maior valor, mais-valia.

pluvial.- *(plubial)* adj. pluvial.

pluviómetro.- *(plubiometro)* s. pluviómetro.

pluvioso.- *(plubioso)* adj. pluvioso, chuvoso.

población.- *(poblazion)* s. povoação, povoado.

poblado.- *(poblado)* s. povoado, população, povoação, cidade, vila, lugar.

poblador.- *(poblador)* adj. povoador.

poblar.- *(poblar)* v. povoar.

pobre.- *(pobre)* adj. pobre, indigente, pedinte, necessitado.- desgraçado, coitado.

pobreza.- *(pobreza)* s. pobreza, indigência, necessidade, miséria.

pocilga.- *(pozilga)* s. pocilga, chiqueiro, curral.

poción.- *(pozion)* s. poção, beberagem.

poco.- *(poko)* adj. pouco, escasso, limitado. / adv. pouco.

poda.- *(poda)* s. poda, corte, podadura.

podar.- *(podar)* v. podar, cortar, desbastar.

poder.- *(poder)* s. poder, domínio, mando. / v. poder, ter autoridade, ter meios, saber fazer uma coisa, ser possível.

poderío.- *(poderio)* s. poderio, domínio, império, potestade, faculdade, jurisdição, vigor, grande poder.

podredumbre.- *(podredumbre)* s. podridão, putrefacção.

podrido.- *(podrido)* adj. podre, apodrecido, putrefacto, estragado.

poema.- *(poema)* s. poema.

poesia.- *(poesia)* s. poesia.

poeta.- *(poeta)* s. poeta, trovador.

poético.- *(poetiko)* adj. poético.

polar.- *(polar)* adj. polar.

polarizar.- *(polarizar)* v. polarizar.

polea.- *(polea)* s. polia, roldana.

polémico.- *(polemiko)* adj. polémico.

polemizar.- *(polemizar)* v. polemizar, discutir, debater.

polen.- *(polen)* s. pólen.

policía.- *(polizia)* s. polícia, policial.

policial.- *(polizial)* adj. policial.

policlínica.- *(poliklinika)* s. policlínica.

policromo.- *(polikromo)* adj. policromo.

poliéster.- *(poliester)* s. poliester.

polifonía.- *(polifonia)* s. polifonia.

poligamia.- *(poligamia)* s. poligamia.

polígamo.- *(poligamo)* adj. polígamo.

políglota.- *(poliglota)* s. poliglota.

polígono.- *(poligono)* s. polígono.

polígrafo.- *(poligrafo)* s. polígrafo.

polilla.- *(polilla)* s. traça.

polimorfirsmo.- *(polimorfirsmo)* s. polimorfismo, mudança de forma.

polinización.- *(polinizazion)* s. polinização.

polinizar.- *(polinizar)* v. polinizar, fecundar a flor.

polinomio.- *(polinomio)* s. polinómio.

polisílabo.- *(polisilabo)* adj. polissílabo.

politécnico.- *(politeniko)* adj. politécnico.

politeísmo.- *(politeismo)* s. politeísmo.

política.- *(politika)* s. política.

político.- *(politiko)* adj. parentesco por afinidade. / 2ª. adj. político, cortês, delicado. / s. pessoa dedicada à política.

polivalente.- *(polibalente)* adj. polivalente.

póliza.- *(poliza)* s. apólice, título de contrato, documento.

polizón.- *(polizon)* v. vagabundo, vadio, passageiro clandestino.

polo.- *(polo)* s. pólo, extremo do eixo da esfera.

polonés.- *(polones)* adj. polaco.

polución.- *(poluzion)* s. polução, emissão involuntária de sémen. / 2ª. s. poluição, contaminação.

polvareda.- *(polbareda)* s. poeirada, poeirão.

polvo.- *(polbo)* s. pó, poeira.

pólvora.- *(polbora)* s. pólvora.

polvoriento.- *(polboriento)* adj. poeirento, empoeirado.

polvorín.- *(polborin)* s. polvorim, polvorinho, paiol.

polvorizar.- *(polborizar)* v. polvilhar, cobrir de pó.

polla.- *(polla)* s. franga, galinha nova. / pénis, membro

pollada.- *(pollada)* s. ninhada, principalmente de pintos.
pollería.- *(polleria)* s. mercado ou loja onde se vende galinha e outras aves.
pollero.- *(pollero)* s. galinheiro, criador de frangos.
pollo.- *(pollo)* s. pinto, frango.
pomada.- *(pomada)* s. pomada.
pomar.- *(pomar)* s. pomar, horto.
pómez.- *(pomez)* s. pedra-pomes.
pomo.- *(pomo)* s. pomo, fruto do pomo, bola odorífera, frasco pequeno, ramalhete de flores.
pompa.- *(pompa)* s. pompa, aparato sumptuoso, ostentação, fausto, vaidade. / bolha na água.
pomposo.- *(pomposo)* adj. pomposo, solene, vaidoso.
pómulo.- *(pomulo)* s. pómulo, maçã do rosto.
ponche.- *(ponche)* s. ponche.
poncho.- *(poncho)* s. poncho, abrigo sem mangas característico da América do Sul.
ponderación.- *(ponderazion)* s. ponderação, atenção, reflexão.
ponderar.- *(ponderar)* v. ponderar, examinar com cuidado.
poner.- *(poner)* v. pôr, colocar, dispor, estabelecer, atribuir, depositar, situar.
poniente.- *(poniente)* s. poente, ocidente.
pontificado.- *(pontifikado)* s. pontificado, papado.
pontífice.- *(pontifize)* s. pontífice, papa.
ponzoña.- *(ponzoña)* s. peçonha, veneno.
ponzoñoso.- *(ponzoñoso)* adj. peçonhento, venenoso.
popa.- *(popa)* s. popa, parte posterior dos navios.
populacho.- *(populacho)* s. populacho, plebe.
popular.- *(popular)* adj. popular.
popularizar.- *(popularizar)* v. popularizar.
populoso.- *(populoso)* adj. populoso, muito povoado.
por.- *(por)* prep. por, indica a causa, o meio, o estado, o tempo.
porcelana.- *(porzelana)* s. porcelana, louça fina.
porcentaje.- *(porzentaje)* s. porcentagem, percentagem.
porción.- *(porzion)* s. porção, parte de um todo.
porche.- *(porche)* s. alpendre.
pordiosear.- *(pordiosear)* v. esmolar, mendigar.
pordiosero.- *(pordiosero)* adj. mendigo, o que pede esmola em nome de Deus.
porfía.- *(porfia)* s. porfia, teima, obstinação.
porfiar.- *(porfiar)* v. porfiar, instar, insistir, teimar, altercar obstinadamente.
pormenor.- *(pormenor)* s. pormenor.
pormenorizar.- *(pormenorizar)* v. pormenorizar, detalhar, descrever minuciosamente.
pornografía.- *(pornografia)* s. pornografia.
pornográfico.- *(pornografiko)* adj. pornográfico.
poro.- *(poro)* s. poro.
poroso.- *(poroso)* adj. poroso, permeável.
porque.- *(porke)* conj. porque, por causa, motivo ou razão.
porqué.- *(porke)* s. porquê, causa, razão, motivo.
porquería.- *(porkeria)* s. porcaria, imundície, indecência, grosseria, falta de respeito.
porra.- *(porra)* s. porrete, bastão, cacete, martelo grande.
porrón.- *(porron)* s. moringa.
portaaviones.- *(portaabiones)* s. porta-aviões.
portada.- *(portada)* s. fachada, frontispício, página de rosto de um livro.
portador.- *(portador)* adj. portador.
portaequipajes.- *(portaekipajes)* s. porta-malas, bagageiro.
portaestandarte.- *(portaestandarte)* s. porta-estandarte, porta-bandeira.
portafolio.- *(portafolio)* s. pasta para papéis.
portal.- *(portal)* s. portal, pórtico, saguão.
portamonedas.- *(portamonedas)* s. porta-moedas.
portaplumas.- *(portaplumas)* s. porta-penas, caneta.
portar.- *(portar)* v. levar ou trazer.
portarretratos.- *(portarretratos)* s. porta-retratos.
portátil.- *(portatil)* adj. portátil.
portavoz.- *(portaboz)* s. porta-voz.
portazo.- *(portazo)* s. acção de bater a porta com força.
porte.- *(porte)* s. comportamento, qualidade, nobreza. / 2ª. porte, transporte.
portear.- *(portear)* v. portar, levar, conduzir, transportar.
portento.- *(portento)* s. portento, prodígio.
portentoso.- *(portentoso)* adj. portentoso, singular, estranho.
portería.- *(porteria)* s. portaria, saguão.
portero.- *(portero)* s. porteiro.
pórtico.- *(portiko)* s. pórtico, galeria com arcadas.
portón.- *(porton)* s. portão.
portorriqueño.- *(portorrikeño)* adj. porto-riquenho.
portuario.- *(portuario)* adj. portuário.
portugués.- *(portugues)* adj. português, lusitano.
porvenir.- *(porbenir)* s. porvir, futuro.
posada.- *(posada)* s. moradia, morada, casa, estalagem, casa de hóspedes, hospedagem.
posaderas.- *(posaderas)* s. nádegas.
posar.- *(posar)* v. pousar, descansar, repousar.
posdata.- *(posdata)* s. pós-escrito.
poseedor.- *(poseedor)* adj. possuidor.
poseer.- *(poseer)* v. possuir, ter, gozar.
posesión.- *(posesion)* s. possessão, posse, usufruto, gozo.
posesivo.- *(posesibo)* adj. possessivo.

poseso.- *(poseso)* adj. possesso, endemoniado.
posibilidad.- *(posibilidad)* s. possibilidade, facilidade, eventualidade.
posibilitar.- *(posibilitar)* v. possibilitar, tornar possível.
posible.- *(posible)* adj. possível.
posición.- *(posizion)* s. posição, postura do corpo. / acção de pôr, suposição, categoria, condição social.
positivismo.- *(positibismo)* s. positivismo.
positivo.- *(positibo)* adj. positivo, afirmativo.
poso.- *(poso)* s. sedimento de um líquido, fezes, borra.- descanso, quietude.
posología.- *(posolojia)* s. posologia.
posponer.- *(posponer)* v. pospor, pôr, colocar depois.
posposición.- *(posposizion)* s. posposição.
postal.- *(postal)* adj. postal, relativo ao correio. / s. cartão postal.
poste.- *(poste)* s. poste, suporte de madeira fincada no chão para sinalizar, avisar ou indicar.
postergar.- *(postergar)* v. postergar, preterir, desprezar, adiar.
posteridad.- *(posteridad)* s. posteridade.
posterior.- *(posterior)* adj. posterior.
postila.- *(postila)* s. apostila.
postín.- *(postin)* s. vaidade, presunção.
postizo.- *(postizo)* adj. postiço, artificial, falso.
postoperatorio.- *(posoperatorio)* adj. pós-operatório.
postración.- *(postrazion)* s. prostração, abatimento, enfraquecimento.
postrar.- *(postrar)* v. prostrar, debilitar, enfraquecer.
postre.- *(postre)* s. sobremesa.
postrero.- *(postrero)* adj. postreiro, último, derradeiro.
postrimería.- *(postrimeria)* s. último período, últimos anos da vida.
postulación.- *(postulazion)* s. postulação, pedido, solicitação.
postular.- *(postular)* v. postular, pedir, solicitar.
póstumo.- *(postumo)* adj. póstumo.
postura.- *(postura)* s. postura, atitude, acção, figura, posição.
potable.- *(potable)* adj. potável, bebível.
potaje.- *(potaje)* s. potagem, caldo, sopa.
potasio.- *(potasio)* s. potássio.
pote.- *(pote)* s. pote, vaso grande de barro para líquidos.
potencia.- *(potenzia)* s. potência, vigor, força.
potencial.- *(potenzial)* adj. potencial.
potencialidad.- *(potenzialidad)* s. potencial, potencialidade.
potenciar.- *(potenziar)* v. potencializar.
potentado.- *(potentado)* s. potentado, poderoso, opulento.
potente.- *(potente)* adj. potente, forte, eficaz, vigoroso.
potestad.- *(potestad)* s. potestade, domínio, poder, jurisdição.
potingue.- *(potinge)* s. xarope, qualquer bebida de farmácia, cremes, pomadas em geral.
potranca.- *(potranka)* s. potranca, égua nova.
potro.- *(potro)* s. potro, cavalo novo.
poyo.- *(poyo)* s. poial, banco fixo de pedra.
pozo.- *(pozo)* s. poço.
pozuelo.- *(pozuelo)* s. poço pequeno, pocinho, poçozinho.
práctica.- *(praktika)* s. prática, experiência, costume.
practicable.- *(praktikable)* adj. praticável, fácil.
practicante.- *(praktikante)* adj. praticante, ajudante.
practicar.- *(praktikar)* v. praticar, exercitar, usar, exercer.
pradera.- *(pradera)* s. pradaria.
prado.- *(prado)* s. prado, relva, pastagem.
pragmático.- *(prajmatiko)* adj. pragmático.
preámbulo.- *(preambulo)* s. preâmbulo, prefácio, rodeio, cerimonias.
prebenda.- *(prebenda)* s. prebenda, renda anexa a um benefício eclesiástico.
precario.- *(prekario)* adj. precário, inseguro, incerto.
precaución.- *(prekauzion)* s. precaução, cuidado, cautela.
precaver.- *(prekaber)* v. precaver, prevenir.
precavido.- *(prekabido)* adj. precavido, previdente, prevenido, prudente.
precedente.- *(prezedente)* adj. precedente, antecedente.
preceder.- *(prezeder)* v. preceder, anteceder.
precepto.- *(prezepto)* s. preceito, mandato, ordem.
preceptor.- *(prezeptor)* s. preceptor, mestre.
preces.- *(prezes)* s. preces, orações.
preciado.- *(preziado)* adj. prezado, estimado.
preciar.- *(preziar)* v. apreciar, prezar, estimar.
precintar.- *(prezintar)* v. precintar, atar, cingir.
precio.- *(prezio)* s. preço, valor.
precioso.- *(prezioso)* adj. precioso, excelente, primoroso.
precipicio.- *(prezipizio)* s. precipício, despenhadeiro.
precipitación.- *(prezipitazion)* s. precipitação.
precipitado.- *(prezipitado)* adj. precipitado.
precipitar.- *(prezipitar)* v. precipitar, despenhar, atropelar, acelerar.
precisar.- *(prezisar)* v. precisar, determinar, fixar, obrigar, forçar, calcular.
preciso.- *(preziso)* adj. preciso, necessário, indispensável.- pontual, fixo, exacto, certo, determinado, claro.
preclaro.- *(preklaro)* adj. preclaro, esclarecido, ilustre, brilhante, famoso.
precocidad.- *(prekozidad)* s. precocidade.
preconcebir.- *(prekonzebir)* v. preconceber.

preconizar.- *(prekonizar)* v. preconizar, louvar, tributar louvores publicamente.

precoz.- *(prekoz)* adj. precoce, prematuro, antecipado.

precursor.- *(prekursor)* adj. precursor, antecessor.

predecesor.- *(predezesor)* adj. predecessor, precursor, antecessor.

predecir.- *(predezir)* v. predizer, prognosticar,

predestinar.- *(predestinar)* v. predestinar.

predeterminar.- *(predeterminar)* v. predeterminar.

predicado.- *(predikado)* s. predicado.

predicar.- *(predikar)* v. predicar, pregar, aconselhar.

predicción.- *(predikzion)* s. predição, prognóstico.

predilección.- *(predilekzion)* s. predilecção, preferência.

predilecto.- *(predilekto)* adj. predilecto, preferido.

predio.- *(predio)* s. prédio, imóvel.

predisponer.- *(predisponer)* v. predispor, dispor antecipadamente.

predisposición.- *(predisposizion)* s. predisposição.

predispuesto.- *(predispuesto)* adj. predisposto.

predominación.- *(predominazion)* s. predominação.

predominancia.- *(predominanzia)* s. predominância, predominação.

predominante.- *(predominante)* adj. predominante.

predominar.- *(predominar)* v. predominar, prevalecer, preponderar.

predominio.- *(predominio)* s. predomínio, império, poder, superioridade.

preelegir.- *(preelejir)* v. pré-eleger.

preeminente.- *(preeminente)* adj. preeminente, sublime, superior.

preexistir.- *(preeksistir)* v. preexistir.

prefacio.- *(prefazio)* s. prefácio, prólogo.

preferencia.- *(preferenzia)* s. preferência, primazia, vantagem.

preferir.- *(preferir)* v. preferir.

prefijar.- *(prefijar)* v. prefixar, determinar, assinalar, indicar.

prefijo.- *(prefijo)* adj. prefixo.

pregón.- *(pregon)* s. pregão, divulgação, proclamação pública.

pregonar.- *(pregonar)* v. apregoar, publicar, pregoar, proclamar.

pregonero.- *(pregonero)* adj. pregoeiro.

pregunta.- *(pregunta)* s. pergunta, interrogação.

preguntar.- *(preguntar)* v. perguntar, interrogar, indagar, questionar, inquirir.

prehistoria.- *(preistoria)* s. pré-história.

prejuicio.- *(prejuizio)* s. prejuízo, prejulgamento.

prejuzgar.- *(prejuzgar)* v. prejulgar.

prelación.- *(prelazion)* s. prelação, direito de preferência.

prelado.- *(prelado)* s. prelado, superior eclesiástico.

preliminar.- *(preliminar)* adj. preliminar, preâmbulo.

preludio.- *(preludio)* s. prelúdio, introdução, iniciação.

prematuro.- *(prematuro)* adj. prematuro, temporão.

premeditación.- *(premeditazion)* s. premeditação.

premeditado.- *(premeditado)* adj. premeditado.

premeditar.- *(premeditar)* v. premeditar.

premiar.- *(premiar)* v. premiar, remunerar, galardoar.

premio.- *(premio)* s. prémio, recompensa.

premolar.- *(premolar)* s. pré-molar.

premonición.- *(premonizion)* s. premonição, pressentimento.

premura.- *(premura)* s. pressa, urgência, apuro, instância.

prenatal.- *(prenatal)* adj. pré-natal.

prenda.- *(prenda)* s. prenda, penhor, objecto, jóia, móvel, qualquer das partes do vestuário.

prendar.- *(prendar)* v. enamorar, afeiçoar, agradar, cativar.

prender.- *(prender)* v. prender, pegar, agarrar, sujeitar.

prensa.- *(prensa)* s. prensa, máquina para comprimir.

prensar.- *(prensar)* v. prensar, comprimir, apertar.

prenunciar.- *(prenunziar)* v. prenunciar.

preñada.- *(preñada)* adj. prenhe, prenhada, grávida.

preñar.- *(preñar)* v. prenhar, fecundar, engravidar.

preñez.- *(preñez)* s. prenhez, gravidez.

preocupación.- *(preokupazion)* s. preocupação, ideia antecipada, prevenção, preconceito.

preocupar.- *(preokupar)* v. preocupar, inquietar.

preparación.- *(preparazion)* s. preparação, preparo, conhecimento.

preparar.- *(preparar)* v. preparar, prevenir, dispor.

preponderancia.- *(preponderanzia)* s. preponderância, predomínio.

preponderar.- *(preponderar)* v. preponderar, predominar.

preposición.- *(preposizion)* s. preposição.

prepotente.- *(prepotente)* adj. prepotente, poderoso.

prepucio.- *(prepuzio)* s. prepúcio.

prerrogativa.- *(prerrogatiba)* s. prerrogativa, privilégio, graça, isenção.

presa.- *(presa)* s. presa, objecto apreendido ou roubado.

presagiar.- *(presajiar)* v. pressagiar, predizer, vaticinar, prognosticar.

presagio.- *(presajio)* s. presságio, vaticínio, sinal, prognóstico.

prescindir.- *(preszindir)* v. prescindir, renunciar.

prescribir.- *(preskribir)* v. prescrever.

prescripción.- *(preskripzion)* s. prescrição.

presencia.- *(presenzia)* s. presença, existência, assistência.

presenciar.- *(presenziar)* v. presenciar, estar presente.

presentar.- *(presentar)* v. apresentar.

presente.- *(presente)* adj. presente, que assiste pessoalmente. / s. presente, dádiva. / 2ª. s. presente, tempo actual, actualidade.

presentimiento.- *(presentimiento)* s. pressentimento.

presentir.- *(presentir)* v. pressentir, prever.

preservar.- *(preserbar)* v. preservar, defender, resguardar.

preservativo.- *(preserbatibo)* s. preservativo.

presidencia.- *(presidenzia)* s. presidência, dignidade, cargo de presidente.

presidente.- *(presidente)* s. presidente, chefe ou superior de um conselho.

presidio.- *(presidio)* s. presídio, prisão, penitenciária.

presidir.- *(presidir)* v. presidir, dirigir, regular, superintender.

presilla.- *(presilla)* s. presilha, laço, tira de tecido.

presión.- *(presion)* s. pressão.

presionar.- *(presionar)* v. pressionar.

preso.- *(preso)* adj. preso, prisioneiro.

prestación.- *(prestazion)* s. empréstimo, prestação.

prestado.- *(prestado)* adj. emprestado.

prestamista.- *(prestamista)* s. prestamista, penhorista.

préstamo.- *(prestamo)* s. empréstimo.

prestar.- *(prestar)* v. emprestar, ajudar, auxiliar, dar, comunicar, dedicar atenção, observar.

presteza.- *(presteza)* s. presteza, rapidez, agilidade, prontidão.

prestigiar.- *(prestijiar)* s. prestigiar.

prestigio.- *(prestijio)* s. prestígio.

presto.- *(presto)* adj. presto, prestes, pronto, diligente.

presumido.- *(presumido)* adj. presumido, vaidoso.

presumir.- *(presumir)* v. presumir, conjecturar, suspeitar.- ter vaidade.

presunto.- *(presunto)* adj. presumido.

presuntuoso.- *(presuntuoso)* adj. presunçoso, presumido, vaidoso.

presuponer.- *(presuponer)* v. pressupor.

presupuesto.- *(presupuesto)* s. pressuposto, suposição, orçamento.

presuroso.- *(presuroso)* adj. pressuroso, pronto, ligeiro, veloz.

pretender.- *(pretender)* v. pretender, desejar, aspirar.- asseverar sem fundamento.

pretensión.- *(pretension)* s. pretensão, solicitação, direito invocado.

preterir.- *(preterir)* v. preterir, excluir, omitir, pôr de lado.

pretérito.- *(preterito)* adj. pretérito, passado.

pretexto.- *(preteksto)* s. pretexto, motivo ou causa simulada ou aparente, desculpa.

pretil.- *(pretil)* s. muro de ponte ou poço, parapeito.

pretor.- *(pretor)* s. negrura das águas. / 2ª. s. pretor, antigo magistrado romano.

prevalecer.- *(prebalezer)* v. prevalecer, predominar, sobressair, preponderar.

prevaricar.- *(prebarikar)* v. prevaricar, faltar aos deveres.

prevenir.- *(prebenir)* v. prevenir, evitar, prever, preparar.

preventivo.- *(prebentibo)* adj. preventivo, previdente.

prever.- *(preber)* v. prever, pressupor, calcular, conjecturar, predizer.

previo.- *(prebio)* adj. prévio, preliminar, antecipado.

previsión.- *(prebision)* s. previsão.

previsor.- *(prebisor)* adj. previdente, prudente.

prima.- *(prima)* s. prima, prémio.

primacía.- *(primazia)* s. primazia, excelência, supe rioridade, vantagem.

primario.- *(primario)* adj. primário, principal, primeiro, primitivo, prévio.

primavera.- *(primabera)* s. primavera.

primaveral.- *(primaberal)* adj. primaveril.

primeiro.- *(primeiro)* adj. primeiro.

primigenio.- *(primijenio)* adj. primigénio, primitivo, originário.

primitivo.- *(primitibo)* adj. primitivo.

primo.- *(primo)* adj. primeiro. / s. primo, parente, crédulo, tonto.

primogénito.- *(primojenito)* adj. primógenito, filho mais velho.

primor.- *(primor)* s. primor, habilidade, esmero, apuro, perfeição.

primordial.- *(primordial)* adj. primordial, primitivo, primeiro.

princesa.- *(prinzesa)* s. princesa.

principal.- *(prinzipal)* adj. principal, essencial.

príncipe.- *(prinzipe)* s. príncipe.

principiante.- *(prinzipiante)* adj. principiante, novato, aprendiz.

principiar.- *(prinzipiar)* v. principiar, começar, iniciar.

principio.- *(prinzipio)* s. princípio, começo, origem.

pringar.- *(pringar)* v. besuntar, untar, engordurar.

pringoso.- *(pringoso)* adj. gordurento, sujo, ensebado.

prior.- *(prior)* s. prior, superior de um convento.

prioridad.- *(prioridad)* s. prioridade, anterioridade, primazia.

prisa.- *(prisa)* s. pressa, rapidez, celeridade,presteza.

prisión.- *(prision)* s. prisão, cárcere, cadeia.

prisionero.- *(prisionero)* adj. prisioneiro.

prisma.- *(prisma)* s. prisma.

privación.- *(pribazion)* s. privação, necessidade.

privar.- *(pribar)* v. privar, proibir, vedar, tomar, tirar.

privilegiar.- *(pribilejiar)* v. privilegiar.

privilegio.- *(pribilejio)* s. privilégio, direito, vantagem, prioridade.

proa.- *(proa)* s. proa, parte anterior do navio.

probabilidad.- *(probabilidad)* s. probabilidade, possibilidade.

probable.- *(probable)* adj. provável, possível.

probar.- *(probar)* v. provar, demonstrar, justificar. / experimentar, tentar.

probeta.- *(probeta)* s. proveta.

probidad.- *(probidad)* s. probidade, bondade, rectidão do ânimo, integridade.

problema.- *(problema)* s. problema, questão, proposição.

procaz.- *(prokaz)* adj. procaz, insolente, descarado, petulante, impudente.

procedencia.- *(prozedenzia)* s. procedência, origem, proveniência.

proceder.- *(prozeder)* s. proceder, procedimento, comportamento. / v. proceder, seguir, nascer ou originar uma coisa de outra.

prócer.- *(prozer)* adj. prócer, alto, eminente, elevado.

procesal.- *(prozesal)* adj. processual.

procesar.- *(prozesar)* v. processar.

procesión.- *(prozesion)* s. processão, acção de proceder. / 2ª. s. procissão, cortejo religioso.

proceso.- *(prozeso)* s. processo, seguimento, decurso.

proclamar.- *(proklamar)* v. proclamar, declarar em público, afirmar em brados.

procrear.- *(prokrear)* v. procriar, gerar, produzir.

procurar.- *(prokurar)* v. procurar, investigar, buscar.

prodigar.- *(prodigar)* v. prodigalizar, prodigar, dissipar, esbanjar, desperdiçar.

prodigio.- *(prodijio)* s. prodígio, maravilha, milagre.

pródigo.- *(prodigo)* adj. pródigo, esbanjador, dissipador.

producción.- *(produkzion)* s. produção, produto, realização.

producir.- *(produzir)* v. produzir, engendrar, procriar, originar, ocasionar, dar frutos.

productivo.- *(produktibo)* adj. produtivo.

producto.- *(produkto)* s. produto, resultado, lucro, rendimento.

proeza.- *(proeza)* s. proeza, façanha.

profanar.- *(profanar)* v. profanar, aviltar, desonrar, macular.

profano.- *(profano)* adj. profano, leigo, secular.

profecía.- *(profezia)* s. profecia.

proferir.- *(proferir)* v. proferir, dizer, pronunciar, falar.

profesar.- *(profesar)* v. professar, exercer, praticar.

profesión.- *(profesion)* s. profissão.

profesor.- *(profesor)* s. professor, mestre, educador, pedagogo.

profesorado.- *(profesorado)* s. professorado, corpo docente.

profeta.- *(profeta)* s. profeta.

profetizar.- *(profetizar)* v. profetizar, prever, adivinhar, predizer.

profiláctico.- *(profilaktiko)* adj. profilático, preventivo.

profilaxis.- *(profilaksis)* s. profilaxia, prevenção.

prófugo.- *(profugo)* s. prófugo, fugitivo, desertor.

profundidad.- *(profundidad)* s. profundidade.

profundizar.- *(profundizar)* v. aprofundar.

profundo.- *(profundo)* adj. profundo, fundo.

profusión.- *(profusion)* s. profusão, abundância, excesso, exuberância.

progenie.- *(projenie)* s. progénie, origem, ascendência, descendência, prole.

progenitor.- *(projenitor)* s. progenitor, pai.

programa.- *(programa)* s. programa, projecto, plano, prospecto, anúncio.

programación.- *(programazion)* s. programação.

programador.- *(programador)* s. programador.

programar.- *(programar)* v. programar, fazer um programa.

progresar.- *(progresar)* v. progredir, avançar.

progreso.- *(progreso)* s. progresso, acção de ir para diante.

prohibición.- *(proibizion)* s. proibição, interdição, veto.

prohibir.- *(proibir)* v. proibir, vedar, impedir.

prohibitivo.- *(proibitibo)* adj. proibitivo.

prójimo.- *(projimo)* adj. próximo, semelhante.

prole.- *(prole)* s. prole, progénie, linhagem, geração, descendência, família.

proletario.- *(proletario)* adj. proletário.

proliferación.- *(proliferazion)* s. proliferação, multiplicação.

proliferar.- *(proliferar)* v. proliferar, multiplicar, abundar, reproduzir.

prolijo.- *(prolijo)* adj. prolixo, difuso, dilatado em excesso, cuidadoso, esmerado.

prólogo.- *(prologo)* s. prólogo, prefácio, preâmbulo.

prolongación.- *(prolongazion)* s. prolongação.

prolongar.- *(prolongar)* v. prolongar, dilatar, estender.

promedio.- *(promedio)* s. meio, ponto médio, termo médio, média.

promesa.- *(promesa)* s. promessa.

prometer.- *(prometer)* v. prometer, assegurar, certificar.

prometido.- *(prometido)* adj. prometido. / s. prometido, noivo.

prominencia.- *(prominenzia)* s. proeminência, saliência.

promiscuidad.- *(promiskuidad)* s. promiscuidade, mistura.

promoción.- *(promozion)* s. promoção, divulgação.
promontorio.- *(promontorio)* s. promontório, altura grande de terra.
promotor.- *(promotor)* s. promotor.
promover.- *(promober)* v. promover, fomentar.
promulgar.- *(promulgar)* v. promulgar, publicar oficialmente.
pronombre.- *(pronombre)* s. pronome.
pronominal.- *(pronominal)* adj. pronominal.
pronosticar.- *(pronostikar)* v. prognosticar, prever, adivinhar.
pronóstico.- *(pronostiko)* s. prognóstico, previsão.
prontitud.- *(prontitud)* s. prontidão, celeridade, presteza, velocidade.
pronto.- *(pronto)* adj. pronto, veloz, acelerado, ligeiro, rápido.
pronunciación.- *(pronunziazion)* s. pronunciação, pronúncia.
pronunciamiento.- *(pronunziamiento)* s. pronunciamento, sublevação, revolta, levante militar.
pronunciar.- *(pronunziar)* v. pronunciar, proferir, articular.
propaganda.- *(propaganda)* s. propaganda.
propagar.- *(propagar)* v. propagar, multiplicar, espalhar, difundir, divulgar.
propalar.- *(propalar)* v. propalar, divulgar coisas ocultas.
propasarse.- *(propasarse)* v. ultrapassar.
propensión.- *(propension)* s. propensão, tendência.
propiciar.- *(propiziar)* v. propiciar, proporcionar.
propicio.- *(propizio)* adj. propício, favorável.
propiedad.- *(propiedad)* s. propriedade, direito ou faculdade de dispor de uma coisa.
propietario.- *(propietario)* s. proprietário, dono, possuidor.
propina.- *(propina)* s. propina, gorjeta, gratificação.
propinar.- *(propinar)* v. propinar, ministrar, dar de beber, prescrever medicamentos.
propio.- *(propio)* adj. próprio, peculiar, exclusivo.
proponer.- *(proponer)* v. propor, apresentar, manifestar, expor, deliberar.
proporción.- *(proporzion)* s. proporção, disposição das partes entre si.
proporcional.- *(proporzional)* adj. proporcional.
proporcionar.- *(proporzionar)* v. proporcionar, facilitar, dispor, dar, fornecer.
proposición.- *(proposizion)* s. proposição.
propósito.- *(proposito)* s. propósito, deliberação, resolução, intenção, desígnio, projecto.
propuesta.- *(propuesta)* s. proposta.
propuesto.- *(propuesto)* adj. proposto.
propugnar.- *(propujnar)* v. propugnar, defender combatendo, amparar.
propulsar.- *(propulsar)* v. propulsar, impelir.
propulsión.- *(propulsion)* s. propulsão, impulso.
prórroga.- *(prorroga)* s. prorrogação.
prorrogable.- *(prorrogable)* adj. prorrogável, adiável.
prorrogar.- *(prorrogar)* v. prorrogar, continuar, adiar, suspender.
prorrumpir.- *(prorrumpir)* v. prorromper, irromper impetuosamente.
prosa.- *(prosa)* s. prosa.
prosaico.- *(prosaiko)* adj. prosaico, relativo à prosa.
proscribir.- *(proskribir)* v. proscrever, banir, exilar, expulsar.
proscrito.- *(proskrito)* adj. proscrito, banido, exilado, expulso.
proseguir.- *(prosegir)* v. prosseguir, continuar.
proselitismo.- *(proselitismo)* s. proselitismo.
prosélito.- *(proselito)* s. prosélito. / maometano ou sectário convertido à religião católica.
prosodia.- *(prosodia)* s. prosódia.
prospecto.- *(prospekto)* s. prospecto, programa, instruções dum medicamento.
prosperar.- *(prosperar)* v. prosperar, progredir.
prosperidad.- *(prosperidad)* s. prosperidade, felicidade,fortuna.
próspero.- *(prospero)* adj. próspero, afortunado, venturoso.
próstata.- *(prostata)* s. próstata.
prosternarse.- *(prosternarse)* v. prosternar-se, prostrar-se.
prostíbulo.- *(prostibulo)* s. prostíbulo, lupanar, bordel.
prostitución.- *(prostituzion)* s. prostituição.
prostituir.- *(prostituir)* v. prostituir, corromper, degradar.
prostituta.- *(prostituta)* s. prostituta, rameira.
protagonista.- *(protagonista)* s. protagonista, personagem principal de uma obra dramática.
protección.- *(protekzion)* s. protecção, amparo, ajuda, auxílio.
proteccionismo.- *(protekzionismo)* s. proteccionismo.
protector.- *(protektor)* adj. protector, defensor.
proteger.- *(protejer)* v. proteger, defender, auxiliar, ajudar, amparar.
proteína.- *(proteina)* s. proteína.
prótesis.- *(protesis)* s. prótese.
protesta.- *(protesta)* s. protesto.
protestante.- *(protestante)* adj. protestante,luterano.
protestantismo.- *(protestantismo)* s. protestantismo, religião dos protestantes, calvinismo, luteranismo, anglicanismo.
protestar.- *(protestar)* v. protestar.
protocolo.- *(protokolo)* s. protocolo, cerimonial diplomático, livro de notas de tabelião.
protoplasma.- *(protoplasma)* s. protoplasma.
prototipo.- *(prototipo)* s. protótipo, modelo, original.

protuberancia.- *(protuberanzia)* s. protuberância.
provecho.- *(probecho)* s. proveito, benefício, interesse, utilidade, vantagem, aproveitamento, adiantamento.
provechoso.- *(probechoso)* adj. proveitoso, útil.
proveer.- *(probeer)* v. prover, abastecer.
proveniente.- *(probeniente)* adj. proveniente.
provenir.- *(probenir)* v. provir, nascer, derivar, proceder.
proverbial.- *(proberbial)* adj. proverbial, notório.
proverbio.- *(proberbio)* s. provérbio, sentença, adágio.
providencia.- *(probidenzia)* s. providência, prevenção.
providencial.- *(probidenzial)* adj. providencial.
provincia.- *(probinzia)* s. província, divisão territorial.
provincial.- *(probinzial)* adj. provincial.
provinciano.- *(probinziano)* adj. provinciano.
provisión.- *(probision)* s. provisão, fornecimento, suprimento, abastecimento.
provisional.- *(probisional)* adj. provisório, temporário, interino.
provisor.- *(probisor)* s. provedor, provisor.
provocar.- *(probokar)* v. provocar, estimular, incitar, desafiar, irritar.
proximidad.- *(proksimidad)* s. proximidade, vizinhança, cercania.
próximo.- *(proksimo)* adj. próximo, vizinho, contíguo, imediato, junto.
proyectar.- *(proyektar)* v. projectar, lançar, arremessar, planejar, traçar, estudar.
proyectil.- *(proyektil)* s. projéctil.
proyectista.- *(proyektista)* s. projectista.
proyecto.- *(proyekto)* s. projecto, plano, planta, desenhos e cálculos. / intenção.
prudencia.- *(prudenzia)* s. prudência, cautela, moderação.
prudente.- *(prudente)* adj. prudente, cauteloso, moderado.
prueba.- *(prueba)* s. prova, testemunho, razão, argumento, ensaio, amostra, exame.
psicoanálisis.- *(sikoanalisis)* s. psicanálise.
psicología.- *(sikolojia)* s. psicologia.
psicológico.- *(sikolojiko)* adj. psicológico.
psicópata.- *(sikopata)* s. psicopata.
psicosis.- *(sikosis)* s. psicose.
psicoterapia.- *(sikoterapia)* s. psicoterapia.
psique.- *(sike)* s. psique, alma humana.
psiquiatria.- *(sikiatria)* s. psiquiatria.
psíquico.- *(sikiko)* adj. psíquico.
púa.- *(pua)* s. pua, haste terminada em bico, ponta de arame farpado, dente de pente, palheta, espinho.
púber.- *(puber)* adj. púbere.
pubertad.- *(pubertad)* s. puberdade, adolescência.
pubis.- *(pubis)* s. púbis.
publicación.- *(publikazion)* s. publicação, edição.
publicar.- *(publikar)* v. publicar, editar, tornar público.
publicidad.- *(publizidad)* s. publicidade, divulgação, propaganda comercial.
público.- *(publiko)* adj. público, notório, divulgado.
puchero.- *(puchero)* s. panela, caçarola.
pucho.- *(pucho)* s. ponta, resto, toco de cigarro.
púdico.- *(pudiko)* adj. pudico, casto.
pudiente.- *(pudiente)* adj. poderoso, rico, abastado.
pudor.- *(pudor)* s. pudor, honestidade, modéstia, recato, vergonha.
pudrimiento.- *(pudrimiento)* s. apodrecimento, podridão, putrefacção.
pudrir.- *(pudrir)* v. apodrecer, descompor.
pueblo.- *(pueblo)* s. povo, povoação, cidade, vila ou lugar, povoação pequena, vilarejo, região ou país, gente humilde.
puente.- *(puente)* s. ponte.
puerco.- *(puerko)* adj. porco, sujo, imundo, vil. / s. porco.
pueril.- *(pueril)* adj. pueril, infantil, inocente.
puerro.- *(puerro)* s. porro, alho-porro.
puerta.- *(puerta)* s. porta.
puerto.- *(puerto)* s. porto, porto de mar, garganta ou desfiladeiro de montanha.
pues.- *(pues)* conj. pois, já que, visto que.
puesta.- *(puesta)* s. ocaso.
puesto.- *(puesto)* s. posto, local, lugar, emprego, cargo.
pugilista.- *(pujilista)* s. pugilista, boxeador.
pugna.- *(pujna)* s. pugna, luta, combate, peleja, briga.
pugnar.- *(pujnar)* v. pugnar, lutar, combater, pelejar, brigar.
pujanza.- *(pujanza)* s. pujança, vigor, potência, força.
pujar.- *(pujar)* v. licitar, oferecer um lance no leilão. / 2ª. v. pujar, fazer força para melhorar, subir, aumentar.
pulcro.- *(pulkro)* adj. pulcro, asseado, esmerado, belo, bem parecido, delicado.
pulga.- *(pulga)* s. pulga.
pulgada.- *(pulgada)* s. polegada.
pulgar.- *(pulgar)* s. polegar.
pulidor.- *(pulidor)* s. polidor, lustrador.
pulimento.- *(pulimento)* s. polimento.
pulir.- *(pulir)* v. polir, lustrar, brunir.
pulmón.- *(pulmon)* s. pulmão.
pulmonía.- *(pulmonia)* s. pneumonia.
pulpa.- *(pulpa)* s. polpa.
púlpito.- *(pulpito)* s. púlpito, altar.
pulpo.- *(pulpo)* s. polvo.
pulsación.- *(pulsazion)* s. pulsação.
pulsar.- *(pulsar)* v. pulsar, tocar, bater, palpitar, latejar.
pulsera.- *(pulsera)* s. pulseira, bracelete.

pulso.- *(pulso)* s. pulso, pulsação das artérias, força, vigor.

pulular.- *(pulular)* v. pulular, brotar, germinar com rapidez, abundar.

pulverizar.- *(pulberizar)* v. pulverizar, reduzir a pó.

pulla.- *(pulla)* s. pulha, dito obsceno, sátira, gracejo picante.

puma.- *(puma)* s. puma, leão da América.

punción.- *(punzion)* s. punção.

pundonor.- *(pundonor)* s. ponto de honra, decoro, brio.

punta.- *(punta)* s. ponta, extremidade, princípio ou fim de uma série.

puntada.- *(puntada)* s. ponto, furo feito com agulha, ponto de costura, ponto de bordado, alinhavo.

puntal.- *(puntal)* s. escora de madeira.

puntapié.- *(puntapie)* s. pontapé, chute.

puntear.- *(puntear)* v. pontear, pontuar.

puntera.- *(puntera)* s. ponteira, biqueira do sapato.

puntería.- *(punteria)* s. pontaria.

puntiagudo.- *(puntiagudo)* adj. pontiagudo.

puntilla.- *(puntilla)* s. renda estreita.

puntillo.- *(puntillo)* s. pontinho, ninharia em que se repara.

puntilloso.- *(puntilloso)* adj. muito susceptível, exigente.

punto.- *(punto)* s. ponto, furo, sinal de pontuação. / lugar determinado instante, momento.

puntuación.- *(puntuazion)* s. pontuação, conjunto de sinais ortográficos.

puntual.- *(puntual)* adj. pontual, presto, diligente, exacto.

puntualidad.- *(puntualidad)* adj. pontualidade, exactidão, presteza.

puntualizar.- *(puntualizar)* v. particularizar, aperfeiçoar.

puntuar.- *(puntuar)* v. pontuar, acentuar.

punzar.- *(punzar)* v. punçar, ferir com uma ponta, aumentar a dor.

puñado.- *(puñado)* s. punhado, o que pode conter em uma mão, mão-cheia.

puñal.- *(puñal)* s. punhal.

puñalada.- *(puñalada)* s. punhalada, golpe de punhal.

puñetazo.- *(puñetazo)* s. pancada com o punho, murro, soco.

puño.- *(puño)* s. punho, mão fechada, pulso.

pupila.- *(pupila)* s. pupila, órfã. / menina do olho.

pupilo.- *(pupilo)* s. pupilo, hóspede, órfão.

pupitre.- *(pupitre)* s. mesa escolar, carteira, móvel que serve para escrever.

puposo.- *(puposo)* adj. pustulento, que tem feridas.

puramente.- *(puramente)* adv. puramente, puro, com pureza.

puré.- *(pure)* s. puré, sopa grossa feita com legumes.

pureza.- *(pureza)* s. pureza.

purga.- *(purga)* s. purga, purgante, purgativo.

purgación.- *(purgazion)* s. purgação, mênstruo, corrimento.

purgante.- *(purgante)* adj. purgante, purgativo.

purgar.- *(purgar)* v. purgar, limpar, purificar, expiar, padecer.

purgatorio.- *(purgatorio)* adj. purgatório.

purificante.- *(purifikante)* adj. purificante.

purificar.- *(purifikar)* v. purificar, tornar puro.

purismo.- *(purismo)* s. purismo, excessiva pureza de linguagem.

puritanismo.- *(puritanismo)* s. puritanismo, seita ou doutrina dos puritanos.

puritano.- *(puritano)* adj. puritano.

puro.- *(puro)* adj. puro, sem mistura, genuíno.

púrpura.- *(purpura)* s. púrpura, cor vermelha forte.

purpurina.- *(purpurina)* s. purpurina.

purulencia.- *(purulenzia)* s. purulência, supuração.

purulento.- *(purulento)* adj. purulento, que tem pus.

pus.- *(pus)* s. pus, humor segregado pelos tecidos inflamados.

pusilánime.- *(pusilanime)* adj. pusilânime, tímido, covarde.

pústula.- *(pustula)* s. pústula, crosta, chaga.

puta.- *(puta)* s. prostituta, rameira.

putrefacción.- *(putrefakzion)* s. putrefacção, apodrecimento.

putrefacto.- *(putrefakto)* adj. putrefacto, corrompido.

putridez.- *(putridez)* s. podridão, putrescência.

puya.- *(puya)* s. pua, aguilhão.

Q

q.- *(k)* s. décima oitava letra do alfabeto espanhol.
que.- *(ke)* conj. que. / pron. que, o qual.
quebrada.- *(kebrada)* s. quebrada, recôncavo, passa-gem entre montanhas.
quebradillo.- *(kebradillo)* s. salto, tacão de madeira, salto alto.
quebradizo.- *(kebradizo)* adj. quebradiço, fácil de quebrar, frágil.
quebrado.- *(kebrado)* adj. quebrado, falido, despedaçado.- acidentado.
quebradura.- *(kebradura)* s. quebradura, abertura, fenda, rotura.
quebrantar.- *(kebrantar)* v. quebrar, partir, fragmentar, rachar, fender.
quebranto.- *(kebranto)* s. quebrantamento, rompimento, quebra, infracção. / afrouxamento, fraqueza, debilidade.
quebrar.- *(kebrar)* v. quebrar, partir. / violar uma lei. / dobrar, torcer.
quechua.- *(kechua)* adj. quíchua.
queda.- *(keda)* s. toque de recolher, hora de recolher.
quedar.- *(kedar)* v. ficar, estar, deter-se, subsistir, permanecer. / restar, sobrar. / parar, estacionar. / cessar, terminar.
quedito.- *(kedito)* adv. quietinho, sossegidinho.
quedo.- *(kedo)* adj. quedo, quieto.
quehacer.- *(keazer)* s. ocupação, trabalho, negócio, canseira, afizeres.
queja.- *(keja)* s. queixa, lamento, expressão de dor.
quejarse.- *(kejarse)* v. queixar-se, lamentar-se.
quejido.- *(kejido)* s. queixume, queixa, lamentação, gemido.
quejoso.- *(kejoso)* adj. queixoso.
quejumbroso.- *(kejumbroso)* adj. lamuriante, lamuriento, lamurioso.
quema.- *(kema)* s. queima, incêndio.
quemada.- *(kemada)* s. queimada, lugar onde o mato foi queimado.
quemadura.- *(kemadura)* s. queimadura.
quemar.- *(kemar)* v. queimar, abrasar, consumir com fogo.
quena.- *(kena)* s. flauta ameríndia.
querella.- *(kerella)* s. querela, discórdia, pendência.
querencia.- *(kerenzia)* s. querença, ato de querer, tendência, vontade.
querer.- *(kerer)* s. querer, carinho, amor, afecto. / v. querer, desejar, amar, ter carinho, ter desejo.
querido.- *(kerido)* adj. querido.
quermés.- *(kermes)* s. quermesse, feira de arraial, mercado festivo, feira, festa popular.
queroseno.- *(keroseno)* s. querosene.
querubín.- *(kerubin)* s. querubim, anjo.
quesadilla.- *(kesadilla)* s. queijadinha, doce feito com queijo.
quesera.- *(kesera)* s. queijeira.
quesería.- *(keseria)* s. queijaria, lugar onde se faz ou vende queijo.
queso.- *(keso)* s. queijo.
quetzal.- *(kechal)* s. quetzal, ave americana.
quevedos.- *(kebedos)* s. óculos que se seguram no nariz, lunetas.
quicio.- *(kizio)* s. quiço, gonzo de porta ou janela.
quiebra.- *(kiebra)* s. quebra, rompimento, fractura, perda de alguma coisa.
quien.- *(kien)* pron. quem, qual.
quienquiera.- *(kienkiera)* pron. qualquer.
quieto.- *(kieto)* adj. quieto, que não se mexe.
quietud.- *(kietud)* s. quietude, sossego, tornarre-pouso, descanso, tranquilidade, calma.
quijada.- *(kijada)* s. queixada, mandíbula.
quilatar.- *(kilatar)* v. aquilatar, avaliar.
quilate.- *(kilate)* s. quilate, unidade de peso para pedras preciosas.
quilombo.- *(kilombo)* s. choça, cabana campestre, lupanar.
quilla.- *(killa)* s. quilha dos navios.
quimera.- *(kimera)* s. quimera, fantasia, utopia.
quimérico.- *(kimeriko)* adj. quimérico, fabuloso, fingido, imaginário.
química.- *(kimika)* s. química.
químico.- *(kimiko)* adj. químico.
quimono.- *(kimono)* s. quimono, túnica japonesa.
quina.- *(kina)* s. quinina.
quincalla.- *(kinkalla)* s. quinquilharia.
quincena.- *(kinzena)* s. quinzena, espaço de quinze dias.
quinta.- *(kinta)* s. quinta, chácara, casa de campo.
quintal.- *(kintal)* s. quintal, peso de quatro arrobas.
quinteto.- *(kinteto)* s. quinteto, composição musical.
quintuplicar.- *(kintuplikar)* v. quintuplicar, fazer cinco vezes maior.
quiñón.- *(kiñon)* s. quinhão, porção.
quiosco.- *(kiosko)* s. quiosque.
quirófano, *(kirofano)* s. quirófano, sala de operações cirúrgicas.
quiromancia.- *(kiromanzia)* s. quiromancia.
quirúrgico.- *(kirurjiko)* adj. cirúrgico.

quisquilloso.- *(kiskilloso)* adj. impertinente, rabugento, meticuloso.
quiste.- *(kiste)* s. quisto, tumor.
quitamanchas.- *(kitamanchas)* s. tira-nódoas, tira-manchas.
quitar.- *(kitar)* v. tarar, desempenhar, resgatar, furtar, impedir, estorvar, arrebatar, despojar.
quizás.- *(kizas)* adv. quiçá, talvez, possivelmente.
quórum.- *(kuorum)* s. quorum.

R

r.- *(r)* s. décima nona letra do alfabeto espanhol.
raba.- *(raba)* s. isca de ovas de bacalhau.
rabada.- *(rabada)* s. rabada, quarto traseiro das reses abatidas.
rabadán.- *(rabadan)* s. rabadão, maioral de pastores.
rábano.- *(rabano)* s. rábano, rabanete.
rabia.- *(rabia)* s. raiva, hidrofobia. / ira, cólera.
rabiar.- *(rabiar)* v. enraivecer, enfurecer. / padecer hidrofobia.
rabieta.- *(rabieta)* s. raiva passageira, manha, birra.
rabino.- *(rabino)* s. rabino.
rabioso.- *(rabioso)* adj. raivoso, irado, irritado. / hidrófobo.
rabo.- *(rabo)* s. rabo, cauda.
racial.- *(razial)* adj. racial.
racimo.- *(razimo)* s. cacho, penca.
raciocinar.- *(raziozinar)* v. raciocinar, pensar.
raciocinio.- *(raziozinio)* s. raciocínio.
ración.- *(razion)* s. ração, porção de alimento.
racional.- *(razional)* adj. racional, dotado de razão.
racionalidad.- *(razionalidad)* s. racionalidade.
racionalismo.- *(razionalismo)* s. racionalismo.
racionalización.- *(razionalizazion)* s. racionalização.
racionalizar.- *(razionalizar)* v. racionalizar.
racionamiento.- *(razionamiento)* s. racionamento.
racionar.- *(razionar)* v. racionar, limitar, distribuir rações.
racismo.- *(razismo)* s. racismo.
racista.- *(razista)* s. racista.
racha.- *(racha)* s. acha de lenha, astilha grande de madeira. / 2ª. s. rajada, pé-de-vento.
rada.- *(rada)* s. enseada, baía, porto abrigado.
radar.- *(sradar)* s. radar.
radiación.- *(radiazion)* s. radiação, irradiação.
radiactividad.- *(radiaktibidad)* s. radioactividade.
radiactivo.- *(radiaktibo)* adj. radiactivo.
radiador.- *(radiador)* s. radiador, aquecedor.
radial.- *(radial)* adj. radial.
radiante.- *(radiante)* adj. radiante, brilhante, luminoso, esplendoroso.
radiar.- *(radiar)* v. irradiar, brilhar, difundir, emitir por rádio.
radical.- *(radikal)* adj. radical.
radicalización.- *(radikalizazion)* s. radicalização.
radicalizar.- *(radikalizar)* v. radicalizar.
radicar.- *(radikar)* v. radicar, enraizar, firmar, infundir.
radio.- *(radio)* adj. errante, vadio. / s. rádio, aparelho de transmissão. / 2ª. s. rádio, metal. / 3ª. s. rádio, osso do antebraço. / 4ª. s. raio do círculo.
radiodifusión.- *(radiodifusion)* s. radiodifusão.
radiofonía.- *(radiofonia)* s. radiofonia.
radiografía.- *(radiografia)* s. radiografia.
radiologia.- *(radiolojia)* s. radiologia.
radiólogo.- *(radiologo)* s. radiologista.
radioscopia.- *(radioskopia)* s. radioscopia.
radioso.- *(radioso)* adj. radioso, esplendoroso.
radioterapia.- *(radioterapia)* s. radioterapia.
raedera.- *(raedera)* s. raspadeira, raspador.
raer.- *(raer)* v. raspar, rapar, cortar rente.
ráfaga.- *(rafaga)* s. rajada, lufada, pé-de-vento.
raído.- *(raido)* adj. raspado, puído, gasto, esgarçado.
raíl.- *(rail)* s. trilho.
raíz.- *(raiz)* s. raiz.
raja.- *(raja)* s. racha, fenda, greta, lasca.
rajá.- *(raja)* s. rajá, marajá.
rajar.- *(rajar)* v. rachar, fender, abrir.
ralámpago.- *(ralampago)* s. relâmpago.
ralea.- *(ralea)* s. espécie, género, qualidade. / ralé, linhagem.
ralo.- *(ralo)* adj. ralo, pouco espesso.
rallador.- *(rallador)* s. ralador, ralo de cozinha.
rallar.- *(rallar)* v. ralar.
rama.- *(rama)* s. ramo, galho.
ramaje.- *(ramaje)* s. ramagem.
ramal.- *(ramal)* s. ramal, cabo, canal.
rambla.- *(rambla)* s. leito de águas pluviais.
ramera.- *(ramera)* s. rameira, prostituta.
ramificación.- *(ramifikazion)* s. ramificação.
ramificar.- *(ramifikar)* v. ramificar, dividir.
ramillete.- *(ramillete)* s. ramalhete, buquê, pequeno ramo de flores.
ramo.- *(ramo)* s. ramo, conjunto de flores, ramalhete.
rampa.- *(rampa)* s. rampa, ladeira, plano inclinado.
rana.- *(rana)* s. rã.
rancio.- *(ranzio)* adj. rançoso, velho.
ranchero.- *(ranchero)* s. rancheiro, fazendeiro.
rancho.- *(rancho)* s. rancho, granja, chácara. / comida que se faz para muitas pessoas.
rango.- *(rango)* s. classe, categoria, qualidade.
ranura.- *(ranura)* s. ranhura, sulco, entalhe, encaixe.
rapar.- *(rapar)* v. rapar, tosar rente, barbear.
rapaz.- *(rapaz)* adj. rapace, que rouba, que furta, de rapina. / s. rapaz, jovem.
rapé.- *(rape)* s. rapé, tabaco em pó.

rapidez.- *(rapidez)* s. rapidez, velocidade.
rápido.- *(rapido)* adj. rápido, veloz, ligeiro.
rapiña.- *(rapidorapiña)* s. rapina, roubo, saque.
raposo.- *(raposo)* s. raposo.
raptar.- *(raptar)* v. raptar.
rapto.- *(rapto)* s. rapto, roubo, sequestro.
raqueta.- *(raketa)* s. raquete, palheta.
raquítico.- *(rakitiko)* s. raquítico, débil, atrofiado.
raro.- *(raro)* adj. raro, pouco comum, pouco frequente.
rasante.- *(rasante)* adj. rasante.
rasar.- *(rasar)* v. rasar, roçar, raspar, nivelar, igualar.
rascacielos.- *(raskazielos)* s. arranha-céu
rascar.- *(raskar)* v. coçar, esfregar, arranhar.
rasgado.- *(rasgado)* adj. rasgado.
rasgar.- *(rasgar)* v. rasgar, romper, lacerar, arrancar.
rasgo.- *(rasgo)* s. rasgo, traço ao escrever. / feições.
rasguñar.- *(rasguñar)* v. arranhar.
rasguño.- *(rasguño)* s. arranhão leve.
raso.- *(raso)* adj. raso, plano, liso.
raspa.- *(raspa)* s. pêlo, fiapo.
raspador.- *(raspador)* s. raspador, raspadeira.
raspar.- *(raspar)* v. raspar ligeiramente.
rasposo.- *(rasposo)* adj. áspero.
rastrear.- *(rastrear)* v. rastrear, rastejar, averiguar.
rastreo.- *(rastreo)* s. rastejo.
rastrero.- *(rastrero)* adj. rasteiro, vil, desprezível.
rastrillo.- *(rastrillo)* s. ancinho.
rastro.- *(rastro)* s. rastro, pista, pegada.
rastrojo.- *(rastrojo)* s. restolho.
rasurar.- *(rasurar)* v. barbear, fazer a barba.
rata.- *(rata)* s. rato, ratazana.
raticida.- *(ratizida)* s. raticida, veneno para rato.
ratificación.- *(ratifikazion)* s. ratificação, confirmação.
ratificar.- *(ratifikar)* v. ratificar, confirmar.
rato.- *(rato)* s. momento, espaço curto de tempo.
ratón.- *(raton)* s. rato.
ratonera.- *(ratonera)* s. ratoeira.
raudal.- *(raudal)* s. caudal, torrente.
raudo.- *(raudo)* adj. impetuoso, violento, rápido, precipitado.
raya.- *(raya)* s. raia, risco, termo, fronteira.
rayado.- *(rayado)* adj. raiado, riscado.
rayar.- *(rayar)* v. raiar, riscar, sublinhar.
rayo.- *(rayo)* s. raio, raio de luz, raio de uma circunferência.
raza.- *(braza)* s. raça, casta, origem, estirpe.
razón.- *(razon)* s. razão, faculdade de discernir.
razonable.- *(razonable)* adj. razoável, moderado, justo, aceitável.
razonar.- *(razonar)* v. raciocinar, arrazoar, razoar, falar, discorrer, expor, aduzir razões, documentar.
reacción.- *(reakzion)* s. reacção.
reaccionar.- *(reakzionar)* v. reagir, resistir.
reaccionario.- *(reakzionario)* adj. reaccionário, conservador.
reacio.- *(reazio)* adj. remisso, teimoso, pertinaz.
reactivar.- *(reaktibar)* v. reactivar, reagir.
reactivo.- *(reaktibo)* adj. reactivo.
reactor.- *(reaktor)* s. reactor.
readaptación.- *(readaptazion)* s. readaptação.
readaptar.- *(readaptar)* v. readaptar.
reajustar.- *(reajustar)* v. reajustar.
reajuste.- *(reajuste)* s. reajuste.
real.- *(real)* adj. real, que existe, verdadeiro. / 2ª. adj. real, régio, da realeza.
realce.- *(realze)* s. realce, destaque.
realeza.- *(realeza)* s. realeza, dignidade, soberania.
realidad.- *(realidad)* s. realidade, verdade, veracidade, existência real.
realismo.- *(realismo)* s. realismo.
realista.- *(realista)* adj. realista.
realizable.- *(realizable)* adj. realizável, que se pode realizar.
realizador.- *(realizador)* s. realizador.
realizar.- *(realizar)* v. realizar, efectuar, verificar, fazer real uma coisa, efectivar.
realzar.- *(realzar)* v. realçar, salientar.
reanimar.- *(reanimar)* v. reanimar, reavivar, confortar.
reanudar.- *(reanudar)* v. retomar, continuar, reiniciar.
reaparecer.- *(reaparezer)* v. reaparecer, retornar.
reaparición.- *(reaparizion)* s. reaparição, reaparecimento.
rebajar.- *(rebajar)* v. rebaixar, diminuir.
rebanada.- *(rebanada)* s. rabanada, fatia de pão.
rebañar.- *(rebañar)* v. recolher, arrebanhar.
rebaño.- *(rebaño)* s. rebanho, porção de gado.
rebasar.- *(rebasar)* v. trasbordar, ultrapassar.
rebatir.- *(rebatir)* v. rebater, repelir, rechaçar.- redobrar, reforçar.- descontar, deduzir, refutar.
rebato.- *(rebato)* s. rebate, alarme, alarma.
rebelarse.- *(rebelarse)* v. rebelar-se, sublevar.
rebelde.- *(rebelde)* adj. rebelde, desobediente, indócil.
rebelión.- *(rebelion)* s. rebelião, sublevação, insurreição.
reblandecer.- *(reblandezer)* v. abrandar.
rebobinar.- *(rebobinar)* v. rebobinar.
rebosar.- *(rebosar)* v. trasbordar.
rebotar.- *(rebotar)* v. pular, ressaltar, rebater, ricochetear.
rebozar.- *(rebozar)* v. rebuçar.
rebullir.- *(rebullir)* v. reanimar-se, começar a mover o que estava quieto.
rebuscar.- *(rebuskar)* v. rebuscar, esquadrinhar, procurar com muita atenção.
rebuzno.- *(rebuzno)* s. zurro, relincho, ornejo.
recadero.- *(rekadero)* s. mensageiro.

recado.- *(rekado)* s. recado, mensagem.

recaer.- *(rekaer)* v. recair.

recaída.- *(rekaida)* s. recaída.

recalcar.- *(rekalkar)* v. recalcar, ajustar, sublinhar, encher, enfatizar.

recalcitrante.- *(rekalzitrante)* adj. recalcitrante.

recalentar.- *(rekalentar)* v. reaquecer, requentar, escaldar, excitar, avivar.

recámara.- *(rekamara)* s. antecâmara.

recambio.- *(rekambio)* s. recambio, peças repor.

recapacitar.- *(rekapazitar)* v. recapacitar, relembrar.

recapitular.- *(rekapitular)* v. recapitular, resumir.

recarga.- *(rekarga)* s. recarga, sobrecarga.

recargado.- *(rekargado)* adj. recarregado, sobrecarregado.

recargar.- *(rekargar)* v. recarregar, sobrecarregar.

recatado.- *(rekatado)* adj. recatado, discreto.

recatar.- *(rekatar)* v. recatar, esconder, ocultar.

recato.- *(rekato)* s. recato, cautela, reserva, resguardo, honestidade, modéstia.

recaudación.- *(rekaudazion)* s. arrecadação.

recaudar.- *(rekaudar)* v. arrecadar, cobrar impostos.

recaudo.- *(rekaudo)* s. cobrança. / preocupação, cuidado.

recelar.- *(rezelar)* v. recear, desconfiar, suspeitar, temer.

recelo.- *(rezelo)* s. receio, suspeita, desconfiança, temor.

receloso.- *(rezeloso)* adj. receoso, desconfiado, medroso.

recepción.- *(rezepzion)* s. recepção, admissão, festa oficial.

recepcionista.- *(rezepzionista)* s. recepcionista.

receptividad.- *(rezeptibidad)* s. receptividade.

receptor.- *(rezeptor)* adj. receptor.

recesión.- *(rezesion)* s. recessão.

receta.- *(rezeta)* s. receita, prescrição facultativa.

recetar.- *(rezetar)* v. receitar, prescrever, ordenar, indicar, medicar.

recetario.- *(rezetario)* s. receituário.

recibir.- *(rezibir)* v. receber, cobrar, acolher, hospedar, aceitar, admitir.

recibo.- *(rezibo)* s. recibo, recebimento, citação.

reciclaje.- *(reziklaje)* s. reciclagem, reaproveitamento.

recién.- *(rezien)* adv. recém, recente, recentemente.

reciente.- *(reziente)* adj. recente, novo, fresco.

recinto.- *(rezinto)* s. recinto, espaço limitado, âmbito.

recio.- *(rezio)* adj. rijo, forte vigoroso, grosso, gordo.

recipiente.- *(rezipiente)* s. recipiente, vasilha, receptáculo.

reciprocidad.- *(reziprozidad)* s. reciprocidade, correspondência.

recíproco.- *(reziproko)* adj. recíproco, mútuo.

recital.- *(rezital)* s. recital, concerto de um só artista.

recitar.- *(rezitar)* v. recitar, declamar, narrar.

reclamación.- *(reklamazion)* s. reclamação, protesto.

reclamar.- *(reklamar)* v. reclamar, exigir, reivindicar.

reclamo.- *(reklamo)* s. anúncio publicitário, reclamo, canto das aves para chamar as outras.

reclinar.- *(reklinar)* v. reclinar, inclinar, encostar.

recluir.- *(rekluir)* v. recluir, encerrar, recolher, pôr em reclusão, isolar.

recluso.- *(rekluso)* adj. recluso, preso, prisioneiro.

recluta.- *(rekluta)* s. recruta.

reclutar.- *(reklutar)* v. recrutar, convocar, alistar.

recobrar.- *(rekobrar)* v. recobrar, recuperar.

recodo.- *(rekodo)* s. angulo, cotovelo, volta, curva de caminho ou rua, volta de rio ou estrada.

recogedor.- *(rekojedor)* adj. acolhedor. / s. recolhedor, máquina de recolher, pá de lixo.

recoger.- *(rekojer)* v. recolher, apanhar, guardar, fazer a colheita, encolher, estreitar, cingir, darasilo, recluir.

recogido.- *(rekojido)* adj. recolhido, retirado.

recogimiento.- *(rekojimiento)* s. recolhimento.

recolección.- *(rekolekzion)* s. colheita, recopilação, arrecadação.

recolectar.- *(rekolektar)* v. colher, fazer a colheita.

recomendable.- *(rekomendable)* adj. recomendável.

recomendar.- *(rekomendar)* v. recomendar, encarecer, solicitar.

recompensa.- *(rekompensa)* s. recompensa, retribuição, prémio.

recompensar.- *(rekompensar)* v. recompensar, premiar, retribuir.

recomponer.- *(rekomponer)* v. recompor, compor, reparar.

reconcentrar.- *(rekonzentrar)* v. reconcentrar.

reconciliar.- *(rekonziliar)* v. reconciliar, congraçar.

recóndito.- *(rekondito)* adj. recôndito, muito escondido, reservado, oculto.

reconfortante.- *(rekonfortante)* adj. reconfortante, confortador.

reconfortar.- *(rekonfortar)* v. reconfortar, reanimar.

reconocer.- *(rekonozer)* v. reconhecer, examinar, registrar, verificar, advertir, agradecer.

reconocimiento.- *(rekonozimiento)* s. reconhecimento.

reconquista.- *(rekonkista)* s. reconquista.

reconquistar.- *(rekonkistar)* v. reconquistar.

reconstitución.- *(rekonstituzion)* s. reconstituição.

reconstituir.- *(rekonstituir)* v. reconstituir.

reconstrucción.- *(rekonstrukzion)* s. reconstrução.

reconstruir.- *(rekonstruir)* v. reconstruir.

reconvenir.- *(rekonbenir)* v. reconvir, recriminar.

recopilar.- *(rekopilar)* v. recopilar, compendiar, recolher.

recordar.- *(rekordar)* v. recordar, lembrar, memorizar.
recorrer.- *(rekorrer)* v. recorrer, percorrer.
recorrido.- *(rekorrido)* s. trajecto, percurso, itinerário, caminho.
recortable.- *(rekortable)* adj. recortável.
recortar.- *(rekortar)* v. recortar, cortar, aparar.
recorte.- *(rekorte)* s. recorte.
recostar.- *(rekostar)* v. recostar, reclinar, inclinar.
recoveco.- *(rekobeko)* s. voltas, reviravoltas de uma rua, ruela, beco, passagem ou riacho.
recrear.- *(rekrear)* v. recriar, recrear, divertir, alegrar.
recreativo.- *(rekreatibo)* adj. recreativo, divertido.
recreo.- *(rekreo)* s. recreio, recreação, entretenimento, área de lazer.
recriminar.- *(rekriminar)* s. recriminar, incriminar, repreender.
recrudecer.- *(rekrudezer)* v. recrudescer, aumentar, agravar.
recrudecimiento.- *(rekrudezimiento)* s. recrudescimento.
rectángulo.- *(rektangulo)* s. rectângulo.
rectificar.- *(rektifikar)* v. rectificar.
rectitud.- *(rektitud)* s. rectidão, integridade.
recto.- *(rekto)* adj. recto, direito, aprumado, exacto.
rector.- *(rektor)* s. reitor, governante.
recua.- *(rekua)* s. récua.
recubrimiento.- *(rekubrimiento)* s. recobrimento.
recubrir.- *(rekubrir)* v. recobrir, cobrir.
recuento.- *(rekuento)* s. reconto, contagem.
recuerdo.- *(rekuerdo)* s. recordação, lembrança.
recular.- *(rekular)* v. recuar, retroceder.
recuperable.- *(rekuperable)* adj. recuperável.
recuperar.- *(rekuperar)* v. recuperar.
recurrir.- *(rekurrir)* v. recorrer, apelar.
recurso.- *(rekurso)* s. recurso, volta, reversão, retorno.- memorial, requerimento, petição, expediente.
recusar.- *(rekusar)* v. recusar, rejeitar.
rechazar.- *(rechazar)* v. rechaçar, expulsar, repelir, despedir, afugentar, devolver.
rechazo.- *(rechazo)* s. rechaço, volta, retrocesso.
rechifla.- *(rechifla)* s. assobio, vaia, zombaria.
rechinar.- *(rechinar)* v. chiar, ranger.
rechoncho.- *(rechoncho)* adj. rechonchudo, gorducho.
red.- *(red)* s. rede para pescar e caçar, malha, grade, entrelaçamento.
redacción.- *(redakzion)* s. redacção.
redactar.- *(redaktar)* v. redigir, escrever, lavrar.
redactor.- *(redaktor)* s. redactor.
rededor.- *(rededor)* adv. redor.
redención.- *(redenzion)* s. redenção.
redil.- *(redil)* s. redil, curral.
redimir.- *(redimir)* v. redimir, remir, resgatar.
rédito.- *(redito)* s. renda, rendimento, juros.
redoblar.- *(redoblar)* v. redobrar, reduplicar, dobrar, revirar, repetir, reiterar, rufar dos tambores.
redoma.- *(redoma)* s. redoma, garrafa de vidro.
redomado.- *(redomado)* adj. astuto, cauteloso.
redondear.- *(redondear)* v. arredondar.
redondilla.- *(redondilla)* s. redondilha, composição
redondo.- *(redondo)* adj. redondo, esférico,curvo.
reducción.- *(redukzion)* s. redução, diminuição.
reducido.- *(reduzido)* adj. reduzido, diminuído.
reducir.- *(reduzir)* v. reduzir, diminuir, retrair, restringir.
reducto.- *(redukto)* s. reduto.
reductor.- *(reduktor)* s. redutor.
redundancia.- *(redundanzia)* s. redundância, repetição.
redundar.- *(redundar)* v. redundar, trasbordar, sobrar.
reduplicar.- *(reduplikar)* v. reduplicar, duplicar.
reeducar.- *(reedukar)* v. reeducar, readaptar.
reelección.- *(reelekzion)* s. reeleição.
reelegir.- *(reelejir)* v. reeleger.
reembolsar.- *(reembolsar)* v. reembolsar.
reembolso.- *(reembolso)* s. reembolso.
reemplazar.- *(reemplazar)* v. substituir.
reemplazo.- *(reemplazo)* s. substituição.
reencarnar.- *(reenkarnar)* v. reencarnar.
reestructurar.- *(reestrukturar)* v. reestruturar.
refectorio.- *(refektorio)* s. refeitório.
referencia.- *(referenzia)* s. referência, informação.
referente.- *(referente)* adj. referente, alusivo.
referir.- *(referir)* v. referir, relatar, narrar, aludir, contar, atribuir.
refinado.- *(refinado)* adj. refinado, esmerado, requintado.
refinar.- *(refinar)* v. refinar, depurar.
refinería.- *(refineria)* s. refinaria.
reflectar.- *(reflektar)* v. reflectir.
reflector.- *(reflektor)* s. reflector.
reflejar.- *(reflejar)* v. reflectir, repercutir.
reflejo.- *(reflejo)* adj. reflectido, reflexo, luz reflectida.
reflexión.- *(refleksion)* s. reflexão, pensamento, comentário.
reflexionar.- *(refleksionar)* v. reflectir.
reflexivo.- *(refleksibo)* adj. reflexivo.
refluir.- *(refluir)* v. refluir, voltar, retroceder.
reflujo.- *(reflujo)* s. refluxo.
reforma.- *(reforma)* s. reforma, concerto, reparação.
reformar.- *(reformar)* v. reformar, modificar, melhorar, consertar, reparar.
reformatorio.- *(reformatorio)* s. reformatório.
reformista.- *(reformista)* s. reformista.
reforzado.- (reforzado*)* adj. reforçado, fortalecido, fortificado.
reforzar.- *(reforzar)* v. reforçar, fortalecer, fortificar.

refractario.- *(refraktario)* adj. refractário.

refrán.- *(refran)* s. refrão, provérbio.

refregar.- *(refregar)* v. esfregar, roçar, friccionar.

refrenar.- *(refrenar)* v. refrear, conter, reprimir, corrigir.

refrendar.- *(refrendar)* v. referendar, autorizar, aprovar.

refrescante.- *(refreskante)* adj. refrescante.

refrescar.- *(refreskar)* v. refrescar, refrigerar,

refresco.- *(refresko)* s. refresco, refrigerante.

refriega.- *(refriega)* s. refrega, peleja, batalha de pouca importância.

refrigerador.- *(refrijerador)* s. refrigerador, frigorífico.

refrigerar.- *(refrijerar)* v. refrigerar, refrescar.

refuerzo.- *(refuerzo)* s. reforço, socorro, auxílio, ajuda.

refugiado.- *(refujiado)* adj. refugiado, protegido.

refugiar.- *(refujiar)* v. refugiar, abrigar, esconder.

refugio.- *(refujio)* s. refúgio, abrigo, amparo, protecção, asilo.

refulgir.- *(refuljir)* v. refulgir, brilhar, resplandecer.

refundir.- *(refundir)* v. refundir, refazer.

refutar.- *(refutar)* v. refutar, contestar, rebater.

regadera.- *(regadera)* s. regador, aguador.

regalado.- *(regalado)* adj. agradável, prazenteiro.

regalar.- *(regalar)* v. presentear, regalar, recrear.

regalía.- *(regalia)* s. regalia, privilégio.

regalo.- *(regalo)* s. presente, dádiva, cortesia, convite. / comodidade, descanso.

regañar.- *(regañar)* v. repreender.

regar.- *(regar)* v. regar, molhar, aguar.

regatear.- *(regatear)* v. regatear, pechinchar.

regazo.- *(regazo)* s. regaço, seio.

regencia.- *(rejenzia)* s. regência.

regeneración.- *(rejenerazion)* s. regeneração, reabilitação.

regenerar.- *(rejenerar)* v. regenerar, restabelecer, melhorar.

regentar.- *(rejentar)* v. reger.

régimen.- *(rejimen)* s. regime, modo de governar, dieta, alimentar.

regimiento.- *(rejimiento)* s. regimento, unidade militar.

regio.- *(rejio)* adj. régio, real.

región.- *(rejion)* s. região, território, lugar.

regional.- *(rejional)* adj. regional.

regir.- *(rejir)* v. reger, governar, guiar, levar, conduzir.

registrar.- *(rejistrar)* v. registrar, verificar, examinar, copiar, assinalar, anotar.

registro.- *(rejistro)* s. registro, análise, exame, análise, livro em que se registra, escritura.

regla.- *(regla)* s. régua, regra, norma, modelo, preceito.- menstruação.

reglaje.- *(reglaje)* s. regulagem.

reglamentación.- *(reglamentazion)* s. regulamentação.

reglamentar.- *(reglamentar)* v. regulamentar, normatizar, instituir.

reglamentario.- *(reglamentario)* adj. regulamentar, institucional.

reglamento.- *(reglamento)* s. regulamento, preceito.

reglar.- *(reglar)* v. regrar, regular, pautar, alinhar.

regocijar.- *(regozijar)* v. regozijar, festejar, alegrar.

regocijo.- *(regozijo)* s. regozijo, contentamento, júbilo.

regodearse.- *(regodearse)* v. deleitar-se, recrear-se.

regordete.- *(regordete)* adj. atarracado, gorducho, gordinho.

regresar.- *(regresar)* v. regressar, retornar, voltar, retroceder.

regresión.- *(regresion)* s. regressão.

regresivo.- *(regresibo)* adj. regressivo.

regreso.- *(regreso)* s. regresso, chegada, volta.

reguero.- *(regero)* s. pequena corrente de água.

regulación.- *(regulazion)* s. regulamento, regulação, ajustamento.

regular.- *(regular)* v. regular, ajustar.

regularidad.- *(regularidad)* s. regularidade.

regularizar.- *(regularizar)* v. regularizar, regulamentar, ajustar.

regurgitar.- *(regurjitar)* v. regurgitar.

rehabilitación.- *(reabilitazion)* s. reabilitação.

rehabilitar.- *(reabilitar)* v. reabilitar, habilitar de novo, restituir ao estado anterior.

rehacer.- *(reazer)* v. refazer, corrigir, consertar, repor, reparar.

rehén.- *(reen)* s. refém.

rehogar.- *(reogar)* v. refogar, cozinhar em fogo lento.

rehuir.- *(reuir)* v. retirar, afastar, evitar, refugir.

rehusar.- *(reusar)* v. recusar, rejeitar.

reimprimir.- *(reimprimir)* v. reimprimir, reeditar.

reina.- *(reina)* s. rainha, soberana.

reinado.- *(reinado)* s. reinado.

reinar.- *(reinar)* v. reinar.

reincidencia.- *(reinzidenzia)* s. reincidência.

reincidir.- *(reinzidir)* v. reincidir, repetir o erro ou delito.

reino.- *(reino)* s. reino.

reintegrar.- *(reintegrar)* v. reintegrar.

reintegro.- *(reintegro)* s. reintegração, reabilitação.

reír.- *(reir)* v. rir.

reiteración.- *(reiterazion)* s. reiteração, confirmação.

reiterar.- *(reiterar)* v. reiterar, repetir, confirmar.

reiterativo.- *(reiteratibo)* adj. reiterativo.

reivindicar.- *(reibindikar)* v. reivindicar, reclamar um direito.

reja.- *(reja)* s. grade, gelosia.

rejilla.- *(rejilla)* s. ralo da pia, grelha.

rejo.- *(rejo)* s. ferrão, aguilhão.

rejuvenecer.- *(rejubenezer)* v. rejuvenescer, remoçar.

relación.- *(relazion)* s. relação, conexão, correspondência, comunicação entre pessoas, narração, descrição.

relacionar.- *(relazionar)* v. relacionar, fazer relação de um fato, pôr em relação pessoa ou coisas.

relajante.- *(relajante)* adj. relaxante.

relajar.- *(relajar)* v. relaxar, abrandar, afrouxar, descontrair.- distrair, depravar.

relamer.- *(relamer)* v. tornar a lamber, relamber.

relampaguear.- *(relampagear)* v. relampejar.

relanzamiento.- *(relanzamiento)* s. relançamento.

relanzar.- *(relanzar)* v. rechaçar, repelir.

relatar.- *(relatar)* v. relatar, contar, narrar, referir, mencionar.

relatividad.- *(relatibidad)* s. relatividade.

relativo.- *(relatibo)* adj. relativo, que não é absoluto.

relato.- *(relato)* s. relato, narração, conto.

relegar.- *(relegar)* v. relegar, separar, desterrar.

relevante.- *(relebante)* adj. relevante, importante, excelente, saliente.

relevar.- *(relebar)* v. relevar, exonerar de um cargo, remediar, absolver, perdoar, ressaltar.

relevo.- *(relebo)* s. rendição, substituição.

relicario.- *(relikario)* s. relicário, caixa ou estojo onde se guardam as relíquias.

relieve.- *(reliebe)* s. relevo, destaque, realce.

religión.- *(relijion)* s. religião.

religioso.- *(relijioso)* adj. religioso, crente, pio, devoto.- relativo à religião.

relinchar.- *(relinchar)* v. relinchar, rinchar.

reliquia.- *(relikia)* s. relíquia.

reloj.- *(reloj)* s. relógio.

relojería.- *(relojeria)* s. relojoaria.

relojero.- *(relojero)* s. relojoeiro.

reluciente.- *(reluziente)* adj. reluzente, brilhante, resplandecente.

relucir.- *(reluzir)* v. reluzir, brilhar, resplandecer.

relumbrar.- *(relumbrar)* v. cintilar, reluzir, resplandecer.

rellano.- *(rellano)* s. patamar da escada.

rellenar.- *(rellenar)* v. reencher, encher bem, rechear.

relleno.- *(relleno)* adj. recheio, muito cheio, recheado.

remachar.- *(remachar)* v. arrebitar, rebitar pregos e rebites.

remanente.- *(remanente)* adj. remanescente, residual.

remangar.- *(remangar)* v. arregaçar.

remanso.- *(remanso)* s. remanso, estagnação.

remar.- *(remar)* v. remar.

rematado.- *(rematado)* adj. rematado, concluído, completo.- incurável.

rematar.- *(rematar)* v. rematar, arrematar, finalizar, concluir, terminar.

remate.- *(remate)* s. arremate, conclusão, fim.

remedar.- *(remedar)* v. arremedar, imitar.

remediar.- *(remediar)* v. remediar, consertar, reparar, corrigir, emendar.

remedio.- *(remedio)* s. remédio, recurso, auxílio, solução, medicamento.

rememorar.- *(rememorar)* v. rememorar, relembrar, lembrar, recordar.

remendar.- *(remendar)* v. remendar, consertar, reforçar, corrigir, emendar.

remero.- *(remero)* s. remador.

remesa.- *(remesa)* s. remessa, expedição, despacho.

remiendo.- *(remiendo)* adj. remendo, conserto.

remilgo.- *(remilgo)* s. afectação, gesto ou trejeito afectado, melindre, delicadeza excessiva.

reminiscencia.- *(reminiszenzia)* s. reminiscência, lembrança, recordação.

remisión.- *(remision)* s. remissão, remitência, perdão.

remitente.- *(remitente)* s. remetente, expedidor.

remitir.- *(remitir)* v. remeter, mandar, expedir.

remo.- *(remo)* s. remo.

remojar.- *(remojar)* v. molhar, embeber, empapar.

remojo.- *(remojo)* s. remolho.

remolacha.- *(remolacha)* s. beterraba.

remolcador.- *(remolkador)* adj. rebocador.

remolcar.- *(remolkar)* v. rebocar.

remolino.- *(remolino)* s. redemoinho.

remolón.- *(remolon)* adj. preguiçoso, lento, vadio.

remolque.- *(remolke)* s. reboque.

remontar.- *(remontar)* v. remontar. / encavalar.

remordimiento.- *(remordimiento)* s. remorso, arrependimento, remordimento.

remoto.- *(remoto)* adj. remoto, distante, afastado.

remover.- *(remober)* v. remover, mover, mudar de lugar.

remozar.- *(remozar)* v. remoçar, rejuvenescer.

remuneración.- *(remunerazion)* s. remuneração, salário.

remunerar.- *(remunerar)* v. remunerar, pagar, recompensar, premiar, galardoar, gratificar.

renacentista.- *(renazentista)* adj. renascentista.

renacer.- *(renazer)* v. renascer, reviver.

renacimiento.- *(renazimiento)* s. renascimento.

renacuajo.- *(renakuajo)* s. girino da rã.

renal.- *(renal)* adj. renal.

rencilla.- *(renzilla)* s. rixa, desordem.

rencor.- *(renkor)* s. rancor, ódio inveterado.

rencoroso.- *(renkoroso)* adj. rancoroso.

rendición.- *(rendizion)* s. rendição.

rendido.- *(rendido)* adj. rendido.

rendija.- *(rendija)* s. fenda, rachadura, greta, abertura comprida e estreita.

rendimiento.- *(rendimiento)* s. rendimento, fadiga, submissão, subordinação.

rendir.- *(rendir)* v. render, vencer, sujeitar, obrigar a capitular. / entregar.

renegado.- *(renegado)* adj. renegado, descrente.

renegar.- *(renegar)* v. renegar, negar, abominar, detestar.

reno.- *(reno)* s. rena.

renombrado.- *(renombrado)* adj. renomeado, famoso, célebre.

renombrar.- *(renombrar)* v. renomear, dar renome.

renombre.- *(renombre)* s. renome, fama, celebridade.

renovable.- *(renobable)* adj. renovável.

renovar.- *(renobar)* v. renovar, recomeçar, repetir, reformar, consertar, melhorar, mudar, substituir.

renquear.- *(renkear)* v. coxear. / claudicar.

renta.- *(renta)* s. renda, rendimento.

rentabilidad.- *(rentabilidad)* s. rentabilidade.

rentable.- *(rentable)* adj. rentável, rendoso, produtivo.

renuncia.- *(renunzia)* s. renúncia, demissão, abandono.

renunciar.- *(renunziar)* v. renunciar, abandonar, desistir.

reñido.- *(reñido)* adj. renhido, inimizado, zangado.

reñir.- *(reñir)* v. renhir, disputar altercando, combater, inimizar.

reo.- *(reo)* adj. réu, criminoso, culpado.

reorganizar.- *(reorganizar)* v. reorganizar, reestruturar.

reparación.- *(reparazion)* s. reparação, conserto.

reparar.- *(reparar)* v. reparar, compor, consertar, emendar.

reparo.- *(reparo)* s. reparo, conserto, restauração.- advertência, observação.

repartir.- *(repartir)* v. repartir, dividir, distribuir.

reparto.- *(reparto)* s. repartição, partilha, divisão, distribuição.

repasar.- *(repasar)* v. repassar, olhar novamente, voltar a explicar, passar os olhos por.

repaso.- *(repaso)* s. repasse, estudo ligeiro, verificação.

repatriación.- *(repatriazion)* s. repatriação, extradição.

repatriar.- *(repatriar)* v. repatriar, extraditar.

repelente.- *(repelente)* adj. repelente, asqueroso, repulsivo, nojento.

repeler.- *(repeler)* v. repelir, expulsar, recusar, rejeitar.

repentino.- *(repentino)* adj. repentino, súbito, inesperado.

repercusión.- *(reperkusion)* s. repercussão.

repercutir.- *(reperkutir)* v. repercutir.

repertorio.- *(repertorio)* s. repertório, compilação.

repetir.- *(repetir)* v. repetir.

repicar.- *(repikar)* v. repicar, tanger, tocar o sino.

repique.- *(repike)* s. repique, toque dos sinos.

repisa.- *(repisa)* s. suporte, estante.

replantear.- *(replantear)* v. propor novamente uma questão ou tema.

replegar.- *(replegar)* v. pregar novamente.

repleto.- *(repleto)* adj. repleto, muito cheio, abarrotado.

réplica.- *(replika)* s. réplica, contestação, contra-argumento.

replicar.- *(replikar)* v. replicar, responder aos argumentos de outro.

repliegue.- *(repliege)* s. prega dupla.

repoblación.- *(repoblazion)* s. repovoação.

repoblar.- *(repoblar)* v. repovoar, reflorestar.

repollo.- *(repollo)* s. repolho.

reponer.- *(reponer)* v. repor, restituir, substituir o que falta.

reportaje.- *(reportaje)* s. reportagem.

reportar.- *(reportar)* v. refrear, reprimir, moderar.

reportero.- *(reportero)* s. repórter, jornalista.

reposar.- *(reposar)* v. repousar, descansar, sossegar, sedimentar, pousar um líquido.

reposición.- *(reposizion)* s. reposição, restituição.

reposo.- *(reposo)* s. repouso, descanso, serenidade, sossego.

repostar.- *(repostar)* v. abastecer, reabastecer, repor.

repostería.- *(reposteria)* s. confeitaria.

reprender.- *(reprender)* v. repreender, corrigir.

reprensible.- *(reprensible)* adj. repreensível.

reprensión.- *(reprension)* s. repreensão.

represa.- *(represa)* s. represa, açude, comporta.

represalia.- *(represalia)* s. represália.

representación.- *(representazion)* s. representação, exposição, exibição.

representar.- *(representar)* v. representar, expor, exibir.

represión.- *(represion)* s. repressão.

represivo.- *(represibo)* adj. repressivo, repressor.

reprimir.- *(reprimir)* v. reprimir, conter, dominar.

reprobable.- *(reprobable)* adj. reprovável, censurável, condenável.

reprobar.- *(reprobar)* v. reprovar, censurar, condenar.

reprochar.- *(reprochar)* v. reprovar, desaprovar, censurar.

reproducción.- *(reproduczion)* s. reprodução, multiplicação.

reproducir.- *(reproduzir)* v. reproduzir, multiplicar.

reptil.- *(reptil)* s. réptil.

república.- *(republika)* s. república.

republicano.- *(republikano)* adj. republicano.

repudiar.- *(repudiar)* v. repudiar, rechaçar, desamparar, enjeitar.

repudio.- *(repudio)* s. repúdio, abandono.

repuesto.- *(repuesto)* s. reserva de provisões, reposição, peça de reposição.

repugnancia.- *(repujnanzia)* s. repugnância, aversão, repulsa, nojo, asco.

repugnar.- *(repujnar)* v. repugnar, contradizer.

repulsa.- *(repulsa)* s. repulsa, recusa, aversão.

repulsión.- *(repulsion)* s. repulsão, repulsa.

reputación.- *(reputazion)* s. reputação, fama, celebridade, renome.

requerimento.- *(rekerimento)* s. requerimento.

requerir.- *(rekerir)* v. requerer.

requesón.- *(rekeson)* s. requeijão.

requiebro.- *(rekiebro)* s. requebro.

requisar.- *(rekisar)* v. requisitar.

requisito.- *(rekisito)* s. requisito, condição necessária para alguma coisa.

res.- *(res)* s. rês, cabeça de gado.

resabio.- *(resabio)* s. ressaibo.

resaca.- *(resaka)* s. ressaca, movimento das ondas.- mal-estar depois duma borracheira.

resaltar.- *(resaltar)* v. ressaltar, sobressair.

resalte.- *(resalte)* s. saliência.

resarcir.- *(resarzir)* v. ressarcir, compensar, indemnizar.

resbalar.- *(resbalar)* v. resvalar, deslizar, escorregar.

rescatable.- *(reskatable)* adj. resgatável, recuperável, reaproveitável.

rescatar.- *(reskatar)* v. resgatar.

rescate.- *(reskate)* s. resgate.

rescindir.- *(reszindir)* v. rescindir, invalidar, anular um contrato.

rescisión.- *(reszision)* s. rescisão, anulação.

rescoldo.- *(reskoldo)* s. rescaldo, brasa miúda.

resecar.- *(resekar)* v. ressecar, secar.

reseco.- *(reseko)* adj. resseco, muito seco.

resentirse.- *(resentirse)* v. ressentir-se.

reseña.- *(reseña)* s. resenha, narrativa curta, noticia breve.

reserva.- *(reserba)* s. reserva, sigilo, prevenção, prudência.

reservado.- *(reserbado)* adj. reservado, cauteloso, prudente, prevenido.

reservar.- *(reserbar)* v. reservar, guardar para depois.

reservista.- *(reserbista)* s. reservista.

resfriado.- *(resfriado)* s. resfriado, gripe.

resfriarse.- *(resfriarse)* v. resfriar-se, esfriar-se, ficar resfriado, gripar-se.

resguardar.- *(resguardar)* v. resguardar, proteger, defender, amparar.

resguardo.- *(resguardo)* s. resguardo, segurança, precaução, cautela.

residencia.- *(residenzia)* s. residência, moradia, domicílio.

residir.- *(residir)* v. residir, morar, habitar.

residual.- *(residual)* adj. residual.

residuo.- *(residuo)* s. resíduo, resto.

resignación.- *(resijnazion)* s. resignação, conformidade.

resignar.- *(resijnar)* v. resignar, conformar-se, tolerar.

resina.- *(resina)* s. resina.

resistencia.- *(resistenzia)* s. resistência, defesa, firmeza.

resistir.- *(resistir)* v. resistir, defender. / contrariar, contradizer.- tolerar, aguentar, sofrer.

resolución.- *(resoluzion)* s. resolução, atrevimento, valor, audácia, ânimo, coragem, actividade, viveza, prontidão.

resolver.- *(resolber)* v. resolver, solucionar, deliberar, resumir, compendiar, achar a solução.

resollar.- *(resollar)* v. resfolegar, ofegar.

resonancia.- *(resonanzia)* s. ressonância, repercussão.

resonar.- *(resonar)* v. ressonar, repercutir, fazer soar, retumbar, ecoar.

resoplar.- *(resoplar)* v. soprar, assoprar, arfar.

resoplido.- *(resoplido)* s. bufo, assopro, ofego.

resorte.- *(resorte)* s. mola.

respaldar.- *(respaldar)* v. respaldar, proteger, amparar, apoiar.

respaldo.- *(respaldo)* s. respaldo, espaldar, encosto.

respecto.- *(respekto)* s. respeito, razão, relação de uma coisa com outra.

respetable.- *(respetable)* adj. respeitável, digno, considerável.

respetar.- *(respetar)* v. respeitar, considerar.

respeto.- *(respeto)* s. respeito, consideração.

respetuoso.- *(respetuoso)* adj. respeitoso, respeitador.

respingar.- *(respingar)* v. respingar.

respingo.- *(respingo)* s. respingo.

respiración.- *(respirazion)* s. respiração.

respirar.- *(respirar)* v. respirar.

respiro.- *(respiro)* s. respiração.

resplandecer.- *(resplandezer)* v. resplandecer, brilhar.

resplandor.- *(resplandor)* s. resplendor, brilho, esplendor.

responder.- *(responder)* v. responder, contestar.

responsabilidad.- *(responsabilidad)* s. responsabilidade.

responsable.- *(responsable)* adj. responsável.

respuesta.- *(respuesta)* s. resposta, réplica.

resquebrajar.- *(reskebrajar)* v. fender, rachar, gretar.

resquicio.- *(reskizio)* s. resquício, fenda.

resta.- *(resta)* s. subtracção, diminuição, resto.

restablecer.- *(restablezer)* v. restabelecer, repor.

restablecimiento.- *(restablezimiento)* s. restabelecimento.

restallar.- *(restallar)* v. estalar, estralar, ranger.

restante.- *(restante)* adj. restante, resto, resíduo.

restar.- *(restar)* v. restar, subtrair, diminuir, sobrar.

restauración.- *(restaurazion)* s. restauração, reparação, conserto, restabelecimento.

restaurante.- *(restaurante)* s. restaurante.

restaurar.- *(restaurar)* v. restaurar, recuperar, recobrar.

restitución.- *(restituzion)* s. restituição, devolução.

restituir.- *(restituir)* v. produzir, dar lucro. / 2ª. v. restituir, devolver.

resto.- *(resto)* s. resto, resíduo.

restregar.- *(restregar)* v. esfregar com força.

restricción.- *(restrikzion)* s. restrição, limitação, redução.

restrictivo.- *(restriktibo)* adj. restritivo.

restringir.- *(restrinjir)* v. restringir, limitar, reduzir.

resucitado.- *(resuzitado)* adj. ressuscitado.

resucitar.- *(resuzitar)* v. ressuscitar, reviver.

resuelto.- *(resuelto)* adj. resoluto.

resulta.- *(resulta)* s. resultado, efeito.

resultado.- *(resultado)* s. resultado, efeito e consequência de um fato.

resultar.- *(resultar)* v. resultar.

resumen.- *(resumen)* s. resumo, recapitulação.

resumir.- *(resumir)* v. resumir, abreviar, compilar.

resurgimiento.- *(resurjimiento)* s. ressurgimento, reaparição.

resurgir.- *(resurjir)* v. ressurgir, reaparecer, ressuscitar.

resurrección.- *(resurrekzion)* s. ressurreição, ressurgimento.

retablo.- *(retablo)* s. retábulo, painel, decoração do altar.

retaguardia.- *(retaguardia)* s. retaguarda.

retahíla.- *(retaila)* s. fileira, fileira de coisas ou animais, série de muitas coisas.

retar.- *(retar)* v. desafiar, provocar para um duelo.

retardado.- *(retardado)* adj. atrasado.

retardar.- *(retardar)* v. retardar, atrasar, prolongar.

retardo.- *(retardo)* s. retardamento, atraso.

retazo.- *(retazo)* s. retalho, fragmento, pedaço.

retemblar.- *(retemblar)* v. estremecer, tremer muito.

retén.- *(reten)* s. retém, provisão de coisas, reserva.

retención.- *(retenzion)* s. retenção, demora, desconto.

retener.- *(retener)* v. reter, demorar, guardar, conservar, deter.

retentiva.- *(retentiba)* s. memória, lembrar.

reticencia.- *(retizenzia)* s. reticência.

reticente.- *(retizente)* adj. reticente, omisso.

retina.- *(retina)* s. retina.

retirada.- *(retirada)* s. retirada, lugar de refúgio, volta, retorno, retrocesso.

retirado.- *(retirado)* adj. retirado, distante, afastado, isolado, separado, desviado, ermo.

retirar.- *(retirar)* v. retirar, separar, apartar, distanciar, esconder, ocultar, aposentar-se.

retiro.- *(retiro)* s. retiro, retirada, afastamento, recolhimento, exercício piedoso, aposentadoria.

reto.- *(reto)* s. desafio, ameaça, provocação, insulto.

retocar.- *(retokar)* v. retocar, aperfeiçoar, restaurar, completar, arrumar, modificar.

retoñar.- *(retoñar)* v. brotar de novo, rebentar ou abrolhar.

retoque.- *(retoke)* s. retoque.

retorcer.- *(retorzer)* v. retorcer, torcer muito.

retorcimiento.- *(retorzimiento)* s. retorcimento, retorcedura.

retórica.- *(retorika)* s. retórica.

retornar.- *(retornar)* v. retornar, voltar, devolver, restituir.

retorno.- *(retorno)* s. retorno, regresso, volta, devolução.

retorta.- *(retorta)* s. retorta.

retozar.- *(retozar)* v. traquinar, saltar e brincar alegremente.

retracción.- *(retrakzion)* s. retracção, contracção.

retractar.- *(retraktar)* v. retractar, desdizer.

retraer.- *(retraer)* v. retrair, afastar, distanciar, diminuir.

retraído.- *(retraido)* adj. retraído, tímido.

retransmisión.- *(retransmision)* s. retransmissão.

retransmitir.- *(retransmitir)* v. retransmitir.

retrasar.- *(retrasar)* v. atrasar, adiar, demorar.

retraso.- *(retraso)* s. atraso, demora, adiamento.

retratar.- *(retratar)* v. retratar, fotografar, descrever, detalhar.

retrato.- *(retrato)* s. retrato, pintura, fotografia.

retrete.- *(retrete)* s. latrina, privada, cloaca.

retribución.- *(retribuzion)* s. retribuição, pagamento, recompensa, salário.

retribuir.- *(retribuir)* v. retribuir, pagar um serviço, remunerar, recompensar, gratificar.

retroactivo.- *(retroaktibo)* adj. retroactivo.

retroceder.- *(retrozeder)* v. retroceder, recuar, voltar atrás.

retroceso.- *(retrozeso)* s. retrocesso, regressão.

retrógrado.- *(retrogrado)* adj. retrógrado, partidário das instituições políticas ou sociais de tempos passados.

retrospectivo.- *(retrospektibo)* adj. retrospectivo, que se refere ao passado.

retrovisor.- *(retrobisor)* s. retrovisor.

retumbar.- *(retumbar)* v. retumbar, rebombar, estrondear.

reuma.- *(reuma)* s. reumatismo, reuma.

reumático.- *(reumatiko)* adj. reumático.

reumatismo.- *(reumatismo)* s. reumatismo.

reumatólogo.- *(reumatologo)* s. reumatologista.

reunión.- *(reunion)* s. reunião, agrupamento.

reunir.- *(reunir)* v. reunir, juntar, agrupar, congregar, convocar.

reválida.- *(rebalida)* s. revalidação.

revalidar.- *(rebalidar)* v. revalidar, confirmar, rectificar.

revalorizar.- *(rebalorizar)* v. revalorizar.

revancha.- *(rebancha)* s. desquite.
revelación.- *(rebelazion)* s. revelação.
revelador.- *(rebelador)* adj. revelador.
revelar.- *(rebelar)* v. revelar, descobrir, manifestar.
revender.- *(rebender)* v. revender.
reventa.- *(rebenta)* s. revenda.
reventar.- *(rebentar)* v. rebentar, arrebentar, explodir.
reverberación.- *(reberberazion)* s. reverberação.
reverberar.- *(reberberar)* v. reverberar, resplandecer, brilhar, reflectir a luz.
reverdecer.- *(reberdezer)* v. reverdecer, tornar verde.
reverencia.- *(reberenzia)* s. reverência, respeito, veneração.
reverenciar.- *(reberenziar)* v. reverenciar, respeitar.
reverendo.- *(reberendo)* adj. reverendo.
reversible.- *(rebersible)* adj. reversível.
reverso.- *(reberso)* s. reverso, costas, lado oposto ao principal, face oposta ao anverso.
revés.- *(rebes)* s. revés, reverso, costas.
revestimiento.- *(rebestimiento)* s. revestimento, cobertura.
revestir.- *(rebestir)* v. revestir, cobrir.
revisar.- *(rebisar)* v. revisar, rever, reexaminar.
revisión.- *(rebision)* s. revisão, reexame, releitura.
revisor.- *(rebisor)* adj. revisor.
revista.- *(rebista)* s. revista, exame, inspecção. / publicação periódica, magazine. / teatro de revista.
revistar.- *(rebistar)* v. revistar, inspeccionar, passar revista.
revivir.- *(rebibir)* v. reviver, ressuscitar.
revocar.- *(rebokar)* v. revogar, anular, desfazer, invalidar.
revolcar.- *(rebolkar)* v. derrubar, maltratar, revolver pelo chão.
revolotear.- *(rebolotear)* v. revolutear, revoltear, esvoaçar, voejar.
revoltijo.- *(reboltijo)* s. confusão, embrulhada, enredo, amontoamento, conjunto de muitas coisas em desordem.
revoltoso.- *(reboltoso)* adj. revoltoso, revoltado, travesso, inquieto.
revolución.- *(reboluzion)* s. revolução, mudança violenta das instituições políticas.
revolucionar.- *(reboluzionar)* v. revolucionar.
revolucionario.- *(reboluzionario)* adj. revolucionário.
revólver.- *(rebolber)* s. revólver, pistola.
revolver.- *(rebolber)* v. revolver, agitar, mexer, remexer, misturar.
revoque.- *(reboke)* s. reboco, argamassa para rebocar.
revuelo.- *(rebuelo)* s. revoada, agitação, rebuliço.
revuelta.- *(rebuelta)* s. reviravolta, pirueta. / volta, rodeio de caminho. / 2ª. s. sedição, revolta, revolução, rixa, pendência, desordem.
revuelto.- *(rebuelto)* adj. revolto, revolvido, revoltoso, travesso, inquieto, intrincado.
rey.- *(rey)* s. rei, monarca, príncipe reinante.
reyerta.- *(reyerta)* s. rixa, contenda, briga, altercação.
rezagar.- *(rezagar)* v. atrasar, retardar, protelar, adiar.
rezar.- *(rezar)* v. rezar, orar
rezo.- *(rezo)* s. reza, oração.
rezongar.- *(rezongar)* v. resmungar, rezingar, recalcitrar.
rezumar.- *(rezumar)* v. ressumar, gotejar, coar.
ría.- *(ria)* s. esteiro, braço de rio, parte do rio próximo ao mar.
riachuelo.- *(riachuelo)* s. riacho, ribeira, regato, rio pequeno.
riada.- *(riada)* s. cheia, enchente, inundação.
ribazo.- *(ribazo)* s. outeiro, ribanceira, encosta.
ribera.- *(ribera)* s. ribeira, margem do mar ou do rio.
ribereño.- *(ribereño)* adj. ribeirinho.
ricamente.- *(rikamente)* adv. ricamente, opulentamente, com abundância.
ricino.- *(rizino)* s. rícino.
rico.- *(riko)* adj. rico, opulento, fértil, magnífico, belo, feliz, contente, delicioso, saboroso.
ridiculizar.- *(ridikulizar)* v. ridicularizar.
ridículo.- *(ridikulo)* adj. ridículo.
riego.- *(riego)* s. rega, regadura, água para regar.
riel.- *(riel)* s. barra de metal, trilho, estrada-de-ferro.
rienda.- *(rienda)* s. rédea, correia.
riesgo.- *(riesgo)* s. risco, azar, perigo.
rifa.- *(rifa)* s. rifa, sorteio.
rifar.- *(rifar)* v. rifar, sortear.
rifle.- *(rifle)* s. rifle, espingarda.
rigidez.- *(rijidez)* s. rigidez.
rígido.- *(rijido)* adj. rígido, inflexível, teso, hirto, rijo, forte.
rigor.- *(rigor)* s. rigor, severidade.
riguroso.- *(riguroso)* adj. rigoroso, severo.
rima.- *(rima)* s. rima, consonância.
rimar.- *(rimar)* v. rimar, formar rima.
rímel.- *(rimel)* s. rímel, máscara para os cílios.
rincón.- *(rinkon)* s. rincão, canto, ângulo, espaço pequeno.
riña.- *(riña)* s. rixa, briga, pendência, disputa.
riñón.- *(riñon)* s. rim.
río.- *(rio)* s. rio.
riqueza.- *(rikeza)* s. riqueza, abundância, opulência.
risa.- *(risa)* s. riso, risada.
risible.- *(risible)* adj. risível, ridículo.
risotada.- *(risotada)* s. gargalhada, risada.
ristra.- *(ristra)* s. réstia de alhos ou cebolas.
risueño.- *(risueño)* adj. risonho, alegre, jovial.
rítmico.- *(ritmiko)* adj. rítmico.
ritmo.- *(ritmo)* s. ritmo.
rito.- *(rito)* s. rito, culto, seita, costume, cerimonia.

ritual.- *(ritual)* adj. ritual, relativo a ritos. / s. ritual, cerimonia.

rival.- *(ribal)*s. rival, antagonista, competidor, adversário.

rivalidad.- *(ribalidad)* s. rivalidade, antagonismo, competição.

rivalizar.- *(ribalizar)* v. rivalizar, competir, antagonizar.

rizado.- *(rizado)* adj. crespo, ondeado, frisado, cacheado.

rizar.- *(rizar)* v. frisar, ondear, encaracolar os cabelos.

rizo.- *(rizo)* s. anel de cabelo.

róbalo.- *(robalo)* s. robalo, peixe marinho de carne muito apreciada.

robar.- *(robar)* v. roubar, furtar.

roble.- *(roble)* s. carvalho.

robustecer.- *(robustezer)* v. robustecer, fortalecer, revigorar.

robusto.- *(robusto)* adj. robusto, forte, vigoroso.

roca.- *(roka)* s. roca, rocha, rochedo.

rocalla.- *(rokalla)* s. cascalho.

roce.- *(roze)* s. roçadura, fricção, atrito muito leve.

rociar.- *(roziar)* v. rociar, cair orvalho.

rocío.- *(rozio)* s. orvalho, chuvisco, chuvinha.

rodaja.- *(rodaja)* s. rodela.

rodaje.- *(rodaje)* s. rodagem.

rodapié.- *(rodapie)* s. rodapé, friso.

rodar.- *(rodar)* v. rodar, girar, rolar, circular.

rodear.- *(rodear)* v. rodear, andar em redor, fazer círculo.

rodeo.- *(rodeo)* s. rodeio, desvio.

rodilla.- *(rodilla)* s. joelho.

rodillo.- *(rodillo)* s. cilindro, rolo.

roedor.- *(roedor)* adj. roedor.

roer.- *(roer)* v. roer.

rogar.- *(rogar)* v. rogar, pedir, suplicar, implorar.

rogativa.- *(rogatiba)* s. rogativa, rogo.

rojo.- *(rojo)* adj. vermelho.

rol.- *(rol)* s. rol, lista, catálogo.

roldana.- *(roldana)* s. roldana.

rollizo.- *(rollizo)* adj. roliço, robusto e grosso.

rollo.- *(rollo)* s. rolo, cilindro.

romance.- *(romanze)* s. amorio, idílio. / 2ª. s. língua derivada do latim.

románico.- *(romaniko)* adj. românico.

romano.- *(romano)* adj. romano.

romántico.- *(romantiko)* adj. romântico, sentimental.

romería.- *(romeria)* s. romaria, peregrinação.

romo.- *(romo)* adj. rombo, sem ponta.

rompecabezas.- *(rompekabezas)* s. quebra-cabeças.

rompeolas.- *(rompeolas)* s. quebra-mar.

romper.- *(romper)* v. romper, quebrar, despedaçar.

rompimiento.- *(rompimiento)* s. rompimento.

ron.- *(ron)* s. rum.

roncar.- *(ronkar)* v. roncar, ressonar.

ronco.- *(ronko)* adj. ronco, afónico.

ronda.- *(ronda)* s. ronda, vigilância.

rondar.- *(rondar)* v. rondar, vigiar.

ronquera.- *(ronkera)* s. rouquidão, afonia.

ronquido.- *(ronkido)* s. ronco, afónico.

roña.- *(roña)* s. ronha, sarna, cascão, sujeira.

roñoso.- *(roñoso)* adj. ronhoso, porco, sujo, oxidado.- mesquinho, tacanho.

ropa.- *(ropa)* s. roupa, vestimenta, veste.

ropaje.- *(ropaje)* s. roupagem, vestimenta.

ropero.- *(ropero)* s. roupeiro, guarda-roupa.

rosa.- *(rosa)* s. rosa, flor da roseira. / cor rosada, tom de vermelho.

rosal.- *(rosal)* s. roseira.

rosario.- *(rosario)* s. rosário.

rosca.- *(roska)* s. rosca, parafuso, bolo ou pão torcido em forma de argola.

rostro.- *(rostro)* s. rosto, cara, face, fisionomia.

rotación.- *(rotazion)* s. rotação, giro, volta.

rotativo.- *(rotatibo)* adj. rotativo.

rotatorio.- *(rotatorio)* adj. rotatório.

roto.- *(roto)* adj. roto, rasgado, esfarrapado, quebrado.

rótula.- *(rotula)* s. rótula.

rotulador.- *(rotulador)* adj. rotulador.

rotular.- *(rotular)* v. rotular, etiquetar.

rótulo.- *(rotulo)* s. rótulo, letreiro, título, etiqueta, cartaz.

rotundo.- *(rotundo)* adj. rotundo, redondo, contundente.

rotura.- *(rotura)* s. ruptura, fartura, rompimento.

rozamiento.- *(rozamiento)* s. roçamento.

rozar.- *(rozar)* v. roçar, friccionar levemente.

rubí.- *(rubi)* s. rubi.

rubio.- *(rubio)* adj. louro, loiro.

rubor.- *(rubor)* s. rubor, vermelhão.

ruborizar.- *(ruborizar)* v. ruborizar, corar.

rúbrica.- *(rubrika)* s. rubrica, assinatura abreviada.

rubricar.- *(rubrikar)* v. rubricar, assinar.

rucio.- *(ruzio)* adj. ruço, pardo.

rudeza.- *(rudeza)* s. rudeza, aspereza.

rudimentario.- *(rudimentario)* adj. rudimental.

rudimento.- *(rudimento)* s. rudimento, elemento inicial.

rudo.- *(rudo)* adj. rude, tosco, áspero, sem polimento.

rueca.- *(rueka)* s. roca, utensílio para fiar.

rueda.- *(rueda)* s. roda.

ruedo.- *(ruedo)* s. acção de rodar, rodagem, contorno, limite, orla, franja. / 2ª. s. redondel, arena das praças de touros.

ruego.- *(ruego)* s. rogo, súplica.

rugir.- *(rujir)* v. rugir, bramir do leão, urrar.

rugoso.- *(rugoso)* adj. rugoso, enrugado, encarquilhado.

ruido.- *(ruido)* s. ruído, barulho, rumor, fragor, bulício.

ruidoso.- *(ruidoso)* adj. ruidoso, barulhento.

ruin.- *(ruin)* adj. ruim, mau, vil, desprezível, mesquinho, avarento.

ruina.- *(ruina)* s. ruína, perda, destruição.

ruindad.- *(ruindad)* s. ruindade, mesquinharia.

ruinoso.- *(ruinoso)* adj. ruinoso.

ruiseñor.- *(ruiseñor)* s. rouxinol.

ruleta.- *(ruleta)* s. roleta.

rulo.- *(rulo)* s. rolo, cilindro. / cilindro.

rumbo.- *(rumbo)* s. rumo, caminho.

rumboso.- *(rumboso)* adj. pomposo, dadivoso.

rumiante.- *(rumiante)* adj. ruminante.

rumiar.- *(rumiar)* v. ruminar.

rumor.- *(rumor)* s. rumor, sussurro.

rupestre.- *(rupestre)* adj. rupestre.

ruptura.- *(ruptura)* s. ruptura, fractura.

rural.- *(rural)* adj. rural, rústico.

rústico.- *(rustiko)* adj. rústico, rural, rude.

ruta.- *(ruta)* s. rota, rumo, itinerário, roteiro.

rutina.- *(rutina)* s. rotina, hábito.

rutinario.- *(rutinario)* adj. rotineiro, habitual.

S

s.- *(s)* s. vigésima letra do alfabeto espanhol.

sábado.- *(sabado)* s. sábado, sétimo e último dia da semana.

sábana.- *(sabana)* s. lençol. / 2ª. s. savana, planície arenosa e extensa.

sabandija.- *(sabandija)* s. qualquer verme, réptil ou insecto imundo.

sabañón.- *(sabañon)* s. frieira, inflamação causada pelo frio.

sabático.- *(sabatiko)* adj. sabático, relativo ao sábado.

sabedor.- *(sabedor)* adj. sabedor, informado, instruído.

sabelotodo.- *(sabelotodo)* s. sabichão.

saber.- *(saber)* s. saber, sabedoria, conhecimento. / v. saber, conhecer uma coisa, ter conhecimento, ter habilidade, ser erudito.

sabiamente.- *(sabiamente)* adv. sabiamente.

sabiduría.- *(sabiduria)* s. sabedoria, conhecimento, prudência.

sabihondo.- *(sabiondo)* adj. sabichão, que alardeia de sábio.

sabio.- *(sabio)* adj. sábio, que tem muita sabedoria, erudito.

sable.- *(sable)* s. sabre, adaga.

sabor.- *(sabor)* s. sabor, gosto.

saborear.- *(saborear)* v. saborear, degustar.

sabotaje.- *(sabotaje)* s. sabotagem.

sabroso.- *(sabroso)* adj. saboroso.

sabueso.- *(sabueso)* adj. sabujo, cão de caça.

sacacorchos.- *(sakakorchos)* s. saca-rolhas.

sacamuelas.- *(sakamuelas)* s. mau dentista, charlatão.

sacapuntas.- *(sakapuntas)* s. apontador.

sacar.- *(sakar)* v. tirar, extrair, fazer sair,separar, apartar, descobrir, eleger tirar, ganhar.

sacarina.- *(sakarina)* s. sacarina, adoçante artificial que se extrai do alcatrão da hulha.

sacarosa.- *(sakarosa)* s. sacarose, açúcar.

sacerdocio.- *(sazerdozio)* s. sacerdócio.

sacerdote.- *(sazerdote)* s. sacerdote, padre, religioso.

saciable.- *(saziable)* adj. saciável.

saciar.- *(saziar)* v. saciar, encher, fartar de bebida ou comida.

saciedad.- *(saziedad)* s. saciedade, fartura.

saco.- *(sako)* s. saco, saco de papel, tecido ou couro, roupa folgada, paletó.

sacralizar.- *(sakralizar)* v. sacralizar, tornar sagrado.

sacramento.- *(sakramento)* s. sacramento.

sacrificar.- *(sakrifikar)* v. sacrificar.

sacrificio.- *(sakrifizio)* s. sacrifício, oferenda a uma divindade.

sacrilegio.- *(sakrilejio)* s. sacrilégio, profanação do que é sagrado.

sacrílego.- *(sakrilego)* adj. sacrílego, ultrajante, ímpio.

sacristán.- *(sakristan)* s. sacristão.

sacristía.- *(sakristia)* s. sacristia.

sacro.- *(sakro)* adj. sacro, sagrado.

sacrosanto.- *(sakrosanto)* adj. sacrossanto, sagrado e santo.

sacudida.- *(sakudida)* s. movimento brusco.

sacudir.- *(sakudir)* v. sacudir, agitar muitas vezes, abalar, abanar, arremessar, atirar, repelir.

sádico.- *(sadiko)* adj. sádico.

sadismo.- *(sadismo)* s. sadismo.

saeta.- *(saeta)* s. seta, flecha, ponteiro do relógio, bússola, copla.

safari.- *(safari)* s. safári.

saga.- *(saga)* s. saga, bruxa ou feiticeira. / lendas escandinavas.

sagacidad.- *(sagazidad)* s. sagacidade.

sagaz.- *(sagaz)* adj. sagaz, perspicaz, arguto, astuto.

sagrado.- *(sagrado)* adj. sagrado, sacro.

sagrario.- *(sagrario)* s. sacrário, onde se guardam coisas sagradas.

sagú.- *(sagu)* s. sagu, fécula alimentícia.

sahumador.- *(saumador)* s. perfumador, vaso em que se queimam perfumes, defumador.

sahumar.- *(saumar)* v. perfumar com fumo aromático, defumar.

saín.- *(sain)* s. banha, gordura, sebo de animal, porcaria, sujeira, gordurosa.

sainete.- *(sainete)* s. sainete, molho para condimentar iguarias. / peça dramática e jocosa.

sajar.- *(sajar)* v. sarjar, golpear para produzir escoamento de sangue ou humores.

sajón.- *(sajon)* adj. saxão, saxónio.

sal.- *(sal)* s. sal.

sala.- *(sala)* s. sala.

salado.- *(salado)* adj. salgado.

salamandra.- *(salamandra)* s. salamandra.

salame.- *(salame)* s. salame, embutido de carne de porco.

salar.- *(salar)* v. salgar, temperar com sal, impregnar de sal, pôr em salmoura.

salariar.- *(salariar)* v. assalariar.

salario.- *(salario)* s. salário, pagamento ordenado.

salazón.- *(salazon)* s. salgadura, carnes e peixes salgados, conservas salgadas.

salchicha.- *(salchicha)* s. salsicha, embutido de tripa fina.

salchichería.- *(salchicheria)* s. salsicharia.

salchichón.- *(salchichon)* s. salsichão, paio.

saldar.- *(saldar)* v. saldar, liquidar, vender a baixo preço.

saldo.- *(saldo)* s. saldo, pagamento, liquidação.

salero.- *(salero)* s. saleiro.

saleroso.- *(saleroso)* adj. engraçado, gracioso, elegante, donairoso.

salida.- *(salida)* s. saída.

salidizo.- *(salidizo)* s. sacada, saliência, parte do edifício que sobressai da parede.

salido.- *(salido)* adj. saído, saliente.

saliente.- *(saliente)* adj. saliente, saliência.

salina.- *(salina)* s. salina, mina de sal.

salinidad.- *(salinidad)* s. salinidade.

salir.- *(salir)* v. sair, ir para fora, partir. / desviar, afastar-se. / nascer, brotar. / desaparecer acabar.

salitre.- *(salitre)* s. salitre, nitrato de potássio.

salitroso.- *(salitroso)* adj. salitroso.

saliva.- *(saliba)* s. saliva, cuspe.

salivación.- *(salibazion)* s. salivação.

salivar.- *(salibar)* v. salivar, cuspir.

salmo.- *(salmo)* s. salmo, cântico.

salmón.- *(salmon)* s. salmão.

salmuera.- *(salmuera)* s. salmoura.

salobre.- *(salobre)* adj. salobre, salobro.

salón.- *(salon)* s. salão, sala grande.

salpicadero.- *(salpikadero)* s. painel de comando dos carros.

salpicadura.- *(salpikadura)* s. salpicadura.

salpicar.- *(salpikar)* v. salpicar, manchar,borrifar.

salpicón.- *(salpikon)* s. salpicão, picado de carne e paio.

salpimentar.- *(salpimentar)* v. temperar com sal e pimenta.

salsa.- *(salsa)* s. molho, tempero.

saltador.- *(saltador)* adj. saltador.

saltamontes.- *(saltamontes)* s. gafanhoto.

saltar.- *(saltar)* v. saltar, pular.

salteador.- *(salteador)* s. salteador, ladrão de estrada, bandoleiro.

saltear.- *(saltear)* v. assaltar, sair do caminho para roubar.

saltimbanqui.- *(saltimbanki)* s. saltimbanco, acrobata.

salto.- *(salto)* s. salto, pulo. / queda de água, cascata, cachoeira.- omissão na leitura de um lista.

salubre.- *(salubre)* adj. saudável, salubre, salutar.

salubridad.- *(salubridad)* s. salubridade.

salud.- *(salud)* s. saúde.

saludable.- *(saludable)* adj. saudável, bom, sadio.

saludar.- *(saludar)* v. saudar, cumprimentar.

saludo.- *(saludo)* s. saudação, cortesia, cumprimento.

salutación.- *(salutazion)* s. saudação,cumprimento formal.

salva.- *(salba)* s. salva de artilharia, saudação.

salvación.- *(salbazion)* s. salvação, salvamento.

salvado.- *(salbado)* adj. salvo. / s. farelo, sêmea, casca de cereais.

salvadoreño.- *(salbadoreño)* adj. salvadorenho.

salvaguardar.- *(salbaguardar)* v. salvaguardar, proteger, garantir.

salvaguardia.- *(salbaguardia)* s. salvaguarda, salvo-conduto.

salvaje.- *(salbaje)* adj. selvagem, inculto, bravio.

salvajismo.- *(salbajismo)* s. selvageria, brutalidade.

salvamento.- *(salbamento)* s. salvamento.

salvar.- *(salbar)* v. salvar, livrar de um risco ou perigo.

salvavidas.- *(salbabidas)* s. salva-vidas, bóia.

salve.- *(salbe)* interj. salve.

salvedad.- *(salbedad)* s. escusa, desculpa, salvaguarda.

salvo.- *(salbo)* adj. salvo, ileso, livre de perigo. / exceptuado, omitido.

salvoconducto.- *(salbokondukto)* s. salvo-conduto.

samurai.- *(samurai)* s. samurai.

sanar.- *(sanar)* v. sanar, curar, sarar, melhorar, recuperar a saúde.

sanatorio.- *(sanatorio)* s. sanatório, hospital.

sanción.- *(sanzion)* s. sanção, estatuto ou lei.

sancionar.- *(sanzionar)* v. sancionar, força de lei, aprovar usos e costumes.

sandalia.- *(sandalia)* s. sandália.

sándalo.- *(sandalo)* s. sândalo.

sandez.- *(sandez)* s. sandice, tolice, parvoíce, necedade.

sandía.- *(sandia)* s. melancia.

sandwich.- *(sanduich)* s. sanduíche.

saneamiento.- *(saneamiento)* s. saneamento.

sanear.- *(sanear)* v. sanear, limpar, purificar, consertar, reparar.

sangrar.- *(sangrar)* v. sangrar.

sangre.- *(sangre)* s. sangue.

sangria.- *(sangria)* s. sangria, perda de sangue. / refresco preparado com vinho, água, açúcar e frutas.

sangriento.- *(sangriento)* adj. sangrento.

sanguijuela.- *(sangijuela)* s. sanguessuga.

sanguinario.- *(sanginario)* adj. sanguinário.

sanguíneo.- *(sangineo)* adj. sanguíneo.

sanguinolento.- *(sanginolento)* adj. sangrento, sanguinolento.

sanidad.- *(sanidad)* s. sanidade, saúde, higiene.

sanitario.- *(sanitario)* s. sanitário.

sano.- *(sano)* adj. são, saudável.

santiamén.- *(santiamen)* s. santiamém, num santiamém, num instante, num momento.

santidad.- *(santidad)* s. santidade.
santificación.- *(santifikazion)* s. santificação.
santificar.- *(santifikar)* v. santificar, tornar anto, abençoar.
santiguar.- *(santiguar)* v. benzer, persignar-se.
santo.- *(santo)* adj. santo, perfeito e livre de toda a culpa.
santuario.- *(santuario)* s. santuário, templo.
saña.- *(saña)* s. sanha, ira, cólera, raiva.
sapo.- *(sapo)* s. sapo, batráquio.
saquear.- *(sakear)* v. saquear, depredar, pilhar.
saqueo.- *(sakeo)* s. saque, pilhagem, depredação, roubo.
sarampión.- *(sarampion)* s. sarampo.
sarcasmo.- *(sarkasmo)* s. sarcasmo, ironia mordaz.
sarcástico.- *(sarkastiko)* adj. sarcástico.
sarcófago.- *(sarkofago)* s. sarcófago, túmulo, ataúde.
sardina.- *(sardina)* s. sardinha.
sargento.- *(sarjento)* s. sargento.
sarmiento.- *(sarmiento)* s. sarmento, broto da videira.
sarna.- *(sarna)* s. sarna.
sarro.- *(sarro)* s. sarro, borra, sedimento, tártaro dos dentes, saburra da língua.
sarta.- *(sarta)* s. enfiada, fileira.
sartén.- *(sarten)* s. frigideira.
sastre.- *(sastre)* s. alfaiate.
sastrería.- *(sastreria)* s. alfaiataria.
satán.- *(satan)* s. satã, satanás.
satanismo.- *(satanismo)* s. satanismo.
satélite.- *(satelite)* s. satélite.
satén.- *(saten)* s. cetim.
satinado.- *(satinado)* adj. acetinado, sedoso, brilhante.
satinar.- *(satinar)* v. acetinar, amaciar, tornar sedoso.
sátira.- *(satira)* s. sátira, discurso ou dito para censurar ou pôr em ridículo.
satírico.- *(satiriko)* adj. satírico.
satirizar.- *(satirizar)* v. satirizar, ridicularizar, criticar.
satisfacción.- *(satisfakzion)* s. satisfação, reparação, presunção, confiança.
satisfacer.- *(satisfazer)* v. satisfazer, reparar, pagar. / contentar, agradar, cumprir, saciar tranquilizar.
satisfactorio.- *(satisfaktorio)* adj. satisfatório, suficiente, aceitável.
satisfecho.- *(satisfecho)* adj. satisfeito, farto, contente, feliz.
saturación.- *(saturazion)* s. saturação.
saturar.- *(saturar)* v. saturar, fartar, saciar, impregnar.
sauce.- *(sauze)* s. salgueiro, árvore.
saúco.- *(sauko)* s. sabugueiro.
sauna.- *(sauna)* s. sauna.
savia.- *(sabia)* s. seiva.
saxofón.- *(saksofon)* s. sax, saxofone.
saya.- *(saya)* s. saia, vestidura antiga, espécie de túnica.
sayal.- *(sayal)* s. tecido de lã tosca.
sayo.- *(sayo)* s. antiga veste larga e folgada.
sazón.- *(sazon)* s. madureza, maturação, tempo oportuno.
sazonar.- *(sazonar)* v. temperar uma iguaria.
se.- *(se)* pron. se.
sebáceo.- *(sebazeo)* adj. sebáceo, sebento.
sebo.- *(sebo)* s. sebo, gordura.
secadero.- *(sekadero)* s. local para secar.
secador.- *(sekador)* s. escadório.
secano.- *(sekano)* s. terreno que não tem regadio.
secante.- *(sekante)* adj. secante.
secar.- *(sekar)* v. secar, enxugar, murchar, esgotar.
sección.- *(sekzion)* s. secção, parte, divisão, corte.
seccionar.- *(sekzionar)* v. seccionar, cortar, dividir, fraccionar.
seco.- *(seko)* adj. seco, enxuto, murcho, resseco, árido, mauro, descarnado.
secreción.- *(sekrezion)* s. secreção.
secretar.- *(sekretar)* v. segregar, secretar.
secretario.- *(sekretario)* s. secretário.
secreto.- *(sekreto)* adj. secreto, oculto, escondido.
secta.- *(sekta)* s. seita, falsa religião.
sectario.- *(sektario)* s. sectário.
sector.- *(sektor)* s. sector.
secuaz.- *(sekuaz)* adj. sequaz, partidário de uma doutrina.
secuela.- *(sekuela)* s. sequela, consequência, efeito, resultado.
secuencia.- *(sekuenzia)* s. sequência, sucessão.
secuestrador.- *(sekuestrador)* s. sequestrador, raptor.
secuestrar.- *(sekuestrar)* v. sequestrar, raptar. / penhorar, executar judicialmente.
secular.- *(sekular)* adj. secular, que tem um século.- sacerdote que não vive em clausura.
secularizar.- *(sekularizar)* v. secularizar.
secundar.- *(sekundar)* v. secundar, auxiliar, ajudar, favorecer.
secundario.- *(sekundario)* adj. secundário, segundo.
sed.- *(sed)* s. sede, vontade de beber, secura.
seda.- *(seda)* s. seda.
sedante.- *(sedante)* adj. sedativo, calmante.
sedar.- *(sedar)* v. sedar, acalmar.
sede.- *(sede)* s. sede, capital de uma diocese, sede de um partido.
sedentario.- *(sedentario)* adj. sedentário, inactivo, com ocupação de pouco movimento.
sedición.- *(sedizion)* s. sedição, sublevação, revolta, rebelião.
sediento.- *(sediento)* adj. sedento, que tem sede, sequioso.
sedimentar.- *(sedimentar)* v. sedimentar, depositar-se.

sedimento.- *(sedimento)* s. sedimento, depósito.
sedoso.- *(sedoso)* adj. sedoso, macio, acetinado, lustroso.
seducción.- *(sedukzion)* s. sedução.
seducir.- *(seduzir)* v. seduzir, persuadir, cativar, atrair.
seductor.- *(seduktor)* adj. sedutor, cativante, tentador.
segar.- *(segar)* v. segar, ceifar.
seglar.- *(seglar)* adj. secular, mundano, leigo.
segmentación.- *(sejmentazion)* s. segmentação, fragmentação.
segmentar.- *(sejmentar)* v. segmentar,fragmentar.
segmento.- *(sejmento)* s. segmento, parte de uma coisa.
segregación.- *(segregazion)* s. segregação, separação.
segregar.- *(segregar)* v. segregar, separar, afastar.
seguido.- *(segido)* adj. contínuo, sucessivo, directo. / adv. em seguida.
seguimiento.- *(segimiento)* s. seguimento, prosseguimento, continuação.
seguir.- *(segir)* v. seguir, ir à procura de uma pessoa ou coisa, perseguir.
según.- *(segun)* prep. segundo, conforme.
segundo.- *(segundo)* adj. segundo. / s. segundo, sexagésima parte do minuto.
seguridad.- *(seguridad)* s. segurança, certeza, confiança.
seguro.- *(seguro)* adj. seguro, confiável, firme, certo.
seis.- *(seis)* adj. seis.
selección.- *(selekzion)* s. selecção, escolha, eleição.
seleccionar.- *(selekzionar)* v. seleccionar, eleger.
selectivo.- *(selektibo)* adj. selectivo.
selecto.- *(selekto)* adj. selecto, escolhido, o melhor.
selector.- *(selektor)* s. selector, classificador.
selva.- *(selba)* s. selva, floresta.
selvático.- *(selbatiko)* adj. selvático, selvagem.
sellar.- *(sellar)* v. selar.
sello.- *(sello)* s. selo, estampilha, carimbo.
semáforo.- *(semaforo)* s. semáforo, sinal para veículos.
semana.- *(semana)* s. semana.
semanal.- *(semanal)* adj. semanal.
semanario.- *(semanario)* s. semanário, semanal.
semántica.- *(semantika)* s. semântica, estudo da significação das palavras.
semblante.- *(semblante)* s. semblante, cara, face, rosto.
semblanza.- *(semblanza)* s. biografia.
sembrado.- *(sembrado)* adj. semeado.
sembrar.- *(sembrar)* v. semear.
semejante.- *(semejante)* adj. semelhante, parecido, similar.
semejar.- *(semejar)* v. semelhar, parecer.
semen.- *(semen)* s. sémen, esperma.
sementera.- *(sementera)* s. sementeira.
semestral.- *(semestral)* adj. semestral.
semestre.- *(semestre)* s. semestre.
semicircular.- *(semizirkular)* adj. semicircular.
semicírculo.- *(semizirkulo)* s. semicírculo.
semilla.- *(semilla)* s. semente, grão.
seminario.- *(seminario)* s. seminário.
seminarista.- *(seminarista)* s. seminarista.
semiología.- *(semiolojia)* s. semiologia.
semita.- *(semita)* adj. semita.
sémola.- *(semola)* s. sêmola, farinha de cereal.
senado.- *(senado)* s. senado, assembleia.
senador.- *(senador)* s. senador.
sencillez.- *(senzillez)* s. simplicidade.
sencillo.- *(senzillo)* adj. simples, singelo.
senda.- *(senda)* s. senda, caminho, vereda, atalho.
sendero.- *(sendero)* s. senda, atalho.
senil.- *(senil)* adj. senil, idoso.
senilidad.- *(senilidad)* s. senilidade.
seno.- *(seno)* s. seio, peito da mulher. / ventre materno. / enseada.
sensación.- *(sensazion)* s. sensação, impressão.
sensacional.- *(sensazional)* adj. sensacional, impressionante.
sensacionalismo.- *(sensazionalismo)* s. sensacionalismo.
sensatez.- *(sensatez)* s. sensatez, prudência, juízo.
sensato.- *(sensato)* adj. sensato, prudente, ajuizado, discreto.
sensibilidad.- *(sensibilidad)* s. sensibilidade.
sensibilizar.- *(sensibilizar)* v. sensibilizar.
sensible.- *(sensible)* adj. sensível, impressionável.
sensitivo.- *(sensitibo)* adj. sensitivo, sensível.
sensorio.- *(sepulkrosensorio)* adj. sensório.
sensual.- *(sensual)* adj. sensual, sensitivo, voluptuoso.
sensualidad.- *(sensualidad)* s. sensualidade.
sentado.- *(sentado)* adj. sentado, assentado.
sentar.- *(sentar)* v. sentar, assentar.
sentencia.- *(sentenzia)* s. sentença, parecer, ditame, provérbio.
sentenciar.- *(sentenziar)* v. sentenciar, decidir, resolver, arbitrar.
sentido.- *(sentido)* adj. sentido, susceptível, sensível.
sentimental.- *(sentimental)* adj. sentimental, afectuoso.
sentimentalismo.- *(sentimentalismo)* s. sentimentalismo.
sentimiento.- *(sentimiento)* s. sentimento.
sentir.- *(sentir)* v. sentir, perceber, ter sensação. / padecer, lamentar.
seña.- *(seña)* s. senha, sinal, indício.
señal.- *(señal)* s. sinal, marca. musical nocturno e ao ar livre.
señalar.- *(señalar)* v. assinalar, indicar, marcar, mencionar.

señor.- *(señor)* adj. senhor, dono, amo, proprietário, chefe, patrão, Deus.
señorear.- *(señorear)* v. assenhorear-se,
señorío.- *(señorio)* s. senhorio, direito de senhor.
señuelo.- *(señuelo)* s. chamariz, reclamo.
separable.- *(separable)* adj. separável.
separación.- *(separazion)* s. separação,desunião.
separar.- *(separar)* v. separar, apartar.
separata.- *(separata)* s. separata, impresso feito à parte.
separatismo.- *(separatismo)* s. separatismo, partido separatista.
sepelio.- *(sepelio)* s. enterro, inumação de defuntos, sepultamento.
septentrional.- *(septentrional)* adj. setentrional, que fica para o norte.
septicemia.- *(septizemia)* s. septicemia, infecção.
séptico.- *(septiko)* adj. séptico, que produz putrefacção, infecto.
septiembre.- *(septiembre)* s. setembro.
séptimo.- *(septimo)* adj. sétimo.
septuagenario.- *(septuajenario)* s. setuagenário, que tem setenta anos.
sepulcro.- s. sepulcro, tumba, túmulo, jazigo.
sepultar.- *(sepultar)* v. sepultar, enterrar.
sepultura.- *(sepultura)* s. sepultura, sepulcro, jazigo.
sepulturero.- *(sepulturero)* s. coveiro.
sequedad.- *(sekedad)* s. secura, sequidão.
sequía.- *(sekia)* s. seca, tempo seco de muita duração, estiagem.
séquito.- *(sekito)* s. séquito, cortejo, comitiva.
ser.- *(ser)* s. essência, natureza, ser, ente, criatura, modo de ser. / v. ser, existir, haver, servir, estar, suceder, valer, custar pertencer, fazer parte de.
serafín.- *(serafin)* s. serafim, anjo.
serenar.- *(serenar)* v. serenar, tornar sereno, aclarar, sossegar, acalmar.
serenidad.- *(serenidad)* s. serenidade, tranquilidade, calma, sossego.
sereno.- *(sereno)* adj. sereno, calmo, claro, limpo, quieto, tranquilo. / s. sereno, guarda-noturno. / orvalho, relento.
serie.- *(serie)* s. série, conjunto de coisas relacionadas entre si. / 2ª. s. série.
seriedad.- *(seriedad)* s. seriedade, gravidade, decoro, formalidade.
serigrafía.- *(serigrafia)* s. serigrafia.
serio.- *(serio)* adj. sério, grave, prudente, circunspecto, severo, sisudo, real, sincero verda-deiro, importante.
sermón.- *(sermon)* s. sermão.
sermonear.- *(sermonear)* v. pregar, fazer sermões, admoestar, repreender.
serpentear.- *(serpentear)* v. serpentear.
serpentina.- *(serpentina)* s. serpentina.
serpiente.- *(serpiente)* s. serpente, cobra.
serrallo.- *(serrallo)* s. serralho, harém.
serranía.- *(serrania)* s. serrania, serra, cordilheira.
serrano.- *(serrano)* adj. serrano, montanhês.
serrar.- *(serrar)* v. serrar, cortar com serra.
serrín.- *(serrin)* s. serragem.
serrucho.- *(serrucho)* s. serrote.
servicial.- *(serbizial)* adj. serviçal, criado, servente.
servicio.- *(serbizio)* s. serviço.
servidor.- *(serbidor)* s. servidor, criado, servente.
servidumbre.- *(serbidumbre)* s. servidão, trabalho próprio de servo, criadagem.
servil.- *(serbil)* adj. servil, humilde e de pouca estimação.
servilismo.- *(serbilismo)* s. servilismo, subserviência.
servilleta.- *(serbilleta)* s. guardanapo.
servir.- *(serbir)* v. servir, estar ao serviço de outro.
sesión.- *(sesion)* s. sessão, reunião de uma assembleia.
seso.- *(seso)* s. miolo, cérebro.
sestear.- *(sestear)* v. dormir a sesta, fazer a sesta.
sesudo.- *(sesudo)* adj. sisudo.
seta.- *(seta)* s. cogumelo.
seudónimo.- *(seudonimo)* s. pseudónimo.
severidad.- *(seberidad)* s. severidade, rigor, gravidade, seriedade.
severo.- *(sebero)* adj. severo, rigoroso, áspero, pontual, grave, sério.
sexo.- *(sekso)* s. sexo, género.
sexología.- *(seksolojia)* s. sexologia.
sexólogo.- *(seksologo)* s. sexólogo.
sexteto.- *(seksteto)* s. sexteto, grupo de seis.
sexto.- *(seksto)* adj. sexto, sexta parte.
sexuado.- *(seksuado)* adj. sexuado.
sexual.- *(seksual)* adj. sexual.
sexualidad.- *(seksualidad)* s. sexualidade.
sheriff.- *(seriff)* s. xerife.
shock.- *(sok)* s. choque.
short.- *(sort)* s. short.
show.- *(sou)* s. show, espectáculo.
sí.- *(si)* adv. sim, partícula afirmativa.
si.- *(si)* conj. se. / exprime condição ou suposição, dúvida, motivo, oposição.
siamés.- *(siames)* adj. siamês.
sibarita.- *(sibarita)* adj. sibarita.
siberiario.- *(siberiario)* adj. siberiano.
sibila.- *(sibila)* s. sibila, profetisa.
sibilante.- *(sibilante)* adj. sibilante.
sida.- *(sida)* s. AIDS.
sideral.- *(sideral)* adj. sideral.
siderurgia.- *(siderurjia)* s. siderurgia.
siderúrgico.- *(siderurjiko)* adj. siderúrgico.

sidra.- *(sidra)* s. cidra, bebida feita de maçã.
siega.- *(siega)* s. sega, ceifa.
siembra.- *(siembra)* s. semeadura, sementeira.
siempre.- *(siempre)* adv. sempre.
sien.- *(sien)* s. têmpora.
sierpe.- *(sierpe)* s. serpente, cobra.
sierra.- *(sierra)* s. serra, serrote, cordilheira.
siervo.- *(sierbo)* s. servo, escravo.
siesta.- *(siesta)* s. sesta, tempo depois do meio-dia em que aperta mais o calor, tempo destinado a dormir depois de comer.
siete.- *(siete)* adj. sete.
sífilis.- *(sifilis)* s. sífilis.
sifilítico.- *(sifilitiko)* adj. sifilítico.
sifilógrafo.- *(sifilografo)* s. sifilógrafo, médico especialista em sífilis.
sifón.- *(sifon)* s. sifão.
sigilo.- *(sijilo)* s. sigilo, segredo.
sigiloso.- *(sijiloso)* adj. secreto.
sigla.- *(sigla)* s. sigla, abreviatura.
siglo.- *(siglo)* s. século, cem anos.
signar.- *(sijnar)* v. assinar, firmar, subscrever.
signatario.- *(sijnatario)* s. signatário, quem assina.
signatura.- *(sijnatura)* s. assinatura.
significación.- *(sijnifikazion)* s. significação, sentido de uma palavra ou frase, importância.
significado.- *(sijnifikado)* adj. significado.
significar.- *(sijnifikar)* v. significar.
significativo.- *(sijnifikatibo)* adj. significativo.
signo.- *(sijno)* s. signo, indício, sinal, estigma. / signo do Zodíaco.
siguiente.- *(sigiente)* adj. seguinte, posterior.
sílaba.- *(silaba)* s. sílaba.
silabear.- *(silabear)* v. silabar, dividir em sílabas.
silábico.- *(silabiko)* adj. silábico.
silbar.- *(silbar)* v. assobiar.
silbato.- *(silbato)* s. apito.
silbido.- *(silbido)* s. assobio.
silbo.- *(silbo)* s. assobio.
silencio.- *(silenzio)* s. silêncio.
silencioso.- *(silenzioso)* adj. silencioso.
sílice.- *(silize)* s. sílica.
silicona.- *(silikona)* s. silicone.
silicosis. *(silikosis)* s. silicose.
silo.- *(silo)* s. silo, tulha.
silogismo.- *(silojismo)* s. silogismo.
silueta.- *(silueta)* s. silhueta, perfil.
silvestre.- *(silbestre)* adj. silvestre, agreste.
silvicultor.- *(silbikultor)* s. silvicultor.
silvicultura.- *(silbikultura)* s. silvicultura, cultura dos bosques e dos montes.
silla.- *(silla)* s. cadeira, assento.
sillar.- *(sillar)* s. silhar, pedra lavrada em esquadria.
sillería.- *(silleria)* s. conjunto de cadeiras iguais. / fabrica feita de silhares.
sillón.- *(sillon)* s. cadeira de braços, poltrona.
sima.- *(sima)* s. abismo, precipício.
simbiosis.- *(simbiosis)* s. simbiose.
simbólico.- *(simboliko)* adj. simbólico, alegórico.
simbolismo.- *(simbolismo)* s. simbolismo, alegoria.
simbolista.- *(ssimbolista)* adj. simbolista.
simbolizar.- *(simbolizar)* v. simbolizar, representar.
símbolo.- *(simbolo)* s. símbolo, representação.
simbología.- *(simbolojia)* s. simbologia.
simetría.- *(simetria)* s. simetria, harmonia, proporção.
simétrico.- *(simetriko)* adj. simétrico.
simiente.- *(simiente)* s. semente, germe.
símil.- *(simil)* s. símile, comparação.
similar.- *(similar)* adj. similar, semelhante.
similitud.- *(similitud)* s. similitude, semelhança, analogia.
simio.- *(simio)* s. símio, macaco.
simonía.- *(simonia)* s. simonia.
simpatía.- *(simpatia)* s. simpatia, conformidade.
simpático.- *(simpatiko)* adj. simpático.
simpatizante.- *(simpatizante)* adj. simpatizante.
simpatizar.- *(simpatizar)* v. simpatizar.
simple.- *(simple)* adj. simples, puro, único, singelo.
simplicidad.- *(simplizidad)* s. simplicidade.
simplificar.- *(simplifikar)* v. simplificar.
simplista.- *(simplista)* adj. simplista.
simplón.- *(simplon)* adj. simplório.
simposio.- *(simposio)* s. simpósio.
simulación.- *(simulazion)* s. simulação, fingimento, dissimulação.
simulacro.- *(simulakro)* s. simulacro.
simular.- *(simular)* v. simular, fingir, aparentar.
simultáneo.- *(simultaneo)* adj. simultâneo.
sin.- *(sin)* prep. sem. / indica falta, exclusão, condição.
sinagoga.- *(sinagoga)* s. sinagoga.
sincerar.- *(sinzerar)* v. inocentar, justificar, provar a inculpabilidade de alguém. / franquear-se, abrir o coração.
sinceridad.- *(sinzeridad)* s. sinceridade, franqueza.
sincero.- *(sinzero)* adj. ingénuo, crédulo. / 2ª. adj. sincero, franco, ingénuo, verdadeiro.
síncopa.- *(sinkopa)* s. síncope, metaplasmo.
sincopar.- *(sinkopar)* v. sincopar.
síncope.- *(sinkope)* s. síncope, supressão de uma letra. / perda súbita dos sentidos, desmaio.
sincretismo.- *(sinkretismo)* s. sincretismo.
sincronía.- *(sinkronia)* s. sincronia, simultaneidade.
sincrónico.- *(sinkroniko)* adj. sincrónico, simultâneo.
sincronizar.- *(sinkronizar)* v. sincronizar.
sindical.- *(sindikal)* adj. sindical.
sindicalismo.- *(sindikalismo)* s. sindicalismo.

sindicalista.- *(sindikalista)* s. sindicalista.
sindicato.- *(sindikato)* s. sindicato.
síndico.- *(sindiko)* s. síndico, procurador, representante de um grupo.
síndrome.- *(sindrome)* s. síndroma, conjunto de sintomas.
sinfonía.- *(sinfonia)* s. sinfonia.
sinfónico.- *(sinfoniko)* adj. sinfónico.
singular.- *(singular)* adj. singular, único, individual, só.
singularidad.- *(singularidad)* s. singularidade, originalidade.
singularizar.- *(singularizar)* v. singularizar.
siniestra.- *(siniestra)* s. sinistra, esquerda.
siniestro.- *(siniestro)* adj. esquerdo.
sinnúmero.- *(sinnumero)* s. sem-número, número ilimitado, número incalculável.
sino.- *(sino)* conj. senão, mas, a não ser. / s. sina, destino, sorte.
sínodo.- *(sinodo)* s. sínodo, concílio dos bispos.
sinónimo.- *(sinonimo)* adj. sinónimo.
sinopsis.- *(sinopsis)* s. sinopse, resumo.
sinrazón.- *(sinrazon)* s. sem-razão, injustiça.
sinsabor.- *(sinsabor)* s. sensaboria, insipidez.
sintáctico.- *(sintaktiko)* adj. sintáctico.
sintaxis.- *(sintaksis)* s. sintaxe.
síntesis.- *(sintesis)* s. síntese, resumo.
sintético.- *(sintetiko)* adj. sintético, resumido.
sintetizar.- *(sintetizar)* v. sintetizar, resumir.
síntoma.- *(sintoma)* s. sintoma.
sintomático.- *(sintomatiko)* adj. sintomático, característico.
sintonía.- *(sintonia)* s. sintonia.
sintonizar.- *(sintonizar)* v. sintonizar.
sinuosidad.- *(sinuosidad)* s. sinuosidade, tortuosidade.
sinuoso.- *(sinuoso)* adj. sinuoso, ondulado, tortuoso, curvo.
sinvergüenza.- *(sinberguenza)* adj. sem-vergonha.
sionismo.- *(sionismo)* s. sionismo.
siquiera.- *(sikiera)* conj. ainda que, se bem que, mesmo que.
sirena.- *(sirena)* s. sereia. / 2ª. s. sirene de navio, de am-bulância.
sirimiri.- *(sirimiri)* s. chuvisco, chuva miúda.
sirvienta.- *(sirbienta)* s. servente, criada.
sirviente.- *(sirbiente)* adj. servente, criado, servidor.
sisa.- *(sisa)* s. cava de blusa.
sisar.- *(sisar)* v. diminuir, ajustar uma roupa. / furtar nas compras.
sísmico.- *(sismiko)* adj. sísmico.
sismógrafo.- *(sismografo)* s. sismógrafo.
sistema.- *(sistema)* s. sistema, método.
sistemático.- *(sistematiko)* adj. sistemático, metódico.
sístole.- *(sistole)* s. sístole.
sitiar.- *(sitiar)* v. sitiar, assediar, cercar.
sitio.- *(sitio)* s. sítio, lugar, espaço.
situación.- *(situazion)* s. situação, lugar, disposição, estado ou constituição das coisas ou pessoas.
situar.- *(situar)* v. situar, pôr, colocar.
slogan.- *(slogan)* s. slogan.
snob.- *(snob)* adj. esnobe.
sobaco.- *(sobako)* s. sovaco, axila.
sobar.- *(sobar)* v. sovar, amassar.
soberania.- *(soberania)* s. soberania.
soberano.- *(soberano)* adj. soberano, supremo, excelente, elevado.
soberbia.- *(soberbia)* s. soberba, soberbia, ufania, altivez, orgulho, arrogância.
soberbio.- *(soberbio)* adj. soberbo, altivo, arrogante, ufano, orgulhoso.
sobón.- *(sobon)* adj. enfadonho, maçante, chato.
sobornable.- *(sobornable)* adj. subornável.
sobornar.- *(sobornar)* v. subornar, corromper, aliciar.
soborno.- *(soborno)* s. suborno.
sobra.- *(sobra)* s. sobra, excesso.
sobrado.- *(sobrado)* adj. que sobra demasiado, abastado, rico.
sobrar.- *(sobrar)* v. sobrar, exceder, superar, ultrapassar.
sobre.- *(sobre)* prep. sobre, na parte superior de, em cima de, por cima de, próximo de. / s. envelope.
sobreabundancia.- *(sobreabundanzia)* s. superabundância.
sobrealimentar.- *(sobrealimentar)* v. superalimentar.
sobrecama.- *(sobrekama)* s. colcha, coberta de cama.
sobrecarga.- *(sobrekarga)* s. sobrecarga.
sobrecargar.- *(sobrekargar)* v. sobrecarregar.
sobrecargo.- *(sobrekargo)* s. sobrecarga, pessoa responsável pelo carregamento dum navio.
sobrecoger.- *(sobrekojer)* v. sobressaltar, surpreender.
sobreexcitar.- *(sobreekszitar)* v. superexcitar.
sobrehumano.- *(sobreumano)* adj. sobre-humano.
sobrellenar.- *(sobrellenar)* v. encher em abundância, trasbordar.
sobrellevar.- *(sobrellebar)* s. aguentar, suportar.
sobremanera.- *(sobremanera)* adv. sobremaneira, extraordinariamente.
sobremesa.- *(sobremesa)* s. toalha de mesa, tempo que se está à mesa conversando após a refeição.
sobrenatural.- *(sobrenatural)* adj. sobrenatural, prodigioso.
sobrenombre.- *(sobrenombre)* s. alcunha, sobrenome, apelido.
sobrentender.- *(sobrentender)* v. subentender, compreender.
sobrepaga.- *(sobrepaga)* s. sobrepaga.

sobreparto.- *(sobreparto)* s. sobreparto, depois do parto.
sobrepasar.- *(sobrepasar)* v. ultrapassar, exceder, avantajar.
sobreponer.- *(sobreponer)* v. sobrepor.
sobrepujar.- *(sobrepujar)* v. sobrepujar, superar.
sobresaliente.- *(sobresaliente)* adj. sobressalente.
sobresalir.- *(sobresalir)* v. sobressair, destacar.
sobresaltar.- *(sobresaltar)* v. sobressaltar.
sobresalto.- *(sobresalto)* s. sobressalto.
sobrestimar.- *(sobrestimar)* v. superestimar.
sobresueldo.- *(sobresueldo)* s. retribuição além do ordenado, gratificação.
sobretodo.- *(sobretodo)* s. sobretudo, casacão defrio.
sobrevenir.- *(sobrebenir)* v. sobrevir, suceder, vir, acontecer.
sobrevolar.- *(sobrebolar)* v. sobrevoar.
sobriedad.- *(sobriedad)* s. sobriedade, moderação, austeridade.
sobrino.- *(sobrino)* s. sobrinho.
sobrio.- *(sobrio)* adj. sóbrio, moderado, parco, frugal.
socarrón.- *(sokarron)* adj. socarrão, astuto, dissimulado.
socavar.- *(sokabar)* v. socavar, escavar, solapar.
socavón.- *(sokabon)* s. socava, cova escavada na ladeira de um monte.
sociable.- *(soziable)* adj. sociável.
social.- *(sozial)* adj. social, sociável.
socialismo.- *(sozialismo)* s. socialismo.
socialista.- *(sozialista)* adj. socialista.
socializar.- *(sozializar)* v. socializar, colectivizar.
sociedad.- *(soziedad)* s. sociedade, associação, agremiação, estado social.
socio.- *(sozio)* s. sócio, associado.
sociología.- *(soziolojia)* s. sociologia.
sociólogo.- *(soziologo)* s. sociólogo.
socorrer.- *(sokorrer)* v. socorrer, ajudar, auxiliar.
socorro.- *(sokorro)* s. socorro, ajuda, auxílio.
soda.- *(soda)* s. soda, refrigerante.
sodio.- *(sodio)* s. sódio.
sodomía.- *(sodomia)* s. sodomia.
soez.- *(soez)* adj. soez, vil, torpe, baixo, grosseiro.
sofá.- *(sofa)* s. sofá, divã.
sofisma.- *(sofisma)* s. sofisma, argumento falso.
sofisticación.- *(sofistikazion)* s. sofisticação.
sofisticar.- *(sofistikar)* v. sofisticar, adulterar, falsificar.
soflama.- *(soflama)* s. chama ténue. / rubor nas faces.
soflamar.- *(soflamar)* v. fingir. / torrar, queimar.
sofocar.- *(sofokar)* v. sufocar, asfixiar, apagar, extinguir.
sofoco.- *(sofoko)* s. sufoco, asfixia.
sofreír.- *(sofreir)* v. frigir, fritar ligeiramente.
sofrito.- *(sofrito)* s. malpassado.
soga.- *(soga)* s. corda grossa de esparto.
soja.- *(soja)* s. soja.
sojuzgar.- *(sojuzgar)* v. subjugar, submeter, dominar.
sol.- *(sol)* s. sol.
solamente.- *(solamente)* adv. somente, unicamente, apenas.
solapa.- *(solapa)* s. lapela.
solapar.- *(solapar)* v. pôr lapelas nos casacos.
solar.- *(solar)* adj. solar, relativo ao sol. / v. assoalhar, soalhar, ladrilhar, lajear, pôr solas no calçado.
solario.- *(solario)* s. solário, terraço ensolarado.
solaz.- *(solaz)* s. distracção, prazer.
soldada.- *(soldada)* s. soldo, remuneração dos militares.
soldado.- *(soldado)* s. soldado, militar.
soldador.- *(soldador)* s. soldador, ferro de soldar. / pessoa que solda..
soldar.- *(soldar)* v. soldar, unir com solda.
soledad.- *(soledad)* s. solidão.
solemne.- *(solemne)* adj. solene, majestoso, imponente.
solemnidad.- *(solemnidad)* s. solenidade.
soler.- *(soler)* v. soer, costumar, ter por hábito.
solera.- *(solera)* s. soleira, chão. / fez do vinho.
solfa.- *(solfa)* s. solfa, solfejo.
solicitar.- *(solizitar)* v. solicitar, pedir, requerer, pretender.
solícito.- *(solizito)* adj. solícito, prestativo, cuidadoso.
solicitud.- *(solizitud)* s. solicitude, cuidado, petição, requerimento.
solidaridad.- *(solidaridad)* s. solidariedade, cooperação.
solidario.- *(solidario)* adj. solidário.
solidarizar.- *(solidarizar)* v. solidarizar.
solidez.- *(solidez)* s. solidez, resistência,firmeza.
solidificación.- *(solidifikazion)* s. solidificação, endurecimento.
solidificar.- *(solidifikar)* v. solidificar, congelar, endurecer.
sólido.- *(solido)* adj. sólido, firme, denso, compacto, forte.
soliloquio.- *(solilokio)* s. solilóquio, monólogo.
solio.- *(solio)* s. trono.
solista.- *(solista)* adj. solista.
solitaria.- *(solitaria)* s. ténia.
solitario.- *(solitario)* adj. solitário, desamparado, deserto, só, retirado.
soliviantar.- *(solibiantar)* v. sublevar, incitar, induzir à revolta.
soliviar.- *(solibiar)* v. ajudar a levantar, aliviar, soerguer.

solo.- *(solo)* adj. só, único na sua espécie, isolado, sozinho, abandonado, desamparado.

sólo.- *(solo)* adv. só, somente.

solomillo.- *(solomillo)* s. lombo, lombinho de gado de corte.

solsticio.- *(solstizio)* s. solstício, época em que o sol está num dos trópicos.

soltar.- *(soltar)* v. soltar, desprender, desatar, libertar.

soltería.- *(solteria)* s. celibato.

soltero.- *(soltero)* adj. solteiro, celibatário.

solterón.- *(solteron)* adj. solteirão.

soltura.- *(soltura)* s. soltura, agilidade,destreza.

soluble.- *(soluble)* adj. solúvel.

solución.- *(soluzion)* s. solução, dissolução, resolução, resultado.

solucionar.- *(soluzionar)* v. solucionar, resolver.

solvencia.- *(solbenzia)* s. solvência, garantia, respon-sabilidade.

solventar.- *(solbentar)* v. solver, pagar dívidas, dar solução a um assunto difícil.

solvente.- *(solbente)* adj. solvente, desobrigado de dívidas.

sollozar.- *(sollozar)* v. soluçar, chorar.

sollozo.- *(sollozo)* s. soluço.

somático.- *(somatiko)* adj. somático, relativo ao corpo.

somatología.- *(somatolojia)* s. somatologia.

sombra.- *(sombra)* s. sombra, obscuridade.

sombrear.- *(sombrear)* v. sombrear.

sombrero.- *(sombrero)* s. chapéu.

sombrilla.- *(sombrilla)* s. sombrinha, guarda-sol.

sombrio.- *(sombrio)* adj. sombrio, lúgubre.

somero.- *(somero)* adj. superficial, ligeiro, aparente.

someter.- *(someter)* v. subjugar, humilhar, subor-dinar.

sometimiento.- *(sometimiento)* s. submissão, subme-timento.

somnífero.- *(somnifero)* s. sonífero.

somnolencia.- *(somnolenzia)* s. sonolência, desejo forte de dormir.

son.- *(son)* s. som, ruído.

sonado.- *(sonado)* adj. famoso, célebre.

sonambulismo.- *(sonambulismo)* s. sonambulismo.

sonámbulo.- *(sonambulo)* adj. sonâmbulo.

sonar.- *(sonar)* v. soar, ecoar, produzir som.

sonata.- *(sonata)* s. sonata.

sonda.- *(sonda)* s. sonda.

sondear.- *(sondear)* v. sondar, explorar, examinar.

soneto.- *(soneto)* s. soneto.

sonido.- *(sonido)* s. som, ruído.

sonoridad.- *(sonoridad)* s. sonoridade.

sonorizar.- *(sonorizar)* v. sonorizar, pôr som em filme.

sonoro.- *(sonoro)* adj. sonoro, que soa.

sonreír.- *(sonreir)* v. sorrir, rir.

sonrisa.- *(sonrisa)* s. sorriso, riso.

sonrojar.- *(sonrojar)* v. corar, ruborizar, enrubescer.

sonrosar.- *(sonrosar)* v. ruborizar, corar, rosar-se, tornar cor de rosa.

sonsacar.- *(sonsakar)* v. furtar, surripiar,subtrair.

soñador.- *(soñador)* adj. sonhador, devaneador.

soñar.- *(soñar)* v. sonhar, devanear, fantasiar.

soñolencia.- *(soñolenzia)* s. sonolência, soneira.

soñoliento.- *(soñoliento)* adj. sonolento.

sopapo.- *(sopapo)* s. sopapo, bofetada, bofetão.

sopera.- *(sopera)* s. sopeira, tigela para sopa.

sopero.- *(sopero)* adj. sopeiro, prato fundo para sopa.

sopesar.- *(sopesar)* v. sopesar, verificar o peso.

sopetón.- *(sopeton)* s. bofetão, sopapo.

soplar.- *(soplar)* v. assoprar, soprar, bafejar,inflar, respirar, ventar.

soplete.- *(soplete)* s. maçarico, aparelho para soldar.

soplo.- *(soplo)* s. sopro, ar, lufada.

soplón.- *(soplon)* adj. delator.

sopor.- *(sopor)* s. torpor, modorra, adormecimento, sonolência.

soporífero.- *(soporifero)* adj. soporífero, sonífero.

soportar.- *(soportar)* v. suportar, sustentar,tolerar, aguentar.

soporte.- *(soporte)* s. suporte, apoio,sustentação.

soprano.- *(soprano)* s. soprano.

sor.- *(sor)* s. soror, sor, irmã, freira.

sorber.- *(sorber)* v. sorver, absorver, aspirar.

sorbete.- *(sorbete)* s. sorvete, refresco gelado.

sorbo.- *(sorbo)* s. sorvo, trago, gole.

sordera.- *(sordera)* s. surdez, perda da audição.

sordidez.- *(sordidez)* s. sordidez.

sórdido.- *(sordido)* adj. sórdido, sujo, nojento, imundo, mesquinho.

sordina.- *(sordina)* s. surdina.

sordo.- *(sordo)* adj. surdo, que não escuta.

sordomudo.- *(sordomudo)* adj. surdo-mudo.

sorna.- *(sorna)* s. indolência, molenga, preguiça, lentidão, inércia. / 2ª. s. velhacaria.

sorprendente.- *(sorprendente)* adj. surpreendente, maravilhoso, raro, estranho, esquisito, magnífico.

sorprender.- *(sorprender)* v. surpreender, sobre-ssaltar, espantar, maravilhar.

sorpresa.- *(sorpresa)* s. surpresa, admiração, assombro, espanto.

sortear.- *(sortear)* v. sortear, rifar.

sorteo.- *(sorteo)* s. sorteio.

sortija.- *(sortija)* s. anel.

sortilegio.- *(sortilejio)* s. sortilégio, adivinhação supersticiosa.

sosa.- *(sosa)* s. soda, óxido de sódio.

sosegado.- *(sosegado)* adj. sossegado, tranquilo, calmo, quieto.

sosegar.- *(sosegar)* v. sossegar, tranquilizar, acalmar, aquietar, descansar.

sosiego.- *(sosiego)* s. sossego, calma, tranquilidade, paz, quietude, serenidade.

soslayar.- *(soslayar)* v. esguelhar.

soslayo.- *(soslayo)* adj. esguelhado, oblíquo.

soso.- *(soso)* adj. insosso, insípido.

sospecha.- *(sospecha)* s. suspeita, desconfiança, dúvida.

sospechar.- *(sospechar)* v. suspeitar, desconfiar, duvidar.

sospechoso.- *(sospechoso)* adj. suspeitoso, suspeito, equívoco, indicioso.

sostén.- *(sosten)* s. sustento, apoio, arrimo, encosto. / 2ª. s. sutiã, porta-seios.

sostener.- *(sostener)* v. sustentar, apoiar, suster.

sostenido.- *(sostenido)* adj. sustentado,apoiado, amparado, firme, seguro.

sotana.- *(sotana)* s. batina de padre.

sótano.- *(sotano)* s. porão.

soterrar.- *(soterrar)* v. soterrar, enterrar.

soviético.- *(sobietiko)* adj. soviético.

status.- *(estatus)* s. status, posição, condição social.

stress.- *(estres)* s. stress, esgotamento.

suave.- *(suabe)* adj. suave, liso, polido, fino, leve, delicado, melodioso.

suavidad.- *(suabidad)* s. suavidade, doçura, brandura.

suavizar.- *(suabizar)* v. suavizar.

subalterno.- *(subalterno)* adj. subalterno, subordinado.

subasta.- *(subasta)* s. leilão.

subastar.- *(subastar)* v. leiloar.

subconsciente.- *(subkonsziente)* adj. subconsciente.

subcutáneo.- *(subkutaneo)* adj. subcutâneo, sob a pele.

subdesarrollo.- *(subdesarrollo)* s. subdesenvolvimento.

súbdito.- *(subdito)* adj. súdito, vassalo.

subdividir.- *(subdibidir)* v. subdividir, dividir.

subestimar.- *(subestimar)* v. subestimar.

subida.- *(subida)* s. subida, ladeira.

subir.- *(subir)* v. subir, elevar, levantar, endireitar, ascender, crescer,aumentar.

súbito.- *(subito)* adj. súbito, repentino, inesperado, imprevisto.

subjetivismo.- *(subjetibismo)* s. subjectivismo.

subjetivo.- *(subjetibo)* adj. subjectivo.

subjuntivo.- *(subjuntibo)* adj. subjuntivo.

sublevar.- *(sublebar)* v. sublevar, amotinar.

sublimar.- *(sublimar)* v. sublimar, exaltar.

sublime.- *(sublime)* adj. sublime, elevado, eminente, excelso, esplêndido.

submarino.- *(submarino)* adj. submarino.

subordinar.- *(subordinar)* v. subordinar, sujeitar.

subproducto.- *(subprodukto)* s. subproduto.

subrayar.- *(subrayar)* v. sublinhar.

subrepticio.- *(subreptizio)* adj. subreptício, furtivo.

subrogar.- *(subrogar)* v. subrogar.

subsanar.- *(subsanar)* v. desculpar, escusar.

subscribir.- *(suskribir)* v. subscrever.

subscrito.- *(suskrito)* s. subscrito.

subsidiario.- *(subsidiario)* adj. subsidiário, auxiliar.

subsidio.- *(subsidio)* s. subsídio, ajuda oficial.

subsiguiente.- *(subsigiente)* adj. subsequente.

subsistencia.- *(subsistenzia)* s. subsistência, existência.

subsistir.- *(subsistir)* v. subsistir, existir.

substancia.- *(sustanzia)* s. substância.

substancial.- *(sustanzial)* adj. substancial,essencial.

substancioso.- *(sustanzioso)* adj. substancioso, nutritivo.

substantivo.- *(sustantibo)* s. substantivo.

substitución.- *(sustituzion)* s. substituição, troca, permuta.

substituir.- *(sustituir)* v. substituir, permutar, trocar, repor.

substituto.- *(sustituto)* s. substituto, suplente.

substracción.- *(sustrakzion)* s. subtracção,

substraer.- *(sustraer)* v. subtrair, deduzir.

substrato.- *(sustrato)* s. substrato, camada inferior.

subsuelo.- *(subsuelo)* s. subsolo.

subterfúgio.- *(ssubterfujio)* s. subterfúgio, pretexto.

subterráneo.- *(subterraneo)* adj. subterrâneo.

suburbano.- *(suburbano)* adj. suburbano.

suburbio.- *(suburbio)* s. subúrbio.

subvención.- *(subbenzion)* s. subvenção, subsídio.

subvencionar.- *(subbenzionar)* v. subvencionar, subsidiar.

subvenir.- *(subenir)* v. auxiliar, ajudar.

subversión.- *(subersion)* s. subversão.

subvertir.- *(subertir)* v. subverter.

subyacente.- *(subyazente)* adj. subjacente.

subyugar.- *(subyugar)* v. subjugar, dominar.

succión.- *(sukzion)* s. sucção.

sucedáneo.- *(suzedaneo)* adj. sucedâneo, similar.

suceder.- *(suzeder)* v. suceder, seguir, substituir, descender, herdar.

sucesión.- *(suzesion)* s. sucessão, continuação.

sucesivo.- *(suzesibo)* adj. sucessivo, consecutivo.

suceso.- *(suzeso)* s. sucesso, êxito, acontecimento, fato, evento.

sucesor.- *(suzesor)* s. sucessor, descendente, herdeiro.

suciedad.- *(suziedad)* s. sujeira, imundície.

sucinto.- *(suzinto)* adj. sucinto, resumido, breve.

sucio.- *(suzio)* adj. sujo, imundo.

suculento.- *(sukulento)* adj. suculento.

sucumbir.- *(sukumbir)* v. sucumbir, render-se.

sucursal.- *(sukursal)* s. sucursal, filial.

sudamericano.- *(sudamerikano)* adj. sul-americano.

sudar.- *(sudar)* v. suar, transpirar.

sudario.- *(sudario)* s. sudário.

sudeste.- *(sudeste)* s. sudeste.

sudoeste.- *(sudoeste)* s. sudoeste,

sudor.- *(sudor)* s. suor, transpiração.

suegro.- *(suegro)* s. sogro.

suela.- *(suela)* v. sola de calçado, planta do pé.

sueldo.- *(sueldo)* s. soldo de militar, pagamento, remuneração, honorários.

suelo.- *(suelo)* s. solo, chão, terreno, terra,território.

suelto.- *(suelto)* adj. solto, livre, desembaraçado, ligeiro, veloz,desagregado.

sueño.- *(sueño)* s. sono, acção de dormir, vontade de dormir.

suero.- *(suero)* s. soro.

suerte.- *(suerte)* s. sorte, destino, estado,condição.

suéter.- *(sueter)* s. suéter, malha, blusa.

suficiencia.- *(sufizienzia)* s. suficiência, capacidade.

suficiente.- *(sufiziente)* adj. suficiente, capaz, competente, apto.

sufijo.- *(sufijo)* adj. sufixo.

sufragar.- *(sufragar)* v. sufragar, ajudar, custear, satisfazer.

sufragio.- *(sufrajio)* s. sufrágio, ajuda, favor, voto.

sufrido.- *(sufrido)* adj. sofrido.

sufrimiento.- *(sufrimiento)* s. sofrimento, padecimento, dor, aflição.

sufrir.- *(sufrir)* v. sofrer, padecer.

sugerencia.- *(sujerenzia)* s. sugestão, insinuação.

sugerir.- *(sujerir)* v. sugerir, insinuar, inspirar, lembrar, evocar.

sugestión.- *(sujestion)* s. sugestão, indução.

sugestionar.- *(sujestionar)* v. sugestionar,dominar, influir.

sugestivo.- *(sujestibo)* adj. sugestivo.

suicida.- *(suizida)* s. suicida.

suicidarse.- *(suizidarse)* v. suicidar-se, matar-se.

suicidio.- *(suizidio)* s. suicídio.

suite.- *(suite)* s. suíte.

sujeción.- *(sujezion)* s. sujeição, submissão.

sujetar.- *(sujetar)* v. sujeitar, submeter ao domínio de alguém.

sujeto.- *(sujeto)* adj. sujeito.

sulfato.- *(sulfato)* s. sulfato.

sulfúrico.- *(sulfuriko)* adj. sulfúrico, sulfúreo.

sulfuro.- *(sulfuro)* s. sulfuro.

sultán.- *(sultan)* s. sultão.

suma.- *(suma)* s. soma, adição.

sumar.- *(sumar)* v. somar, adicionar.

sumario.- *(sumario)* adj. abreviado, reduzido.

sumario.- *(sumario)* s. sumário, resumo, síntese.

sumergible.- *(sumerjible)* adj. submersível.

suministrar.- *(suministrar)* v. subministrar, ministrar.

suministro.- *(suministro)* s. provisão, abastecimento.

sumir.- *(sumir)* v. sumir, afundar, desaparecer.

sumisión.- *(sumision)* s. submissão, sujeição, acatamento.

sumiso.- *(sumiso)* adj. submisso, obediente, subordinado, rendido, subjugado.

sumo.- *(sumo)* adj. sumo, altíssimo, supremo.

suntuosidad.- *(suntuosidad)* s. sumptuosidade, luxo, pompa.

suntuoso.- *(suntuoso)* adj. sumptuoso, magnífico, pomposo, luxuoso.

supeditar.- *(supeditar)* v. sujeitar, oprimir, dominar.

superable.- *(superable)* adj. superável.

superación.- *(superazion)* s. superação.

superar.- *(superar)* v. superar, exceder, ultrapassar, vencer.

superchería.- *(supercheria)* s. embuste, engano, fraude.

superdotado.- *(superdotado)* adj. superdotado.

superestructura.- *(superestruktura)* s. superestrutura.

superficial.- *(superfizial)* adj. superficial.

superficie.- *(superfizie)* s. superfície.

superfluo.- *(superfluo)* adj. supérfluo, desnecessário, inútil.

superhombre.- *(superombre)* s. super-homem.

superintendencia.- *(superintendenzia)* s. superintendência.

superior.- *(superior)* adj. superior, mais elevado.

superiora.- *(superiora)* s. superiora, abadessa.

superioridad.- *(superioridad)* s. superioridade, vantagem.

superlativo.- *(superlatibo)* adj. superlativo, muito grande, excelente.

supermercado.- *(supermerkado)* s. supermercado.

superpoblación.- *(superpoblazion)* s. superpopulação.

superponer.- *(superponer)* v. sobrepor, pôr acima.

superposición.- *(superposizion)* s. superposição, sobreposição.

superproducción.- *(superprodukzion)* s. superprodução.

supersónico.- *(supersoniko)* adj. supersónico.

superstición.- *(superstizion)* s. superstição, crença.

supersticioso.- *(superstizioso)* adj. supersticioso, crédulo.

supervalorar.- *(superbalorar)* v. supervalorizar.

supervisar.- *(superbisar)* v. supervisionar,verificar, examinar.

supervisión.- *(superbision)* s. supervisão, verificação, exame.

supervivencia.- *(superbibenzia)* s. sobrevivência.

superviviente.- *(superbibiente)* s. sobrevivente.

suplantar.- *(suplantar)* v. suplantar, falsificar, usurpar.

suplemento.- *(suplemento)* s. suplemento, complemento, acréscimo.

suplencia.- *(suplenzia)* s. suplência, substituição.

suplente.- *(suplente)* s. suplente, substituto.

súplica.- *(suplika)* s. súplica, pedido, prece.

suplicar.- *(suplikar)* v. suplicar, implorar, pedir, rogar.

suplicio.- *(suplizio)* s. suplício, tortura, tormento.

suplir.- *(suplir)* v. suprir, completar,substituir.

suponer.- *(suponer)* v. supor, imaginar, fingir, presumir.

suposición.- *(suposizion)* s. suposição, hipótese.

supositorio.- *(supositorio)* s. supositório.

supremacía.- *(supremazia)* s. supremacia, grau superior.

supremo.- *(supremo)* adj. supremo, grau máximo, altíssimo, último.

supresión.- *(supresion)* s. supressão, eliminação.

suprimir.- *(suprimir)* v. suprimir, anular,eliminar.

supuesto.- *(supuesto)* adj. suposto, hipotético.

supurar.- *(supurar) (supurar)* v. supurar, inflamar, formar pus.

sur.- *(sur)* s. sul.

surcar.- *(surkar)* v. sulcar, riscar, caminhar,navegar.

surco.- *(surko)* s. sulco, rego, risco, raia, ruga.

sureño.- *(sureño)* adj. sulino.

sureste.- *(sureste)* s. sudeste.

surf.- *(surf)* s. surfe.

surgir.- *(surjir)* v. surgir, aparecer, emergir, nascer, brotar, despontar.

suroeste.- *(suroeste)* s. sudoeste.

surtido.- *(surtido)* adj. sortido, misturado, variado.

surtir.- *(surtir)* v. sortir, prover, abastecer, fornecer, jorrar água.

susceptibilidad.- *(suszeptibilidad)* s. susceptibilidade, sensibilidade, delicadeza.

susceptible.- *(suszeptible)* adj. susceptível, sensível, delicado.

suscitar.- *(suszitar)* v. suscitar, promover, levantar.

suspender.- *(suspender)* v. suspender, pendurar, suster.- reprovar em um exame.

suspensión.- *(suspension)* s. suspensão, demora, privação de emprego. / molas do carro.

suspicacia.- *(suspikazia)* s. suspicácia, suspeita, desconfiança.

suspirar.- *(suspirar)* v. suspirar.

suspiro.- *(suspiro)* s. suspiro.

sustancia.- *(sustanzia)* s. substância, essência, parte nutritiva.

sustancial.- *(sustanzial)* adj. substancial.

sustancioso.- *(sustanzioso)* adj. substancioso, suculento.

sustantivo.- *(sustantibo)* adj. substantivo.

sustentar.- *(sustentar)* v. sustentar, manter.

sustento.- *(sustento)* s. sustento, alimento, manutenção.

sustitución.- *(sustituzion)* s. substituição.

sustituir.- *(sustituir)* v. substituir.

sustituto.- *(sustituto)* s. substituto.

susto.- *(susto)* s. susto, sobressalto,espanto.

sustracción.- *(sustrakzion)* s. subtracção, dedução.

sustraer.- *(sustraer)* v. subtrair, diminuir.

susurrar.- *(susurrar)* v. sussurrar, murmurar.

susurro.- *(susurro)* s. sussurro, murmúrio.

sutil.- *(sutil)* adj. subtil, fino, delicado.

sutileza.- *(sutileza)* s. subtileza.

sutura.- *(sutura)* s. sutura, costura cirúrgica.

suyo.- *(suyo)* pron. seu, dele.

svástica.- *(esbastika)* s. suástica, diagrama místico de bom agouro.

T

t.- *(t)* s. vigésima primeira letra do alfabeto espanhol.
tabacal.- *(tabakal)* s. tabacal, lugar semeado de tabaco.
tabacalero.- *(tabakalero)* adj. tabaqueiro.
tabaco.- *(tabako)* s. tabaco.
tabal.- *(tabal)* s. barrica onde se conserva o arenque.
tabalear.- *(tabalear)* v. mexer, mover, agitar, tamborilar.
tabaleo.- *(tabaleo)* s. agitação, movimento.
tabanco.- *(tabanko)* s. banca, barraca, tenda nas ruas ou mercados.
tábano.- *(tabano)* s. tabão, mosquito grande.
tabaquera.- *(tabakera)* s. tabaqueira, bolsa ou caixa para tabaco, caixa de rapé.
tabaquería.- *(tabakeria)* s. tabacaria.
tabaquismo.- *(tabakismo)* s. tabagismo, intoxicação por tabaco.
tabardo.- *(tabardo)* s. abrigo, casaco de tecido grosso.
taberna.- *(taberna)* s. taverna, bodega, casa onde se vende vinho e outras bebidas.
tabernáculo.- *(tabernakulo)* s. tabernáculo.
tabernero.- *(tabernero)* s. taberneiro.
tabique.- *(tabike)* s. tabique, parede fina.
tabla.- *(tabla)* s. tábua.
tablado.- *(tablado)* s. tablado, estrado, andaime, palco. / tábuas da camas. / patíbulo.
tablero.- *(tablero)* s. tabuleiro.
tableta.- *(tableta)* s. tablete, pastilha.
tablilla.- *(tablilla)* s. tabuleta.
tabloide.- *(tabloide)* s. tablóide, jornal em tamanho reduzido.
tabloza.- *(tabloza)* s. paleta de pintor.
tabú.- *(tabu)* s. tabu.
tabuco.- *(tabuko)* s. cubículo, quarto pequeno.
tabular.- *(tabular)* v. tabular.
taburete.- *(taburete)* s. tamborete, pequeno assento sem espaldar e braços.
tacaño.- *(takaño)* adj. tacanho, sovina, avarento, mesquinho, miserável.
tácito.- *(tazito)* adj. tácito, implícito, silencioso, subentendido, secreto.
taciturno.- *(taziturno)* s. taciturno, tristonho, melancólico, triste.
taco.- *(tako)* s. palavrão. / 2ª. s. taco, pau roliço, cacete, pedaço de madeira, taco de bilhar.
tacón.- *(takon)* s. tacão, salto de sapato.
taconear.- *(takonear)* v. bater os tacões, pisar duro.
táctica.- *(taktika)* s. táctica, arte de combater.
táctico.- *(taktiko)* adj. táctico, arte de pôr em ordem as coisas.
tacto.- *(takto)* s. tacto, toque, apalpar.
tacha.- *(tacha)* s. tacha, nódoa, mancha, defeito. / 2ª. s. tacha, prego pequeno.
tachar.- *(tachar)* v. tachar, notar, censurar, borrar, apagar, riscar, apagar o escrito.
tacho.- *(tacho)* s. tacho, vasilha de metal para fazer guisados, caldeirão para cozer o melaço.
tachuela.- *(tachuela)* s. tachinha, percevejo.
tafetán.- *(tafetan)* s. tafetá, tecido de seda muito brilhante.
tahona.- *(taona)* s. atafona, moinho para farinha, padaria.
taimado.- *(taimado)* adj. taimado, malicioso, astuto, velhaco, matreiro.
tajada.- *(tajada)* s. talhada, fatia.
tajar.- *(tajar)* v. talhar, cortar.
tajo.- *(tajo)* s. talho, corte profundo.
tal.- *(tal)* adj. tal, semelhante. / adv. tal, assim mesmo, desta maneira.
tala.- *(tala)* s. tala, corte de árvores.
taladrador.- *(taladrador)* s. máquina para furar, furadeira, broca, verruma, perfuradora.
taladrar.- *(taladrar)* v. perfurar, furar.
taladro.- *(taladro)* s. broca, verruma.
talante.- *(talante)* s. talante, desejo, vontade, gosto.
talar.- *(talar)* v. talar, cortar árvores. / destruir devastar.
talaya.- *(talaya)* s. carvalho novo.
talco.- *(talko)* s. talco, pó.
talento.- *(talento)* s. talento, capacidade intelectual, aptidão.
talentoso.- *(talentoso)* adj. talentoso.
talismán.- *(talisman)* s. talismã, amuleto.
talón.- *(talon)* s. calcanhar, parte do recibo.
talonario.- *(talonario)* s. talonário.
talla.- *(talla)* s. talha, altura de um homem, porte, estatura. / 2ª. s. talha, entalhe, escultura.
tallado.- *(tallado)* adj. talhado, cortado.
tallar.- *(tallar)* v. talhar, cortar, esculpir, entalhar.
tallarín.- *(tallarin)* s. talharim, massa de macarrão em tiras muito finas.
talle.- *(talle)* s. talhe, feitio, feição, talho, estatura.
taller.- *(taller)* s. oficina de trabalhos manuais.
tallista.- *(tallista)* s. entalhador, escultor.
tallo.- *(tallo)* s. talo, haste, caule.
tamaño.- *(tamaño)* adj. tamanho.
tambalearse.- *(tambalearse)* v. cambalear, oscilar.

tambaleo.- *(tambaleo)* s. cambaleio, oscilação.

también.- *(tambien)* adv. também, inclusive, do mesmo modo, da mesma forma, realmente, tanto assim.

tambor.- *(tambor)* s. tambor.

tampoco.- *(tampoko)* adv. também não, tampouco.

tampón.- *(tampon)* s. tampão, absorvente feminino.

tan.- *(tan)* adv. tão.

tanda.- *(tanda)* s. turno, vez.

tanga.- *(tanga)* s. tanga.

tangente.- *(tanjente)* adj. tangente.

tangible.- *(tanjible)* adj. tangível, sensível, palpável, que se pode tocar.

tango.- *(tango)* s. tango.

tanino.- *(tanino)* s. tanino.

tanque.- *(tanke)* s. própolis, própole da colmeia, substância segregada pelas abelhas para calafetar o cortiço. / 2ª. s. tanque, carro blindado, reservatório para líquidos.

tantear.- *(tantear)* v. medir, comparar, calcular, ensaiar.

tanto.- *(tanto)* adj. tanto, tão grande, muito grande.

tañer.- *(tañer)* v. tanger, tocar um instrumento musical, tanger o sino.

tapa.- *(tapa)* s. tampa.

tapar.- *(tapar)* v. tapar, cobrir, fechar com tampa, proteger.

taparrabos.- *(taparrabos)* s. tanga, calção muito curto.

tapera.- *(tapera)* s. tapera, ruínas de um povoado, habitação em ruína, pardieiro.

tapete.- *(tapete)* s. tapete pequeno, pano para enfeitar os moveis.

tapia.- *(tapia)* s. taipa, muro, cerca, parede de barro, tapume.

tapiar.- *(tapiar)* v. taipar, murar, fechar com taipas.

tapicería.- *(tapizeria)* s. tapeçaria,

tapicero.- *(tapizero)* s. tapeceiro.

tapioca.- *(tapioka)* s. tapioca, fécula de mandioca.

tapiz.- *(tapiz)* s. tapete, tapeçaria.

tapón.- *(tapon)* s. tampão, tampa, rolha.

taponar.- *(taponar)* v. tapar, fechar, arrolhar.

tapujo.- *(tapujo)* s. rebuço, embuço, bico.

taquicardia.- *(takikardia)* s. taquicardia.

taquigrafía.- *(takigrafia)* s. taquigrafia.

taquígrafo.- *(takigrafo)* s. taquígrafo.

taquilla.- *(takilla)* s. bilheteria, onde se vende entradas de cinema e metro.

tara.- *(tara)* s. tara, peso de mercadorias.

tarabilla.- *(tarabilla)* s. taramela, fecho de portas e janelas.

taracea.- *(tarazea)* s. marchetaria, arte de marchetar.

tarado.- *(tarado)* adj. tarado, degenerado.

tarántula.- *(tarantula)* s. tarântula, aranha venenosa.

tararear.- *(tararear)* v. cantarolar.

tardanza.- *(tardanza)* s. tardança, demora, lentidão, atraso.

tardar.- *(tardar)* v. tardar, demorar, retardar, atrasar.

tarde.- *(tarde)* adv. tarde, a hora avançada do dia ou da noite. / s. tarde, últimas horas do dia.

tardecer.- *(tardezer)* v. entardecer.

tardecica.- *(tardezika)* s. tardinha, o fim da tarde.

tardíamente.- *(tardiamente)* adv. tardiamente, tarde, depois do tempo oportuno.

tardío.- *(tardio)* adj. tardio, que vem fora do tempo, pausado, lento.

tardo.- *(tardo)* adj. tardo, vagaroso, lento, preguiçoso.

tarea.- *(tarea)* s. tarefa.

tarifa.- *(tarifa)* s. tarifa, tabela de preços.

tarifar.- *(tarifar)* v. tarifar, taxar.

tarima.- *(tarima)* s. tarimba, estrado de madeira.

tarjeta.- *(tarjeta)* s. tarjeta, cartão de visitas, cartão postal.

tarro.- *(tarro)* s. vaso bojudo, boião.

tarta.- *(tarta)* s. torta, pastel.

tartamudear.- *(tartamudear)* v. gaguejar.

tartamudo.- *(tartamudo)* adj. gago.

tártaro.- *(tartaro)* adj. tártaro dos dentes, sarro.

tartera.- *(tartera)* s. torteira.

tarugo.- *(tarugo)* s. tarugo, prego de madeira.

tasa.- *(tasa)* s. taxa, preço, preço legal, tarifa oficial.

tasar.- *(tasar)* v. taxar, fixar taxa ou preço.

tatarabuelo.- *(tatarabuelo)* s. tataravô.

tatuaje.- *(tatuaje)* s. tatuagem.

tatuar.- *(tatuar)* v. tatuar.

tautología.- *(tautolojia)* s. tautologia, repetição.

taxi.- *(taksi)* s. táxi.

taxidermia.- *(taksidermia)* s. taxidermia.

taxímetro.- *(taksimetro)* s. taxímetro.

taxista.- *(taksista)* s. taxista.

taza.- *(taza)* s. xícara.

té.- *(te)* s. chá.

tea.- *(tea)* s. teia, facho, archote.

teatral.- *(teatral)* adj. teatral.

teatro.- *(teatro)* s. teatro.

tecla.- *(tekla)* s. tecla.

técnico.- *(tekniko)* adj. técnico.

tecnocracia.- *(teknokrazia)* s. tecnocracia.

tecnología.- *(teknolojia)* s. tecnologia.

tecnológico.- *(teknolojiko)* adj. tecnológico.

techar.- *(techar)* v. cobrir, construir o teto.

techo.- *(techo)* s. teto.

tedio.- *(tedio)* s. tédio, fastio, aborrecimento.

teja.- *(teja)* s. telha.

tejado.- *(tejado)* s. telhado.

tejar.- *(tejar)* v. telhar, cobrir.

tejer.- *(tejer)* v. tecer.

tejido.- *(tejido)* s. tecido.
tela.- *(tela)* s. tecido, pano.
telar.- *(telar)* s. tear, máquina para tecer.
telaraña.- *(telaraña)* s. teia de aranha.
telecomunicación.- *(telekomunikazion)* s. telecomunicação.
telediario.- *(telediario)* s. telejornal.
teleférico.- *(teleferiko)* s. teleférico.
telefonear.- *(telefonear)* v. telefonar.
telefonía.- *(telefonia)* s. telefonia.
telefonista.- *(telefonista)* s. telefonista.
teléfono.- *(telefono)* s. telefone.
telegrafía.- *(telegrafia)* s. telegrafia.
telegrafiar.- *(telegrafiar)* v. telegrafar.
telegráfico.- *(telegrafiko)* adj. telegráfico.
telégrafo.- *(telegrafo)* s. telégrafo.
telegrama.- *(telegrama)* s. telegrama.
teleobjetivo.- *(teleobjetibo)* s. teleobjectiva.
telepatía.- *(telepatia)* s. telepatia.
telescopio.- *(teleskopio)* s. telescópio.
telespectador.- *(telespektador)* s. telespectador.
teletipo.- *(teletipo)* s. teletipo.
televidente.- *(telebidente)* s. espectador de televisão, telespectador.
televisar.- *(telebisar)* v. televisar.
televisión.- *(telebision)* s. televisão.
televisor.- *(telebisor)* s. televisor.
télex.- *(teleks)* s. telex.
telón.- *(telon)* s. pano de fundo do teatro, cenário.
tema.- *(tema)* s. tema, assunto, argumento.
temático.- *(tematiko)* adj. temático.
temblar.- *(temblar)* v. tremer, estremecer.
temblor.- *(temblor)* s. terremoto. / 2ª. s. tremor, estremecimento.
temer.- *(temer)* v. temer, recear, duvidar.
temerario.- *(temerario)* adj. temerário, imprudente, ousado, arriscado.
temeridad.- *(temeridad)* s. temeridade, imprudência, ousadia.
temeroso.- *(temeroso)* adj. temeroso.
temor.- *(temor)* s. temor, medo, receio.
temperamental.- *(temperamental)* adj. temperamental.
temperamento.- *(temperamento)* s. temperamento, carácter, índole.
temperatura.- *(temperatura)* s. temperatura, clima. / grau de calor dos corpos.
tempestad.- *(tempestad)* s. tempestade, tormenta, temporal.
tempestuoso.- *(tempestuoso)* adj. tempestuoso.
templado.- *(templado)* adj. temperado, moderado, comedido, sóbrio, tépido, morno.
templanza.- *(templanza)* s. temperança, moderação.
templar.- *(templar)* v. temperar, moderar, amenizar, suavizar, amornar.
templario.- *(templario)* s. templário, ordem de cavalaria para proteger os Lugares Santos de Jerusalém.
temple.- *(temple)* s. ordem dos templários. / 2ª. s. tempérie, temperatura, têmpera, temperamento.
templo.- *(templo)* s. templo, igreja.
temporada.- *(temporada)* s. temporada, período, época, espaço de tempo.
temporal.- *(temporal)* adj. temporal, transitório, temporário, passageiro. / s. tempestade, tormenta.
temporalmente.- *(temporalmente)* adv. temporariamente, temporalmente.
temporero.- *(temporero)* adj. interino, provisório.
tempranero.- *(tempranero)* adj. prematuro, antecipado, temporão.
temprano.- *(temprano)* adj. temporão, antecipado, prematuro, adiantado, precoce.
tenacidad.- *(tenazidad)* s. tenacidade, persistência, contumácia, pertinácia.
tenacillas.- *(tenazillas)* s. tenazes, pinça.
tenaz.- *(tenaz)* adj. tenaz, muito aderente.
tenaza.- *(tenaza)* s. tenaz, torquês.
tendel.- *(tendel)* s. cordel de pedreiro.
tendencia.- *(tendenzia)* s. tendência, inclinação, propensão, queda, vocação.
tendencioso.- *(tendenzioso)* adj. tendencioso.
tender.- *(tender)* v. tender, desdobrar, estender, desenrolar, espalhar, alargar.
tenderete.- *(tenderete)* s. barraca para vender ao ar livre.
tendero.- *(tendero)* s. tendeiro, lojista, retalhista.
tendón.- *(tendon)* s. tendão.
tenebroso.- *(tenebroso)* adj. tenebroso, escuro, cheio de trevas.
tenedor.- *(tenedor)* s. garfo de mesa. / 2ª. s. possuidor.
tener.- *(tener)* v. ter, possuir.
tenia.- *(tenia)* s. ténia, solitária, verme.
teniente.- *(teniente)* s. tenente.
tenis.- *(tenis)* s. ténis.
tenista.- *(tenista)* s. tenista.
tenor.- *(tenor)* s. tenor.
tensión.- *(tension)* s. tensão, pressão.
tenso.- *(tenso)* adj. teso, esticado, estirado.
tentación.- *(tentazion)* s. tentação, impulso repentino.
tentáculo.- *(tentakulo)* s. tentáculo.
tentar.- *(tentar)* v. tentear, tactear, examinar, instigar, seduzir, sondar.
tentativa.- *(tentatiba)* s. tentativa.
tenue.- *(tenue)* s. adj. ténue, delicado, delgado, subtil, ligeiro.

teñir.- *(teñir)* v. tingir, mudar a cor.

teología.- *(teolojia)* s. teologia.

teólogo.- *(teologo)* s. teólogo.

teorema.- *(teorema)* s. teorema.

teoría.- *(teoria)* s. teoria.

teorizar.- *(teorizar)* v. teorizar, tratar de um assunto só em teoria.

tequila.- *(tekila)* s. tequila, bebida alcoólica.

terapeuta.- *(terapeuta)* s. terapeuta, clínico.

terapéutica.- *(terapeutika)* s. terapêutica, tratamento das doenças.

terapia.- *(terapia)* s. terapia, tratamento.

tercero.- *(terzero)* adj. terceiro.

terceto.- *(terzeto)* s. terceto, estância de três versos. / composição para três vozes ou instrumentos.

terciar.- *(terziar)* v. atravessar, pôr em diagonal, cruzar.- dividir uma coisa em três partes.

tercio.- *(terzio)* adj. terço, terça parte.

terciopelo.- *(terziopelo)* s. veludo.

terco.- *(terko)* adj. teimoso, obstinado, pertinaz.

tergiversación.- *(terjibersazion)* s. tergiversação, evasiva.

tergiversar.- *(terjibersar)* v. tergiversar.

termas.- *(termas)* s. termas, banhos quentes, banhos termais.

térmico.- *(termiko)* adj. térmico, relativo ao calor.

terminación.- *(terminazion)* s. terminação, conclusão.

terminal.- *(terminal)* adj. terminal, final, último.

terminar.- *(terminar)* v. terminar, acabar, concluir, rematar.

término.- *(termino)* s. término, fim, conclusão, remate.- limite, marca, baliza. / termo, prazo.

termo.- *(termo)* s. recipiente térmico, garrafa térmica.

termodinámica.- *(termodinamika)* s. termodinâmica.

termómetro.- *(termometro)* s. termómetro.

termonuclear.- *(termonuklear)* adj. termonuclear.

termostato.- *(termostato)* s. termostato.

terna.- *(terna)* s. terno, trio, lista com três nomes, lista tríplice.

ternero.- *(ternero)* s. terneiro, bezerro, vitelo.

ternura.- *(ternura)* s. ternura, carinho, amor, afeição, doçura.

terquedad.- *(terkedad)* s. teimosia, teima, obstinação, pertinácia.

terracota.- *(terrakota)* s. terracota, barro cozido.

terraplén.- *(terraplen)* s. terraplanagem, aterro.

terráqueo.- *(terrakeo)* adj. terráqueo, terrestre.

terrateniente.- *(terrateniente)* s. latifundiário, fazendeiro, dono de grandes extensões de terra.

terraza.- *(terraza)* s. terraço, balcão descoberto e amplo, varanda.

terremoto.- *(terremoto)* s. terremoto, sismo.

terreno.- *(terreno)* adj. terreno, terrestre. / s. terreno, solo, terra, campo, área de actuação.

terrestre.- *(terrestre)* adj. terrestre.

terrible.- *(terrible)* adj. terrível, horrível, desmesurado.

territorio.- *(territorio)* s. território, área de um país ou região.

terrón.- *(terron)* s. torrão.

terror.- *(terror)* s. terror, medo, espanto, horror, pavor.

terrorismo.- *(terrorismo)* s. terrorismo.

terrorista.- *(terrorista)* adj. terrorista.

terso.- *(terso)* adj. terso, puro, limpo, polido.

tertulia.- *(tertulia)* s. tertúlia.

tesar.- *(tesar)* v. esticar, tesar.

tesis.- *(tesis)* s. tese.

tesón.- *(teson)* s. rijeza, firmeza, constância, vontade.

tesorería.- *(tesoreria)* s. tesouraria.

tesorero.- *(tesorero)* s. tesoureiro.

tesoro.- *(tesoro)* s. tesouro.

test.- *(test)* s. teste, prova.

testa.- *(testa)* s. testa, cabeça, fronte.

testaferro.- *(testaferro)* s. testa-de-ferro.

testamento.- *(testamento)* s. testamento.

testar.- *(testar)* v. testar, fazer testamento, legar. / provar, examinar.

testarudo.- *(testarudo)* adj. cabeçudo, teimoso.

testículo.- *(testikulo)* s. testículo, escroto.

testificar.- *(testifikar)* v. atestar, declarar, testemunhar.

testigo.- *(testigo)* s. testemunha, testemunho, depoimento.

testimoniar.- *(testimoniar)* v. testemunhar.

testimonio.- *(testimonio)* s. testemunho, depoimento.

teta.- *(teta)* s. teta, mama, úbere de animais. / seio humano, peito.

tétano.- *(tetano)* s. tétano.

tetera.- *(tetera)* s. chaleira, bule de chá.

tétrico.- *(tetriko)* adj. tétrico, triste, grave, melancólico.

textil.- *(tekstil)* adj. têxtil.

texto.- *(teksto)* s. texto.

textual.- *(tekstual)* adj. textual, conforme o texto.

textura.- *(tekstura)* s. textura, disposição dos fios do tecido.

tez.- *(tez)* s. tez, epiderme do rosto, cútis.

ti.- *(ti)* pron. ti.

tía.- *(tia)* s. tia, irmã dos pais. / mulher.

tiara.- *(tiara)* s. tiara, mitra.

tibetano.- *(tibetano)* adj. tibetano.

tíbia.- *(tibia)* s. tíbia, osso principal da perna.

tibio.- *(tibio)* adj. tépido, morno.

tiburón.- *(tiburon)* s. tubarão.

tiempo.- *(tiempo)* s. tempo, época, estação do ano. / idade.

tienda.- *(tienda)* s. tenda, barraca de campanha ou feira, loja, comércio.

tiento.- *(tiento)* s. tento, tino, tacto.

tierno.- *(tierno)* adj. terno, mole, brando, delicado, flexível, fresco.

tierra.- *(tierra)* s. terra, planeta terra. / solo,chão, área para cultivo. / região, país.

tieso.- *(tieso)* adj. teso, rígido, firme.

tiesto.- *(tiesto)* s. vaso de barro para plantas.

tifón.- *(tifon)* s. tufão, furacão.

tifus.- *(tifus)* s. tifo.

tigre.- *(tigre)* s. tigre.

tijera.- *(tijera)* s. tesoura.

tila.- *(tila)* s. tila, chá de tila.

tildar.- *(tildar)* v. pontuar. / apelidar.

tilde.- *(tilde)* s. til.

timar.- *(timar)* v. enganar, iludir, surrupiar, furtar.

timbrar.- *(timbrar)* v. timbrar, selar, carimbar.

timbre.- *(timbre)* s. campainha. / 2ª. s. timbre, selo.

tímido.- *(timido)* adj. tímido, acanhado.

timo.- *(timo)* s. conto do vigário, vigarice.

timón.- *(timon)* s. timão, leme.

timorato.- *(timorato)* adj. tímido, indeciso, medroso.

tímpano.- *(timpano)* s. tímpano.

tina.- *(tina)* s. tina, talha de barro, cuba, banheira.

tinaja.- *(tinaja)* s. talha, vasilha de barro cozido de bojo muito grande.

tinglado.- *(tinglado)* s. enredo, trama, artifício, maquinação.

tiniebla.- *(tiniebla)* s. treva, escuridão.

tino.- *(tino)* s. tino, juízo, tacto, destreza.

tinta.- *(tinta)* s. tinta.

tintero.- *(tintero)* s. tinteiro.

tinto.- *(tinto)* adj. tinto, de cor escura da uva, tingido.

tintorería.- *(tintoreria)* s. tinturaria.

tintorero.- *(tintorero)* s. tintureiro.

tintura.- *(tintura)* s. tintura, pintura no rosto.

tiña.- *(tiña)* s. traça, lagarta, tinha, doença de pele.

tío.- *(tio)* s. tio, irmão dos pais. / homem.

tiovivo.- *(tiobibo)* s. carrossel.

típico.- *(tipiko)* adj. típico, característico, simbólico.

tipo.- *(tipo)* s. tipo, modelo, exemplar, original.

tipografía.- *(tipografia)* s. tipografia.

tipógrafo.- *(tipografo)* s. tipógrafo.

tira.- *(tira)* s. tira, pedaço comprido e estreito de pano ou papel.

tirada.- *(tirada)* s. tirada, arremesso, série de coisas que se diz ou se escreve de uma vez.

tirador.- *(tirador)* s. puxador.

tiraje.- *(tiraje)* s. tiragem, impressão.

tiranía.- *(tirania)* s. tirania, opressão, despotismo.

tiranizar.- *(tiranizar)* v. tiranizar, oprimir, escravizar.

tirano.- *(tirano)* adj. tirano, déspota, dominador.

tirante.- *(tirante)* adj. tirante, teso. / s. suspensório.

tirar.- *(tirar)* v. tirar, arremessar, esticar, estender, estirar, alongar. / puxar, arrastar. / traçar linhas.

tiritar.- *(tiritar)* v. tiritar, tremer de frio.

tiro.- *(tiro)* s. tiro, disparo.

tiroides.- *(tiroides)* s. tiróide.

tirolés.- *(tiroles)* adj. tirolês.

tirón.- *(tiron)* s. puxão. / grande distância.

tirotear.- *(tirotear)* v. tirotear.

tirria.- *(tirria)* s. birra, pirraça, teima, mania, zanga, antipatia, ódio.

tisis.- *(tisis)* s. tísica, tuberculose.

titán.- *(titan)* s. titã, gigante.

títere.- *(titere)* s. títere, fantoche, boneco.

tití.- *(titi)* s. mico.

titilar.- *(titilar)* v. titilar, palpitar.

titiritar.- *(titiritar)* v. tremer de frio ou medo.

titubear.- *(titubear)* v. titubear, cambalear, oscilar.

titular.- *(titular)* adj. titular, dar nome.

título.- *(titulo)* s. título, epígrafe, inscrição, letreiro, denominação.

tiza.- *(tiza)* s. giz.

tiznar.- *(tiznar)* v. tisnar, enegrecer.

tizne.- *(tizne)* s. tisne, fuligem, tição.

tiznón.- *(tiznon)* s. nódoa de carvão ou fuligem.

tizón.- *(tizon)* s. tição, pedaço de lenha meio queimada.

tizonear.- *(tizonear)* v. atiçar, atear o fume.

toalla.- *(toalla)* s. toalha.

tobillo.- *(tobillo)* s. tornozelo.

tobogán.- *(tobogan)* s. tobogã, escorregador.

toca.- *(toka)* s. touca.

tocadiscos.- *(tokadiskos)* s. toca-discos.

tocado.- *(tokado)* s. penteado, adorno da cabeça para mulheres.

tocador.- *(tokador)* s. penteadeira.

tocar.- *(tokar)* v. tocar, palpar, atingir. / chegar perto. / fazer soar.

tocayo.- *(tokayo)* s. xará, homónimo.

tocino.- *(tozino)* s. toucinho, carne gorda e salgada do porco.

tocología.- *(tokolojia)* s. obstetrícia.

tocólogo.- *(tokologo)* s. obstetra, parteiro, ginecologista.

todavía.- *(todabia)* adv. ainda, todavia, contudo, não obstante, porém.

todo.- *(todo)* adj. todo, inteiro, tudo. / 2ª. adv. sobre tudo, antes de tudo, contudo.

todopoderoso.- *(todopoderoso)* adj. todo-poderoso.

toga.- *(toga)* s. toga, traje de cerimonia.

toldo.- *(toldo)* s. toldo, cobertura de lona, madeira ou zinco.

tolerancia.- *(toleranzia)* s. tolerância, indulgência, consentimento, paciência.

tolerar.- *(tolerar)* v. tolerar, suportar, consentir, resignar-se.

tolvanera.- *(tolbanera)* s. poeirada, torvelinho de pó, poeira.

toma.- *(toma)* s. tomada, acção de tomar ou receber, conquista, ocupação.

tomar.- *(tomar)* v. tomar, pegar, agarrar./ conquistar, ocupar, abranger. / receber, aceitar. / comer ou beber. / contrair, adquirir.

tomate.- *(tomate)* s. tomate.

tómbola.- *(tombola)* s. tômbola, rifa.

tomillo.- *(tomillo)* s. tomilho.

tomo.- *(tomo)* s. tomo, volume.

ton.- *(ton)* s. tom.

tonada.- *(tonada)* s. toada, composição musical.

tonalidad.- *(tonalidad)* s. tonalidade.

tonel.- *(tonel)* s. tonel, barrica, barril, pipa.

tonelada.- *(tonelada)* s. tonelada.

tonicidad.- *(tonizidad)* s. tonicidade.

tónico.- *(toniko)* adj. tónico, fortificante.

tonificar.- *(tonifikar)* v. tonificar, fortalecer, revigorar.

tono.- *(tono)* s. tom, som, modo, maneira, inflexão da voz, expressão, entonação.

tonsura.- *(tonsura)* s. tonsura.

tontería.- *(tonteria)* s. tolice, bobagem, idiotice.

tonto.- *(tonto)* adj. tonto, parvo, idiota, doido, bobo, pateta.

topacio.- *(topazio)* s. topázio.

topar.- *(topar)* v. topar, encontrar, bater, tropeçar.

tope.- *(tope)* adv. inteiramente, plenamente, até onde se pode chegar. / s. tope, topo, tropeço, estorvo, impedimento.

tópico.- *(topiko)* adj. tópico.

topo.- *(topo)* s. toupeira.

topografía.- *(topografia)* s. topografia.

topógrafo.- *(topografo)* s. topógrafo.

topónimo.- *(toponimo)* s. topónimo.

toque.- *(toke)* s. toque, contacto. / pincelada ligeira. / toque de sinos.

toquetear.- *(toketear)* v. tocar repetidamente.

toquilla.- *(tokilla)* s. lenço pequeno que as mulheres usam na cabeça.

tórax.- *(toraks)* s. tórax, peito.

torbellino.- *(torbellino)* s. torvelinho, redemoinho, pé-de-vento.

torcer.- *(torzer)* v. torcer, dar voltas, entortar, dobrar. / azedar-se, avinagrar o vinho.

toreador.- *(toreador)* s. toureiro.

torear.- *(torear)* v. tourear.

toreo.- *(toreo)* s. toureio, acção de tourear.

torero.- *(torero)* s. toureiro.

tormenta.- *(tormenta)* s. tormenta, tempestade, mau tempo.

tormento.- *(tormento)* s. tormento, suplício.

tornado.- *(tornado)* s. tornado, furacão.

tornar.- *(tornar)* v. tornar, devolver, restituir, regressar, voltar.

tornasol.- *(tornasol)* s. girassol, tornassol, furta-cor.

torneo.- *(torneo)* s. torneio, competição.

tornero.- *(tornero)* s. torneiro, que trabalha com torno.

tornillo.- *(tornillo)* s. parafuso, torno pequeno.

torniquete.- *(tornikete)* s. torniquete, catraca.

torno.- *(torno)* s. torno, máquina para tornear.

toro.- *(toro)* s. touro.

torpe.- *(torpe)* adj. torpe, trôpego, desajeitado, inábil, rude, feio, tosco, grosseiro.

torpedear.- *(torpedear)* v. torpedear.

torpedo.- *(torpedo)* s. torpedo.

torrar.- *(torrar)* v. torrar, tostar, queimar.

torre.- *(torre)* s. torre.

torrefacción.- *(torrefakzion)* s. torrefacção.

torrencial.- *(torrenzial)* adj. torrencial.

torrente.- *(torrente)* s. torrente, corrente de água muito forte e muito rápida.

torreón.- *(torreon)* s. torreão, torre grande para defesa.

torrezno.- *(torrezno)* s. torresmo, toucinho frito.

tórrido.- *(torrido)* adj. tórrido, ardente, muito quente.

torsión.- *(torsion)* s. torção.

torso.- *(torso)* s. torso, tronco do corpo humano.

torta.- *(torta)* s. torta, pastel, pastelão.

tortícolis.- *(tortikolis)* s. torcicolo.

tortilla.- *(tortilla)* s. omelete, fritada de ovos batidos.

tortuga.- *(tortuga)* s. tartaruga.

tortuoso.- *(tortuoso)* adj. tortuoso, sinuoso.

tortura.- *(tortura)* s. tortura.

torturar.- *(torturar)* v. torturar, dar tortura, atormentar.

torva.- *(torba)* s. redemoinho, turbilhão de neve ou chuva.

torvo.- *(torbo)* adj. torvo, terrível à vista, iracundo, irado.

tos.- *(tos)* s. tosse.

tosco.- *(tosko)* adj. tosco, grosseiro, sem polimento.

toser.- *(toser)* v. tossir.

tostada.- *(tostada)* s. torrada, fatia de pão torrado.

tostar.- *(tostar)* v. tostar, torrar, queimar.

tostón.- *(toston)* s. grão-de-bico torrado, leitão assado.

total.- *(total)* adj. total, geral, universal. / adv. em suma, em resumo.

totalidad.- *(totalidad)* s. totalidade, soma, total.

totalitario.- *(totalitario)* adj. totalitário.

totalitarismo.- *(totalitarismo)* s. totalitarismo.

totalizar.- *(totalizar)* v. totalizar, somar.

tóxico.- *(toksiko)* adj. tóxico, venenoso.

toxicología.- *(toksikolojia)* s. toxicologia.

toxicómano.- *(toksikomano)* s. toxicómano.

toxina.- *(toksina)* s. toxina.

tozudo.- *(tozudo)* adj. teimoso, obstinado, porfiado.

traba.- *(traba)* s. trava, peia, calço.

trabajador.- *(trabajador)* adj. trabalhador.

trabajar.- *(trabajar)* v. trabalhar.

trabajo.- *(trabajo)* s. trabalho, ocupação, exercício, obra, produção.

trabar.- *(trabar)* v. travar, prender, agarrar, pegar, fazer parar.

trabazón.- *(trabazon)* s. travamento, conexão, ligação.

traca.- *(traka)* s. petardos, foguetes.

tracción.- *(trakzion)* s. tracção, acção de puxar, deslocar, esticar ou arrastar.

tractor.- *(traktor)* s. tractor, máquina agrícola.

tradición.- *(tradizion)* s. tradição, transmissão de notícias ou costumes.

tradicional.- *(tradizional)* adj. tradicional.

traducción.- *(tradukzion)* s. tradução, interpretação.

traducir.- *(traduzir)* v. traduzir, interpretar.

traductor.- *(traduktor)* s. tradutor, intérprete.

traer.- *(traer)* v. trazer, trasladar, atrair.

traficante.- *(trafikante)* adj. traficante, negociante.

traficar.- *(trafikar)* v. traficar, negociar.

tráfico.- *(trafiko)* s. tráfico, comércio, trânsito.

tragaluz.- *(tragaluz)* s. clarabóia.

tragar.- *(tragar)* v. tragar, engolir, ingerir, absorver, tolerar, dissimular.

tragedia.- *(trajedia)* s. tragédia, drama, obra dramática.

trágico.- *(trajiko)* adj. trágico, dramático.

trago.- *(trago)* s. trago, gole, sorvo.

traición.- *(traizion)* s. traição, deslealdade, perfídia.

traicionar.- *(traizionar)* v. trair, falsear, enganar.

traidor.- *(traidor)* adj. traidor, falso, desleal, infiel.

traje.- *(traje)* s. vestuário, terno.

trajín.- *(trajin)* s. tráfego, transporte.

trajinar.- *(trajinar)* v. transportar, carregar, trafegar, lidar.

tralla.- *(tralla)* s. corda, chicote.

trama.- *(trama)* s. trama, tecido. / confabulação.

tramar.- *(tramar)* v. tramar, intrigar, enredar, tecer, urdir.

tramitar.- *(tramitar)* v. tramitar, proceder, formalizar.

trámite.- *(trmite)* s. trâmite, andamento, expediente.

tramo.- *(tramo)* s. trecho de escada, trecho de caminho.

tramoya.- *(tramoya)* s. tramóia, máquina de teatro.

trampa.- *(trampa)* s. armadilha, alçapão, ardil, enredo, trapaça.

trampolín.- *(trampolin)* s. trampolim.

tramposo.- *(tramposo)* adj. embusteiro, caloteiro.

tranca.- *(tranka)* s. tranca de porta ou janela, cacete.

trancar.- *(trankar)* v. trancar, fechar com tranca.

trance.- *(tranze)* s. transe, momento crítico.

tranquilidad.- *(trankilidad)* s. tranquilidade, sossego, calma, serenidade, paz.

tranquilizante.- *(trankilizante)* adj. tranquilizante.

tranquilizar.- *(trankilizar)* v. tranquilizar, acalmar, sossegar, serenar.

tranquilo.- *(trankilo)* adj. tranquilo, calmo, sossegado, sereno.

transacción.- *(transakzion)* s. transação, convénio, negócio, ajuste, contrato.

transatlántico.- *(transatlantiko)* adj. transatlântico.

transbordar.- *(transbordar)* v. transbordar, baldear.

transcendencia.- *(transzendenzia)* s. transcendência.

transcender.- *(transzender)* v. transcender.

transcribir.- *(transkribir)* v. transcrever, copiar, reproduzir.

transcripción.- *(transkripzion)* s. transcrição, cópia, reprodução.

transcurrir.- *(transkurrir)* v. transcorrer, decorrer, passar, deslizar.

transcurso.- *(transkurso)* s. transcurso, decurso, voltar ao tempo.

transeúnte.- *(transeunte)* adj. transeunte, passante, caminhante.

transexual.- *(transeksual)* adj. transexual.

transferencia.- *(transferenzia)* s. transferência.

transferir.- *(transferir)* v. transferir, passar, transportar, mudar, diferir, dilatar, demorar, retardar, trasladar, adiar.

transfigurar.- *(transfigurar)* v. transfigurar, transformar, mudar, variar.

transformación.- *(transformazion)* s. transformação, modificação, mudança, alteração.

transformador.- *(transformador)* s. transformador, aparelho para mudar a corrente eléctrica.

transformar.- *(transformar)* v. transformar, modificar, mudar de forma, reformar.

tránsfuga.- *(transfuga)* s. trânsfuga, desertor.

transfundir.- *(transfundir)* v. transfundir, derramar.

transfusión.- *(transfusion)* s. transfusão, transfusão de sangue.

transgredír.- *(transgredir)* v. transgredir, infringir, violar, desrespeitar.

transgresión.- *(transgresion)* s. transgressão, infracção.

transición.- *(transizion)* s. transição, mudança.

transido.- *(transido)* adj. transido, fatigado, angustiado.

transigencia.- *(transijenzia)* s. transigência, condescendência, tolerância.

transigir.- *(transijir)* v. transigir, concordar, admitir, consentir, ceder, condescender, convir.

transistor.- *(transistor)* s. transístor, rádio.

transitar.- *(transitar)* v. transitar, passar, viajar, andar por um lugar público.

tránsito.- *(transito)* s. trânsito, circulação, tráfego.

transitorio.- *(transitorio)* adj. transitório, passageiro, provisório, efémero.
translúcido.- *(transluzido)* adj. translúcido, transluzente, diáfano.
transmigrar.- *(transmigrar)* v. transmigrar.
transmisión.- *(transmision)* s. transmissão, comunicação.
transmitir.- *(transmitir)* v. transmitir, expedir, enviar, transladar, transferir, ceder.
transmudar.- *(transmudar)* v. trasladar, mudar.
transmundano.- *(transmundano)* adj. supramundano.
transmutable.- *(transmutable)* adj. transmutável.
transmutar.- *(transmutar)* v. transmudar, transmudar, converter.
transoceánico.- *(transozeaniko)* adj. transoceânico, além-mar, ultramarino.
transpacífico.- *(transpazifiko)* adj. transpacífico.
transparencia.- *(transparenzia)* s. transparência, diafanidade.
transparente.- *(transparente)* adj. transparente, diáfano.
transpirable.- *(transpirable)* adj. transpirável.
transpiración.- *(transpirazion)* s. transpiração, suor.
transpirar.- *(transpirar)* v. transpirar, suar.
transponer.- *(transponer)* v. transpor, ultrapassar.
transportación.- *(transportazion)* s. transportação.
transportador.- *(transportador)* adj. transportador.
transportar.- *(transportar)* v. transportar, levar.
transporte.- *(transporte)* s. transporte.
transposición.- *(transposizion)* s. transposição.
transubstanciación.- *(transubstanziazion)* s. transubstanciação.
transvasar.- *(transbasar)* v. trasfegar, transvasar, mudar um líquido de um lugar para outro.
transversal.- *(transbersal)* adj. transversal, atravessado.
tranvía.- *(tranbia)* s. bonde.
trapacear.- *(trapazear)* v. trapacear, fazer trapaça.
trapaza.- *(trapaza)* s. trapaça, burla, fraude, engano.
trapecio.- *(trapezio)* s. trapézio.
trapero.- *(trapero)* s. trapeiro, farrapeiro.
trapichear.- *(trapichear)* v. comerciar em pequena escala.
trapo.- *(trapo)* s. trapo, farrapo.
tráquea.- *(trakea)* s. traqueia.
traqueotomía.- *(trakeotomia)* s. traqueotomia, incisão da traqueia.
traqueteo.- *(traketeo)* s. estalo, estouro, ruído continuo dos fogos arficiais.
tras.- *(tras)* prep. atrás, detrás, após, depois de.
trasalpino.- *(trasalpino)* adj. transalpino.
trasbocar.- *(trasbokar)* v. vomitar, lançar pela boca.
trascendencia.- *(traszendenzia)* s. transcendência, penetração, perspicácia.
trascendental.- *(traszendental)* adj. transcendental.
trascender.- *(traszender)* v. transcender, exalar odor forte, transparecer.
trasegar.- *(trasegar)* v. transvasar, revirar, transtornar, revolver.
trasero.- *(trasero)* adj. traseiro, posterior. / s. traseiro, nádegas.
trasladar.- *(trasladar)* v. trasladar, levar de um lugar para outro.
traslucirse.- *(trasluzirse)* v. transluzir-se.
trasluz.- *(trasluz)* s. luz que passa através de um corpo translúcido.
trasnochar.- *(trasnochar)* v. tresnoitar, pernoitar.
traspasar.- *(traspasar)* v. traspassar, trespassar, atravessar.
traspaso.- *(traspaso)* s. traspasse.
trasplantar.- *(trasplantar)* v. transplantar, mudar uma planta de um lugar para outro.
trasplante.- *(trasplante)* s. transplantação, transplante.
trasponer.- *(trasponer)* v. transpor.
trasquilar.- *(traskilar)* v. tosquiar, tosar.
trastada.- *(trastada)* s. tratada, fraude.
traste.- *(traste)* s. traste.
trastero.- *(trastero)* s. quarto de despejo.
trastienda.- *(trastienda)* s. quarto atrás das lojas.
trasto.- *(trasto)* s. traste, móvel, móvel velho.
trastocar.- *(trastokar)* v. inverter a ordem, subverter, confundir. / 2ª. v. transtornar, alterar, desordenar, revolver.
trastornar.- *(trastornar)* v. transtornar, desordenar, perturbar, inverter a ordem
trastorno.- *(trastorno)* s. transtorno, contrariedade, alteração.
trasudar.- *(trasudar)* s. suor ligeiro.
trata.- *(trata)* s. tráfico de escravos.
tratado.- *(tratado)* s. tratado, ajuste, convénio.
tratamiento.- *(tratamiento)* s. tratamento.
tratante.- *(tratante)* adj. que trata, comerciante, negociante.
tratar.- *(tratar)* v. comunicar, relacionar-se, assistir.
trato.- *(trato)* s. trato, ajuste, pacto, tratamento, negócio, comércio.
traumatismo.- *(traumatismo)* s. traumatismo, lesão.
través.- *(trabes)* s. viés, través, obliquidade, esguelha, soslaio, flanco, inclinação, torção.
travesaña.- *(trabesaña)* s. travessão de um carro. / travessa, rua estreita.
travesía.- *(trabesia)* s. caminho transversal, travessa, rua estreita, viagem por mar.
travestí.- *(trabesti)* s. travesti.
travestido.- *(trabestido)* adj. disfarçado, encoberto.
travesura.- *(trabesura)* s. travessura, traquinagem.

travieso.- *(trabieso)* adj. travesso, atravessado, transversal. / traquinas, buliçoso, inquieto, turbulento.
trayecto.- *(trayekto)* s. trajecto, percurso, caminho.
trayectoria.- *(trayektoria)* s. trajectória, órbita.
traza.- *(traza)* s. traçado, desenho de uma obra, planta, projecto.
trazar.- *(trazar)* v. traçar, descrever, delinear, desenhar, projectar.
trazo.- *(trazo)* s. traço, linha traçada. / risco, linhas do rosto.
trébol.- *(trebol)* s. trevo.
trece.- *(treze)* adj. treze, dez mais três.
trecho.- *(trecho)* s. trecho, distância, intervalo.
tregua.- *(tregua)* s. trégua, armistício, descanso.
tremebundo.- *(tremebundo)* adj. tremebundo, que faz tremer.
tremedal.- *(tremedal)* s. tremedal, pântano, lodaçal.
tremendo.- *(tremendo)* adj. tremendo, terrível, formidável, extraordinário.
trementina.- *(trementina)* s. terebintina.
tremer.- *(tremer)* v. tremer.
tremolar.- *(tremolar)* v. tremular, ondear das bandeiras.
tren.- *(tren)* s. trem.
trencilla.- *(trenzilla)* s. trancelim.
trenque.- *(trenke)* s. represa de um rio, açude.
trenza.- *(trenza)* s. trança.
trenzado.- *(trenzado)* adj. entrançado.
trenzar.- *(trenzar)* v. trançar.
trepanación.- *(trepanazion)* s. trepanação.
trepanar.- *(trepanar)* v. trepanar.
trepar.- *(trepar)* v. trepar, elevar, subir, galgar.
trepidar.- *(trepidar)* v. trepidar, tremer, estremecer.
trépido.- *(trepido)* adj. trémulo.
tres.- *(tres)* adj. três.
tresillo.- *(tresillo)* s. conjunto de móveis, um sofá e duas poltronas.
treta.- *(treta)* s. mutreta, artimanha, ardil, estratagema.
triángulo.- *(triangulo)* s. triângulo.
tribu.- *(tribu)* s. tribo, clã.
tribulación.- *(tribulazion)* s. tribulação, aflição, pena, amargura, adversidade.
tribuna.- *(tribuna)* s. tribuna, palanque.
tribunal.- *(tribunal)* s. tribunal.
tributar.- *(tributar)* v. tributar, contribuir, pagar impostos.
tributo.- *(tributo)* s. tributo, imposto, ónus.
triciclo.- *(triziklo)* s. triciclo.
tricotar.- *(trikotar)* v. tricotar, tecer.
trienio.- *(trienio)* s. triénio.
trifulca.- *(trifulka)* s. desordem, briga, rixa.
trigal.- *(trigal)* s. trigal.
trigo.- *(trigo)* s. trigo.
trigonometría.- *(trigonometria)* s. trigonometria.
trigueño.- *(trigeño)* adj. trigueiro, triguenho, cor do trigo, entre moreno e louro.
trillado.- *(trillado)* adj. trilhado. / diz-se do caminho muito conhecido.
trillar.- *(trillar)* v. trilhar, percorrer.
trillizo.- *(trillizo)* adj. trigémeos.
trimestre.- *(trimestre)* s. trimestre.
trinar.- *(trinar)* v. trinar.
trincar.- *(trinkar)* v. trincar, partir, despedaçar. / amarrar, atar. / beber vinho ou licor.
trinchar.- *(trinchar)* v. trinchar, cortar em pedaços.
trinchera.- *(trinchera)* s. trincheira, barreira.
trineo.- *(trineo)* s. trenó.
trinidad.- *(trinidad)* s. trindade.
trino.- *(trino)* s. trino, gorjeio.
trío.- *(trio)* s. trio, conjunto de três.
tripa.- *(tripa)* s. tripa, intestino, ventre, barriga.
triple.- *(triple)* adj. triplo, tríplice.
trípode.- *(tripode)* s. tripé.
triptongo.- *(triptongo)* s. tritongo.
tripulación.- *(tripulazion)* s. tripulação.
tripulante.- *(tripulante)* s. tripulante.
tripular.- *(tripular)* v. tripular.
triquina.- *(trikina)* s. triquina.
triquiñuela.- *(trikiñuela)* s. rodeio, subterfúgio, evasiva.
triste.- *(triste)* adj. triste, melancólico, descontente, infeliz, amargo, funesto, aflito, desgostoso.
tristeza.- *(tristeza)* s. tristeza.
triturar.- *(triturar)* v. triturar, esmagar, moer, esmiuçar.
triunfal.- *(triunfal)* adj. triunfal, vitorioso.
triunfar.- *(triunfar)* v. triunfar, vencer, ganhar.
triunfo.- *(triunfo)* s. triunfo, vitória, êxito, sucesso.
trivial.- *(tribial)* adj. trivial, vulgar, comum, banal.
triza.- *(triza)* s. pedacinho, migalha.
trocado.- *(trokado)* adj. trocado, dinheiro trocado em miúdos.
trocar.- *(trokar)* v. trocar, cambiar, permutar. / confundir, equivocar.
trochemoche.- *(trochemoche)* adv. atabalhoadamente, à toa, confusamente, disparatadamente.
trofeo.- *(trofeo)* s. trofeu.
troglodita.- *(troglodita)* adj. troglodita, que habita em caverna.
trola.- *(trola)* s. engano, mentira, falsidade.
trolebús.- *(trolebus)* s. trolebus, ónibus eléctrico.
tromba.- *(tromba)* s. tromba de água.
trombo.- *(trombo)* s. trombo, coágulo de sangue.
trombosis.- *(trombosis)* s. trombose.
trompa.- *(trompa)* s. trompa, trombeta. / tromba de elefante.
trompicar.- *(trompikar)* v. tropicar, tropeçar.

tronada.- *(tronada)* s. trovoada.
tronado.- *(tronado)* adj. usado, desgastado.
tronar.- *(tronar)* v. troar, trovejar.
tronco.- *(tronko)* s. tronco, caule.
tronchar.- *(tronchar)* v. tronchar, truncar, quebrar com violência.
troncho.- *(troncho)* adj. truncado, mutilado. / s. talo das hortaliças.
tronera.- *(tronera)* s. troneira, fresta, janelinha, caçapa da mesa de bilhar.
trono.- *(trono)* s. trono, assento real, tabernáculo.
tropa.- *(tropa)* s. tropa, turba, multidão de gente, conjunto de soldados.
tropel.- *(tropel)* s. tropel, tumulto, balbúrdia de muita gente.
tropelía.- *(tropelia)* s. excesso, desordem, abuso.
tropezar.- *(tropezar)* v. tropeçar, esbarrar.
tropezón.- *(tropezon)* s. tropeção, tropeço, esbarrão, encontrão.
tropical.- *(tropikal)* adj. tropical.
trópico.- *(tropiko)* s. trópico.
trotar.- *(trotar)* v. trotar, andar a trote, cavalgar.
trote.- *(trote)* s. trote, marcha apressada do cavalo.
trova.- *(troba)* s. trova, canção amorosa.
trovador.- *(trobador)* s. trovador, jogral, menestrel.
trozo.- *(trozo)* s. pedaço, parte, fragmento.
trucaje.- *(trukaje)* s. trucagem.
truco.- *(truko)* s. truque, ardil, treta.
truculento.- *(trukulento)* adj. truculento, atroz, cruel, ferino.
trucha.- *(trucha)* s. truta.
trueno.- *(trueno)* s. trovão.
trueque.- *(trueke)* s. troca, permutação, câmbio.
trufa.- *(trufa)* s. trufa, túbera.
truhán.- *(truan)* adj. trapaceiro, impostor, palhaço, bobo.
truncar.- *(trunkar)* v. truncar, cortar, decepar.
trust.- *(trust)* s. truste, cartel, consórcio de empresas.
tu.- *(tu)* adj. apócope de tuyo, teu.
tú.- *(tu)* pron. tu.
tubérculo.- *(tuberkulo)* s. tubérculo.
tuberculosis.- *(tuberkulosis)* s. tuberculose, tísica.
tuberculoso.- *(tuberkuloso)* adj. tuberculoso, tísico.
tubería.- *(tuberia)* s. conjunto de tubos, comércio de tubos.
tubo.- *(tubo)* s. tubo, cano.
tucán.- *(tukan)* s. tucano.
tueco.- *(tueko)* s. toco.
tuerca.- *(tuerka)* s. porca do parafuso.
tuerto.- *(tuerto)* adj. vesgo, zarolho.
tuétano.- *(tuetano)* s. tutano, medula.
tufo.- *(tufo)* s. exalação, cheiro desagradável, fedor.
tugurio.- *(tugurio)* s. tugúrio. / choça de pastores.
tul.- *(tul)* s. tule.
tulipán.- *(tulipan)* s. tulipa.
tullido.- *(tullido)* adj. tolhido, paralítico, entrevado.
tullir.- *(tullir)* v. tolher, paralisar.
tumba.- *(tumba)* s. tumba, túmulo, sepulcro.
tumbar.- *(tumbar)* v. tombar, derrubar.
tumbo.- *(tumbo)* s. tombo, queda, solavanco.
tumefacto.- *(tumefakto)* adj. tumefacto, túmido, inchado.
túmido.- *(tumido)* adj. túmido, inchado.
tumor.- *(tumor)* s. tumor, inchaço, abscesso.
tumoroso.- *(tumoroso)* adj. tumoroso, que tem vários tumores.
túmulo.- *(tumulo)* s. túmulo, sepulcro.
tumulto.- *(tumulto)* s. tumulto, confusão, alvoroço.
tumultuar.- *(tumultuar)* v. tumultuar.
tuna.- *(tuna)* s. tuna, vadiagem.
tunante.- *(tunante)* adj. tunante, patife.
tunda.- *(tunda)* s. tunda, sova, surra.
túnel.- *(tunel)* s. túnel.
túnica.- *(tunika)* s. túnica.
tupé.- *(tupe)* s. topete.
tupido.- *(tupido)* adj. espesso, muito denso, apertado.
turba.- *(turba)* s. turba, multidão confusa e desordenada. / 2ª. s. turfa, combustível de origem vegetal.
turbación.- *(turbazion)* s. turbação, confusão, desordem.
turbador.- *(turbador)* adj. turbador, que causa turbação.
turbante.- *(turbante)* s. turbante.
turbar.- *(turbar)* v. turbar, turvar, toldar, perturbar, comover, alterar, torvar.
turbina.- *(turbina)* s. turbina.
turbio.- *(turbio)* adj. turvo, opaco, escuro, embaciado.
turbulencia.- *(turbulenzia)* s. turvação, opacidade.
turbulento.- *(turbulento)* adj. turbulento, agitado, confuso.
turco.- *(turko)* adj. turco.
turgencia.- *(turjenzia)* s. turgência.
turgente.- *(turjente)* adj. turgente, túrgido, túmido.
turismo.- *(turismo)* s. turismo.
turista.- *(turista)* s. turista.
turmalina.- *(turmalina)* s. turmalina.
turno.- *(turno)* s. turno, ordem, vez.
turquesa.- *(turkesa)* s. turquesa.
turrón.- *(turron)* s. doce de nozes, amêndoas ou pinhões misturados com mel.
tutela.- *(tutela)* s. tutela, cargo de tutor.
tutelar.- *(tutelar)* v. tutelar, proteger, amparar.
tuteo.- *(tuteo)* s. tratamento de tu.
tutor.- *(tutor)* s. tutor.
tutoria.- *(tutoria)* s. tutela.
tuyo.- *(tuyo)* pron. teu.

U

u.- *(u)* s. vigésima segunda letra do alfabeto espanhol.
ubérrimo.- *(uberrimo)* adj. ubérrimo, fertilíssimo, muito abundante.
ubicar.- *(ubikar)* v. ficar, situar-se, estar emdeterminado espaço ou lugar.
ubicuidad.- *(ubikuidad)* s. ubiquidade.
ubre.- *(ubre)* s. úbere, teta.
ufanarse.- *(ufanarse)* v. ufanar-se, vangloriar-se, envaidecer-se.
ufano.- *(ufano)* adj. ufano, vaidoso, arrogante.
úlcera.- *(ulzera)* s. úlcera, chaga, pústula.
ulcerar.- *(ulzerar)* v. ulcerar.
ulterior.- *(ulterior)* adj. ulterior, que está do outro lado, que está além.
ultimar.- *(ultimar)* v. ultimar, terminar, acabar, finalizar.
ultimátum.- *(ultimatum)* s. ultimátum, condições irrevogáveis.
ultimidad.- *(ultimidad)* s. extremidade, último.
último.- *(ultimo)* adj. último, supremo, derradeiro, final.
ultra.- *(ultra)* adv. além, adiante, mais adiante, demais.
ultrajante.- *(ultrajante)* adj. ultrajante, injurioso, afrontoso.
ultrajar.- *(ultrajar)* v. ultrajar, insultar, difamar, afrontar, injuriar, desprezar.
ultraje.- *(ultraje)* s. ultraje, afronta, injúria, insulto, desprezo.
ultramar.- *(ultramar)* s. ultramar.
ultramarino.- *(ultramarino)* adj. ultramarino.
ultranza.- *(ultranza)* adv. até à morte, resolutamente.
ultrapasar.- *(ultrapasar)* v. ultrapassar, exceder.
ultrarrojo.- *(ultrarrojo)* adj. ultravermelho.
ultratumba.- *(ultratumba)* adv. além-túmulo.
ultravioleta.- *(ultrabioleta)* adj. ultravioleta.
umbilical.- *(umbilikal)* adj. umbilical.
umbral.- *(umbral)* s. umbral, soleira, limiar.
umbrío.- *(umbrio)* adj. umbroso, sombrio.
un.- *(un)* art. um.
unánime.- *(unanime)* adj. unânime, geral.
unanimidad.- *(unanimidad)* s. unanimidade.
unción.- *(unzion)* s. unção.
uncir.- *(unzir)* v. atar os animais ao jugo.
ungir.- *(unjir)* v. ungir, untar.
ungüento.- *(unguento)* s. unguento, bálsamo.
unicelular.- *(unizelular)* adj. unicelular.
unicidad.- *(unizidad)* s. unicidade.
único.- *(uniko)* adj. único, só.
unicolor.- *(unikolor)* s. unicolor.
unicornio.- *(unikornio)* s. unicórnio.
unidad.- *(unidad)* s. unidade.
unido.- *(unido)* adj. unido, junto, ligado, íntimo.
unificar.- *(unifikar)* v. unificar, reunir.
uniformar.- *(uniformar)* v. uniformizar, padronizar.
uniforme.- *(uniforme)* adj. uniforme, semelhante.
uniformidad.- *(uniformidad)* s. uniformidade.
unilateral.- *(unilateral)* adj. unilateral.
unión.- *(union)* s. união, vínculo, ligação.
unipersonal.- *(unipersonal)* adj. unipessoal.
unir.- *(unir)* v. unir, unificar.
unisexual.- *(uniseksual)* adj. unissexual.
unísono.- *(unisono)* adj. uníssono.
unitario.- *(unitario)* adj. unitário.
universal.- *(unibersal)* adj. universal.
universalizar.- *(unibersalizar)* v. universalizar, generalizar.
universidad.- *(unibersidad)* s. universidade.
universitario.- *(unibersitario)* adj. universitário.
universo.- *(uniberso)* s. universo, cosmo.
unívoco.- *(uniboko)* adj. unívoco.
uno.- *(uno)* adj. e pron. um.
untar.- *(untar)* v. untar, friccionar, besuntar, engordurar.
unto.- *(unto)* s. banha, gordura.
untuoso.- *(untuoso)* adj. untado, pegajoso, engordurado.
uña.- *(uña)* s. unha.
uñada.- *(uñada)* s. unhada, arranhão.
uranio.- *(uranio)* s. urânio.
urbanidad.- *(urbanidad)* s. urbanidade.
urbanismo.- *(urbanismo)* s. urbanismo.
urbanístico.- *(urbanistiko)* adj. urbanístico.
urbanización.- *(urbanizazion)* s. urbanização.
urbanizar.- *(urbanizar)* v. urbanizar.
urbano.- *(urbano)* adj. urbano.
urbe.- *(urbe)* s. urbe, cidade muito populosa.
urdidura.- *(urdidura)* s. urdidura, traina.
urdimbre.- *(urdimbre)* s. urdimento.
urdir.- *(urdir)* v. urdir.
urea.- *(urea)* s. ureia.
uremia.- *(uremia)* s. uremia.
uréter.- *(ureter)* s. ureter.
uretra.- *(uretra)* s. uretra.
urgencia.- *(urgenzia)* s. urgência, necessidade.
urgente.- *(urgente)* adj. urgente, necessário.
urgir.- *(urjir)* v. urgir.

urinario.- *(urinario)* adj. urinário. / s. mictório, urinol.

urna.- *(urna)* s. urna, vaso, caixa.

urología.- *(urolojia)* s. urologia.

urólogo.- *(urologo)* s. urologista.

urticaria.- *(urtikaria)* s. urticária.

urubú.- *(urubu)* s. urubu, abutre americano.

uruguayo.- *(uruguayo)* adj. uruguaio.

usado.- *(usado)* adj. usado, deteriorado, gasto.

usanza.- *(usanza)* s. uso, costume.

usar.- *(usar)* v. usar, utilizar, empregar, praticar. / trajar, vestir. / desfrutar, gozar.

uso.- *(uso)* s. uso, exercício, prática, / moda, costume, jeito.

usted.- *(usted)* pron. o senhor, a senhora.

usual.- *(usual)* adj. usual, ordinário, habitual.

usuario.- *(usuario)* adj. usuário.

usufructo.- *(usufrukto)* s. usufruto, fruição, lucro, proveito.

usura.- *(usura)* s. usura, ágio, agiotagem.

usurero.- *(usurero)* s. usurário, agiota.

usurpar.- *(usurpar)* v. usurpar.

utensilio.- *(utensilio)* s. utensílio.

uterino.- *(uterino)* adj. uterino.

útero.- *(utero)* s. útero.

útil.- *(util)* adj. útil, proveitoso, vantajoso.

utilidad.- *(utilidad)* s. utilidade, serventia.

utilizar.- *(utilizar)* v. utilizar, aproveitar, usar, empregar.

utopía.- *(utopia)* s. utopia, quimera.

utópico.- *(utopiko)* adj. utópico.

uva.- *(uba)* s. uva.

V

v.- *(b)* s. vigésima terceira letra do alfabeto espanhol.
vaca.- *(baka)* s. vaca, fêmea do touro.
vacación.- *(bakazion)* s. férias, descanso, folga.
vacante.- *(bakante)* adj. vacante, vago, vazio.
vaciar.- *(baziar)* v. esvaziar, vazar, despejar, verter.
vacilación.- *(bazilazion)* s. vacilação, hesitação, indecisão, incerteza.
vacilar.- *(bazilar)* v. vacilar, oscilar, cambalear, hesitar, duvidar.
vacío.- *(bazio)* adj. vazio, oco, chocho, ocioso, deserto, desabitado.
vacuna.- *(bakuna)* s. vacina.
vacunar.- *(bakunar)* v. vacinar.
vacuno.- *(bakuno)* adj. vacum, bovino.
vacuo.- *(bakuo)* adj. vácuo, vazio.
vadear.- *(badear)* v. vadear, passar a vau.
vado.- *(bado)* s. vau.
vagabundear.- *(bagabundear)* v. vagabundear, vadiar.
vagabundo.- *(bagabundo)* adj. vagabundo, vadio.
vagancia.- *(baganzia)* s. vacância, desocupação.
vagar.- *(bagar)* s. vagar, ócio, descanso, sossego. / v. vagar, vaguear, andar errante.
vagina.- *(bajina)* s. vagina.
vago.- *(bago)* adj. vago, incerto, indefinido, indeterminado. / inconstante, volúvel. / descuidado, desocupado, preguiçoso.
vagón.- *(bagon)* s. vagão, comboio.
vaguada.- *(baguada)* s. fundo de um vale.
vaguear.- *(bagear)* v. vaguear, perambular.
vaguedad.- *(bagedad)* s. vacuidade.
vaharada.- *(baarada)* s. baforada.
vahído.- *(baido)* s. vertigem, desmaio.
vaho.- *(bao)* s. vapor, exalação.
vaina.- *(baina)* s. bainha, estojo, vagem.
vainilla.- *(bainilla)* s. baunilha.
vaivén.- *(baiben)* s. vaivém, balanço, movimento, oscilação.
vajilla.- *(bajilla)* s. vasilha, baixela de mesa.
vale.- *(bale)* s. vale, recibo.
valentía.- *(balentia)* s. valentia, coragem, valor.
valentón.- *(balenton)* adj. valentão, fanfarrão.
valer.- *(baler)* v. valer, amparar, proteger. / importar, custar, ter valor, render, ter poder, prevalecer.
valeroso.- *(baleroso)* adj. valoroso, valente.
valía.- *(balia)* s. valia, valor, preço.
validación.- *(balidazion)* s. validação, legitimidade.
validar.- *(balidar)* v. validar, legalizar, legitimar, autorizar.
validez.- *(balidez)* s. validade, legitimidade.
válido.- *(balido)* adj. válido, legal, legítimo.
valiente.- *(baliente)* adj. valente, corajoso, destemido.
valija.- *(balija)* s. valise, maleta.
valioso.- *(balioso)* adj. valioso, estimado, poderoso, rico, opulento.
valor.- *(balor)* s. valor, preço. / valia, estima. / coragem, audácia, valentia.
valoración.- *(balorazion)* s. valoração, valorização.
valorar.- *(balorar)* v. avaliar.
valorizar.- *(balorizar)* v. valorizar.
vals.- *(bals)* s. valsa.
valuación.- *(baluazion)* s. avaliação.
valuar.- *(baluar)* v. avaliar.
válvula.- *(balbula)* s. válvula.
valla.- *(balla)* s. vala, fosso, estacada.
vallar.- *(ballar)* v. valar, tapar, fechar com valos.
valle.- *(balle)* s. vale.
vampiro.- *(bampiro)* s. vampiro.
vanagloriarse.- *(banagloriarse)* v. vangloriar-se, jactar-se.
vandalismo.- *(bandalismo)* s. vandalismo.
vándalo.- *(bandalo)* adj. vândalo, bárbaro.
vanguardia.- *(banguardia)* s. vanguarda.
vanidad.- *(banidad)* s. vaidade, orgulho, pompa, vã presunção, jactância, futilidade.
vanidoso.- *(banidoso)* adj. vaidoso.
vano.- *(bano)* adj. vão, fantástico, inexistente, oco, vazio, inútil, arrogante, presunçoso, fútil, frívolo, falso, chocho.
vapor.- *(bapor)* s. vapor.
vaporizador.- *(baporizador)* s. vaporizador.
vaporizar.- *(baporizar)* v. vaporizar.
vaporoso.- *(baporoso)* adj. vaporoso.
vapulear.- *(bapulear)* v. açoitar.
vaquero.- *(bakero)* s. vaqueiro.
vara.- *(bara)* s. vara, bastão.
variable.- *(bariable)* adj. variável.
variación.- *(bariazion)* s. variação, mudança, modificação.
variado.- *(bariado)* adj. variado, diversificado, mesclado.
variante.- *(bariante)* s. variante, variedade, diferença.
variar.- *(bariar)* v. variar, mudar, alterar, transformar.
variedad.- *(bariedad)* s. variedade.
varilla.- *(barilla)* s. varinha, vareta.
vario.- *(bario)* adj. vário, variado, diverso, diferente.
varón.- *(baron)* s. varão, homem.

varonil.- *(baronil)* adj. varonil.

vasallo.- *(basallo)* adj. vassalo.

vaselina.- *(baselina)* s. vaselina.

vasija.- *(basija)* s. vasilha, recipiente para líquidos.

vaso.- *(baso)* s. copo.

vasto.- *(basto)* adj. vasto, extenso, amplo.

vaticano.- *(batikano)* adj. vaticano, papal.

vaticinar.- *(batizinar)* v. vaticinar, profetizar, adivinhar, predizer, prognosticar.

vaticinio.- *(batizinio)* s. vaticínio, profecia, adivinhação, predição, prognóstico.

vatio.- *(batio)* s. watt.

vecinal.- *(bezinal)* adj. vicinal.

vecindario.- *(bezindario)* s. vizinhança.

vecino.- *(bezino)* adj. vizinho.

veda.- *(beda)* s. veda, proibição.

vedado.- *(bedado)* adj. vedado, proibido, interditado.

vedar.- *(bedar)* v. vedar, proibir, interditar.

vedette.- *(bedette)* s. vedete, actriz.

vega.- *(bega)* s. várzea.

vegetación.- *(bejetazion)* s. vegetação.

vegetal.- *(bejetal)* s. vegetal.

vegetar.- *(bejetar)* v. vegetar. / germinar.

vegetariano.- *(bejetariano)* adj. vegetariano.

vegetativo.- *(bejetatibo)* adj. vegetativo.

vehemencia.- *(beemenzia)* s. veemência, vigor, violência, ardor, energia, impetuosidade.

vehículo.- *(beikulo)* s. veículo.

vejar.- *(bejar)* v. vexar, maltratar, molestar, criticar, humilhar, zombar, vaiar.

vejatorio.- *(bejatorio)* adj. vexatório.

vejez.- *(bejez)* s. velhice, senilidade.

vejiga.- *(bejiga)* s. bexiga.

vela.- *(bela)* s. vela.

velada.- *(belada)* s. serão, sarau musical.

velar.- *(belar)* adj. que vela ao escurecer. / v. velar. / cobrir com véu.

velatorio.- *(belatorio)* s. velório.

veleidad.- *(beleidad)* s. veleidade, leviandade.

velero.- *(belero)* s. veleiro, barco a vela.

velo.- *(belo)* s. véu.

velocidad.- *(belozidad)* s. velocidade.

velocímetro.- *(belozimetro)* s. velocímetro.

velocípedo.- *(belozipedo)* s. velocípede.

velódromo.- *(belodromo)* s. velódromo.

veloz.- *(beloz)* adj. veloz, rápido, ligeiro.

vello.- *(bello)* s. pêlo, penugem.

velludo.- *(belludo)* adj. peludo, aveludado.

vena.- *(bena)* s. veia, vaso sanguíneo. / veio de minério. / lençol subterrâneo de água.

venado.- *(benado)* s. veado, cervo, gamo.

venal.- *(benal)* adj. venal, subornável.

vencer.- *(benzer)* v. vencer, dominar, ganhar, derrotar, superar.

vencido.- *(benzido)* adj. vencido, derrotado.

venda.- *(benda)* s. venda, tira, atadura, faixa.

vendar.- *(bendar)* v. vendar, cobrir com vendas.

vendaval.- *(bendabal)* s. vendaval, temporal.

vendedor.- *(bendedor)* adj. vendedor.

vender.- *(bender)* v. vender.

vendimia.- *(bendimia)* s. vindima, colheita de uvas.

veneno.- *(beneno)* s. veneno.

venenoso.- *(benenoso)* adj. venenoso.

veneración.- *(benerazion)* s. veneração, respeito, culto, reverência.

venerar.- *(benerar)* v. venerar, respeitar, cultuar, adorar, reverenciar.

venéreo.- *(benereo)* adj. venéreo.

venezolano.- *(benezolano)* adj. venezuelano.

vengador.- *(bengador)* s. vingador.

venganza.- *(benganza)* s. vingança, desforra, represália, desagravo, castigo.

vengar.- *(bengar)* v. vingar, desforrar, desagravar.

vengativo.- *(bengatibo)* adj. vingativo.

venia.- *(benia)* s. vénia, desculpa, perdão, remissão, licença, reverência.

venial.- *(benial)* adj. venial.

venida.- *(benida)* s. vinda, chegada, regresso. / enxurrada, enchente.

venidero.- *(benidero)* adj. vindouro.

venir.- *(benir)* v. vir, chegar, regressar, voltar, concordar, acompanhar. / nascer, proceder.

venoso.- *(benoso)* adj. venoso.

venta.- *(benta)* s. venda, contrato de venda, estalagem, loja.

ventaja.- *(bentaja)* s. vantagem, superioridade, melhoria.

ventajoso.- *(bentajoso)* adj. vantajoso.

ventana.- *(bentana)* s. janela. / 2ª. s. venta, narina.

ventanal.- *(bentanal)* s. janela grande.

ventanilla.- *(bentanilla)* s. janelinha, guichê.

ventar.- *(bentar)* v. ventar.

ventilación.- *(bentilazion)* s. ventilação.

ventilador.- *(bentilador)* s. ventilador.

ventilar.- *(bentilar)* v. ventilar.

ventisca.- *(bentiska)* s. nevada, neve acompanhada de vento.

ventolera.- *(bentolera)* s. lufada, rajada de vento.

ventosa.- *(bentosa)* s. ventosa.

ventrículo.- *(bentrikulo)* s. ventrículo.

ventrílocuo.- *(bentrilokuo)* adj. ventríloquo.

ventura.- *(bentura)* s. ventura, felicidade, sorte, fortuna.

venturoso.- *(benturoso)* adj. venturoso, feliz, afortunado.

ver.- *(ber)* v. ver, observar, examinar, avistar.

vera.- *(bera)* s. borda, beira, beirada.

veracidad.- *(berazidad)* s. veracidade, verdade.

veranda.- *(beranda)* s. varanda, balcão, sacada, terraço.

veraneante.- *(beraneante)* adj. veraneante.

veranear.- *(beranear)* v. veranear, passar o verão em algum lugar.

veraneo.- *(beraneo)* s. veraneio, férias de verão.

verano.- *(berano)* s. verão.

veraz.- *(beraz)* adj. veraz, verídico, verdadeiro.

verbal.- *(berbal)* adj. verbal, oral.

verbena.- *(berbena)* s. arraial nocturno.

verbigracia.- *(berbigrazia)* adv. por exemplo.

verbo.- *(berbo)* s. verbo, palavra, linguagem.

verborrea.- *(berborrea)* s. verborreia, loquacidade, verbosidade.

verdad.- *(berdad)* s. verdade, veracidade, exactidão, realidade.

verdadero.- *(berdadero)* adj. verdadeiro, verídico, real, exacto.

verde.- *(berde)* adj. verde.

verdear.- *(berdear)* v. verdejar.

verdor.- *(berdor)* s. verdor, cor verde das plantas.

verdugo.- *(berdugo)* s. verdugo, carrasco, algoz.

verdulero.- *(berdulero)* s. verdureiro, hortelão.

verdura.- *(berdura)* s. verdura, hortaliça.

vereda.- *(bereda)* s. vereda, senda, caminho estreito.

veredicto.- *(beredikto)* s. veredicto, sentença.

verga.- *(berga)* s. verga, membro viril.

vergel.- *(berjel)* s. jardim, pomar.

vergonzoso.- *(bergonzoso)* adj. vergonhoso.

vergüenza.- *(berguenza)* s. vergonha, pudor, pundonor, timidez.

verídico.- *(beridiko)* adj. verídico, verdadeiro.

verificar.- *(berifikar)* v. verificar, comprovar, confirmar, controlar.

verja.- *(berja)* s. grade, gradil.

verme.- *(berme)* s. verme, lombriga intestinal.

vermicida.- *(bermizida)* adj. vermicida, que mata vermes, vermífugo.

vermut.- *(bermut)* s. vermute.

vernáculo.- *(bernakulo)* adj. vernáculo, nacional, nativo, pátrio.

verosímil.- *(berosimil)* adj. verosímil, possível, provável.

verruga.- *(berruga)* s. verruga.

versado.- *(bersado)* adj. versado, instruído, entendido, conhecedor.

versar.- *(bersar)* v. versar.

versátil.- *(bersatil)* adj. versátil, inconstante.

versículo.- *(bersikulo)* s. versículo, divisão de alguns livros.

versificar.- *(bersifikar)* v. versificar, fazer versos.

versión.- *(bersion)* s. versão, tradução, interpretação.

verso.- *(berso)* adj. verso, reverso. / s. verso.

vértebra.- *(bertebra)* s. vértebra, osso da coluna vertebral.

vertebrado.- *(bertebrado)* adj. vertebrado.

vertedero.- *(bertedero)* s. desaguadouro, depósito de lixo.

verter.- *(berter)* v. traduzir. / 2ª. v. verter, desaguar, derramar.

vertical.- *(bertikal)* adj. vertical.

vértice.- *(bertize)* s. vértice.

vertiente.- *(bertiente)* s. vertente, ladeira, declive, encosta.

vertiginoso.- *(bertijinoso)* adj. vertiginoso, rápido, veloz.

vértigo.- *(bertigo)* s. vertigem.

vesícula.- *(besikula)* s. vesícula.

vespertino.- *(bespertino)* adj. vespertino, relativo à tarde.

vestíbulo.- *(bestibulo)* s. vestíbulo, porta de entrada.

vestido.- *(bestido)* s. vestido, indumentária.

vestigio.- *(bestijio)* s. vestígio, sinal, pegada.

vestimenta.- *(bestimenta)* s. vestimenta, roupa.

vestir.- *(bestir)* v. vestir, trajar.

vestuario.- *(bestuario)* s. vestuário, traje, vestimenta.

veta.- *(beta)* s. beta, filão mineral, veia das madeiras e pedras.

veterano.- *(beterano)* adj. veterano.

veterinario.- *(beterinario)* adj. veterinário.

veto.- *(beto)* s. veto, proibição.

vetusto.- *(betusto)* adj. vetusto, velho, antigo.

vez.- *(bez)* s. vez, época, ocasião, tempo, turno.

vía.- *(bia)* s. via, caminho, rua, estrada, rota. / método, sistema.

viable.- *(biable)* adj. viável, possível.

viaducto.- *(biadukto)* s. viaduto.

viajante.- *(biajante)* adj. viajante.

viajar.- *(biajar)* v. viajar.

viaje.- *(biaje)* s. viagem.

vianda.- *(bianda)* s. vianda, sustento, comida, manjar.

viandante.- *(biandante)* s. viandante, caminhante.

viático.- *(biatiko)* s. viático, provisão para uma jornada, ajuda de custo.

víbora.- *(bibora)* s. víbora, cobra venenosa.

vibración.- *(bibrazion)* s. vibração, oscilação.

vibrar.- *(bibrar)* v. vibrar, oscilar.

vibratorio.- *(bibratorio)* adj. vibratório.

viceversa.- *(bizeversa)* adv. vice-versa.

viciar.- *(biziar)* v. viciar, corromper, deteriorar, perverter.

vicio.- *(bizio)* s. vício.

vicisitud.- *(bizisitud)* s. vicissitude, alternativa, eventualidade, variação.

víctima.- *(biktima)* s. vítima.

victoria.- *(biktoria)* s. vitória, triunfo.

vicuña.- *(bikuña)* s. vicunha.
vid.- *(bid)* s. videira.
vida.- *(bida)* s. vida.
vidente.- *(bidente)* adj. vidente, que vê.
vídeo.- *(bideo)* s. videocassete.
vidriera.- *(bidriera)* s. vidraçaria, vitral, vitrine.
vidrio.- *(bidrio)* s. vidro, frasco, garrafa.
viejo.- *(biejo)* adj. velho, idoso, ancião, antigo.
viento.- *(biento)* s. vento, corrente de ar, ar.
vientre.- *(bientre)* s. ventre, barriga.
viernes.- *(biernes)* s. sexta-feira, sexto dia da semana.
viga.- *(biga)* s. viga, trave.
vigencia.- *(bijenzia)* s. vigência, duração.
vigente.- *(bijente)* adj. vigente, que está em vigor.
vigia.- *(bijia)* s. vigia sentinela.
vigilancia.- *(bijilanzia)* s. vigilância.
vigilar.- *(bijilar)* v. vigiar, cuidar, observar.
vigilia.- *(bijilia)* s. vigília, serão, véspera, insónia. vigor, valor, rectidão.
vigor.- *(bigor)* s. vigor, força, energia.
vigorizar.- *(bigorizar)* v. vigorizar, fortalecer, robustecer.
vigoroso.- *(bigoroso)* adj. vigoroso, forte, robusto, enérgico.
vil.- *(bil)* adj. vil, ruim, infame, indigno, torpe.
vilipendiar.- *(bilipendiar)* v. vilipendiar, desprezar, aviltar.
vilipendio.- *(bilipendio)* s. vilipêndio, desprezo.
villa.- *(billa)* s. vila, casa de campo, povoação.
villancico.- *(billanziko)* s. canção própria de Natal.
villanía.- *(billania)* s. vilania, qualidade de vilão.
villano.- *(billano)* adj. vilão, plebeu.
vinagre.- *(binagre)* s. vinagre.
vinagreta.- *(binagreta)* s. molho vinagrete.
vincular.- *(binkular)* v. vincular, unir.
vínculo.- *(binkulo)* s. vínculo, união.
vindicar.- *(bindikar)* v. vingar, reivindicar.
vinícola.- *(binikola)* adj. vinícola.
vinicultura.- *(binikultura)* s. vinicultura.
vino.- *(bino)* s. vinho.
viña.- *(biña)* s. vinha.
viñedo.- *(biñedo)* s. vinhedo.
viñeta.- *(biñeta)* s. vinheta, estampa, desenho.
viola.- *(biola)* s. viola.
violáceo.- *(biolazeo)* adj. violáceo, cor de violeta.
violación.- *(biolazion)* s. violação, estupro.
violar.- *(biolar)* v. violar, profanar, violentar, estuprar.
violencia.- *(biolenzia)* s. violência, agressão.
violentar.- *(biolentar)* v. violentar, violar.
violento.- *(biolento)* adj. violento, impetuoso, irascível, arrebatado.
violeta.- *(bioleta)* s. violeta.
violín.- *(biolin)* s. violino.
violón.- *(biolon)* s. violão.
viperino.- *(biperino)* adj. viperino, de víbora.
virar.- *(birar)* v. virar, voltar, dar voltas, mudar de rumo.
virgen.- *(birjen)* s. virgem.
virginal.- *(birjinal)* adj. virginal, puro, imaculado.
virginidad.- *(birjinidad)* s. virgindade, pureza, castidade.
virgo.- *(birgo)* s. virgem, virgindade, hímen.
viril.- *(biril)* adj. viril, masculino, varonil.
virilidad.- *(birilidad)* adj. virilidade.
virrey.- *(birrey)* s. vice-rei.
virtual.- *(birtual)* adj. virtual, implícito, tácito.
virtud.- *(birtud)* s. virtude, eficácia, força,
viruela.- *(biruela)* s. varíola, bexiga.
virulento.- *(birulento)* adj. virulento, venenoso, purulento.
virus.- *(birus)* s. vírus.
viruta.- *(biruta)* s. apara de madeira ou metal.
visado.- *(bisado)* s. visto.
visar.- *(bisar)* v. visar, pôr o visto, mirar.
víscera.- *(biszera)* s. víscera, entranha.
viscoso.- *(biskoso)* adj. viscoso, pegajoso.
visera.- *(bisera)* s. viseira.
visible.- *(bisible)* adj. visível.
visillo.- *(bisillo)* s. cortina para janela.
visión.- *(bision)* s. visão, faculdade de ver, aparição, fantasma.
visionario.- *(bisionario)* adj. visionário, sonhador.
visita.- *(bisita)* s. visita.
visitar.- *(bisitar)* v. visitar, ir ver alguém em sua casa, ir ao médico, inspeccionar, examinar, frequentar, reconhecer.
vislumbrar.- *(bislumbrar)* v. vislumbrar, entrever, divisar.
viso.- *(biso)* s. viso, reflexo, lampejo, sombra.
visor.- *(bisor)* s. visor de máquina fotográfica.
víspera.- *(bispera)* s. véspera.
vista.- *(bista)* s. vista, sentido da visão, paisagem, panorama.
vistazo.- *(bistazo)* s. olhar rápido.
visto.- *(bisto)* s. visto, visado.
vistoso.- *(bistoso)* adj. vistoso, chamativo.
visual.- *(bisual)* adj. visual.
vital.- *(bital)* adj. vital, essencial, fundamental.
vitalicio.- *(bitalizio)* adj. vitalício, que dura toda a vida.
vitalidad.- *(bitalidad)* s. vitalidade, actividade.
vitamina.- *(bitamina)* s. vitamina.
vitaminado.- *(bitaminado)* adj. vitaminado.
vítreo.- *(bitreo)* adj. vítreo.
vitrificar.- *(bitrifikar)* v. vitrificar.
vitrina.- *(bitrina)* s. vitrina, vitrine, mostrador, cristaleira.

vitualla.- *(bitualla)* s. mantimento, provisão.
vituperar.- *(bituperar)* v. vituperar, injuriar, afrontar.
viudez.- *(biudez)* s. viuvez.
viudo.- *(biudo)* adj. viúvo.
vivacidad.- *(bibazidad)* s. vivacidade, viveza.
vivaz.- *(bibaz)* adj. eficaz, vigoroso, agudo, perspicaz.
vivencia.- *(bibenzia)* s. vivência.
víveres.- *(biberes)* s. víveres, comestíveis.
vivero.- *(bibero)* s. viveiro.
viveza.- *(bibeza)* s. viveza, vivacidade, actividade, esperteza, esplendor.
vivienda.- *(bibienda)* s. vivenda, morada, modo de vida.
vivificar.- *(bibifikar)* v. vivificar, animar, reanimar, confortar.
vivir.- *(bibir)* v. viver, existir, manter, morar, habitar, durar.
vivo.- *(bibo)* adj. vivo, que tem vida, intenso, forte, brilhante, ardente, fogoso.
vizconde.- *(bizkonde)* s. visconde.
vocablo.- *(bokablo)* s. vocábulo, palavra, voz.
vocabulario.- *(bokabulario)* s. vocabulário, glossário, léxico.
vocación.- *(bokazion)* s. vocação, talento, inclinação.
vocal.- *(bokal)* adj. vocal, da voz. / s. vogal, membro de um tribunal ou junta.
vocalista.- *(bokalista)* s. vocalista, cantor.
vocear.- *(bozear)* v. vozear, gritar, clamar, chamar, aclamar.
vocero.- *(bozero)* s. pregoeiro, porta-voz.
vociferar.- *(boziferar)* v. vociferar, chamar, esbravejar.
vodka.- *(bozka)* s. vodca.
volante.- *(bolante)* adj. voante, voador, errante. / s. gudião, enfeite.
volar.- *(bolar)* v. voar.
volátil.- *(bolatil)* adj. volátil.
volatizar.- *(bolatizar)* v. volatizar.
volcán.- *(bolkan)* s. vulcão.
volcar.- *(bolkar)* v. voltar, tombar, virar, entornar, perturbar, transtornar, estontear, aturdir.
voltaje.- *(boltaje)* s. voltagem, tensão eléctrica.
voltear.- *(boltear)* v. voltear, dar voltas, virar, pôr ao contrário, inverter a ordem.
voltereta.- *(boltereta)* s. cambalhota.
voltímetro.- *(boltimetro)* s. voltímetro.
voltio.- *(boltio)* s. volt.
voluble.- *(boluble)* adj. volúvel, inconstante.
volumen.- *(bolumen)* s. volume, corpulência. / tomo de um livro impresso.
voluminoso.- *(boluminoso)* adj. volumoso, avultado, corpulento.
voluntad.- *(boluntad)* s. vontade, livre arbítrio, escolha, intenção, carinho, amor, afeição, desejo, ordem.
voluntario.- *(boluntario)* adj. voluntário.
voluptuoso.- *(boluptuoso)* adj. voluptuoso.
volver.- *(bolber)* v. volver, voltar, girar. / devolver, restituir, repor, por do avesso. / vomitar, regressar.
vomitar.- *(bomitar)* v. vomitar.
vómito.- *(bomito)* s. vómito.
voracidad.- *(borazidad)* s. voracidade, sofreguidão, apetite, gula.
voraz.- *(boraz)* adj. voraz, sôfrego, ávido, guloso.
vos.- *(bos)* pron. vos.
vosotros.- *(bosotros)* pron. vós.
votación.- *(botazion)* s. votação, sufrágio.
votar.- *(botar)* v. votar, prometer, jurar.
voto.- *(boto)* s. voto, promessa, consagração, sufrágio, parecer.
voz.- *(boz)* s. voz, fala, timbre, grito, queixa, fonema, vocábulo.
vuelco.- *(buelko)* s. tombo, sobressalto.
vuelo.- *(buelo)* s. voo.
vuelta.- *(buelta)* s. volta, giro, circuito, curva, regresso, devolução, recompensa, troco, turno, avesso.
vuestro.- *(buestro)* pron. vosso.
vulcanizar.- *(bulkanizar)* v. vulcanizar, emborrachar.
vulgar.- *(bulgar)* adj. vulgar, trivial, comum.
vulgaridad.- *(bulgaridad)* s. vulgaridade, banalidade, mediocridade.
vulgarizar.- *(bulgarizar)* v. vulgarizar, banalizar.
vulgarmente.- *(bulgarmente)* adv. vulgarmente.
vulgo.- *(bulgo)* s. vulgo, povo, plebe.
vulnerable.- *(bulnerable)* adj. vulnerável.
vulnerar.- *(bulnerar)* v. vulnerar, ferir, prejudicar, ofender.
vulpino.- *(bulpino)* adj. vulpino, relativo à raposa.
vulturno.- *(bulturno)* s. vulturno, vento quente.
vulva.- *(bulba)* s. vulva, parte exterior do órgão genital feminino.

W

w.- *(w)* s. vigésima quarta letra do alfabeto espanhol, usada apena em palavras estrangeiras.
wagneriano.- *(bagneriano)* adj. wagneriano.
wat.- *(vat)* s. watt, vátio, unidade de potência.
water.- *(bater)* s. retrete, latrina, banheiro.
waterpolo.- *(guaterpolo)* s. water-polo.
watio.- *(batio)* s. vátio, unidade de potência.
whisky.- *(guiski)* s. bebida alcoólica de cereais fermentados.
whist.- *(guist)* s. jogo de cartas de origem inglesa.

X

x.- *(ks)* s. vigésima quinta letra do alfabeto espanhol.
xenofobia.- *(senofobia)* s. xenofobia, ódio, aversão, repugnância aos estrangeiros.
xenófobo.- *(senofobo)* adj. xenófobo.
xenón.- *(senon)* s. xénon.
xifoides.- *(sifoides)* adj. xifóideo, apêndice do esterno.
xilófono.- *(silofono)* s. xilofone.
xilografía.- *(silografia)* s. xilografia, arte de gravar em madeira.
xilográfico.- *(silografiko)* adj. xilográfico.

Y

y.- *(y)* s. vigésima sexta letra do alfabeto espanhol.
ya.- *(ya)* adv. já, agora.
yaca.- *(yaka)* s. jaqueira, arvore da Índia que produz jaca.
yacaré.- *(yakare)* s. jacaré, espécie de crocodilo.
yacer.- *(yazer)* v. jazer, estar deitado, estar sepultado, existir, ter relações carnais com urna pessoa.
yacija.- *(yazija)* s. leito, cama, jazida.
yacimiento.- *(yazimiento)* s. jazigo, lugar onde abundam os minerais.
yacio.- *(yazio)* s. seringueira.
yaguar.- *(yaguar)* s. jaguar, espécie de leopardo.
yambo.- *(yambo)* s. jambeiro, árvore grande procedente da Índia Oriental que produz jambo.
yanqui.- *(yanki)* adj. ianque, pessoas de América do Norte.
yantar.- *(yantar)* s. jantar, comida, manjar, iguarias.
yarda.- *(yarda)* s. jarda, medida linear inglesa.
yatay.- *(yatai)* s. iatai, espécie de palmeira.
yate.- *(yate)* s. iate, navio de recreio.
yedra.- *(yedra)* s. hera, planta trepadeira.
yegua.- *(yegua)* s. égua, fêmea do cavalo.
yelmo.- *(yelmo)* s. elmo.
yema.- *(yema)* s. gema. / olho, botão, parte amarela do ovo.
yerba.- *(yerba)* s. erva, planta, grama.
yerbajo.- *(yerbajo)* s. erva daninha.
yermo.- *(yermo)* adj. ermo, desabitado, baldio.
yerno.- *(yerno)* s. genro.
yerro.- *(yerro)* s. erro, delito, equívoco, engano.
yerto.- *(yerto)* adj. hirto, teso, rígido, áspero.
yesar.- *(yesar)* s. mina de gesso.
yesca.- *(yeska)* s. isca.
yesería.- *(yeseria)* s. fábrica de gesso, obra feita de gesso.
yeso.- *(yeso)* s. gesso.
yo.- *(yo)* pron. eu.
yodado.- *(yodado)* adj. iodado.
yodo.- *(yodo)* s. iodo.
yoga.- *(yoga)* s. ioga.
yogur.- *(yogur)* s. iogurte.
yoyó.- *(yoyo)* s. ioiô, brinquedo.
yuca.- *(yuka)* s. mandioca, planta da América tropical da qual se extrai uma farinha comestível.
yudo.- *(yudo)* s. judo.
yugo.- *(yugo)* s. jugo, canga.
yugoslavo.- *(yugoslabo)* adj. iugoslavo.
yugular.- *(yugular)* adj. jugular, veias da garganta.
yunque.- *(yunke)* s. safra, bigorna.
yunta.- *(yunta)* s. junta, parelha.
yuquerí.- *(yukeri)* s. juquiri, planta do género das mimosas.
yute.- *(yute)* s. juta, fibra extraída de uma planta, tecido feito com esta fibra.
yuxtaponer.- *(yukstaponer)* v. justapor.
yuxtaposición.- *(yukstaposizion)* s. justaposição.

Z

z.- *(z)* s. vigésima sétima letra do alfabeto espanhol.
zabullida.- *(zabullida)* s. mergulho.
zabullir.- *(zabullir)* v. mergulhar.
zafado.- *(zafado)* adj. safado, descarado, atrevido.
zafar.- *(zafar)* v. safar, escapar, evadir-se.
zafiro.- *(zafiro)* s. safira, pedra preciosa azul.
zafo.- *(zafo)* adj. safo, livre, desembaraçado.
zafra.- *(zafra)* s. safra, colheita de cana-de-açúcar.
zaga.- *(zaga)* s. retaguarda.
zagal.- *(zagal)* s. mancebo, adolescente, jovem, moço forte, pastor jovem.
zaguán.- *(zaguan)* s. saguão, vestíbulo.
zaguero.- *(zagero)* adj. que vai em último lugar, que fica atrás.
zaherir.- *(zaerir)* v. censurar, repreender, humilhar.
zahorí.- *(zaori)* s. vidente, adivinho.
zalamería.- *(zalameria)* s. salamaleque, lisonja, bajulação.
zalamero.- *(zalamero)* adj. lisonjeador, bajulador.
zalea.- *(zalea)* s. tosão.
zamarra.- *(zamarra)* s. vestuário rústico, casaco de pele de cordeiro, pele de cordeiro.
zambo.- *(zambo)* adj. cambaio, torto, cambado das pernas.
zambomba.- *(zambomba)* s. cuíca, ronca.
zambullida.- *(zambullida)* s. mergulho.
zambullir.- *(zambullir)* v. mergulhar com ímpeto.
zampar.- *(zampar)* v. comer muito, comer depressa e sem compostura.
zampón.- *(zampon)* adj. comilão, glutão.
zampoña.- *(zampoña)* s. flauta pastoril, instrumento rústico.
zanahoria.- *(zanaoria)* s. cenoura.
zanca.- *(zanka)* s. sanco, perna de ave.
zancada.- *(zankada)* s. pernada, passos lagos.
zancadilla.- *(zankadilla)* s. rasteira.
zancajo.- *(zankajo)* s. calcanhar.
zanco.- *(zanko)* s. perna de pau.
zancudo.- *(zankudo)* adj. pernalto, pernilongo.
zángano.- *(zangano)* s. zangão, macho da abelha.
zanja.- *(zanja)* s. sanja, escavação para edificar, fundação, escoamento para água.
zanjar.- *(zanjar)* v. abrir valas ou sanjas.
zapa.- *(zapa)* s. sapa, escavação, pá.
zapapico.- *(zapapiko)* s. picareta.
zapateado.- *(zapateado)* s. sapateado
zapatear.- *(zapatear)* v. sapatear, bater o pé.
zapatero.- *(zapatero)* s. sapateiro.
zapatilla.- *(zapatilla)* s. sapatilha, chinela.
zapato.- *(zapato)* s. sapato, calçado.
zar.- *(zar)* s. czar, soberano da Rússia.
zarandear.- *(zarandear)* v. sacudir, saracotear.
zarpa.- *(zarpa)* s. sapata, parte saliente dos alicerces.
zarpar.- *(zarpar)* v. sarpar, partir, levantar ferro, zarpar.
zarza.- *(zarza)* s. sarça, planta espinhosa,silva.
zarzamora.- *(zarzamora)* s. amora, fruto da silva de da amoreira.
zarzuela.- *(zarzuela)* s. zarzuela, opereta.
zepelín.- *(zepelin)* s. zepelim, dirigível.
zigzag.- *(zigzag)* s. ziguezague.
zinc.- *(zink)* s. zinco.
zócalo.- *(zokalo)* s. base, pedestal.
zoclo.- *(zoklo)* s. tamanco.
zoco.- *(zoko)* s. mercado.
zodíaco.- *(zodiako)* s. zodíaco.
zona.- *(zona)* s. zona, região.
zonote.- *(zonote)* s. depósito de água no centro de uma gruta.
zonzo.- *(zonzo)* adj. sensabor, insípido.
zoología.- *(zoolojia)* s. zoologia.
zoológico.- *(zoolojiko)* adj. zoológico.
zoospermo.- *(zoospermo)* s. espermatozóide.
zoquete.- *(zokete)* s. toco, pedaço de madeira.
zorrería.- *(zorreria)* s. astúcia de raposa.
zorrillo.- *(zorrillo)* s. raposinho.
zorro.- *(zorro)* s. zorro, raposo.
zozobra.- *(zozobra)* s. soçobro, inquietação, aflição, angústia.
zueco.- *(zueko)* s. tamanco, calçado de madeira de uma só peça.
zumbar.- *(zumbar)* v. zumbir.
zumbido.- *(zumbido)* s. zumbido.
zumo.- *(zumo)* s. sumo, suco.
zurcir.- *(zurzir)* v. cerzir.
zurdo.- *(zurdo)* adj. canhoto.
zurra.- *(zurra)* s. surra, sova, tunda, castigo.
zurrar.- *(zurrar)* v. surrar, castigar.
zurriago.- *(zurriago)* s. chicote, látego.
zurrido.- *(zurrido)* s. zoada, som rouco e confuso.
zurrir.- *(zurrir)* v. zunir, soar rouco e confusamente.
zurumbático.- *(zurumbatiko)* adj. atordoado, pasmado, apatetado, apalermado.
zutano.- *(zutano)* s. beltrano, fulano, mengano e beltrano.

Parte II

PORTUGUÉS-ESPAÑOL

A

a.- *(a) s.* primera letra del abecedario portugués. / art. la. / prep. a.
à.- *(aa)* contracción de la prep. *a* con el art. *a* a la.
aba.- *(ába)* s. ala del sombrero, borde, faldón, orla.
abacate.- *(abakati)* s. aguacate.
abacateiro.- *(abakatêro)* s. árbol del aguacate.
abacaxi.- *(abakaschí)* s. piña, ananás.
ábaco.- *(ábaku)* s. ábaco.
abade.- *(abádji)* s. abad, párroco, cura.
abadia.- *(abadjía)* s. abadía.
abafado.- *(abafádu)* adj. tapado, oculto, sofocado, irrespirable.
abafamento.- *(abafamentu)* s. falta de aire.
abafar.- *(abafar)* v. cubrir para conservar el calor, sofocar, asfixiar, amortecer el sonido; esconder una noticia.
abaixar.- *(abaischar)* v. bajar, rebajar, abatir, descender, curvarse, cobrarse, humillarse, rebajarse.
abaixo-assinado.- *(abaischu assinadu)* sm. documento particular firmado por varias personas y que, en general, contiene reivindicación, pedido, manifestación de protesta o de solidaridad, etc.
abaixo.- *(abaischu)* s. petición colectiva, solicitud, instancia.
abajur.- *(abajhur)* s. lámpara de mesa.
abalada.- *(abalada)* s. carrera.
abalar.- *(abalar)* v. estremecer, temblar, sacudir. Conmover, impresionar, agitar. Hacer cambiar de opinión o parecer. / P. sacudirse, abatirse.
abalo.- *(abalu)* s. conmoción.
abalado.- *(abaladu)* adj. no firme, abatido, perturbado por efecto de gran conmoción o por choque emocional.
abanar.- *(abanar)* v. abanicar, soplar, sacudir, saludar de lejos con la mano, hacer señas.
abandalhar.- *(abandallar)* v. e p. convertirse en una persona sin dignidad.
abandonar.- *(abandonar)* v. abandonar, dejar, desamparar, desistir, desocupar. renunciar, entregarse.
abandono.- *(abandonu)* s. abandono, cesión, negligencia, renuncia, repudio.
abanicar.- *(abanikar)* v. abanicar.
abano.- *(abanu)* s. abanico. Art. Gráf. pieza que, en salida de las rotativas, separa los periódicos en cantidades preestablecidas.
abanico.- *(abaniku)* s. abano, abanico.
abaratar.- *(abaratar)* v. abaratar, bajar el precio.
abarcar.- *(abarkar)* v. abarcar, ceñir, comprender.
abarrotado.- *(abar'otadu)* adj. abarrotado, lleno, colmado, repleto.
abarrotar.- *(abar'otra)* v. abarrotar, llenar demasiado, cargar, colmar.
abastado.- *(abastadu)* adj. abastado, acomodado, rico, abastecido.
abastar.- *(abastar)* v. abastecer.
abastecedor.- *(abastesedor)* s. abastecedor.
abastecer.- *(abasteser)* v. abastecer, aprovisionar, proveer, repostar surtir.
abastecimento.- *(abastesimentu)* s. abastecimiento, aprovisionamiento, provisión, suministro.
abasto.- *(abastu)* s. abundancia, relativo a abastar.
abate.- *(abatchi)* s. acto o efecto de abatir animales para el consumo.
abater.- *(abater)* v. abatir, bajar el precio o valor, echar por tierra, desanimar, debilitar, envilecer, desalentar, matar un animal.
abatido.- *(abatchidu)* adj. alicaído, cabizbajo, triste, desanimado.
abatimento.- *(abatchimentu)* s. abatimiento, deducción, descuento, languidez, postración, matanza de ganado.
abaulado.- *(abauladu)* adj. curvado, convexo.
abaular.- *(abaular)* v. dar forma de baúl, curvar.
abc.- *(á-bê-cê)* sm. las primeras letras. Modo corriente de designar el alfabeto latino; abecedario; cartilla.
abdicação.- *(abdikasãu)* s. propio de abdicar.
abdicar.- *(abadjikar)* v. abdicar, renunciar, desistir.
abdome.- *(abdómi)* s. abdomen, vientre, barriga.
abdômen.- *(abdómen)* s. abdomen, vientre, barriga.
abdominal.- *(abdominau)* adj. abdominal.
abecedário.- *(abesedário)* s. alfabeto.
abeirar.- *(abeirar)* v. llegar al borde, aproximarse.
abelha.- *(abella)* s. abeja.
abelha-mestra.- *(abella-mestra)* s. la reina del enjambre.
abelhudo.- *(abelludu)* adj. curioso, entrometido, indiscreto.
abençoar.- *(abensoar)* v. bendecir, amparar, santiguarse.
aberração.- *(aber'asãu)* s. aberración, anormalidad.
aberrante.- *(aber'anti)* adj. aberrante, fuera de lo normal.
aberrar.- *(aber'ar)* v. desviarse de lo que es natural, constituirse una aberración.
aberta.- *(abérta)* s. apertura, canalón, riego, claro en el bosque.
aberto.- *(abértu)* adj. abierto, sincero, franco, leal, no cicatrizada (herida o llaga).
abertura.- *(abertura)* s. abertura, apertura, quiebra, grieta, agujero, hendidura, salida, inauguración.
abeto.- *(abêtu)* s. abeto.
abiscoitar.- *(abiskoitar)* vt. conseguir, apoderarse; cocer como galleta.
abismado.- *(abismadu)* adj. abismado, sorprendido, muy admirado, asombrado.
abismar.- *(abismar)* v. intr. abismar; causar asombro o admiración a alguien.
abismo.- *(abismu)* s. abismo, precipicio.
abissal.- *(abisau)* adj. la parte profunda de los océanos, debajo de 2.000 m; espantoso, asombroso, enorme. / Fig. misterioso, enigmático.

abjecção.- *(abjhesãu)* s. vileza
abjecto.- *(abjhetu)* adj. abyecto, infame.
abjurar.- *(abjhurar)* v. abjurar, renunciar, renegar, rechazar.
ablação.- *(ablasãu)* s. ablación, corte.
ablução.- *(ablusãu)* s. ablución, purificación.
abnegação.- *(abnegasãu)* s. abnegación, renuncia, desprendimiento.
abnegado.- *(abnegadu)* adj. abnegado, desinteresado, desprendido.
abóbada.- *(abóbada)* s. bóveda, cúpula *abóbada celeste, abóbada craniana.
abobado.- *(abobadu)* adj. abobado, tonto, atontado, idiota.
abobalhado.- *(aboballadu)* adj. abobado, tonto, idiota.
abóbora.- *(abóbora)* s. calabaza.
aboboreira.- *(aboborêra)* s. calabacera.
abobreira.- *(abobrêra)* s. árbol de la calabaza.
abobrinha.- *(abobriña)* s. calabacín.
abocanhar.- *(abokañar)* v. morder, coger con a boca. / Fig. Apoderarse de, obtener con astucia.
aboio.- *(abôio)* s. canción con que os vaqueros conducen el ganado o llaman los bueyes dispersos.
abolição.- *(abolisãu)* s. abolición
abolicionismo.- *(abolisionismu)* s. doctrina que defendía la abolición de la esclavitud.
abolicionista.- *(abolisionista)* adj. defensor de la abolición de la esclavitud.
abolir.- *(abolir)* v. abolir, suprimir, anular, extinguir, derogar, destruir, aniquilar.
abominação.- *(abominasãu)* s. abominación, repulsión, odio, rencor, aversión.
abominar.- *(abominar)* v. abominar, detestar, aborrecer, odiar.
abominável.- *(abomináv'eu)* adj. abominable, detestable, execrable.
abonado.- *(abonadu)* adj. abonado, acaudalado, rico.
abonar.- *(abonar)* v. abonar, garantizar, afianzar.
abono.- *(abonu)* s. abono, fianza, garantía.
abordagem.- *(abordajhen)* s. abordaje.
abordar.- *(abordar)* v. abordar, arribar, atracar, arrimar, llegar.
aborígene.- *(aboríjhine)* adj. y sm. aborigen, nativo, autóctono.
aborrecer.- *(abor'eser)* v. aborrecer, fastidiar, molestar, aburrir.
aborrecido.- *(abor'esidu)* adj. enfadado, sentido, resentido; aburrido
aborrecimento.- *(abor'esimentu)* sm. aborrecimiento, problema; aburrimiento.
abortar.- *(abortar)* vt. abortar, malograrse, fracasar, frustrar.
aborto.- *(abortu)* s. aborto. Individuo disforme, monstruo.
abotoadura.- *(abutuadura)* s. botonadura, gemelos.
abotoar.- *(abutuar)* v. abotonar, brotar.
abraçadeira.- *(abrasadêra)* s. abrazadera.
abraçar.- *(abrasar)* v. abrazar, ceñir, adoptar, seguir una idea, una causa.
abraço.- *(abrasu)* s. abrazo.
abrandar.- *(abrandar)* v. e p. ablandar, suavizar, aliviar, serenar, mitigar, conmoverse.
abranger.- *(abranjher)* v. comprender, contener, incluir, abarcar.
abrasado.- *(abraz'adu)* adj. / quemado, caliente, ardiente.
abrasar.- *(abraz'ar)* v. abrasar, escaldar, quemar.
abrasileirar.- *(abraz'ilerar)* v. adaptarse al estilo brasileño.
abrasivo.- *(abraz'iv'u)* adj. e s. abrasivo.
abreugrafia.- *(abreugrafía)* s. Med. método criado por el médico brasileño Manuel de Abreu (1894-1962) para fijar por medio de máquina fotográfica especial la imagen observada por la radioscopia.
abreviado.- *(abrev'iadu)* adj. abreviado.
abreviação.- *(abrev'iasãu)* s. abreviatura.
abreviar.- *(abrev'iar)* v. abreviar, cortar, resumir.
abreviatura.- *(abreviatura)* s. abreviatura.
abricó.- *(abrikó)* s. albaricoque.
abricoteiro.- *(abrikotêro)* s. árbol del albaricoque.
abrideira.- *(abridêra)* s. aperitivo, en general de aguardiente.
abridor.- *(abridor)* s. abridor.
abrigar.- *(abrigar)* vt. e p. abrigar, proteger, defender, acoger.
abrigo.- *(abrigu)* sm. abrigo, resguardo, protección, cobertura, acogida, refugio; pieza del vestuario propia para abrigarse, generalmente impermeable.
abril.- *(abriu)* s. abril.
abrilhantar.- *(abrillantar)* v. abrillantar.
abrir.- *(abrir)* v. abrir, descubrir, perforar, destapar, comenzar, inaugurar, establecer, desabrochar, encender (la luz eléctrica), hacer confidencias, desahogarse.
ab-rogar.- *(abr'ogar)* v. abrogar, anular, suprimir.
abrolhos.- *(abrollus)* sm. pl. escollos; dificultades, penas, disgustos, mortificaciones.
abrupto.- *(abruptu)* adj. abrupto, escarpado, rudo, áspero.
abrutalhado.- *(abrutalladu)* adj. grosero, brutal, rudo, tosco.
abscesso.- *(absesu)* sm. absceso, tumor; acumulación de pus.
absenteísmo.- *(absentismo)* s. absentismo (laboral, escolar).
absentismo.- *(absentismu)* sm. práctica de algunos animales de permanecer lejos de su prole, aproximándose solamente para llevarle alimentos y dispensarle cuidados.
abside.- *(abside)* s. Arq. ábside.
absíntio.- *(absintiu)* sm. ajenjo.
absolto.- *(absoltu)* adj. absuelto.
absolutismo.- *(absolutismu)* s. absolutismo.
absolutista.- *(absolutista)* adj. absolutista.
absoluto.- *(absolutu)* adj. absoluto, incondicional.
absolver.- *(absolv'er)* v. absolver, indultar, perdonar, exonerar.
absolvição.- *(absolv'isãu)* s. absolución.
absorto.- *(absortu)* adj. absorto, pensativo, introvertido.

absorver.- *(absorv'er)* v. consumir, agotar, requerir mucha atención.

abstêmio.- *(abstêmiu)* adj. abstemio.

abstenção.- *(abstensãu)* s. abstención, privación, renuncia.

abster .- *(abster)* vt. privar, impedir. / v. refl. abstenerse, privarse, contenerse.

abstinência.- *(abstinênsia)* s. abstinencia, ayuno.

abstracionismo.- *(abstrasionismu)* s. el arte abstracto o el movimiento que adopta este arte.

abstrair.- *(abstrair)* v. abstraer, separar, excluir.

abstrato.- *(abstratu)* adj. abstracto.

absurdo.- *(absurdu)* s. absurdo, ilógico.

abulia.- *(abulía)* s. abulia.

abúlico.- *(abúliku)* adj. abúlico.

abundância.- *(abundânsia)* s. abundancia, afluencia, exuberancia, opulencia, profusión, riqueza.

abundante.- *(abundantchi)* adj. abundante. / V. **copioso.**

abundar.- *(abundar)* v. abundar, tener copiosamente, bastar.

aburguesado.- *(aburguez'adu)* adj. aburguesado.

abusado.- *(abuz'adu)* adj. aprovechador, abusador; provocador; supersticioso; peleón.

abusar.- *(abuz'ar)* vt. abusar, ultrajar, excederse, aprovecharse. / Bras. empacharse.

abusivo.- *(abuz'iv'u)* adj. impropio.

abusao.- *(abuz'ãu)* s. abuso.

abuso.- *(abúz'u)* sm. abuso, desmán, engaño, error; aburrimiento, hastío; repugnancia. / Bras. enfado, disgusto.

abutre.- *(abutri)* s. buitre.

a. C. *(antes de Cristo)* abrev. a. C.

aça.- *(ása)* adj. Bras. albino.

acabado.- *(akabadu)* adj. concluido, perfecto, acabado, gastado, avejentado, consumado

acabamento.- *(akabamentu)* s. acabamiento, consumación, terminación, remate.

acabar.- *(akabar)* vt. acabar, concluir, rematar, finalizar, extinguirse, matar. / v. int. consumirse, agotarse.

acaboclado.- *(akabokladu)* adj. Bras. de origen o raza *cabocla.*

acabrunhado.- *(akabruñadu)* adj. avergonzado; afligido, atormentado.

acabrunhamento.- *(akabruñamentu)* s. relativo a acabrunhar.

acabrunhar.- *(akabruñar)* v. oprimir, abrumar, afligir, vp. atormentarse, afligirse, avergonzarse.

acaçã.- *(akasã)* sm. Bras. bollo de maíz blanco rallado o molido, envuelto, aún caliente, en hojas de bananera (platanero).

acaçapado.- *(akasapadu)* adj. agazapado, achaparrado, encogido, bajo, corto, pequeño.

acácia.- *(akásia)* s. acacia.

academia.- *(akademía)* s. academia.

acadêmico.- *(akadêmiku)* s. académico.

acafajestado.- *(akafajhestadu)* adj. que tiene maneras o procedimientos de cafajeste. / Bras. rufián, bellaco, canalla.

açafate.- *(asafati)* s. cesto de mimbre, sin asas.

açafrão.- *(asafrãu)* sm. azafrán.

açaí.- *(asaí)* s. Bras. palmera de cuyos frutos se hace un refresco apreciado.

açaimo.- *(asaímu)* s. tipo de cabresto que se pone en el hocico de los animales para que no coman o no muerdan.

acaipirado.- *(asaipiradu)* adj. Bras. que tiene maneras de caipira.

acalanto.- *(akalantu)* s. nana.

acalentar.- *(akalentar)* v. adormecer (a los niños) al sonido de nanas.

acalento.- *(akalentu)* s. nana.

acalmar.- *(akalmar)* v. calmar, apaciguar, tranquilizar, aplacar, sosegar, templar.

acalorado.- *(akaloradu)* adj. acalorado, sofocado, irritado.

acalorar.- *(akalorar)* v. acalorar.

acamado.- *(akamadu)* adj. enfermo, encamado.

acamar.- *(akamar)* v. encamarse, enfermarse.

acamaradar.- *(akamaradar)* v. hacerse camarada, compañero.

açambarcador.- *(asambarkador)* adj. monopolizar, acaparar, acumular géneros retirados del mercado para elevar su precio.

açambarcamento.- *(asambarkamentu)* s. acaparamiento, monopolio.

acampamento.- *(akampamentu)* s. campamento, camping.

açambarcar.- *(asambarkar)* v. acaparar, monopolizar

acampar.- *(akampar)* v. e p. acampar.

acanalhado.- *(akanalladu)* adj. que tiene modales de, o que es propio de canalla.

acanalhar.- *(akanalla)* v. hacerse canalla.

acanhado.- *(akañadu)* adj. tímido, apretado, estrecho, mezquino, miserable, humilde, oprimido.

acanhar.- *(akañar)* v. e p. apocar, acortar, estrechar, apretar, abatir, avergonzarse.

acanto.- *(akantu)* s. acanto, planta espinosa, decorativa, cuyas hojas sirvieran de modelo para ornamentación arquitectónica.

ação.- *(asãu)* s. acción, acto, hecho.

acará.- *(akará)* sm. Bras. pez de esqueleto óseo, del cual hay varios géneros y especies.

acarajé.- *(akarajhé)* s. Bras. pastelito frito hecho de masa de una especie de judía.

acareação.- *(akariasãu)* s. careo.

acarear.- *(akariar)* v. carear.

acariciar.- *(akarisiar)* v. acariciar, halagar.

acarinhar.- *(akariñar)* v. tratar con cariño, mimar.

ácaro.- *(ákaru)* s. parásito del hombre o de animales domésticos, que causa irritación de la piel.

acarretar.- *(akar'etar)* v. transportar en carreta. Causar, motivar.

acasalamento.- *(akaz'alamentu)* s. emparejamiento.

acasalar.- *(akaz'alar)* v. juntarse macho e hembra para la procreación.

acaso.- *(akaz'u)* s. acaso, aventura, incidencia, eventualidad. Por casualidad, quizá, tal vez.

acastanhado.- *(akastañadu)* adj. del color castaño.

acatamento.- *(akatamentu)* sm. acto o efecto de acatar; respeto, consideración, veneración.

acatar.- *(akatar)* vt. acatar, deferir, obedecer; honrar, venerar, respetar.
acatólico.- *(akatóliku)* adj. no católico.
acauã.- *(akauã)* s. e f. Bras. ave predadora, diurna y cuyo canto el pueblo juzga de mal presagio.
acaule.- *(askauli)* adj. Bot. dícese de la planta sin tronco o tallo.
acautelar.- *(akautelar)* v. acautelar, prevenir, precaver.
acavalado.- *(akav'aladu)* adj. acaballado, grosero, basto.
acebolado.- *(aseboladu)* adj. aliñado con mucha cebolla.
aceder.- *(aseder)* v. acceder.
acefalia.- *(asefalía)* s. monstruosidad caracterizada por ausencia de cabeza.
acéfalo.- *(aséfalu)* adj. acéfalo.
aceitável.- *(aseitáv'eu)* adj. aceptable, razonable, satisfactorio.
aceitação.- *(aseitasãu)* s. aceptación, adopción de una propuesta o medida.
aceitante.- *(aseitanti)* s. persona que firma o acepta letra de cambio, o copia de factura.
aceitar.- *(aseitar)* v. aceptar, admitir, aprobar, asumir obligación.
aceite.- *(aseiti)* sm. la firma del aceptante (librado o girado) en un título de crédito. El propio título.
aceleração.- *(aselerasãu)* s. aceleración.
acelerado.- *(aseleradu)* adj. más rápido. / Mec. se dice del motor que trabaja en alta rotación.
acelerador.- *(aselerador)* s. acelerador.
acelerar.- *(aselerar)* vt. intr. y v. refl. acelerar, adelantar, apresurar.
acelga.- *(aselga)* s. acelga.
acém.- *(asén)* s. carne del lomo del buey.
acenar.- *(asenar)* v. hacer señas, llamar la atención, provocar.
acendedor.- *(asendedor)* s. encendedor.
acender.- *(asender)* v. encender, inflamar. Poner en funcionamiento (sistema eléctrico de iluminación). animar.
aceno.- *(aseno)* s. seña, ademán, gesto.
acento.- *(asnetu)* s. acento.
acentuação.- *(asentuasãu)* s. acentuación.
acentuar.- *(asentuar)* vt. acentuar, atildar, puntuar, destacar, realzar, enfatizar.
acepção.- *(asepsãu)* s. acepción, significado.
acepilhar.- *(asepillar)* s. cepillar, aplanar, aprimorar.
acepipe.- *(asepipi)* sm. bocado delicioso, manjar.
acéquia.- *(aséquia)* s. acequia, zanja.
acerado.- *(aseradu)* adj. afilado, punzante, agudo, que corta.
acerbo.- *(aserbu)* adj. acerbo, áspero, ácido. Duro, dificultoso.
acerca.- *(aserka)* adv. cerca, *acerca de, en relación a, sobre.
acercar.- *(aserkar)* v. acercar, aproximar, rodear.
acerola.- *(aselora)* s. pequeño árbol cuyo fruto, pequeño, redondo, rojo, es rico en vitamina A, C, hierro e calcio. El fruto del árbol.
acérrimo.- *(asér'imu)* adj. acérrimo.
acertado.- *(asertadu)* adj. acertado.
acertar.- *(asertar)* v. acertar, concordar, enderezar, ajustar, combinar. intr. proceder con acierto. acertar el blanco.
acerto.- *(asertu)* acierto.
acervo.- *(aserv'u)* s. acervo, gran cantidad.
aceso.- *(asez'u)* adj. encendido.
acessar.- *(asesar)* vt. Proc. Datos. dar acceso a; establecer comunicación con (ordenador o dispositivo a él conectado), para hacer uso de sus recursos, o de los servicios por él ofrecidos; obtener o utilizar de esa manera (datos, archivos, programas).
acessível.- *(asesív'eu)* adj. asequible, fácil.
acesso.- *(asesu)* s. acceso, llegada, ingreso, pasaje, ímpetu, impulso. / Proc. Dados. comunicación con una unidad de almacenamiento.
acessório.- *(asesório)* adj. accesorio.
acético.- *(asétiku)* adj. acético, relativo al vinagre.
acetileno.- *(asetilenu)* adj. Quim. acetileno.
acetinado.- *(asetinadu)* adj. satinado, sedoso, lustroso.
acetinar.- *(asetinar)* v. satinar, poner lustroso, alisar, suavizar.
acetona.- *(asetona)* s. acetona.
acha.- *(ascha)* s. pedazo de madera para o lumbre.
achacadiço.- *(aschakadisu)* adj. relativo a achaques.
achacar.- *(aschakar)* v. encontrar defectos, acusar, infamar.
achado.- *(aschadu)* adj. encontrado. / s. hallazgo, descubrimiento. / Fam. cosa ventajosa, lucrativa.
achaque.- *(aschaqui)* s. achaque, enfermedad sin gravedad, indisposición, mal estar.
achar.- *(aschar)* v. hallar, descubrir, encontrar, considerar, juzgar, suponer, encontrarse.
achatado.- *(aschatadu)* adj. que tiene forma chata.
achatamento.- *(aschatamentu)* s. achatamiento.
achatar.- *(aschatar)* v. achatar, aplastar, aplanar. Humillarse, abatirse.
achega.- *(aschega)* s. añadidura, subsidio, pequeño lucro.
achegar.- *(aschegar)* v. e p. allegar, aproximarse, unir, acogerse.
achego.- *(aschegu)* s. añadidura. Bras. achega.
achincalhação.- *(aschinkallasãu)* s. relativo a achincalhar.
achincalhar.- *(aschinkallar)* v. ridiculizar, mofar, humillar, rebajar.
achincalhe.- *(aschinkalle)* s. achincalhação.
achinesado.- *(aschinez'adu)* adj. achinado.
achocolatado.- *(aschokolatadu)* adj. e s. se dice del alimento que contiene chocolate o tiene su sabor.
acicatar.- *(asikatar)* v. estimular (el caballo) con acicate. Estimular, incentivar.
acicate.- *(asikati)* s. acicate, antigua espuela mora. Estímulo.
acidentado.- *(asidentadu)* adj. accidentado, irregular (terreno), desigual.
acidentado.- *(asidentadu)* adj. accidentado, víctima de un accidente.
acidental.- *(asidentau)* adj. accidental. Eventual.

acidentar.- *(asidentar)* v. accidentar, ser víctima de accidente.

acidente.- *(asidenti)* s. accidente, contratiempo, casual, imprevisto, desastre. / Mús. cada uno de las señales que alteran el sonido de la escala natural, elevándolo o bajándolo, como el sostenido, bemol, etc.

acidez.- *(asides)* sm. acidez.

aciganado.- *(asiganadu)* adj. semejante a gitano.

ácido.- *(ásidu)* s. ácido. / adj. ácido, acre.

acima.- *(asima)* adv. encima, en lugar más alto.

acinte.- *(asinti)* sm. acción practicada a propósito, para disgustar a alguien / adv. adrede.

acintoso.- *(asintoz'u)* adj. provocador.

acinzentado.- *(asinz'entadu)* adj. ceniciento, gris.

acinzentar.- *(asinz'entar)* v. convertir en gris.

acionar.- *(asionar)* v. accionar, mover, poner en movimiento. / intentar acción judicial en contra.

acionista.- *(asionista)* s. accionista.

acirrar.- *(asir'ar)* v. incitar, irritar, estimular, provocar.

acirrado.- *(asir'adu)* adj. irritado, exasperado; incitado, provocado. / estimulado, excitado; tozudo, obstinado.

aclamação.- *(aklamasãu)* s. aclamación.

aclamar.- *(aklamar)* v. aclamar, aplaudir, aprobar, saludar, proclamar. / Proclamar jefe de Estado. / Elegir por aclamación.

aclaração.- *(aklarasãu)* s. relativo a aclarar.

aclarar.- *(aklarar)* v. aclarar, clarear, iluminar, explicar, esclarecer.

aclimação.- *(aklimasãu)* s. aclimatación.

aclimar.- *(aklimar)* v. aclimatarse.

aclimatação.- *(aklimatasãu)* s. aclimatación.

aclimatar.- *(aklimatar)* v. aclimatar, acostumbrarse.

aclive.- *(aklive)* sm. declive, cuesta, ladera (considera de abajo a arriba).

acne.- *(akni)* s. acné.

aço.- *(asu)* s. acero.

acobardar.- *(akobardar)* v. e p. acobardar.

acobertar.- *(akobertar)* v. e p. tapar con cubierta, encubrir. / P. protegerse, defenderse.

acobrear.- *(akobriar)* v. dar el color o aspecto de cobre a.

acocorar.- *(akokorar)* v. agacharse, acuclillarse.

acoimar.- *(akoimar)* v. multar, imputar, acusar, reprender, censurar, vengarse.

açoita-cavalo.- *(asoita kav'alu)* sm. Bras. árbol de madera útil para construcciones internas, muebles, etc.

açoitar.- *(asoitar)* v. azotar, fustigar, hostigar.

açoite.- *(asoiti)* s. azote, látigo.

acolá.- *(akolá)* adv. en lugar apartado del que habla y de la persona con quien se habla, allá lejos.

acolchetar.- *(akolschetar)* v. unir o apretar con corchetes.

acolchoado.- *(akolschoadu)* adj. acolchado. / s. edredón.

acolchoar.- *(akolschoar)* v. acolchar.

acolhedor.- *(akolledor)* adj. acogedor, hospitalario.

acolher.- *(akoller)* v. acoger, abrigar, escuchar, admitir, recibir, hospedar, proteger, refugiarse.

acolhida.- *(akollida)* s. acogida, asilo, refugio.

acolhimento.- *(akollimentu)* s. acogida.

acolitar.- *(akólitar)* vt. servir de acólito a; seguir, acompañar; ayudar, auxiliar.

acólito.- *(akólitu)* s. acólito.

acometer.- *(akometer)* v. acometer, atacar, embestir, intentar, emprender, insultar, manifestarse de pronto (una enfermedad).

acometida.- *(akometida)* s. acometida, asalto, agresión, embestida.

acometimento.- *(akometimentu)* s. acometimiento.

acomodado.- *(akomodadu)* adj. apropiado, cómodo, instalado, tranquilo, sosegado.

acomodação.- *(akomodasãu)* s. acomodación.

acomodado.- *(akomodadu)* adj. acomodado, quieto, sosegado, abrigado, pacífico, adaptado.

acomodar.- *(akomodar)* v. acomodar, ordenar, instalar, adaptar, hospedar, pacificar. / Por. retirarse a sus dependencias, calmarse.

acomodatício.- *(akomodatchisiu)* adj. que se acomoda fácilmente.

acompadrar *(acompadrar)* vt. hacer compadre, amigo; familiarizar. / v. refl. hacerse compadre, amigo; asociarse.

acompanhador.- *(akompañador)* adj. El que acompaña. / Mús. el músico que realiza el acompañamiento.

acompanhamento.- *(akompañamentu)* s. acompañamiento, comitiva, cortejo, escolta. / Mús. parte de la música ejecutada al mismo tiempo que las voces o instrumentos.

acompanhante.- *(akompañanti)* s. acompañante, compañía. / Persona que hace compañía o ofrece asistencia a persona mayor o enferma, inválida, etc.

acompanhar.- *(akompañar)* v. acompañar, seguir, escoltar, observar la evolución, ejecutar el acompañamiento.

aconchegar.- *(akonschegar)* v. acercar, arrimar, allegar, agasajar, acomodar.

aconchego.- *(akonschegu)* s. acomodo, agasajo.

acondicionar.- *(akondisionar)* v. acondicionar, condicionar. / P. adaptarse.

acônito.- *(akônitu)* s. acónito.

aconselhar.- *(akonsellar)* v. aconsejar, recomendar, amonestar, avisar, convencer, sugerir.

aconselhável.- *(akonsellav'éu)* adv. aconsejable.

acontecer.- *(akontescr)* v. acontecer, suceder, sobrevenir.

acontecimento.- *(akontesimentu)* s. acontecimiento, ocurrencia, suceso, acaecimiento, éxito.

acoplamento.- *(akoplamentu)* s. relativo a acoplarse. / Astron. acoplamiento.

acoplar-se.- *(akoplarsi)* vp. acoplarse.

açor.- *(asor)* sm. ave de rapiña diurna, azor.

açorda.- *(asorda)* s. sopa de pan portuguesa.

acórdão.- *(asórdãu)* s. Jur. decisión proferida en grado de recurso por tribunal colectivo.

acordar.- *(akordar)* v. acordar, despertar. Resolver de común acuerdo, concordar.

acorde.- *(akordi)* s. acorde. / adj. acorde, conforme.

acordeão.- *(akordiãu)* s. acordeón.

acordo.- *(akordu)* s. acuerdo, ajuste, madurez, consejo, dictamen, consonancia.

açoriano.- *(asorianu)* adj. natural de las Azores.
acorrentar.- v. encadenar, sujetar.
acorrer.- *(akor'er)* v. acorrer, acudir.
acossar.- *(asosar)* v. acosar, perseguir, molestar.
acostamento.- *(akostamentu)* s. arcén, acto o efecto de acostar.
acostar.- *(akostar)* v. acostar, recostar, recluir, arrimar, juntar.
acostumado.- *(akostumadu)* adj. acostumbrado.
acostumar.- *(akostumar)* v. acostumbrar, habituar.
açotéia.- *(asotéia)* s. azotea.
acotiledôneo.- *(akotiledônio)* adj. Bot. sin cotiledón (planta).
acotovelar.- *(akotov'elar)* v. codear, tocar con el codo.
açougue.- *(asougui)* s. Bras. carnicería.
açougueiro.- *(asougêiru)* s. carnicero.
acovardar.- *(akov'ardar)* v. acobardar, amedrentar.
acracia.- *(akrasía)* s. acracía, anarquía.
acre.- *(akri)* adj. acre, agrio, ácido. / s. acre, medida agraria. / 2ª. estado de la región Norte de Brasil.
acreditar.- *(akreditar)* v. acreditar, creer.
acrescentamento.- *(akresentamentu)* sm. acrecentamiento, añadido. / crecimiento, agregación.
acrescentar.- *(akresentar)* v. acrecentar, añadir, incorporar, juntar.
acrescer.- *(akreser)* acrecer, acrecentar, aumentar, agregar, añadir.
acréscimo.- *(akrésimu)* s. añadidura, incremento, suplemento.
acriano.- *(akrianu)* adj. natural o habitante del estado del Acre (Brasil - AC).
acrimônia.- *(akrimônia)* s. rudeza, aspereza, grosería.
acrimonioso.- *(akrimoniosu)* adj. rudo, áspero, grosero.
acrisolar.- *(akrisolar)* v. acrisolar, purificar, depurar.
acritude.- *(akritudi)* s. acritud.
acrobacia.- *(akrobasía)* s. acrobacia.
acrobata.- *(akrobata)* s. acróbata, saltimbanqui.
acrofobia.- *(akrofobia)* s. miedo a la sensación de altura, a los lugares altos.
acrópole.- *(akrópoli)* s. acrópolis.
acróstico.- *(akróstiku)* s. acróstico.
actínio.- *(aktíniu)* s. Quim. elemento químico de número atómico 89.
acuado.- *(akuadu)* adj. arrinconado, acosado, perseguido.
acuar.- *(akuar)* v. arrinconar, perseguir (la caza).
açúcar.- *(asukar)* s. azúcar.
açucarado.- *(asukaradu)* adj. azucarado, almibarado.
açucarar.- *(asukarar)* v. azucarar, almibarar.
açucareiro.- *(asukarêru)* s. azucarero.
açucena.- *(asusena)* s. azucena.
açudar.- *(asudar)* v. represar en la acequia.
açude.- *(asudi)* sm. acequia, dique, embalse, represa, presa, zanja.
acudir.- *(akudir)* v. acudir, socorrer, auxiliar. / Ocurrir, venir al recuerdo. / Contestar a una llamada, a un convite.
acuidade.- *(akuidadji)* s. acuidad, agudeza, sutileza, delgadez.
aculálio.- *(akuláliu)* s. aparato por el medio del cual, por medio de la audición, los mudos aprenden a hablar.
açular.- *(asular)* v. azuzar (el perro a morder), instigar.
acúleo.- *(akúlio)* s. punta aguzada.
aculturação.- *(akulturasãu)* s. Antrop. aculturación.
aculturado.- *(akulturadu)* adj. Antrop. que sufrió el proceso de aculturación.
acumulação.- *(akumulasãu)* s. acumulación.
acumulada.- *(akumulada)* s. turfe. Apuesta que acumula caballos de diversas corridas en un mismo juego.
acumulador.- *(akumulador)* s. acumulador. / Fis.-Quím. sistema capaz de convertir energía química en energía eléctrica.
acumular.- *(akumular)* v. acumular, amontonar, reunir, juntar, almacenar energía.
acúmulo.- *(akúmulu)* s. acumulación.
acuponto.- *(akupontu)* s. lugar de introducción de la aguja en la acupuntura.
acupuntura.- *(akupuntura)* s. acupuntura.
acusação.- *(akuz'asãu)* s. acusación, delación, denuncia, incriminación.
acusar.- *(akuzaar)* v. acusar, delatar, denunciar, imputar, avisar.
acústica.- *(akústchika)* s. acústica
adaga.- *(adaga)* s. sable.
adágio.- *(adájhiu)* s. adagio, proverbio.
adamantino.- *(adamantinu)* adj. adamantino, diamantino; fig. firme, constante.
adamascado.- *(adamaskadu)* adj. adamascado. Damasco (tejido).
adaptação.- *(adaptasãu)* s. adaptación, acomodación.
adaptar.- *(adaptar)* v. acomodar, adaptar, ajustar.
adaptável.- *(adaptáv'eu)* adj. relativo a adaptar.
adega.- *(adega)* s. bodega, habitación en la casa donde se guardan bebidas.
adelgaçar.- *(adeugasar)* adelgazar v. afinar.
ademã.- *(ademã)* s. ademán.
ademais.- *(ademais)* adv. además.
ademanes.- *(ademanes)* s. l. gestos, señales.
adenda.- *(adenda)* s. lo que se añade a un libro, a una obra, para completarla, apéndice.
adendo.- *(adendu)* s. suplemento, apéndice, añadidura.
adenoma.- *(adenoma)* s. Med. tumor benigno de tejido glandular.
adensar.- *(adensar)* v. condensar, engrosar, espesar.
adentrar.- *(adentrar)* v. hacer entrar. / Penetrar en, entrar.
adepto.- *(adeptu)* adj. adepto, partidario.
adequado.- *(adekuadu)* adj. adecuado, competente, condigno, oportuno.
adequação.- *(adekuasãu)* s. relativo a adecuar.
adequar.- *(adekuar)* v. adecuar, amoldar, acomodar, apropiar, emparejar.
adereçar.- *(aderesar)* v. aderezar, adornar.
adereço.- *(aderesu)* s. aderezo, adorno, joya.
aderência.- *(aderensia)* s. adherencia, cohesión, unión, ligación.
aderente.- *(aderentchi)* adj. adherente, anexo.

aderir.- *(aderir)* v. adherirse, unir, juntar.
adernar.- *(adernar)* v. inclinarse una embarcación sobre uno de sus lados.
adesão.- *(adez'ãu)* s. adhesión, ligación, acuerdo.
adesivo.- *(adez'iv'u)* adj. adhesivo.
adestramento.- *(adestramentu)* s. adiestramiento.
adestrar.- *(adestrar)* v. adiestrar, instruir, amaestrar.
adeus.- *(adeus)* interj. adiós. s. despedida, separación.
adiamento.- *(adjiamentu)* s. prórroga, retraso.
adiantado.- *(adjiantadu)* adj. adelantado, temprano.
adiantamento.- *(adjiantamentu)* s. adelanto, anticipación.
adiantar.- *(adjiantar)* v. adelantar.
adiante.- *(adjianti)* adv. adelante.
adiar.- *(adjiar)* vt. aplazar, diferir, postergar, posponer, retrasar; reprobar en examen.
adiável.- *(adjiáv'eu)* adj. aplazable.
adição.- *(adhisãu)* s. adición, apéndice, suma.
adicional.- *(adjkionau)* adj. adicional.
adicionar.- *(adjisionar)* v. adicionar, añadir, agregar, aumentar, sumar.
adido.- *(adjidu)* s. agregado.
adiposidade.- *(adjiposidadji)* s. adiposidad, gordura.
adiposo.- *(adjipoz'u)* adj. adiposo, gordo, obeso.
aditamento.- *(adjitamentu)* s. relativo a añadir.
aditar.- *(adjitar)* v. añadir.
aditivo.- *(adjitiv'u)* adj. adictivo, aditivo.
adivinha.- *(adiv'iña)* s. adivinación, acertijo.
adivinhação.- *(adiv'iñasãu)* s. adivinación, acertijo.
adivinhar.- *(adiv'iñar)* v. adivinar, vaticinar, predecir, descifrar, acertar, interpretar.
adivinho.- *(adiv'iño)* s. adivino, zahorí.
adjacente.- *(adjhasenti)* adj. adyacente, cercano, inmediato, contiguo.
adjetivar.- *(adjhetiv'ar)* v. adjetivar.
adjetivo.- *(adjhetiv'u)* s. adjetivo.
adjudicação.- *(adjhudikasãu)* s. adjudicación.
adjudicar.- *(adjhudikar)* v. adjudicar, conceder, otorgar, atribuir.
adjunto.- *(adjhuntu)* adj. adjunto, agregado, compañero, socio, ayudante. / Gram. adjunto.
adjutório.- *(adjhutóriu)* sm. ayudante, auxiliar; adjutório, adjutor, adjunto; ayuda, auxilio, socorro.
adminículo. *(adminikulu)* s. pequeña ayuda.
administração.- *(administrasãu)* s. administración, gestión.
administrador.- *(administrador)* s. administrador, director, gerente, gestor.
administrar.- *(administrar)* v. administrar, conducir, dirigir, gobernar.
administrativo.- *(administratchiv'u)* adj. administrativo.
admiração.- *(admirasãu)* admiración, veneración sorpresa; espanto, asombro.
admirador.- *(admirador)* s. admirador.
admirar.- *(admirar)* v. admirar, mirar, contemplar, maravillar, sorprender.
admirável.- *(admiráv'eu)* adj. admirable, estupendo, maravilloso.
admissão.- *(admisãu)* s. admisión, entrada, ingreso, iniciación, introducción.
admissível.- *(admisív'eu)* adj. admisible, aceptable.
admitir.- *(admitir)* v. admitir, recibir, permitir, sufrir, tolerar, aceptar, reconocer.
admoestação.- *(admoestasãu)* s. amonestación, advertencia, consejo.
admoestar.- *(admoestar)* v. amonestar, recordar, advertir, avisar. / Censurar.
adobe.- *(adobi)* s. adobe, especie de ladrillo secado al sol.
adoção.- *(adosãu)* s. adopción.
adoçante.- *(adosanti)* s. edulcorante.
adoçar.- *(adosar)* v. dulcificar, endulzar, azucarar, suavizar.
adocicar.- *(adosikar)* v. endulzar.
adoecer.- *(adoeser)* v. adolecer, enfermar, languidecer.
adoentado.- *(adoentadu)* adj. algo enfermo.
adoidado.- *(adoidadu)* adj. enloquecido, algo loco.
adolescência.-*(adolesênsia)* s. adolescencia, pubertad.
adolescente.- *(adolesenti)* adj. adolescente, púber.
adônis.- *(adônis)* s. adonis, joven hermoso y elegante.
adoração.- *(adorasãu)* s. adoración.
adorar.- *(adorar)* v. adorar, idolatrar, venerar.
adorável.- *(adoráv'eu)* adj. adorable, encantador.
adormecer.- *(adormeser)* v. adormecer, hacer dormir, insensibilizar (una parte del cuerpo).
adormecimento.- *(adormesimentu)* v. adormecimiento, somnolencia, letargo.
adornar.- v. adornar, ataviar, ornar.
adorno.- *(adornu)* s. adorno, atavío, aderezo.
adotado.- *(adotadu)* adj. adoptivo.
adotar.- *(adotar)* v. adoptar, afiliar, ahijar.
adotivo.- *(adotiv'u)* adj. adoptivo.
adquirir.- *(adquirir)* v. adquirir, comprar, conseguir, ganar, granjear.
adrede.- *(adredi)* adv. adrede.
adrenalina.- *(adrenalina)* s. adrenalina. / Bras. Fig. situación o actividad excitante.
adriático.- *(adriátiku)* adj. adriático.
adriça.- *(adrisa)* s. cabo para levantar la bandera.
adro.- *(adru) s.* atrio de las iglesias.
adstringência.- *(adstringhênsia)* s. astringencia.
adstringente.- *(adstringhenti)* adj. astringente.
adstringir.- *(adstringhir)* v. astringir.
aduana.- *(aduana)* s. aduana.
aduaneiro.- *(aduanêru)* s. aduanero.
adubar.- *(adubar)* v. aliñar, condimentar. / Adobar, fertilizar.
adubo.- *(adubu)* s. aliño, condimento, adobo, estiércol, adobo, caldo, salsa, adorno.
adulação.- *(adulasãu)* s. adulación, halago, lisonja.
adulador.- *(adulador)* adj. adulador, halagador.
adular.- *(adular)* v. adular, halagar, lisonjear.
adulteração.- *(adulterasãu)* adj. adulteración, falsificación.
adulterar.- *(adulterar)* v. adulterar, falsificar, corromper, desvirtuar.
adultério.- *(adultériu)* s. adulterio, infidelidad.
adúltero.- *(adúlteru)* adj. adúltero, infiel.
adulto.- *(adultu)* adj. adulto.

adunco.- *(adunku)* adj. corvado, curvo; *nariz adunco: nariz aguileña
adusto.- *(adustu)* adj. adusto, quemado.
adutor.- *(adutor)* sm. aductor.
aduzir.- *(aduz'ir)* v. aducir, presentar pruebas, alegar, traer, llevar.
advento.- *(adv'entu)* s. advenimiento, venida, llegada, arribo.
advérbio.- *(adv'érbiu)* s. adverbio.
adversário.- *(adv'ersáriu)* adj. adversario, opositor, enemigo, rival.
adversativo.- *(adv'ersativ'u)* adj. adversativo, opuesto.
adversidade.- *(adv'ersidadji)* s. adversidad, contrariedad, infortunio.
adverso.- adj. adverso, contrario, opuesto.
advertência.- *(adv'ertênsia)* s. advertencia, consejo, amonestación.
advertir.- *(adv'ertir)* v. advertir, avisar, amonestar, reparar.
advindo.- *(adv'indu)* adj. advenido, aumentado; sobrevenido.
advir.- *(adv'ir)* v. avenir, sobrevenir, suceder, resultar, aumentar.
advocacia.- *(adv'okasía)* s. abogacía.
advogado.- *(adv'ogadu)* s. abogado.
advogar.- *(adv'ogar)* v. abogar.
aeração.- *(aerasãu)* sm. aeración, ventilación.
aéreo.- *(aériu)* adj. aéreo.
aerodinâmica.- *(aerodinâmika)* s. aerodinámica.
aerodinâmico.- *(aerodinâmiku)* adj. aerodinámico.
aeródromo.- *(aeródromu)* s. aeródromo.
aerograma. *(aerograma)* s. aerograma.
aerólito.- *(aerólitu)* s. aerolito, meteorito.
aeromoça.- *(aeromosa)* azafata.
aeromodelismo.- *(aeromodelismu)* s. aeromodelismo
aeronauta.- *(aeronauta)* sm. aeronauta, persona que navega por el aire. / aviador.
aeronaval.- *(aeronav'au)* adj. aeronaval.
aeronave.- *(aeronav'i)* s. aeronave, avión.
aeroplano.- *(aeroplanu)* s. aeroplano.
aeroporto.- *(aeroportu)* s. aeropuerto.
aerossol.- *(aeroz 'ou)* sm. aerosol.
aerostática.- *(aerostátika)* s. aerostática.
aerotransportar.- *(aerotransportar)* v. aerotransportar; transportarse por vía aérea.
aerovia.- *(aerov'ia)* s. aerovía.
afã.- *(afã)* s. afán, ansia, deseo vehemente.
afabilidade.- *(afabilidadji)* s. afabilidad, llaneza, cortesía.
afadigar.- *(afadjigar)* v. fatigar, cansar, molestar, vejar.
afagador.- *(afagador)* adj. halagüeño, halagador.
afagar.- *(afagar)* v. acariciar, halagar, mimar.
afago.- *(afagu)* s. caricia, halago.
afamado.- *(afamadu)* adj. afamado, famoso, célebre.
afanar.- *(afanar)* v. afanar, robar.
afastado.- *(afastadu)* adj. apartado, distante, retirado, remoto.
afastamento.- *(afastamentu)* s. alejamiento, separación, apartamiento, distancia.
afastar.- *(afastar)* v. alejar, apartar, desterrar, separar.
afável.- *(afav'éu)* adj. afable, cortés, campechano, complaciente, correcto.
afazer.- *(afaz'er)* v. habituar, acostumbrar.
afazeres.- *(afaz'eris)* s. quehaceres, ocupaciones.
afear.- *(afear)* v. afear.
afecção.- *(afeksãu)* s. afección, apego, amistad; / padecimiento.
afegã.- *(afegã)* adj. afgano.
afegane.- *(afegani)* adj. afgano.
afeição.- *(afeisuadu)* s. afección, afecto, ternura.
afeiçoado.- *(afeisoadu)* adj. aficionado; apegado.
afeiçoar.- *(afeisoar)* v. aficionar, inducir, encariñar, enamorar.
afeito.- *(afeitu)* adj. acostumbrado, habituado.
afeminado.- *(afeminadu)* adj. afeminado.
aferir.- *(afer'ir)* v. aferir, valorar, comparar.
aferrar.- *(afer'ar)* v. aferrar, agarrar, asegurar, anclar.
aferro.- *(afer'u)* sm. terquedad, obstinación, dedicación.
aferrolhar.- *(afer'ollar)* vt. acerrojar; cerrar con cerrojo.
aferventar.- *(aferv'entar)* v. hervir, poco tiempo.
afervorar.- *(aferv'orar)* v. enfervorizar, incitar, estimular, encender.
afetação.- *(afetasãu)* s. afectación.
afetado.- *(afetadu)* adj. afectado, presumido, rebuscado.
afetar.- *(afetar)* v. afectar, fingir, conmover.
afetivo.- *(afetiv'u)* adj. afectivo, afectuoso.
afeto.- *(afetu)* s. afecto, amor, amistad, cariño,
afetuoso.- *(afetuosu)* adj. afectuoso, amoroso, cariñoso, cordial, sentimental.
afiado.- *(afiadu)* adj. afilado, muy delgado.
afiador.- *(afiador)* s. afilador.
afiançar.- *(afiançar)* v. abonar, afianzar, garantizar.
afiar.- *afiar* v. afilar.
aficionado.- *(afisionadu)* adj. aficionado, amador.
afidalgado.- *(afidalgadu)* adj. ahidalgado, desacostumbrado a trabajar.
afigurar.- *(afigurar)* vt. figurar; parecerse a.
afilado.- *(afiladu)* adj. afilado, muy delgado.
afilhado.- *(afiliado)* adj. ahijado.
afiliação.- *(afiliaçãu)* s. afiliación.
afiliar.- *(afiliar)* v. afiliar.
afim.- *(afin)* adj. afín.
afinal.- *(afináu)* adv. finalmente, por fin.
afinar.- *(afinar)* v. afinar, perfeccionar, fabricar, armonizar, afilar, aguzar.
afinco.- *(afinku)* s. ahínco, insistencia, tenacidad.
afinidade.- *(afinidadi)* s. afinidad.
afirmação.- *(afirmaçãu)* s. afirmación, aseveración.
afirmado.- *(afirmadu)* adj. afirmado.
afirmar.- *(afirmar)* v. afirmar, asegurar, asentar, estabilizar, certificar, consolidar, fortalecer.
afortunado.- *(afortunadu)* adj. afortunado, próspero, venturoso.
afirmativa.- *(afirmativ'a)* s. afirmación, afirmativa.
afirmativo.- *(afirmativ'u)* adj. afirmativo, positivo.
afivelar.- *(afiv'elar)* v. unir con hebilla.

afixar.- *(afksar)* v. fijar, asegurar, patentizar.
afixo.- *(afiksu)* s. afijo.
aflautado.- *(aflautadu)* adj. aflautado.
aflição.- *(afliçãu)* s. aflicción, congoja, pesar, dolor, martirio, pena.
afligir.- *(aflijhir)* v. afligir, angustiar, apesadumbrar, acongojar, inquietar, molestar.
aflitivo.- *(aflitiv'u)* adj. aflictivo.
aflito.- *(aflitu)* adj. aflicto, afligido, acongojado, oprimido.
aflorar.- *(aflorar)* v. aflorar, brotar.
afluência.- *(afluênsia)* s. afluencia, abundancia, concurso de agua.
afluente.- *(afluente)* adj. afluente.
afluir.- *(afluir)* v. afluir.
afluxo.- *(afluksu)* s. aflujo, afluencia.
afobação.- *(afobaçãu)* s. precipitación, muy deprisa, con gran afán; cansancio, fatiga, extenuación, agotamiento; confusión, perturbación, aturdimiento.
afobado.- *(afobadu)* adj. Bras. relativo a afobação.
afobar.- *(afobar)* v. precipitar.
afofar.- *(afofar)* v. ahuecar, afofar, ablandar.
afogado.- *(afogadu)* adj. ahogado, asfixiado, sofocado.
afogador.- *(afogador)* s. Mec. estárter.
afogar.- *(afogar)* v. ahogar, sofocar, asfixiar.
afogueado.- *(afoguiadu)* adj. color del fuego, ruborizado, tostado, ardiente, abochornado.
afoguear.- *(afoguiar)* v. intr. abrasar, quemar, sonrojarse, ruborizarse, abochornarse.
afoitar.- *(afoitar)* v. atreverse, osar.
afoito.- *(afôitu)* adj. atrevido, osado, valiente.
afonia.- *(afonía)* s. afonía.
afônico.- *(afôniku)* adj. afónico.
afora.- *(afora)* adv. excepto, salvo, más allá, además de.
aforamento.- *(aforamentu)* s. aforamiento, foro.
aforar.- *(aforar)* v. aforar.
aforismo.- *(aforismu)* s. aforismo, máxima.
aformosear.- *(aformosiar)* v. hermosear, embellecer, adornar.
afrancesado.- *(afransesadu)* adj. afrancesado.
africano.- *(afrikanu)* adj. africano.
afrodisíaco.- *(afrodisíaku)* adj. afrodisíaco.
afronta.- *(afronta)* s. afrenta, insulto, ofensa, venganza, vejacion.
afrontar.- *(afrontar)* vt. afrentar, molestar, vejar, confrontar, enfrentar; sentir calor o fatiga.
afrontoso.- *(afrontôsu)* adj. afrentoso, ignominioso; asfixiante, sofocante.
afrouxamento.- *(afrôschamentu)* s. aflojamiento, enflaquecimiento.
afrouxar.- *(frôschar)* v. aflojar, flojear, ablandar.
afta.- *(afta)* s. afta,
afugentar.- *(afujhentar)* v. ahuyentar, hacer huir, expulsar.
afundamento.- *(afundamentu)* s. hundimiento, ahondamiento, sumersión.
afundar.- *(afundar)* v. ahondar, hundir, naufragar.
afunilar.- *(afunilar)* vt. dar forma de embudo; estrechar.
agá.- *(agá)* s. letra H.
agachar.- *(agaschar)* v. agachar.
agalegado.- *(agalegadu)* adj. agallegado; grosero; estúpido, malcriado.
ágape.- *(ágapi)* s. ágape, comida, banquete.
agarrado.- *(agar'adu)* adj. agarrado, seguro, ahorrador, avaro; tozudo, obstinado.
agarramento.- *(agar'amentu)* s. agarramiento. Unión estrecha y constante entre dos o más personas.
agarrar.- *(agar'ar)* v. agarrar, agazapar, coger, pegar, prender, tener, tornar.
agasalbar.- *(agaz'aliar)* v. agasajar, abrigar, defender, alojar, hospedar, aposentar.
agasalho.- *(agaz'alio)* s. abrigo, prenda de vestir, calor, buena acogida.
agastar.- *(agastar)* v. encolerizar, enfadar, enojar, aburrir.
ágata.- *(ágata)* s. ágata.
agatanhar.- *(agatañar)* vt. y refl. arañar(se), rasguñar(se).
agência.- *(ajhênsia)* s. agencia, oficio y oficina de agente, sucursal, administración.
agenciar.- *(ajhensiar)* v. agenciar, tratar de negocios, negociar.
agenda.- *(ajhenda)* s. agenda, dietario.
agente.- *(ajhentche)* s. agente, procurador.
agigantado.- *(ajhigantadu)* adj. agigantado, enorme, grande, colosal.
agigantar.- *(ajhigantar)* v. agigantar.
ágil.- *(ajhiu)* adj. leve, ligero, diestro, diligente.
agilidade.- *(ajhilidade)* s. agilidad, desembarazo, diligencia, presteza, soltura.
ágio.- *(ájhiu)*s. agio, usura.
agiota.- *(ajhiota)* s. agiotista, logrero, usurero.
agiotagem.- *(ajhiotajhen)* s. agiotaje, usura, especulación.
agir.- *(ajhir* v. obrar, hacer, proceder, actuar.
agitação.- *(ajhitaçãu)* s. agitación, ajetreo, excitación, revuelo.
agitado.- *(ajhitadu)* adj. agitado, turbulento.
agitador.- *(ajhitador)* adj. agitador, promotor de disturbios.
agitar.- *(ajhitar)* v. agitar, bullir, mecer, mover, revolver, tabalcar.
aglomerado.- *(aglomeradu)* s. aglomeración. / adj. aglomerado, junto, amontonado.
aglomerar.- *(aglomerar)* v. acumular, aglomerar, amontonar.
aglutinar.- *(aglutinar)* v. aglutinar, unir, juntar, pegar, encolar.
agnosticismo.- *(agnostisismu)* s. agnosticismo.
agnóstico.- *(agnóstiko)* adj. agnóstico.
agogô.- *(agogô)* s. instrumento de percusión de origen africana.
agonia.- *(agunía)* s. agonía, amustia, aflicción.
agoniado.- *(aguniadu)* adj. ansioso.
agoniar.- *(aguniar)* vt. agonizar, acongojar, atormentar, mortificar, afligir.
agônico.- *(agôniko)* adj. agónico.
agonizante.- *(agonizanti)* adj. agonizante.
agonizar.- *(agoniz'ar)* v. agonizar.

agora.- *(agora)* adv. ahora, en el presente, hoy en día.
agorinha.- *(agoriña)* adv. Bras. ahora mismo.
agosto.- *(agosto)* s. agosto.
agourar.- *(agôrar)* v. adivinar.
agoureiro.- *(agôreiro)* adj. agorero, adivino.
agourento.- *(agôrentu)* adj. agorero, de mal agüero.
agouro.- *(agôru)* s. agüero, presagio, auspicio.
agraciado.- *(agrasiadu)* adj. agraciado, condecorado.
agraciar.- *(agrasiar)* v. agraciar, condecorar.
agraço.- *(agraçu)* sm. P. agrazón, uva verde; verdor, verdura; vigor.
agradar.- *(agradar)* v. agradar, complacer, contentar, gustar, halagar, satisfacer.
agradecer.- *(agradaser)* v. agradecer.
agradecido.- *(agradesidu)* adj. agradecido.
agradecimento.- *(agradesimento)* s. agradecimiento.
agrado.- *(agradu)* s. agrado, satisfacción, encanto.
agradável.- *(agradáv'eu)* adj agradable, apacible, armonioso, bello, bueno, grato.
agrário.- *(agráriu)* adj. agrario, rural.
agravar.- *(agrav'ar)* v. agravar, complicar, empeorar, exacerbar, exagerar, recrudecer.
agravo.- *(agravu)* s. afrenta, agravio, entuerto, ofensa.
agredir.- *(agredir)* v. agredir, atacar, asaltar.
agregado.- *(agregadu)* adj. agregado, asociado, reunido, junto.
agregar.- *(agregar)* v. agregar, asociar, añadir, juntar, unir.
agremiação.- *(agremiaçãu)* s. agremiación, asociación.
agremiar.- *(agremiar)* v. agremiar, reunir, asociar, colegiarse.
agressão.- *(agresãu)* s. agresión, ataque, violencia.
agressividade.- *(agresiv'idadi)* s. agresividad.
agressivo.- *(agresiv'u)* adj. agresivo, belicoso, ofensivo, hostil.
agressor.- *(agresor)* adj. agresor, provocador, atacante.
agressor.- *(agresor)* s. agresor.
agreste.- *(agreste)* adj. agreste, silvestre.
agrião.- *(agriãu)* s. berro.
agrícola.- *(agríkola)* adj. agrario, agrícola, rural.
agricultor.- *(agrikultor)* s. agricultor, granjero, labrador.
agricultura.- *(agrikultura)* s. agricultura, labranza.
agridoce.- *(agridose)* adj. agridulce.
agrilhoar.- *(agrilioar)* vt. engrillar, encadenar; reprimir, constreñir.
agrimensor.- *(agrimensor)* s. agrimensor.
agrimensura.- *(agrimensura)* s. agrimensura.
agroecologia.- *(agroekología)* s. rama de la ecología que estudia las condiciones ambientales.
agronomia.- *(agronomía)* s. agronomía
agrônomo.- *(agrónomo)* sm. agrónomo.
agropecuária.- *(agropekuária)* s. agropecuaria.
agropecuário.- *(agropekuário)* adj. agropecuario.
agrotóxico.- *(agrotóksiko)* s. defensivo agrícola.
agrupamento.- *(agrupamentu)* s. agruparniento, reunión.
agrupar.- *(agrupar)* v. agrupar, juntar, combinar, reunir.
agrura.- *(agrura)* s. dureza, aspereza. / Fig. amargura.
água.- *(agua)* s. agua, líquido, lluvia, mar, rio.
aguaceiro.- *(aguasêro)* s. aguacero, chaparrón.
aguada.- *(aguada)* s. aguada.
água-de-colônia.- *(agua-de-kolônia)* s. colonia.
aguadeiro.- *(aguadêro)* m. aguador.
aguado.- *(aguadu)* adj. aguado.
aguador.- *(aguador)* s. regadera.
água-forte.- *(agua-forte)* s. aguafuerte.
água-furtada.- *(agua-furtada)* s. buhardilla, ático.
água-marinha.- *(agua-mariña)* s. aguamarina.
água-mel.- *(agua-méu)* s. aguamiel, hidromiel.
aguar.- *(aguar)* v. aguar, regar. / Mezclar agua con cualquier líquido. Interrumpir el gusto o la alegría de alguien.
aguardar.- *(aguardar)* v. aguardar, esperar.
aguardente.- *(aguardente)* s. aguardiente. Cachaza, orujo.
aguardenteiro.- *(aguardentêro)* s. fabricante y / o vendedor de aguardiente.
aguarrás.- *(aguar'ás)* s. aguarrás.
água-viva.- *(agua v'iv'a)* s. medusa.
aguazil.- *(aguaz'il)* s. alguacil.
aguçar.- *(agusar)* v. aguzar, acuciar, afilar, amolar.
agudeza.- *(agudez'a)* s. agudeza.
agudo.- *(agudu)* adj. agudo, sutil, estridente, afilado, picante, ingenioso.
agüentar.- *(agüentar)* v. aguantar, resistir, sufrir, tolerar, soportar.
aguerrido.- *(aguer 'idu)* adj. aguerrido, guerrero, combativo; valiente.
águia.- *(águia)* s. águila.
aguilhada.- *(aguiliada)* s. aguijada.
aguilhão.- *(aguiliãu)* sm. aguijón, rejo. / Fig. aguijón, estímulo, acicate.
aguilhoada.- *(aguilioada)* s. aguijonada.
aguilhoar.- *(aguilioar)* v. aguijonear.
agulha.- *(agulia)* s. aguja. / aguja ferroviaria.
agulhada.- *(aguliada)* s. pinchar con la aguja; enhebradura.
agulheiro.- *(agulieru)* s. agujero, alfiletero.
ah.- *(a)* interj. ¡ah!, expresa alegría, espanto o admiración.
aí.- *(aí)* adv. ahí.
ai.- *(ai)* interj. expresa dolor.
aia.- *(aia)* s. aya, niñera, criada, camarera.
aidético.- *(aidétiko)* adj. relativo al sida o que sufre esta enfermedad.
aids.- *(aids)* s. sida.
ainda.- *(ainda)* adv. aún, todavía.
aio.- *(aio)* s. Ant. preceptor.
aipim.- *(aipin)* s. mandioca.
aipo.- *(aipu)* s. apio.
airoso.- *(airosu)* s. airoso, garboso, gallardo, brillante.
ajardinar.- *(ajhardinar)* v. ajardinar, plantar un jardín.
ajeitar.- *(ajheitar)* v. acomodar, adaptar, adecuar, aplicar, prepararse. / Por. demostrar habilidad, aptitud.
ajoelhar.- *(ajhoeliar)* v. intr. y p. arrodillar, arrodillarse.
ajuda.- *(ajhuda)* s. auxilio, ayuda, colaboración, favor, protección, refuerzo, socorro.

ajudante.- *(ajhudanti)* adj. y s. asistente, auxiliar, practicante, colaborador, ayudante, peón.

ajudar.- *(ajhudar)* v. auxiliar, ayudar, colaborar, proteger, socorrer.

ajuiciado, sensato, prudente.

ajuizado.- *(ajhuizadu)* adj. ajuiciado, sensato, prudente.

ajuizar.- *(ajhuiz'ar)* v. juzgar, apreciar, valuar, demandar, ajuiciarse.

ajuntamento *(ajhuntamentu)* sm. reunión de personas; aglomeración.

ajuntar.- *(ajhuntar)* v. reunir, unir, amancebarse.

ajuramentado.- *(ajhuramentadu)* adj. juramentado, que prestó juramento.

ajuramentar.- *(ajhuramentar)* v. deferir juramento. Hacer jurar. / Obligarse por juramento.

ajustado.- *(ajhustado)* adj. ajustado.

ajustador.- *(ajhustador)* adj. ajustador.

ajustamento.- *(ajhustamentu)* s. ajuste.

ajustar.- *(ajhustar)* vt. ajustar, concertar, adaptar, reconciliar, completar, igualar.

ajuste.- *(ajhusti)* s. ajuste, acuerdo, trato, contrato, combinación, convenio, negociación.

ala.- *(ala)* s. ala, hilera, fila.

alabarda.- *(alabarda)* s. alabarda.

alabardeiro.- *(alabardêro)* s. alabardero.

alabastrino.- *(alabastrinu)* adj. alabastrino, alabastrado.

alabastro.- *(alabastru)* s. alabastro.

álacre.-*(álakri)* adj. alegre, risueño, animado, entusiasmado.

alado.- *(aladu)* adj. alado.

aladroado.- *(aladruadu)* adj. tendencia a ladrón.

alagadiço.- *(alagadisu)* adj. alagadizo, pantanoso.

alagamento.- *(alagamentu)* s. inundación.

alagar.- *(alagar)* v. alagar, empantanar, inundar.

alagoano.- *(alagoanu)* adj. y s. del estado de Alagoas.

alambique.- *(alambiqui)* s. alambique.

alambrar.- *(alambrar)* v. alambrar.

alameda.- *(alameda)* s. alameda, avenida, bulevar.

álamo.- *(álamu)* s. álamo.

alar.- *(alar)* v. halar, izar, alzar, levantar.

alaranjado.- *(alaranjhadu)* adj. anaranjado.

alarde.- *(alardi)* s. alarde.

alardear.- *(alardiar)* v. alardear, ostentar.

alargamento.- *(alargamentu)* s. alargamiento, ensanche.

alargar.- *(alargar)* v. aflojar, aumentar, ensanchar, extender.

alarido.- *(alaridu)* s. alarido.

alarma.- *(alarma)* s. alarma.

alarmar.- *(alarmar)* v. alarmar.

alarme.- *(alarmi)* s. alarma, vocerío, tumulto.

alarmista.- *(alarmista)* adj. alarmista.

alarve.- *(alarv'i)* adj. rudo, torpe; comilón.

alasquiano.- *(alasquianu)* adj. de Alaska.

alastrar.- *(alastrar)* v. alastrar, extender.

alaúde.- *(alaúdi)* s. laúd.

alavanca.- *(alav'anka)* s. barra, palanca.

alavancar.- *(alav'ankar)* v. apalancar.

alazão.- *(alaz 'ãu)* adj. alazán, caballo de raza de pelaje color rojizo.

alba.- *(auba)* s. alba, primera luz de la mañana.

albanês.- *(albanês)* adj. albanés.

albarda.- *(aubarda)* s. albarda.

albatroz.- *(alabatros)* s. alcatraz.

albergar.- *(aubergar)* v. albergar, asilar.

albergue.- *(aubergue)* s. albergue, asilo, refugio.

albino.- *(aubinu)* adj. albino.

albor.- *(aubor)* sm. albor, albura, blancura.

albornoz.- *(aubornos)* s. albornoz.

álbum.- *(aubun)* s. álbum.

albume- *(aubumi)* sm. albumen, clara de huevo.

albumina.- *(aubina)* s. albúmina.

alça.- *(ausa)* s. alza.

alcácer.- *(aukáser)* s. alcázar.

alcachofra.- *(aukaschofa)* s. alcachofa.

alcaçuz.- *(auksus)* s. alcazuz.

alçada.- *(ausada)* s. alzada; jurisdicción, competencia.

alçado.- *(ausadu)* adj. alzado.

alcalde.- *(aukaude)* s. antiguo gobernador de castillo o provincia.

alcalino.- *(aukalinu)* adj. alcalino.

alcalóide.- *(aukalóide)* s. alcaloide.

alçamento.- *(ausamentu)* s. alzamiento.

alcançar.- *(aukansar)* v. alcanzar, conseguir.

alcance.- *(aukansi)* s. alcance, extensión.

alcandorar-se.- *(aukandorarse)* v. elevarse, guindarse, subir.

alcanfor.- *(aukanfor)* s. alcanfor.

alcantil.- *(aukantiu)* s. roca, cantil, escarpa, despeñadero.

alcantilado.- *(aukantiladu)* adj. acantilado.

alcanzia.- *(aukanz'ia)* s. alcancía.

alçapão.- *(ausapu)* s. trampa, trampilla.

alcaparra.- *(aukapar'a)* s. alcaparra.

alçar.- *(ausar)* v. alzar, levantar.

alcatéia.- *(aukatêia)* s. manada de lobos.

alcatifa.- *(aukatifa)* s. alcatifa, alfombra.

alcatra.- *(aukatra)* s. cuarto trasero del buey.

alcatrão.- *(aukatrãu)* s. alquitrán.

alcatraz.- *(aukatras)* s. alcatraz, pelícano.

alce.- *(ausi)* s. alce.

álcool.- *(aukoou)* s. alcohol.

alcoólatra.- *(aukoólatra)* adj. alcohólico.

alcoólico.- *(aukoóliku)* adj. alcohólico.

alcoolismo.- *(aukoolismo)* s. alcoholismo.

alcoolizado.- *(aukooliz'adu)* adj. alcoholizado, borracho.

alcorão.- *(aukoãu)* s. alcorán.

alcova.- *(aukov'a)* s. alcoba.

alcovitar.- *(aukov'itar)* v. alcahuetear, intrigar.

alcoviteiro.- *(aukov'itêro)* s. alcahuete.

alcunha.- *(aukuña)* s. apodo, en general, con sentido despreciativo, mote.

aldeamento.- *(audeamentu)* s. aldeanismo.

aldeão.- *(audeãu)* adj. aldeano, lugareño, campesino.

aldear.- *(audear)* v. dividir en aldeas.

aldeia.- *(audêia)* s. aldea. / Bras. poblado de indios.

aldeola.- *(audeola)* s. aldea pequeña.

aldraba.- *(audrav'a)* s. aldava.
aleatório.- *(aliatório)* adj. aleatorio.
alecrim.-*(alekrin)* s. romero.
alegação.- *(alegaçãu)* s. alegación.
alegar.- *(alegar)* v. alegar, probar, exponer.
alegoria.- (*alegoría)* s. alegoría.
alegórico.- *(alegóriku)* adj. alegórico, simbólico.
alegrão.- *(alegrãu) s.* alegrón, gran alegría.
alegrar.- *(alegrar)* v. e p. alegrar, desenfadar, divertir, recrear.
alegre.- *(alegri)* adj. alegre, contento, jovial, risueño, algo borracho.
alegria.- *(alegría)* s. alegría, animación, animación, contento, euforia, felicidad.
aléia.- *(aléia)* s. alameda.
aleijado.- *(alêjhadu)* adj. contrahecho, lisiado.
aleijão.- *(aleijhãu)* sm. lesión; deformidad o defecto físico o moral.
aleijar.- *(alêjhar)* v. intr. lisiar.
aleitar.- *(aleitar)* v. amamantar.
aleivosia.- *(alêv'osía)* s. alevosía.
aleivoso.- *(alêv'osu)* adj. alevoso.
aleluia.- *(aleluia)* s. aleluya.
além.- *(alén)* adv. allá, el más allá.
alemão.- *(alemãu)* adj. alemán.
além-mar.- *(alén mar)* adj. ultramar.
além-túmulo.- *(alén túmulu)* adv. en la otra vida.
alentar.- *(alentar)* v. alentar, animar.
alento.- *(alentu)* s. aliento, hálito, valor, ánimo
alergia.- *(alergía)* s. alergía.
alérgico.- *(alérgiku)* adj. alérgico.
alerta.-*(alerta)* adv. alerta, con vigilancia. / adj. atento, vigilante.
alertar.- *(alertar)* v. alertar.
aleta.- *(aléta)* s. aleta.
aletargado.- *(aletargadu)* adj. aletargado.
aletria.- *(aletría)* s. aletría, fideos; dulce hecho de esta masa con huevos, leche y azúcar.
alevantar.- *(alev'antar)* v. e p. levantarse.
alevino.- *(alev'inu)* s. alevín.
alexandrino.- *(aleschandrinu)* adj. alejandrino.
alfa.- *(aufa)* s. gramínea usada en la fabricación del papel; mojón, señal divisoria entre propiedades.
alfa *(aufa)* sm. alfa; primera letra del alfabeto griego.
alfabetar.- *(aufabetar)* vt. poner en orden alfabético; alfabetizar.
alfabético.- *(aufabéiku)* adj. alfabético.
alfabetização.- *(aufabetiz'açãu)* s. alfabetización.
alfabetizar.- *(aufabetiz'ar)* v. alfabetizar.
alfabeto.-*(aufabetu)* s. abecedario.
alface.- *(aufasi)* s. lechuga.
alfafa.- *(aufafa)* s. alfalfa.
alfaia.- *(aufaia)* s. apero, arreo, joya, vajilla.
alfaiataria.- *(aufaiataría)* s. sastrería.
alfaiate.- *(aufaiati)* s. sastre.
alfândega.- *(aufândega)* s. aduana.
alfandegagem.- *(aufandegajhen)* s. cobro de derechos aduaneros.
alfandegário.- *(aufandegáriu)* s. aduanero.
alfange.- *(aufanjhi)* sm. alfanje, sable de hoja corta y ancha.
alfarrábio.- *(aufar'abiu)* s. libro antiguo, cartapacio.
alfarrabista.- *(aufar'abista)* s. vendedor de libros viejos.
alfarroba.- *(aufar'oba)* s. algarroba.
alfavaca.- *(aufav'aka)* s. albahaca.
alfazema.- *(aufaz'ema)* s. espliego, lavanda.
alfenim.- *(aufenin)* s. alfeñique, pasta de azúcar. / Fig. persona débil y delicada.
alferes.- *(auferes)* s. alférez.
alfinetada.- *(aufinetada)* s. F. pinchazo con alfiler.
alfinetar.- *(aufinetar)* v. pinchar con alfiler, criticar duramente.
alfinete.- *(aufinêti)* s. alfiler. / Joya semejante al alfiler usada en los sombreros, corbata o en el pelo.
alfombra.- *(aufombra)* s. alfombra espeso y muy suave, alcatifa.
alforje.- *(auforjhi)* s. alforja.
alforria.- *(aufor'ía)* s. libertad concedida al esclavo.
alforriado.- *(aufor'iadu)* adj. libre.
alforriar.- *(aufor'iar)* v. libertar un esclavo.
alga.- *(auga)* s. alga.
algravia.- *(augrav'ía)* s. algarabía, confusión. / lengua árabe; lenguaje confuso e ininteligible. / cosa difícil de percibir.
algarismo.- *(augarismo)* s. guarismo, número.
algazarra.- *(augaz'ar'a)* s. algazara, griterío.
álgebra.- *(áugebra)* s. álgebra.
algema.- *(aujhema)* s. esposas, cadena, grilletes.
algemar.- *(aujhemar)* v. esposar, engrillar.
algibe.- *(aujhibi)* s. aljibe.
algibeira.- *(aujhibêra)* s. bolsillo; faltriquera.
álgido.- *(áujhidu)* adj. álgido, helado.
algo.- *(augu)* pron. ind. algo.
algodão.- *(augudãu)* s. algodón.
algodoal.- *(auguduau)* s. algodonal.
algodoeiro.- *(augudoêro)* s. algodonero.
algoz.- *(augós)* s. verdugo.
alguém.- *(auguén)* pron. ind. alguien, alguna persona.
alguidar.- *(auguidar)* s. tinaja, barreño.
algum.- *(augún)* pron. ind. alguno, algún.
algures.- *(auguris)* adv. en algún lugar.
alhear.- *(allear)* v. e p. enajenar, apartar, distraer.
alheio.- *(allêio)* adj. ajeno, extraño, distraído.
alho.- *(allu)* s. ajo.
alho-poró.- *(allo poró)* s. puerro.
alhures.- *(alluris)* adv. en otro lugar
ali.- *(alí)* adv. allí.
aliado.- *(aliadu)* adj. aliado.
aliança.- *(aliansa)* s. alianza, pacto, anillo de boda.
aliar.- *(aliar)* v. aliar, asociar, reunir.
aliás.- *(aliás)* adv. además de, o sea, de lo contrario, de otro modo, mejor dicho.
álibi.- *(álibi)* s. alibi, justificación, coartada.
alicate.- *(alikatis)* s. alicates.
alicerçar.- *(alisersar)* v. cimentar.
alicerce.- *(alisersi)* s. base, cimiento.
aliciante.- *(alisianti)* adj. aliciente.
aliciar.- *(alisiar)* v. atraer, seducir, persuadir, sobornar, incitar.
alienação.- *(alienaçãu)* s. alienación.
alienado.- *(alienadu)* adj. enajenado. / s. individuo desligado de los problemas sociales y políticos.

alienar.- *(alinear)* v. alucinar, perturbar, enajenarse.
alienígena.- *(alienijhena)* adj. s. alienígena.
alienista.- *(alienista)* s. alienista.
aliforme.- *(aliformi)* adj. en forma de ala.
aligeirar.- *(alijherar)* v. aligerar.
alimentação.- *(alimentaçãu)* s. alimentación.
alimentar.- *(alimentar)* adj. alimentar. / v. e p. alimentar, alimentarse.
alimentício.- *(alimentísiu)* s. alimenticio.
alimento.- *(alimentu)* s. alimento.
alimpar.- *(alimpar)* v. intr. e p. limpar.
alínea.- *(alínia)* s. párrafo.
alinhado.- *(aliñadu)* adj. bien vestido, vestido con esmero; puesto en línea recta, alineado.
alinhamento.- *(aliñamentu)* s. hila, hilera, esmero en el vestir.
alinhar.- *(aliñar)* vt. y v. refl. alinear; apurarse en el vestir, arreglar.
alinhavado.- *(aliñav'adu)* adj. hilvanado.
alinhavar.- *(aliñav'ar)* v. hilvanar, esbozar, hacer a prisas.
alinhavo.- *(aliñav'u)* s. hilván, puntada.
alinho.- *(aliñu)* sm. aliño, aseo; alineación.
alíquota.- *(alíkuota)* s. alícuota.
alisar.- *(aliz'ar)* v. alisar, cepillar, pasar la mano por.
alísio- *(alísiu)* adj. vientos alisios.
alistamento.- *(alistamentu)* s. alistamiento, empadronamiento.
alistar.- *(alistar)* v. alistar.
aliteração.- *(aliteraçãu)* s. aliteración.
aliviar.- *(aliv'iar)* v. aligerar, consolar, desahogar.
alívio.- *(alív'iu)* s. alivio, consuelo, desahogo, descanso, mejoría.
alizar.- *(aliz'ar)* s. alizar, friso de madera o azulejos.
aljôfar.- *(aujhôfar)* sm. aljófar, perla pequeña, gotas de agua, rocío de la mañana.
alma.- *(auma)* s. alma, ánima.
almaço.- *(aumasu)* adj. e s. papel fuerte, propio para documentos, registros públicos y mercantiles, etc.
almanaque.- *(aumanaqui)* s. almanaque.
almeirão.- *(aumeirãu)* sm. especie de achicoria; escarola.
almejar.- *(aumejhar)* v. anhelar, ansiar.
almirantado.- *(aumirantadu)* s. puesto o dignidad de almirante.
almirante.- *(aumiranti)* s. almirante.
almíscar.- *(aumískar)* s. almizcle.
almoçar.- *(aumosar)* v. comer al mediodía.
almoço.- *(aumosu)* s. comida del mediodía.
almocreve.- *(aumokrev'i)* s. arriero.
almofada.- *(aumofada)* s. almohada, cojín.
almofadão.- *(aumofadãu)* s. almohadón.
almofadinha.- *(aumofadiña)* s. pequeño cojín; alfiletero, acerico.
almofariz.- *(aumofaris)* sm. almirez; mortero de metal.
almôndega.- *(aumôndega)* s. albóndiga.
almoxarifado.- *(aumoscharifadu)* s. almacén.
alô.- *(alô)* interj. hola. / Usado, principalmente, al coger el teléfono.
alocução.- *(alokuçãu)* s. alocución.
aloés.-*(aloés)* sm. áloe, madera aromática de la India.
aloirar.- *(aloirar)* v. teñir de rubio, teñirse de rubio.
alojamento.- *(alojhamentu)* s. alojamiento.
alojar.- *(alojhar)* v. alojar.
alongar.- *(alongar)* v. alargar.
alópata.- *(alópata)* s. alópata.
alopatia.- *(alopatía)* s. alopatía.
alopécia.- *(alopésia)* s. alopecia.
alourar.- *(alôrar)* v. teñir de rubio.
alpaca.- *(aupaka)* s. alpaca.
alpargata.- *(aupargata)* s. alpargata.
alpendre.- *(aupendri)* s. alpende, cobertizo, porche.
alpestre.- *(aupestri)* adj. alpino.
alpinismo.- *(aupinismu)* s. alpinisino, montañismo.
alpinista.- *(aupinista)* s. alpinista.
alpino.- *(aupinu)* adj. alpino.
alpista.- *(aupista)* s. alpiste.
alpiste.- *(aupisti)* s. alpiste.
alqueire.- *(auqueiri)* sm. medida de capacidad para secos (cereales) usada antiguamente en Portugal y Brasil, equivalente a cuatro cuartas, o sea, 36,27 litros.
alquimia.-. *(auquímia)* s. alquimia.
alquimista.- *(auquimista)* s. alquimista.
alta.- *(auta)* s. Subida de precios o de cotación, alta (del hospital) .
alta-fidelidade.- *(auta fidelidadi)* s. alta fidelidad. / Bras. aparato de música que funciona con esta técnica.
altaneiro.- *(autanêro)* adj. altanero, altivo.
altar.- *(autar)* s. altar, ara, púlpito.
almeia.- *(almêia)* s. almena.
altar-mor.- *(altar mór)* s. altar principal de una iglesia.
alta-roda.- *(auta r'oda)* s. la alta sociedad.
alteração.- *(auterasãu)* s. alteración, confusión, transformación, trastorno.
alterado.- *(auteradu)* adj. alterado, modificado.
alterar.- *(auterar)* v. alterar, carribiar, desquiciar, modificar, variar, falsificar.
altercação.- *(auterkasãu)* s. altercación, disputa, altercado.
altercar.- *(auterkar)* v. altercar, discutir, debatir.
alternador.- *(auternador)* s. alternador.
alternar.- *(auternar)* v. alternar, interpolar.
alternativa.- *(auternatchiv'a)* s. alternativa.
alternativo.- *(auternatchiv'u)* adj. alternativo.
alterno.- *(auternu)* adj. alterno.
alteroso.- *(auteroz'u)* adj. alteroso, elevado, alto.
alteza.- *(altesa)* s. alteza.
altímetro.- *(altímetru)* s. altímetro.
altiplano.- *(autiplano)* sm. altiplanicie, meseta.
altissonante.- *(autisonantchi)* adj. que suena alto.
altitude.- *(autitudji)* s. altitud.
altivez.- *(autiv'ês)* s. altanería, orgullo, soberbia.
altivo.- *(autchiv'u)* adj. altivo, arrogante, soberbio.
alto.- *(autu)* adj. alto, elevado, profundo, hondo, célebre, difícil, audaz, excesivo, importante. / interj. ¡pare!

alto-falante.- *(autu falantchi)* s. altavoz, altoparlante.
alto-mar.- *(auto mar)* s. mar alto.
alto-relevo.- *(auto relêv'u)* s. alto relieve.
altruísmo.- *(autruísmu)* altruismo.
altruísta.- *(autruísta)* adj. altruista, generoso,
altura.- *(autura)* s. altura, elevación, cumbre,
aluá.- *(aluá)* sm. Bras. determinada bebida refrigerante fermentada con azúcar; dulce hecho de leche, azúcar y almendras trituradas.
aluado.- *(aluadu)* adj. alunado, lunático, alocado.
alucinação.- *(alusinasãu)* s. alucinación.
alucinante.- *(alusinantchi)* adj. alucinante.
alucinar.- *(alusinar)* v. alucinar, ofuscar, seducir, engañar, encandilar.
alucinógeno.- *(alusinójhenu)* adj. alucinógeno.
alude.- *(aludhi)* s. alud, avalancha.
aludir.- *(aludhir)* v. aludir, mencionar.
alugar.- *(alugar)* v. alquilar, arrendar.
aluguel.- *(alugueu)* s. alquiler, locación.
aluir.- *(aluir)* vt. derrocar, abatir, derribar. / arruinar, perjudicar (a alguien o algo).
alume.- *(alumi)* s. alumbre.
alúmen.- *(alumin)* s. alumbre.
alumiado.- *(alumiadu)* adj. alumbrado.
alumiar.- *(alumiar)* v. e p. alumbrar.
alumina.- *(alumina)* s. Quím. alúmina.
alumínio.- *(alumíniu)* s. aluminio.
alunado.- *(alunadu)* s. alumnado.
alunissagem.- *(alunisaghen)* s. alunizaje; poso suave en la superficie lunar.
alunissar.- *(alunisar)* v. alunizar.
aluno.- *(alunu)* s. alumno, discípulo.
alusão.- *(aluz'ãu)* s. alusión.
alusivo.- *(aluz'iv'u)* adj. alusivo, referente.
aluvião.- *(aluv'iãu)* smf. aluvión.
alva.- *(auv')* s. alba.
alvacento.- *(auv'asentu)* adj. blanquecino.
alvar.- *(auv'ar)* adj. estúpido, grosero, ingénuo.
alvará.- *(auv'ará)* adj. credencial.
alvarenga.- *(auv'arenga)* s. Bras. embarcación para carga y descarga de grandes barcos.
alvedrio.- *(auv'edríu)* s. albedrío.
alveitar.- *(auv 'eitar)* sm. curandero de enfermedades de animales, veterinario sin título; herrador.
alvejar.- *(auv'ejhar)* v. albear, blanquear.
alvenaria.- *(auv'enaría)* s. albañilería, mampostería.
alveolar.- *(auv'eolar)* adj. alveolar.
alvéolo.- *(auv'éolu)* s. alvéolo.
alverca.- *(albverca)* s. alberca.
alvião.- *(auv 'iãu)* sm. alcotana; picachón.
alvíssaras.- *(auv 'isaras)* s. pl. premio, propina, recompensa que se da a quien trae buenas noticias o entrega un objeto perdido.
alvissareiro.- *(auv 'isarêru)* adj. el que da buenas noticias o restituye alguna cosa perdida en espera de recompensa.
alvitrar.- *(auv'itrar)* v. aconsejar, proponer, sugerir.
alvitre.- *(auv'itri)* s. propuesta, sugestión, consejo.
alvo.- *(auv'u)* adj. albo, blanco, puro, filántropo.
alvor.- *(auv'or)* s. albor, resplandor del alba.
alvorada.- *(auv'orada)* s. alborada.
alvorecer.- *(auv'oreser)* v. alborear, amanecer.
alvoroçar.- *(auv'orosar)* alborotar, alborozar.
alvoroço.- *(auv'orosu)* s. alboroto, alborozo, excitación, tumulto.
alvura.- *(auv'ura)* s. blancura, candor, pureza, inocencia.
ama.- *(ama)* s. la ama de la casa en relación a los criados.
amabilidade.- *(amabilidadi)* s. amabilidad, gentileza.
amaciar.- *(amasiar)* v. ablandar, suavizar.
amada.- *(amada)* s. amada, querida, novia.
ama-de-leite.- *(ama de leiti)* s. ama de leche; niñera, nodriza. / V. **babá** (Bras).
amador.- *(amador)* adj. amateur, aficionado; amante, apasionado, enervado.
amadorismo.- *(amadorismu)* s. amadorismo.
amadurecer.- *(amadureser)* v. madurar.
âmago.- *(âmago)* sm. médula, centro, afiria, esencia, alma.
amainar.- *(amainar)* vt. amainar, calmarse.
amaldiçoado.-*(amaudisoadu)* adj. maldecido, maldito.
amaldiçoar.- *(amaudisoar)* v. maldecir.
amálgama.- *(amáugama)* s. e m. arnalgama.
amalgamar.- *(amaugamar)* v. amalgamar.
amalucado.- *(amalukadu)* adj. tonto, algo loco, lunático.
amamentação.- *(amamentasãu)* s. amamantamiento.
amamentar.- *(amamentar)* v. amamantar, lactar.
amancebar-se.- *(amansebarse)* v. amancebarse.
amaneirado.- *(amanêradu)* adj. amanerado.
amanhã.- *(amañã)* adv. mañana, el día siguiente.
amanhar.- *(amañar)* vt. amañar; ordenar, componer, preparar. / v. refl. vestirse, adornarse.
amanhecer.- *(amañeser)* s. alba, aurora. / v. amanecer, clarear.
amanho.- *(amañu)* sm. amaño, labor, cultivo. / arreglo, orden.
amansar.- *(amansar)* vt. amansar, domesticar.
amante.- *(amanti)* adj. amante.
amanteigado.- *(amantêgadu)* adj. mantecoso.
amanuense.- *(amanuensi)* s. amanuense.
amar.- *(amar)* v. e intr. amar.
amaranto.- *(amarantu)* s. amaranto.
amarelado.- *(amareladu)* adj. amarillento, pálido.
amarelar.- *(amarelar)* v. amarillear.
amarelento.- *(amarelentu)* adj. amarillento.
amarelinha.- *(amareliña)* s. Bras. rayuela.
amarelo.- *(amarelo)* adj. amarillo.
amarfanhar.- *(amarfañar)* vt. arrugar. / maltratar, humillar.
amargar.- *(amargar)* v. amargar, amargurar.
amargo.- *(amargu)* adj. amargo.
amargor.- *(amargor)* amargo.
amargoso.- *(amargosu)* amargoso, amargo; penoso, triste.
amargura.-. *(amargura)* amargura, disgusto, tribulación.
amargurado.- *(amarguradu)* adj. amargado, angustiado.

amargurar.- *(amargurar)* v. amargar, angustiar.
amarra.- *(amar'a)* s. amarra.
amarrar.- *(amar'ar)* v. amarrar, atar, trincar. / Bras. ajustar definitivamente un negocio.
amarrotar.- *(amar 'otar)* vt. aplastar, estrujar, arrugar; vencer; partirle la cara a alguien.
ama-seca.- *(ama seka)* s. ama seca, niñera.
amásia.- *(amásia)* s. amasia, manceba, concubina.
amasiar-se.- *(amaz'iarse)* v. amancebarse.
amásio.- *(amáz'iu)* sm. hombre amancebado.
amassadouro.- *(amasadôru)* sm. recipiente, tabla o lugar donde se amasa.
amassar.- *(amasar)* vt. sobar, arrugar.
amável.- *(amáv'eu)* adj. amable, amistoso, delicado, encantador.
amavios.- *(amav'íos)* s. pl. filtros, encantos, hechizos.
amazona.- *(amaz'ona)* s. amazona.
amazonense.- *(amaz'onensi)* Bras. natural del estado del Amazonas
amazônico.- *(amaz'ôniku)* adj. arnazónico.
âmbar.- *(âmbar)* sm. ámbar.
ambição.- *(ambisãu)* s. ambición.
ambicionar.- *(ambisionar)* v. ambicionar, codiciar.
ambicioso.- *(ambisioz'u)* adj. ambicioso, codicioso.
ambidestro.- *(ambidestru)* adj. ambidiestro.
ambiência.- *(ambiênsia)* s. relativo a ambiente.
ambiental.- *(ambientau)* adj. ambiental.
ambientar.- *(ambientar)* v. ambientar.
ambiente.- *(ambienti)* sm. ambiente.
ambigüidade.- *(ambigüidadji)* adj. arribigüedad.
ambíguo.- *(ambígüu)* adj. ambigüo, equívoco.
âmbito.- *(âmbitu)* s. ámbito, recinto.
ambivalência.- *(ambiv'alênsia)* s. ambivalencia.
ambivalente.- *(ambiv'alenti)* adj. ambivalente.
ambos.- *(ambus)* adj. ambos, entrambos.
ambrosia.- *(ambroz'ía)* s. ambrosía.
ambulância.- *(ambulânsia)* s. ambulancia.
ambulante.- *(ambulanti)* adj. ambulante.
ambulatório.- *(ambulatóriu)* adj. ambulatorio.
ameaça.- *(ameasa)* s. amago, amenaza.
ameaçador.- *(ameasador)* adj. amenazador.
ameaçar.- *(ameasar)* v. amagar, amenazar, conminar.
amealhar.- *(ameallar)* v. juntar, ahorrar.
ameba.- *(ameba)* s. ameba.
amedrontador.- *(amedrontador)* adj. amedrentador.
amedrontar.- *(amedrontar)* v. amedrentar, asustar, espantar.
ameigar.- *(ameigar)* vt. halagar, mimar.
amêijoa.- *(amêijhoa)* s. almeja.
ameixa.- *(amêscha)* s. ciruela.
amém.- *(amén)* interj. amén.
amêndoa.- *(amêndua)* s. almendra.
amendoado.- *(amenduadu)* adj. almendrado.
amendoeira.- *(amendoêra)* s. almendro.
amendoim.- *(amendoin)* s. cacahuete.
amenidade.- *(amenidadji)* s. amenidad.
amenizar.- *(ameniz'ar)* v. arnenizar, suavizar.
ameno.- *(amenu)* adj. ameno, grato, placentero, delicado, benigno.
amercear.- *(amersiar)* vt. conceder merced a; conmutar la pena de. / v. refl. compadecerse, apiadarse.
americanismo.- *(amerikanismu)* s. americanismo.
americanizar.- *(amerikaniz'ar)* v. americanizar.
americano.- *(amerikanu)* adj. americano.
ameríndio.- *(ameríndiu)* s. amerindio.
amerissagem.- *(amerisajhen)* ft. amaraje.
amerissar.- *(amerisar)* vt. posar una aeronave en el agua.
amesquinhar.- *(amesquiñar)* v. e p. tornar mezquino. Humillarse.
amestrar.- *(amestrar)* v. amaestrar.
ametista.- *(ametista)* s. amatista.
amianto.- *(amiantu)* s. amianto.
amídala.- *(amídala)* s. amigdaIa.
amidalite.- *(amidaliti)* amigdalitis.
amido.- *(amidu)* s. almidón.
amiga.- *(amiga)* adj. amiga, concubina.
amigar-se.- *(amigarsi)* v. amancebarse.
amigável.- *(amigáv'eu)* adj. amigable.
amigo.- *(amigu)* adj. amigo.
amimar.- *(amimar)* v. mimar.
amistoso.- *(amistoz'u)* adj. amistoso, amigable.
amiudar.- *(amiudar)* vt. hacer frecuentemente, menudear.
amiúde.- *(amiúdi)* adv. repetidas veces, frecuentemente.
amizade.- *(amiz'adi)* s. amistad.
amnésia,- *(amnéz'ia)* v. Med. amnesia.
amnésico.- *(amnéz'icu)* adj. Med. amnésico.
amniótico.- *(amniótiku)* adj. amniótico.
amo.- *(amu)* s. amo, dueño de la casa, patrón.
amoedar.- *(amoedar)* v. amonedar.
amofinar.- *(amofinar)* v. e p. amohinar, enojar, aburrir, enfadar.
amoitar.- *(amoitar)* v. e p. Bras. esconderse, ocultarse.
amolação.- *(amolasãu)* s. aburrimiento, fastidio; acción y efecto de amolar.
amoladeira.- *(amoladêra)* s. esmeril, piedra para afilar.
amolado.- *(amoladu)* adj. afilado; aburrido.
amolador.- *(amolador)* adj. afilador.
amolante.- *(amolantchi)* adj. Bras. aburrido.
amolar.- *(amolar)* vt. afilar, amolar; enfadar, aburrir, hartar.
amoldar.- *(amoudar)* v. amoldar, moldar.
amolecado.- *(amolekadu)* adj. ridiculizado, disminuído, rebajado; que tiene aire de moleque (niño de poca edad).
amolecer.- *(amoleser)* v. ablandar, doblegar, enternecer, macerar.
amolgadura.- *(amougadura)* s. abolladura.
amolgar.- *(amolgar)* v. abollar, amasar.
amônia.- *(amônia)* s. solución acuosa del amoníaco.
amoníaco.- *(amoniaku)* s. amoníaco.
amontoamento.- *(amontuamentu)* s. amontonamiento.
amontoar.- *(amontoar)* v. e p. amontonar, acumular, hacinar.
amor.- *(amor)* s. afecto, amor, cariño, querer, ternura, voluntad.

amora.- *(amora)* mora.
amoral.- *(amorau)* adj. amoral.
amoralidade.- *(amoralidadji)* s. arnoralidad.
amordaçar.- *(amordasar)* v. amordazar.
amoreira.- *(amorêra)* s. árbol de la amora.
amorenado.- *(amorenadu)* adj. que tira a moreno.
amorfo.- *(amorfu)* adj. amorfo.
amornar.- *(amornar)* v. entibiar, templar.
amoroso.- *(amoroz'u)* adj. amoroso.
amor-perfeito.- *(amor perfeitu)* s. pensamiento (planta).
amor-próprio.- *(amor própriu)* s. amor propio.
amortalhar.- *(amortallar)* vt. amortajar.
amortecer.- *(amorteser)* v. amortiguar.
amortização.- *(amortchiz'asãu)* s. amortización.
amortizar.- *(amortiz'ar)* v. amortizar.
amortizável.- *(amortchiz'av'eu)* adj. amortizable.
amostra.- *(amostra)* s. muestra, prueba.
amotinar.- *(amotinar)* v. amotinar, sublevar.
amparar.- *(amparar)* v. amparar, apoyar, defender, proteger, resguardar.
amparo.- *(amparu)* s. amparo, apoyo, arrimo, defensa, protección, refúgio.
ampère.- *(amperi)* s. Electr. amperio.
amperímetro.- *(amperímetru)* s. Electr. amperímetro.
amplexo.- *(ampleksu)* s. abrazo.
ampliação.- *(ampliaçãu)* s. ampliación.
ampliar.- *(ampliar)* v. ampliar, aumentar, ensanchar, exagerar.
amplidão.- *(amplidãu)* s. amplitud.
amplificação.- *(amplifikaçãu)* s. ampliación, amplificación.
amplificador.- *(amplifikador)* adj. amplificador.
amplificar.- *(amplifikar)* v. amplificar, ampliar.
amplitude.- *(amplitudji)* s. amplitud.
amplo.- *(amplu)* adj. amplio, ancho, espacioso, lato, vasto.
ampola.- *(ampola)* s. ampolla.
ampulheta.- *(ampulleta)* s. ampolleta.
amputação.- *(amputaçãu)* s. amputación.
amputar.- *(amputar)* v. amputar.
amuar.- *(amuar)* v. amorrar, enojar, enfadarse.
amulatado.- *(amulatadu)* adj. amulatado.
amuleto.- *(amuletu)* s. amuleto, talismán.
amuo.- *(amúu)* s. enojo, mal humor, enfado.
amurada.- *(amurada)* s. amurada, muro, muralla.
anabatista.- *(anabatista)* s. anabatista.
anaconda.- *(anakonda)* s. anaconda.
anacoreta.- *(anakorêta)* s. anacoreta.
anacrônico.- *(anakrônicu)* adj. anacrónico.
anacronismo.- *(anakronismu)* s. anacronismo.
anaeróbica.- *(anaeróbika)* adj. y sm. anaeróbica.
anáfora.- *(anáfora)* s. anáfora.
anagrama.- *(anagrama)* s. anagrama.
anágua.- *(anágua)* s. enagua.
anais.- *(anais)* s. pl. anales.
anal.- *(anau)* adj. anal; anual.
analfabetismo.- *(anaufabetismu)* s. analfabetismo.
analfabeto.- *(anaufabetismu)* adj. analfabeto, iletrado.
analgésico.- *(anaujhésiku)* adj. analgésico.
analisar.- *(analiz'ar)* v. analizar.
análise.- *(análiz'i)* s. psicoanálisis.
análise.- *(análiz'i)* s. análisis, comentario, examen.
analista.- *(analista)* vt. analista; psicoanalista.
analítico.- *(analítiku)* adj. analítico.
analogia.- *(analogía)* s. analogía, sernejanza.
análogo.- *(análogo)* adj. análogo, semejante, igual, idéntico.
ananás.- *(ananás)* sm. ananás, piña.
anão.- *(anãu)* s. enano.
anarquia.- *(anarquía)* s. anarquía.
anárquico.- *(anárquiku)* adj. anárquico.
anarquismo.- *(anarquismu)* s. anarquismo.
anarquista.- *(anarquista)* adj. anarquista.
anarquizar.- *(anarquiz'ar)* v. anarquizar.
anátema.- *(anátema)* sm. anatema, excomunión.
anatomia.- *(anatomía)* s. anatomía.
anatômico.- *(anatômiku)* adj. anatómico.
anca.- *(anka)* s. anca, cuadril, nalga, cadera; grupa.
ancestral.- *(ansestrau)* adj. ancestral, antiguo.
anchova.- *(anschôv'a)* s. anchoa, boquerón.
ancianidade.- *(ansianidadji)* s. ancianidad, vejez.
ancião.- *(ansiãu)* adj. antiguo, viejo.
ancião.- *(ansiãu)* s. anciano.
ancinho.- *(ansiñu)* s. rastrillo.
âncora.- *(ânkora)* s. ancla.
ancoradouro.- *(ankoradôru)* s. ancladero.
ancorar.- *(ankorar)* v. anclar, fondear.
andaime.- *(andâimi)* s. andamio, tablado.
andaluz.- *(andalus)* adj. andaluz.
andamento.- *(andamentu)* s. andadura, trámite. / Grado de velocidad de una pieza musical.
andança.- *(andansa)* s. andanza, viaje.
andante.- *(andantchi)* adj. andante, errante.
andar.- *(andar)* s. piso, pavimento de una casa. / v. andar, avanzar, caminar, marchar.
andarilho.- *(andarillu)* adj. andariego, callejero.
andino.- *(andjinu)* adj. andino.
andor.- *(andor)* s. andas, el paso de la Semana Santa.
andorinha.- *(andoriña)* s. golondrina.
andrajo.- *(andrajhu)* s. andrajo, harapo.
andrajoso.- *(andrajhoz'u)* adj. andrajoso, harapiento.
androceu.- *(androseu)* s. androceo.
androginia.- *(androjhínia)* s. androginia.
andrógino.- *(andrójhinu)* adj. andrógino.
andróide.- *(andróidji)* s. androide.
anedota.- *(anedota)* s. anécdota jocosa.
anedótico.- *(anedótchiku)* adj. anecdótico.
anel.- *(anéu)* s. anilla, anillo, sortija.
anelado.- *(aneladu)* adj. anillado.
anelante.- *(anelantchi)* adj. anhelante.
anelar.- *(anelar)* vt. anhelar, desear; anillar, rizar (el pelo). / sm. el dedo anular.
anelo.- *(anélu)* s. anhelo, deseo vehemente.
anemia.- *(anemía)* s. Med. anemia.
anêmico.- *(anêmiku)* adj. anémico.
anêmona.- *(anêmona)* s. anémona.
anestesia.- *(anestez'ía)* s. Med. anestesia.

anestesiar.- *(anestez'iar)* v. Med. anestesiar, narcotizar.
anestesista.- *(anestez'ista)* s. Med. anestesista.
aneurisma.- *(aneurisma)* s. aneurisma.
anexação.- *(aneksaçãu)* s. anexión, incorporación.
anexar.- *(aneksar)* v. anexar, anexionar.
anexo.- *(aneksu)* adj. adjunto, anexo, anejo, agregado, unido.
anfíbio.- *(anfibiu)* adj. anfibio.
anfibiologia.- *(anfibiología)* s. arifibología.
anfiteatro.- *(anfiteatru)* s. anfiteatro, circo.
anfitrião.- *(anfitriãu)* s. anfitrión.
ânfora.- *(ànfora)* s. ánfora.
angariar.- *(angariar)* v. obtener, pidiendo a uno y a otro.
angélica.- *(anjhélika)* s. angélica (planta).
angelical.- (anjhelicau) adj. angelical, inocente.
angélico.- *(anjhéliku)* adj. angélico, hermoso, cándido.
ângelus.- *(ânjhelus)* s. ángelus.
angina.- *(anjhina)* s. Med. angina.
anglicanismo.- *(anglikanismu)* s. anglicanismo.
anglicismo.- *(anglikanismu)* s. anglicismo.
anglo.- *(anglu)* adj. e s. anglo, inglés.
anglófilo.- *(anglófilu)* adj. anglófilo.
anglo-saxáo.- *(anglo saksãu)* adj. anglosajón.
angorá.- *(angorá)* adj. angora.
angra.- *(angra)* angra, bahía, ensenada.
angu.- *(angú)* s. masa hecha con harina de maíz.
angular.- *(angular)* adj. angular.
ângulo.- *(àngulu)* s. ángulo, arista, esquina.
anguloso.- *(angulosu)* adj. anguloso.
angústia.- *(angustia)* s. angustia, ansiedad, congoja, zozobra.
angustiado.- *(angustchiadu)* adj. angustiado.
angustiante.- *(angustchiantchi)* adj. angustiante.
angustiar.- *(angustchiar)* v. angustiar, afligir, acongojar, atormentar.
anhangá.- *(añangá)* s. Bras. el diablo, el espítitu del mal, en la mitología tupí-guaraní.
anho.- *(añu)* s. cordero.
anhuma.- *(añuma)* s. una ave de Brasil.
aniagem.- *(aniajhen)* s. harpillera, estopa.
anil.- *(aniu)* sm. y adj. añil, de este color; viejo, senil.
anileira.- *(anilêra)* s. añiu (planta).
anilina.- *(anilina)* s. anilina.
animação.- *(animasãu)* s. animación, entusiasmo, jaleo.
animado.- *(animadu)* adj. animado, movido.
animador.- *(animador)* s. animador, presentador (en radio o televisión).
animal.- *(animau)* s. e adj. animal.
animalesco.- *(animalesku)* adj. propio del animal. / Fig. bestial, brutal.
animar.- *(animar)* v. animar, dar ánimo.
anímico.- *(anímiku)* adj. anímico.
animismo.- *(animismu)* s. animismo.
ânimo.- *(ânimu)* s. ánimo, afina, espíritu, coraje, voluntad.
animosidade.- *(animoz'idadji)* s. animosidad, aversión.
animoso.- *(animoz'u)* adj. animoso, valiente, audaz, brioso.
aninhar.- *(aniñar)* v. anidar.
aniquilar.- *(aniquilar)* v. aniquilar, destruir, anular, arruinar, abatir.
anis.- *(anis)* s. anís.
anisete.- *(aniz'etchi)* s. anisete, licor de anís.
anistia.- *(anistía)* amnistía, indulto.
anistiar.- *(anistchiar)* v. anmistiar, indultar.
aniversariar.- *(aniv'ersariar)* v. cumplir años.
aniversário.- *(aniv'ersáriu)* aniversario, cumpleaños.
anjo.- *(anjhu)* s. ángel, querubín.
ano.- *(anu)* s. ano.
ano-bom.- *(anu bon)* s. año nuevo.
anódino.- *(anódinu)* adj. anodino; que sirve para calmar el dolor. / Fig. inofensivo, sin importancia.
anoitecer.- *(anoiteser)* v. anochecer.
ano-luz.- *(anu lus)* s. año luz.
anomalia.- *(anomalia)* s. anomalía, irregularidad.
anômalo.- *(anômalu)* adj. anómalo, irregular.
anonimato.- *(anonimatu)* s. anonimato.
anônimo.- *(anônimu)* adj. anónimo, incógnito.
ano-novo.- *(anu nov'u)* s. año nuevo.
anorexia.- *(anoreksia)* s. anorexia.
anormal.- *(anormau)* adj. anormal, anómalo.
anormalidade.- *(anormalidadji)* s. anomalía, anormalidad.
anoso.- *(anoz'u)* adj. añoso, añejo, viejo, caduco, senil.
anotação.- *(anotasãu)* s. anotación, apunte, nota.
anotar.- *(anotar)* v. anotar, apuntar, inscribir, registrar.
anquinhas.- *(anquiñas)* s. pl. postizo de alambre con el cual las mujeres armaban la falda en las caderas aumentando éstas; miriñaque.
anseio.- *(ansêiu)* s. ansiedad, deseo, anhelo.
ânsia.- *(ânsia)* s. ansia, angustia, congoja, anhelo.
ansiar.- *(ansiar)* v. ansiar, afligir acongojar, sentir ansias.
ansiedade.- *(ansiedadji)* s. angustia, ansiedad, entusiasmado, impaciencia.
ansioso.- *(ansiôz'u)* adj. angustiado, ansioso, impaciente.
anta.- *(anta)* s. anta, tapir.
antagônico.- *(antagôniku)* adj. antagónico, opuesto, contrario.
antagonismo.- *(antagonismu)* s. antagonismo, oposición.
antagonista.- *(antagonista)* adj. antagonista, adversario.
antagonizar.- *(antagoniz'ar)* v. oponer.
antanho.- *(antañu)* adv. antaño.
antártico.- *(antártiku)* adj. antártico.
ante.- *(anti)* prep. antes, ante, delante de.
antebraço.- *(antibrasu)* s. antebrazo.
antecâmara.- *(antchikâmara)* s. antecámara, recámara.
antecedência.- *(antesedênsia)* s. antecedencia, antecedente.
antecedente.- *(antesedentchi)* adj. antecedente, precedente, anterior.

anteceder.- *(anteseder)* v. anteceder, preceder, ir a delante.
antecessor.- *(antesesor)* s. antecesor, precursor.
antecipação.- *(antesipasãu)* s. anticipación.
antecipadamente.- *(antesipadamenti)* adv. anticipadamente, de antemano.
antecipar.- *(antesipar)* v. anticipar, adelantar.
antediluviano.- *(antchidiluv'ianu)* adj. antidiluviano.
antelação.- *(antelasãu)* s. antelación, preferencia, anticipación.
antemão.- *(antchimãu)* adj. antemano, anticipadamente.
antena.- *(antena)* s. antena.
anteontem.- *(antchionten)* adv. anteayer.
antepara.- *(antepara)* s. antipara, mampara, biombo.
anteparo.- *(anteparu)* s. resguardo, tabique, defensa.
antepassado.- *(antepasadu)* s. antepasado, pasado.
antepassados.- *(antepasadus)* s. pl. antepasados, ascendientes, antecesores.
antepasto.- *(antchipastu)* sm. aperitivo, entremés.
antepenúltimo.- *(antchipenúltimu)* adj. antepenúltirno.
antepor.- *(antepôr)* v. e p. anteponer.
anteposição.- *(antipoz'isãu)* s. anteposición, precedencia.
anteprojeto.- *(antchiprojhetu)* s. anteproyecto, esbozo.
anterior.- *(anterior)* adj. anterior, precedente, previo.
anterioridade.- *(anterioridadhi)* s. anterioridad, prioridad en el tiempo.
anteriormente.- *(anteriormente)* adv. anteriormente, en tiempo anterior.
antes.- *(antchis)* adv. antes, mejor; con preferencia; por el contrario.
ante-sala.- *(antchi sala)* s. antesala, recibidor.
antever.- *(antev'er)* v. antever, prever.
antevéspera.- *(antchiv'éspera)* s. antevíspera.
antiácido.- *(antchiásidu)* adj. antiácido.
antiaéreo.- *(antchiaéreu)* adj. antiaéreo,
antialcoolismo.- *(antchiaukolismu)* sm. antialcoholismo.
antialérgico.- *(antchialérjhiku)* adj. s. antialérgico.
antiatômico.- *(antchiatômiku)* adj. antiatómico,
antibiótico.- *(antchibiótchiku)* adj. antibiótico.
anticiclone.- *(antchisikloni)* s. anticiclone.
anticlerical.- *(antchiklerikau)* adj. anticlerical.
anticoagulante.- *(antchikoagulantchi)* adj. anticoagulante.
anticomunista.- *(antchikomunista)* adj. anticomunista.
anticoncepcional.- *(antchikonsepsionau)* adj. anticonceptivo.
anticongelante.- *(antchikonjhelantchi)* adj. anticongelante.
anticorpo.- *(antchikorpu)* s. anticuerpo.
antidemocrático.- *(antchidemokrátiku)* adj. antidemocrático.
antidemoníaco.- *(antchidemoníaku)* adj. antidemoníaco.
antídoto.- *(antchídoto)* s. antídoto.
antiestético.- *(antchiestétiku)* adj. antiestético.
antifebril.- *(antchifebriu)* adj. antifebril.
antigo.- *(antchigu)* adj. antigo, arcaico, desusado, viejo.
antiguidade.- *(antchigüidadji)* s. antigüedad.
anti-higiênico.- *(antchihigiêniku)* adj. antihigiénico.
antilhano.- *(antchillanu)* adj. antillano.
antílope.- *(antchílopi)* s. antílope.
antimônio.- *(antchimôniu)* s. antimonio.
antinomia.- *(antchinomía)* s. antinomia.
antipatia.- *(antchipatchía)* s. antipatía, aversión.
antipático.- *(antchipátiku)* adj. antipático.
antipatizar.- *(antchipatchiz'ar)* v. antipatizar.
antipirético.- *(antchipirétiku)* adj. antipirético.
antípoda.- *(antchípôda)* s. antípoda.
antiquado.- *(antchikuadu)* adj. anticuado, obsoleto.
antiqualha.- *(antchikualla)* s. antigualla, antigüedad.
antiquário.- *(antchikuáriu)* s. anticuario.
antiqüíssimo.- *(antchiquísimu)* adj. antiquísimo.
anti-rábico.- *(antchi rábiku)* adj. antirrábico.
anti-roubo.- *(antchi r'obu)* adj. antirrobo.
anti-semita.- *(antchi semita)* adj. antisemita.
anti-sepsia.- *(antchi sepsía)* s. antisepsia.
anti-séptico.- *(antchi séptiku)* adj. y s. antiséptico.
anti-social.- *(antchi sosiau)* adj. antisocial, insociable.
antítese.- *(antchítez'i)* s. antítesis.
antitetânico.- *(antchitetâniku)* s. y adj. antitetánico.
antitóxico.-*(antchitóksiku)* adj. antitóxico.
antitoxina.- *(antchitoksina)* s. antitoxina.
antivenéreo.- *(antchiv'enéreu)* adj. antivenereo.
antojo.- *(antôjhu)* s. aparencia engañosa, capricho, deseo que tienen las mujeres embarazadas.
antolhos.- *(antollus)* sm. pl. anteojeras (caballerías de tiro). / Fig. fascinación, ilusión, deseo, capricho.
antologia.- *(antolojhía)* s. antología.
antológico.- *(antolójhiku)* adj. antológico.
antônimo.- *(antônimu)* sm. antónimo, contrario.
antonomásia.- *(antonomáz'ia)* s. antonomasia.
antracito.- *(antrasitu)* s. antracita.
antraz.- *(antrás)* sm. ántrax, tumor gangrenoso; reunión de forúnculos.
antro.- *(antru)* s. antro, caverna, cubil, cueva. / Bras. Fig. lugar de corrupción.
antropofagia.- *(antropofaghía)* s. antropofagia.
antropófago.- *(antropófagu)* adj. antropófago.
antropóide.- *(antropóidji)* adj. antropoide.
antropologia.- *(antropoligjía)* s. antropología.
antropólogo.- *(antropólogu)* s. antropólogo.
antropomorfo.- *(antropomorfu)* adj. antropomorfo.
antropônimo.- *(antropônimu)* s. antroponimo.
anual.- *(anuau)* adj. anual.
anualidade.- *(anualidadji)* s. anualidad.
anuário.- *(anuáriu)* s. anuario.
anuência.- *(anuênsia)* s. anuencia, aquiescencia, consentimiento.
anuidade.- *(anuidadji)* s. anualidad.
anuir.- *(anuir)* v. consentir, asentir.
anulação.- *(anulasãu)* s. anulación, supresión.
anular.- *(anular)* v. anular, destruir, eliminar, destruirse, anularse.

anunciação.- *(anunsiasãu)* s. anunciación.

anunciar.- *(anunsiar)* v. anunciar, presagiar, avisar.

anúncio.- *(anúsiu)* s. anuncio, aviso, cartel, programa, previsión, vaticinio.

ânus.- *(ànus)* s. ano.

anuviar.- *(anuv'iar)* v. nublar (se).

anverso.- *(anv'ersu)* s. anverso.

anzol.- *(anz'óu)* s. anzuelo.

ao.- *(au)* contr. de la prep. *a* con el pron. dem. neutro. o. / 2ª. contr. de la prep. *a* con el art. *o*.

aonde.- *(aondji)* adv. adonde, donde.

aorta.- *(aorta)* s. aorta.

apache.- *(apaschi)* s. apache.

apadrinhamento.- *(apadriñamentu)* sm. apadrinamiento; patrocinio.

apadrinhar.- *(apadriñar)* vt. apadrinar, proteger; patrocinar.

apagado.- *(apagadu)* adj. apagado, extinto, sumido, gastado.

apagar.- *(apagar)* v. apagar (la luz, el fuego), borrar, cancelar, desvanecer.

apaixonado.- *(apaischonadu)* adj. apasionado, enamorado, fanático.

apaixonar.- *(apaischonar)* v. y p. apasionarse, enamorar.

apalavrar.- *(apalav'rar)* v. apalabrar.

apalermado.- *(apalermadu)* adj. tonto, estúpido, necio, atontado.

apalermar.- v. atontar, volverse estúpido.

apalpadela.- *(apalpadela)* s. palpamiento, tiento.*À apalpadelas: a tientas, a palpas.

apalpar.- *(apaupar)* v. palpar, tocar, provar, sondar.

apanágio.- *(apanajhiu)* s. propiedad característica, atributo.

apanhado.- *(apañadu)* adj. apañado, cogido, recogido.

apanhar.- *(apañar)* v. atrapar, recoger, agarrar, apoderarse, contraer (enfermedad).

apara.- *(apara)* s. viruta.

aparador.- *(aparador)* s. aparador.

aparafusar.- *(aparafuz'ar)* v. atornillar

aparar.- *(aparar)* v. aparar, recortar, cortar, alisar, cepillar la madera.

aparato.- *(aparatu)* s. aparato, ostentación.

aparatoso.- *(aparatoz'u)* adj. aparatoso.

aparecer.- *(apareser)* v. aparecer, asomarse, exibirse, brotar, despuntar, surgir.

aparecimento.- *(aparesimentu)* s. aparecimiento, aparición.

aparelhador.- *(aparellador)* s. aparejador.

aparelhagem.- *(aparellajhen)* s. aparatos necesarios para una instalación.

aparelhar.- *(aparellar)* v. aparejar, prevenir, componer, aderezar, equipar.

aparelho.- *(aparellu)* s. aparejo, aparato, máquina, instrumento, teléfono, vajilla.

aparência.- *(aparênsia)* s. apariencia, aspecto, figura, fisionomía.

aparentado.- *(aparentadu)* adj. que tiene parentesco con alguien, emparentado. / que tiene parientes influyentes, enchufado.

aparentar.- *(aparentar)* v. aparentar, simular.

aparentar-se.- *(aparentarsi)* v. contraer parentesco.

aparente.- *(aparentchi)* adj. aparente, falso, visible.

aparição.- *(aparisãu)* s. aparecimento, aparición, visión, fantasma.

apartado.- *(apartadu)* adj. apartado, separado, distante.

apartamento.- *(apartamentu)* s. apartamento, piso de uno, dos o más dormitorios.

apartar.- *(apartar)* v. apartar, desviar, retirar, sacar, separar.

aparte.- *(aparti)* s. aparte, interrupción.

aparvalhado.- *(aparv'alhadu)* adj. atontado, atolondrado, necio.

aparvoado.- *(aparv'oadu)* adj. muy idiota.

apascentar.- *(apasentar)* vt. apacentar, pastorear. / v. refl. nutrirse, sustentarse. / recrearse, deleitarse.

apatetado.- *(apatetadu)* adj. alelado, atontado, imbécil.

apatia.- *(apatchia)* s. apatía, indiferencia, indolencia, dejadez, marasmo.

apático.- *(apátiku)* adj. apático.

apátrida.- *(apátrida)* s. apátrida.

apavorar.- *(apav'orar)* v. aterrar, aterrorizar, horrorizar, asustar.

apaziguar.- *(apaz'iguar)* v. apaciguar.

apear.- *(apear)* v. apear, desmontar.

apedrejamento.- *(apedrejhamentu)* s. apedreamiento.

apedrejar.- *(apefrejhar)* v. apedrear.

apegado.- *(apegadu)* adj. apegado, afecto, adicto.

apegar-se.- *(apegarsi)* v. apegarse, encariñarse.

apego.- *(apegu)* s. apego, cariño, interés.

apelação.- *(apelasãu)* apelación. / Jur. apelación.

apelar.- *(apelar)* v. apelar, recurrir, buscar recursos, pedir socorro.

apelativo.- adj. apelativo.

apelável.- *(apeláv'eu)* adj. apelable.

apelidar.- *(apelidar)* vt. apellidar, denominar, nombrar, calificar. / Bras. poner mote o apodo a alguien

apelido.- *(apelidu)* sm. Port. sobrenombre, nombre de familia. / Bras. apodo, mote.

apelo.- *(apelu)* s. apelación, llamamiento.

apenas.- *(apenas)* adv. apenas, solamente, sólo.

apêndice.- *(apêndisi)* sm. apéndice, añadidura.

apendicite.- *(apendisitchi)* apendicitis.

aperceber.- *(aperseber)* v. apercibir.

aperfeiçoar.- *(aperfeisoar)* v. perfeccionar, mejorar.

apergaminhado.- *(apergamiñadu)* adj. apergaminado, semejante al pergamino.

aperitivo.- *(aperitchiv'u)* s. aperitivo, entremés.

aperrear.- *(aper'ear)* v. e p. aperrear, molestar, importunar.

apertado.- *(apertadu)* adj. apretado, estrecho, comprimido, en dificultad financiera.

apertão.- *(apertãu)* s. apretón.

apertar.- *(apertar)* v. apretar, comprimir, contraer, estrechar, estrujar. / Bras. reducir los gastos.

aperto.- *(apêrtu)* s. aprieto, apuro, dificultad.

apesar de.- *(apez'ar de)* adv. a pesar de, a despecho de, con todo.

apetecer.- *(apeteser)* v. apetecer, antojarse, desear intensamente.

apetecível.- *(apetesív'eu)* adj. apetecible, deseable.
apetência.- *(apetênsia)* s. apetencia.
apetite.- *(apetitchi)* s. apetencia, apetito, deseo, ganas.
apetitoso.- *(apetchitoz'u)* adj. apetitoso.
apetrechar.- *(apetreschar)* v. e p. pertrechar.
apetrechos.- *(apetreschus)* sm. pl. pertrechos, utensilios, herramientas.
apezinhar.- *apez 'iñar)* vt. humillar, rebajar; pisotear.
apiário.- *(apiáriu)* s. apiario.
ápice.- *(ápisi)* sm. ápice, auge, apogeo.
apicultor.- *(apikultor)* s. apicultor.
apicultura.- *(apikuutúra)* apicultura.
apiedar-se.- *(apiedarsi)* v. apiadarse, condolerse, compadecerse.
apimentado.- *(apimentadu)* adj. condimentado con pimienta, picante.
apimentar.- *(apimentar)* v. sazonar con pimienta. / Fig. tratarlo con malicia.
apinhar-se.- *(apiñarsi)* v. apiñarse, agrupar admite, apilar, unir.
apitar.- *(apitar)* v. pitar, tocar el pito.
apito.- *(apitu)* s. chilla, pito, silbato.
aplacar.- *(aplakar)* v. e p. aplacar, amansar, calmar, sosegar.
aplainamento.- *(aplainamentu)* s. allanamiento.
aplainar.- *(aplainar)* v. allanar, nivelar.
aplanar.- *(aplanar)* v. aplanar, volver llano.
aplaudir.- *(aplaudir)* v. aplaudir, ovacionar, palmear.
aplauso.- *(aplauz'u)* s. aplauso, elogio, aprobación, apoyo.
aplicação.- *(aplikasu)* s. aplicación, empeño.
aplicado.- *(aplikadu)* adj. aplicado, asiduo, dedicado, estudioso.
aplicar.- *(aplikar)* v. aplicar, poner en práctica, adaptar, sobreponer, emplear, dedicarse.
aplicável.- *(aplikáv'eu)* adj. aplicable.
apocalipse.- *(apokalipsi)* s. apocalipsis.
apocalíptico.- *(apokalíptchiku)* adj. apocalíptico.
apócope.- *(apókopi)* s. apócope.
apócrifo.- *(apókrifu)* adj. apócrifo.
apodar.- *(apodar)* v. apodar, poner apodos.
apoderado.- *(apoderadu)* s. Port. apoderado.
apoderar-se.- *(apoderarsi)* v. apoderarse, adueñarse, usurpar, conquistar.
apodo.- *(apôdu)* s. apodo, mote.
apodrecer.- *(apodreser)* v. pudrir, corromper, descomponer, deteriorar.
apodrecido.- *(apodresidu)* adj. podrido.
apodrecimento.- *(apodresimentu)* s. pudrimiento, putrefacción.
apófise.- *(apófiz'i)* s. Anat. apófisis.
apogeu.- *(apojheu)* s. apogeo, auge.
apoiado.- *(apoiadu)* adj. aprobado, defendido, favorecido, apoyado. / Interj. indica aprobación, aplauso.
apoiar.- *(apoiar)* v. apoyar, ayudar, amparar, patrocinar, favorecer, confirmar.
apoio.- *(apoiu)* s. apoyo, base, soporte, sostén, auxilio.
apólice.- *(apólisi)* s. póliza.
apolítico.- *(apolitiku)* adj. apolítico.
apologético.- *(apolojhétiku)* adj. apologético.
apologia.- *(apolojhía)* s. apología.
apologista.- *(apolojhista)* adj. apologista.
apólogo.- *(apolojhista)* s. apólogo, fábula.
apontador.-*(apontador)* sm. Bras. sacapuntas; apuntador, manecilla. / Teatr. traspunte.
apontamento.- *(apontamentu)* s. apuntamiento, apunte, minuta, nota.
apontar.- *(apontar)* v. apuntar, asomar, catalogar, citar, designar, señalar, hacer puntería
apopléctico.- *(apopléktiku)* adj. apoplético.
apoplexia.- *(apopleksía)* s. apoplejía.
apoquentar.- *(apoquentar)* v. e p. incomodar, molestar, enfadar, importunar, aburrir.
apregoar.- *(apreguar)* v. pregonar.
aporrinhação.- *(apor'iñasãu)* s. enfado, aburrimento.
aporrinhar.- *(apor'iñar)* v. e p. importunar, afligir.
aportar.- *(aportar)* v. conducir el barco a puerto.
aportuguesar.- *(aportuguez'ar)* v. e p. aportuguesar.
após.- *(após)* adv. después, trás. / prep. después de, atrás de.
aposentado.- *(apoz'entadu)* adj. jubilado.
aposentadoria.- *(apoz'entaduría)* s. jubilación, retiro.
aposentar.- v. e p. jubilarse, retirarse.
aposento.- *(apoz'entu)* s. aposento, compartimiento, cuarto, habitación.
apósito.- *(apozitu)* sm. apósito. / adj. adecuado, conveniente.
apossar-se.- *(aposarsi)* v. apoderarse, adueñarse.
aposta.- *(aposta)* s. apuesta.
apostar.- *(apostar)* v. apostar.
apostasia.- *(apostaz'ía)* apostasía, abjuración.
apóstata.- *(apóstata)* s. apóstata.
apostema.- *(apostema)* s. apostema, absceso.
a posteriori.- *(a posterióri)* Lat. a posteriori.
apostila.- *(apostila)* s. apostilla, nota complementaria; notas o materia de clase publicados para uso de los alumnos; posdata.
apostilar.- *(apostilar)* v. apostillar.
aposto.- *(apôstu)* adj. añadido, anexado, acrecentado.
apostolado.- *(apostoladu)* s. apostolado.
apostolar.- *(apostolar)* v. apostolar, evamgelizar.
apostólico.-*(apostóliku)* adj. apostólico.
apóstolo.- *(apóstolu)* s. apóstol.
apóstrofe.- *(apóstrofi)* s. apóstrofe; frase injuriosa.
apóstrofo.- *(apóstrofu)* s. apóstrofo (signo ortográfico).
apoteose.- *(apoteoz'i)* s. apoteosis.
apoteótico.- *(apoteótchiku)* adj. apoteósico.
apoucar.- *(apoukar)* v. apocar, depreciar, rebajar.
aprazamento.- *(apraz'amentu)* s. aplazarniento.
aprazar.- *(apraz'ar)* v. aplazar.
aprazível.- *(apraz'ív'eu)* adj. agradable, ameno, encantador, hermoso, placentero.
apreçar.- *(apresar)* v. preguntar el precio de, o ajustarlo.
apreciação.- *(apresiasãu)* s. apreciación, crítica, evaluación.
apreciar.- *(apresiar)* v. apreciar, evaluar, considerar, criticar.

apreciável.- *(apresiáv'eu)* adj. apreciable, considerable, admirable.
apreço.- *(aprêsu)* s. aprecio, estima, consideración.
apreender.- *(apreender)* vt. apropiarse judicialmente de, aprehender, coger, prender, atrapar; entender, comprender. / v. intr. cavilar, meditar.
apreensão.- *(apreensãu)* s. aprehensión, comprensión, recelo, sospecha.
apreensivo.- *(apreensiv'u)* adj. aprehensivo, receloso, preocupado, desconfiado, aprensivo.
aprender.- *(aprender)* v. aprender, estudiar.
aprendiz.- *(aprendis)* s. aprendiz.
aprendizado.- *(aprendjiz 'adu)* sm. aprendizaje. / Bras. establecimiento de enseñanza técnica o profesional.
aprendizagem.- *(aprendjiz'ajhen)* s. aprendizaje.
apresar.- *(aprez'ar)* v. apresar, aprisionar, agarrar, capturar.
apresentação.- *(aprez'entasãu)* s. presentación, porte, aspecto, apariencia externa.
apresentador.- *(aprez'entador)* adj. e s. presentador.
apresentar.- *(aprez'entar)* v. presentar, exhibir. / P. presentarse, estar presente, identificarse.
apresentável.- *(aprez'entáv'eu)* adj. presentable.
apressado.- *(apresadu)* adj. apresurado, acelerado, urgente, diligente.
apressar.- *(apresar)* v. apremiar, apresurar, acelerar, estimular, incitar.
apressurar.- *(apresurar)* v. apresurar, acelerar.
aprestar.- *(aprestar)* v. aprestar, preparar rápido, prevenir, aprontar.
aprestos.- *(aprestus)* sm. pl. pertrechos, utensilios, herramientas.
a priori.- *(a priori)* Lat. a priori.
aprimorar.- *(aprimorar)* v. perfeccionar, esmerar.
aprisco.- *(aprisku)* s. aprisco, corral.
aprisionar.- *(apriz'ionar)* v. aprisionar, apresar, capturar, prender.
aprofundar.- *(aprofundar)* v. profundizar.
aprontar.- *(aprontar)* v. preparar, dejar listo. / P. prepararse. / Fam. vestirse, arreglarse.
apropriação.- *(apropriasãu)* s. apropiación.
apropriado.- *(apropriadu)* adj. adecuado, apropiado.
apropriar.- *(apropriar)* v. apropiar.
aprovação.- *(aprov'asãu)* s. aprobación, consentimiento, confirmación.
aprovado.- *(aprov'adu)* adi. aprobado.
aprovar.- *(aprov'adu)* aprobar, aplaudir, consentir, alabar, autorizar.
aproveitado.- *(aprov'eitadu)* adj. aprovechado.
aproveitador.- *(aprov'eitador)* adj. oportunista.
aproveitamento.- *(aprov'eitamentu)* aprovechamiento.
aproveitar.- *(aprov'eitar)* v. aprovechar, disfrutar, utilizar.
aproveitável.- *(aprov'eitáv'eu)* adj. aprovechable.
aprovisionamento.- *(aprov'iz'ionamentu)* s. abastecimento, aprovisionamiento.
aprovisionar.- *(aprov'iz'ionar)* v. aprovisionar, abastecer, proveer, surtir.
aproximação.- *(aprosimasãu)* s. aproximación.
aproximado.- *(aprosimadu)* adj. aproximado, cercano.
aproximar.- *(aprosimar)* v. e p. acercar, allegar, aproximar, arrimar.
aproximativo.- *(aprosimatchiv'u)* adj. aproximativo.
aprumado.- *(aprumadu)* adj. aplomado. / Fig. altivo, arrogante, orgulloso, altanero. / juicioso, sesudo.
aprumar.- *(aprumar)* v. aplomar, poner en posición vertical.
aprumo.- *(aprumu)* s. posición vertical, aplomo, brio, altivez.
aptidão.- *(aptchidãu)* s. aptitud, facultad, talento.
apto.- *(aptu)* adj. apto, capaz, competente, hábil, idóneo.
apunhalar.- *(apuñalar)* v. apuñalar.
apupar.- *(apupar)* v. silbar, escarnecer.
apupo.- *(apupu)* s. rechifla, burla, mofa.
apuração.- *(apurasãu)* s. apuración, selección.
apurado.- *(apuradu)* adj. exacto, esmerado, elegante; apresurado; seleccionado por ser mejor que otro.
apurar.- *(apurar)* v. apurar, purificar, aprimorar, cobrar.
apuro.- *(apuru)* s. requinte, requinte, esmero, apuro, aprieto, estrechez, aflicción.
aquarela.- *(akuarela)* s. acuarela.
aquarelista.- *(akuarelista)* s. acuarelista, pintor de acuarela
aquariano.- *(akuarianu)* s. e adj. acuariano.
aquário.- *(akuáriu)* sm. acuario, pecera. / Astr. Acuario.
aquartelamento.- *(akuartelamentu)* s. acuartelamiento.
aquartelar.- *(akuartelar)* v. acuartelar, encuartelar.
aquático.- *(akuátiku)* adj. acuático.
aquecedor.- *(aquesedor)* s. calentador, estufa.
aquecer.- *(aqueser)* v. calentar.
aquecimento.- *(aquesimentu)* sm. calentamiento, calefacción.
aqueduto.- *(akuedutu)* s. acueducto, cañería.
àquele.- *(aaqueli)* contr. de la prep. *a* con el pron. dem. *aquele*. a aquel.
aquele.- *(aqueli)* pron. dem. aquel.
aquém.- *(aquén)* adv. del lado de acá.
aquentar.- *(aquentar)* v. e p. calentar.
aqui.- *(aquí)* adv. acá, aqui, en este lugar.
aquiescer.- *(aquieser)* v. condescender, acceder.
aquietar.- *(aquietar)* v. aquietar, sosegar, calmar, serenar.
aquilatar.- *(aquilatar)* v. quilatar.
aquilino.- *(aquilinu)* adj. propio de el águila. / Se dice de la nariz con forma de pico de águila.
àquilo.- *(aquilu)* contr. de la prep. *a* con el pron. dem. *aquilo*. a aquello, a aquella cosa.
aquilo.- *(aquilu)* pron. dem. aquello, aquella cosa.
aquinhoar.- *(aquiñoar)* v. repartir, distribuir en quiñón.
aquisição.- *(aquiz'isãu)* s. adquisición, compra, obtención.
aquisitivo.- *(aquiz'itiv'u)* adj. adquisitivo.
aquoso.- *(akuoz'u)* adj. acuoso.
ar.- *(ar)* s. aire, soplo, viento, clima, temperatura, brisa. Apariencia, aspecto.

ara.- *(ara)* s. altar, ara.
árabe.- *(árabi)* adj. árabe.
arabesco.- *(arabesku)* s. arabesco.
arábico.- *(arábiku)* adj. arábico, arabigo.
arabismo.- *(arabismu)* s. arabismo.
arabista.- *(arabista)* s. arabista.
araçá.- *(arasá)* s. arasá. / Bras. fruto del araçazeiro.
araçazeiro.- *(arasaz'êru)* s. Bras. árbol frutífero, en general silvestre.
arado.- *(aradu)* adj. Bras. hambriento.
aragem.- *(arajhen)* sm. brisa, viento suave. / Fig. oportunidad, ocasión propícia.
arame.- *(arami)* s. alambre.
arameu.- *(aramêu)* s. arameo.
arandela.- *(arandela)* s. Bras. arandela, soporte preso a la pared, para vela o bombilla eléctrica.
aranha.- *(araña)* s. araña.
aranzel.- *(aranz'éu)* s. discurso fastidioso.
araponga.- *(araponga)* s. Bras. Araponga, pájaro de canto estridente.
arapuca.- *(arapuka)* s. Bras. trampa para cazar pájaros.
arar.- *(arar)* v. arar, labrar.
arara.- *(arára)* s. Bras. arara, género de aves prensoras. / Bras. idiota, imbécil, tonto.
araruta.- *(araruta)* s. Bras. fécula alimenticia.
araticum.- *(aratchikún)* sm. Bras. araticú, árbol nativo del cerrado; su fruto.
araucária.- *(araukária)* s. araucaria, árbol de América del Sur.
arauto.- *(arautu)* sm. heraldo. / emisario, mensajero, nuncio.
arbitragem.- *(arbitrajhen)* s. arbitraje.
arbitrar.- *(arbitrar)* v. arbitrar, juzgar, sentenciar.
arbitrariedade.- *(arbitrariedadji)* s. arbitrariedad.
arbitrário.- *(arbitráriu)* adj. arbitrario, despótico.
arbítrio.- *(arbítriu)* s. arbitrio, albedrío.
árbitro.- *(árbitru)* s. árbitro, juez.
arbóreo. *(arbóreo)* adj. arbóreo.
arborescente.- *(arboresentchi)* adj. arborescente.
arborícola.- *(arborikula)* adj. arborícola.
arborização.-*(arboriz'asãu)* s. plantación de árboles.
arborizar.- *(arboriz'ar)* v. plantar árboles.
arbusto.- *(arbustu)* s. arbusto.
arca.- *(arka)* s. arca, baúl, cofre, hucha.
arcabouço.- *(arkabousu)* s. esqueleto, osamenta del tórax. / Fig. Líneas generales, boceto.
arcabuz.- *(arkabus)* s. arcabuz, antigua arma de fuego.
arcada.- *(arkada)* s. arcada, arcos. / Anat. arcada dentaria. / 2ª. s. golpe del arco en las cuerdas de instrumento musical.
arcadas.- *(arkadas)* s. pl. arcadas, movimientos violentos y penosos del estórnago.
arcaico.- *(arkaiku)* adj. arcaico, obsoleto.
arcaísmo.- *(arkaísmu)* s. arcaísino.
arcaizar.- *(arkaiz'ar)* v. arcaizar.
arcanjo.- *(arkanjhu)* s. arcángel,
arcano.- *(arkanu)* s. arcano, secreto, misterio, enigma.
arcar.- *(arkar)* v. arcar, arquear, ceñir, apretar, luchar cuerpo a cuerpo.
arcebispado.- *(arsebispadu)* s. arzobispado.
arcebispo.- *(arsebispu)* s. arzobispo.
arcediago.- *(arsediagu)* s. arcediano.
archote.- *(arschotchi)* s. antorcha, hacha.
arco.- *(arku)* s. arco.
arco-íris.- *(arko íris)* s. arco iris.
ar-condicionado.- *(ar kondisionadu)* s. aire acondicionado.
ardência.- *(ardênsia)* s. ardor, fuego; sabor acre o picante.
ardente.- *(ardentchi)* adj. abrasador, ardiente, fogoso, brillante, vivo, picante, luminoso, amor intenso.
ardentia.- *(ardentchia)* s. ardentía, fosforescencia marítirna.
arder.-*(arder)* v. arder, quemarse, inflamarse, abrasar, escocer, llamear.
ardido.- *(ardjidu)* adj. ardido, quemado. / picante; valiente, intrépido.
ardil.- *(ardjiu)* s. ardid, artificio, artimaña, trampa, treta, truco.
ardiloso.- *(ardjiloz'u)* adj. astucioso, astuto, bellaco, sagaz.
ardor.- *(ardor)* s. ardor, calor fuerte.
ardoroso.- *(ardoroz'u)* adj. ardoroso, ardiente.
ardósia.- *(ardóz'ia)* s. pizarra.
árduo.- *(árduu)* adj. arduo, difícil, costoso, áspero, trabajoso, laborioso, penoso.
área.- *(ária)* s. área, medida de una superficie, patio.
areal.- *(ariau)* s. arenal.
arear.- *(ariar)* v. enarenar. Limpiar, pulir, fregando con arena u otra sustancia.
areento.- *(areentu)* adj. arenoso, lleno de arena.
areia.- *(arêia)* s. arena.
arejamento.- *(arejhamentu)* sm. aireamiento; aire suave, brisa.
arejar.- *(arejhar)* v. airear, ventilar.
arena.- *(arena)* s. arena de circo, de toros, anfiteatro.
arenga.- *(arenga)* s. arenga, enredo, embrollo. / Bras. intriga, chisme.
arengar.- *(arengar)* v. discutir, altercar.
arengueiro.- *(arenguêru)* adj. altercador; intrigante, cotilla, correveidile.
arenoso.- *(arenoz'u)* adj. arenoso.
arenque.- *(arenqui)* s. arenque.
ares.- *(aris)* s. pl. aires.
aresta.- *(arista)* s. arista. / Cosa sin importancia. / Clavo casi sin cabeza.
aresto.- *(arestu)* s. jurisprudencia.
arfar.- *(arfar)* v. jadear. / Oscilar la embarcación de proa a popa.
argamassa.- *(argamasa)* s. argamasa, lechada.
argelino.- *(argelinu)* adj. argelino.
argentário.- *(argentáriu)* s. argentario, gran capitalista, millonario.
argênteo.- *(argênteo)* adj. argénteo, del color de la plata.
argentino.- *(arjhentchinu)* adj. argentino, argénteo. / 2ª. adj. argentino, natural de la Argentina.
argila.- *(arjhila)* s. arcilla, barro.
argiloso.- *(arjhiloz'u)* adj. arcilloso.

argola.- *(argola)* s. anilla, argolla.
argonauta.- *(argonauta)* s. argonauta, navegante valeroso.
argúcia.- *(argúsia)* s. argucia.
argüição.- *(arguisãu)* s. acusación, censura, vituperio, desaprobación; alegación, argumentación. / p. ext. examen oral.
arguir.- *(argüir)* v. argüir.
argumentação.- *(argumentasãu)* s. argumentación.
argumentar.- *(argumentar)* v. argumentar.
argumento.- *(argumentu)* s. argumento, asunto, prueba, tema.
arguto.- *(argutu)* adj. agudo, sutil, listo.
ária.- *(ária)* s. de la raza aria. / 2ª. s. aria.
ariano.- *(arianu)* adj. ario. / s. del signo Aries.
aridez.- *(arides)* s. aridez, sequedad.
árido.- *(áridu)* adj. árido, estéril, seco.
arisco.- *(arisku)* adj. arisco, esquivo, se dice del animal que no se deja domesticar.
aristocracia.- *(aristokrasía)* s. aristocracia, hidalguía.
aristocrata.- *(aristokrata)* adj. e s. aristócrata, hidalgo.
aristocrático.- *(aristokrátiku)* adj. aristocrático.
aristotélico.- *(aristotéliku)* adj. aristotélico.
aritmética.- *(aritimétika)* s. aritmética.
aritmético.- *(aritimétiku)* adj. aritmético.
arlequim.- *(arlequín)* s. Teat. arlequín.
arma.- *(arma)* s. arma.
armação.- *(armasãu)* s. armazón.
armada.- *(armada)* s. armada, escuadra, flota. / Bras. N. E. proeza, artimaña.
armadilha.- *(armadilla)* s. trampa.
armador.- *(armador)* s. armador, naviero. / Bras. gancho en que se prende la hamaca.
armadura.- *(armadura)* s. armadura, armazón, maderamen.
armamento.- *(armamentu)* s. armamento.
armar.- *(armar)* v. armar.
armaria.- *(armaría)* s. armería; arsenal.
armarinho.- *(armariñu)* s. Bras. mercería.
armário.- *(armáriu)* s. armario.
armazém.- *(armaz'én)* s. almacén, depósito, bodega. / Ultramarinos.
armazenagem.- *(armaz'enajhen)* s. almacenaje.
armazenamento.- *(armaz'enamentu)* s. almacenaje.
armazenar.- *(armaz'enar)* v. almacenar, guardar, depositar
armeiro.- *(armêru)* s. armero.
armênio.- *(armêniu)* adj. armenio.
arminho.- *(armiñu)* s. armiño.
armistício.- *(armistísiu)* s. armisticio, tregua.
arnica.- *(arnika)* s. árnica.
aro.- *(*aru) s. aro, anillo.
aroeira.- *(aroêra)* s. árbol de madera útil e cáscara medicinal.
aroma.- *(aroma)* s. aroma, olor, perfume, fragancia.
aromático.- *(aromáticu)* adj. aromático, oloroso, perfumado.
aromatizar.- *(aromatiz'ar)* v. aromatizar, perfumar.
arpão.- *(arpãu)* s. arpón.
arpejar.- *(arpejhar)* v. arpegiar.
arpejo.- *(arpejhu)* s. arpegio.
arpéu.- *(arpêu)* sm. pequeño arpón.
arpoar.- *(arpoar)* v. arponar, arponear.
arqueação.- *(arquiasãu)* s. arqueo de un arco.
arqueamento.- *(arqueamentu)* s. arqueamiento, arqueo.
arquear.- *(arquear)* v. arquear, curvar, doblarse.
arqueiro.- *(arquêru)* s. arquero.
arquejante.- *(arquejhantchi)* adj. jadeante.
arquejar.- *(arquejhar)* v. jadear.
arquejo.- *(arquejhu)* s. jadeo.
arqueologia.- *(arqueolojhía)* s. arqueología.
arqueológico.- *(arqueolójhiku)* adj. arqueológico.
arqueólogo.- *(arqueólogu)* s. arqueólogo.
arquibancada.- *(arquibankada)* s. Bras. grada.
arquidiocese.- *(arquidiosez'i)* s. archidiócesis.
arquipélago.- *(arquipélagu)* s. archipiélago.
arquitetar.- *(arquitetar)* v. planear, trazar, idear, inventar.
arquiteto.- *(arquitetu)* s. arquitecto.
arquitetônico.- *(arquitetôniku)* adj. arquitectónico.
arquitetura.- *(arquitetura)* s. arquitectura.
arquitrave.- *(arquitrav'i)* s. Arquit. arquitrabe.
arquivar.- *(arquiv'ar)* v. archivar.
arquivista.- *(arquiv'ista)* s. archivador, archivero.
arquivo.- *(arquiv'u)* s. archivo.
arrabalde.- *(ar'abaudji)* s. arrabal, barrio, suburbio.
arraia.- *(ar'aia)* s. Bras. raya, pez. / Bras. papagaio.
arraial.- *(ar'aiau)* s. campamento militar, feria, verbena. / Pueblo muy pequeño.
arraigado.- *(ar'igadu)* adj. arraigado, enraizado, inveterado.
arraigar.- *(ar'aigar)* v. arraigar, enraizar.
arrais.- *(ar'ais)* s. arráez, patrón de barco.
arrancada.- *(ar'ankada)* s. arranque, salida violenta, embestida.
arrancar.- *(ar'ankar)* v. arrancar, sacar de raíz, extirpar, apartar violentamente.
arranca-rabo.- s. Bras. pelea, embrollo.
arranchar.- *(ar'anschar)* vt. alojar, albergar. / v. intr. reunirse en grupos o mesa común. / v. refl. hospedarse o establecerse provisionalmente. / Juntarse, amancebarse.
arranco.- *(ar'anqui)* s. arranque, ímpetu, arrebato.
arranha-céu.- *(ar'añaséu)* s. rascacielos.
arranhadura.- *(ar'ñadura)* s. arañamiento, arañazo.
arranhão.- *(ar'añãu)* s. arañazo, rasguño.
arranhar.- *(ar'añar)* v. arañar, rayar. / Conocer poco o mal una lengua, una disciplina.
arranjado.- *(ar'añjhadu)* adj. arreglado. / Bras. el que tiene lo suficiente para vivir.
arranjar.- *(ar'anjhar)* v. arreglar, colocar, componer.
arranjo.- *(ar'anjhu)* s. arreglo, composición, disposición.
arranque.- *(ar'anqui)* s. arranque.
arras.- *(ar'as)* s. arras, dote.
arrasar.- v. arrasar, allanar, nivelar, destruir, arruinar.
arrastão.- *(ar'astãu)* sm. esfuerzo violento para arrastrar. / Red de pesca, de arrastrar por el fondo del mar.

arrasta-pé.- *(ar'asta pé)* s. Bras. Pop. baile popular.
arrastar.- *(ar'astar)* v. arrastrar.
arrasto.- *(ar'astu)* s. arrastre.
arrazoado.- *(ar'az'oadu)* sm. discurso con que se defiende una causa, alegación. / adj. congruente, razonable, justo.
arrazoar.- *(ar'az'oar)* v. razonar, alegar, discurrir, argüir, censurar.
arrear.- *(ar'iar)* v. arrear.
arrebanhar.- *(arebañar)* v. rebañar (juntar en rebaño).
arrebatado.- *(ar'ebatadu)* adj. arrebatado, precipitado, impetuoso.
arrebatamento.- *(ar'ebatamentu)* s. arrebatamiento.
arrebatar.- *(ar'ebatar)* v. arrebatar, arrancar, encolerizar-se.
arrebato.- *(ar'ebatu)* s. arrebato.
arrebentação.- *(ar'ebentasãu)* s. el lugar donde las olas rompen contra la playa.
arrebentar.- *(ar'ebentar)* v. reventar.
arrebique.- *(ar'ebiqui)* s. arrebol. / Cosmético. / Adorno excesivo y de mal gusto.
arrebitado.- *(ar'ebitadu)* adj. Bras. atrevido, impertinente, petulante. / Erguido, respingón. Nariz arrebitado: nariz respingona. / Bras. *bunda arrebitada: culo respingón.
arrebitar.- *(ar'ebitar)* vt. arregazar, alzar, erguir; erguir la punta de la nariz. / v. refl. irritarse, ensoberbecerse.
arrebol.- *(ar'ebóu)* s. arrebol.
arrecadação.- *(ar'ekadasãu)* s. recaudación, recolección.
arrecadar.- *(ar'ekadar)* v. recaudar, recolectar.
arrecife.- *(ar'esifi)* s. arrecife.
arredar.- *(ar'edar)* v. apartar, separar, disuadir, retirarse.
arredio.- *(ar'ediu)* adj. apartado, separado, retirado, descarriado (ganado). / Esquivo.
arredondado.- *(aredondadu)* adj. redondeado.
arredondar.- *(aredondar)* v. e p. redondear.
arredores.- *(ar'edores)* s. alrededores, suburbios.
arrefecer.- *(ar'efeser)* v. enfriar.
arregaçar.- *(ar'agasar)* v. arremangar.
arregalar.- *(ar'egalar)* v. abrir mucho los ojos por admiración, sorpresa, satisfacción o espanto.
arreganhar.- *(ar'egañar)* v. mostrar los dientes, abriendo los labios con expresión de cólera o de risa.
arreganho.- *(ar'egañu)* s. desafío, amenaza.
arreio.- *(ar'eiu)* s. arreo, montura.
arrelia.- *(ar'elia)* s. disgusto, enfado, antipatía.
arreliar.- *(ar'eliar)* v. enfadar, impacientar, fastidiar, enojar.
arrematar.- *(ar'ematar)* v. concluir, rematar. / 2ª. v. hacer remate en la subasta.
arremate.- *(ar'ematchi)* s. remate.
arremedar.- *(ar'emedar)* v. remedar, imitar groseramente.
arremedo.- *(ar'emêdu)* s. remedo, imitación, broma.
arremessão.- *(ar'emesãu)* s. impulso de arrojar o lanzar algo.
arremessar.- *(ar'emesar)* vt. lanzar, arrojar con fuerza o ímpetu. / v. refl. precipitarse, aventurarse, atreverse.
arremesso.- *(ar'emesu)* s. arrojamiento, lanzamiento.
arremeter.- *(ar'emeter)* v. arremeter, embestir, combatir.
arremetida.- *(ar'emetchida)* s. arremetida, embestida.
arrendador.- *(ar'endador)* s. arrendador.
arrendamento.- *(ar'endamentu)* s. arrendamiento.
arrendar.- *(ar'endar)* v. alquilar, arrendar.
arrendatário.- *(ar'endatáriu)* s. arrendatario, inquilino.
arrenegar.- *(ar'enegar)* v. renegar.
arrepelar-se.- *(ar'epelarsi)* v. tirarse de los pelos o de la barba.
arrepender-se.- *(ar'ependersi)* v. arrepentirse.
arrependido.- *(ar'ependjidu)* adj. arrepentido, pesaroso.
arrependimento.- *(ar'ependjimentu)* s. arrepentimiento, contrición, pesar, remordimiento.
arrepiante.- *(ar'epiantchi)* adj. escalofriante, pavoroso.
arrepiar.- *(ar 'epiar)* vt. encrespar, erizar, horripilar. / v. refl. poner (se) los pelos de punta; sentir escalofríos.
arrepio.- *(ar'epiu)* sm. escalofrío (miedo o frío).
arrestar.- *(ar'estar)* v. arrestar, embargar.
arresto.- *(ar'estu)* s. Jur. arresto de bienes por garantizar el pago de deudas, embargo.
arrevesado.- *(ar'ev'ez'adu)* adj. enrevesado.
arriar.- *(ar'iar)* arriar, descolgar, bajar. / Perder las fuerzas, el ánimo.
arriba.- *(ar'iba)* adv, para arriba.
arribação.- *(ar'ibasãu)* s. arribada.
arribar.- *(ar'ibar)* v. arribar (el barco, las aves).
arrieiro.- *(ar'iêru)* arriero.
arrimar.- *(ar'imar)* v. arrimar. / Servir de arrimo o de amparo, amparar.
arrimo.- *(ar'imu)* s. apoyo, arrimo, amparo, protección.
arriscado.- *(ar'iskadu)* adj. arriesgado, difícil, temerario.
arriscar.- *(ar'iskar)* v. arriesgar, atreverse, aventurar.
arritmia.- *(ar'itimia)* s. arritmia.
arrítmico.- *(ar'itimiku)* adj. arrítmico.
arrivista.- *(ar'iv'ista)* adj. arribista, trepa.
arroba.- *(ar'oba)* s. arroba.
arrochar.- *(ar'oschar)* v. e p. agarrotar, apretar mucho.
arrocho.- *(ar'oschu)* garrote, situación muy difícil (económica, por ejemplo).
arrogância.- *(ar'ogânsia)* arrogancia, jactancia, orgullo, soberbia.
arrogante.- *(ar'ogantchi)* adj. arrogante, orgulloso, soberbio, ufano.
arrogar.- *(ar 'ogarsi)* vt y v. refl. arrogar(se), apropiar(se), atribuir(se).
arroio.- *(ar'ôiu)* s. arroyo, regato.
arrojado.- *(ar'ojhadu)* adj. arrojada, resuelto, osado.
arrojar.- *(ar'ojhadu)* vt. arrojar, hacer salir violentamente; osar; / v. refl. precipitarse; atreverse, arriesgarse.

arrojo.- *(ar'ojhu)* s. arrojo, osadía, audacia.

arrolhador.- *(ar'ollado)* aquél que encorcha o tampona.

arrolhar.- *(ar'ollar)* v. encorchar, taponar.

arrombamento.- *(ar'ombamentu)* sm. rompimiento, rotura, abertura forzada, derrumbamiento.

arrombar.- *(ar'ombar)* v. romper, derrumbar, destrozar, abrir a fuerza.

arrostar.- *(ar'ostar)* v. arrostrar, encarar, resistir la mirada, afrontar sin miedo.

arrotar.- *(ar'otra)* v. eructar.

arroto.- *(ar'otu)* s. eructo.

arroubamento.- *(ar'ôbamentu)* sm. arrobamiento; enajenamiento; éxtasis, embeleso.

arroubo.- *(ar'ôbu)* s. arrobo, arrebato, éxtasis.

arroxeado.- *(ar'oschiadu)* adj. amoratado, morado, cárdeno.

arroxear.- *(ar'oschiar)* v. amoratar.

arroz.- *(ar'os)* s. arroz.

arrozal.- *(ar'oz'au)* s. arrozal.

arroz-doce.- *(ar'os dôsi)* s. arroz con leche.

arruaça.- *(ar'uasa)* s. alboroto, motín de calle, tumulto.

arruaceiro.- *(ar'uasêru)* s. alborotador, gamberro.

arruamento.- *(ar'uamentu)* s. conjunto de calles.

arruar.- *(ar'uar)* v. abrir calles, urbanizar.

arruda.- *(ar'uda)* s. ruda.

arrufar.- *(ar'ufar)* vt. y refl. irritar(se), enfadar(se), ensoberbecer(se), encrespar(se).

arrufo.- *(ar'ufu)* sm. ira o resentimiento pasajero.

arruinado.- *(ar'uinadu)* adj. arruinado, destruido.

arruinar.- *(ar'uinar)* v. arruinar, destruir, empobrecer, perder la salud o el dinero.

arruivado.- *(ar'uiv'adu)* adj. a lo pelirrojo.

arrulhar.- *(ar'ullar)* v. arrullar. / decir palabras dulces, en tono cariñoso.

arrulho.- *(ar'ullu)* s. arrullo.

arrumação.- *(ar'uinasãu)* s. arreglo.

arrumadeira.- *(ar'umadêra)* s. Bras. empleada que arregla y limpia la casa.

arrumador.- *(ar'umador)* s. arreglador.

arrumar.- *(ar'reglar)* v. arreglar, organizar. / Bras. conseguir, obtener (novio/a, empleo).

arsenal.- *(arsenau)* s. arsenal, depósito.

arsênico.- *(arsêniku)* s. arsénico.

arte.- *(arti)* s. arte / habilidad, ingenio. / Bras. travesura.

artefacto.- *(artefaktu)* sm. artefacto.

arteiro.- *(artêru)* adj. ardiloso. / Bras. astuto, travieso, sagaz, bellaco.

artelho.- *(arteiu)* s. Anat. dedo del pie.

artéria.- *(artéria)* s. arteria. / gran vía de comunicación.

arterial.- *(arteriau)* adj. arterial.

arteriosclerose.- *(arteriosklez'ósi)* s. Med. arteriosclerosis.

artesanal.- *(artez'anau)* adj. artesanal, manual.

artesanato.- *(artezanatu)* s. artesanía.

artesão.- *(artez'ãu)* s. artesano, artífice. / 2ª. s. panel decorativo, formado por moldura, aplicado en techos, bóvedas.

artesiano.- *(artez'ianu)* adj. artesiano. / Se dice del pozo en el que el agua chorrea sin necesidad de la utilización de cualquier aparato.

ártico.- *(ártiku)* adj. ártico.

articulação.- *(artikulasãu)* s. Anat. articulación. / pronunciación diferente de las palabras. / s. articulación, coyuntura, junta.

articulado.- *(artikuladu)* adj. articulado.

articular.- *(artikular)* v. articular. / pronunciar (palabra) con distinción y claridad. / exponer en artículos o párrafos separados.

articulista.- *(artikulista)* s. autor de artículos de prensa.

artífice.- *(artífisi)* s. artista, artífice, obrero.

artificial.- *(artifisiau)* adj. artificial, falso, fingido.

artifício.- *(artifísiu)* s. artificio, astucia, ingenio, recurso.

artigo.- *(artigu)* s. artículo.

artilharia.- *(artillaría)* s. artillería.

artilheiro.- *(artillêru)* s. artillero.

artimanha.- *(artimaña)* s. artimaña, treta.

artista.- *(artista)* s. actor, actriz, artista, artífice.

artístico.- *(artístiku)* adj. artístico.

artrite.- *(artriti)* s. Med. artritis.

artrítico.- *(artrítchiku)* adj. Med. el que sufre de artritis.

artrose.- *(artroz'i)* s. Med. artrosis.

arvoado.- *(arv'oradu)* adj. aturdido, atolondrado.

arvorar.- *(arv'orar)* v. arbolar, enarbolar. Asumir por autoridad propia un oficio, encargo.

árvore.- *(árv'ori)* s. árbol.

arvoredo.- *(arv'orêdu)* s. arbolado, mata.

ás.- *(ás)* s. as (carta de la baraja). / persona eximia en una actividad.

asa.- *(az'a)* s. ala, asa.

ascendência.- *(asendênsia)* s. ascendencia, linaje, progenie, predominio.

ascendente.- *(asendênsia)* adj. influyente.

ascendente.- *(asendentchi)* s. ascendiente.

ascender.- *(asender)* v. intr. e p. ascender, subir.

ascensão.- *(asensãu)* s. ascensión, ascenso.

ascensor.- *(asensor)* s. ascensor.

ascensorista.- *(asensorista)* s. Bras. ascensorista.

asco.- *(asku)* s. asco, repugnancia (física o moral).

asenhorear.- *(aseñorear)* v. adueñarse, apoderarse. / dominar como señor o dueño.

asfaltado.- *(asfautadu)* adj. asfaltado.

asfaltar.- *(asfautar)* v. asfaltar.

asfalto.- *(asfautu)* s. asfalto.

asfixia.- *(asfiksia)* s. asfixia, sofoco.

asfixiar.- *(asfiksiar)* v. asfixiar, sofocar.

asiático.- *(az'iátiku)* adj. asiático.

asilado.- *(az'iladu)* adj. asilado.

asilar.- *(az'ilar)* v. asilar.

asilo.- *(az'ilu)* s. asilo, hospicio, orfanato.

asma.- *(asma)* s. Med. asma.

asmático.- *(asmátiku)* adj. Med. asmático.

asneira.- *(asnêra)* s. burrada, gansada, majadería.

asno.- *(asnu)* s. asno, burro, jumento.

aspar.- *(aspar)* v. entrecomillar.

aspargo.- *(aspargu)* s. espárrago.
aspas.- *(aspas)* s. pl. comillas.
aspear.- *(aspiar)* v. entrecomillar.
aspecto.- *(aspektu)* s. apariencia, aspecto.
aspereza.- *(asperêz'a)* s. aspereza.
aspergir.- *(asperjhir)* v. asperjar.
áspero.- *(ásperu)* adj. áspero.
aspersão.- *(aspersãu)* s. aspersión.
aspeto.- *(aspetu)* s. aspecto.
aspiração.- *(aspirasãu)* s. aspiración, deseo ardiente.
aspirador.- *(aspirador)* adj. aspirador. / s. aspirador (aparato para aspirar)..
aspirante.- *(aspirantchi)* s. aspirante.
aspirar.- *(aspirar)* v. aspirar, absorber, anhelar, desear vivamente, pretender.
aspirina.- *(aspirina)* s. aspirina.
asqueroso.- *(asquerôz'u)* adj. asqueroso, inmundo, repelente.
assadeira.- *(asadêra)* s. asador.
assado.- *(asadu)* adj. asado, quemado, inflamado; irritado, enfadado.
assado.- *(asadu)* s. plato de carne asada.
assador.- *(asador)* s. asador.
assalariado.- *(asaladiadu)* adj. asalariado.
assalariar.- *(asalariar)* v. asalariar.
assaltante.- *(asautantchi)* s. asaltante, ladrón.
assaltar.- *(asautar)* v. asaltar, atracar, saltear.
assalto.- *(asautu)* s. asalto, ataque, embestida.
assanhar.- *(asañar)* vt. ensañar, provocar, irritar, enfurecer; encrespar (las olas del mar). / desgreñar. / v. refl. ensañarse, irritarse, excederse.
assar.- *(asar)* v. asar, tostar, hornear. / causar inflamación en alguien.
assassinar.- *(asasinar)* v. asesinar, matar. / Fig. tocar mal un trozo de música.
assassinato.- *(asasinatu)* s. asesinato, homicidio.
assassino.- *(asasinu)* s. asesino, homicida.
assaz.- *(asas)* adv. asaz, bastante, harto, suficientemente.
asseado.- *(asiadu)* adj. aseado, higiénico, limpio.
assear.- *(asiar)* v. asear, lavar, limpiar.
assediar.- *(asediar)* v. asediar, sitiar.
assédio.- *(asédiu)* s. asedio.
assegurado.- *(aseguradu)* adj. asegurado, seguro, cierto, garantizado.
assegurar.- *(asegurar)* v. asegurar, certificar, aseverar, garantizar.
asseio.- *(asêiu)* s. aseo, higiene, limpieza.
assembléia.- *(asembléia)* s. asamblea, congregación, congreso.
assemelhar-se.- *(asemellarsi)* v. asemejar, semejarse, parecerse.
assenso.- *(asensu)* sm. asentimiento.
assentado.- *(asentadu)* adj. sentado, instalado, adaptado, basado, combinado, ajustado.
assentador.- *(asentador)* s. asentador.
assentamento.- *(asentamentu)* s. asentamiento, nota por escrito, apunte.
assentar.- *(asentar)* v. asentar, hacer serntar, decidir deliberar, instalar, adaptar, establecer.
assente.- *(asentchi)* adj. asentado, firme.
assentimento.- *(asentimentu)* s. asentimiento.
assentir.- *(asentir)* v. asentir, consentir.
assento.- *(asentu)* s. asiento, banco, silla, base, estabilidad.
assepsia.- *(asepsía)* s. asepsia.
asséptico.- *(aséptchiku)* adj. aséptico.
asserção.- *(asersãu)* s. aserción, afirmación.
assessor.- *(asesor)* s. asesor, auxiliar, adjunto.
assessoramento.- *(asesoramentu)* asesoramiento.
assessorar.- *(asesorar)* v. asesorar.
assessoria.- *(asesoría)* s. asesoría.
asseveração.- *(asev'erasãu)* s. aseveración.
asseverar.- *(asev'erar)* v. aseverar, certificar, asegurar.
assexuado.- *(aseksuadu)* adj. asexuado.
assiduidade.- *(asiduidadji)* s. asiduidad.
assíduo.- *(asíduu)* adj. asiduo, constante, frecuente.
assim.- *(asín)* adv. así, de esta o de esa manera. Del mismo modo. / conj. por lo tanto.
assimetria.- *(asimetría)* s. asimetría.
assimétrico.- *(asimétriku)* adj. asimétrico.
assimilação.- *(asimilasãu)* s. asimilación.
assimilar.- *(asimilar)* v. asimilar. Comprender.
assimilável.- *(asimiláv'eu)* adj. asimilable.
assinalar.- *(asinalar)* v. demarcar, marcar, registrar, señalar.
assinante.- *(asinantchi)* s. subscriptor, firmante.
assinar.- *(asinar)* v. firmar, subscribir.
assinatura.- *(asinatura)* s. firma, signatura, subscripción.
assírio.- *(asíriu)* adj. asirio.
assistência.- *(asistênsia)* s. asistencia, amparo, auxilio.
assistencial.- *(asistensiau)* adj. asistencial.
assistente.- *(asistentchi)* adj. asistente, auxiliar, adjunto, ayudante.
assistir.- *(asistir)* v. asistir, ver. Hacer compañía (a enfermo, moribundo, parturienta).
assoalhar.- *(asoallar)* v. entarimar, solar. / 2ª. v. exponer al sol. / divulgar, exponer.
assoalho.- *(asoallu)* s. entarimado, suelo.
assoar.- *(asoar)* v. e p. sonar, limpiarse la nariz.
assoberbar.- *(asoberbar)* v. tratar con soberbia. / sobrecargar de trabajo.
assobiar.- *(asov'iar)* v. silbar, abuchear, chistar.
assobio.- *(asobiu)* s. rechifla, silbo.
associação.- *(asosiasãu)* s. asociación, club, corporación, gremio, sociedad.
associado.- *(asosiadu)* adj. asociado, socio.
associar.- *(asosiadu)* v. asociar, unir, juntarse.
assolar.- *(asolar)* v. asolar, arrasar, destruir.
assomar.- *(asomar)* v. asomar, subir a sitio elevado, aparecer en ponto alto o extremo.
assombração.- *(asombrasãu)* s. fantasma, aparición de cosas sobrenaturales.
assombrar.- *(asombrar)* v. asombrar, espantar, admirar. / oscurecer. / P. maravillarse.
assombro.- *(asombru)* s. admiración, asombro, sorpresa.
assomo.- *(asomu)* s. asomo, indicio, sospecha. / irritación, enfado.

assoprar.- *(asoprar)* v. resoplar, soplar.
assopro.- *(asopru)* s. soplido.
assumir.- *(asumir)* v. asumir.
assuntar.- *(asuntar)* v. Bras. prestar atención. / considerar, meditar.
assunto.- *(asuntu)* s. asunto, contenido, tema.
assustadiço.- *(asustiadjisu)* adj. que se asusta facilmente.
assustado.- *(asustadu)* adj. asustado.
assustar.- *(asustar)* v. e p. amedrentar, asustar, aterrorizar.
asteca.- *(asteka)* adj. e s. azteca.
astenia.- *(astenía)* s. astenia.
astênico.- *(astêniku)* adj. asténico.
asterisco.- *(asterisku)* s. asterisco.
asteróide.- *(asteróidji)* s. asteroide.
astigmatismo.- *(astigmatchismu)* s. Med. astigmatismo.
astracã.- *(astrakã)* s. astracán.
astral.- *(astrau)* adj. astral.
astro.- *(astru)* s. astro. / actor principal.
astrofísica.- *(astrofiz'ika)* s. astrofísica.
astrolábio.- *(astrolabiu)* s. astrolabio.
astrologia.- *(astrolojhía)* s. astrología.
astrólogo.- *(astrólogu)* s. astrólogo.
astronauta.- *(astronauta)* s. astronauta.
astronave.- *(astronav'i)* s. astronave.
astronomia.- *(astronomía)* s. astronomía.
astronômico.- *(astronômiku)* adj. astronómico, exorbitante.
astrônomo.- *(astrônomu)* s. astrónomo.
astúcia.- *(astúsia)* s. astucia, sagacidad, maña.
astuto.- *(astutu)* adj. astuto, mañoso.
ata.- *(ata)* sf. acta.
atabalhoar.- *(ataballoar)* v. atrabancar, hacer o decir (cualquier cosa) sin orden ni propósito.
atacadista.- *(atakadjista)* adj. se dice del comercio mayorista y del que lo explota.
atacado.- *(atakadu)* adj. atacado, que sufrió un ataque; en gran cantidad. / *Por atacado: al por mayor.
atacador.- *(atakador)* s. cordón.
atacante.- *(atakantchi)* adj. atacante.
atacar.- *(atakar)* v. acometer, atacar, combatir. / hostilizar, referirse a alguien con violencia, desprecio. / estropear, dañar (la madera, papeles).
atado.- *(atadu)* adj. atado.
atadura.- *(atadura)* s. atadura, ligadura, venda.
atafona.- *(ataôna)* s. tahona; molino, noria movida a mano o por tracción animal.
atalaia.- *(ataláia)* s. e s. atalaya.
atalhar.- *(atallar)* v. atajar.
atalho.- *(atallu)* s. atajo, vereda, senda, sendero.
atapetar.- *(atapetar)* v. alfombrar, tapizar.
ataque.- *(ataqui)* s. ataque.
atar.- *(atar)* v. anudar, atar, unir, ligar.
atarantar.- *(atarantar)* v. atarantar, aturdir, atolondrar.
atarefado.- *(atarefadu)* adj. atareado.
atarefar.- *(atarefar)* v. atarear.
atarracado.- *(atar'akadu)* adj. bajo y grueso, regordete, achaparrado.
atarraxar.- *(atar'aschar)* v. atornillar.
atascadeiro.- *(ataskadêru)* atascadero, atolladero.
atascar-se.- *(ataskarsi)* v. atascarse, meterse en atascadero. / degradarse en el vicio.
ataúde.- *(ataúdji)* s. ataúd, féretro.
ataviar.- *(atav'iar)* v. ataviar, adornar.
atávico.- *(atáv'iku)* adj. atávico.
atavismo.- *(atav'ismu)* s. atavismo.
atazanar.- *(ataz'anar)* v. atenazar.
até.- *(até)* adv. aun, también. / prep. hasta.
atear.- *(atear)* vt. atizar, avivar (fuego). / estimular; fomentar la discordia, el amor, etc. / aumentar, crecer. / v. refl. volverse más intenso.
ateísmo.- *(ateísmu)* s. ateísmo.
ateliê.- *(ateliê)* sm. estudio de pintor, fotógrafo, modista, etc; conjunto de artistas que trabajan bajo la dirección de un maestro.
atemorizar.- *(atemoriz'ar)* v. amedrentar, atemorizar, intimidar.
atenazar.- *(atenaz'ar)* v. atenazar, torturar, mortificar, molestar, importunar.
atenção.- *(atensãu)* s. atención, interés, observación.
atencioso.- *(atensioz'u)* adj. amable, atento, cortés, cuidadoso.
atender.- *(atender)* v. cuidar, atender, escuchar, observar.
ateneu.- *(ateneu)* sm. establecimiento de enseñanza secundaria, academia.
atentado.- *(atentadu)* adj. atentado. / ofensa a las leyes y a la moral.
atentar.- *(atentar)* v. atentar.
atento.- *(atentu)* adj. aplicado, atento.
atenuante.- *(atenuantchi)* s. atenuación. / Jur. atenuante.
atenuar.- *(atenuar)* v. atenuar, paliar.
aterrar.- *(ater'ar)* v. cubrir con tierra, terraplenar. / 2ª. v. e p. aterrar, aterrorizar.
aterrizagem.- *(ater'isajhen)* s. Bras. aterrizaje.
aterrizar.- *(ater'iz'ar)* v. Bras. aterrizar.
aterro.- *(ater'u)* s. Bras. terraplén.
aterrorizar.- *(ater'oriz'ar)* v. aterrar, aterrorizar.
ater-se.- *(atersi)* v. atenerse.
atestado.- *(atestadu)* s. atestado, certificado.
atestar.- *(atestar)* v. e p. llenar, abarrotarse. / 2ª. v. atestar, certificar, testificar.
ateu.- *(ateu)* adj. ateo.
atiçador.- *(atchisador)* s. atizador, hurgón, instigador.
atiçar.- *(atchisar)* v. atizar, avivar, excitar.
atilado.- *(atciladu)* adj. atildado, elegante. / escrupuloso. / sagaz, perspicaz, listo.
atinar.- *(atchinar)* v. atinar, percibir.
atingir.- *(atchinjhir)* v. alcanzar, tocar. / llegar a lo que se desea.
atípico.- *(atchípiku)* adj. atípico.
atiradeira.- *(atchiradêra)* s. tirachinas.
atirar.- *(atchirar)* v. disparar, tirar, lanzar.
atitude.- *(atchitudji)* s. actitud, postura.
ativar.- *(atchiv'ar)* v. activar.
atividade.- *(atchiv'idadji)* s. actividad, dinamismo, trabajo.
ativo.- *(atchiv'u)* adj. activo, incansable, diligente, trabajador.

atlântico.- *(atlântchiku)* adj. atlántico.
atlas.- *(atlas)* s. atlas.
atleta.- *(atleta)* s. atleta.
atlético.- *(atlétchiku)* adj. atlético.
atmosfera.- *(atchimosfera)* s. aire, ambiente, atmósfera, cielo.
atmosférico.- *(atchimosfériku)* adj. atmosférico.
ato.- *(atu)* s. acción, acto, obra.
á-toa.- *(a tôa)* adj. impensado, irreflexivo. / inútil. / fácil. / despreciable, abyecto, vil. / insignificante, sin importancia. / dícese de persona que se prostituye.
atolar.- *(atolar)* v. atascar, atollar.
atoleiro.- *(atolêru)* s. atolladero, pantano, cenagal, lodazal.
atômico.- *(atômiku)* adj. atómico.
átomo.- *(átomu)* s. átomo.
atonia.- *(atonía)* s. atonía.
ator.- *(ator)* s. actor.
atordoamento.- *(atordoamentu)* s. atontamiento.
atordoar.- *(atordoar)* v. atolondrar, atontar, atronar, aturdir.
atormentar.- *(atormentar)* v. atormentar, martirizar, torturar.
atração.- *(atrasãu)* s. atracción, gravitación.
atracar.- *(atrakar)* v. atracar una embarcación.
atraente.- *(atraentchi)* adj. atractivo, atrayente, interesante.
atraiçoar.- *(atraisoar)* v. traicionar, engañar.
atrair.- *(atrair)* v. atraer, interesar, seducir, traer para sí.
atrapalhar.- *(atrapallar)* v. e p. atarantar, confundir, embarullar, perturbarse.
atrás.- *(atrás)* adv. atrás, después, detrás.
atrasado.- *(atraz'adu)* adj. atrasado, retardado.
atrasar.- *(atraz'ar)* v. atrasar, retardar, retrasar, tardar.
atraso.- *(atraz'u)* s. atraso, demora, retardo, tardanza.
atrativo.- *(atratchiv'u)* adj. atractivo. / s. adj. atractivo, encanto, gracia.
atravancar.- *(atrav'ankar)* v. atrancar, estorbar.
através.- *(atrav'és)* adv. a través de. / por entre. / en el transcurso de.
atravessado.- *(atrav'esadu)* adj. atravesado.
atravessador.- *(atrav'esador)* s. estraperlista.
atravessar.- *(atrav'esar)* v. atravesar, cruzar (la calle), terciar, pisar
atrelar.- *(atrelar)* vt. enganchar, llevar de la correa. / dominar. / unir por vínculos fuertes.
atrever-se.- *(atrev'ersi)* vp. atreverse, osar.
atrevido.- *(atrev'idu)* adj. atrevido, audaz, insolente, osado.
atrevimento.- *(atrev'imentu)* s. atrevimiento, audacia, descaro, impertinencia.
atribuição.- *(atribuisãu)* s. atribución, privilegio, prerrogativa.
atribuir.- *(atribuir)* v. atribuir. / P. atribuirse.
atribular.- *(atribular)* v. atribular.
atributo.- *(atributu)* s. atributo.
atril.- *(atriu)* s. atril.
atriz.- *(atris)* s. actriz. Fem. de actor.
atrocidade.- *(atrosidadji)* s. atrocidad, barbaridad.
atrofia.- *(atrofia)* s. Med. atrofia.
atrofiar.- *(atrofiar)* v. atrofiar.
atropelar.- *(atropelar)* v. atropellar.
atropelo.- *(atropêlu)* s. atropello, confusión.
atroz.- *(atrós)* adj. atroz, inhumano.
atuação.- *(atuasãu)* s. actuación.
atual.- *(atuau)* adj. actual, que ocurre en el momento en que se habla.
atualidade.- *(atualidadji)* s. actualidad, presente.
atualizar.- *(atualiz'ar)* v. e p. actualizar, modernizar.
atualmente.- *(atualmentchi)* adv. actualmente.
atuar.- *(atuar)* v. actuar, influir.
atulhar.- *(atullar)* v. llenar de escombros.
atum.- *(atún)* s. atún.
aturar.- *(aturar)* v. soportar, tolerar.
aturdido.- *(aturdjidu)* adj. aturdido, atónito.
aturdir.- *(aturdjir)* v. atolondrar, aturdir.
audácia.- *(audásia)* s. atrevimiento, audacia, insolencia, osadía, valor.
audacioso.- *(audasioz'u)* adj. audaz, arrojado, atrevido.
audaz.- *(audás)* adj. audaz, intrépido.
audição.- *(audisãu)* s. audición.
audiência.- *(audiênsia)* s. audiencia.
auditor.- *(audjitor)* s. auditor.
auditoria.- *(audjitoría)* s. auditoría.
auditório.- *(audjitóriu)* s. audiencia. / salón para conferencias, conciertos, etc.
audível.- *(audjív'eu)* adj. audible, oíble.
auge.- *(aujhi)* s. apogeo, auge, clímax, ápice.
augurar.- *(augurar)* v. augurar, predecir.
augúrio.- *(augúriu)* s. augurio.
augusto.- *(augustu)* adj. augusto, majestoso.
aula.- *(aula)* s. clase. / materia o tema enseñado por el / la profesor/a.
aumentar.- *(aumentar)* v. acrecentar, ampliar, aumentar, crecer, elevar, extender.
aumentativo.- *(aumentatchiv'u)* adj. aumentativo.
aumento.- *(aumentu)* s. ampliación, amplificación, aumento, crecimiento, extensión.
aura.- *(aura)* s. aura.
áureo.- *(áuriu)* adj. áureo, dorado, brillante.
auréola.- *(auréola)* s. aureola, corona, halo.
aurícula.- *(aurikula)* s. Anat. aurícula.
auricular.- *(aurikular)* adj. auricular,
auriverde.- *(auriv'erdji)* adj. verde y amarillo.
aurora.- *(aurora)* s. alba, aurora, madrugada. / origen, principio.
auscultação.- *(auskultasãu)* s. auscultación.
auscultar.- *(auskultar)* v. auscultar.
ausência.- *(auz'ênsia)* s. ausencia, falta.
ausentar-se.- *(auz'entarsi)* v. ausentarse, irse, retirarse.
ausente.- *(auz'entchi)* adj. e s. ausente.
auspício.- *(auspísiu)* s. auspicio.
austeridade.- *(austeridadji)* s. austeridad, integridad, sobriedad.
austero.- *(austéru)* adj. austero, duro de carácter, áspero.
austral.- *(austráu)* adj. austral, meridional.
australiano.- *(australianu)* adj. australiano.

austríaco.- *(austriaku)* adj. austríaco.
autarquia.- *(autarquía)* s. autarquía.
autenticar.- *(autentchikar)* vt. autenticar, compulsar, legalizar un documento.
autenticidade.- *(autentchisidadji)* s. autenticidad.
autêntico.- *(autêntchiku)* s. auténtico, legítimo.
auto.- *(autu)* sm. acto público, solemnidad; registro escrito legalizado o compulsado de cualquier acto. / 2ª. s. auto. (Forma reducida de automóvel.)
auto-adesivo.- *(autoadez'iv'u)* adj. autoadhesivo.
autobiografia.- *(autobiografía)* s. autobiografía.
autocracia.- *(autokrasía)* s. autocracia.
autócrata.- *(autókrata)* adj. autócrata.
autocrítica.- *(autokrítika)* s. autocrítica.
autóctone.- *(autóktonau)* adj. autóctono. / s. nativo.
autodefesa.- *(autodefez'a)* s. autodefensa.
autodeterminação.- *(autodeterminasãu)* s. autodeterminación.
autodidata.- *(autodjidata)* adj. s. autodidacta.
auto-escola.- *(auto eskola)* s. autoescuela.
autógeno.- *(autójhenu)* adj. autógeno.
autografar.- *(autografar)* v. autografar.
autógrafo.- *(autógrafu)* s. autógrafo.
automação.- *(automasãu)* s. automoción.
automático.- *(automátiku)* adj. automático.
automatizar.- *(automatchiz'ar)* v. automatizar, mecanizar.
autômato.- *(autômatu)* sm. autómata. / Fig. persona que actúa como una máquina sin raciocinio, ni voluntad propia.
automobilismo.- *(automobilismu)* s. automovilismo.
automobilista.- *(automobilista)* adj. automovilista.
automóvel.- *(automóv'eu)* s. auto, automóvil, coche.
autonomia.- *(autonomía)* s. autonomía, independencia.
autónomo.- *(autônomu)* adj. autónomo, independiente.
autopista.- *(autopista)* s. autopista.
autopsia.- *(autopsía)* s. autopsia.
autópsia.- *(autópsia)* s. autopsia.
autor.- *(autor)* s. autor, compositor, escritor. / el que intenta demanda judicial.
autoral.- *(autorau)* adj. de, o propio de autor.
auto-retrato.- *(auto retratu)* s. autorretrato.
autoria.- *(autoría)* s. autoría.
autoridade.- *(autoridadji)* s. autoridad, gobierno, disciplina.
autoritário.- *(autoritáriu)* adj. autoritario.
autorização.- *(autoriz'asãu)* s. autorización, licencia.
autorizar.- *(autoriz'ar)* v. aprobar, autenticar, autorizar, refrendar, validar.
autos.- *(autus)* s. pl. conjunto ordenado de las piezas de un proceso judicial.
auto-serviço.- *(auto serv'ísiu)* s. autoservicio.
auxiliar.- *(ausiliar)* adj. e s. auxiliar, ayudante. / v. auxiliar, ayudar, coadyuvar, facilitar.
auxilio.- *(ausíliu)* s. asistencia, auxilio, ayuda.
avacalhar.- *(av'akallar)* v. Bras. Pop. desmoralizar(se), degradar (se), ridiculizar.
aval.- *(av'áu)* s. aval, garantía.
avalancha.- *(av'alanscha)* s. alud, avalancha.
avalanche.- *(av'alanschi)* s. avalancha.
avaliar.- *(av'aliar)* vt. evaluar, valuar, valorar, sopesar, justipreciar.
avalista.- *(av'alista)* adj. avalista.
avançado.- *(av'ansadu)* adj. avanzado.
avançar.-*(av'ansar)* v. avanzar, embestir, evolucionar, progresar.
avanço.- *(av'ansu)* s. asalto, avance.
avantajar.- *(av'antajhar)* v. aventajar, sobrepasar.
avante.- *(av'antchi)* adv. adelante, para adelante.
avarandado.- *(av'arandadu)* adj. Bras. casa o piso que tiene porche o terraza.
avarento.- *(av'arentu)* adj. avaricioso, avaro, tacaño.
avareza.- *(av'arez'a)* s. avaricia, cicatería.
avaria.- *(av'aria)* s. avería.
avariar.- *(av'ariar)* v. averiar, damnificar, dañar.
avaro.- *(av'aru)* adj. y s. avaro.
avassalar.- *(av'asalar)* v. avasallar.
ave.- *(av'i)* s. ave.
aveia.- *(av'êia)* s. avena.
avelã.- *(av'elã)* s. avellana.
avelórios.- *(av'elórius)* s. pl. abalorios.
aveludado.- *(av'eludadu)* adj. aterciopelado, suave.
avença.- *(av'ensa)* s. avenencia.
avenida.- *(av'enida)* s. alameda, avenida.
avental.- *(av'entáu)* s. delantal, guardapolvo.
aventar.- *(av'entar)* v. aventar.
aventura.- *(av'entura)* s. aventura.
aventurar.- *(av'enturar)* v. aventurar, arriesgar.
aventureiro.- *(av'v'enturêru)* adj. aventurero.
averiguação.- *(av'eriguasãu)* s. averiguación, indagación, investigación.
averiguar.- *(av'eriguar)* v. averiguar, buscar, investigar.
avermelhar.- *(av'ermellar)* v. enrojecer.
aversão.- *(av'ersãu)* s. antipatía, aversión, ojeriza, repugnancia.
avesso.- *(av'esu)* adj. avieso / s. envés, revés.
avestruz.- *(av'estrus)* s. avestruz.
aviação.- *(av'iasãu)* s. aviación.
aviador.- *(av'iador)* s. aviador.
aviamento.- *(av'iamentu)* s. avío.
avião.- *(av'iãu)* s. aeroplano, avión.
aviar.- *(av'iar)* v. aviar.
aviário.- *(av'iáriu)* s. vivero de aves. / tienda donde se venden aves.
avícola.- *(av'íkula)* s. avícola.
avicultura.- *(av'ikultura)* s. avicultura.
avidez.- *(av'idês)* s. avaricia, avidez, codicia.
ávido.- *(áv'idu)* adj. ávido, codicioso, insaciable, voraz.
aviltar.- *(av'iltrar)* v. degradar, envilecer, profanar, vilipendiar.
avinagrar.- *(av'inagrar)* v. avinagrar.
avios.- *(av'ius)* sm. pl. Bras. avíos, pertrechos necesarios para determinados fines (caza, fuego, mate...).

avisado.- *(av'iz'adu)* adj. avisado.
avisar.- *(av'iz'ar)* v. avisar, citar, informar, notificar, participar.
aviso.- *(av'izu)* s. anuncio, aviso, comunicación, comunicado.
avistar.- *(av'istar)* v. avistar, distinguir, ver. / P. avistarse.
avivar.- *(av'iv'ar)* v. e p. atizar, avivar, estimular, animar.
avizinhar.- *(av'iz'iñar)* v. avecinar. / P. avecinarse.
avó.- *(av'ó)* s. abuela.
avô.- *(av'ô)* s. abuelo.
avo.- *(av'u)* sm. Mat. sufijo con que se forman los numerales partitivos.
avoado.- *(av'uadu)* adj. Bras. que anda con la cabeza en el aire, tonto.
avocar.- *(av'okar)* v. avocar, llamar a sí, atribuirse.
avolumar.- *(av'olumar)* v. hinchar.
avulso.- *(av'ulsu)* adj. aislado, separado, a granel.
avultado.- *(av'ultadu)* adj. voluminoso.
avultar.- *(av'ultar')* v. abultar.
axadrezado.- *(aschadrez'adu)* adj. ajedrezado.
axial.- *(aksiau)* adj. axial.
axila.- *(aksila)* s. axila, sobaco.
axioma.- *(aksioma)* s. axioma.
azagaia.- *(az'agaia)* s. jabalina.
azálea.- *(az'aléa)* s. azalea.
azaléia.- *(az'aléia)* s. azalea.
azar.-*(az'ar)* s. azar, casualidad. / mala suerte, infortunio, gafe.
azedar.- *(az'edar)* v. agriar, avinagrar, fermentar.
azedeira.- *(az'edêra)* s. acedera.
azedo.- *(az'edu)* adj. acre, ácido. / persona de mal humor. / mordaz, satírico.
azeitado.- *(az'eitadu)* adj. aceitoso. / Fig. malhumorado, irritado.
azeite.- *(az'eitchi)* s. aceite, óleo.
azeiteira.- *(az'eitêira)* s. aceitera.
azeitona.- *(az'eitona)* s. aceituna, oliva.
azeitonado.- *(az'eitonadu)* adj. aceitunado.
azêmola.- *(az'êmola)* s. acémila.
azenha.- *(az'eña)* s. tahona; molino de rueda movido por agua.
azeviche.- *(az'ev'ischi)* s. azabache.
azevinho.- *(az'ev'iñu)* s. acebo.
azia.- *(az'ía)* s. Med. dispepsia.
aziago.- *(az'iagu)* adj. aciago, funesto.
azinheira.- *(az'iñêra)* s. encina.
azinheiro.- *(az'iñêru)* s. encina.
azougue.- *(az'ôgui)* s. azogue. / Pop. mercurio. / fig. persona muy viva y lista.
azul.- *(az'uu)* adj. azul.
azulado.- *(az'uladu)* adj. azulado.
azulejo.- *(az'ulejhu)* s. azulejo.
azul-marinho.- *(az'uu mariñu)* adj. azul marino.
azul-piscina.- *(azuu pisina)* adj. azul verdoso, parecido al agua de la piscina.

B

b.- *(bê)* s. segunda letra del abecedario portugués. / Inform. símbolo de espacio en blanco.
bá.- *(bá)* sf. Bras. niñera que cuida de los niños sin amamantarles.
baba.- *(bába)* s. baba, saliva.
babá.- *(babá)* s. niñera.
babaçu.- *(babasú)* s. palmera cuyo fruto ofrece semillas oleaginosas e comestibles, de las cuales se extrae un aceite útil.
babado.- *(babádu)* adj. babado, mojado o sucio con baba. / Fig. fam. enamorado, apasionado. / Arg. s. cotilleo, intriga.
babadoiro.- *(babadoiru)* s. babadouro.
babador.- *(babador)* s. Bras. babadouro.
babadouro.- *(babadouru)* s. babero.
babão.- *(babãu)* adj. baboso, bobo; pasmado, atontado. / Fig. enamorado.
babaquara.- *(babakuara)* adj. tonto. / Bras. persona influyente, prestigiosa, poderosa.
babar.- *(babar)* v. e p. babear. / gustar mucho de.
babel.- *(babéu)* s. babel, grande confusión, algazara.
babosa.- *(baboz'a)* s. Bras. Pop. áloe.
baboseira.- *(baboz'êra)* s. disparate, tontería, majadería.
baboso; *(baboz'u)* adj. baboso. / enamorado, colgado.
bacalbau.- *(bakallau)* s. bacalao. / Bras. látigo con que se pegaba los esclavos.
bacalhoada.- *(bakalloada)* s. plato hecho con bacalao.
bacana.- *(bakana)* adj. Bras. Arg. palabra que exprime muchas ideas apreciativas, que equivalen a bueno, excelente, bello, etc., todo en superlativo, aplicable a personas y cosas.
bacanal.- *(bakanáu)* s. bacanal, orgía.
bacharel.- *(bascharéu)* s. bachiller.
bacharela.- *(bascharéu)* sf. mujer que obtuvo el bachillerato. Fig. mujer habladora, sabionda.
bacharelando.- *(bascharelandu)* s. el que está por terminar el primero grado de la licenciatura de Derecho.
bacia.- *(basía)* s. bacía, palangana. / Anat. pelvis.
bacilo.- *(basílu)* s. bacilo.
backup.- *(bakap)* s. Inform. copia de seguridad.
baço.- *(basu)* adj. bazo, empañado, sin brillo.
baço.- *(basu)* s. Anat. bazo.
bactéria.- *(baktéria)* s. bacteria.
bactericida.- *(bakterisida)* s. bactericida.
bacteriologia.- *(bakteriolojhía)* s. bacteriología.
bacteriologista.- *(bakteriolojhista)* s. bacteriólogo.
báculo.- *(bákulu)* s. báculo.
badalada.- *(badalada)* s. campanada.
badalar.- *(badalar)* v. badajear. Revelar una noticia indiscretamente, divulgar. / Pop. comparecer a fiestas, sobretodo para ser visto. / P. Pop. promover.
badalo.- *(badalu)* s. badajo.
baderna.- *(baderna)* s. riña, contienda, estorbo.
bafafá.- *(bafafá)* s. Bras. Fam. riña, desorden.
bafejar.- *(bafejhar)* v. soplar suavemente.
bafo.- *(bafu)* s. aire extraído de los pulmones, aliento, hálito, *bafo de onça, *bafo de tigre: aliento fétido.; / Bras. Arg. embuste, mentira. *Bafo de boca. / **conversa fiada**. / Fig. protección, favor, abrigo.
baforada.- *(baforada)* s. bocanada, vaharada.
baga.- *(baga)* s. Bot. fruto carnoso con número variable de semillas. Papaya, tomate, etc. / gota de sudor.
bagaço.- *(bagásu)* s. bagazo. / aguardiente. / cosa demasiado usada.
bagageiro.- *(bagajhêru)* s. portaequipajes. / baca.
bagagem.- *(bagajhen)* s. bagaje, equipaje.
bagatela.- *(bagatela)* s. bagatela, baratija, menudencia, nadería.
bagulho.- *(bagullu)* s. persona muy fea. / Bras. objeto sin valor.
bagunça.- *(bagunsa)* s. Bras. Arg. desorden, follón.
bagunçar.- *(bagunsar)* v. Bras. Arg. promover confusión, follón.
baía.- *(baía)* s. bahía, golfo pequeño.
baiano.- *(baianu)* adj. natural del estado de Bahía.
baião.- *(baiãu)* s. Bras. canto y baile populares acompañados por la viola y otros instrumentos.
bailado.- *(bailadu)* s. ballet.
bailar.- *(bailar)* v. bailar, danzar.
bailarino.-.*(bailarinu)* s. bailarín, danzarín.
baile; *(baili)* s. baile.
bainha.- *(baíña)* s. dobladillo. / vaina.
baioneta.- *(baionêta)* s. bayoneta.
bairrismo.- *(bair'ismu)* s. localismo.
bairro.- *(bairru)* s. barrio.
baita.- *(baita)* adj. Bras. muy grande.
baixa.- *(baischa)* s. baja.
baixada.- *(baischada)* s. pendiente, cuesta, valle.
baixa-mar.- *(baischa mar)* s. bajamar.
baixar.- *(baischar)* v. abatir, bajar, decrecer.
baixaria.- *(baischaría)* s. Bras. Arg. acto vil, bajo. / situación que proviene de él.
baixela.- *(baischela)* s. vajillas y cubiertos para uso en la mesa.
baixeza.- *(baischêz'a)* s. bajeza, bellaquería.
baixo.- *(baischu)* adj. bajo, pequeño, inferior, inclinado hacia abajo.
baixo-relevo.- *(baischu relev'u)* s. bajorrelieve.
bajulação.- *(bajhulasãu)* s. adulación, zalamería.
bajulador.- *(bajhulador)* adj. halagador, zalamero.
bajular.- *(bajhular)* v. adular, lisonjear, engatusar.
bala.- *(bala)* s. bala, proyectil, caramelo.
balaço.- *(balasu)* s. grande bala. / tiro de bala.
balada.- *(balada)* s. balada.
balaio.- *(balaiu)* s. cesto redondo.

balança.- *(balansa)* s. balanza, báscula.
balançar.- *(balansa)* v. balancear, columpiar, mecer, oscilar.
balancê.- *(balansê)* s. pase de baile de una danza popular que consiste en movimientos balanceados del cuerpo sin salir del lugar.
balancear.- *(balansear)* v. balancearse, mecerse.
balanço.- *(balansu)* s. balance, columpio.
balangandã.- *(balangandã)* s. Bras. ornamento o amuleto, normalmente de metal, usado en los trajes típicos de las baianas.
balão.- *(balãu)* s. globo aerostático, globo. / artefacto de papel que se lanza al aire, por ocasión de las fiestas populares de Junio, y que sube por fuerza del aire caliente producido en su interior. / mentira, rumor, noticia falsa.
balaustrada.- *(balaustrada)* s. serie de balaústres.
balaústre.- *(balaústri)* s. balaústre.
balbuciar.- *(baubusiar)* v. balbucear.
balbúrdia.- *(baubúrdjia)* s. confusión, alboroto, vocerío.
baldaquim.- *(baudaquín)* s. baldaquín, baldaquino.
baldaquino.- *(baudaquinu)* s. baldaquín, baldaquino. / dosel, palio.
baldar.- *(baudar)* v. baldar, invalidar, frustrar. / P. ser inútil.
balde.- *(baldji)* s. balde, cubo.
baldeação.- *(baldjiasãu)* s. acto de baldear. Transferirse de un vehículo a otro.
baldear.- *(baldjiar)* v. baldear, echar agua con cubo. Pasar líquidos de un cubo a otro. / pasar (mercancía, maletas o pasajeros) de uno para otro vehículo.
baldio.- *(baudjiu)* adj. baldío, yermo. / sin provecho, inútil. / s. terreno inculto o inútil.
balear.- *(balear)* v. balear.
baleeira.- *(balêêra)* s. Bras. embarcación usada para la pesca de la ballena.
baleeiro.- *(balêêru)* s. ballenero.
baleia.- *(balêia)* s. ballena.
baleiro.- *(balêru)* s. Bras. vendedor de caramelos.
balido.- *(balidu)* s. balido.
balir.- *(balir)* v. balar.
balística.- *(balístchika)* s. balística.
balizar.- *(baliz'ar)* v. balizar, limitar, jalonar. / determinar la grandeza de.
ballé.- *(balé)* s. ballet.
balneário.- *(balneáriu)* s. balneario.
balofo.- *(balôfu)* adj. muy gordo, fofo, sin consistencia.
balouçar.- *(balôsar)* v. balancear.
balsa.- *(bausa)* s. balsa.
balsâmico.- *(balsâmicu)* adj. balsámico, perfumado, aromático.
bálsamo.- *(bálsamu)* s. bálsamo, ungüento.
baluarte.- *(baluartchi)* s. baluarte.
balzaquiana.- *(balz'aquiana)* adj. Bras. se dice de mujer de unos 30 años.
bamba.- *(bamba)* adj. Arg. valiente. / persona que domina un asunto.
bambear.- *(bambear)* v. aflojarse.
bambo.- *(bámbu)* adj. flojo.
bambolear.- *(bambolear)* v. bambolear, bambolearse.
bamboleio.- *(bambolêiu)* s. bamboleo.
bambu.- *(bambú)* s. bambú.
banal.- *(banáu)* adj. banal, trivial.
banalidade.- *(banalidadji)* s. banalidad, trivialidad.
banalizar.- *(banaliz'ar)* v. hacer (se) banal, trivial, vulgar, vulgarizar.
banana.- *(banâna)* s. banana. / Bras. cartucho de la dinamita. / s. persona sin energía.
bananada.- *(bananada)* s. dulce hecho con la pulpa del plátano.
bananal.- *(bananáu)* s. grupo de bananeras.
bananeira.- *(bananêra)* s. banano.
banca.- *(banca)* s. mesa de calidad inferior, mesa de trabajo. / tabanco. / despacho de abogados. / fondo común en ciertos juegos de azar.
bancada.- *(bancada)* s. banco largo. Conjunto de bancos dispuestos en orden. / Bras. representación de un estado en la Cámara de los Diputados o en el Senado Federal.
bancar.- *(bancar)* s. ser el responsable por una banca (de apuestas) v. fingirse de, hacerse el.
bancário.- *(bancáriu)* s. bancario.
bancarrota.- *(bancar'ôta)* s. bancarrota.
banco.- *(bancu)* s. banco.
banda.- *(banda)* s. grupo, facción. / bando, pandilla. / banda de música.
banda.- *(banda)* s. parte lateral, lado. / tira de tejido que sirve de remate o de adorno. / cinta de oficiales del ejército. / faja o listón ancho.
bandada.- *(bandada)* s. bando de aves.
bandalha.- *(bandalla)* s. Bras. Pop. maniobra irregular en el tránsito. / acto de cobrar precio arriba de lo establecido en carrera de taxi.
bandalheira.- *(bandallêra)* s. pillería, tunantada, granujada, indignidad, bajeza.
bandalho.- *(bandallu)* s. individuo sin dignidad, mequetrefe, petimetre, tuno, tunante, pillo, sinvergüenza, desaprensivo.
bandarilha.- *(bandarilla)* s. banderilla.
bandarilheiro.- *(banderillêru)* s. banderillero.
bandas.- *(bandas)* s. pl. dirección, rumbo, lado(s).
bandeira a meio pau.- *(bandêra a meiu pau)* s. bandera a madia asta (en funeral).
bandeira.- *(bandêra)* s. bandera, estandarte, pendón; veleta metálica instalada en lo alto de torres, tejados, etc. / Bras. expedición armada que desbravaba las matas para aprisionar indios o descubrir minas (fines del siglo XVI - principios del siglo XVIII).
bandeirante.- *(bandêrantchi)* s. Bras. hombre que formaba parte la expedición desarrollada entre los siglos XVI - XVIII. / Fig. pionero, precursor. / 2ª. s. Bras. hombre que formaba parte de una bandera expedición del siglo XVI-XVII.
bandeirola.- *(bandêróla)* s. banderín, jalón.
bandeja.- *(bandêjha)* s. bandeja.
bandido.- *(bandjidu)* s. bandido, bandolero, malhechor, ladrón.
bando.- *(bandu)* s. bando, banda facción, pandilla.

bandoleiro.- *(bandolêru)* s. bandolero, bandido, malhechor, ladrón.
bandolim.- *(bandulín)* s. Mús. bandolina.
bandulho.- *(bandullu)* s. Pop. barriga.
bandurra.- *(bandur'a)* s. bandurria.
bangalô.- *(bangalô)* s. bangaló.
bangue-bangue.- *(bangue bangue)* s. película de vaqueros; película con escenas de tiroteo.
banguela.- *(banguela)* adj. Bras. dícese de persona cuya dentadura de delante está incompleta, desdentado, mellado.
banha.- *(baña)* s. grasa animal, sobretodo del cerdo.
banhar.- *(bañar)* v. bañar. / pasar agua u otro líquido en. / correr por; pasar en; o junto de; regar.
banheira.- *(bañêra)* s. bañera.
banheiro.- *(bañêro)* s. baño.
banhista.- *(bañista)* s. bañista, socorrista.
banho.- *(bañu)* s. baño.
banho-maria.- *(bañu maría)* s. baño maria.
banido.- *(banidu)* s. exilado, proscrito.
banir.- *(banir)* v. deportar, encartar, expulsar, proscribir, desterrar.
banjo.- *(banjhu)* s. banjo.
banqueiro.- *(banquêru)* s. banquero.
banqueta.- *(banquêta)* s. banqueta.
banquete.- *(banquetchi)* s. banquete, ágape.
banquetear.- *(banquetchiar)* v. dar banquete.
banzé.- *(banz'é)* s. persona que hace evoluciones acrobáticas, manejando un bastón, delante de ciertos desfiles. / señal indicativo de ciertas normas de tránsito.
banzo.- *(banz'u)* s. nostalgia mortal de los negros que eran esclavizados y exiliados de sus tierras.
baobá.- *(baobá)* s. baobab.
baque.- *(báqui)* s. baque, batacazo; ruido de un cuerpo al caer o al golpear otro; accidente súbito, contratiempo; / fig. fracaso, estrago; palpitación violenta, desconfianza.
baqueta.- *(baquêta)* s. baqueta.
bar.- *(bar)* s. bar.
barafunda.- *(barafunda)* s. barahúnda.
baralhar.- *(barallar)* v. barajar. / mezclar, confundir.
baralho.- *(barallu)* s. baraja.
barão.- *(barãu)* s. barón.
barata.- *(barata)* s. cucaracha.
barata-cascuda.- *(barata kaskuda)* s. cucaracha de alas grandes que se alimenta de frutas y cereales.
baratear- *(batatchiar)* v. baratear. / P. darse a si mismo poco valor.
baratear.- v. abaratar.
barateiro.- *(baratêru)* s. que vende barato.
baratinha.- *(baratchiña)* s. barata de menor tamaño.
barato.- *(baratu)* adj. barato, común, vulgar. / adv. a precio módico.
barba.- *(barba)* s. barba (del hombre, del hocico o del pico de ciertos animales.
barbada.- *(barbada)* s. caballo que, al ser superior, sin duda, a sus competidores, no puede perder. / cualquier competición en que la victoria parece fácil.
barbado.- *(barbadu)* adj. barbado. Individuo adulto.
barbante.- *(barbantchi)* s. bramante, cordel.
barbaridade.- *(barbaridadji)* s. barbaridad. / interj. ¡barbaridad!
barbárie.- *(barbárie)* s. barbarie.
bárbaro.- *(bárbaru)* adj. bárbaro, vándalo.
barbas.- *(barbas)* s. pl. barba.
barbatana.- *(barbatana)* s. aleta, órgano membranoso del pez que le sirve para nadar. / bastón fino y flexible usado en el montaje de ciertas ropas.
barbeado.- *(barbeadu)* adj. afeitado.
barbear.- *(barbiar)* v. afeitar, rapar. / P. afeitarse.
barbearia.- *(barbearía)* s. barbería, peluquería masculina.
barbeiragem.- *(barbeirájhen)* s. Bras. Pop. falta cometida por un mal conductor.
barbeiro.- *(barbêru)* s. barbero, peluquero. Insecto con aparato bucal chupador, del cual se conocen, en Brasil, más de 30 especies, transmisores de la enfermedad de Chagas. / Bras. Pop. mal conductor de vehículos, especialmente coches.
barbicha.- *(barbischa)* s. barbilla, barba corta y de poco pelo.
barbitúrico.- *(barbitúricu)* s. barbitúrico.
barbudo.- *(barbudu)* adj. aquel que tiene mucha barba.
barca.- *(barka)* s. barca.
barcaça.- *(barkasa)* s. barcaza.
barco.- *(barku)* s. barco. / cualquier embarcación.
bário.- *(báriu)* s. Quím. bario.
barítono.- *(barítonu)* s. barítono.
barlavento.- *(barlav'entu)* s. barlovento.
barnabé.- *(barnabé)* adj. Bras. Pop. funcionario público, en general de categoría modesta.
barômetro.- *(barômetru)* s. Fís. barómetro.
baronesa.- *(baronez'a)* s. mujer con la distinción de barón, o casada con un barón.
barqueiro.- *(barquêru)* s. barquero.
barqueta.- *(barquêta)* s. barquillo.
barquinha.- *(barquiña)* s. especie de cesto pendiente del globo aerostático, donde viaja el aeronauta.
barra.- *(bar'a)* s. barra, friso, jirón. / Bras. Fig. carácter específico de una situación, una actitud. Situación muy difícil.
barraca.- *(bar'aka)* s. tienda de campaña (para soldados y campistas, excursionistas, etc.). / sombrilla de playa.
barracão.- *(bar'akãu)* s. una gran tienda de campaña, barracón, bararca.
barraco.- *(bar'aku)* s. barraca.
barragem.- *(bar'ajhen)* s. presa, pantano.
barra-limpa.- *(bar'a limpa)* s. Bras. Arg. se dice de persona amiga, leal.
barranco.- *(bar'anku)* s. barranco, precipicio.
barrar.- *(bar'ar)* v. embarrar, impedir, imposibilitar.
barregã.- *(bar'egã)* s. concubina.
barreira.- *(bar'êra)* s. lugar de donde se extrae barro. / 2ª. s. barrera, trinchera construida de palos muy próximos y aliñados. / Fig. obstáculo
barrela.- *(bar'éla)* s. agua donde se hierve ceniza, usada para blanquear la ropa, lejía. / colada, limpieza.
barrento.- *(bar'entu)* adj. arcilloso, del color del barro.

barrete.- *(bar'etchi)* s. birrete, bonete, gorra.
barrica.- *(bar'ika)* s. barrica, tonel.
barricada.- *(bar'ikada)* s. barricada.
barriga.- *(bar'iga)* s. Pop. barriga, panza, tripa, vientre, abdomen.
barrigada.- *(bar'igada)* s. pancada en la, o con la barriga.
barrigudo.- *(bar'igudu)* adj. panzudo. / s. Bras. nombre común a varias especies de monos.
barril.- *(bar'iu)* s. barril, tonel.
barro.- *(bar'u)* s. arcilla, barro, cieno, fango.
barroco.- *(bar'ôcu)* adj. barroco. / Fig. extravagante, bizarro.
barrote.- *(bar'ótchi)* s. barrote.
barulhento.- *(barullentu)* adj. ruidoso.
barulho.- *(barullu)* barullo, ruido, desorden, confusión.
basalto.- *(basáutu)* s. basalto.
basco.- *(basku)* adj. vasco, lengua que habla este pueblo.
báscula.- *(báskula)* s. báscula.
basculante.- *(basculantchi)* s. pieza de hierro móvil, para abrir y cerrar puerta, ventana, etc. / con movimiento bascular.
básculo.- *(básculu)* s. puente levadizo, con contrapeso.
base.- *(baz'i)* s. apoyo, base, dato, fundamento, peana. Inform. / base de datos, base espacial.
baseado.- *(baz'iadu)* s. Bras. Argot. cigarrillo de marihuana, porro. / adj. firme, fundamentado, basado, experimentado.
basear.- *(baz'iar)* v. basar, fundamentar. / P. fundarse, basarse.
básico.- *(báz'icu)* adj. básico, fundamental.
basílica.- *(baz'ílica)* s. basílica.
basilisco.- *(baz'ilisku)* s. basilisco.
basquete.- *(basquétchi)* s. baloncesto.
basquetebol.- *(basquétchibóu)* s. baloncesto.
bastante.- *(bastantchi)* adj. bastante, suficiente. / adv. bastante.
bastão.- *(bastãu)* s. bastón, báculo, cetro.
bastar.- *(bastar)* v. bastar. / P. bastarse, ser autosuficiente.
bastardo.- *(bastardu)* adj. bastardo, degenerado de la especie a la cual pertecene.
bastião.- *(bastchiãu)* s. bastión, baluarte.
bastidor.- *(bastchidor)* s. bastidor.
basto.- *(bastu)* adj. basto, espeso, lleno, copioso, numeroso.
bata.- *(bata)* s. bata.
batalha.- *(batalla)* s. batalla, campaña, combate, pelea.
batalhão.- *(batallãu)* s. batallón, multitud de personas.
batalhar.- *(batallar)* v. batallar, combatir, lidiar.
batata.- *(batata)* sf. patata; error de pronunciación; nariz muy gruesa y chata.
batata-doce.- *(batata dôsi)* s. Bras. batata, boniato, camote.
batear.- *(batchear)* v. lavar en la batea.
bate-boca.- *(batchi bôka)* s. Bras. pelotera, discusión.
batedeira.- *(batedêra)* sf. batidora.
batedor.- *(batedor)* s. persona que trabaja en la acuñación de monedas. / explorador del campo. Policía encargado de la guardia personal de autoridades, etc.
bate-estaca.- *(batchi estaka)* s. maza.
bateia.- *(batêia)* s. batea.
batel.- *(batéu)* batel.
batelada.- *(batelada)* s. carga de un batel. / gran cantidad.
batente.- *(batentchi)* s. batiente, aldaba. / Arg. trabajo efectivo, con el cual se gana la vida.
bate-papo.- *(batchi papu)* s. conversación amigable, sin pretensión.
bater.- *(bater)* v. apalear, aporrear, batir, chocar, contundir, golpear, pulsar, topar.
bateria.- *(batería)* s. batería, conjunto de pila. / conjunto de utensilios de cocina.
baterista.- *(baterista)* s. baterista.
batida.- *(batchida)* s. batida, golpe; bebida hecha con aguardiente, zumo de alguna fruta, azúcar y hielo; exploración o explotación del campo o del terreno.
batido.- *(batchidu)* adj. golpeado, envejecido, gastado, usado en exceso. / común, vulgar.
batimento.- *(batchimentu)* s. pulsación; choque impetuoso, embate.
batina.- *(batchina)* s. sotana.
batiscafo.- *(batchiskafu)* s. batiscafo.
batismo.- *(batchismu)* s. bautismo.
batista.- *(batchista)* adj. e s. batista. / individuo de la secta protestante (Batista) en la cual el bautizo sólo se ministra a los adultos.
batistério.- *(batchistériu)* s. baptisterio.
batizado.- *(batiz'adu)* adj. bautizado.
batizar.- *(batchiz'ar)* v. bautizar. / adulterar ciertos líquidos, adicionándoles agua u otro líquido.
batom.- *(batón)* s. barra de labios.
batráquio.- *(batráquiu)* s. batracio, sapo.
batucada.- *(batukada)* s. Bras. ritmo o canción de los negros acompañada por instrumentos de percusión. Reunión popular en que se toca el samba con instrumentos de percusión.
batucar.- *(batucar)* v. hacer ruido con ritmo, con golpes. / Bras. tocar mal el piano.
batuque.- *(batuqui)* s. cualquiera de los bailes negros acompañados por instrumentos de percusión.
batuqueiro.- *(batúqui)* s. Bras. frecuentador o bailarín de batuques.
batuta.- *(batuta)* sf. batuta. / Bras. valenton, fanfarrón, elegante.
baú.- *(batuta)* s. arca, baúl, cofre, hucha.
baunilha.- *(baunilla)* s. vainilla
bauxita.- *(bauschita)* s. bauxita.
bazar.- *(baz'ar)* s. bazar. / mercadillo para fines benéficos.
bazófia.- *(baz'ófia)* s. bazofia.
bazuca.- *(baz'uka)* sf. bazoca.
beatice.- *(beatchisi)* s. devoción afectada y fingida.

beatificação.- *(beatchifikasãu)* s. beatificación.
beatificar.- *(beatchificar)* vt. beatificar, alabar con exageración; hacer feliz, hacer (se) pasar por santo o por bueno. / v. refl. volverse feliz, bienaventurado.
beatificar.- *(beatchificar)* v. beatificar.
beatitude.- *(beatchitudji)* s. beatitud. / bien estar.
beato.- *(beatu)* adj. beato.
bêbado.- *(bêbadu)* adj, bebido, beodo, borracho, ebrio.
bebé.- *(bebé)* s. bebé, nene.
bebê.- *(bebê)* s. bebé, nene.
bebedeira.- *(bebedêra)* s. borrachera, embriaguez.
bêbedo.- *(bêbedu)* adj. bebido.
bebedouro.- *(babedôru)* s. bebedero.
beber.- *(beber)* v. beber, emborracharse.
beberagem.- *(beberagen)* s. bebida medicinal, brebaje, poción.
bebericar.- *(bebericar)* v. beborrotear, beber poco a poco, a sorbos.
beberrão.- *(beber'ãu)* adj. e s. borracho.
bebes.- *(bébis)* s. pl. lo que se bebe, bebida.
bebida.- *(bebida)* s. bebida.
bebido.- *(bebidu)* adj. borracho.
beca.- *(béca)* s. túnica negra usada por funcionarios judiciales, catedráticos y licenciados de grado superior, toga.
beça.- *(bésa)* Bras. Fam. mucho, en gran cantidad. *Loc. Adv. a beça: mucho, extremadamente.
becape.- *(bekapi)* s. Infor. backup.
bechamel.- *(beschaméu)* s. bechamel.
beco.- *(beku)* s. callejón sin salida.
bedel.- *(bedéu)* s. bedel.
bedelho.- *(bedêllu)* s. tranquilla de puerta. / *meter o bedelho em: entrometerse en una conversación.
beduíno.- *(beduínu)* s. beduino.
bege.- *(bejhi)* adj. s. beige.
begônia.- *(begônia)* s. begonia.
beiço.- *(bêisu)* s. labio.
beiçola.- *(beisóla)* s. labio grande y grueso.
beiçudo.- *(beisudu)* adj. de labios gruesos. / Bras. Pop. diablo.
beija-flor.- *(bêja flor)* s. colibrí, picaflor.
beijar.- *(bejhar)* v. besar.
beijo.- *(bêjhu)* s. beso, ósculo.
beijoca.- *(bejhóca)* s. Fam. beso con estallido.
beijocar.- *(bêjhóca)* v. besuquear.
beijoqueiro.- *(bêjhoquêru)* adj. besucón.
beiju.- *(beiju)* s. Bras. pastel de mandioca.
beira.- *(bêra)* s. orilla, vera.
beirada.- *(bêrada)* s. vera. / Bras. cercanías.
beiral.- *(beiráu)* s. borde del tejado.
beira-mar.- *(bêra mar)* s. la costa marítima, litoral.
beirar.- *(bêrar)* v. costear, ladear. / tener aproximadamente.
beisebol.- *(bêiz'ebóu)* s. béisbol.
beladona.- *(béladôna)* s. belladona.
belas-artes.- *(bélas artchis)* s. l. bellas artes.
belchior.- *(beuschiór)* s. Bras. vendedor de objetos viejos y usados.
beldade.- *(béudadji)* s. mujer bellísima.
beleza.- *(bêlez'a)* s. belleza, hemosura.
belezoca.- *(belez'óka)* s. Bras. Fam. persona bella. / belleza.
belga.- *(béuga)* adj. belga.
beliche.- *(bêlischi)* s. litera.
belicismo.- *(bêlisismu)* s. belicismo.
bélico.- *(bélicu)* adj. bélico, belicoso.
belicoso.- *(bêlilkôz'u)* adj. aguerrido, belicoso. / Bras. Elect. ladrón. combativo.
beligerância.- *(bêlijhêransia)* s. beligerancia.
beliscão.- *(bêliskãu)* s. pellizco.
beliscar.- *(beliskar)* v. pellizcar.
belo.- *(bélu)* adj. bello, estético, hemoso, lindo.
bel-prazer.- *(béu praz'er)* s. propia voluntad.
beltrano.- *(béutranu)* s. mengano.
bem.- *(ben)* adj. bien, con salud, con perfección. / s. bien, ventura. / Econ. bien.
bem-acabado.- *(ben akabadu)* adj. bien hecho.
bem-amado.- *(ben amadu)* adj. querido. / s. el que rido, el predilecto.
bem-apessoado.- *(bem apesuadu)* adj. de buena apariencia, buen aspecto.
bem-aventurado.- *(ben av'enturadu)* adj. bienaventurado, dichoso. / s. el bienaventurado, el santo.
bem-aventurança.- *(ben av'enturansa)* s. bienaventuranza.
bem-bom.- *(ben bon)* s. Bras. comodidad, confort, bienestar.
bem-comportado.- *(ben comportadu)* adj. que se porta bien.
bem-educado.- *(ben edukadu)* adj. cortés, educado.
bem-estar.- *(ben estar)* s. bienestar, comodidad, confort.
bem-feito.- *(ben feitu)* adj. bien teminado, elegante, gracioso. / de bellas fomas.
bem-humorado.- *(ben umoradu)* adj. de buen humor, alegre, satisfecho.
bem-intencionado.- *(ben intensionadu)* adj. que tiene buenas intenciones.
bem-me-quer.- *(ben mi quer)* s. Bras. margarita, maya, bellorita.
bem-nascido.- *(ben nasidu)* adj. bien nacido, de buena familia, de familia noble.
bemol.- *(bemóu)* s. bemol.
bem-querer.- *(ben querer)* s. bienquerer, persona a quien se ama.
bem-te-vi.- *(ben tchi v'í)* s. Bras. ave de color aceituna, muy distribuida por Brasil.
bem-vindo.- *(bem v'indu)* adj. bienvenido.
bem-visto.- *(ben v'istu)* adj. bien conceptuado. / bienquisto.
bênção.- *(bênsãu)* s. bendición.
bendito.- *(beindjitu)* adj. bendito, feliz, dichoso. / s. oración que empieza por la palabra bendito.
bendizer.- *(beindjiz'er)* v. bendecir.
beneditino.- *(benedjitchinu)* s. monje de la orden de S. Bento.
beneficência.- *(benefisênsia)* s. beneficencia, caridad. / filantropía.
beneficiar.- *(benefisiar)* v. beneficiar, favorecer.
beneficiário.- *(benefisiáriu)* adj. y s. beneficiario.

benefício.- *(benefísiu)* s. beneficio.
benéfico.- *(benéfiku)* adj. benéfico.
benemérito.- *(beneméritu)* adj. benemérito.
beneplácito.- *(beneplásitu)* s. beneplácito, consentimiento, aprobación.
benevolência.- *(benev'olênsia)* s. benevolencia. / afecto, estima.
benevolente.- *(benev'olentchi)* adj. benévolo.
benévolo.- *(benév'olo)* adj. benévolo, complaciente, indulgente, afable.
benfazejo.- *(beinfaz'êjhu)* adj. benéfico, caritativo.
benfeitor.- *(beinfeitôr)* s. bienhechor.
benfeitoria.- *(beinfeitoría)* sf. mejora hecha en una propiedad y que le aumenta el valor; beneficiación.
bengala.- *(bengala)* s. bastón, bengala, junco.
bengalada.- *(bengalada)* s. golpe con el bastón.
benignidade.- *(benignidadji)* s. benignidad, bondad.
benigno.- *(benignu)* adj. benigno, bondadoso.
benjamim.- *(benjhamín)* s. benjuí, benjamín.
benquerença.- *(beinquerensa)* s. bien querer; estima, benevolencia.
benquisto.- *(benquistu)* adj. estimado, querido por todos.
bens.- *(bens)* s. pl. haber, bienes, peculio.
bentinhos.- *(beintchiños)* s. pl. escapulario, reliquia, objeto de devoción.
bento.- *(bentu)* adj. bendecido, bendito.
benzedeira.- *(benz'edêra)* s. curandera.
benzer.- *(benz'er)* v. e p. bendecir, santiguar. / hacer curas con rezas supersticiosas.
benzina.- *(benz'ina)* s. bencina.
beócio.- *(beósiu)* adj. beocio, natural de Beocia (Grecia antigua). / Fig. ignorante.
beque.- *(bequi)* s. defensa; extremidad superior de la proa. / Pop. nariz grande.
berbequim.- *(berbequin)* s. berbiquí, taladro.
berço.- *(bersu)* s. cuna.
bergamota.- *(bergamota)* s. Bras. mandarina.
bergantim.- *(bergantín)* s. bergantín.
beribéri.- *(beribéri)* s. pat. beriberi.
berimbau.- *(birimbáu)* s. birimbao. / Bras. instrumento de percusión, compuesto de un arco de madera tensado por un hilo de alambre, con una calabaza presa en la extremidad inferior.
berinjela.- *(berijhéla)* s. berenjena.
berlinense.- *(berlinense)* adj. berlinense.
berloque.- *(berloqui)* s. pinjante, adornos que se penden de cadenas, pulseras, relojes.
bermuda.- *(bermuda)* s. bermudas.
bernarda.- *(bernarda)* s. revuelta popular, motín, desorden.
berne.- *(berni)* s. Bras. larva de cierta mosca que entra en la piel de otros animales.
berrante.- *(berrantchi)* adj. chillón, muy vivo, que ofusca la vista. / s. Bras. Arg. pistola. / Bras. bocina de cuerno con el cual los vaqueros conducen el ganado.
berrar.- *(v'er'ar)* v. rugido de ciertos animales. / hablar o llorar muy alto; gritar.
berreiro.- *(v'er'êru)* s. gritos continuos, llanto muy ruidoso.
berro.- *(bér'u)* s. berrido.
berruga.- *(v'er'uga)* s. Bras. Pop. verruga.
bertalha.- *(bertalla)* s. enredadera cultivada como hortaliza.
besouro.- *(bez'ôru)* s. abejorro.
besta.- *(besta)* s. animal, bestia. / persona muy corta de inteligencia. / Bras. yegua. / adj. pretencioso, presumido.
besteira.- *(bestêra)* s. Bras. gansada, burrada.
bestial.- *(bestchiau)* adj. bestial, brutal, grosero.
bestialidade.- *(bestchialidadji)* s. bestialidad.
bestificar.- *(bestchificar)* v. bestializar.
besugo.- *(bez'ugu)* s. Port. besugo.
besuntar.- *(bez'untar)* v. embadurnar, pringar.
beta.- *(beta)* s. beta.
beterraba.- *(beter'aba) s.* remolacha.
betoneira.- *(betonêra)* s. hormigonera.
bétula.- *(bétula)* s. abedul.
betume.- *(betumi)* s. betún, asfalto.
betuminoso.- *(betuminoz'u)* adj. bituminoso.
bexiga.- *(beschiga)* s. Anat. vejiga. / vesícula natatoria de muchos peces. / Pop. viruela.
bexiguento.- *(beschiguentu)* adj. Pop. que tiene la viruela.
bezerro.- *(bez'êr'u)* s. becerro, novillo, ternero.
bibelô.- *(bibelô)* s. objeto de adorno que se pone sobre la mesa u otro mueble de la casa.
bíblia.- *(bíblia)* sf. biblia.
bíblico.- *(bíbliku)* adj. bíblico.
bibliófilo.- *(bibliófilu)* s. bibliófilo.
bibliografia.- *(bibliografía)* s. bibliografía.
biblioteca.- *(biblioteka)* s. biblioteca, librería con los libros guardados y ordenados. / bibliotecario.
biblioteconomia.- *(bibliotekonomía)* s. biblioteconomía.
biboca.- *(biboka)* s. Bras. valle profundo y / o de acceso difícil; casa pequeña y pobre.
bica.- *(bika)* s. tubería o cualquier agujero por donde sale el agua. / grifo. / Port. café solo.
bicada.- *(bikada)* s. picotada.
bicama.- *(bikama)* s. cama nido.
bicar.- *(bikar)* v. picar, picotear.
bicarbonato.- *(bicarbonatu)* s. bicarbonato.
bicentenário.- *(bisentenáriu)* s. bicentenario.
bíceps.- *(bíceps)* s. Anat. bíceps.
bicha.- *(bischa)* s. Bras. lombriz, sanguijuela; / Bras. Argot. individuo afeminado. / Port. fila, cola.
bichano.- *(bischanu)* s. gato, especialmente nuevo.
bichar.- *(bischar)* v. crear gusanos.
bicharada.- *(bischarada)* s. una porción de animales.
bicheiro.- *(bischêru)* s. Bras. vendedor de talones para las apuestas al juego del bicho.
bicho.- *(bischu)* s. bicho, fiera, animal. / persona muy fea y / o intratable.
bicho-da-seda.- *(bischu da seda)* s. gusano de seda.
bicho-de-sete-cabeças.- *(bicshu de sete cabesas)* s. Bras. cosa muy difícil, muy complicada.
bicho-do-pé.- *(biscu du pé)* s. Bras. insecto cuya hembra, fecundada, penetra en la piel.
bicicleta.- *(bisicléta)* s. bicicleta.
bico.- *(biku) s.* pico, punta. / encaje en que uno de los lados termina en punta. / pequeños trabajos, chapuzas.

bico-de-papagaio.- *(biku dji papagaiu)* s. nariz en forma de gancho.
bicolor.- *(bikolor)* adj. bicolor.
bicos.- *(bikus)* s. pl. Bras. picos. / restos de alguna cosa. / cantidad insignificante.
bicudo.- *(bikudu)* adj. picudo. / Pop. complicado, difícil.
bidé.- *(bidé)* s. bidé.
bidê.- *(bidê)* s. bidé.
biela.- *(biéla)* s. biela.
bienal.- *(bienáu)* adj. bienal.
biênio.- *(biêniu)* s. bienio.
bifásico.- *(bifáz'iku)* adj. bifásico.
bife.- *(bifi)* s. bistec. / Bras. Arg. corte en la piel, por descuido, al afeitarse, cortarse las uñas, etc. / Arg. Bras.Teatr. monólogo de un solo personaje.
bifocal.- *(bifokáu)* adj. bifocal.
bifurcação.- *(bifurkasãu)* s. bifurcación.
bifurcar.- *(bifurkar)* v. e p. bifurcar.
biga.- *(biga)* s. biga.
bigamia.- *(bigamía)* s. bigamia.
bígamo.- *(bígamu)* adj. e s. bígamo.
bigode.- *(bigodji)* s. bigote.
bigorna.- *(bigórnia)* s. bigornia.
bigorrilha.- *(bigor'illa)* s. individuo despreciable.
bijuteria.- *(bijhutería)* s. bisutería.
bilabial.- *(bilabiáu)* adj. bilabial.
bilateral.- *(bilateráu)* adj. bilateral.
bilboquê.- *(biuboquê)* s. juguete: pelota de madera con un agujero donde debe entrar un pequeño bastón puntiagudo.
bile.- *(bili)* s. bilis.
bilha.- *(billa)* s. cántaro, botija.
bilhão.- *(billãu)* num. y s. billón.
bilhar.- *(billar)* s. billar.
bilhete.- *(billeti)* s. carta breve, nota escueta para dejar un mensaje o recado; billete (de banco, de lotería); ticket, entrada, ingreso (para espectáculos); pasaje (tansporte).
bilheteiro.- *(billetêru)* s. vendedor de entradas, taquillero.
bilheteria.- *(billetería)* s. casilla, taquilla.
bilião.- *(biliãu)* num. y s. mil millones.
biliar.- *(biliar)* adj. biliar.
bilionário.- *(bilionáriu)* adj. y s. dícese de aquel que es muy rico; multimillonario.
bílis.- *(bilis)* s. bilis, hiel. / mal humor.
bilíngüe.- *(bilingüe)* adj. bilingüe.
bilro.- *(biuru)* s. bolillo.
bimensal.- *(bimensuau)* adj. bimensual.
bimestral.- *(bimestráu)* adj. bimestre.
bimestre.- *(bimestri)* s. bimestre.
bimotor.- *(bimotor)* adj. bimotor.
binário.- *(bináriu)* adj. binario.
bingo.- *(bingu)* s. bingo.
binóculo.- *(binókulu)* s. binóculo, catalejo.
binômio.- *(binômiu)* s. binomio.
biodegradável.- *(biodegradáv'eu)* adj. biodegradable.
biofísica.- *(biofiz'ica)* s. biofísica.
biografia.- *(biografía)* s. biografía.
biologia.- *(biolojhía)* s. biología.
biológico.- *(biolójhiku)* adj. biológico.
biólogo.- *(biólogu)* s. biólogo.
biombo.- *(biombu)* s. antipara, biombo, cancel, mampara.
biopsia.- *(biopsia)* s. biopsia.
biosfera.- *(biosfera)* s. biosfera.
bióxido.- *(bióksidu)* s. bióxido.
bípede.- *(bípedji)* adj. bípede.
bipolar.- *(bipolar)* adj. bipolar.
biqueira.- *(biquêra)* s. canalón . / puntera.
biquíni.- *(biquíni)* s. biquini.
biriba.- *(biriba)* s. Bras. cierto juego de baraja.
birra.- *(bir'a)* s. capricho, rabieta, pertinacia.
birrento.- *(bir'entu)* adj. caprichoso, terco, obstinado.
biruta.- *(biruta)* adj. Bras. persona alocada, idiota.
bis.- *(bis)* adj. dos veces, otra vez.
bisão.- *(biz'ãu)* s. bisonte.
bisar.- *(biz'ar)* v. repetir (escena de una pieza, canción, etc.) por pedido al pedido de bis.
bisavó.- *(biz'av'ó)* s. bisabuela.
bisavô.- *(biz'av'ô)* s. bisabuelo.
bisbilhoteiro.- *(bisbillotêru)* adj. intrigante, cotilla; curioso, entrometido.
bisbilhotar.- *(bisbillotar)* v. curiosear, chismear.
bisbilhotice.- (bisbillotchisi) s. intriga, cotilleo.
bisca.- *(biska)* s. brisca. / Fam. persona falsa.
biscate.- *(biskatchi)* s. trabajo sin gran importancia, chapuza.
biscatear.- *(biskatchiar)* v. hacer chapuzas o vivir de ellas.
biscateiro.- *(biskatêru)* s. Bras. aquel que hace chapuzas.
biscoito.- *(biskôitu)* s. bizcocho, galleta.
biscoteira.- *(biskotêra)* s. recipiente para guardar galletas.
biscoteiro.- *(biskotêru)* s. fabricante de galletas.
bismuto.- *(bismutu)* s. bismuto.
bisnaga.- *(bisnaga)* s. tubo de plomo o de plástico. / Bras. pan largo y cilíndrico. / pistola.
bisneto.- *(bisnetu)* s. biznieto.
bispado.- *(bispadu)* s. obispado.
bispo.- *(bispu)* s. obispo, alfil (pieza de ajedrez).
bissecção.- *(biseksãu)* s. bisección.
bissemanal.- *(bisemanáu)* adj. bisemanal.
bissetriz.- *(bisetris)* s. bisectriz.
bissexto.- *(bisestu)* adj. bisiesto.
bissexual.- *(biseksuáu)* adj. bisexual.
bisturi.- *(bisturí)* s. bisturí.
bit.- *(bit)* s. Inform. menor unidad de información, digito que pode asumir los valores de 0 y 1.
bitácula.- *(bitákula)* s. bitácora.
bitola.- *(bitóla)* s. vitola. / distancia entre los carriles de una vía férrea.
bitolado.- *(bitoladu)* adj. que tiene una visión o comprensión muy limitada. / estrecho.
bitolar.- *(bitolar)* v. medir con vitola.
bizantino.- *(biz'antchinu)* adj. bizantino.
bizarro.- *(biz'ar'u)* adj. bizarro, ostentoso, exquisito, singular.

blandícia.- *(blandjísia)* s. caricia, ternura.
blandície.- *(blandjísii)* s. blandícia.
blasfemar.- *(blasfemar)* v. blasfemar.
blasfêmia.- *(blasfêmia)* s. blasfemia, insulto, ultrajo.
blasfemo.- *(blasfêmu)* adj. blasfemo.
blecaute.- *(blekautchi)* s. apagón.
blefar.- *(blefar)* v. engañar en el juego, actuando como si tuviese buenas cartas. / esconder una situación precaria.
blefe.- *(blefi)* s. farol, fanfarronada.
blenorragia.- *(blenor'ajhia)* s. blenorragia, gonorrea.
blindado.- *(blindadu)* adj. blindado.
blindagem.- *(blindajhen)* s. blindaje.
blindar.- *(blindar)* v. blindar.
bloco.- *(bloku)* s. bloque. / Bras. grupo carnavalesco.
bloquear.- *(bloquear)* v. asediar, bloquear, sitiar.
bloqueio.- *(bloquêiu)* s. bloqueo.
blue jeans.- *(blu jins)* Ingl. s. vaqueros.
blusa.- *(bluz'a)* s. blusa.
blusão.- *(bluz'ãu)* s. blusón.
boa.- *(boa)* s. boa. / s. palatina o estola de plumas usada por las mujeres alrededor del cuello.
boa-noite.- *(boa noitchi)* s. buenas noches.
boas-festas.- *(boas festas)* s. pl. felicitación por la Navidad.
boas-vindas.- *(boas v'indas)* s. pl. bienvenida.
boa-tarde.- *(boa tardji)* s. buenas tardes.
boate.- *(boatchi)* s. establecimiento que funciona por la noche, con bar, restaurante, pista de baile y escenario para representaciones musicales.
boateiro.- *(boatêru)* s. que divulga noticias, rumores.
boato.- *(boatu)* s. bulo, chisme, rumor.
boa-vida.- *(boa v'ida)* s. / Bras. viva la virgen, vago, persona que intenta vivir del modo más agradable con el mínimo esfuerzo.
bobagem.- *(bobajhen)* s. tontería.
bobalhão.- *(boballãu)* adj. bobo, tonto.
bobear.- *(bobiar)* v. hacer tontería, estupidez. / Arg. no darse cuenta, por displicencia o ingenuidad, de la importancia de una situación, un hecho, etc.
bobeira.- *(bobêra)* s. ñoñería, bobera, tontería.
bobice.- *(bobísi)* s. bobada.
bobina.- *(bobina)* s. bobina, canilla.
bobinador.- *(bobinador)* s. bobinadora (máquina).
bobo.- *(bôbu)* s. y adj. bobo, chalado, tonto.
bobó.- *(bobó)* s. Bras. plato de origen africano.
boboca.- *(bobóka)* adj. tonto.
boca.- *(bôka)* s. boca, entrada, abertura. / Fam. persona que come.
boca-aberta.- *(boca abierta)* s. persona que se sorprende con todo.
bocadinho.- *(bukadiñu)* s. bocadito, pizca. / poco o breve espacio de tiempo.
bocado.- *(bukadu)* s. bocado, comida muy ligera, pequeña cantidad.
bocal.- *(bokáu)* s. bocal, boquilla, embocadura.
boçal.- *(bosáu)* adj. bozal, necio, idiota.
bocejar.- *(bosejhar)* v. boquear, bostezar.
bocejo.- *(bosêjhu)* s. bostezo.
boceta.- *(busêta)* s. cajita redonda. / caja de rapé. / Bras. vulva.
bochecha.- *(buschêscha)* sf. moflete, cachete, carrillo, mejilla.
bochechar.- *(buscheschar)* v. enjuagar (la boca).
bochecho.- *(buschêscu)* s. enjuague.
bochechudo.- *(boscheschudo)* adj. mofletudo.
bócio.- *(bósiu)* s. Med. bocio, papo.
bocó.- *(bokó)* adj. Bras. / tonto, bobo.
boda.- *(bôda)* s. celebración o fiesta con que se celebra la boda. / núpcias.
bodas.- *(bôda)* s. l. nupcias.
bode.- *(bódji)* s. macho cabrío. / Bras. complicación, confusión. / Arg. somnolencia provocada por droga. / Fig. hombre muy feo. / individuo libidinoso, sátiro.
bodega.- *(budega)* s. bodega, taberna. / Bras. Fam. comida mal hecha. / cosa sucia, porquería. / Bras. Arg. cosa insignificante, sin valor. / interj. exprime descontentamiento, irritación.
bodegueiro.- *(bodeguêru)* s. dueño de la bodega
bodoque.- *(budóqui)* s. bodoque. / Bras. tirachinas.
bodum.- *(bodún)* s. hedor de macho cabrío no castrado. / transpiración fétida.
boêmia.- *(boêmia)* sf. Bras. bohemia.
boêmio.- *(boêmiu)* s. bohemio.
bofe.- *(bófi)* s. Pop. pulmón. / persona sin atractivo.
bofetada.- *(bofetada)* s. bofetada, bofetón, sopapo.
bofetão.- *(bofetãu)* s. gran sopapo, sopetón.
boi.- *(bôi)* s. buey.
bói.- *(bói)* s. funcionario que en una empresa ejerce la función de bedel, mensajero y otras.
bóia.- *(bóia)* s. boya, flotador. / Bras. comida.
boiada.- *(boiada)* s. boyada, manada de bueyes.
boiadeiro.- *(boiaderu)* s. boyero, pastor de bueyes. / Bras. ganadero.
bóia-fria.- *(bóia fría)* s. jornalero.
boião.- *(boiau)* s. tarro gordo, de boca ancha para guardar dulces y conservas. / Bras. cocina para elaborar el caucho.
boiar.- *(boiar)* v. intr. fluctuar, flotar.
boicotar.- *(boikotar)* v. boicotear.
boicote.- *(boikótchi)* s. boicot.
boina.- *(boina)* s. boina.
bojo.- *(bojhu)* s. barriga, panza. / capacidad. / la parte más íntima de una cosa.
bojudo.- *(bojhudu)* adj. barrigudo, panzudo.
bola.- *(bola)* sf. bola, pelota. / Bras. el fútbol. / juicio, seso. / Bras. chiste, persona graciosa. / Bras. comida envenenada para matar a perros.
bolacha.- *(bolascha)* s. galleta arredondada. / Fam. bofetón.
bolaço.- *(bolasu)* s. Fut. jugada o pase bien realizado.
bolada.- *(bolada)* s. gran suma de dinero.
bolão.- *(bolãu)* s. Fut. balonazo. / gran cantidad de dinero.
bolar.- *(bolar)* v. Bras. Pop. elaborar, concebir.
bolbo.- *(bolbu)* s. Bot. bulbo.
bolchevique.- *(bolschev'iqui)* adj. bolchevique.
boléia.- *(boléia)* s. asiento del cochero. / la cabina del chofer en el camión. / P. transporte gratuito en vehículo.

bolero.- *(boléru)* s. bolero. / chaquetilla corta, femenina, con o sin mangas, que se usa sobre la blusa o el vestido.
boletim.- *(boletín)* s. boletín. / libreta de registro de las notas escolares.
bolha.- *(bôlla)* s. ampolla, burbuja.
boliche.- *(bolischi)* s. Bras. bolos, boliche.
bolinar.- *(bolinar)* v. Mar. navegar a bolina. / Bras. tocar voluptuosa y disimuladamente a alguien, en lugares públicos.
bolívar.- *(bolív'ar)* s. bolívar.
boliviano.- *(boliv'ianu)* adj. boliviano.
bolo.- *(bôlu)* s. bizcocho, bollo, tarta de cumpleaños. / Fam. golpe con palmatoria.
bolor.- *(bolor)* s. moho. / Fig. vejez, decrepitud, decadencia.
bolorento.- *(bolorentu)* adj. mohoso. / Fig. viejo, antiguo, decadente.
bolota.- *(bolóta)* s. bellota. / cualquier colgajo, pingajo.
bolsa.- *(bôusa)* s. bolsa, saco pequeño. / beca de estudios.
bolsista.- *(bousista)* s. Bras. becario.
bolso.- *(bousu)* s. bolsillo.
bom.- *(bon)* adj. bueno.
bomba.- *(bomba)* s. máquina para mover fluidos, generalmente a lo largo de tuberías. / pequeño tubo para tomar el mate. / 2ª s. bomba, proyectil. / Fam. cosa mala. / Bras. reprobación en exámen.
bombachas.- *(bombaschus)* s. pl. bombachos.
bombardear.- *(bombardjiar)* v. bombardear.
bombardeiro.- *(bombardêru)* s. bombardero.
bombástico.- *(bombástchiku)* adj. bombástico, estruendoso. Fig. extravagante; pretencioso.
bombear.- *(bombear)* v. Bras. extraer con bomba.
bombeiro.- *(bombêru)* s. bombero. / Bras. fonta-nero.
bombo.-. *(bombu)* s. bombo.
bombom.- *(bombón)* s. bombón.
bombordo.- *(bombordu)* s. babor.
bom-dia.- *(bon día)* s. buenos días.
bonachão.- *(bonaschãu)* adj. bonachón.
bonacheirão.- *(bonaschêrãu)* adj. bonachón.
bonança.- *(bonansa)* s. bonanza. Sosiego, calma.
bondade.- *(bondadji)* s. bondad, benevolencia.
bonde.- *(bondji)* s. Bras. tranvía.
bondoso.- *(bondoz'u)* adj. benévolo, bondadoso.
boné.- *(boné)* s. birrete, bonete.
boneca.- *(bonėka)* s. muñeca. / Bras. la mazorca del maíz aún en formación.
boneco.- *(bonéku)* s. muñeco, títere.
bonificação.- *(bonifikasãu)* s. bonificación.
bonificar.- *(bonifikar)* v. bonificar.
boniteza.- *(bonitez'a)* s. belleza.
bonito.- *(bonitu)* adj. bonito, hermoso, lindo.
bônus.- *(bônus)* s. bono.
bonzo.- *(bonz'u)* s. bonzo, sacerdote budista.
boot.- *(boot)* s. Inform. carga o recarga del sistema operacional de un ordenador.
boqueirão.- *(boqueirãu)* s. boquerón, abertura en río o canal.
boquiaberto.- *(boquiabértu)* adj. boquiabierto, pasmado.
boquilha.- *(boquilla)* s. boquilla.
borboleta.- *(borboleta)* s. mariposa. / Fig. persona voluble.
borboletear.- *(borboletear)* v. mariposear. Vaguear. / Fig. devanear.
borbotão.- *(borbotãu)* s. borbotón, chorro
borbulha.- *(burbulla)* sf. burbuja, ampolla.
borbulhar.- *(borbullar)* v. borbollar, burbujear, hervir.
borda.- *(bórda)* s. borda, borde, margen.
bordadeira. *(bordadêra)* s. bordadera.
bordado.- *(bordadu)* s. bordado, labor.
bordão.- *(bordãu)* s. bastón, cayado. / Fig. protección, amparo. / Mús. bordón, estribillo.
bordar.- *(bordar)* v. bordar.
bordear.- *(bordear)* v. bordear.
bordejar.- *(bordejhar)* v. bordear.
bordel.- *(burdéu)* s. burdel, prostíbulo.
bordo.- *(bórdu)* s. bordo.
bordoada.- *(borduada)* s. golpe con bastón o cayado.
boreal.- *(boreáu)* adj. boreal, septentrional.
boricado.- *(borikadu)* adj. boricado
bórico.- *(bóriku)* adj. bórico.
borla.- *(bórla)* s. borla / P. *de borla: gratis, de gorra, a costa de otros.
bornal.- *(bornáu)* s. saco que se cuelga del hocico de cabalgaduras para que en él coman.
boro.- *(boru)* s. Quím. boro.
borocoxô.- *(borokoscô)* adj. Bras. Arg. cobarde, blando, débil, envejecido.
bororo.- *(bororô)* s. Bras. individuo de los bororos, tribu indígena de MT, hoy reducida a menos de 1.000 individuos.
bororó.- *(bororó)* s. Bras. V. **bororo.**
borra.- *(bôrra)* s. borra, poso, sarro. / hez.
borra-botas.- *(bór'a botas)* s. joão-ninguém. / Fig. individuo bajo, despreciable, vil.
borracha.- *(bur'ascha)* s. caucho, goma.
borracharia.- *(bur'ascharía)* s. taller de venta y arreglo de neumáticos.
borracheiro.- *(bor'aschêru)* s. persona que se dedica a la venta o arreglo de neumáticos
borrador.- *(bor'ador)* s. libro en que se anota, día a día, operaciones mercantiles.
borralheira.- *(bor'allêra)* s. lugar donde se acumula el rescoldo.
borralheiro.- *(bor'allêru)* adj. al que le gusta quedar cerca del borrajo. / que sale poco de casa.
borralho.- *(bur'allu)* s. cenizas calientes, rescoldo, borrajo.
borrão.- *(bor'ãu)* borrón, mancha de tinta. / 2ª s. mancha de pintura.
borrar.- *(bor'ar)* v. ensuciar con mancha. / rayar, garabatear. / P. Pop. defecar.
borrasca.- *(bor'aska)* s. borrasca, viento fuerte con lluvia.
borrego.- *(bor'êgu)* s. borrego.
borrifar.- *(bor'ifar)* v. rociar, asperjar.
bosque.- *(bósqui)* s. bosque.
bosquejo.- *(bosquejhu)* s. boceto, bosquejo.

bossa.- *(bósa)* s. protuberancia redondeada en la superficie ósea del cráneo. / aptitud, habilidad.
bosta.- *(bósta)* s. bosta, boñiga. / cosa mal hecha, de mala calidad.
bota.- *(bóta)* s. bota.
bota-fora.- *(bóta fóra)* s. acto o fiesta con que se despide a alguien, acompañándolo hasta la partida.
botânica.- *(botânika)* s. botánica.
botão.- *(butãu)* s. capullo. / botón. / Inform. dibujo en la pantalla del ordenador que puede ser accionado por una tecla.
botar.- *(botar)* v. arrojar (a la basura). / vestir, calzarse, ponerse. / preparar, arreglar. / establecer, montar. / poner, colocar. / introducir. / poner huevos.
bote.- *(bótchi)* s. bote, barca, lancha. / 2ª s. golpe con arma blanca. / ataque, investida. / Bras. salto de un animal sobre la presa.
boteco.- *(buteku)* s. bar popular, taberna.
botelha.- *(botêlla)* s. botella, frasco.
botequim.- *(butchiquín)* s. bar popular.
botica.- *(butchika)* s. botica, farmacia.
botição.- *(botchikãu)* s. botador (instrumento para sacar dientes.
boticário.- *(butchikáriu)* s. boticario.
botija.- *(butchijha)* s. botija.
botina.- *(butchina)* s. botín, calzado de señora o niño.
boto.- *(bôtu)* s. boto.
botocudo.- *(botokudu)* s. Bras. individuo de los botocudos, designación de diversas tribus que utilizaban artefactos en la boca, orejas y nariz.
botoque.- *(botóqui)* s. aro grande, de uso entre los botocudos y otros indígenas brasileños, que se introduce en agujeros artificiales en el lóbulo de las orejas y labios.
botulismo.- *(botulismu)* s. botulismo.
bovino.- *(bov'inu)* adj. bovino, vacuno.
boxe.- *(boksi)* s. boxeo, pugilismo. / reservado de mercado, garaje, central telefónica, etc., o en baños, para la ducha.
boxeador.- *(bokseador)* s. boxeador, pugilista.
boxear.- *(boksear)* v. boxear.
brabeza.- *(brabez'a)* s. brabura.
braça.- *(brása)* s. braza.
braçada.- *(brasada)* s. brazada.
braçadeira.- *(brasadêra)* s. abrazadera.
braçal.- *(brasáu)* adj. brazal.
bracejar.- *(brasejhar)* v. bracear.
bracelete.- *(braselête)* s. ajorca, brazalete, manilla, pulsera.
braço.- *(brasu)* s. Anat. brazo. / el hombre como trabajador brazal. / poder, autoridad. / parte estrecha.
bradar.- *(bradar)* v. clamar, exclamar, gritar, vociferar.
brado.- *(bradu)* s. clamor, grito.
braga.- *(braga)* s. pantalón corto y ancho de uso antiguo.
bragueiro.- *(braguêru)* s. braguero.
braguilha.- *(braguilla)* s. bragueta.
brâmane.- *(bramã)* s. brahmán.
bramanismo.- *(bramanismu)* s. bramanismo.
bramar.- *(bramar)* v. bramar.
bramido.- *(bramidu)* s. bramido.
bramir.- *(bramir)* v. bramar.
branco.- *(branku)* adj. blanco, níveo, albo. / pálido. / espacio entre líneas escritas o impresas.
brancura.- *(brankura)* s. blancura, albor.
brandir.- *(brandjir)* v. blandir.
brando.- *(brandu)* adj. blando, fofo, tierno. / delicado, suave, ameno.
brandura.- *(brandura)* s. blandura, suavidad.
branquear.- *(branquiar)* v. e p. blanquear. / encalar, enjalbegar.
brânquia.- *(brânquia)* s. zool, branquia.
branquinha.- *(branquiña)* s. Bras. Pop. aguardiente (cachaça). / Bras. ardid, fraude, estratagema, maña.
brasa.- *(braz'a)* s. ascua, brasa.
brasão.- *(braz'ãu)* s. blasón.
braseira.- *(braz'êra)* s. brasero.
braseiro.- *(braz'êru)* s. brasero, estufa.
brasileiro.- *(braz'ilêru)* adj. brasileño. / P. brasileño que retorna rico de Brasil.
brasileirismo.- *(braz'ileirismo)* s. sentimiento de amor a Brasil.
brasilidade.- *(braz'ilidadji)* s. sentimiento de amor a Brasil.
bravata.- *(brav'ata)* s. bravata, fanfarronada.
bravio.- *(brav'iu)* adj. bravío, salvaje, feroz.
bravo.- *(brav'u)* adj. bravo, intrépido.
bravura.- *(brav'ura)* s. bravura.
breca.- *(breka)* sf. saña, furor, ira. / Pop. calambre. *Levado da breca: endiablado, travieso.
brecar.- *(brekar)* v. Bras. frenar.
brecha.- *(brescha)* s. brecha, apertura. / espacio vacío.
brega.- *(bréga)* adj. Pop. hortera, deselegante
brejeirice.- *(brejheirisi)* s. propio de brejeiro.
brejeiro.- *(brejhêru)* adj. vagabundo. / juguetón.
brejo.- *(brejhu)* s. terreno árido, inculto. / pantano.
brenha.- *(breña)* s. breña, matorral.
breque.- *(bréqui)* s. Bras. freno.
bretão.- *(bretãu)* adj. Bretón.
breu.- *(brêu)* s. brea.
breve.- *(brev'i)* adj. breve, corto, lacónico, sucinto. / s. Bras. escapulario que contiene una oración. / s. Mús. figura equivalente a dos semibreves. / adv. temprano.
breviário.- *(brev'iáriu)* s. breviario. / síntesis, resumen.
brevidade.- *(brev'idadji)* s. brevedad, concisión. / Bras. polvorón de harina de tapioca, azúcar, huevos, etc.
brida.- *(brida)* s. brida, rienda.
bridge.- *(bridjhi)* s. Bras. bridge.
brídege.-*(bridijhi)* s. Port. bridge, juego de naipes. / Bras. bridge.
briga.- *(briga)* s. pelea, lucha, pendencia, riña.
brigada.- *(brigada)* s. brigada.
brigadeiro.- *(brigadêru)* s. brigadier. / Bras. pastelito redondo, hecho con leche condensada cocida a la cual se añade chocolate.

brigar.- *(brigar)* v. luchar, pelear.
briguento.- *(briguentu)* adj. peleón.
brilhante.- *(brillantchi)* adj. brillante, luciente, luminoso, lustroso. / radiante, magnífico, pomposo.
brilhantina.- *(brillantchina)* s. brillantina.
brilhar.- *(brillar)* v. brillar, lucir, relucir.
brilho.- *(brillu)* s. brillo, esplendor, lucimiento, lustre, resplandor. / Fig. vivacidad, expresividad. esplendor, pompa.
brim.- *(brin)* s. brin, tela fuerte de lino, algodón, etc.
brincadeira.- *(brinkadêra)* s. juego, alegría. / broma, jugueteo.
brincalhão.- *(brinkallãu)* adj. juguetón, bromista, travieso.
brincar.- *(brinkar)* v. brincar, juguetear, bromear. / divertirse en el carnaval.
brinco.- *(brinku)* s. pendiente. / persona o cosa delicada, fina, elegante, muy bonita.
brindar.- *(brindar)* v. brindar, saludar. / ofrecer o hacer algo a alguien como favor.
brinde.- *(brindji)* brindis. / objeto que se ofrece como dádiva.
brinquedo.- *(brinquêdu)* s. juguete, jugueteo.
brio.- *(bríu)* s. brío, pundonor, valor.
brioso.- *(brioz'u)* adj. brioso.
brisa.- *(briz'a)* s. brisa, viento fresco y blando.
britadeira.- *(britadêra)* s. trituradora, machacadora de piedras.
britânico.- *(britâniku)* adj. británico.
britar.- *(britar)* v. partir piedra, quebrar, machacar.
broa.- *(brôa)* s. borona, pan de maíz o de arroz
broca.- *(bróka)* s. broca, taladrador, taladro. / Bras. hambre.
brocado.- *(brokádu)* s. brocado, tejido de seda bordado.
brocha.- *(bróscha)* s. tachuela.
broche.- *(brósci)* s. broche.
brócolis.- *(brókolis)* s. pl. brécol.
brócolos.- *(brókolos)* s. pl. brócolis.
bromo.- *(brômu)* s. Quím. bromo.
bronca.- *(bronka)* s. Bras. Arg. bronca, regañina, rapapolvo.
bronco.- *(brônku)* adj. bronco, tosco, rudo.
broncopneumonia.- *(bronkopineumonía)* s. bronconeumonía.
bronquear.- *(bronquiar)* v. Bras. Arg. regañar.
brônquio.- *(brônquiu)* s. Anat. bronquio.
bronquite.- *(bronquitchi)* s. Anat. bronquitis.
bronze.- *(bronz'i)* s. bronce.
bronzeado.- *(bronz'iadu)* s. bronceado. / v. broncearse.
bronzeador.- *(bronz'iador)* adj. bronceador.
bronzear.- *(bronz'iar)* broncear.
brotar.- *(brontar)* v. brotar, germinar, manar, nacer. Salir, surgir.
brotinho.- *(brotchiñu)* s. / Bras. Pop. muchacha o joven en el empiece de la adolescencia.
broto.- *(brôtu)* s. brote, yema.
brotoeja.- *(brotuejha)* s. erupción de la piel acompañada de rubor cutáneo, producida por la ebullición de la sangre.
broxa.- *(bróscha)* s. brocha, pincel grande para encalar.
broxante.- *(broschantchi)* adj. Bras. Arg. cansina, inoportuna (persona); s. aprendiz de pintor.
broxar.- *(broschar)* v. pintar con brocha. / v. Bras. Arg. perder la potencia sexual. / Bras. Arg. Fig. perder el entusiasmo, desanimar.
bruaca.- *(bruaka)* s. Bras. saco o maleta de cuero crudo. / Pop. mujer fea. / meretriz.
brochura.- *(bruschura)* s. libro encuadernado en rústica; folleto.
bruços.- *(brusus)* s. boca abajo, de bruces. / loc. adv. *de bruços: de bruces
bruma.- *(bruma)* s. bruma, niebla.
brunir.- *(brunir)* v. bruñir, pulir. / Fig. apurar, aprimorar.
brusco.- *(brusku)* adj. brusco.
brutal.- *(brutáu)* adj. bestial, brutal.
brutalidade.- *(brutalidadji)* s. brutalidad, bestialidad.
brutalizar.- *(brutaliz'ar)* v. embrutecer(se).
brutamontes.- *(brutamontchis)* s. hombre muy alto, corpulento, monstruoso; individuo asalvajado, muy bruto.
bruto.- *(brutu)* adj. rudo, bruto, estúpido.
bruxa.- *(bruscha)* s. bruja. / Fig. mujer fea y / o refunfuñona.
bruxaria.- *(bruscharía)* s. brujería, hechicería.
bruxo.- *(bruscu)* s. brujo, hechicero.
bruxulear.- *(bruschulear)* v. oscilar débilmente.
bucal.- *(bukáu)* adj. bucal.
bucha.- *(buscha)* s. estropajo. / taco de arma de fuego. Tapón. Taco para tapar las rajaduras de la madera o para asegurar los clavos que se clavan en la pared.
bucho.- *(buscu)* s. buche. / Pop. el estómago del hombre, vientre, barriga; *de bucho: embarazada, en estado.
buço.-. *(busu)* s. bozo.
bucólico.- *(bukóliku)* adj. bucólico.
budismo.- *(budismu)* s. budismo.
bueiro.- *(buêru)* s. desagüe, alcantarilla. / Bras. tubo de salida de humo de fábrica.
búfalo.- *(búfalu)* s. búfalo.
bufão.- *(bufão)* s. bufón.
bufar.- *(bufar)* v. bufar. / encolerizarse, irritarse.
bufo.- *(bufu)* s. bufón; / Fig. hombre avaro. / Fig. misántropo. / 2ª s. resoplido.
bug.- *(bug)* s. Inform. error de un programa.
buganvília.- *(buganv'illa)* s. buganvilla.
bugiganga.- *(bujhiganga)* s. objeto insignificante, de ningún valor.
bugre- *(bugri)* s. Bras. el indio, especialmente bravo o aguerrido.
bujão.- *(bujhãu)* s. Bras. recipiente utilizado para almacenar productos volátiles. / bombona
bula.- *(bula)* s. bula. / impreso con informaciones que acompaña las medicinas; prospecto.
bulbo.- *(bulbu)* s. bulbo. / Anat. cualquier parte orgánica globulosa, como el bulbo ocular. Bulbo medular.
buldogue.- *(buldogui)* s. buldog.
bule.- *(buli)* s. tetera.
bulevar.- *(bulev'ar)* s. bulevar.

búlgaro.- *(búlgaru)* adj. búlgaro.
bulha.- *(burla)* s. bulla, chacota, gresca.
bulhufas.- *(bullufas)* pron. indef. Bras. ninguna cosa, nada.
bulício.- *(bulísiu)* s. bullicio, ruido.
buliçoso.- *(bulisoz'u)* adj. travieso, inquieto.
bulimia.- *(bulimía)* s. bulimia.
bulir.- *(bulir)* v. bullir. moverse.
bumba.- *(bumba)* interj. imitativa de ruido, estoro, queda, etc.
bumba-meu-boi.- *(bumba mêu bôi)* s. Bras. baile popular cómico-dramático, con personajes humanos, animales y seres fantásticos, cuyas peripecias giran en torno a la muerte y resurrección del buey.
bumerangue.- *(bumerangui)* s. bumerán.
bunda.- *(bunda)* s. las nalgas y el ano.
buquê.- *(buquê)* s. bouquet, ramillete.
buraco.- *(buraku)* s. agujero, bache, orificio. / Bras. cosa difícil, complicada.
buraqueira.- *(buraquêra)* s. Bras. terreno lleno de baches.
burburinho.- *(burburiñu)* s. susurro, rumor, murmullo, bullicio.
burguês.- *(burguês)* adj. burgués.
burguesia.- *(burguez'ía)* s. burguesía.
buril.- *(buríu)* s. buril.
burla.- *(burla)* s. burla, estafa, farsa, trapaza.
burlar.- *(burlar)* v. burlar, estafar.
burlesco.- *(burlesku)* adj. burlesco.
burocracia.- *(burocrasía)* s. burocracia.
burocrata.- *(burokráta)* s. burócrata.
burocrático.- *(burokrátiku)* adj. burocrático.
burocratizar.- *(burokratchiz'ar)* v. burocratizar.
burrada.- *(bur'ada)* s. burrada, tontería.
burrice.- *(bur'isi)* s. burrada.
burrico.- *(bur'iku)* s. borrico.
burro.- *(bur'u)* s. asno, borrico, burro. / adj. poco inteligente, necio. / adj. burro.
busca.- *(buska)* s. busca, búsqueda.
busca-pé.- *(buskapé)* s. buscapiés.
buscar.- *(buskar)* v. buscar, catar, procurar.
bússola.- *(búsola)* s. brújula.
busto.- *(bustu)* s. busto.
butano.- *(butanu)* s. butano.
butique.- *(butchiqui)* s. boutique.
buzina.- *(buz'ina)* s. bocina, claxon.
buzinada.- *(buz'inada)* s. toque de bocina.
buzinar.- *(buz'inar)* v. bocinar. / repetir insistentemente.
búzio.- *(búz'iu)* s. concha univalva.
byte.- *(baite)* s. Inform. conjunto de 8 bits adyacentes que representan un carácter.

C

c.- *(sê)* s. tercera letra del abecedario portugués.
cá.- *(ká) adv'.* acá. / s. Bras. nombre de la letra *k.*
cã.- *(kã)* s. cana, pelo blanco.
caatinga.- *(kaatinga)* s. Bras. vegetación de arbustos, sin hojas en la estación seca; zona donde esta vegetación es característica.
cabaça.- *(kabasa)* s. Bras. calabaza vinatera; niño gemelo que nace en segundo lugar; idiota, tonto.
cabaço.- *(kabasu)* s. calabacino.
cabal.- *(kabáu)* adj. cabal, completo, pleno. / severo, riguroso.
cabala.- *(kabala)* s. cábala, intriga, maquinación, conspiración.
cabalar.- *(kabalar)* v. hacer cábala, conspirar.
cabana.- *(kabana)* s. cabaña, choza.
cabaré.- *(kabaré)* s. cabaret.
cabaz.- *(kabas)* s. cesto, en general con tapa y alza.
cabeça.- *(kabêsa)* s. cabeza. / inteligencia, talento. / juicio, tino. / memoria, recuerdo. / persona muy inteligente y / o culta. / animal o persona considerada como unidad. / la extremidad más dilatada de un objeto. / la delantera de un cortejo.
cabeça-chata.- *(kabêsa schata)* s. Bras. apodo, prepucio.
cabeçada.- *(kabesada)* s. cabezada, tontería, estupidez.
cabeça-de-prego.- *(kabêsa dji prégu)* s. Bras. pequeño absceso cutáneo, furúnculo.
cabeça-de-vento.- *(kabêsa dji v'entu)* s. persona imprudente, despistada.
cabeça-dura.- *(kabêsa dura)* s. persona estúpida, poco inteligente, persona testaruda.
cabeça-inchada.- *(kabêsa inschada)* s. Bras. gran pasión amorosa, celos.
cabeçalho.- *(kabesallu)* s. cabecera, titular de un periódico. / principio de una carta. / texto que encabeza unas tablas, las páginas en blanco de un libro, impresos, etc.
cabeção.- *(kabesãu)* s. cabezón. / cuello ancho.
cabecear.- *(kabesear)* v. cabecear, Mover la cabeza.
cabecelra.- *(kabesêra)* s. cabecera de cama.
cabecilha.- *(kabesilla)* s. cabecilla, caudillo.
cabeçorra.- *(kabesôr'a)* s. Pop. cabeza grande.
cabeçudo.- adj. testarudo.
cabedal.- *(kabedáu)* s. caudal, bienes, dinero. / Fig. el conjunto de los conocimientos y / o bienes intelectuales y morales de alguien.
cabeleira.- *(kabelêra)* s. cabellera, peluca.
cabeleireiro.- *(kabelêrêru)*s. peluquería. / peluquero.
cabelo.- *(kabêlu)* s. cabello, pelo. / muelle de acero delgado que regula el movimiento de los relojes pequeños.
cabeludo.- *(kabêludo)* adj. cabelludo, peludo, melenudo, complicado, difícil. / obsceno, inmoral.
caber.- *(kaber)* v. caber, contener. / convenir. / ser admisible.
cabide.- *(kabidji)* s. percha.
cabidela.- *(kabidéla)* s. menudos del ave. / guiso que se prepara con ellos y con el sangre del ave.
cabido.- *(kabiudu)* s. cabildo.
cabimento.- *(kabimentu)* s. cabida, aceptación. / oportunidad, conveniencia.
cabina.- *(kabina)* sf. cabina, camarote, compartimento en el tren.
cabineiro.- *(kabinêru)* s. guardia o vigilante de cabina, ascensorista.
cabisbaixo.- *(kabibaicho)* adj. cabizbajo, humillado.
cabível.- *(kabív'eu)* adj. que tiene cabida.
cabo.- *(kabu)* s. cable, cabo, mango, manija, ramal. / 2ª s. cabo, punta de tierra que se mete en el mar.
caboclada.- *(kaboklada)* s. Bras. bando de mestizos.
caboclo.- *(kabôklu)* s. mestizo de indio con blanco; habitante del campo o de la tierra de labor (roça), en general de poca instrucción y hábitos rudos.
cabograma.- *(kabograma)* s. cablegrama.
cabotagem.- *(kabotajhen)* s. cabotaje.
cabotino.- *(kabotchinu)* s. hombre presumido que busca llamar la atención.
cabra.- *(kabra)* s. cabra. / mestizo de mulato y negro. / Bras. persona, sujeto.
cabra-cega.- *(kabra séga)* s. juego de la gallina ciega.
cabrão.- *(kabrãu)* s. cabrón, macho de la cabra.
cábrea.- *(kábria)* s. cabría, torno para levantar materiales en las construcciones.
cabreiro.- *(kabrêru)* s. cabrero.
cabrestante.- *(kabrestantchi)* s. Constr. Nav. cabrestante.
cabestro.- *(kabêstu)* s. cabestro; buey manso que sirve de guía a los toros. / Pop. freno.
cabril.- *(kabriu)* s. establo de cabras.
cabriola.- *(kabrióla)* s. cabriola, voltereta.
cabriolar.- *(kabriolar)* v. intr. dar cabriolas.
cabriolé.- *(kabriolé)* s. cabriolé.
cabrita.- *(kabrita)* s. cabra pequeña. / Bras. mestiza nueva.
cabrito.- *(kabritu)* s. cabrito, chivo.
cabrocha.- *(kabróscha)* s. Bras. mestizo de indio y mulato; cualquier mestizo oscuro. / sf. mulata joven.
caca.- *(kaka)* s. Fam. caca, heces.
caça.- *(kasa)* s. caza, busca, persecución.
caçada.- *(kasada)* s. cacería. / extremidades de una mesa oval o retangular. / nacimiento de un río. / Port. lomo de un libro.
caçador.- *(kasador)* s. cazador.
caçamba.- *(kasamba)* s. Bras. balde para sacar agua de los pozos. / cualquier balde. / estribo en forma de chinela.

caça-níqueis.- *(kasa níqueis)* s. máquina tragaperras.
caçanje.- *(kasanjhe)* s. dialecto criollo del portugués hablado en Angola. / portugués mal hablado o mal escrito.
cação.- *(kasãu)* s. cazón.
caçapa.- *(kasapa)* s. tronera.
caçapo.- *(kasapu)* s. gazapo.
caçar.- *(kasar)* v. cazar. / Bras. Pop. procurar, buscar, estar a la caza.
cacareco.- *(kakaréku)* s. Bras. cachivaches, trastos viejos.
cacarejar.- *(kakarejhar)* v. intr. cacarear.
cacarejo.- *(kakarêjhu)* s. cacareo.
caçarola.- *(kasarola)* s. cacerola, cazo, cazuela, puchero.
cacatua.- *(kakatúa)* s. cacatúa, papagayo grande y plumas grandes y erectas.
cacau.- *(kakau)* s. cacao.
caçaueiro.- *(kakauêru)* s. árbol del cacao.
cacauicultura.- *(kakauikultura)* s. Bras. plantación o cultura del cacao.
cacetada.- *(kasetada)* s. garrotazo, golpes con un palo. / Bras. cosa o situación aburrida.
cacete.- *(kasetchi)* s. porra, palo.
cacetear.- *(kasetear)* vt. golpear con una porra o un palo. / Bras. importunar, aburrir. / P. aburrirse.
cachaça.- *(kaschasa)* s. Bras. aguardiente de melaza. / Fig. inclinación, gusto o pasión fuerte por persona o cosa.
cachação.- *(kaschasãu)* s. golpe en el cogote.
cachaceiro.- *(caschasêru)* s. Bras. borrachín.
cachaço.- *(kaschasu)* s. Pop. cogote.
cachalote.- *(kaschalotchi)* s. cachalote.
cachê.- *(kaschê)* s. pagamento que un actor recibe por participar en representación teatral, película, etc. / pagamento hecho a cualquier persona que se presenta en espectáculos, programas de televisión, conferencias, etc.
cacheado.- *(kaschiadu)* adj. ensortijado, rizado.
cachear.- *(kaschiar)* v. ensortijar, rizar.
cachecol.- *(kaschicóu)* s. bufanda.
cachimbada.- *(kaschimbada)* v. acto de aspirar el humo de la pipa.
cachimbar.- *(kaschimbar)* v. fumar en pipa o en cachimba.
cachimbo.- *(kaschimbu)* s. cachimba, pipa.
cacho.- *(kaschimbu)* s. racimo. / tirabuzón.
cachoeira.- *(kaschuêra)* s. cascada, salto.
cachola.- *(kaschóla)* s. Pop. cabeza.
cachorra.- *(kaschôr'a)* s. perra todavía joven. / Fig. mujer de mal genio; mujer desvergonzada, libertina, cínica.
cachorrada.- *(kaschor'ada)* s. bando de perros. / canallada.
cachorro.- *(kaschôr'u)* s. perro.
cachorro-quente.- *(caschcôr'u quentchi)* s. perrito caliente.
cacique.- *(kasiqui)* s. cacique, morubixaba.
caco.- *(kaku)* s. fragmento de porcelana rota. / cosa sin valor. / persona vieja, enferma.
caçoada.- *(kasuada)* s. chacota.
caçoar.- *(kasuar)* v. bromear.
cacoete.- *(kakuetchi)* s. tic nervioso, hábito, manía.
cacofonia.- *(kakofonía)* s. cacofonía.
cacto.- *(káktu)* s. cacto, cactus.
caçula.- *(kasula)* s. Bras. hijo más joven, benjamín.
cada.- *(kada)* pron. cada.
cadafalso.- *(kadafausu)* s. cadalso, patíbulo.
cadarço.- *(kadarsu)* s. hiladillo, cordón.
cadastrar.- *(kadastrar)* v. cadastrar.
cadastro.- *(kadastru)* s. catastro, denso, padrón.
cadáver.- *(kadáv'er)* s. cadáver, cuerpo muerto.
cadavérico.- *(kadav'éricu)* adj. cadavérico.
cadeado.- *(kadjiadu)* s. candado.
cadeia.- *(kadêia)* s. cadena. / Fig. secuencia de personas, objetos, palabras, etc. / prisión.
cadeira.- *(cadêra)* s. silla, asiento. / disciplina o materia de un curso.
cadeiras.- *(kadêras)* s. caderas.
cadeirinha.- *(kadêriña)* s. palanquín.
cadela.- *(kadéla)* s. perra.
cadência.- *(kadênsia)* s. cadencia.
cadente.- *(kadentchi)* adj. cadente.
caderneta.- *(kadernêta)* s. cuadernillo, libreta de anotaciones, o ahorro.
caderno.- *(kadérnu)* s. cuaderno. / partes del periódico, cuyas hojas constituyen una unidad; suplemento.
cadete.- *(kadêtchi)* s. cadete.
cádmio.- *(kádmiu)* s. cadmio.
caducar.- *(kadukar)* v. caducar; envejecer, chochear.
caducidade.- *(kadusidadji)* s. caducidad.
caduco.- *(kaduku)* adj. caduco. / viejo, chocho.
caduquice.- *(kaduquisi)* s. propio de persona caduca
cafajeste.- *(kafajhestchi)* s. Bras. ordinario, bellaco.
café.- *(kafé)* s. café. / establecimiento donde se toma café y otras bebidas.
café-concerto.- *(kafé konsertu)* s. café concierto.
cafeicultura.- *(kafeikuutura)* s. cultivo del café.
cafeína.- *(kafeína)* s. cafeína.
cafetã.- *(kafetã)* s. chilaba.
cafetão.- *(kafetãu)* s. chulo, el que vive a costa de prostitutas; proxeneta.
cafeteira.- *(kafetêra)* s. cafetera.
cafeteria.- *(kafetêra)* cafetería.
cafeeiro.- *(kafeêiru)* s. planta del café.
cafezal.- *(kafez'au)* s. cafetal.
cafezinho.- *(kaféz'iñu)* s. Bras. café servido en pequeñas tazas.
cáfila.- *(kafila)* s. cáfila, gran cantidad de camellos que transportan mercancías, caravana. / Fig. chusma, pandilla.
cafona.- *(kafona)* adj. persona de mal gusto y con pretensiones, hortera.
cafonice.- *(kafonisi)* s. horterada.
cafua.- *(kafúa)* s. antro, escondrijo. / habitación miserable.
cafundó.- *(kafundó)* s. Bras. lugar yermo y apartado, de acceso difícil.
cafuné.- *(kafuné)* s. Bras. acto de rascar levemente la cabeza de alguien.
cafuzo.- *(kafuz'u)* s. mestizo de negro con indio.

cágado.- *(kágadu)* s. galápago, tortuga.
cagar.- *(kagar)* v. defecar.
caiar.- *(kalar)* v. blanquear, encalar, enjalbegar.
cãibra.- *(kãibra)* s. Med. calambre.
caiçara.- *(kaisara)* s. Bras. cerca hecha de palos. / patán del litoral paulista.
caído.- *(kaídu)* s. abatido. / Bras. enamorado.
caimão.- *(kaimãu)* s. caimán.
caimento.- *(kaimentu)* s. inclinación, queda.
caipira.- *(kaipira)* s. Bras. patán, campesino poco instruído y modos rústicos y desgarbados.
caipirada.- *(kaipirada)* s. Bras. grupo de patanes. / acción o actitudes de patán.
caipirinha.- *(kaipiriña)* s. bebida preparada con lima en rodajas o macerada, azúcar y hielo, batidos con aguardiente de melaza y caipiriña.
caipora.- *(kaipora)* s. Bras. ente fantástico de la mitología tupí, representado, de diversas formas. / persona que da o tiene mala suerte, gafe.
caiporismo.- *(kaiporismu)* s. Bras. mala suerte o infelicidad constante.
cair.- *(kair)* v. caer. / ser retirado del poder, ser vítima de engaño, broma. / ocurrir en determinada época.
cais.- *(kais)* s. andén, muelle.
caixa.- *(kaischa)* s. caja. / persona que trabaja en la caja de un banco.
caixa-d'água.- *(kaischa dágua)* s. depósito de agua.
caixão.- *(kaischãu)* s. caja grande, ataúd, esquife, féretro.
caixeiro.- *(kaschêru)* s. empleado de una tienda. / entregador de las compras.
caixilho.- *(kaischillu)* s. bastidor, marco.
caixote.- *(kaschótchi)* s. pequeña y tosca.
cajado.- *(kajhadu)* s. báculo, cayado.
cal.- *(kau)* s. cal.
calaboiço.- *(kalaboisu)* s. calabozo.
calabouço.- *(kalabôsu)* s. calabozo, prisión, cárcel.
calada.- *(kalada)* s. callada, silencio absoluto.
calado.- *(kaladu)* adj. callado, que habla poco. / s. calado, parte sumergida del barco.
calafate.- *(kalafatchi)* s. persona que calafatea.
calafetar.- *(kalafetar)* v. calafetar, atascar, obstruir; tapar agujeros o grietas para que no entre aire en las casas.
calafrio.- *(kalafríu)* s. Med. escalofrío.
calamidade.- *(kalamidadji)* s. calamidad, gran desgracia, catástrofe.
calamitoso.- *(kalamitoz'u)* adj. calamitoso, catastrófico.
calão.- *(kalãu)* s. jerga caracterizada por el uso de términos bajos y groseros.
calar.- *(kalar)* v. callar, enmudecer. / 2ª v. introducir la bayoneta en el fusil.
calça.- *(kausa)* s. pantalón, braga.
calçada.- *(kausada)* s. acera, vereda.
calçadeira.- *(kalsadêra)* s. calzador.
calçado.- *(kausadu)* s. bota, calzado, zapato.
calçamento.- *(kausamentu)* s. pavimento, empedrado (de las calles).
calcanhar.- *(kalkañar)* s. talón, calcañar.
calção.- *(kausãu)* s. calzón, bañador de hombre, shorts.
calcar.- *(kalkar)* v. apisonar, hollar, pisotear.
calçar.- *(kalsar)* v. empedrar, pavimentar, calzarse los zapatos, los guantes y los pantalones. Poner cuña.
calcário.- *(kalkáriu)* adj. calcario, calizo.
calceiro.- *(kausêru)* s. aquel que hace pantalones.
calceta.- *(kauseta)* s. grillete. / hombre condenado a trabajos forzados.
calcificação.- *(kalsifikasãu)* s. Med. calcificación.
calcificar.- *(kausificar)* v. calcificar.
calcinar.- *(kausinar)* v. calcinar.
calcinhas.- *(kausiñas)* s. pl. bragas.
cálcio.- *(káusiu)* s. calcio.
calço.- *(kausu)* s. calzo, cuña, calce, traba.
calçudo.- *(kausudu)* adj. que tiene pantalones muy largos. / se dice del ave cuyas piernas son cubiertas de plumas.
calculadora.- *(kaukuladôra)* s. calculadora, máquina para calcular.
calcular.- *(kaukular)* v. calcular, computar, contar, evaluar. / imaginar, conjeturar.
calculável.- *(kaukuláv'eu)* adj. calculable, computable.
calculista.- *(kaukulista)* adj. calculista.
cálculo.- *(káukulu)* s. cálculo, cuenta, cómputo. / Med. cálculo (piedra de la vesícula, de la vejiga).
calda.- *(káuda)* s. almíbar.
caldear.- *(kaudjiar)* v. caldear, poner el hierro candente. / soldar, ligar metales en brasa. / Fig. mestizar.
caldeira.- *(kaudêra)* s. caldera, vajilla grande para calentar agua.
caldeirão.- *(kaudêrãu)* s. olla grande y alta, caldero. / excavación que las aguas hacen en las rocas, en la cual se encuentra oro y diamantes.
caldeirinha.- *(kaudêriña)* s. pila de agua bendita.
caldo.- *(kaudu)* s. caldo, sopa. / Bras. zumo de frutos de ciertas plantas. / Bras. chapuzón forzado que se da, generalmente como broma, a quien está nadando, aguadilla.
calefação.- *(kalefasãu)* s. calefacción.
calidoscópio.- *(kalidoskópiu)* s. calidoscopio.
calejado.- *(kalejhadu)* adj. Fig. experimentado.
calejar.- *(kalejhar)* v. encallecer, hacerse insensible.
calendário.- *(kalendáriu)* s. calendario.
calendas.- *(kalendas)* s. pl. el primer día de cada mes romano, en la antigüedad.
calha.- *(kalla)* s. canalón.
calhamaço.- *(kallamasu)* s. libro grande y viejo. / Pey. persona fea y regordeta.
calhambeque.- *(kallambequi)* s. barco viejo y que no inspira confianza. / coche viejo.
calhar.- *(kallar)* v. intr. venir a tiempo, ser oportuno, acontecer.
calhorda.- *(kallorda)* s. persona despreciable.
calibrador.- *(kalibrador)* s. instrumento para calibrar.
calibrar.- *(kalibrar)* v. calibrar. / Bras. dar la conveniente presión de aire (a la cámara, neumático, etc.).

cálice.- *(kalisi)* s. cáliz; taza pequeña para vinos, licores y / u otras bebidas.
cálido.- *(kálidu)* adj. cálido, caliente. / ardiente, apasionado.
calidoscópio.- *(kalidoscópiu)* s. calidoscopio.
califa.- *(kalifa)* s. califa.
califado.- *(kalifadu)* s. califato.
caligrafia.- *(kaligrafía)* s. caligrafía.
calígrafo.- *(kalígrafu)* s. calígrafo.
calista.- *(kalista)* s. callista, pedicuro.
calma.- *(kauma)* s. gran calor atmosférico, en general sin viento. / calma, serenidad, sosiego.
calmante.- *(kaumantchi)* adj. calmante, sedante.
calmaria.- *(kaumaría)* s. calma, cesación del viento. / gran calor sin viento
calmo.- *(kalmo)* adj. calmo, pacífico, sereno, sosegado, tranquilo.
calo.- *(kaumu)* s. callo, callosidad.
caló.- *(kaulu)* s. jerga, lengua hablada por los gitanos en España, Portugal y Brasil. / gitano, geringonca. Insertar después de calo.
calombo.- *(kalombu)* s. Bras. chichón, bulto.
calor.- *(kalor)* s. calor, ardor. / animación, vivacidad. / cordialidad.
calorento.- *(kalorentu)* adj. acalorado, caluroso; lugar donde hace calor.
caloria.- *(kaloría)* s. caloría.
calórico.- *(kalóricu)* adj. calórico.
calorífero.- *(kaloríferu)* adj. calorífero.
calorífico.- *(kalorífiku)* adj. calorífico.
caloroso.- *(kaloroz'u)* adj. caluroso, cordial, afable.
calote.- *(kalótchi)* s. deuda intencionadamente no pagada. / estafa.
caloteiro.- *(kalotêru)* adj. estafador, tramposo.
calouro.- *(kalôru)* s. estudiante novato, aprendiz, novato, inexperimentado, novicio en cualquier cosa.
calúnia.- *(kalúnia)* s. calumnia, difamación.
caluniar.- *(kalúniar)* v. calumniar, difamar.
calva.- *(kauv'a)* s. calva.
calvário.- *(kauv'áriu)* s. calvario.
calvície.- *(kalv'ísii)* s. calvicie.
calvinismo.- *(kauv'inismu)* s. calvinismo, protestantismo.
calvo.- *(kauv'u)* adj. calvo.
cama.- *(kama)* s. cama, lecho.
camada.- *(kamada)* s. camada, capa. / estrato, clase.
camafeu.- *(kamafêu)* s. camafeo.
camaleão.- *(kamaliu)* s. camaleón.
câmara.- *(kámara)* s. habitación, cámara, reservado.
camarada.- *(kamarada)* s. camarada, amigo, compañero.
camaradagem.- *(kamaradaghen)* s. camaradería.
camarão.- *(kamarãu)* s. camarón, gamba.
camareira.- *(kamarêra)* s. criada en las habitaciones de hoteles y barcos de pasajeros.
camareiro.- *(kamarêru)* s. Bras. criado en las habitaciones de hoteles y barcos de pasajeros.
camarilha.- *(kamarilla)* s. camarilla.
camarim.- *(kamarín)* s. camarín, camerino.
camarote.- *(kamarótchi)* s. palco de un teatro, camarote en los barcos.
camaroteiro.- *(kamarotêru)* s. criado en los camarotes de los barcos.
cambada.- *(kambada)* s. porción de objetos colgados en alguna cosa. / Fig. grupo de malhechores, canallas, indeseables.
cambado.- *(kambadu)* adj. torcido de un lado.
cambaio.- *(kambáiu)* adj. zambo.
cambalacho.- *(kambalaschu)* s. cambalache.
cambalhota. *(kamballóta)* s. voltereta.
cambalear.- *(kambaliar)* v. tambalearse. / caminar sin firmeza.
cambial.- *(kambiau)* adj. relativo a cambio de monedas.
cambiante.- *(kambiantchi)* adj. cambiante, que cambia de color, color indeciso, dudoso.
cambiar.- *(kambiar)* vt. cambiar, trocar monedas. / v. intr. cambiar gradualmente de color.
câmbio.- *(kâmbiu)* s. cambio, trueque. / Econ. cambio y venta de monedas extranjeras.
cambista.- *(kambista)* s. persona que negocia monedas extranjeras, persona que vende ingresos en la reventa, fuera de las ventanillas.
cambito.- *(kambitu)* s. pierna de cerdo, pierna fina.
cambraia.- *(kambráia)* s. cambray, tejido muy fino de lino o algodón.
cameleiro.- *(kamelêru)* s. camellero, conductor de camellos.
camélia.- *(kamélia)* s. camelia.
camelô.- *(kamelô)* s. mercader que vende sus mercancías en las calles, vendedor ambulante.
camelo.- *(kamêlu)* s. camello.
câmera.- *(kâmera)* s. máquina de fotos, cámara de filmar.
caminhada.- *(kamiñada)* s. caminata.
caminhante.- *(kamiñantchi)* s. caminante, transeúnte.
caminhão.- *(kamiñãu)* s. camión.
caminhar.- *(kamiñar)* v. andar, caminar. / progresar, avanzar.
caminheiro.- *(kamiñêru)* s. caminante.
caminho.- *(kamiñu)* s. camino, recorrido, rumbo, senda, trayecto, vía.
caminhoneiro.- *(kamiñonêru)* s. camionero.
caminhonete.- *(kamiñotechi)* s. camioneta.
camisa.- *(kamiz'u)* s. camisa. / envoltorio incandescente de ciertas luces o linternas.
camisa-de-força.- *(kamiz'a dji fôrsa)* s. camisa de fuerza.
camisa-de-vênus.- *(kamiz'a dji v'enus)* s. preservativo. / V. **camisinha**.
camisinha.- *(kamisiña)* s. preservativo.
camiseta.- *(kamisêta)* s. camiseta.
camisola.- *(kamiz'óla)* s. Bras. camisón. / P. jersey.
camomila.- *(kamomila)* s. camomila, manzanilla.
camorra.- *(kamôr'a)* s. asociación de malhechores, mafia, camorra.
campainha.- *(kampaiña)* s. campanilla, timbre.
campana.- *(kampana)* s. campana.
campanário.- *(kampanáriu)* s. campanario
campanha.- *(kampaña)* s. campaña.
campeão.- *(kampiãu)* s. campeón.

campeonato.- *(kampionatu)* s. campeonato.
campesino.- *(kampez'inu)* adj. campestre.
campestre.- adj. bucólico, campestre, campesino.
campina.- *(kampina)* s. campiña.
campo.- *(kampu)* s. campo, terreno, área. / Inform. epígrafe o grupo en un archivo o informe. / Fís. campo magnético, campo de fuerza.
camponês.- *(kamponês)* s. campesino.
campônio.- *(kampôniu)* s. camponés; campesino, a veces usado como despreciativo.
camuflagem.- *(kamuflaghen)* s. camuflaje.
camuflar.- *(kamuflar)* v. camuflar.
camundongo.- *(kamundongu)* s. Bras. ratón doméstico.
camurça.- *(kamursa)* s. gamuza; especie de antílope.
cana.- *(kaña)* s. caña, tallo. / 2ª s. V. **cana-de-açúcar**.
cana-de-açúcar.- *(kaña dji asúcar)* s. Bras. caña, planta gramínea.
canadense.-*(kanadensi)* adj. canadiense.
canal.- *(kanau)* s. canal, conducto, ramal. / Automat. cualquier camino por el cual se puede transmitir una comunicación.
canalete.- *(kanaletchi)* s. pequeño canal, hijuela.
canalha.- *(kanalla)* s. canalla, miserable.
canalização.- *(kanaliz'asãu)* s. canalización, fontanería.
canalizar.- *(kanaliz'ar)* v. canalizar.
canapé.- *(kanapé)* s. canapé, especie de sofá.
canapê.- *(kanapê)* s. pequeña rebanada de pan, sobre la cual se unta alguna crema o se pone un trozo de tomate, huevo u otro alimento y se sirve como aperitivo, canapé.
canário.- *(kanáriu)* s. canario.
canastra.- *(kanastra)* s. canasta: caja ancha y poco alta, de listones de madera flexible, revestida de cuero, canasta (juego de naipes).
canastrão.- *(kanastrãu)* s. canasta grande. / Bras. cierta raza de cerdos. / Arg. actor mediocre.
canavial.- *(kanav'iau)* s. cañaveral.
canavieiro.- *(kanav'iêru)* s. plantador de caña.
canção.- *(kansãu)* s. canción.
cancela.- *(kanséla)* s. barrera, cancela, verja.
cancelamento.- *(kanselamentu)* s. cancelación.
cancelar.- *(kanselar)* v. anular, cancelar.
câncer.- *(kânser)* s. Med. cáncer. / Astrol. cáncer.
canceriano.- *(kanserianu)* s. individuo nacido bajo el signo de cáncer.
cancerígeno.- *(kanseríjhenu)* adj. cancerígeno,
canceroso.- *(kanseroz'u)* adj. canceroso.
cancha.- *(kanscha)* s. cancha.
cancioneiro.- *(kansionêru)* s. cancionero.
cancro.- *(kancru)* s. P. cancro, cáncer.
candango.- *(kandangu)* s. designación que los africanos daban a los portugueses. / obrero de las grandes obras de construcción de Brasília, capital de Brasil, en general venidos del N.E. / cualquiera de los primeros habitantes de Brasília.
candeeiro.- *(kandjiêru)* s. candelero, quinqué.
candeia.- *(kandêia)* s. candela, candil.
candelabro.- *(kandelabru)* s. candelabro.
candente.- *(kandentchi)* adj. abrasador, candente.
candidatar-se.- *(kandjitatarsi)* v. proponerse como candidato.
candidato.- *(kandjidatu)* s. candidato.
candidatura.- *(kandjidatura)* s. candidatura.
cândido.- *(kândjidu)* adj. albo, inmaculado.
candomblé.- *(kandomblé)* s. Bras. la religión de los negros iorubas.
candonga.- *(kandonga)* s. cariño fingido, adulación. / intriga, cotilleo.
candura.- *(kandura)* s. candor, candidez.
caneca.- *(kanéka)* s. especie de vaso con asa, de vidrio o de cerámica, para beber café, té, vino o cerveza. / jarra.
caneco.- *(kaneku)* s. jarra estrecha y larga.
canela.- *(kanela)* s. canela. / 2ª s. Parte de la pierna que va de la rodilla hasta el pie.
canelada.- *(kanelada)* s. golpe con la pierna.
caneta.- *(kanêta)* s. portaplumas.
caneta-tinteiro.- *(kanêta tchintêru)* s. pluma.
cânfora.- *(kânfora)* s. alcanfor.
canga.- *(kanga)* s. yugo, canga.
cangaceiro.- *(kangasêru)* adj. Bras. malhechor.
cangalhas.- *(kangallas)* s. pl. angarillas.
cangote.- *(kangotchi)* s. cogote.
canguru.- *(kangurú)* s. canguro.
cânhamo.- *(kâñamu)* s. cañamazo.
canhão.- *(kañãu)* s. cañón.
canhota.- *(kañóta)* s. la mano izquierda.
canhoto.- *(kañotu)* adj. zurdo. / Bras. parte no destacable de ciertos talonarios, como el de cheques.
canibal.- *(kanibáu)* s. caníbal, antropófago.
canibalismo.- *(kanibalismu)* s. antropofagia, canibalismo.
caniço.- *(kanisu)* s.cañizo.
canícula.- *(kanícula)* s. canícula.
canil.- *(kaniu)* s. perrera.
canino.- *(kaninu)* adj. canino.
canivete.- *(kaniv'étchi)* s. navaja pequeña de bolsillo.
canja.- *(kanjha)* s. caldo de gallina con arroz.
canjica.- *(kanjhica)* s. Bras. papilla de maíz verde rallado con leche, azúcar y canela. / maíz blanco cocido y aliñado con leche de coco.
cano.- *(kanu)* s. caño, conducto, tubería. / parte tubular de bota o guante.
canoa.- *(kanôa)* s. batel, canoa.
canoeiro.- *(kanoêru)* s. canoero.
cânon.- *(kânon)* s. canon, regia.
cânone.- *(kânone)* s. cánon.
canônico.- *(kanôniku)* adj. canónico.
canonizar.- *(kanoniz'ar)* v. canonizar, enaltecer, consagrar.
cansaço.- *(kansasu)* s. cansancio, fatiga, languidez, rendimiento.
cansado.- *(kansadu)* adj. cansado, exhausto, laso, lánguido.
cansar.- *(kansar)* v. aburrir, cansar, fatigar.
cansativo.- *(kansatchiv'u)* adj. exhaustivo, fatigoso.
canseira.- *(kansêra)* s. cansancio.

cantada.- *(kantada)* s. canto. / Pop. conversación llena de maña con la cual se intenta seducir a alguien.
cantante.- *(kantantchi)* adj. cantante. / propio para cantar.
cantão.- *(kantãu)* s. cantón.
cantar.- *(kantar)* v. cantar, entonar.
cantaria.- *(kantaría)* s. cantera.
cântaro.- *(kântaru)* s. cántaro.
cantarolar.- *(kantarolar)* vt. e vintr. tararear.
cantata.- *(kantata)* s. cantata.
canteiro.- *(kantêru)* s. cantero, pedrero. / porción delimitada de terreno cultivado de plantas.
cântico.- *(kântchiku)* s. cántico, himno, salmo. / oda, poema.
cantiga.- *(kantchiga)* s. canción, cantiga. / Pop. conversación llena de astucia.
cantil.- *(kantchiu)* s. cantimplora.
cantilena.- *(kantchilena)* s. cantiga suave o monótona.
cantina.- *(kantchina)* s. bar, cantina en escuelas, cuarteles.
canto.- *(kantu)* s. canto, cántico. / poesía lírica, canción. / 2ª s. lugar apartado, rincón.
cantoneira.- *(kantonêra)* s. balda colgada en un rincón de la pared.
cantor.- *(kantor)* s. cantor, vocalista. / poeta que celebra un gran acontecimiento o un héroe.
cantoria.- *(kantoría)* s. canto.
canudinho.- *(kanudjiño)* s. pajita.
canudo.- *(kanudu)* s. tubo, cañuto, paja para beber; tirabuzón (del cabello), pliegue almidonado formando cañón. / Pop. contratiempo, contrariedad.
canutilho.- *(kanutchillu)* s. un tipo de abalorio.
cão.- *(kãu)* s. perro.
caoba.- *(kaoba)* s. caoba.
caolho.- *(kaôllu)* adj. tuerto.
caos.- *(kaus)* s. caos. / desorden, confusión.
caótico.- *(kaótchiku)* adj. caótico.
cão-tinhoso.- *(kãu tchiñôz'u)* s. el demonio.
capa.- *(kapa)* s. capa, forro que se pone en los libros para adornarlos y / o protegerlos, cubierta. / *s.* la letra *k*, la décima letra del alfabeto griego.
capacete.- *(kapasetchi)* s. casco.
capacho.- *(kapaschu)* s. felpudo. Individuo servil, adulador.
capacidade.- *(kapasidadji)* s. capacidad, facultad, habilidad, suficiencia.
capacitação.- *(kapasitasãu)* s. capacitación.
capacitado.- *(kapasitadu)* adj. capacitado.
capacitar.- *(kapasitar)* v. capacitar. / convencerse, persuadirse.
capado.- *(kapadu)* adj. capado, castrado.
capadócio.- *(kapadósiu)* adj. y s. natural de la Capadocia (Turquía); aquel que tiene actitudes de canalla o es tramposo.
capanga.- *(kapanga)* s. Bras. bolso pequeño que se usa colgada del hombro. / pequeño bolso usado sobretodo por hombre. / s. guardaespaldas.
capão.- *(kapãu)* s. capón.
capar.- *(kapar)* v. capar, castrar.
capataz.- *(kapatas)* s. capataz, mayoral.
capaz.- *(kapas)* adj. capaz, hábil, idóneo, suficiente.
capcioso.- *(kapsioz'u)* adj. capcioso.
capela.- *(kapela)* s. capilla, ermita.
capelão.- *(kapelãu)* s. capellán.
capenga.- *(kapenga)* adj. Bras. cojo.
capengar.- *(kapengar)* v. Bras. cojear.
capeta.- *(kapêta)* s. Bras. diablo, travieso.
capilar.- *(kapilar)* adj. capilar, fino como un cabello. / vaso capilar.
capim.- *(kapín)* s. Bras. capín, pasto, hierba mala.
capinar.- *(kapinar)* v. Bras. arrancar el capín con la azada.
capinzal.- *(kapinz'au)* s. terreno donde crece el capín.
capital.- *(kapitau)* adj. capital.
capital.- *(kapitau)* s. capital, dinero.
capitalismo.- *(kapitalismu)* s. capitalismo.
capitalista.- *(kapitalista)* adj. capitalista.
capitalização.- *(kapitaliz'asãu)* s. capitalización.
capitalizar.- *(kapitaliz'ar)* v. capitalizar.
capitanear.- *(kapitaniar)* v. comandar, gobernar.
capitania.- *(kapitanía)* s. capitanía. *Capitania hereditária: cada una de las primeras divisiones administrativas de Brasil.
capitão.- *(kapitãu)* s. capitán.
capitão-do-mato.- *(kapitãu du matu)* s. individuo que se dedicaba a la captura de esclavos huídos.
capitel.- *(kapitéu)* s. capitel. / 2ª s. Arq. capitel, chapitel. / capacete del alambique.
capitulação.- *(kapitulasãu)* s. capitulación.
capitular.- *(kapitular)* v. capitular. / v. intr. rendirse. transigir, ceder. / adj. capitular.
capítulo.- *(kapítulu)* s. capítulo.
capivara.- *(kapiv'ara)* s. Bras. el mayor de los roedores actuales.
capixaba.- *(kapischaba)* s. Bras. del estado de Espírito Santo.
capô.- *(kapô)* s. cobertura metálica, móvil, para proteger el motor de los coches.
capoeira.- *(kapoêra)* s. Bras. terreno donde la tierra ha sido arrancada y / o quemada para ser cultivada o para otro fin. / mezla de juego atlético, danza y arte marcial, con un sistema de ataque y defensa de carácter individual, originario de la lucha por la libertad de los esclavos negros africanos en Brasil. / gallinero, jaula para capones.
capota.- *(kapota)* s. capota.
capotar.- *(kapotar)* v. capotar.
capote.- *(kapótchi)* s. capote, abrigo, gabán.
caprichar.- *(kaprischar)* vt. y refl. esmerar(se), obstinar(se).
capricho.- *(kaprischu)* s. antojo, capricho, fantasía, manía.
caprichoso.- *(kaprischôz'u)* adj. caprichoso.
capricorniano.- *(kaprikornianu)* s. individuo nacido bajo el signo de Capricornio.
capricórnio.- *(kaprikóriu)* s. capricornio.
caprino.- *(kaprinu)* s. caprino.
cápsula.- *(kápsula)* s. cápsula. / astron. cápsula.

captação.- *(kaptasãu)* s. captación.
captar.- *(kaptar)* v. captar, atraer, aprender, comprender.
captura.- *(kaptura)* s. captura, apresamiento.
capturar.- *(kapturar)* v. apresar, aprisionar, capturar.
capuchinho.- *(kapuschiñu)* s. capuchino.
capulho.- *(kapullu)* s. la cápsula del algodonero.
capuz.- *(kapus)* s. caperuza, capucha.
caquético.- *(kaquétchiku)* adj. aquel que sufre de desnutrición profunda.
caquexia.- *(kaqueschía)* s. estado de desnutrición profunda.
cáqui.- *(káqui)* adj. caqui, color del barro.
caqui.- *(káqui)* s. Bras. caqui, árbol frutal, fruto.
cara.- *(kara)* s. cara, faz, figura, rostro, semblante. / aspecto, aire. / osadía, valor. / Arg. individuo, sujeto, tío.
carabina.- *(karabina)* s. carabina.
carabineiro.- *(karabinêru)* s. carabinero.
caracol.- *(karakóu)* s. caracol.
caracteres.- *(karacteris)* s. pl. caracteres. / señales usadas en la escritura. / elementos identificadores de persona o cosa.
característica.- *(karakterístchika)* s. característica.
característico.- *(karakterístchiku)* adj. característico, sintomático, típico.
caracterizar.- *(karakteriz'ar)* v. caracterizar, distinguirse.
cara-de-pau.- *(kara dji páu)* s. Bras. caradura.
caradura.- *(karadura)* adj. Bras. caradura, sinvergüenza.
caramanchão.- *(karamanschãu)* s. emparrado del jardín.
caramba.- *(karamba)* interj. caramba, caray. / designa admiración, impaciencia o ironía.
carambola.- *(karambóla)* s. carambola, fruto. / 2ª s. pelota roja del billar. / empate de una pelota de billar sobre otras dos, sucesivamente.
caramelizar.- *(karameliz'ar)* v. acaramelar.
caramelo.- *(karamélu)* s. caramelo del azúcar quemado, caramelo un poco pegajoso.
cara-metade.- *(kara metadji)* s. la esposa en relación al marido.
caramujo.- *(karamujhu)* s. caramujo, escaramujo. / Bras. individuo muy raro.
caranguejo.- *(karanguêjhu)* s. cangrejo.
carantonha.- *(karantoña)* s. cara grande y fea.
carão.- *(karãu)* s. reprensión, censura, reprimenda dirigida a niños.
carapaça.- *(karapasa)* s. coraza, caparazón.
carapau.- *(karapáu)* s. boquerón.
carapinha.- *(karapiña)* s. el pelo crespo de los negros.
carapuça.- *(karapusa)* s. caperuza, capuz.
caratê.- *(karatê)* s. karate.
caráter.- *(karáter)* s. forma que se da a la letra escrita o impresa, carácter. / genio, humor, temperamento. / firmeza de actitud.
caravana.- *(karav'ana)* s. caravana.
caravela.- *(karav'éla)* s. carabela.
carboneto.- *(karbonêtu)* s. carburo.
carbônico.- *(karbôniku)* adj. carbónico.
carbonífero.- *(karboníferu)* adj. carbonífero.
carbonização.- *(karboniz'asãu)* s. carbonización.
carbonizar.- *(karboniz'ar)* v. carbonizar.
carbono.- *(karbonu)* s. carbono.
carbúnculo.- *(karbúnkulu)* s. Med. carbúnculo.
carburação.- *(karburasãu)* s. carburación.
carburador.- *(karburador)* s. carburador.
carburante.- *(karburantchi)* s. carburante.
carburar.- *(karburar)* v. carburar.
carcaça.- *(karkása)* s. carcasa, estructura. / casco viejo de barco.
carcerário.- *(karserároiu)* s. carcelario.
cárcere.- *(kársere)* s. prisión, cautiverio, cárcel.
carcereiro.- *(karserêru)* s. carcelero.
carcinoma.- *(karsinoma)* s. carcinoma.
carcoma.- *(karkoma)* s. carcoma.
carcomer.- *(karkomer)* v. carcomer, deshacer como la carcoma, arruinar.
carda.- *(karda)* s. Tec. máquina que desenreda y limpia fibras textiles.
cardápio.- *(kardápiu)* s. carta, menú.
cardar.- *(kardar)* v. cardar.
cardeal.- *(kardjiáu)* adj. cardinal, punto cardinal.
cardeal.- *(kardjiáu)* s. cardenal. / Bras. pájaro con parte del cuerpo roja.
cardíaco.- *(kardjíaku)* adj. cardíaco. / s. enfermo del corazón.
cardinal.- *(kardjináu)* adj. cardinal, principal.
cardiologia.- *(kardjiologhía)* s. cardiología.
cardiologista.- *(kardjiolojhista)* s. cardiólogo.
cardiólogo.- *(karkjiólogu)* s. cardiólogo.
cardo.- *(kardu)* s. cardo.
cardume.- *(kardumi)* s. cardumen, cardume, banco de peces. / multitud de cosas. / montón, enjambre, aglomeración.
careca.- *(karéka)* s. calva.
carecer.- *(kareser)* v. carecer, necesitar.
careiro.- *(karêru)* adj. carero, que vende caro.
carência.- *(karênsia)* s. carencia, necesidad, privación.
carente.- *(karentchi)* adj. carente.
carestia.- *(karistchía)* s. carestía.
careta.- *(karêta)* s. careta, gesto, mohín. / adj. Bras. Arg. se dice del individuo anticuado. / carca.
caretice.- *(karetchisi)* s. Bras. Arg. propio de careta.
carga.- *(karka)* s. carga, cargamento, gravamen.
carga-d'água.- *(karga dágua)* s. lluvia muy fuerte.
cargas-d'água.- *(kargas dáguas)* s. pl. Pop. motivo ignorado y / o misterioso.
cargo.- *(kargu)* s. responsabilidad, obligación. / cargo, empleo, función, puesto.
cargueiro.- *karguêru)* s. carguero.
cariar.- *(kariar)* v. cariar, cariarse.
caribenho.- *(karibeñu)* adj. caribeño.
caricato.- *(karikatu)* adj. caricaturesco, ridículo, burlesco.
caricatura.- *(karikatura)* s. caricatura.
caricaturar.- *(karikaturar)* v. caricaturar.
caricaturista.- *(karikaturista)* s. caricaturista, dibujante de caricaturas.

carícia.- *(karísia)* s. caricia, halago, cariño.
caridade.- *(karidadji)* s. caridad.
caridoso.- *(karidoz'u)* adj. caridoso, caritativo.
cárie.- *(kárii)* s. caries.
caril.- *(kariu)* s. caril. / salsa de varias especias, polvo compuesto de diferentes especias mezcladas, principalmente de azafrán.
carimbar.- *(karimbar)* v. sellar. / 2ª v. sellar, marcar, señalar; / Fig. germ. reprobar.
carimbo.- *(karimbu)* s. timbre, sello.
carinho.- *(kariñu)* s. cariño, halago, mimo, caricia.
carinhoso.- *(kariñoz'u)* adj. cariñoso.
carioca.- *(karióka)* adj. Bras. natural de Rio de Janeiro.
carisma.- *(karisma)* s. carisma.
carismático.- *(karismátchiku)* adj. carismático.
caritativo.- *(karitatchiv'u)* adj. caritativo.
cariz.- *(karis)* s. cariz, semblante, aspecto.
carma.- *(karma)* s. karma.
carmelita.- *(karmelita)* s. y adj. carmelita, de la Orden del Carmen.
carmesim.- *(karmez'in)* adj. carmesí.
carmim.- *(karmín)* s. carmín.
carnação.- *(karnasãu)* s. representación del cuerpo humano desnudo en su color natural.
carnal.- *(karnáu)* adj. carnal. / sensual, lascivo, consanguíneo.
carnaval.- *(karnav'áu)* s. carnaval.
carnavalesco.- *(karnav'alesku)* adj. carnavalesco.
carnê.- *(karnê)* s. libreta de apuntes. / bloc con las guías de pagos a prestación.
carne.- *(karni)* s. carne.
carne-de-sol.- *(karni dji sóu)* s. Bras. Carne salada y secada al sol.
carnição.- *(karnisãu)* s. zona central, purulenta y endurecida de tumores.
carneiro.- *(karnêru)* s. carnero. / osario, sepultura.
carne-seca.- *(karne sêka)* s. Bras. charque.
carniça.- *(karnisa)* s. carroña.
carniceiro.- *(karnisêru)* adj. carnívoro. / s. carnicero.
carnificina.- *(karnifisina)* s. carnicería, mortandad, masacre.
carnívoro.- *(karnív'oru)* adj. carnívoro.
carnudo.- *(karnudu)* adj. carnoso.
caro.- *(karu)* adj. caro, costoso. / querido, amado.
caroço.- *(karôsu)* s. carozo, hueso de las frutas. / Pop. erupción o tumor cutáneo.
carola.- *(karóla)* adj. persona que frecuenta mucho la iglesia, beato.
carona.- *(karôna)* s. Bras. autoestop. / s. el que hace autoestop.
carótida.- *(karótchida)* s. Anat. carótida.
carpa.- *(karpa)* s. carpa, pez de agua dulce.
carpete.- *(karpétchi)* s. moqueta.
carpideira.- *(karpidêra)* s. plañidera.
carpintaria.- *(karpintaría)* s. carpintería.
carpinteiro.- *(karpintêru)* s. carpintero.
carpir.- *(karpir)* v. carpir, plañir. / v. intr. lamentarse.
carpo.- *(karpu)* s. Anat. carpo.
carranca.- *(kar'anka)* s. carranca de proa. / semblante sombrío.
carrancudo.- *(kar'ankudu)* adj. ceñudo.
carrapato.- *(kar'apatu)* s.garrapata.
carrasco.- *(kar'asku)* s. verdugo, algoz. / hombre cruel.
carreata.- *(kar'iata)* s. Pop. manifestación pública en que gran número de vehículos se mueven en conjunto por la ciudad, con fines conmemorativos, políticos, etc.
carregação.- *(kar'egasãu)*s. carga.
carregado.- *(kar'egadu)* adj. cargado, lleno, pesado. / 2ª adj. lleno. / se dice de la atmósfera cuando presenta espesas nubes oscuras que anuncian tempestad; tiempo cargado. / sombrío.
carregador.- *(kar'egador)* s. cargador.
carregamento.- *(kar'egamentu)* s. carga, cargamento.
carregar.- *(kar'egar)* v. cargar, poner carga en, llevar, transportar, llevar consigo / impregnar; cargar un arma; cargar de electricidad; cargar las tintas. / Inform. copiar un programa para la memoria RAM con el objeto de ejecutarlo.
carreira.- *(kar'êra)* s. carrera veloz, pasos rápidos; carrera de caballos, ruta o rumbo de un barco, línea o recorrido de un tren, etc. / profesión, modo de vida. / hilera, fila, línea de puntos en el punto, ganchillo o bordado. / raya en el pelo. / el decurso de la existencia.
carreta.- *(kar'êta)* s. carreta.
carreteiro.- *(kar'erêru)* s. carretero.
carretel.- *(kar'etéu)* s. carretel de hilo, de cinta, de alambre, etc.
carretilha.- *(kar'etchilla)* s. instrumento con rueda dentada usado para cortar la masa de pasteles y para marcar el diseño de una pieza de ropa que se va a cortar. / pequeña roldana, polea. / broca de herrero. / carretilla.
carril.- *(kar'iu)* s. marca dejada por las marcas de un coche. / P. carril del tren.
carrilhão.- *(kar'illãu)* s. carrillón.
carrinho.- *(kar'iñu)* s. cochecito para transporta bebés o niños pequeños.
carro.- *(kar'u)* s. carro, coche.
carroça.- *(kar'ósa)* s. carroza.
carroçaria.- *(kar'osaría)* s. carrocería; parte trasera de los camiones destinada a la carga.
carrocinha.- *(kar'ósiña)* s. Bras. carrito de dos ruedas equipado para la venta de palomitas, maíz verde cocido, etc. / vehículo acondicionado para recoger los perros vagabundos.
carrossel.- *(kas'oséu)* s. tiovivo.
carruagem.- *(kar'uajhen)* s. carruaje, diligencia.
carta.- *(karta)* s. carta, epístola, misiva, pliego. / menú. / carta de naipes.
cartão.- *(kartãu)* s. cartón. / tarjeta de presentación. Tarjeta de crédito. / Inform. cartón magnético.
cartão-postal.- *(kartãu postáu)* s. postal.
cartas.- *(kartas)* s. pl. baraja, juego de cartas.
cartaz.- *(kartás)* s. cartel, rótulo. / Bras. fama, popularidad.
cartear.- *(kartchiar)* v. jugar a las cartas. / P. corresponderse por carta.
carteira.- *(kartêra)* s. billetera, cartera; pupitre;
carteiro.- *(kartêru)* s. cartero.
cartel.- *(kartéu)* s. Econ. acuerdo entre empresas

independendientes para actuar coordinadamente, especialmente en el sentido de restringir la competencia y elevar los precios.

cartela.- *(kartela)* s. Man. muestrario portátil de artículos de mercería, etc. / Bras. tira de papel prensada que contiene fichas de teléfono para la venta.

cartilagem.- *(kartchilajen)* s. cartílago.

cartilaginoso.- *(kartchilajhinoz'u)* adj. cartilaginoso.

cartilha.- *(kartchilla)* s. abecedario, cartilla.

cartógrafo.- *(kartógrafu)* s. cartógrafo.

cartograria.- *(kartografía)* s. cartografía.

cartola.- *(kartola)* s. sombrero de copa alta; / Bras. individuo de posición social elevada que desprecia las opiniones y tendencias populares.

cartolina.- *(kartolina)* s. cartulina.

cartomancia.- *(kartomânsia)* s. cartomancia.

cartório.- *(kartóriu)* s. notaría.

cartucheira.- *(kartuschêra)* s. cartuchera.

cartucho.- *(kartuscu)* s. cartucho.

cartuxa.- *(kartuscha)* s. orden religiosa de los cartujos.

cartuxo.- *(kartuschu)* s. cartujo.

caruncho.- *(karunschu)* s. carcoma; polilla.

carvalho.- *(karv'allu)* s. encina, roble.

carvão.- *(karv'ãu)* s. carbón, hulla. / carboncillo.

carvoaria.- *(karv'uaría)* s. carbonería.

carvoeiro.- *(karv'uêru)* s. carbonero.

cãs.- *(kãs)* s. pl. canas.

casa.- *(kaz'a)* s. aposento, casa, posada, solar. / hogar, familia. / establecimiento, empresa. / ojal para botones.

casaca.- *(kaz'aka)* s. casaca.

casacão.- *(kaz'akãu)* s. abrigo largo y amplio, mantón.

casaco.- *(kaz'aku)* s. abrigo.

casado.- *(kaz'adu)* adj. e s. casado.

casadouro.- *(kaz'adôru)* adj. en edad de casarse.

casa-grande.- *(kaz'a grandji)* s. Bras. en la época del Brasil colonial e imperial, casa señorial, de la fábrica de azúcar o de hacienda. / casa del propietario de la fábrica de azúcar o de la hacienda.

casal.- *(kaz'áu)* s. pareja.

casamenteiro.- *(kaz'amentêru)* adj. celestino, casamentero.

casamento.- *(kaz'amentu)* s. casamiento, boda, matrimonio, nupcias.

casar.- *(kaz'ar)* vt. casar, desposar.

casarão.- *(kaz'arãu)* s. caserón.

casario.- *(kaz'aríu)* s. aglomeración de casas.

casca.- *(kaska)* s. corteza, cáscara. / apariencia, exterioridad.

cascalho.- *(kaskallu)* s. cascajo, cascote, grava, guijo, morrillo, rocalla.

cascão.- *(kaskãu)* s. cascarón, costra. / costra de suciedad o de herida.

cascata.- *(kaskata)* s. cascada, salto. / Bras. Arg. mentira, charlatanería.

cascateiro.- *(kaskatêru)* adj. embustero.

cascavel.- *(kaskav'éu)* s. cascabel, sonajero. / s. cobra venenosa, con una especie de sonajero en la punta de la cola. / Fig. mujer de mal genio.

casco.- *(kasku)* s. cuero cabelludo. / Bras. casco; casco de los paquidermos, del caballo; botella vacía. / Fig. inteligencia, cabeza.

cascudo.- *(kaskudu)* adj. que tiene el cascarón grueso o piel dura.

cascudo.- *(kaskudu)* s. coscorrón.

casear.- *(kaz'iar)* v. abrir y poner ojales en la ropa.

casebre.- *(kaz'ébri)* s. casucha.

caseiro.- *(kaz'êru)* adj. casero. / persona casera. / s. casero.

caserna.- *(kaz'erna)* s. habitación de soldado dentro del cuartel. / cuartel.

casimira.- *(kaz'emira)* s. casimir.

casinha.- *(kaz'iña)* s. casita. / puesto de carabineros. / Pop. letrina.

casmurro.- *(kasmur'u)* adj. cazurro, testarudo.

caso.- *(kaz'u)* s. caso, acontecimiento, suceso, cuento. / Bras. relación amorosa, apaño, lío, rollo.

casório.- *(kaz'óriu)* s. Pop. casorio, casamiento.

caspa.- *(kaspa)* s. caspa.

caspento.- *(kaspentu)* adj. casposo.

cáspite.- *(káspite)* interj. cáspita.

casposo.- *(kasposu)* adj. casposo.

casquento.- *(kasquentu)* adj. que tiene cascarón grueso.

casquinha.- *(kasquiña)* s. cáscara fina. / Bras. cucurucho de masa de bizcocho para helado.

cassa.- *(kasa)* s. gasa, muselina.

cassação.- *(kasasãu)* s. For. casación, anulación.

cassar.- *(kasar)* v. casar, anular licencia, autorización, derechos políticos, etc.

cassete.- *(kasétchi)* s. cinta casete.

cassino.- *(kasinu)* s. casino.

casta.- *(kasta)* s. casta, raza, calidad.

castanha.- *(kastaña)* s. castaña.

castanheiro.- *(kastañêru)* s. castaño.

castanho.- *(kastañu)* adj. castaño.

castanholas.- *(kastañólas)* s. pl. castañuelas.

castelhano.- *(kastellanu)* adj. castellano. / s. Bras de Uruguay o de Argentina. / s. la lengua española. / Bras. natural o habitante de Uruguay o de Argentina.

castelo.- *(kastillu)* s. castillo.

castiçal.- *(kastisáu)* s. bujía, candelabro, candelero.

castiço.- *(kastisu)* adj. castizo.

castidade.- *(kastidadji)* s. castidad, virginidad.

castigar.- *(kastigar)* v. castigar, condenar, escarmentar, flagelar, infligir, mortificar, pegar, penalizar.

castigo.- *(kastchigu)* s. castigo, flagelo, pena, penitencia, venganza, zurra.

casto.- *(kastu)* adj. casto, puro, púdico.

castor.- *(kastor)* s. castor.

castração.- *(kastrasãu)* s. castración.

castrar.- *(kastrar)* v. capar, castrar.

castrense.- *(kastrensi)* adj. castrense.

casual.- *(kaz'uáu)* adj. accidental, casual, eventual, fortuito.

casualidade.- *(kaz'ualidadji)* s. acaso, azar, casualidad.

casulo.- *(kaz'ulu)* s. alvéolo, capullo.

cata.- *(kata)* s. búsqueda. / Bras. excavación para la minería. *À cata de: en busca de.

cataclismo.- *(kataklismu)* s. cataclismo.
catacumba.- *(katakumba)* s. catacumba, sepultura.
catalão.- *(katalãu)* adj. catalán.
catalepsia.- *(katalepsía)* s. catalepsia.
catalisador.- *(kataliz'ador)* adj. catalizador.
catálise.- *(katáliz'i)* s. Fís. y Quím. catálisis.
catalogação.- *(katalogasãu)* s. catalogación.
catalogar.- *(katalogar)* s. catalogar, ordenar.
catálogo.- *(katálogu)* s. catálogo, lista, nomenclatura, índice.
cataplasma.- *(kataplasma)* s. cataplasma.
catapora.- *(katapóra)* s. Bras. Pop. varicela.
catapulta.- *(katapulta)* s. catapulta.
catar.- *(katar)* v. catar, buscar. / examinar de uno en uno. / buscar piojos, pulgas, matándolos.
catarata.- *(katarata)* s. salto grande de agua, catarata. / Med. catarata.
catarreira.- *(katar'êra)* s. mucho catarro.
catarrento.- *(katar'entu)* adj. catarroso.
catarro.- *(katar'u)* s. Med. catarro, resfriado.
catarse.- *(katarz'i)* s. catarsis.
catástrofe.- *(katástrofi)* s. catástrofe, hecatombe.
cata-vento.- *(kata v'entu)* s. molinete, veleta, molino de viento.
catecismo.- *(katesismu)* s. catecisino.
cátedra.- *(kátedra)* s. cátedra.
catedral.- *(katedráu)* s. catedral.
catedrático.- *(katedrátchiku)* s. catedrático.
categoria.- *(kategoría)* s. categoría, clase, condición, escalón, posición, rango.
categórico.- *(kategóriku)* adj. categórico.
catequizar.- *(katequiz'ar)* v. catequizar. / procurar convencer
caterva.- *(katerv'a)* s. caterva. / multitud de personas, animales o cosas, chusma, pandilla, cuadrilla.
cateter.- *(kateter)* s. catéter, sonda.
cateterismo.- *(kateterismu)* s. cateterismo, sondeo.
cateto.- *(katetu)* s. cateto.
catimplora.- *(katchimplóra)* s. vaso de metal para entriar el agua.
catinga.- *(katinga)* s. Bras. hedor, mal olor.
catingar.- *(katingar)* v. Bras. oler mal.
catingoso.- *(katingôz'u)* adj. Bras. que huele mal.
catingueiro.- *(katinguêru)* adj. Bras. se dice de, o habitante de la catinga.
cativante.- *(katchiv'antchi)* adj. cautivador, atrayente.
cativar.- *(katchiv'ar)* v. cautivar, encantar, seducir. / P. enamorarse.
cativo.- *(katchiv'u)* adj. cautivo, prisionero de guerra. / esclavo.
catolicismo.- *(katolisismu)* s. catolicismo.
católico.- *(katóliku)* adj. católico.
catorze.- *(katorz'i)* num. catorce.
catre.- *(katri)* s. catre.
caução.- *(kausãu)* s. cautela, precaución. / aval, caución.
caucho.- *(káuschu)* s. caucho, árbol de las artocarpáceas cuyo látex es inferior.
cauda.- *(kauda)* s. cola, rabo. / la parte del vestido que se arrastra detrás.
caudal.- *(kaudáu)* s. caudal, raudal. / adj. caudaloso.
caudaloso.- *(kaudalôz'u)* adj. caudaloso, abundante.
caudilho.- *(kaudjillu)* s. caudillo.
caule.- *(kauli)* s. Bot. tallo, tronco.
causa.- *(kauz'a)* s. causa, fundamento, motivo, porqué.
causal.- *(kauz'áu)* adj. causal.
causalidade.- *(kauz'alidadji)* s. causalidad.
causar.- *(kauz'ar)* v. causar, motivar, ocasionar, originar.
cáustico.- *(kauz'ástchiku)* adj. cáustico.
cautela.- *(kautéla)* s. cautela, precaución, prudencia, recato. Resguardo.
cauteloso.- *(kauteloz'u)* adj. cauteloso, prudente, reservado.
cautério.- *(kautériu)* adj. cauterio.
cauterização.- *(kauter'iz'asãu)* s. cauterización.
cauto.- *(kautu)* adj. cauteloso.
cava.- *(kav'a)* s. operación de cavar. / cava en la ropa.
cavação.- *(kav'asãu)* s. cavadura. / negocio o empleo conseguido por protección. / negocio ilícito.
cavaco.- *(kav'aku)* s. conversación, charla amistosa y entretenida. /contrariedad pasajera. / *dar o cavaco: dar muestras de enfado por parte de quien es burlado o contrariado. / *dar o cavaco por: gustar mucho de, beber los vientos por. / 2ª. s. V. **bate-papo.** muestras de enfado por parte de quien es burlado o contrariado, contrariedad pasajera.
cavala.- *(kav'ala)* s. pez caballa.
cavalar.- *(kav'alar)* adj. caballar.
cavalaria.- *(kav'alaría)* s. caballería.
cavalariça.- *(kav'alarisa)* s. caballeriza.
cavalheiresco.- *(kav'allerêsku)* adj. caballeresco.
cavaleiro.- *(kav'alêru)* s. jinete, hombre noble, paladino.
cavalete.- *(kav'alêtchi)* s. caballete, borriqueta.
cavalgada.- *(kav'algada)* s. cabalgada.
cavalgadura.- *(kav'algadura)* s. cabalgadura.
cavalgar.- *(kav'algar)* v. cabalgar.
cavalheirismo.- *(kav'allerismu)* s. caballerosidad.
cavalheiro.- *(kav'allêru)* adj. caballero.
cavalo.- *(kav'alu)* s. caballo. / hombre muy grosero, o poco inteligente. / caballo del juego de ajedrez.
cavalo-marinho.- *(kav'alu mariñu)* s. caballo marino
cavanhaque.- *(kav'añáqui)* s. perilla.
cavaquinho.- *(kav'aquiñu)* s. pequeña guitarra de cuatro cuerda simples.
cavar.- *(kav'ar)* v. ahuecar, cavar, excavar. / esforzarse por adquirir algo. / Bras. luchar duramente por la subsistencia.
caveira.- *(kav'êra)* s. calavera.
caverna.- *(kav'erna)* s. caverna. / Med. excavación ulcerosa del pulmón.
cavernoso.- *(kav'ernôz'u)* adj. cavernoso.
caviar.- *(kav'iar)* s. caviar.
cavidade.- *(kav'idakji)* s. cavidad, agujero.
cavilação.- *(kav'ilasãu)* s. cavilación, ardid, astucia.
cavilar.- *(kav'ilar)* v. cavilar.
cavilha.- *(kav'illa)* s. clavija.

cavo.- *(kav'u)* adj. hueco, hondo, profundo, cavernoso.
cavoucar.- *(kav'ôkar)* v. e v.intr. abrir agujeros, fosas, vallas.
caxias.- *(kaschías)* adj. Bras. Pop. se dice de persona muy escrupulosa en el cumplimiento de sus deberes. / empollón.
caxumba.- *(kaschumba)* s. Bras. papera.
CD-ROM.- *(sêdêr'on)* s. Inform. CD Rom.
cê.- *(sê)* s. la letra *c*.
cear.- *(sear)* v. cenar.
cearense.- *(searense)* adj. natural de Ceará.
cebola.- *(sebôla)* s. cebolla.
cebolada.- *(sebolada)* s. salsa preparado con mucha cebolla.
cebolão.- *(sebolãu)* s. reloj antiguo, de bolsillo o de muñeca, grande, redondo y grueso.
cebolinha.- *(seboliña)* s. Bras. cebolleta.
cecear.- *(sesear)* v. sesear, pronunciar la *s*, o *z*, o *c* (antes de *e* y de *i*) y/o *x* (= s) apoyando en los dientes la punta de la lengua.
cê-cedilha.- *(sê-sedjilla)* s. c (cê) en que se pone la cedilla.
ceceio.- *(seseîu)* s. seseo.
ceder.- *(seder)* v. ceder, conceder. / desistir, transigir, no resistir, sucumbir, disminuir, cesar.
cedilha.- *(sedilla)* s. cedilla, señal gráfica (,) que, puesto bajo la *c* antes de *a, o, u*, le da el valor de *s* inicial.
cedilhar.- *(sedillar)* v. poner cedilla.
cedo.- *(sedu)* adv. temprano, pronto, de madrugada.
cedro.- *(sedru)* s. Bras. cedro.
cédula.- *(sédula)* s. cédula. / papel que representa moneda de curso legal, billete. / Bras. papel con el nombre de candidato a cargo electivo, voto, papeleta.
cefaléia.- *(sefaléia)* s. Med. cefalea, jaqueca.
cegar.- *(segar)* v. cegar. / quitar el corte de un cuchillo, navaja, tijeras, etc. / v. intr. perder la vista.
cegas.- *(ségas)* el. s. pl. us. en la loc. *às cegas (*as ségas*) a ciegas
cego.- *(ségu)* adj. ciego.
cegonha.- *(segôña)* s. cigüeña.
cegueira.- *(seguêra)* s. ceguera.
ceia.- *(seia)* s. cena. / la última cena de Cristo con sus discípulos: la Santa Cena. / cena de Navidad.
ceifa.- *(seifa)* s. siega.
ceifeira.- *(seifêra)* s. máquina de segar, segadora, mujer que siega.
ceifar.- *(seifar)* v. segar. / quitar la vida.
cela.- *(séla)* s. celda.
celebrar.- *(selebrar)* v. celebrar. / rezar misa.
célebre.- *(sélebri)* adj. afamado, célebre, famoso, ilustre, insigne, renombrado, sonado.
celebridade.- *(selebridadji)* s. celebridad, renombre, reputación.
celebrizar.- *(selebriz'ar)* v. festejar, conmemorar.
celeiro.- *(selêru)* s. granero, hórreo, silo.
célere.- *(séleri)* adj. célere, veloz, ligero.
celeste.- *(selestchi)* adj. celeste, sublime, divino, celestial.
celestial.- *(selestchiáu)* adj. celestial, celeste.
celeuma.- *(selêuma)* s. gritería, vocerío, alarma, algazara.
celibatário.- *(selibatáriu)* adj. célibe, soltero.
celibato.- *(selibatu)* s. celibato, soltería.
celofane.- *(selofani)* s. celofán.
celta.- *(séuta)* adj. e s. celta.
célula.- *(sélula)* s. Biol. célula.
celular.- *(selular)* adj. celular.
celulite.- *(selulitchi)* s. Med. celulitis.
celulóide.- *(selulóidji)* s. celuloide.
celulose.- *(selulóz'i)* s. celulosa.
cem.- *(sen)* num. cien.
cemitério.- *(semitériu)* s. camposanto, cementerio, necrópolis.
cena.- *(sena)* s. escena.
cenário.- *(senáriu)* s. escenario, telón.
cenarista.- *(senarista)* s. Bras. escenógrafo.
cenho.- *(señu)* s. ceño. / 2ª s. ceño, rostro, semblante.
cênico.- *(sêniku)* adj. escénico.
cenografia.- *(senografía)* s. escenografia.
cenógrafo.- *(senógrafu)* s. escenógrafo.
cenoira.- *(senoira)* s. zanahoria.
cenoura.- *(senôra)* s. zanahoria.
censo.- *(sensu)* s. censo, padrón.
censor.- *(sensôr)* s. censor.
censual.- *(sensuáu)* adj. relativo al censo.
censura.- *(sensura)* s. censura.
censurar.- *(sensurar)* v. censurar, reprobar, reprochar, tachar, zaherir.
censurável.- *(sensuráv'eu)* adj. censurable.
centauro.- *(sentáuru)* s. centauro.
centavo.- *(sentav'u)* s. centavo.
centeio.- *(sentêiu)* s. centeno.
centelha.- *(sentêlla)* s. centella. / inspiración.
centena.- *(sentêna)* s. centena.
centenário.- *(sentenáriu)* adj. centenario, secular. / s. centenario, cien años.
centésimo.- *(sentéz'imu)* num. centésimo. / s. céntimo, centavo..
centígrado.- *(sentígradu)* s. Fís. centígrado.
centímetro.- *(sentímetru)* s. centímetro.
cêntimo.- *(sentimu)* s. céntimo.
cento.- *(sêntu)* num. ciento, cien, centena.
centopéia.- *(sentopéia)* s. Bras. ciempiés. / Bras. Fig. mujer fea, horrorosa.
centrado.- *(sentrádu)* adj. centrado.
central.- *(sentráu)* adj. central.
centralismo.- *(sentralismu)* s. centralismo.
centralização.- *(sentraliz'asãu)* s. centralización.
centralizar.- *(sentraliz'ar)* v. centralizar, concentrar.
centrar.- *(sentrar)* v. centralizar, centrar.
centrifugar.- *(sentrifugar)* v. centrifugar.
centrífugo.- *(sentrífugu)* adj. centrífugo.
centrípeto.- *(sentrípetu)* adj. centrípeto.
centro.- *(sentru)* s. centro, centro comercial. / Fig. cualquier posición política situada entre los extremos.
centuplicar.- *(sentuplicar)* v. centuplicar.

centúria.- *(sentúria)* s. centuria.
centurião.- *(senturiãu)* s. centurión.
cepa.- *(sêpa)* s. cepa.
cepilho.- *(sepillu)* s. cepillo de carpintero.
cepo.- *(sêpu)* s. cepo.
cepticismo.- *(septicismu)* s. escepticismo.
céptico.- *(séticu)* adj. e s. escéptico.
cera.- *(sêra)* s. cera.
cerâmica.- *(serâmika)* s. cerámica.
ceramista.- *(seramista)* s. alfarero,
cerca.- *(sêrka)* s. cerca, vallado, tapia.
cercado.- *(serkadu)* adj. rodeado, sitiado.
cercadura.- *(serkadura)* s. cerca, orla, orilla.
cercanias.- *(serkania)* s. pl. cercanía, alrededores, arrabal, inmediaciones.
cercar.- *(serkar)* v. cercar, circundar. / sitiar, asediar.
cercear.- *(sersiar)* v. cercenar, restringir, limitar.
cerco.- *(sêrku)* s. asedio, bloqueo, cerco.
cerda.- *(sêrda)* s. crin, pelo más espeso e resistente de los cerdos de monte y otros animales.
cerdo.- *(serdu)* s. cerdo.
cereal.- *(sereáu)* s. cereal.
cerealista.- *(serealista)* s. cerealista.
cerebelo.- *(seebêlu)* s. Anat. cerebelo.
cerebral.- *(serebráu)* adj. cerebral.
cérebro.- *(sérebru)* s. Anat. cerebro. / inteligencia, intelecto.
cereja.- *(serejha)* s. cereza, fruto.
cerejeira.- *(serejhêra)* s. cerezo, árbol.
cerimônia.- *(serimônia)* s. ceremonia.
cerimonial.- *(serimoniáu)* s. ceremonial.
cerimonioso.- *(serimoniôz'u)* adj. ceremonioso.
cerne.- *(serni)* s. Bot. meollo de un tronco de árbol. / Fig. la parte más esencial y / o la más íntima, centro, núcleo.
ceroulas.- *(sirôla)* s. pl. calzoncillos largos.
cerração.- *(ser'asãu)* s. cerrazón, niebla.
cerrado.- *(ser'adu)* s. Bras. tipo de vegetación caracterizada por árboles bajos, retorcidos y de corteza gruesa. / adj. cerrado, denso, espeso, compacto. / unido, apretado.
cerrar.- *(ser'ar)* v. cerrar, tapar, vedar, juntar, ocultar. / cubrirse de nubes.
cerro.- *(sêr'u)* s. cerro, otero, colina.
certa.- *(serta)* el. s. Us. en la loc. *na certa. / con seguridad, sin duda.
certâmen.- *(sertâmen)* s. certamen.
certeiro.- *(sertêru)* adj. certero, cierto.
certeza.- *(sertêz'a)* s. certeza, convicción, evidencia, fe, seguridad.
certidão.- *(sertchidãu)* s. certificación, atestado.
certificado.- *(sertchifikadu)* s. certificado.
certificar.- *(sertchifikar)* v. afirmar, aseverar, atestar, cerciorar, certificar, confirmar.
certo.- *(sértu)* adj. cierto, indudable, infalible, preciso, seguro. / pron. indef. cierto, no determinado, alguno, cualquiera. / adv. cierto, con seguridad.
cerúmen.- *(serúmen)* s. cerumen.
cervantesco.- *(serv'antêsku)* adj. cervantino.
cervantino.- *(serv'antchinu)* adj. cervantesco.
cerveja.- *(serv'êjha)* s. cerveza.
cervejaria.- *(srev'ejharía)* s. cervecería.
cervical.- *(serv'ikáu)* adj. Anat. cervical.
cerviz.- *(serv'is)* s. Anat. cerviz, nuca.
cervo.- *(sérv'u)* s. ciervo, venado.
cerzir.- *(serz'ir)* v. zurcir.
cesariana.- *(sez'ariana)* s. cesárea.
cessação.- *(sesasãu)* s. cesación, cese.
cessante.- *(sesantchi)* adj. cesante.
cessão.- *(sesãu)* s. cesión.
cessar.- *(sesar)* v. abolir, cesar, parar, quedar.
cessar-fogo.- *(sesar-fogu)* s. cese de fuego.
cesta.- *(sêsta)* s. cesta, utensilio tejido de mimbre para transportar cosas.
cesto.- *(sêstu)* s. cesto, cesta pequeña.
cetáceo.- *(setásiu)* s. e adj. cetáceo.
cetim.- *(setín)* s. satén.
cetinoso.- *(setinoz'u)* adj. suave como el satén.
cetro.- *(sétru)* s. cetro. / poder real.
céu.- *(séu)* s. cielo, firmamento.
céus.- *(séus)* inter. designa sorpresa o dolor. / ¡cielo santo!
ceva.- *(sév'a)* s. ceba.
cevada.- *(sev'ada)* s. cebada.
cevar.- *(sev'ar)* v. alimentar, nutrir, cebar, engordar. / satisfacer, saciar. / P. saciarse.
chá.- *(schá)* s. té.
chacal.- *(schakáu)* s. chacal.
chácara.- *(schákara)* s. Bras. chacra, quinta, rancho.
chacareiro.- *(schakarêru)* s. Bras. administrador de chacra.
chacina.- *(schasina)* s. masacre, matanza.
chacinar.- *(schasinar)* v. masacrar, matar, asesinar.
chacota.- *(schakóta)* s. chacota, burla.
chafariz.- *(schafarís)* s. chafariz, fuente.
chaga.- *(schaga)* s. herida, llaga, pústula, úlcera.
chagar.- *(schagar)* v. llagar.
chalé.- *(schalé)* s. chalet (sobretodo de madera).
chaleira.- *(schalêra)* s. tetera. / Bras. aquel que adula, que mima.
chaleirar.- *(schalêrar)* vt. Bras. adular, mimar.
chama.- *(schama)* s. llama, lumbre. / claridad intensa.
chamada.- *(schamada)* s. llamada, llamamiento.
chamado.- *(schamadu)* adj. llamado.
chamar.- *(schamar)* v. llamar, apelar, denominar, evocar, invocar. / P. tener por nombre.
chamariz.- *(schamarís)* s. reclamo, chamariz.
chá-mate.- *(schá matchi)* s. Bras. mate.
chamativo.- *(schamatchiv'u)* adj. Bras. llamativo, vistoso.
chambre.- *(schambri)* s. bata.
chamego.- *(schamêgu)* s. Bras. excitación para actos libidinosos. / amistad íntima, apego, pasión violenta.
chamejante.- *(schamejhantchi)* adj. llameante.
chamejar.- *(schamejhar)* v. llamear, arder.
chaminé.- *(schaminé)* s. tubo de humo, chimenea
champanha.- *(schampaña)* s. champán.
champanhe.- *(schampañi)* s. champán.
chamuscar.- *(schamuskar)* v. e p. chamuscar.
chance.- *(schansi)* s. chance, oportunidad, ocasión favorable.
chancela.- *(schancela)* s. rúbrica gravada en un sello.

chancelaria.- *(schansilleria)* s. cancillería.
chanceler.- *(schanseler)* s. canciller.
chanchada.- *(schanschada)* s. Bras. obras, película, espectáculo sin valor, lleno de recursos de mal gusto, de humor vulgar.
chanfradura.- *(schanfradura)* s. bisel, chaflanada.
chanfrar.- *(schanfrar)* v. biselar, chaflanar.
chantagear.- *(schantagiar)* v. chantajear, extorsionar.
chantagem.- *(schantagem)* s. chantaje.
chantagista.- *(schantagista)* adj. chantajista.
chão.- *(schãu)* adj. llano, liso, sencillo, sin adornos. / tranquilo, sereno. / llano, sincero, franco.
chapa.- *(schapa)* s. chapa, lámina, plancha.
chapada.- *(schapada)* s. altiplanicie.
chapadão.-*(schapadãu)* s. Bras. altiplanicie extensa.
chapado.- *(schapadu)* adj. chapado. / Pop. rematado, completo, perfecto, redomado.
chapar.- *(schatar)* v. chapar, chapear, marcar. / P. caerse extendido en el suelo.
chapeado.- *(schapeadu)* adj. enchapado, laminado.
chapelaria.- s. sombrerería.
chapeleira.- *(schapelêra)* s. sombrerera.
chapeleiro.- *(schapelêru)* s. sombrerero.
chapéu.- *(schapéu)* s. sombrero. / paraguas, sombrilla.
chapéu-de-chuva.- *(schapeú dji schuv'a)* s. paraguas.
chapéu-de-sol.- *(schapéu dji sóu)* s. Bras. sombrilla, quitasol.
chapinhar.- *(schapiñar)* v. chapotear, salpicar.
charada.- *(scharada)* s. charada, enigma.
charanga.- *(scharanga)* s. charanga.
charco.- *(scharku)* s. charco, lodazal.
charlatão.- *(scharlatãu)* s. charlatán, embaucador, embustero.
charme.- *(scharmi)* s. atracción, encanto, simpatía.
charmoso.- *(scharmoz'u)* adj. encantador, atrayente.
charneca.- *(scharneka)* s. terreno inculto.
charrua.- *(schar'ua)* s. arado grande de hierro.
charutaria.- *(scharutaría)* s. Bras. cigarrería.
charuto.- *(scharutu)* s. cigarro, puro.
chassi.- *(schasi)* s. chasis. / estructura de acero sobre la cual se monta toda la carrocería de vehículo motorizado.
chata.- *(schata)* s. Bras. chata, barcaza.
chateação.- *(schatchiasãu)* s. aburrimiento, incordio, pesadez.
chatear.- *(schatchiar)* v. fastidiar, incordiar, molestar, enfadar, cansar.
chato.- *(schatu)* adj. chato, achatado, plano, aplastado. / Pop. desagradable, inoportuno, aburrido, pesado. / s. Bras. ladilla.
chauvinismo.- *(schôv'inismu)* s. chauvinismo.
chauvinista.- *(schôv'inista)* adj. chauvinista.
chavão.- *(schav'ãu)* s. lugar común
chave.- *(schav'i)* s. llave. / Fig. elemento decisivo.
chaveiro.- *(schav'êru)* s. persona que guarda o arregla las llaves, llavero.
chávena.- *(scháv'ena)* s. taza (sobretodo para té).
checar.- *(schekar)* v. intr. y vt. Bras. chequear, comparar, conferir, verificar, comprobar.
chefatura.- *(schefatura)* s. jefatura.
chefe.- *(schefi)* s. comandante, jefe, líder.
chefia.- *(schefia)* s. comando.
chefiar.- *(schefiar)* v. comandar, dirigir, gobernar.
chega.- *(schêga)* s. reprensión, regañina, reprimenda, rapapolvo. / interj. ¡basta!
chegada.- *(schegada)* s. advenimiento, llegada, regreso, venida.
chegado.- *(schegadu)* adj. aproximado, próximo.
chegança.- *(schegansa)* s. Bras. fiesta popular de navidad.
chegar.- *(schegar)* v. llegar, venir, alcanzar. / Bras. ser suficiente, bastar.
cheia.- *(schêia)* s. riada.
cheio.- *(schêiu)* adj. lleno, abarrotado, carnoso, henchido, pleno. / Bras. Arg. aburrido, enfadado, harto.
cheirar.- *(scherar)* v. oler, husmear, inhalar. / tener apariencia o semejanza. / agradar
cheiro.- *(schêru)* s. aroma, exhalación, olor, olor agradable, perfumado, mal olor, hedor. / indicio, vestigio. / Bras. perejil y cebolleta, juntos.
cheiroso.- *(scherôz'u)* adj. fragante, oloroso, que huele bien.
cheiro-verde.- *(schêru-v'erdji)* s. perejil y cebolleta frescos, juntos.
cheque.- *(schéqui)* s. cheque.
chiado.- *(schiadu)* s. chillido.
chiar.- *(schiadu)* v. chillar, chirriar. / Bras. Arg. protestar, reclamar.
chibata.- *(schibata)* s. vara, junco para golpear. / Bras. látigo.
chicle.- *(schicli)* s. chicle.
chiclete.- *(schiclétchi)* s. chicle.
chicória.- *(schikória)* s. achicoria.
chicotada.- *(schikotada)* s. latigazo.
chicote.- *(schikótchi)* s. azote, látigo.
chicotear.- *(schicotchiar)* v. azotar.
chicote-queimado.- *(schikotchi queimadu)* s. Bras. juego infantil en que un niño esconde un objeto que deberá ser procurado por los demás niños.
chifrada.- *(schifrada)* s. cornada.
chifre.- *(schifri)* s. asta, cuerno, gajo.
chifrudo.- *(schifrudu)* adj. Bras. cornudo. / s. Arg. cornudo.
chileno.- *(schilenu)* adj. chileno.
chilique.- *(schiliqui)* s. Pop. desmayo, síncope.
chimarrão.- *(schimar'ãu)* s. té, mate o café sin azúcar.
chinchila.- *(schinschila)* s. chinchilla.
chinela.- *(schinela)* s. zapatilla.
chinelada.- *(schinelada)* s. golpe con la chinela.
chinelo.- *(schninelu)* s. chinela, zapatilla.
chinês.- *(schinês)* adj. chino.
chimpanzé.- *(schimpanz'é)* s. zool. chimpancé.
chiquê.- *(schiquê)* s. Pop. recusa disimulada a hacer o aceptar algo.
chique.- *(schiqui)* adj. chic, elegante.
chiqueiro.- *(schiquêru)* s. pocilga. / casa inmunda.
chispa.- (schispa) s. chispa. / Fig. talento, ingenio.

chispar.- *(schispar)* v. chispear, chisporrotear.
chiste.- *(schistchi)* s. chiste.
chistoso.- *(schistoz'u)* adj. chistoso.
chita.- *(schita)* s. tejido ordinario de algodón estampado en colores.
choça.- *(schósa)* s. choza, casa más tosca que una cabaña.
chocadeira.- *(schkcadêra)* s. incubadora.
chocalhar.- *(schokallar)* v. agitar, sacudir, produciendo sonido semejante al de un cencerro.
chocalho.- *(schukallu)* s. cencerro, esquila.
chocante.- *(schokantchi)* adj. chocante, que ofende, que hiere. / interj. exprime entusiasmo, admiración o encierra gracia.
chocar.- *(schokar)* v. incubar huevos. / Bras. pensar detenidamente, planear, premeditar. / 2ª v. chocar, colisionar, impactar. / v. ofender, provocar admiración, espanto, sorpresa. / P. chocarse.
chocho.- *(schoschu)* adj. seco, hueco, vacío, vano. / insípido, sin gracia.
chocolate.- *(schokolatchi)* s. chocolate.
chocolateira.- *(schokolatêra)* s. chocolatera.
chofer.- *(schofér)* s. chófer, conductor de coche.
chope.- *(schôpi)* s. caña.
choque.- *(schóqui)* s. choque, colisión, embate, encontronazo, golpe, impacto. / shock emocional.
choradeira.- *(schoradêra)* s. llantería, lloriqueo.
choramingar.- *(schoramigar)* v. lloriquear.
chorão.- *(schorãu)* adj. llorón.
chorar.- *(schorar)* v. llorar, plañir, sollozar.
chorinho.- *(schoriñu)* s. diminutivo de choro, en general sensual y alegre.
choro.- *(schôru)* s. llanto. / Bras. función musical en que un pequeño conjunto de flautas, guitarra, vihuela pequeña de cuatro cuerdas, pandereta, creado en Río de Janeiro, a finales del siglo XIX, ejecuta valses, sambas, etc. / Bras. la música tocada por este conjunto.
choroso.- *(schorôz'u)* adj. lloroso.
choupana.- *(schopana)* s. cabaña.
choupo.- *(schôpu)* s. chopo.
chouriço.- *(schorisu)* s. chorizo, embuchado, embutido.
chover.- *(schuv'er)* v. llover. / caer, sobrevenir.
chucrute.- *(schukrutchi)* s. repollo picado y fermentado en sal.
chué.- *(schué)* adj. ordinario.
chulé.- *(schulé)* s. mal olor de los pies.
chulear.- *(schuliar)* v. sobrehilar.
chulo.- *(schulu)* adj. ordinario, grosero.
chumaço.- *(schumasu)* s. almohadilla que se pone entre el tejido del vestuario y el forro para cambiarle la forma. / algodón, gasa. / compresa, tapón.
chumbada.- *(schumbada)* s. plomada.
chumbar.- *(schumbar)* v. emplomar.
chumbo.- *(schumbu)* s. plomo.
chupada.- *(schupada)* s. acto de chupar una vez.
chupão.- *(schupãu)* adj. chupón.
chupar.- *(schupar)* v. chupar, absorber, mamar.
chupeta.- *(schupêta)* s. Bras. chupeta, chupete.
churrascaria.- *(schur'ascaría)* s. Bras. restaurante especializado en churrasco.
churrasco.- *(scur'asku)* s. Bras. churrasco, carne asada a la brasa, en pincho o sobre la parrilla.
churro.- *(schur'u)* s. churro.
chusma.- *(schusma)* s. gran cantidad de gente.
chutar.- *(schutar)* v. Bras. chutar, patear.
chute.- *(schutchi)* s. Bras. puntapié.
chuva.- *(schuv'a)* s. lluvia.
chuvada.- *(schuv'ada)* s. aguacero, golpe fuerte de lluvia.
chuveirada.- *(scuv'erada)* s. Bras. tomar una ducha rápida.
chuveiro.- *(schuv'êru)* s. ducha.
chuviscar.- *(schuv'iskar)* v. lloviznar, orvallar.
chuvisco.- *(schuv'isku)* s. llovizna, rocío.
chuvoso.- *(schuv'ozu)* adj. lluvioso, pluvioso.
cianureto.- *(sianurêtu)* s. cianuro.
ciática.- *(siátchika)* s. Med. ciática.
cibernética.- *(sibernétchika)* s. cibernética.
cicatriz.- *(sikatris)* s. cicatriz, lacra. / Fig. recuerdo doloroso.
cicatrizar.- *(sikatriz'ar)* v. cicatrizar.
cicerone.- *(siserôni)* s. cicerone.
cíclico.- *(sikliku)* adj. cíclico.
ciclismo.- *(siklismu)* s. ciclismo.
ciclista.- *(siklista)* s. ciclista.
ciclo.- *(siklu)* s. ciclo, período.
ciclone.- *(siklôni)* s. ciclón, huracán.
cicuta.- *(sikuta)* s. cicuta.
cidadania.- *(sidadanía)* s. ciudadanía.
cidadão.- *(sidadãu)* s. ciudadano. / Pop. individuo, sujeto.
cidade.- *(sidade)* s. ciudad.
cidra.- *(sidra)* s. sidra.
cidreira.- *(sidrêra)* s. cidrera.
ciência.- *(siênsia)* s. ciencia.
ciências.- *(siênsias)* s. pl. la ciencia como conjunto de disciplinas escolares e universitarias que comprende la química, física, biología, matemática, astronomía y otras.
ciente.- *(sientchi)* adj. ciente, sabio, docto. / conocedor, sabedor; instruido o notificado de una cosa.
cientificar.- *(sientchifikar)* v. dar ciencia o conocimiento de, certificar.
científico.- *(sientchifiku)* adj. científico.
cientista.- *(sientchista)* s. científico.
cifra.- *(sifra)* s. cifra, número.
cifrado.- *(sifradu)* adj. cifrado.
cifrão.- *(sifrãu)* s. señal ($) de unidades monetarias.
cifrar.- *(sifrar)* v. cifrar.
cigano.- *(siganu)* s. gitano. / hombre de vida incierta.
cigarra.- *(sigar'a)* s. chicharra, cigarra. / timbre de la puerta.
cigarreira.- *(sigar'êra)* s. pitillera.
cigarrilha.- *(sigar'illa)* s. cigarrillo enrollado en fragmento de hoja de tabaco.
cigarro.- *(sigar'u)* s. cigarrillo, pitillo, tabaco.
cilada.- *(silada)* s. celada, emboscada, trampa.
cilício.- *(silísiu)* s. cilicio.
cilindrada.- *(silindrada)* s. cilindrada.

cilíndrico.- *(silíndriku)* adj. cilíndrico.
cilindro.- *(silindru)* s. cilindro, rollo, rulo.
cílio.- *(síliu)* s. cilio, pestaña.
cima.- *(sima)* s. cima, cumbre.
cimentar.- *(simentar)* v. cimentar.
cimento.- *(simentu)* s. cemento, cimiento.
cimitarra.- *(simitar'a)* s. cimitarra.
cimo.- *(simu)* s. cima.
cinco.- *(sinku)* num. cinco.
cine.- *(sini)* s. cine.
cineasta.- *(sineasta)* s. cineasta.
cineclube.- *(sineclubi)* s. cineclub.
cinema.- *(sinema)* s. cinema, cine.
cinemateca.- *(sinemateka)* s. filmoteca, cinemateca.
cinematografia.- *(sinematografía)* s. cinematografía.
cinematógrafo.- *(sinematógrafu)* s. cinematógrafo.
cingir.- *(sinjhir)* v. abarcar, abrazar, atar, ceñir, precintar, recoger.
cínico.- *(síniku)* adj. cínico,
cinismo.- *(sinismu)* s. cinismo, desvergüenza, descaro.
cinqüenta.- *(sinküenta)* num. cincuenta.
cinqüentão.- *(sinkuentãu)* adj. e s. cincuentón.
cinqüentenário.- *(sinkuentenáriu)* s. cincuentenario.
cinta.- *(sinta)* s. cinta, faja.
cintilante.- *(sintchilantchi)* adj. centelleante.
cintilar.- *(sintchilar)* v. centellear, brillar, destellar, resplandecer.
cinto.- *(sintu)* s. cinto, cinturón.
cintura.- *(sintura)* s. cintura.
cinturão.- *(sinturãu)* s. cinturón.
cinza.- *(sinz'a)* s. ceniza.
cinzas.- *(sinz'as)* s. pl. restos mortales, cenizas.
cinzeiro.- *(sinz'êru)* s. cenicero.
cinzel.- *(sinz'éu)* s. buril, cincel, cortafrío.
cinzelar.- *(sinz'elar)* v. cincelar.
cinzento.- *(sinz'entu)* adj. ceniciento, gris.
cio.- *(siu)* s. celo.
cipó.- *(sipó)* s. Bras. liana.
cipreste.- *(siprestchi)* s. ciprés.
ciranda.- *(siranda)* s. canción y danza popular infantil. / Fig. torbellino, vorágine.
circense.- *(sirsensi)* adj. circense.
circo.- *(sirku)* s. circo.
circuito.- *(sirkuitu)* s. circuito, contorno.
circulação.- *(sirkulasãu)* s. circulación, tránsito.
circular.- *(sirkular)* adj. circular. / v. circular, rodear. / propagarse.
círculo.- *(sírkulu)* s. Geom. círculo.
circunavegar.- *(sirkunav'egar)* v. circunnavegar.
circuncidado.- *(sirkunsidadu)* adj. circuncidado
circuncidar.- *(sirkunsidar)* v. circuncidar.
circuncisão.- *(sirkunsiz'ãu)* s. circuncisión.
circunferência.- *(sirkunferênsia)* s. circunferencia.
circunflexo.- *(sirkunfleksu)* adj. Gram. acento gráfico (^) que indica sonido cerrado de la vocal. / circunflejo.
circunlóquio.- *(sirkunlóquiu)* s. circunloquio.
circunscrever.- *(sirkunskrev'er)* v. circunscribir. / limitarse, restringirse.
circunscrição.- *(sirkunskrisãu)* s. circunscripción. / división territorial.
circunspeção.- *(sirkunspesãu)* s. circunspección.
circunspecto.- *(sirkunspektu)* adj. circunspecto.
circunspeto.- *(sirkunspétu)* adj. circunspecto.
circunstância.- *(sirkunstânsia)* s. circunstancia.
circunstancial.- *(sirkunstansiáu)* adj. circunstancial.
circunstante.- *(sirkunstantchi)* adj. circunstante.
círio.- *(síriu)* s. cirio.
cirro.- *(sir'u)* s. Med. cirro.
cirrose.- *(sir'oz'i)* s. Med. cirrosis.
cirurgia.- *(sirurjhía)* s. cirugía.
cirurgião.- *(sirurjhiãu)* s. cirujano,
cirúrgico.- *(sirúrjhiku)* adj. quirúrgico.
cisalha.- *(siz'alla)* s. cizalla.
cisão.- *(siz'ãu)* s. cisión, incisión.
ciscar.- *(siskar)* v. ciscar. / Bras. lo que hace la gallina al buscar alimento.
cisco.- *(sisku)* s. cisco.
cisma.- *(sisma)* s. cisma. / Bras. obstinación, insistencia. / 2ª s. cisma. / separación del cuerpo y de la comunión de una religión.
cismar.- *(sismar)* v. cavilar, reflexionar, meditar. / Bras. sospechar, desconfiar.
cisne.- *(sisni)* s. cisne.
cisterna.- *(sisterna)* s. cisterna.
cistite.- *(sistchitchi)* s. Med. cistitis.
citação.- *(sitasãu)* s. cita, citación.
citar.- *(sitar)* v. aludir, citar, mencionar, convocar, llamar.
cítara.- *(sítara)* s. Mús. cítara.
citologia.- *(sitolojhía)* s. citología.
citoplasma.- *(sitoplasma)* s. citoplasma.
cítrico.- *(sítriku)* adj. cítrico.
ciumada.- *(siumada)* s. escena de celos.
ciúme.- *(siúmi)* s. celo, envidia.
ciumento.- *(siumenu)* adj. celoso.
cível.- *(sív'eu)* adj. del derecho civil.
cívico.- *(sív'iku)* adj. cívico.
civil.- *(siv'iul)* adj. civil.
civilidade.- *(siv'ilidadji)* s. civilidad, urbanidad.
civilização.- *(siv'iliz'asãu)* s. civilización.
civilizar.- *(siv'iliz'ar)* v. civilizar.
cizânia.- *(siz'ânia)* s. cizaña.
clã.- *(klã)* s. clan, tribu.
clamar.- *(klamar)* v. clamar, gritar.
clamor.- *(klamor)* s. alarma, clamor.
clandestinidade.- *(klandestchinidadj)* s. clandestinidad.
clandestino.- *(kandestchinu)* adj. clandestino, ilegal. / s. polizón.
claque.- *(klaqui)* s. claque.
clara.- *(klara)* s. clara del huevo.
clarabóia.- *(klarabóia)* s. claraboya.
clarão.- *(klarãu)* s. resplandor.
clarear.- *(klariar)* v. e p. clarear.
clareira.- *(klarêra)* s. claro de un bosque.
clareza.- *(klarêz'a)* s. claridad. / transparencia.
claridade.- *(klaridadji)* s. claridad, luz, blancura, albura.
clarificar.- *(klarifikar)* v. clarificar, blanquear.
clarim.- *(klarín)* s. Mús. clarín.

clarinete.- *(klarinetchi)* s. clarinete.
clarividência.- *(klariv'idênsia)* s. clarividencia.
claro.- *(karu)* adj. claro, límpido. / evidente, explícito, nítido, obvio.
classe.- *(klasi)* s. clase, aula, categoría, especie, estado, género, rango.
classicismo.- *(klasisismu)* s. clasicismo.
clássico.- *(klásiku)* adj. clásico.
classificador.- *(klasifikador)* s. clasificador, archivador.
classificar.- *(klasifikar)* v. clasificar, coordinar, encasillar, graduar.
claudicar.- *(klaudjikar)* v. claudicar, renquear.
claustro.- *(klaustru)* s. claustro.
claustrofobia.- *(klaustrofobía)* s. claustrofobia.
cláusula.- *(kláuz'ula)* s. cláusula.
clausura.- *(klauz'ura)* s. clausura, encierro.
clave.- *(klav'i)* s. Mús. clave.
clavícula.- *(klav'íkula)* s. clavícula.
clemência.- *(klemênsia)* s. clemencia.
clemente.- *(klementchi)* adj. clemente.
cleptomania.- *(kleptomanía)* s. cleptomanía.
clerical.- *(klericáu)* adj. clerical.
clérigo.- *(klérigu)* s. clerigo.
clero.- *(kléru)* s. clero.
clicar.- *(klikar)* v. Inform. apretar el botón del ratón, después de poner el cursor en el punto deseado.
clichê.- *(klischê)* s. cliché.
cliente.- *(klientchi)* s. cliente.
clientela.- *(klientela)* s. clientela.
clima.- *(klima)* s. clima.
clímax.- *(klímaks)* s. clímax.
clínica.- *(klínika)* s. clínica.
clinicar.- *(klinikar)* v. ejercer la clínica.
clínico.- *(klíniku)* s. e adj. clínico.
clipe.- *(klipi)* s. clip. / 2ª s. videoclip.
cloaca.- *(kloaka)* s. cloaca.
clone.- *(kloni)* s. Biol. clone.
clorar.- *(klorar)* vt. tratar el agua con cloro.
cloro.- *(klóru)* s. cloro.
clorofila.- *(klorofila)* s. clorofila.
clorofórmio.- *(kloroförmiu)* s. cloroformo.
clube.- *(klubi)* s. club.
coabitar.- *(koabitar)* v. cohabitar.
coação.- *(koasãu)* s. coacción.
coadjuvar.- *(koadjhuv'ar)* v. coadyuvar, ayudar, auxiliar. / v. refl. ayudarse, auxiliarse mutuamente.
coador.- *(koador)* s. colador.
coadunar.- *(koadunar)* v. y refl. coadunar, juntar, incorporar, reunir para la formación de un todo.
coagir.- *(koajhir)* v. constreñir, forzar, obligar.
coagulação.- *(koagulasãu)* s. coagulación.
coagular.- *(koagular)* v. coagular.
coágulo.- *(koágulu)* s. coágulo.
coalhada.- *(koallada)* s. cuajada.
coalhar.- *(koallar)* v. cuajar.
coalizão.- *(koaliz'ãu)* s. coalición.
coar.- *(kuar)* v. colar.
coartar.- *(koartar)* v. coartar, restringir.
coatar.- *(koatar)* v. constreñir, obligar.
co-autor.- *(kô autor)* s. coautor.
cobaia.- *(kobáia)* s. cobaya.
coberta.- *(koberta)* s. cobertura.
cobertor.- *(kobertor)* s. manta.
cobertura.- *(kobertura)* s. cobertura. / ático.
cobiça.- *(kobisa)* s. codicia.
cobiçar.- *(kobisar)* v. codiciar, ambicionar.
cobiçoso.- *(kobisôz'u)* adj. codicioso.
cobra.- *(kobra)* s. Bras. culebra, serpiente. / Fig. persona de mala índole o de mal genio. / Bras. Pop. persona experta en su arte u oficio.
cobrador.- *(kobradôr)* s. cobrador.
cobrança.- *(kobransa)* s. cobro.
cobrar.- *(kobrar)* v. cobrar, recuperar.
cobre.- *(kobri)* s. Quím. cobre.
cobres.- *(kobris)* s. pl. dinero, plata. / dinero menudo o en monedas.
cobrir.- *(kobrir)* v. cubrir, proteger, resguardarse. / disimular. / ser suficiente para. / sobreponerse a la hembra para la cópula.
coca.- *(koka)* s. coca.
coça.- *(kósa)* s. Pop. paliza. / rascamiento (acción de rascarse).
cocada.- *(kokada)* s. dulce seco de coco rallado y caramelo.
cocaína.- *(kokaína)* s. cocaína.
cocainomania.- *(kokainomanía)* s. cocainomanía.
cocainômano.- *(kokainômanu)* s. cocainómano.
cocar.- *(kokar)* s. penacho, copete de plumas.
coçar.- *(kosar)* v. rascar. / v. intr. picar. / P. rascarse a sí mismo
cócegas.- *(kósegas)* s. pl. cosquillas.
coceira.- *(kosêra)* s. picor, cosquilleo, picazón, comezón.
coche.- *(kôschi)* s. coche de caballos suntuoso.
cocheira.- *(koschêra)* s. cochera.
cocheiro.- *(koschêru)* s. cochero.
cochicar.- *(kuschischar)* v. intr. e vt. cuchichear, mur-murar, susurrar.
cochicho.- *(kuschiscu)* s. cuchicheo.
cochilar.- *(kuschilar)* v. Bras. dormitar, dar cabezadas de sueño.
cochilo.- *(kuschilu)* s. Bras. cabezada de sueño. / descuido, engaño.
cociente.- *(kosientchi)* s. Mat. cociente.
cocó.- *(kokó)* s. Bras. moño, peinado femenino en que se enrolla el pelo detrás de la cabeza.
cocô.- *(kokô)* s. Inf. Pop. caca. / *fazer cocô: hacer caca.
coco.- *(kôku)* s. coco. / Pop. cabeza.
cócoras.- *(kókoras)* el. s. Us. en la loc. *de cócoras: en cuclillas, agachado.
cocoricar.- *(kokoricar)* v. cantar el gallo.
cocorocô.- *(kokorocô)* s. Bras. quiquiriquí, canto del gallo.
cocorocó.- *(kokorokó)* s. Bras. V. **cocorocô.**
cocorote.- *(kokorótchi)* s. Bras. coscorrón, cascudo.
cocuruto.- *(kukurutu)* s. cima, cumbre. / la parte más elevada de la cabeza.
côdea.- *(kôdjia)* s. corteza, parte exterior sólida. mendrugo del pan.
códice.- *(kódjisi)* s. códice.

codificar.- *(kodjifikar)* v. codificar.
código.- *(kódjigu)* s. código. / Inform. código de programa: conjunto de instrucciones que componen un programa. / código de barras.
codorna.- *(kodórna)* s. ave brasileña semejante a la codorniz.
codorniz.- *(kodôrnis)* s. codorniz.
co-educação.- *(ko edukasãu)* s. coeducación.
coeficiente.- *(koefisientchi)* s. coeficiente.
coelheira.- *(koellêra)* s. conejera.
coelho.- *(kuellu)* s. conejo.
coentro.- *(kuentru)* s. cilantro.
coerção.- *(koersãu)* s. coerción.
coerente.- *(koerentchi)* adj. coherente, consecuente.
coesão.- *(koez'ãu)* s. cohesión.
coeso.- *(koz'u)* adj. cohesionado, adherido.
coetâneo.- *(koetâniu)* adj. coetáneo, contemporáneo.
coevo.- *(koev'u)* adj. coetáneo, coevo, contemporáneo.
coexistir.- *(koez'istchir)* v. coexistir.
cofre.- *(kófri)* s. arca, baúl, cofre, hucha.
cogitação.- *(kojhitasãu)* s. cogitación, meditación.
cogitar.- *(kojhitar)* v. cogitar, imaginar, pensar, reflexionar.
cognato.- *(kognatu)* adj. cognato, semejante, parecido. / se dice de las palabras que tienen la misma raíz.
cognitivo.- *(kognitchiv'u)* adj. cognitivo, cognoscitivo.
cognome.- *(kognomi)* s. apellido, sobrenombre, epíteto, apodo, alcuña, renombre, cognombre.
cognominar.- *(kognominar)* v. apodar, cognominar.
cognoscitivo.- *(kognositchiv'u)* adj. cognoscitivo.
cogote.- *(kogótchi)* s. Pop. nuca, cogote.
cogumelo.- *(kogumélu)* s. champiñón, hongo, seta.
coibir.- *(koibir)* v. e p. cohibir, reprimirse.
coice.- *(kôisi)* s. coz.
coifa.- *(koufa)* s. cofia.
coincidência.- *(koinsidênsia)* s. coincidencia.
coincidir.- *(koinsidir)* v. acertar, coincidir.
coiote.- *(koiotchi)* s. coyote.
coisa.- *(koiz'a)* s. cosa. / Pop. indisposición indeterminada, mal estar. / Pop. cualquier objeto. *Coisa pública: el patrimonio, los intereses del Estado.
coisa-ruim.- *(kôiz'a ruin)* s. Pop. el diablo.
coitado.- *(koitadu)* adj. e s. desgraciado, afligido, infeliz.
coito.- *(koitu)* s. coito, cópula.
cola.- *(kola)* s. cola, pegamento, engrudo. / Bras. Arg. chuleta en los exámenes.
colaboração.- *(kolaborasãu)* s. colaboración. / artículo en la prensa hecho por persona extraña a la redación.
colaborador.- *(kolaborador)* s. colaborador.
colaborar.- *(kolaborar)* v. colaborar, cooperar.
colação.- *(kolasãu)* s. colación. / concesión de título, derecho o grado. / cena ligera.
colagem.- *(kolajhen)* s. composición artística en que se emplea material (papel, tejido, etc.) sobre colado sobre una superficie.
colapso.- *(kolapsu)* s. Med. colapso. / situación anormal, grave crisis.
colar.- *(kolar)* s. collar. / 2ª v. colar, encolar, pegar. / Bras. Arg. copiar en un examen escrito.
colar.- *(kolar)* v. recibir cargo, derecho, título o grado.
colarinho.- *(kolariñu)* s. collarín.
colateral.- *(kolateráu)* adj. colateral.
colcha.- *(kouscha)* s. colcha, cubierta, sobrecama.
colchão.- *(kouschãu)* s. colchón.
colcheia.- *(kouschêia)* s. Mús. corchea.
colchete.- *(kouschêtchi)* s. corchete.
colchetes.- *(kouschêtchis)* s. corchetes, paréntesis.
colchoaria.- *(kouschoaría)* s. colchonería.
coleção.- *(kolesãu)* s. colección, compilación, conjunto.
colecionador.- *(kolesionador)* s. coleccionista.
colecionar.- *(kolesionar)* v. coleccionar.
colega.- *(kolega)* s. camarada, colega, compañero.
colegial.- *(kolejhiáu)* adj. colegial. / s. alumno.
colégio.- *(koléjhiu)* s. colegio.
coleira.- *(kolêra)* s. collar para los animales.
cólera.- *(kólera)* s. cólera, enojo, furia, furor, ira, saña. / Med. cólera.
colérico.- *(kolériku)* adj. airado, colérico.
colesterol.- *(kolesteróu)* s. Quím. colesterol.
coleta.- *(koléta)* s. colecta.
coletânea.- *(koletânia)* s. antología.
colete.- *(kolêtchi)* s. chaleco.
coletividade.- *(koletchiv'idadji)* s. colectividad.
coletivo.- *(koletchiv'u)* adj. colectivo.
coletor.- *(koletor)* adj. colector.
colheita.- *(kollêita)* s. cosecha, recolección.
colher.- *(kollêr)* v. agarrar, apañar, coger, cosechar, recolectar. / s. cuchara.
colherada.- *(kollerada)* s. cucharada.
colherzinha.- *(kullérz'iña)* s. cucharilla.
colibri.- *(kolibrí)* s. colibrí, picaflor.
cólica.- *(kólika)* s. Med. cólico.
colidir.- *(kolidjir)* vt. e v. intr. colidir, colisionar.
coligação.- *(koligasãu)* s. coligación, alianza, confederación.
coligar.- *(koligar)* v. coligar, asociar, unir.
coligir.- *(kolijhir)* v. colegir, juntar, reunir.
colina.- *(kolina)* s. colina, otero.
colírio.- *(kolíriu)* s. colirio.
colisão.- *(koliz'ãu)* s. colisión.
coliseu.- *(koliz'eu)* s. coliseo, circo.
colite.- *(kolitchi)* s. Med. colitis.
colméia.- *(koumena)* s. colmena.
colo.- *(kólu)* s. Anat. cuello, regazo.
colocação.- *(kolokasãu)* s. colocación, empleo.
colocar.- *(kolokar)* v. colocar, depositar, meter, poner, situar. / P. conseguir empleo, colocarse.
colombiano.- *(kolombianu)* adj. colombiano.
cólon.- *(kólon)* s. colon, parte del intestino grueso.
colônia.- *(kolônia)* s. colonia. / Biol. colonia.
colonial.- *(koloniáu)* adj. colonial.
colonialismo.- *(kolonialismu)* s. colonialismo.
colonização.- *(koloniz'asãu)* s. colonización.
colonizador.- *(koloniz'ador)* s. colonizador.
colonizar.- *(koloniz'ar)* v. colonizar,
colono.- *(kolônu)* s. colono, poblador de una colona.

coloquial.- *(koloquiáu)* adj. coloquial.
colóquio.- *(kolóquiu)* s. coloquio, diálogo.
coloração.- *(kolorasãu)* s. color, coloración, tonalidad.
colorau.- *(koloráu)* s. pimentón.
colorido.- *(koloridu)* adj. colorido, multicolor, pintado
colorir.- *(kolorir)* v. colorear, matizar, pigmentar, pintar.
colossal.- *(kolosáu)* adj. colosal, descomunal.
colosso.- *(kolôsu)* s. coloso.
colostro.- *(kalôstru)* s. calostro.
coluna.- *(koluna)* s. columna, pilar, columna en las páginas de un periódico o revista. / Anat. columna vertebral.
com.- *(kon)* prep. con.
coma.- *(koma)* s. cabellera, crines, melena de león. / copa de los árboles. / s. / Med. coma, enfermedad.
comadre.- *(komadri)* s. comadre. / Fam. comadrona.
comandante.- *(komandantchi)* s. comandante.
comandar.- *(komandar)* v. comandar, dirigir, governar.
comando.- *(komandu)* s. comando, mando. / Inform. comando, instrucción.
comarca.- *(komarka)* s. comarca.
comatoso.- *(komatz'u)* adj. comatoso.
combate.- *(komabatchi)* s. batalla, combate, lucha, pelea, pugna.
combatente.- *(kombatentchi)* s. combatiente.
combater.- *(kombateru)* v. batallar, combatir, guerrear, impugnar, luchar, militar.
combatividade.- *(kombatchiv'idadji)* s. combatividad.
combativo.- *(kombatchiv'u)* adj. combatible. / 2ª adj. combativo.
combinação.- *(kombinasãu)* s. combinación. / combinación (prenda de vestir femenina).
combinar.- *(kombinar)* v. combinar, concertar, conciliar, concretar, estipular, igualar, pactar. / P. estar de acuerdo. / *combinar um encontro: quedar con alguien.
comboio.- *(kombôiu)* s. vagón, convoy, tren.
combustão.- *(kombustãu)* s. combustión, ianición.
combustível.- *(kombustchív'éu)* s. combustible.
começar.- *(komesar)* v. comenzar, empezar, germinar, iniciar, principiar.
começo.- *(komêsu)* s. comienzo, inicio, origen, principio.
comédia.- *(komédjia)* s. comedia (obra o representación teatral en que predominan la sátira y el humor.
comediante.- *(komedjiantchi)* s. comediante, actor de comedia.
comedido.- *(komedjidu)* adj. comedido, moderado.
comedimento.- *(komedjimentu)* s. comedimiento, moderación.
comedir.- *(komedir)* v. comedir, moderar.
comemoração.- *(komemorasãu)* s. conmemoración, fiesta.
comemorar.- *(komemorar)* v. celebrar, conmemorar.
comenda.- *(komenda)* s. encomienda, insignia.
comendador.- *(komendador)* s. comendador.
comensal.- *(komensáu)* s. comensal.
comensurável.- *(komensuráv'eu)* adj. conmensurable.
comentar.- *(komentar)* v. comentar, criticar, analizar.
comentário.- *(komentáriu)* s. comentario, análisis.
comentarista.- *(komentarista)* s. comentarista.
comer.- *(komer)* v. comer, alimentarse. / s. comida.
comercial.- *(komersiáu)* adj. comercial, mercantil. / s. comercial, anuncio, publicidad.
comercialização.- *(komersializ'asãu)* s. comercialización.
comercializar.- *(komersializ'ar)* v. comercializar.
comerciante.- *(komersiantchi)* s. e adj. comerciante, mercader, negociante, tendero, vendedor.
comerciar.- *(komersiar)* v. comerciar, negociar.
comerciário.- *(komersiáriu)* s. empleado del comercio.
comércio.- *(komersiu)* s. comercio, tienda, comercio, tráfico.
comestíveis.- *(komérsiu)* adj. comestible. / s. víveres.
cometa.- *(komêta)* s. Astr. cometa.
cometer.- *(kometer)* v. cometer, perpetrar.
comichão.- *(komischãu)* s. comezón, escocedura, hormigueo.
comício.- *(komísiu)* s. comicio.
cômico.- *(kômiku)* adj. cómico. / s. cómico, comediante.
comida.- *(komida)* s. alimento, comida.
comigo.- *(komigu)* pron. conmigo.
comilança.- *(komilansa)* s. Bras. Pop. comilona.
comilão.- *(komilãu)* adj. comilón, glotón, tragón.
cominar.- *(kominar)* v. conminar, imponer pena, castigo.
cominho.- *(komiñu)* s. comino.
comiseração.- *(komiz'erasãu)* s. conmiseración, compasión, lástima.
comichão.- *(komischãu)* s. comezón, escocedura, hormigueo. / Fig. deseo apremiante.
comissariado.- *(komisariadu)* s. comisaría. / comisariado.
comissário.- *(komisáriu)* s. comisario. / comisario de policía.
comissionar.- *(komisionar)* v. comisionar.
comissura.- *(komisura)* s. comisura, sutura.
comitê.- *(komitê)* s.comité, comisión.
comitiva.- *(komitchiv'a)* s. comitiva, séquito.
comível.- *(komív'eu)* adj. comestible, comible.
como.- *(komu)* conj. como, así como. / adv. de que manera. / aproximadamente.
comoção.- *(komisãu)* s. conmoción, desorden, perturbación.
cômoda.- *(kômoda)* s. cómoda (mueble todo de cajones).
comodidade.- *(komodjidadji)* s. comodidad, confort, bienestar.
cômodo.- *(kômodu)* adj. confortable, cómodo. / s. habitación.
comovente.- *(komov'entchi)* adj. emocionante, emotivo.

comover.- *(komov'er)* v. conmover, emocionar, impresionar, turbar. / P. conmoverse, emocionarse.
compacto.- *(kompaktu)* adj. compacto, conciso, denso, sólido.
compadecer.- *(kompadeser)* v. compadecer. / P. compadecerse.
compadre.- *(kompadri)* s. compadre.
compaginar.- *(kompajhinar)* v. compaginar.
compaixão.- *(kompaischãu)* s. compasión, conmiseración, lástima, misericordia, pena.
companheirismo.- *(kompañerismu)* s. compañerismo.
companheiro.- *(kompañêru)* s. camarada, colega, compañero.
companhia.- *(kompañía)* s. acompañante, compañía, comitiva. / compañía, sociedad comercial.
comparação.- *(komparasãu)* s. comparación.
comparar.- *(komparar)* v. comparar, confrontar. / P. compararse, igualarse, rivalizarse.
comparável.- *(komparavel)* adj. comparable.
comparecer.- *(kompareser)* v. comparecer, presentarse.
comparecimento.- *(komparesimentu)* s. comparecencia.
comparsa.- *(komparsa)* s. actor secundario.
compartilhar.- *(kompartchillar)* v. participar, compartir, dividir, repartir.
compartimentar.- *(kompartchimentar)* s. dividir en compartimentos.
compartimento.- *(kompartchimentu)* s. compartimento, habitación, cuarto.
compassar.- *(kompasar)* v. compasar.
compassivo.- *(kompasiv'u)* adj. compasivo.
compasso.- *(kompasu)* s. Geom. compás. / Mús. compás.
compatibilidade.- *(kompatchibilidadji)* s. compatibilidad.
compatível.- *(kompatchív'eu)* adj. compatible.
compatriota.- *(kompatriota)* adj. compatriota.
compendiar.- *(kompendjiar)* v. compendiar.
compêndio.- *(kompêndjiu)* s. compendio, manual.
compenetração.- *(kompenetrasãu)* s. compenetración.
compenetrar.- *(kompenetrarsi)* v. compenetrarse.
compensação.- *(kompensasãu)* s. compensación.
compensar.- *(kompensar)* v. compensar, equilibrar. Indemnizar, resarcir, recompensar.
competência.- *(kompetênsia)* s. atribución, competencia, jurisdicción.
competente.- *(kompetentchi)* adj. competente, apto, suficiente.
competição.- *(kompetchisãu)* s. competición, torneo.
competidor.- *(kompetchidor)* s. competidor. / adj. competidor, antagonista, rival.
competir.- *(kompetchir)* v. competir, rivalizar. / competer, tocar a.
compilação.- *(kompilasãu)* s. compilación.
compilador.- *(kompilador)* s. e adj. compilador.
compilar.- *(kompilar)* v. compilar, reunir textos, recopilar.
complacência.- *(komplasênsia)* s. complacencia, benevolencia.
complacente.- *(komplasentchi)* adj. complaciente, benévolo.
compleição.- *(kompleksãu)* s. complexión.
complementar.- *(komplementar)* adj. complementario.
complementar.- *(komplementar)* v. complementar.
complemento.- *(komplementu)* s. complemento, suplemento.
completar.- *(kompletar)* v. completar, consumar, concluir, rematar.
completo.- *(komplétu)* adj. completo, acabado.
complexidade.- *(kompleksidadji)* s. complejidad.
complexo.- *(kompleksu)* adj. complejo. / s. complejo. / grupo o conjunto de cosas, hechos o circunstancias que tiene nexo entre si.
complicação.- *(komplikasãu)* s. complicación.
complicado.- *(komplikadu)* adj. complicado, intrincado.
complicar.- *(komplikar)* v. complicar, dificultar, confundir.
componente.- *(komponentchi)* adj. e s. componente.
compor.- *(kompôr)* v. componer, crear, inventar. / reconciliar, armonizar. / Mús. componer. / P. constituirse, estar compuesto.
comporta.- *(kompósta)* s. compuerta, esclusa.
comportamento.- *(komportamentu)* s. comportamiento, procedimiento.
comportar.- *(komportar)* v. comportar, permitir, admitir. / P. portarse.
composição.- *(kompoz'isãu)* s. composición, constitución, estructura, formación. / redacción.
compositor.- *(kompoz'itur)* s. compositor.
composto.- *(kompôstu)* adj. compuesto, ordenado, arreglado. / circunspecto, serio. / s. sustancia, compuesto.
compostura.- *(kompostura)* s. compostura.
compota.- *(kompóta)* s. compota.
compra.- *(kompra)* s. adquisición, compra.
comprar.- *(komprar)* v. adquirir, comprar. / sobornar. / sacar cartas de la baraja.
comprazer.- *(kompraz'er)* v. complacer. / P. regocijarse.
compreender.- *(kompriender)* v. comprender, contener en sí, abarcar. / comprender, entender, percibir.
compreensão.- *(kompreensãu)* s. comprensión.
compreensivo.- *(kompreensiv'u)* adj. comprensivo.
compressa.- *(kompresa)* s. compresa para curas.
compressor.- *(kompresor)* s. compresor.
comprido.- *(kompridu)* adj. largo, extenso. / P. alto.
comprimento.- *(komprimentu)* s. largura, longitud.
comprimido.- *(komprimidu)* adj. comprimido. / s. píldora.
comprimir.- *(komprimir)* v. comprimir, estrujar, prensar.
comprometedor.- *(komprometedor)* adj. comprometedor.
comprometer.- *(kompremeter)* v. comprometer, implicar.
compromisso.- *(komprimisu)* s. compromiso, acuerdo. / deuda a pagar.

comprovação.- *(komprovasãu)* s. comprobación.
comprovante.- *(komprov'antchi)* adj. comprobante. / s. Bras. recibo.
comprovar.- *(komprov'ar)* v. comprobar, constatar, documentar, verificar.
compulsão.- *(kompuusãu)* s. compulsión.
compulsar.- *(kompuusar)* v. compulsar, comparar documentos.
compulsória.- *(kompuusória)* s. jubilación forzada por limite de edad.
compulsório.- *(kompulsóriu)* s. obligatorio.
compunção.- *(kompuusãu)* s. compunción, pesar, contrición.
compungir.- *(kompunjhir)* v. compungir.
computação.- *(komputasãu)* s. estudio de la tecnología de proyecto y uso de ordenadores. / informática.
computador.- *(komputador)* s. Inform. ordenador, computador pessoal: portátil.
computadorizar.- *(komputadoriz'ar)* v. Inform. procesar o guardar información con el ordenador. / introducir el uso del ordenador en la resolución de un problema.
computar.- *(komputar)* v. computar, contar.
computável.- *(komputáv'eu)* adj. Inform. computable.
cômputo.- *(kômputu)* s. cómputo, enunciación.
comum.- *(komún)* adj. común, frecuente, trivial, vulgar.
comuna.- *(komuna)* s. comuna. / abrev. de comunista.
comungar.- *(komungar)* v. comulgar.
comunhão.- *(komuñãu)* s. comunión.
comunicação.- *(komunikasãu)* s. comunicación, transmisión. / mensaje.
comunicado.- *(komunikasãu)* s. comunicado.
comunicar.- *(komuinikar)* v. comunicar, noticiar, participar. / P. comunicarse, entenderse.
comunicativo.- *(komunikatchiv'u)* adj. comunicativo, expansivo.
comunidade.- *(komunidadji)* s. comunidad, corporación.
comunismo.- *(komunismu)* s. comunismo,
comunista.- *(komunista)* adj. comunista.
comunitário.- *(komunitáriu)* adj. comunitario.
comutação.- *(komutasãu)* s. conmutación.
comutar.- *(komutar)* v. conmutar.
concatenar.- *(konkatenar)* v. concatenar, encadenar.
concavidade.- *(konkav'idadji)* s. concavidad, cueva.
côncavo.- *(kônkav'u)* adj. cóncavo, hueco.
conceber.- *(konseber)* v. concebir, idear. / concebir, formarse el embrión por la fecundación del óvulo. / v. intr. ser fecundada.
conceder.- *(konseder)* v. conceder, otorgar, convenir.
conceito.- *(konseitu)* s. concepto, idea. / reputación.
conceituado.- *(konseituadu)* adj. conceptuado, concebido.
conceituar.- *(konseituar)* v. conceptuar, concebir.
concentração.- *(konsentrasãu)* s. concentración.
concentrado.- *(konsentradu)* adj. concentrado.
concentrar.- *(konsentrar)* v. concentrar, reunir, agrupar.
concêntrico.- *(konsêntriku)* adj. concéntrico.
concepção.- *(konsepsãu)* s. concepción, idea, pensamiento.
concernente.- *(konsernentchi)* adj. concerniente, pertinente.
concernir.- *(konsernir)* v. concernir.
concertar.- *(konsertar)* v. concertar, componer. / concordar, armonizar, conciliar.
concertista.- *(konsertchista)* s. concertista, solista.
concerto.- *(konsertu)* s. concierto, recital.
concessão.- *(konsesãu)* s. concesión.
concessionário.- *(konsesionáriu)* adj. concesionario.
concha.- *(konscha)* s. Mar. concha. / cazo para servir la sopa.
conchavo.- *(konschav'u)* s. conchabo, confabulación. / Bras. empleo, tarea o servicio doméstico. / ajuste. / acuerdo.
conciliábulo.- *(konsiliábulu)* s. conciliábulo.
conciliação.- *(konsiliasãu)* s. conciliación.
conciliar.- *(konsiliar)* v. acordar, conciliar, concordar.
concílio.- *(konsíliu)* s. concilio.
concisão.- *(konsiz'ãu)* s. concisión.
conciso.- *(konsiz'u)* adj. conciso, preciso, lacónico.
conclave.- *(konklav'i)* s. cónclave.
concluir.- *(konkluir)* v. concluir, deducir, finalizar, inferir terminar.
conclusão.- *(konkluz'ãu)* s. conclusión, epílogo, fin, término.
conclusivo.- *(konkluz'iv'u)* adj. conclusivo, definitivo, terminante.
concomitância.- *(konkomitânsia)* s. concomitancia, coincidencia.
concordância.- *(konkordânsia)* s. concordancia, consonancia, armonía.
concordar.- *(konkordar)* v. concordar, coincidir, ajustar.
concórdia.- *(kondórdjia)* s. concordia, paz.
concorrência.- *(konkor'ênsia)* s. concurrencia; Econ. competencia, lucha comercial.
concorrência pública.- *(konkor'entchi)* concurso público.
concorrente.- *(konkor'entchi)* adj. concurrente, competidor, rival.
concorrer.- *(konkor'er)* v. concurrir, competir. / candidatarse. / contribuir.
concorrido.- *(konkor'idu)* adj. concurrido.
concretizar.- *(konkretchiz'ar)* v. concretar, efectuar, formalizar.
concreto.- *(konkrétu)* adj. concreto. / s. Constr. hormigón.
concubina.- *(konkubina)* s. concubina.
concupiscência.- *(konkuspisênsia)* s. concupiscencia.
concursado.- *(konkursadu)* adj. se dice del individuo que es funcionario por oposición.
concursar.- *(konkursar)* v. concursar, opositar.
concurso.- *(konkursu)* s. concurso, oposición, certámen.
conde.- *(kondji)* s. conde.
condecoração.- *(kondekorasãu)* s. condecoración.

condecorar.- *(kondekorar)* v. condecorar.
condenação.- *(kondenasãu)* s. condenación, la pena impuesta.
condenado.- *(kondenadu)* adj. condenado.
condenar.- *(kondenar)*- v. condenar, detestar, reprobar, censurar. / sentenciar. / P. culparse.
condenável.- *(kondenáv'éu)* adj. condenable, imperdonable, reprobable.
condensação.- *(kondensasãu)* s. condensación.
condensador.- *(kondensador)* adj. condensador. / s. condensador de un vapor.
condensar.- *(kondensar)* v. condensar, espesar. / resumir, sintetizar. / P. condensarse
condescendência.- *(kondesendênsia)* s. condescendencia.
condescendente.- *(kondesendentchi)* adj. condescendiente.
condescender.- *(kondesender)* vt. e v. intr. condescender, consentir, transigir.
condessa.- *(kondesa)* s. condesa.
condição.- *(kondisãu)* s. condición, modo de ser, clase social. / condición que se impone.
condicional.- *(kondisionáu)* adj. condicional.
condicionamento.- *(kondjisionamentu)* s. condicionamiento.
condicionar.- *(kondjisionar)* v. imponer condiciones. / P. condicionarse, habituarse.
condigno.- *(kondjignu)* adj. condigno, merecido.
condimentar.- *(kondjimentar)* v. adobar, aliñar, condimentar.
condimento.- *(kondjimentu)* s. aderezo, aliño, condimento.
condiscípulo.- *(kondisípulu)* s. condiscípulo.
condizer.- *(kondjiz'er)* v. convenir, armonizar.
condoer.- *(kondoersi)* v. despertar compasión. / P. condolerse.
condolências.- *(kondolênsias)* s. pl. condolencias, pésame. / V. **pêsames**.
condômino.- *(kondomíniu)* s. condómino, copropietario.
condor.- *(kondôr)* s. cóndor.
condução.- *(kondusãu)* s. conducción. / Pop. medio de transporte, vehículo.
conduta.- *(kondutar)* s. conducta, comportamiento.
condutividade.- *(kondutchiv'idadji)* s. conductividad.
conduto.- *(kondutu)* s. conducto, tubería.
condutor.- *(konduto)* s. el hombre que cobra o recoge los billetes en los tranvías o trenes. / 2ª s. el que conduce. / Eletr. conductor eléctrico. / adj. conductor.
conduzir.- *(konduzir)* v. conducir, dirigir, guiar, llevar, manejar.
cone.- *(koni)* s. Geom. cono.
conectar.- *(konektar)* v. conectar.
cônego.- *(kônegu)* s. canónigo.
conexão.- *(koneksãu)* s. conexión, ligazón, nexo.
conexo.- *(koneksu)* adj. conexo.
confabular.- *(konfabular)* v. intr. e vt. confabular, conversar sobre temas misteriosos.
confecção.- *(konfeksãu)* s. confección.
confeccionar.- *(konfeksionar)* v. confeccionar.
confederação.- *(konfederasãu)* s. confederación, liga.
confederar.- *(konfederar)* v. confederar.
confeitado.- *(konfeitado)* adj. confitado.
confeitar.- *(konfeitar)* v. confitar.
confeitaria.- *(konfeitaría)* s. bollería, confitería, repostería.
confeito.- *(konfeitu)* s. confite, caramelo.
conferência.- *(konferênsia)* s. conferencia, alocución.
conferenciar.- *(konferensiar)* v. conferenciar.
conferencista.- *(konferensista)* s. conferenciante.
conferir.- *(konferir)* v. verificar. / atribuir, dar.
confessar.- *(konfesar)* v. confesar, declarar, revelar. / P. confesarse, reconocerse.
confessionário.- *(konfisionáriu)* s. confesionario.
confessor.- *(konfesor)* s. confesor.
confete.- *(konfétchi)* s. confeti. / Fig. elogio, galanteo.
confiado.- *(konfiadu)* adj. confiado. / Pop. atrevido, petulante.
confiança.- *(konfiansa)* s. confianza, esperanza, fe, satisfacción, seguridad. / Pop. atrevimiento, petulancia.
confiar.- *(konfiar)* v. confiar. / P. fiarse.
confiável.- *(koniáv"eu)* adj. confiable, seguro.
confidência.- *(konfidênsia)* s. confidencia, secreto.
confidencial.- *(konfidensiáu)* adj. confidencial.
confidente.- *(konfidentchi)* s. confidente.
configuração.- *(konfigurasãu)* s. conformación.
configurar.- *(konfigurar)* v. configurar, representar.
confinado.- *(konfinadu)* adj. confinado, limitado, limítrofe, circunscrito.
confinante.- *(konfinantchi)* adj. limítrofe, fronterizo.
confinar.- *(konfinar)* v. confinar, limitar, demarcar, lindar
confins.- *(konfins)* s. pl. fronteras, confín, extremo, límite.
confirmação.- *(konfirmasãu)* s. confirmación, crisma.
confirmar.- *(konfirmar)* v. comprobar, confirmar, ratificar.
confiscar.- *(konfiskar)* v. confiscar, decomisar.
confisco.- *(konfisku)* s. confiscación.
confissão.- *(konfisãu)* s. confesión, declaración.
conflagração.- *(konflagrasãu)* s. conflagración.
conflagrar.- *(konflagrar)* v. conflagrar, incendiar totalmente.
conflito.- *(konflitu)* adj. conflicto, lucha, combate, discordia.
conflituoso.- *(konlituôz'u)* adj. conflictivo.
confluência.- *(konfluênsia)* s. confluencia.
confluir.- *(konfluir)* v. confluir.
conformação.- *(konformasãu)* s. conformación.
conformado.- *(konformadu)* adj. conformado, acomodado a los infortunios.
conformar.- *(konformar)* v. conformar, conciliar, armonizar. / P. conformarse, resignarse.
conforme.- *(konformi)* adj. conforme, acorde. / adv. conforme, en confor-midad. / conj. conforme, según.

conformidade.- *(konformidadji)* s. conformidad. / *em conformidade: en conformidad.
conformismo.- *(konformismu)* s. Bras. conformismo.
confortador.- *(konfortador)* adj. confortador, reconfortante.
confortar.- *(konfortar)* v. fortificar, dar fuerzas a. / confortar, consolar, reanimar.
confortável.- *(konfortáv'eu)* adj. confortable.
conforto.- *(konfôrtu)* s. confort, comodidad, bienestar. / 2ª s. consuelo, alivio.
confraria.- *(konfraría)* s. cofradía.
confraternizar.- *(konfraterniz'ar)* v. confraternizar.
confrontação.- *(konfrontasãu)* s. confrontación.
confrontar.- *(konfrontar)* v. afrontar, confrontar. / comparar.
confronto.- *(konfrontu)* s. confrontación, comparación.
confundir.- *(konfundir)* v. confundir, embarullar, embrollar, equivocar.
confusão.- *(konfuz'u)* s. confusión, barahúnda, desorden, embrollo, follón, lío, pelotera, revoltijo.
confuso.- *(konfuz'u)* adj. confuso, impreciso, intrincado, perplejo, turbulento.
congelado.- *(konjheladu)* adj. helado.
congelador.- *(konjhelador)* s. congelador (de la nevera) .
congelamento.- *(konjhelamentu)* s. congelación. / Econ. fijación de los precios.
congelar.- *(konjhelar)* v. congelar, helar, solidificar. / Econ. congelar los precios.
congênere.- *(konjhêneri)* adj. congénere; idéntico, semejante, similar.
congeniar.- *(konjheniar)* v. congeniar.
congênito.- *(konjhênitu)* adj. congénito, innato.
congestão.- *(konjhestãu)* s. Med. congestión.
congestionamento.- *(konjhestionamentu)* s. atasco, embotellamiento, congestión de vehículos.
congestionar.- *(konjhestchionar)* v. congestionar. / Bras. congestionar, producir atasco de coches.
conglomerado.- *(konglomeradu)* s. conglomerado. / Fig. grupo constituido por empresas que tienen actividades completamente diversas.
conglomerar.- *(konglomerar)* vt. conglomerar. / P. conglomerarse, unirse, reunirse.
congraçar.- *(kongrasiar)* v. congraciar, reconciliar.
congratulação.- *(kongratulasãu)* s. congratulación, felicitación.
congratular.- *(kongratular)* v. congratular, felicitar. / P. congratularse, felicitarse.
congregação.- *(kongregasãu)* s. congregación, consejo de profesores de una escuela de enseñanza media o superior.
congregar.- *(kongregar)* v. congregar, reunir. / P. reunirse en congreso.
congressista.- *(kongresista)* s. congresista.
congresso.- *(kongrésu)* s. congreso, convención, junta. / congreso: el cuerpo o el poder legislativo de una nación; asamblea, parlamento.
congruência.- *(kongruênsia)* s. congruencia, coherencia.
congruente.- *(kongruentchi)* adj. congruente.
conhaque.- *(koñáqui)* s. coñac.
conhavo.- *(konschav'u)* s. conchabo, acuerdo, ajuste, confabulación.
conhecedor.- *(koñesedor)* adj. conocedor, versado.
conhecer.- *(koñeser)* v. conocer, saber, tener nociones de algo. / ser muy versado en, saber bien.
conhecido.- *(koñesidu)* adj. conocido, notorio, conocido. / individuo de quien tenemos conocimiento.
conhecimento.- *(koñesimentu)* s. conocimiento, experiencia, noción, saber. / Com. nota de despacho de mercancías entregadas para transporte.
conhecimentos.- *(koñesimentos)* s. pl. conocimientos, erudición, saber.
conivência.- *(koniv"ênsia)* s. complicidad, connivencia.
conivente.- *(koniv"entchi)* adj. connivente, cómplice.
conjectura.- *(konjhektura)* s. conjetura.
conjecturar.- *(konjhekturar)* v. conjeturar, juzgar por conjeturas; hacer conjeturas.
conjugação.- *(konjhugasãu)* s. conjugación. / Gram. conjugación.
conjugado.- *(konjhugadu)* s. apartamento compuesto por salón y dormitorio reunidos en una sola habitación, baño y cocina.
conjugal.- *(konjhugau)* adj. conyugal.
conjugar.- *(konjhugar)* v. Gram. conjugar. / P. conjugarse unirse.
cônjuge.- *(kônjhujhe)* s. cónyuge, esposo, esposa.
conjunção.- *(konjhunsãu)* s. conjunción. / Gram. conjunción.
conjuntivite.- *(konjhuntchiv"itchi)* s. Med. conjuntivitis.
conjuntivo.- *(konjhuntchiv"u)* adj. conjuntivo. / Gram. que une oraciones o palabras.
conjunto.- *(konjhuntu)* adj. conjunto. / Mús. conjunto musical. / s. colectividad, conjunto, grupo, equipo. / Mat. conjunto. / traje femenino compuesto de blusa y falda o blusa y pantalón, etc.
conjuntura.- *(konjhuntura)* s. coyuntura. / acontecimiento difícil, hecho complicado.
conjuração.- *(konjurasãu)* s. conjura, conspiración.
conjurado.- *(konjuradu)* adj. conspirador.
conjurar.- *(konjurar)* v. conjurar, conspirar.
conosco.- *(konôsku)* pron. con nosotros.
conotação.- *(konotasãu)* s. connotación.
conquanto.- *(konkuantu)* conj. puesto que, aunque, si bien que.
conquista.- *(konquista)* s. conquista, obtención. / persona o cosa conquistada.
conquistador.- *(konquistador)* adj. conquistador.
conquistar.- *(konquistar)* v. conquistar, dominar. / conseguir, ganar amor, simpatía, etc.
consagração.- *(konsagrasãu)* s. consagración, dedicación.
consagrador.- *(konsagrador)* adj. consagrador.
consagrar.- *(konsagrar)* v. consagrar, hacer sagrado, dedicar. / P. consagrase, dedicarse.
consangüíneo.- *(konsanguíneo)* adj. consanguíneo.

consciência.- *(konsiênsia)* s. conciencia. / conocimiento, noción.
consciente.- *(konsientchi)* adj. consciente.
cônscio.- *(kônsiu)* adj. consciente.
conscrição.- *(konskrisãu)* s. alistamiento, reclutamiento para el servicio militar.
conscrito.- *(konskritu)* adj. s. reclutado, alistado (servicio militar).
consecução.- *(konsekusãu)* s. consecución.
consecutivo.- *(konsekutiv"u)* adj. consecutivo, sucesivo.
conseguir.- *(konseguir)* v. conseguir, lograr, obtener.
conselheiro.- *(konsellêru)* adj. consejero. / Bras. título honorífico del Imperio.
conselho.- *(konsêllu)* s. consejo, advertencia, aviso, consejo, cuerpo consultivo.
consenso.- *(konsênsu)* s. consenso.
consentimento.- *(konsentimentu)* s. anuencia, consentimiento.
consentir.- *(konsentir)* v. asentir, consentir, permitir, tolerar.
conseqüência.- *(konsekuênsia)* s. consecuencia, secuela.
conseguiente.- *(consiguintchi)* adj. consecutivo, consiguiente, resultante. / consecuente, coherente, lógico. / loc. adv. *por conseguiente: por tanto, consecuentemente.
consertar.- *(konsertar)* v. concertar, remediar, reparar, sanear.
conserto.- *(konsêrtu)* s. reparación, reparo, restauración.
conserva.- *(konserv"a)* s. conserva.
conservação.- *(konserv"asãu)* s. conservación, manutención.
conservador.- *(konserv"ador)* adj. conservador, tradicional, reaccionario. / s. el encargado de la conservación de archivo, museos, biblioteca, etc.
conservadorismo.- *(konserv"adorismu)* s. conservadurismo.
conservantismo.- *(konserv"antchismu)* s. conservadurismo.
conservar.- *(konserv'ar)* v. almacenar, conservar, cuidar, mantener. / P. conservarse, mantenerse (condición física).
conservatório.- *(konserv'atóriu)* s. Mús. conservatorio de música, de arte, etc.
consideração.- *(konsiderasãu)* s. aprecio, atención, consideración, crédito, estima, respeto.
considerar.- *(konsiderar)* v. considerar, examinar, apreciar. / contemplar, observar. / creer, suponer.
considerável.- *(konsideráv"eu)* adj. considerable, importante, respetable. / muy grande.
consignação.- *(konsignasãu)* s. asignación, consignación.
consignar.- *(konsignar)* v. consignar.
consignatário.- *(konsignatáriu)* s. consignatario.
consigo.- *(konsigu)* pron. consigo.
consiguiente.- *(konsigenti)* adv. por consiguiente, por eso.
consistência.- *(konsistênsia)* consistencia, estabilidad.
consistente.- *(konsistentchi)* adj. consistente, duro, sólido.
consistir.- *(konsistir)* v. consistir, constar. / fundarse, basarse.
consoada.- *(konsuada)* s. cena de Navidad.
consoante.- *(konsoantchi)* adj. e s. consonante.
consoar.- *(konsoar)* v. tomar la cena de Navidad. / rimar entre sí, tener consonancia, ser consonante.
consolação.- *(konsolasãu)* s. consolación. / persona o cosa que consola.
consolar.- *(konsolar)* v. aliviar, consolar. / P. consolarse, conformarse.
consolidado.- *(konsolidadu)* adj. consolidado.
consolidar.- *(konsolidar)* v. consolidar, fortificar, afirmarse.
consolo.- *(konsôlu)* s. consola (mueble de salón). / 2ª s. consuelo.
consonância.- *(konsonânsia)* s. concordancia, consonancia, rima. / Fig. acuerdo, conformidad.
consonantal.- *(konsonantáu)* adj. consonantal.
consonante.- *(konsonantchi)* prep. e conj. según, conforme.
consórcio.- *(konsórsiu)* s. consorcio, asociación, unión. / boda.
consorte.- *(konsórtchi)* s. consorte, cónyuge.
conspícuo.- *(konspíkuu)* adj. conspicuo, ilustre, insigne.
conspiração.- *(konspirasãu)* s. complot, conspiración.
conspirador.- *(konspirador)* adj. conspirador.
conspirar.- *(konspirar)* v. conspirar, confabular, tramar.
conspurcar.- *(konspurkar)* vt. e p. mancillar, ensuciar, manchar.
consta.- *(konsta)* s. noticia que pasa por cierta.
constância.- *(konstânsia)* s. constancia, empeño.
constante.- *(konstantchi)* adj. constante, firme, incesante, invariable. / s. idea o preocupación obsesiva.
constar.- *(konstar)* v. intr. constar, consistir.
constatação.- *(konstatação)* s. constatación.
constatar.- *(konstatar)* v. constatar, comprobar, compulsar, verificar.
constelação.- *(konstelasãu)* s. Astr. constelación. / grupo, serie.
consternação.- *(konsternasãu)* s. consternación, desaliento, abatimiento.
consternar.- *(konsternar)* v. consternar, desalentar, entristecer.
constipação.- *(konstipasãu)* s. constipado. / estreñimiento.
constipar.- *(konstchipar)* v. constipar. / P. constiparse.
constitucional.- *(konstchitusionáu)* adj. constitucional.
constitucionalismo.- *(konstchitusionalismu)* s. constitucionalsimo.
constitucionalista.- *(konstitucionalista)* adj. e s. constitucionalista.
constituição.- *(konstchituisãu)* s. constitución.
constituinte.- *(konstchituintchi)* adj. constituyente. / s. el que hace de otro su procurador o representante; miembro de la asamblea constituyente.
constituir.- *(konstchituir)* v. componer, constituir, organizar. / P. constituirse, arrogarse calidad, derecho.

constranger.- *(konstranjher)* v. constreñir, forzar, oprimir.
constrangimento.- *(konstranjhimentu)* s. coacción.
construção.- *(konstrusãu)* s. construcción, edificación, edificio. / Gram. construcción de frases.
construir.- *(konstruir)* v. construir, edificar, fabricar, formar.
construtivo.- *(konstrutchiv"u)* adj. constructivo. / que busca mejorar.
construtor.- *(konstrutor)* adj. constructor. / s. aparejador.
cônsul.- *(kônsuu)* s. cónsul.
consulado.- *(konsuladu)* s. consulado.
consulta.- *(konsúuta)* s. consulta.
consultar.- *(konsúutar)* v. consultar, examinar, pedir parecer a.
consultivo.- *(konsultchiv"u)* adj. consultivo.
consultor.- *(konsúutor)* s. consultor.
consultório.- *(konsúutóriu)* s. consultorio, gabinete.
consumação.- *(konsumasãu)* s. consumación.
consumado.- *(konsumadu)* adj. consumado, completo.
consumar.- *(konsumar)* v. consumar, acabar, completar.
consumição.- *(konsumisãu)* s. consumición. / Bras. inquietud, aprensión.
consumidor.- *(konsumidor)* adj. e s. consumidor, gastador.
consumir.- *(konsumir)* v. consumir, devorar, disipar, extinguir, gastar, debilitar / P. consumirse.
consumismo.- *(konsumismu)* s. consumismo.
consumo.- *(konsumu)* s. consumo, dispendio, gasto.
conta.- *(konta)* s. cuenta, cálculo, cómputo. / cargo, incumbencia. / cuenta, bolita ensartada en collar, rosario, etc.
contabilidade.- *(kontabilidadji)* s. contabilidad.
contactar.- *(kontaktar)* v. contactar.
contacto.- *(kontatu)* s.contacto.
contador.- *(kontador)* s. contable, contador. / reloj para medir el agua, la luz, el gas.
contadoria.- *(kontadoría)* s. oficina en que se hace la verificación de cuentas o donde se paga o se recibe dinero.
contagem.- *(kontájhen)* s. cómputo.
contagiante.- *(kontajhiantchi)* adj. contagioso, epidémico.
contagiar.- *(kontajhiar)* v. contagiar, contaminar, inocular, propalar.
contágio.- *(kontájhiu)* s. contagio, epidemia.
contagioso.- *(kontajhioz'u)* adj. contagioso, epidémico, infeccioso.
conta-gotas.- *(konta gotas)* s. cuentagotas.
contaminação.- *(kontaminasãu)* s. contaminación, impureza, infección, polución.
contaminado.- *(kontaminadu)* adj. contaminado, impuro.
contaminar.- *(kontaminar)* v. contaminar, infectar, infestar.
contanto que.- *(kontantu que)* loc. conj. con la condición de que.
contar.- *(kontar)* v. computar, contar, enumerar. Narrar, referir, relatar. / contar con, tener la esperanza de. / disponer de.
contatar.- *(kontatar)* v. contactar.
contato.- *(kontar)* s. contacto, toque. / comunicación, conexión.
contêiner.- *(kontêiner)* s. contenedor.
contemplação.- *(kontemplasãu)* s. contemplación.
contemplar.- *(kontemplar)* v. admirar, contemplar.
contemplativo.- *(kontemplativ"u)* adj. absorto, contemplativo, soñador, meditativo.
contemporâneo.- *(kontemporâniu)* adj. contemporáneo.
contemporizar.- *(kontemporiz'ar)* v. intr. contemporizar.
contenção.- *(kontensãu)* s. Bras. contención (acto de contener(se).
contencioso.- *(kontensioz'u)* adj. contencioso. / s. sección de la administración u oficina en que se tratan cuestiones litigiosas.
contenda.- *(kontenda)* s. contienda, debate, disputa.
contender.- *(kontender)* v. intr. contender, debatir, disputar.
contentamento.- *(kontentamentu)* s. contentamiento, alegría, felicidad, placer, regocijo.
contentar.- *(kontentar)* v. complacer, contentar, satisfacer.
contente.- *(kontentchi)* adj. alegre, contento, feliz, satisfecho.
conter.- *(konter)* vt. contener, tener, encerrar, incluir; refrenar, reprimir. / v. refl. contenerse, reprimirse.
conterrâneo.- *(konterrâniu)* s. conterráneo, compatriota, paisano.
contestação.- *(kontestasãu)* s. contestación, objeción, réplica.
contestar.- *(kontestar)* v. impugnar, replicar, controvertir, negar, contradecir, debatir, objetar, refutar.
conteúdo.- *(konteúdo)* s. contenido.
contexto.- *(kontêstu)* s. contexto.
contigo.- *(kontchigu)* pron. contigo.
contíguo.- *(kontchíguu)* adj. adyacente, contiguo, limítrofe, próximo, vecino.
continência.- *(kontchinênsia)* s. abstención de placeres; saludo militar.
continental.- *(kontchinetáu)* adj. continental.
continente.- *(kontchinentchi)* s. Geogr. continente.
contingência.- *(kontchingênsia)* s. contingencia.
contingente.- *(kontchinjhentchi)* adj. contingente, eventual; indeterminado.
continuação.- *(kontchinuasãu)* s. seguimiento, sucesión
continuado.- *(kontchinuadu)* adj. continuado, prolongado, seguido, continuo.
continuar.- *(kontchinuar)* vt. continuar, permanecer, prorrogar, proseguir, reanudar.
continuidade.- *(kontchinuidadji)* s. continuidad.
continuísmo.- *(kontchinuismo)* s. continuismo, maniobra política que visa la perpetuación, en el poder, de una persona o de un grupo.
continuísta.- *(kontchinuista)* adj. el que es partidario del continuismo.

contínuo.- *(kontchínuu)* adj. continuo, incesante, perenne, seguido. / s. bedel.
contista.- *(kontchista)* s. cuentista.
conto.- *(kontu)* s. cuento, novela, relato. / embuste, chisme, mentira. / 2ª s. obsol. / diez veces cien milréis
(antigua unidad monetaria de Portugal y Brasil).
contorção.- *(kontorsãu)* s. contorsión. / contracción muscular.
contorcer.- *(kontorser)* v. e p. contorcer, retorcerse.
contorcionista.- *(kontorsionista)* s. contorsionista.
contornar.- *(kontornar)* v. contornar, perfilar, contornear. / Fig. contornar una situación.
contorno.- *(kontôrnu)* s. circuito, contorno, perfil, periferia.
contra.- *(kontra)* prep. contra, enfrente. / s. obstáculo, objeción, refutación.
contrabaixo.- *(kontrabaischu)* s. contrabajo.
contrabalançar.- *(kontrabalansar)* v. contrabalancear, compensar, equilibrar.
contrabandear.- *(kontrabandjiar)* v. y v. intr. contrabandear.
contrabandista.- *(kontrabandjista)* s. contrabandista.
contrabando.- *(kontrabandu)* s. alijo, contrabando.
contração.- *(kontrasãu)* s. contracción, retracción. / Gram. reducción de dos o más vocales a una sola.
contracapa.- *(kontrakapa)* s. contraportada.
contracenar.- *(kontrasenar)* v. Teatr. contracenar.
contracepção.- *(kontrasepsãu)* s. contracepción.
contracheque.- *(kontraschéqui)* s. nómina.
contraconceptivo.- *(kontrakonseptiv"u)* adj. anticonceptivo.
contracorrente.- *(kontrakor'entchi)* s. corriente oceánica que corre en dirección a una principal.
contradança.- *(kontradansa)* s. danza rústica, en la que varias parejas se colocan frente a frente para bailar. / música de esta danza.
contradição.- *(kontradjisãu)* s. contradicción.
contraditório.- *(kontradjitóriu)* adj. contradictorio.
contradizer.- *(kontradjis'er)* v. contradecir. / P. contradecirse.
contra-espionagem.- *(kontra espionajhen)* s. contraespionaje.
contrafazer.- *(kontrafaz'er)* v. contrahacer, reproducir imitando, imitar (como falsificación o como burla). / violentar la voluntad propia o ajena, constreñir. / v. refl. disfrazarse.
contrafeito.- *(kontrafeitu)* adj. contrahecho, forzado, constreñido, coaccionado, coactado.
contraforte.- *(kontrafortchi)* s. contrafuerte.
contragolpe.- *(kontragóupi)* s. contragolpe.
contragosto.- *(kontragostu)* s. falta de gusto o de voluntad.
contraído.- *(kontraídu)* adj. contraído.
contra-indicação.- *(kontradjisãu)* s. contraindicación.
contrair.- *(kontrair)* v. contraer, encoger. / adquirir (amistad, hábitos, enfermedades, etc.). / P. contraerse, encogerse, apretarse.
contralto.- *(kontráutu)* s. contralto.
contramão.- *(kontramãu)* s. Bras. dirección contraria. / adj. que tiene dirección opuesta a la vía.
contramarcha.- *(kontramarscha)* s. contramarcha.
contramestre.- *(kontramestre)* s. contramaestre.
contra-ofensiva.- *(kontraofensiv"a)* s. contraofensiva.
contra-ordem.- *(kontraorden)* s. contraorden.
contrapartida.- *(kontrapartchida)* s. contrapartida.
contrapeso.- *(kontrapez'u)* s. contrapeso.
contraponto.- *(kontrapontu)* s. Mús. contrapunto.
contrapor.- *(kontrapôr)* v. contraponer, oponer.
contraposição.- *(kontrapoz'isãu)* s. contraposición.
contraproducente.- *(kontraprodusentchi)* adj. contraproducente.
contra-regra.- *(kontra r'egra)* s. Teatr. funcionario que cuida de todo lo relacionado con la obra de teatro que se va a representar o que se está escenificando y que indica las entradas y salidas de los actores en escena, apuntador.
contra-revolução.- *(kontra rev'olusãu)* s. contrarrevolución.
contrariar.- *(kontrariar)* v. contrariar, resistir. / molestar, descontentar. / P. contrariarse.
contrariedade.- *(kontrariedadji)* s. contrariedad.
contrário.- *(kontráriu)* adj. avieso, contrario, opuesto, desfavorable. / s. adversario, enimigo.
contra-senha.- s. contraseña.
contra-senso.- *(kontra sensu)* s. contrasentido.
contrastar.- *(kontrastar)* v. contrastar.
contraste.- *(kontrastchi)* s. contraste. Med. contraste.
contratar.- *(kontratar)* v. contratar.
contratempo.- *(kontratempu)* s. contratiempo, percance.
contrátil.- *(kontátchiu)* adj. contráctil.
contrato.- *(kontratu)* s. acuerdo, contrata, contrato.
contratual.- *(kontratuáu)* adj. contractual.
contravenção.- *(kontrav"ensãu)* s. transgresión o infracción a disposiciones establecidas.
contraveneno.- *(kontrav"enenu)* s. antídoto.
contraventor.- *(kontrav"entor)* s. contraventor.
contribuição.- *(kontrabuisãu)* s. contribución.
contribuinte.- *(kontrabuintchi)* adj. contribuyente.
contribuir.- *(kontribuir)* v. aportar, contribuir, auxiliar, prestar.
contrição.- *(kontrisãu)* s. arrepentimiento, contrición.
contrito.- *(kontritu)* adj. contrito, arrepentido.
controlar.- *(kontrolar)* v. controlar, fiscalizar, verificar.
controle.- *(kontroli)* s. control, examen, fiscalización, controle remoto, mando a distancia.
controvérsia.- *(kontrov'érsia)* s. controversia, debate.
controverter.- *(kontrov'erter)* v. controvertir, discutir.
contudo.- *(kontudu)* conj. todavía, sin embargo, con todo, a pesar de todo.
contumácia.- *(kontmásia)* s. contumacia, tenacidad.
contumaz.- *(kontumás)* adj. contumaz.
contundente.- *(kontundentchi)* adj. contundente, decisivo, incisivo. / demasiado agresivo.
contundir.- *(kontundjir)* v. contundir, magullar, golpear. / P. contundirse.

conturbar.- *(kontubar)* v. e p. conturbar, perturbar.
contusão.- *(kontuz'ãu)* s. contusión, equimosis, magulladura.
convalescença.- *(konv'alesensa)* s. convalecencia.
convalescente.- *(konv'alesentchi)* adj. e s. convaleciente.
convalescer.- *(konv'aleser)* v. convalecer.
convalidar.- *(konv'alidar)* v. convalidar.
convenção.- *(konv'ensãu)* s. contrato, convención, pacto.
convencer.- *(konv'enser)* v. convencer, persuadir.
convencido.- *(konv'ensidu)* adj. convencido, persuadido. / presumido, vanidoso.
convencimento.- *(konv'ensimentu)* s. convencimiento; presunción, vanidad.
convencional.- *(konv'ensionáu)* adj. convencional. / de acuerdo con las convenciones sociales.
conveniência.- *(konv'eniênsia)* s. conveniencia.
conveniente.- *(konv'enientchi)* adj. conveniente, oportuno, útil.
convênio.- *(konv'êniu)* s. acuerdo, convenio.
conventilho.- *(konv'entchillu)* s. prostíbulo.
convento.- *(konv'entu)* s. convento.
convergência.- *(konv'erjhênsia)* s. convergencia.
convergir.- *(konv'erjhir)* v. afluir, converger, convergir.
conversa.- *(konv'ersa)* s. conversación, diálogo, plática. / *conversa fiada; *conversa mole. / V. ***Papo furado:** propósito o propuesta de una persona que no tiene, en la realidad, intención de cumplir lo que dice. / conversación vacía, sin contenido, sin ningún resultado práctico, que no lleva a nada.
conversação.- *(konv'ersasãu)* s. conversación.
conversador.- *(konv'ersador)* adj. conversador.
conversão.- *(konv'ersãu)* s. conversión.
conversar.- *(konv'ersar)* v. conversar, charlar, dialogar.
conversível.- *(konv'ersív'éu)* adj. convertible. / s. coche convertible.
converso.- *(konv'ersu)* s. converso, lego.
converter.- *(konv'erter)* v. convertir, mudar, transformar. / cambiar moneda. / P. convertirse, transformarse, mudarse.
convés.- *(konv'és)* s. combés.
convexo.- *(konvéksu)* adj. convexo.
convicção.- *(konviksãu)* s. certeza, convencimiento, convicción.
convicto.- *(konviktu)* adj. convicto.
convidado.- *(konv'idadu)* adj. convidado. / s. invitado.
convidar.- *(konv'idar)* v. convidar, invitar.
convincente.- *(konv'insentchi)* adj. convincente.
convir.- *(konv'ir)* v. convenir, concordar (estar de acuerdo), admitir, ser acorde.
convite.- *(konv'itchi)* s. convite, invitación. / Fig. aquello que atrae o estimula.
conviva.- *(konv'iv'a)* s. invitado, el que participa de un banquete, comida, etc, comensal.
convivência.- *(konv'ivênsia)* s. contubernio, convivencia. / trato constante, diario.
conviver.- *(konv'iv'er)* v. convivir, frecuentar.
convívio.- *(konv'ív'iu)* s. convivencia.
convocação.- *(konvokasãu)* s. convocación, anuncio, aplazamiento, llamamiento.
convocar.- *(konv'okar)* v. convocar, llamar, reclutar, reunir.
convosco.- *(konv'ôsku)* pron. con vosotros.
convulsão.- *(konv'ulsãu)* s. convulsión.
convulsionar.- *(konv'ulsionar)* v. convulsionar. / excitar a la revolución.
convulsivo.- *(konv'usiv'u)* adj. convulso.
convulso.- *(konv'usu)* adj. convulso.
cooperação.- *(koperasãu)* s. cooperación, colaboración, solidaridad.
cooperar.- *(koperar)* v. cooperar, colaborar, contribuir.
cooperativa.- *(koperatchiv'a)* s. cooperativa.
cooperativismo.- *(koperatchivismu)* s. cooperativismo.
coordenação.- *(koordenasãu)* s. coordinación, ordenamiento.
coordenada.- *(koordenada)* s. coordinada. / Fig. fam. orientación, directiva. / gram. oración coordinada.
coordenar.- *(kordenar)* v. coordinar, disponer, organizar.
copa.- *(kopa)* s. copa del sombrero, copa del árbol. / office, despensa, aparador. / *da copa e cozinha: muy íntimo.
copado.- *(kopadu)* adj. acopado, frondoso, convexo.
copas.- *(kopas)* s. copas (en los naipes).
copázio.- *(kopás'iu)* s. vaso grande.
copeiro.- *(kopêru)* s. empleado doméstico que trabaja en el office y sirve la mesa.
cópia.- *(kópia)* s. copia, reprodución, imitación.
copiar.- *(kopiar)* v. copiar, duplicar, imitar, plagiar, registrar, transcribir. / Fot. reproducir un negativo. / s. porche contiguo al salón.
copidescar.- *(kopideskar)* v. hacer el trabajo de copidesque.
copidesque.- *(kopidesqui)* s. redacción final de un texto, tras su corrección, con vistas a su publicación.
co-piloto.- *(ko pilotu)* s. copiloto (el que dirige una aeronave junto con el piloto).
copioso.- *(kopioz'u)* adj. abundante, copioso.
copla.- *(kopla)* s. copla.
copo.- *(kópu)* s. vaso.
copo-de-leite.- *(kopu dji leitchi)* s. Bras. planta ornamental.
coprodução.- *(koprodusãu)* s. coproducción.
co-propriedade.- *(ko propriedadji)* s. comunidad de vecinos.
cópula.- *(kópula)* s. coito, cópula.
copular.- *(kopular)* vt. copular.
coque.- *(kóqui)* s. coque, hulla. / coscorrón. / Bras. moño
coqueiral.- *(koqueiráu)* s. cocotal, sitio poblado de cocoteros.
coqueiro.- *(koquêru)* s. cocotero.
coqueluche.- *(koquiluschi)* s. Med. coqueluche, tos ferina. / Fig. persona, cosa o hábito que disfruta momentaneamente de la preferencia o atención popular. / moda.

coquete.- *(koquétchi)* adj. coqueto.
coquetel.- *(koquitéu)* s. cóctel.
cor.- *(kór)* s. Ant. corazón. / *de cor: de memoria. / 2ª. s. color. / *de cor: de color (se dice de las personas de piel naturalmente oscura).
coração.- *(korasãu)* sm corazón.
corado.- *(koradu)* adj. colorado, que tiene las mejillas coloradas.
coradouro.- *(koradôru)* s. Bras. tendedero.
coragem.- *(korajhen)* s. coraje, valor, ánimo.
corajoso.- *(korajhôz'u)* adj. corajoso, valiente, valeroso.
coral.- *(koráu)* adj. Mús. coral. / s. canto en coro. / 2ª s. Mar. coral.
corante.- *(korantchi)* adj. e s. colorante.
corar.- *(korar)* v. blanquear, exponiendo al sol (ropa, cera, etc.). / v. intr. ruborizarse, sonrojarse.
corbelha.- *(koberlla)* s. canastillo lleno de frutos, flores, etc.; lugar donde se exponen los presentes de boda.
corcel.- *(korséu)* s. corcel.
corço.- *(kôrso)* s. corzo.
corcova.- *(korkóv'a)* s. corcova, giba, joroba.
corcunda.- *(korkunda)* s. chepa, corcova, joroba, giba; joroba del camello o dromedario. / s. persona que la tiene. / adj. jorobado.
corda.- *(kórda)* s. cuerda.
cordão.- *(kordãu)* s. cordón, bramante, cordel.
cordeiro.- *(kordêru)* s. cordero.
cor-de-rosa.- *(kôr de r'oz'a)* adj. color rosa.
cordial.- *(kordjiáu)* adj. afectuoso, cordial.
cordialidade.- *(kordjialidadji)* adj. cordialidad.
cordilheira.- *(kordjillêra)* s. cordillera, serranía, sierra.
cordura.- *(kordura)* s. cordura.
coreano.- *(koreánu)* adj. coreano.
coreografia.- *(koreografía)* s. coreografía.
coreógrafo.- *(koreográfu)* s. coréografo.
coreto.- *(korêtu)* s. templete.
corista.- *(korista)* s. corista.
coriza.- *(koriz'a)* s. Med. coriza.
corja.- *(korjha)* s. canalla, banda, pandilla, chusma.
cornada.- *(kornada)* s. cornada.
córnea.- *(kórnia)* s. Anat. córnea.
córner.- *(kórner)* s. Ft. córner.
corneta.- *(kornêta)* s. corneta. / s. el corneta.
corneteiro.- *(kornetêru)* s. el corneta.
cornija.- *(kornijha)* s. Arq. cornisa.
corno.- *(kôrnu)* s. cuerno. / Arg. marido de adúltera, cornudo.
coro.- *(kôru)* s. Mús. coro.
coroa.- *(korôa)* s. corona. / la corona del diente. / cumbre, ápice; / s. Arg. vejete, persona que está pasando de la madurez o la vejez.
coroação.- *(koroasãu)* s. coronación.
coroar.- *(koroar)* v. coronar. / terminar, rematar.
coroinha.- *(koroíña)* s. monaguillo.
corola.- *(korola)* s. Bot. corola.
coronária.- *(koronária)* s. Anat. coronaria.
coronário.- *(koronáriu)* Anat. adj. coronario.
coronel.- *(koronéu)* s. coronel. / Bras. aquel que en una rueda de amigos paga la cuenta.
coronha.- *(koroña)* s. cureña de fusil.
coronhada.- *(koroñada)* cureñazo, golpe con la cureña del fusil.
corpanzil.- *(korpanz'iu)* s. cuerpo grande.
corpete.- *(korpêtchi)* s. blusa ajustada al cuerpo que no pasa de la cintura, corsé.
corpinho.- *(korpiñu)* s. corpiño. / Port. sujetador.
corpo.- *(korpu)* s. cuerpo. / Fig. la parte principal de una idea, una doctrina, de un texto. / 2ª Fig. grupo de personas consideradas como unidad o como conjunto organizado.
corpo a corpo.- *(korpo a korpo)* s. Bras. lucha cuerpo a cuerpo.
corporação.- *(korporasãu)* s. corporación.
corporal.- *(korporáu)* adj. corporal.
corporativismo.- *(korporatchiv'ismu)* s. corporativismo.
corporativo.- *(korporatchiv'u)* adj. corporativo.
corpóreo.- *(korpóriu)* adj. corpóreo.
corpulência.- *(korpulênsia)* s. corpulencia, volumen.
corpulento.- *(korpulentu)* adj. corpulento, gordo, voluminoso.
corpúsculo.- *(korpúskulu)* s. corpúsculo.
correame.- *(kor'eami)* s. conjunto de cadenas.
correção.- *(kor'êsãu)* s. corrección, enmienda. Corrección monetaria.
corre-corre.- *(kór'i kór'i)* s. correria.
corredeira.- *(kor'edêra)* s. Bras. rápido, corriente de río muy fuerte.
corrediço.- *(kor'edjisu)* adj. corredizo.
corredor.- *(kor'edor)* s. pasadizo, pasillo. / s. corredor de carreras.
córrego.- *(kór 'egu)* s. arroyo, reguera. / cañada, barranco, desfiladero, camino estrecho o atajo entre montes.
correia.- *(kor'êia)* s. correa.
correio.- *(kor'êiu)* s. correo.
correlação.- *(kor'elasãu)* s. correlación.
correligionário.- *(kor'elijhionáriu)* s. correligionario.
corrente.- *(kor'entchi)* adj. corriente, curso de agua. / Fig. corriente, habitual, común. / corriente, sabido de todos. Se dice del mes o del año en que estamos. / s. la corriente del río. / cadena de oro, plata u otro material. / corriente eléctrica.
correnteza.- *(kor'entez'a)* s. corriente de agua.
correntista.- *(kor'entchista)* s. titular de una cuenta corriente en un banco.
correr.- *(kor'er)* vintr. correr, caminar velozmente. / estar sujeto a (peligro, etc.). / el transcurso del tiempo. / recorrer, visitar. / caer, escurrir.
correria.- *(kor'eria)* s. correría, carrera. / desbandada.
correspondência.-*(kor'espondênsia)* s. correspondencia, reciprocidad, relación.
correspondente.- *(kor'espondentchi)* adj. correspondiente. / s. M. Com. correspondiente de prensa.
corresponder.- *(kor'esponder)* v. atañer, corresponder, equivaler.
correagem.- *(kor'eajhem)* s. conjunto de cadenas.
corretivo.- *(kor'etchiv'u)* adj. correctivo, punición, castigo.
correto.- *(kor'étu)* adj. correcto, exacto. / íntegro, honesto.

corretor.- *(kor'etor)* s. corrector, agente comercial.
corrida.- *(kor'ida)* s. carrera, corrida. / corrida de taxi. / corrida de caballos de atletas.
corrigir.- *(kor'ijhir)* v. corregir, enmendar, rehacer, remediar, remendar. / reprender, castigar. / P. emendarse.
corrimão.- *(kor'imãu)* s. baranda, barandilla.
corrimento.- *(kor'imentu)* s. corrimiento, flujo, purgación.
corriqueiro.- *(kor'iquêru)* adj. corriente, vulgar.
corroborar.- *(kor'oborar)* v. corroborar.
corroer.- *(kor'oer)* v. corroer, roer lentamente. / P. corroerse.
corromper.- *(kor'omper)* v. corromper, enviciar, pervertir, pudrir, adulterar.
corrompido.- *(kor'ompidu)* adj. corrupto, depravado, putrefacto.
corrosão.- *(kor'oz'ãu)* s. corrosión, erosión.
corrosivo.- *(kor'oz'iv'u)* adj. corrosivo.
corrupção.- *(kor'upsãu)* s. corrupción.
corrupiar.- *(kor'upiar)* v. girar mucho.
corruptível.- *(kor'uptchív'éu)* adj. corruptible, sobornable.
corrupto.- *(kor'uptu)* adj. corrupto.
corruptor.- *(koruptor)* s. corruptor.
corsário.- *(korsáriu)* s. corsario, pirata.
corso.- *(kôrsu)* adj. corso (relativo o natural de Córcega).
corso.- *(kôrsu)* s. Mar. corso, piratería. / Bras. desfile de coches (en los carnavales).
cortado.- *(kortadu)* adj. cortado, tallado. / Bras. apuro, dificultad.
cortante.- *(kortanchi)* adj. cortante, incisivo. / muy frío, helado.
corta-papel.- *(korta papéu)* s. cortapapeles.
cortar.- *(korta)* v. aparar, cortar, dividir, podar, recortar, seccionar, tajar, tallar, truncar. / cortar la baraja. / Bras. adelantar un vehículo inesperada y peligrosamente. / tener buen corte, filo. / jugada del voleibol. / P. cortarse, herirse.
corte.- *(kortchi)* s. corte, donde reside un monarca y toda la comitiva. / galanteo. / Bras. Tribunal. / 2ª s. cortadura, corte, filo, poda, sección. / corte de un traje. / interrupción.
cortejar.- *(kortejhar)* v. cortejar, galantear.
cortejo.- *(kortêjhu)* s. acompañamiento, cortejo, séquito.
cortês.- *(kortês)* adj. cortés, afable, amable, atento.
cortesã.- *(kortez'ã)* s. prostituta que vive con lujo.
cortesão.- *(kortisão)* adj. cortesano, palaciego.
cortesia.- *(kortez'ia)* s. cortesía, afecto, afabilidad.
cortiça.- *(kortisa)* s. corcho.
cortiço.- *(kortiso)* s. Bras. habitación colectiva de las clases pobres.
cortina.- *(kortchina)* s. cortina.
cortinado.- *(kortchinadu)* s. cortina de tul que envuelve la cama o cuna para proteger de insectos.
coruja.- *(korujha)* s. lechuza. / s. Bras. padre o madre que exagera las buenas calidades de sus hijos.
corveta.- *(korv'êta)* s. corbeta.
corvina.- *(korv'ina)* s. corvina.
corvo.- *(korv'u)* s. cuervo.
cós.- *(kós)* s. pretina, parte de los calzones, briales, basquiñas y otras ropas que se ciñen y ajustan a la cintura. / cinturilla.
coser.- *(koz'er)* v. coser.
cosmético.- *(kosmétchiku)* s. cosmético, maquillaje.
cósmico.- *(kósmiku)* adj. cósmico.
cosmo.- *(kosmu)* s. universo.
cosmonauta.- *(kosmonáuta)* s. cosmonauta, astronauta.
cosmonave.- *(kormonav'i)* s. nave espacial.
cosmopolita.- *(kosmopolita)* adj. cosmopolita.
cosmos.- *(kosmos)* s. cosmos.
costa.- *(kosta)* s. mar, costa, orilla del mar.
costado.- *(kostadu)* s. borde, flanco, lado, cada uno de los cuatro abuelos de un individuo. / responsabilidad, conciencia.
costas.- *(kostas)* s. pl. costado, dorso, espaldas, reverso, revés. / la espalda de la silla. / el revés.
costear.- *(kostear)* v. bordear, costear.
costeiro.- *(kostêru)* adj. costero.
costela.- *(kostela)* s. Anat. costilla. / Bras. Fam. esposa.
costeleta.- *(kosteletas)* s. costilla. / Bras. patilla.
costumar.- *(kostumar)* v. acostumbrar, habituar. / P. habituarse.
costume.- *(kostumi)* s. costumbre, rito, usanza, uso. / traje femenino compuesta de falda y chaqueta combinados.
costumeiro.- *(kostumêru)* adj. habitual, usual.
costura.- *(kostura)* s. costura, labor.
costurar.- *(kosturar)* v. coser, laborar, zurcir.
costureira.- *(kosturêra)* s. costurera (mujer que se dedica a la costura).
costureiro.- *(kosturêru)* s. modista (hombre que costura por profesión).
cota.- *(kota)* s. cota. / 2ª s. cuota.
cotação.- *(kotasãu)* s. cotización. / concepto, reputación.
cotar.- *(kotar)* v. cotizar, valorar.
cotejar.- *(kotejhar)* v. cotejar, comparar.
cotidiano.- *(kotchidjianu)* adj. cotidiano.
cotizar.- *(kotchiz'ar)* v. cotizar. / P. cotizarse (reunirse a otros con el fin de contribuir para un gasto común).
coto.- *(kôtu)* s. muñón. / restos de una vela.
cotó.- *(kotó)* adj. Bras. el que tiene un brazo o pierna, o la cola mutilada.
cotonete.- *(kotonetchi)* s. bastoncillos de algodón higiénicos.
cotovelada.- *(kotov'elada)* s. golpe con el codo.
cotovelo.- *(kotuv'êlu)* s. Anat. codo, recodo. / Fig. ángulo más o menos cerrado de río, carretera, tapia, etc.
cotovia.- *(kotov'ia)* sf. alondra, cotovía.
coturno.- *(koturnu)* s. coturno.
couraça.- *(korasa)* s. coraza. / protección, defensa.
couraçado.- *(kôrasadu)* adj. e s. acorazado.
couro.- *(kôru)* s. cuero, pellejo, piel.
cousa.- *(kouz'a)* s. V. **coisa.** (cosa)
couto.- *(kôtu)* s. Ant. coto, lugar donde se podían

exiliar los criminales, donde no entraba la justicia del rey. / tierra privilegiada, asilo, refugio.
couve.- *(kôv'i)* s. berza, col.
couve-flor.- *(kôv'i flor)* s. coliflor.
cova.- *(kóv'a)* s. cueva, caverna. / fosa, sepultura.
covarde.- *(kov'ardji)* adj. cobarde, pusilánime.
covardia.- *(kov'ardjía)* s. cobardía.
coveiro.- *(kovêru)* s. sepulturero.
covil.- *(kov'iu)* s. antro, cubil.
coxa.- *(koscha)* s. muslo, pierna.
coxear.- *(koschiar)* v. cojear, renquear.
coxia.- *(koschía)* s. pasaje estrecho entre dos filas de bancos, camas, etc. / espacio ocupado por cada caballo en la caballeriza.
coxim.- *(koscín)* s. cojín que sirve de asiento.
coxo.- (koschu) adj. cojo.
cozer.- *(koz'er)* v. cocer.
cozido.- *(koz'idu)* adj. cocido, hervido. / s. cocido.
cozimento.- *(koz'imentu)* s. cocimiento, cocción.
cozinha.- *(koz'iña)* s. cocina. / el arte de cocinar.
cozinhar.- *(koz'iñar)* v. e v. intr. cocer, cocinar, guisar.
cozinheira.- *(koz'iñêra)* s. cocinera.
cozinheiro.- *(koz'iñêru)* s. cocinero.
CPU.- *(sêpêu)* Inform. (Central Processing Unit) CPU. Unidad Central de Procesamiento.
craque.- *(kráqui)* s. Bras. caballo notable de carrera. / Fig. persona eximia y / o famosa en cualquier actividad o ramo de conocimiento.
crachá.- *(kraschá)* s. Bras. credencial.
crânio.- *(krâniu)* s. Anat. cráneo. / Bras. Fig. Pop. persona inteligentísima y / o que sabe mucho.
crápula.- *(krápula)* s. crápula. / 2ª s. individuo crapuloso.
craque.- *(kráqui)* s. Bras. caballo notable de carrera. / Fig. persona eximia en cualquier actividad.
crase.- *(kráz 'i)* s. Gram. contracción o fusión de dos vocales en una sola; ej. a (aa), ler (leer), dor (door).
crasso.- *(krasu)* adj. grueso, espeso, rudo, grosero.
cratera.- *(kratéra)* s. cráter.
cravar.- *(krav'ar)* v. clavar, enclavar, clavetear, espetar, hincar.
craveiro.- *(krav'êru)* s. planta del clavel.
cravelha.- *(krav'êlla)* s. clavija.
cravo.- *(krav'u)* s. clavel. / 2ª s. clavel. / clavo para herraduras. / afección de glándula sebácea, punto negro. / callo incrustado en la planta del pie.
cravo-da-índia.- *(krav'u da índia)* s. especie de clavel cuyas flores (el ovario y el cáliz) son usadas como especia y en perfumería.
creche.- *(kréschi)* s. guardería infantil.
credenciais.- *(kredensiáis)* s. l. credenciales.
credencial.- *(kredensiáu)* s. credencial.
crediário.- *(krediáriu)* s. sistema de ventas a crédito con pagos a prestaciones.
crediarista.- *(kredjiarista)* s. persona que compra a crédito.
creditar.- *(kreditar)* v. habilitar, acreditar (por medio de las credenciales).
crédito.- *(kréditu)* s. confianza, crédito. / Econ. crédito. / *a crédito: a crédito.
credo.- *(krédu)* s. credo. / interj. expresa espanto y aversión.
credor.- *(kredor)* s. acreedor; merecedor, digno.
crédulo.- *(krédulu)* adj. crédulo, ingenuo, sencillo, supersticioso.
creio-em-deus-padre.- *(krêiu en deus padri)* s. Bras. credo.
cremação.- *(kremasãu)* s. cremación.
cremalheira.- *(kremallêra)* s. cremallera. / el carril dentado de línea férrea, en el cual enganchan las ruedas también dentadas de las locomotoras, para subir rampas muy fuertes. / pieza dentada de cierto mecanismo.
cremar.- *(kremar)* v. cremar, incinerar.
crematório.- *(krematóriu)* s. crematorio.
creme.- *(krêmi)* adj. del color crema. / s. crema, cosmético, potingue. / 2ª s. crema, nata.
cremoso.- *(kremoz'u)* adj. cremoso.
crença.- *(krensa)* s. creencia, religión.
crendice.- *(krendjisi)* s. superstición.
crente.- *(krentchi)* adj. e s. creyente, religioso. / adepto a creencias evangélicas.
creolina.- *(kriolina)* s. creolina, cresolina, sanatol.
crepe.- *(krépi)* s. crespón, gasa, crep.
crepitar.- *(krepitar)* v. chisporrotear, crepitar.
crepom.- *(krepón)* s. gasa gruesa.
crepúsculo.- *(krepuskular)* s. crepúsculo. / Fig. decadencia.
crer.- *(krer)* v. confiar, creer. / juzgar, suponer.
crescente.- *(kfresentchi)* adj. creciente.
crescer.- *(kreser)* v. aumentar, crecer, estirar, subir.
crescido.- *(kfesidu)* adj. crecido, desarrollado, importante, grande, maduro.
crescimento.- *(kresimentu)* s. crecimiento, desarrollo progresivo.
crespo.- *(krêspu)* adj. crespo, ensortijado, ondulado, rizado. / agitado (el mar), encrespado.
crespuscular.- *(krepuskular)* adj. crepuscular.
crestar.- *(krestar)* v. e p. achicharrar, chamuscar.
cretinice.- *(kretchinisi)* s. imbecilidad.
cretino.- *(kretchinu)* adj. cretino, imbécil, idiota.
cretone.- *(kretône)* s. cretona.
cria.- *(kría)* s. cría. / Bras. persona, en general pobre, criada en casa ajena.
criação.- *(krasãu)* s. creación, crianza.
criada.- *(kriada)* s. asistenta, criada, sirvienta.
criadagem.- *(kriadajhen)* s. servidumbre.
criado.- *(kriadu)* adj. criado (hombre empleado en servicio doméstico).
criador.- *(kriador)* s. autor, creador, creador. / adj. creador.
criança.- *(kriânsa)* s. niño o niña; crío.
criançada.- *(kriansada)* reunión de niños (y niñas).
criancice.- *(kriansisi)* s. niñería, chiquillada.
criançola.- *(kriansáola)* s. niño que ya no es pequeño, pero se comporta como si todavía lo fuera.
criar.- *(kriar)* vt. crear, criar, formar, educar, inventar, plasmar. / v. refl. criarse, crearse, originarse.
criativo.- *(kriatchivu)* adj. creativo, ingenioso.
criatura.- *(kriatura)* s. criatura, ser, individuo.

crime.- *(krimi)* s. crimen, delito.
criminal.- *(kriminâu)* adj. criminal.
criminalidade.- *(kriminalidadji)* s. criminalidad.
criminalista.- *(kriminalista)* s. criminalista.
criminoso.- *(kriminoz'u)* s. criminoso, criminal, delincuente.
crina.- *(krina)* s. crin.
crioulo.- *(kriolu)* adj. criollo, negro.
cripta.- *(kripta)* s. cripta.
crisálida.- *(kriz'alida)* s. Zool. crisálida.
crisântemo.- *(kriz'ântemu)* s. Bras. crisantemo.
crise.- *(kriz'i)* s. crisis.
crisma.- *(krisma)* s. Rel. crisma, confirmación.
crismar.- *(krismar)* v. Rel. crismar, administrar el sacramento de la Confirmación. / cambiar el nombre a, apodar. / v. refl. confirmarse. / apodarse de.
crispação.- *(krispasãu)* s. crispación.
crispar.- *(krispar)* v. crispar, rizar, fruncir. / P. crisparse, contraerse espasmódicamente.
crista.- *(krista)* s. cresta, cumbre.
cristal.- *(kristáu)* s. cristal. / Inform. monitor que utiliza cristal líquido para enseñar informaciones.
cristaleira.- *(kirstalêra)* s. Bras. cristalera, especie de aparador.
cristalino.- *(kristalinu)* adj. cristalino. / transparente, límpido, claro. / s. Anat. cristalino
cristalizar.- *(kristaliz'ar)* v. cristalizar.
cristandade.- *(kristandadji)* s. cristiandad.
cristão.- *(kristãu)* adj. cristiano.
cristão-novo.- *(kristãu nov'u)* s. cristiano nuevo, judío converso (convertido a la fe cristiana).
cristianismo.- *(kristchianismu)* s. cristianismo.
cristianizar.- *(kristchianiz'ar)* v. cristianizar.
critério.- *(kritériu)* s. criterio.
crítica.- *(krítchika)* s. juicio, apreciación, crítica.
criticar.- *(kritchikar)* v. criticar.
crítico.- *(krítchiku)* s. crítico, criticador. / adj. crítico. / grave, peligroso.
crivar.- *(kriv'ar)* v. cribar, agujerear.
crível.- *(krív'eu)* adj. creíble.
crivo.- *(kriv'u)* s. cedazo, criba. / Bras. bordado oradado.
crochê.- *(kroschê)* s. ganchillo.
croché.- *(kroschê)* s. crochê.
crocodilo.- *(krokodilu)* s. cocodrilo.
cromado.- *(kromadu)* adj. cromado.
cromático.- *(kromátchiku)* adj. cromático. / Mús. cromático.
cromo.- *(krômu)* s. cromo.
cromossomo.- *(kromosôma)* s. Med. cromosoma.
crônica.- *(krônika)* s. crónica, narración.
crônico.- *(krôniku)* adj. crónico, que dura mucho.
cronista.- *(kronista)* s. cronista.
cronologia.- *(kronolojhia)* s. cronologia.
cronometrar.- *(kronometrar)* v. cronometrar.
cronômetro.- *(kronômetru)* s. cronómetro.
croquete.- *(kroquétchi)* s. croqueta.
croqui.- *(kroquí)* s. croquis.
crosta.- *(krôsta)* s. costra, pústula. / cáscara.
cru.- *(kru)* adj. crudo. / bárbaro, cruel.
crucial.- *(krusiáu)* adj. crucial.
crucificar.- *(krusifikar)* v. crucificar.
crucifixo.- *(krusifiksu)* s. crucifijo.
cruel.- *(kruéu)* adj. cruel, atroz, doloroso.
crueldade.- *(krueudadji)* s. crudeza, crueldad.
cruento.- *(kruentu)* adj. cruento.
crueza.- *(krudêz'a)* s. crudeza.
crustáceo.- *(krustásiu)* s. Zool. crustáceo.
cruz.- *(krus)* s. cruz.
cruzada.- *(kruz'ada)* s. cruzada.
cruzado.- *(kruz'adu)* s. cruzado. / unidad monetaria y moneda brasileña, dividida en 100 centavos, de 28 / 02 / 1986 a 15 / 01 / 1989, cuando fue sustituido por el cruzado novo. / *cruzado novo: unidad monetaria y moneda brasileña, dividida en 100 centavos, de 15 / 01 / 1989 a 15 / 03 / 1990, cuando fue sustituida por el cruzero (V). / Moneda brasileña antigua de 400 réis .
cruzador.- *(kruz'ador)* s. buque de guerra.
cruzamento.- *(kruz'amentu)* s. cruzamiento, cruce, encrucijada.
cruzar.- *(kruz'ar)* v. atravesar, cruzar, entrecruzar, terciar.
cruzeiro.- *(kruzêru)* s. crucero (gran cruz levantada en los cementerios, plazas, etc.). / mar, crucero. / Arquit. crucero. / Unidad monetaria y moneda brasileña, dividida en 100 centavos, de 05 / 10 / 1942 a 13 / 02 / 1967; de 15 / 05 / 1970 a 28 / 02 / 1986; y de 15 / 03 / 1990 a 31 / 07 / 1993. / ***Cruzeiro novo**: unidad monetaria y moneda brasileña de 13 / 02 / 1967 a 15 / 05 / 1970. ***Cruzeiro real**: unidad monetaria y moneda brasileña, dividida en 100 centavos, de 01 / 08 / 1993 a 30 / 06 / 1994.
cuba.- *(kuba)* s. cuba, tina.
cubagem.- *(kubájhen)* s. cálculo de la capacidad de un recipiente o de un recinto.
cubano.- *(kubanu)* adj. cubano.
cubar.- *(kubar)* v. calcular la capacidad de un recipiente o de un recinto. / medir volúmenes.
cúbico.- *(kúbitu)* s. cúbico.
cubículo.- *(kubíkula)* s. celda. / cuarto pequeño.
cubismo.- *(kubismu)* s. cubismo.
cúbito.- *(kúbitu)* s. Anat. cúbito.
cubo.- *(kubu)* s. cubo, dado.
cuco.- *(kúku)* s. cuco.
cueca.- *(kuékas)* s. Bras. calzoncillo.
cuecas.- *(kuékas)* s. pl. Port. bragas.
cuia.- *(kúia)* s. vaso en forma de concha.
cuíca.- *(kuíka)* s. Bras. cierto mamífero semejante al ratón. / Mús. instrumento musical parecido a la zambomba.
cuidado.- *(kuidadu)* s. cuidado, desvelo, esmero, precaución.
cuidadoso.- *(kuidadôz'u)* adj. cuidadoso, atento, vigilante.
cuidar.- *(kuidar)* vt. cuidar, tratar, vigilar.
cujo.- *(kujhu)* pron. rel. cuyo, del cual, de quien. / Bras. Fig. fulano.
culatra.- *(kulata)* s. culata.
culinária.- *(kulináriu)* sf. culinaria.
culinário.- *(kulináriu)* adj. culinario.
culminância.- *(kulminânsia)* s. culminación, apogeo.

culminante.- *(kulminantchi)* adj. culminante.
culminar.- *(kuuminar)* v. culminar.
culote.- *(kulótchi)* s. Pantalón ancho en la parte superior y ceñido debajo de la rodilla. / para montar a caballo.
culpa.- *(kuupa)* s. culpa.
culpabilidade.- *(kuupabilidakji)* s. culpabilidad.
culpado.- *(kuupadu)* adj. e s. culpado, culpable.
culpar.- *(kuupar)* v. acusar, culpar.
culpável.- *(kuupáv'eu)* adj. culpable.
cultivador.- *(kuutchiv'ador)* s. cultivador, agricultor.
cultivar.- *(kuutchiv'ar)* v. cultivar, laborar, plantar.
cultivo.- *(kuutchiv'u)* s. cultivo, plantación.
culto.- *(kuutu)* adj. culto, inteligente. / s. culto, rito, veneración.
cultuar.- *(kuutuar)* v. rendir culto, venerar.
cultura.- *(kuutura)* s. civilización, cultura.
cultural.- *(kuuturar)* adj. cultural.
cumbuca.- *(kumbuka)* s. Bras. vaso para líquidos, hecho de calabaza, con apertura circular encima. / Arg. casa de juego, rifa.
cume.- *(kuumi)* s. cima, cumbre, pico, ápice.
cumeeira.- *(kumiêra)* s. cumbrera, cima, tejado de una casa.
cúmplice.- *(kúmplisi)* s. cómplice, connivente.
cumplicidade.- *(kumplisidadji)* s. complicidad, connivencia, implicación.
cumprimentar.- *(kumprimentar)* v. cumplimentar, felicitar.
cumprimento.- *(kumprimentu)* s. cumplimiento, saludo, salutación.
cumprir.- *(kumprir)* v. cumplir, satisfacer, realizar.
cumular.- *(kumular)* v. e p. acumular.
cúmulo.- *(kúmulu)* s. colino, cúmulo, montón.
cunhã.- *(kuñã)* s. Bras. amaz. mujer.
cunha.- *(kuña)* s. calzo, cuña.
cunhado.- *(kuñadu)* s. cuñado.
cunhar.- *(kuñar)* v. acuñar.
cunho.- *(kúñu)* s. cuño.
cupão.- *(kupãu)* s. cupon.
cupê.- *(kupê)* s. coche de caballos cerrado, de cuatro ruedas. / coche de dos puertas.
cúpido.- *(kúpidu)* adj. ávido, ambicioso, avaricioso, codicioso.
cupim.- *(kupín)* s. Bras. termita.
cupincha.- *(kupinscha)* s. Bras. amigo, camarada.
cupom.- *(kupón)* s. cupón.
cúpula.- *(kúpula)* s. cúpula / Fig. la jefatura. / Bras. Fig. cumbre, conferencia internacional con dirigentes de diversos países.
cura.- *(kura)* s. cura, acción de curar. / 2ª s. párroco de pueblo.
curandeiro.- *(kurandêru)* s. curandero.
curar.- *(kurar)* v. curar, sanar. / P. curarse.
curativo.- *(kuratchiv'u)* s. curativo, curación, cataplasma, vendaje.
cúria.- *(kúria)* s. curia.
curinga.- *(kuringa)* s. el comodín en la baraja.
curiosidade.- *(kurioz'idadji)* s. curiosidad.
curioso.- *(kurioz'u)* adj. curioso.
curra.- *(kur'a)* s. Bras. Arg. violencia sexual practicada por dos o más individuos contra mujer o hombre
curral.- *(kur'áu)* s. corral, majada, pocilga.
currículo.- *(kur'íkulu)* s. curriculum.
cursar.- *(kursar)* v. cursar.
cursiva.- *(kursiv'a)* s. letra manuscrita.
curso.- *(kursu)* s. curso.
cursor.- *(kursor)* s. Inform. cursor.
curta-metragem.- *(kurta metrájhen)* s. cortometraje.
curtição.- *(kurtisãu)* s. placer, disfrute, gusto.
curtir.- *(kurtir)* v. curtir el cuero. / preparar alimento poniéndolo en remojo o en líquido adecuado. / padecer, sufrir, soportar. / Arg. gozar, disfrutar.
curto.- *(kúrtu)* adj. breve, corto.
curto-circuito.- *(kúrtu sirkuitu)* s. cortocircuito.
curtume.- *(kurtumi)* s. curtimiento. / lugar donde se trabaja el cuero.
curumi.- *(kurumi)* s. Bras. Amaz. niño.
curumim.- *(kurumín)* s. Bras. Amaz. niño.
curupira.- *(kurupira)* s. ente fantástico del folclore brasileño, que habita la selva y tiene los pies vueltos hacia atrás.
curva.- *(kurv'a)* s. curva, vuelta.
curvar.- *(kurv'ar)* v. curvar, encorvar, inclinar.
curvatura.- *(kurv'atura)* s. curvatura.
curvo.- *(kurvo)* adj. curvo, redondo, sinuoso.
cuscuz.- *(kuskús)* s. Bras. plato de harina de maíz o de arroz, etc., cocido al vapor. / cuscus. / bizcocho de tapioca con leche de coco.
cusparada.- *(kusparada)* s. escupitajo.
cuspe.- *(kuspi)* s. escupido, saliva.
cúspide.- *(kúspidji)* s. cúspide.
cuspideira.- *(kuspidêra)* s. escupidera.
cuspir.- *(kuspir)* v. escupir, salivar.
cuspo.- *(kuspo)* s. escupitiñajo, saliva.
custa.- *(kusta)* s. dispendio, gasto. / Loc. Adv. *á custa de: a costa de, a expensas de.
custar.- *(kustar)* v. costar, valer. / Bras. tener dificultad. / Bras. tardar.
custas.- *(kustas)* s. pl. gastos por proceso judicial.
custear.-*(kustchiar)* v. costear, sufragar.
custeio.- *(kustêiu)* s. relación de gastos.
custo.- *(kustu)* s. costa, coste, costo, importe. / Fig. dificultad, esfuerzo.
custódia.- *(kustódjia)* s. custodia, guardia
custodiar.- *(kustodjiar)* v. custodiar.
custoso.- *(kustôz'u)* adj. costoso, difícil.
cutâneo.- *(kutâniu)* adj. cutáneo.
cutelo.- *(kutélu)* s. instrumento cortante semicircular, de hierro.
cutia.- *(kutchía)* s. Bras. pequeño mamífero roedor.
cutícula.- *(kutchíkula)* s. cutícula.
cútis.- *(kútchis)* s. cutis, tez.
cutucada.- *(kutukada)* s. Bras. Pop. acto de tocar, levemente, alguien o algo, con el dedo, el codo, etc.
cutucar.- *(kutukar)* v. Bras. tocar levemente alguien o algo, con el dedo, el codo, etc.
czar.- *(kz'ar)* s. zar.

D

d.- *(dê)* s. cuarta letra del abecedario portugués.
da.- *(dá)* contr. de la prep. *de* y el artículo o pron. *a;* de la.
dáblio.- *(dábliu)* s. nombre de la letra *w.*
dactilografar.- *(daktchilografar)* v. mecanografiar.
dactilografar.- *(daktchilografia)* v. mecanografar.
dactilografia.- *(daktchilografía)* s. dactilografía, mecanografía.
dactilógrafo.- *(daktchilógrafu)* s. dactilógrafo, mecanógrafo.
dádiva.- *(dádjiv'a)* s. dádiva, donativo, obsequio.
dadivoso.- *(dadjiv'oz'u)* adj. dadivoso, generoso.
dado.- *(dadu)* adj. ofrecido, gratuito, afable, amable. / permitido, concedido. / propenso, proclive, inclinado a. / s. dado, cubo.
daí.- *(daí)* contr. de la prep. *de* con el adv. *aí;* de ahí. / por ello, debido a esto, por este motivo.
dalém.- *(dalén)* contr. de la prep. *de* con el adv. *além;* de allá, de la parte de allá.
dali.- *(dalí)* contr. de la prep. *de* con el adv. *ali;* de allí, de allá
dália.- *(dália)* s. dalia.
dálmata.- *(dáumata)* adj. dálmata.
daltônico.- *(dautôniku)* adj. daltónico.
daltonismo.- *(dautonismu)* s. Méd. daltonismo.
dama.- *(dama)* s. dama, señora. / dama de honor. / la carta de la baraja con la figura femenina: dama.
damas.- *(damas)* s. pl. juego de damas.
damasco.- *(damasku)* s. albaricoque, damasco, tela de seda con dibujos.
damasqueiro.- *(damasku)* s. albaricoquero.
danação.- *(danasãu)* s. damnación, hidrofobia, rabia. / cólera, irritación.
danado.- *(danadu)* adj. hidrófobo, rabioso. / atacado por la ira, malo. / Fam. travieso.
danar.- *(danar)* v. dañar; volver rabioso.
dança.- *(dansa)* s. baile, danza.
dançador.- *(dansador)* s. danzador, danzante.
dançante.- *(dansantchi)* adj. danzante, bailable.
dançar.- *(dansar)* v. bailar, danzar. / Bras. Arg. salirse mal.
dançarino.- *(dansarinu)* adj. bailarín, danzarín.
danceteria.- *(danseteria)* s. discoteca.
dândi.- *(dândi)* s. dandi, petimetre.
danificado.- *(danifikadu)* adj. damnificado.
danificar.- *(danifikar)* v. damnificar, dañar, averiar, estropear.
daninho.- *(daniñu)* adj. dañino, dañoso.
dano.- *(danu)* s. daño. / pérdida, perjuicio.
danoso.- *(danôzu)* adj. dañoso, dañino, nocivo, perjudicial.
dantes.- *(dântes)* adv. antes, antiguamente.
dantesco.- *(dantêsku)* adj. dantesco.
daquele.- *(daqueli)* contr. de la prep. *de* con el pron. dem. *aquele;* de aquel.
daqui.- *(daquí)* contr. de la prep. *de* con el adv. *aqui;* de aquí.
dar.- *(dar)* v. dar, donar, entregar, ceder gratuitamente, otorgar, conceder, causar, ofrecer regalar, destinar, realizar. / P. tener buenas relaciones. / ocurrir.
dardo.- *(dardu)* s. dardo, jabalina.
data.- *(data)* s. data, fecha. / tiempo, época.
datar.- *(datar)* v. datar, fechar. / durar, existir desde cierto tiempo.
de.- *(dê)* prep. de.
dê.- *(dê)* s. el nombre de la letra *d.*
deão.- *(deãu)* s. Rel. decano, deán. / decano.
debaixo.- *(dibaischu)* adv. debajo.
debalde.- *(debáudji)* adv. de balde, en balde, en vano.
debandada.- *(debandada)* s. desbandada.
debandar.- *(debandar)* v. desbandar, poner en fuga desordenadamente, dispersarse.
debate.- *(debatchí)* s. debate, discusión, controversia.
debater.- *(debater)* v. debatir, discutir, disputar, polemizar.
debelar.- *(debelar)* v. debelar, vencer, dominar.
débil.- *(débiu)* adj. débil, anémico, endeble, exangüe, flaco, flojo, flácido, lánguido.
debilidade.- *(debilidadji)* s. debilidad, fatiga, flaqueza, flojedad.
debilitar.- *(debilitar)* v. debilitar, depauperar, enflaquecer, extenuar, postrar.
debitar.- *(debitar)* v. inscribir como debedor. / ingresar determinada cantidad en la cuenta de alguien.
débito.- *(débitu)* s. débito, deuda.
debochado.- *(deboschadu)* adj. bromista, libertino, corrupto, licencioso.
debochar.- *(deboschar)* v. bromear, corromper, viciar, inducir al libertinaje.
deboche.- *(debóschi)* s. broma. / libertinaje, corrupción.
debruar.- *(debruar)* v. festonear, ribetear.
debruçar.- *(debrusar)* v. echar de bruces, inclinar, asomar a la ventana.
debrum.- *(debrún)* s. orladura, dobladillo.
debulhar.- *(debullar)* v. desgranar.
debutante.-*(debutantchi)* s. debutante.
década.- *(dékada)* s. década.
decadência.- *(dekadênsia)* s. decadencia, degeneración.
decagrama.- *(dekagrama)* s. decagramo.
decaído.- *(dekaídu)* s. decaído.
decair.- *(dekair)* v. decaer.
decalcar.- *(dekaukar)* v. calcar.
decálogo.- *(dekálogu)* s. decálogo.
decalque.- *(dekauqui)* s. calco.
decanato.- *(dekanatu)* s. decanato.
decano.- *(dekanu)* s. decano.
decantar.- *(dekantar)* v. celebrar o exaltar en cantos o en versos. / 2ª v. decantar.

decapitar.- *(dekapitar)* v. decapitar, degollar.
decassílabo.- *(dekasílabu)* s. decasílabo
decatlo.- *(dekatlo)* s. Dep. decatlón.
decência.- *(desênsia)* s. decencia, decoro. / dignidad, honestidad.
decênio.- *(desêniu)* s. decenio.
decente.- *(desentchi)* adj. decente.
decepar.- *(djisepar)* v. amputar, truncar.
decepção.- *(desepsãu)* s. decepción, desilusión, desengaño.
decepcionar.- *(desepsionar)* v. decepcionar, desilusionar, desengañar.
decerto.- *(desertu)* adv. ciertamente, con certeza.
decidido.- *(desidjidu)* adj. decidido, osado. / emprendedor. / enérgico.
decidir.- *(desidjir)* v. decidir, solucionar, definir. deliberar, determinar, laudar, sentenciar. / P. decidirse, dar preferencia, resolverse.
decifrar.- *(desifrar)* v. descifrar, leer, interpretar, comprender.
décima.- *(désima)* s. décima.
decimal.- *(desimáu)* adj. decimal.
decímetro.- *(desímetro)* s. decímetro.
décimo.- *(désimu)* s. décimo.
decisão.- *(desiz'ãu)* s. decisión, sentencia, veredicto.
decisivo.- *(desiz'iv'u)* adj. decisivo.
declamar.- *(deklamar)* v. declamar, recitar.
declamatório.- *(deklamatóriu)* adj. declamatorio.
declaração.- *(deklarasãu)* s. declaración, afirmación. /atestado. / confesión de amor.
declarante.- *(deklarantchi)* s. declarante.
declarar.- *(deklarar)* v. declarar, testificar, enunciar, especificar, testificar.
declarativo.- *(deklaratchiv'u)* adj. declarativo.
declinação.- *(deklinasãu)* s. declinación.
declinar.- *(deklinar)* v. declinar, desviar, inclinar. / rehusar, declinar: enunciar las flexiones de nombres y pronombres.
declinável.- *(deklináveu)* adj. declinable.
declínio.- *(deklíniu)* s. declinación. / decadencia.
declive.- *(dekliv'i)* s. declive, bajada.
decolar.- *(dekolar)* v. despegar, levantar vuelo.
decomponível.- *(dekomponív'eu)* adj. descomponible.
decompor.- *(dekompor)* v. descomponer, desintegrar, analizar. / corromper, estropearse. / P. descomponerse.
decomposição.- *(dekompoz'isãu)* s. descomposición.
decoração.- *(dekorasãu)* s. decoración
decorador.- *(dekorador)* s. decorador.
decorar.- *(dekorar)* v. aprender de memoria.
decorar.- *(dekorar)* v. decorar.
decorativo.- *(dekoratchiv'u)* s. decorativo.
decoro.- *(dekôru)* s. decoro, pundonor, decencia, seriedad.
decoroso.- *(dekorôz'u)* adj. decoroso, decente.
decorrência.- *(dekor'ênsia)* s. transcurso, resultado, consecución.
decorrer.- *(dekor'er)* v. transcurrir, suceder. / originarse. / adj. escotado.
decotar.- *(dekotar)* v. escotar.
decote.- *(dekotchi)* s. escote.
decrépito.- *(dekrépitu)* adj. decrépito.
decrepitude.- *(dekrepitudji)* s. decrepitud.
decrescer.- *(dekreser)* v. decrecer.
decretar.- *(dekretar)* v. decretar.
decreto.- *(dekrétu)* decreto.
decúbito.- *(dekúbitu)* s. decúbito.
decurso.- *(dekursu)* s. decurso, duración, sucesión del tiempo, transcurso.
dedal.- *(dedáu)* s. dedal.
dédalo.- *(dédalu)* s. dédalo, laberinto.
dedicação.- *(dedikasãu)* s. dedicación, afecto, amistad, devoción, entrega.
dedicado.- *(dedjikadu)* adj. dedicado, ofrecido, sacrificado, devoto.
dedicar.- *(dedjikar)* v. e p. dedicar, destinar, consagrarse, sacrificarse.
dedicatória.- *(dedjikatória)* s. dedicatoria.
dedilhar.- *(dedjillar)* v. Mús. puntear un instrumento de cuerda. / ejecutar con los dedos sobre un instrumento de cuerda.
dedo.- *(dedu)* s. dedo.
dedução.- *(dedusãu)* s. conclusión, deducción, substracción.
deduzir.- *(deduz'ir)* v. deducir, concluir, inferir. /descontar, substraer. / enumerar hechos y argumentos.
defasagem.- *(defaz'ajhen)* s. desfase. / Fig. diferencia de persona, cosa o situación, en relación a otra.
defasar.- *(defaz'ar)* v. desfasar. / Fig. provocar desfase en.
default.- *(default)* adj. Ingl. Inform. presupuesto.
defecação.- *(defekasãu)* s. defecación, deyección.
defecar.- *(defekar)* v. defecar, deponer, evacuar.
defectivo.- *(defektchiv'u)* adj. defectivo.
defeito.- *(defêitu)* s. defecto, falta, incorrección, tacha. / imperfección moral, vicio.
defeituoso.- *(defeituôz'u)* adj. defectuoso, imperfecto, defectivo.
defender.- *(defender)* v. defender, guardar, librar, patrocinar, preservar, proteger, resguardar, resistir. / P. defenderse, protegerse.
defendível.- *(defendív'eu)* adj. defendible.
defensiva.- *(defensiv'a)* s. defensiva.
defensor.- *(defensor)* adj. defensor, protector.
deferência.- *(deferênsia)* s. deferencia, consideración.
deferente.- *(deferentchi)* adj. deferente, cortés.
deferir.- *(deferir)* v. conceder, deferir.
defesa.- *(defez'a)* s. defensa, alegación, amparo, justificación, resistencia.
defeso.- *(defez'u)* adj. defeso, vedado, prohibido.
deficiência.- *(defisiênsia)* s. deficiencia, insuficiencia.
deficiente.- *(defisientchi)* adj. deficiente, incompleto, insuficiente, falto, minusválido.
déficit.- *(défisit)* s. déficit.
deficitário.- *(defisitáriu)* adj. corto, deficitario.
definhar.- *(defiñar)* v. enflaquecer, debilitar, extenuar, consumirse poco a poco.
definição.- *(definisãu)* s. definición.
definido.- *(definidu)* adj. definido.
definir.- *(definir)* v. definir, determinar. / P. definirse, decir los que piensa a respeto de algo.

definitivo.- *(definitchiv'u)* adj. definitivo, decisivo, final.
deflação.- *(deflasau)* s. deflación.
deflagrar.- *(deflagrar)* v. deflagrar.
deflorar.- *(deflorar)* v. desflorar. / desvirgar, violar
deformação.- *(deformasãu)* s. deformación, imperfección, malformación.
deformar.- *(deformar)* v. deformar, desfigurar, afear.
deformidade.- *(deformidadji)* s. deformidad.
defraudar.- *(defraudar)* v. defraudar.
defrontar.- *(defrontar)* v. confrontar. / P. confrontarse.
defronte.- *(defrontchi)* adv. delante, enfrente.
defumado.- *(defumadu)* adj. ahumado, sahumado.
defumar.- *(defumar)* v. ahumar, sahumar, perfumar.
defunto.- *(difuntu)* adj. difunto, muerto, fallecido, finado.
degelar.- *(dejhelar)* v. deshelar, derretirse, descongelar.
degelo.- *(dejhêlu)* s. deshielo.
degeneração.- *(dejhenerasãu)* s. degeneración.
degenerado.- *(dejheneradu)* adj. degenerado.
degenerar.- *(dejhanerar)* v. degenerar, perder las cualidades primitivas. / alterarse para peor. / estropearse.
deglutição.- *(deglutchisãu)* s. deglutición, ingestión.
deglutir.- *(deglutchir)* v. deglutir, engullir.
degolação.- *(degolasãu)* s. degollación.
degolar.- *(degolar)* v. degollar.
degradação.- *(degradasãu)* s. degradación.
degradante.- *(degradantchi)* adj. degradante.
degradar.- *(degradar)* v. degradar, rebajar, envilecer.
degradável.- *(degradáv'eu)* adj. degradable.
degrau.- *(degráu)* ms. escalón, peldaño.
degredar.- *(degredar)* v. desterrar.
degredo.- *(degrêdu)* s. destierro, exilio, deportación.
degustação.- *(degustasãu)* s. degustación.
degustar.- *(degustar)* v. degustar, gustar, saborear.
deidade.- *(deidadji)* s. deidad, divinidad.
deitar.- *(deitar)* v. echar, extender horizontalmente. / P. acostarse.
deixa.- *(dêscha)* s. legado, herencia. / ocasión, oportunidad. / Teatr. palabra o actitud de actor, que indica a otro el momento en que debe hablar o entrar en escena.
deixar.- *(deischar)* v. dejar, abandonar, desocupar; tolerar; desistir, cesar; transmitir como legado. / v. refl. separarse, apartarse.
dejecção.- *(dejheksãu)* s. defecación, deyección.
dejetar.- *(dejhetar)* v. excretar, defecar.
dela.- *(déla)* contr. de la prep. *de* con el pron. pers. *ela*.
delação.- *(delasãu)* s. delación, denuncia.
delatar.- *(delatar)* v. delatar, denunciar, revelar (crimen o delito). / P. delatarse como culpado.
delator.- *(delatôr)* s. delator, denunciador.
dele.- *(dêli)* contr. de la pep. *de* con el pron. pers. *ele*.
delegação.- *(delegasãu)* s. delegación,
delegacia.- *(delegasía)* s. delegación, oficina del delegado.
delegado.- *(delegadu)* s. delegado. / la más alta autoridad en una comisaría de policía.
delegar.- *(delegar)* v. comisionar, delegar.
deleitar.- *(deleitar)* v. deleitar, complacer.
deleite.- *(deleitchi)* s. deleite, delicia, placer, goce.
deletério.- *(deletériu)* adj. deletéreo, mortífero, venenoso, dañoso. / corruptor.
delfim.- *(deufín)* s. delfín.
delgado.- *(deugadu)* adj. delgado, enjuto, fino, magro, menudo.
deliberação.- *(deliberasãu)* s. deliberación, decisión, propósito.
deliberar.- *(deliberar)* v. deliberar, decidir, juzgar, proponer, resolver.
delicadeza.- *(delikadjiz'a)* s. delicadeza. / amabilidad, finura. / fragilidad, susceptibilidad.
delicado.- *(delikadu)* adj. delicado, abocado, afable, amable, ameno, delgado, fino, suave, susceptible, sutil.
delícia.- *(delísia)* s. delicia, deleite, felicidad.
deliciar.- *(delisiar)* v. deleitar, causar delicia.
delicioso.- *(delisiôz'u)* adj. delicioso, rico (alimentación). / muy ameno.
delimitar.- *(delimitar)* v. delimitar, demarcar.
delinear.- *(delinear)* v. delinear, esbozar, plantear, trazar.
delinqüência.- *(delinküênsia)* s. delincuencia.
delinqüente.- *(delinkuentchi)* adj. delincuente.
delinqüir.- *(delinquir)* v. delinquir.
delirante.- *(delirantchi)* adj. alucinante.
delirar.- *(delirar)* v. delirar, desvariar, fantasear, alucinar.
delírio.- *(delíriu)* s. Med. delirio, alucinación, desvarío.
delito.- *(delitu)* s. delito, crimen, culpa.
delonga.- *(delonga)* s. tardanza, retardo.
delongar.- *(delongar)* v. prolongar, retardar, alargar.
delta.- *(déuta)* s. delta, estuario.
demagogia.- *(demagojhía)* s. demagogia.
demagógico.- *(demagójhiku)* adj. demagógico.
demagogo.- *(demagogu)* adj. demagogo.
demais.- *(demáis)* adv. además. / demasiado, excesivamente, muchísimo. / pron. pl. los demás, los otros, los restantes. / *por demais: en exceso, demasiado.
demanda.- *(demanda)* s. demanda, litigio, petición, plcito.
demandar.- *(demandar)* v. demandar, ir en busca de. / necesitar, pedir. / litigar, pleitear.
demão.- *(demãu)* s. cada capa de pintura, aplicada sobre una superficie. / auxilio, ayuda.
demarcar.- *(demarkar)* v. demarcar, acotar, delimitar, limitar, lindar,
demasia.- *(demaz'ia)* adj. demasía, sobra, exceso. / adv. demasiadamente.
demasiado.- *(demaz'iadu)* adj. demasiado, excesivo.
demência.- *(demênsia)* s. demencia, locura, alienación.
demente.- *(dementchi)* adj. demente, insano, loco.
demérito.- *(demérito)* s. falta o pérdida de méritos.
demissão.- *(demisãu)* s. dimisión, exoneración, renuncia.
demitir.- *(demitchir)* v. dimitir, echar, exonerar. / P. exonerarse, demitirse.

demo.- *(demu)* s. demonio.
democracia.- *(demokrasía)* s. democracia.
democrata.- *(demokrata)* s. demócrata.
democrático.- *(demokrátchiku)* adj. democrático.
democratizar.- *(demokratchiz'ar)* v. democratizar.
demografia.- *(demografia)* s. demografía.
demolição.- *(demolisãu)* s. demolición, destrucción, hundimiento.
demolir.- *(demolir)* v. demoler, desmoronar. / Fig. destruir.
demoníaco.- *(demoníaku)* adj. demoníaco, diabólico.
demônio.- *(demôniu)* s. demonio, diablo.
demonstração.- *(demonstrasãu)* s. demostración, prueba, ejemplo, manifestación.
demonstrar.- *(demonstrar)* v. demostrar, indicar, probar, manifestar.
demonstrativo.- *(demonstratchiv'u)* adj. demostrativo.
demora.- *(demóra)* s. atraso, demora, dilación, retraso, tardanza.
demorar.- *(demorar)* v. atrasar, demorar, dilatar retrasar, tardar. / tardar a venir, a ser hecho, etc. / P. permanecer. / atrasarse.
demover.- *(demôv'er)* v. disuadir, mover. / P. demoverse.
demudado.- *(demudadu)* adj. transformado, cambiado.
dendê.- *(dendê)* s. especie de palmera de Brasil; fruto de esta planta; el aceite extraído de ese fruto (azeite-de-dendê).
denegação.- *(denegasãu)* s. negación.
denegar.- *(denegar)* v. denegar, rehusar, negar.
denegrir.- *(denegrir)* v. denigrar, empañar, ennegrecer, manchar.
dengoso.- *(dengôz'u)* adj. dengoso, delicado, melindroso, relamido, remilgado.
dengue.- *(dengui)* Bras. melindre, mimo. / berrinche de niño. / Med. dengue.
denguice.- *(denguisi)* s. mimo, melindre. / coquetería.
denodo.- *(denôdu)* s. osadía, intrepidez.
denominação.- *(denominasãu)* s. denominación, designación, nombre, título.
denominador.- *(denominador)* s. Mat. denominador.
denominar.- *(denominar)* v. denominar, poner nombre, llamar.
denotar.- *(denotar)* v. denotar, revelar por medio de notas o señales.
densidade.- *(densidadji)* s. densidad, espesor.
denso.- *(densu)* adj. denso, espeso, basto, sólido.
dentada.- *(dentada)* s. dentellada, dentada, mordisco.
dentado.- *(dentadu)* adj. dentellado, dentado.
dentadura.- *(dentadura)* s. dentadura.
dental.- *(dentáu)* adj. dental.
dentar.- *(dentar)* v. dentar.
dente.- *(dentchi)* s. diente. / púa del peine.
dentear.- *(dentchiar)* v. dentar, endentar.
dentição.- *(dentchisãu)* s. dentición.
dentifrício.- *(dentifrísiu)* s. dentífrico.
dentina.- *(dentchina)* s. dentina, marfil de los dientes.
dentista.- *(dentchista)* s. dentista, odontólogo.
dentro.- *(dentru)* adv. adentro, dentro.
dentuça.- *(dentusa)* s. Fam. arcada dental con dientes grandes y / o salientes.
dentuço.- *(dentusu)* adj. dentudo.
denúncia.- *(denúnsia)* s. denuncia, delación, revelación.
denunciante.- *(denunsiatchi)* adj. denunciante, delator.
denunciar.- *(denunsiar)* v. denunciar, delatar, avisar, traicionarse.
deparar.- *(deparar)* v. depararse, encontrar.
departamento.- *(departamentu)* s. departamento.
depauperar.- *(depauperar)* v. depauperar, debilitar, empobrecer. / P. debilitarse.
depenar.- *(depenar)* v. desplumar.
dependência.- *(dependênsia)* s. dependencia.
dependente.- *(dependentchi)* adj. dependiente: que depende. / s. aquel que no puede proveerse su subsistencia.
depender.- *(depender)* v. depender, estar en la dependencia de. / tener conexión o relación inmediata. / estar subordinado.
dependurar.- *(dependurar)* v. pender, colgar.
depilação.- *(depilasãu)* s. depilación.
depilar.- *(depilar)* v. depilar, rapar.
depilatório.- *(depilatóriu)* adj. depilatorio.
deplorar.- *(deplorar)* v. deplorar, llorar, lamentar.
deplorável.- *(deplorav'eu)* adj. deplorable, lamentable, lastimoso.
depoimento.- *(depoimentu)* s. declaración, testimonio.
depois.- *(depois)* adv. después, enseguida.
depor.- *(depor)* v. deponer, dejar, separar, destituir. / declarar en juicio. / poner, depositar. / 2ª v. prestar declaración en juicio.
deportação.- *(deportasãu)* s. deportación.
deportar.- *(deportar)* v. deportar.
deposição.- *(depoz'isãu)* s. deposición.
depositar.- *(depoz'itar)* v. depositar, guardar, confiar, poner. / quedar en el fondo.
depositário.- *(depoz'itáriu)* s. depositario.
depósito.- *(depóz'itu)* s. depósito, almacén, sedimento.
depravação.- *(deprav'asãu)* s. depravación.
depravado.- *(deprav'adu)* adj. depravado, licencioso.
depravar.- *(deprav'ar)* v. depravar, corromper, pervertir.
depreciar.- *(depresiar)* v. depreciar, devaluar.
depredação.- *(depredasãu)* s. depredación, pillaje, robo, expoliación, saqueo.
depredar.- *(depredar)* v. depredar, expoliar, robar, expoliar, saquear,
depreender.- *(deducir)* v. comprender, deducir.
depressa.- *(depresa)* adv. deprisa.
depressão.- *(depresãu)* s. cavidad, depresión, hondonada. / abatimiento físico o moral. / Econ. depresión económica.
depressivo.- *(depresiv'u)* adj. depresivo, deprimente.
deprimido.- *(deprimidu)* adj. deprimido, abatido.
deprimir.- *(deprimir)* v. deprimir, abatir, debilitar.

depurar.- *(depurar)* v. depurar, purificar, limpiar.
depurativo.- *(depuratchiv'u)* adj. depurativo.
deputado.- *(deputadu)* s. diputado.
deriva.- *(deriv'a)* s. deriva. / *à deriva: sin rumbo, suelto.
derivar.- *(deriv'ar)* v. derivar, separar, fluir, provenir.
dermatite.- *(dermatchitchi)* s. dermatitis.
dermatologia.- *(dermatolojhía)* s. dermatología.
dermatologista.- *(dermatolojhista)* s. dermatólogo.
derme.- *(dermi)* s. dermis, piel.
dérmico.- *(dérmiku)* adj. dérmico.
derradeiro.- *(der'adêru)* adj. postrero, último.
derrama.- *(der'ama)* s. derrama.
derramamento.- *(der'amamentu)* s. derramamiento, derrame.
derramar.- *(der'amar)* v. derramar, esparcir, transfundir, verter.
derrame.- *(der'âmi)* s. derrame, pérdida.
derrapagem.- *(der'apajhen)* s. derrape.
derrapar.- *(der'apar)* v. derrapar, resbalar, patinar.
derredor.- *(der'édor)* adv. derredor, a vuelta de. / *em derredor de: alrededor de.
derreter.- *(der'eter)* v. derretir, fundir, disolver. / enternecerse.
derrocada.- *(der'okada)* s. derrocada, desmoronmiento, ruina.
derrocar.- *(der'okar)* v. derrocar, desmoronar; remover rocas, especialmente en los márgenes de ríos y canales para desobstruir. / derrocarse, desmoronarse.
derrota.- *(der'ota)* s. derrota. / fracaso. / 2ª s. el camino que una embar-cación recorre en un viaje por mar. / ruta.
derrotado.- *(der'otádu)* adj. derrotado, vencido.
derrotar.- *(der'otar)* v. derrotar, vencer. / 2ª v. desviar de la ruta.
derrotismo.- *(der'otchismu)* s. derrotismo, pesimismo.
derrubada.- *(der'ubada)* s. derrumbe, tala. / Bras. dimisión, en masa, de funcionarios públicos, por motivos políticos u otros.
derrubamento.- *(der'ubamentu)* s. derrumbamiento.
derrubar.- *(der'ubar)* v. abatir, derribar, derrumbar, desmoronar, tumbar.
derruir.- *(der'uir)* v. derruir.
desanchar.- *(djis.anschar)* v. deshacer.
desabafar.- *(djiz'abafar)* v. airear, desabrigar. / expansionarse, desahogarse.
desabafo.- *(djiz'abáfu)* s. desahogo.
desabar.- *(djiz'abar)* v. bajar el ala del sombrero; desplomar, desmoronar(se). / desencadenarse lluvia o tempestad.
desabastecer.- *(djiz'abastecer)* v. desabastecer.
desabilitar.- *(djiz'abilitar)* v. inhabilitar.
desabitado.- *(djiz'abitadu)* adj. deshabitado, desierto, vacío, yerno.
desabitar.- *(djiz'abitar)* v. deshabitar.
desabituar.- *(djiz'abituar)* v. deshabituarse, desacostumbrarse.
desabotoar.- *(djiz'abotuar)* v. desabotonar.
desabrido.- *(djiz'abridu)* adj. desabrido.
desabrigar.- *(djiz'abrigar)* v. desabrigar. / desamparar.
desabrochar.- *(djiz'abroschar)* v. desabrochar. / desabotonarse.
desacatar.- *(djiz'akatar)* v. desacatar, insubordinar.
desacato.- *(djiz'akátu)* s. desacato, insubordinación.
desacerto.- *(djiz'asertu)* s. desacierto, error. / tontería, estupidez.
desacomodar.- *(djiz'acomodar)* v. desacomodar, desalojar.
desacompanhado.- *(djiz'acompañadu)* adj. desacompañado.
desacompanhar.- *(djiz'akompañar)* v. desacompañar.
desaconselhar.- *(djiz'akonsellar)* v. desaconsejar.
desacordado.- *(djiz'akordadu)* adj. desmayado, que perdió los sentidos.
desacordo- *(djiz'akôrdu)* s. desacuerdo. / desmayo, síncope.
desacostumar.- *(djiz'akredjitar)* v. desacostumbrar.
desacreditado.- *(djiz'akredjitadu)* adj. desacreditado. / mal conceptuado.
desacreditar.- *(djiz'akredjitar)* v. desacreditar, desprestigiar, infamar.
desafeição.- *(djiz'afeisãu)* s. desamor, desafecto, indiferencia.
desafeiçoar.- *(djiz'afeisoar)* v. hacer perder el afecto o perderlo.
desafiar.- *(djiz'afiar)* v. desafiar, provocar, retar.
desafinar.- *(djiz'afinar)* v. desafinar, desentonar.
desafio.- *(djiz'afiu)* s. desafío, reto. / Bras. diálogo popular cantado, compuesto de improvisación.
desafogar.- *(djiz'afogar)* v. desahogar.
desafogo.- *(djiz'afôgu)* s. desahogo, alivio, descanso, efusión.
desaforado.- *(djiz'aforadu)* adj. desaforado, atrevido.
desaforo.- *(djisafôru)* s. poca vergüenza, atrevimiento.
desafortunado.- *(djiz'afortunadu)* adj. desafortunado, infeliz.
desagasalhado.- *(djiz'agaz'alladu)* adj. poco abrigado. / desabrigado.
desagradar.- *(djiz'agradar)* v. desagradar, disgustar, desgraciar.
desagradável.- *(djiz'agradáv'eu)* adj. desagradable, antipático, desapacible.
desagradecido.- *(djiz'agradesimentu)* adj. desagradecido, ingrato.
desagradecimento.- *(djiz'agradesimentu)* s. desagradecimiento, ingratitud.
desagrado.- *(djiz'agradu)* s. desagrado, disgusto.
desagravar.- *(djiz'agrav'ar)* v. desagraviar, vengar. / P. vengarse.
desagravo.- *(djiz'agrav'u)* s. desagravio.
desagregador.- *(djiz'agregador)* adj. disgregador.
desagregar.- *(djiz'agregar)* v. desagregar, disgregar, disociar. / P. desagregarse, separarse.
desaguadouro.- *(djiz'aguadouru)* s. desaguadero, canal, vertedero.
desaguamento.- *(djiz'aguamentu)* s. desagüe.
desaguar.- *(djiz'aguar)* v. desaguar, desembocar, verter.
desajeitado.- *(djiz'ajheitadu)* adj. desastrado, torpe.

desajustado.- *(djiz'ajhustadu)* adj. desajustado;. / Psicol. transtornado.
desajustar.- *(djiz'ajhustar)* v. desajustar.
desalentado.- *(djiz'alentadu)* adj. desalentado, desanimado.
desalentar.- *(djiz'alentar)* v. desalentar, desanimar.
desalento.- *(djiz'alentu)* s. desaliento, abatimiento, desánimo.
desalinhar.- *(djiz'aliñar)* v. desaliñar, desordenar.
desalinhavar.- *(djiz'aliñav'ar)* v. deshilvanar.
desalinho.- *(djiz'aliñu)* s. desaliño, desorden.
desalmado.- *(djiz'aumadu)* adj. desalmado.
desalojar.- *(kizalojhar)* v. desalojar, desalojarse.
desamarrar.- *(djiz'amar'ar)* v. desamarrar, desatar, desligar.
desamarrotar.- *(djiz'amar'otar)* v. alisar, quitar las arrugas (de la ropa, de un trozo de papel, etc.).
desamor.- *(djiz'amor)* s. desamor.
desamparado.- *(djiz'amparadu)* adj. desamparado, abandonado.
desamparar.- *(djiz'amparar)* v. abandonar, desamparar, repudiar.
desamparo.- *(djiz'amparu)* s. falta de amparo, abandono.
desandar.- *(djiz'andar)* v. desandar, retroceder. / entrar en decadencia. / descomponerse, alterarse.
desanimado.- *(djiz'animadu)* adj. desanimado, alicaído.
desanimar.- *(djiz'animar)* v. desanimar, desalentar.
desânimo.- *(djiz'ânimu)* s. desánimo.
desanuviar.- *(djiz'anuviar)* v. despejar(se), serenar(se), tranquilizar(se).
desapaixonado.- *(djiz'apaischonadu)* adj. desapasionado.
desaparecer.- *(djiz'apareser)* v. desaparecer, extinguir, salir, sumir.
desaparecido.- *(djiz'aparesidu)* adj. desaparecido.
desapegado.- *(djiz'apegadu)* adj. desunido, despegado. / indiferente, desinteresado.
desapegar.- *(djiz'apegar)* v. desapegar.
desapego.- *(djiz'apegu)* s. desapego, despego. / desinterés, indiferencia.
desapertar.- *(djiz'apertar)* v. desapretar, aflojar.
desapiedado.- *(djiz'apiedadu)* adj. despiadado.
desapontado.- *(djiz'apontadu)* adj. decepcionado.
desapontamento.- *(djiz'apontamentu)* s. ocurrencia desagradable, que sorprende. / decepción.
desapontar.- *(djiz'apontar)* v. despuntar; apuntar mal. / causar o sentir desilusión o decepción.
desapreço.- *(djiz'aprêsu)* s. desprecio, menosprecio, desconsideración.
desaprender.- *(djiz'aprender)* v. desaprender.
desapropriar.- *(dezapropriar)* v. expropiar.
desaprovar.- *(djiz'aprov'ar)* v. desaprobar, reprochar.
desaproveitar.- *(djiz'aprov'eitar)* v. desaprovechar, desperdiciar.
desaprumar.- *(djiz'aprumar)* v. desplomar.
desarmar.- *(djiz'armar)* v. desarmar.
desarmonia.- *(djiz'armonía)* s. desarmonía, divergencia.
desarmonizar.- *(djiz'armoniz'ar)* v. desarmonizar.
desarraigar.- *(djiz'ar'aigar)* v. desarraigar.
desarranjar.- *(djiz'ar'anjhar)* v. desarreglar, desordenar, desconcertar, perturbar.
desarranjo.- *(djiz'ar'anjhu)* s. desarreglo, desorden, contratiempo. / Pop. diarrea.
desarrumar.- *(djiz'ar'umar)* v. desarreglar, desordenar.
desarticular.- *(djiz'artchikular)* v. desarticular.
desarvorar.- *(djiz'arv'orar)* v. desarbolar. / P. desorientarse.
desassociar.- *(djiz'asosiar)* v. desasociar. / P. desligarse.
desassossegado.- *(djiz'asosegadu)* adj. desasosegado, inquieto.
desassossegar.- *(djiz'asosegar)* v. desasosegar, intranquilizar.
desassossego.- *(djiz'asosêgu)* s. desasosiego, inquietud, intranquilidad.
desastrado.- *(djiz'astradu)* adj. desastrado.
desastre.- *(djiz'astri)* s. desastre, acidente.
desastroso.- *(djiz'astrôz'u)* adj. desastroso.
desatar.- *(djiz'atar)* v. desatar, desunir, soltar. / P. desatarse, desprenderse.
desatarraxar.- *(djiz'atar'aschar)* v. destornillar.
desatascar.- *(djiz'ataskar)* v. desatascar.
desatenção.- *(djiz'atender)* s. desatención, falta de cuidado. / descortesía, descaso.
desatencioso.- *(djiz'atensiôz'u)* adj. que demuestra falta de atención o cuidado. / descortés.
desatender.- *(djiz'atender)* v. desatender.
desatento.- *(djiz'atentu)* adj. desatento.
desatinar.- *(djiz'atchinar)* v. desatinar, disparatar. / enloquecer.
desatino.- *(djiz'atchinu)* s. desatino, disparate, esperpento.
desativar.- *(djiz'atchiv'ar)* v. desactivar.
desatolar.- *(djiz'atolar)* v. desatollar, desatascar.
desatravancar.- *(djiz'atrav'ankar)* v. desobstruir.
desautorar.- *(djiz'autorar)* v. desautorizar.
desautorizar.- *(djiz'autoriz'ar)* v. desautorizar.
desavença.- *(djiz'av'ensa)* s. desavenencia, enemistad, discordia.
desavisado.- *(djiz'av'iz'adu)* adj. desavisado. / imprudente.
desbancar.- *(djisbankar)* v. desbancar.
desbaratar.- *(djisbaratar)* v. desbaratar, desmantelar; maltratar, destrozar.
desbastar.- *(djisbastar)* v. desbastar, podar.
desbloquear.- *(djisbloquiar)* v. desbloquear.
desbocado.- *(djisbokadu)* adj. deslenguado.
desbotado.- *(djisbotadu)* adj. descolorido, desvaído, desteñido.
desbotar.- *(djisbotar)* v. descolorar, desteñir.
desbravar.- *(djisbrav'ar)* v. desbravar. / abrir camino, explorar tierras desconocidas.
descabelar.- *(djiskabelar)* v. descabellar. / P. despeinarse.
descalabro.- *(djiskalabru)* s. descalabro.
descalçar.- *(djiskausar)* v. descalzar, quitarse medias, zapatos, guantes.
descalço.- *(djiskausu)* adj. descalzo.

descampado.- *(djiskampadu)* adj. descampado. / s. descampado, terreno inculto y desierto.
descansar.- *(djiskansar)* v. descansar, holgar, posar, reposar, sosegar.
descanso.- *(djiskansu)* s. descanso, holganza, poso, quietud, reposo, consuelo.
descarado.- *(djiskaradu)* adj. descarado.
descaramento.- *(djiskaramentu)* s. descaro.
descarga.- *(djiskarga)* s. descarga de mercancías. / tiro de pistola, rifle, etc. / descarga de tiros. / válvula que controla la descarga de agua en el retrete.
descarnado.- *(djiskarnadu)* adj. descarnado.
descarnar.- *(djiskarnar)* v. descarnar.
descaro.- *(djiskaru)* s. descaro.
descaroçar.- *(djiskarosar)* v. desgranar, deshuesar.
descarregamento.- *(djiskar'egamentu)* s. descarga.
descarregar.- *(djiskar'egar)* v. descargar. quedar la batería sin carga. / Fig. desahogar.
descarrilar.- *(deskar'ilar)* v. desbarrar, descarriar, descarrilar, salir fuera del carril, de la vía. / salir del buen camino. / 2ª v. Bras. descarrilar.
descartar.- *(djiskartar)* v. descartar, despreciar. / P. librarse de persona o cosa inoportuna.
descasar.- *(djiskaz'ar)* v. descasar. / deshacer el matrimonio.
descascar.- *(djiskarkar)* v. descascarar, pelar.
descaso.- *(djiskaz'u)* s. desatención, indiferencia.
descendência.- *(desendênsia)* s. descendencia, estirpe, filiación, prole.
descendente.- *(desendentchi)* adj. descendiente.
descender.- *(desender)* v. descender, suceder.
descenso.- *(desensu)* s. descenso, bajada.
descentralização.- *(djisentralizasãu)* s. descentralización.
descentralizar.- *(djisentraliz'ar)* v. descentralizar.
descentrar.- *(djisentrar)* v. descentrar.
descer.- *(deser)* v. bajar, descender.
descida.- *(desida)* s. declive, descenso, bajada.
desclassificado.- *(djisklasifikadu)* adj. que no está clasificado. / indigno de consideración social
desclassificar.- *(djisklasifikar)* v. descalificar.
descoberta.- *(djiskubérta)* s. descubrimiento, invento.
descoberto.- *(djiskubértu)* adj. descubierto, expuesto.
descobrir.- *(djiskubrir)* v. descubrir, destapar, detectar, revelar, sacar, encontrar por primera vez. / P. descubrirse, revelarse. / quitarse el sombrero.
descolar.- *(djiskolar)* v. despegar. / Bras. Arg. conseguir, obtener.
descolorante.- *(djiskolorantchi)* adj. decolorante.
descolorar.- *(djiskolorar)* v. descolorar, desteñir.
descolorido.- *(djiskoloridu)* adj. descolorido.
descolorir.- *(djiskolorir)* v. descolorar, desteñir.
descomedido.- *(djiskomedjidu)* adj. descomedido.
descomedir-se.- *(djiskomedirsi)* v. descomedirse.
descompassado.- *(djiskompasadu)* adj. descompasado.
descompensar.- *(djiskompensar)* v. descompensar.
descompor.- *(djiskompor)* v. descomponer. / regañar con violencia. / P. desarreglarse.
descomposto.- *(djiskompôstu)* adj. descompuesto.
descompostura.- *(djiskompostura)* s. descompostura. Censura acre.
descomunal.- *(djiskomunáu)* adj. descomunal, enorme, exagerado.
desconcertar.- *(djiskonsertar)* v. desconcertar. / P. descomponerse, sorprenderse, asombrarse.
desconcerto.- *(djiskonsêrtu)* s. desconcierto.
desconectar.- *(djiskonektar)* v. desconectar, desenchufar.
desconexo.- *(djiskoneksu)* adj. inconexo.
desconfiado.- *(djiskonfiadu)* adj. desconfiado, incrédulo, receloso.
desconfiança.- *(djiskonfiansa)* s. desconfianza, incredulidad, recelo, sospecha.
desconfiar.- *(djiskonfiar)* v. desconfiar, dudar, recelar, sospechar.
desconforme.- *(djiskonforme)* adj. disconforme,
desconforto.- *(djiskonfôrtu)* s. falta de comodidad.
descongelar.- *(djiskonjhelar)* v. derretir, descongelar.
descongestionar.- *(djiskonjhestchionar)* v. descongestionar. Restablecer en vía pública el tránsito normal.
desconhecer.- *(djiskoñeser)* v. desconocer, ignorar. / P. desconocerse.
desconhecido.- *(djiskoñesidu)* adj. desconocido.
desconhecimento.- *(djiskoñesimentu)* s. desconocimiento, ignorancia.
desconjuntar.- *(djiskonjhurar)* v. descoyuntar.
desconsertar.- *(djiskonsertar)* v. descomponer, desarreglar, desconcertar.
desconsideração.- *(djiskonsiderasãu)* s. desconsideración.
desconsiderar.- *(djiskonsiderar)* v. desconsiderar, desatender, desestimar.
desconsolar.- *(djiskonsolar)* v. desconsolar, afligirse, entristecerse.
desconsolo.- *(djiskonsôlu)* s. desconsuelo.
descontaminar.- *(djiskontaminar)* v. descontaminar.
descontar.- *(djiskontar)* v. descontar. / Fam. responder con represalia.
descontentamento.- *(djiskontentamentu)* adj. descontentamiento.
descontentar.- *(djiskontentar)* v. descontentar.
descontente.- *(djiskontentchi)* adj. descontento, triste.
descontínuo.- *(djiskontchínuu)* adj. discontinuo.
desconto.- *(djiskontu)* s. descuento.
descontrair.- *(djiskontrair)* v. relajar.
descontrolado.- *(djiskontroladu)* adj. sin control.
descontrolar.- *(djiskontrolar)* v. descontrolar, desequilibrar.
descontrole.- *(djiskontrôli)* s. descontrol.
desconversar.- *(djiskonv'ersar)* v. Bras. cambiar de asunto en una conversación; hacer el sordo.
desconvocar.- *(djiskonv'okar)* v. desconvocar.
descorado.- *(djiskoradu)* adj. descolorido, pálido.
descorar.- *(djiskorar)* v. decolorar; olvidarse de aquello que se había memorizado.
descortês.- *(djiskortês)* adj. descortés, desatento.
descortesia.- *(djiskortez'ia)* s. descortesía, desatención.
descortiçar.- *(djiskortisar)* v. descortezar, descorchar.

descortinar.- *(djiskortchinar)* v. enseñar, haciendo correr la cortina. / ver, avistar. / revelar, hacerse manifiesto.

descoser.- *(djiskoz'er)* v. descoser.

descosido.- *(djiskoz'idu)* adj. descosido. / Fig. sin nexo.

descosturar.- *(djiskosturar)* v. descoser.

descrédito.- *(djiskrédjitu)* s. descrédito.

descrença.- *(djiskrensa)* s. incredulidad.

descrente.- *(djiskrentchi)* adj. s. descreído, incrédulo, renegado.

descrer.- *(djiskrer)* v. descreer.

descrever.- *(djiskrev'er)* v. describir, contarlo minuciosamente.

descrição.- *(djiskrisãu)* s. descripción.

descritivo.- *(djiskritchiv'u)* adj. descriptivo.

descuidado.- *(djiskuidadu)* adj. descuidado, abandonado, indolente.

descuidar.- *(djiskuidar)* v. descuidar. / P. descuidarse, olvidarse.

descuido.- *(djiskuidu)* s. descuido, negligencia.

desculpa.- *(djiskuupa)* s. disculpa, excusa, justificación, pretexto.

desculpar.- *(djiskuupar)* v. disculpar, dispensar, excusar, perdonar, subsanar. / P. desculparse.

desculpável.- *(kiskuupáv'eu)* adj. disculpable, excusable.

desde.- *(desdji)* prep. desde, a partir de. / *desde que: desde el momento, el tiempo en que, visto que.

desdém.- *(desdén)* s. desdén, desprecio, menoscabo, menosprecio. / *ao desdém: descuidadamente, negligentemente.

desdenhar.- *(desdeñar)* v. desdeñar.

desdenhoso.- *(desdeñôz'u)* adj. desdeñoso,

desdentado.- *(djisdentadu)* adj. desdentado.

desdizer.- *(djisdjiz'er)* v. desdecir, desmentir. / v. refl. desdecirse, retractarse; negar

desdobrar.- *(djisdobrar)* v. desdoblar, desarollar(se).

desejar.- *(dez'ejhar)* v. desear, ambicionar, anhelar, apetecer, aspirar, querer.

desejável.- *(dez'ejháveu)* adj. deseable.

desejo.- *(dez'ejhu)* s. deseo, gana, voluntad, aspiración. / Pop. antojo.

desejoso.- *(dez'ejhôz'u)* adj. deseoso, anhelante, ansioso,

deselegante.- *(djiz'elegantche)* adj. que no tiene elegancia.

desembainhar.- *(djiz'imbaiñar)* v. desenvainar. / deshacer un dobladillo.

desembalar.- *(djiz'imbalar)* v. desembalar, desempaquetar.

desembaraçado.- *(djiz'imbarasadu)* adj. desembarazado.

desembaraçar.- *(djiz'imbarasar)* v. desembarazar, desenredar, quitar impedimento. / P. perder la timidez.

desembaraço.- *(kjiz'imbarasu)* s. desembarazo, desenvoltura.

desembarcar.- *(djiz'imbarkar)* v. desembarcar.

desembargador.- *(djiz'imbargador)* s. juez del tribunal de justicia o de apelación.

desembarque.- *(djiz'imbarqui)* s. desembarque, desembarco.

desembestado.- *(djiz'imbestadu)* adj. sin freno. / desenfrenado, impetuoso.

desembocadura.- *(djiz'imbokadura)* s. desembocadura.

desembocar.- *(djiz'imbokar)* v. desembocar, desaguar.

desembolsar.- *(djizimbousar)* v. desembolsar, gastar.

desembolso.- *(djiz'imbolsu)* s. gasto, pago, adelanto de dinero.

desembrulhar.- *(djizìmbrullar)* v. desembalar, desembrollar, desempaquetar.

desembuchar.- *(djiz'imbuschar)* v. confesar (lo que se había callado). / desahogar.

desempacotar.- *(djiz'impakotar)* v. desempacar, desempaquetar.

desempatar.- *(djiz'impatar)* v. desempatar.

desempate.- *(djiz'impatchi)* s. desempate.

desempenar.- *(djiz'impenar)* v. enderezar.

desempenhar.- *(djiz'impeñar)* v. rescatar lo que se tenía empeñado. / desempeñar, ejecutar, representar.

desempenho.- *(djiz'impeñu)* s. desempeño.

desemperrar.- *(djiz'imper'ar)* v. aflojar, desapretar, ensanchar. / v. refl. hacerse laso.

desempilhar.- *(djiz'impillar)* v. deshacer una pila.

desempoeirar.- *(djiz'impoeirar)* v. desempolvar, quitar el polvo.

desempregado.- *(djiz'impregadu)* adj. e s. desempleado, parado.

desemprego.- *(djiz'imprêgu)* s. desempleo, paro.

desencabeçar.- *(djiz'imkabesar)* v. disuadir, desencaminar.

desencadear.- *(djiz'inkadjiar)* v. deflagrar, desencadenar.

desencadernar.- *(djiz'inkadernar)* v. desencuadernar.

desencaixar.- *(djiz'inkaischar)* v. desencajar.

desencaixotar.- *(djiz'inkaischotar)* v. quitar de cajas.

desencalacrar.- *(djiz'inkalakrar)* v. Sacar de apuros, de deudas.

desencalhar.- *(djiz'inkallar)* v. desencallar, poner a flote un barco.

desencaminhar.- *(djiz'inkamiñar)* v. desencaminar, descarriar, extraviar. / desviar del buen camino, pervertir. / P. extraviarse, pervertirse.

desencantar.- *(djiz'inkantar)* v. desencantar, desilusionar. / P. desilusionarse.

desencanto.- *(kjiz'inkantu)* s. desencanto, desilusión, desengaño.

desencardir.- *(djiz'inkardjir)* v. blanquear; lavar, limpiar. / quitar la mugre.

desencargo.- *(djiz'inkargu)* s. cumplimiento o abolición de un encargo.

desencarnar.- *(djiz'inkarnar)* v. transformarse en espíritu.

desencasquetar.- *(kjiz'inkasquetar)* v. Fam. disuadir, quitar de la cabeza (idea, manía, etc.).

desencobrir.- *(djiz'inkubrir)* v. descubrir.

desencontrado.- *(djiz'inkontradu)* adj. contrario, opuesto.

desencontrar.- *(djiz'inkontrar)* v. hacer con que personas o cosas no se encuentren. / P. desencontrarse.

desencontro.- *(djiz'inkontru)* s. discordancia, oposición.

desencorajar.- *(djiz'inkorajhar)* v. desanimar, descorazonar.

desencostar.- *(djiz'inkostar)* v. quitar el apoyo a una cosa. / mantenerse en pie sin acostarse en nada, desencostarse.

desencravar.- *(djiz'inkrav'ar)* v. desclavar, despegar.

desenfadar.- *(djiz'infadar)* v. desenfadar, divertirse, distraerse.

desenfado.- *(djiz'infadu)* s. desenfado, alivio del enfado.

desenfaixar.- *(djiz'infaischar)* v. desenfajar; desatar, soltar. / v. refl. quitarse la faja alguien.

desenferrujar.- *(djiz'infer'ujhar)* v. desherrumbrar. / Fam. dar ejercicio a las articulaciones del cuerpo, desentorpecer.

desenfiar.- *(djiz'infiar)* v. desenhebrar, desensartar.

desenfreado.- *(djiz'enfreadu)* adj. desenfrenado. / encolerizado.

desenfrear.- *(djizeinfrear)* v. desenfrenar. / P. encolerizarse.

desengajado.- *(djiz'ingajhadu)* adj. que no asumió posición política, o abdicó de la que asumiera.

desengajar.- *(djiz'ingajhar)* v. desligarse de la actividad en la que estaba comprometido.

desenganar.- *(djiz'inganar)* v. desengañar, desilusionar. / P. desilusionarse, desengañarse.

desenganchar.- *(djiz'inganschar)* v. desenganchar.

desengano.- *(djiz'inganu)* s. desengaño, desilusión.

desengarrafar.- *(djiz'ingar'afar)* v. desembotellar.

desengasgar.- *(djiz'ingasgar)* v. desahogar.

desengatar.- *(djiz'ingatar)* v. desprender.

desengonçar.- *(djiz'ingonsar)* v. desengoznar, descoyuntar, desarticular.

desengordurar.- *(djiz'ingordurar)* v. desgrasar.

desengrossar.- *(djiz'ingrosar)* v. desengrosar, adelgazar.

desenhar.- *(dez'eñar)* v. dibujar, diseñar.

desenhista.- *(dez'eñista)* s. dibujante.

desenho.- *(dez'eñu)* s. dibujo, diseño. / proyecto.

desenlaçar.- *(dez'inlasar)* v. desenlazar.

desenlace.- *(diz'inlasi)* s. desenlace.

desenraizar.- *(diz'inr'aiz'ar)* v. desarraigar.

desenredar.- *(djiz'inr'edar)* v. desenredar. / hacerse claro, perceptible.

desenrolar.- *(djiz'inr'olar)* v. abrir, desenrollar, desplegar, tender.

desenroscar.- *(djiz'inr'oskar)* v. desenroscar.

desenrugar.- *(djiz'inrugar)* v. desarrugar.

desentender.- *(djiz'intender)* v. desentenderse. / P. desenterderse, no comprenderse uno al otro.

desenterrar.- *(djiz'inter'ar)* v. desenterrar, exhumar. / quitar del olvido.

desentoar.- *(djiz'intoar)* v. desentonar.

desentorpecer.- *(djiz'intorpeser)* v. desentorpecer, desentumecer.

desentortar.- *(djiz'intortar)* v. destorcer, enderezar.

desentoxicar.- *(djiz'intoksikar)* v. desintoxicar.

desentranhar.- *(djiz'intrañar)* v. desentrañar.

desentulhar.- *(djiz'intullar)* v. descombrar.

desentupir.- *(djiz'intupir)* v. desatascar, desobstruir.

desenvoltura.- *(djiz'inv'oltura)* s. desenvoltura, desembarazo.

desenvolver.- *(djiz'inv'ouv'er)* v. desenvolver, crecer, prosperar. / desarrollar, aplicar. / generar, producir. / exponer con detalles. / P. crecer, aumentar, desarrolarse.

desenvolvimento.- *(djiz'inv'ouv'imentu)* s. desenvolvimiento, desarrollo, progreso.

desenxabido.- *(djizchabidu)* adj. insípido, insulso, desabrido. / monótono, sin animación, aburrido.

desequilibrar.- *(djiz'iquilibrar)* v. desequilibrar.

desequilíbrio.- *(djiz'iquilibriu)* s. desequilibrio. / Piscol. desequilibrio.

deserdar.- *(djiz'erdar)* v. desheredar.

desertar.- *(djiz'ertar)* v. desertar, abandonar el servicio militar sin permiso, desertar.

deserto.- *(dez'ertu)* adj. s. desierto.

desertor.- *(djiz'ertôr)* s. desertor, prófugo, tránsfuga.

desesperação.- *(djiz'isperasãu)* s. desesperación.

desesperar.- *(djiz'isperar)* v. desesperar, quitar la esperanza, causar desespero. / P. desesperarse.

desespero.- *(djiz'ispêru)* s. desespero, cólera, furor.

desfaçatez.- *(djisfaschatês)* s. desfachatez, imprudencia.

desfalcar.- *(djisfaukar)* v. desfalcar.

desfalecer.- *(djisfaleser)* v. desfallecer, des.ayar.

desfalque.- *(djisfauqui)* s. desfalco, robo.

desfavorável.- *(djisfav'oráv'eu)* adj. adverso, desfavorable.

desfavorecer.- *(djisfav'oreser)* v. desfavorecer.

desfazer.- *(djisfaz'er)* v. p. deshacer(se), destruir(se), fundir(se), partir(se), transformar(se), anular(se).

desfecho.- *(djisfêschu)* s. final, resultado, conclusión.

desfeita.- *(djisfêita)* s. afrenta, ofensa.

desfeito.- *(djisfêitu)* adj. deshecho, desfigurado, disuelto.

desfiar.- *(djisfiar)* v. deshilachar, deshilar. / exponer con detalles. / pasar el rosario de cuenta en cuenta.

desfibrar.- *(djisfibrar)* v. desfibrar, deshilar.

desfigurar.- *(djisfigurar)* v. desfigurar. / P. sufrir modificación en el aspecto, desfigurarse

desfiladeiro.- *(djisfiladêru)* s. desfiladero.

desfilar.- *(djisfilar)* v. desfilar, sucederse uno tras otro.

desfile.- *(djisfili)* s. desfile.

desfloração.- *(djisflorasãu)* s. desfloramiento. / pérdida de la virginidad.

desfloramento.- *(djisfloramentu)* s. desfloración.

desflorar.- *(djisflorar)* v. desflorar.

desflorestamento.- *(djisflorestamentu)* s. deforestación.

desflorestar.- *(djisflorestar)* v. Bras. deforestar, desarbolar.

desfolhar.- *(djisfollar)* v. deshojar.

desforra.- *(djisfór'a)* s. desquite, desagravio, venganza.

desforrar.- *(djisfor'ar)* v. quitar el forro a una cosa. / P. desquitarse, vengarse.

desfrutar.- *(djisfrutar)* v. disfrutar, gozar, vivir a costa de.
desgalhar.- *(djisgallar)* v. quitar las ramas del un árbol.
desgastado.- *(djisgastadu)* adj. desgastado.
desgastar.- *(djisgastar)* v. desgastar(se), consumir(se), corroer(se).
desgaste.- *(djisgastchi)* s. desgaste, uso.
desgostar.- *(djisgostar)* v. disgustar, amargar, apenar, desagradar, enojar. / P. disgustarse, enojarse.
desgosto.- *(djisgostu)* s. disgusto, amargura, contrariedad, desagrado, hastío, pena, pesar.
desgovernar.- *(djisgov'ernar)* v. desgobernar. / navegar sin rumbo.
desgoverno.- *(djisgov'ernu)* s. desgobierno, despilfarro, anarquía.
desgraça.- *(djisgrasa)* s. desgracia, infelicidad, mal, malaventura, miseria.
desgraçado.- *(djisgrasadu)* adj. desgraciado, infeliz.
desgraçar.- *(djisgrasar)* v. desgraciar. / Pop. violar. / P. desgrasarse.
desgraceira.- *(djisgraêra)* s. sucesión de desgracias.
desgrenhar.- *(djisgreñar)* v. desgreñar, despeinar, descabellar.
desguarnecer.- *(djisguarneser)* v. desguarnecer
desídia.- *(dez'idjia)* s. desidia.
desidratar.- *(djiz'idratar)* v. deshidratar.
designar.- *(dez'ignar)* v. designar, destinar, nombrar.
desigual.- *(djiz'iguáu)* adj. desigual, diferente, dispar, irregular.
desigualar.- *(dez'igualar)* v. desigualar.
desigualdade.- *(djiz'iguaudadji)* s. desigualdad. disparidad.
desiludir.- *(djiz'iludir)* v. decepcionar, desencantar, desengañar(se), desilusionar(se).
desilusão.- *(djiz'iluz'ãu)* s. decepción, desencanto, desengaño, desilusión.
desimpedir.- *(djiz'impidir)* v. desobstruir.
desinchar.- *(djiz'inschar)* v. deshinchar.
desinência.- *(dez'inênsia)* s. Gram. desinencia.
desinfetante.- *(djiz'infetantchi)* s. desinfectante.
desinfetar.- *(dez'infetar)* v. desinfectar. / Bras. Arg. retirarse de un lugar.
desinflamar.- *(djiz'inflamar)* v. desinflamar.
desinibido.- *(djiz'inibidu)* adj. desinhibido.
desintegrar.- *(djiz'integrar)* v. desintegrar.
desinteressado.- *(djiz'interesadu)* adj. desinteresado.
desinteressar-se.- *(djiz'interesarsi)* v. desentenderse, desinteresarse.
desinteresse.- *(djiz'interesi)* s. desinterés, indiferencia.
desintoxicar.- *(djiz'intoksikar)* v. desintoxicar.
desistir.- *(djiz'istchir)* v. desistir, renunciar.
desjejum.- *(djisjhejhún)* Bras. desayuno, la primera comida del día.
deslanchar.- *(djislanschar)* v. Bras. Pop. partir; ir hacia delante. / ponerse en marcha, marcharse, irse.
deslavado.- *(djislav'adu)* adj. deslavado, descolorido, desteñido; descarado, atrevido, petulante.
desleal.- *(djisleáu)* adj. desleal, infiel, pérfido, traidor.
deslealdade.- *(djisleaudadji)* s. deslealtad, falsedad, infidelidad, perfidia, traición.
desleixo.- *(djisléischu)* s. descuido, abandono, indolencia, dejadez.
desligado.- *(djisligadu)* adj. desconectado, desenchufado. / Fam. desatento, despistado.
desligar.- *(djisligar)* v. desconectar, desenchufar, desligar (aparatos eléctricos). / apartarse, verse libre de.
deslizar.- *(djisliz'ar)* v. deslizar, resbalar. / cometer desliz.
deslize.- *(djisliz'i)* s. desliz.
deslocar.- *(djislokar)* v. dislocar, desacomodar, desplazar, trasladar. / desarticular, desencajar. / P. desarticularse, desprenderse.
deslumbrado.- *(djislubradu)* adj. deslumbrado, fascinado, maravillado. / ofuscado.
deslumbrante.- *(djislumbrantchi)* adj. deslumbrante, despampanante.
deslumbrar.- *(djislumbrar)* v. deslumbrar, encandilar, maravillar, obcecar, ofuscar.
desmaiado.- *(djismaiadu)* adj. desmayado, desanimado; pálido.
desmaiar.- *(djismaiar)* v. desfallecer, desmayar, desvanecer.
desmaio.- *(djismaiu)* s. desmayo, síncope, vahido; decoloración.
desmamar.- *(djismamar)* v. destetar.
desmancha-prazeres.- *(djismancha praz'eris)* s. / Fam. aguafiestas.
desmantelamento.- *(djismantelamentu)* s. desguace, desmantelamiento (acción y efecto de desmantelar), desarreglo.
desmantelar.- *(djismantelar)* v. demoler, derribar, desarmar, desmantelar.
desmarcar.- *(djismarkar)* v. desmarcar.
desmascarar.- *(djismaskarar)* vt. desenmascarar; desmoralizar. / Fig. descubrir, dar a conocer. / v. refl. darse a conocer, revelarse.
desmatamento.- *(djismatamentu)* s. deforestación.
desmatar.- *(djismatar)* v. deforestar.
desmazelo.- (djismaz'êlu) s. negligencia, descuido.
desmedido.- *(djismedjidu)* adj. desmedido. excesivo.
desmembrar.- *(djismembrar)* vt. desmembrar. / v. refl. separarse, descoyuntarse.
desmentido.- *(djismentchidu)* adj. desmentido. / s. declaración por la cual se desmiente alguna cosa.
desmentir.- *(djismentir)* vt. desmentir; contradecir; discrepar. / v. refl. contradecirse, desdecirse.
desmerecer.- *(djismereser)* v. desmerecer.
desmesurado.- *(djismez'uradu)* adj. desmesurado, desmedido.
desmilitarizar.- *(desmilitar'iz'ar)* vt. y refl. desmilitarizar(se).
desmiolado.- *(djismioladu)* adj. insensato, loco, sin juicio.
desmontar.- *(djismontar)* v. desmontar del caballo; quitar del engaste (piedra preciosa).
desmoralizar.- *(djismoraliz'ar)* vt. y refl. desmoralizar(se).

desmoronar.- *(djismoronar)* v. desmoronar, derruir.
desmunhecado.- *(djismuñekadu)* adj. y s. Bras. Arg. afeminado.
desmunhecar.- *(djismuñekar)* v. cortar la muñeca a alguien.
desnacionalizar.- *(djisnasionaliz'ar)* v. desnacionalizar.
desnatar.- *(djisnatar)* v. desnatar.
desnaturalizar.- *(djisnaturaliz'ar)* v. desnaturalizar. / P. desnaturalizarse.
desnecessário.- *(djisnesesariu)* adj. desnecesario, inútil, superfluo.
desnível.- *(djisnív'eu)* s. desnivel.
desnivelar.- *(djisniv'elar)* v. desnivelar, desajustar.
desnortear.- *(djisnortchear)* v. desorientar, extraviar, perderse.
desnudar.- *(desnudar)* v. desnudar(se).
desnudo.- *(desnudu)* adj. desnudo.
desnutrição.- *(desnutrisãu)* s. desnutrición.
desnutrido.- *(djisnutridu)* adj. desnutrido.
desnutrir.- *(djisnutrir)* v. desnutrir.
desobedecer.- *(djiz'obedeser)* v. desobedecer, desacatar.
desobediência.- *(djiz'obedjiênsia)* s. desobediencia, indisciplina.
desobediente.- *(djiz'obedjientchi)* adj. desobediente, rebelde.
desobrigado.- *(djiz'obrigadu)* adj. sin obligaciones, exento.
desobrigar.- *(djiz'obrigar)* v. desobligar, liberar.
desobstruir.- *(djiz'obstruir)* v. desobstruir, desatascar, desocupar.
desocupação.- *(djiz'okupasãu)* s. desocupación.
desocupado.- *(djiz'okupadu)* adj. desocupado, vacío, holgado, parado, vago. / P. desocuparse, quedar ocioso.
desocupar.- *(djiz'okupar)* v. desocupar, vaciar, despejar.
desodorante.- *(djoz'odorantchi)* adj. y s. desodorante.
desodorizar.- *(djiz'odoriz'ar)* v. desodorizar, quitar el olor.
desolação.- *(djiz'olasãu)* s. desolación, consternación, soledad.
desolar.- *(djiz'olar)* v. desolar, desconsolar, consternar. / devastar.
desonestidade.- *(djiz'onestchidadji)* adj. deshonestidad.
desonesto.- *(djiz'onéstu)* adj. deshonesto,
desonra.- *(djiz'onr'a)* s. deshonra, infamia, vituperio.
desonrar.- *(djiz'onr'ar)* v. deshonrar, infamar, vilipendiar. / Pop. violar. / P. practicar acto deshonroso.
desopilar.- *(djiz'opilar)* v. desopilar, aliviar.
desoprimir.- *(djiz'oprimir)* v. desoprimir.
desoras.- *(dez'oras)* s. pl. *a desoras: fuera de hora; muy tarde de la noche.
desordeiro.- *(djiz'ord'êru)* adj. pendenciero, turbulento.
desordem.- *(djiz'órden)* s. desorden, disturbio, alteración, confusión.
desordenado.- *(djiz'ordenadu)* adj. desordenado.
desordenar.- *(djiz'ordenar)* v. desordenar, desarreglar, descomponer, desorganizar.
desorganização.- *(djiz'organiz'asãu)* s. desorganización, confusión.
desorganizar.- *(djiz'organiz'ar)* v. desorganizar, desordenar, turbar. / P. desorganizarse.
desorientar.- *(djiz'orientar)* v. desorientar, despistar, trastornar.
desossar.- *(djiz'osar)* v. deshuesar.
desovar.- *(djiz'ov'ar)* v. aovar, desovar (pez, tortugas). / Pop. dar a luz, parir.
despachado.- *(djispaschadu)* adj. despachado, expedito, diligente.
despachante.- *(djispaschantchi)* s. despachante, expedidor, vendedor de mecancías.
despachar.- *(djispaschar)* v. despachar, expedir. / decidir. / atender. / Bras. despedir. / Bras. ritual anticipado de favor que se espera de una divinidad de la hechicería negra a la cual se es devoto.
despacho.- *(djispaschu)* s. despacho, expediente, auto, sentencia, remesa. / Bras. pago anticipado de favor que se espera de una divinidad de la hechicería negra a la cual se es devoto.
desparafusar.- *(djiz'parafuz'ar)* v. desatornillar.
despedaçador.- *(djispedasador)* adj. despedazador.
despedaçar.- *(djispedasar)* v. despedazar, destrozar, romper, trincar. / 2ª v. destrozar, hacer añicos. / Fig. afligir. / P. destrozarse.
despedida.- *(djispidhida)* s. despedida.
despedir.- *(djispidjir)* v. despedir, rechazar, partir, retirar, marcharse.
despegar.- *(djispegar)* v. despegar(se), desunir(se).
despeitado.- *(djispeitadu)* adj. despechado, resentido.
despeitar.- *(djispeitar)* v. despechar. / P. irritarse, resentirse.
despeito.- *(djispeitu)* s. despecho, rencor, resentimiento, disgusto, pesar.
despejar.- *(dispejhar)* v. despejar, evacuar, vaciar. / v. Desocupar, desalojar.
despejo.- *(djispêju)* s. despejo, obstáculo. / desocupación obligada de imueble.
despencar.- *(djispenkar)* v. Bras. separar los frutos (especialmente los plátanos) del racimo. / caer desastrosamente desde gran altura.
despender.- *(djispender)* v. despender, disipar.
despenhadeiro.- *(djispeñadêru)* s. abismo, despeñadero, precipicio.
despenhar.- *(djispeñar)* v. despeñar, arrojar.
despensa.- *(djispensa)* s. despensa.
despentear.- *(djispentchiar)* v. descabellar, desgreñar, despeinar.
despercebido.- *(djispersebidu)* adj. desapercebido.
desperdiçar.- *(djispendjisar)* v. desperdiciar, derrochar, desaprovechar, dilapidar.
desperdício.- *(djisperdjisiu)* s. desperdicio, derroche.
despersonalizar.- *(djispersonaliz'ar)* v. despersonalizar.
despertador.- *(djispertador)* s. despertador.
despertar.- *(djispertar)* v. despertar, activar, avivar, interrumpir el sueño. / P. despertarse.
desperto.- *(djispértu)* adj. despierto (que despertó).

despesa.- *(djispêz'a)* s. dispendio, gasto.
despetalar.- *(djispetalar)* v. quitar los pétalos.
despido.- *(djispidu)* adj. desnudo. / libre, exento.
despir.- *(djispir)* v. desnudar, desvestir. / P. desnudarse.
despistar.- *(djispistar)* v. despistar. / deshacer las sospechas, eludir.
desplante.- *(djisplantchi)* s. desplante, audacia, atrevimento.
desplumar.- *(djisplumar)* v. desplumar.
despojado.- *(djispojhadu)* adj. despojado.
despojar.- v. despojar, defraudar, desproveer, quitar. / P. despojarse.
despojos.- *(despôjhus)* s. pl. restos.
despontar.- *(despôrtar)* v. despuntar, surgir, nacer.
desporte.- *(djispórtchi)* s. deporte.
desporto.- *(djispôrto)* s. deporte.
desposar.- *(djisposar)* v. desposar(se), casar(se).
déspota.- *(djispota)* s. déspota, tirano, dictador.
despótico.- *(djispótiku)* adj. despótico, autoritario, arbitrario.
despotismo.- *(djispotismu)* s. despotismo, autoritarismo, tiranía.
despovoado.- *(djispoboado)* adj. despoblado, descampado, deshabitado.
despovoar.- *(djispoboar)* v. deshabitar, despoblar.
despregar.- *(djispregar)* v. desclavar, desplegar.
despreguiçar-se.- *(djispreguisarsar-se)* v. desperezarse.
desprender.- *(djispreguisarsi)* v. desprender, desasir, descolgar, desenganchar, soltar,
desprendido.- *(djisprendido)* adj. desprendido.
desprendimento.- *(djisprendimento)* s. acto o efecto de desprenderse, sobretodo de cosas materiales. / abnegación.
despreocupação.- *(djispreokupasão)* s. despreocupación.
despreocupar.- *(djispreokupar)* v. y refl. despreocupar(se) de.
despreparo.- *(djispreparo)* s. falta de preparación.
desprestigiar.- *(djisprestchijhiar)* v. desprestigiar.
desprestígio.- *(djisprestchijhiu)* s. desprestigio.
despretensioso.- *(djispretensioz'u)* adj. sin pretensiones, modesto.
desprevenido.- *(djispriv'inidu)* adj. desprevenido, descuidado, incauto. / Pop. sin dinero en el bolsillo o disponible.
desprevenir.- *(djispriv'inir)* v. desprevenir. / P. desprevenirse, descuidarse.
desprezar.- *(djisprez'ar)* v. despreciar, desairar, desdeñar, desechar, desestimar, menospreciar.
desprezível.- *(djisprez'ív'eu)* adj. despreciable, abyecto.
desprezo.- *(djisprêz'u)* s. desprecio, menoscabo, menosprecio.
desproporção.- *(djisproposãu)* s. desproporción.
desproporcionado.- *(djisproporsionadu)* adj. desproporcionado.
despropositado.- *(djispropoz'itadu)* adj. despropositado.
despropósito.- *(djispropóz'itu)* s. despropósito. / Bras. gran cantidad.
desproveito.- *(djisprov'eitu)* s. desperdicio, perjuicio.
desprover.- *(djisprov'eru)* v. desabastecer, desproveer.
despudor.- *(djispudor)* s. falta de pudor.
desqualificar.- *(djiskualifikar)* v. descalificar, inhabilitar. / P. descalificarse.
desquitar.- *(djisquitar)* v. separar(se) los cónyuges pero sin romper el vínculo matrimonial, es decir, sin poder volver a casarse de nuevo.
desquite.- *(djisquitchi)* s. disolución de la sociedad conyugal, por la cual se separan los cónyuges y sus bienes sin romper el vínculo matrimonial.
desregrado.- *(djisr'egradu)* adj. desarreglado, desordenado.
desregrar-se.- *(djisr'egrarsi)* v. apartarse de las reglas o de las normas establecidas.
desrespeitar.- *(djisr'espeitar)* v. desacatar, desobedecer, transgredir.
desrespeito.- *(djisr'espeitu)* s. falta de respeto, desacato.
desse.- *(dêsi)* contr. de la prep. *de* con el pron. dem. **esse**.
dessecar.- *(djisekar)* v. desecar.
destacamento.- *(djistakamentu)* s. destacamento.
destacar.- *(djistakar)* v. destacar. / P. destacarse, sobresalirse, distinguirse.
destampado.- *(djistampadu)* adj. destapado. / Fig. desmedido, excesivo.
destampar.- *(djistampar)* v. destapar.
destaque.- *(djistaqui)* s. realce, relieve.
dêste.- *(destchi)* contr. de la prep. *de* con el pron. dem. *este*.
destemido.- *(destemidu)* adj. valiente, intrépido.
destemor.- *(djistemor)* s. intrepidez, valor, audacia.
destemperar.- *(djistemperar)* vt. destemplar; desorganizar, desordenar, alterar, desafinar. / v. refl. desafinarse.
desterrado.- *(djister'adu)* adj. confinado, exilado.
desterrar.- *(djister'ar)* v. desterrar, confinar, expatriar.
desterro.- *(djistêr'u)* s. destierro, exilio, ostracismo.
destilar.- *(destchilar)* v. destilar.
destilaria.- *(destchilaría)* s. destilaría.
destinar.- *(destchinar)* v. destinar, dar, emplear. / P. destinarse, dedicarse.
destino.- *(djistchinu)* s. destino, fortuna, hado, sino.
destituição.- *(destchituidu)* s. deposición.
destituir.- *(destchituir)* v. dcponer, destituir.
destoar.- *(djistoar)* v. disonar, desentonar, desafinar.
destorcer.- *(djistorser)* v. destorcer.
destra.- *(dêstra)* s. derecha.
destrambelhado.- *(djistrambelladu)* adj. disparatado, desorientado, descomedido.
destrancar.- *(djistrankar)* v. desatrancar; quitar la tranca a.
destratar.- *(djistratar)* v. Bras. maltratar con palabras, insultar.
destravar.- *(djistrav'ar)* v. desfrenar, destrabar.
destreza.- *(destrez'a)* s. destreza, práctica, maña, pericia, soltura, tino.

destrinçar.- *(djistrinsar)* v. separar los hilos, desenredar. / solucionar un problema. / exponer un asunto en detalles.
destro.- *(êestru)* adj. diestro. / ágil, desenvuelto, astuto.
destroçar.- *(djistrosar)* v. destrozar, arruinar, aniquilar.
destroço.- *(djistrôsu)* s. destrozo, desolación.
destronar.- *(djistronar)* v. destronar.
destruição.- *(djistruisãu)* s. destrucción, exterminio, ruina.
destruir.- *(djistruir)* v. destruir, aniquilar, arruinar, asolar, demoler.
destrutivo.- *(djistrutchiv'u)* adj. destructivo.
desumanidade.- *(djiz'umanidadji)* s. deshumanidad.
desumanizar.- *(djiz'umaniz'ar)* v. deshumanizar.
desumano.- *(djiz'umanu)* adj. deshumano, atroz, impío.
desunião.- *(djiz'uniãu)* s. desunión, separación.
desunir.- *(djiz'unir)* v. desunir(se), separar(se).
desuso.- *(djiz'uz'u)* s. falta de uso, empleo o aplicación o de hábito.
desvairado.- *(djisv'airadu)* adj. desorientado, desvariado, alucinado. / exaltado.
desvairar.- *(djisv'airar)* v. desvariar, alucinar, enloquecer(se), delirar.
desvalido.- *(djisv'alidu)* adj. desvalido, desamparado, desgraciado.
desvalorizar.- *(djisv'aloriz'ar)* v. desvalorizar(se), devaluar(se), depreciar(se).
desvanecer.- *(djisv'aneser)* v. desvanecer, esfumar, evaporar, atenuar. / P. deshacerse, desteñirse.
desvantagem.- *(djisv'antajhen)* s. desventaja, inferioridad, perjuicio.
desvão.- *(desvãu)* s. buhardilla, desván.
desvario.- *(djisv'ariu)* s. desvarío, locura, desatino.
desvelar.- *(djisv'elar)* v. desvelar. / P. tener preocupación y cuidados. / 2ª v. dar a conocer; revelar(se).
desvelo.- *(djisv'elu)* s. desvelo, cuidado, atención, cariño,
desvencilhar.- *(desv'ensillar)* v. desvencijar(se), soltar(se).
desvendar.- *(djisv'endar)* v. desvendar, revelar.
desventura.- *(djisv'entura)* s. desventura, adversidad, desgracia.
desventurado.- *(djisv'enturadu)* adj. y s. desventurado, desafortunado, desdichado, desgraciado.
desvestir.- *(djisv'istir)* v. desnudar. / P. desnudarse.
desviar.- *(djisv'iar)* v. desviar, alejar, evitar, ladear, salir. / P. desviarse, apartarse.
desvincular.- *(djisv'inkular)* v. desvincular. / P. Fig. desligarse.
desvio.- *(djisv'iu)* s. desvío, desviación, vuelta, robo.
desvirar.- *(djisv'irar)* v. desvirar, destorcer. / volver al revés.
desvirginizar.- *(djisv'irjhiniz'ar)* v. desvirgar, desflorar, violar.
desvirtuar.- *(djisv'irtuar)* v. desvirtuar.
detalhar.- *(detallar)* v. detallar, pormenorizar.
detalhe.- *(detalli)* s. detalle, minucia, pormenor.
detectar.- *(detekatar)* v. detectar, revelar.
detective.- *(detektchiv'i)* s. detective.
detenção.- *(detensãu)* s. detención, apresamiento, arresto.
detento.- *(detentu)* s. Bras. detenido.
deter.- *(deter)* v. detener, apresar, arrestar, atajar, estancar, interrumpir, parar.
detergente.- *(deterjhentchi)* s. detergente.
deterioração.- *(deteriorasãu)* s. deterioro, estrago.
deteriorar.- *(deteriorar)* v. deteriorar, estropear, dañar, pudrir.
determinação.- *(determinasãu)* s. determinación.
determinado.- *(determinasãu)* adj. determinado, concreto, marcado, preciso.
determinar.- *(determinar)* v. determinar, concretar, decidir, definir, precisar.
detestar.- *(detestar)* v. detestar, odiar, renegar.
detração.- *(detrasãu)* s. detracción.
detrair.- *(detrair)* v. denigrar, calumniar, difamar.
detrás.- *(djitrás)* adv. detrás, en la parte posterior; en seguida, después.
detrator.- *(detrator)* s. detractor, maldiciente.
detrimento.- *(detrimentu)* s. daño, perjuício.
detrito.- *(detritu)* s. detrito, residuos.
detudivo.- *(dedutchiv'u)* adj. deductivo.
deturpar.- *(deturpar)* v. deturpar, desfigurar.
deus.- *(deus)* s. dios.
deusa.- *(dêuz'a)* s. diosa.
devagar.- *(djiv'agar)* adv. despacio, lentamente.
devagarinho.- *(djiv'agariñu)* adv. muy despacio.
devanear.- *(dev'anear)* v. devanear, delirar, fantasear.
devaneio.- *(devanêiu)* s. delirio, devaneo.
devassar.- *(devasar)* v. invadir lo que está defendido.
devassidão.- *(dev'asidãu)* s. libertinaje.
devasso.- *(dev'asu)* adj. y s. libertino.
devastar.- *(dev'astar)* v. devastar, talar, arrasar.
deve.- *(dev'i)* s. debe, columna del libro de contabilidad,
devedor.- *(dev'edor)* adj. y s. deudor.
dever.- *(dever)* s. deber, obligación, tarea. / v. adeudar, deber. / tener deudas o deberes.
deveras.- *(dev'eras)* adv. de veras, verdaderamente.
devoção.- *(dev'osãu)* s. devoción, consagración.
devolução.- *(dev'olusãu)* s. devolución, restitución, retorno, vuelta.
devolver.- *(dev'ouv'er)* v. devolver, restituir.
devorar.- *(dev'orar)* v. devorar, disipar, engullir, tragar. / leer muy rapidamente.
devoto.- *(dev'ótu)* adj. s. devoto, dedicado, piadoso, religioso.
dez.- *(dés)* num. diez.
dezembro.- *(dez'embru)* s. diciembre.
dezena.- *(dez'ena)* s. decena.
dezenove.- *(djiz'enov'i)* num. diecinueve.
dezesseis.- *(djiz'eseis)* num. dieciséis.
dezessete.- *(djiz'esétchi)* num. diecisiete.
dezoito.- *(djiz'oitu)* num. dieciocho.

dia.- *(dia)* s. día.
diabetes.- *(diabetes)* s. diabetes.
diabo.- *(djiabo)* s. demonio, diablo.
diadema.- *(diadema)* s. diadema.
diáfano.- *(djiafanu)* adj. diáfano, límpido, translúcido, transparente.
diafragma.- *(djiafragma)* s. diafragma.
diagnosticar.- *(djiagnostikar)* v. diagnosticar.
diagrama.- *(djiagrama)* s. diagrama.
dialéctico.- *(djialektiko)* adj. dialéctico.
dialecto.- *(djialekto)* s. dialecto, habla.
dialogar.- *(djialogar)* v. dialogar.
diálogo.- *(djialogo)* s. diálogo.
diamante.- *(djiamanchi)* s. diamante.
diámetro.- *(djiametro)* s. diámetro.
diante.- *(djiante)* adv. delante, enfrente.
dianteira.- *(djianteira)* s. delantera.
dianteiro.- *(djianteiro)* adj. delantero.
diapositivo.- *(djiapositivo)* s. diapositiva.
diária.- *(djiaria)* s. diaria, ración diaria; gastos de cada día.
diário.- *(djiariu)* adj. diario, cotidiano, que se publica todos los días.
diarréia.- *(djiarreia)* s. diarrea, disentería.
diáspora.- *(djiaspora)* s. diáspora.
dicção.- *(djisãu)* s. dicción.
dicionário.- *(dji'sionario)* s. diccionario, léxico.
didática.- *(djidatika)* s. didáctica.
diérese.- *(djierese)* s. diéresis.
diesel.- *(djiesel)* s. diesel.
dieta.- *(djieta)* s. dieta.
dietético.- *(djietetiko)* adj. dietético.
difamação.- *(djifamasao)* s. difamación, maledicencia, calumnia.
difamar.- *(djifamar)* v. difamar, desacreditar, calumniar.
diferença.- *(djiferensa)* s. diferencia, desigualdad, diversidad.
diferençar.- *(djiferensar)* v. diferenciar, variar, distinguir.
diferencial.- *(djiferensial)* adj. diferencial.
diferenciar.- *(djiferensiar)* v. diferenciar, hacer distinción.
diferente.- *(djiferente)* adj. diferente, distinto, diverso, extraño, exótico, vario.
diferir.- *(djiferir)* v. diferir, divergir, discordar.
difícil.- *(djifisil)* adj. difícil, arduo, complicado, laborioso, penoso.
dificuldade.- *(djifikul'dade)* s. dificultad, complicación, obstáculo, estorbo.
dificultar.- *(djifikultar)* v. dificultar, complicar, estorbar.
difundir.- *(djifundir)* v. difundir, generalizar, propagar, radiar.
difusão.- *(djifusãu)* s. difusión, divulgación.
difuso.- *(djifuso)* adj. difuso, difundido.
digerir.- *(djigerir)* v. digerir.
digestão.- *(djigestãu)* s. digestión.
digestivo.- *(djigestivo)* adj. digestivo.
digital.- *(djigital)* adj. digital.
dígito.- *(djigito)* s. dígito.
dignar-se.- *(djignar)* v. dignarse, condescender.
dignidade.- *(djignidade)* s. dignidad, honor, honra, presidencia, realeza.
dignificar.- *(djignifikar)* v. dignificar, ennoblecer.
digno.- *(djigno)* adj. digno, apreciable, capaz, respetable.
digressão.- *(djigressãu)* s. digresión, evasiva. / paseo, excursión. / *ir de digressão: ir de gira (una compañía de teatro, cómicos, etc.).
dilaceração.- *(djilaserasãu)* s. dilaceración.
dilacerar.- *(djilaserar)* v. dilacerar, desgarrar.
dilapidar.- *(dilapidar)* v. dilapidar, disipar. / 2ª v. dilapidar.
dilatação.- *(djilatasãu)* s. dilatación, ampliación, ensanche.
dilatado.- *(djilatadu)* adj. dilatado, aumentado, amplio.
dilatar.- *(djilatar)* v. dilatar, alargar, ampliar, distender, ensanchar, expandir, extender.
dilema.- *(djilema)* s. dilema.
diletante.- *(diletantchi)* s. adj. diletante. / melómano. / amateur o aficionado.
diligência.- *(djiligensia)* s. diligencia, agilidad, prontitud.
diligente.- *(djiligente)* adj. diligente, activo, hacendoso, listo, presto, puntual.
diluir.- *(djiluir)* v. diluir, desleir, disolver.
dilúvio.- *(djiluvio)* s. diluvio.
dimensão.- *(djimensãu)* s. dimensión.
diminução.- *(djiminusãu)* s. disminución, aminoración, deducción, reducción.
diminuição.- *(djiminusãu)* s. disminución, aminoración, deducción, reducción.
diminuir.- *(djiminuir)* v. disminuir, achicar, amino-rar, decrecer, empequeñecer, encoger, menguar.
diminutivo.- *(djiminutivo)* adj. diminutivo.
diminuto.- *(djiminuto)* adj. diminuto.
dinamarquês.- *(djinamarkês)* adj. dinamarqués.
dinâmica.- *(djinamika)* s. dinámica. / s. difteria.
dinamismo.- *(djinamismu)* s. dinamismo, energía, actividad.
dinamitar.- *(djinamitar)* v. dinamitar.
dinamite.- *(djinamite)* s. dinamita, nitroglicerina.
dínamo.- *(djinamo)* s. dínamo.
dinastia.- *(djinastia)* s. dinastía.
dinheiro.- *(djiñeiro)* s. capital, dinero, efectivo.
dinossauro.- *(djinossauru)* s. dinosaurio.
diocese.- *(djiosese)* s. diócesis.
diploma.- *(djiploma)* s. diploma.
diplomacia.- *(djiplomasia)* s. diplomacia.
dique.- *(djike)* s. dique.
direção.- *(djiresãu)* s. dirección, administración, camino, curso, rumbo.
direita.- *(djireita)* s. derecha.
direito.- *(djireitu)* adj. derecho, diestro, recto. / s. derecho, atribución, justicia, privilegio.
direto.- *(djiretu)* adj. directo, seguido.
diretor.- *(djiretor)* adj. director. / s. director, administrador.
diretriz.- *(djiretris)* s. directriz.

dirigir.- *(djiri'gir)* v. dirigir, comandar, conducir, educar, encaminar, enderezar, gobernar, llevar, manejar, orientar, regir.
dirigível.- *(djirigivel)* adj. dirigible.
discar.- *(djiskar)* s. marcar un número en el teléfono.
discente.- *(djissente)* adj. que aprende; relativo a los alumnos.
discernimento.- *(djissernimento)* s. discernimiento.
disciplina.- *(djissiplina)* s. disciplina.
discípulo.- *(djissipulo)* s. alumno, discípulo.
disco.- *(djisko)* s. disco.
discordância.- *(djiskordansia)* s. discordancia.
discordar.- *(djiskordar)* v. discordar, desavenir, diferenciar, disentir, divergir.
discórdia.- *(djiskordia)* s. discordia, desacuerdo, divergencia, querella.
discorrer.- *(djiskorrer)* v. discurrir, disertar, opinar, razonar.
discoteca.- *(djiskoteka)* s. discoteca.
discrepância.- *(djiskrepansia)* s. discrepancia.
discrepar.- *(djiskrepar)* v. discrepar, divergir, disentir, disonar.
discreto.- *(djiskreto)* adj. discreto, comedido, recatado, sensato.
discrição.- *(djiskrisãu)* s. discreción.
discriminar.- *(djiskriminar)* v. discriminar.
discursar.- *(djiskursar)* v. discursar, conferenciar, hablar.
discurso.- *(djiskursu)* s. discurso, alocución, conferencia, declamación, habla.
discussão.- *(djiskusãu)* s. discusión, debate, polémica.
discutir.- *(djiskutir)* v. discutir, argumentar, debatir, enzarzar, polemizar.
disenteria.- *(djisenteria)* s. disentería.
disfarçado.- *(djisfarsado)* adj. disfrazado, encubierto.
disfarçar.- *(djisfarsar)* v. camuflar, disfrazar, enmascarar, encubrir.
disfarce.- *(djisfarse)* s. camuflaje, disfraz, máscara.
disforme.- *(djisforme)* adj. disforme, amorfo, informe, monstruoso.
disjuntor.- *(djisiuntor)* s. disyuntor.
dislate.- *(djislate)* s. dislate, disparate, desatino.
dislexia.- *(djisleksia)* s. dislexia.
díspar.- *(djispar)* adj. desigual, desparejo.
disparada.- *(djisparada)* s. disparada, dispersión.
disparar.- *(djisparar)* v. disparar.
disparatado.- *(djisparatadu)* adj. disparatado, desatinado, absurdo.
disparatar.- *(djisparatar)* v. disparatar, desvariar.
disparate.- *(djisparate)* s. disparate, despropósito, dislate, locura.
disparidade.- *(djisparidade)* s. disparidad.
disparo.- *(djisparo)* s. disparo, tiro.
dispêndio.- *(dispendio)* s. dispendio, gasto.
dispendioso.- *(djispendioso)* adj. dispendioso, costoso, oneroso.
dispensa.- *(djispensa)* s. dispensa, licencia, exoneración.
dispensar.- *(djispensar)* v. dispensar, otorgar, dar, exonerar.
dispensário.- *(djispensario)* s. dispensario.
dispepsia.- *(djispepsia)* s. dispepsia.
dispersão.- *(djispersão)* s. dispersión.
dispersar.- *(djispersar)* v. dispersar.
dispersivo.- *(djispersivo)* adj. dispersívo.
displicente.- *(djisplisente)* adj. displicente.
disponibilidade.- *(djisponibilidade)* s. disponibilidad.
dispor.- *(djispor)* v. disponer, acomodar, combinar, ordenar, organizar, poner, preparar proporcionar.
disposição.- *(djisposisãu)* s. disposición, humor, ordenación, organización.
disposto.- *(djisposto)* adj. dispuesto.
disputa.- *(djisputa)* s. competencia, contienda, pleito, riña.
disputar.- *(djisputar)* v. contender, disputar, altercar.
dissabor.- *(djissabor)* s. desabor, sinsabor, insipidez. / disgusto, contratiempo, pesar, desazón.
disscusão.- *(djisskusãu)* s. debate, discusión, polémica.
dissecar.- *(djissekar)* v. disecar.
disseminar.- *(djisseminar)* v. diseminar.
dissensão.- *(djissensão)* s. disensión.
dissentir.- *(djissentir)* v. disentir.
dissertação.- *(djissertasãu)* s. disertación, discurso, ensayo.
dissertar.- *(djissertar)* v. disertar.
dissidência.- *(djissidensia)* s. disidencia.
dissílabo.- *(djissilabo)* adj. bisílabo.
dissimulação.- *(djissimulasãu)* s. disimulo, simulación.
dissimulado.- *(djissimulado)* adj. disimulado, falso, mojigato, socarrón.
dissimular.- *(djissimular)* v. disimular, encubrir, paliar, tragar.
dissipação.- *(djissipasãu)* s. disipación, despilfarro.
dissipador.- *(djissipador)* adj. disipador, perdulario, pródigo.
dissipar.- *(djissipar)* v. disipar, derrochar, evaporar, malbaratar, perder, prodigar.
dissociar.- *(djissosiar)* v. disociar.
dissolução.- *(djissolusãu)* s. disolución, solución.
dissoluto.- *(djissoluto)* adj. disoluto, licencioso, vicioso.
dissolver.- *(djissolver)* v. diluir, disolver, derretir.
dissonância.- *(djissonansia)* s. disonancia.
dissuadir.- *(djissuadir)* v. desaconsejar, disuadir.
distância.- *(djistansia)* s. distancia, lejanía.
distanciar.- *(djistansiar)* v. alejar, distanciar, retirar, retraer.
distante.- *(djistante)* adj. distante, apartado, ausente, lejano, remoto, retirado. / adv. lejos.
distender.- *(djistender)* v. distender, extender mucho y en diferentes sentidos, dilatar, desenvolver, estirar.
distinção.- *(djistinsãu)* s. distinción, nobleza, elegancia.
distinguir.- *(djistinguir)* v. distinguir, denominar, diferenciar, particularizar, discriminar.
distinto.- *(djistinto)* adj. diverso, diferente; aristocrático, bello, elegante, distinguido; notable, eminente, ilustre.
distorção.- *(djistorsãu)* s. distorsión.

distorcer.- *(djistorser)* v. distorsionar.
distração.- *(djistrasãu)* s. distracción, desenfado, diversión, solaz.
distraído.- *(djistraido)* adj. distraído, absorto.
distrair.- *(djistrair)* v. distraer, desenfadar, embobar, engañar, relajar.
distribuição.- *(djistribuisãu)* s. distribución, reparto.
distribuir.- *(djistribuir)* v. distribuir, escalonar, impartir, repartir.
distrito.- *(djistrito)* s. cantón, círculo, distrito.
distúrbio.- *(djisturbio)* s. disturbio, perturbación.
ditado.- *(djitado)* s. adagio, dictado, proverbio, refrán.
ditador.- *(djitador)* s. dictador.
ditadura.- *(djitadura)* s. dictadura.
ditame.- *(djitame)* s. dictamen, orden, sentencia, doctrina. / Fig. impulso, inspiración, aviso, voz íntima.
ditar.- *(djitar)* v. dictar.
dito.- *(djito)* s. dicho.
ditongo.- *(djitongo)* s. diptongo.
ditoso.- *(djitoso)* adj. afortunado, dichoso.
diurético.- *(djiuretiko)* adj. diurético.
diurno.- *(djiurno)* adj. diurno.
divã.- *(djiva)* s. diván, sofá.
divagar.- *(djivagar)* v. divagar.
divergência.- *(djivergensia)* s. discordancia, divergencia, pendencia.
divergir.- *(djivergir)* v. discrepar, divergir.
diversão.- *(djiversãu)* s. broma, diversión, espectáculo, holganza, juerga, pasatiempo.
diversidade.- *(djiversidade)* s. diferencia, diversidad.
diversificar.- *(djiversifikar)* v. diversificar.
diverso.- *(djiverso)* adj. diferente, diverso, vario.
divertido.- *(djivertido)* adj. divertido, alegre, festivo.
divertimento.- *(djivertimento)* s. divertimiento, entretenimiento, pasatiempo.
divertir.- *(djivertir)* v. divertir, alegrar, distraer, entretener, recrear.
dívida.- *(djívida)* s. deuda, débito.
dividir.- *(djividir)* v. dividir, compartir, cuartear, distribuir, fraccionar, parcelar.
divindade.- *(djivindade)* s. divinidad.
divinizar.- *(djivinisar)* v. divinizar, endiosar.
divino.- *(djivino)* adj. divino.
divisa.- *(djivisa)* s. divisa, enseña, lema, linde.
divisão.- *(djivisãu)* s. división, reparto, sección.
divisar.- *(djivisar)* v. columbrar, divisar, vislumbra.
divisor.- *(djivisor)* s. divisor.
divisório.- *(djivisorio)* adj. divisorio, aledaño.
divorciar.- *(djivorsiar)* v. divorciar.
divulgação.- *(djivulgasãu)* s. divulgación, difusión, pregón, promoción, publicidad.
divulgar.- *(djivulgar)* v. alardear, divulgar, editar, expandir, generalizar, propagar.
dizer.- *(djiser)* v. decir, contar, proferir.
dó.- *(do)* s. compasión, conmiseración, duelo, luto, pena.
doação.- *(doasãu)* s. donación, donativo.
doar.- *(doar)* v. donar, otorgar.
dobra.- *(dobra)* s. arruga, doblez, pliegue.
dobradiça.- *(dobradisa)* s. bisagra, gozne, pernio.
dobradinha.- *(dobradiña)* s. la parte del intestino del buey usada en la alimentación.
dobrado.- *(dobrado)* adj. doblado, duplicado, redoblado. / quebrado, torcido, arrugado, doblegado. / Fig. disimulado, hipócrita. / Pop. de complexión robusta, muy fuerte.
dobrar.- *(dobrar)* v. doblar, doblegar,
dobre.- *(dobre)* adj. doble.
dobro.- *(dobro)* adj. duplo.
doca.- *(doka)* s. dique, dársena.
doce.- *(dose)* adj. acaramelado, dulce. / s. dulce, magdalena, merengue.
docente.- *(dosente)* s. docente.
dócil.- *(dosil)* adj. dócil, fácil, manso.
documentação.- *(dokumentasãu)* s. documentación.
documental.- *(dokumental)* adj. documental.
documentar.- *(dokumentar)* v. documentar, razonar.
documentário.- *(dokumentario)* s. documental.
documento.- *(dokumento)* s. dato, documento, póliza.
documentos.- *(dokumentos)* s. pliego.
doçura.- *(dosura)* s. dulzura, benignidad, blandura, ternura, dolencia, mal, morbo.
doença.- *(doensa)* s. enfermedad, achaque,
doente.- *(doente)* adj. enfermo, inválido, malo, paciente.
doentio.- *(doentio)* adj. enfermizo, enclenque. / insalubre, malsano, morboso.
doer.- *(doer)* v. doler.
dogma.- *(dogma)* s. dogma.
dogmático.- *(dogmatiko)* adj. dogmático, ortodoxo.
doido.- *(doido)* adj. loco, tonto. / extravagante, exagerado. / insensato, temerario. / apasionado, entusiasmado.
dois.- *(dois)* s. dos.
dólar.- *(dolar)* s. dólar.
dolo.- *(dolo)* s. dolo.
doloroso.- *(doloroso)* adj. doloroso.
doloso.- *(doloso)* adj. doloso.
dom.- *(dom)* s. don.
domador.- *(domador)* s. domador.
domar.- *(domar)* v. domar.
domesticar.- *(domestikar)* v. amansar, domar, domesticar.
doméstico.- *(domestiko)* adj. doméstico.
domiciliar.- *(domisiliar)* v. domiciliar.
domicílio.- *(domisilio)* s. domicilio, residencia.
dominador.- *(dominador)* adj. dominador, autoritario, tirano.
dominar.- *(dominar)* v. dominar, avasallar, conquistar, subyugar, vencer.
domingo.- *(domingo)* s. domingo.
domingueiro.- *(domingueiro)* adj. dominguero.
dominicano.- *(dominikano)* adj. dominicano.
domínio.- *(domínio)* s. dominio, autoridad, poderío, potestad.
dominó.- *(domino)* s. dominó.
dona.- *(dona)* s. doña.
dona-de-casa.- *(donadekasa)* s. ama de casa.
donairoso.- *(donairoso)* adj. saleroso.
donativo.- *(donativo)* s. donativo, dádiva.

doninha.- *(donina)* s. comadreja.
dono.- *(dono)* adj. señor. / s. dueño, propietario.
donzela.- *(donsela)* s. doncella.
dor.- *(dor)* s. dolor, pesar, sufrimiento.
dorminhoco.- *(dormiñoko)* adj. dormilón.
dormir.- *(dormir)* v. dormir.
dormitar.- *(dormitar)* v. dormitar.
dorso.- *(dorso)* s. dorso, lomo.
dosagem.- *(dosagem)* s. dosis.
dosar.- *(dosar)* v. dosificar.
dose.- *(dose)* s. dosis.
dossiê.- *(dossie)* s. dosier.
dotação.- *(dotasãu)* s. dotación.
dotar.- *(dotar)* v. dotar.
dote.- *(dote)* s. dote.
dourado.- *(dourado)* adj. dorado, áureo.
dourar.- *(dourar)* v. dorar, gratinar.
douto.- *(douto)* s. docto.
doutor.- *(doutor)* s. doctor.
doutrina.- *(doutrina)* s. doctrina, enseñanza, ley.
doutrinar.- *(doutrinar)* s. adoctrinar, imponer, instruir.
draga.- *(draga)* s. draga.
dragão.- *(dragãu)* s. dragón.
dragar.- *(dragar)* v. dragar.
drágea.- *(dragea)* s. gragea, píldora.
drama.- *(drama)* s. drama, tragedia.
dramalhão.- *(dramayãu)* s. dramón, melodrama.
dramático.- *(dramatiko)* adj. dramático.
dramaturgia.- *(dramaturgia)* s. dramaturgia.
drástico.- *(drastiko)* adj. drástico.
drenagem.- *(drenagem)* s. drenaje.
droga.- *(droga)* s. droga, heroína. / Fig. cosa de poco valor, bagatela. / cosa desagradable.
drogado.- *(drogado)* adj. drogadicto.
drogaria.- *(drogaria)* s. droguería. / comercio en drogas. / porción de drogas.
dromedário.- *(dromedario)* s. dromedario.
dualidade.- *(dualidade)* s. dualidad.
dúbio.- *(dubio)* adj. incierto, indeciso.
dublagem.- *(dublagem)* s. doblaje.
dublar.- *(dublar)* v. doblar.
dúctil.- *(duktil)* adj. dúctil.
ducha.- *(dusha)* s. ducha.
duelo.- *(duelo)* s. certamen, duelo.
duende.- *(duende)* s. duende.
duna.- *(duna)* s. duna.
duo; *(duo)* s. dúo.
duodeno.- *(duodeno)* s. duodeno.
duplicado.- *(duplikado)* adj. doblado.
duplicar.- *(duplikar)* v. doblar, duplicar, geminar, reduplicar.
duplo.- *(duplo)* adj. doble, duplo.
duque.- *(duke)* s. duque.
durabilidade.- *(durabilidade)* s. durabilidad.
duração.- *(durasãu)* s. duración, decurso, permanencia, vigencia.
duradoiro.- *(duradoiro)* adj. duradero, consistente, permanente.
durante.- *(durante)* prep. durante, mientras.
durar.- *(durar)* v. continuar, durar, vivir.
dureza.- *(duresa)* s. dureza.
duro.- *(duro)* adj. duro, férreo, áspero.
dúvida.- *(duvida)* s. duda, incertidumbre, sospecha.
duvidar.- *(duvidar)* v. dudar, fluctuar, sospechar, temer, vacilar.
duvidoso.- *(duvidoso)* adj. ambiguo, dudoso, incierto, indeciso, perplejo.
dúzia.- *(dusia)* s. docena.

E

e.- *(é)* s. quinta letra del abecedario portugués.
e.- *(i)* conj. y.
ebanista.- *(ebanista)* s. ebanista.
ébano.- *(ébanu)* s. ébano.
ébrio.- *(ébriu)* adj. ebrio, borracho.
ebulição.- *(ebulisãu)* s. ebullición, efervescencia.
eclesiástico.- *(ekez'iástchiku)* adj. eclesiástico.
eclético.- *(eklétchiku)* adj. ecléctico.
eclipsar.- *(eklipsar)* v. eclipsar. / Fig. encubrir. / P. ocultarse (un astro).
eclipse.- *(eklípsi)* s. eclipse.
eclosão.- *(ekloz'ãu)* s. eclosión, explosión.
eco.- *(éku)* s. eco.
ecoar.- *(ekoar)* vt. resonar, sonar, hacer eco.
ecografia.- *(ekografia)* s. ecografía.
ecologia.- *(ekolojhía)* s. ecología.
ecológico.- *(ekolójhiku)* adj. ecológico.
economia.- *(ekonomía)* s. economía, ahorro.
economias.- *(ekonomías)* s. pl. ahorros.
economista.- *(ekonomista)* s. economista.
economizar.- *(ekonomiz'ar)* v. economizar, ahorrar.
ecossistema.- *(ekosistema)* s. ecosistema.
ecumênico.- *(ekuméniku)* adj. ecuménico.
eczema.- *(ekz'ema)* s. Med. eczema.
edema.- *(edema)* s. Med. edema.
éden.- *(éden)* s. edén.
edição.- *(edjisãu)* s. edición, publicación.
edificação.- *(edjifikasãu)* s. construcción, edificación, edificio.
edificante.- *(edjifikantchi)* adj. edificante.
edificar.- *(edjifikar)* vt. edificar, fundar. / v. intr. infundir sentimientos morales y religiosos.
edifício.- *(edjifísiu)* s. casa, edificio.
edital.- *(edjitáu)* s. edicto.
editar.- *(edjitar)* v. editar, imprimir, publicar. / Inform. alterar, corregir.
édito.- *(édjitu)* s. edicto, ley, decreto, orden.
editor.- *(edjitor)* s. editor.
editora.- *(edjitora)* s. editora, editorial.
editorial.- *(edjitoriáu)* s. editorial.
editorialista.- *(edjitorialista)* editorialista.
edredão.- *(edredãu)* s. edredón.
edredom.- *(edredón)* s. edredón.
educação.- *(edukasãu)* s. educación, cortesía, crianza, instrucción.
educado.- *(edukadu)* adj. educado, atento, cortés, criado.
educador.- *(edukador)* s. educador, maestro, pedagogo, profesor.
educando.- *(edukandu)* s. aquel que recibe educación.
educar.- *(edukar)* v. y p. adoctrinar(se), educar(se), enseñar(se), formar(se), ilustrar(se).
efeito.- *(efeitu)* s. efecto, impresión, resulta.
efeméride.- *(efeméridji)* s. efemérides.
efêmero.- *(efêmeru)* adj. efímero, transitorio.
efeminado.- *(efeminadu)* adj. efeminado, afeminado.
efervescência.- *(eferv'esênsia)* s. ebullición, efervescencia.
efervescente.- *(eferv'esentchi)* adj. efervescente. Inquieto.
efetivamente.- *(efetchiv'amentchi)* adv. efectivamente.
efetivar.- *(efetchiv'ar)* v. realizar.
efetivo.- *(efetchiv'u)* adj. efectivo, práctico, útil, actual. / s. efectivo militar.
efetuar.- *(efetuar)* v. y p. efectuar(se), realizar(se), cumplir(se).
eficácia.- *(efikásia)* s. eficacia, eficiencia.
eficaz.- *(efikás)* adj. eficaz, eficiente, potente, vivaz.
eficiência.- *(efisiênsia)* s. eficiencia, eficacia.
eficiente.- *(efisientchi)* adj. eficiente.
efígie.- *(efíjhii)* s. efigie, figura.
eflúvio.- *(eflúv'iu)* s. efluvio.
efusão.- *(efuz'ãu)* s. efusión.
efusivo.-*(efuz'ivu)* adj. efusivo, expansivo, comunicativo.
egipcíaco.- *(ejhipsiaku)* adj. egipcio.
egipciano.- *(ejhipsianu)* adj. egipcio.
egípcio.- *(ejhípsiu)* adj. egipcio.
egocêntrico.- *(egosêntriku)* adj. egocéntrico.
egoísmo.- *(egoísmu)* s. egoísmo.
egoísta.- *(egoísta)* s. egoísta.
égua.- *(égua)* s. yegua.
eh.- *(ê)* interj. para llamar la atención.
ei.- *(êi)* interj. Bras. hola.
eis.- *(êis)* adv. aquí está.
eixo.- *(êschu)* s. eje. / alianza entre naciones de sistema político idéntico.
ejaculação.- *(ejhakulasãu)* s. eyaculación, emisión.
ejacular.- *(ejhakular)* vt. eyacular.
ela.- *(éla)* pron. ella.
elaborar.- *(elaborar)* v. concebir, elaborar.
elasticidade.- *(elastchisidadji)* s. elasticidad.
elástico.- *(elástchiku)* adj. elástico, flexible. / s. cordón o tejido elástico, goma.
ele.- *(êli)* pron. él.
elefante.- *(elefantchi)* s. elefante.
elegância.- *(elegânsia)* s. donaire, elegancia, gallardía, garbo.
elegante.- *(elegantchi)* adj. elegante, esbelto, fino, garboso, guapo, saleroso.
eleger.- *(elejher)* v. elegir por votación, optar, votar, seleccionar.
elegia.- *(elejhía)* s. elegía.
eleição.- *(eleisãu)* s. elección, selección.
eleito.- *(eleitu)* adj. elegido.
eleitor.- *(eleitor)* adj. elector.
eleitorado.- *(eleitoradu)* s. electorado.
eleitoral.- *(eleitoráu)* adj. electoral.

elementar.- *(elementar)* adj. elemental.
elemento.- *(elementu)* s. elemento, ingrediente.
elementos.- *(elementus)* s. pl. rudimentos; primeras nociones, principios.
elenco.- *(elenku)* s. relación, lista, catálogo, índice. / conjunto de actores de una compañía dramática.
eletricidade.- *(eletrisidadji)* s. electricidad.
eletricista.- *(eletrisista)* s. electricista.
eletrificar.- *(eletrifikar)* v. electrificar.
eletrizar.- *(eletriz'ar)* v. electrizar.
eletrocardiograma.- *(eletrokardiograma)* s. electrocardiograma.
eletrocutar.- *(eletrokutar)* v. electrocutar.
eletrochoque.- *(eletroschóqui)* s. electrochoque,
eletrodo.- *(eletrodu)* s. Fís. electrodo.
eletrodoméstico.- *(eletrodoméstchiku)* adj. s. electrodoméstico.
eletrogêneo.- *(eletrojhêneu)* adj. electrógeno, que produce electricidad.
eletrólise.- *(eletróliz'i)* s. Quím. electrólisis.
elétron.- *(elétron)* s. electrón.
eletrônica.- *(eletrônika)* s. electrónica.
eletrostática.- *(eletrostátchika)* s. Fís. electrostática.
elevação.- *(elev'asãu)* s. elevación, altitud, altura, ascensión.
elevado.- *(elev'adu)* adj. elevado, alto, eminente, sublime. / s. vía urbana en nivel superior al suelo, para tráfico rodado o ferroviario.
elevador.- *(elev'adôr)* s. elevador, ascensor.
elevar.- *(elev'ar)* v. alzar, elevar, engrandecer, exaltar, subir, trepar. / P. elevarse.
eliminação.- *(eliminasãu)* s. eliminación, excreción, exterminio, supresión.
eliminar.- *(eliminar)* v. eliminar, excluir, exterminar, matar, suprimir.
eliminatório.- *(eliminatóriu)* adj. eliminatorio.
elipse.- *(elípsi)* s. elipse.
elite.- *(elitchi)* s. elite.
elixir.- *(elischir)* s. elixir.
elmo.- *(élmu)* s. yelmo.
elo.- *(élu)* s. argolla, eslabón, nexo. / Fig. unión, continuación.
elogiar.- *(eloghiar)* v. elogiar, alabar.
elogio.- *(elojhíu)* s. elogio, alabanza, apología, loa.
eloqüência.- *(elokuênsia)* s. elocuencia.
eloqüente.- *(elokuentchi)* adj. elocuente, convincente, oratorio.
elucidar.- *(elusidar)* v. dilucidar(se), esclarecer(se).
em.- *(en)* prep. en.
ema.- *(ema)* s. Bras. ñandú, avestruz.
emagrecer.- *(imagraser)* v. adelgazar.
emanação.- *(imanasu)* s. emanación, efluvio, emisión.
emanar.- *(imanar)* v. emanar, exhalar.
emancipação.- *(emansipasãu)* s. emancipación, independencia.
emancipado.- *(emansipadu)* adj. emancipado, independiente, libre.
emancipar.- *(emansipar)* v. emancipar(se), liberar(se).
emaranhar.- *(emarañar)* v. enmarañar, embrollar, enredar.
emascular.- *(emaskular)* v. emascular(se), castrar(se).
embaçado.- *(inbasadu)* adj. empañado, deslucido, deslustrado, borroso.
embaçar.- *(inbasar)* v. empañar.
embaciado.- *(inbasiadu)* adj. empañado, deslucido, deslustrado, borroso.
embaciar.- *(inbasiar)* v. empañar.
embainhar.- *(inbaiñar)* v. envainar. / hacer el dobladillo.
embaixada.- *(inbaschada)* s. embajada.
embaixador.- *(inbashadôr)* s. embajador.
embaixo.- *(inbaschu)* adv. abajo, debajo.
embalagem.- *(inbalajhen)* s. embalaje.
embalar.- *(inbalar)* v. embalar, acondicionar. / acunar, mecer.
embalde.- *(inbáudji)* adv. de balde, en vano, inútilmente.
embalo.- *(inbalu)* s. balanceo, impulso.
embalsamar.- *(inbausamar)* v. embalsamar, momificar.
embaraçar.- *(inbarasar)* v. embarazar, desconcertar, estorbar. / P. sentirse incómodo.
embaraço.- *(inbarasu)* s. embarazo, dificultad, estorbo, obstáculo. / perturbación.
embaraçoso.- *(inbarasôz'u)* adj. embarazoso.
embaralhar.- *(inbarallar)* v. barajar, embarullar, confundir.
embarcação.- *(inbarkasãu)* s. barco, embarcación.
embarcadoiro.- *(imbarkadôiro)* s. embarcadero.
embarcadouro.- *(inbarkadôru)* s. embarcadero.
embarcar.- *(inbarkar)* v. embarcar.
embargado.- *(inbargadu)* adj. embargado, estancado.
embargar.- *(inbargar)* v. embargar.
embarque.- *(inbarqui)* s. embarque.
embarrancar.- *(inbar'ankar)* v. embarrancar.
embasamento.- *(inbaz'amentu)* s. base. / Fig. base, fundamento, razón, motivo.
embasar.- *(inbasar)* v. basar; basarse, fundarse, fundamentarse.
embasbacar.- *(inbasbakar)* v. causar espanto, admiración.
embate.- *(inbatchi)* s. agresión, choque, embate, empujón, encontronazo.
embaucar.- *(inbáukar)* v. embaucar.
embebedar.- *(inbebedar)* v. emborrachar(se), embriagar(se).
embeber.- *(inbeber)* v. embeber, empapar, ensopar, impregnar, remojar. / P. empaparse.
embelezar.- *(inbelez'ar)* v. y p. adornar(se), embelesar(se), embellecer(se).
embevecer.- *(inbev'eser)* v. embebecer, cautivar, embobar.
embirrar.- *(inbir'ar)* v. obstinar, antipatizar.
emblema.- *(inblema)* s. emblema, insignia.
embocadura.- *(imbokadura)* s. embocadura, boca de un río. / Fig. capacidad, propensión, tendencia, inclinación.
embocar.- *(inbokar)* vt. abocar, embocar.
embolada.- *(inbolada)* s. Bras. poesía popular cantada, en compaso binario.
embolar.- *(inbolar)* v. intr. caerse rodando como una

pelota. / v. refl. caerse rodando por tierra al pegarse con el adversario.

embolia.- *(imbolía)* s. Med. embolia.

embolsar.- *(inbousar)* v. embolsar.

embonecar.- *(inbonekar)* v. emperejilar, adornar con esmero.

embora.- *(inbora)* conj. aunque. / contr. de en buena hora. Marcharse.

embornal.- *(inbornáu)* s. cebadera, morral.

emboscada.- *(inboskada)* s. ardid, emboscada.

emboscar.- *(inboskar)* v. emboscar.

embotamento.- *(inbotamentu)* s. embotamiento.

embotar.- *(inbotar)* v. embotar(se).

embreagem.- *(inbreaghen)* s. embrague.

embrear.- *(inbrear)* v. embragar, embrear.

embrenhar.- *(inbreñar)* v. meter(se), esconder(se) en el bosque, la selva.

embriagado.- *(inbriagadu)* adj. embriagado, bebido, borracho, ebrio.

embriagador.- *(inbriagador)* adj. embriagador.

embriagar.- *(inbriagar)* v. emborrachar, embriagar.

embriaguez.- *(inbriaguês)* s. borrachera, embriaguez.

embrião.- *(inbriãu)* s. embrión, feto, germen.

embrionário.- *(inbrionáriu)* adj. embrionario

embromar.- *(inbromar)* v. Bras. embromar.

embrulhada.- *(inbrullada)* s. embrollo, lío, monserga, revoltijo.

embrulhar.- *(inbrullar)* v. embalar, embrollar, empapelar, envolver.

embrulho.- *(inbrullu)* s. fardo, lío, paquete.

embrutecer.- *(inbruteser)* v. embrutecer(se).

embruxar.- *(inbruschar)* v. embrujar.

embuçar.- *(inbusar)* v. embozar.

embuço.- *(inbusu)* s. embozo, tapujo.

embuste.- *(inbustchi)* s. mentira, embuste, infundio.

embutido.- *(inbutchidu)* adj. empotrado.

embutir.- *(inbutchir)* v. ensamblar, empotrar.

emenda.- *(imenda)* s. corrección, enmienda.

emendar.- *(imendar)* v. corregir, enmendar, remediar.

ementa.- *(imenta)* s. nota, apunte, resumen. / P. menú.

emergência.- *(emerjhênsia)* s. emergencia.

emergente.- *(imerjhentchi)* adj. emergente, procedente. / s. individuo que ha progresado económica y socialmente, ha subido en la escala social.

emergir.- *(emerjhir)* v. aflorar, emerger, surgir.

emigrante.- *(imigrantchi)* adj. s. emigrante.

emigrar.- *(emigrar)* v. emigrar, expatriar.

eminência.- *(eminênsia)* s. eminencia.

eminente.- *(iminentchi)* adj. eminente, excelso, eximio, insigne, prócer, sublime.

emissão.- *(emisãu)* s. emisión.

emissário.- *(emisáriu)* s. emisario.

emissor.- *(emisor)* s. emisor.

emissora.- *(emisôra)* s. emisora (radio o televisión).

emitir.- *(imitchir)* v. emitir, emitir dinero.

emoção.- *(emosãu)* s. emoción, emotividad.

emocional.- *(emosionáu)* adj. emocional.

emocionante.- *(emosiunantchi)* adj. emocionante, emotivo.

emocionar.- *(emosionar)* v. emocionar.

emoldurar.- *(emoudurar)* v. encuadrar, enmarcar.

emotividade.- *(emotchiv'idadji)* s. afectividad, emotividad.

emotivo.- *(emotchiv'u)* adj. emotivo.

empacar.- *(inpakar)* vt. empaquetar; parar en el medio de algún acto. / detener. / v. refl. Bras. detenerse (el caballo o el burro).

empacotador.- *(inpakotador)* s. empaquetador.

empacotar.- *(inpakotar)* v. embalar, empaquetar.

empachar.- *ienpaschar)* v. empachar.

empacho.- *(inpaschu)* s. empacho.

empada.- *(inpada)* s. alimento preparado con la forma de la empanadilla española, rellena de carne, queso, etc., pero de mayor tamaño.

empadão.- *(inpadãu)* s. empanada.

empadinha.- *(impadjiña)* s. empanada hecha en moldecitos redondos.

empalhar.- *(inpallar)* v. empajar.

empalidecer.- *(inpalideser)* vt. v. intr. palidecer(se).

empanar.- *(inpanar)* v. encubrir(se), ocultar(se). / empañar.

empanturrar.- *(inpantur'ar)* v. empachar(se), hartar(se) de comer.

empanzinar.- *(inpanz'inar)* vt. y v. refl. empanturrar(se), empachar(se), hartar(se), ahitar(se), saciar(se). / Pop. causar sorpresa desagradable. / engañar.

empapar.- *(inpapar)* v. embeber, empapar, encharcar, remojar. / P. empaparse.

empapelar.- *(inpapelar)* v. empapelar.

emparedar.- *(inparedar)* v. emparedar(se).

emparelhar.- *(inparellar)* vt. aparear, emparejar. / /v. intr. quedar lado a lado. / P. equipararse.

empastar.- *(inpastar)* v. empastar (cubrir con pasta).

empatar.- *(inpatar)* v. empatar en una competición. / aplicar dinero en circunstancias no lucrativas.

empate.- *(inpatchi)* s. empate.

empecilho.- *(inpesillu)* s. impedimento, obstáculo.

empedernido.- *(inpedernidu)* adj. empedernido.

empedrado.- *(inpedradu)* s. la parte de la carretera adoquinada.

empedrar.- *(inpedar)* v. empedrar, adoquinar.

empenar.- *(inpenar)* v. alabear, torcer, deformar, combar. Adornar con plumas.

empenhar.- *(inpeñar)* v. empeñar. / P. endeudarse, empeñando algo.

empenho.- *(inpeñu)* s. empeño, ahínco, asiduidad, constancia.

emperiquitar-se.- *(inperiquitarsi)* v. Bras. arreglarse demasiado.

emperramento.- *(inper'amentu)* s. obstinación.

emperrar.- *(inper'ar)* vt. y v. intr. causar dificultad en el movimiento.

empertigar.- *(inpertigarsi)* vt. y refl. empertigar(se), enderezar(se). / ensoberbecer(se).

empestar.- *(inpestar)* v. apestar, infestar.

empilhadeira.- *(inpilladêra)* s. máquina para apilar cargas.

empilhar.- *(inpillar)* v. empilar, apilar, amontonar.

empinar.- *(inpinar)* v. empinar. / Bras. hacer subir al aire, por ejemplo, una cometa.

empipocar.- *(inpipokar)* v. salirle a uno granos en el cuerpo.
empírico.- *(inpíriku)* adj. empírico.
empirismo.- *(inpirismu)* s. empirismo.
emplacar.- *(inplakar)* v. poner la matrícula en un vehículo.
emplastrar.- *(inplastrar)* v. emplastar.
emplastro.- *(inplastru)* s. emplasto, parche.
emplumar.- *(inplumar)* v. emplumar.
empobrecer.- *(inpobreser)* v. y p. arruinar(se), empobrecer(se).
empoeirado.- *(inpoeradu)* adj. polvoriento.
empola.- *(inpôla)* s. ampolla, vejiga intercutánea. / burbuja de agua hirviendo.
empolado.- *(inpoladu)* adj. ampuloso. / cubierto de ampollas, hinchado. / Fig. muy pomposo.
empoleirar.- *(inpolerar)* vt. y refl. ponerse las gallinas sobre las varas dispuestas en el gallinero para dormir. / Fig. ensoberbecerse, ascender a posición elevada, encumbrarse.
empolgante.- *(inpougantchi)* adj. emocionante, arrebatador.
empolgar.- *(inpougar)* v. atraer, absorber, emocionar.
emporcalhar.- *(inporkallar)* v. ensuciar(se).
empório.- *(inpóriu)* s. emporio (centro de comercio internacional).
empossar.- *(inposar)* v. dar pose a. / P. tomar pose.
empreendedor.- *(inpreendedor)* adj. arrojado, emprendedor.
empreender.- *(inpreender)* v. ejecutar, emprender, iniciar.
empreendimento.- *(inpreendjimentu)* s. empresa, acto de emprender.
empregado.- *(inpregadu)* s. empleado.
empregar.- *(inpregar)* v. emplear, usar, utilizar. / P. ser admitido en empleo.
emprego.- *(inprêgu)* s. cargo, colocación, empleo, lugar, ocupación, puesto.
empreitada.- *(inpreitada)* s. destajo.
empresa.- *(inprêz'a)* s. empresa, industria.
empresarial.- *(inprez'ariáu)* adj. empresarial.
emprestado.- *(inprestadu)* adj. prestado.
emprestar.- *(inprestar)* vt. prestar.
empréstimo.- *(inpréstchimu)* s. empréstito, prestación, préstamo.
emproado.- *(inpruadu)* adj. vanidoso, presumido.
empulhar.- *(inpullar)* v. bromear. / engañar.
empunhar.- *(inpuñar)* v. empuñar.
empurrão.- *(inpur'ãu)* s. empujón, encontronazo.
empurrar.- *(inpur'ar)* v. empujar, impeler, impulsar.
emudecer.- *(imudeser)* v. callar, enmudecer.
emular.- *(imular)* v. emular.
emulsão.- *(emuusãu)* s. emulsión.
enaltecer.- *(inauteser)* v. enaltecer, encumbrar, glorificar.
encabeçar.- *(inkabesar)* v. encabezar. / poner el título de un escrito.
encabulado.- *(inkabuladu)* adj. Bras. avergonzado.
encabular.- *(inkabular)* v. intr. y refl. Bras. avergonzar(se). / dar mala suerte a, intrigar. / preocupar, enojar, enfadar, detestar, fastidiar, molestar, aburrir.
encadear.- *(inkadjiar)* v. encadenar, concatenar, eslabonar. / P. encadenarse.
encadernação.- *(inkadernasãu)* s. encuadernación.
encadernar.- *(inkadernar)* v. encuadernar.
encafuar.- *(inkafuar)* v. esconder(se).
encaixar.- *(inkaschar)* v. encajar, ensamblar, embutir. / v. intr. venir a propósito, coincidir.
encaixe.- *(inkaischi)* s. encaje, juntura.
encaixotar.- *(inkaschotar)* v. meter en cajas.
encalacrar.- *(inkalakrar)* v. p. Pop. meter(se) en dificultades. / endeudar(se).
encalço.- *(enkausu)* s. pista, rastro. / *ir ao encalço de: seguir de cerca, perseguir.
encalhar.- *(inkallar)* v. encallar, abarrancarse, atollar. / Bras. no tener salida una mercancía.
encaminhar.- *(inkamiñar)* v. encaminar, conducir, guiar.
encanador.- *(inkanador)* s. Bras. fontanero.
encanamento.- *(inkanamentu)* s. cañería, fontanería.
encandescer.- *(inkandeser)* v. encandecer.
encanecer.- *(knkaneser)* v. encanecer, envejecer.
encanecido.- *(inkaneser)* adj. encanecido, blanco, albo, envejecido.
encantado.- *(inkantadu)* adj. encantado, seducido, mágico.
encantador.- *(inkantador)* adj. adorable, atractivo, encantador.
encantamento.- *(inkantamentu)* s. encantamiento, encanto, hechizo, magia.
encantar.- *(inkantar)* v. encantar, aojar, cautivar, embelesar, enamorar, fascinar, hechizar.
encanto.- *(inkantu)* s. encanto, deleite, delicia, seducción, gracia.
encapotar.- *(inkapotar)* v. encapotar.
encaracolado.- *(inkarakoladu)* adj. ensortijado.
encaracolar.- *(inkarakolar)* v. enroscar, ensortijar.
encarapinhado.- *(inkarapiñadu)* adj. se dice del cabello lanoso como el de los negros.
encarapitar.- *(inkarapitar)* v. p. encaramar(se), poner(se) en lo alto.
encarar.- *(inkarar)* v. encarar, afrontar, arrostrar.
encarcerar.- *(inkarserar)* v. encarcelar.
encardir.- *(inkardjir)* v. intr. quedar mal lavado, conservando parte de la suciedad que tenía. / enmugrecer, criar cochambre.
encarecer.- *(inkareser)* v. encarecer.
encargo.- *(inkargu)* s. encargo, cometido, encomienda, gravamen, mandato, misión.
encarnado.- *(inkarnadu)* adj. encarnado, colorado. / P. rojo.
encarnar.- *(inkarnar)* v. encarnar. / penetrar el espíritu en el cuerpo. / representar un papel, personaje.
encarniçar.- *(inkarnisar)* v. encarnizar.
encaroçar.- *(inkarosar)* v. y p. Bras. criar bultos en el cuerpo.
encarregado.- *(inkar'egadu)* adj. encargado, delegado.
encarregar.- *(inkar'egar)* v. encargar, incumbir. / P. encargarse
encarrilhar.- *(inkar'illar)* v. encarrilar, encaminar, dirigir. / poner en buen camino.

encasquetar.- *(inkasquetar)* v. encasquetar. / P. obstinarse, persuadirse.
encatarrar-se.- *(inkatar'arsi)* v. acatarrarse, constiparse.
encavalar.- *(inkav'alar)* v. sobreponer.
encefálico.- *(insefáliku)* adj. encefálico.
encefalite.- *(insefalitchi)* s. Med. encefalitis.
encéfalo.- *(inséfalu)* s. Anat. encéfalo.
encenar.- *(insenar)* v. encenar. / vintr. disimular, fingir.
enceradeira.- *(inseradêra)* s. enceradora.
encerado.- *(inseradu)* adj. encerado. / s. lona.
encerar.- *(inserar)* v. encerar.
encerramento.- *(inser'amentu)* s. encerramiento.
encerrar.- *(inser'ar)* v. cerrar, contener, encerrar. / P. encerrarse, recluirse.
encestar.- *(insertar)* v. encestar.
encíclica.- *(insíklika)* s. encíclica.
enciclopédia.- *(insilopédjia)* s. enciclopedia.
enciumar.- *(insiumar)* v. llenarse de celos.
enclausurar.- *(inklauz'urar)* v. enclaustrar.
encoberto.- *(inkobértu)* adj. encubierto, oculto, disimulado.
encobrimento.- *(inkobrimentu)* s. encubrimiento.
encobrir.- *(inkobrir)* v. encubrir, cubrir, disimular, enmascarar, esconder.
encolerizado.- *(inkoleriz'adu)* adj. encolerizado.
encolerizar.- *(inkoleriz'ar)* v. p. encolerizar(se), enrabiar(se), irritar(se).
encolher.- *(inkoller)* v. encoger, contraer, empequeñecer, menguar, disminuir, reducir. / P. demostrar timidez.
encolhimento.- *(inkollimentu)* s. encogimiento.
encomenda.- *(inkomenda)* s. encomienda, encargo.
encomendar.- *(inkomendar)* v. encomendar, encargar. / Rel. orar por la salvación de un fallecido. / P. confiarse a la protección de alguien.
encomiar.- *(inkomiar)* v. encomiar, alabar, elogiar.
encômio.- *(inkômiu)* s. encomio, alabanza.
encompridar.- *(inkompridar)* v. Bras. alargar.
encontrão.- *(inkontrãu)* s. encontronazo, empujón.
encontrar.- *(inkontrar)* v. encontrar, hallar, descubrir, avistar. / P. depararse con alguien.
encontro.- *(inkontru)* s. encuentro, cita. / encontronazo.
encorajar.- *(inkorajhar)* v. encorajar, animar, alentar.
encorpado.- *(inkorpadu)* adj. corpulento, grueso.
encorpar.- *(inkorpar)* v. engordar, engrosar, dar más cuerpo a algo.
encosta.- *(inkosta)* s. cuesta, pendiente, vertiente.
encostar.- *(inkostar)* v. arrimar, acostar, apoyar, reclinar. / cerrar puerta, ventana, etc. / poner de lado. / P. acostarse por un rato.
encosto.- *(inkôstu)* s. espaldar, arrimo, respaldo, apoyo.
encravar.- *(inkrav'ar)* v. empotrar, enclavar. / engastar, incrustar.
encrenca.- *(inkrenka)* s. Arg. lío, intriga, enredo, pelea.
encrespar.- *(inkrespar)* v. p. encrespar(se), erizar(se). / ondular(se).
encruzilhada.- (inkruz'illada) s. cruce, encrucijada.
encurralar.- *(inkur'alar)* v. acorralar, arrinconar. / refugiarse, acorralarse.
encurtar.- *(inkurtar)* vt. acortar, abreviar, achicar, limitar.
encurvar.- *(inkurv'ar)* v. arquear, encorvar.
encharcar.- *(inscharkar)* v. encharcar, embeber, empapar, ensopar.
enchente.- *(inschentchi)* s. inundación, riada.
encher.- *(inscher)* v. llenar, anegar, henchir, hinchar un globo. / P. saciarse.
enchimento.- *(inschimentu)* s. relleno.
enchova.- *(enschova)* s. Bras. anchoa.
endemia.- *(endemía)* s. Med. endemia,
endêmico.- *(endêmiku)* adj. endémico.
endemoninhado.- *(endemoniadu)* adj. endemoniado, poseído, endiablado,
endereçar.- *(inderesar)* vt. y refl. poner la dirección, enviar; encaminar(se), dirigir(se).
endereço.- *(inderêsu)* s. dirección.
endeusar.- *(indeuz'ar)* v. endiosar.
endiabrado.- *(indjiabradu)* adj. endiablado, endemoniado, travieso, malo.
endinheirado.- *(indjiñeradu)* adj. adinerado.
endireitar.- *(indjireitar)* v. enderezar, erguir, corregir. / v. intr. P. corregirse, enmendarse.
endividar.- *(indjiv'idar)* v. adeudar, empeñar.
endocárdio.- *(endokárdjiu)* s. Anat. endocardio.
endócrino.- *(endokrinu)* adj. endocrino.
endocrinologista.- *(endokrinologista)* s. endocrinólogo.
endodontia.- *(indondontciia)* s. parte de la odontología que trata de de lesiones en la pulpa dental.
endoidar.- *(endoidar)* vt. y v. intr. enloquecer, volver loco.
endoidecer.- *(endoideser)* vt. y vintr. enloquecer.
endossar.- *(endosar)* v. endosar.
endurecer.- *(endureser)* vt. v. intr. y p. endurecer(se), solidificar(se).
endurecimento.- *(enduresimento)* s. endurecimiento, solidificación.
enegrecer.- *(enegreser)* v. ennegrecer.
energético.- *(energético)* adj. energético.
energia.- *(energia)* s. energía, fuerza, vehemencia, vigor.
enérgico.- *(energiko)* adj. enérgico, fuerte, intenso, vigoroso.
energúmeno.- *(energumenu)* s. energúmeno, endemoniado.
enervar.- *(enervar)* vt. y refl. enervar(se), debilitar(se), quitar las fuerzas, enflaquecer, exasperar(se), irritar(se).
enevoado.- *(enevuado)* adj. nublado, anubarrado.
enevoar.- *(enevaoar)* v. anublar, cubrir de niebla.
enfadar.- *(enfadar)* vt. enfadar, molestar.
enfado.- *(enfadu)* s. enfado, enojo, tedio, aburrimiento.
enfadonho.- *(enfadoñu)* adj. aburrido, enfadoso, enojoso, molesto, incómodo.
enfaixar.- *(enfaishar)* v. fajar, vendar.
enfartar.- *(infartar)* v. sufrir o causar un infarto. / hartar, llenar de comida. / obstruir, atascar.

enfarte.- *(enfarte)* s. infarto.
ênfase.- *(ênfasi)* s. énfasis.
enfastiar.- *(enfastiar)* v. hastiar.
enfático.- *(enfático)* adj. enfático, ampuloso.
enfatiotar-se.- *(infatchiotarsi)* v. Bras. vestirse con apuro.
enfatizar.- *(enfatisar)* v. enfatizar.
enfeitado.- *(enfeitado)* adj. adornado.
enfeitar.- *(enfeitar)* v. adornar, aliñar, ataviar, embellecer, engalanar, guarnecer.
enfeite.- *(infeitchi)* s. aderezo, adorno, afeite, atavío, ornamento.
enfeitiçado.- *(infeitchisadu)* adj. hechizado, embrujado.
enfeitiçar.- *(infeitchisar)* v. embrujar, hechizar, encantar, cautivar. / P. dejarse cautivar.
enfermagem.- *(infermajhen)* s. oficio de enfermero.
enfermar.- *(infermar)* vt. y v. intr. enfermar.
enfermaria.- *(infermaría)* s. enfermería.
enfermeiro.- *(infermêru)* s. enfermero.
enfermiço.- *(infermisu)* adj. enfermizo, enclenque.
enfermidade.- *(infermidadji)* s. enfermedad.
enfermo.- *(infermu)* adj. enfermo.
enferrujar.- *(infer'ujhar)* v. herrumbrar, oxidar.
enfestar.- *(infestar)* v. doblar un tejido por el medio, a lo largo.
enfezado.- *(infez'adu)* adj. raquítico, enclenque, sin desarrollo. / irritado, enfadado.
enfezar.- *(infez'ar)* v. interrumpir el crecimiento normal de alguien. / irritar. / v. intr. y p. irritarse.
enfiar.- *(infiada)* v. introducir un hilo en un orificio. / ensartar, enhebrar. / vestir ropa o calzado. / v. intr. entrar, meterse. / P. meterse.
enfileirar.- *(infilerar)* v. alinear, enfilar.
enfim.- *(infin)* adv. finalmente, por último.
enfocar.- *(infokar)* v. enfocar.
enfoque.- *(infóqui)* s. enfoque.
enforcado.- *(inforkadu)* adj. ahorcado.
enforcar.- *(inforkar)* v. ahorcar. / Bras. hacer puente en el trabajo o escuela.
enfraquecer.- *(infraqueser)* v. enflaquecer, atenuar, atrofiar, debilitar. / v. intr. y p. debilitarse.
enfraquecimento.- *(infraquesimentu)* s. enflaquecimiento, postración.
enfrentar.- *(infrentar)* v. enfrentar, afrontar, confrontar, encarar.
enfumaçar.- *(infumasar)* v. ahumar, llenar de humo.
enfurecer.- *(infureser)* v. enfurecer, embravecer, encolerizar. / v. intr. y p. ponerse furioso, agitarse el mar.
engabelar.- *(ingabelar)* v. Bras. engatusar, embaucar.
engaiolar.- *(ingaiolar)* v. enjaular. / Pop. meter en la cárcel.
engajamento.- *(ingajhamentu)* s. contrato, incorporación al ejército. / filos. / situación de quien se compromete con las circunstancias sociales en que vive y que procura tener consciencia de las consecuencias morales y sociales de sus principios y actitudes.
engajar.- *(ingajhar)* v. filiarse a una línea ideológica, filosófica, etc., y luchar por ella. / incorporarse al Ejército.
engalanar.- *(ingalanar)* v. engalanar, adornar.
engalfinhar-se.- *(ingaufiñarsi)* v. luchar cuerpo a cuerpo.
enganar.- *(inganar)* v. engañar, burlar, embaucar, ilusionar. / P. ilusionarse.
enganchar.- *(inganschar)* v. enganchar.
engano.- *(inganu)* s. engaño, burla, embuste, error, falacia, falsedad, fraude.
enganoso.- *(inganosu)* adj. engañoso, aparente, ilusorio.
engarrafamento.- *(ingar'afamentu)* s. embotellamiento, atasco.
engarrafar.- *(ingar'afar)* v. embotellar, enfrascar, envasar; causar perturbación en el tráfico por exceso de vehículos.
engasgar.- *(ingasgar)* v. atragantarse.
engasgo.- *(ingasgu)* s. acto de atragantarse.
engastar.- *(ingasgar)* vt. engarzar, engastar.
engatar.- *(ingatar)* v. enganchar.
engate.- *(ingatchi)* s. enganche, gancho.
engatilhar.- *(ingatchillar)* v. engatillar un arma de fuego.
engatinhar.- *(ingatchiñar)* v. intr. gatear.
engendrar.- *(injhendrar)* v. engendrar, generar, idear, producir.
engenharia.- *(injheñaría)* s. ingeniería.
engenheiro.- *(injheñêru)* s. ingeniero.
engenho.- *(injheñu)* s. ingenio. / Bras. fábrica agrícola destinada a la cultura de la caña y a la fabricación del azúcar.
engenhoso.- *(injheñôz'u)* adj. artista, ingenioso.
engessar.- *(injhesar)* v. escayolar.
englobar.- *(inglobar)* vt. englobar.
engodo.- *(ingodu)* s. cebo. / artificio para seducir a alguien.
engolir.- *(ingulir)* v. engullir, absorber, deglutir, tragar. / Fig. aceptar como verdadero.
engomar.- *(ingomar)* v. almidonar, engomar.
engordar.- *(ingordar)* v. y v. intr. engordar, engrosar.
engordurado.- *(ingorduradu)* adj. grasiento, mugriento, untuoso.
engordurar.- *(ingordurar)* v. engrasar, pringar, untar, ensebar.
engraçado.- *(ingrasadu)* adj. jocoso, que denota gracia.
engrandecer.- *(ingrandeser)* v. agrandar, engrandecer, exaltar, magnificar.
engrandecimento.- *(ingrandesimentu)* s. engrandecimiento, magnificencia.
engravatar-se.- *(ingrav'atarsi)* v. ponerse corbata.
engravidar.- *(ingrav'idar)* v. embarazarse, preñar, quedar encinta.
engraxador.- *(ingraschador)* s. Bras. limpiabotas.
engraxar.- *(ingraschar)* vt. engrasar, limpiar, lustrar el calzado.
engraxate.- *(ingraschatchi)* s. Bras. limpiabotas.
engrenagem.- *(ingrenajhen)* s. engarce, engranaje.
engrenar.- *(ingrenar)* v. embragar, engranar.
engrossar.- *(ingrosar)* v. abultar, engrosar, espesar.
enguia.- *(inguía)* s. anguila.
enguiçar.- *(inguisar)* v. Bras. estropearse (máquina, relój, coche, etc.).
enigma.- *(inigma)* s. enigma, acertijo, adivinanza, charada, misterio.

enjaular.- *(injhaular)* v. enjaular.
enjoado.- *(injhuadu)* adj. mareado, que sufre de nauseas. / enfadado, antipático.
enjoar.- *(injhuar)* vt. y v. intr. nausear, marear. / P. enfadarse, aburrirse.
enjoativo.- *(injhoatchiv'u)* adj. nauseabundo, aborrecido, dulzón, empalagoso.
enjôo.- *(injhôu)* s. mareo, náusea.
enlaçar.- *(inlasar)* v. enlazar.
enlace.- *(inlasi)* s. casamiento, enlace.
enlamear.- *(inlamiar)* v. enfangar(se), embarrar(se).
enlanguescer.- *(inlangueser)* v. languidecer.
enlatar.- *(inlatar)* v. enlatar.
enlouquecer.- *(inloqueser)* v. y v. intr. enajenar, enloquecer.
enluarado.- *(inluaradu)* adj. bañado por la luz de la luna.
enlutar.- *(inlutar)* v. enlutar.
enobrecer.- *(inobreser)* v. dignificar(se), ennoblecer(se).
enorme.- *(inormi)* adj. enorme, colosal, descomunal, gigante.
enormidade.- *(inormidadji)* s. enormidad.
enquadrar.- *(inkuadrar)* v. encasillar, encuadrar. / P. ajustarse.
enquanto.- *(inkuantu)* conj. mientras, al paso que. / *por enquanto: de momento, por ahora.
enquete.- *(inquetchi)* s. encuesta.
enrabichar.- *(inr'abischar)* v. peinar en coleta. / enamorarse.
enraivecer.- *(inr'aiv'eser)* v. rabiar, enrabiar.
enraizar.- *(inr'aiz'ar)* v. arraigar, enraizar.
enrascada.- *(inr'askada)* s. aprieto, apuro.
enredar.- *(inr'edar)* v. enmarañar, enredar, enzarzar.
enredo.- *(inr'edu)* s. embrollo, enredo, revoltijo. / intriga de una obra de ficción.
enriquecer.- *(enr'iqueser)* vt. v. intr. y p. enriquecer(se). / desenvolver(se).
enrolar.- *(inr'olar)* v. arrollar, enrollar, enroscar, envolver. / complicar. / Arg. engañar. / P. enrolarse. / Bras. confundirse.
enroscar.- *(inr'oskar)* v. enroscar, retorcer, torcer.
enrubescer.- *(inr'ubeser)* v. enrojecer, sonrojar.
enrugado.- *(inr'ugadu)* adj. arrugado.
enrugar.- *(inr'ugar)* v. arrugar, fruncir.
ensaboar.- *(insabuar)* v. enjabonar(se), jabonar(se).
ensaiar.- *(insaiar)* v. ensayar, entrenar, tantear.
ensaio.- *(insaiu)* s. ensayo, experimento, prueba. / ensayo literario.
ensaísta.- *(insaísta)* s. ensayista.
ensangüentar.- *(insangüentar)* v. ensangrentar(se).
enseada.- *(insiada)* s. ensenada, cala.
ensebado.- *(insebadu)* adj. mugriento, pringoso.
ensebar.- *(insebar)* v. ensebar.
ensejo.- *(insejhu)* s. oportunidad.
ensimesmado.- *(insimismadu)* adj. ensimismado.
ensimesmar-se.- *(insimismar)* v. p. ensimismarse.
ensinar.- *(insinar)* v. enseñar, amaestrar, educar, instruir.
ensino.- *(insinu)* s. educación, enseñanza, instrucción.
ensolarado.- *(insolaradu)* adj. con mucho sol.
ensopado.- *(insopadu)* adj. empapado. / s. plato de carne estofada con legumbres, estofado.
ensopar.- *(insopar)* v. ensopar, embeber. / preparar un estofado. / P. empaparse.
ensurdecer.- *(insurdeser)* v. ensordecer.
entabular.- *(intabular)* v. entablar.
entalhador.- *(intallador)* s. entallador, ebanista, tallista.
entalhar.- *(intallar)* v. cincelar, esculpir, tallar.
entalhe.- *(intalli)* s. talla, escultura.
entanto.- *(intantu)* adv. en tanto, entre tanto, mientras. / loc. conj. *no entanto: mientas tanto, sin embargo.
então.- *(intãu)* adv. allí, entonces.
entardecer.- *(intardeser)* v. intr. atardecer, tardecer. s. / el caer de la tarde.
ente.- *(entchi)* s. ente, ser.
enteado.- *(entchiadu)* s. hijastro.
entediar.- *(intedjiar)* v. aburrir(se).
entender.- *(intender)* v. comprender, conocer, entender, hallar, opinar.
entendido.- *(intendjidu)* adj. entendido, versado.
entendimento.- *(intendjimentu)* s. entendimiento.
enternecer.- *(interneser)* v. enternecer(se), sensibilizar(se).
enterrar.- *(inter'ar)* v. enterrar, inhumar, sepultar, soterrar.
enterro.- *(intêr'u)* s. entierro, inhumación, funeral.
entidade.- *(entchidadji)* s. entidad, ente, ser.
entoação.- *(intoasãu)* s. entonación, acento. tono.
entoar.- *(entuar)* v. entonar.
entonação.- *(intonasãu)* s. entonación. / tono que se tiene al hablar o leer.
entornar.- *(intornar)* v. derramar, entornar, volcar. / Pop. beber bebida alcohólica. / v. intr. Pop. emborracharse.
entorpecer.- *(intorpeser)* v. entorpecer, adormecer, entumecer, narcotizar.
entortar.- *(intortar)* v. torcer(se), curvar(se).
entrada.- *(entrada)* s. entrada, acceso, admisión, apertura, ingreso. / entradas que el cabello hace sobre la frente. / primer plato en una comida o cena. / Bras. expedición, en el período colonial, que generalmente partía de un punto del litoral, para explorar el interior, apresar indígenas o procurar minas. / Inform. elemento de un proceso o función.
entranha.- *(intraña)* s. entraña, víscera.
entranhado.- *(intrañadu)* adj. clavado. / arraigado. Entrañable, íntimo, profundo.
entranhar-se.- *(intrañarsi)* v. entrañarse, penetrar, introducirse.
entranhas.- *(intrañas)* s. pl. entrañas, el vientre materno. / índole. / sentimiento.
entranhável.- *(intrañáv'eu)* adj. entrañable, íntimo, profundo.
entrar.- *(entrar)* v. entrar, desembocar, ingresar, penetrar.
entravar.- *(intrav'ar)* v. trabar, impedir, obstruir.
entrave.- *(intrav'i)* s. trabe.
entre.- *(entre)* prep. entre.
entreabrir.- *(entreabrir)* v. entreabrir.
entreato.- *(entreatu)* s. entreacto, intermedio.

entrecortado.- *(entrekortadu)* adj. entrecortado.
entrecortar.- *(entrekortar)* v. entrecortar.
entrega.- *(intrega)* s. entrega.
entregar.- *(intregar)* v. entregar, dar, depositar. / rendirse. / confiar. / P. entregarse.
entrelaçar.- *(intrelasar)* v. enredar, entrelazar.
entrelinha.- *(entreliña)* s. entrelinea.
entremear.- *(intremiar)* v. v. intr. entremediar, intercalar, interpolar.
entretanto.- *(intretantu)* adv. y conj. entretanto, mientras, sin embargo.
entretela.- *(entretéla)* s. entretela.
entretenimento.- *(intretenimentu)* s. entretenimiento, pasatiempo, recreo.
entreter.- *(intreter)* v. entretener, distraer, divertir.
entrevado.- *(intrev'adu)* adj. minusválido, tullido.
entrever.- *(intrev'er)* v. entrever, ver de modo imperfecto. / prever.
entrevista.- *(intrev'ista)* s. entrevista, cita, conferencia.
entristecer.- *(entristeser)* v. entristecer, acongojar, angustiar, apesadumbrar, consternar.
entroncamento.- *(intronkamentu)* s. entroncamiento, punto de unión de dos o más caminos, de dos o más cosas.
entroncar.- *(intronkar)* v. entroncar.
entronizar.- *(introniz'ar)* v. entronizar.
entrudo.- *(intrudu)* s. Bras. fiesta antigua, por los carnavales, que consistía en tirarse unos a los otros agua, harina, pintura, etc.
entulhar.- *(intullar)* v. escombrar, acumular, abarrotar.
entulho.- *(intullu)* s. cascote, escombro. / basura.
entumescer.- *(intumeser)* v. entumecer.
entupir.- *(intupir)* v. atascar, entupir.
enturvar.- *(inturv'ar)* v. enturbiar.
entusiasmar.- *(intuz'iasmar)* v. entusiasmar, animar.
entusiasmo.- *(intuz'iasmu)* s. entusiasmo, admiración, animación.
entusiasta.- *(intuz'iásta)* adj. y s. entusiasta.
enumeração.- *(enumerasãu)* s. enumeración.
enumerar.- *(enumerar)* v. enumerar.
enunciação.- *(enunsiasãu)* s. enunciación.
enunciado.- *(enunsiadu)* adj. enunciado. / s. proposición, exposición, elocución.
enunciar.- *(enunsiar)* v. enunciar, decir, definir, exponer.
envaidecer.- *(inv'aideser)* v. envanecer(se), engreír(se).
envasar.- *(inv'as'ar)* v. envasar.
envasilhar.- *(inv'az'illar)* v. envasijar, embotellar.
envelhecer.- *(inv'elleser)* vt. y v. intr. envejecer, avejentar.
envelope.- *(inv'elópi)* s. sobre.
envenenamento.- *(inv'enenamentu)* s. envenenamiento.
envenenar.- *(inv'enenar)* v. envenenar, intoxicar. / P. envenenarse.
enveredar.- *(inv'eredar)* v. encaminar, enveredar.
envergadura.- *(inv'ergadura)* s. envergadura, capacidad. / importancia.
envergar.- *(inv'ergar)* vt. envergar, encorvar, curvar. / vintr. y p. envergarse.
envergonhado.- *(inv'ergoñadu)* adj. avergonzado.
envergonhar.- *(inv'ergoñar)* v. avergonzar(se).
envernizar.- *(inv'erniz'ar)* v. barnizar.
enviado.- *(inv'iadu)* s. enviado, mensajero. / encargado de negocios diplomáticos.
enviar.- *(inv'iar)* v. enviar, expedir, remitir.
envidraçar.- *(inv'idrasar)* v. acristalar.
envio.- *(inv'íu)* s. envío, remesa.
enviuvar.- *(inv'iuv'ar)* v. enviudar.
envoltório.- *(inv'oltóriu)* s. envase, envoltorio.
envolver.- *(inv'olv'er)* v. envolver, arrollar, implicar, involucrar.
enxada.- *(inschada)* s. azada.
enxaguar.- *(inschaguar)* v. enjuagar, aclarar.
enxame.- *(inschami)* s. enjambre, jabardillo.
enxaqueca.- *(inschaqueka)* s. Med. jaqueca.
enxerga.- *(inschêrga)* s. colchón rústico. / cama pobre.
enxergar.- *(inschergar)* v. entrever, divisar.
enxerido.- *(inschiridu)* adj. Bras. metomentodo, entrometido.
enxerir-se.- *(inscherirsi)* v. meterse en lo que no le atañe; entrometerse.
enxertar.- *(inschertar)* v. injertar.
enxerto.- *(inschertu)* s. injerto.
enxofre.- *(inschôfri)* s. Quím. azufre.
enxotar.- *(inschotar)* v. ahuyentar, empujando, golpeando o gritando. / expulsar.
enxoval.- *(inschov'áu)* s. ajuar.
enxovalhar.- *(inschov'allar)* v. ensuciar(se), manchar(se). / arrugar(se) una ropa.
enxugar.- *(inschugar)* v. enjugar, secar. / Bras. Fig. eliminar de un texto lo que es superfluo, para mayor claridad y elegancia.
enxurrada.- *(inschur'ada)* s. volumen de aguas de lluvia que corre con mucha fuerza. / arroyada.
enxuto.- *(inschutu)* adj. enjuto, magro, seco. / se dice del individuo que no es gordo ni delgado, que está bien formado de cuerpo, que es guapo.
enzima.- *(enz'ima)* s. Quim. enzima.
epicentro.- *(episentru)* s. epicentro.
épico.- *(épiku)* adj. épico.
epidemia.- *(epidemía)* s. epidemia.
epidêmico.- *(epidêmiku)* adj. epidémico.
epiderme.- *(epidermi)* s. epidermis.
epifania.- *(epifanía)* s. epifanía.
epígrafe.- *(epígrafi)* s. epigrafe, leyenda, titulo.
epilepsia.- *(epilepsía)* s. Med. epilepsia.
epílogo.- *(epílogu)* s. epílogo.
episcopal.- *(episkopáu)* adj. episcopal.
episódico.- *(epiz'ódjiku)* adj. episódico.
episódio.- *(epiz'ódjiu)* s. episodio, hecho.
epístola.- *(epístola)* s. epístola, carta.
epitáfio.- *(epitáfiu)* s. epitafio.
epitélio.- *(epitéliu)* s. Anat. epitelio.
época.- *(époka)* s. época, era, temporada, tiempo, período.
epopéia.- *(epopéia)* s. epopeya.
equação.- *(ekuasãu)* s. Mat. ecuación.
equador.- *(ekuador)* s. ecuador.
equânime.- *(ekuânimi)* adj. ecuánime.
equatorial.- *(ekuatoriáu)* adj. ecuatorial.

equatoriano.- *(ekuatorianu)* adj. ecuatoriano.
eqüestre.- *(ekúéstri)* adj. ecuestre.
eqüidade.- *(eqüidadi)* s. equidad, justicia.
eqüidistante.- *(eqüidjistantchi)* adj. equidistante.
eqüilátero.- *(eqüiláteru)* adj. Geom. equilátero.
equilibrado.- *(equilibradu)* adj. equilibrado.
equilibrar.- *(equilibrar)* v. compensar, equilibrar. / P. equilibrarse.
equilíbrio.-*(equilíbriu)* s. equilibrio, estabilidad mental.
equilibrista.- *(iquilibrista)* s. equilibrista.
equimose.- *(equimóz'i)* s. Med. cardenal, equimosis.
eqüino.- *(eqüinu)* adj. equino, hípico. / s. equino.
equinócio.- *(equinósiu)* s. equinoccio.
equipagem.- *(equipajhen)* s. equipaje.
equipamento.- *(iquipamentu)* s. equipo.
equipar.- *(iquipar)* v. equipar, armar, guarnecer.
equiparar.- *(equiparar)* v. equiparar.
equiparável.- *(equiparáveu)* adj. equiparable.
equipe.- *(equipi)* s. conjunto, equipo.
equitação.- *(equitasãu)* s. equitación.
eqüitativo.- *(eqüitatchiv'u)* adj. equitativo.
equivalência.- *(equiv'alênsia)* s. equivalencia, igualdad.
equivalente.- *(equiv'alentchi)* adj. equivalente, igual, correspondiente.
equivaler.- *(equiv'aler)* v. equivaler, corresponder.
equivocado.- *(equiv'okadu)* adj. equívoco, erróneo.
equivocar.- *(equiv'okar)* v. equivocar, confundir, errar.
equívoco.- *(equív'oku)* adj. equívoco, ambiguo. / s. equívoco, engaño.
era.- *(éra)* s. era, época, período, fecha.
erário.- *(eráriu)* s. erario, tesoro público.
ereção.- *(eresãu)* s. erección.
eremita.- *(eremita)* s. eremita.
ereto.- *(erétu)* adj. erecto.
erguer.- *(erguer)* v. erguir, erigir, izar, levantar. / P. erguirse, levantarse.
eriçar.- *(erisar)* v. erizar.
erigir.- *(erijhir)* v. erigir, levantar. / fundar, crear.
erisipela.- *(eriz'ipéla)* s. Med. erisipela.
ermida.- *(ermida)* s. ermita, iglesia pequeña, capilla.
ermitão.- *(ermitãu)* s. ermitaño, eremita.
ermo.- *(êrmu)* adj. yermo, desértico.
erosão.- *(eroz'ãu)*s. erosión, desgaste, corrosión.
erótico.- *(erótchiku)* adj. erótico, sensual, lascivo.
erradicar.- *(er'adjikar)* v. erradicar, desarraigar.
errado.- *(er'adu)* adj. equivocado.
errante.- *(er'antchi)* adj. errante, vagabundo, ambulante, andariego.
errar.- *(er'ar)* v. errar, confundir, equivocar. / vaguear.
errata.- *(er'ata)* s. errata.
erro.- *(êr'u)* s. error, yerro, defecto, desacierto.
erudição.- *(erudjisãu)* s. erudición.
erudito.- *(erudjisãu)* adj. y s. erudito, letrado, leído, sabio.
erupção.- *(erupsãu)* s. erupción.
erva.- *(érv'a)* s. hierba, yerba.
erva-cidreira.- *(erv'a sidrêra)* s. melisa.
erva-doce.- *(érv'a dôsi)* s. hinojo, anis.
erva-mate.- *(érv'a matchi)* s. Bras. yerba mate, mate.
ervilha.- *(erv'illa)* s. guisante.
esbaforido.- *(isbaforidu)* adj. jadeante. que tiene prisa.
esbanjador.- *(isbanjhador)* adj. gastador, derrochador.
esbanjamento.- *(esbanjhamentu)* s. derroche, desperdicio, despilfarro.
esbanjar.- *(isbanjhar)* v. derrochar, desperdiciar, despilfarrar.
esbarrão.- *(isbar'ãu)* s. tropezón, encontronazo.
esbarrar.- *(isbar'ar)* v. chocar, tropezar.
esbelto.- *(isbéutu)* adj. esbelto, elegante, guapo.
esboçar.- *(isbosar)* v. esbozar, hacer un boceto. / delinear.
esboço.- *(isbôsu)* s. esbozo, boceto, bosquejo, croquis.
esbodegar.- *(isbudegar)* v. Bras. arruinar, estropear.
esbofetear.- *(esbofetchiar)* v. abofetear.
esborrachar.- *(isbor'aschar)* v. aplastar. / P. caerse estirado en el suelo.
esbranquiçado.- *(isbranquisadu)* adj. blanquecino, blancuzco, pálido, descolorido.
esbravejar.- *(isbrav'ejhar)* v. embravecerse, vociferar.
esbugalhado.- *(isbugalladu)* adj. desencajado.
esburacar.- *(isburakar)* v. agujerear(se), perforar(se).
escabeche.- *(iskabéschi)* s. escabeche.
escabroso.- *(iskabrôz'u)* adj. escabroso.
escada.- *(iskada)* s. escalera.
escadaria.- *(iskadaría)* s. escalinata.
escafandrista.- *(iskafandrista)* s. buzo.
escafandro.- *(iskafândru)* s. escafandra.
escala.- *(iskala)* s. escala. / Mús. escala. / escala, puerto donde tocan las embarcaciones.
escalada.- *(iskalada)* s. escalada.
escalão.- *(iskalãu)* s. escalón. / nivel jerárquico en la administración pública o privada.
escalar.- *(iskalar)* v. escalar.
escaldar.- *(iskaudar)* vt. escaldar, recalentar.
escalonar.- *(iskalonar)* v. escalonar.
escama.- *(iskama)* s. escama.
escamar.- *(iskamar)* v. escamar.
escamotear.- *(iskamotchiar)* v. escamotear.
escancarar.- *(iskankarar)* v. abrir(se) completamente.
escandalizar.- *(iskandaliz'ar)* v. escandalizar.
escândalo.- *(iskândalu)* s. escándalo, desacato, desvergüenza. / tumulto, follón.
escangalhar.- *(iskangallar)* v .destruir(se), destrozar(se), estropear(se), descoyuntar(se).
escanteio.- *(iskantêiu)* s. Fut. córner.
escapada.- *(iskapada)* s. escapada.
escapadela.- *(iskapadéla)* s. escapada.
escapamento.- *(iskapamentu)* s. escape.
escapar.- *(iskapar)* v. escapar, escabullirse, evadir, huir, zafar. / v. intr. sobrevivir.
escapatória.- *(iskapar)* s. escapatoria.
escape.- *(iskapi)* s. escape, fuga.
escapulida.- *(iskapulida)* s. escape, fuga, escapada.
escapulir.- *(iskapulir)* vt. v. inr. y p. escabullirse, huir.
escarafunchar.- *(iskarafunschar)* v. escarabajear, escarbar, remover, rebuscar. / Fig. escudriñar, investigar.

escaramuça.- *(iskaramusa)* s. escaramuza, combate, pelea.
escaravelho.- *(iskarav'éllu)* s. escarabajo.
escarcéu.- *(iskarséu)* s. escarceo, alarido.
escarlate.- *(iskarlatchi)* adj. escarlata, rojo muy vivo.
escarlatina.- *(iskarlatchina)* s. escarlatina,
escarmentar.- *(iskarmentar)* v. escarmentar. / escarmentarse.
escarnar.- *(iskarnar)* v. descarnar.
escarnecer.- *(iskarneser)* v. escarnecer, mofar, motejar.
escárnio.- *(iskárniu)* s. escarnio, mofa.
escarola.- *(iskaróla)* s. escarola.
escarpa.- *(iskarpa)* s. escarpa.
escarpado.- *(iskarpadu)* adj. abrupto, escarpado, acantilado.
escarradeira.- *(iskar'adêra)* s. escupidera.
escarrar.- *(iskar'ar)* vintr. escupir, expectorar. / vt. escupir.
escarro.- *(iskar'u)* s. gargajo, flema.
escassear.- *(iskasiar)* v. escasear, enrarecer.
escassez.- *(iskasês)* s. escasez, insuficiencia, mengua, penuria.
escasso.- *(iskasu)* adj. escaso, contado, corto, exiguo, poco.
escavação.- *(iskav'asãu)* s. excavación.
escavar.- *(iskav'ar)* v. excavar, ahuecar, cavar.
esclarecer.- *(isklareser)* v. esclarecer, aclarar, dilucidar, explicar, iluminar, ilustrar, indicar, informar. / P. esclarecerse.
esclarecido.- *(isklaresidu)* adj. esclarecido, claro, preclaro, explicado. / instruido.
esclarecimento.- *(isklaresimentu)* s. esclarecimiento, aclaración, explicación, información.
esclerose.- *(iskleróz'i)* s. Med. esclerosis.
escoadouro.- *(iskoadôru)* s. escurridero, sumidero.
escoamento.- *(iskoamentu)* s. filtración. / declive por donde las aguas escurren.
escoar.- *(iskoar)* v. escurrir, colar. / vaciarse.
escocês.- *(iskosês)* adj. escocés.
escola.- *(iskola)* s. escuela, liceo. / Bras *escola de samba: sociedad musical y recreativa, compuesta de músicos, bailarines, compositores, figurinistas, etc., que promueven fiestas, espectáculos y pasacalles (especialmente durante o carnaval).
escolado.- *(iskoladu)* adj. listo, experimentado.
escolar.- *(iskolar)* adj. escolar. / s. estudiante, alumno.
escolha.- *(iskôlla)* s. alternativa, elección, opción, selección, voluntad. / Bras. café de mala calidad.
escolher.- *(iskollêr)* v. escoger, elegir, optar, seleccionar.
escolho.- *(iskôllu)* s. escollo, arrecife.
escolta.- *(iskóuta)* s. escolta.
escoltar.- *(iskoutar)* v. acompañar, escoltar.
escombros.- *(iskombrus)* s. pl. escombros, destrozos.
esconde-esconde.- *(iskondji-iskondji)* s. juego infantil, escondite.
esconder.- *(iskonder)* v. esconder, disimular, ocultar. / P. esconderse.
esconderijo.- *(iskonderijhu)* s. escondrijo, refugio.
escondidas.- *(iskondjidas)* s. pl. usado en la loc. adv. *ás escondidas: a escondidas, ocultamente.
esconjuro.- *(iskonjhuru)* s. esconjuro, exorcismo.
escora.- *(iskóra)* s. escora, apoyo, amparo.
escorar.- *(iskorar)* v. escorar, apuntalar, apoyar. / P. escorarse, apoyarse.
escorbuto.- *(iskorbutu)* s. Med. escorbuto.
escorço.- *(iskorsu)* s. escorzo.
escore.- *(iskori)* s. resultado de un partido deportivo, expresado en números.
escória.- *(iskória)* s. escoria. / Fig. escoria, populacho, gentuza.
escorpião.- *(iskorpiãu)* s. alacrán, escorpión. / Escorpión: la octava constelación del Zodíaco.
escorraçar.- *(iskor'asar)* v. expulsar, con desprecio.
escorrega.- *(iskor'edor)* s. tobogán.
escorregadela.- *(iskor'egadela)* s. acto o efecto de resbalar. / resbalón. / error, desliz.
escorregadio.- *(iskor'egadjiu)* adj. resbaladizo.
escorregador.- *(iskor'egador)* s. V. **escorrega**.
escorregão.- *(iskor'egãu)* s. resbalón, desliz.
escorregar.- *(iskor'egar)* v. intr. deslizar, resbalar.
escorrer.- *(iskor'er)* v. escurrir.
escoteiro.- *(iskotêru)* adj. escotero, que viaja sin equipaje. / sólo, desacompañado.
escotilha.- *(iskotchilla)* s. escotilla.
escova.- *(iskôv'a)* s. cepillo de pelo, de dientes, de ropa, de fregar la ropa.
escovadela.- *(iskov'adéla)* s. cepillado ligero.
escovado.- *(iskov'adu)* adj. cepillado, limpio.
escovão.- *(iskovãu)* s. escobón. / P. despellejarse.
escovar.- *(iskov'ar)* v. cepillar.
escravidão.- *(iskrav'idãu)* s. esclavitud.
escravizar.- *(iskrav'iz'ar)* v. esclavizar, tiranizar. / P. esclavizarse.
escravo.- *(iskrav'u)* adj. y s. esclavo.
escrete.- *(iskrétchi)* s. selección.
escrever.- *(iskrev'er)* v. escribir.
escrevinhar.- *(iskriv'iñar)* vt. escribir cosas de poco valor, sin provecho. / v. intr. escribir mal.
escrita.- *(iskrita)* s. escritura.
escrito.- *(iskritu)* adj. escrito. / s. escrito, composición literaria o científica.
escritor.- *(iskritor)* s. autor, escritor.
escritório.- *(iskritóriu)* s. gabinete, oficina, despacho.
escritura.- *(iskritura)* s. escritura, registro. / Sagrada Escritura, la Biblia.
escriturar.- *(iskriturar)* v. escriturar.
escriturário.- *(iskriturariu)* s. escribano, notario.
escrivaninha.- *(iskriv'aniña)* s. bufete, escritorio.
escrivão.- *(iskriv'ãu)* s. escribano.
escroto.- *(iskrôtu)* s. Anat. escroto. / Bras. bajo, despreciable, vil, grosero.
escrúpulo.- *(iskrúpulu)* s. escrúpulo, cuidado.
escrupuloso.- *(iskrupulôz'u)* adj. escrupuloso.
escrutínio.- *(iskrutchíniu)* s. escrutinio.
escudar.- *(iskudar)* v. escudar. / P. escudarse.
escudo.- *(iskudu)* s. escudo.
esculachar.- *(iskulaschar)* v. Arg. desmoralizar. / estropear.

esculpir.- *(iskúupir)* v. entallar, esculpir.
escultor.- *(iskúutor)* s. escultor, tallista.
escultura.- *(iskúutura)* s. escultura, talla.
escuma.- *(iskuma)* s. espuma.
escumadeira.- *(iskumadêra)* s. espumadera.
escuna.- *(iskuna)* s. escuna, goleta.
escurecer.- *(iskureser)* v. ensombrecer, oscurecer.
escuridão.- *(iskuridãu)* s. oscuridad, tinieblas.
escuro.- *(iskuru)* adj. obscuro, oscuro, lóbrego, tenebroso, misterioso. / Bras. negro o mulato.
escusa.- *(iskuz'a)* s. excusa, disculpa.
escusar.- *(iskuz'ar)* v. exculpar, excusar. / Bras. esperar a alguien de emboscada.
escutar.- *(iskutar)* v. escuchar, oír.
esdrúxulo.- *(isdrúschulu)* adj. esdrújulo. / Pop. excéntrico, raro.
esfacelar.- *(isfaselar)* v. despedazar, deshacer.
esfalfar.- *(isfalfar)* v. p. debilitar(se), cansar(se), fatigar(se).
esfaquear.- *(isfaquiar)* v. acuchillar, apuñalar.
esfarelar.- *(isfarelar)* v. p. migar(se).
esfarrapado.- *(isfar'apadu)* adj. andrajoso, desharrapado, harapiento, roto. / Bras. sin consistencia (disculpa).
esfarrapar.- *(isfar'apar)* v. desgarrar, reducir a harapos.
esfera.- *(isféra)* s. esfera, globo, ámbito, bola.
esférico.- *(isfériku)* adj. esférico, redondo.
esferográfica.- *(isferográfika)* adj. s. Bras. bolígrafo
esfíncter.- *(isfínter)* s. esfínter.
esfinge.- *(isfinjhi)* s. esfinge.
esfolar.- *(isfolar)* v. desollar, despellejar.
esfomeado.- *(isfomiadu)* adj. famélico, hambriento.
esforçar.- *(isforsar)* v. p. esforzar(se).
esforço.- *(isfôrsu)* s. esfuerzo.
esfrega.- *(isfréga)* s. acto de fregar. / Pop. fregado, reprimenda, paliza, tunda.
esfregão.- *(isfregãu)* s. estropajo, fregona.
esfregar.- *(isfregar)* v. fregar, frotar.
esfriar.- *(isfriar)* vt. y v. intr. enfriar, resfriar.
esfumar.- *(isfumar)* v. esfumar.
esfuziante.- *(isfuz'iantchi)* adj. muy alegre.
esganado.- *(isganadu)* adj. hambriento, ávido.
esganar.- *(isganar)* v. estrangular, sofocar.
esganiçar.- *(isganisar)* v. soltar voces agudas, chillar, chirriar.
esgar.- *(isgar)* s. gesto, mueca, mohín.
esgaravatar.- *(isagarav'atar)* v. escarbar.
esgarçado.- *(isgarsadu)* adj. raído.
esgarçar.- *(iskarsar)* v. romperse una tela, deshilándose.
esgotado.- *(isgotádu)* adj. agotado, exhausto.
esgotamento.- *(isgotamentu)* s. agotamiento, extenuación.
esgotar.- *(istotar)* v. agotar, consumir. / extenuar.
esgoto.- *(isgôtu)* s. alcantarilla, sumidero, cloaca.
esgravatar.- *(isgrav'atar)* v. escarbar, remover la tierra.
esgrima.- *(isgrima)* s. esgrima.
esgrimir.- *(isgrimir)* v. esgrimir.
esguelha.- *(isguêlla)* s. soslayo, reojo. / *de esguelha: de soslayo, de reojo.
esguichar.- *(isguischar)* v. surtir, chorrear.
esguicho.- *(isguischu)* s. chorro, surtido, surtidor, jeringazo.
esguio.- *(isguiu)* adj. alto y delgado.
eslavo.- *(islav'u)* adj. eslavo.
esmaecer.- *(ismaeser)* v. desteñir, desvanecer, perder el color.
esmagar.- *(ismagar)* v. aplastar, despachurrar, estrujar, machucar, triturar, oprimir, esclavizar.
esmaltar.- *(ismautar)* v. esmaltar.
esmalte.- *(ismautchi)* s. esmalte. / barniz de uñas. / esmalte de los dientes.
esmerado.- *(ismeradu)* adj. apurado, prolijo, pulcro, refinado.
esmeralda.- *(ismeráuda)* s. esmeralda.
esmerar.- *(ismerar)* v. esmerar.
esmeril.- *(ismeriu)* s. esmeril.
esmerilar.- *(ismerilar)* v. esmerilar, pulir con esmeril.
esmero.- *(esmêru)* sm. esmero, primor, perfección.
esmigalhar.- *(ismigallar)* v. p. desmenuzar(se).
esmiuçar.- *(ismiusar)* v. desmenuzar, triturar. / detallar.
esmola.- *(ismóla)* s. limosna, auxilio, donativo.
esmolambado.- *(ismolambadu)* adj. s. Bras. haraposo, andrajoso.
esmolar.- *(ismolar)* vt. y v. intr. limosnear, dar y pedir limosna.
esmorecer.- *(ismoreser)* vt. y vintr. esmorecer, desalentar.
esmurrar.- *(ismur'ar)* v. apuñar, apuñear, aporrear.
esnobar.- *(isnobar)* v. Bras. ser esnob.
esnobe.- *(isnobi)* adj. s. encopetado, esnob, snob.
esôfago.- *(ez'ôfagu)* s. Anat. esófago.
esotérico.- *(iz'otériku)* adj. esotérico, exotérico.
espaçar.- *(ispasar)* v. espaciar, dilatar, tardar.
espaço.- *(ispasu)* s. capacidad, espacio, sitio, área. / Inform. carácter sin representación gráfica usado para separar palabras.
espaçonave.- *(ispasonav'i)* s. nave espacial.
espaçoso.- *(ispasôz'u)* adj. amplio, ancho, espacioso.
espada.- *(ispada)* s. espada.
espadachim.- *(ispadaschín)* s. espadachín. / peleón, fanfarrón.
espadim.- *(ispadjín)* s. espadín.
espaguete.- *(ispaguétchi)* s. espagueti.
espairecer.- *(ispaireser)* vt. y v. intr. distraer, divertir, entretener, esparcirse.
espaldar.- *(ispaudar)* s. espaldar, respaldo.
espalhafato.- *(ispallafatu)* s. barullo, confusión. / ostentación.
espalhafatoso.- *(ispallafatoz'u)* adj. ruidoso, alborotador, tumultuoso, bullanguero. / chillón (color). / extravagante, espampanante.
espalhar.- *(ispallar)* v. desparramar, diseminar, dispersar, expandir, propagar. / P. expandirse, divulgarse.
espanador.- *(ispanador)* s. plumero.
espanar.- *(ispanar)* v. desempolvar con el plumero.
espancar.- *(ispankar)* v. apalear, aporrear, golpear.
espanhol.- *(ispañóu)* adj. español.

espantado.- *(ispantadu)* adj. espantado, pasmado, atónito, estupefacto.
espantalho.- *(ispantallu)* s. espantapájaros. / persona fea.
espantar.- *(ispantar)* v. espantar, ahuyentar, atemorizar, aterrar, sorprender.
espanto.- *(ispântu)* s. espanto, admiración, pasmo, asombro, sorpresa, susto, terror.
espantoso.- *(ispantôz'u)* adj. espantoso.
esparadrapo.- *(isparadrapu)* s. esparadrapo.
esparramar.- *(ispar'amar)* vt. p. desparramar(se), desperdigar(se).
espartilho.- *(ispartchillu)* s. corpiño, corsé.
esparto.- *(ispartu)* s. esparto.
esparzir.- *(isparz'ir)* v. esparcir.
espasmo.- *(ispasmu)* s. espasmo.
espatifar.- *(ispatchifar)* v. y p. despedazar(se), hacer(se) añicos.
espátula.- *(isapátula)* s. espátula.
especial.- *(isapesiáu)* adj. especial.
especialidade.- *(ispesialidadji)* s. especialidad.
especialista.- *(isapesialista)* s. especialista.
especializar.- *(ispesializ'ar)* vt. especializar.
especiaria.- *(ispesiaría)* s. especia.
espécie.- *(ispésie)* s. especie.
especificar.- *(ispesifikar)* vt. especificar, determinar.
especificidade.- *(ispesifisidadji)* s. especificidad.
específico.- *(ispesífiku)* adj. específico, determinado.
espectador.- *(ispektador)* s. espectador.
espectro.- *(ispektru)* s. espectro, fantasma.
especulação.- *(ispekulasãu)* s. especulación, operación, agio.
especular.- *(ispekular)* v. especular, observar, examinar.
espedaçar.- *(ispedasar)* v. y p. espedazar(se). despedazar(se).
espeleólogo.- *(ispeleólogu)* s. espeleólogo.
espelhar.- *(ispellar)* v. limpiar, pulir, reflejar como un espejo. / P. reflejarse.
espelho.- *(ispêllu)* s. espejo. / modelo, ejemplo.
espelunca.- *(ispeluka)* s. cueva, antro, garito, lugar oscuro e inmundo. / local sucio y / o escondido donde se juega. / Fig. pocilga, casa inmunda.
espera.- *(ispéra)* s. espera, expectativa.
esperança.- *(isperansa)* s. esperanza.
esperar.- *(isperar)* v. aguardar, esperar, confiar.
esperma.- *(ispérma)* s. esperma, semen.
espermatozóide.- *(ispermatoz'oidji)* s. espermatozoide.
espernear.- *(isperniar)* vintr. patalear, pernear.
espertalhão.- *(ispertallãu)* adj. y s. listo, astuto.
esperteza.- *(ispertêz'a)* s. vivacidad, listeza, sagacidad, destreza.
esperto.- *(ispértu)* adj. despierto, astuto, avispado, ladino, listo.
espessar.- *(ispesar)* v. y p. espesar(se).
espesso.- *(ispêsu)* adj. espeso, denso, compacto, pastoso, viscoso.
espessura.- *(ispesura)* s. espesura, densidad, espesor, grosor.
espetacular.- *(ispetakular)* adj. espectacular, grandioso.
espetáculo.- *(ispetákulu)* s. espectáculo.
espetar.- *(ispetar)* v. y p. espetar(se).
espeto.- *(ispêtu)* s. espetón, asador.
espevitado.- *(ispiv'itadu)* adj. despabilado, vivo. / 2ª espabilado. / atrevido.
espezinhar.- *(ispiz'iñar)* v. pisotear. / humillar, rebajar.
espião.- *(ispiãu)* s. espía.
espiar.- *(ispiar)* v. acechar, espiar. / Bras. interrogar con insistencia. / mirar, observar.
espichar.- *(ispischar)* v. extender, estirar. / Bras. morir. / acostarse, recostarse voluptuosamente.
espiga.- *(ispiga)* s. espiga.
espigado.- *(ispigadu)* adj. persona de gran altura.
espigão.- *(ispigãu)* s. espigón. / cima de un monte. / paredón a la orilla de un río.
espigar.- *(ispigar)* v. intr. desarrollarse, crecer.
espinafrar.- *(ispinafrar)* v. Bras. Arg. reprender con dureza, desmoralizar, ridicularizar.
espinafre.- *(ispinafri)* s. espinaca.
espingarda.- *(ispingarda)* s. carabina, fusil, rifle.
espinha.- *(ispiña)* s. espina. / grano en la piel, sobretodo en el rostro.
espinhaço.- *(ispiñasu)* s. espinazo, espina, dorsal. / Pop. espalda. / cordillera.
espinho.- *(ispiñu)* s. espina, púa de las plantas.
espinhoso.- *(ispiñôz'u)* adj. espinoso, peliagudo.
espionagem.- *(ispionajhen)* s. espionaje.
espionar.- *(ispionar)* v. espiar.
espiral.- *(ispiráu)* s. espiral.
espírita.- *(ispírita)* s. espiritista.
espiritismo.- *(ispiritchismu)* s. espiritismo.
espírito.- *(ispíritu)* s. alma, espíritu, ánimo.
espirituoso.- *(ispirituôz'u)* adj. espirituoso, gracioso, vivo; que contiene alcohol (bebida).
espirrar.- *(ispir'ar)* v. estornudar. / expeler.
espirro.- *(ispir'u)* s. estornudo.
esplanada.- *(isplanada)* s. explanada, terraza.
esplêndido.- *(isplêndjidu)* adj. espléndido, hermoso, magnífico, sublime.
esplendor.- *(isplendor)* s. esplendor, resplandor, brillo, fulgor, gloria, viveza.
esplendoroso.- *(isplendorôz'u)* adj. esplendoroso, espléndido.
espoliar.- *(ispoliar)* v. despojar, expoliar.
espólio.- *(ispóliu)* s. expolio, despojo.
esponja.- *(isponjha)* s. esponja.
esponjoso.- *(isponjhoz'u)* adj. esponjoso.
esponsais.- *(isponsáis)* s. esponsales.
espontâneo.- *(ispontâniu)* adj. espontáneo, voluntario.
espora.- *(ispóra)* s. espuela.
esporádico.- *(isporádjiku)* adj. esporádico.
esporear.- *(isporear)* v. espolear.
esporro.- *(ispôr'u)* s. esperma. / Bras. Arg. follón, desorden. / 2ª Bras. Arg. reprensión, reprimenda violenta.
esporte.- *(isportchi)* s. deporte.
esportista.- *(isportchista)* s. deportista.
esportivo.- *(isportchiv'u)* adj. deportivo.
esposa.- *(ispôz'a)* s. esposa, mujer.

esposar.- *(ispoz'ar)* v. desposar, casar.
esposo.- *(ispôz'u)* s. esposo, marido.
espraiar-se.- *(ispraiarsi)* v. explayarse.
espreguiçadeira.- *(ispriguisadêra)* s. tumbona
espreguiçar-se.- *(ispreguisarsi)* v. desperezarse.
espreitar.- *(ispreitar)* v. acechar, observar, espiar. / *á espreita de: al acecho.
espremedor.- *(ispremedor)* s. exprimidor.
espremer.- *(ispremer)* v. estrujar, exprimir.
espuma.- *(ispuma)* s. espuma.
espumadeira.- *(ispumadêra)* s. espumadera.
espumoso.- *(ispumoz'u)* adj. espuinoso.
espúrio.- *(ispúriu)* adj. espúrio, bastardo, ilegítimo. / Fig. falso, contrahecho o adulterado.
esquadra.- *(iskuadra)* s. escuadra.
esquadrão.- *(iskuadrãu)* s. escuadrón.
esquadrinhar.- *(iskuadriñar)* v. escudriñar, rebuscar.
esquadro.- *(iskuadru)* s. cartabón, escuadra.
esquálido.- *(iskuálidu)* adj. escuálido.
esquartejar.- *(iskuartejhar)* v. cuartear.
esquecer.- *(isqueser)* v. olvidar, omitir. / P. olvidarse.
esquecimento.- *(isquesimentu)* s. olvido.
esqueleto.- *(isquelêtu)* s. armazón, esqueleto. / persona muy delgada.
esquema.- *(isquema)* s. diagrama, esquema.
esquentar.- *(isquentar)* v. calentar. / acalorar, irritar.
esquerda.- *(isquêrda)* s. izquierda.
esquerdo.- *(isquêrdu)* adj. izquierdo, siniestro.
esqui.- *(isquí)* s. esquí.
esquiador.- *(isquiador)* s. esquiador.
esquife.- *(esquifi)* s. ataúd, esquife.
esquilo.- *(isquilu)* s. ardilla, esquilo.
esquimó.- *(isquimó)* s. esquimal.
esquina.- *(isquina)* s. esquina, ángulo.
esquisito.- *(isquiz'itu)* adj. excéntrico, extraño, raro.
esquivar.- *(isquiv'ar)* v. esquivar. / P. eximirse.
esquivo.- *(isquiv'u)* adj. arisco, esquivo.
esse.- *(êsi)* adj. dem. ese. / pron. dem. ése. / nombre de la letra s.
essência.- *(esênsia)* s. esencia, elemento, ser, sustancia.
essencial.- *(esensiáu)* adj. esencial, básico, fundamental, necesario.
estabanado.- *(estabanadu)* adj. atolondrado.
estabelecer.- *(istabeleser)* v. establecer, constituir, implantar, instituir. / P. situarse, fijar residencia.
estabelecimento.- *(istabelesimentu)* s. establecimiento, tienda comercial, industria.
estabilidade.- *(istabilidadji)* s. estabilidad.
estabilizar.- *(istabiliz'ar)* v. y p. consolidar(se), estabilizar(se).
estábulo.- *(istábulu)* s. establo.
estaca.- *(istaka)* s. estaca, pilote.
estacada.- *(istakada)* s. estacada, palenque, valla.
estação.- *(istasãu)* s. estación (de trenes, autobuses, espacial, etc. / de radio y televisión / primavera, verano, etc.).
estacar.- *(istakar)* v. empalizar. / v. intr. detenerse de pronto.
estacionamento.- *(istasionamentu)* s. aparcamiento, garaje.
estacionar.- *(istasionar)* v. aparcar, estacionar, quedar.
estada.- *(istada)* s. estada, estancia, permanencia; detención, demora, tardanza, dilación.
estadia.- *(istadjía)* s. Mar. estadía, plazo concedido para carga y descarga de barco en un puerto.
estádio.- *(istádiu)* s. estadio.
estadista.- *(istadjista)* s. estadista.
estado.- *(istadu)* s. estado, suerte. / estado, gobierno.
estadual.- *(istaduáu)* adj. Bras. estatal.
estafa.- *(istafa)* s. agotamiento, fatiga. / Pop. estafa, engaño, robo audacioso.
estafeta.- *(istafêta)* s. estafeta, mensajero; correo que va a caballo.
estagiar.- *(istajhiar)* v. hacer prácticas.
estagiário.- *(istajhiáriu)* s. aprendiz.
estágio.- *(istájhiu)* s. aprendizaje, prácticas.
estagnação.- *(istagnasãu)* s. estagnación, marasmo, inercia.
estalagem.- *(istalajhen)* s. hospedaje.
estalar.- *(istalar)* v. estallar, restallar.
estaleiro.- *(istalêru)* s. astillero.
estalido.- *(istalidu)* s. estallido.
estalo.- *(istálu)* s. estallido, chasquido, crujido.
estampa.- *(istampa)* s. estampa, lámina.
estampado.- *(istampadu)* adj. estampado. / Bras. tela estampada.
estampar.- *(istampar)* vt. estampar, imprimir.
estampido.- *(istampidu)* s. estampido.
estampilha.- *(istampilla)* s. sello de hacienda.
estancar.- *(istankar)* vt. estancar. / v. intr. dejar de correr.
estância.- *(istânsia)* s. estancia. / estrofa.
estanco.- *(istanku)* s. P. estanco.
estandarte.- *(istandartchi)* s. estandarte, pendón.
estanho.- *(istañu)* s. Quím. estaño.
estante.- *(istantchi)* s. estante, repisa, librería.
estapafúrdio.- *(istapafúrdjiu)* adj. extravagante, raro.
estar.- *(istar)* v. pred. estar, ser en un dado momento. quedar, permanecer. / comparecer, presenciar.
estardalhaço.- *(istardallasu)* s. ruido grande, rumor.
estarrecer.- *(istar'eser)* v. aterrar, atemorizar, amedrentar.
estatal.- *(istatáu)* adj. estatal.
estatelar.- *(istàtelar)* v. caerse estirado en el suelo.
estático.- *(istátchiku)* adj. estático.
estatística.- *(istatchístchika)* s. estadística.
estátua.- *(istátua)* s. estatua, monumento.
estatura.- *(istatura)* s. altitud, estatura, talle.
estatuto.- *(istatutu)* s. estatuto, ordenanza.
estável.- *(istáv'eu)* adj. estable, asentado, consistente, firme, permanente.
este.- *(êstchi)* adj. dem. este. / pron. dem. éste. / s. este, levante.
esteira.- *(istêra)* s. estera.
estelar.- *(istelar)* adj. estelar.
estender.- *(istender)* v. extender(se), alargar, aumentar(se), dilatar(se), estirar(se), prolongar(se), tender(se).
estenografia.- *(estenografia)* s. estenografía, taquigrafía.

estepe.- *(istépi)* s. estepa.
esterco.- *(isterko)* s. boñiga, estiércol, majada.
estereofônico.- *(istereofôniku)* adj. estereofónico.
estereótipo.- *(istereótchipu)* s. estereotipo.
estéril.- *(istériu)* adj. estéril, improductivo, árido. / Med. estéril.
esterilidade.- *(isterilidadji)* s. esterilidad.
esterilização.- *(isteriliz'asãu)* s. asepsia.
esterilizado.- *(isteriliz'adu)* adj. esterilizado, aséptico.
esterilizar.- *(isteriliz'ar)* v. esterilizar.
esterno.- *(isternu)* Anat. s. esternón.
esterqueira.- *(isterquêra)* s. estercolero.
estertor.- *(istertôr)* s. estertor.
esteta.- *(esteta)* s. esteta.
estética.- *(istétchika)* s. estética.
esteticista.- *(istetchisista)* s. esteticista.
estiada.- *(istchiada)* s. estiaje. / breve espacio de tiempo en que deja de llover.
estiagem.- *(istchiajhen)* s. estiaje.
estiar.- *(istchiar)* v. intr. dejar de llover.
esticado.- *(istchikadu)* adj. estirado, tenso.
esticar.- *(istchikar)* vt. estirar, extender. / v. intr. Pop. morir.
estigma.- *(istchigma)* s. estigma, signo.
estilete.- *(istchilêtchi)* s. estilete.
estilhaçar.- *(istchillasar)* v. y p. astillar(se).
estilhaço.- *(istchillasu)* s. fragmento de un objeto despedazado y proyectado con violencia. / astilla, lasca.
estilista.- *(istchilista)* s. estilista.
estilo.- *(istchilu)* s. estilo.
estima.- *(istchima)* s. estima, apreciación, aprecio, consideración, valor.
estimado.- *(istchimadu)* adj. estimado, preciado, bienquisto, valioso.
estimar.- *(istchimar)* v. estimar, bienquerer, considerar, valorar, preciar.
estimativa.- *(istchimatchiv'a)* s. estimativa, evaluación.
estimativo.- *(istchimatchiv'u)* adj. estimativo.
estimável.- *(istchimáv'eu)* adj. estimable, adorable, considerable.
estimular.- *(istchimular)* v. estimular, excitar, incitar, aguzar.
estímulo.- *(istchímulu)* s. estímulo, impulso, incentivo.
estio.- *(istchíu)* s. estío, verano.
estipêndio.- *(istchipêndjiu)* s. estipendio, sueldo, salario.
estipular.- *(istchipular)* v. estipular, ajustar, contratar.
estirada.- *(istchirada)* s. estirón; caminata larga. / *de uma estirada: sin interrupción.
estirão.- *(istchirãu)* s. estirón, caminata larga.
estirar.- *(istchirar)* v. estirar, extender, alargar, ensanchar, dilatar. / P. extenderse.
estirpe.- *(istchirpi)* s. alcurnia, estirpe, genealogía, linaje.
estiva.- *(istchiv'a)* s. Mar. servicio de movimiento de carga a bordo de los barcos en los puertos.
estivador.- *(istchiv'ador)* s. estibador.
estocar.- *(istokar)* v. herir con estoque.
estofado.- *(istofadu)* s. Bras. sofá de dos, tres o más plazas, acolchado.
estofar.- *(istofar)* v. acolchar, forrar; tapizar.
estofo.- *(istôfu)* s. tela para acolchar sofás, sillones, sillas, etc. / forro, algodón, espuma, etc
estojo.- *(istôjhu)* s. estuche, funda, vaina.
estola.- *(istóla)* s. estola. / chal.
estômago.- *(istômagu)* s. estómago.
estontear.- *(istontchiar)* v. entontecer, atontar, atolontrar. / P. atontarse.
estopa.- *(istôpa)* s. estopa.
estoque.- *(istóqui)* s. mercancías almacenadas.
estoquear.- *(istokear)* v. herir con estoque.
estore.- *(istóri)* s. estor.
estorricar.- *(istor'ikar)* v. quemar o tostar mucho; achicharrar; secar demasiado. / v. refl. quemarse. / contraerse, estrecharse.
estorvar.- *(istorvar)* v. estorbar, obstaculizar.
estorvo.- *(istôrv'u)* s. estorbo, obstáculo.
estourado.- *(istoradu)* adj. reventado.
estourar.- *(istorar)* v. detonar, estallar, dice lo que quiere, sin medir conveniencias.
estouro.- *(istôru)* s. estallido, reventón.
estouvado.- *(istov'adu)* adj. atolondrado, imprudente, alocado.
estrábico.- *(istrábiku)* adj. bizco.
estraçalhar.- *(istrasallar)* v. y p. Bras. despedaçar.
estrada.- *(istrada)* s. autopista, autovía, calle, camino, carretera, vía.
estrado.- *(istradu)* s. estrado, tablado.
estrafalário.- *(istrafaláriu)* adj. estrafalario.
estragado.- *(istragadu)* adj. estragado, estropeado, podrido.
estragar.- *(istragadu)* v. estragar, ajar, averiar, dañar, estropear.
estrago.- *(istragadu)* s. deterioro, estrago.
estralar.- *(istralar)* v. estallar, restallar.
estrangeiro.- *(istranjhêru)* adj. extranjero.
estrangular.- *(istrangular)* v. ahorcar, asfixiar, estrangular.
estranhar.- *(istrañar)* v. extrañar, desconocer.
estranheza.- *(istrañêz'a)* s. extrañeza, admiración, sorpresa, rareza.
estranho.- *(istrâñu)* adj. extraño, extranjero, esquivo, ajeno, raro, singular.
estratagema.- *(istratajhema)* s. estratagema, ardid, emboscada, fingimiento.
estratégia.- *(istratéjhia)* s. estrategia.
estrato.- *(istratu)* s. estrato.
estratosfera.- *(istratosféra)* s. estratosfera.
estrear.- *(istriar)* v. estrenar, inaugurar, comenzar, debutar, iniciar.
estrebaria.- *(istrebaria)* s. caballeriza, cuadra.
estréia.- *(istréia)* s. estreno, comienzo, inauguración.
estreitar.- *(istreitar)* vt. apretar, astringir, estrechar. / v. intr. y p. estrecharse, hacerse íntimo.
estreito.- *(istrêitu)* adj. estrecho, apretado, angosto.
estrela.- *(istrêla)* s. estrella.
estrela-d'alva.- *(istrêla dáuv'a)* s. el planeta Venus, al amanecer.

estrelado.- *(istreladu)* adj. estrellado, lleno de estrellas. / huevo frito.
estrela-do-mar.- *(istrela du mar)* s. estrella de mar.
estrelar.- *(istrelar)* v. estrellar, llenar de estrellas. / freír huevos.
estremecer.- *(istremeser)* v. estremecer, retemblar, temblar, trepidar.
estremecimento.- *(istremesimentu)* s. estremecimiento, temblor.
estrepar.- *(istrepar)* v. herirse con espino o púa. / Bras. darse mal.
estrépito.- *(istrépitu)* s. estrépito, estruendo, fragor.
estresse.- *(istrési)* s. strés.
estria.- *(istría)* s. estría.
estribar.- *(istribar)* v. estribar(se).
estribo.- *(istríbu)* s. estribo.
estridente.- *(istridentchi)* adj. estridente.
estripar.- *(istripar)* v. destripar.
estrofe.- *(istrófi)* s. copla, estrofa.
estrondo.- *(istrondu)* s. estruendo, estrépito, fragor.
estropício.- *(istrupísiu)* s. estropicio, destrozo.
estrume.- *(istrumi)* s. estiércol.
estrumeira.- *(istrumêra)* s. estercolero. / muladar, pocilga.
estrupício.- *(istrupísiu)* s. Bras. Pop. follón, jaleo, lío, desorden. / cosa de grandes dimensiones o complicada.
estrutura.- *(istrutura)* s. estructura.
estrutural.- *(istruturáu)* adj. estructural.
estuário.- *(istuáriu)* s. estuario.
estudante.- *(istudantchi)* adj. estudiante, alumno.
estudar.- *(istudar)* v. estudiar, aprender, cursar, observar.
estúdio.- *(istúdjiu)* s. Bras. taller de artista. / estudio, local destinado a la realización de actividades artísticas o a filmación y / o grabación (radio, televisión, etc).
estudioso.- *(istudjiôz'u)* adj. estudioso, aplicado.
estudo.- *(istudu)* s. estudio, análisis, trabajo.
estufa.- *(istufa)* s. estufa.
estupefato.- *(istupefatu)* adj. estupefacto, asombrado, pasmado.
estupendo.- *(istupendu)* adj. estupendo.
estupidez.- *(istupidês)* s. estupidez, idiotez.
estúpido.- *(istúpidu)* adj. estúpido, bronco, inepto.
estupor.- *(istupôr)* s. estupor.
estuprar.- *(istuprar)* v. abusar, violar.
estupro.- *(istúpru)* s. violación.
estuque.- *(istúqui)* s. escayola, estuco.
esturricar.- *(istur'ikar)* v. estorricar.
esvaecer.- *(isv'aeser)* v. y p. desvanecer(se).
esvair.- *(isv'air)* v. evaporar, disipar, desvanecer. / P. desvanecerse, evaporarse.
esvanecer.- *(isv'aneser)* v. desvanecer.
esvaziar.- *(isv'az'iar)* v. vaciar, descargar, despejar, evacuar.
esvoaçar.- *(isv'oasar)* v. aletear, revolotear.
eta.- *(êta)* interj. Bras. expresa animación, alegría, sorpresa o espanto.
etapa.- *(etapa)* s. etapa, fase.
éter.- *(éter)* s. éter.
etéreo.- *(etériu)* adj. etéreo.
eternidade.- *(eternidadji)* s. eternidad.
eternizar.- *(eterniz'ar)* v. eternizar, perpetuar. / P. prolongarse indefinidamente.
eterno.- *(etérnu)* adj. eterno, inmortal, perpetuo.
ética.- *(étchika)* s. ética.
ético.- *(étchiku)* adj. ético.
etimologia.- *(etchimolojhía)* s. etimología.
etíope.- *(etchíopi)* adj. etíope.
etiqueta.- *(etchiquêta)* s. ceremonia, etiqueta. / rótulo, carátula.
etiquetar.- *(etchiquetar)* v. rotular.
etnia.- *(etchinía)* s. etnia.
eu.- *(êu)* pron. pers. yo.
eucalipto.- *(eukaliptu)* s. eucalipto.
eucaristia.- *(eukaristchía)* s. eucaristía.
eufemismo.- *(eufemismu)* s. eufemismo.
eufonia.- *(eufonía)* s. eufonía.
euforia.- *(euforía)* s. euforia.
eunuco.- *(eunúku)* s. eunuco.
eurodólar.- *(eurodólar)* s. eurodólar.
europeu.- *(europêu)* adj. europeo.
eutanásia.- *(eutanáz'ia)* s. eutanasia.
evacuação.- *(ev'akuasãu)* s. deposición, evacuación.
evacuar.- *(ev'akuar)* v. defecar, deponer, evacuar, excretar.
evadir.- *(ev'adjir)* v. evadir.
evangelho.- *(ev'anjhéllu)* s. evangelio.
evangelista.- *(ev'anjhelista)* s. evangelista.
evangelizador.- *(ev'anjheliz'ador)* s. evangelizador, misionero.
evaporação.- *(evaporasãu)* s. evaporación, vaporización.
evaporar.- *(ev'aporar)* v. evaporar. / P. evaporarse.
evasão.- *(ev'az'ãu)* s. evasión.
evasiva.- *(ev'az'iv'a)* s. evasiva, pretexto, disculpa astuta.
evasivo.- *(ev'az'iv'a)* adj. evasivo, esquivo.
evento.- *(ev'entu)* s. evento, acontecimiento.
eventual.- *(ev'entuáu)* adj. eventual, accidental, casual, ocasional.
eventualidade.- *(ev'entualidadji)* s. eventualidad, posibilidad.
evidência.- *(ev'idênsia)* s. evidencia.
evidenciar.- *(ev'idensiar)* v. y p. evidenciar(se).
evidente.- *(ev'identchi)* adj. claro, evidente, explícito, indudable, inequívoco, obvio, patente.
evitar.- *(ev'itar)* v. evitar, esquivar, excusar, prevenir, rehuir.
evocar.- *(ev'okar)* v. evocar, invocar, sugerir.
evolução.- *(ev'olusãu)* s. evolución.
evolucionar.- *(ev'olusionar)* v. evolucionar. / transformar, cambiar.
evoluir.- *(ev'oluir)* v. evolucionar. / pasar gradualmente de un estado a otro, por una serie de transformaciones; progresar
exacerbar.- *(ez'aserbar)* v. exacerbar(se).
exagerado.- *(ez'ajheradu)* adj. exagerado
exagerar.- *(ez'ajherar)* v. exagerar, desorbitar, engrandecer, extralimitarse.
exagero.- *(ez'ajhêru)* s. exageración.

exalação.- *(ez'alasãu)* s. exhalación, tufo, vaho.
exalar.- *(ez'alar)* v. y p. exhalar(se).
exaltação.- *(ez'altar)* s. exaltación, excitación, frenesí.
exaltado.- *(iz'autádu)* adj. exaltado.
exaltar.- *(iz'autar)* v. exaltar, elevar, enaltecer, glorificar, divinizar. / P. excitarse al extremo o ponerse furioso.
exame.- *(iz'ami)* s. examen, prueba. Inspección, supervisión. / revisión médica.
examinar.- *(iz'aminar)* v. examinar, analizar, auscultar, chequear, conferir, observar, sondear.
exangue.- *(iz'angui)* adj. exangüe, desangrado.
exânime.- *(iz'ânimi)* adj. exánime, desfallecido.
exasperar.- *(ez'asperar)* v. y p. enconar(se), exasoerar(se).
exatidão.- *(iz'atchidãu)* s. exactitud, veracidad.
exato.- *(ez'atu)* adj. exacto, preciso, puntual, recto, verdadero.
exaurir.- *(ez'aurir)* v. agotar, vaciar completamente.
exaustão.- *(ez'austãu)* s. agotamiento.
exaustivo.- *(ez'austchiv'u)* adj. exhaustivo.
exausto.- *(ez'austu)* adj. exhausto, agotado.
exceção.- *(esesãu)* s. excepción.
excedente.- *(esedentchi)* adj. excedente, exceso, sobra.
exceder.- *(eseder)* v. exceder, sobrar, sobrepasar, superar.
excelência.- *(eselênsia)* s. excelencia, primacía, relevancia.
excelente.- *(eselentchi)* adj. excelente, delicioso, exquisito, óptimo.
excelentíssimo.- *(eselentchisimu)* adj. superl. abs. sint. de excelente. / tratamiento honorífico que se da a ciertos individuos de alta jerarquía política, social, etc.
excelso.- *(exéusu)* adj. excelso, sublime.
excêntrico.- *(esêntriku)* adj. excéntrico.
excepcional.- *(esepsionáu)* adj. excepcional.
excessivo.- *(esesiv'u)* adj. exagerado, excesivo, exorbitante, extremo.
excesso.- *(esésu)* s. excedencia, exceso, profusión, sobra.
exceto.- *(esétu)* prep. excepto, menos.
excetuar.- *(esetuar)* v. exceptuar.
excipiente.- *(esipientchi)* s. excipiente.
excitação.- *(esitasãu)* s. estímulo, excitación, inquietud.
excitar.- *(esitar)* v. excitar, activar, estimular, animar. / P. excitarse.
excitável.- *(esitáv'eu)* adj. excitable.
exclamação.- *(isklamasãu)* s. exclamación.
exclamar.- *(iskamar)* v. exclamar.
excluir.- *(iskluir)* v. excluir, desechar, eliminar, preterir. / P. excluirse.
exclusão.- *(iskluz'ãu)* s. exclusión.
exclusivamente.- *(iskluziv'amentchi)* adv. exclusivamente, exclusive.
exclusive.- *(ixkluz'iv'i)* adv. exclusive.
exclusividade.- *(iskluz'iv'idadji)* s. exclusividad.
exclusivo.- *(iskluz'iv'u)* adj. exclusivo, propio, personal, privativo.
excomungar.- *(iscomungar)* v. excomulgar.
excomunhão.- *(iskomuñãu)* s. Rel. excomunión.
excreção.- *(iskresãu)* s. evacuación, excreción.
excremento.- *(iskrementu)* s. excremento, heces.
excrescência.- *(eskresênsia)* s. excrecencia.
excursão.- *(iskursãu)* s. excursión, gira.
excursionar.- *(iskursionar)* v. hacer excursiones.
execrável.- *(ez'ekráveu)* adj. execrable, abominable.
execução.- *(ez'ekusu)* s. ejecución.
executar.- *(ez'ekutar)* v. ejecutar, cumplir, realizar. tocar, cantar. / ajusticiar.
executivo.- *(ez'ekutchiv'u)* adj. activo, decidido. encargado de ejecutar las leyes. / s. Poder Ejecutivo. / 2ª s. ejecutivo de una empresa.
exemplar.- *(ez'emplar)* adj. ejemplar, modelo, copia. / s. muestra, tipo, modelo. / cada individuo de cierta especie o variedad. / cada uno de los impresos pertenecientes a la misma tirada.
exemplo.- *(ez'emplu)* s. ejemplo, modelo, paradigma.
exéquias.- *(ez'équias)* s. pl. exequias. / honras fúnebres que se hacen a un difunto.
exeqüível.- *(ez'equív'eu)* adj. ejecutable, asequible, posible.
exercer.- *(ez'erser)* v. ejercer, ejercitar, practicar, profesar.
exercício.- *(ez'ersísiu)* s. ejercicio, adiestramiento, función, trabajo, uso. Período de ejecucio´n de los servicios de un presupuesto público.
exercitar.- *(ez'ersitar)* v. ejercitar, adiestrar, practicar. / P. ejercitarse.
exército.- *(ez'érsitu)* s. ejército.
exibição.- *(iz'ibisãu)* s. exhibición, ostentación, representación.
exibir.- *(iz'ibir)* v. y p. exhibir(se), exponer(se), mostrar(se), ostentar(se).
exigência.- *(iz'ijhênsia)* s. exigencia.
exigente.- *(iz'ijhentchi)* adj. exigente.
exigir.- *(iz'ijhir)* v. exigir, obligar, reclamar.
exíguo.- *(ez'íguu)* adj. exiguo, escaso.
exilado.- *(ez'iladu)* adj. exilado, proscrito.
exilar.- *(ez'iliar)* v. exilar, deportar, desterrar, expatriar. / P. exilarse.
exílio.- *(ez'iliu)* s. exilio, deportación, destierro.
exímio.- *(ez'ímiu)* adj. eximio, distinguido, eminente, excelente, insigne.
eximir.- *(ez'imir)* v. y p. eximir(se), libertar(se).
existência.- *(ez'istênsia)* s. existencia, presencia, subsistencia.
existir.- *(ez'ístir)* v. existir, haber, ser, vivir.
êxito.- *(êz'itu)* s. éxito, triunfo.
êxodo.- *(êz'odu)* s. éxodo, salida.
exoneração.- *(iz'onerasãu)* s. exoneración.
exonerar.- *(iz'onerar)* v. dimitir, exonerar. / P. exonerarse, dimitirse.
exorbitante.- *(iz'orbitantchi)* adj. exorbitante.
exorbitar.- *(iz'orbitar)* v. desorbitar, exagerar.
exorcismo.- *(ez'orsismu)* s. exorcismo.
exortação.- *(ez'ortasãu)* s. exhortación.
exortar.- *(ez'ortar)* v. exhortar.
exótico.- *(ez'ótchiku)* adj. exótico.

expandir.- *(ispandjir)* v. divulgar, expandir. / P. expandirse, dilatarse.
expansão.- *(ispansãu)* s. expansión.
expansivo.- *(ispansiv'u)* adj. expansivo.
expatriar.- *(ispatriar)* v. expatriar. / P. expatriarse.
expectativa.- *(ispektatchiv'a)* s. expectativa.
expectativa.- *(ispektatchiv'a)* s. esperanza, expectativa.
expectorante.- *(ispektorantchi)* adj. expectorante. / 2ª adj. que expectora.
expectorar.- *(ispektorar)* v. expectorar.
expedição.- *(ispedjisãu)* s. expedición. / Bras. sección encargada de expedir cartas o mercancías, en tiendas, etc.
expediente.- *(ispedjientchi)* s. horario de funcionamiento de las oficinas públicas y privadas, tiendas, etc. / expediente, trámite, recurso. / iniciativa.
expedir.- *(ispedjir)* v. despachar, enviar, expedir, remitir, transmitir.
expedito.- *(ispedjitu)* adj. expedito. / diligente, activo, rápido, ágil.
expelir.- *(ispelir)* v. expeler, excretar, exhalar, expulsar.
expensas.- *(ispensas)* el. s. pl. Us. en la loc. *a expensas de: a espensas de.
experiência.- *(isperiênsia)* s. experiencia, práctica.
experiente.- *(isperientchi)* adj. y s. experimentado.
experimentar.- *(isperimentar)* v. experimentar, probar. / sufrir, soportar.
experimento.- *(isperimentu)* s. experimento.
experto.- *(ispertu)* adj. experto, perito.
expetativa.- *(ispektatchiv'a)* s. expectativa.
expetorar.- *(ispetorar)* v. expectorar.
expiação.- *(ispiasãu)* s. expiación, penitencia.
expiar.- *(ispiar)* v. expiar, purgar.
expiração.- *(ispirasãu)* s. expiración.
expirar.- *(ispirar)* v. espirar, expirar, morir.
explicação.- *(isplikasãu)* s. explicación.
explicador.- *(isplikador)* s. profesor particular.
explicar.- *(isplikar)* v. explicar, aclarar, describir, especificar.
explícito.- *(isplísitu)* adj. explícito.
explodir.- *(isplodjir)* v. intr. detonar, estallar, reventar.
exploração.- *(isplorasãu)* s. exploración, averiguación.
explorar.- *(isplorar)* v. explorar, descubrir, averiguar, sondear. / desarrollar negocios o industria. / sacar partido o provecho de parentesco, amistad, situación, etc. / engañar.
explosão.- *(isploz'ãu)* s. explosión, eclosión, erupción.
explosivo.- *(isploz'iv'u)* adj. explosivo. / s. explosivo. / substancia inflamable, capaz de producir explosión.
expor.- *(ispôr)* v. exponer, arriesgar. / exhibir, exteriorizar, mostrar. / razonar. / P. exhibirse. arriesgarse.
exportação.- *(isportasãu)* s. exportación.
exportar.- *(isportar)* v. exportar.
exposição.- *(ispoz'isãu)* s. exposición, enumeración, lección, representación.
expositor.- *(ispoz'itor)* s. expositor.
exposto.- *(ispôstu)* adj. expuesto.
expressão.- *(ispresãu)* s. expresión, gesto, tono.
expressar.- *(ispresar)* v. expresar, exprimir.
expressivo.- *(ispresiv'u)* adj. expresivo, significativo.
expresso.- *(isprésu)* adj. expreso, antedicho, explícito, manifiesto. / enviado rápido. / transporte expreso.
exprimir.- *(isprimir)* v. expresar, exprimir.
expropriar.- *(ispropriar)* v. expropiar, confiscar, despojar, desposeer, expoliar, incautarse.
expulsar.- *(ispuusar)* v. expulsar, expeler, rechazar, repeler.
expulso.- *(ispúusu)* adj. expulso, expelido, exilado, proscrito.
expurgar.- *(ispurgar)* v. expurgar.
expurgo.- *(ispurgu)* s. expurgo, expurgación, limpieza.
êxtase.- *(êstaz'i)* s. éxtasis, contemplación de cosas sobrenaturales, pasmo.
extasiado.- *(estaz'iadu)* adj. extasiado, absorto.
extasiar.- *(estaz'iar)* v. y p. extasiar(se), encantar(se), arrobar(se).
extático.- *(estátchiku)* adj. extático, arrobado, absorto, pasmado.
extensão.- *(istensãu)* s. extensión, amplitud, anchura, longitud,
extenso.- *(istensu)* adj. extenso, amplio, ancho, grande, largo, vasto.
extenuar.- *(istenuar)* v. y p. agotar(se), extenuar(se), debilitar(se).
exterior.- *(isterior)* adj. exterior.
exteriorizar.- *(isterioriz'ar)* v. y p. exteriorizar(se), manifestar(se).
exterminar.- *(isterminar)* v. exterminar, aniquilar.
extermínio.- *(istermíniu)* s. exterminio, extinción.
externato.- *(isternatu)* s. establecimiento de enseñanza donde solamente hay alumnos externos.
externo.- *(istérnu)* adj. exterior, externo. / se dice del alumno que no vive en el colegio.
extinção.- *(istinsãu)* s. extinción, aniquilamiento.
extinguir.- *(istchinguir)* v. extinguir, apagar el fuego. / abolir. / anular. / morir.
extinto.- *(istchintu)* adj. extinto. / apagado. / s. muerto.
extintor.- *(istchintor)* s. extintor de incendio.
extirpar.- *(istchirpar)* v. amputar, arrancar, extirpar.
extorquir.- *(istorquir)* v. extorsionar, obtener por violencia, por trampa.
extorsão.- *(istorsãu)* s. extorsión.
extração.- *(istrasãu)* s. extracción.
extraconjugal.- *(estrakonjhugáu)* adj. extra conyugal.
extradição.- *(istradjisãu)* s. extradición.
extraditar.- *(istradjitar)* v. Jur. repatriar.
extrair.- *(istrair)* v. extraer.
extraordinário.- *(istraordjináriu)* adj. extraordinario, anormal, estupendo, excepcional, extravagante, inaudito, tremendo. / s. cualquier gasto, o acto, fuera de lo común, imprevisto.
extraterrestre.- *(estrater'estri)* adj. y s. extraterrestre.
extrato.- *(estratu)* s. extracto, fragmento. / resumen. / reproducción, copia. / esencia, perfume.

extravagância.- *(istrav'agânsia)* s. extravagancia.
extravagante.- *(istrav'agantchi)* adj. extravagante, estrafalario, excéntrico.
extravasar.- *(istrav'az'ar)* v. derramar, transbordar.
extraviado.- *(istrav'iadu)* adj. extraviado.
extraviar.- *(istrav'iar)* v. descaminar, extraviar. / P. extraviarse, perderse.
extremar.- *(istremar)* v. y p. extremar(se).
extrema-unção.- *(istrema unsãu)* s. Rel. extremaunción.
extremidade.- *(istremidadji)* s. extremidad, límite, fin, borne, cabo, canto, punta.
extremo.- *(istrêmu)* adj. extremo. / s. extremidad.
extrovertido.- *(istrov'ertchidu)* adj. extrovertido.
exu.- *(eschú)* s. Bras. divinidad de la religión afrobrasileña, que representa las potencias contrarias al hombre.
exuberância.- *(ez'uberânsia)* s. exuberancia, vigor, superabundancia.
exuberante.- *(ez'uberantchi)* adj. exuberante, muy abundante, deslumbrante.
exultar.- *(ez'úutar)* v. exultar, alborozarse, regocijarse.
exumação.- *(ez'umasãu)* s. exhumación.
exumar.- *(ez'umar)* v. exhumar.
ex-voto.- *(ez v'ótu)* s. exvoto.

F

f.- *(éfi)* s. sexta letra del abecedario portugués.
fã.- *(fã)* s. admirador exaltado; fan.
fá.- *(fá)* s. Mús. fa.
fábrica.- *(fábrika)* s. fábrica.
fabricação.- *(fabrikasãu)* s. fabricación.
fabricar.- *(fabrikar)* v. confeccionar, fabricar.
fabrico.- *(fabriku)* s. fabricación.
fabril.- *(fabriu)* adj. fabril.
fábula.- *(fábula)* s. fábula, mito, ficción, leyenda.
fabular.- *(fabular)* v. narrar en forma de fábula. / mentir, inventar.
fabuloso.- *(fabulôz'u)* adj. fabuloso, imaginario, admirable, muy grande. / Bras. excelente.
faca.- *(faka)* s. cuchillo, faca.
facada.- *(fakada)* s. cuchillada. / sorpresa dolorosa. / Bras. Arg. pedido de dinero.
façanha.- *(fasaña)* s. hazaña, proeza. / cosa notable, difícil de ejecutar.
facão.- *(fakãu)* s. Aum. de *faca*, cuchillo grande.
fação.- *(fasãu)* s. parcialidad, bando, partido político.
face.- *(fasi)* s. rostro, faz, semblante. / faceta, aspecto, lado. / en moneda o medalla, el lado de la esfinge.
faceirice.- *(faserisi)* s. elegancia, vistosidad, coquetería.
faceiro.- *(fasêru)* adj. vistoso, garrido, elegante, coqueto. / alegre.
faceta.- *(fasêta)* s. faceta.
facial.- *(fasiáu)* adj. facial.
fácil.- *(fásiu)* adj. fácil, asequible, practicable. / claro, simple.
facilidade.- *(fasilidadji)* s. posibilidad.
facilitar.- *(fasilitar)* v. facilitar(se), facultar(se), proporcionar(se).
facinoroso.- *(fasinorosu)* s. facineroso.
fac-símile.- *(faksímili)* s. facsímile, exacta reproducción, copia o imitación de firma, escrito, etc.
factível.- *(faktchiv'eu)* adj. factible, asequible.
faculdade.- *(fakuudádji)* s. facultad. / talento, aptitud. / propiedad. / escuela de enseñanza superior.
facultar.- *(fakuutár)* v. facultar, permitir, conceder.
facultativo.- *(fakuutatchiv'u)* adj. facultativo, optativo.
fachada.- *(faschada)* s. fachada, delantera. / Fig. apariencia.
facho.- *(faschu)* s. antorcha, tea.
fada.- *(fada)* s. fada, hada.
fadado.- *(fadadu)* adj. predestinado.
fadiga.- *(fadjiga)* s. fatiga, cansancio.
fado.- *(fadu)* s. destino. / canción popular portuguesa.
fagareiro.- *(fugarêru)* s. brasero, hornillo.
fagueiro.- *(faguêru)* adj. cariñoso, apacible, ameno, agradable.
fagulha.- *(fagulla)* s. chispa, centella.
faisão.- *(faiz'ãu)* s. faisán.
faísca.- *(faíska)* s. centella, chispa, rayo.
faixa.- *(faischa)* s. banda, cinta, faja, friso, venda.
fajuto.- *(fajhutu)* s. Bras. que no es auténtico, malo, falso. / cursi, hortera.
fala.- *(fala)* s. habla, voz.
falação.- *(falasãu)* s. Pop. discurso, habla.
falácia.- *(falásia)* s. falacia.
falador.- *(falador)* adj. y s. hablador, locuaz, parlanchín.
falange.- *(falanjhi)* s. artejo, falange.
falar.- *(falar)* v. hablar, conversar, decir, parlamentar.
falatório.- *(falatóriu)* s. ruido de voces o de charla/ murmuración, murmullo, maledicencia. / barullo, algazara.
falcão.- *(faukãu)* s. halcón.
falecer.- *(faleser)* v. fallecer, fenecer, morir.
falecimento.- *(falesimentu)* s. fallecimiento, defunción, muerte, óbito.
falência.- *(falênsia)* s. quiebra, falencia, insolvencia, escasez.
falha.- *(fálla)* s. fallo, imperfección, defecto.
falhar.- *(fallar)* v. fallar, faltar, fracasar, malograr.
falho.- *(fállu)* adj. fallo.
fálico.- *(fáliku)* adj. fálico.
falido.- *(falidu)* adj. fallido, insolvente, quebrado.
falir.- *(falir)* v. quebrar, declarar insolvencia.
falo.- *(falu)* s. falo, pene.
falsário.- *(fausáriu)* s. falsificador de documentos, dinero, etc.
falsear.- *(fausiar)* vt. falsear, fingir, traicionar. / v. intr. pisar en falso, trastabillar.
falsete.- *(fausêtchi)* s. Mús. falsete.
falsidade.- *(fausidadji)* s. falsedad, perfidia, mentira, fraude.
falsificar.- *(fausifikar)* v. falsificar, adulterar, falsear.
falso.- *(fausu)* adj. falso, ilusorio, fingido, pérfido, mentiroso, desleal, traidor.
falta.- *(fauta)* s. falta, ausencia, culpa, deficiencia. / *sem falta: sin falta.
faltar.- *(fautar)* v. faltar, no hacer, no comparecer, cometer faltas.
falto.- *(fautu)* adj. necesitado. / defectuoso, desprovisto.
fama.- *(fama)* s. fama, celebridad, gloria, reputación.
famélico.- *(faméliku)* adj. famélico.
família.- *(família)* s. familia, prole, ascendencia, clan.
familiar.- *(familiar)* adj. familiar, casero, habitual. / s. familiar, persona de la familia, íntimo.
familiaridade.- *(familiaridadji)* s. familiaridad.
familiarizar.- *(familiariz'ar)* v. familiarizar. / P. familiarizarse.
faminto.- *(famintu)* adj. famélico, hambriento.

famoso.- *(famôz'u)* adj. famoso, afamado, célebre, renombrado.
fanático.- *(fanátchiku)* adj. y s. fanático.
fanatizar.- *(fanatchiz'ar)* v. y p. fanatizar.
fandango.- *(fandangu)* s. fandango. / Bras. baile popular, rural tocado con viola y / o acordeón.
fanfarra.- *(fanfar'a)* s. banda de música compuesta por instrumentos de soplo, metal y batería.
fanfarrão.- *(fanfar'ãu)* adj. y s. fanfarrón, valentón, bravucón.
fanfarrice.- *(fanfar'isi)* s. fanfarronada.
fanfarronada.- *(fanfar'onada)* s. fanfarronada, jactancia.
fanhoso.- *(fañôz'u)* adj. gangoso.
faniquito.- *(faniquitu)* s. berrinche, rabieta, desmayo.
fantasia.- *(fantaz'ía)* s. fantasía, disfraz. / ensueño, ilusión, imaginación, quimera,
fantasiar.- *(fanatz'iar)* v. fantasear, disfrazar. / idealizar, imaginar, soñar.
fantasma.- *(fanasma)* s. fantasma, espanto, espectro, visión.
fantástico.- *(fantástchiku)* adj. fantástico, absurdo, extraordinario, increíble.
fantoche.- *(fantóschi)* s. fantoche, marioneta, títere.
faqueiro.- *(faquêru)* s. estuche de cubiertos; fabricante de cuchillos.
faquir.- *(faquir)* s. faquir.
faraó.- *(faraó)* s. faraón.
farda.- *(farda)* s. uniforme (militar o de una corporación). / vida militar.
fardalhão.- *(fardaliãu)* s. uniforme pomposo o vistoso.
fardão.- *(fardãu)* s. Bras. vestimenta simbólica de los miembros de la Academia Brasileña de Letras. / uniforme pomposo usado en ocasiones solemnes por los miembros de ciertas academias científicas.
fardo.- *(fardu)* s. fardo, bulto, paca.
farejar.- *(farejhar)* v. husmear, olfatear. / examinar, escudriñar, fisgar. / adivinar, presentir.
farelo.- *(farélu)* s. salvado.
farináceo.- *(farinásiu)* adj. harinero.
faringe.- *(farinjhi)* s. Anat. faringe.
farinha.- *(fariña)* s. harina.
farinhada.- *(fariñada)* s. Bras. fabricación de la harina.
farinheira.- *(fariñêra)* s. recipiente en que se sirve la harina para acompañar la comida. / vendedora de harina.
farinhento.- *(fariñentu)* adj. harinoso.
farinhoso.- *(fariñosu)* adj. harinoso.
fariseu.- *(fariz'eu)* s. fariseo.
farmacêutico.- *(farmesêutchiku)* adj. y s. farmacéutico, boticario.
farmácia.- *(farmásia)* s. botica, farmacia.
farnel.- *(farnéu)* s. fardel.
faro.- *(faru)* s. olfato. / intuición, instinto.
farofa.- *(farófa)* s. jactancia, ostentación. / harina de mandioca tostada con manteca y a veces, huevos, tocino, etc.
farol.- *(faróu)* s. faro, farol. / linterna de los coches.
faroleiro.- *(farolêru)* s. farolero.
farpa.- *(farpa)* s. púa.
farra.- *(far'a)* s. Bras. farra, juerga. / Fam. broma.
farrapo.- *(far'apu)* s. harapo, andrajo, jirón, trapo.
farrista.- *(far'ista)* s. Bras. holgazán, juerguista.
farsa.- *(farsa)* s. comedia. / engaño, farsa.
farsante.- *(farsantchi)* s. farsante, trapacero.
fartar.- *(fartar)* v. hartar, llenar, empachar, saturar.
farto.- *(fartu)* adj. harto, abundante, ahíto, copioso, opulento. / fastidioso, aburrido.
fartura.- *(fartura)* s. abundancia, exuberancia, saciedad.
fascículo.- *(fasíkulu)* s. fascículo.
fascinação.- *(fasinasãu)* s. fascinación, aojo.
fascinar.- *(fasinar)* v. fascinar, alucinar, aojar.
fascínio.- *(fasiniu)* s. fascinación.
fascismo.- *(fasismu)* s. fascismo.
fase.- *(faz'i)* s. fase.
fastidioso.- *(fastchidjiôz'u)* adj. fastidioso, latoso, tedioso.
fastio.- *(fastchíu)* s. aburrimiento, fastidio, hastío, tedio. / inapetencia.
fastuoso.- *(fastuôz'u)* adj. fastuoso.
fatal.- *(fatáu)* adj. fatal, funesto, mortal.
fatalidade.- *(fatalidadji)* s. fatalidad, desastre, destino.
fatalismo.- *(fatalismu)* s. filos, fatalismo.
fatia.- *(fatchía)* s. loncha, lonja, tajada.
fatídico.- *(fatchídjiku)* adj. fatídico, infeliz, siniestro, trágico.
fatigar.- *(fatchigar)* v. y p. fatigar agotar, cansar.
fato.- *(fatu)* s. evento, hecho, suceso. / *de fato: de hecho, con efecto. / 2ª s. P. traje.
fator.- *(fator)* s. factor.
fátuo.- *(fátuu)* adj. fatuo.
fatura.- *(fatura)* s. factura.
faturar.- *(faturar)* v. facturar. / Bras. Pop. ganar mucho dinero.
fauna.- *(fauna)* s. fauna.
fausto.- *(faustu)* adj. feliz, venturoso, próspero. / fausto, opulencia, pompa.
faustuoso.- *(fastuôz'u)* adj. fastuoso.
fava.- *(fav'a)* s. haba.
favela.- *(fav'éla)* s. Bras. conjunto de habitaciones populares, generalmente de chabolas y construidas en los montes alrededor de la ciudad.
favo.- *(fav'u)* s. panal de miel.
favor.- *(fav'or)* s. favor, apoyo, ayuda, gracia, merced.
favorável.- *(fav'oráveu)* adj. favorable, propicio.
favorecer.- *(fav'oreser)* v. favorecer, agraciar, beneficiar, facilitar, patrocinar.
favorecido.- *(fav'oresidu)* adj. favorecido, protegido.
favorita.- *(fav'orita)* s. la predilecta de un soberano.
favoritismo.- *(fav'oritchismu)* s. favoritismo, nepotismo.
favorito.- *(fav'oritu)* adj. favorito, protegido, preferido.
fax.- *(faks)* s. fax.
faxina.- *(faschina)* s. servicio de limpieza en los cuarteles. / limpieza general en una casa.

faxineiro.- *(faschinêru)* s. encargado de la limpieza en los cuarteles. encargado de la limpieza general en una casa.

fazenda.- *(faz'enda)* s. hacienda, finca rústica; conjunto de bienes. / Tesoro Público. / Ministerio de Hacienda. / estancia. / lienzo, paño o tejido de lana, tela. / Fig. cosa buena.

fazendeiro.- *(faz'endêru)* s. hacendado, estanciero.

fazer.- *(faz'er)* v. hacer. / P. hacerse, transformarse. / disimular.

fé.- *(fé)* s. creencia, fe.

fealdade.- *(feaudadji)* s. fealdad.

febre.- *(fébri)* s. Med. fiebre.

febril.- *(febriu)* adj. febril.

fecal.- *(fekáu)* adj. fecal.

fécula.- *(fékula)* s. almidón, fécula.

fecundação.- *(fekundasãu)* s. fecundación, fertilización, inseminación.

fecundar.- *(fekundar)* v. fecundar, fertilizar, preñar.

fecundo.- *(fekundar)* adj. fecundo, fértil.

fechado.- *(feschadu)* adj. cerrado. / introvertido.

fechadura.- *(feschadura)* s. cerradura.

fechar.- *(feschar)* v. cerrar, encerrar, lacrar, obturar, taponar.

fecho.- *(fêschu)* s. cierre, pestillo.

fecho éclair.- *(fescho eclér)* s. cremallera.

fecho ecler.- *(fescho eclér)* s. cremallera.

fedelho.- *(fedêllu)* s. niñato.

fedentina.- *(fedentchina)* s. hedor, olor nauseabundo.

feder.- *(feder)* v. heder. / Fig. causar mala impresión.

federação.- *(federasãu)* s. federación.

federal.- *(federáu)* adj. federal.

federalismo.- *(federalismo)* s. federalismo.

federativo.- *(federatchiv'u)* adj. federativo.

fedor.- *(fedor)* s. fetidez, hedor, peste, tufo.

fedorento.- *(fedorentu)* adj. hediondo, maloliente.

feição.- *(feisãu)* s. facción, forma aspecto. / modo, índole, carácter.

feições.- *(feisõis)* s. pl. facciones, rasgos. / semblante.

feijão.- *(fejhãu)* s. alubia, frijol, habichuela, judía. / P. ext. alimento.

feijoada.- *(fejhuada)* s. plato de fríjoles. / Bras. plato típico nacional, preparado con fríjoles, en general negros, tocino, carne seca, carne de cerdo salada, etc. / Pop. Bras. tumulto, desorden, barullo.

feio.- *(feiu)* adj. feo.

feioso.- *(feiôz'u)* adj. un poco feo.

feira.- *(fêra)* s. feria, mercadillo.

feirante.- *(feirantchi)* s. persona que vende en feria.

feitiçaria.- *(fetchisaría)* s. brujería, hechicería.

feiticeira.- *(fetchisêra)* s. hechicera.

feiticeiro.- *(fetchisêru)* s. brujo, hechicero, mago.

feitiço.- *(feitchisu)* s. hechizo, brujería, maleficio, aojo.

feitio.- *(feitchiu)* s. forma, hechura, talle. / modo, forma de ser. / temperamento. / adj. adulto. / decidido. / constituido, formado, hecho.

feito.- *(feitu)* s. hecho, acción, acto.

feitor.- *(feitor)* s. capataz.

feitoria.- *(feitoría)* s. factoría.

feiúra.- *(feiúra)* s. fealdad.

feixe.- *(feischi)* s. fajo, haz, manojo, mazo.

fel- *(féu)* s. hiel.

felicidade.- *(felisidadji)* s. felicidad, bienaventuranza, dicha, prosperidad, ventura.

felicidades.- *(felisidadjis)* s. pl. congratulaciones.

felicitação.- *(felisitasãu)* s. felicitación, enhorabuena, parabién.

felicitar.- *(felisitar)* v. congratular, felicitar. / P. felicitarse.

felino.- *(felinu)* adj. felino.

feliz.- *(felís)* adj. feliz, afortunado, dichoso, satisfecho, venturoso.

felizardo.- *(feliz'ardu)* adj. muy dichoso.

felpa.- *(fêupa)* s. felpa, lanilla.

felpudo.- *(feupudu)* adj. felpudo, que tiene mucha felpa.

feltro.- *(feutru)* s. fieltro.

fêmea.- *(fêmia)* s. hembra,

feminino.- *(femininu)* adj. femenino.

fêmur.- *(fêmur)* s. Anat. fémur.

fenda.- *(fênda)* s. abertura, brecha, cisura, fisura, grieta, hendidura, incisión.

fender.- *(fender)* vt. hendir, estallar, quebrantar, rajar. / v. intr. y p. hendirse.

fenecer.- *(feneser)* v. fenecer, morir.

feno.- *(fênu)* s. heno.

fenômeno.- *(fenômenu)* s. fenómeno.

fera.- *(féra)* s. animal, fiera.

féretro.- *(féretru)* s. ataúd, féretro.

féria.- *(féria)* s. día de la semana. / sueldo del trabajador. / jornal, salario de una semana. / cantidad recogida por medio de las ventas. / Fig. descanso.

feriado.- *(feriádu)* adj. y s. día de fiesta.

férias.- *(férias)* s. pl. vacaciones. / días de suspensión de los trabajos oficiales.

ferida.- *(ferida)* s. herida, magulladura.

ferido.- *(feridu)* adj. herido, lastimado. / Fig. ofendido, ultrajado.

ferimento.- *(ferimentu)* s. magullamiento.

ferino.- *(ferinu)* adj. truculento.

ferir.- *(ferir)* v. herir, lastimar, picar. / P. herirse.

fermentar.- *(fermentar)* vt. fermentar, leudar.

fermento.- *(fermentu)* s. levadura.

ferocidade.- *(ferosidadji)* s. atrocidad, ferocidad.

feroz.- *(ferós)* adj. fiero, cruel.

ferradura.- *(fer'adura)* s. herradura.

ferragem.- *(fer'ajhen)* s. herramientas. / *loja de ferragem: ferretería.

ferramenta.- *(fer'amenta)* s. herramienta.

ferrão.- *(fer'ãu)* s. aguijón, rejo.

ferrar.- *(fer'ar)* vt. herrar. / Bras. salir mal algo, fracasar en algo.

ferraria.- *(fer'aría)* s. herrería.

ferreiro.- *(fer'êru)* s. herrero.

ferrenho.- *(fer'eñu)* adj. duro, inflexible, férreo. / obstinado, que no cede.

férreo.- *(fér'iu)* adj. férreo.

ferro.- *(fér'u)* s. hierro.

ferroada.- *(fer'oada)* s. picada de aguijón.
ferrolho.- *(fer'ôllu)* s. cerrojo.
ferro-velho.- *(fér'u v'ellu)* s. chamarilero, chatarrero.
ferrovia.- *(fer'ov'ía)* s. sistema de transporte ferroviario.
ferroviário.- *(fer'ov'iáriu)* s. Bras. empleado de la ferroviaria. / adj. relativo al servicio de trenes.
ferrugem.- *(fer'ughen)* s. herrumbre, óxido.
fértil.- *(fértchiu)* adj. fértil, fecundo.
fertilizante.- *(fertchiliz'antchi)* adj. fertilizante.
fertilizar.- *(fertchiliz'ar)* v. fecundar, fecundizar, fertilizar.
fervente.- *(ferv'entchi)* adj. hirviente.
ferver.- *(ferv'er)* vt. borbotar, bullir, hervir. / v. intr. excitarse, animarse.
fervido.- *(ferv'idu)* adj. hervido.
fervilhar.- *(ferv'illar)* v. hervir continuamente. / encontrarse en estado de excitación.
fervor.- *(ferv'ôr)* s. hervor. / Fig. deseo vehemente, empeño. / ardor, energía, entusiasmo, pasión.
fervura.- *(ferv'ura)* s. hervor. / Fig. alboroto, agitación, ebullición, exaltación, efervescencia.
festa.- *(festa)* s. fiesta, festividad, gala, recepción.
festas.- *(féstas)* s. pl. caricias, mimos. / regalo, dádiva. / el día de Navidad y Año Nuevo.
festeiro.- *(festêru)* adj. dado a fiestas. / s. aquel que patrocina festividad religiosa.
festejar.- *(festejhar)* v. festejar, celebrar, conmemorar, regocijar.
festejo.- *(festêjhu)* s. festejo.
festim.- *(festchín)* s. festín, fiesta, ágape.
festival.- *(festchiv'áu)* s. festival.
festividade.- *(festchiv'idadji)* s. festividad.
festivo.- *(festchiv'u)* adj. festivo, alegre, divertido.
fetiche.- *(fetchíschi)* s. fetiche.
fetidez.- *(fetchidês)* s. fetidez, hedor.
fétido.- *(fétchidu)* adj. fétido, apestoso, maloliente.
feto.- *(fétu)* s. feto.
feudalismo.- *(feudalismu)* s. feudalismo.
feudo.- *(feudu)* s. feudo.
fevereiro.- *(fev'erêru)* s. febrero.
fezes.- *(féz'es)* s. pl. heces. / sedimento, poso.
fiado.- *(fiadu)* s. hilado. / adj. fiado, confiado, vendido a crédito.
fiador.- *(fiador)* s. fiador, garante.
fiambre.- *(fiambri)* s. fiambre.
fiança.- *(fiânsa)* s. fianza, garantía.
fiapo- *(fiápu)* s. hilacho, hebra, pelo, brizna. / Pop. *tirar um fiapo: echar una mirada.
fiar.- *(fiar)* v. fiar, ser fiador de alguien. / esperar, confiar. / vender a crédito. / P. fiarse, tener confianza. / 2ª v. fiar, hilar. / Fig. maquinar (intrigas).
fiasco.- *(fiasku)* s. fiasco, malogro, fracaso.
fibra.- *(fibra)* s. fibra, filamento, hebra, hilo.
fibroma.- *(fibrôma)* s. fibroma.
fibroso.- *(fibrôz'u)* adj. fibroso.
ficar.- *(fikar)* v. quedar, estar, permanecer, detenerse. / restar, sobrar. / combinar, quedar. / aplazar, transferir. / obligarse a alguna cosa. / concordar. comprar. / Bras. Arg. entre jóvenes, intercambiar caricias por período corto, sin compromiso de noviazgo.
ficção.- *(fiksãu)* s. ficción.
fictício.- *(fiktchísiu)* adj. ficticio, imaginario, ilusorio.
ficha.- *(fischa)* s. ficha.
fichário.- *(fischáriu)* s. fichero.
fidalgo.- *(fidáugu)* s. hidalgo, aristócrata.
fidalguia.- *(fidauguía)* s. hidalguía.
fidedigno.- *(fidedjignu)* adj. fidedigno.
fidelidade.- *(fidelidadji)* s. fidelidad, lealtad.
fiel.- *(fiéu)* adj. fiel, leal. / s. aguja que en una balanza indica el equilibrio.
figa.- *(figa)* s. higa.
fígado.- *(fígadu)* s. hígado.
figo.- *(figu)* s. higo.
figueira.- *(figuêra)* s. higuera.
figura.- *(figura)* s. figura, forma, imagen, postura.
figurado.- *(figuradu)* adj. figurado, supuesto.
figurante.- *(figurantchi)* s. figurante, comparsa.
figurão.- *(figurãu)* s. personaje importante. / acto que llama la atención.
figurar.- *(figurar)* v. figurar.
figurinista.- *(figurinista)* s. figurinista, dibujante de moda.
figurino.- *(figurinu)* s. figurín.
fila.- *(fila)* s. cola, fila, hila, hilera.
filamento.- *(filamentu)* s. fibra, filamento, hebra, hilo.
filandês.- *(finlandês)* adj. finlandés.
filantropia.- *(filantropía)* s. filantropía.
filantropo.- *(filantrôpu)* s. filántropo.
filatelia.- *(filatelía)* s. filatelia.
filé.- *(filé)* s. filete.
fileira.- *(filêra)* s. fila, hila, hilera, retahíla, sarta.
filharada.- *(fillarada)* s. muchos hijos.
filho.- *(fillu)* s. hijo.
filhó.- *(filló)* s. buñuelo.
filhós.- *(fillós)* s. V. **filhó.**
filhote.- *(fillótchi)* s. cría de animal. / hijo pequeño.
filiação.- *(filiasãu)* s. filiación.
filial.- *(filiáu)* adj. filial, relativo a hijo. / s. agencia, sucursal.
filigrana.- *(filigrana)* s. filigrana.
filmar.- *(fiumar)* v. filmar.
filme.- *(fiumi)* s. film.
filmoteca.- *(fiumotéka)* s. filmoteca.
filó.- *(filó)* s. tul.
filologia.- *(filolojhía)* s. filología.
filosofia.- *(filoz'ofía)* s. filosofía.
filtragem.- *(filtrájhen)* s. filtración, colada.
filtrar.- *(fiutrar)* v. filtrar, colar, destilar.
filtro.- *(fiutru)* s. filtro, coladero, colador.
fim.- *(fin)* s. fin. / *por fim: finalmente. / Arg. *estar a fim de: apetecer (hacer) algo. / tener ganas de (hacer) algo.
fimose.- *(fimóz'i)* s. fimosis.
fina.- *(fina)* s. fin, final, cabo, conclusión, consumación, límite, remate, término.
finado.- *(finadu)* s. difunto, fallecido, finado. / adj. finado.
final.- *(finau)* s. final, fin, cabo, conclusión, consumación, límite, remate, término.

finalidade.- *(finalidadji)* s. finalidad.
finalista.- *(finalista)* adj. y s. finalista.
finalizar.- *(finaliz'ar)* v. finalizar, rematar, ultimar.
finanças.- *(finânsas)* s. finanzas.
financeiro.- *(finansêru)* adj. financiero.
financiar.- *(finansiar)* v. financiar.
finca-pé.- *(finka pé)* s. hincapié.
fincar.- *(finkar)* v. hincar.
findar.- *(findar)* vt. finalizar, concluir, acabar, terminar. / v. intr. tener fin.
fineza.- *(finez'a)* s. amabilidad, gentileza.
fingido.- *(finjhidu)* adj. fingido, afectado, artificial, falso.
fingimento.- *(finjhimentu)* s. fingimiento, afectación, hipocresía, simulación.
fingir.- *(finjhir)* v. fingir, simular, afectar, aparentar.
finito.- *(finitu)* adj. finito, transitorio.
fino.- *(finu)* adj. fino, suave, sutil. / delgado. / inteligente, astuto, vivo.
finório.- *(finóriu)* adj. y s. listo, sagaz.
fio.- *(fiu)* s. filo, hebra, hilo, filamento.
firma.- *(firma)* s. firma. / empresa.
firmamento.- *(firmamentu)* s. cielo, firmamento.
firmar.- *(firmar)* v. clavar, fijar. / firmar. / P. firmarse, estabilizarse. / apoyarse.
firme.- *(firmi)* adj. firme, constante, estable, fijo, inflexible, inmutable, invariable, seguro, sostenido, sólido, tieso.
firmeza.- *(firmez'a)* s. firmeza, carácter, confianza, constancia, fidelidad, resistencia, solidez, tesón.
fiscal.- *(fiskáu)* adj. fiscal. / s. inspector.
fiscalizar.- *(fiskaliz'ar)* v. controlar, fiscalizar.
fisco.- *(fisku)* s. fisco.
fisgada.- *(fisgada)* s. pinchazo, dolor agudo y rápido.
física.- *(fiz'ika)* s. física.
físico.- *(fiz'iku)* adj. físico, corporal.
fisiologia.- *(fiz'iolojhía)* s. fisiología.
fisionomia.- *(fiz'ionomía)* s. fisonomía, expresión, gesto, rostro.
fisioterapeuta.- *(fiz'ioterapêuta)* s. fisioterapeuta.
fissura.- *(fisura)* s. cisura, fisura.
fístula.- *(fistula)* s. Med. fístula.
fita.- *(fita)* s. banda, cinta. / acto de llamar la atención con gestos.
fitar.- *(fitar)* v. fijar la vista en algo o alguien. / fijar la atención. / P. mirarse mutuamente.
fivela.- *(fiv'éla)* s. hebilla.
fixador.- *(fiksador)* adj. que fija. / s. laca, líquido con que se fija el peinado.
fixar.- *(fiksar)* v. fijar, clavar, precisar.
fixo.- *(fiksu)* adj. fijo, inalterable, inmóvil.
flã.- *(flã)* s. flan.
flácido.- *(flásidu)* adj. flácido, flaco, lánguido, blando, flojo.
flagelado.- *(flajheladu)* adj. y s. que se vio afectado por alguna calamidad pública.
flagelar.- *(flajhelar)* v. flagelar, torturar.
flagelo.- *(flaghélu)* s. flagelo. / calamidad pública (fuertes lluvias, huracanes, etc.).
flagra.- *(flagra)* s. Bras. Arg. flagrante.
flagrante.- *(flagrantchi)* adj. y s. flagrante.
flagrar.- *(flagrar)* v. Bras. Pop. coger en flagrante.
flama.- *(flama)* s. flama, llama.
flamejante.- *(flamejhantchi)* adj. flamante, llameante, vistoso.
flamejar.- *(flamejhar)* v. intr. flamear.
flanar.- *(flanar)* v. pasear ociosamente.
flanco.- *(flanku)* s. flanco, lado, costado.
flanela.- (flanéla) s. franela.
flash.- *(flasch)* s. flash. / resplandor de luz instantáneo necesario para fotografiar donde la luz natural no es suficiente.
flatulência.- *(flatulênsia)* s. flatulencia.
flauta.- *(fláuta)* s. flauta. / Bras. indolencia, pereza.
flebite.- *(flebitchi)* s. flebitis.
flecha.- *(fléscha)* s. flecha, saeta.
flechada.- *(fleschada)* s. flechazo (golpe de flecha).
flertar.- *(flertar)* v. intr. y vt. ligar (relación amorosa por poco tiempo).
flerte.- *(flertchi)* s. ligue (relación amorosa superficial, sin consecuencia).
fleuma.- *(fleuma)* s. flema, pachorra.
flexão.- *(fleksãu)* s. flexión.
flexibilidade.- *(fleksibilidadji)* s. elasticidad, flexibilidad.
flexibilizar.- *(fleksibiliz'ar)* v. hacer flexible.
flexionar.- *(flexionar)* v. flexionar, doblar.
flexível.- *(fleksív'eu)* adj. flexible, moldeable. / tierno, sumiso.
floco.- *(floku)* s. copo de nieve. / copo de algodón.
flor.- *(flor)* s. Bot. flor. / persona bella y / o buena.
flora.- *(flora)* s. flora.
floração.- *(florasãu)* s. floración.
flor-de-lis.- *(flor dji lis)* s. lis.
florear.- *(floriar)* v. florear. / ornar con imágenes literarias o artísticas.
floreira.- *(florêra)* s. florero. / florista (vendedora de flores).
floreiro.- *(florêru)* s. florero, jarrón para meter flores.
florescer.- *(floreser)* v. florecer, desabrochar.
floresta.- *(floresta)* s. floresta, selva, bosque.
florestal.- *(florestáu)* adj. forestal.
florido.- *(floridu)* adj. florido.
florim.- *(florín)* s. florín (moneda).
florir.- *(florir)* v. florecer, cubrirse de flores. / Fig. desabrochar, desarrollar, desenvolverse. / vt. adornar o cubrir de flores.
florista.- *(florista)* s. florista.
flotilha.- *(flotchilla)* s. flotilla pequeña, escuadrilla pequeña.
fluente.- *(fluentchi)* adj. fluente, fluyente.
fluidez.- *(fluidês)* s. fluidez.
fluido.- *(fluidu)* adj. fluido, fluyente. / s. fluido, líquido.
fluir.- *(fuir)* vintr. fluir. Proceder, provenir.
fluminense.- *(fluminênsi)* adj. natural del estado de Rio de Janeiro. / V. **carioca.**
flúor.- *(flúor)* s. Quím. fluor.
fluorescente.- *(fluoresentchi)* adj. fluorescente.
flutuante.- *(flutuantchi)* adj. flotante, flotador, boyante.

flutuar.- *(flutuar)* v. boyar, flotar, fluctuar, nadar.
fluvial.- *(fluv'iáu)* adj. fluvial.
fluxo.- *(flúksu)* s. flujo.
fobia.- *(fobía)* s. fobia, aversión.
foca.- *(fóka)* s. foca.
focalizar.- *(fokaliz'ar)* v. enfocar.
focinho.- *(fusiñu)* s. hocico. / Pop. cara.
foco.- *(fóku)* s. foco.
fofo.- *(fôfu)* adj. fofo, blando, suave. / Fam. Bras. bonito y gracioso.
fofoca.- *(fofóka)* s. Bras. Pop. intriga, chisme, comidilla, cotilleo.
fofocar.- *(fofokar)* v. Bras. Pop. chismorrear, cotillear.
fofoqueiro.- *(fofoquêru)* s. cotilla, intrigante, correveidile.
fogaça.- *(fogasa)* s. hogaza.
fogaça.- *(fogasa)* s. hogaza. / día libre.
fogão.- *(fugãu)* s. cocina (aparato de hierro para cocinar), fogón.
fogãozinho.- *(fugãuz'iñu)* s. hornillo.
fogareiro.- *(fugarêru)* s. brasero, hornillo.
fogaréu.- *(fugaréu)* s. lumbrera.
fogata.- *(fogata)* s. hogaza. / 2ª s. fogata, hoguera.
fogo.- *(fôgu)* s. fuego, incendio. / Bras. Arg. *estar de fogo: borracho. / Bras. Pop. *ser fogo: ser difícil, complicado, trabajoso, complejo.
fogos.- *(fógus)* s. pl. fuegos artificiales.
fogoso.- *(fogôz'u)* adj. fogoso, vivo, acalorado, ardoroso, arrebatado.
fogueira.- *(fuguêra)* s. fogata, hoguera, pira.
foguete.- *(fuguêtchi)* s. cohete.
fogueteiro.- *(foguetêru)* s. pirotécnico. / Fig. mentiroso.
foice.- *(foisi)* s. guadaña, hoz.
folclore.- *(fouklóri)* s. folklore.
fole.- *(fóli)* s. fuelle.
fôlego.- *(fôlegu)* s. aliento, hálito.
folga.- *(fóuga)* s. holganza, holgura. Interrupción de actividad para descanso o recreación.
folgado.- *(fougadu)* adj. holgado. / despreocupado. / Bras. Fam. confiado, aprovechado, ocioso, cómodo, vago.
folgança.- *(fougansa)* s. fiesta, jolgorio, entretenimiento.
folgar.- *(fougar)* vt. holgar, descansar. / v. intr. tener día libre o descanso.
folgazão.- *(fougaz'ãu)* adj. y s. holgazán, haragán, juguetón.
folguedo.- *(folguêdu)* s. fiesta, entretenimiento.
folha.- *(folla)* s. Bot. hoja. / hoja de papel. / parte móvil de la puerta o ventana. / *novo em folha: completamente nuevo, sin estrenar.
folha-de-flandres.- *(folla dji flandris)* s. hojalata, lata.
folhagem.- *(follaghen)* s. follaje, ramaje.
folheado.- *(folliadu)* s. formado por hojas. / *doce folheado: pastel de hojaldre.
folhear.- *(folliar)* v. hojear (las páginas de un libro, revista, etc.).
folhetim.- *(folletín)* s. sección literaria de un periódico, cuando ocupa la parte inferior de una página. / folletín (fragmento de una novela publicada día a día en el periódico).
folheto.- *(follêtu)* s. folleto, opúsculo.
folhinha.- *(folliña)* s. calendario, almanaque.
folia.- *(fulía)* s. folía, juerga, jolgorio, jarana, farra, fiesta (generalmente en carnaval).
folião.- *(fuliãu)* s. individuo al que le gusta la juerga, la diversión, generalmente, en el carnaval.
fólio.- *(fóliu)* s. folio.
fome.- *(fômi)* s. hambre. / avidez.
fomentar.- *(fomentar)* vt. fomentar, promover.
fonador.- *(fonador)* adj. fonador.
fone.- *(foni)* s. Bras. la pieza del teléfono que se lleva al oído. / auriculares. / P. ext. teléfono.
fonema.- *(fonêma)* s. fonema.
fonética.- *(fonétchika)* s. Gram. fonética.
foniatria.- *(foniatría)* s. foniatría.
fonógrafo.- *(fonógrafu)* s. gramófono.
fontanela.- *(fontanéla)* s. Anat. mollera.
fonte.- *(fontchi)* s. fuente, filón, mina. /Anat. sienes.
fora.- *(fóra)* adv. afuera. / en el extranjero. / prep. fuera. / interj. ¡fuera! / Bras. Pop. *dar o fora: marcharse, irse. / Bras. Pop. *dar um fora: meter la pata. / Bras. Pop. *levar um fora: recibir, de pronto, una respuesta grosera. / Bras. Pop. *jogar fora: tirar a la basura.
fora-da-lei.- *(fóra da lei)* s. marginal, vagabundo, mendigo.
foragido.- *(forajhidu)* s. forajido.
forasteiro.- *(forastêru)* adj. y s. forastero.
forca.- *(fôrka)* s. horca.
força.- *(fôrsa)* s. fuerza, potencia. / fuerza, pujanza, pulso, vigor, virtud. / *dar força a: apoyar a alguien. / corroborar, confirmar
forçado.- *(forsadu)* adj. forzado. / s. condenado a trabajos forzados.
forçar.- *(forsar)* v. forzar, obligar, romper, violentar. / P. obligarse.
forcejar.- *(forsejhar)* v. forcejar, luchar.
fórceps.- *(forséps)* s. fórceps.
fórcipe.- *(fórsipi)* s. fórceps.
forçoso.- *(forsôz'u)* adj. forzoso, inexcusable.
forçudo.- *(forsudu)* adj. muy fuerte.
forense.- *(forênsi)* adj. judicial.
forja.- *(fórja)* s. forja.
forjar.- *(forjhar)* v. forjar. / fabricar, hacer. / inventar.
forma.- *(fórma)* s. forma, figura. / manera, modo.
fôrma.- *(fôrma)* s. horma, modelo. / molde para tartas.
formação.- *(formasãu)* s. formación.
formal.- *(formáu)* adj. formal, evidente, determinante. / convencional.
formalidade.- *(formalidadji)* s. formalidad, ceremonia, etiqueta, seriedad.
formalizar.- *(formaliz'ar)* v. formalizar, tramitar.
formando.- *(formandu)* s. Bras. individuo que está a punto de terminar una carrera.
formar.- *(formar)* v. componer, formar, hacer. / concebir, imaginar. / poner en línea, en orden. / educar. / P. concluir curso universitario.

formatar.- *(formatar)* v. Inform. formatear.
formato.- *(formatu)* s. formato. / Inform. formato.
formatura.- *(formatura)* s. graduación universitaria o de otros cursos; licenciatura.
fórmica.- *(fórmika)* s. formica.
formicida.- *(formisida)* s. hormicida.
formidável.- *(formidáv'eu)* adj. formidable, tremendo. / Bras. muy bueno, o bonito, etc.
formiga.- *(furmiga)* s. hormiga.
formigamento.- *(furmigamentu)* s. hormigueo.
formigar.- *(furmigar)* v. hormiguear, pulular.
formigueiro.- *(furmiguêru)* s. hormiguero. / multitud de personas.
forminha.- *(formiña)* s. pequeños moldes para pastelitos.
formol.- *(formóu)* s. formol.
formoso.- *(formôz'u)* adj. hermoso, bello, bonito, lindo.
formosura.- *(formoz'ura)* s. hermosura, beldad, belleza.
fórmula.- *(fórmula)* s. fórmula, receta.
formular.- *(formular)* v. formular.
formulário.- *(formuláriu)* s. formulario, recetario.
fornada.- *(fornada)* s. hornada. / porción de cosas que se hacen de una sola vez.
fornalha.- *(fornalla)* s. horno grande. / parte de una máquina donde se quema el combustible.
fornecer.- *(forneser)* v. abastecer, aprovisionar, facilitar, proporcionar, surtir.
fornecimento.- *(fornesimentu)* s. suministro, provisión.
forneiro.- *(fornêru)* s. hornero.
fornicar.- *(fornikar)* v. copular.
fornido.- *(fornidu)* adj. fornido, abastecido. / robusto.
forno.- *(fôrnu)* s. horno.
foro.- *(fóru)* s. foro.
forra.- *(for'a)* s. hombrera, entretela. / faja o banda para fortalecer las velas de los navíos. / Bras. Pop. venganza. / *ir à forra: vengarse.
forragem.- *(for'ajhen)* s. forraje.
forrar.- *(for'ar)* v. forrar. / revestir. / empapelar. / P. abrigarse.
forro.- *(for'u)* s. forro, relleno. / tablas con que se revisten por dentro el techo de las casas. / cobertura de paredes, edificios. / adj. libre (esclavos). que no paga foro, exento.
fortalecer.- *(fortaleser)* v. y p. fortalecer(se), consolidar(se), fortificar(se), reforzar(se), robustecer(se), tonificar(se), vigorizar(se).
fortaleza.- *(fortalez'a)* s. fortaleza, alcázar, castillo. Solidez, seguridad. / fuerza, energía moral.
forte.- *(fortchi)* adj. fuerte, forzudo, hercúleo, robusto, vigoroso. / potente, recio, rígido, sólido. / nutritivo. / castillo, fortaleza. / Bras. Pop. que tiene prestigio o está prestigiado en función o cargo. / s. tema, asunto en que alguien es excelente.
fortificação.- *(fortchifikasãu)* s. fortificación, fuerte.
fortificante.- *(fortchifikantchi)* adj. fortificante. / s. tónico que fortalece el organismo.
fortificar.- *(fortchifikar)* v. fortificar. / reforzar, fortalecer.
fortuito.- *(fortúitu)* adj. casual, fortuito.
fortuna.- *(fortuna)* s. casualidad, acaso. / destino, suerte, ventura. / buena suerte. / Bras. riqueza.
fosco.- *(fôsku)* adj. hosco, mate, opaco, deslucido, empañado.
fosfato.- *(fosfátu)* s. Quím. fosfato.
fosforescência.- *(fosforesênsia)* s. fosforescencia.
fosforescente.- *(fosforesentchi)* adj. fosforescente.
fósforo.- *(fósfuru)* s. cerilla, fósforo.
fossa.- *(fósa)* s. cloaca, fosa, hoyo. / Bras. Arg. fuerte depresión moral.
fossar.- *(fosar)* v. revolver la tierra con el hocico. / sondear, investigar, buscar, revolver.
fóssil.- *(fósiu)* s. fósil. / Fig. hombre anticuado.
fosso.- *(fôsu)* s. cava, foso, valla. / Fig. divergencia, desacuerdo.
foto.- *(fótu)* s. foto, fotografía.
fotocópia.- *(fotokópia)* s. fotocopia.
fotografar.- *(fotografar)* v. fotografiar, retratar.
fotografia.- *(fotografia)* s. fotografía, retrato, foto.
fotonovela.- *(fotonov'éla)* s. historia en viñetas en que las imágenes fotográficas sustituyen los dibujos.
foz.- *(fós)* s. hoz, embocadura, desembocadura de un río. / confluencia.
fração.- *(frasãu)* s. fracción.
fracassar.- *(frakasar)* v. fracasar, derrumbar, arruinar, fallar, malograr.
fracasso.- *(frakasu)* s. fracaso.
fracionar.- *(frasionar)* v. fraccionar, seccionar.
fraco.- *(fraku)* adj. flaco, débil, endeble. / anémico, escuálido. / blando, sin autoridad. / poco expresivo, mediocre. / sin importancia o expresión. / bajo en alcohol. / Bras. Pop. tuberculoso. / s. debilidad, inclinación irresistible.
frade.- *(fradji)* s. fraile, monje.
frágil.- *(frájhiu)* adj. frágil, endeble, quebradizo.
fragilidade.- *(frajhilidadji)* s. delicadeza, flaqueza, fragilidad.
fragmentação.- *(frajmentasãu)* s. segmentación.
fragmentar.- *(fragmentar)* v. fragmentar, astillar, fraccionar.
fragmento.- *(fragmentu)* s. fragmento, astilla, partícula, retazo, trozo.
fragor.- *(fragor)* s. fragor, ruido.
fragrância.- *(fragânsia)* s. fragancia, aroma, perfume.
fragrante.- *(fragantchi)* adj. fragante, aromático, oloroso.
fralda.- *(fráuda)* s. pañal. / la parte inferior de la camisa. / falda de los montes.
framboesa.- *(frambuêz'a)* s. frambuesa.
francês.- *(fransês)* adj. francés.
francesismo.- *(fransez'ismu)* s. galicismo.
franciscano.- *(fransiskanu)* s. franciscano.
franco.- *(franku)* adj. franco, abierto, liberal, sincero. / libre. / s. franco (moneda), franco (pueblo germánico).

franchise.- *(franschaiz'i)* s. franquicia.
franga.- *(franga)* s. polla, gallina nueva que todavía no pone huevos. / Bras. Pop. *soltar a franga: perder la timidez.
frangalho.- *(franjallu)* s. harapo, trapo. / cosa o persona en pésimo estado.
frango.- *(frangu)* s. pollo. / Bras. muchacho. / Fut. pelota que siendo fácil de defender, el portero la deja pasar y así marcar gol el equipo contrario. / Arg. homosexual.
frangote.- *(frangótchi)* s. muchachito adolescente.
franja.- *(franjha)* s. franja, fleco. / flequillo del cabello.
franquear.- *(franquiar)* v. franquear, eximir, librar. / conceder franquicia.
franqueza.- *(franquêz'a)* s. franqueza, sinceridad, lealtad.
franquia.- *(franquía)* s. franquicia. / franqueo, exención. / inmunidad.
franzido.- *(franz'idu)* adj. fruncido.
franzino.- *(franz'inu)* adj. delgado, flaco, delicado de formas. / poco resistente, débil.
franzir.- *(franz'ir)* v. fruncir, plisar. / arrugar.
fraque.- *(fráqui)* s. frac, chaqué, esmoquin.
fraquejar.- *(fraquejhar)* v. flaquear, flojear.
fraqueza.- *(fraquêz'a)* s. flaqueza, flojedad, abatimiento, anemia, debilidad. / cobardía.
frasco.- *(frasku)* s. frasco, vidrio.
frase.- *(fraz'i)* s. frase.
frasear.- *(fraz'iar)* v. frasear, exponer.
frasqueira.- *(frasquêra)* s. frasquera, maleta para guardar frascos.
fraternal.- *(fraternáu)* adj. fraternal.
fraternidade.- *(fraternidadji)* s. fraternidad, hermandad, armonía.
fraternizar.- *(fraterniz'ar)* v. fraternizar.
fraterno.- *(fraternu)* adj. fraterno, fraternal.
fratricida.- *(fratrisida)* s. fratricida.
fratura.- *(fratura)* s. fractura, quiebra, rotura.
fraturar.- *(fraturar)* v. fracturar, romper.
fraude.- *(fráudji)* s. fraude, dolo, engaño, estafa.
fraudulоso- *(fraudulosu)* adj. fraudulento, doloso.
frear.- *(frear)* v. frenar.
freguês.- *(freguês)* s. cliente, comprador; parroquiano, feligrés. / Bras. Pop. individuo.
freguesia.- *(freguez'ia)* s. clientela. / feligresía, parroquia.
frei.- *(frei)* s. fraile, monje.
freio.- *(freiu)* s. freno.
freira.- *(freira)* s. monja.
freire.- *(freiri)* s. fraile, monje.
frementе.- *(frementchi)* adj. trémulo.
fremir.- *(fremir)* v. bramar, vibrar, temblar, estremecer, agitar.
frêmito.- *(frêmitu)* s. frémito, bramido, rugido, estremecimiento, susurro, rumor.
frenesi.- *(frenez'i)* s. frenesí. / 2ª s. delirio, desvarío. / gran excitación o agitación.
frenético.- *(frenétchiku)* adj. frenético, exaltado.
frente.- *(frêntchi)* s. frente, anverso, haz. / frente (lugar de combate).
freqüência.- *(frekuênsia)* s. frecuencia, repetición.
freqüentar.- *(frekuentar)* v. frecuentar, cursar, visitar.
freqüente.- *(frekuentchi)* adj. frecuente, asiduo, habitual.
fresca.- *(frêska)* s. la fresca, viento suave y fresco que sopla por la mañana o por la tarde.
fresco.- *(frêsku)* adj. fresco, reciente, tierno, sano. / bien aireado. / Arg. petimetre, dandi, coquetón, elegante, presumido. / 2ª Arg. afeminado.
frescor.- *(freskôr)* s. frescor, frescura, verdor.
frescura.- *(freskura)* s. frescura, frescor, lozanía, limpieza. / Pop. procedimiento o expresión abusada o impúdica.
fresta.- *(frésta)* s. tronera, rendija, grieta.
fretar.- *(fretar)* v. fletar, alquilar.
frete.- *(frétchi)* s. flete, porte; recado, encargo.
frevo.- *(frêv'u)* Bras. baile carnavalesco de calle y salón, esencialmente rítmico, de coreografía individual y movimiento rápido.
friagem.- *(friaghen)* s. frialdad resultante del viento.
frialdade.- *(friaudadji)* s. frialdad, indiferencia.
fricção.- *(friksãu)* s. fricción, roce, masaje.
friccionar.- *(friksionar)* v. friccionar, fregar, frotar.
frieira.- *(friêra)* s. sabañón.
frieza.- *(friêz'a)* s. frialdad.
frigideira.- *(frijhidêra)* s. sartén.
frigidez.- *(frijhidês)* s. frigidez (ausencia de placer sexual), frialdad.
frígido.- *(frijhidu)* adj. frígido, frío, helado.
frigir.- *(frijhir)* v. freír, sofreír.
frigorífico.- *(frilorífiku)* adj. y s. frigorífico, nevera, refrigerador.
frio.- *(fríu)* adj. frío, sin calor. / insensible, impasible. / s. frío, ausencia de calor.
frioleira.- *(friolêra)* s. bagatela, niñería.
friorento.- *(friorentu)* adj. friolento.
frios.- *(fríus)* s. pl. embutidos.
frisa.- *(friz'a)* s. palco junto al patio de butacas.
frisado.- *(friz'adu)* adj. ondulado, rizado, encaracolado, encrespado.
frisar.- *(friz'adu)* v. ensortijar, frisar, ondular, rizar. / poner friso en. / destacar.
friso.- *(friz'u)* s. friso. / rodapié.
fritada.- *(fritada)* s. tortilla sin patatas, pero con algo de carne, gambas o sólo de huevos.
fritar.- *(fritar)* v. freir.
frito.- *(fritu)* adj. frito. / Pop. en circunstancias críticas, en apuros, arruinado.
fritura.- *(fritura)* s. fritura,
frívolo.- *(frívolu)* adj. frívolo, vano, fútil, liviano.
frondosidade.- *(frondoz'idadji)* s. frondosidad.
frondoso.- *(frondoz'u)* adj. frondoso.
fronha.- *(frôña)* s. funda de almohada.
frontal.- *(frontáu)* adj. frontal. / s. ornato en la parte de arriba de puertas o ventanas.
frontão.- *(frontãu)* s. frontón.
fronte.- *(frôntchi)* s. frente.
fronteira.- *(frontêra)* s. frontera. / confín, linde.
frontispício.- *(frontchispísiu)* s. frontispicio, portada.

frota.- *(flóta)* s. flota.
frouxidão.- *(froschidãu)* s. flojera, debilidad.
frouxo.- *(frôschu)* adj. flojo, blando, débil. / Bras. Pop. cobarde.
frugal.- *(frugáu)* adj. frugal, sobrio, moderado, prudente, parco.
fruição.- *(fruisãu)* s. fruición, usufructo.
fruir.- *(fruir)* v. fruir, disfrutar, gozar, poseer, deleitarse.
frustração.- *(frustrasãu)* s. frustración, fracaso.
frustrar.- *(frutrar)* v. frustrar, inutilizar, defraudar, malograrse. / P. frustrarse.
fruta.- *(fruta)* s. fruta.
fruta-de-conde.- *(fruta dji kondji)* s. chirimoya.
fruteira.- *(frutêra)* s. frutera (vendedora de frutas). / recipiente para frutas.
frutífero.- *(frutchíferu)* adj. fructífero.
frutificar.- *(frutchifikar)* v. fructificar.
fruto.- *(frutu)* s. fruto, fruta. / resultado, consecuencia. / provecho. / renta, ganancia.
fubá.- *(fubá)* s. Bras. harina de maíz o de arroz.
fuça.- *(fúsa)* s. Bras. Arg. hocico. / cara.
fuçar.- *(fusar)* v. Bras. hozar. / Fig. revolver. / Fig. chismear, enredar, intrigar, secretear. / husmear.
fuga.- *(fuga)* s. fuga, evasión, huida, retirada. / Mús. fuga.
fugaz.- *(fugás)* adj. fugaz.
fugida.- *(fujhida)* s. fuga. / acto de ir y volver rapidamente a algún lugar.
fugidio.- *(fujhidjíu)* adj. huidizo, fugitivo. / esquivo.
fugir.- *(fujhir)* v. escapar, esquivar, evadir, fugarse, huir.
fugitivo.- *(fujhitchivu)* adj. fugitivo, desertor. / veloz, breve, fugaz.
fujão.- *(fujhãu)* adj. huidizo.
fulano.- *(fulanu)* s. fulano.
fuleiro.- *(fulêru)* adj. sin valor, ordinario.
fulgor.- *(fulgor)* s. fulgor, brillo, centella, lucero.
fulguração.- *(fulgurasãu)* s. fulguración, centelleo, fulgor, brillo.
fulgurante.- *(fulgurantchi)* adj. fulgurante, brillante
fulgurar.- *(fulgurar)* v. fulgurar, relampaguear, fulgir, resplandecer.
fuligem.- *(fulijhen)* s. hollín.
fulminar.- *(fuuminar)* v. fulminar.
fumaça.- *(fumasa)* s. fumarada, humazo, humareda.
fumaceira.- *(fumasêra)* s. humareda
fumante.- *(fumantchi)* s. fumador.
fumar.- *(fumar)* v. fumar.
fumegante.- *(fumegantchi)* adj. humeante, muy caliente (alimento).
fumegar.- *(fumegar)* v. ahumar, humear.
fumigar.- *(fumigar)* v. fumigar.
fumo.- *(fúmu)* s. humo. / tabaco para fumar.
função.- *(funsãu)* s. función.
funcional.- *(funsionáu)* adj. funcional.
funcionar.- *(funsionar)* v. funcionar.
funcionário.- *(funsionáriu)* s. empleado (principalmente público), funcionario.
funcho.- *(fúnschu)* s. hinojo.
fundação.- *(fundasãu)* s. fundación, principio, origen. / cimientos de un edificio, instituto, organización.
fundamental.- *(fundamentáu)* adj. esencial, fundamental.
fundamentar.- *(fundamentar)* v. y p. fundamentar(se), apoyar(se), documentar(se).
fundamento.- *(fundamentu)* s. fundamento, base, cimiento, argumento, razón, motivo.
fundão.- *(fundãu)* s. hondonada.
fundar.- *(fundar)* v. fundar, construir, edificar, instituir.
fundear.- *(fundjiar)* v. fondear, anclar.
fundição.- *(fundjisãu)* s. fundición, fusión.
fundilho.- *(fundjillu)* s. parte de los pantalones y calzoncillos correspondiente al asiento.
fundir.- *(fungir)* v. fundir. / P. fundirse, derretirse.
fundo.- *(fundu)* s. fondo. / la extremidad de la aguja de costura opuesta a la punta. / a parte de atrás de una casa, de un edificio, etc.
fúnebre.- *(fúnebri)* adj. fúnebre, macabro.
funeral.- *(funeráu)* s. funeral.
funesto.- *(funéstu)* adj. funesto, lúgubre, nefasto. / triste. / nocivo, desastroso.
fungar.- *(fungar)* v. ganguear, absorber por la nariz. / fumar rapé.
fungo.- *(fungu)* s. Bot. hongo.
funicular.- *(funikular)* s. funicular.
funil.- *(funíu)* s. embudo.
funilaria.- *(funilaría)* s. hojalatería.
funileiro.- *(funilêru)* s. hojalatero.
fura-bolo.- *(fura bôlu)* s. Bras. Fam. el dedo índice.
furacão.- *(furakãu)* s. huracán, tifón.
furadeira.- *(furadêra)* s. taladrador.
furado.- *(furadu)* adj. agujereado, picado, abierto. / Fig. frustrado.
furador.- *(furadôr)* s. taladrador. / Fig. emprendedor
furão.- *(furãu)* s. hurón. / Fig. buscavidas, activo, diligente, trabajador. / 2ª Fig. persona chismosa.
furar.- *(furar)* v. agujerear, perforar, picar, pinchar, taladrar. / Fig. malograr, frustrar; vencer dificultades.
furgão.- *(furgãu)* s. camioneta, furgón.
fúria.- *(fúria)* s. furia, furor, ira.
furibundo.- *(furibundo)* adj. furioso.
furioso.- *(furiôz'u)* adj. furioso, rabioso.
furna.- *(furna)* s. caverna, cueva, subterráneo.
furo.- *(furu)* s. agujero, pinchazo, punto. / Bras. Med. Com. noticia dada en primera mano. / exclusiva.
furor.- *(furôr)* s. furor. / entusiasmo.
furta-cor.- *(furta côr)* adj. tornasol.
furtar.- *(furtar)* v. hurtar, quitar, robar.
furtivo.- *(furtchiv'u)* adj. furtivo, subrepticio.
furto.- *(furtu)* s. hurto, robo, latrocinio.
furúnculo.- *(furúnkulu)* s. furúnculo.
fusa.- *(fuz'a)* s. Mús. fusa.
fusão.- *(fuz'ãu)* s. fusión, alianza, reunión.
fuselagem.- *(fuz'elajhen)* s. fuselaje.
fusível.- *(fuz'íveu)* s. fusible.
fuso.- *(fuz'u)* s. huso. / *fuso horário: huso horario, diferencia horaria.
fustão.- *(fustãu)* s. fustán.

fustigar.- *(fustchigar)* v. azotar, fustigar, hostigar.
futebol.- *(futchibóu)* s. balompié, fútbol.
fútil.- *(fútchiu)* adj. fútil, frívolo.
futilidade.- *(futchilidadji)* s. futilidad, vanidad.
futricar.- *(futrikar)* vt. Bras. Pop. intrigar, chismorrear, cotillear / v. intr. meterse en algo para perjudicar.
futuro.- *(futuru)* s. futuro, porvenir. / adj. venidero.
fuxicar.- *(fuschikar)* v. hilvanar, arrugar, mover; intrigar, cotillear.
fuxico.- *(fuschiku)* s. zurcido o remiendo mal hecho. intriga, chisme, cuento, patraña.
fuzarca.- *(fuz'arka)* s. Bras. Pop. farra.
fuzil.- *(fuz'iu)* s. fusil. / relámpago.
fuzilar.- *(fuz'ilar)* v. fusilar, ametrallar, balear.
fuzileiro.- *(fuz'ilêru)* s. fusilero. / Bras. Mar. fusilero naval.
fuzuê.- *(fuz'uê)* s. Bras. Pop. fiesta, ruido, confusión.

G

g.- *(jh)* s. séptima letra del abecedario portugués.
gabação.- *(gabasãu)* s. elogio, jactancia.
gabão.- *(gabãu)* s. gabán, capote con mangas y capucha.
gabar.- *(gabar)* v. y p. alabar(se), elogiar(se), jactarse, vanagloriarse.
gabardine *(gabardjine)* s. gabardina.
gabarito.- *(gabaritu)* s. modelo, molde. / dimensiones en construcción. / instrumentos de medida de esas dimensiones. / 2ª Bras. tabla de respuestas ciertas de las cuestiones de un examen. / Bras. categoría, nivel.
gabinete.- *(gabinetchi)* s. gabinete, despacho. / gabinete de ministros, etc.
gado.- *(gadu)* s. ganadería, ganado.
gafanhoto.- *(gafañôtu)* s. langosta, saltamontes.
gafar.- *(gafar)* v. meter la pata, cometer indiscreción.
gafe.- *(gáfi)* s. metedura de pata, indiscreción.
gafieira.- *(gafiêra)* s. Bras. local con salón de baile y orquesta donde se baila de a dos.
gagá.- *(gagá)* adj. Pop. caduco (hombre o mujer).
gago.- *(gagu)* adj. y s. tartamudo.
gagueira.- *(gaguêra)* s. tartamudez.
gaguejar.- *(gaguejhar)* v. tartamudear. / hablar sin seguridad. / dudar en las respuestas.
gaguez.- *(gaguêis)* s. tartamudez.
gaiatice.- *(gaiatchisi)* s. relativo a gaiato.
gaiato.- *(gaigatu)* s. muchacho travieso, persona alegre, juguetona.
gaiola.- *(gaióla)* s. jaula (para aves). / Bras. pequeño vapor de navegación fluvial.
gaita.- *(gaita)* s. gaita. / Bras. objeto cualquiera. / 2ª Bras. dinero.
gaiteiro.- *(gaitêru)* s. gaitero. / adj. juerguista.
gaivota.- *(gaiv'óta)* s. gaviota.
gajo.- *(gajhu)* s. hombre de modos groseros. / sujeto cualquiera, tipo, tío.
gala.- *(gala)* s. gala, pompa. / traje para solemnidades.
galã.- *(galã)* s. galán.
galalau.- *(galaláu)* s. Bras. Fam. hombre muy alto.
galante.- *(galantchi)* adj. galante.
galantear.- *(galantchiar)* v. galantear.
galanteio.- *(galantêiu)* s. galanteo.
galão.- *(galãu)* s. galón, cinta, trencilla. / insignia militar. / medida de capacidad. / Port. Pop. vaso de café con leche.
galardão.- *(galardãu)* s. galardón, premio.
galardoar.- *(galarduar)* v. galardonar, premiar.
galáxia.- *(galáksia)* s. Astr. galaxia.
galego.- *(galêgu)* adj. gallego. / Bras. Desprec. individuo portugués.
galera.- *(galéra)* s. hinchada. / grupo, pandilla.
galeria.- *(galería)* s. galería (de arte, de aguas de la lluvia), corredor subterráneo. / gallinero (lugar más barato en los teatros).
galeto.- *(galêtu)* s. pollo muy nuevo.
galgar.-*(gaugar)* v. trepar, subir.
galgo.- *(gaugu)* s. galgo.
galhardia.- *(gallardjía)* s. gallardía.
galho.- *(gallu)* s. rama, esqueje. / dificultad, complicación. / s. pl. cuernos, astas de los rumiantes. / *quebrar um galho: solucionar un problema.
galhofa.- *(gallófa)* s. broma, escarnio.
galhofar.- *(gallofar)* v. bromear, escarnecer. / decir en tono de broma.
galicismo.- *(gallisismu)* s. galicismo.
galinha.- *(galiña)* s. gallina. / persona cobarde, miedosa.
galinheiro.- *(galiñêru)* s. gallinero. / pollero.
galo.- *(gálu)* s. gallo. / chichón en la frente o en la cabeza, resultante de golpe.
galocha.- *(galóscha)* s. galocha, chanclo.
galopar.- *(galopar)* v. galopar.
galope.- *(galópi)* s. galope.
galpão.- *(galpãu)* s. Bras. nave industrial, galpón.
galvanizar.- *(gauv'aniz'ar)* v. galvanizar.
gama.- *(gama)* s. gama (alfabeto griego). / s. Mús. gama ./ gama (sucesión de ideas, teorías, etc.).
gamação.- *(gamasãu)* s. Bras. Arg. loco enamoramiento.
gamado.- *(gamadu)* adj. Bras. Arg. locamente enamorado.
gamão.- *(gamãu)* s. juego de dados.
gamar.- *(gamar)* v. Bras. Arg. enamorarse locamente.
gambá.- *(gambá)* s. zarigüeya, borracho inveterado.
gamela.- *(gaméla)* s. cuenco, escudilla grande.
gameta.- *(gamêta)* s. Biol. gameto.
gamo.- *(gamu)* s. gamo, venado.
gana.- *(gana)* s. gana, apetito, hambre. / impulso. / mala voluntad contra alguien, rabia.
ganância.- *(ganânsia)* s. ganancia, ambición, avidez.
ganancioso.- *(ganansiôz'u)* adj. ganancioso, ávido.
gancho.- *(ganschu)* s. gancho, grapa.
gandaia.- *(gandaia)* s. vagabundeo, ociosidad.
gandula.- *(gandula)* s. Deport. niño que recoge la pelota que sale del campo durante el partido. / 2ª s. restos, en general desperdicios, de una mina.
ganga.- *(ganga)* s. tela fuerte, azul o amarilla.
gânglio.- *(gângliu)* s. Anat. ganglio.
gangorra.- *(gangôr'a)* s. columpio (de dos asientos, pendientes de una armazón de hierro o madera).
gangrena.- *(gangrêna)* s. Med. gangrena.
gângster.- *(gângster)* s. gángster. / Fig. Pop. individuo que por su carácter y actitudes se asemeja, moralmente, a un gángster.
ganha-pão.- *(gaña pãu)* s. medio de vida, ganapán.
ganhar.- *(gañar)* v. ganar, lucrar, sacar, triunfar, vencer.

ganho.- *(gañu)* adj. y s. ganancia, logro, lucro.
ganir.- *(ganir)* v. gañir, latir.
ganso.- *(gansu)* s. ganso, oca, ánsar.
garagem.- *(garajhen)* s. garaje. / taller de coches.
garagista.- *(garajhista)* s. dueño o encargado de un garaje y / o taller.
garanhão.- *(garañãu)* s. semental. / Fig. hombre mujeriego.
garantia.- *(garantschía)* s. garantía, aval, fianza, solvencia.
garantir.- *(garantchir)* v. garantir, garantizar, afianzar aseverar.
garapa.- *(garapa)* s. Bras. guarapo. / el jugo de la caña de azúcar para ser destilada.
garatuja.- *(garatujha)* s. garabato, dibujo mal hecho.
garatujar.- *(garatujhar)* v. garabatear.
garbo.- *(garbu)* s. garbo, gallardía, gentileza, brío.
garboso.- *(garbôz'u)* adj. garboso.
garça.- *(garsa)* s. Bras. garza.
garção.- *(garsãu)* s. chico
garçom.- *(garsón)* s. camarero.
garçonete.- *(garsonétchi)* s. camarera (en bares y restaurantes).
gare.- *(gari)* s. estación de trenes.
garfada.- *(garfada)* s. porción de comida que un tenedor lleva de cada vez.
garfo.- *(garfu)* s. tenedor.
gargalhada.- *(gargalláda)* s. carcajada.
gargalhar.- *(gargallar)* v. dar carcajadas.
gargalo.- *(gargálu)* s. cuello de una botella o de cualquier envase con la boca estrecha.
garganta.- *(gargânta)* s. garganta. / entrada o apertura estrecha.
gargantilha.- *(gargantchilla)* s. gargantilla.
gargarejar.- *(gargarejhar)* v. hacer gárgaras.
gargarejo.- *(gargarêjhu)* s. gárgaras.
gárgula.- *(gárgula)* s. gárgola.
gari.- *(garí)* s. barrendero de calle.
garimpeiro.- *(garimpêru)* s. Bras. el que busca metales y piedras preciosas.
garimpo.- *(garimpu)* s. minas de diamantes y de oro.
garoa.- *(garôa)* s. Bras. sirimiri, llovizna persistente, calabobos.
garoar.- *(garôa)* v. Bras. caer una llovizna persistente.
garota.- *(garôta)* s. niña. / chica. / enamorada.
garotada.- *(garotada)* s. grupo de chicos y chicas, muchachada. / acto o dicho de crío, muchachada, pillada.
garotagem.- *(garotadjhen)* s. muchachada.
garoto.- *(garôtu)* s. chaval, chico. / s. chico que deambula por las calles.
garra.- *(gár'a)* s. garra.
garrafa.- *(gar'áfa)* s. botella, vidrio.
garrafada.- *(gar'afada)* s. botellazo.
garrafal.- *(gar'afãu)* adj. en forma de botella. / Fig. grande.
garrafão.- *(gar'afãu)* s. garrafa.
garrancho.- *(gar'anschu)* s. Bras. garabato, letra ininteligible.
garrido.- *(gar'idu)* adj. garrido, gayo, galante.
garrote.- *(gar'ótschi)* s. garrote.
garupa.- *(garupa)* s. grupa.
gás.- *(gás)* s. gas. / *cheio de gás; lleno de gas: con mucha disposición, ansioso por hacer algo.
gases.- *(gáz'is)* s. pl. gases intestinales.
gasoduto.- *(gaz'odutu)* s. gasoducto.
gasóleo.- *(gaz'óliu)* s. gasóleo, gasoil.
gasolina.- *(gaz'olina)* s. gasolina, nafta.
gasômetro.- *(gaz'ômetru)* s. gasómetro.
gasoso.- *(gaz'ôz'u)* adj. gaseoso.
gaspacho.- *(gaspáschu)* s. gazpacho.
gasparinho.- *(gaspariñu)* s. Bras. la menor fracción de billete de lotería.
gastador.- *(gastadôr)* adj. perdulario.
gastar.- *(gastar)* v. gastar, acabar, expender, usar. / P. disipar(se), consumirse, perder fuerzas, salud.
gasto.- *(gástu)* adj. raído, usado. / s. consumo, gasto.
gástrico.- *(gástriku)* adj. gástrico.
gastrite.- *(gastritchi)* s. Med. gastritis.
gastronomia.- *(gastronomía)* s. gastronomía.
gata.- *(gata)* s. gata. / Arg. mujer muy guapa y / o provocativa.
gatilho.- *(gatchillu)* s. gatillo. / Econ. *gatilho salarial: sistema de reajuste salarial por el cual los sueldos son reajustados siempre que la inflación acumulada alcanza determinada cifra.
gatinha.- *(gatchiña)* s. Bras. Arg. chica graciosa.
gatinhas.- *(gatchiñas)* s. pl. Us. en la loc. *andar de gatinhas: andar a gatas, gatear.
gato.- *(gátu)* s. gato. / Bras. Pop. empalme clandestino de energía eléctrica. / Bras. hombre guapo.
gato-sapato.- *(gatu sapatu)* s. cosa despreciable. / *fazer gato-sapato de alguém: aprovecharse de alguien, tratar con desprecio.
gatuno.- *(gatunu)* s. ladrón.
gauchada.- *(gauschada)* s. Bras. gran porción de gauchos. / acción propia de gaucho.
gaúcho.- *(gauschu)* s. gaucho.
gaulês.- *(gaulês)* adj. galo.
gaveta.- *(gav'êta)* s. cajón, gaveta.
gaveteiro.- *(gav'etêru)* s. estructura que se pone en el interior del armario para sostener cajones.
gavião.- *(gav'iãu)* s. gavilán.
gaze.- *(gáz'i)* s. gasa.
gazear.- *(gaz 'iar)* v. hacer novillos o pellas. / faltar al trabajo.
gazela.- *(gaz'éla)* s. gacela.
gazeta.- *(gaz'êta)* s. acto de hacer novillos. / 2ª s. gaceta.
gazeteiro.- *(gaz'etêru)* adj. y s. Bras. / dícese del estudiante que hace novillos o pellas. / 2ª adj. y s. Bras. se dice de estudiante que hace novillo.
gazua.- *(ganz'úa)* s. ganzúa.
geada.- *(jheáda)* s. helada, escarcha, aguanieve, nevisca.
gêiser.- *(jhêiz'er)* s. géiser, surtidor termal intermitente, especie de volcán acuoso.
gel.- *(jhéu)* s. gel.
geladeira.- *(jheladêra)* s. Bras. nevera.
gelado.- *(jheládu)* adj. gélido, helado. / s. P. helado.

gelar.- *(jheládu)* v. congelar, helar.
gelatina.- *(jhelatchina)* s. gelatina. / dulce hecho con ella.
geléia.- *(jheléia)* s. confitura, mermelada.
geleira.- *(jhelêra)* s. glaciar, nevera.
gélido.- *(jhélidu)* adj. muy frío, gélido.
gelo.- *(jhêlu)* s. hielo.
gelosia.- *(jheloz'ía)* s. celosía, reja.
gema.- *(jhêma)* s. gema, yema.
gemada.- *(jhemada)* s. yema de huevo batida con azúcar y líquido caliente.
gêmeo.- *(jhêmiu)* adj. y s. gemelo, mellizo.
gêmeos.- *(jhêmius)* s. pl. Astr. Géminis. / gemelos.
gemer.- *(jhemer)* v. gemir, lloriquear, plañir.
gemido.- *(jhemidu)* s. gemido, lamento, llanto, quejido.
genciana.- *(jhensiana)* s. genciana, planta medicinal.
gendarme.- *(jhendármi)* s. gendarme.
gene.- *(jhêne)* s. gen.
genealogia.- *(jhenealojhía)* s. genealogía.
genebra.- *(jhenébra)* s. ginebra.
general.- *(jheneráu)* s. general.
generalidade.- *(jheneralidadji)* s. generalidad.
generalidades.- *(generalidadjis)* s. pl. rudimentos.
generalizar.- *(jheneraliz'ar)* v. y p. generalizar, universalizar.
genérico.- *(jhenériku)* adj. genérico, común, vago, indeterminado.
gênero.- *(jhêneru)* s. género.
gêneros.- *(jhênerus)* s. pl. comestibles.
generosidade.- *(jheneroz'idadi)* s. generosidad.
generoso.- *(jhenerôz'u)* adj. generoso, dadivoso.
gênese.- *(jhênez'i)* s. génesis.
genética.- *(genétchika)* s. genética.
genético.- *(jhenétchiku)* adj. genético.
gengibre.- *(jhenjhibri)* s. Bras. jengibre.
gengiva.- *(jhenjhiv'a)* s. encía.
genial.- *(jheniáu)* adj. genial. / Bras. Arg. óptimo, excelente.
genialidade.- *(jhanialidadji)* s. genialidad.
gênio.- *(jhêniu)* s. genio, talento. / mal humor, mal temperamento.
genital.- *(jhenitáu)* adj. genital.
genocídio.- *(jhenosídiu)* s. genocidio, holocausto.
genro.- *(jhenr'u)* s. yerno.
gentalha.- *(jhentálla)* s. gentuza.
gente.- *(jhêntchi)* s. gente. / grupo de personas que tienen ciertas características o profesión, o intereses en común. / * a gente: las personas que hablan (yo, nosotros).
gentil.- *(jhentíu)* adj. gentil, amistoso, galante.
gentileza.- *(jhentchilêz'a)* s. gentileza, apostura, donaire, gallardía.
gentio.- *(jhentchíu)* s. aquel que profesa el paganismo. / P. ext. el indio.
genuflexão.- *(genufleksãu)* s. genuflexión.
genuíno.- *(jhenuínu)* adj. genuino, puro, natural, auténtico.
geografia.- *(jheografía)* s. geografía.
geologia.- *(jheolojhía)* s. geología.
geometria.- *(jheometría)* s. geometría.
geração.- *(jherasãu)* s. generación, concepción, prole. / Infor. nivel tecnológico de un software o hardware.
gerador.- *(jheradôr)* s. generador.
geral.- *(jheráu)* adj. general, común, total, unánime. / s. localidad, en los teatros, circos, estadios, etc, en la cual se cobran precios más bajos.
gerânio.- *(jherâniu)* s. geranio.
gerar.- *(jherar)* v. y p. generar(se), concebir, crear(se), engendrar(se), fecundar(se), procrear(se).
gerência.- *(jherênsia)* s. gerencia, administración, gestión.
gerente.- *(jherêntchi)* adj. encargado. / s. administrador, gerente.
gergelim.- *(jherjhelín)* s. sésamo.
geriatra.- *(jheriátra)* s. geriatra.
geringonça.- *(jheringônsa)* s. chapuza. / jerga, caló.
germânico.- *(jhermâniku)* adj. alemán, germánico.
germe.- *(jhermi)* s. germen, simiente.
gérmen.- *(jhérmen)* s. germe.
germinar.- *(jherminar)* v. germinar, vegetar.
gerúndio.- *(jherúndiu)* s. Gram. gerundio.
gesso.- *(jhêsu)* s. yeso.
gesta.- *(jhésta)* s. gesta.
gestação.- *(jhestasãu)* s. gestación, gravidez, embarazo.
gestante.- *(jhestantchi)* s. embarazada, preñada.
gestão.- *(jhestãu)* s. gestión, gerencia.
gestão.- *(jhestãu)* s. gestión.
gesticular.- *(jhestchikular)* v. gesticula, manotear.
gesto.- *(jhéstu)* s. gesto, ademán, expresión. / acción, acto.
giba.- *(jhiba)* s. giba.
gibão.- *(jhibãu)* s. Bras. jubón (abrigo de cuero usado por los vaqueros).
gibi.- *(jhibi)* s. Bras. Fam. cómic.
gigante.- *(jhigantchi)* s. gigante. / adj. descomunal, enorme.
gigantesco.- *(jhigantêsku)* adj. gigantesco.
gigolô.- *(jhigolô)* s. chulo (hombre que vive a costa de las mujeres).
gilete.- *(jhilétchi)* s. nombre registrado de una lámina de afeitar. / Arg. bisexual.
gim.- *(jhín)* s. ginebra.
ginásio.- *(jhináz'iu)* s. gimnasio, liceo. / Bras. período de enseñanza de cuatro años que venía después de la primaria. / establecimiento en que se impartía esta enseñanza.
ginástica.- *(jhinástchika)* s. gimnasia.
gincana.- *(jhinkana)* s. competición entre equipos en que gana la que completa las tareas con más rapidez y habilidad.
ginecologia.- *(jhinekolojhía)* s. ginecología.
ginecologista.- *(jhinekolojhista)* s. ginecólogo, tocólogo.
ginete.- *(jhinêtchi)* s. jinete.
ginga.- *(jhinga)* s. movimiento afectado del cuerpo al caminar.

gingar.- *(jhingar)* v. bambolearse, mover afectadamente el cuerpo al caminar.
ginja.- *(jhinjha)* s. guinda.
girafa.- *(jhirafa)* s. jirafa.
girar.- *(jhirar)* v. girar, rodar, volver.
girassol.- *(jhirasóu)* s. girasol, tornasol.
gíria.- *(jhiria)* s. jerga, argot.
giro.- *(jhiru)* adj. P. interesante, bonito, guapo. / s. vuelta, circuito, giro, rotación, vuelta. / Fam. pequeña excursión o paseo.
giz.- *(jhis)* s. tiza.
glacê.- *(glasê)* s. cobertura de tarta, solidificada o no, hecha, en general, a base de azúcar.
glacial.- *(glasiáu)* adj. glacial.
glande.- *(glandji)* s. bellota. / Anat. glande.
glândula.- *(glândula)* s. glándula.
glandular.- *(glandular)* adj. glandular.
glicerina.- *(gliserina)* s. glicerina.
glicose.- *(glikóz'i)* s. glucosa.
global.- *(globáu)* adj. global.
globo.- *(glôbu)* s. globo terrestre.
glóbulo.- *(glóbulu)* s. glóbulo.
glória.- *(glória)* s. gloria. / brillo, esplendor. / honor, homenaje.
glorificação.- *(glorifikasãu)* s. glorificación. aclamación, magnificencia.
glorificar.- *(glorifikar)* v. glorificar, magnificar.
glosa.- *(glóz'a)* s. glosa.
glossário.- *(glosáriu)* s. glosario, léxico, vocabulario.
glote.- *(glótchi)* s. Anat. glotis.
glutão.- *(glutãu)* adj. glotón, goloso.
glúten.- *(glúten)* s. gluten.
glúteo.- *(glúteo)* adj. Anat. glúteo.
gnomo.- *(gnômu)* s. gnomo.
godê.- *(godê)* s. corte de tela al bies, utilizado en faldas, etc. / adj. sesgado.
goela.- *(goéla)* s. Pop. garganta.
gogó.- *(gogó)* s. Bras. Fam. nuez en el cuello.
goiaba.- *(goiába)* s. Bras. guayaba.
goiabada.- *(goiabáda)* s. Bras. dulce de guayaba en tableta.
goiabeira.- *(goiabêra)* s. guayabo.
gol.- *(góu)* s. Fút. gol.
gola.- *(góla)* s. cuello de ropa.
gole.- *(góli)* s. bocanada, sorbo, trago.
goleada.- *(goleada)* s. Bras. Fút. goleada.
goleiro.- *(golêru)* s. Bras. Fút. guardameta, portero.
golfada.- *(gofada)* s. vómito, chorro, borbotón.
golfe.- *(góufi)* s. golf.
golfinho.- *(goufiñu)* s. delfín.
golfo.- *(gôufu)* s. golfo.
golpe.- *(gólpi)* s. golpe, embate, porrazo, crisis, desgracia.
golpear.- *(goupiar)* v. golpear, herir, pegar.
goma.- *(goma)* s. goma. / Bras. Almidón. / Bras. cola hecha con harina de trigo, agua, etc.
gomo.- *(gômu)* v. brote, gema, retoño, gajo.
gôndola.- *(gôndola)* s. góndola.
gondoleiro.- *(gondolêru)* s. gondolero.
gonorréia.- *(gonor'éia)* s. Med. blenorragia, gonorrea.
gonzo.- *(gonz'u)* s. bisagra, gonce, pernio.
gorar.- *(gorar)* v. malograr, frustrar; inutilizar.
gordo.- *(gordu)* adj. gordo, graso, untoso.
gorducho.- *(gorduchu)* adj. rechoncho, regordete, gordiflón.
gordura.- *(gordura)* s. gordura, grasa, lardo, manteca, saín, sebo.
gordurento.- *(gordurentu)* adj. graso, pringoso.
gorduroso.- *(gordurôz'u)* adj. gorduroso.
gorila.- *(gurila)* s. gorila.
gorjear.- *(gorjhear)* v. gorjear, trinar.
gorjeio.- *(gorjhêiu)* s. gorjeo, trino.
gorjeta.- *(gurjhêta)* s. propina.
gorro.- *(gôr'u)* s. gorro.
gosma.- *(gosma)* s. pepita, gargajo.
gostar.- *(gostar)* v. gustar, encontrar buen sabor. / sentir placer. / tener amistad, simpatizar. / juzgar bueno, aprobar. / tener el hábito de, soler. / P. estimarse mutuamente.
gosto.- *(gôstu)* s. gusto, paladar. / sabor. / placer, satisfacción. / criterio, opinión.
gostosão.- *(gostoz'ãu)* s. Bras. Arg. hombre atrayente, guaperas, coquetón.
gostoso.- *(gostôz'u)* adj. sabroso, que da gusto, gustoso, agradable. / Bras. Arg. se dice de persona muy atrayente, sensual.
gostosura.- *(gostoz'ura)* s. Bras. Fam. algo rico, gustoso. / delicia.
gota.- *(gôta)* s. gota. / Med. gota.
goteira.- *(gotêra)* s. gotera.
gotejar.- *(gotejhar)* v. gotear.
gótico.- *(gótchiku)* adj. gótico,
gotícula.- *(gotchikula)* s. gotita, gota pequeña.
governador.- *(gov'ernadôr)* s. gobernador.
governanta.- *(governanta)* s. ama, aya, gobernanta.
governar.- *(governar)* v. gobernar, dirigir, imperar, manejar, regir. / P. cuidar de sus intereses.
governo.- *(govêrnu)* s. gobierno, estado. / administración. / dominio, control. / freno, dirección.
gozação.- *(goz'asãu)* s. Bras. Fam. escarnio, ironía, burla, mofa.
gozado.- *(goz'adu)* adj. disfrutado. / Bras. extraño, raro. / Bras. Arg. que tiene gracia.
gozador.- *(goz'adu)* adj. burlón, irónico.
gozar.- *(goz'ar)* v. gozar, poseer, tener. / aprovechar, disfrutar. / Bras. Fam. reírse de algo. / Bras. Fam. sentir placer. / v. experimentar placer. / encontrar algo gracioso.
gozo.- *(gôz'u)* s. goce, gozo, placer, posesión.
grã.- *(grã)* adj. gran.
graça.- *(grasa)* s. gracia, beneficio. / indulto. / belleza, elegancia, donaire, garbo. / chiste, broma. / el nombre de bautizo. / gracia divina. / * de graça: gratis.
graças.- *(grasas)* interj. expresa satisfacción, alivio.
gracejar.- *(grasejhar)* v. gracejar, bromear, decir chistes.
gracejo.- *(grasêjhu)* s. chiste, gracejo.
gracioso.- *(grasiôz'u)* adj. gracioso.
gradação.- *(gradasãu)* s. gradación.
grade.- *(grádji)* s. red, reja, verja.
gradear.- *(gradjiar)* v. enrejar.

gradil.- *(gradíu)* s. Bras. verja poco alta.
grado.- *(gradu)* s. premio, galardón. / voluntad, gusto. / usado en la loc. adv. *de bom grado: de buena voluntad, y *de mau grado: de mala voluntad.
graduação.- *(graduasãu)* s. Bras. graduación (enseñanza universitaria). / jerarquía social, categoría.
graduado.- *(graduadu)* adj. Bras. graduado (universitario).
gradual.- *(graduáu)* adj. gradual.
graduar.- *(graduar)* v. graduar. / P. graduarse.
grafia.- *(grafia)* s. grafía, ortografía.
gráfico.- *(gráfiku)* s. gráfico.
grã-fino.- *(grã finu)* s. Bras. persona rica, elegante, refinado, fino.
grafita.- *(grafita)* s. grafito.
grafitar.- *(grafitar)* v. hacer grafitos.
grafite.- *(grafitchi)* s. min. / grafito o plombagina.
grafiteiro.- *(grafitêru)* s. el que hace pintadas.
grafologia.- *(grafolojhía)* s. grafología.
gralha.- *(gralla)* s. grajo.
grama.- *(grama)* s. gramo (unidad de medida de masa). / yerba, césped.
gramado.- *(gramadu)* adj. y s. Bras. terreno cubierto de césped.
gramar.- *(gramar)* v. Bras. plantar césped. / 2ª v. soportar, aguantar.
gramática.- *(gramátchika)* s. gramática.
gramofone.- *(gramofôni)* s. gramófono, fonógrafo.
grampeador.- *(grampiador)* s. grapadora.
grampear.- *(grampiar)* v. grapar. / Bras. aplicar alteraciones en un teléfono para realizar escuchas clandestinas.
grampo.- *(grampu)* s. horquilla (de cabello femenino). / grapa. / Bras. instalación que interfiere en las llamadas de la línea de teléfono que se quiere controlar, con el fin de que se puedan oir y / o gravar conversaciones.
grana.- *(grana)* s. Bras. Arg. dinero.
granada.- *(granada)* s. granada (arma militar).
grande.- *(grandji)* adj. grande, extenso, largo, crecido, poderoso, intenso, bueno, magnífico.
grandeza.- *(grandêz'a)* s. grandeza.
grandiloqüência.- *(grandjloküênsia)* s. grandilocuencia; gran elocuencia.
grandiosidade.- *(granjhioz'idadji)* s. grandiosidad.
grandioso.- *(grandjiôz'u)* adj. grandioso.
granel.- *(granéu)* s. granel. * a granel: en gran cantidad.
granito.- *(granitu)* s. granito.
granizo.- *(graniz'u)* s. granizo.
granja.- *(granjha)* s. granja, alquería, cortijo, chacra, rancho.
granjear.- *(granjhiar)* v. granjear, conseguir simpatía, conquistar, atraer.
granjeiro.- *(granjhêru)* s. granjero.
granular.- *(granular)* adj. granular. / v. granular, granear.
grão.- *(grãu)* s. grano, semilla. / adj. gran.
grão-de-bico.- *(grãu dji biku)* s. garbanzo.
grasnar.- *(grasnar)* v. graznar, gañir.
grasnido.- *(grasnidu)* s. graznido.
grassar.- *(grasar)* v. correr, extenderse, propagarse (una epidemia, una novedad).
gratidão.- *(gratchidãu)* s. gratitud, agradecimiento.
gratificação.- *(gratchifikasãu)* s. gratificación, propina, sobresueldo.
gratificar.- *(gratchifikar)* v. gratificar, remunerar, retribuir.
gratinar.- *(gratchinar)* v. gratinar.
grátis.- *(grátchis)* adj. gratis.
grato.- *(gratu)* adj. grato, agradable.
gratuito.- *(gratúitu)* adj. gratuito.
grau.- *(gráu)* s. grado.
graúdo.- *(graúdu)* adj. grande, crecido. / importante, influyente.
gravação.- *(grav'asãu)* s. grabación.
gravado.- *(grav'adu)* adj. inscrito.
gravador.- *(grav'adôr)* s. grabador, magnetofón.
gravar.- *(grav'ar)* v. grabar, entallar. / imprimir, inscribir. / filmar. / Inform. grabar. / 2ª v. sobrecargar (impuestos) .
gravata.- *(grav'ata)* s. corbata.
grave.- *(grav'i)* adj. grave, serio, severo. / doloroso. / intenso.
graveto.- *(gravêtu)* s. ramojo, ramulla, chavasca; astilla, fragmento de leña.
gravidade.- *(grav'idadji)* s. gravedad, seriedad, severidad.
gravidez.- *(grav'idês)* s. gestación, gravidez, preñez.
gravitação.- *(grav'itasãu)* s. gravitación.
gravitar.- *(grav'itar)* v. gravitar.
gravura.- *(grav'ura)* s. grabado.
graxa.- *(grásch a)* s. engrase, betún.
grega.- *(grega)* s. greca, adorno.
gregário.- *(gregáriu)* adj. gregario.
grego.- *(grêgu)* adj. griego.
grei.- *(grei)* s. grey.
grelha.- *(grélla)* s. barbacoa, rejilla.
grelhar.- *(grellar)* v. asar a la parrilla.
grelo.- *(grélu)* s. grelo, brote, nuevo tallo.
grêmio.- *(grêmiu)* s. gremio, club, círculo.
grená.- *(grená)* adj. y s. granate.
grenha.- *(grêña)* s. greña.
greta.- *(grêta)* s. grieta, fisura, raja, hendidura
gretar.- *(gretar)* v. agrietar, resquebrajar, abrir rijas.
greve.- *(grév'i)* s. huelga.
grevista.- *(grevista)* s. huelguista.
grifar.- *(grifar)* v. destacar palabra escrita, subrayar, poner en cursiva.
grilado.- *(griladu)* adj. Bras. Arg. vivamente preocupado o perturbado con algo. / mosqueado.
grilar.- *(grilar)* v. Bras. Fam. molestar(se), mosquear(se), preocupar(se).
grileiro.- *(grilêru)* s. Bras. individuo que intenta apoderarse de tierras ajenas, falseando escrituras de propiedad.
grilhão.- *(grillãu)* s. brete, cadena metálica.
grilo.- *(grilu)* s. grillo. / Bras. Fam. preocupación, mosqueo. / Bras. Arg. complicación, problema. / Bras. Fam. manía.

grinalda.- *(grináuda)* s. guirlanda, cenefa, festón.
gripar.- *(gripar)* v. intr. contraer la gripe. / v. refl. Bras. resfriarse.
gripe.- *(grípi)* s. Med. gripe, resfriado.
grisalho.- *(griz'állu)* adj. entrecano.
gritar.- *(gritar)* v. exclamar, gritar, vocear.
gritaria.- *(gritaría)* s. griterío, jarana.
grito.- *(gritu)* s. grito, berrido.
grogue.- *(grógui)* adj. algo mareado, como si estuviese borracho.
groselha.- *(groz'élla)* s. grosella.
grosseiro.- *(grosêru)* adj. grosero, basto, ordinario, descortés, insolente, inculto.
grosseria.- *(grosería)* s. grosería, descortesía, incorrección.
grosso.- *(grôsu)* adj. espeso, grueso, voluminoso. / s. la mayor parte.
grossura.- *(grosura)* s. espesor, grosor. / Bras. Arg. acto o expresión grosera.
grotesco.- *(grotêsku)* adj. grotesco.
grua.- *(grúa)* s. grúa.
grudar.- *(grudar)* v. encolar, pegar.
grude.- *(grudji)* s. cola, engrudo.
grudento.- *(grudentu)* adj. pegajoso.
grumete.- *(grumetchi)* s. Mar. grumete.
grumo.- *(grumu)* s. grumo, grano. / coágulo.
grunhido.- *(gruñídu)* s. gruño.
grunhir.- *(gruñir)* v. gruñir.
grupo.- *(grúpu)* s. clase, grupo, pandilla, peña.
gruta.- *(gruta)* s. gruta, caverna, cripta, cueva.
guache.- *(guáschi)* s. témpera.
guanaco.- *(guanaku)* s. guanaco.
guano.- *(guanu)* s. guano.
guapo.- *(guapu)* adj. atrevido, bonito, guapo.
guaraná.- *(guaraná)* s. Bras. grande isipó de la selva amazónica, cuya cápsula ofrece una semilla rica en sustancias excitantes; guaraná, bebida hecha con el polvo de esa semilla.
guarani.- *(guaraní).* adj. y s. guaraní.
guarda.- *(guarda)* s. guarda, cuidado, amparo. / s. guardián, guarda. / policía, carcelero. / guardia de tráfico.
guarda-costas.- *(guarda kóstas)* s. guardaespaldas.
guarda-chuva.- *(guarda-schuv'a)* s. paraguas.
guarda-florestal.- *(guarda florestáu)* s. guarda bosques.
guardanapo.- *(guadanapu)* s. servilleta.
guarda-pó.- *(guarda pó)* s. guardapolvo.
guardar.- *(guardar)* v. guardar, conservar, cuidar, custodiar, retener, tener.
guarda-roupa.- *(guarda rôpa)* s. guardarropa, ropero.
guarda-sol.- *(guarda sóu)* s. parasol, sombrilla.
guardião.- *(guardjiãu)* s. guardián.
guarida.- *(guarida)* s. guarida.
guarita.- *(guarita)* s. garita.
guarnecer.- *(guarnesêr)* v. guarnecer, adornar.
guarnição.- *(gurnisãu)* s. guarnición.
guatemalteco.- *(guatemautéku)* adj. guatemalteco.
gude.- *(gudji)* s. canica.
guedelha.- *(guedêlla)* s. melena larga y despeinada.
gueixa.- *(guêischa)* s. geisha.
guelra.- *(guéur'a)* s. Zool. agalla.
guerra.- *(guér'a)* s. guerra.
guerrear.- *(guer'ear)* v. batallar, conflagrar, guerrear.
guerreiro.- *(guer'êru)* adj. guerrero, belicoso.
guerrilha.- *(guer'illa)* s. guerrilla.
guerrilheiro.- *(guer'illêru)* s. guerrillero.
gueto.- *(guêtu)* s. gueto.
guia.- *(guía)* s. guía, conductor, líder, mentor. / libro, publicación de instrucciones.
guiar.- *(guiar)* v. guiar, aconsejar, dirigir, orientar, regir. / Bras. conducir coche. / P. dirigirse.
guichê.- *(guischê)* s. ventanilla.
guidom.- *(guidón)* s. manillar.
guilhotina.- *(guillotchina)* s. guillotina.
guimba.- *(guinba)* Bras. Pop. colilla del cigarrillo y del puro.
guinada.- *(guinada)* s. Mar. desvío de la ruta de la embarcación; cambio profundo, radical y / o súbito, en situación, actitud, etc.
guinar.- *(guinar)* v. cambiar el rumbo de la embarcación. / cambiar de actitud, posición, etc.
guinchar.- *(guinschar)* v. chillar, chirriar.
guincho.- *(guinschu)* s. aullido, chillido. / 2ª s. pequeña grúa. / Bras. vehículo con grúa para remover coches.
guindaste.- *(guindastchi)* s. cabria, grúa.
guirlanda.- *(guirlânda)* s. guirnalda.
guisa.- *(guiz'a)* s. modo, manera. / *à guisa de: a modo de.
guisado.- *(guiz'adu)* s. cazuela, estofado, guisado, guiso.
guisar.- *(guiz'ar)* v. guisar.
guitarra.- *(guitar'a)* s. guitarra eléctrica.
guizo.- *(guiz'u)* s. cascabel.
gula.- *(gula)* s. glotonería, gula, voracidad.
gulodice.- *(gulodjisi)* s. ambucia, golosina.
guloseima.- *(gulozêima)* s. golosina.
guloso.- *(gulôz'u)* adj. goloso, voraz.
gume.- *(gúmi)* s. filo.
guri.- *(gurí)* s. Bras. niño.
gurizada.- *(guriz'ada)* s. gran cantidad de niños y niñas.
guru.- *(gurú)* s. gurú.
gustação.- *(gustasãu)* s. gustación. / acto de probar.
gutural.- *(guturáu)* adj. gutural.

H

h.- *(agá)* s. octava letra del abecedario portugués.
hã.- *(ã)* interj. indica reflexión, admiración.
hábil.- *(ábiu)* adj. hábil, apto, astuto, diestro, dispuesto.
habilidade.- *(abilidadji)* s. habilidad, aptitud, destreza, pericia.
habilidoso.- *(abilidôz'u)* adj. habilidoso.
habilitações.- *(abilitasõis)* s. pl. habilitaciones, conjunto de conocimientos.
habilitado.- *(abilitadu)* adj. habilitado, aprobado, capacitado.
habilitar.- *(abilitar)* v. habilitar.
habitação.- *(abitasãu)* s. morada, lugar donde se vive.
habitante.- *(abitantchi)* s. habitante.
habitar.- *(abitantchi)* v. habitar, morar, ocupar, residir, vivir.
hábitat.- *(ábitat)* s. hábitat.
habitável.- *(abitáveu)* adj. habitable.
habite-se.- *(habítisi)* s. cédula de habitabilidad. / documento suministrado por el poder municipal en el que se autoriza la ocupación y uso de edificio recién terminado o reformado.
hábito.- *(ábitu)* s. costumbre, hábito, rutina, uso. / traje de monja o fraile.
habituado.- *(abituádu)* adj. habituado, acostumbrado.
habitual.- *(abituáu)* adj. corriente, habitual, común, ordinario, usual.
habituar.- *(abituar)* v. y p. habituar(se), acostumbrar(se), familiarizar(se).
haitiano.- *(aitchianu)* adj. haitiano.
hálito.- *(álitu)* s. hálito, aliento.
halo.- *(alu)* s. aura, halo. / Fig. gloria, prestigio.
haltere.- *(autéri)* s. pesas.
hall.- *(óu) s.* Ing. hall.
handebol.- *(andebol)* s. balonmano.
hangar.- *(angár)* s. hangar.
haraquiri.- *(araquíri)* s. harakiri.
hardware.- *(árducr)* s. Inform. hardware.
harém.- *(arén)* s. harén, harén, serrallo.
harmonia.- *(armonía)* s. armonía, comunión, concordia, fraternidad.
harmônica.- *(armônika)* s. acordeón, armónica.
harmônico.- *(armôniku)* adj. armónico,
harmônio.- *(armôniu)* s. armonio.
harmonioso.- *(armoniôz'u)* adj. armonioso.
harmonizar.- *(armoniz'ar)* v. armonizar, conciliar, congeniar, entonar, equilibrar.
harpa.- *(arpa)* s. arpa.
harpear.- *(arpear)* v. tocar el arpa.
harpejar.- *(arpejhar)* v. intr. harpear.
harpia.- *(arpía)* s. harpía, arpía.
hasta.- *(asta)* s. lanza. / subasta. / *hasta pública: venta de bienes en subasta pública.
haste.- *(astchi)* s. asta, mástil, tallo.
hastear.- *(astchiar)* v. izar, enarbolar.
haurir.- *(aurir)* v. sorber. / agotar. / sacar fuera de lugar profundo.
havaiano.- *(av'aianu)* adj. hawaiano.
havana.- *(av'ana)* s. habano.
havano.- *(av'ana)* adj. habano, cubano. / s. puro habano.
haver.- *(av'er)* v. haber. / Us. como tener, poseer. / existir. / ocurrir. / realizarse. / s. Haber (parte de crédito en escrituración comercial).
haveres.- *(av'eris)* s. pl. bienes, riqueza, fortuna.
haxixe.- *(aschischi)* s. hachís, haxix.
hebdomadário.- *(ebdomadáriu)* adj. hebdomadario, semanal. / s. publicación semanal.
hebraico.- *(ebráiku)* adj. hebraico, hebreo.
hebreu – (ebrêu) s. hebreo.
hecatombe.- *(ekatômbi)* s. hecatombe.
hectare.- *(ektári)* s. hectárea.
hediondo.- *(edjiôndu)* adj. hediondo.
hedonismo.- *(edonismu)* s. hedonismo.
hegemonia.- *(ejhemonía)* s. hegemonía.
hélice.- *(élisi)* s. hélice.
helicóptero.- *(elikópteru)* s. helicóptero.
heliporto.- *(elipôrtu)* s. helipuerto.
hem.- *(êin)* interj. denota no haber oído bien, la persona, lo que le dijeron o haberse extrañado o indignado.
hematite.- *(ematchiti)* s. hematites, mineral de hierro.
hematoma.- *(ematôma)* s. Med. hematoma.
hematose.- *(ematóz'i)* s. hematosis.
hemeroteca.- *(emerotéka)* s. hemeroteca.
hemiplegia.- *(emiplejhia)* s. Med. hemiplejía.
hemisfério.- *(emisfériu)* s. hemisferio.
hemofilia.- *(emofilía)* s. hemofilia.
hemoglobina.- *(emoglobina)* s. hemoglobina.
hemoptise.- *(emoptchíz'i)* s. Med. hemoptisis.
hemorragia.- *(emor'ajhía)* s. Med. hemorragia.
hemorróida o hemorróide.- *(emor'óida ou emor'óidi)* s. Pat. hemorroide, almorrana.
hepático.- *(epátchiku)* adj. hepático.
hepatite.- *(epatcihtchi)* s. Med. hepatitis.
hera.- *(éra)* s. hiedra, yedra.
heráldica.- *(eráudjika)* adj. heráldica.
herança.- *(erânsa)* s. herencia.
herbário.- *(erbáriu)* s. herbario.
herbicida.- *(erbisida)* adj. s. herbicida.
herbívoro.- *(erbív'oru)* adj. herbívoro.
hercúleo.- *(erkúleo)* adj. hercúleo.
herdade.- *(erdadji)* s. heredad, hacienda.
herdar.- *(erdar)* v. heredar.
herdeiro.- *(erdêru)* s. sucesor. / 2ª s. heredero. / Fam. hijo.
hereditário.- *(eredjita'riu)* adj. hereditario.

herege.- *(eréjhi)* s. hereje.
heresia.- *(erez'ía)* s. herejía.
herético.- *(erétchiku)* adj. herético, hereje.
hermafrodito.- *(ermafrodjita)* adj. y s. individuo, animal o planta dotado de órganos reproductores de los dos sexos.
hermético.- *(ermétchiku)* adj. hermético, impenetrable.
hérnia.- *(érnia)* s. Med. hernia.
herói.- *(erói)* s. campeón, héroe.
heróico.- *(eróiku)* adj. heroico.
heroína.- *(eroína)* s. heroína. / substancia química derivada de la morfina.
heroísmo.- *(eroísmu)* s. heroísmo.
herpes.- *(érpís)* s. pl. Med. herpes.
hertz.- *(érts)* s. Fís. hertz.
hesitação.- *(ez'itasãu)* s. hesitación, incertidumbre, vacilación.
hesitar.- *(ez'itar)* vt. y v. intr. hesitar, fluctuar, vacilar.
heterodoxia.- *(eterodoksía)* s. heterodoxia.
heterogêneo.- *(eterojhêniu)* adj. heterogéneo.
heterônimo.- *(eterônimu)* adj. heterónimo. / dícese del libro firmado con el nombre de persona que no es el autor.
heterossexual.- *(eteroseksuáu)* adj. heterosexual.
heureca.- *(euréka)* interj. ¡eureka!
hexagonal.- *(ez'agonáu)* adj. Geom. hexagonal.
hexágono.- *(ez'agonu)* s. hexágono.
hiato.- *(iatu)* s. Gram. hiato.
hibernação.- *(ibernasãu)* s. hibernación.
hibernar.- *(ibernar)* vintr. hibernar.
híbrido.- *(íbridu)* adj. híbrido.
hidratação.- *(idratasãu)* s. hidratación.
hidratar.- *(idratar)* v. hidratar.
hidráulico.- *(idráuliku)* adj. hidráulico.
hidravião.- *(idrav'iãu)* s. hidroavión.
hidreléctrica.- *(idrelétrika)* s. hidroeléctrica.
hidrofobia.- *(idrofobía)* s. hidrofobia, rabia.
hidrófobo.- *(idrófobo)* adj. rabioso.
hidrogênio.- *(idrojhêniu)* s. hidrógeno.
hidrografia.- *(idrografía)* s. hidrografía.
hidrosfera.- *(idrosféra)* s. hidrosfera.
hidroterapia.- *(idroterápia)* s. hidroterapia.
hiena.- *(iêna)* s. hiena.
hierarquia.- *(ierarquía)* s. jerarquía.
hierárquico.- *(ierárquiku)* adj. jerárquico.
hieróglifo.- *(ieróglifu)* s. jeroglífico.
hífen.- *(ífen)* s. señal gráfica, guión.
higiene.- *(ijhiêni)* s. higiene, sanidad.
higiênico.- *(ijhiêniku)* adj. higiénico.
higienista.- *(kijhienista)* s. higienista.
higrometria.- *(idrometría)* s. higrometría.
hilariante.- *(ilariantchi)* adj. hilarante.
hilaridade.- *(ilaridadji)* s. hilaridad.
hímen.- *(ímen)* s. Anat. himen, virgo.
hindu.- *(indú)* adj. y s. hindú.
hino.- *(ínu)* s. himno, canto, cántico.
hipérbole.- *(ipérboli)* s. hipérbole.
hipersensível.- *(ipersensív'eu)* adj. hipersensible.
hipertensão.- *(ipertensãu)* s. Med. hipertensión.
hipertrofia.- *(ipertrofía)* s. hipertrofia.
hípico.- *(ípiku)* adj. hípico.
hipismo.- *(ipismu)* s. hipismo.
hipnose.- *(ipnóz'i)* s. hipnosis.
hipnotizar.- *(ipnotchiz'ar)* v. hipnotizar.
hipocondria.- *(ipokondría)* s. hipocondría.
hipocrisia.- *(ipokriz'ia)* s. hipocresía.
hipócrita.- *(ipókrita)* adj. hipócrita.
hipodérmico.- *(ipodérmiku)* adj. hipodérmico.
hipódromo.- *(ipódromu)* s. hipódromo.
hipopótamo.- *(ipopótamu)* s. hipopótamo.
hipoteca.- *(ipoteka)* s. hipoteca.
hipotecar.- *(ipotekar)* v. hipotecar. / Fam. garantizar, asegurar.
hipótese.- *(ipótez'i)* s. hipótesis, suposición.
hipotético.- *(ipotétchiku)* adj. hipotético.
hirto.- *(irtu)* adj. rígido, yerto.
hispânico.- *(ispâniku)* adj. hispánico.
hispano-americano.- *(ispanu amerikanu)* adj. y s. hispanoamericano.
histeria.- *(istería)* s. histeria, histerismo.
histérico.- *(istériku)* adj. histérico.
histerismo.- *(isterismu)* s. histeria.
história.- *(istória)* s. historia, narrativa, trama, intriga. / *história em quadrinhos: cómic.
historiador.- *(istoriador)* s. historiador
historiar.- *(istoriar)* v. historiar, narrar.
histórico.- *(istóriku)* adj. histórico.
historieta.- *(kistoriêta)* s. cuento corto.
hodierno.- *(odjiérnu)* adj. actual, de los días de hoy.
hoje.- *(ojhi)* adv. hoy.
holandês.- *(olandês)* adj. y s. holandés.
holocausto.- *(olokaustu)* s. holocausto.
holofote.- *(olofótchi)* s. proyector de luz, foco eléctrico.
homem.- *(omen)* s. hombre, varón.
homenageado.- *(omenajhiádu)* adj. homenajeado.
homenagear.- *(omenajhiar)* v. homenajear.
homenagem.- *(omenájhen)* s. homenaje.
homeopatia.- *(omeopatchía)* s. homeopatía.
homeopático.- *(omeopátchiku)* adj. homeopático.
homicida.- *(omisida)* s. homicida.
homicídio.- *(omisídjiu)* s. homicidio.
homogeneizar.- *(omojheneiz'ar)* v. y p. hacer(se) homogéneo.
homogêneo.- *(omojhêniu)* adj. homogéneo.
homologar.- *(omologar)* v. homologar, confirmar.
homólogo.- *(omólogu)* adj. homólogo.
homônimo.- *(omônimu)* adj. homónimo. / s. tocayo.
homossexual.- *(omoseksuáu)* adj. y s. homosexual.
homúnculo.- *(omúnkulu)* s. homúnculo.
honestidade.- *(onestchidadji)* s. honestidad, honra, pudor, recato.
honesto.- *(onéstu)* adj. honesto, decente, digno, honrado.
honorário.- *(onoráriu)* adj. honorario, honorífico.
honorários.- *(onorarius)* s. pl. sueldo.
honorífico.- *(onorífiku)* adj. honorífico.
honra.- *(onr'a)* s. honor, honra.
honradez.- *(onr'adês)* s. honradez.
honrado.- *(onr'adu)* adj. honorable, honrado.

honrar.- *(onr'ar)* v. honrar, dignificar, distinguir, glorificar.
hora.- *(ora)* s. hora. / momento, ocasión. / tiempo exacto.
horário.- *(oráriu)* s. horario.
horda.- *(órda)* s. horda, chusma, bando indisciplinado.
horista.- *(orista)* adj. y s. se dice del empleado cuyo sueldo es calculado por horas y no por días.
horizontal.- *(oriz'ontáu)* adj. horizontal.
horizonte.- *(oriz'ontchi)* s. horizonte.
hormonal.- *(ormonáu)* adj. hormonal.
hormônio.- *(ormôniu)* s. hormona.
horóscopo.- *(oróskupu)* s. horóscopo.
horrendo.- *(or'endu)* adj. horrendo, horrible.
horripilante.- *(or'ipilantchi)* adj. espeluznante.
horripilar.- *(or'ipilar)* v. y p. horripilar(se), horrorizar(se).
horrível.- *(or'íveu)* adj. horrible, infernal, terrible.
horror.- *(or'or)* s. horror, terror.
horrorizar.- *(or'oriz'ar)* v. horrorizar.
horroroso.- *(or'oroz'u)* adj. horroroso.
horta.- *(orta)* s. huerta.
hortaliça.- *(ortalisa)* s. hortaliza, verdura.
hortelã.- *(ortelã)* s. hierbabuena, menta.
hortelão.- *(ortelãu)* s. hortelano.
hortelã-pimenta.- *(ortelã pimenta)* s. menta.
hortênsia.- (ortênsia) s. hortensia.
horticultor.- *(ortchikuutôr)* s. horticultor.
horticultura.- *(ortchikuutúra)* s. horticultura.
horto.- *(ôrtu)* s. huerto.
hospedagem.- *(ospedajhen)* s. hospedaje.
hospedar.- *(ospedar)* v. hospedar, albergar, alojar, aposentar, recibir.
hospedaria.- *(ospedaría)* s. hospedería, albergue, parador.
hóspede.- *(óspedji)* s. huésped.
hospício.- *(ospísiu)* s. hospicio, asilo. / manicomio. / lugar donde se recogen y tratan animales abandonados.
hospital.- *(ospitáu)* s. hospital, sanatorio.
hospitalar.- *(ospitalar)* adj. hospitalar, relativo a hospitales y hospicios.
hospitaleiro.- *(ospitalêru)* adj. acogedor, hospitalario.
hospitalidade.- *(ospitalidadji)* s. hospitalidad.
hospitalizar.- *(ospitaliz'ar)* v. hospitalizar.
hoste.- *(ostchi)* s. hueste.
hóstia.- *(óstchia)* s. hostia.
hostil.- *(ostchíu)* adj. hostil.
hostilidade.- *(ostchilidadji)* adj. hostilidad.
hostilizar.- *(ostchiliz'ar)* v. hostilizar.
hotel.- *(otéu)* s. hotel.
hoteleiro.- *(otelêru)* adj. y s. hotelero.
hulha.- *(ulla)* s. hulla. / carbón.
humanidade.- *(umanidadji)* s. humanidad.
humanidades.- *(umanidadjis)* s. pl. humanidades, estudio de la cultura clásica.
humanismo.- *(uminismu)* s. humanismo.
humanitário.- *(umanitáriu)* adj. humanitario.
humano.- *(umanu)* adj. humano.
humedecer.- *(umedeser)* v. humedecer.
humidade.- *(umidadji)* s. P. humedad.
húmido.- *(úmidu)* adj. P. húmedo.
humildade.- *(umiudadji)* s. humildad, modestia.
humilde.- *(umiudji)* adj. humilde, modesto.
humilhação.- *(umillasãu)* s. humillación.
humilhante.- *(umillantchi)* adj. humillante, degradante.
humilhar.- *(umillar)* v. degradar, humillar. / P. humillarse, degradarse.
humor.- *(umor)* s. humor.
humorismo.- *(umorismu)* s. humorismo.
humorista.- *(umorista)* s. humorista.
humorístico.- *(umorístchiku)* adj. humorístico.
húmus.- *(úmus)* s. humus.
húngaro.- *(úngaru)* adj. húngaro.
hurra.- *(ur'a)* interj. y s. exclamación de saludo o de entusiasmo. / grito de saludo de marineros.

I

i.- *(i)* s. novena letra del alfabeto portugués.
ianque.- *(iânqui)* adj. y s. yanqui, norteamericano.
iate.- *(iatchi)* s. yate.
ibérico.- *(ibériku)* adj. ibero, ibérico.
ibero.- *(ibéru)* adj. ibero. / s. íbero (antiguos habitantes de la Iberia).
ibero-americano.- *(ibéru amerikanu)* adj. y s. iberoamericano.
ibidem.- *(ibíden)* adj. en la misma obra, capítulo o página.
ibope.- *(ibópi)* (Instituto Brasileiro de Opinião Pública e Estatística). / s. índice obtenido mediante encuesta de opinión pública.
içar.- *(isar)* v. izar, levantar, alzar.
icebergue.- *(isebérgui)* s. iceberg.
ícone.- *(íkoni)* s. icono. / Inform. icono que simboliza una función.
iconoclasta.- *(ikonoklasta)* adj. y s. iconoclasta. / Fig. se dice de persona muy irreverente.
icterícia.- *(ikterísia)* s. Med. ictericia.
ida.- *(ida)* s. ida, jornada de ida.
idade.- *(idadji)* s. edad. / época de la vida. / época histórica. / tiempo, duración. / vejez.
ideal.- *(ideáu)* adj. ideal, relativo a la idea, imaginario. / s. ideal, aspiración, perfección.
idealismo.- *(idealismu)* s. idealismo.
idealizar.- *(idealiz'ar)* v. idealizar. / hacer ideal, fantasear. / imaginarse de modo ideal.
idear.- *(idear)* v. proyectar. / planear, idear. / delinear, concebir.
idéia.- *(idéia)* s. idea, imaginación. / proyecto, plan. / imaginación. / opinión, concepto. / mente, pensamiento. / recuerdo, memoria.
idem.- *(íden)* pron. ídem.
idêntico.- *(idêntchiku)* adj. idéntico, igual.
identidade.- *(identchidadji)* s. identidad.
identificação.- *(identchifikasãu)* s. identificación, reconocimiento.
identificar.- *(identchifikar)* v. identificar, reconocer. / P. identificarse.
ideologia.- *(ideolojhía)* s. ideología.
idílio.- *(idjíliu)* s. idilio.
idioma.- *(idjiôma)* s. idioma, habla, lengua, lenguaje.
idiomático.- *(idjiomátchiku)* adj. idiomático.
idiossincrasia.- *(idjiosinkraz'ía)* s. idiosincrasia.
idiota.- *(idjióta)* adj. idiota, imbécil, cretino, tonto.
idiotice.- *(idjiotchisi)* s. idiotez, imbecilidad, tontería.
idólatra.- *(idólatra)* adj. y s. idólatra.
idolatrar.- *(idolatrar)* v. idolatrar, adorar, amar con exceso.
ídolo.- *(ídolu)* s. ídolo.
idôneo.- *(idôniu)* adj. idóneo, adecuado, apto.
idos.- *(idus)* s. pl. los tiempos, los días pasados.
idoso.- *(idôz'u)* adj. y s. mayor, viejo.
igarapé.- *(igarapé)* s. Bras. Amaz. pequeño río que es generalmente navegable.
iglu.- *(iglú)* s. iglú.
ígneo.- *(ígniu)* adj. ígneo.
ignição.- *(ignisãu)* s. ignición.
ignóbil.- *(inóbiu)* adj. innoble.
ignomínia.- *(ignomínia)* s. ignominia, oprobio.
ignorância.- *(ignorânsia)* s. ignorancia.
ignorante.- *(ignorantchi)* adj. ignorante, analfabeto, inculto.
ignorar.- *(ignorar)* v. ignorar.
ignoto.- *(ignôtu)* adj. ignoto, desconocido, obscuro.
igreja.- *(igrejha)* s. iglesia, templo cristiano.
igrejinha.- *(igrejhiña)* s. iglesia pequeña.
igual.- *(iguáu)* adj. igual, idéntico, constante.
igualar.- *(igualar)* v. y p. igualar(se), nivelar(se), aplanar(se), alisar(se).
igualdade.- *(iguaudadji)* s. igualdad.
igualitário.- *(igualitáriu)* adj. igualitario.
iguaria.- *(iguaría)* s. manjar delicado, apetitoso.
ih.- *(i)* interj. designa admiración, espanto, ironía o temor.
ilegal.- *(ilegáu)* adj. ilegal, ilícito.
Ilegalidade.- *(ilegalidadji)* s. ilegalidad.
ilegítimo.- *(ilejhítimu)* adj. ilegítimo.
ilegível.- *(ilejhív'eu)* adj. ilegible.
ileso.- *(ilêz'u)* adj. ileso, indemne, intacto, salvo.
iletrado.- *(iletradu)* adj. analfabeto, iletrado.
ilha.- *(illa)* s. isla.
ilhar.- *(illar)* v. y p. aislar(se).
ilhéu.- *(illéu)* adj. y s. isleño.
ilhó.- *(illó)* s. ojete, orificio por donde se mete cinta o cordón.
ilícito.- *(ilísitu)* adj. ilegal, ilícito.
ilimitado.- *(ilimitadu)* adj. ilimitado, infinito, indefinido.
ilógico.- *(ilójhiku)* adj. ilógico, absurdo.
iludir.- *(iludjir)* v. iludir, timar, engañar, estafar. / engatusar. / v. refl. engañarse, ilusionarse.
iluminação.- *(iluminasãu)* s. iluminación, alumbrado.
iluminado.- *(iluminadu)* adj. iluminado, alumbrado. / s. individuo que se juzga inspirado.
iluminar.- *(iluminar)* v. iluminar, alumbrar, clarificar, esclarecer, inspirar, ilustrar.
ilusão.- *(iluz'ãu)* s. ilusión, ensueño, engaño.
ilusionista.- *(iluz'ionista)* s. ilusionista, prestidigitador.
iluso.- *(iluz'u)* adj. iluso.
ilusório.- *(iluz'óriu)* adj. ilusorio, falso, engañoso, aparente, vano, irrealizable.
ilustração.- *(ilustrasãu)* s. ilustración, sabiduría. / grabado, ilustración.

ilustrar.- *(ilustrar)* v. ilustrar, instruir, glorificar. / adornar con ilustraciones. / P. adquirir conocimientos, instruirse.
ilustre.- *(ilustri)* adj. ilustre, célebre, noble, insigne.
ímã.- *(imã)* s. Fís. imán.
imaculado.- *(imakuladu)* adj. inmaculado, puro, inocente.
imagem.- *(imajhen)* s. imagen.
imaginação.- *(imajhinasãu)* s. imaginación, fantasía, inventiva.
imaginar.- *(imajhinar)* v. idear, imaginar. / suponer, pensar. / P. juzgarse, imaginarse.
imaginário.- *(imajhináriu)* adj. imaginario, irreal, ficticio. / s. el que confecciona imágenes.
imanente.- *(imanentchi)* adj. inmanente.
imaterial.- *(imateriáu)* adj. incorpóreo, inmaterial.
imaturo.- *(imaturu)* adj. inmaturo.
imbecil.- *(inbesíu)* adj. y s. imbécil, idiota, tonto.
imbecilidade.- *(inbesilidadji)* s. imbecilidad.
imberbe.- *(inberbi)* adj. imberbe.
imbricado.- *(inbrikadu)* adj. imbricado.
imbricar.- *(inbrikar)* v. y p. disponer(se) cosas de modo imbricado.
imbuir.- *(inbuir)* v. imbuir, embeber.
imediação.- *(imediasãu)* s. inmediación.
imediações.- *(imeidasõis)* s. pl. inmediaciones, proximidades, vecindario, alrededores.
imediato.- *(imedjiatu)* adj. inmediato, consecutivo, próximo, cercano. / s. funcionario de categoría inmediatamente inferior a la del jefe y que le sustituye en su ausencia.
imemorável.- *(imemoráveu)* adj. inmemorable, inmemorial, antiquísimo.
imensidade.- *(imensidadji)* s. inmensidad.
imensidão.- *(imensidãu)* s. inmensidad.
imenso.- *(imensu)* adj. inmenso.
imergir.- *(imerjhir)* v. inmergir, sumergir, zambullir.
imersão.- *(imersãu)* s. inmersión.
imerso.- *(imérsu)* adj. inmerso.
imigração.- *(imigrasãu)* s. inmigración.
imigrar.- *(imigrar)* v. inmigrar.
iminente.- *(iminentchi)* adj. inminente.
imiscuir-se.- *(imiskuirsi)* v. inmiscuirse, entrometerse.
imitação.- *(imitasãu)* s. imitación, copia, plagio.
imitar.- *(imitar)* v. imitar, parodiar, copiar, plagiar, remedar.
imobiliária.- *(imobiliária)* s. Bras. inmobiliaria.
imobilidade.- *(imobilidadji)* s. inmovilidad, inmoble.
imobilismo.- *(imobilismu)* s. inmovilismo.
imobilizar.- *(imobiliz'ar)* v. inmovilizar.
imodéstia.- *(imodéstchi)* s. inmodestia.
imodesto.- *(imodéstu)* adj. inmodesto.
imolar.- *(imolar)* v. inmolar. / P. sacrificarse.
imoral.- *(imoráu)* adj. inmoral.
imortal.- *(imortáu)* adj. inmortal. / s. Miembro de la Academia Francesa o de la Brasileña de Letras.
imortalizar.- *(imortaliz'ar)* v. y p. inmortalizar, eternizar, perpetuar.
imóvel.- *(imóv'eu)* adj. estático, inmóvil. / s. inmueble. / edificio, casa.
impaciência.- *(impasiênsia)* s. impaciencia.
impacientar.- *(impasientar)* v. y p. impacientar.
impaciente.- *(impasiêntchi)* adj. impaciente. / inquieto, agitado.
impacto.- *(impaktu)* s. impacto. / impresión muy fuerte.
impagável.- *(impagáv'eu)* adj. impagable. / muy chistoso, muy gracioso.
impalpável.- *(impaupáv'eu)* adj. impalpable, incorpóreo.
impaludismo.- *(impaludismu)* s. paludismo.
ímpar.- *(ínpar)* adj. impar.
imparcial.- *(inparsiáu)* adj. imparcial, ecuánime, justo, neutral.
imparcialidade.- *(imparsialidadji)* s. imparcialidad, neutralidad.
impasse.- *(inpási)* s. situación de la cual es difícil o imposible una salida favorable.
impassível.- *(impasív'eu)* adj. impasible, imperturbable, apático, insensible.
impávido.- *(inpáv'idu)* adj. valiente.
impecável.- *(impekáv'eu)* adj. impecable, irreprochable.
impedido.- *(impedjidu)* adj. impedido.
impedimento.- *(impedjimentu)* s. impedimento, obstáculo, estorbo.
impedir.- *(impedjir)* v. impedir, detener, embarazar, embargar, interrumpir.
impelir.- *(inpelir)* v. impeler, arrastrar, empujar, impulsar, propulsar. Incitar, instigar.
impenetrável.- *(inpenetráv'eu)* adj. impenetrable. / insondable, incomprensible.
imperador.- *(inperadôr)* s. emperador.
imperar.- *(inperar)* v. imperar.
imperativo.- *(inperatchivu)* adj. imperativo. / s. imposición, dictamen. / necesidad imperiosa
imperceptível.- *(inperseptchiv'eu)* adj. imperceptible.
imperdoável.- *(inperdoáv'eu)* adj. imperdonable.
imperecedouro.- *(inperesedôru)* adj. imperecedero.
imperecível.- *(inperesív'eu)* adj. imperecedero.
imperfeição.- *(inperfeisãu)* s. defecto, desperfecto, imperfección.
imperfeito.- *(inperfeitu)* adj. defectivo, defectuoso, imperfecto, incorrecto. / Gram. imperfecto.
imperial.- *(inperiáu)* adj. imperial.
imperialismo.- *(inperialismu)* s. imperialísmo.
imperialista.- *(inperialista)* adj. imperialista.
imperícia.- *(inperísia)* s. impericia.
império.- *(inpériu)* s. imperio, poderío, predominio.
imperioso.- *(inperioz'u)* adj. imperioso.
impermeabilizar.- *(inpermeabiliz'ar)* v. impermeabilizar.
impermeável.- *(inpermeáv'eu)* adj. impermeable.
impertinência.- *(inpertchinênsia)* s. impertinencia.
impertinente.- *(inpertchinentchi)* adj. impertinente, insolente, atrevido.
imperturbável.- *(inperturbáv'eu)* adj. imperturbable.
impessoal.- *(inpesuáu)* adj. impersonal. / Gram. se dice del verbo que no accpta sujeto, por lo tanto, sólo se conjuga en la tercera persona del sing. (anochecer, nevar).

ímpeto.- *(ínpetu)* s. impulso, ímpetu. / precipitación.
impetrar.- *(inpetrar)* interponer (un recurso). / rogar, suplicar.
impetuosidade.- *(inpetuoz'idadji)* s. impetuosidad.
impetuoso.- *(impetuôz'u)* adj. impetuoso, arrebatado, fogoso.
impingir.- *(inpinjhir)* v. obligar a aceptar, coaccionar.
ímpio.- *(ínpiu)* adj. impío, sin fe, ateo. / 2ª adj. impío, sin piedad, cruel.
implacável.- *(inplakáv'eu)* adj. implacable, inexorable.
implantação.- *(inplantasãu)* s. implantación.
implantar.- *(inplantar)* v. implantar.
implicação.- *(inplikasãu)* s. implicación.
implicância.- *(inplikânsia)* s. implicancia. / Fam. mala voluntad, manía.
implicar.- *(inplikar)* v. implicar. / dar a entender. / comprometer, envolver. / antipatizar. / ser incompatible. / P. comprometerse, implicarse.
implícito.- *(inplísitu)* adj. implícito, tácito, virtual.
implorar.- *(inplorar)* v. implorar, rogar, suplicar.
imponente.- *(inponentchi)* adj. imponente, arrogante, altivo.
impontual.- *(inpontuáu)* adj. que no es puntual.
impopular.- *(inpopular)* adj. impopular.
impor.- *(inpôr)* v. imponer. / P. imponerse.
importação.- *(inportasãu)* s. importación.
importância.- *(inportânsia)* s. importancia, gran valor, precio, interés, autoridad, prestigio.
importante.- *(inportantchi)* adj. importante, relevante.
importar.- *(inportar)* v. importar. / causar, implicar. / alcanzar (cierto precio o coste). / ser útil o provechoso, interesar. / P. hacer caso, dar importancia, importar.
importe.- *(inpórchi)* s. importe.
importunar.- *(inportunar)* v. importunar, incomodar, molestar, estorbar, aburrir.
importuno.- *(importunu)* adj. impropio, incómodo, molesto, importuno.
imposição.- *(inpoz'isãu)* s. imposición.
impossibilidade.- *(inposibilidadji)* s. imposibilidad.
impossibilitar.- *(inposibilitar)* v. imposibilitar, impedir.
impossível.- *(inposív'eu)* adj. imposible, inaccesible, insoportable.
imposto.- *(inpôstu)* s. impuesto, tributo, carga, contribución.
impostor.- *(inpostôr)* adj. y s. impostor, embustero, trapacero, mentiroso.
impostura.- *(inpostura)* s. impostura, hipocresía.
impotência.- *(inpotênsia)* s. impotencia, incapacidad, imposibilidad.
impotente.- *(inpotentchi)* adj. estéril, impotente.
impraticável.- *(inpratchikáveu)* adj. impracticable, imposible, intratable.
imprecação.- *(inprekasãu)* s. imprecación.
imprecar.- *(inprekar)* v. imprecar, pedir, suplicar. / v. maldecir.
imprecisão.- *(inpresiz'ãu)* s. imprecisión.
impreciso.- *(inpresiz'u)* adj. impreciso, ambiguo, borroso.
impregnação.- *(inpregnasãu)* s. impregnación, absorción, fecundación.
impregnar.- *(inpregnar)* v. impregnar, saturar. / embeber, empapar. Infundir, inculcar.
imprensa.- *(inprensa)* s. imprenta.
imprescindível.- *(inpresindjív'eu)* adj. imprescindible.
impressão.- *(inpresãu)* s. edición, impresión. / sensación. / vaga opinión.
impressionante.- *(inpresionantchi)* adj. impresionante, emocionante.
impressionar.- *(inpresionar)* v. impresionar emocionar. / P. impresionarse.
impresso.- *(inprésu)* adj. estampado, impreso. / s. impreso, folleto.
impressora.- *(inpresôra)* s. impresora.
imprestável.- *(inprestáv'eu)* adj. inservible, inútil, sin valor.
imprevidência.- *(inprev'idênsia)* s. imprevisión, descuido.
imprevisão.- *(inprev'iz'ãu)* s. imprevisión, imprudencia.
imprevisto.- *(inprev'istu)* adj. imprevisto, accidental, impensado, inesperado.
imprimir.- *(inprimir)* v. imprimir. / grabar, estampar.
ímprobo.- *(inprobo)* adj. ímprobo, malo, deshonesto.
improcedente.- *(inprosedentchi)* adj. improcedente, infundado.
improdutivo.- *(inprodutchiv'u)* adj. improductivo, estéril.
impropério.- *(inpropériu)* s. improperio, insulto, injuria.
impróprio.- *(inprópriu)* adj. impropio, inadecuado, inoportuno, inconveniente.
improvável.- *(inprov'av'eu)* adj. improbable.
improvisação.- *(inprov'iz'asãu)* s. improvisación,
improvisar.- *(inprov'iz'ar)* v. improvisar, inventar.
imprudência.- *(inprudênsia)* s. imprudencia, indiscreción, descuido, negligencia.
imprudente.- *(inprudentchi)* adj. imprudente, indiscreto, temerario.
impudico.- *(inpudjiku)* adj. impúdico.
impudor.- *(inpudôr)* s. impudor, cinismo, descaro.
impugnação.- *(inpugnasãu)* s. impugnación.
impugnar.- *(inpugnar)* v. impugnar, oponer.
impulsionar.- *(inpúusionar)* v. impulsar.
impulso.- *(inpúusu)* s. impulso. / instigación, estímulo, ímpetu.
impune.- *(inpuni)* adj. impune.
impunidade.- *(inpunidadji)* s. impunidad.
impureza.- *(inpurêz'a)* s. impureza, mácula, sordidez.
impuro.- *(inpuru)* adj. impuro.
imputar.- *(inputar)* v. imputar.
imundície.- *(imundjísii)* s. inmundicia, porquería, suciedad, basura.
imundo.- *(imundu)* adj. inmundo, sucio, asqueroso, obsceno.

imune.- *(imuni)* adj. inmune, exento, libre.
imunidade.- *(imunidadji)* s. inmunidad, exención, protección.
imunizar.- *(imuniz'ar)* v. inmunizar.
imutável.- *(imutáv'eu)* adj. inmutable.
inabalável.- *(inabaláv 'eu)* adj. inamovible, inalterable, inquebrantable, fijo, constante. / inexorable.
inábil.- *(inábiu)* adj. inhábil, torpe.
inabilitar.- *(inabilitar)* v. inhabilitar, incapacitar, inutilizar. / reprobar, o ser reprobado el examen o oposición.
inabitável.- *(inabitáveu)* adj. inhabitable.
inacabado.- *(inakabadu)* adj. inacabado, incompleto.
inaceitável.- *(inaseitáv'eu)* adj. inaceptable.
inacessível.- *(inasesív'eu)* adj. inaccesible, inexpugnable.
inacreditável.- *(inakredjitáv'eu)* adj. increíble, inverosímil.
inadequado.- *(inadecuadu)* adj. inadecuado, improcedente, impropio.
inadiável.- *(inadjiáv'eu)* adj. improrrogable.
inadmissível.- *(inadjimisív'eu)* adj. inadmisible.
inalar.- *(inalar)* v. aspirar, inhalar.
inalienável.- *(inalienáv'eu)* adj. inalienable, intransferible.
inalterável.- *(inauteráv'eu)* adj. inalterable, inmutable.
inamovível.- *(inamov'ív'eu)* adj. inamovible.
inanição.- *(inanisãu)* s. inanición.
inanimado.- *(inanimadu)* adj. inanimado, sin alma, sin vida.
inapetência.- *(inapetênsia)* s. desgana, inapetencia.
inapreciável.- *(inapresiáv'eu)* adj. inapreciable.
inapto.- *(ináptu)* adj. inepto, incapaz, inhábil.
inarticulado.- *(inartchikuladu)* adj. inarticulado.
inatingível.- *(inatchinjhív'eu)* adj. inalcanzable.
inativo.- *(inatchiv'u)* adj. inactivo, inerte, desocupado, jubilado.
inato.- *(inatu)* adj. congénito, innato.
inaudito.- *(inaudjitu)* adj. inaudito. / extraordinario, increíble.
inauguração.- *(inaugurasãu)* s. inauguración.
inaugural.- *(inauguráu)* adj. inaugural, inicial.
inaugurar.- *(inaugurar)* v. inaugurar, abrir, estrenar, fundar, iniciar.
inca.- *(ínka)* s. inca.
incabível.- *(inkabív'eu)* adj. que no tiene sentido, no puede ser aceptado.
incaico.- *(inkaiku)* adj. relativo a los incas.
incalculável.- *(inkaukuláv'eu)* adj. incalculable, ilimitado, incontable, inestimable.
incandescente.- *(inkandesentchi)* adj. incandescente.
incansável.- *(inkans'áv'eu)* adj. incansable, infatigable.
incapacidade.- *(inkapasidadji)* s. incapacidad, incompetencia, insuficiencia, inutilidad.
incapacitar.- *(inkapasitar)* v. y p. incapacitar(se).
incapaz.- *(inkapás)* adj. y s. incapaz, inepto, inhábil, insuficiente.
incauto.- *(inkáutu)* adj. incauto, imprudente.
incendiar.- *(insendjiar)* v. incendiar, abrasar, encender, inflamar.
incêndio.- *(insêndjiu)* s. incendio.
incensar.- *(insensar)* v. incensar.
incenso.- *(insênsu)* s. incienso.
incentivar.- *(insentchiv'ar)* v. estimular, incitar,
incentivo.- *(insentchiv'u)* s. incentivo, estímulo.
incerteza.- *(insertêz'a)* s. incertidumbre, duda,
incerto.- *(insértu)* adj. incierto, ambiguo, dudoso, improbable, inconstante.
incessante.- *(insesântchi)* adj. incesante, continuo.
incesto.- *(inséstu)* s. incesto.
incidente.- *(insidêntchi)* adj. incidente, accidente. / s. incidente.
incidir.- *(insidjir)* v. incidir, incurrir.
incineração.- *(insinerasãu)* s. cremación, incineración.
incinerar.- *(insinerar)* v. incinerar.
incipiente.- *(incipientchi)* adj. incipiente.
incisão.- *(insiz'ãu)* s. incisión, corte, hendidura.
incisivo.- *(insiz'iv'u)* adj. incisivo, mordaz. / Anat. diente incisivo.
inciso.- *(insiz'u)* s. inciso. / adj. inciso, cortado. / eficaz. / perentorio, conciso.
incitar.- *(insitar)* v. incitar, estimular, inducir, instigar, provocar.
inclemência.- *(inklemênsia)* s. inclemencia, dureza, crueldad.
inclinação.- *(inklinasãu)* s. declinación, inclinación, querencia, tendencia, vocación.
inclinar.- *(inklinar)* v. y p. inclinar(se), doblar(se), entornar(se), ladear(se), reclinar(se), recostar(se).
incluir.- *(inkluir)* v. incluir, comprender, contener. / P. incluirse, formar parte.
inclusão.- *(inkluz'ãu)* s. inclusión, inserción.
inclusive.- *(inkluz'iv'i)* adv. inclusive, incluso, aun, sin excepción.
incluso.- *(inkluz'u)* adj. incluido, alcanzado, comprendido.
incoerência.- *(inkoerênsia)* s. incoherencia.
incoerente.- *(inkoeréntchi)* adj. incoherente, discrepante.
incógnita.- *(inkógnita)* s. incógnita.
incolor.- *(inkolôr)* adj. incoloro.
incólume.- *(inkólumi)* adj. ileso, incólume, indemne.
incomodar.- *(inkomodar)* v. y p. incomodar(se), enfadar(se), enojar(se), fatigar(se), importunar(se), indisponer(se), molestar(se).
incomodidade.- *(inkomodjidadji)* s. incomodidad, inconveniencia, malestar.
incômodo.- *(inkômodu)* s. incomodidad, molestia, enfermedad ligera. / 2ª s. incomodidad, molestia, enfermedad ligera.
incomparável.- *(inkomparáv'eu)* adj. incomparable.
incompatível.- *(inkompatchív'eu)* adj. incompatible.
incompetência.- *(inkompetênsia)* s. incompetencia, inhabilidad.
incompleto.- *(inkomplétu)* adj. incompleto, no acabado.

incompreendido.- *(inkompreendjidu)* adj. no comprendido.
incompreensível.- *(inkonpreensív'eu)* adj. incomprensible, ininteligible, inconcebible.
incomunicável.- *(inkomunikáv'eu)* adj. incomunicable.
inconcebível.- *(inkonsebív'eu)* adj. inconcebible.
inconciliável.- *(inkonsiliáv'eu)* adj. inconciliable, incompatible.
incondicional.- *(inkondjisionáu)* adj. incondicional, absoluto.
inconfessável.- *(inkonfesáv'eu)* adj. inconfesable.
inconfidência.- *(inkonfidênsia)* s. falta de fidelidad hacia alguien, particularmente hacia el soberano o el Estado. / revelación de secreto confiado. / *inconfidência Mineira: conspiración por la independencia de Brasil a finales del siglo XVIII. / V. **conjura**.
inconfidente.- *(inkonfidentchi)* adj. el que es infiel. / el que divulga secretos que le confiaron. / cada uno de los ciudadanos que participaron en la Inconfidência Mineira (V). / s. individuo inconfidente, desleal, traidor.
inconformado.- *(inkonformadu)* adj. no conformado, disconforme, recalcitrante.
inconfundível.- *(inkonfundjív'eu)* adj. inconfundible, único, distinguido.
incongruente.- *(inkongruêntchi)* adj. incongruente.
inconsciência.- *(inkonsiênsia)* s. inconsciencia.
inconsciente.- *(inkonsientchi)* adj. inconsciente. / s. persona inconsciente.
inconseqüente.- *(inkonsekuentchi)* adj. inconsecuente.
inconsistência.- *(inkonsistênsia)* s. inconsistencia.
inconsistente.- *(inkonsistentchi)* adj. inconsistente.
inconsolável.- *(inkonsoláv'eu)* adj. inconsolable.
inconstância.- *(inkonstânsia)* s. inconsistencia, liviandad, infidelidad, inestabilidad.
inconstante.- *(inkonstantchi)* adj. inconstante, inestable, versátil, voluble.
inconstitucional.- *(inkonstchitusionáu)* adj. inconstitucional.
incontável.- *(inkontáv'eu)* adj. incontable, innumerable.
incontestável.- *(inkontestáv'eu)* adj. incontestable, indiscutible, indudable.
incontinência.- *(inkontchinênsia)* s. incontinencia.
inconveniência.- *(inkonv'eniênsia)* s. inconveniencia, informalidad.
inconveniente.- *(inkonv'eniêntchi)* adj. inconveniente, informal, inoportuno. / s. peligro, riesgo. / estorbo, dificultad.
incorporação.- *(inkorporasãu)* s. incorporación, agrupamiento, anexión.
incorporar.- *(inkorporar)* v. y p. incorporar(se), incluir(se), formar parte, agregar(se), anexionar.
incorpóreo.- *(inkorpóriu)* adj. incorpóreo, inmaterial.
incorreção.- *(inkor'esãu)* s. incorrección.
incorrer.- *(inkor'er)* v. incurrir, incidir.
incorreto.- *(inkor'étu)* adj. incorrecto, errado, defectuoso.
incorrigível.- *(inkor'ijhív'eu)* adj. incorregible.
incorrupto.- *(inkor'uptu)* adj. incorrupto, inalterable.
incredulidade.- *(inkredulidadji)* s. incredulidad.
incrédulo.- *(inkrédulu)* adj. incrédulo, descreído, impío, ateo.
incrementar.- *(inkrementar)* v. incrementar.
increpar.- *(inkrepar)* v. increpar, acusar, reprender, censurar.
incriminação.- *(inkriminasãu)* s. incriminación, acusación.
incriminar.- *(inkriminar)* v. incriminar, acusar, culpar.
incrível.- *(inkrív'eu)* adj. increíble, absurdo, inconcebible, insólito.
incruento.- *(inkruentu)* adj. incruento.
incrustação.- *(inkrustasãu)* s. incrustación.
incrustar.- *(inkrustar)* v. incrustar, inserir.
incubadora.- *(inkubadôra)* s. incubadora.
incubar.- *(inkubar)* v. incubar, empollar. / planear, idear, premeditar.
inculcar.- *(inkuukar)* v. inculcar. / proponer, indicar, aconsejar.
inculpar.- *(inkuupar)* v. y p. inculpar(se), culpar(se), acusar(se), incriminar(se).
inculto.- *(inkuutu)* adj. inculto, ignorante, árido, agreste.
incultura.- *(inkuutura)* s. incultura.
incumbência.- *(inkumbênsia)* s. incumbencia, cometido, comisión, competencia, deber.
incumbir.- *(inkumbir)* v. incumbir, delegar, encomendar.
incurável.- *(inkuráv'eu)* adj. incurable.
incursão.- *(inkursãu)* s. incursión, invasión.
incutir.- *(inkutchir)* v. inculcar, influir, infundir, imbuir, persuadir.
inchação.- *(inschasãu)* s. hinchazón; tumor. / Fam. arrogancia, presunción, vanidad.
inchar.- *(inschar)* v. henchir, hinchar, inflar, entumecer. / enorgullecerse.
indagação.- *(indagasãu)* s. indagación, pesquisa.
indagar.- *(indagar)* v. indagar, inquirir, pesquisar, preguntar.
indecência.- *(indesênsia)* s. indecencia, obscenidad.
indecente.- *(indesentchi)* adj. indecente, indecoroso, inmoral, obsceno.
indecifrável.- *(indesifráv'eu)* adj. indescifrable.
indecisão.- *(indesiz'ãu)* s. indecisión, perplejidad, vacilación.
indeciso.- *(indesiz'u)* adj. indeciso, indeterminado, perplejo, dudoso, vago.
indecoroso.- *(indekorôz'u)* adj. indecente, indecoroso.
indefenso.- *(indefensu)* adj. indefenso.
indefeso.- *(indefez'u)* adj. indefenso, desarmado, débil.
indefinido.- *(indefinidu)* adj. indefinido, indistinto, vago.
indelével.- *(indelév'eu)* adj. imborrable, indeleble.
indelicadeza.- *(indelidakêz'a)* s. indelicadeza, grosería, descortesía.

indelicado.- *(indelikadu)* adj. indelicado, desatento, inconveniente,
indemnizar.- *(indeniz'ar)* v. y p. indemnizar(se), compensar(se), resarcir(se).
indene.- *(indene)* adj. indemne.
independência.- *(independênsia)* s. autonomía, independencia.
independente.- *(independentchi)* adj. independiente, libre, autónomo.
indescritível.- *(indeskritchív'eu)* adj. indescriptible.
indesejável.- *(indez'ejháv'eu)* adj. indeseable, inconveniente.
indestrutível.- *(indestrutchív'eu)* adj. indestructible, eterno, indeleble.
indeterminado.- *(indeterminadu)* adj. indeterminado, impreciso, indefinido, vago.
indevido.- *(indev'idu)* adj. indebido.
índex.- *(índéks)* s. índice. / índex, catálogo de libros cuya lectura era prohibida por la Iglesia. / *pôr no índex: señalar como peligroso. / condenar, excluir.
indexação.- *(indeksasãu)* s. catalogación.
indiano.- *(indjianu)* adj. y s. indiano, hindú.
indicador.- *(indjikador)* adj. indicador, indicativo. / s. dedo índice.
indicar.- *(indjikar)* v. indicar, apuntar, denotar, mencionar, prefijar, señalar.
indicativo.- *(indjikatchiv'u)* adj. indicativo. / s. indicación, señal. / Gram. modo indicativo.
índice.- *(índjisi)* s. índice, tabla, relación. / Inform. relación ordenada de valores usada para localizar una información.
indício.- *(indjísiu)* s. indicio, indicación, señal, vestigio.
indiferença.- *(indjiferensa)* s. indiferencia, apatía, desdén, desinterés.
indiferente.- *(indjiferentchi)* adj. indiferente, apático, desinteresado, insensible.
indígena.- *(indjíjhena)* adj. y s. indígena, autóctono.
indigência.- *(indjijhênsia)* s. indigencia, pobreza, carencia, miseria.
indigente.- *(indjijhentchi)* adj. indigente, pobre.
indigestão.- *(indjijhestãu)* s. indigestión, saciedad.
indigesto.- *(indjijhéstu)* adj. indigesto.
indignação.- *(indjignasãu)* s. indignación, ira, enojo, desprecio.
indignar.- *(indjignar)* v. indignar, encolerizar, enfadar, enojar.
indignidade.- *(indjignidadji)* s. indignidad, ofensa, bajeza, vileza.
indigno.- *(indjignu)* adj. indigno, vil, ruin, malo, despreciable.
índio.- *(índjiu)* s. y adj. indio.
indireta.- *(indjiréta)* s. Bras. observación o alusión hecha con disimulo.
indireto.- *(indjirétu)* adj. indirecto, alusivo.
indisciplina.- *(indisiplina)* s. indisciplina, desobediencia, insubordinación.
indisciplinado.- *(indjisiplinadu)* adj. indisciplinado, rebelde, sublevado.
indiscreto.- *(indjiskrétu)* adj. indiscreto, curioso, liviano.
indiscrição.- *(indjiskrisãu)* s. indiscreción.
indiscutível.- *(indjiskutchív'eu)* adj. indiscutible, incontestable, innegable.
indispensável.- *(indjispensáv'eu)* adj. indispensable, imprescindible.
indispor.- *(indjispôr)* v. indisponer. / producir mal estar o enfermedad.
indisposição.- *(indjispoz'isãu)* s. indisposición. / quebranto ligero de salud. / desavenencia.
indisposto.- *(indjispôstu)* adj. indispuesto. / algo enfermo. / desavenido.
indistinto.- *(indjistchintu)* adj. indistinto. / vago, confuso.
individual.- *(indjiv'iduáu)* adj. individual. / particular, singular.
individualista.- *(indjiv 'idualista)* adj. individualista, ególatra.
individualizar.- *(indjiv'idualiz'ar)* v. y p. individualizar(se), personalizar(se).
indivíduo.- *(indjiv'ìduu)* s. individuo, criatura, hombre, persona. / Fam. una persona cualquiera, sujeto.
indivisível.- *(indjiv'iz'ív'eu)* adj. indivisible, inseparable.
indócil.- *(indósiu)* adj. indócil, indomable, rebelde.
indo-europeu.- *(indu europêu)* s. indoeuropeo.
índole.- *(índole)* s. índole, temperamento.
indolência.- *(indolensia)* s. indolencia, apatía, pereza, negligencia, abulia.
indolente.- *(indolentchi)* adj. indolente, apático, ocioso, negligente, perezoso.
indolor.- *(indolôr)* adj. indoloro.
indomável.- *(indomáv'eu)* adj. indomable, invencible.
indômito.- *(indômitu)* adj. indómito, indomable.
indubitável.- *(indubitáv'eu)* adj. indudable.
indulgência.- *(induujhênsia)* s. indulgencia, clemencia, tolerancia.
indultar- *(induutar)* vt. indultar, absolver, perdonar. / v. refl. disculparse, justificarse.
indulto.- *(induutu)* s. indulto, perdón, privilegio, dispensa.
indumentária.- *(indumentaria)* s. indumentaria, traje, vestuario.
indústria.- *(indústria)* s. industria.
industrial.- *(industriáu)* adj. industrial. / s. persona que ejerce o tiene una industria.
induzir.- *(induz'ir)* v. inducir, instigar.
inebriante.- *(inebriantchi)* adj. embriagador.
inebriar.- *(inebriar)* v. embriagar, entusiasmar, extasiar.
inédito.- *(inédjitu)* adj. inédito, no publicado.
inefável.- *(inefáv'eu)* adj. inefable, encantador.
ineficaz.- *(inefikás)* adj. ineficaz, inútil.
ineficiente.- *(inefisientchi)* adj. ineficaz.
inegável.- *(inegáv'eu)* adj. innegable.
inepto.- *(inéptu)* adj. inepto, incapaz, necio, estúpido.
inequívoco.- *(inequív'oku)* adj. inequívoco, claro.
inércia.- *(inérsia)* s. inercia, flojedad, pereza.
inerente.- *(inerentchi)* adj. inherente, innato.

inerte.- *(inértchi)* adj. inerte.
inescusável.- *(ineskuz'av'eu)* adj. inexcusable.
inesgotável.- *(inesgotáv'eu)* adj. inagotable, copioso.
inesperado.- *(inesperadu)* adj. imprevisto, inesperado.
inesquecível.- *(inesquesív'eu)* adj. inolvidable, memorable.
inestimável.- *(inestchimáv'eu)* adj. inestimable.
inevitável.- *(inev'itáv'eu)* adj. inevitable, fatal.
inexatidão.- *(inez'atchidãu)* s. inexactitud.
inexato.- *(inez'atu)* adj. inexacto.
inexeqüível.- *(inez'equív'eu)* adj. imposible de ejecutar.
inexequível.- *(inez'equív'eu)* adj. inasequible.
inexistência.- *(inez'istênsia)* s. inexistencia.
inexistente.- *(inez'istentchi)* adj. inexistente.
inexorável.- *(inez'oráv'eu)* adj. inexorable, implacable, inflexible.
inexperiência.- *(inesperiênsia)* s. inexperiencia, ingenuidad.
inexperiente.- *(inesperientchi)* adj. inexperto, ingenuo, inocente.
inexplicável.- *(inesplikáv'eu)* adj. inexplicable.
inexpressivo.- *(inespresiv'u)* adj. inexpresivo.
inexprimível.- *(inesprimív'eu)* adj. inexpresable, indecible, inefable.
inexpugnável.- *(inespugnáv'eu)* adj. inexpugnable, invencible.
infalível.- *(infalív'eu)* adj. inevitable, infalible.
infamar.- *(infamar)* v. infamar; difamar; denigrar, deshonrar; desacreditar. / desacreditarse, deshonrarse.
infame.- *(infami)* adj. infame, vil.
infâmia.- *(infâmia)* s. infamia.
infância.- *(infânsia)* s. infancia, niñez.
infantaria.- *(infantaría)* s. infantería.
infante.- *(infantchi)* adj. infante.
infantil.- *(infantiu)* adj. infantil. / pueril.
infarto.- *(infartu)* s. Med. infarto.
infatigável.- *(infatchigáv'eu)* adj. infatigable.
infausto.- *(infaustu)* adj. infausto, aciago, funesto.
infecção.- *(infeksãu)* s. infección, contaminación. / contagiar.
infecção.- *(infeksãu)* s. infección, contaminación, contagio; acción o efecto de infectar.
infeccionar.- *(infeksionar)* v. y p. infeccionar(se), contaminar(se).
infeccioso.- *(infeksiôz'u)* adj. infeccioso.
infectar.- *(infektar)* v. y p. infectar.
infecto.- *(infektu)* adj. infecto, pestilente.
infelicidade.- *(infelisidadji)* s. infelicidad, adversidad, desgracia, desventura, infortunio.
infeliz.- *(infelis)* adj. infeliz, adverso, desafortunado, desdichado, desgraciado. / s. persona infeliz.
inferior.- *(inferior)* adj. inferior, bajo, malo.
inferiorizar.- *(inferioriz'ar)* v. y p. rebajar(se).
inferir.- *(inferir)* v. inferir.
infernal.- *(infernáu)* adj. infernal, endemoniado, diabólico.
inferno.- *(inférnu)* s. infierno.
infestar.- *(infestar)* v. infestar, contaminar, asolar, destrozar.
infidelidade.- *(infidelidadji)* s. infidelidad.
infiel.- *(infiéu)* adj. infiel, desleal. / s. pagano.
infiltração.- *(infiutrasãu)* s. infiltración.
infiltrar.- *(infiutrar)* v. infiltrar.
ínfimo.- *(ínfimu)* adj. ínfimo.
infindável.- *(infindáv'eu)* adj. interminable.
infindo.- *(infindu)* adj. infinito.
infinidade.- *(infinidadji)* adj. infinidad.
infinito.- *(infinitu)* adj. infinito, ilimitado, inagotable, inmenso, innumerable.
inflação.- *(inflasãu)* s. Econ. inflación.
inflamação.- *(inflamasãu)* s. inflamación.
inflamável.- *(inflamáv'eu)* adj. inflamable.
inflar.- *(inflar)* v. y p. hinchar(se), inflar(se).
inflexível.- *(infleksív'eu)* adj. inflexible, inexorable.
infligir.- *(inflijhir)* v. infligir.
influência.- *(influênsia)* s. influencia, ascendencia, autoridad.
influente.- *(influêntchi)* adj. autoritario, influyente.
influir.- *(influir)* v. influir, sugestionar.
influxo.- *(influksu)* s. influjo.
informação.- *(informasãu)* s. información, comunicación, noticia. / Inform. conocimientos extraído de los datos.
informal.- *(informáu)* adj. informal.
informalidade.- *(informalidadji)* s. informalidad.
informar.- *(informar)* v. informar, comunicar, enterar, notificar.
informática.- *(informátchika)* s. informática.
informativo.- *(informatchiv'u)* adj. informativo.
informatizar.- *(informatchiz'ar)* v. Inform. informatizar.
informe.- *(infórmi)* adj. informe, que no tiene forma. / s. informe, información, aviso, noticia.
infortúnio.- *(infortúniu)* s. infortunio, desdicha, fracaso, infelicidad.
infração.- *(infrasãu)* s. infracción, transgresión.
infra-estrutura.- *(infra istrutura)* s. infraestructura.
infrator.- *(infratôr)* s. infractor.
infravermelho.- *(infrav'ermêllu)* adj. y s. infrarrojo.
infringir.- *(infrinjhir)* v. infringir, transgredir.
infundado.- *(infundadu)* adj. infundado.
infundir.- *(infundjir)* v. infundir, imbuir, radicar.
infusão.- *(infuz'ãu)* s. infusión.
infuso.- *(infuz'u)* adj. infuso.
ingenuidade.- *(injhenuidadji)* s. ingenuidad, inocencia.
ingênuo.- *(injhênuu)* adj. ingenuo, crédulo, inocente. / s. individuo ingenuo. / hijo de esclava nacida tras la ley de emancipación.
ingerência.- *(injherênsia)* s. injerencia, intromisión.
ingerir.- *(injherir)* v. ingerir, injerir, deglutir, beber, tragar.
ingestão.- *(injhestãu)* s. ingestión.
inglês.- *(inglês)* adj. inglés.
inglório.- *(inglóriu)* adj. inglorioso, deslucido.
ingovernável.- *(ingov'ernáv'eu)* adj. ingobernable.
ingratidão.- *(ingratchidãu)* s. ingratitud.
ingrato.- *(ingrátu)* adj. ingrato, desagradecido.
ingrediente.- *(ingredjientchi)* s. ingrediente.
íngreme.- *(íngremi)* adj. escarpado.

ingressar.- *(ingresar)* v. ingresar, entrar, afiliar.
ingresso.- *(ingrésu)* s. ingreso, acceso, admisión, entrada. / Bras. billete, entrada.
inhame.- *(iñâmi)* s. ñame.
inibição.- *(inibisãu)* s. inhibición.
inibir.- *(inibir)* v. inhibir.
iniciação.- *(inisiasãu)* s. admisión, iniciación, preludio.
iniciado.- *(inisiadu)* adj. instruido en conocimientos, arte, etc. / s. iniciado, neófito.
inicial.- *(inisiáu)* adj. inicial. / s. la primera letra de una palabra.
iniciar.- *(inisiar)* v. iniciar, comenzar, empezar, principiar. / P. iniciarse.
iniciativa.- *(inisiatchiv'a)* s. iniciativa, expediente, actividad.
início.- *(inísiu)* s. inicio, comienzo.
iniludível.- *(iniludjív'eu)* adj. ineludible.
inimaginável.- *(inimajhináv'eu)* adj. inimaginable.
inimigo.- *(inimigu)* adj. enemigo, adversario, hostil.
inimizade.- *(inimiz'adji)* s. enemistad, aversión u odio entre personas; hostilidad.
inimizar.- *(inimiz'ar)* v. y p. enemistar, indisponer.
ininteligível.- *(inintelijhív'eu)* adj. ininteligible.
ininterrupto.- *(ininter'uptu)* adj. ininterrumpido, incesante,
iniqüidade.- *(inikuidadji)* s. iniquidad, falta de equidad; injusticia.
iníquo.- *(iníkuu)* adj. inicuo, perverso.
injeção.- *(injhesãu)* s. inyección.
injetar.- *(injhetar)* v. inyectar.
injúria.- *(injhúria)* s. injuria, afrenta, enojo, insulto, ofensa, ultraje.
injuriar.- *(injhuriar)* v. afrentar, injuriar, ofender, vituperar. / Bras. Pop. enfadarse.
injurioso.- *(injhuriôz'u)* adj. injurioso, ultrajante.
injustiça.- *(injhustchisa)* s. injusticia,
injusto.- *(injhustu)* adj. injusto, ilegítimo, inicuo.
inocência.- *(inosênsia)* s. inocencia.
inocentar.- *(inosentar)* v. considerar inocente, disculpar.
inocente.- *(inosentchi)* adj. inocente, incauto, ingenuo. / pueril. / párvulo.
inocular.- *(inokular)* v. inocular.
inócuo.- *(inókuu)* adj. inocuo, inofensivo.
inodoro.- *(inodóru)* adj. inodoro, carente de olor.
inofensivo.- *(inofensiv'u)* adj. inofensivo, anodino, inocuo.
inolvidável.- *(inouv'idáv'eu)* adj. inolvidable.
inoperante.- *(inoperantchi)* adj. inoperante.
inopinado.- *(inopinadu)* adj. inopinado.
inoportuno.- *(inoportunu)* adj. inoportuno, impropio, inconveniente, indebido, intempestivo.
inorgânico.- *(inorgâniku)* adj. inorgánico.
inóspito.- *(inóspitu)* adj. inhospitalario, inhóspito.
inovação.- *(inov'asãu)* s. innovación.
inovador.- *(inov'ador)* adj. innovador.
inovar.- *(inov'ar)* v. innovar.
inoxidável.- *(inoksidáv'eu)* adj. inoxidable.
inqualificável.- *(inkualifikáv'eu)* adj. incalificable.
inquebrantável.- *(inquebrantáv'eu)* adj. inquebrantable.
inquérito.- *(inquéritu)* s. indagación, averiguación; conjunto de actos y diligencias que visan investigar alguna cosa.
inquietação.- *(inquietasãu)* s. inquietud, alteración, impaciencia, intranquilidad.
inquietar.- *(inquietar)* v. inquietar, acongojar, afligir, asustar, desasosegar, intranquilizar, preocupar.
inquieto.- *(inquiétu)* adj. inquieto, asustado, intranquilo, revuelto, travieso.
inquietude.- *(inquietudji)* s. inquietud.
inquilino.- *(inquilinu)* s. inquilino.
inquirir.- *(inquirir)* v. inquirir, interrogar judicialmente. Interrogar, preguntar.
inquisição.- *(inquiz'isãu)* s. inquisición.
inquisidor.- *(inquiz'idor)* s. inquisidor; inquiridor, pesquisador.
insaciável.- *(insasiáv'eu)* adj. insaciable.
insalivar.- *(insaliv'ar)* v. ensalivar.
insalubre.- *(insalubri)* adj. insalubre, malsano.
insano.- *(insanu)* adj. insano, demente, furioso, loco, costoso, difícil.
insatisfação.- *(insatchisfasãu)* s. insatisfacción.
insatisfeito.- *(insatchisfêitu)* adj. insatisfecho, descontento.
inscrever.- *(inskrevêr)* v. inscribir, matricular. / P. inscribirse.
inscrição.- *(inskrisãu)* s. inscripción, epígrafe, letrero.
inscrito.- *(inskritu)* adj. inscrito, registrado, matriculado.
inseguro.- *(inseguru)* adj. inseguro, precario.
inseminação.- *(inseminasãu)* s. inseminación.
inseminar.- *(inseminar)* v. inseminar.
insensatez.- *(insensatês)* s. insensatez, locura.
insensato.- *(insensatu)* adj. insensato.
insensibilidade.- *(insensibilidadji)* s. insensibilidad, apatía, abulia, indiferencia, impasibilidad.
insensibilizar.- *(insensibiliz'ar)* v. y p. insensibilizar(se).
insensível.- *(insensív'eu)* adj. insensible, apático, empedernido.
inseparável.- *(inseparáv'eu)* adj. inseparable.
inserção.- *(insersãu)* s. inserción.
inserir.- *(inserir)* v. insertar, implantar, incluir, incrustar.
inservível.- *(inserv'ív'eu)* adj. inservible.
inseticida.- *(insetchisida)* adj. y. s. insecticida.
inseto.- *(insétu)* s. Zool. insecto.
insídia.- *(insídjia)* s. insidia, emboscada, traición, alevosía.
insigne.- *(insígni)* adj. insigne, célebre, famoso, extraordinario.
insignia.- *(insígnia)* s. insignia, emblema.
insignificância.- *(insignifikânsia)* s. insignificancia.
insignificante.- *(insignifikantchi)* adj. insignificante.
insinuação.- *(insinuasãu)* s. insinuación, advertencia.
insinuar.- *(insinuar)* v. insinuar, sugerir. / P. insinuarse.

insípido.- *(insípidu)* adj. insípido, insulso, soso. / monótono.
insistência.- *(insistênsia)* s. insistencia, persistencia, hincapié.
insistente.- *(insistentchi)* adj. insistente, persistente.
insistir.- *(insistchir)* v. insistir, instar, persistir, obstinarse.
insociável.- *(insosiáv'eu)* adj. insociable.
insofrível.- *(insofrív'eu)* adj. insufrible, intolerable.
insolação.- *(insolasãu)* s. insolación.
insolência.- *(insolênsia)* s. insolencia, descaro, atrevimiento.
insolente.- *(insolentchi)* adj. insolente, arrogante, descarado, petulante, atrevido, malcriado.
insólito.- *(insólitu)* adj. insólito.
insolúvel.- *(insolúv'eu)* adj. insoluble.
insolvência.- *(insouv'ênsia)* s. insolvencia.
insolvente.- *(insouv'entchi)* adj. insolvente.
insondável.- *(insondáv'eu)* adj. insondable, inexplicable.
insônia.- *(insônia)* s. insomnio.
insosso.- *(insôsu)* adj. insulso, soso.
inspeção.- *(inspesãu)* s. inspección.
inspecionar.- *(inspesionar)* v. inspeccionar, examinar.
inspector.- *(inspektôr)* s. inspector. / Bras. jefe de aduana.
inspetor.- *(inspetôr)* s. inspector. / Bras. jefe de aduana.
inspiração.- *(inspirasãu)* s. inspiración.
inspirar.- *(inspirar)* v. inspirar, sugerir, originar. / P. inspirarse.
instalação.- *(instalasãu)* s. instalación.
instalar.- *(instalar)* v. instalar.
instância.- *(instânsia)* s. instancia, solicitud. / Jur. foro.
instantâneo.- *(instantâniu)* adj. instantáneo, inmediato, momentáneo.
instante.- *(instantchi)* s. instante, momento. / adj. urgente, inminente, improrrogable, inaplazable.
instar.- *(instar)* v. instar, insistir, solicitar.
instauração.- *(instaurasãu)* s. instauración.
instaurar.- *(instaurar)* v. instaurar, inaugurar, fundar, establecer.
instável.- *(inestáv'eu)* adj. inestable, inseguro.
instigação.- *(instchigasãu)* s. instigación.
instigar.- *(instchigar)* v. instigar, incitar, inducir, tentar.
instintivo.- *(instchintchiv'u)* adj. instintivo.
instinto.- *(instchintchiv'u)* s. instinto.
institucional.- *(instchitusionáu)* adj. institucional, reglamentario.
instituição.- *(instchituisãu)* s. institución.
instituições.- *(instchituisõis)* s. pl. instituciones (conjunto de leyes y normas que rigen una sociedad política).
instituir.- *(instchituir)* v. instituir, reglamentar.
instituto.- *(instchitutu)* s. instituto (nombre común dado a ciertas agremiaciones de carácter cultural, artístico, etc, o a ciertos establecimientos de enseñanza media y / o superior). / organización para fines de seguridad social, jubilación, pensiones, etc.
instrução.- *(instrusãu)* s. instrucción, educación. / Infor. en lenguaje de programación, representación elemental de la acción computacional, que determina cada paso de la ejecución de un programa.
instruído.- *(instruídu)* adj. instruido, ilustrado, culto.
instruir.- *(instruir)* v. instruir, educar, enseñar. Informar, documentar. / P. instruirse.
instrumental.- *(instrumentáu)* adj. y s. instrumental, conjunto de instrumentos. / 2ª adj. instrumental, que sirve de instrumento.
instrumentar.- *(instrumentar)* v. instrumentar.
instrumento.- *(instrumentu)* s. instrumento.
instrutivo.- *(instrutchiv'u)* adj. instructivo, educativo, edificante.
instrutor.- *(instrutôr)* s. y adj. instructor.
insubordinação.- *(insubordjinasãu)* s. insubordinación.
insubordinado.- *(insubordjinadu)* adj. insubordinado.
insubordinar.- *(insubordjinar)* v. insubordinar.
insubstituível.- *(insubstchituív'eu)* adj. insustituible.
insuficiência.- *(insufisiênsia)* s. insuficiencia.
insuficiente.- *(insufisientchi)* adj. insuficiente, incapaz, incompetente.
insuflar.- *(insuflar)* v. insuflar.
insulina.- *(insulina)* s. Quím. insulina.
insulso.- *(insúusu)* adj. insulso.
insultar.- *(insutar)* v. insultar, afrentar, injuriar.
insulto.- *(insúutu)* s. insulto, afrenta, ofensa, injuria, ultraje.
insuperável.- *(insuperáv'eu)* adj. insuperable.
insuportável.- *(insuportáv'eu)* adj. insoportable, imposible, inaguantable.
insurgente.- *(insurjhentchi)* adj. y s. insurgente.
insurgir.- *(insurjhir)* v. y p. sublevar(se), rebelar(se), insubordinar(se).
insurreição.- *(insur'eisãu)* s. insurrección, rebelión.
insurreto.- *(insur'etu)* adj. insurrecto.
insustentável.- *(insustentáv'eu)* adj. insustentable.
intacto.- *(intaktu)* adj. intacto.
intangível.- *(intanjhív'eu)* adj. intangible.
intato.- *(intatu)* adj. intacto.
íntegra.- *(íntegra)* s. íntegra, totalidad. / contexto completo de ley.
integração.- *(integrasãu)* s. integración.
integral.- *(integráu)* adj. integral, entero, completo.
integralismo.- *(integralismu)* Bras. movimiento político brasileño basado en los moldes fascistas, fundado en 1932 y extinto en 1937.
integralista.- *(integralista)* adj. y s. perteneciente al integralismo.
integrar.- *(integrar)* v. integrar, completar. / P. integrarse, incorporarse.
integridade.- *(integridadji)* s. integridad, austeridad, honradez.
íntegro.- *(íntegru)* adj. íntegro.
inteirar.- *(interar)* v. enterar. / completar, terminar.
inteiro.- *(intêru)* adj. entero, completo, intacto, integral, pleno.

intelecto.- *(intelektu)* s. intelecto.
intelectual.- *(intelektuáu)* adj. intelectual. / s. intelectual.
inteligência.- *(intelijhênsia)* s. inteligencia.
inteligente.- *(intelijhentchi)* adj. inteligente.
inteligível.- *(inelijhív'eu)* adj. inteligible, claro.
intempérie.- *(intempérie)* s. intemperie.
intempestivo.- *(intempesthiv'u)* adj. intempestivo.
intenção.- *(intensãu)* s. intención, propósito, proyecto, voluntad.
intencionado.- *(intensionadu)* adj. intencionado.
intendente.- *(intendentchi)* s. intendente. / s. Bras. nombre que hasta cerca de 1930 se daba a los jefes del poder ejecutivo municipal, hoy prefeitos.
intensidade.- *(intensidadji)* s. intensidad.
intensificar.- *(intensifikar)* v. y p. intensificar(se).
intensivo.- *(intensiv'u)* adj. intensivo.
intenso.- *(intensu)* adj. intenso, intensivo, ardoroso.
intentona.- *(intentôna)* s. intento loco. / intento de motín o rebelión.
interação.- *(interasãu)* s. interacción.
intercalar.- *(interkalar)* v. intercalar, interpolar, involucrar.
intercâmbio.- *(interkâmbiu)* s. intercambio, permuta.
interceder.- *(interseder)* v. interceder.
interceptar.- *(interseptar)* v. interceptar, atajar, interrumpir.
interdição.- *(interdjisãu)* s. interdicción, prohibición.
interditado.- *(interdjitadu)* adj. interdicto, vedado.
interditar.- *(interdjitar)* v. vedar.
interdito.- *(interdjitu)* adj. interdicto.
interessado.- *(interesadu)* adj. interesado.
interessante.- *(interesantchi)* adj. interesante, simpático, curioso.
interessar.- *(interesar)* v. interesar, importar, agradar.
interesse.- *(interêsi)* s. interés, ventaja, simpatía.
interface.- *(interfasi)* s. Inform. conexión, ligación entre hardwares o softwares.
interferência.- *(interferênsia)* s. interferencia.
interferir.- *(interferir)* v. interferir.
ínterim.- *(ínterin)* s. entretanto.
interino.- *(interinu)* adj. interino, provisional, temporero.
interior.- *(interior)* adj. interior. / s. índole, carácter. / en país costero, la región costa adentro. / lo opuesto a la ciudad.
interjeição.- *(interjheisãu)* s. Gram. interjección.
interlocutor.- *(interlokutôr)* s. interlocutor.
interlúdio.- *(interlúdjiu)* s. Mús. interludio.
intermediar.- *(intermedjiar)* v. interceder, intermediar, mediar.
intermediário.- *(intermedjiáriu)* adj. intermediario. / s. mediador. / negociante que se mueve entre el productor y el consumidor.
intermédio.- *(intermédjiu)* adj. intermedio. / s. intermediário.
interminável.- *(intermináv'eu)* adj. interminable.
intermitência.- *(intermitênsia)* s. intervalo.
internacional.- *(internasionáu)* adj. internacional.
internar.- *(internar)* v. internar. / ingresar en colegio, asilo, hospital, etc. / P. ingresarse.
internato.- *(internatu)* s. internado.
interno.- *(internu)* adj. interior, interno, íntimo. / s. alumno interno. / estudiante de medicina que auxilia, en un hospital, el cuerpo médico. / Bras. presidiario.
interpelar.- *(interpelar)* v. interpelar.
interplanetário.- *(interplanetáriu)* adj. interplanetario.
interpolar.- *(interpolar)* v. interpolar.
interpor.- *(interpôr)* v. intercalar, interponer. / Jur. interponer un recurso. / P. interponerse.
interpretação.- *(interpretasãu)* s. interpretación, desempeño.
interpretar.- *(interpretar)* v. interpretar, descifrar, entender, explicar.
intérprete.- *(intérpretchi)* s. intérprete, traductor.
interrogação.- *(inter'ogasãu)* s. interrogación, pregunta.
interrogar.- *(inter'ogar)* v. interrogar, preguntar, examinar, interpelar.
interrogatório.- *(interogatóriu)* s. Jur. interrogatorio.
interromper.- *(inter'omper)* v. interrumpir.
interrupção.- *(iner'upsãu)* s. interrupción.
interruptor.- *(inter'uptôr)* s. Fís. interruptor, conmutador, disyuntor.
interseção.- *(intersesãu)* s. intersección.
interurbano.- *(inerurbanu)* adj. interurbano.
intervalo.- *(interv'alu)* s. intervalo, discontinuidad.
intervenção.- *(inerv'ensãu)* s. intervención, injerencia, operación. / Bras. interferencia del poder central en cualquier unidad de la Federación brasileña.
interventor.- *(interv'entôr)* adj. interventor. / Bras. aquel que el presidente de la República de Brasil delega para asumir interinamente el gobierno de un estado sujeto al régimen de intervención.
intervir.- *(interv'ir)* v. intervenir, interceder, interferir, intermediar, interponer.
intestino.- *(intestchinu)* s. Anat. intestino, tripa, intestino delgado, intestino grueso.
intimação.- *(intchimasãu)* s. intimación. / Jur. notificación judicial.
intimar.- *(intchimar)* v. intimar (determinar de modo impositivo, autoritario), ordenar. / Jur. intimar.
intimidade.- *(intchimidadji)* s. intimidad.
intimidar.- *(intchimidar)* v. y p. intimidar, amenazar, amilanar, asustar.
íntimo.- *(íntchimu)* adj. íntimo, interior, interno, particular. / s. interioridad, intimidad, conciencia, alma, esencia.
intitular.- *(intchitular)* v. dar título. / P. llamarse, denominarse.
intocável.- *(intokáv'eu)* adj. intocable.
intolerância.- *(intoleránsia)* s. intolerancia.
intolerante.- *(intolerantchi)* adj. intolerante, intransigente.
intolerável.- *(intoleráv'eu)* adj. intolerable, inaguantable, insoportable.

intoxicação.- *(intoksikasãu)* s. intoxicación.
intoxicar.- *(intoksikar)* v. intoxicar.
intraduzível.- *(intraduz'íveu)* adj. intraducible.
intragável.- *(intragáv'eu)* adj. intragable, inaguantable.
intranqüilidade.- *(intrankülidadji)* s. intranquilidad.
intranqüilizar.- *(intranküiliz'ar)* v. intranquilizar.
intranqüilo.- *(intranküilu)* adj. intranquilo.
intransferível.- *(intransferív'eu)* adj. intransferible.
intransigente.- *(intranz'ijhentchi)* adj. intransigente.
intransitável.- *(intranz'itáv'eu)* adj. intransitable.
intransitivo.- *(intranz'itchiv'u)* adj. intransitivo.
intratável.- *(intratáv'eu)* adj. intratable.
intrepidez.- *(intrepidés)* s. intrepidez.
intrépido.- *(intrépidu)* adj. intrépido.
intricado.- *(intrikadu)* adj. intrincado, revuelto.
intriga.- *(intriga)* s. chisme, complot, intriga.
intrigante.- *(intrigantchi)* adj. intrigante.
intrigar.- *(intrigar)* v. intrigar, tramar.
intrínseco.- *(intrínseku)* adj. intrínseco.
introdução.- *(introdusãu)* s. introducción, entrada, iniciación, prefacio.
introduzir.- *(introduz'ir)* v. introducir, entrar, meterse. / P. introducirse.
intrometer.- *(intrometer)* v. entrometer, entremeter, inmiscuirse. / P. intrometerse.
intrometido.- *(intrometchidu)* adj. entrometido, intruso, metido.
intromissão.- *(intromisãu)* s. intromisión, introducción.
introspectivo.- *(introspektchiv'u)* adj. introspectivo, introvertido.
introversão.- *(introv'ersãu)* s. introversión.
introvertido.- *(introvertchidu)* adj. introspectivo, introvertido.
intrujão.- *(intrujhãu)* s. que vive a costa ajena, parásito, liante.
intrujar.- *(intrujhar)* v. mezclarse con otras personas para aprovecharse de ellas. / contar mentiras.
intrusão.- *(intruz'ãu)* s. intrusión.
intruso.- *(intruz'u)* adj. y s. intruso.
intuição.- *(intuisãu)* s. intuición.
intuir.- *(intuir)* v. intuir.
intumescer.- *(intumeser)* v. entumecer.
inumação.- *(inumasãu)* s. inhumación.
inumar.- *(inumar)* v. inhumar.
inumerável.- *(inumeráv'eu)* adj. incontable, innumerable.
inundação.- *(inundasãu)* s. aluvión, avenida, inundación, riada.
inundar.- *(inundar)* v. anegar, inundar. / P. inundarse.
inusitado.- *(inuz'itadu)* adj. inusitado.
inútil.- *(inútchiu)* adj. inútil, baldío, estéril, ineficaz, inservible, vano.
inutilidade.- *(inutchilidadji)* s. inutilidad, ineficacia, insignificancia.
inutilizar.- *(inutchiliz'ar)* v. inutilizar, invalidar.
invadir.- *(inv'adjir)* v. invadir, acometer, entrar, irrumpir, penetrar.
invalidar.- *(inv'alidar)* v. invalidar, anular, inutilizar.
inválido.- *(inv'álidu)* adj. inválido, lisiado, minusválido.
invariável.- *(inv'ariáv'eu)* adj. invariable, inalterable. / constante, firme.
invasão.- *(inv'az'ãu)* s. invasión.
invasor.- *(inv'az'ôr)* adj. y s. invasor.
inveja.- *(inv'ejha)* s. envidia.
invejar.- *(inv'ejhar)* v. envidiar.
invejoso.- *(inv'ejhôz'u)* adj. envidioso.
invenção.- *(inv'ensãu)* s. invención, creación, ficción, invento.
invencível.- *(inv'ensív'eu)* adj. invencible, insuperable, invicto.
inventar.- *(inv'entar)* v. inventar, concebir, fantasear, idear, fabricar.
inventariar.- *(inv'entariar)* v. inventariar, describir detalladamente. / hacer una relación.
inventário.- *(inv'entáriu)* s. inventario, relación de bienes. / relación de mercancías, bienes, etc.
inventiva.- *(inv'entchiv'a)* s. inventiva.
inventivo.- *(inv'entchiv'u)* adj. imaginativo, creador, inventor, ingenioso.
invento.- *(inv'entu)* s. invento, descubrimiento.
inventor.- *(inv'entôr)* s. creador, inventor.
invernar.- *(inv'ernar)* v. invernar. / hacer mal tiempo.
inverno.- *(inv'ernu)* s. invierno. / Fig. vejez.
inverossímil.- *(inverosímiu)* adj. inverosímil.
inversão.- *(inv'ersãu)* s. inversión.
inverso.- *(inv'ersu)* adj. inverso. / s. opuesto.
invertebrado.- *(inv'ertebradu)* adj. y s. Zool. invertebrado
inverter.- *(inv'erter)* v. invertir. / P. invertirse, volverse del revés.
invés.- *(inv'és)* s. envés. / *ao invés: al contrario, al revés.
investida.- *(inv'estchida)* s. embestida, asalto, ataque.
investidura.- *(inv'estchidura)* s. acto de investir en un cargo, investidura.
investigação.- *(inv'estchigasãu)* s. investigación, averiguación, exploración, indagación.
investigar.- *(inv'estchigar)* v. investigar, averiguar, examinar, explorar.
investimento.- *(inv'estchimentu)* s. inversión.
investir.- *(inv'estchir)* v. investir, arremeter, avanzar.
inveterado.- *(inv'eteradu)* adj. inveterado.
invicto.- *(inv'iktu)* adj. invicto.
inviolável.- *(inv'ioláv'eu)* adj. inviolable.
invisível.- *(inv'ioláv'eu)* adj. invisible.
invocar.- *(inv'okar)* v. apelar, invocar. / rogar, suplicar. / Bras. Arg. antipatizar.
invólucro.- *(inv'ólukru)* s. envoltorio, envase, funda.
invulnerável.- *(inv'uuneráv'eu)* adj. invulnerable.
iodado.- *(iodadu)* adj. yodado.
iodo.- *(iôdu)* s. Quím. yodo.
ioga.- *(ioga)* s. yoga.
iogurte.- *(iogurtchi)* s. yogur.
ioiô.- *(ioiô)* s. yo-yó. / Bras. tratamiento que los esclavos daban a los señores

ípsilon.- *(ípsilon)* s. nombre de la letra *y*.
ir.- *(ir)* v. intr. ir, caminar, andar; dirigirse. / progresar; comparecer, decorrer; suceder; existir; figurar; estar; distar; continuar, seguir; encontrarse (en cierto grado de adelanto, en cierta etapa, etc.); encontrarse (de salud). / v. refl. partir; morir; pasar; marcharse; evaporarse, desvanecerse.
ira.- *(ira)* s. ira, cólera, furia, furor, indignación, saña.
iracundo.- *(irakundu)* adj. iracundo, colérico.
irar.- *(irar)* v. airar, irritar, indignar.
íris.- *(íris)* s. iris.
irisar.- *(iriz'ar)* v. irisar(se).
irlandês.- *(irlandês)* adj. y s. irlandés.
irmã.- *(irmã)* s. hermana.
irmanar.- *(irmanar)* v. hermanar.
irmandade.- *(irmandadji)* s. fraternidad, hermandad.
irmão.- *(irmãu)* s. hermano.
ironia.- *(ironía)* s. ironía.
irônico.- *(irôniku)* adj. irónico, mordaz, sarcástico.
ironizar.- *(ironiz'ar)* v. ironizar.
irracional.- *(ir'asionáu)* adj. irracional.
irradiação.- *(ir'adjiasãu)* s. radiación.
irradiar.- *(ir'adjiar)* v. irradiar, radiar. / P. difundirse.
irreal.- *(ir'eáu)* adj. irreal, abstracto, imaginario.
irreconciliável.- *(ir'ekonsiliáv'eu)* adj. irreconciliable.
irrecusável.- *(ir'ekuz'áv'eu)* adj. irrecusable.
irredutível.- *(ir'edutchív'eu)* adj. irreductible.
irreduzível.- *(ir'eduz'ív'eu)* adj. irreductible.
irreflexivo.- *(ir'efleksiv'u)* adj. irreflexivo.
irrefutável.- *(ir'efutáv'eu)* adj. irrefutable, incontestable, irrebatible.
irregular.- *(ir'egular)* adj. irregular.
irrelevante.- *(ir'elev'antchi)* adj. irrelevante.
irremediável.- *(ir'emedjiáv'eu)* adj. irremediable, irreparable.
irreparável.- *(ir'eparáv'eu)* adj. irreparable.
irrepreensível.- *(ir'epreensív'eu)* adj. irreprensible.
irresistível.- *(ir'ez'istchív'eu)* adj. irresistible.
irresolução.- *(ir'ez'olusãu)* s. irresolución.
irresoluto.- *(ir'ez'olutu)* adj. irresoluto, indeciso, indeterminado.
irresolúvel.- *(ir'ez'olúv'eu)* adj. insoluble, sin solución.
irrespeitoso.- *(ir'espeitôz'u)* adj. irrespetuoso, irreverente.
irrespirável.- *(ir'espiráv'eu)* adj. irrespirable, mortífero, venenoso.
irresponsável.- *(ir'esponsáv'eu)* adj. irresponsable. / s. persona irresponsable.
irreverência.- *(ir'ev'erênsia)* s. irreverencia.
irrevocável.- *(ir'ev'okáv'eu)* adj. irrevocable, definitivo.
irrevogável.- *(ir'ev'ogáv'eu)* adj. irrevocable, definitivo.
irrigação.- *(ir'igasãu)* s. irrigación.
irrisório.- *(ir'iz'óriu)* adj. irrisorio.
irritação.- *(ir'itasãu)* s. irritación, alteración. / irritación en la piel.
irritado.- *(ir'itadu)* adj. airado, impaciente, rabioso.
irritar.- *(ir'itadu)* v. irritar, agraviar, airar, encolerizar, enfadar. / producir irritación.
irromper.- *(ir'omper)* v. irrumpir, surgir, nacer, brotar.
irrupção.- *(ir'upsãu)* s. irrupción, invasión.
isca.- *(iska)* s. cebo, yesca.
isenção.- *(iz'ensãu)* s. exención, imparcialidad.
isentar.- *(iz'entar)* v. exentar, exceptuar, eximir.
isento.- *(iz'entu)* adj. exento, inmune.
islâmico.- *(islâmiku)* adj. islámico.
islamismo.- *(islamismu)* s. islamismo.
isolacionismo.- *(iz'olasionismu)* s. aislacionismo.
isolado.- *(iz'oladu)* adj. aislado, retirado, solo.
isolador.- *(iz'oladôr)* adj. aislador. / s. Eléctr. aislador.
isolante.- *(iz'olantchi)* s. Eléctr. aislante.
isolar.- *(iz'olar)* v. aislar, separar, recluir.
isqueiro.- *(isquêru)* s. mechero, encendedor.
israelita.- *(isr'aelita)* adj. hebreo, israelí.
isso.- *(isu)* pron. dem. eso.
istmo.- *(ístmu)* s. istmo.
isto.- *(istu)* pron. dem. esto.
italiano.- *(italianu)* adj. y s. italiano.
itálico.- *(itáliku)* adj. itálico. / s. letra cursiva.
item.- *(íten)* s. epígrafe. / Inform. dado elemental.
itinerário.- *(itchinerariu)* s. itinerario, recorrido, ruta.
ixe.- *(ischi)* interj. Bras. exclamación irónica.

J

j.- *(jóta)* s. décima letra del abecedario portugués.
já.- *(jhá)* adv. ya. / *já que: ya que, en vista de que.
jabuti.- *(jhabutchí)* s. Bras. tortuga brasileña.
jabuticaba.- *(jhabutchikaba)* s. Bras. el fruto de la jabuticabeira.
jabuticabeira.- *(jhabutchikabêra)* s. Bras. árbol nativo de Brasil, de flores blancas y hojas pequeñas, con frutos sobre su tronco, deliciosas y suculentas bayas.
jaca.- *(jháka)* s. el fruto de un árbol llamado jaqueira.
jacarandá.- *(jhakarandá)* s. Bras. jacarandá, árbol que ofrece madera dura, propia para construcciones.
jacaré.- *(jhakaré)* s. yacaré, jacaré, caimán.
jacinto.- *(jhasintu)* s. jacinto.
jacobino.- *(jhakobinu)* s. jacobino.
jactância.- *(jhaktânsia)* s. jactancia, ostentación, vanidad.
jactancioso.- *(jhaktansiôz'u)* adj. jactancioso.
jactar-se.- *(jhaktarsi)* v. jactarse, vanagloriarse.
jacto.- *(jhátu)* s. tiro, lanzamiento, salida impetuosa, golpe. / Bras. avión
jaculatória.- *(jhakulatória)* s. jaculatoria, oración breve y fervorosa.
jade.- *(jhádji)* s. Min. jade.
jaez.- *(jhaês)* s. jaez, adorno que se pone a las caballerías. / Fig. calidad, índole, especie, laya, suerte.
jaguar.- *(jhaguár)* s. jaguar.
jagunço.- *(jhagunsu)* s. Bras. individuo perteneciente al grupo de fanáticos de António Conselheiro, en la campaña de Canudos (1896-1897).
jaleco.- *(jhaléku)* s. chaleco, jaleco.
jamaicano.- *(jhamaikanu)* adj. y s. jamaicano.
jamais.- *(jhamais)* adv. jamás, nunca.
jamba.- *(jhamba)* s. jamba.
jambeiro.- *(jhambêru)* s. yambo.
janeiro.- *(jhanêru)* s. enero.
janela.- *(jhanéla)* s. ventana. / Inform. ventana.
jangada.- *(jhangada)* s. Bras. balsa, barca.
jangadeiro.- *(jhangadêru)* s. Bras. dueño o patrón de la balsa.
jantar.- *(jhantar)* s. cena, yantar, la comida de la noche. / v. cenar.
japona.- *(jhapôna)* s. especie de chaqueta de lana, en general azul marino.
japonês.- *(jhaponês)* adj. y s. japonés.
jaqueira.- *(jhaquêra)* s. gran árbol originario de Asia y enormemente difundido en Brasil; fruta muy grande y madera aprovechable.
jaqueta.- *(jaquêta)* s. americana, chaqueta.
jaquetão.- *(jaquetãu)* s. americana, chaquetón, en general con seis botones.
jarda.- *(jarda)* s. yarda.
jardim.- *(jardjín)* s. jardín.
jardim-de-infância.- *(jhardín di infânsia)* s. parvulario.
jardinagem.- *(jhardjinajhen)* s. jardinería.
jardineira.- *(jhardjinêra)* s. Fem. de jardinero. / mueble de salón o terraza donde se ponen plantas. / Bras. autobús abierto de bancos paralelos.
jardineiro.- *(jhardjinêru)* s. jardinero.
jargão.- *(jhargãu)* s. argot, jerga.
jarra.- *(jhár'a)* s. jarra para agua o para flores.
jarro.- *(jhár'u)* s. bocal, jarro.
jasmim.- *(jhasmín)* s. jazmín.
jaspe.- *(jhaspi)* s. Min. jaspe.
jato.- *(játu)* s. V. **jacto.**
jaula.- *(jhaula)* s. jaula.
javali.- *(jhav'alí)* s. jabalí.
jazer.- *(jhaz'er)* v. yacer.
jazida.- *(jhaz'ida)* s. yacija, situación o postura del que yace. / Med. posición, postura, actitud; sepultura. / yacimiento. / Fig. quietud, serenidad, calma, sosiego, paz.
jazigo.- *(jhaz'igu)* s. yacija, panteón, sepulcro, sepultura, yacimiento.
jeans.- *(jhins)* Ingl. s. vaqueros, blue jeans.
jeca.- *(jhéka)* s. Bras. paleto.
jeito.- *(jhêitu)* s. manera, modo. / aspecto, apariencia, índole, carácter. / propensión. / habilidad, aptitud. / esguince, tirón. / Bras. buenas maneras.
jeitoso.- *(jheitôz'u)* adj. hábil, diestro. / bien parecido, armonioso, bien hecho. / adecuado.
jejuar.- *(jhejhuar)* v. ayunar.
jejum.- *(jhejhún)* s. ayuno.
jequice.- *(jhéquisi)* s. Bras. actos o modos de paleto.
jerimum.- *(jherimún)* s. Bras. calabaza.
jérsei.- *(jhérsei)* s. tela de punto muy fino.
jesuíta.- *(jhez'uíta)* s. jesuita.
jibóia.- *(jhibóia)* s. Bras. boa.
jiboiar.- *(jhiboiar)* v. Bras. digerir en reposo comida abundante.
jingle.- *(jhingou)* Ingl. s. pequeña publicidad con música.
jipe.- *(jhipi)* s. jeep.
jiu-jítsu.- *(jiu-jítsu)* s. jiu-jitsu (arte marcial), expresión japonesa que significa arte de flexibilidad, sistema de lucha sin arma.
joalheiro.- *(joallêru)* s. joyero.
joalheria.- *(jhoallería)* s. joyería.
joanete.- *(joanetchi)* s. juanete.
joaninha.- *(joaniña)* s. mariquita.
joão-ninguém.- *(jhuãu ninguén)* s. individuo sin importancia, sin trabajo. / don nadie.
jocoso.- *(jokôz'u)* adj. burlesco, jocoso.
joelhada.- *(jhoellada)* s. golpe con la rodilla.
joelho.- *(jhoêllu)* s. rodilla.
jogada.- *(jhogada)* s. jugada. / Bras. esquema, que, en general, da buenos resultados.

jogador.- *(jhogador)* adj. y s. jugador.
jogar.- *(jhogar)* v. jugar. / P. lanzarse.
jogo.- *(jhogu)* s. juego, pasatiempo. / conjunto de cosas que forman una colección. / balanceo, oscilación. / astucia. / Bras. *jogo do bicho: tipo de lotería en que se juega sobre los finales 0000 a 9999, cuyas decenas corresponden a 25 grupos, cada uno con el nombre de un animal: avestruz, águila, burro, mariposa, perro, cabra, oveja, camello, serpiente, conejo, caballo, elefante, gallo, gato, yacaré, león, mono, cerdo, pavo real, pavo, toro, tigre, oso, venado, vaca.
jogral.- *(jhográu)* s. trovador.
jóia.- *(jhóia)* s. alhaja, joya. / persona o cosa muy valiosa o muy buena. / Bras. cantidad que pagan los que son admitidos como miembros de asociaciones, clubs, etc. / Arg. muy bueno o bonito, excelente.
joio.- *(jhoiu)* s. joyo, cizaña.
jóquei.- *(jhóquei)* s. jockey.
jornada.- *(jhornada)* s. jornada.
jornal.- *(jhornáu)* s. sueldo diario, jornal, salario. / periódico, diario. / noticiario.
jornaleco.- *(jhornaléku)* s. periódico insignificante y / o mal escrito.
jornaleiro.- *(jhornalêru)* s. jornalero, individuo que trabaja a jornal. / Bras. vendedor de periódicos.
jornalismo.- *(jhornalismu)* s. periodismo.
jornalista.- *(jhornalista)* s. periodista, reportero.
jorrar.- *(jhor'ar)* v. chorrear.
jorro.- *(jôr'u)* s. chorro.
jovem.- *(jhov'en)* adj. y s. joven, mancebo, mozo.
jovial.- *(jhov'iáu)* adj. jovial, juguetón, risueño.
jovialidade.- *(jhov'iáu)* s. jovialidad.
joystick.- *(jhoistchik)* s. Inform. joystick.
juba.- *(jhuba)* s. melena del león, cabellera, crin.
jubilar.- *(jhubilar)* v. y p. llenar(se) de júbilo, alegrar(se). / jubilar(se) profesor.
jubileu.- *(jhubilêu)* s. jubileo.
júbilo.- *(jhúbilu)* s. júbilo, regocijo.
jubiloso.- *(jhubilôz'u)* adj. jubiloso.
judaico.- *(jhudáiku)* adj. judaico, hebraico.
judaísmo.- *(jhdaísmu)* s. judaísmo.
judeu.- *(jhudêu)* adj. hebreo, israelí, judío. / Pop. avaro, tacaño.
judiação.- *(jhudjiasãu)* s. malos tratos.
judiaria.- *(jhudjiaría)* s. judería. / malos tratos.
judicatura.- *(jhudjikatura)* s. judicatura.
judicial.- *(jhudjisiáu)* adj. judicial.
judiciário.- *(jhudjisiáriu)* adj. judiciario, judicial, forense.
judô.- *(jhudô)* s. judo, forma moderna del jiu-jitsu, deporte de combate.
judoca.- *(jhudóka)* s. Bras. judoca, el que practica el judo.
jugo.- *(jhugu)* s. yugo.
jugular.- *(jhugular)* adj. y s. Anat. yugular.
juiz.- *(jhuís)* s. juez, magistrado, árbitro.
juizado.- *(jhuiz'adu)* s. juzgado.
juízo.- *(jhuíz'u)* s. juicio, juzgado. / opinión, parecer. / cordura, sensatez, tino. / Pop. mente, pensamiento.
julgamento.- *(jhuugamentu)* s. juicio, sentencia, examen.
julgar.- *(jhuugar)* v. juzgar, arbitrar. / apreciar, criticar, enjuiciar. / P. julgarse, enjuiciarse.
julho.- *(jhullu)* s. julio.
jumento.- *(jhumentu)* s. borrico, burro, jumento.
junção.- *(jhunsãu)* s. juntura.
juncar.- *(jhunkar)* v. cubrir de juncos. / llenar, cubrir.
junco.- *(jhunku)* s. junco.
junho.- *(jhuñu)* s. junio.
junino.- *(jhuninu)* adj. Bras. relativo a, o lo que se realiza en el mes de junio (fiesta dedicada a São João, con fogatas, globos, el baile típico del forró...).
junta.- *(junta)* s. junta, reunión, asamblea. / articulación de un hueso. / yunta de bestias.
juntar.- *(juntar)* v. y p. juntar, reunir, acumular.
junto.- *(juntu)* adj. junto, próximo, unido. / adv. al lado, juntamente.
juntura.- *(juntura)* s. juntura.
jura.- *(jhura)* s. jura, juramento. / Pop. aguardiente.
jurado.- *(jhuradu)* s. jurado. / Bras. amenazado de agresión o muerte. / s. miembro de jurado.
juramentar.- *(jhuramentar)* v. juramentar; tomar juramento a uno. / v. refl. obligarse con juramento.
juramento.- *(jhuramentu)* s. jura, juramento.
jurar.- *(jhurar)* v. jurar. / prestar juramento, jurar.
júri.- *(jhúri)* s. jurado, tribunal.
jurídico.- *(jhurídjiku)* adj. jurídico.
jurisdição.- *(jhurisdjisãu)* s. jurisdicción, poder, influencia.
jurisprudência.- *(jhurisprudênsia)* s. jurisprudencia.
jurista.- *(jhurista)* s. jurista, jurisconsulto. / prestamista, usurero.
juro.- *(jhuru)* s. beneficio, interés, lucro, ganancia.
jururu.- *(jhururú)* adj. triste, melancólico, nostálgico, meditabundo.
jus.- *(jhus)* s. derecho. / *fazer jus a: hacer por merecer (algo).
justapor.- *(jhustapôr)* v. y p. yuxtaponer(se).
justaposição.- *(jhustapoz'isãu)* s. yuxtaposición.
justiça.- *(jhustchisa)* s. justicia.
justiçado.- *(jhustchisadu)* adj. ajusticiado.
justiçar.- *(jhustchisar)* v. ajusticiar.
justiceiro.- *(jhustchisêru)* adj. y s. justiciero.
justificação.- *(jhustchifikasãu)* s. justificación.
justificar.- *(jhustchifikar)* v. justificar, probar, sincerar.
justificativa.- *(jhustchifikatchiv'a)* s. justificante, prueba o documento que demuestra la verdad de un hecho.
justo.- *(jhustu)* adj. justo, lícito, razonable.
juta.- *(jhuta)* s. yute.
juvenil.- *(jhuv'eniu)* adj. juvenil.
juventude.- *(jhuv'entudji)* s. juventud, mocedad.

K

k.- *(ka)* s. undécima letra del abecedario portugués. Sólo se usa en abreviaturas consagradas internacionalmente, en algunas palabras extranjeras introducidas en el portugués, y en palabras derivadas de nombres propios en que consta la letra: kleperiano, shakesperiano, etc. / Símb. de quilo.

kantiano.- *(kantchianu)* adj. kantiano.

kardecista.- *(kardesista)* adj. de, o relativo a Allan Kardec, pensador espiritista francés (1804-1869). / s. partidario de su doctrina.

karma.- *(karma)* s. carma.

kirie.- *(kirie)* s. kirie.

kepleriano.- *(kiplerianu)* adj. relativo a Johann Kepler (1571-1639).

kg.- *(quilu)* Símb. de quilogramo.

kierkegaardiano.- *(kierkegardjianu)* adj. relativo al filósofo y teólogo danés Soren Aabye Kierkegaard (1813-1855) o a su doctrina.

kilt.- *(kiutch)* Ingl. falda a cuadros que pertenece al traje típico de Escocia.

kit.- *(kitch)* Ingl. s. kit (conjunto de objetos reunidos en un mismo envoltorio usados para un fin específico).

kitchenette *(kitchinetchi)* Ingl. s. cocina pequeña, o parte de un compartimento o armario dispuesto como cocina.

kitsch.- *(kitch)* Alem. adj. y s. se dice de cualquier manifestación (decoración u otra) que adopta elementos inusitados o populares considerados de mal gusto por la cultura establecida.

kiwi.- *(kiv'i)* s. quivi.

km.- *(kilômetru)* s. kilómetro.

know-how.- *(noujau)* s. Ingl. conocimiento práctico; designa el conjunto de conocimientos técnicos, culturales y administrativos.

kw.- *(quilov'atchius)* Símb. de quilowatt.

L

l.- *(éli)* s. duodécima letra del abecedario portugués.
lã.- *(kã)* s. lana. / adv. allá.
lá.- *(lá)* s. Mús. lá, nota musical.
labareda.- *(labarêda)* s. llama, llamarada. / Fig. vivacidad, impetuosidad.
lábaro.- *(lábaru)* s. bandera.
lábia.- *(lábia)* s. labia. / maña, astucia.
labial.- *(labiáu)* adj. labial.
lábil.- *(lábiu)* adj. inestable, transitorio, pasajero.
lábio.- *(lábiu)* s. labio.
labirintite.- *(labirintchítchi)* s. Med. inflamación del laberinto.
labirinto.- *(labirintu)* s. laberinto. / Med. laberinto.
labor.- *(labor)* s. labor, trabajo, faena.
laborar.- *(laborar)* v. cultivar la tierra, labrar.
laboratório.- *(laboratóriu)* s. laboratorio.
laboratorista.- *(laboratorista)* s. técnico de laboratorio.
laborioso.- *(laboriuz'u)* adj. laborioso, trabajador.
laborterapia.- *(laborterápia)* s. terapia ocupacional.
labrego.- *(labrêgu)* s. aldeano, labrador. / adj. labriego, rústico, palurdo, grosero, cateto.
labuta.- *(labuta)* s. tráfago, faenas, faena penosa.
labutar.- *(labutar)* v. trabajar duro y con perseverancia.
laca.- *(laka)* s. laca, resina.
laçada.- *(laçada)* s. lazada, nudo corredizo. / puntada de ganchillo o de punto.
laçador.- *(lasador)* s. hombre diestro en lazar el ganado.
lacaio.- *(lakaiu)* s. lacayo. / individuo despreciable, adulador.
laçar.- *(lasar)* v. y p. lazar.
laçarote.- *(lasarótchi)* s. lazo grande y vistoso.
lacerar.- *(laserar)* v. y p. lacerar, rasgar.
laço.- *(lasu)* s. lazada / lazo (cuerda lanzada para prender el ganado). / alianza, vínculo.
lacônico.- *(lakôniku)* adj. lacónico, breve, resumido.
laconismo.- *(lakonismu)* s. laconismo.
lacraia.- *(lakráia)* s. Bras. animal venenoso, alargado.
lacrar.- *(lakrar)* v. lacrar. / P. ext. cerrar completamente.
lacrau.- *(lakrau)* s. Bras. alacrán.
lacre.- *(lakri)* s. lacre.
lacrimal.- *(lakrimáu)* adj. lacrimal. / s. Anat. lacrimal.
lacrimejar.- *(lakrimejhar)* v. lacrimear, lloriquear.
lacrimogêneo.- *(lakrimojhêniu)* adj. lacrimógeno.
lacrimoso.- *(lakrimôz'u)* adj. lacrimoso, lagrimoso.
lactação.- *(laktasiãu)* s. lactación, lactancia.
lactante.- *(laktantchi)* adj. y s. lactante.
lactar.- *(laktar)* v. lactar, amamantar.
lácteo.- *(láktchiu)* adj. lácteo, lechero, lechoso.
láctico.- *(láktchiku)* adj. lácteo.
lactose.- *(laktóz'i)* s. lactose.
lacuna.- *(lakuna)* s. laguna, hueco, vacío, omisión.
lacustre.- *(lakustri)* adj. lacustre.
ladainha.- *(ladaiña)* s. letanía.
ladear.- *(ladjiar)* v. ladear.
ladeira.- *(ladêra)* s. ladera, bajada, costanera, cuesta, pendiente.
ladino.- *(ladjinu)* adj. ladino, astuto, taimado, sagaz.
lado.- *(ladu)* s. lado.
ladra.- *(ladra)* s. ladrona.
ladrão.- *(ladrãu)* s. ladrón, bandido, bandolero.
ladrar.- *(ladrar)* v. ladrar.
ladrido.- *(ladridu)* s. ladrido, latido.
ladrilhar.- *(ladrillar)* v. embaldosar, enladrillar, solar.
ladrilho.- *(ladrillu)* s. azulejo, baldosa.
lagar.- *(lagar)* s. lagar.
lagarta.- *(lagarta)* s. oruga, larva.
lagartear.- *(lagartchiar)* v. exponerse al sol como un lagarto.
lagartixa.- *(lagartischa)* s. lagartija.
lagarto.- *(lagartu)* s. lagarto.
lago.- *(lagu)* s. lago.
lagoa.- *(lagôa)* s. laguna, lago pequeño, charco.
lagosta.- *(lagôsta)* s. langosta.
lagostim.- *(lagostchín)* s. langostino.
lágrima.- *(lágrima)* s. lágrima. / objeto en forma de lágrima, un colgante, por ejemplo.
lagrimejar.- *(lagrimejhar)* v. lacrimear, lloriquear. / V. **lacrimejar.**
laguna.- *(laguna)* s. laguna.
laicismo.- *(laisismu)* s. laicismo.
laico.- *(laiku)* adj. laico, lego.
laje.- *(lajhi)* s. losa, laja, piedra plana. / obra continua de hormigón, que constituye techo, piso, etc.
lajear.- *(lajhiar)* v. enlosar, solar.
lajota.- *(lajhóta)* s. pequeña laja.
lama.- *(lama)* s. lama, barro, cieno, fango, lodo. / Fig. sordidez, miseria. / 2ª s. llama, alpaca. / 3ª s. llama, sacerdote budista.
lamaçal.- *(lamasáu)* s. barrizal, cenagal, lodazal.
lamacento.- *(lamasentu)* adj. cenagoso.
lamaísmo.- *(lamaísmu)* s. lamaísmo.
lambada.- *(lambada)* s. bofetada, porrazo, paliza, tunda, soba, trancazo. / Bras. lambada (cierto baile moderno de ritmo animado).
lambança.- *(lambasa)* s. Fam. cosa que se puede comer o lamer, golosina, chuchería. / Bras. trabajo mal hecho.
lambão.- *(lambãu)* adj. y s. goloso, glotón; aquel que se mancha mucho al comer o hace mal su trabajo; tonto, tontorrón.
lambari.- *(lambarí)* s. Bras. pez de tamaño reducido.
lambe-lambe.- *(lâmbi lâmbi)* s. fotógrafo callejero.

lamber.- *(lamber)* v. lamer, relamer. / Bras. adular.
lambida.- *(lambida)* s. acto de lamer. / Fig. adulación.
lambidela.- *(lambidela)* s. acto de lamer. / Fig. adulación.
lambido.- *(lambidu)* adj. relamido. / Bras. afectado, presumido. / dícese de obra de arte muy elaborada. / dícese de falda o pelo muy lisos.
lambiscar.- *(lambiskar)* v. pellizcar, comer a migajas. / 2ª vt. y v. intr. comer poco o con melindres. / picar o pellizcar la comida.
lambisgóia.- *(lambisgóia)* adj. persona relamida. / s. mujer intrigante, liante. / coqueta. / persona entrometida.
lambreta.- *(lambrêta)* s. vespino.
lambujem.- *(lambújhen)* s. golosina, chuchería. / resto de comida que se deja en el plato. / Fig. pequeño provecho, lucro, utilidad. / Bras. ventaja que un jugador concede a su contrincante.
lambuzar.- *(lambuzar)* v. y p. mancharse, emporcarse, ensuciarse, pringarse, principalmente de comida.
lameiro.- *(lamêru)* s. cenagal.
lamentação.- *(lamentasãu)* s. lamentación. / queja, lamento. / canto fúnebre.
lamentar.- *(lamentar)* v. lamentar, deplorar, gemir, llorar.
lamentável.- *(lamentáv'eu)* adj. lamentable, deplorable, doloroso, lastimoso.
lamento.- *(lamentu)* s. lamento, lástima, queja.
lamentoso.- *(lamentôz'u)* adj. lamentoso, triste, lamentable, deplorable.
lâmina.- *(lâmina)* s. lámina, chapa, hoja, placa, plancha, tabla.
laminado.- *(laminadu)* adj. laminado. / s. compensado.
laminar.- *(laminar)* v. laminar.
lâmpada.- *(lâmpada)* s. bombilla.
lampadário.- *(lampadáriu)* s. candelabro grande.
lamparina.- *(lamparina)* s. lamparilla.
lampeiro.- *(lampêru)* adj. despabilado, desenvuelto, bullicioso.
lampejar.- *(lampejhar)* v. centellar, relampaguear.
lampejo.- *(lampêjhu)* s. centelleo, chispa. / Fig. manifestación rápida y / o brillante de una idea. / ocurrencia.
lampião.- *(lampiãu)* s. lampión, linterna.
lampinho.- *(lampiñu)* adj. lampiño.
lamúria.- *(lamúria)* s. queja, lamentación, plañido, lloriqueo.
lamuriante.- *(lamuriantchi)* adj. lamentoso, quejumbroso.
lamuriar.- *(lamuriar)* v. y p. lamentarse, quejarse.
lança.- *(lansa)* s. lanza, asta, pica.
lança-chamas.- *(lansa schamas)* s. lanzallamas.
lançamento.- *(lansamentu)* s. lanzamiento. / lanzamiento de un nuevo producto, artista, libro, película, etc. / registro en libro comercial. / lanzamiento de una nave espacial.
lança-perfume.- *(lanza perfumi)* s. recipiente cilíndrico, con éter perfumado, que se lanzaba en chorro, especialmente en el carnaval.
lançar.- *(lansar)* v. lanzar, arrojar, despedir, echar, emitir, proyectar. / lanzar un nuevo producto, artista, libro, película, etc. / pujar en una subasta. / P. lanzarse, arrojarse.
lance.- *(lansi)* s. lance. / ocurrencia. / caso o situación difícil.
lancear.- *(lansiar)* v. lancear, herir con lanzas.
lanceiro.- *(lansêru)* s. lancero.
lanceta.- *(lansêta)* s. lanceta.
lanço.- *(lansu)* s. puja en una subasta, / extensión, anchura de un muro, fosa, etc. / tramo de escalera. / lado de una calle. / Fig. suerte, fortuna, casualidad.
lancha.- *(lânscha)* s. lancha.
lanchar.- *(lanschar)* v. merendar. / comer como merienda.
lanche.- *(lanschi)* s. merienda. / pequeña comida.
lancheira.- *(lanschêra)* s. pequeño bolso, maleta o cesto en que los niños llevan la merienda al colegio.
lanchonete.- *(lanschonétchi)* s. Bras. tienda donde se sirven comidas ligeras en la barra.
languidez.- *(languidês)* s. languidez.
lânguido.- *(lânguidu)* adj. lánguido, mustio.
lanhar.- *(lañar)* v. golpear.
lanho.- *(lañu)* s. corte con instrumento cortante.
lanifício.- *(lanifísiu)* s. obra, tejido o manufactura hecha de lana.
lanolina.- *(lanolina)* s. Quim. lanolina.
lanoso.- *(lanôz'u)* adj. lanudo, lanoso.
lanterna.- *(lanterna)* s. farol de coche. / linterna. / el último colocado en cualquier competición.
lanternagem.- *(lanternajhen)* s. Bras. operación de arreglar la carrocería de los coches.
lanterneiro.- *(lanternêru)* s. especialista en arreglo de la carrocería de los coches.
lanterninha.- *(lanterniña)* s. Bras. acomodador de cine y teatro. / el último colocado en cualquier competición.
lanudo.- *(lanudu)* adj. lanudo.
lapa.- *(lapa)* s. piedra, gruta, cueva.
lapela.- *(lapéla)* s. solapa.
lapidar.- *(lapidar)* v. apedrear, lapidar. / 2ª v. maltratar o matar con piedras. / pulir piedra preciosa. / dar educación, perfeccionar.
lapidário.- *(lapidáriu)* s. el que trabaja puliendo piedras preciosas.
lápide.- *(lápidji)* s. lápida.
lapinha.- *(lapiña)* Bras. Belén de Navidad.
lápis.- *(lápis)* s. lápiz.
lapiseira.- *(lapiz'êra)* s. lapicero.
lápis-lazúli.- *(lápis laz'úli)* s. lapislázuli.
lapso.- *(lápsu)* s. lapso.
laptop.- *(laptóp)* s. Inform. pequeño microordenador portátil, más grande que un *notebook*.
laquê.- *(laquê)* s. laca.
laquear.- *(laquiar)* v. Bras. laquear, cubrir con laca.
lar.- *(lar)* s. lar, hogar.
laranja.- *(laranjha)* s. naranja.
laranjada.- *(laranjhada)* s. naranjada.
laranjeira.- *(laranjhêra)* s. naranjo.
lardo.- *(lardu)* s. lardo, tiras de tocino.
lareira.- *(larêra)* s. chimenea, hogar, lar.
larga.- *(larga)* s. larga, largueza, libertad, holgura.

largada.- *(largada)* s. salida de una competición. / partida de un lugar.
largar.- *(largar)* v. largar, desasir. / dejar caer. / abandonar, poner a un lado. / v. y p. partir, zarpar, marcharse.
largo.- *(largu)* adj. ancho, lato. / s. el ancho. / plaza, glorieta.
largueza.- *(larguêz'a)* s. anchura. / Fig. generosidad, liberalidad, disipación, desahogo.
largura.- *(largura)* s. anchura, latitud.
laringe.- *(larinjhi)* s. Anat. laringe.
laringite.- *(larinjhitchi)* s. Med. laringitis.
larva.- *(larv'a)* s. larva.
lasanha.- *(laz'aña)* s. lasaña.
lasca.- *(laska)* s. astilla, lasca, raja.
lascar.- *(laskar)* v. rajar, astillarse. / *de lascar: profundamente desagradable o decepcionante.
lascivo.- *(lasív'u)* adj. lascivo, libidinoso.
laser.- *(leiz'er)* Ingl. adj. láser. / s. disco láser.
lassidão.- *(lasidãu)* s. lasitud.
lasso.- *(lasu)* adj. laso, cansado, exhausto. / depravado, corrompido.
lástima.- *(lástchima)* s. lástima.
lastimar.- *(lastchimar)* v. lastimar, deplorar, lamentar, tener pena. / P. quejarse, lamentarse.
lastimável.- *(lastchimáv'eu)* adj. lastimoso, deplorable, lamentable.
lastro.- *(lastru)* s. Mar. lastre. / base, fundamento. / Bras. piedras u otro material, que se pone en una línea de tren para soportar y distribuir a la plataforma los esfuerzos transmitidos.
lata.- *(lata)* s. lata, hojalata. / envase hecho de este material. / lata.
latão.- *(latu)* s. latón.
látego.- *(látchigu)* s. látigo, zurriago.
latejar.- *(latejhar)* v. latir, palpitar, pulsar.
latente.- *(latentchi)* adj. latente.
láteo.- *(látchiu)* adj. lácteo.
lateral.- *(lateráu)* adj. lateral.
látex.- *(látex)* s. látex.
latido.- *(latchidu)* s. ladrido. / Fig. remordimiento. / Fig. palabras tontas.
latifundiário.- *(latchifundiáriu)* s. terrateniente.
latifúndio.- *(latchifúndjiu)* s. latifundio.
latim.- *(latín)* s. latín.
latinismo.- *(latchinismu)* s. latinismo.
latinizar.- *(latchiniz'ar)* v. latinizar.
latino.- *(latchinu)* adj. latino.
latino-americano.- *(latchinu amerikanu)* adj. latinoamericano.
latir.- *(latchi)* v. ladrar.
latitude.- *(latchitudji)* s. latitud.
lato.- *(latu)* adj. lato, dilatado, amplio, extenso.
latrina.- *(latrina)* s. casilla, letrina, retrete,
latrocínio.- *(latrosíniu)* s. latrocinio.
lauda.- *(lauda)* s. cada una de las caras de un folio.
láudano.- *(láudanu)* s. láudano.
laudatório.- *(laudatóriu)* adj. laudatorio.
laudo.- *(laudu)* s. laudo.
laureado.- *(lauriadu)* adj. laureado, galardonado.
laurear.- *(lauriar)* v. laurear.
laurel.- *(lauréu)* s. corona de laureles. / premio, recompensa.
lauto.- *(lautu)* adj. suntuoso, opulento, abundante.
lava.- *(lav'a)* s. lava.
lavabo.- *(lav'abu)* s. lavabo.
lavadeira.- *(lav'adêra)* s. lavandera, mujer que lava. / libélula.
lavadora.- *(lav'adôra)* s. máquina de lavar, lavadora.
lavagem.- *(lav'ajhen)* s. lavadura, lavamiento, lavado. / lavaje, enema. / restos de comida para los cerdos.
lava-louças.- *(lav'a lôsas)* s. lavavajillas.
lavanda.- *(lav'anda)* s. espliego.
lavanderia.- *(lav'andería)* s. lavandería.
lavar.- *(lav'ar)* v. lavar. / P. lavarse, bañarse.
lavareda.- *(lavarêda)* s. llama, llamarada. / Fig. vivacidad, impetuosidad.
lavatório.- *(lav'atóriu)* s. lavabo, lavamanos, lavatorio. / Fig. purificación.
lavoura.- *(lavôra)* s. labranza, labor, labrado.
lavra.- *(lav'ra)* s. arada, labor, cultivo. / Bras. terreno de minería.
lavrador.- *(lav'radôr)* s. agricultor, labrador.
lavrar.- *(lav'rar)* v. arar, labrar. / bordar. / propagarse.
laxante.- *(laschantchi)* adj. laxante.
lazarento.- *(laz'arênu)* adj. y s. lazarino, leproso.
lazareto.- *(laz'arêtu)* s. lazareto.
lazer.- *(laz'er)* s. ocio, tiempo libre.
leal.- *(leáu)* adj. fiel, leal,
lealdade.- *(leaudadji)* s. fidelidad, lealtad.
leão.- *(liãu)* s. león. / hombre valiente. / Astr. la quinta constelación del Zodíaco, situada en el hemisferio norte.
lebre.- *(lébri)* s. liebre.
lecionar.- *(lesionar)* v. dar clases. / ejercer el magisterio.
legação.- *(legasãu)* s. legación.
legado.- *(legadu)* s. legado, herencia; dádiva.
legal.- *(legáu)* adj. legal, lícito, válido. / Bras. Pop. correcto, en orden. / Bras. Arg. palabra que expresa numerosas ideas apreciativas: óptimo, perfecto, digno, etc.
legalidade.- *(legalidadji)* s. legalidad.
legalizar.- *(legaliz'ar)* v. legalizar, autenticar, validar.
legar.- *(legar)* v. legar, transmitir por testamento.
legenda.- *(lejhenda)* s. relato de la vida de los santos, santoral. / leyenda. / rótulo, inscripción, letrero. / texto explicativo que acompaña ilustraciones, mapas o gravados. / s. pl. subtítulos de una película extranjera en versión original.
legendário.- *(lejhendáriu)* adj. legendario.
legião.- *(lejhiãu)* s. legión.
legionário.- *(lejhionáriu)* adj. y s. legionario.
legislação.- *(lejhislasãu)* s. legislación.
legislador.- *(lejhisladôr)* adj. y s. legislador, legislativo.
legislar.- *(lejhislar)* v. legislar.
legislatura.- *(lejhislatura)* s. legislatura.
legista.- *(lejhista)* s. legista.

legítima.- *(lejhítchima)* s. legítima.
legitimar.- *(lejhitchimar)* v. legitimar, validar, formalizar, legalizar.
legitimidade.- *(lejhitchimidadji)* s. legitimidad, autenticidad, validación, validez.
legítimo.- *(lajhítchimu)* adj. legítimo, auténtico, válido. / hijo resultante del matrimonio.
legível.- *(lejhív'eu)* adj. legible, leíble.
légua.- *(légua)* s. legua.
legume.- *(legumi)* s. legumbre. / Bras. hortaliza.
leguminoso.- *(leguminôz'u)* adj. leguminoso.
lei.- *(lei)* s. ley, norma, regla.
leiaute.- *(leiáutchi)* s. boceto, proyecto o esquema de una obra presentados gráficamente.
leigo.- *(leigu)* adj. lego, laico, profano.
leilão.- *(leilãu)* s. subasta, almoneda.
leiloar.- *(leiluar)* v. subastar.
leiloeiro.- *(leiluêru)* s. subastador.
leitão.- *(leitãu)* s. lechón.
leitaria.- *(leitaría)* s. leiteria.
leite.- *(leitchi)* s. leche.
leiteira.- *(leitêra)* s. lechera (recipiente donde se sirve o hierve la leche y vendedora de leche).
leiteiro.- *(leitêru)* s. lechero.
leiteria.- *(leitería)* s. lechería.
leito.- *(leitu)* s. cama, lecho.
leitor.- *(leitôr)* adj. y s. lector.
leitoso.- *(leitôz'u)* adj. lechoso, lácteo.
leitura.- *(leitura)* s. lectura.
lema.- *(lema)* s. lema, divisa.
lembrança.- *(lembransa)* s. recuerdo, memoria, reminiscencia. / inspiración, idea. / regalo, brindis. / s. pl. recuerdos, saludos, cumplidos.
lembranças.- *(lembransas)* s. pl. recuerdos, saludos, cumplidos.
lembrar.- *(lembrar)* v. acordar, conmemorar, celebrar, venir a la memoria. / P. acordarse.
lembrete.- *(lembretchi)* s. anotación para ayudar a la memoria.
leme.- *(lemi)* s. timón.
lenço.- *(lensu)* s. pañuelo, pañoleta.
lençol.- *(lensóu)* s. sábana. / depósito subterráneo natural de agua, petróleo, etc.
lenda.- *(lenda)* s. leyenda. / Fig. cuento, mentira, bola, embuste.
lendário.- *(lendáriu)* adj. legendario.
lêndea.- *(lêndea)* s. liendre.
lengalenga.- *(lengalenga)* s. conversación, narración o discurso aburrido. / letanía. / enumeración muy extensa.
lenha.- *(leña)* s. leña.
lenhador.- *(leñador)* s. leñador.
lenho.- *(leñu)* s. madero.
lenhoso.- *(leñôz'u)* adj. leñoso.
lenitivo.- *(lenitchiv'u)* adj. lenitivo. / s. medicina lenitiva.
lenocínio.- *(lenosíniu)* s. lenocinio.
lente.- *(lentchi)* s. lente.
lentejoula.- *(lentejhôla)* s. lentejuela.
lentidão.- *(lentchidãu)* s. lentitud, tardanza.
lentilha.- *(lentchilla)* s. lenteja.
lento.- *(lentu)* adj. lento, lerdo, moroso, paulatino, remolón.
leonino.- *(leoninu)* adj. leonino. / fraudulento (contrato).
leopardo.- *(leopardu)* s. leopardo.
lépido.- *(lépidu)* adj. risueño, alegre, ágil.
lepra.- *(lépra)* s. lepra.
leprosário.- *(leproz'áriu)* s. leprosería.
leproso.- *(leprôz'u)* adj.y s. leproso.
leque.- *(léqui)* s. abanico. / desdoblamiento de opciones a partir de un determinado elemento.
ler.- *(ler)* v. leer. / Inform. transferir datos de un periférico para el programa en ejecución.
lerdo.- *(lérdu)* adj. lento, lerdo.
lero-lero.- *(léru léru)* s. conversación sin sentido, sin objetivo.
lesão.- *(lez'ãu)* s. lesión, traumatismo.
lesar.- *(lez'ar)* v. lesionar, lisiar, ofender.
lesbianismo.- *(lesbianismu)* s. lesbianismo.
lésbica.- *(lésbika)* s. lesbiana.
lesma.- *(lêsma)* s. lesma, babosa, persona indolente.
leste.- *(léstchi)* s. Geogr. este, levante, naciente, oriente.
letal.- *(letáu)* adj. letal, mortal.
letargia.- *(letarjhía)* s. letargo, sopor, apatía.
letárgico.- *(letárjhiku)* adj. letárgico.
letivo.- *(letchiv'u)* adj. lectivo.
letra.- *(letra)* s. letra. / texto en verso de ciertas músicas. / letra de cambio.
letrado.- *(letradu)* adj. y s. letrado.
letras.- *(lêtras)* s. pl. letras.
letreiro.- *(letrêru)* s. letrero, rótulo, título.
letrista.- *(letrista)* s. artista gráfico especializado en el dibujo de letras. / aquel que escribe letras de música.
léu.- *(léu)* s. vagabundaje, ocio. / ocasión, oportunidad. / usado en la loc. adv. *ao léu: al descubierto, al aire, en cueros, desnudo.
leucemia.- *(leusemía)* s. leucemia.
leucócito.- *(leukósitu)* s. leucocito.
leva.- *(lev'a)* s. leva. / alistamiento, reclutamiento. / grupo, montón de gente.
levadiço.- *(lev'adjisu)* adj. levadizo.
levado.- *(lev'adu)* adj. Pop. travieso.
leva-e-traz.- *(lev'a i trás)* s. Bras. persona intrigante, chismosa, cuentista, liante, correveidile.
levantamento.- *(lev'antamentu)* s. levantamiento.
levantar.- *(lev'antar)* v. levantar, alzar, erguir, izar. / suscitar. / conseguir dinero por préstamo o por otro medio. / P. ponerse de pie, levantarse. / sublevarse.
levante.- *(lev'antchi)* s. levante, naciente, este, leste, oriente.
levantino.- *(lev'antchinu)* adj. levantino, levantisco.
levar.- *(lev'ar)* v. llevar. / portear, cargar. / conducir. / causar la muerte, matar. / pasar cierto período de tiempo. / pasar la vida (vivir). / obtener, recibir. / robar. / ganar. / hacer representar, representar. / poder, contener. / v. Bras. ser castigado fisicamente. / dejarse dominar.
leve.- *(lév'i)* adj. leve, liviano, suave.
levedar.- *(lev'edar)* v. leudar.

lêvedo.- *(lêv'edu)* s. leudo, fermento.
levedura.- *(lev'edura)* s. levadura, fermento.
leveza.- *(lev'êz'a)* s. ligereza, liviandad.
leviandade.- *(lev'iandadji)* s. liviandad, futilidad, veleidad.
leviano.- *(lev'ianu)* adj. liviano, fútil, insensato.
levitação.- *(lev'itasãu)* s. levitación.
levitar.- *(lev'itar)* v. y p. levantar.
léxico.- *(léksiku)* s. léxico, vocabulario.
lexicografia.- *(leksikograma)* s. lexicografía.
lexicologia.- *(leksikolojhía)* s. lexicología.
lhama.- *(llama)* s. tela de hilo de plata o de oro; llama, rumiante sudamericano.
lhano.- *(llanu)* adj. llano, sincero, franco.
lhe.- *(lle)* pron. pers. le, a él, a ella, en él, en ella, de él, de ella.
lho.- *(llu)* contr. del pron. pers. *lhe* con el pron. pers. *o*, o con el pron. dem. neutro *o*.
liana.- *(liana)* s. bejuco.
libanês.- *(libanês)* adj. y s. libanés.
libar.- *(libar)* v. libar, beber.
libelo.- *(libélu)* s. Jur. libelo.
libélula.- *(libélula)* s. libélula.
liberação.- *(liberasãu)* s. liberación.
liberal.- *(liberáu)* adj. liberal.
liberalidade.- *(liberalidadji)* s. liberalidad.
liberalismo.- *(liberalismu)* s. liberalismo.
liberalizar.- *(liberaliz'ar)* v. liberalizar.
liberar.- *(liberar)* v. liberar, volver libre, saldar una deuda.
liberdade.- *(liberdadji)* s. libertad. / confianza, intimidad a veces abusiva.
libertação.- *(libertasãu)* s. liberación.
libertar.- *(libertar)* v. y p. libertar(se), emancipar(se), franquear(se), liberar(se), soltar(se).
libertinagem.- *(libertchinajhen)* s. libertinaje.
libertino.- *(libertchinu)* adj. libertino, licencioso.
libidinoso.- *(libidjinôz'u)* adj. libidinoso, lascivo, lujurioso.
libido.- *(libido)* s. libido.
libré.- *(libré)* s. uniforme de criado de casas nobles.
libreto.- *(librêtu)* s. libreto.
lição.- *(lisãu)* s. lección. / ejemplo, enseñanza, consejo.
licença- *(lisensa)* s. permiso. / autorización para faltar al trabajo durante cierto período. / Bras. permiso al cual tiene derecho un funcionario público tras cada decenio de trabajo efectivo.
licenciado.- *(lisensiadu)* adj. y s. licenciado.
licenciatura.- *(lisensiatura)* s. Bras. licenciatura.
liceu.- *(liseu)* s. establecimiento de enseñanza secundaria y / o profesional.
lícito.- *(lísitu)* adj. lícito, admisible.
licor.- *(likôr)* s. licor.
licoreiro.- *(likorêru)* s. conjunto de botellas y copas para licor.
lida.- *(lida)* s. trabajo, tarea. / esfuerzo, faena, fatiga.
lidar.- *(lidar)* v. intr. lidiar, torear, laborar, trabajar, luchar, combatir, batallar, trajinar. / V. **labutar.**
líder.- *(líder)* s. líder.
liderança.- *(lideransa)* s. liderazgo.
liderar.- *(liderar)* v. liderar.
liga.- *(liga)* s. alianza, pacto. / asociación, partido. liguero. / Quím. liga.
ligação.- *(ligasãu)* s. ligación. / relación, vinculación. / amistad. / relación amorosa y sensual. / Bras. acto o efecto de telefonear.
ligamento.- *(ligamentu)* s. Anat. ligamento
ligar.- *(ligar)* v. aprender, prender, atar, con cinta o ligadura. / juntar de nuevo lo que estaba separado, cortado. / poner en comunicación o en contacto. / crear una conexión, hacer coherente. / unir por vínculos morales o afectivos. / poner en funcionamiento. / Bras. telefonear. / unir, vincular. / fijar la atención. / P. unirse por vínculos morales o afectivos.
ligeiro.- *(lijhêru)* adj. leve. / rápido, veloz, ágil. / voluble, liviano.
lilá.- *(lilá)* s. y adj. lilas.
lilás.- *(lilás)* s. lila, arbusto y su flor. / adj. de este color.
lima.- *(lima)* s. lima (fruto). / 2ª s. lima.
limão.- *(limãu)* s. limón.
limar.- *(limar)* v. limar.
limbo.- *(limbu)* s. limbo. / orla, borda.
limeira.- *(limêra)* s. árbol de la lima.
limiar.- *(limiar)* s. umbral de la puerta. / entrada.
limitar.- *(limitar)* v. limitar. / restringir, disminuir. / P. restringirse. / tener como límite, lindar.
limite.- *(limitchi)* s. límite, confín, linde, frontera, fin, término.
limítrofe.- *(limítrofi)* adj. limítrofe, lindero, aledaño.
limo.- *(limu)* s. limo, musgo.
limoeiro.- *(limuêru)* s. limonero, árbol del limón.
limonada.- *(limonada)* s. limonada.
limpadela.- *(limpadéla)* s. limpieza rápida y superficial.
limpar.- *(limpar)* v. limpiar, asear, fregar. / depurar, purgar. / sanear.
limpeza.- *(limpêz'a)* s. limpieza, aseo, higiene.
limpidez.- *(limpidês)* s. limpidez, nitidez, transparencia. / Fig. ingenuidad, sinceridad, serenidad, pureza.
límpido.- *(límpidu)* adj. límpido, nítido, limpio, transparente, claro. / Fig. ingenuo, franco, puro, sereno.
limpo.- *(limpu)* adj. limpio, límpido, aseado, higiénico, puro, claro, sereno. / Bras. sin dinero.
lince.- *(linsi)* s. lince.
linchamento.- *(linschamentu)* s. linchamiento.
linchar.- *(linschar)* v. linchar.
lindar.- *(lindar)* v. lindar, demarcar. Limitar.
linde.- *(lindji)* s. linde, límite.
lindeza.- *(lindêz'a)* s. lindeza, hermosura, belleza.
lindo.- *(lindu)* adj. lindo, bello, bonito.
lineamento.- *(lineamentu)* s. lineamiento.
linear.- *(linear)* adj. linear.
linfa.- *(linfa)* s. linfa.
linfático.- *(linfátchiku)* adj. linfático.
lingote.- *(lingótchi)* s. lingote.
língua.- *(língua)* s. lengua, habla, idioma, lenguaje.
linguado.- *(linguadu)* s. Bras. lenguado.

linguagem.- *(linguajhen)* s. lenguaje, lengua.
linguarudo.- *(linguarudu)* adj. y s. hablador, chismoso.
lingüeta.- *(lingüêta)* s. lengüeta.
lingüiça.- *(lingüisa)* s. longaniza.
lingüística.- *(lingüístchika)* s. lingüística.
linha.- *(liña)* s. línea, hilo. / conexión que permite efectuar una conexión telefónica. / regla, norma. / corrección de maneras, educación. / servicio regular de transporte entre dos puntos. / el ecuador. / Bras. raíles del tren.
linhaça.- *(liñasa)* s. linaza.
linhagem.- *(linñajhen)* s. linaje, alcurnia, ascendencia, descendencia, estirpe.
linho.- *(liñu)* s. lino.
linimento.- *(linimentu)* s. linimento.
linóleo.- *(linóliu)* s. linóleo.
linotipista.- *(linotchipista)* s. linotipista.
linotipo.- *(linotchipu)* s. linotipia.
liqüefazer.- *(liqüefaz'er)* vt. y refl. fundir(se), derretir(se), licuar(se), licuefacer(se).
liqüefeito.- *(liqüefeitu)* adj. licuefacto.
líquen.- *(líquen)* s. Bot. liquen.
liquidação o **liqüidação.-** *(liquidasãu o liqüidasãu)* s. liquidación, saldo.
liquidar o **liqüidar.-** *(liquidar o liqüidar)* v. liquidar, extinguir, saldar. / matar. / sacar en claro. / encerrar asunto o cuestión desagradable. / encerrar transacciones comerciales. / P. arruinarse.
liquidez o **liqüidez.-** *(liquidês o liqüidês)* s. liquidez.
liquidificador o **liqüidificador.-** *(liquidjifikador o liqüidjifikadôr)* s. licuadora.
liquidificar o **liqüidificar.-** *(liquidjifikar o liqüidjifikar)* v. licuar.
líquido o **líqüido.-** *(líquidu o liqüidu)* adj. líquido. / Econ. valor que no está sujeto a reducción o cargas. / s. substancia líquida.
lira.- *(lira)* s. lira, instrumento musical.
lírico.- *(lira)* adj. lírico.
lírio.- *(líriu)* s. lirio, lis, azucena.
lirismo.- *(lirismu)* s. lirismo.
lisboeta.- *(lisboêta)* adj. y s. de Lisboa.
liso.- *(liz'u)* adj. liso, plano, raso, suave. / Bras. Arg. sin dinero.
lisonja.- *(liz'onjha)* s. lisonja, adulación, halago.
lisonjeador.- *(liz'onjhiador)* adj. lisonjeador, lisonjero, pelotillero, adulón.
lisonjear.- *(liz'onjhiar)* v. adular, lisonjear.
lista.- *(lista)* s. lista, relación, rol. / raya.
listado.- *(lista)* adj. listado.
listagem.- *(listajhen)* s. listado. / listado continuo en ordenador.
listra.- *(listra)* s. lista. / raya de un color en un tejido.
listrado.- *(listradu)* adj. listado, rayado.
lisura.- *(liz'ura)* s. lisura, sinceridad, llaneza.
liteira.- *(litêra)* s. litera, silla de manos.
literal.- *(literáu)* adj. literal.
literário.- *(literáriu)* adj. literario.
literato.- *(literátu)* s. literato, autor, escritor.
literatura.- *(literatura)* s. literatura.
litigante.- *(litchigantchi)* adj. litigante.
litigar.- *(litchijar)* v. litigar.
litígio.- *(litchijhiu)* s. litigio, pleito, contienda, disputa.
litografar.- *(litografar)* v. litografiar.
litograria.- *(litografía)* s. litografía.
litoral.- *(litoráu)* adj. litoral, orilla, costa del mar. / s. litoral, zona marítima; región bañada por el mar, costa.
litorâneo.- *(litorâniu)* adj. litoral.
litosfera.- *(litosféra)* s. litosfera.
litro.- *(litru)* s. litro.
liturgia.- *(liturjhía)* s. liturgia.
lividez.- *(liv'idês)* s. lividez.
lívido.- *(lív'idu)* adj. lívido.
livramento.- *(liv'ramentu)* s. libramiento.
livrar.- *(liv'rar)* v. y p. librar(se), libertar(se), salvar(se), largar(se), desembarazar(se), emancipar(se).
livraria.- *(liv'raría)* s. librería.
livre.- *(liv'ri)* adj. libre, disoluto, absuelto, independiente, suelto.
livreco.- *(liv'réku)* s. libro sin valor.
livreiro.- *(liv'rêru)* s. y adj. librero.
livro.- *(liv'ru)* s. libro.
lixa.- *(lischa)* s. lija.
lixar.- *(lischar)* vt. lijar. / Pop. perjudicar, molestar, chinchar. / v. refl. molestarse, importunarse, indignarse. / sufrir daños. / Arg. Bras. no molestarse, no dar importancia.
lixeira.- *(lischêra)* s. recipiente para la basura, papelera.
lixeiro.- *(lischêru)* s. Bras. basurero.
lixívia.- *(lischív'ia)* s. lejía.
lixo.- *(lischu)* s. basura, inmundicia.
loa.- *(loa)* s. loa, elogio, apología.
lobby.- *(lóbi)* Ingl. grupo de presión sobre los sectores gubernamentales.
lobisomen.- *(lobiz'omen)* s. hombre lobo.
lobo.- *(lôbu)* s. lobo.
lôbrego.- *(lôbregu)* adj. lúgubre. / 2ª adj. lóbrego.
lobrigar.- *(lobrigar)* v. entrever, ver a lo lejos, percibir.
lóbulo.- *(lóbulu)* s. lóbulo.
loca.- *(lóka)* s. escondrijo del pez, cueva submarina.
locação.- *(lokasãu)* s. locación, alquiler.
locador.- *(lokadôr)* s. locador, arrendador.
local.- *(lokáu)* adj. local, relativo al lugar. / s. local, sitio cerrado, puesto.
localidade.- *(lokalidadji)* s. localidad, lugar. población, pueblo.
localização.- *(lokaliz'asãu)* s. localización, situación.
localizar.- *(lokaliz'ar)* v. localizar. / P. fijarse en determinado lugar.
loção.- *(losãu)* s. Bras. loción, ablución.
locatário.- *(lokatáriu)* s. locatario, inquilino, arrendatario.
locomoção.- *(lokomisãu)* s. locomoción.
locomotiva.- *(lokomotchiv'a)* s. locomotriz, locomotora.
locomotor.- *(lokomotôr)* adj. locomotor.

locomotriz.- *(lokomotris)* s. locomotriz.
locomover-se.- *(lokomovêrsi)* v. moverse, trasladarse.
locução.- *(lokusãu)* s. locución.
locutor.- *(lokutor)* s. locutor.
lodaçal.- *(lodasáu)* s. lodazal, atolladero, barrizal, charco. / Fig. lugar inmoral, libertino.
lodo.- *(lôdu)* s. lodo, barro, cieno, fango, lama, limo.
logaritmo.- *(logarítmu)* s. logaritmo.
lógica.- *(lójhika)* s. lógica,
lógico.- *(lójhiku)* adj. lógico.
logo.- *(lógu)* adv. luego, enseguida, inmediatamente. / conj. por lo tanto, por consiguiente.
logotipo.- *(logotchipu)* s. logotipo.
logradoiro.- *(logradoiru)* s. V. **logradouro.**
logradouro.- *(logradôru)* s. lugar común a todos, plaza, calle, jardín.
lograr.- *(lograr)* v. lograr, disfrutar, gozar. / embaucar, estafar. / producirse el resultado que se esperaba.
logro.- *(lôgru)* s. logro, engaño, estafa, fraude.
loiro.- *(loiru)* s. rubio de pelo.
loja.- *(lojha)* s. bazar, tienda, venta.
lojista.- *(lojhista)* s. tendero, comerciante.
lomba.- *(lomba)* s. cresta redondeada de una colina, sierra. / ladera, cuesta. / montón de tierra o arena formada por el viento.
lombada.- *(lombada)* s. el dorso del buey. / en un libro, el lado de la costura, lomo.
lombar.- *(lombada)* adj. lumbar.
lombeira.- *(lombêra)* s. Bras. y prov. lus. pereza.
lombo.- *(lômbu)* s. lomo, solomillo.
lombriga.- *(lumbriga)* s. Bras. gusano, lombriz.
lona.- *(lôna)* s. lona.
longe.- *(lonjhi)* adv. lejos. / adj. distante.
longevidade.- *(lonjhev'idadji)* s. longevidad.
longínquo.- *(lonjhínkuu)* adj. lejano.
longitude.- *(lonjhitudji)* s. longitud.
longitudinal.- *(lonjhitudjináu)* adj. longitudinal.
longo.- *(longu)* adj. largo. / que tarda mucho.
lonjura.- *(lonjhura)* s. lejanía.
lontra.- *(lontra)* s. nutria.
loquacidade.- *(lokuasidadji)* s. locuacidad, verbosidad.
loquaz.- *(lokuás)* adj. locuaz.
lorde.- (lórdji) s. lord.
lorota.- *(loróta)* s. Bras. Pop. mentira, embuste.
loroteiro.- *(lorotêru)* adj. y s. Bras. Pop. mentiroso, embustero.
lotação.- *(lotasãu)* s. cabida, capacidad de un vehículo, de una sala de espectáculos, etc.
lotar.- *(lotar)* v. parcelar, dividir en parcelas. / llenar un local, una sala de espectáculos, un aparcamiento, etc.
lotear.- *(lotchiar)* v. Bras. lotear, dividir en lote, parcelar.
loteca.- *(lotéka)* s. Bras. Pop. quiniela. / V. **loteria.**
loteria.- *(loteria)* s. lotería. / *loteria esportiva. / Fig. lo que depende de la casualidad.
loto.- *(lótu)* s. Bras. lotería, rifa, sorteo. / 2ª s. loto, planta que abunda en las orillas del Nilo.
louça.- *(lôsa)* s. loza, vajilla.
louco.- *(lôku)* adj. loco, demente, insano, maníaco.
loucura.- *(lokura)* s. locura, demencia, desatino, paranoia.
loureiro.- *(lorêru)* s. laurel, árbol del laurel.
louro.- *(lôru)* adj. rubio. / s. Fam. loro, periquito. / 2ª s. laurel.
louros.- *(lôru)* s. l. laureles, honras, honor, gloria.
lousa.- *(lôz'a)* s. losa.
louvação.- *(lov'asãu)* s. alabanza.
louvar.- *(louv'ar)* v. alabar, aplaudir, bendecir, celebrar, elogiar, encumbrar.
louvável.- *(louv'áveu)* adj. loable, laudable, meritorio.
louvor.- *(louv'or)* s. alabanza, aplauso, elogio.
lua.- *(lua)* s. luna. / *lua cheia: luna llena. / *lua nova: luna nueva.
lua-de-mel.- *(lúa dji méu)* s. luna de miel.
luar.- *(luar)* adj. resplandor de la luna llena.
lúbrico.- *(lúbriku)* adj. lúbrico.
lubrificante.- *(lubrifikantchi)* adj. y s. lubricante.
lubrificar.- *(lubrifikar)* v. engrasar, lubricar.
lucerna.- *(lusérna)* s. tragaluz.
lucidez.- *(lusidês)* s. lucidez.
lúcido.- *(lúsidu)* adj. lúcido.
lúcifer.- *(lúsifer)* s. lucifer.
lucrar.- *(lukrar)* v. lucrar.
lucrativo.- *(lukratchiv'u)* adj. lucrativo.
lucro.- *(lukru)* s. lucro, ganancia, interés, producto.
lucubração.- *(lukrubasãu)* s. lucubración, meditación larga y profunda.
lucubrar.- *(lukrubar)* v. lucubrar, estudiar o trabajar de noche.
ludibriar.- *(ludjibriar)* v. engañar; escarnecer, despreciar, ridiculizar, burlar(se), mofar(se).
ludíbrio.- *(ludjíbriu)* s. ludibrio, escarnio, desprecio, mofa, burla, engaño.
lúdico.- *(lúdjiku)* adj. lúdico.
lufada.- *(lufada)* s. ráfaga, soplo, ventolera.
lugar.- *(lugar)* s. lugar, poblado, puesto, región, sitio, situación.
lugar-comum.- *(lugar común)* s. lugar común.
lugarejo.- *(lugarêjhu)* s. pequeña población.
lugar-tenente.- *(lugar tenentchi)* s. lugarteniente.
lúgubre.- *(lúgubri)* adj. lúgubre, sombrío.
lula.- *(lula)* s. calamar.
lumbago.- *(lumbagu)* s. lumbago.
lume.- *(lumi)* s. fuego, luz.
luminária.- *(luminária)* s. luminaria, lámpara.
luminosidade.- *(luminoz'idadji)* s. luminosidad.
luminoso.- *(luminôz'u)* adj. claro, luminoso, radiante.
lunar.- *(lunar)* s. lunar. / adj. lunar, perteneciente a la luna.
lunático.- *(lunátchiku)* adj. lunático.
lundu.- *(lundú)* s. Bras. baile de parejas sueltas, de origen africano.
luneta.- *(lunêta)* s. luneta, anteojo.
lupa.- *(lupa)* s. lupa.

lupanar.- *(lupanar)* s. lupanar, burdel, prostíbulo.
lúpulo.- *(lúpulu)* s. lúpulo.
lusco-fusco.- *(lusku fusku)* s. hora crepuscular, el anochecer.
lusitano.- *(luz'itanu)* adj. lusitano, luso, portugués.
lustrador.- *(lustradôr)* s. limpiabotas, pulidor. / adj. lustrador, que lustra.
lustrar.- *(lustrar)* v. lustrar, abrillantar, barnizar, bruñir, pulir.
lustre.- *(lustri)* s. brillo, lustre, lustro, araña, candelabro.
lustro.- *(lustru)* s. lustro, cinco años. / lustre, brillo.
lustroso.- *(lustrôz'u)* adj. lustroso.
luta.- *(luta)* s. lucha, pelea, pugna, combate, contienda, disputa
lutar.- *(lutar)* v. luchar, pelear, pugnar, combatir, disputar, guerrear, lidiar.
luteranismo.- *(luteranismu)* s. luteranismo, protestantismo.
luterano.- *(luteranu)* adj. luterano, protestante.
luto.- *(lutu)* s. luto.
lutuoso.- *(lutuôz'u)* adj. luctuoso.
luva.- *(luv'a)* s. guante.
luvas.- *(luv'as)* s. pl. fianza (que se paga al alquilar una casa).
luxação.- *(luschasãu)* s. Med. luxación.
luxo.- *(luschu)* s. lujo, ostentación, suntuosidad, ornamento. / s. pl. Fig. cariños, arrumacos. / Pop. Bras. *fazer luxo: rehusar o negarse a hacer o aceptar algo por cortesía, falsedad, pedantismo o amaneramiento. / Pop. Fam. Bras. *cheio de luxo: implicante. / pretencioso, presuntuoso. / hábil, astuto, sagaz.
luxuoso.- *(luschuôz'u)* adj. lujoso, suntuoso.
luxúria.- *(luschúria)* s. lujuria.
luxuriante.- *(luschuriantchi)* adj. lujuriante, lujurioso, lozano, exuberante.
luxurioso.- *(luschuriôz'u)* adj. lujurioso, impúdico, exuberante, lozano.
luz.- *(lus)* s. luz. / * dar à luz: parir.
luzeiro.- *(luz'êru)* s. lucero.
luzente.- *(luz'entchi)* adj. luciente, luminoso.
luzidio.- *(luz'idjiu)* adj. lúcido, brillante, nítido, pulido, lustroso.
luzimento.- *(luz'imentu)* s. lucimiento, esplendor, fausto.
luzir.- *(luz'ir)* v. lucir. / Fig. brillar.

M

m.- *(êmi)* s. décimotercera letra del abecedario portugués.
má.- *(má)* adj. y s. mala (fem. de malo).
maca.- *(maka)* s. camilla, hamaca.
maça.- *(masa)* s. clava, majadero, maza.
maçã.- *(masã)* s. manzana.
macabro.- *(makabru)* adj. macabro, fúnebre, triste.
macacada.- *(makakada)* s. bando de monos. / Bras. grupo, bando.
macacão.- *(makakãu)* s. mono, ropa de trabajo. / vestimenta deportiva e informal semejante a este.
macaco.- *(makaku)* s. macaco, mono, simio.
maçada.- *(masada)* s. trabajo, actividad o situación difícil, fastidiosa.
macadame.- *(makadami)* s. adoquín, macadán.
maçador.- *(masadôr)* adj. importuno, machacón.
maçaneta.- *(masanêta)* s. picaporte.
maçante.- *(masantchi)* adj. latoso, patoso, machacador, sobón.
maçapão.- *(masapãu)* s. mazapán.
macaquice.- *(makaquisi)* s. imitar de modo ridículo.
maçar.- *(masar)* v. machacar, moler, aburrir, fastidiar, molestar, cansar.
maçarico.- *(masariku)* s. soplete.
maçaroca.- *(masaróka)* s. mazorca.
macarrão.- *(makarãu)* s. macarrón. / pasta en general, de diferentes formas.
macarronada.- *(makar'onada)* s. Bras. plato hecho con macarrón.
macarrônico.- *(makar'ôniku)* adj. macarrónico, se dice de cualquier idioma mal hablado o mal escrito.
macela.- *(maséla)* s. Pop. manzanilla.
macerar.- *(maserar)* v. macerar. / P. torturarse.
maceta.- *(masêta)* s. maza de pedrero.
maciço.- *(masisu)* adj. macizo, espeso, cerrado. / s. macizo de montañas.
macieira.- *(masiêra)* s. manzano.
maciez.- *(masiês)* s. blandura, suavidad al tacto.
macilento.- *(masilentu)* adj. macilento.
macio.- *(masíu)* adj. suave al tacto, blando, fofo, liso.
maciota.- *(masióta)* Bras. Us. en la loc. *na maciota: sin esfuerzo, sin molestarse mucho, sin complicaciones.
maço.- *(masu)* s. mazo, martillo grande de madera. Manojo de cosas atadas.
maçom.- *(masón)* s. masón.
maçonaria.- *(masonaría)* s. masonería.
maconha.- *(makoña)* s. Bras. marihuana.
maconheiro.- *(makonêru)* s. Bras. vendedor y / o fumador de marihuana.
maçônico.- *(masôniku)* adj. masónico.
má-criação.- *(má kriasãu)* s. mala educación, grosería.
macrobiótica.- *(makrobiótchika)* s. macrobiótica.
macrocosmo.- *(makrokósmu)* s. macrocosmo.
macroeconomia.- *(makroekonomía)* s. Econ. macroeconomía.
maçudo.- *(masudu)* adj. que tiene forma de maza; aburrido, pesado, monótono (escrito, discurso).
mácula.- *(mákula)* s. mancha, mácula.
macular.- *(makular)* v. macular, manchar. / P. infamarse, profanarse.
macumba.- *(makumba)* s. Bras. religión afrobrasileña con elementos de varias religiones indígenas brasileñas y del cristianismo. / el ritual que le corresponde.
macumbeiro.- *(makumbêru)* adj. y s. Bras. se dice del practicante de la macumba.
machadada.- *(maschadada)* s. golpe de hacha.
machadinha.- *(maschadjiña)* s. hacha pequeña.
machado.- *(maschadu)* s. hacha.
machão.- *(maschãu)* s. individuo que presume de su masculinidad. / macho. / adj. macho, fanfarrón.
machismo.- *(maschismu)* s. machismo.
machista.- *(maschista)* adj. machista.
macho.- *(maschu)* adj. macho. / s. doblez, tabla plisada, plegadura. / pieza que entra dentro de otra.
machucado.- *(maschukadu)* s. efecto de magullarse, magulladura, herida. / adj. magullado, herido. / arrugado
machucar.- *(maschukar)* v. machacar, triturar, pisar; machucar, magullar, herir. / arrugar. / Fig. ofender, **maltratar;** *(maltratar)* v. refl. herirse.
madama.- *(madama)* s. señora, dama. / Pop. ama de casa.
madeira.- *(madêra)* s. madera, palo. / *madeira de lei: madera dura, propia para construcciones.
madeirame.- *(madeirâmi)* s. maderaje.
madeiramento.- *(madeiramentu)* s. maderaje.
madeireiro.- *(maderêru)* s. maderero.
madeiro.- *(madêru)* s. madero.
madeixa.- *(madêscha)* s. madeja.
madrasta.- *(madrasta)* s. madrastra.
madre.- *(madri)* s. monja. / superiora de comunidad religiosa. / viga horizontal sobre la cual se apoyan barrotes.
madrepérola.- *(madripérula)* s. madreperla, nácar.
madressilva.- *(madresiuv'a)* s. madreselva.
madrigal.- *(madrigáu)* s. madrigal. / piropo dirigido a damas.
madrigueira.- *(madriguêra)* s. madriguera.
madrileno.- *(madrilenu)* adj. y s. madrileño.
madrinha.- *(madriña)* s. madrina. / Bras. yegua o bestia que sirve de guía de una manada de ganado caballar.
madrugada.- *(madrugada)* s. madrugada, alba, alborada, aurora.
madrugar.- *(madrugar)* v. madrugar.
madurar.- *(madurar)* vt., v. intr. y p. madurar.

madureza.- *(madurêz'a)* s. madurez, sazón.
maduro.- *(maduru)* adj. maduro. / que ya no es joven. / persona prudente.
mãe.- *(mãi)* s. madre. / fuente, origen.
mãe-de-santo.- *(mãi dji santu)* s. Bras. sacerdotisa de casa de culto afrobrasileño.
maestria.- *(maestría)* s. maestría.
maestro.- *(maéstru)* s. maestro. / director de orquesta.
má-fé.- *(má fé)* s. mala fe.
máfia.- *(máfia)* s. mafia.
mafioso.- *(mafiôz'u)* adj. mafioso.
maga.- *(maga)* s. mujer que practica hechizos.
magazine.- *(magaz'ini)* s. magazine, revista. / tienda donde se venden artículos de moda.
magia.- *(majhía)* s. magia, brujería, hechicería, fascinación, encanto. / *magia negra: magia negra.
mágica.- *(májhika)* s. magia, encanto; adj. mágica;
mágico.- *(májhiku)* adj. mágico, fascinante, encantador. / s. mago, brujo.
magistério.- *(majhistériu)* s. magisterio.
magistrado.- *(majhistradu)* s. magistrado, abogado, auditor, juez.
magistral.- *(majhistráu)* adj. magistral. / perfecto, ejemplar.
magistratura.- *(majhistratura)* s. magistratura.
magma.- *(magma)* s. magma.
magnânimo.- *(magnânimu)* adj. magnánimo, generoso, clemente.
magnata.- *(magnata)* s. magnate.
magnate.- *(magnate)* s. magnate.
magnésia.- *(magnéz'ia)* s. Quím. magnesia.
magnésio.- *(magnéz'iu)* s. Quím. magnesio.
magnético.- *(magnétchiku)* adj. magnético.
magnetismo.- *(magnetchismu)* s. Fís. magnetismo. / Fig. fascinación, encanto.
magnetizar.- *(magnetchiz'ar)* v. magnetizar, encantar, atraer.
magnificar.- *(magnifikar)* v. magnificar. / P. magnificarse.
magnífico.- *(magnífiku)* adj. magnífico, esplendido, rico, sorprendente, suntuoso.
magnitude.- *(magnitudji)* s. magnitud.
magno.- *(magnu)* adj. magno.
magnólia.- *(magnólia)* s. magnolia.
mago.- *(magu)* s. mago, brujo, hechicero.
mágoa.- *(mágua)* s. pena, disgusto, congoja, dolor, pesar.
magoado.- *(maguadu)* adj. sentido, pesaroso.
magoar.- *(maguar)* v. y p. aquejar(se), disgustar(se), magullar(se).
magreza.- *(magrêz'a)* s. delgadez.
magricela.- *(magriséla)* s. y adj. delgaducho, flacucho.
magro.- *(magru)* adj. magro, delgado, enjuto, escuálido.
maiô.- *(maiô)* s. bañador.
maio.- *(maiu)* s. mayo.
maionese.- *(maionéz'i)* s. mayonesa.
maior.- *(maior)* adj. más grande. / mayor, que llegó a la mayoría de edad. / s. individuo mayor.
maioral.- *(maioráu)* s. mayoral.
maioria.- *(maioria)* s. mayoría.
maioridade.- *(maioridadji)* s. mayoría de edad.
mais.- *(mais)* adv. más.
maisena.- *(maiz'ena)* s. maicena, fécula de maíz.
mais-valia.- *(mais v'alía)* s. Econ. plusvalía.
maiúscula.- *(maiúskula)* s. mayúscula, letra mayúscula.
maiúsculo.- *(maikúskulu)* adj. mayúsculo.
majestade.- *(majhestadji)* s. majestad.
majestoso.- *(majhestôz'u)* adj. majestuoso, augusto, imponente, solemne.
major.- *(majhór)* s. mayor (jerarquía militar).
majoritário.- *(majhoritáriu)* adj. mayoritario.
mal.- *(máu)* adv. escasamente. / equivocadamente. / poco, escasamente. / conj. así que.
mal.- *(máu)* s. mal, negación del bien. / enfermedad.
mala.- *(mala)* s. maleta, valija. / Bras. Arg. persona de trato difícil.
malabarismo.- *(malabarismu)* s. malabarismo.
mal-acabado.- *(máu akabadu)* adj. mal hecho.
mal-agradecido.- *(mau agradesidu)* s. y adj. desagradecido.
malaguenha.- *(malaguêña)* s. Mús. canción española. / danza española en compás ternario.
malagueta.- *(malaguêta)* s. pimienta muy picante.
mal-amanhado.- *(máu amañadu)* adj. mal vestido, desarreglado, mal compuesto.
malandragem.- *(malandrajhen)* s. bando de bellacos, holgazanes. / hampa.
malandro.- *(malandru)* s. malandrín, granuja, pícaro, bellaco.
malária.- *(malária)* s. Med. malaria, paludismo.
mal-assombrado.- *(mau asombradu)* adj. Bras. sombrío, hechizado, donde se dice haber fantasmas.
mal-aventurado.- *(mau av'enturadu)* adj. malaventurado.
malbaratar.- *(maubaratar)* v. malbaratar, malgastar.
malcriado.- *(maukriadu)* adj. malcriado. / maleducado.
maldade.- *(maudadji)* s. maldad, malicia.
maldição.- *(maudjisãu)* s. maldición.
maldito.- *(maudjitu)* adj. maldito.
maldizente.- *(maudjiz'entchi)* adj. y s. malhablado.
maldizer.- *(maudjiz'er)* v. maldecir.
maldoso.- *(maudôz'u)* adj. malicioso.
maleabilidade.- *(maleabilidadji)* s. maleabilidad, elasticidad, flexibilidad.
maleável.- *(maleáveu)* adj. maleable, flexible, moldeable.
maledicência.- *(maledjisênsia)* s. maledicencia, murmuración.
mal-educado.- *(mau edukadu)* adj. y s. maleducado.
malefício.- *(malefísiu)* s. maleficio.
maléfico.- *(maléfiku)* adj. maléfico.
mal-e-mal.- *(máu i máu)* adv. poco más o menos. / escasamente.
mal-entendido.- *(máu entendjidu)* s. malentendido, equívoco.
mal-estar.- *(máu istar)* s. malestar, molestia, indisposición, incomodidad. / desasosiego, desazón.

maleta.- *(malêta)* s. maletín, valija.
malevolência.- *(malev'olênsia)* s. malevolencia.
malfadado.- *(maufadadu)* adj. desafortunado, desdichado.
malfazejo.- *(maufaz'êjhu)* adj. maléfico.
malfeito.- *(malfêitu)* adj. mal hecho.
malfeitor.- *(maufeitôr)* s. malhechor.
malformação.- *(máuformasãu)* s. Med. malformación.
malgrado.- *(máugradu)* prep. a pesar de. / s. desagrado.
malha.- *(malla)* s. malla. / tejido de punto, pieza de ropa pegada al cuerpo. / jersey. / paliza.
malhação.- *(mallasãu)* s. paliza. / hacer pesas o ejercicios físicos. / Fig. burla, mofa, escarnio. / Fig. crítica violenta.
malhada.- *(mallada)* s. majada, aprisco, choza de pastor. / paliza. / golpes con mallo.
malhadeiro.- *(malladêru)* adj. majadero.
malhado.- *(malladu)* adj. que tiene pintas o manchas.
malhar.- *(mallar)* vt. mallar. / pegar, dar una paliza. / vintr. Bras. Arg. / hacer pesas, ejercicios físicos.
malharia.- *(mallaría)* s. industria de tejidos de punto. / conjunto de ropas de punto.
malho.- *(mallu)* s. mazo de pedrero, mallo, martillo.
mal-humorado.- *(mau umoradu)* adj. malhumorado.
malícia.- *(malísia)* s. malicia, maldad.
malicioso.- *(malisiôz'u)* adj. malicioso, astuto, suspicaz.
maligno.- *(malignu)* adj. maligno.
mal-intencionado.- *(mau intensionadu)* adj. malintencionado.
maloca.- *(malóka)* s. habitación indígena que habita diversas familias. / aldea indígena.
malograr.- *(malograr)* v. fracasar, malograr. / P. malograrse, frustrarse.
malogro.- *(malôgru)* s. malogro.
malote.- *(malótchi)* s. maleta. / Bras. servicio de transporte y entrega rápida de correspondencia y encargos.
malparado.- *(máuparadu)* adj. malparado, en mal estado, deteriorado.
mal-querer.- *(máuquerer)* vt. malquerer, aborrecer, detestar. / s. aversión, enemistad.
malquisto.- *(mauquistu)* adj. malquisto, mal visto, con mala fama, enemigo, odiado.
malsão.- *(mausãu)* adj. malsano.
malsoante.- *(mausoantchi)* adj. malsonante.
malta.- *(máuta)* s. bando, grupo.
malte.- *(mautchi)* s. malta.
maltrapilho.- *(mautrapillu)* adj. harapiento.
maltratar.- *(mautratar)* v. maltratar.
maluco.- *(maluku)* adj. loco. / disparatado, imprudente, insensato, extravagante. / s. individuo loco.
malva.- *(mauv'a)* s. malva.
malvado.- *(mauv'adu)* adj. malvado, desalmado, inicuo.
malversação.- *(mauv'ersasãu)* s. malversación.
malversar.- *(mauv'ersar)* v. malversar.
malvisto.- *(mauv'istu)* adj. desconsiderado, malquisto.
mama.- *(mama)* s. mama, teta.
mamada.- *(mamada)* s. mamada. / lactancia.
mamadeira.- *(mamadêra)* s. biberón, mamadera.
mamãe.- *(mamãi)* s. Bras. mamá.
mamão.- *(mamãu)* s. papaya.
mamar.- *(mamar)* vt. mamar. / estafar.
mamata.- *(mamata)* s. Bras. / empresa o administración pública en que se tiene oportunidad de estafar.
mambembe.- *(manbenbi)* s. Bras. actor o grupo de teatro aficionado (amateur) ambulante. / lugar apartado, yermo. / adj. mediocre, ordinario.
mameluco.- *(mameluku)* s. mameluco, mestizo de indio y blanco.
mamífero.- *(mamíferu)* adj. y s. mamífero.
mamilo.- *(mamilu)* s. pezón. / P. lo que tiene forma de pezón.
mamoeiro.- *(mamoêru)* s. papayo, árbol de la papaya.
mamute.- *(mamutchi)* s. mamut.
mana.- *(mana)* s. Fam. hermana.
maná.- *(maná)* s. maná.
manada.- *(manada)* s. hato, manada.
manancial.- *(manansiáu)* s. manantial.
manar.- *(manar)* v. manar, brotar. / surtir, surgir.
mancada.- *(mankada)* s. Bras. error, fallo, metedura de pata.
mancar.- *(mankar)* v. cojear, mancar. / Bras. Arg. capacitarse de que es inoportuno, inconveniente.
mancebo.- *(mansêbu)* s. mancebo, joven.
manco.- *(manku)* adj. manco, cojo. / s. individuo cojo.
mancomunar.- *(mankomunar)* vt. mancomunar; v. refl. / mancomunarse, unirse, asociarse.
mancha.- *(manscha)* s. mancha, mancilla, pinta, tacha.
manchar.- *(manschar)* vt. y p. manchar(se), ensuciar(se), salpicar(se).
manda-chuva.- *(mandaschuv'a)* s. Bras. hombre importante o influyente. / jefe, líder.
mandado.- (mandadu) s. mandado, orden, encargo.
mandamento.- *(mandamentu)* s. mandamiento.
mandão.- *(mandãu)* adj. y s. mandón, mandamás, autoritario.
mandar.- *(mandar)* v. mandar, ordenar, dictar, enviar. / P. Bras. Pop. marcharse, huir.
mandarim.- *(mandarín)* s. mandarín.
mandatário.- *(mandatáriu)* s. mandatario.
mandato.- *(mandátu)* s. mandato, precepto.
mandíbula.- *(mandíbula)* s. mandíbula, maxilar, quijada.
mandinga.- *(mandjinga)* s. V. **bruxaria**.
mandioca.- *(mandjióka)* s. mandioca, yuca
mando.- *(mandu)* s. autoridad, mando.
mandrião.- *(mandriãu)* adj. y s. perezoso, vago.
mandril.- *(mandriu)* s. mandril.
manducar.- *(mandukar)* vt. y v. intr. manducar, comer, masticar.

maneira.- *(manêra)* s. manera, método, estilo. / Bras. y prov. port. apertura de las faldas o blusas a partir de la cintura.
maneiro.- *(manéru)* adj. fácil de manejar, manual; leve, que exije poco esfuerzo. / hábil, ágil. / Arg. sereno, tranquilo.
manejar.- *(manejhar)* v. manejar, dirigir, practicar.
manejável.- *(manejháveu)* adj. manejable.
manejo.- *(manêjhu)* s. manejo.
manequim.- *(manequín)* s. maniquí, modelo. / Fig. persona sin voluntad propia, fantoche, autómata.
maneta.- *(manêta)* adj. y s. manco.
manga.- *(manga)* s. mango. / 2ª s. manga.
manganês.- *(manganês)* s. Quím. manganeso.
mangar.- *(mangar)* vt. y v. intr. burlarse, mofarse, escarnecer.
mangue.- *(mangui)* s. manglar.
mangueira.- *(manguêra)* s. mango, árbol del mango.
mangueira.- *(manguêra)* s. manguera.
manha.- *(maña)* s. labia, maña, habilidad. / rabieta. / Fam. llanto infantil sin motivo.
manhã.- *(maña)* s. mañana.
manhoso.- *(mañôz'u)* adj. mañoso. / Fam. se dice del niño que lloriquea.
mania.- *(manía)* s. manía, hábito, costumbre. / excentricidad. / obsesión.
maníaco.- *(maníaku)* adj. maníaco.
maniatar.- *(maniatar)* v. maniatar. / constreñir, quitar la libertad.
manicômio.- *(manikômiu)* s. manicomio.
manicure.- *(manikuri)* s. manicura.
manicuro.- *(manikuru)* s. aquel que se dedica al tratamiento de uñas y manos.
manietar.- *(manietar)* v. maniatar.
manifestação.- *(manifestasãu)* s. manifestación, divulgación.
manifestar.- *(manifestar)* vt. y refl. manifestar(se), declarar(se), demostrar(se), expresar(se), exteriorizar (se).
manifesto.- *(maniféstu)* adj. manifiesto, patente, notorio, claro. / s. manifiesto, cosa ma-nifestada.
manilha.- *(manilla)* s. tubo de barro para canalizar el agua.
manipulação.- *(manipulasãu)* s. manipulación.
manipular.- *(manipular)* v. manipular.
maniqueísmo.- *(maniqueismu)* s. maniqueísmo.
manirroto.- *(manir'ôtu)* adj. manirroto, pródigo.
manivela.- *(maniv'éla)* s. manivela, manubrio.
manjar.- *(manjhar)* s. manjar, vianda, yantar. / v. Bras. Arg. observar, espiar. / entender, comprender.
manjedoura.- *(manjhedôra)* s. pesebre
manjericão.- *(manjherikãu)* s. albahaca.
manjerona.- *(manjherôna)* s. mejorana.
mano.- *(manu)* s. Fam. hermano. / amigo cordial.
manobra.- *(manóbra)* s. maniobra. / trapicheo, faena.
manobrar.- *(manobrar)* v. maniobrar.
manobreiro.- *(manobrêru)* s. Bras. aparcacoches (en aparcamientos y garajes).
manômetro.- *(manômetru)* s. Fís. manómetro.
mansão.- *(mansãu)* s. mansión.
mansarda.- *(mansarda)* s. buhardilla. / casa pobre.
mansidão.- *(mansidãu)* s. mansedumbre.
manso.- *(mansu)* adj. manso, benigno, tranquilo, suave.
manta.- *(manta)* s. manta.
manteiga.- *(mantêga)* s. mantequilla.
manteigueira.- *(manteguêra)* s. mantequillera.
manter.- *(manter)* v. mantener, sustentar. / P. alimentarse. / conservarse, permanecer.
mantilha.- *(mantchilla)* s. mantilla,
mantimentos.- *(mantchimentus)* s. pl. víveres, comida, sustento.
manto.- *(mantu)* s. manto.
mantô.- *(mantô)* s. abrigo femenino largo.
manual.- *(manuáu)* adj. artesanal, manual. / s. manual.
manufactura.- *(manufaktura)* s. manufactura.
manufacturar.- *(manufakturar)* v. manufacturar, fabricar.
manuscrito.- *(manuskritu)* adj. y s. manuscrito.
manusear.- *(manuz'iar)* v. manosear.
manuseio.- *(manuz'êiu)* s. manoseo.
manutenção.- *(manutensãu)* s. mantenimiento, manutención, sustento.
mão.- *(mãu)* s. mano. / Bras. en una vía pública, la dirección en que el vehículo debe transitar.
mão-aberta.- *(mãu aberta)* s. gastador, manirroto.
mão-de-obra.- *(mãu dji obra)* s. mano de obra. / Bras. Pop. cosa difícil, complicada.
maometano.- *(maometanu)* adj. mahometano.
mapa.- *(mapa)* s. mapa,
mapa-múndi.- *(mapamundi)* s. mapamundi.
maqueta.- *(maquéta)* s. maqueta.
maquiador.- *(maquiadôr)* s. maquillador.
maquiagem.- *(maquiajhen)* s. maquillaje.
maquiar.- *(maquiar)* v. maquillar. / P. maquillarse.
maquiavélico.- *(maquiav'éliku)* adj. maquiavélico.
máquina.- *(máquina)* s. máquina.
maquinação.- *(maquinasãu)* s. maquinación.
maquinar.- *(maquinar)* v. ingeniar, maquinar.
maquinaria.- *(maquinaria)* s. maquinaria.
maquinista.- *(maquinista)* s. maquinista.
mar.- *(mar)* s. mar.
maracá.- *(maraká)* s. Bras. maraca. instrumento de los indios.
maracatu.- *(marakatú)* s. cortejo de carnaval que sigue a una mujer que en un bastón lleva una muñeca adornada.
maracujá.- *(marakujha)* s. Bras. pasionaria, granadilla.
marajá.- *(marajhá)* s. rajá.
marasmo.- *(marasmu)* s. marasmo, apatía.
maratona.- *(maratôna)* s. maratón.
maravilha.- *(marav'illa)* s. maravilla, prodigio.
maravilhar.- *(marav'illar)* v. y p. asombrar(se), maravillar(se), sorprender(se).
maravilhoso.- *(marav'illôz'u)* adj. divino, maravilloso, sorprendente.
marca.- *(marka)* s. marca, carácter, cuño, estigma, etiqueta, impresión, logotipo, señal, término.

marcar.- *(markar)* vt. marcar, pautar, señalar. / v. intr. Bras. dejar marca, señales, de su presencia, actuación, etc.
marcenaria.- *(marsenaría)* s. ebanistería.
marceneiro.- *(marsenêru)* s. ebanista.
marcial.- *(marsiáu)* adj. marcial.
marciano.- *(marsianu)* adj. marciano.
marco.- *(marku)* s. marco, baliza, linde. / moneda de Alemania.
março.- *(marsu)* s. marzo.
marcha.- *(marscha)* s. marcha. / cortejo, séquito. / secuencia, sucesión.
marchar.- *(marchar)* v. marchar.
marchetaria.- *(marschetaría)* s. marquetería, ebanistería.
maré.- *(maré)* s. marea, montante.
marear.- *(mariar)* v. marear; deslustrar, empañar. / oxidar.
marechal.- *(marescháu)* s. mariscal.
maremoto.- *(maremótu)* s. maremoto.
maresia.- *(marez'ía)* s. marejada, olor que exhala el mar y la playa.
marfim.- *(marfín)* s. marfil.
margarida.- *(margarida)* s. margarita.
margarina.- *(margarina)* s. margarina.
margear.- *(marjhiar)* v. festonear, bordear.
margem.- *(marjhen)* s. margen, borde, costa, orla. / oportunidad, ocasión.
marginal.- *(marjhináu)* adj. marginal. / Bras. marginal, vagabundo. / s. individuo marginal.
marginalidade.- *(marjhinalidadji)* s. marginalidad.
maricas.- *(marikas)* s. marica, amariconado. / individuo miedoso.
marido.- *(maridu)* s. marido.
marimba.- *(marimba)* s. marimba.
marimbondo.- *(marimbondu)* s. Bras. nombre común dado a ciertas avispas.
marinha.- *(mariña)* s. marina.
marinheiro.- *(mariñêru)* s. marinero.
marinho.- *(mariñu)* adj. marino.
marionete.- *(marionétchi)* s. fantoche.
mariposa.- *(maripôz'a)* s. Bras. nombre común a ciertas insectos nocturnos o crespusculares.
marisco.- *(marisku)* s. marisco.
marital.- *(maritáu)* adj. marital.
marítimo.- *(marítmu)* adj. y s. marino, marítimo.
marmanjo.- *(marmanjhu)* s. hombre adulto o embrutecido. / joven corpulento.
marmelada.- *(marmelada)* s. dulce de membrillo. / Bras. negocio deshonesto.
marmelo.- *(marmélu)* s. membrillo.
marmita.- *(marmita)* s. marmita, tartera.
marmiteiro.- *(marmitêru)* s. Bras. empleado que entrega marmita a domicilio. / obrero que, en el trabajo, come de su tartera.
mármore.- *(mármuri)* s. mármol.
marmota.- *(marmóta)* s. marmota.
marola.- *(maróla)* s. movimiento de olas en la superficie del mar.
maroto.- *(marôtu)* adj. y s. malicioso, pícaro.
marquês.- *(marquês)* s. marqués.
marquise.- *(marquiz'i)* s. marquesina.
marra.- *(mar'a)* s. mazo de hierro. / Bras. Pop. * marra: mediante el empleo de la violencia, cualquier precio.
marreco.- *(mar'éku)* s. Zool. ánade, pato.
marreta.- *(mar'êta)* s. mazo.
marretada.- *(mar'etada)* s. golpe de mazo.
marretar.- *(mar'etar)* v. golpear con mazo. / Bras. pegar, dar una paliza. / 2ª Bras. criticar ferozmente.
marrom.- *(mar'ón)* adj. marrón.
marroquino.- *(mar'oquíno)* adj. marroquí.
marta.- *(marta)* s. marta.
marte.- *(martchi)* s. marte.
martelada.- *(martelada)* s. golpe con martillo.
martelar.- *(martelar)* v. amartillar, martillar. / insistir por persuadir o por alcanzar algo.
martelo.- *(martélu)* s. maceta, mallo, martillo.
mártir.- *(mártchir)* s. mártir.
martírio.- *(martchíriu)* s. martirio.
martirizar.- *(martchiriz'ar)* v. martirizar. / P. martirizarse.
marujada.- *(marujhada)* s. marinería.
marujo.- *(marujhu)* s. marinero.
marulho.- *(marullu)* s. marejada, ruido de las olas.
marxismo.- *(marksismu)* s. marxismo.
marzipã.- *(marz'ipã)* s. mazapán.
mas.- *(mas)* conj. pero, todavía. / s. obstáculo, estorbo.
mascar.- *(maskar)* v. mascar, masticar.
máscara.- *(máskara)* s. antifaz, careta, máscara.
mascarado.- *(maskaradu)* adj. enmascarado.
mascarar.- *(maskarar)* v. enmascarar.
mascate.- *(maskatchi)* s. Bras. vendedor ambulante de tejidos, objetos manufacturados, etc.
mascavo.- *(maskav'u)* adj. mascabado, adulterado, falsificado. / s. azúcar negra.
mascote.- *(maskótchi)* s. mascota.
masculinidade.- *(maskulinidadji)* s. masculinidad.
masculino.- *(maskulinu)* adj. masculino, viril. / s. el género masculino.
másculo.- *(máskulu)* adj. másculo, masculino, varonil.
masmorra.- *(masmôr'a)* s. mazmorra.
masoquismo.- *(maz'oquismu)* s. masoquismo.
massa.- *(masa)* s. masa, pasta. / multitud.
massacrar.- *(masakrar)* v. masacrar. / Bras. poner a alguien en situación muy difícil, penosa o humillante; abatir moralmente. / Bras. estafar.
massacre.- *(masakri)* s. masacre.
massagear.- *(masajhiar)* v. hacer un masaje.
massagem.- *(masajhen)* s. masaje.
massagista.- *(masajhista)* s. masajista.
massificação.- *(masifikasãu)* s. masificación.
massificar.- *(masifikar)* v. masificar.
mastigação.- *(mastchigasãu)* s. masticación.
mastigar.- *(mastchigar)* v. masticar, mascar.
mastim.- *(mastchín)* s. mastín.
mastodonte.- *(mastodontchi)* s. mastodonte.
mastro.- *(mastru)* s. mástil.

mastruço.- *(mastruso)* s. Bras. mastuerzo.
masturbação.- *(masturbasãu)* s. masturbación.
masturbar-se.- *(masturbarsi)* v. masturbarse.
mata.- *(mata)* s. mata, bosque, floresta.
mata-borrão.- *(mata bor'ãu)* s. papel secante.
matadouro.- *(matadôru)* s. matadero.
matagal.- *(matagáu)* s. breña, matorral.
matança.- *(matansa)* s. matanza, hecatombe, masacre.
mata-piolho.- *(mata piôllu)* s. Pop. el dedo pulgar.
matar.- *(matar)* vt. matar, asesinar. / saciar, satisfacer. / hacer algo con prisas y mal. / Bras. Arg. no comparecer a clase, trabajo. / P. suicidarse.
mate.- *(matchi)* adj. mate, sin brillo, fosco. / s. mate, yerba mate.
mateiro.- *(matêru)* s. explotador de bosques.
matemática.- *(matemátchika)* s. matemáticas.
matemático.- *(matemátchiku)* adj. y s. matemático.
matéria.- *(matéria)* s. materia, elemento, substancia. / tema, asunto. / noticia, reportaje, artículo, cualquier texto de prensa, etc.
material.- *(materiáu)* adj. material, opuesto a lo espiritual. / s. material, utensilios.
materialismo.- *(materialismu)* s. materialismo.
materializar.- *(materializ'ar)* v. materializar. / P. materializarse.
matéria-prima.- *(matéria prima)* s. materia prima.
maternal.- *(maternáu)* adj. maternal, materno.
maternidade.- *(maternidadji)* s. maternidad.
materno.- *(matérnu)* adj. maternal, materno.
matilha.- *(matchilla)* s. jauría.
matinal.- *(matchináu)* adj. matinal, matutino.
matinas.- *(matchinas)* s. l. maitines.
matinê.- *(matchinê)* s. vesperal.
matiz.- *(matchís)* s. matiz.
matizar.- *(matchiz'ar)* v. matizar, adornar, esmaltar, graduar.
mato.- *(matu)* s. mato, matorral, monte, breña, zarzal.
matraca.- *(matraka)* s. matraca, carraca. / Bras. persona habladora.
matreiro.- *(matrêru)* adj. matrero, mañoso, astuto.
matriarca.- *(matriarka)* s. matriarca.
matriarcado.- *(matriarkadu)* s. matriarcado.
matrícula.- *(matríkula)* s. matrícula,
matricular.- *(matrikular)* v. y p. matricular(se).
matrimônio.- *(matrimôniu)* s. casamiento, matrimonio.
matriz.- *(matrís)* s. matriz. / Anat. útero.
matrona.- *(matrôna)* s. mujer madura y corpulenta, matrona.
maturação.- *(maturasãu)* s. maduración, sazón.
maturidade.- *(maturidadji)* s. madurez.
matusalém.- *(matuz'alén)* s. Fam. hombre muy viejo, carcamal.
matutar.- *(matutar)* vintr. cavilar.
matutino.- *(matutchinu)* adj. matinal, matutino.
matuto.- *(matutu)* adj. rústico, tosco, patán, aldeano.
mau.- *(máu)* adj. malo, imperfecto, dañoso, nocivo. / s. el mal. / individuo mal intencionado.
mau-olhado.- *(máu olladu)* s. mal de ojo.
mausoléu.- *(mauz'oléu)* s. mausoleo.
maxilar.- *(maksilar)* s. maxilar.
máxima.- *(másima)* s. máxima, aforismo, axioma.
máximo.- *(masimu)* adj. máximo.
maxixe.- *(maschischi)* s. Bras. cierta hortaliza. / Bras. cierto baile urbano.
mazela.- *(maz'éla)* s. herida, llaga. / enfermedad. / disgusto, aflicciones. / mancha en la reputación.
mazurca.- *(maz'urka)* s. mazurca.
me.- *(mi)* pron. pers. / a mí, para mí.
meação.- *(measãu)* s. división en dos partes iguales. / derecho de copropiedad de dos vecinos sobre uno o más objetos.
meada.- *(meada)* s. madeja.
meandro.- *(miandru)* s. meandro.
meão.- *(miãu)* adj. mediano.
mear.- *(miar)* v. dividir al medio, partir por la mitad.
mecânica.- *(mekânika)* s. mecánica.
mecânico.- *(mekâniku)* adj. automático, mecánico. / s. mecánico.
mecanismo.- *(mekanismu)* s. mecanismo, maquinaria.
mecanizar.- *(mekaniz'ar)* v. mecanizar, motorizar.
mecanografia.- *(mekanografia)* s. mecanografía.
mecenas.- *(mesenas)* s. mecenas.
mecha.- *(méscha)* s. mecha, mechón.
medalha.- *(medalla)* s. medalla.
medalhão.- *(medallãu)* s. medallón.
média.- *(médjia)* s. media, promedio. / notas mínima para aprobación escolar. / Bras. taza de café con leche.
mediação.- *(madjiasãu)* s. mediación.
mediador.- *(madjiadôr)* adj. mediador, medianero, intermediario.
medianeiro.- *(madjianêru)* s. medianero.
mediania.- *(madjianía)* s. medianía, término medio, moderación.
mediano.- *(madjianu)* adj. mediano, intermedio.
mediante.- *(madjiantchi)* prep. por medio de.
mediar.- *(madjiar)* v. mediar, interponer.
medicação.- *(madjikasãu)* s. medicación.
medicamento.- *(madjikamentu)* s. medicamento, remedio.
medição.- *(madjisãu)* s. medición.
medicar.- *(madjikar)* v. y p. medicar, recetar.
medicina.- *(madjisina)* s. medicina,
medicinal.- *(madjisináu)* adj. medicinal.
médico.- *(médjiku)* s. doctor, médico. / adj. médico.
medida.- *(medjida)* s. medida, medición, dimensión, módulo.
medidor.- *(madjidôr)* adj. medidor.
medieval.- *(madjiev'áu)* adj. medieval.
médio.- *(mádjiu)* adj. central, medio.
medíocre.- *(madjiokri)* adj. mediocre, mediano, vulgar.
mediocridade.- *(madjiokridadji)* s. mediocridad.
medir.- *(madjir)* v. medir, evaluar, nivelar, calcular.
meditabundo.- *(madjitabundu)* adj. meditabundo.
meditação.- *(madjitasãu)* s. meditación, concentración, lucubración.
meditar.- *(madjitar)* v. meditar, pensar.
meditativo.- *(madjitatchiv'u)* adj. meditativo, meditabundo, pensativo.

mediterrâneo.- *(madjiter'âniu)* adj. mediterráneo. / s. el mar mediterráneo.
médium.- *(mádjiun)* s. médium.
medo.- *(mêdu)* s. miedo, pavor, temor.
medonho.- *(medôñu)* adj. horrendo, horrible, horroroso, infernal.
medrar.- *(medrar)* v. medrar, crecer.
medroso.- *(medrôz'u)* adj. medroso, miedoso, receloso, tímido.
medula.- *(medula)* s. médula, tuétano.
medular.- *(medular)* adj. medular.
medusa.- *(meduz'a)* s. Zool. medusa.
mega.- *(méga)* s. de megabyte.
megabyte.- *(megabaitchi)* s. Inform. megabyte.
megalítico.- *(megalítchiku)* adj. megalítico.
megalomania.- *(megalomanía)* s. megalomanía.
megera.- *(mejhéra)* s. mujer cruel.
meia.- *(meia)* s. media, calcetín. / puntada de punto.
meia-água.- *(mêia agua)* s. tejado de un solo plano.
meia-calça- *(mêia káusa)* s. panty.
meia-idade.- *(mêia idadji)* s. la edad comprendida entre los cuarenta y sesenta años. / la Edad Media.
meia-lua.- *(mêia lúa)* s. media luna.
meia-luz.- *(mêia lus)* s. penumbra.
meia-noite.- *(meia noitchi)* s. medianoche.
meigo.- *(meigu)* adj. afable, afectuoso, amoroso, delicado.
meiguice.- *(meiguisi)* s. dulzura, ternura, amabilidad, cariño.
meio.- *(meiu)* s. medio, mitad. / Fig. *meio ambiente: medio ambiente. / 2ª Fig. grupo social al cual se pertenece. / recurso(s), método, medio. / adj. inacabado, incompleto. / adv. un poco, casi.
meio-dia.- *(meiu djia)* s. mediodía.
meio-fio.- *(meiu fiu)* s. bordillo, mamparo.
mel.- *(méu)* s. miel.
melaço.- *(melásu)* s. melaza.
melado.- *(meládu)* s. Bras. melado. / adj. dulce como miel. / Bras. manchado de miel o de otra sustancia pegajosa.
melancia.- *(melansía)* s. sandía.
melancolia.- *(melankolía)* s. melancolía, tristeza, abatimiento.
melancólico.- *(melankóliku)* adj. melancólico, nostálgico, triste, abatido.
melão.- *(melãu)* s. melón.
melar.- *(melar)* v. melar. / P. mancharse.
meleca.- *(meléka)* s. Bras. Pop. secreción nasal.
melena.- *(melena)* s. melena.
melhor.- *(mellór)* adj. mejor, máximo. / s. el mejor, el superior a todos. / lo acertado.
melhora.- *(mellóra)* s. mejora, mejoría.
melhoramento.- *(melloramentu)* s. mejoramiento, mejora, mejoría. / perfeccionamiento. / progreso, evolución.
melhorar.- *(mellorar)* v. mejorar, perfeccionar, reformar, regenerar, renovar. / sanar.
melhoria.- *(mellоría)* s. mejora, mejoría.
melífluo.- *(melifluu)* adj. melifluo.
melindrar.- *(melindrar)* v. y p. molestar(se), hacer(se) melindroso.
melindre.- *(melindri)* s. melindre, remilgo, susceptibilidad, pudor, escrúpulo.
melindroso.- *(melindrôz'u)* adj. melindroso, susceptible, escrupuloso, quisquilloso. / mimoso. / muy delicado, débil.
melodia.- *(melodjía)* s. melodía.
melódico.- *(melódjiku)* adj. melódico.
melodioso.- *(melodjiôz'u)* adj. armónico, melodioso, suave.
melodrama.- *(melodrama)* s. Teat. melodrama.
meloso.- *(melôz'u)* adj. meloso, empalagoso, dulzón. / Bras. demasiado sentimental.
melro.- *(méur'u)* s. mirlo.
membrana.- *(membrana)* s. Anat. membrana.
membranoso.- *(menbranoz'u)* adj. membranoso.
membro.- *(menbru)* s. Anat. extremidad del cuerpo humano. / miembro, persona perteneciente a una asociación.
memorando.- *(memorandu)* s. memorándum.
memorar.- *(memorar)* v. memora, recordar, mentar.
memorável.- *(memoráv'eu)* adj. memorable.
memória.- *(memória)* s. memoria, recuerdo, reminiscencia. / *memória principal, *memória RAM.
memorial.- *(memoriáu)* s. memorial.
memorização.- *(memoriz'asãu)* s. memorización.
memorizar.- *(memoriz'ar)* v. memorizar, recordar.
menção.- *(mensãu)* s. alusión, mención.
mencionar.- *(mensionar)* v. mencionar, aludir, relatar, nombrar,
mendicância.- *(mendjikânsia)* s. mendicidad.
mendigar.- *(mendjigar)* v. y v. intr. limosnear, mendigar, pordiosear.
mendigo.- *(mendjigu)* s. mendicante, indigente.
menear.- *(menear)* v. y p. menear(se).
meneio.- *(menêiu)* s. meneo.
menestrel.- *(menestréu)* s. trovador.
menina.- *(minina)* s. niña.
meninge.- *(mininghi)* s. meninge.
meningite.- *(mininjhitchi)* s. meningitis.
meninice.- *(mininisi)* s. niñez, infancia.
menino.- *(mininu)* s. niño.
menisco.- *(menisku)* s. menisco.
menopausa.- *(menopauz'a)* s. menopausia.
menor.- *(menór)* adj. menor, más pequeño. / que no alcanzó la mayoría de edad. / s. individuo menor.
menoridade.- *(menoridadji)* s. minoridad.
menos.- *(menus)* pron. ind. menos. / adv. en menor número. / prep. excepto.
menoscabar.- *(menoskabar)* v. menoscabar.
menoscabo.- *(menoskabu)* s. menoscabo.
menosprezar.- *(menosprez'ar)* v. menospreciar.
menosprezo.- *(menosprêz'u)* s. menosprecio, desprecio.
mensageiro.- *(mensajhêru)* s. mensajero, emisario, enviado, recadero.
mensagem.- *(mensajhén)* s. mensaje, misiva, recado. / comunicación política. / Inform. información transmitida.

mensal.- *(mensáu)* adj. mensual.
mensalidade.- *(mensalidadji)* s. mensualidad, mes.
menstruação.- *(menstruasãu)* s. menstruación, regla.
menstruar.- *(menstruar)* v. menstruar.
mênstruo.- *(mênstruu)* s. menstruación, menstruo.
mensurável.- *(mensuráv'eu)* adj. mensurable.
menta.- *(menta)* s. menta.
mental.- *(mentáu)* adj. mental.
mentalidade.- *(mentalidadji)* s. mentalidad.
mente.- *(mentchi)* s. mente, inteligencia, intelecto.
mentecapto.- *(mentekaptu)* adj. memo, mentecato.
mentir.- *(mentchir)* v. mentir, disfrazar, engañar, fingir.
mentira.- *(mentchira)* s. mentira, engaño, falsedad, embuste, vanidad.
mentiroso.- *(mentchirôz'u)* adj. mentiroso.
mentol.- *(mentóu)* s. mentol.
mentor.- *(mentôr)* s. mentor.
menu.- *(menú)* s. menú.
mequetrefe.- *(mequetréfi)* s. Pop. mequetrefe.
mercado.- *(merkadu)* s. comercio, mercado.
mercador.- *(merkadôr)* s. mercader.
mercadoria.- *(merkadoría)* s. mercadería, mercancía.
mercancia.- *(merkansía)* s. mercancía.
mercante.- *(merkantchi)* adj mercante.
mercantil.- *(merkantchiu)* adj. mercantil, comercial, marchante.
mercê.- *(mersê)* s. merced, premio, indulto, recompensa.
mercearia.- *(mersearía)* s. ultramarinos, tienda de comestibles.
mercenário.- *(mersenáriu)* adj. mercenario.
mercúrio.- *(merkúriu)* s. azogue, mercurio. / Mercurio.
merda.- *(mérda)* s. Pop. materias fecales, mierda.
merecedor.- *(meresedôr)* adj. merecedor, acreedor, digno.
merecer.- *(mereser)* v. merecer.
merecido.- *(meresidu)* adj. merecido.
merecimento.- *(meresimentu)* s. merecimiento, mérito.
merenda.- *(merenda)* s. merienda.
merendar.- *(merendar)* vt. y v. intr. merendar.
merengue.- *(merêngui)* s. merengue (dulce y música del Caribe).
meretriz.- *(meretrís)* s. meretriz.
mergulhador.- *(mergulladôr)* s. buzo.
mergulhar.- *(mergullar)* v. bucear, chapuzar, zambullir.
mergulho.- *(mergullu)* s. inmersión, zambullida.
meridiano.- *(meridjianu)* adj. Astr. meridiano.
meridional.- *(meridjionáu)* adj. austral, meridional.
mérito.- *(méritu)* s. merecimiento, mérito.
meritório.- *(meritóriu)* adj. meritorio.
merluza.- *(merluz'a)* s. merluza.
mero.- *(méru)* adj. mero, puro, simples.
mês.- *(mês)* s. mes.
mesa.- *(mez'a)* s. mesa.
mesada.- *(mez'ada)* s. mesada, mensualidad.
mesa-de-cabeceira.- *(mez'a dji kabesêra)* s. mesilla de noche.
mescla.- *(méskla)* s. mezcla, mixtura.
mesclar.- *(meskla)* v. mezclar, mixturar. / P. mezclarse.
meseta.- *(mez'êta)* s. meseta.
mesinha-de-cabeceira.- *(mez'iña dji kabesêra)* s. mesilla de noche.
mesmo.- *(mesmu)* adj. mismo, igual, idéntico. / parecido, semejante. / citado, mencionado. / tal cual. / s. la misma cosa. / adv. exactamente. / *dar no mesmo: ser o dar lo mismo.
mesquinhez.- *(mesquiñês)* s. mezquindad.
mesquinho.- *(mesquiñu)* adj. mezquino, agarrado, avaricioso, tacaño, cicatero. / ruin, sórdido.
mesquita.- *(mesquita)* s. mezquita.
messe.- *(mése)* s. mies, cosecha.
messiânico.- *(mesiâniku)* adj. mesiánico.
mestiçagem.- *(mestchisajhen)* s. mestizaje.
mestiço.- *(mestchisu)* adj. criollo, mestizo.
mestrado.- *(mestradu)* s. conjunto de maestros. / máster.
mestre.- *(méstri)* s. maestro, pedagogo, preceptor, profesor. / adj. que sirve de base o de guía.
mestre-cuca.- *(méstri kuka)* s. Fam. cocinero.
mestre-de-armas.- *(méstri dji armas)* s. profesor de esgrima.
mestre-sala.- *(méstri sala)* s. director de un baile público o de un desfile festivo; personaje protagonista en el desfile de las escuelas de samba.
mestria.- *(mestría)* s. maestría.
mesura.- *(mez'ura)* s. mesura, reverencia.
meta.- *(méta)* s. baliza, meta. / gol.
metabolismo.- *(metabolismu)* s. metabolismo.
metade.- *(metadji)* s. mitad, medio, centro.
metafísica.- *(metafiz'ika)* s. metafísica.
metáfora.- *(metáfora)* s. metáfora.
metafórico.- *(metafóriku)* adj. metafórico, alegórico, figurado.
metal.- *(metáu)* s. metal.
metálico.- *(metáliku)* adj. metálico.
metalurgia.- *(metalurjhía)* s. metalurgia.
metalúrgico.- *(metalúrjhiku)* adj. metalúrgico.
metamorfose.- *(metamorfóz'i)* s. metamorfosis.
metano.- *(metanu)* s. Quím. metano.
metaplasmo.- *(metaplasmu)* s. metaplasmo.
metástase.- *(metástaz'i)* s. Med. metástasis.
meteorito.- *(meteoritu)* s. Astr. meteorito.
meteoro.- *(meteóru)* s. meteoro.
meteorologia.- *(meteorolojhía)* s. meteorología.
meteorológico.- *(meteorolójhiku)* adj. meteorológico.
meter.- *(meter)* v. meter, introducir, poner dentro, aplicar, incluir. / P. meterse, esconderse, ocultarse. / meterse en una conversación, en un negocio.
meticuloso.- *(metchikulôz'u)* adj. meticuloso, minucioso, cuidadoso, quisquilloso.
metido.- *(metchidu)* adj. metido. / metomentodo.
metódico.- *(metódjiku)* adj. metódico, ordenado, sistemático.
método.- *(métudu)* s. método, modo, sistema, vía.
metodologia.- *(metodolojhía)* s. metodología.
metragem.- *(metrajhen)* s. metraje.
metralha.- *(metralla)* s. metralla.
metralhadora.- *(metralladôra)* s. ametralladora, metralleta.

metralhar.- *(metrallar)* v. ametrallar.
métrica.- *(métrika)* s. métrica, estudio de la versificación, arte de medir versos.
métrico.- *(métriku)* adj. métrico.
metro.- *(metru)* s. metro.
metrô.- *(metrô)* s. metro, metropolitano.
metrópole.- *(metrópoli)* s. metrópoli, capital.
metropolitano.- *(metropolitanu)* adj. metropolitano. / s. metro.
meu.- *(meu)* pron. mío, el mío.
mexer.- *(mescher)* vt. mecer, mover, bullir, dislocar, revolver, agitar. / v. intr. y p. moverse.
mexerica.- *(mescherika)* s. mandarina.
mexericar.- *(mescherikar)* v. cotillear, curiosear.
mexerico.- *(mescheriku)* s. chisme, fábula, intriga.
mexeriqueiro.- *(mescheriquêru)* s. y adj. cotilla, chismoso, soplón, alcahuete.
mexicano.- *(meschikanu)* adj. y s. mejicano.
mexida.- *(meschida)* s. confusión, desorden.
mexilhão.- *(meschillãu)* s. mejillón.
miado.- *(miadu)* s. maullido.
miar.- *(miar)* vintr. maullar.
miasma.- *(miasma)* s. miasma.
miau.- *(miáu)* s. sonido de la voz del gato.
miçanga.- *(misanga)* s. abalorio.
micção.- *(miksãu)* s. micción.
mico.- *(miku)* s. Zool. mico. / Bras. *pagar mico: meter la pata.
micro.- *(mikru)* s. Inform. microcomputador
micróbio.- *(mikróbiu)* s. microbio.
microbiologia.- *(mikrobiolojhía)* s. microbiología.
microcomputador.- *(mikrokomputadôr)* s. Inform. microordenador.
microfilme.- *(mikrofiumi)* s. microfilm.
microfone.- *(mikrofôni)* s. micrófono.
microonda.- *(microonda)* s. microonda.
microprocessador.- *(mikroprosesadôr)* s. Imform. microprocesador.
microrganismo.- *(mikrorganismu)* s. microorganismo.
microscópico.- *(mikroskópiku)* adj. microscópico.
microscópio.- *(mikroskópiu)* s. microscopio.
mictório.- *(miktóriu)* s. Bras. letrina, urinario.
migalha.- *(migalla)* s. miga, migaja, triza.
migração.- *(migrasãu)* s. migración.
migratório.- *(migratóriu)* adj. migratorio.
mijada.- *(mijhada)* s. Pop. meada.
mijado.- *(mijhadu)* adj. meado.
mijar.- *(mijhar)* v. Pop. mear, orinar. / Bras. Pop. *mijar para tras: faltar a lo prometido, faltar a la palabra dada.
mil.- *(miu)* num. mil.
milagre.- *(milagri)* s. milafro, prodigio.
milenário.- *(milenáriu)* adj. milenario.
milênio.- *(milêniu)* s. milenio.
milésimo.- *(miléz'imu)* num ord. milésimo. / s. milésima.
milha.- *(milla)* s. milla.
milhão.- *(millãu)* s. millón.
milhar.- *(millar)* s. millar.
milho.- *(millu)* s. maíz.
milícia.- *(milísia)* s. milicia.
miliciano.- *(milisianu)* adj. miliciano.
miligrama.- *(miligrama)* s. miligramo.
milímetro.- *(milímetru)* s. milímetro.
milionário.- *(milionáriu)* adj. y s. millonario.
militante.- *(militantchi)* adj. y s. militante.
militar.- *(militar)* adj. militar.
militar.- *(militar)* s. militar. / v. militar.
mim.- *(min)* pron. pers. mí.
mimado.- *(mimadu)* adj. mimado, consentido, malacostumbrado.
mimar.- *(mimar)* v. y p. mimar(se), acariciar(se), halagar(se).
mimeógrafo.- *(mimiógrafu)* s. mimeógrafo.
mimetismo.- *(mimetchismu)* s. mimetismo.
mímica.- *(mímika)* s. mímica.
mimo.- *(mimu)* s. mimo, halago. / actor de pantomima.
mimoso.- *(mimôz'u)* adj. mimoso.
mina.- *(mina)* s. mina. / Bras. Fig. negocio lucrativo. / Bras. Pop. chica, muchacha.
minar.- *(minar)* v. minar, excavar, abatir.
minarete.- *(minarêtchi)* s. alminar, minarete.
mindinho.- *(mindiñu)* s. dedo meñique.
mineiro.- *(minêru)* adj. y s. minero. / natural de MG.
mineração.- *(minerasãu)* s. mineraje, minería.
mineral.- *(minerál)* s. y adj. mineral.
mineralogia.- *(mineralojhía)* s. mineralogía.
minério.- *(minériu)* s. mineral.
minestra.- *(minestra)* s. menestra.
mingau.- *(mingáu)* s. Bras. gacha, papilla de harina de trigo o de mandioca. / Fig. cosa muy blanda o aguada.
míngua.- *(míngua)* s. mengua. / Fig. falta, carencia.
minguado.- *(minguádu)* adj. menguado.
minguante.- *(minguantchi)* adj. menguante.
minguar.- *(minguar)* v. menguar, apocar, disminuir, empequeñecer, enflaquecer, mermar.
minha.- *(miña)* pronl pos. fem. mía.
minhoca.- *(miñóka)* s. lombriz de tierra.
miniatura.- *(miniatura)* s. miniatura.
minifúndio.- *(minifúndjiu)* s. minifundio.
minimizar.- *(minimiz'ar)* v. minimizar.
mínimo.- *(mínimu)* adj. mínimo, menor. / s. el mínimo.
minissaia.- *(minisaia)* s. minifalda.
ministerial.- *(ministeriáu)* adj. ministerial.
ministério.- *(mnistériu)* s. ministerio, gabinete.
ministrar.- *(ministrar)* v. ministrar, suministrar, administrar.
ministro.- *(ministru)* s. ministro.
minorar.- *(minorar)* v. minorar, atenuar, suavizar, aliviar.
minoria.- *(minoría)* s. minoría
minoritário.- *(minoritáriu)* adj. minoritario.
minúcia.- *(minúsia)* s. minucia, detalle, pormenor.
minucioso.- *(minusiôz'u)* adj. minucioso, meticuloso.
minudência.- *(minudênsia)* s. menudencia.
minúsculo.- *(minúskulu)* adj. minúsculo.
minuta.- *(minuta)* s. Bras. en los restaurantes, comida preparada en el momento de servir. / 2ª s. minuta, borrador.

minuto.- *(minutu)* s. minuto, momento, instante. / adj. pequeño, ínfimo, diminuto.
miocárdio.- *(miokárdjiu)* s. Anat. miocardio.
miolo.- *(miôlu)* s. miga (de pan). / Fam. cerebro, seso. / Fig. la parte esencial, fundamental, meollo, médula.
mioma.- *(miôma)* s. mioma.
míope.- *(míupi)* adj. y s. miope.
miopia.- *(miupía)* s. miopía.
mira.- *(mira)* s. artill. mira, puntería. / Fig. mira, atención, propósito, designio, objetivo, fin, intención, intuito. / *á mira de: al acecho.
mirabolante.- *(mirabolantchi)* adj. que llama mucho la atención, pomposo, extraordinario.
miragem.- *(mirajhen)* s. miraje, espejismo.
mirante.- *(mirantchi)* s. mirador.
mirar.- *(mirar)* v. mirar, visar. / apuntar. / P. mirarse al espejo, contemplarse.
miríada.- *(miríada)* s. miríada.
miríade.- *(miríadji)* s. miríada. / Fig. cantidad indeterminada pero muy grande. / muchedumbre.
mirim.- *(mirín)* adj. Bras. pequeño, diminuto. / s. nombre común a diversas abejas muy pequeñas.
mirra.- *(mir'a)* s. mirra.
mirrar.- *(mir'ar)* vt. desecar, consumir, extenuar. / v. intr. y p. adelgazar en extremo. / disminuir de volumen, encoger.
misantropia.- *(miz'antropía)* s. misantropía.
misantropo.- *(miz'antropu)* adj. y s. misántropo. / solitario, insociable, / melancólico.
miscelânea.- *(miselânia)* s. miscelánea.
miserável.- *(miz'eráv'eu)* adj. miserable, mísero, pobre. / tacaño.
miséria.- *(miz'éria)* s. miseria, indigencia, pobreza.
misericórdia.- *(niz'erikórdjia)* s. misericordia, compasión, piedad.
mísero.- *(míz'eru)* adj. miserable.
missa.- *(misa)* s. misa.
missal.- *(misáu)* s. misal.
missão.- *(misãu)* s. misión, encargo, gestión.
míssil.- *(mísiu)* s. misil.
missionário.- *(nisionáriu)* s. misionero, apóstol.
missiva.- *(misiv'a)* s. misiva, carta.
mister.- *(mistér)* s. menester, oficio, profesión. / propósito, meta, fin.
mistério.- *(mistériu)* s. misterio.
misterioso.- *(misteriôz'u)* adj. misterioso.
misticismo.- *(mistchisismu)* s. misticismo.
místico.- *(místchiku)* adj. y s. místico.
mistificação.- *(mistchifikasãu)* s. mistificación.
mistificar.- *(mistchifikar)* vt. mistificar.
misto.- *(mistu)* adj. mixto, mezclado, confuso. / s. conjunto, mezcla.
misto-frio.- *(mistu friu)* s. sandwich de queso y jamón (mixto).
mistura.- *(mistura)* s. mixtura, liga, mezcla, miscelánea.
misturar.- *(misturar)* v. mixturar, mezclar. / P. mezclarse, confundirse.
mítico.- *(mitchiku)* adj. mítico.
mitificar.- *(mitchifikar)* v. mitificar.
mitigar.- *(mitchigar)* v. mitigar, suavizar, ablandar.
mito.- *(mitu)* s. mito.
mitologia.- *(mitolojhía)* s. mitología.
mitológico.- *(mitolójhiku)* adj. mitológico.
mitra.- *(mitra)* s. mitra, tiara.
miuçalha.- *(miusálla)* s. conjunto de cosas pequeñas y sin importancia, menudencias, pequeñeces.
miudeza.- *(miudêz'a)* s. menudencia, pequeñez.
miúdo.- *(miúdu)* adj. menudo, minúsculo.
miúdos.- *(miúdus)* s. pl. dinero de poco valor. / menudos, despojos, vísceras.
mixórdia.- *(mischórdjia)* s. mixtura, mezcla, desorden, confusión, mescolanza.
mó.- *(mó)* s. muela, piedra de molino.
mobília.- *(mobília)* s. mobiliario, conjunto de muebles de una casa.
mobiliar.- *(mobiliar)* vt. amueblar.
mobiliário.- *(mobiliáriu)* s. mobiliario.
mobilizar.- *(mobiliz'ar)* v. movilizar.
moça.- *(mosa)* s. moza, muchacha. / Bras. mujer virgen.
moçada.- *(mosada)* s. grupo de jóvenes.
mocambo.- *(mokambu)* s. Bras. habitación miserable.
moção.- *(mosãu)* s. moción, propuesta.
moçárabe.- *(mosárabi)* adj. y s. mozárabe.
mocassim.- *(mokasín)* s. mocasín.
mocidade.- *(mosidadji)* s. mocedad, juventud.
moço.- *(môsu)* adj. mozo, joven. / s. joven.
mochila.- *(muschila)* s. mochila.
mochileiro.- *(muschilêru)* s. mochilero.
mocho.- *(môschu)* adj. mocho, desmochado, sin cuernos, mutilado. / s. búho, mochuelo. / banqueta, banco sin respaldo.
moda.- *(móda)* s. moda, uso, costumbre, gusto.
modalidade.- *(modalidadji)* s. modalidad.
modelado.- *(modeladu)* adj. modelado.
modelar.- *(modelar)* vt. amoldar, modelar. / plasmar. / v. int. refl. moldearse. / tomarse como modelo.
modelo.- *(modêlu)* s. modelo, molde, muestra, ejemplo, prototipo.
modem.- *(móden)* s. Inform. módem.
moderação.- *(moderasãu)* s. moderación, parsimonia, prudencia, sobriedad, templanza.
moderado.- *(moderadu)* adj. moderado, contenido, frugal, parsimonioso, prudente, razonable.
moderar.- *(moderar)* v. moderar, ablandar, aliviar, mitigar. / P. moderarse.
modernice.- *(modernisi)* s. atracción a las cosas modernas.
modernismo.- *(modernismu)* s. modernismo.
modernista.- *(modernista)* adj. modernista.
modernizar.- *(moderniz'ar)* v. y p. actualizar(se), modernizar(se).
moderno.- *(modérnu)* adj. moderno, nuevo.
modéstia.- *(modéstchia)* s. modestia, comedimiento, decencia, sobriedad, pudor, recato.
modesto.- *(modéstu)* adj. modesto, comedido, sencillo, recatado.
módico.- *(módjiku)* adj. módico.
modificação.- *(modjifikasãu)* s. modificación, trans-

formación, variación.

modificar.- *(modjifikar)* v. modificar, reformar, retocar, transformar, variar.

modinha.- *(modjiña)* s. Bras. canción popular urbana acompañada por guitarra.

modismo.- *(modjismu)* s. modismo.

modista.- *(modjista)* s. modista, modisto.

modo.- *(módu)* s. modo, método, medio, estilo, manera, género.

modorra.- *(modor'a)* s. modorra, prostración, somnolencia, sopor.

modos.- *(módus)* s. pl. modos, aires, forma de ser. / buenas maneras.

modular.- *(modular)* v. modular.

módulo.- *(módulu)* s. módulo. / Inform. módulo.

moeda.- *(muéda)* s. moneda.

moedeiro.- *(muedêru)* s. monedero.

moedor.- *(moedôr)* adj. que muele, tritura. / s. molinillo.

moela.- *(muéla)* s. molleja.

moenda.- *(muenda)* s. molienda.

moer.- *(muer)* v. moler, machacar, triturar. / maltratar con golpes. / P. atormentarse.

mofa.- *(mófa)* s. mofa.

mofar.- *(mofar)* v. enmohecer. / Fam. quedar a la espera indefinidamente. / *2ª* v. mofar, burlar.

mofino.- *(mofinu)* adj. mohíno, triste, melancólico. / Bras. enfermizo.

mofo.- *(môfu)* s. moho.

moído.- *(moídu)* adj. molido. / cansado, fatigado, agotado.

moinho.- *(muiñu)* s. molino, molienda.

moirisco.- *(moirisku)* adj. morisco.

moiro.- *(moiru)* s. y adj. moro.

moita.- *(moita)* s. maleza, matorral. / interj. designa que no se obtuvo respuesta o para pedir silencio o guardar secreto. / *na moita: al acecho, a la expectativa, a escondidas, capciosamente, solapadamente.

mola.- *(móla)* s. muelle, resorte.

molambento.- *(mulambentu)* adj. y s. andrajoso, harapiento.

molambo.- *(mulambu)* s. Bras. paño viejo, roto y sucio. / ropa estropeada.

molar.- *(molar)* adj. molar, que sirve para moler. / s. Anat. diente molar.

moldar.- *(moudar)* v. amoldar, modelar, moldear, adaptar.

molde.- *(móudji)* s. molde, forma, matriz.

moldura.- *(moudura)* s. moldura, marco.

mole.- *(móli)* s. mole, masa. / construcción maciza, enorme.

molecada.- *(mulekada)* s. grupo de niños de poca edad.

molecagem.- *(mulekajhen)* s. Bras. acción de moleque.

molécula.- *(molékula)* s. molécula.

molecular.- *(molekular)* adj. molecular.

moleira.- *(molêra)* s. Fam. mollera, fontanela. / mujer del molinero.

moleiro.- *(molêru)* s. molinero.

molejo.- *(molêjhu)* s. conjunto de muelles de un vehículo y acción de esos muelles.

molenga.- *(molenga)* adj. blando, indolente, perezoso.

moleque.- *(muléqui)* s. hombre sin palabra y / o nada serio. / Bras. niño de poca edad.

molestar.- *(molestar)* v. molestar, aburrir, estorbar, ofender.

moléstia.- *(moléstchia)* s. molestia, malestar, incomodidad, incordio.

moleza.- *(molêz'a)* s. flacidez, pereza. / pereza, indolencia.

molhadela.- *(molladéla)* s. acto de mojar(se) rapidamente de una vez. / baño rápido.

molhado.- *(molladu)* adj. mojado, humedecido.

molhados.- *(molladus)* s. pl. vino, aceite y otras substancias líquidas que se venden en los ultramarinos.

molhar.- *(mollar)* v. mojar, embeber, humedecer, bañar, regar, remojar. / P. mojarse.

molhe.- *(mólli)* s. muelle, escollera.

molheira.- *(mollêra)* s. salsera.

molho.- *(môllu)* s. haz, manojo, brazada. / 2ª s. salsa, mojo.

molinete.- *(molinêtchi)* s. molinete.

molusco.- *(molusku)* s. molusco.

momentâneo.- *(momentâniu)* adj. momentáneo.

momento.- *(momentu)* s. momento, instante, rato.

momo.- *(mômu)* s. pequeña farsa popular o el actor que la representa. / figura que personifica el carnaval, Rey Momo.

monacal.- *(monakáu)* adj. monacal.

monarca.- *(monarka)* s. emperador, monarca, rey.

monarquia.- *(monarquía)* s. monarquía.

monárquico.- *(monárquiku)* adj. monárquico.

monastério.- *(monastériu)* s. monasterio..

monástico.- *(monástchiku)* adj. monacal.

monção.- *(monsãu)* s. monzón. / Fig. oportunidad. / Bras. cada una de las expediciones que, por los ríos, hacían las comunicaciones de las capitanías de SP y MT.

monetário.- *(monetáriu)* adj. monetario.

monge.- *(monjhe)* s. monje,

mongol.- *(mongóu)* adj. y s. mongol.

mongolismo.- *(mongolismu)* s. mongolismo.

monitor.- *(monitôr)* s. monitor. / Inform. monitor de vídeo.

mono.- *(monu)* s. macaco, mono.

monocórdio.- *(monokórdjiu)* adj. monocorde.

monóculo.- *(monókulu)* s. monóculo.

monocultura.- *(monokuutura)* s. monocultivo.

monograma.- *(monograma)* s. monograma.

monolítico.- *(monolítchiku)* adj. monolítico.

monólito.- *(monólitu)* s. monolito.

monólogo.- *(monólogu)* s. monólogo, soliloquio.

monopólio.- *(monopóliu)* s. monopolio.

monopolizar.- *(monopoliz'ar)* v. monopolizar, acaparar.

monossílabo.- *(monosílabu)* adj. y s. monosílabo.

monoteísmo.- *(monoteísmu)* s. monoteísmo.

monotonia.- *(monotonía)* s. monotonía.

monótono.- *(monótonu)* adj. monótono.

monstro.- *(monstru)* s. monstruo.
monstruosidade.- *(monstruoz'idadji)* s. monstruosidad.
monstruoso.- *(monstruôz'u)* adj. monstruoso.
monta.- *(monta)* s. monta, suma, valor, importancia.
montador.- *(montadôr)* s. montador, aquel que hace montajes.
montagem.- *(montajhen)* s. montaje.
montanha.- *(montaña)* s. montaña.
montanhês.- *(montañês)* adj. montañés.
montanhismo.- *(montañismu)* s. montañismo.
montanhoso.- *(montañôz'u)* adj. montañoso.
montante.- *(montantchi)* adj. que se eleva. / s. montante, espada de dos manos.
montão.- *(montãu)* s. montón, acumulación desordenada de cosas. / cantidad, porción.
montar.- *(montar)* vt. montar, cabalgar. / preparar algo para que funcione. / elevar, subir. / escenificar (un espectáculo teatral). / v. intr. practicar la equitación.
montaria.- *(montaría)* s. Bras. animal que se puede cabalgar, montería. / Bras. Amaz. pequeña embarcación.
monte.- *(montchi)* s. monte. / acerbo. / conjunto de los bienes de una herencia.
montepio.- *(montepiu)* s. montepío, sociedad de socorros mutuos.
montês.- *(montês)* adj. montés.
montículo.- *(montchikulu)* s. montículo, otero.
montra.- *(montra)* s. escaparate. / vitrina.
monturo.- *(monturu)* s. muladar, estercolero, basurero.
monumental.- *(monumentáu)* adj. monumental.
monumento.- *(monumentu)* s. monumento, obelisco.
moqueca.- *(muquéka)* s. Bras. plato, generalmente de pescado o mariscos. / 2ª s. Bras. el pescado envuelto en hoja de bananero.
moquém.- *(moquén)* s. Bras. parrilla de palos para asar o secar la carne o pescado.
mora.- *(móra)* s. mora, dilación, retraso en el cumplimiento de una obligación.
morada.- *(morada)* s. morada, casa, habitación, vivienda.
moradia.- *(moradjía)* s. morada.
moral.- *(moráu)* s. moral, ético. / s. el conjunto de nuestras facultades morales. / moralidad. / adj. relativo a la moral.
moralidade.- *(moralidadji)* s. moralidad.
moralista.- *(moralista)* adj. y s. moralista.
moralizar.- *(moraliz'ar)* vt. moralizar. / v. intr. hacer moral, enseñar buenas costumbres.
morango.- *(murangu)* s. fresa.
morar.- *(morar)* v. morar, habitar, residir, vivir. / Bras. Arg. comprender.
moratória.- *(moratória)* s. moratoria.
morbidez.- *(morbidês)* s. morbidez.
mórbido.- *(mórbidu)* adj. mórbido.
morcego.- *(mursêgu)* s. murciélago.
morcela.- *(murséla)* s. morcilla.
mordaça.- *(mordasa)* s. mordaza.
mordacidade.- *(mordasidadji)* s. mordacidad.
mordaz.- *(mordás)* adj. mordaz.
mordedura.- *(mordedura)* s. mordida, mordedura.
morder.- *(mordêr)* v. morder, picar. / P. morderse, atormentarse.
mordida.- *(mordjida)* s. mordedura.
mordiscar.- *(mordjiskar)* v. mordisquear.
mordomia.- *(mordomía)* s. cargo o oficio de mayordomo. / Bras. ventajas concedidas a ciertos funcionarios y que les aumenta indirectamente el sueldo. / Bras. Pop. bien estar, confort, comodidades.
mordomo.- *(mordômu)* s. mayordomo.
moreno.- *(morênu)* adj. moreno.
morfema.- *(morfêma)* s. Leng. morfema.
morfina.- *(morfina)* s. morfina.
morfologia.- *(morfolojhía)* s. morfología.
morgadio.- *(morgadjíu)* s. concerniente al mayorazgo. / s. mayorazgo.
morgado.- *(morgadu)* s. mayorazgo, conjunto de bienes. / hijo primogénito o hijo único.
morgue.- *(mórgui)* s. morgue.
moribundo.- *(moribundu)* adj. y s. moribundo, agonizante.
morim.- *(murín)* s. brabante, lienzo inferior blanco de algodón.
moringa.- *(moringa)* s. botijo, porrón.
mormaço.- *(mormasu)* s. calor sofocante, canícula.
mórmon.- *(mórmon)* adj. y s. sectario del mormonismo, mormón.
mormonismo.- *(mormonismu)* s. mormonismo.
morno.- *(môrnu)* adj. templado, tibio.
moroso.- *(morôz'u)* adj. moroso, lento.
morrão.- *(mor'ãu)* s. mecha para pegar fuego al cañón.
morrer.- *(mor'er)* v. morir, expirar, extinguir, fallecer, fenecer, perecer. / calar, griparse. / experimentar en grado muy intenso, sentimiento, sensación, etc.
morrinha.- *(mur'iña)* s. Bras. hedor muy intenso exhalado por persona o animal. / 2ª Bras. pereza, lasitud. / 3ª Bras. morriña, melancolía, tristeza.
morrinhento.- *(mur'iñentu)* adj. que tiene morriña.
morro.- *(môr'u)* s. monte, otero, colina.
morsa.- *(mórsa)* s. morsa.
mortadela.- *(mortadéla)* s. mortadela.
mortal.- *(mortáu)* adj. mortal.
mortalha.- *(mortálla)* s. mortaja.
mortalidade.- *(mortalidadji)* s. mortalidad.
mortandade.- *(mortandadji)* s. mortandad.
morte.- *(mórtchi)* s. muerte.
morteiro.- *(mortêru)* s. mortero.
mortiço.- *(mortchisu)* adj. mortecino.
mortífero.- *(mortchíferu)* adj. mortífero, mortal.
mortificar.- *(mortchifikar)* v. mortificar, atormentar. / P. mortificarse, martirizarse.
morto.- *(môrtu)* adj. muerto, difunto, finado, cadáver. / s. el muerto.
mortuário.- *(mortuáriu)* adj. mortuorio, fúnebre.
morubixaba.- *(morubischaba)* s. Bras. jefe temporal de las tribus indígenas brasileñas.
mosaico.- *(moz'aiku)* s. mosaico.
mosca.- *(môska)* s. mosca. / porción de barba que se

deja crecer bajo el labio inferior. / el punto central del blanco de los ejercicios de tiro. / *comer mosca. / Bras. Arg. bobear, tontear. / *mosca-morta: persona indolente.
moscatel.- *(moskatéu)* adj. moscatel. / s. moscatel (el vino).
moscovita.- *(moskov'ita)* adj. y s. moscovita.
mosqueteiro.- *(mosquetêru)* s. mosquetero.
mosquiteiro.- *(musquitêru)* s. cortina para proteger contra mosquitos.
mosquito.- *(musquitu)* s. mosquito.
mostarda.- *(mustarda)* s. mostaza.
mosteiro.- *(mostêru)* s. monasterio, abadía, convento.
mosto.- *(môstu)* s. mosto.
mostrar.- *(mostrar)* v. mostrar, descubrir, evidenciar, indicar, exhibir. / P. exhibirse, revelarse. querer aparentar.
mostruário.- *(mostruáriu)* s. muestrario.
mote.- *(mótchi)* s. mote.
motel.- *(motéu)* s. motel. / Bras. hotel para encuentros amorosos.
motim.- *(motchín)* s. motín, revuelta.
motivação.- *(motchiv'asãu)* s. motivación.
motivar.- *(motchiv'ar)* v. motivar, ocasionar, originar. / despertar el interés (clase, conferencia, etc.).
motivo.- *(motchiv'u)* s. motivo, asunto, razón, propósito.
moto.- *(mótu)* s. moto.
motoca.- *(motóka)* s. moto.
motocicleta.- *(motosikléta)* s. motocicleta.
motociclista.- *(motociclista)* s. motociclista.
motoqueiro.- *(motoquêru)* s. motociclista.
motor.- *(motôr)* s. motor.
motorista.- *(motorista)* s. conductor de cualquier vehículo de tracción mecánica, motorista, conductor, chófer.
motorizar.- *(motoriz'ar)* v. y p. motorizar.
motorneiro.- *(motornêru)* s. conductor de tranvía.
motriz.- *(motrís)* adj. y s. motriz.
mourisco.- *(morisku)* adj. morisco.
mouro.- *(môru)* adj. arábico, morisco, moro. / s. moro, sarraceno. / no va después de motriz, sino de mourisco.
mouse.- *(mouz'i)* Inform. ratón.
movediço.- *(mov'edjisu)* adj. movedizo, móvil.
móvel.- *(móv'eu)* adj. movible, móvil. / s. mueble.
mover.- *(mov'er)* v. mover, agitar, estimular. / P. moverse, ponerse en movimiento. / decidirse a hacer algo.
movimentar.- *(mov'imentar)* v. mover.
movimento.- *(mov'imentar)* s. movimiento.
movível.- *(mov'ív'eu)* adj. movible.
muamba.- *(muamba)* s. alijo, contrabando.
muambeiro.- *(muambêru)* s. Bras. Pop. contrabandista.
mucama.- *(mukâma)* s. Bras. esclava negra, joven y de estimación que ayudaba en los servicios domésticos, etc.
muco.- *(muku)* s. moco.
mucosa.- *(mukóz'a)* s. Anat. mucosa.
mucoso.- *(mukôz'u)* adj. mucoso.
muçulmano.- *(musuumanu)* adj. y s. musulmán.
muda.- *(muda)* s. muda, substitución, mudanza. / planta o parte de ella usada para la reproducción. / muda de ropa.
mudança.- *(mudansa)* s. mudanza.
mudar.- *(mudar)* v. mudar, alterar, cambiar, convertir, desplazar, transferir, variar. / P. mudarse. / transformarse.
mudez.- *(mudês)* s. mudez.
mudo.- *(mudu)* adj. mudo, callado, silencioso. / s. hombre mudo.
mugido.- *(mujhidu)* s. berrido, mugido.
mugir.- *(mujhir)* v. mugir.
muito.- *(muintu)* adv. mucho. / pron. indef. mucho.
mulato.- *(mulatu)* adj. y s. mulato.
muleta.- *(mulêta)* s. muleta.
mulher.- *(mullér)* s. mujer.
mulherengo.- *(mullerengu)* adj. y s. mujeriego.
mulherio,- *(mulleríu)* s. conjunto de mujeres, mujerío.
mulo.- *(mulu)* s. mulo.
multa.- *(múuta)* s. multa.
multar.- *(muutar)* v. multar.
multicolor.- *(muutchikolôr)* adj. multicolor.
multidão.- *(muutchidãu)* s. multitud, muchedumbre. / el pueblo.
multiforme.- *(muutchiformi)* adj. multiforme.
multinacional.- *(muutchinasionáu)* adj. y s. multinacional.
multiplicação.- *(muutchiplikasãu)* s. multiplicación, proliferación.
multiplicador.- *(muutchiplikadôr)* s. multiplicador.
multiplicar.- *(muutchiplikar)* v. multiplicar, proliferar, propagar, reproducir. / P. multiplicarse.
multiplicidade.- *(muutchiplisidadji)* s. multiplicidad, pluralidad.
múltiplo.- *(múutchiplu)* adj. múltiple, múltiplo, plural.
múmia.- *(múmia)* s. momia.
mumificar.- *(mumifikar)* vt. y refl. embalsamar(se), momificar(se). / adelgazar en extremo. / tener la capacidad intelectual atrofiada.
mundano.- *(mundanu)* adj. mundano, profano.
mundão.- *(mundãu)* s. Bras. gran extensión de tierra.
mundial.- *(mundjiáu)* adj. mundial.
mundo.- *(mundu)* s. mundo, orbe, tierra, universo.
mungir.- *(munjhir)* v. ordeñar.
munheca.- *(muñéka)* s. muñeca, pulso.
munição.- *(munisãu)* s. munición.
municipal.- *(munisipáu)* adj. municipal.
municipalidade.- *(munisipalidadji)* s. municipalidad.
município.- *(munisípiu)* s. municipalidad, municipio.
munir.- *(munir)* vt. y refl. munir(se), abastecer(se) / defender(se), armar(se), prevenir(se).
muque.- *(múqui)* s. Bras. Arg. fuerza muscular, músculo. / *a muque: a fuerza, con violencia.
muquirana.- *(muquirana)* s. cierto tipo de mosquito. / adj. y s. Bras. Pop. avaro. / pesado, estorbo.

mural.- *(muráu)* s. mural.
muralha.- *(muralla)* s. muralla.
murar.- *(murar)* v. murar, amurallar.
murchar.- *(murschar)* v., v. intr. y p. marchitar, secar(se).
murcho.- *(murschu)* adj. marchito, mustio, seco.
murmuração.- *(murmurasãu)* s. murmuración.
murmurar.- *(murmurar)* v. murmurar, susurrar.
murmúrio.- *(murmúriu)* s. murmurio, susurro.
muro.- *(muru)* s. muro, pared, tapia.
murro.- *(mur'u)* s. puñetazo.
musa.- *(muz'a)* s. musa.
muscular.- *(muskular)* adj. muscular.
musculatura.- *(muskulatura)* s. musculatura.
músculo.- *(múskulu)* s. músculo.
musculoso.- *(muskulôz'u)* adj. musculoso.
museologia.- *(muz'iolojhía)* s. ciencia que trata de los principios de conservación y presentación de las obras de arte en los museos.
museu.- *(muz'eu)* s. museo.
musgo.- *(musgu)* s. musgo.
música.- *(múz'ika)* s. música.
musical.- *(muz'ikáu)* adj. musical.
músico.- *(múz'iku)* s. músico.
musselina.- *(muselina)* s. muselina.
mutação.- *(mutasãu)* s. mutación, mudanza, alteración. / inestabilidad, inconstancia.
mutável.- *(mutáv'éu)* adj. mutable.
mutilação.- *(mutchilasãu)* s. mutilación.
mutilado.- *(mutchiladu)* adj. mutilado, lisiado.
mutilar.- *(mutchilar)* v. mutilar, amputar, lisiar.
mutirão.- *(mutchirãu)* s. Bras. auxilio gratuito que prestan unos a los otros los labradores (en la cosecha, construcción de casa, etc.), reuniéndose todos los de los alrededores y trabajando en provecho de uno solo.
mutismo.- *(mutchismu)* s. mutismo, mudez. / Fig. silencio, sosiego.
mutualidade.- *(mutualidadji)* s. mutualidad.
mútuo.- *(mútuu)* adj. mutuo, recíproco.
muxoxo.- *(muschôschu)* s. Bras. beso, caricia. / ruido producido por la lengua y los dientes que indica desprecio o desdén.

N

n.- *(êni)* s. décimocuarta letra del abecedario portugués.
nababesco.- *(nababêsku)* adj. lujoso, suntuoso.
nababo.- *(nababu)* s. antiguo título de autoridades indianas. / persona rica, que vive rodeada de lujo, multimillonario.
nabiça.- *(nabiza)* s. nabiza, nabo poco desarrollado.
nabo.- *(nabu)* s. nabo.
nação.- *(nasãu)* s. nación, patria, pueblo, etnia.
nácar.- *(nákar)* s. nácar.
nacarado.- *(nakaradu)* adj. nacarado.
nacional.- *(nasionáu)* adj. nacional.
nacionalidade.- *(nasionalidadji)* s. nacionalidad.
nacionalismo.- *(nasionalismu)* s. nacionalismo.
nacionalista.- *(nasionalista)* adj. nacionalista.
nacionalizar.- *(nasionaliz'ar)* v. nacionalizar, naturalizar. / P. nacionalizarse.
naco.- *(naku)* s. naco, trozo, porción.
nada.- *(nada)* pron. indef. nada. / adv. de ninguna manera, en absoluto. / s. la nada. / persona insignificante.
nadadeira.- *(nadadêra)* s. aleta de los peces. / aleta para nadar.
nadar.- *(nadar)* v. nadar. / tener dinero, bienes, en abundancia.
nádega.- *(nádjiga)* s. Anat. nalga, trasero.
nafta.- *(nafta)* s. Quím. nafta.
naftalina.- *(naftalina)* s. naftalina.
náilon.- *(nailón)* s. nailon.
naipe.- *(naipi)* s. naipe.
namorada.- *(namorada)* s. enamorada.
namoradeira.- *(namoradêra)* adj. amiga de enamorarse, enamoradiza.
namorado.- *(namoradu)* s. enamorado.
namorar.- *(namorar)* v. cortejar, mantener una relación sentimental, sin compromiso de boda.
namoro.- *(namôru)* s. relación sentimental sin compromiso.
nana.- *(nana)* s. nana, canto con que se arrulla a los niños
nanar.- *(nanar)* v. Inf. dormir.
nanico.- *(naniku)* adj. enano.
nanquim.- *(nanquín)* s. tinta china.
não.- *(nãu)* adv. no. / s. negativa, recusa.
napa.- *(napa)* s. napa.
napalm.- *(napaun)* s. napalm.
narcisismo.- *(narsiz'ismu)* s. narcisismo.
narciso.- *(nasiz'u)* s. narciso, hombre enamorado de sí mismo. / planta de flores amarillas y muy olorosas.
narcose.- *(narkóz'i)* s. narcosis.
narcótico.- *(narkótchiku)* adj. y s. narcótico, anestésico.
narcotizar.- *(narkotchiz'ar)* v. narcotizar.
nardo.- *(nardu)* s. nardo.
narigudo.- *(narigudu)* adj. narigudo, narigón.
narina.- *(narina)* s. cada uno de los orificios de la nariz.
nariz.- *(narís)* s. nariz.
narração.- *(nar'asãu)* s. narración, relato, crónica, cuento, historia.
narrar.- *(nar'ar)* v. narrar, relatar, contar, referir.
narrativa.- *(nar'atchiv'a)* s. narrativa, narración, cuento, historia.
narrativo.- *(nar'atchiv'u)* adj. narrativo.
nasal.- *(naz'áu)* adj. nasal.
nasalar.- *(naz'alar)* v. nasalizar.
nasalização.- *(naz'aliz'asãu)* s. nacionalización.
nascedouro.- *(nasedôru)* s. lugar donde se nace.
nascença.- *(nasênsa)* s. nacimiento.
nascente.- *(nasentchi)* adj. naciente. / s. naciente, fuente.
nascer.- *(naser)* v. nacer, brotar, principiar, surgir, salir.
nascimento.- *(nasimentu)* s. nacimiento, natividad, origen.
nascituro.- *(nasituro)* adj. y s. concebido, generado.
nata.- *(nata)* s. nata, crema. / Fig. la mejor parte de una cosa.
natação.- *(natasãu)* s. natación.
natal.- *(natáu)* adj. natal. / s. Navidad.
natalício.- *(natalísiu)* adj. natalicio. / s. el día del nacimiento.
natalidade.- *(natalidadji)* s. natalidad.
natalino.- *(natalinu)* adj. navideño.
natividade.- *(natchiv'idadji)* s. natividad.
nativista.- *(natchiv'ista)* adj. y s. Bras. xenófobo.
nativo.- *(natchiv'u)* adj. nativo, natural, nacido, innato, vernáculo. / s. nativo, indígena.
nato.- *(natu)* adj. nato, nacido, nativo, natural, innato.
natural.- *(naturáu)* adj. natural. / propio, peculiar. / espontáneo. / s. nativo.
naturalidade.- *(naturalidadji)* s. naturalidad, espontaneidad.
naturalismo.- *(naturalismu)* s. naturalismo.
naturalizar.- *(naturaliz'ar)* v. naturalizar. P. naturalizarse.
natureza.- *(naturez'a)* s. naturaleza.
nau.- *(náu)* s. nao, nave.
naufragar.- *(naufragar)* v. naufragar.
naufrágio.- *(naufrájhiu)* s. naufragio.
náufrago.- *(náufragu)* s. náufrago.
náusea.- *(náuz'ia)* s. náusea, arcada, asco.
nauseabundo.- *(nauz'iabundu)* adj. nauseabundo. / Fig. asqueroso, repugnante.
nausear.- *(nauz'iar)* v. y p. nausear(se), marearse(se).
náutica.- *(náutchika)* s. náutica, navegación.
náutico.- *(náutchiku)* adj. náutico.
naval.- *(nav'áu)* adj. naval, naviero.
navalha.- *(nav'alla)* s. navaja.
navalhada.- *(nav'allada)* s. navajada.

nave.- *(nav'i)* s. nao, nave.
navegação.- *(nav'egasãu)* s. navegación.
navegador.- *(nav'egadôr)* adj. y s. navegador.
navegante.- *(nav'egantchi)* adj. navegante.
navegar.- *(nav'egar)* v. navegar.
navegável.- *(nav'egáv'eu)* adj. navegable.
navio.- *(nav'iu)* s. navío, barco, nao, nave.
nazi.- *(naz'i)* s. P. nazi.
nazismo.- *(naz'ismu)* s. nazismo.
nazista.- *(naz'ista)* adj. y s. nazi.
neblina.- *(neblina)* s. neblina, niebla espesa y baja.
nebulosa.- *(nebulóz'a)* s. Astr. nebulosa.
nebuloso.- *(nebulôz'u)* adj. nebuloso, sombrío, obscuro.
necedade.- *(nesedadji)* s. necedad, estupidez, disparate, sandez.
necessário.- *(nesesariu)* adj. necesario, indispensable, preciso, urgente, vital.
necessidade.- *(nesesidadji)* s. necesidad, carencia, pobreza, miseria, aprieto.
necessitado.- *(nesesitadu)* adj. y s. necesitado, carente, indigente, pobre.
necessitar.- *(nesesitar)* v. necesitar, carecer, precisar.
necrofagia.- *(nekrofajhía)* s. necrofagia.
necrófago.- *(nekrófagu)* adj. y s. necrófago.
necrofilia.- *(nekrofilía)* s. necrofilia.
necrologia.- *(nekrolojhía)* s. necrología.
necrópole.- *(nekrópoli)* s. necrópolis.
necropsia.- *(nekrópsia)* s. Med. necropsia, autopsia.
necrosar.- *(nedrosar)* v. gangrenar. / P. gangrenarse.
necrose.- *(nekróz'i)* s. Med. necrosis.
necrotério.- *(nekrotériu)* s. morgue.
néctar.- *(néktar)* s. néctar.
nefando.- *(nefandu)* adj. nefando, execrable.
nefasto.- *(nefastu)* adj. nefasto.
nefrite.- *(nefritchi)* s. Med. nefritis.
nefrítico.- adj. *(nefritchiku)* nefrítico.
negação.- *(negasãu)* s. negación.
negar.- *(negar)* v. negar, rechazar, recusar, repudiar.
negativa.- *(negatchiv'a)* s. negativa, negación.
negativo.- *(negatchiv'u)* adj. negativo, nulo. / s. negativo (fotografía).
negligência.- *(neglijhênsia)* s. negligencia, abandono, dejadez, descuido, indiferencia.
negligente.- *(neglijhentchi)* adj. negligente, descuidado, omiso, indolente.
nego.- *(nêgu)* s. Bras. Pop. camarada, amigo. / negro.
negociante.- *(negosiantchi)* s. negociante, comerciante, mercader.
negociar.- *(negosiar)* v. negociar, comerciar; agenciar, contratar, gestionar.
negociata.- *(negosiata)* s. negocio sospechoso.
negociável.- *(negosiáv'eu)* adj. negociable.
negócio.- *(negósiu)* s. negocio, comercio, transacción comercial. / Bras. Pop. Fam. cualquier objeto o cosa.
negraria.- *(negraría)* s. negrería, multitud de negros.
negreiro.- *(negrêru)* adj. relativo a negros. / se decía de los barcos que transportaban esclavos negros. / s. aquel que negociaba con esclavos negros.
negridão.- *(negridãu)* s. negrura, obscuridad.
negrito.- *(negritu)* s. negrita.
negro.- *(negru)* adj. negro, obscuro, deslucido, sombrío, tétrico, funesto. / s. negro, hombre de raza negra.
negrume.- *(negrumi)* s. obscuridad, tinieblas. Tristeza, melancolía. Niebla espesa.
negrura.- *(negrura)* s. negrura.
nem.- *(nen)* conj. tampoco, ni. / adv. no. / *nem que: a pesar de.
nenê.- *(nenê)* s. Bras. bebé.
neném.- *(nenên)* s. nene, bebé, criatura.
nenhum.- *(neñún)* pron. indef. / ninguno, ningún. / *a nenhum: / Bras. Pop. sin dinero.
nenúfar.- *(nenúfar)* s. nenúfar.
neoclassicismo.- *(neoklasisismu)* s. neoclasicismo.
neófito.- *(neófitu)* s. neófito, novicio.
neolatino.- *(neolatchinu)* adj. neolatino.
neolítico.- *(neolítchiku)* adj. neolítico.
neologismo.- *(neolojhismu)* s. neologismo.
neologista.- *(neolojhista)* adj. y s. neologista.
néon.- *(neón)* s. Quím. neón.
nepotismo.- *(nepotchismu)* s. nepotismo, favoritismo.
neres.- *(néris)* pron. indef. Bras. Arg. cosa alguna, nada.
nervo.- *(nerv'u)* s. Anat. nervio.
nervosismo.- *(nerv'oz'ismu)* s. nerviosismo.
nervoso.- *(nerv'ôz'u)* adj. nervioso, impaciente, irritable.
nervura.- *(nerv'ura)* s. nervura.
néscio.- *(nésiu)* adj. necio, ignorante, inepto.
nêspera.- *(nêspera)* s. fruto del níspero.
neto.- *(netu)* s. nieto.
neurastenia.- *(neurastenía)* s. Psiq. neurastenia.
neurastênico.- *(neurastêniku)* adj. neurasténico.
neurologia.- *(neurolojhía)* s. neurología.
neurologista.- *(neurolojhista)* s. neurólogo.
neurônio.- *(neurôniu)* s. neurona.
neurose.- *(neuróz'i)* s. neurosis.
neurótico.- *(neurótchiku)* adj. y s. neurótico.
neutral.- *(neutráu)* adj. neutral.
neutralidade.- *(neutralidadji)* s. neutralidad, imparcialidad.
neutralizar.- *(neutraliz'ar)* v. neutralizar, anular. / P. neutralizarse.
neutro.- *(neutru)* adj. neutral, neutro.
nêutron.- *(nêutron)* s. Quím. neutrón.
nevada.- *(nev'ada)* s. nevada.
nevado.- *(nev'ada)* adj. nevado.
nevar.- *(nev'ar)* v. nevar.
nevasca.- *(nev'aska)* s. nevasca, nevada, ventisca.
neve.- *(név'i)* s. nieve.
névoa.- *(név'ua)* s. niebla.
nevoeiro.- *(nev'oêru)* s. niebla densa, neblina.
nevoento.- *(nev'oêntu)* adj. nublado, cubierto de niebla, brumoso, nebuloso.
nevralgia.- *(nev'raujhía)* s. Med. neuralgia.
nevrálgico.- *(nev'ráujhiku)* adj. neurálgico.
nexo.- *(néksu)* s. nexo, conexión.
nhoque.- *(ñóqui)* s. ñoqui.
nicaraguano.- *(nikaraguanu)* adj. nicaragüense.
nicotina.- *(nikotchina)* s. nicotina.

nicho.- *(nischu)* s. nicho.
niilismo.- *(niilismu)* s. nihilisimo.
nimbo.- *(ninbu)* s. nimbo.
ninar.- *(ninar)* v. arrullar, dormir a los niños.
ninfa.- *(ninfa)* s. ninfa.
ninfomania.- *(ninfomanía)* s. ninfomanía.
ninguém.- *(ninguén)* pron. indef. nadie.
ninhada.- *(niñada)* s. nidada, camada, cría, pollada.
ninharia.- *(niñaría)* s. niñería, bagatela, baratija, insignificancia, menudencia.
ninho.- *(niñu)* s. nido.
nipônico.- *(nipôniku)* adj. y s. nipón, japonés.
níquel.- *(níqueu)* s. níquel.
niquelado.- *(niqueladu)* adj. niquelado.
nitidez.- *(nitchidês)* s. nitidez.
nítido.- *(nítchidu)* adj. nítido, claro, transparente. / pulido, lustroso, terso.
nitrato.- *(nitratu)* s. nitrato.
nítrico.- *(nítriku)* adj. Quím. nítrico.
nitro.- *(nitru)* s. Quím. nitro.
nitrogenado.- *(nitrojhenadu)* adj. nitrogenado.
nitrogênio.- *(nitrojhêniu)* s. Quím. nitrógeno.
nitroglicerina.- *(nitrogliserina)* s. Quím. nitroglicerina.
nível.- *(nív'eu)* s. nivel.
nivelamento.- *(niv'elamentu)* s. nivelación.
nivelar.- *(niv'elar)* v. y p. nivelar(se), aplanar(se), igualar (se).
níveo.- *(nív'eo)* adj. níveo, albo, blanco.
nó.- *(nó)* s. nudo.
nobiliário.- *(nobiliáriu)* adj. nobiliario.
nobre.- *(nóbri)* adj. noble, aristocrático, caballeresco, elegante. / notable, ilustre, célebre. / generoso. / s. noble, aristócrata.
nobreza.- *(nobrêz'a)* s. nobleza, aristocracia, elegancia, esplendor, hidalguía, majestad, porte.
noção.- *(nosãu)* s. noción.
nocaute.- *(nokáutchi)* s. cao (boxeo). / puñetazo que lleva a la inconsciencia. / Fig. fuera de combate, en estado de debilidad. / apatía o abulia.
nocividade.- *(nosiv'idadji)* s. nocividad.
nocivo.- *(nosiv'u)* adj. nocivo, dañoso, malo, pernicioso.
noctâmbulo.- *(noktâmbulu)* adj. y s. noctámbulo, noctívago.
nódoa.- *(nódua)* s. maca, mancha, mácula, tacha.
nodoso.- *(nodôz'u)* adj. nudoso.
nódulo.- *(nódulu)* s. nódulo.
nogueira.- *(noguêra)* s. nogal.
noitada.- *(noitada)* s. espacio de tiempo que dura una noche. / diversión que dura la noche entera, o casi.
noite.- *(noitchi)* s. noche.
noiva.- *(noiv'a)* s. novia.
noivado.- *(noiv'adu)* s. noviazgo.
noivar.- *(noiv'ar)* v. noviar, arreglar boda.
noivo.- *(noiv'u)* s. novio, prometido.
nojento.- *(nojhentu)* adj. asqueroso, repugnante, nauseabundo, repulsivo.
nojo.- *(nôjhu)* s. náusea, asco, enojo, repugnancia.
nômade.- *(nômadji)* adj. y s. nómada, ambulante, errante.
nome.- *(nômi)* s. nombre.
nomeação.- *(nomiasãu)* s. nombramiento.
nomeada.- *(nomiada)* s. fama, reputación, nombre, celebridad.
nomear.- *(nomiar)* v. nombrar, apellidar, asignar, denominar, elegir, llamar. / P. nombrarse.
nomenclatura.- *(nomenklatura)* s. nomenclatura.
nominal.- *(nomináu)* adj. nominal.
nonagenário.- *(nonajhenáriu)* adj. nonagenario.
nonagésimo.- *(nonajhéz'imu)* num. nonagésimo.
nono.- *(nônu)* num. nono, noveno.
nora.- *(nóra)* s. nuera.
nordeste.- s. nordeste.
nordestino.- *(nordestchinu)* adj. y s. Bras. natural del nordeste.
nórdico.- *(nórdjiku)* adj. nórdico.
norma.- *(nórma)* s. norma, doctrina, ley, modelo, orden, regla.
normal.- *(normáu)* adj. normal.
normalidade.- *(normalidadji)* s. normalidad, naturalidad.
normalizar.- *(normaliz'ar)* v. y p. normalizar(se).
normativo.- *(normatchiv'u)* adj. normativo.
noroeste.- *(noroéstchi)* s. noroeste.
norte.- *(nórtchi)* s. norte. / rumbo, dirección.
norte-americano.- *(nortchi amerikanu)* adj. y s. norteamericano, americano.
nortear.- *(nortchiar)* v. seguir la dirección norte. / conducir, guiar. / P. conducirse, dirigirse, guiarse.
nos.- *(nus)* pron. pers. forma enclítica o proclítica de *nós*, que funciona generalmente como complemento indirecto equivaliendo a: *a nós*, *em nós*, *para nós*, *de nós*. / es lo mismo que *os*, después de sílaba nasal. / contracción de *de em* y *os*, en los.
nós.- *(nós)* pron. pers. nosotros.
nosso.- *(nósu)* pron. y adj. pos. nuestro.
nostalgia.- *(nostaujhía)* s. nostalgia, añoranza, melancolía.
nostálgico.- *(nostáujhiku)* adj. nostálgico.
nota.- *(nóta)* s. apunte, nota. / breve comunicación escrita. / evaluación de un examen, expresada en números. / cuenta de gastos efectuados. / billete (dinero). / sonido musical. / Mús. nota.
notabilidade.- *(notabilidadji)* s. notabilidad.
notação.- *(notasãu)* s. notación.
notar.- *(notar)* v. anotar, tomar nota. / notar, reparar, advertir. / extrañar, censurar.
notário.- *(notáriu)* s. notario, escribano.
notável.- *(notáv'eu)* adj. notable, afamado, famoso, ilustre, insigne.
notebook.- *(notbôk)* s. Inform. microordenador pequeño, del tamaño de un libro.
notícia.- *(notchísia)* s. noticia, información, anunciación, mensaje, novedad, nueva. / recuerdos.
noticiar.- *(notchisiar)* v. noticiar, anunciar, decir, informar.
noticiário.- *(notchisiáriu)* s. noticiario (divulgado por la televisión, radio, etc.).
noticiarista.- *(notchisiarista)* s. periodista que redacta noticias. / P. ext. periodista que presenta las noticias en radio y televisión.

notificação.- *(notchifikasãu)* s. notificación, citación, intimación.
notificar.- *(notchifikar)* v. notificar, avisar, intimar, participar.
notoriedade.- *(notoriedadji)* s. notoriedad, publicidad, fama.
notório.- *(notóriu)* adj. notorio, proverbial, público.
noturno.- *(noturnu)* adj. nocturno. / s. Mús. nocturno. / Bras. tren que viaja por la noche.
nova.- *(nóv'a)* s. nueva, noticia, novedad.
novato.- *(nov'atu)* adj. novato, novel, principiante.
nove.- *(nóv'i)* num. nueve.
novecentos.- *(nov'isentus)* num. novecientos.
novel.- *(nov'éu)* adj. novel, inexperiente.
novela.- *(nov'ela)* s. cuento largo, narración corta. / Bras. serial de radio o televisión, telenovela.
novelesco.- *(nov'elêsku)* adj. novelesco.
novelista.- *(nov'elista)* s. novelista, autor de novelas.
novelo.- *(nov'êlu)* s. ovillo.
novembro.- *(nov'êmbru)* s. noviembre.
novena.- *(nov'ena)* s. novena.
noventa.- *(nov'enta)* num. noventa.
noviça.- *(nov'isa)* s. novicia.
noviciado.- *(nov'isiádu)* s. noviciado.
novidade.- *(nov'idadji)* s. novedad, nueva.
novilho.- *(nov'illu)* s. novillo.
novo.- *(nôv'u)* adj. nuevo, joven, reciente.
novo-rico.- *(nôv'u r'iku)* s. individuo cuya riqueza es reciente, y, especialmente, aquel a quien le gusta ostentarla.
novos.- *(nóv'us)* s. pl. los jóvenes, la juventud.
noz.- *(nós)* s. nuez.
noz-moscada.- *(nós moskada)* s. nuez moscada.
nu.- *(nu)* adj. desnudo.
nuança.- *(nuansa)* s. graduación de colores.
nubente.- *(nubêntchi)* s. núbil.
nublado.- *(nubladu)* adj. nublado, anubarrado, triste.
nublar.- *(nublar)* v. y p. nublar(se).
nuca.- *(nuka)* s. nuca.
nuclear.- *(nuklear)* adj. nuclear.
núcleo.- *(núkliu)* s. núcleo.
nudez.- *(nudês)* s. desnudez.
nudismo.- *(nudjismu)* s. nudismo.
nudista.- *(nudjista)* adj. y s. nudista.
nulidade.- *(nulidadji)* s. nulidad.
nulo.- *(nulu)* adj. nulo, inválido, frívolo, vano, inepto.
numeração.- *(numerasãu)* s. numeración.
numerador.- *(numeradôr)* adj. y s. numerador.
numeral.- *(numeráu)* adj. numeral.
numerar.- *(numerar)* v. numerar.
numérico.- *(numériku)* adj. numérico.
número.- *(númeru)* s. número, unidad, cifra, cantidad, abundancia.
numeroso.- *(numerôz'u)* adj. numeroso, abundante, copioso.
numismática.- *(numismátchika)* s. numismática.
nunca.- *(nunka)* adv. jamás, nunca.
nunciatura.- *(nunsiatura)* s. nunciatura.
núncio.- *(núnsiu)* s. nuncio.
núpcias.- *(núpsias)* s. l. nupcias.
nutrição.- *(nutrisãu)* s. alimentación, nutrición.
nutricionismo.- *(nutrisionismu)* s. el estudio de la nutrición.
nutricionista.- *(nutrisionista)* s. profesional especialista en planificación de la nutrición.
nutrir.- *(nutrir)* v. nutrir, alimentar, sustentar, engordar. / v. intr. ser nutritivo, engordar. / v. refl. alimentarse, sustentarse, nutrirse.
nutritivo.- *(nutritchiv'u)* adj. nutritivo, alimenticio, substancioso.
nutriz.- *(nutrís)* s. nodriza, ama de leche.
nuvem.- *(núv'en)* s. nube.

O

o.- *(ó)* s. decimoquinta letra del abecedario portugués.
ó.- *(ó)* interj. Us. para llamar la atención, invocar, etc.
oásis.- *(oáz'is)* s. oasis.
oba.- *(ôba)* interj. Bras. ¡viva!, ¡que bien!
obcecar.- *(obsekar)* v. obcecar. / P. obcecarse.
obedecer.- *(obedesêr)* v. obedecer, cumplir, ceder, doblegarse. / cumplir órdenes.
obediência.- *(obedjiênsia)* s. obediencia, disciplina, sumisión.
obediente.- *(obedjientchi)* adj. obediente, sumiso, disciplinado.
obelisco.- *(obelisku)* s. obelisco.
obesidade.- *(obez'idadji)* s. Med. obesidad, gordura.
obeso.- *(obêz'u)* adj. obeso, gordo.
óbice.- *(óbisi)* s. óbice, obstáculo, impedimento, estorbo.
óbito.- *(óbitu)* s. óbito, fallecimiento.
obituário.- *(obituáriu)* adj. obituario. / s. registro de óbito(s).
objeção.- *(objhesãu)* s. objeción, contradicción, obstáculo, duda, dificultad.
objetar.- *(objhetar)* v. objetar, oponer, refutar.
objetiva.- *(objhetchiv'a)* s. objetivo, aparato óptico.
objetivar.- *(objhetchiv'ar)* v. objetivar.
objetividade.- *(objhetchiv'idadji)* s. objetividad.
objetivo.- *(objetchiv'u)* adj. objetivo. / s. objetivo, blanco.
objeto.- *(objhetu)* s. objeto, cosa, prenda, utensilio.
oblação.- *(oblasãu)* s. oblación, oblata.
obliqüidade.- *(oblikülidadji)* s. oblicuidad, través, astucia.
oblíquo.- *(oblikü)* adj. oblicuo, inclinado.
obliteração.- *(obliterasãu)* s. obliteración.
obliterar.- *(obliterar)* v. oblitera, borrar, eliminar, olvidar. / P. obliterarse.
obnubilação.- *(obnubilasãu)* s. obnubilación.
obnubilar.- *(obnubilar)* v. obnubilar, obscurecer.
oboé.- *(oboé)* s. oboe.
óbolo.- *(óbulu)* s. óbolo, limosna.
obra.- *(obra)* s. obra, trabajo, construcción, producción, empresa.
obra-prima.- *(obra prima)* s. obra prima, obra maestra.
obrar.- *(obrar)* v. obrar, fabricar, edificar, ejecutar, hacer, trabajar, producir. / defecar.
obreira.- *(obrêra)* s. obrera, operaria. / abejas que componen una colmena.
obreiro.- *(obrêru)* s. obrero, operario, jornalero, trabajador.
obrigação.- *(obrigasãu)* s. obligación, compromiso, deber, encargo, imposición, incumbencia.
obrigado.- *(obrigadu)* adj. agradecido, grato. / agradecimiento, gracias. / sujeto a deuda. / obligado.
obrigar.- *(obrigar)* v. obligar, coaccionar, forzar, imponer, precisar.
obrigatoriedade.- *(obrigatoriedadji)* s. obligatoriedad.
obrigatório.- *(obrigatóriu)* adj. obligatorio, forzoso, impuesto.
obscenidade.- *(obsenidadji)* s. obscenidad, pornografía.
obsceno.- *(obsenu)* adj. obsceno, pornográfico.
obscurantismo.- *(obskurantchismu)* s. obscurantismo.
obscurecer.- *(obskuresêr)* v. obscurecer.
obscuridade.- *(obskuridadji)* s. obscuridad, sombra.
obscuro.- *(obskuru)* adj. obscuro.
obsequiar.- *(obz'equiar)* v. Bras. obsequiar, agasajar, regalar, galantear.
obséquio.- *(obz'éqiu)* s. obsequio, regalo, dádiva, agasajo.
obsequioso.- *(obz'equiôz'u)* adj. obsequioso.
observação.- *(observ'asãu)* s. observación, reflexión, consideración, advertencia.
observador.- *(observ'adôr)* adj. observador, espectador, crítico, curioso.
observar.- *(observ'ar)* v. observar, acechar, atender, atisbar, examinar.
observatório.- *(observ'atóriu)* s. observatorio.
obsessão.- *(obsesãu)* s. obsesión, obcecación, idea pertinaz.
obsessivo.- *(obsesiv'u)* adj. obsesivo.
obsoleto.- *(obsolêtu)* adj. obsoleto, anticuado, antiguo.
obstáculo.- *(obstákulu)* s. obstáculo, impedimento, oposición, óbice.
obstante.- *(obstantchi)* adj. obstante. / *não obstante: sin embargo, a pesar de.
obstar.- *(obstar)* v. obstar, estorbar, impedir, oponerse.
obstetra.- *(obstétra)* s. tocólogo.
obstetrícia.- *(obstetrísia)* s. obstetricia, tocología.
obstinação.- *(obstchinasãu)* s. obstinación, porfía, terquedad.
obstinado.- *(obstchinadu)* adj. obstinado, inflexible, pertinaz, terco, tozudo.
obstinar.- *(obstchinar)* v. y p. obstinar(se), persistir(se), empeñarse, empecinarse.
obstrução.- *(obstrusãu)* s. obstrucción.
obstruir.- *(obstruir)* v. obstruir, impedir, obturar, ocluir. / P. obstruirse.
obtenção.- *(obtensãu)* s. obtención, adquisición, consecución.
obter.- *(obter)* v. obtener, adquirir, conseguir, granjear, lograr.
obturação.- *(obturasãu)* s. obturación, taponamiento. / obturación de un diente.
obturar.- *(obturar)* v. obturar, entupir, tapar. / obturar un diente.

obtuso.- *(obtuz'u)* adj. obtuso, romo, sin punta. / torpe, poco inteligente.
obus.- *(obus)* s. obús.
obviar.- *(obv'iar)* v. obviar, remediar, atajar.
óbvio.- *(óbv'iu)* adj. obvio, elemental, inequívoco, patente, claro.
oca.- *(óka)* s. Bras. cabaña del indio.
ocara.- *(okara)* s. Bras. patio de aldea indígena.
ocarina.- *(okarina)* s. ocarina.
ocasião.- *(okaz'iãu)* s. ocasión, instante, momento, tiempo, oportunidad,
ocasional.- *(okaz'ionáu)* adj. ocasional, esporádico, eventual.
ocasionar.- *(okaz'ionar)* v. ocasionar, provocar, originar.
ocaso.- *(okáz'u)* s. ocaso, crepúsculo, puesta de un astro el lado oeste.
oceânico.- *(oseâniku)* adj. oceánico.
oceano.- *(oseânu)* s. océano, mar.
oceanografia.- *(oseanografía)* s. oceanografía.
oceanográfico.- *(oseanográfiku)* adj. oceanográfico.
ocidental.- *(osidentáu)* adj. occidental. / s. habitante del Occidente, occidental.
ocidente.- *(osidentchi)* s. occidente, poniente.
ócio.- *(ósiu)* s. ocio, descanso, reposo. / pereza, vagancia.
ociosidade.- *(osioz'idadji)* s. ociosidad, desocupación.
ocioso.- *(osiôz'u)* adj. ocioso, desocupado, inútil, sin provecho.
oclusão.- *(okluz'ãu)* s. oclusión, obliteración.
ocluso.- *(okluz'ãu)* adj. tapado, cerrado.
oco.- *(ôku)* adj. hueco, vacío. / sin valor e importancia.
ocorrência.- *(okor'ênsia)* s. ocurrencia, acontecimiento, incidente.
ocorrer.- *(okor'êr)* v. ocurrir, acaecer, acontecer, sobrevenir, suceder.
ocra.- *(ôkra)* s. ocre.
octogenário.- *(oktojhenáriu)* adj. octogenario.
ocular.- *(okular)* adj. ocular. / s. ocular (lente de un instrumento óptico destinada a aumentar el ángulo de observación de la imagen formada por el objetivo).
oculista.- *(okulista)* s. oculista.
óculos.- *(ókulus)* s. pl. gafas, lentes.
ocultar.- *(okuutár)* v. ocultar, esconder, guardar, tapar. / P. ocultarse, esconderse.
ocultismo.- *(okuutísmu)* s. ocultismo.
oculto.- *(okúutu)* adj. oculto, escondido, encubierto. / misterioso, sobrenatural.
ocupação.- *(okupasãu)* s. ocupación, profesión, trabajo.
ocupado.- *(okupadu)* adj. ocupado, atareado, entretenido, empleado.
ocupante.- *(okupantchi)* adj. ocupante.
ocupar.- *(okupar)* v. ocupar, tomar pose. / emplear, dar trabajo. / entrar, invadir. / P. dedicarse a, ocuparse.
odalisca.- *(odaliska)* s. odalisca.
ode.- *(ódji)* s. oda.
odiar.- *(odjiar)* v. odiar, detestar.
ódio.- *(ódjiu)* s. odio, antipatía, aversión, rabia, rencor, enemistad.
odioso.- *(odjiôz'u)* adj. odioso, detestable, antipático.
odisséia.- *(odjiséia)* s. odisea.
odontologia.- *(odontolojhía)* s. odontología.
odontologista.- *(odontolojhía)* s. odontólogo.
odor.- *(odôr)* s. olor, aroma, perfume, fragancia.
odorífero.- *(odoríferu)* adj. odorífero, odorante.
odre.- *(odri)* s. odre.
oeste.- *(oéstchi)* s. oeste, occidente, ocaso.
ofegante.- *(ofegantchi)* adj. jadeante.
ofegar.- *(ofegar)* v. jadear.
ofender.- *(ofender)* v. ofender, afrentar, injuriar, insultar. / P. ofenderse.
ofensa.- *(ofensa)* s. ofensa, afrenta, agravio, enojo, entuerto, injuria.
ofensiva.- *(ofensiv'a)* s. ofensiva.
ofensivo.- *(ofensiv'u)* adj. ofensivo, despreciativo, ultrajante.
ofensor.- *(ofensôr)* adj. y s. ofensor, agresor.
oferecer.- *(ofereser)* v. ofrecer, ofertar, ofrendar, brindar, convidar, dedicar. / P. ofrecerse.
oferecimento.- *(oferesimentu)* s. ofrecimiento.
oferenda.- *(oferenda)* s. oferta, ofrenda, regalo.
oferta.- *(oferta)* s. oferta, ofrenda, donativo.
ofertar.- *(ofertar)* v. ofrecer, ofertar, ofrendar.
oficial.- *(ofisiáu)* adj. oficial. / s. oficial (militar).
oficialidade.- *(ofisialidadji)* s. oficialidad.
oficializar.- *(ofisializ'ar)* v. oficializar.
oficiar.- *(ofisiar)* v. oficiar, celebrar oficios religiosos.
oficina.- *(ofisina)* s. oficina, taller, factoría.
ofício.- *(ofisiu)* s. oficio, empleo, profesión, deber. / comunicación escrita y formal entre autoridades de la misma categoría o de inferiores a superiores jerárquicos.
oficioso.- *(ofisiôz'u)* adj. oficioso, obsequioso, desinteresado, sin carácter oficial.
ofídio.- *(ofídjiu)* s. Zool. ofidio.
ofsete.- *(ofsétchi)* s. offset.
oftalmologia.- *(oftaumolojhía)* s. oftalmología.
oftalmologista.- *(oftaumolojhista)* s. oftalmólogo, oculista.
ofuscante.- *(ofuskantchi)* adj. ofuscante.
ofuscar.- *(ofuskar)* v. ofuscar, deslumbrar, obscurecer. / P. ofuscarse, deslumbrarse.
ogiva.- *(ojhiv'a)* s. Arquit. ojiva.
ogival.- *(ojhiv'áu)* adj. ojival.
oh.- *(¡ó!)* interj. denota admiración, espanto, alegría o repugnancia.
oi.- *(ôi)* interj. Bras. expresa espanto, llamada, respuesta a la apelación del nombre. / también indica que no se olló bien lo que fue dicho o preguntado. / saludo jovial, hola.
oito.- *(oitu)* num. ocho.
ojeriza.- *(ojheriz'a)* s. ojeriza.
olá.- *(olá)* interj. hola.
olaria.- *(olaría)* s. alfarería.
oleado.- *(oliadu)* s. lona impermeabilizada por una capa de barniz, encerado.

oleaginoso.- *(oleajhinôz'u)* adj. oleaginoso.
oleiro.- *(olêru)* s. alfarero.
óleo.- *(óliu)* s. óleo.
oleoduto.- *(oliodutu)* s. oleoducto.
oleoso.- *(oliôz'u)* adj. aceitoso, oleaginoso, untuoso.
olfato.- *(oufatu)* s. olfato.
olhada.- *(ollada)* s. ojeada, mirada rápida.
olhadela.- *(olladéla)* s. ojeada.
olhar.- *(ollar)* v. mirar, ver, observar, contemplar, examinar. / P. mirarse, verse. / s. la mirada.
olheiras.- *(ollêras)* s. pl. ojeras.
olheiro.- *(ollêru)* s. vigilante, persona que vigila un eventual aparecimiento de la policía, para, en su caso, dar el chivatazo. / Bras. manantial.
olho.- *(ôllu)* s. Anat. ojo, vista. / interj. atención, cuidado, ojo. / *a olho nu: a simple vista.
olho-d'água.- *(ôllu dágua)* s. fuente, naciente de agua.
olho-de-boi.- *(ôllu dji bôi)* s. claraboya.
olho-de-sogra.- *(ôllu dji sógra)* s. Bras. pastelito hecho de ciruela negra o dátil cubierto o relleno de caramelo o almíbar.
oligarquia.- *(oligarquía)* s. oligarquía.
oligopólio.- *(oligopóliu)* s. Econ. situación de mercado en que la oferta es controlada por un pequeño número de grandes empresas.
olimpíada.- *(olimpíada)* s. olimpiada.
olímpico.- *(olímpiku)* adj. olímpico.
oliva.- *(oliv'a)* s. oliva, aceituna.
olival.- *(oliv'au)* s. olivar.
oliveira.- *(olivêra)* s. olivo.
olvidar.- *(ouv'idar)* v. olvidar.
olvido.- *(ouv'idu)* s. olvido,
ombreira.- *(ombrêra)* s. hombrera. / umbral, batiente.
ombro.- *(ômbru)* s. Anat. hombro.
omelete.- *(omelétchi)* s. Bras. tortilla. / huevos batidos, solos o con verduras u otro alimento.
omissão.- *(omisãu)* s. omisión.
omisso.- *(omisu)* adj. omiso, descuidado, negligente, reticente.
omitir.- *(omitchir)* v. omitir, olvidar, dejar, escapar. / P. omitirse.
omoplata.- *(omoplata)* s. Anat. omóplato.
onça.- *(onsa)* s. onza, felino. / P. ext. designación común a todos los felinos brasileños de gran porte, jaguar. / medida de peso inglesa, onza.
oncologista.- *(onkolojhsta)* s. oncólogo.
oncologia.- *(onkolojhía)* s. oncología.
onda.- *(onda)* s. ola, onda. / Bras. confusión, agitación, complicación. / Arg. simulación, hipocresía. / 2ª Arg. *tirar onda: darse aires de valiente, culto, inteligente, etc. / 3ª Arg. *tirar onda de: fingir o aparentar (ser) algo.
onde.- *(ondji)* adv. donde. / pron. en el que, en la que.
ondeado.- *(ondjiadu)* adj. ondeado, ondulado.
ondear.- *(ondjiar)* v. ondear, ondular, rizar. / P. ondearse, ondularse.
ondulação.- *(ondulasãu)* s. ondulación.
ondulado.- *(onduladu)* adj. ondulado, ondeado, rizado.
ondular.- *(ondular)* v. y p. ondear(se), ondular(se).
onduloso.- *(ondulôz'u)* adj. ondoso, ondulado.
onerar.- *(onerar)* v. onerar, sujetar a gravamen. / sobrecargar, oprimir, vejar.
oneroso.- *(onerôz'u)* adj. oneroso, gravoso, vejatorio, infamante.
ônibus.- *(ônibus)* s. autobús, autocar.
onipotência.- *(onipotênsia)* s. omnipotencia.
onipotente.- *(onipotentchi)* adj. omnipotente.
onipresença.- *(oniprez'ensa)* s. omnipresencia.
onírico.- *(oníriku)* adj. onírico.
onisciência.- *(onisiênsia)* s. omnisciencia.
onisciente.- *(onisientchi)* adj. omnisciente.
onívoro.- *(onív'oru)* adj. omnívoro.
onomástica.- *(onomástchika)* s. onomástica.
onomatopéia.- *(onomatopéia)* s. onomatopeya.
ontem.- *(ônten)* adv. ayer.
ontologia.- *(ontología)* s. ontología.
ônus.- *(ônus)* s. peso, carga, encargo, gravamen, tributo.
onze.- *(ônz'i)* num. once.
opa.- *(ôpa)* interj. Bras. indica admiración, espanto y forma de saludo. ¡vaya! ¡hola!
opacidade.- *(opasidadji)* . opacidad.
opaco.- *(opaku)* adj. opaco, sombrío, obscuro, denso.
opção.- *(opsãu)* s. opción, alternativa.
ópera.- *(ópera)* s. ópera.
operação.- *(operasãu)* s. operación. / transacción comercial.
operador.- *(operador)* adj. operador. / operador de turismo.
operar.- *(operar)* v. operar. / realizar operación. / P. ocurrir, suceder.
operário.- *(operáriu)* s. operario, obrero.
operatório.- *(operatóriu)* adj. operatorio.
opereta.- *(operêta)* s. opereta.
operoso.- *(operoso)* adj. operoso, costoso, trabajoso.
opilar.- *(opilar)* v. causar obstrucción de un conducto orgánico.
opinar.- *(opinar)* v. opinar, juzgar, entender.
opinião.- *(opiniãu)* s. opinión, concepto, parecer.
ópio.- *(ópiu)* s. opio.
opíparo.- *(opíparo)* adj. espléndido, pomposo.
opoente.- *(opoentchi)* adj. oponente.
opor.- *(opôr)* v. oponer, contraponer, contrastar, objetar. / P. oponerse.
oportunidade.- *(oportunidadji)* s. oportunidad, ocasión.
oportunismo.- *(oportunismu)* s. oportunismo.
oportunista.- *(oportunista)* adj. y s. oportunista.
oportuno.- *(oportunu)* adj. oportuno, conveniente, favorable.
oposição.- *(opoz'isãu)* s. oposición, antagonismo, antítesis, aversión, contraste, disensión.
opositor.- *(opoz'itôr)* s. opositor, oponente.
oposto.- *(opôstu)* adj. opuesto, adverso, antagónico, contrario.
opressão.- *(opresãu)* s. opresión, tiranía.
opressivo.- *(opresiv'u)* adj. opresivo.
opressor.- *(opresôr)* adj. opresor, tirano, déspota.
oprimido.- *(oprimidu)* adj. oprimido.
oprimir.- *(oprimir)* v. oprimir, violentar, cargar, sobrecargar, abrumar, gravar, supeditar, tiranizar.

opróbrio.- *(opróbriu)* s. oprobio, vilipendio, afrenta, deshonra, vejación.
optar.- *(optar)* v. optar.
optativo.- *(optatchiv'u)* adj. optativo.
óptica.- *(ótchika)* s. óptica.
óptico.- *(óptchiku)* adj. óptico. / s. óptico, especialista en óptica.
opugnar.- *(opugnar)* v. opugnar, contradecir. / Fig. refutar, rechazar.
opulência.- *(opulênsia)* s. opulencia, abundancia, riqueza.
opulento.- *(opulentu)* adj. opulento, abundante, rico, valioso.
opúsculo.- *(opúskulu)* s. opúsculo.
ora.- *(óra)* conj. ora, ya, luego, pues. / adv. ahora, sin embargo, con todo. / interj. ¡ea!, !vaya!, ora...ora. / indica impaciencia, menosprecio.
oração.- *(orasãu)* s. oración, rezo.
oráculo.- *(orákulu)* s. oráculo.
orador.- *(oradôr)* s. orador.
oral.- *(oráu)* adj. oral, verbal.
orangotango.- *(orangutangu)* s. Zool. orangután.
orar.- *(orar)* v. orar, rezar.
oratório.- *(oratóriu)* adj. oratorio.
orbe.- *(órbi)* s. orbe.
órbita.- *(órbita)* s. trayectoria, órbita.
orçamento.- *(orsamentu)* s. presupuesto.
orçar.- *(orsar)* v. presupuestar, calcular, computar.
ordeiro.- *(ordêru)* adj. amigo del orden.
ordem.- *(orden)* s. orden, disposición metódica.
ordenação.- *(ordenasãu)* s. ordenación.
ordenado.- *(ordenadu)* adj. ordenado. / s. salario, sueldo.
ordenança.- *(ordenansa)* s. ordenanza, soldado a las órdenes de un superior jerárquico.
ordenar.- *(ordenar)* v. ordenar, organizar, poner en orden. / P. ordenarse, recibir este sacramento.
ordenhar.- *(ordeñar)* v. ordeñar.
ordinal.- *(ordjináu)* adj. ordinal.
ordinária.- *(ordjinária)* s. gasto diario, mensual o anual. / pensión alimenticia.
ordinário.- *(ordjináriu)* adj. ordinario, habitual, común. / inferior, de mala calidad. / grosero, de baja condición. / Bras. sin carácter, malo. / s. lo que es habitual.
orégano.- *(oréganu)* s. orégano.
orégão.- *(orégãu)* s. orégano.
orelha.- *(orêlla)* s. oreja.
orelhão.- *(orellãu)* s. Bras. Pop. cabina de teléfono público instalada al aire libre.
orelhudo.- *(orelludu)* adj. orejudo, que tiene grandes orejas.
orfanato.- *(orfanatu)* s. orfanato, orfelinato.
orfandade.- *(orfandadji)* s. orfandad.
órfão.- *(órfãu)* adj. huérfano, privado, desamparado. / s. huérfano.
orfeão.- *(orfiãu)* s. orfeón.
organdi.- *(organdjí)* s. organdí.
orgânico.- *(orgâniku)* adj. orgánico,
organismo.- *(organismu)* s. organismo.
organista.- *(organista)* s. organista.
organização.- *(organiz'asãu)* s. organización.
organizado.- *(organiz'adu)* adj. organizado, ordenado.
organizar.- *(organiz'ar)* v. organizar, constituir, programar, estructurar. / P. organizarse, constituirse.
organograma.- *(organograma)* s. organigrama.
órgão.- *(órgãu)* s. Anat. órgano.
orgasmo.- *(orgasmu)* s. orgasmo.
orgia.- *(orjhía)* s. bacanal, orgia.
orgulho.- *(orgullu)* s. orgullo, altanería. Soberbia, vanidad.
orgulhoso.- *(orgullôz'u)* adj. orgulloso, altanero, altivo, soberbio.
orientação.- *(orientasãu)* s. orientación, dirección.
oriental.- *(orientáu)* adj. oriental.
orientar.- *(orientar)* v. orientar, conducir, guiar, instruir. / P. orientarse.
oriente.- *(orientchi)* s. oriente, este, levante, naciente.
orifício.- *(orifísiu)* s. orificio, abertura, agujero.
origem.- *(orijhen)* s. origen, comienzo, principio, procedencia, causa.
original.- *(orijhináu)* adj. original, primitivo, singular, insólito. / s. original, modelo, prototipo, tipo.
originalidade.- *(orijhinalidadji)* s. originalidad, singularidad.
originar.- *(orijhinar)* v. originar, causar, motivar, producir, criar, proceder.
originário.- *(orijhináriu)* adj. originario, original, oriundo, primigenio.
oriundo.- *(oriundu)* adj. originario, oriundo. / procedente, descendiente o natural de (un lugar).
orixá.- *(orischá)* s. divinidad de religiones afrobrasileñas.
orla.- *(órla)* s. orla, borde, orilla, ribete.
orlar.- *(orlar)* v. orlar, doblar, bordar.
ornamental.- *(ornamentáu)* adj. ornamental.
ornamentar.- *(ornamentar)* v. ornamentar, adornar, embellecer, engalanar.
ornamento.- *(ornamentu)* s. ornamento, adorno, atavío, gala.
ornar.- *(ornar)* v. adornar.
ornato.- *(ornátu)* s. ornato, adorno, atavío, pompa, aparato.
ornejo.- *(ornêjhu)* s. rebuzno.
ornitorrinco.- *(ornitor'inku)* s. Zool. ornitorrinco.
orquestra.- *(orquestra)* s. orquesta.
orquestração.- *(orquestrasãu)* s. orquestación.
orquestrar.- *(orquestrar)* v. orquestar.
orquídea.- *(orquídjia)* s. orquídea.
ortodoxo.- *(ortodóksu)* adj. ortodoxo.
ortografia.- *(ortografía)* s. ortografía.
ortopedia.- *(ortopedjía)* s. ortopedia.
ortopédico.- *(ortopédjiku)* adj. ortopédico.
orvalhar.- *(orv'allar)* v. y p. orvallar(se).
orvalho.- *(orv'allu)* s. orvallo, rocío.
oscilação.- *(osilasãu)* s. oscilación, tambaleo, vaivén, vibración.
oscilar.- *(osilar)* v. intr, oscilar, tambalearse, titubear, vacilar.

ósculo.- *(óskulu)* s. ósculo, beso.
osmose.- *(osmóz'i)* s. ósmosis.
ossada.- *(osada)* s. osada.
ósseo.- *(ósiu)* adj. óseo.
ossificar.- *(osifikar)* v. y p. osificar(se).
osso.- *(ôsu)* s. Anat. hueso.
ossudo.- *(osudu)* adj. huesudo.
ostensivo.- *(ostensiv'u)* adj. ostensible, ostensivo.
ostentação.- *(ostentasãu)* s. ostentación, pompa.
ostentar.- *(ostentar)* v. ostentar. / hacer ostentación. / P. aparentar ostentación.
ostra.- *(ostra)* s. ostra.
ostracismo.- *(ostrasismu)* s. ostracismo.
otário.- *(otáriu)* s. Arg. Fam. individuo tonto, primo.
ótica.- *(ótchika)* s. óptica.
ótico.- *(ótchiku)* adj. óptico.
otimismo.- *(otchimismu)* s. optimismo.
ótimo.- *(ótchimu)* adj. óptimo.
otite.- *(otchitchi)* s. otitis.
otomano.- *(otomanu)* adj. otomano.
otorrino.- *(otor'inu)* s. otorrinolaringólogo.
otorrinolaringologia.- *(otor'inolaringolojhía)* s. otorrinolaringología.
otorrinolaringologista.- *(otor'ingolaringolojhista)* s. otorrino.
ou.- *(ôu)* conj. o, u, de otro modo, en otra parte.
ourela.- *(ouréla)* s. orla de un tejido. / orilla, orla.
ouriço.- *(orisu)* s. erizo.
ourives.- *(ourivês)* s. orfebre, platero.
ourivesaria.- *(oriv'ez'aría)* s. orfebrería.
ouro.- *(ôru)* s. Quím. oro.
ousadia.- *(ouz'adjía)* s. osadía, arrojo, atrevimiento, audacia, temeridad.
ousado.- *(oz'adu)* adj. osado, atrevido, valiente, heroico, temerario.
ousar.- *(oz'ar)* v. osar, atreverse.
outeiro.- *(otêru)* s. colina, otero.
outonal.- *(outonáu)* adj. otoñal.
outono.- *(otônu)* s. otoño.
outorgar.- *(otorgar)* v. dar, otorgar.
outrem.-. *(ôutren)* pron. otra(s) persona(s).
outro.- *(ôtru)* pron. otro.
outrora.- *(otróra)* adv. antaño.
outrossim.- *(otrosín)* adv. otrosí. / también, igualmente, del mismo modo.
outubro.- *(otubru)* s. octubre.
ouvido.- *(ov'idu)* s. oído.
ouvidor.- *(ouv'idôr)* s. Bras. en la época colonial, el juez impuesto por los donatarios.
ouvinte.- *(ouv'intchi)* s. oyente. / el que asiste a una clase, conferencia, etc., u oye la radio. / estudiante que acude a clases sin estar matriculado, es decir, como oyente.
ouvir.- *(ouv'ir)* v. escuchar, oír.
ovação.- *(ov'asãu)* s. ovación.
ovacionar.- *(ov'asionar)* v. Bras. ovacionar.
oval.- *(ov'áu)* adj. ovalado, oval. / s. Geom. óvalo, curva.
ovalado.- *(ov'aladu)* adj. aovado.
ovário.- *(ov'áriu)* s. Anat. ovario.
ovelha.- *(ov'êlla)* s. oveja.
overdose.- *(ov'erdóz'i)* s. sobredosis. / dosis excesiva, generalmente de tóxico, administrada a alguien o a uno mismo.
overnight.- *(overnaitchi)* adj. y s. se dice de las aplicaciones financieras en títulos del Gobierno vendidas por el Banco Central, hechas en un día para ser rescatadas en el próximo día útil.
ovino.- *(ov'inu)* adj. ovino.
ovíparo.- *(ov'íparu)* adj. y s. ovíparo.
ovo.- *(ôv'u)* s. huevo.
ovulação.- *(ov'ulasãu)* s. ovulación.
ovular.- *(ov'ular)* v. ovular.
óvulo.- *(óv'ulu)* s. óvulo.
oxalá.- *(oschalá)* interj. ojalá.
oxidar.- *(oksidar)* v. oxidar. / P. oxidarse.
oxidável.- *(oksidáv'eu)* adj. oxidable.
oxigenação.- *(oksijhenasãu)* s. oxigenación.
oxigenado.- *(oksijhenadu)* adj. oxigenado.
oxigenar.- *(oksijhenar)* v. oxigenar. / Pop. clarear los cabellos.
oxigênio.- *(oksijhêniu)* s. oxígeno.
oxítono.- *(oksítonu)* adj. y s. oxítono, palabra aguda.
ozônio.- *(oz'oniu)* s. ozono.

P

p.- *(pê)* s. decimosexta letra del abecedario portugués.
pá.- *(* pá) s. pala.
paca.- *(paka)* s. paca.
pacato.- *(pakatu)* adj. pacato, manso.
paciência.- *(pasiênsia)* s. paciencia, tolerancia, resignación; pachorra. / solitario (juego de cartas).
paciente.- *(pasiêntchi)* adj. paciente. / s. paciente, enfermo.
pacificar.- *(pasifikar)* v. pacificar, apaciguar, aplacar, serenar, sosegar. / P. serenarse, tranquilizarse.
pacífico.- *(pasifikar)* adj. pacífico, sosegado, tranquilo, quieto.
pacifismo.- *(pasifismu)* s. pacifismo.
paço.- *(pasu)* s. palacio real o episcopal.
paçoca.- *(pasóka)* s. carne asada mezclada con harina de mandioca. / polvorón de cacahuete con azúcar negro.
pacote.- *(pakótchi)* s. paquete, bulto, fardo.
pacóvio.- *(pakóv'iu)* adj. tonto, estúpido, simplón, bobalicón.
pacto.- *(paktu)* s. pacto, ajuste, combinación, trato.
pactuar.- *(paktuar)* v. pactar.
pachola.- *(paschóla)* s. holgazán, vago. / farsante. / individuo de elegancia dudosa. / adj. vanidoso, presumido, pedante. / mujeriego.
pachorra.- *(paschôr'a)* s. pachorra, lentitud.
pachorrento.- *(paschor'entu)* adj. lento, vago.
padaria.- *(padaría)* s. panadería, panificadora, tahona.
padecer.- *(padesêr)* v. padecer, purgar, sufrir.
padecimento.- *(padesimentu)* s. padecimiento, sufrimiento.
padeiro.- *(padêru)* s. panadero.
padiola.- *(padjióla)* s. parihuela. / camilla para heridos.
padrão.- *(padrãu)* s. padrón.
padrasto.- *(padrastu)* s. padrastro.
padre.- *(padri)* s. padre, cura, sacerdote.
padrinho.- *(padriñu)* s. padrino, paraninfo.
padroeiro.- *(padruêru)* s. patrón, protector, patrono.
padronização.- *(padronizasãu)* s. uniformidad.
padronizar.- *(padroniz'ar)* v. uniformar.
paga.- *(paga)* s. paga. / recompensa, retribución.
pagador.- *(pagadôr)* adj. pagador.
pagadoria.- *(pagadoría)* s. pagaduría.
pagamento.- *(pagamentu)* s. paga, pago, estipendio, salado, sueldo, remuneración.
paganismo.- *(paganismu)* s. paganismo.
pagão.- *(pagãu)* adj. y s. pagano.
pagar.- *(pagar)* v. pagar, remunerar. / amortizar, indemnizar, liquidar, saldar. / expiar (culpa, etc.).
pagável.- *(pagáv'eu)* adj. pagable.
página.- *(paghina)* s. página.
paginação.- *(pajhinasãu)* s. paginación.
paginar.- *(pajhinar)* v. paginar.
pago.- *(pagu)* adj. pago, pagado.
pagode.- *(pagódji)* s. pagoda. / diversión. / Bras. reunión informal donde se cantan ritmos populares, principalmente samba, con acompañamiento de percusión, guitarra, etc. / burla, escarnio, mofa. / Pop. *de pagode: en gran cantidad o intensidad, mucho.
pai.- *(pai)* s. padre, papá, progenitor.
pai-de-santo.- *(pai dji santu)* s. Bras. Folcl. aquel que, en los ritos afrobrasileños, se dirige a la divinidad y, por otro lado, les transmite a los creyentes sus instrucciones.
pai-de-todos.- *(pai dji todus)* s. el dedo medio.
pai-dos-burros.- *(pai dus bur'us)* s. Bras. Fam. diccionario.
painel.- *(painéu)* s. panel, cuadro. / acolchado de puertas y ventanas.
paio.- *(paiu)* s. salchichón. / adj. ingenuo.
paiol.- *(paióu)* s. pañol, polvorín. / almacén para guardar géneros de la agricultura.
pairar.- *(pairar)* v. estar o quedar en lo alto. / aletear, revolotear sin salir del lugar. / estar iminente, amenazar.
pais.- *(pais)* s. pl. padres, el padre y la madre.
país.- *(país)* s. país, patria, tierra.
paisagem.- *(paiz'ajhen)* s. paisaje.
paisagista.- *(paiz'ajhista)* s. paisajista. / Bras. persona que planifica y compone paisajes decorativos de jardines o parques.
paisano.- *(paiz'anu)* s. paisano, compatriota. / individuo no militar.
paixão.- *(paischãu)* s. pasión, amor ardiente.
pajé.- *(pajhé)* s. Bras. jefe espiritual de los indígenas, medio médico, medio hechicero. / Amaz. curandero.
pajem.- *(pájhen)* s. paje.
pala.- *(pála)* s. visera de una gorra. / Bras. poncho ligero, cuyas puntas tienen flecos.
palacete.- *(palasêtchi)* s. palacete.
palaciano.- *(palasianu)* adj. palaciego. / s. palaciego, cortesano.
palácio.- *(palásiu)* s. palacio.
paladar.- *(paladar)* s. Anat. paladar, gusto, sabor.
paladino.- *(paladjinu)* s. paladín.
palafita.- *(palafita)* s. palafito.
palanque.- *(palânqui)* s. templete.
palato.- *(palatu)* s. Anat. paladar.
palavra.- *(palav'ra)* s. palabra, verbo, vocablo, voz.
palavrão.- *(palav'rãu)* s. palabrota, taco.
palavreado.- *(palav'riadu)* s. palabrería, arenga.
palavrório.- *(palav'róriu)* s. palabrería, charlatanería.
palco.- *(pauku)* s. escenario, tablado.
paleografia.- *(paliografía)* s. paleografía.

paleolítico.- *(paleolítchiku)* adj. y s. paleolítico.
paleontologia.- *(paleontolojhía)* s. paleontología.
palerma.- *(palérma)* adj. y s. estúpido, imbécil, idiota, necio.
palestino.- *(palestchinu)* adj. y s. palestino.
palestra.- *(paléstra)* s. coloquio, conferencia, conversación.
paleta.- *(palêta)* s. paleta.
paletó.- *(palitó)* s. paletó, abrigo, levita, gabán, chaqueta americana.
palha.- *(palla)* s. paja.
palhaço.- *(pallasu)* s. payaso.
palheiro.- *(pallêru)* s. henil, pajar.
palheta.- *(pallêta)* s. púa, paleta. / sombrero de paja.
palhoça.- *(pallósa)* s. choza.
paliar.- *(paliar)* v. paliar, encubrir con falsa apariencia, disimular.
paliar.- *(paliar)* v. paliar, encubrir, disimular.
paliativo.- *(paliatchiv'u)* adj. paliativo.
paliçada.- *(palisada)* s. palizada, palenque.
palidez.- *(palidês)* s. palidez, lividez.
pálido.- *(pálidu)* adj. pálido, desmayado, descolorido, exangüe.
pálio.- *(páliu)* s. palio, dosel.
palitar.- *(palitar)* v. escarbar, mondar los dientes.
paliteiro.- *(paliteiru)* s. palillero.
palito.- *(palitu)* s. palillo.
palma.- *(pauma)* s. palma. / Anat. palma de la mano.
palmada.- *(paumada)* s. manotazo, palmada.
palmas.- *(paumas)* s. pl. palmas. / *bater palmas: aplaudir.
palmatória.- *(paumatória)* s. palmatoria.
palmeira.- *(paumêra)* s. palmera.
palmilha.- *(paumilla)* s. plantilla.
palmito.- *(paumitu)* s. palmito.
palmo.- *(paumu)* s. palmo.
palpar.- *(paumu)* v. palpar, tocar.
palpável.- *(paupáv'eu)* adj. palpable.
pálpebra.- *(páupebra)* s. Anat. párpado.
palpitação.- *(paupitasãu)* s. palpitación, pulsación.
palpitante.- *(palpitante)* adj. palpitante. / de interés actual.
palpitar.- *(paupitar)* v. palpitar, pulsar.
palpite.- *(paupitchi)* s. presentimiento, corazonada, sospecha. / Fam. opinión de persona metomentodo.
paludismo.- *(paludjismu)* s. Med. paludismo, malária.
pamonha.- *(pamoña)* s. Bras. especie de pastel de maíz verde cocido en hojas de maíz o de bananero. / s. persona perezosa, indolente.
pampa.- *(panpa)* s. pampa.
panacéia.- *(panaséia)* s. panacea.
panal.- s. paño grande.
panamá.- *(panamá)* s. sombrero de panamá.
panamenho.- *(panameñu)* adj. y s. panameño.
pan-americano.- *(pan amerikanu)* adj. panamericano.
pança.- *(pansa)* s. Pop. panza, vientre.
pancada.- *(pankada)* s. golpe. / Bras. lluvia violenta y súbita. / s. Bras. persona alocada.
pancadaria.- *(pankadaría)* s. paliza.
pâncreas.- *(pânkrias)* s. Anat. páncreas.
pançudo.- *(pansudu)* adj. tripudo, barrigón.
pândega.- *(pândjiga)* s. parranda, juerga.
pândego.- *(pândegu)* adj. gracioso, alegre.
pandeiro.- *(pandêru)* s. pandero.
pandemônio.- *(pandemôniu)* s. pandemónium, tumulto, desorden, confusión.
pandulho.- *(pandullu)* s. barriga.
pane.- *(pani)* s. parada del vehículo por defecto del motor.
panegírico.- *(panejhíriku)* s. panegírico.
panela.- *(panéla)* s. olla, puchero, cacerola.
panelinha.- *(paneliña)* s. Bras. grupo muy cerrado de personas dadas al elogio mutuo.
panfleto.- *(panflêtu)* s. panfleto, pasquín, volante.
pangaré.- *(pangaré)* s. caballo de mala calidad.
pânico.- *(pâniku)* s. pánico, pavor.
panificação.- *(panifikasãu)* s. panificación.
panificadora.- *(panifikadôra)* s. panificadora.
pano.- *(panu)* s. paño, tela.
panorama.- *(panorama)* s. panorama, vista.
panorâmico.- *(panorâmiku)* adj. panorámico.
pantanal.- *(pantanáu)* s. pantanal, pantano grande. / zona en la bajada del río Paraguay.
pântano.- *(pântanu)* s. pantano, atolladero, lodazal.
pantanoso.- *(pantanoz'u)* adj. pantanoso.
panteão.- *(panthiãu)* s. panteón.
panteísmo.- *(panteísmu)* s. panteísmo.
pantera.- *(pantéra)* s. pantera.
pantomima.- *(pantomima)* s. mímica, pantomima.
pantufa.- *(pantufa)* s. pantufla.
panturrilha.- *(pantur'illa)* s. pantorrilla.
pão.- *(pãu)* s. pan.
pão-duro.- *(pãu duru)* adj. y s. Bras. Fam. avaro.
papa.- *(pápa)* s. papa, papilla. / 2ª s. papa, pontífice.
papada.- *(papáda)* s. papada, papo.
papado.- *(papadu)* s. pontificado.
papagaio.- *(papagaiu)* s. loro, papagayo, cometa.
papai.- *(papai)* s. papá.
papaia.- *(papaia)* s. papaya pequeña.
papal.- *(papau)* adj. papal, vaticano.
papa-missas.- *(papa misas)* s. y adj. beato.
papão.- *(papãu)* s. bú, coco, fantasma.
papar.- *(papar)* v. Fam. comer. / conseguir.
paparicar.- *(paparikar)* v. mimar, tratar con mimo o cuidado excesivo.
paparicos.- *(paparikus)* s. pl. mimos o cuidados excesivos.
papável.- *(papáv'eu)* adj. cardenal que tiene probabilidad de ser elegido. / comestible, que se puede comer.
papear.- *(papiar)* v. charlar, conversar.
papeira.- *(papêra)* s. Bras. N. y N.E. papera. / Bras. MG. S y C.O. bocio.
papel.- *(papéu)* s. papel. / desempeño, papel en una obra de teatro. / billetes, dinero.
papelada.- *(papelada)* s. papelada, montón de papeles; conjunto de documentos.
papelão.- *(papelãu)* s. cartón, papelón. / Bras. conducta vergonzosa o ridícula.

papelaria.- *(papelaría)* s. papelería.
papeleira.- *(papelêra)* s. papelera. / escritorio.
papeleta.- *(papelêta)* s. papeleta.
papelotes.- *(papelótchis)* s. pl. trozos de papel en que se enrolla el pelo para rizarlo.
papelucho.- *(papeluschu)* s. papel sin importancia.
papila.- *(papila)* s. Anat. papila.
papiro.- *(papiru)* s. papiro.
papo.- *(papu)* s. papo, papada. / Bras. Fam. arrogancia, soberbia. / Pop. estómago, barriga. / Arg. conversación. / conversador. / Arg. bater um papo: charlar: *papo furado. / V. **conversa** (*conversa fiada, *conversa mole).
papoula.- *(papôla)* s. amapola.
paquera.- *(paquéra)* s. Bras. Arg. ligue.
paquerar. *(paquerar)* v. Bras. Arg. ligar, intentar mantener una relación amorosa con alguien.
paquete.- *(paquêtchi)* s. Mar. paquete, paquebote.
par.- *(par)* adj. par, igual, semejante. / s. par, pareja.
para.- *(pára)* prep. hacia, para.
parabéns.- *(parabéns)* s. pl. enhorabuena, felicitación, congratulación.
parábola.- *(parábula)* s. parábola.
pára-brisa.- *(pára briz'as)* s. parabrisas.
pára-choque.- *(pára schóqui)* s. parachoques.
parada.- *(parada)* s. parada, paradero, estación. / desfile militar.
paradeiro.- *(paradêru)* s. paradero.
paradigma.- *(paradjigma)* s. paradigma, modelo, ejemplo.
paradisíaco.- *(parajhiz'iaku)* adj. paradisiaco.
paradoxal.- *(parakoksáu)* adj. paradójico.
paradoxo.- *(paradóksu)* s. paradoja.
parafernália.- *(parafernália)* s. objetos de uso personal. / equipo necesario a cada actividad humana.
parafina.- *(parafina)* s. parafina.
paráfrase.- *(paráfraz'i)* s. paráfrasis.
parafrasear.- *(parafraz'iar)* v. para frasear.
parafusar.- *(parafuz'ar)* v. atornillar.
parafuso.- *(parafuz'u)* s. tornillo.
paragem.- *(parajhen)* s. paraje.
parágrafo.- *(parágrafu)* s. párrafo.
paraguaio.- *(paraguaiu)* adj. y s. paraguayo.
paraíso.- *(paraíz'u)* s. paraíso, edén.
pára-lama.- *(pára lama)* s. guardabarros.
paralela.- *(paraléla)* s. Geom. paralela.
paralelas.- *(pararélas)* s. pl. cierto aparato de gimnasia.
paralelepípedo.- *(paralelepípedu)* s. Geom. paralelelípedo. / adoquín.
paralelo.- *(paralélu)* adj. paralelo. / s. comparación, confronto.
paralisação.- *(paraliz'asãu)* s. paralización.
paralisar.- *(paraliz'ar)* v. paralizar, entorpecer, tullir.
paralisia.- *(paraliz'ia)* s. Med. parálisis.
paralítico.- *(paralítchiku)* adj. y s. paralítico.
paramento.- *(paramentu)* s. paramento, adorno.
paramentos.- *(paramentus)* s. l. vestes litúrgicas.
parâmetro.- *(parâmetru)* s. parámetro.
paramilitar.- *(paramilitar)* adj. paramilitar.
páramo.- *(parâmetru)* s. páramo.
paraninfo.- *(paraninfu)* s. paraninfo, padrino en solemnidades, particularmente en graduaciones escolares y universitarias.
paranóia.- *(paranóia)* s. paranoia.
parapeito.- *(parapêitu)* s. parapeto, pretil.
parapsicologia.- *(parapsikolojhía)* s. parapsicología.
pára-quedas.- *(pára quedas)* s. pl. paracaídas.
pára-quedismo.- *(paraquedjismu)* s. paracaidismo.
pára-quedista.- *(paraquedjista)* s. paracaidista.
parar.- *(parar)* v. parar, quedar, permanecer. / alojarse, descansar, cesar.
pára-raios.- *(pára raius)* s. pl. pararrayos.
parasita.- *(paraz'ita)* adj. parásito.
parasitar.- *(paraz'itar)* v. llevar vida de parásito, vivir a costa de alguien, explotar.
parasitário.- *(paraz'itáriu)* adj. parasitario.
parasito.-*(paraz'ito)* adj. y s. parásito.
parca.- *(parka)* s. impermeable tres cuartos con capucha.
parceiro.- *(parsêru)* adj. parejo, igual, semejante. / s. compañero, partícipe, socio.
parcela.- *(parséla)* s. Mat. parcela.
parcelar.- *(parselar)* v. parcelar, dividir.
parceria.- *(parsería)* s. reunión de personas que persiguen un interés común; sociedad.
parcial.- *(parsiáu)* adj. parcial.
parcialidade.- *(parsialidadji)* s. parcialidad.
parcimônia.- *(parsimônia)* s. parsimonia.
parcimonioso.- *(parsimonioso)* adj. parsimonioso.
parco.- *(parku)* adj. parco, moderado, sobrio.
pardal.- *(pardáu)* s. gorrión.
pardieiro.- *(pardjiêru)* s. casa muy vieja, en ruinas.
pardo.- *(pardu)* adj. pardo, rucio. / de color grisáceo, ceniciento. / s. mulato.
parecença.- *(paresensa)* s. semejanza, analogía.
parecer.- *(pareser)* s. parecer, opinión, laudo, sentencia. / v. parecer, asemejar, semejar. / P. parecerse, asemejarse.
paredão.- *(paredãu)* s. paredón, pared muy alta y espesa.
parede.- *(parêdji)* s. pared, muro.
parede-meia.- *(paredji meia)* s. pared medianera.
parelha.- *(parella)* s. yunta, par. / pareja.
parelho.- *(parêllu)* adj. parejo, igual.
parente.- *(parentchi)* s. pariente, allegado.
parentela.- *(parentéla)* s. parentela, familia.
parentesco.- *(parentesku)* s. parentesco, afinidad.
parêntese.- *(parêntez'i)* s. paréntesis.
parêntesis.- *(parêntez'is)* s. pl. paréntesis.
páreo.- *(páriu)* s. cada una de las carreras de caballos.
pária.- *(pária)* s. paria. / individuo excluido de la sociedad.
paridade.- *(paridadji)* s. paridad.
parir.- *(parir)* v. parir.
parisiano.- *(pariz'ianu)* adj. y s. parisino.
parisino.- *(pariz'inu)* adj. y s. parisino.
parlamentar.- *(parlamentar)* v. parlamentar. / adj. parlamentar. / s. parlamentar, miembro del parlamento.

parlamentarismo.- *(parlamentarismu)* s. parlamentarismo.

parlamentarista.- *(parlamentarista)* adj. y s. parlamentarista.

parlamento.- *(parlamentu)* s. parlamento.

parmesão.- *(parmez'ãu)* adj. parmesano, queso. / s. el natural o habitante de Parma. / queso.

pároco.- *(páruku)* s. párroco, abad, cura.

paródia.- *(paródjia)* s. parodia.

parodiar.- *(parodjiar)* v. parodiar.

paróquia.- *(paróquia)* s. parroquia.

paroquiano.- *(paroquianu)* s. parroquiano.

paroxismo.- *(paroksismu)* s. Med. paroxismo.

paroxítono.- *(paroksítono* adj. Gram. grave, llano, que tiene el acento en la penúltima sílaba.

parque.- *(parqui)* s. parque.

parquê.- *(parquê)* s. parqué.

parquete.- *(parquetchi)* s. parqué.

parra.- *(par'a)* s. parra, hoja de vid.

parreira.- *(par'êra)* s. parra.

parricida.- *(par'isida)* s. parricida.

parricídio.- *(par'isídjiu)* s. parricidio.

parte.- *(partchi)* s. parte, fracción, fragmento, pedazo, porción, segmento.

parteira.- *(partêra)* s. partera, comadrona, matrona.

parteiro.- *(partêru)* adj. y s. partero, tocólogo.

partes.- *(partchis)* s. pl. cualidades de una persona, dotes; los órganos genitales externos; melindres, remilgos.

partição.- *(partchisãu)* s. partición.

participante.- *(partchisipantchi)* adj. y s. participante.

participar.- *(partchisipar)* v. participar, compartir, comunicar, integrar:

particípio.- *(partchisípiu)* s. Gram. participio.

partícula.- *(partchíkula)* s. partícula.

particular.- *(partchikular)* adj. particular, individual, peculiar.

particularidade.- *(partchikularidadji)* s. particularidad, especialidad, peculiaridad.

particularizar.- *(partchikulariz'ar)* v. particularizar, individualizar, puntualizar.

partida.- *(partchida)* s. partida, ida. / envío de mercancías. / salida, ida.

partidário.- *(partchidáriu)* adj. y s. adepto, partidario.

partido.- *(partchidu)* s. partido, bando, facción. / posición, lado. / provecho. / persona predispuesta a casarse, bajo el aspecto económico o social.

partilha.- *(partchilla)* s. partición, reparto.

partilhar.- *(partchillar)* v. compartir.

partir.- *(partchir)* v. partir, quebrar. / separar, dividir. / v. ponerse a camino, marcharse. / P. quebrarse, romperse.

partitura.- *(partchitura)* s. Mús. partitura.

parto.- *(partu)* s. alumbramiento, parto.

parturiente.- *(parturientchi)* s. y adj. parturienta.

parvo.- *(parv'u)* adj. s. tonto.

parvoíce.- *(parv'oísi)* s. necedad, sandez.

páscoa.- *(páskua)* s. pascua.

pasmaceira.- *(pasmasêra)* s. embobamiento, pasmo. Falta de movimiento, apatía.

pasmado.- *(pasmadu)* adj. pasmado, embobado, boquiabierto.

pasmar.- *(pasmar)* v. pasmar, pasmarse.

pasmo.- *(pasmu)* s. pasmo, admiración, asombro. / adj. asombrado, espantado.

paspalhão.- *(paspallãu)* adj. pasmado.

pasquim.- *(pasquín)* s. pasquín.

passa.- *(pasa)* s. pasa.

passada.- *(pasada)* s. pasada. / paso, ida rápida a un lugar.

passadeira.- *(pasadêra)* s. alfombra larga y estrecha, de corredor o pasillo. / planchadora.

passadiço.- *(pasadjisu)* s. pasadizo.

passado.- *(pasadu)* adj. pasado. / Fig. avergonzado, tímido. / s. el tiempo que pasó.

passador.- *(pasadôr)* s. colador de patatas o legumbres. Prendedor de cabello.

passageiro.- *(pasajhêru)* adj. pasajero, efímero, temporal, transitorio. / s. pasajero, transeúnte.

passagem.- *(pasajhen)* s. pasaje, pasaje.

passamanaria.- *(pasamanaría)* s. pasamanería.

passaporte.- *(pasapórtchi)* s. pasaporte.

passar.- *(pasar)* v. pasar, atravesar, transponer, transcurrir, transferir, transitar.

passarada.- *(pasarada)* s. pajarería.

passarela.- *(pasaréla)* s. pasarela.

passarinho.- *(pasariñu)* s. pájaro pequeño.

pássaro.- *(pásaru)* s. Zool. ave, pájaro.

passatempo.- *(pasatempu)* s. pasatiempo, diversión.

passável.- *(pasáv'eu)* adj. tolerable, razonable, aceptable.

passe.- *(pasi)* s. pase, permiso, licencia. / pase de transporte.

passear.- *(pasiar)* v. pasear.

passeata.- *(pasiata)* s. Bras. marcha colectiva en señal de regocijo, reivindicación, protesta, etc.

passeio.- *(paseiu)* s. paseo, caminada, excursión. / acera.

passional.- *(pasionáu)* adj. pasional.

passista.- *(pasista)* s. Bras. N.E. bailarín del baile folclórico llamado frevo. / Bras. RJ. persona que baila el samba con mucha agilidad y gracia.

passividade.- *(pasiv'idadji)* s. pasividad.

passivo.- *(pasiv'u)* adj. pasivo.

passo.- *(pasu)* s. paso, marcha.

pasta.- *(pasta)* s. pasta. / carpeta. / Fig. cargo de ministro de Estado.

pastagem.- *(pastajhen)* s. pastaje, pasto, prado.

pastar.- *(pastar)* v. pastar, apacentar.

pastel.- *(pastéu)* s. empanada. / pastel (pintura).

pastelão.- *(pastelãu)* s. empanada grande.

pastelaria.- *(pastelaría)* s. pastelería.

pasteleiro.- *(pastelêru)* s. pastelero.

pasteurização.- *(pasteuriz'asãu)* s. pasteurización.

pasticho.- *(pastchischu)* s. pastiche, copia, plagio. / imitación mal hecha de una obra literaria o artística.

pastilha.- *(pastchilla)* s. pastilla, tableta. / Constr. pequeño azulejo.

pasto.- *(pastu)* s. forraje, hierba, pasto; alimento, comida. / Fig. alimento espiritual. / regocijo, satisfacción. / tema, objeto, asunto.

pastor.- *(pastôr)* s. pastor.
pastoral.- *(pastoráu)* adj. pastoril. / s. carta pastoral.
pastorear.- *(pastoriar)* v. apacentar, pastorear.
pastoril.- *(pastoriu)* adj pastoril.
pastoso.- *(pastôz'u)* adj. pastoso.
pata.- *(pata)* s. pata, pie, pierna.
pataca.- *(pataka)* s. pataca, antigua moneda brasileña de plata equivalente a 32 céntimos.
patacão.- *(patakãu)* s. patacón, nombre común a varias antiguas monedas brasileñas, portuguesas, españolas y sudamericanas. / antigua moneda brasileña de 200 céntimos.
patada.- *(patada)* s. patada.
patamar.- *(patamar)* s. descansillo, rellano (de la escalera).
patavina.- *(patav'ina)* pron. indef. cosa ninguna, nada.
patê.- *(patê)* s. paté.
patear.- *(patchiar)* v. patalear, patear.
patena o **pátena.-** *(pátena* o *patena)* s. patena.
patente.- *(patentchi)* adj. obvio, palmado, patente. / s. patente comercial o militar.
patentear.- *(patentchiar)* v. patentar.
paternal.- *(paternáu)* adj. paternal.
paternalismo.- *(paternalismu)* s. paternalismo.
paternidade.- *(paternidadji)* s. paternidad.
paterno.- *(patérnu)* adj. paterno.
patético.- *(patétchiku)* adj. patético.
patíbulo.- *(patchíbulu)* s. patíbulo.
patife.- *(patchifi)* adj. pillo, pícaro, tunante.
patim.- *(patín)* s. patín.
pátina.- *(pátchina)* s. pátina.
patinação.- *(patchinasãu)* s. patinaje.
patinar.- *(patchinar)* v. patinar.
pátio.- *(pátchiu)* s. patio.
pato.- *(pátu)* s. pato.
patogênico.- *(patojhêniku)* adj. patógeno.
patologia.- *(patolojhía)* s. patología.
patota.- *(patóta)* s. grupo, bando. / Bras. negocio dudoso.
patranha.- *(patraña)* s. infundio, patraña.
patrão.- *(patrãu)* s. patrón, amo, señor, dueño.
pátria.- *(pátria)* s. patria.
patriarca.- *(patriarka)* s. patriarca.
patriarcado.- *(patriarkadu)* s. patriarcado.
patriarcal.- *(patriarkáu)* adj. patriarcal.
patrício.- *(patrísiu)* s. y adj. patricio.
patrimônio.- *(patrimôniu)* s. patrimonio.
pátrio.- *(pátriu)* adj. patrio.
patriota.- *(patrióta)* s. patriota.
patriotada.- *(patriotada)* s. Bras. alarde de patriotismo.
patriotice.- *(patriotchisi)* s. Deprec. falso patriotismo.
patriotismo.- *(patriotchimu)* s. patriotismo.
patrocinador.- *(patrosinadôr)* adj. y s. patrocinador.
patrocinar.- *(patrosinar)* v. patrocinar.
patrocínio.- *(patrosíniu)* s. patrocinio, amparo, auxilio.
patronal.- *(patronáu)* adj. patronal.
patronato.- *(patronatu)* s. patronato.
patrono.- *(patrônu)* s. patrono patrón, defensor, abogado.
patrulha.- *(patrulla)* s. patrulla.
patrulhar.- *(patrullar)* v. patrullar, rondar, vigilar.
pau.- *(páu)* s. palo. / Bras. reprobación en examen. / adj. pesado, aburrido.
pau-a-pique.- *(pau a piqui)* s. Bras. y afro-P. pared hecha de ripias o varas entrecruzadas y barro.
pau-brasil.- *(páu braz'iu)* s. Bras. palo brasil, madera de color encendido.
pau-d'água.- *(pau dágua)* s. Bras. borracho. / persona que siempre está borracha.
pau-de-arara.- *(pau dji arara)* s. Bras. camión cubierto, usado sobretodo en el transporte de la población del nordeste de Brasil. / persona que viaja en uno de esos camiones. / Pey. cualquiera de esos ciudadanos del nordeste. / instrumento de tortura, palo cilíndrico que, después de pasarse entre ambas rodillas y codos flexionados, es suspendido en dos soportes, quedando el torturado con la cabeza hacia abajo y en cuchillas.
paulada.- *(paulada)* s. paliza, garrotazo.
paulatino.- *(paulatchinu)* adj. paulatino, lento.
paulista.- *(paulista)* adj. y s. natural o habitante del estado de São Paulo.
paulistano.- *(paulistanu)* adj. y s. natural o habitante de la ciudad de São Paulo capital del estado).
pauperismo.- *(pauperismu)* s. miseria, penúria.
paupérrimo.- *(paupér'imu)* adj. Superl. de pobre.
paus.- *(paus)* s. pl. palo (naipe de cartas).
pausa.- *(pauz'a)* s. pausa.
pausar.- *(pauz'ar)* v. pausar, descansar.
pauta.- *(pauta)* s. pauta. / Mús. pauta musical. / lista, expediente predeterminado de los trabajos de cada día.
pautar.- *(pautar)* v. pautar, reglar.
pavão.- *(pav'ãu)* s. pavón, pavo real.
pávido.- *(páv'idu)* adj. miedoso, que tiene pavor.
pavilhão.- *(pav'illãu)* s. pabellón. / bandeira.
pavimentar.- *(pav'imentar)* v. pavimentar, asfaltar, embaldosar, empedrar.
pavimento.- *(pav'imentu)* s. pavimento, piso.
pavio.- *(pav'iu)* s. pabilo, cerilla, mecha. / Fam. *ter o pavio curto: irritarse facilmente, tener poca correa.
pavonear.- *(pav'oniar)* v. pavonear, ostentar. / P. ufanarse, vanagloriarse.
pavor.- *(pav'ôr)* s. pavor, espanto, pánico, terror.
pavoroso.- *(pav'orôz'u)* adj. pavoroso, horroroso, espantoso.
paz.- *(pas)* s. paz, concordia. / sosiego, tranquilidad.
pé.- *(pé)* s. Anat. pie. / en una cama, la parte opuesta al espaldar. / ejemplar individual de una planta. / parte en que se divide el verso en la métrica. / unidad de medida lineal anglosajona. / *pé ante pé: de puntillas. / *ao pé de: junto a. / * a pé: con los propios piés.
peanha.- *(peaña)* s. peana.
peão.- *(piãu)* s. pedestre. / peón (juego de ajedrez). / trabajador rural.
peça.- *(pésa)* s. pieza. / división de una casa. / trabajo literario o artístico. / engaño.
pecado.- *(pekadu)* s. pecado.
pecaminoso.- *(pekaminôz'u)* adj. pecaminoso.

peçonha.- *(pesoña)* s. ponzoña.
peçonhento.- *(posoñentu)* adj. ponzoñoso.
pecuária.- *(pekuária)* s. pecuaria.
pecuário.- *(pekuáriu)* adj. pecuario.
peculiar.- *(pekuliar)* adj. peculiar, particular, propio.
peculiaridade.- *(pekuliaridadji)* s. peculiaridad.
pecúlio.- *(pekúliu)* s. peculio, patrimonio.
pechincha.- *(peschinscha)* s. ganga, chollo, gran ventaja.
pechinchar.- *(peschinschar)* v. escatimar, regatear.
pé-d'água.- *(pé d'água)* s. Bras. aguacero, tormenta.
pedaço.- *(pedasu)* s. pedazo, parte, trozo.
pedágio.- *(pedájhiu)* s. peaje.
pedagogia.- *(pedagojhía)* s. pedagogía.
pedagogo.- *(pedagôgu)* s. pedagogo, profesor.
pedal.- *(pedáu)* s. pedal.
pedalar.- *(pedalar)* v. pedalear.
pedante.- *(pedantchi)* adj. y s. pedante.
pé-de-meia.- *(pé dji meia)* s. peculio, ahorro.
pé-de-moleque.- *(pé dji mulequi)* s. Bras. / dulce sólido, hecho a base de azúcar negra y cacahuete.
pé-de-pato.- *(pé dji patu)* s. aletas.
pederasta.- *(pederasta)* s. pederasta.
pederastia.- *(pederastchía)* s. pederastia.
pedestal.- *(pedestáu)* s. pedestal, base.
pedestre.- *(pedéstri)* adj. y s. pedestre, peatón.
pé-de-vento.- *(pé dji ventu)* s. ráfaga, torbellino, huracán.
pediatra.- *(pedjiatra)* s. pediatra.
pediatria.- *(pedjiatría)* s. pediatría.
pedicuro.- *(pedjikuru)* s. callista, aquel que se dedica al tratamiento y embellecimiento de los pies.
pedido.- *(pedjidu)* s. pedido, petición, súplica.
pedinchão.- *(pedjinschãu)* adj. pedigüeño.
pedinte.- *(pedjintchi)* adj. y s. mendicante, pobre.
pedir.- *(pedjir)* v. pedir, demandar, encargar, postular, rogar, solicitar, suplicar.
pedra.- *(pédra)* s. piedra, adoquín, guijarro, pizarra, losa, callao.
pedrada.- *(pedrada)* s. pedrada.
pedra-pomes.- *(pedra pomis)* s. piedra pómez.
pedraria.- *(pedraría)* s. pedrería, piedras preciosas.
pedra-sabão.- *(pedra sabãu)* s. Bras. piedra de talco.
pedra-ume.- *(pedra umi)* s. piedra alumbre.
pedregoso.- *(pedregôz'u)* adj. pedregoso.
pedregulho.- *(pedregullu)* s. pedrejón, roca, callao.
pedreira.- *(pedrêra)* s. cantera, pedrera.
pedreiro.- *(pedrêru)* s. albañil, pedrero.
pé-frio.- *(pé friu)* s. Bras. Pop. individuo gafe.
pegada.- *(pegada)* s. huella, rastro, vestigio.
pegado.- *(pegadu)* adj. contiguo.
pegajoso.- *(pegajhôz'u)* adj. pegajoso, untuoso, viscoso.
pega-ladrão.- *(péga ladrãu)* s. cierre de seguridad en las joyas. / dispositivo mecánico o eléctrico de seguridad.
pega-pega.- *(péga péga)* s. Bras. conflicto, pelea. / prisión en masa.
pegar.- *(pegar)* v. pegar, adherir, encolar, juntar, unir, agarrar, sujetar. / entender, percibir. / criar raíces una planta. / generalizarse, difundirse. / inflamarse, encenderse. / ser contagioso.
pega-rapaz.- *(péga rapás)* s. tirabuzón.
peia.- *(pêia)* s. peal, traba, estorbo. / Bras. látigo.
peido.- *(pêidu)* s. Vulg. pedo.
peitar.- *(peitar)* s. sobornar. / enfrentar con valentía.
peitilho.- *(paitchillu)* s. parte de la ropa que cubre el pecho.
peito.- *(pêitu)* s. pecho, mamas, tórax. / valor, coraje.
peitoral.- *(peitoráu)* adj. pectoral.
peitoril.- *(peitoriu)* s. parapeto, antepecho.
peitudo.- *(peitudu)* adj. de pecho grande. / Bras. intrépido, valiente.
peixada.- *(peischada)* s. plato de pescado cocido o guisado.
peixão.- *(peschãu)* s. Pop. mujer de formas exuberantes.
peixaria.- *(peischaría)* s. pescadería.
peixe.- *(pêschi)* s. pez.
peixe-boi.- *(pêschi boi)* Bras. mamífero acuático herbívoro de las cuencas del Orinoco y del Amazonas.
peixeira.- *(peschêra)* s. pescadera; cuchillo corto y muy afilado que sirve para cortar pescado. / fuente donde se sirve el pescado.
peixeiro.- *(peschêru)* s. pescadero.
pejorativo.- *(pejhoratchiv'u)* adj. peyorativo.
péla.- *(péla)* s. pelota, especialmente de goma.
pelada.- *(pelada)* s. Bras. juego de fútbol sin importancia, en campo improvisado.
pelado.- *(peladu)* adj. morondo, pelado, pelón. / sin piel. / sin cáscara. / pobre, miserable. / Bras. Fam. desnudo.
pelagem.- *(pelajhen)* s. pelaje.
pelanca.- *(pelanka)* s. piltrafa, colgajo, piel flácida y pendiente.
pelar.- *(pelar)* v. despellejar, pelar. / v. refl. quedarse sin piel. / desnudarse.
pele.- *(péli)* s. piel, pellejo.
pelego.- *(pelêgu)* s. Bras. agente disfrazado del Ministerio de Trabajo en los sindicatos obreros. / persona servil, aduladora.
pelejar.- *(pelejhar)* v. lidiar, luchar, pelear, pugnar. / insistir, instar.
peleteria.- *(peletería)* s. Bras. peletería.
peliça.- *(pilisa)* s. pelliza, abrigo de pieles.
pelicano.- *(pelikanu)* s. pelícano.
película.- *(pelíkula)* s. película, piel muy fina. / V. **filme.**
pelo.- *(pêlu)* Abrev. de la prep. *per* y del art. o pron. dem. masc. *o*. / por el.
pêlo.- *(pêlu)* s. pelo, cabello, vello.
pelota.- *(pelóta)* s. pelota.
pelotão.- *(pelotãu)* s. pelotón.
pelourinho.- *(peloriñu)* s. picota, columna en lugar público, junto a la cual se exponían y castigaban criminales (muy usada en la época de la esclavitud para castigar a los esclavos).
pelúcia.- *(pelúsia)* s. tela con un lado aterciopelado, felpa. / peluche.

peludo.- *(peludu)* adj. peludo, velludo.
pelve.- *(péuvi)* s. Anat. pelvis.
pena.- *(pena)* s. pena, pluma. / 2ª s. pena, sanción, punición, lástima, dolor, tristeza.
penacho.- *(penaschu)* s. penacho, plumero.
penal.- *(penáu)* adj. penal, punitivo.
penalidade.- *(penalidadji)* s. penalidad, sanción, castigo.
penalizar.- *(penaliz'ar)* v. y p. penalizar(se).
pênalti.- *(pênaltchi)* s. Fut. penalti.
penar.- *(penar)* v. sufrir pena, padecer
penca.- *(penka)* s. racimo. / gran cantidad.
pendão.- *(pendãu)* s. pendón, bandera, estandarte.
pendência.- *(pendênsia)* s. pendencia. / tiempo durante el cual una causa o recurso está pendiente.
pendente.- *(pendentchi)* adj. pendiente, inminente.
pender.- *(pender)* v. pender, inclinar, tender, colgar. / P. inclinarse.
pendular.- *(pendular)* adj. pendular.
pêndulo.- *(pêndulu)* s. péndulo.
pendurar.- *(pendurar)* v. colgar, pender, suspender.
penduricalho.- *(pendurikallu)* s. colgajo, pendiente, abalorios.
penedo.- *(penêdu)* s. peña, peñasco, callao.
peneira.- *(penêra)* s. cedazo, criba.
peneirar.- *(penerar)* v. cerner, cribar. / Bras. lloviznar.
penetra.- *(penetra)* s. Bras. Arg. persona que entra en fiestas, espectáculos, etc., sin invitación.
penetração.- *(penetrasãu)* s. penetración, incursión, infiltración.
penetrar.- *(penetrar)* v. penetrar, ahondar, entrañar, entrar, introducirse, compenetrarse.
penha.- *(peña)* s. peña.
penhasco.- *(peñasku)* s. peña, peñasco.
penhor.- *(peñôr)* s. arras, fianza, garantía, prenda.
penhora.- *(peñóra)* s. embargo, secuestro de bienes.
penhorar.- *(peñorar)* v. pignorar, embargar. / empeñar; mostrarse agradecido.
penicilina.- *(penisilina)* s. Quím. penicilina, antibiótico.
penico.- *(piniku)* s. bacín, orinal.
península.- *(península)* s. península.
peninsular.- *(peninsular)* adj. peninsular.
pênis.- *(pênis)* s. pene.
penitência.- *(penitênsia)* s. penitencia.
penitenciária.- *(penitensiária)* s. penitenciaría, penal, presidio.
penitenciário.- *(penitensiáriu)* adj. penitenciario.
penitente.- *(penitentchi)* adj. y s. penitente.
penoso.- *(penôz'u)* adj. penoso, arduo, laborioso, doloroso, fatigante.
pensador.- *(pensador)* adj. y s. pensador.
pensamento.- *(pensamentu)* s. pensamiento, idea, raciocinio, concepto, opinión.
pensão.- *(pensãu)* s. pensión, renta anual o mensual pagada a alguien por el resto de su vida. / pequeño hotel de carácter familiar.
pensar.- *(pensar)* v. pensar, raciocinar, reflexionar, conceptuar. / s. pensamiento, opinión.
pensativo.- *(pensatchiv'u)* adj. pensativo, meditabundo. / preocupado.
pensionato.- *(pensionatu)* s. pensionado.
pensionista.- *(pensionista)* s. pensionista. / el que vive en un pequeño hotel familiar o pensionado.
penso.- *(pensu)* s. pienso, curativo.
pentágono.- *(pentágono)* s. Geom. pentágono.
pentagrama.- *(pentagrama)* s. pentagrama.
pentatlo.- *(pentatlo)* s. el conjunto de los cinco ejercicios atléticos principales entre los antiguos griegos: carrera, lanzamiento de disco, salto, lanzamiento de dardo y lucha.
pente.- *(pêntchi)* s. peine.
penteadeira.- *(pentchiadêra)* s. tocador.
penteado.- *(pentchiadu)* s. peinado, tocado.
pentear.- *(pentchiar)* v. peinar. / P. peinarse.
pentecostes.- *(pentekostês)* s. pentecostés.
penugem.- *(penujhen)* s. plumón, lanilla, vello, pelusa.
penúltimo.- *(penúutchimu)* adj. penúltimo.
penumbra.- *(penunbra)* s. penumbra.
penúria.- *(penúria)* s. penuria, escasez, pobreza.
pepino.- *(pipinu)* s. pepino.
pequenez.- *(pequinês)* s. pequeñez.
pequeno.- *(piquenu)* adj. pequeño.
pequeno-almoço.- *(piquenu aumosu)* s. P. desayuno.
pêra.- *(pêra)* s. pera.
peral.- *(peráu)* s. conjunto de perales.
peralta.- *(peráuta)* adj. elegantón, vanidoso. / Bras. niño travieso.
perambular.- *(perambular)* v. deambular, vaguear.
perante.- *(perantchi)* prep. ante, delante de, en vista de.
pé-rapado.- *(pé rapadu)* s. Bras. hombre de condición muy humilde.
percal.- *(perkáu)* s. percal, tejido de algodón fino.
percalço.- *(perkáusu)* s. percance.
perceber.- *(perseber)* v. percibir, comprender. / oír, ver bien. / ver a lo lejos. / recibir honorarios, ventajas, etc. / entender, conocer.
percentagem.- *(persentajhen)* s. porcentaje.
percepção.- *(persepsãu)* s. percepción, comprensión, intuición.
perceptível.- *(perseptchív'eu)* adj. perceptible.
percevejo.- *(persev'ejhu)* s. chinche. / tachuela.
percorrer.- *(perkor'er)* v. recorrer.
percurso.- *(perkursu)* s. recorrido, trayecto.
percussão.- *(perkusãu)* s. percusión.
percutir.- *(perkutchir)* v. percutir.
perda.- *(perda)* s. pérdida, perdición, perjuicio, ruina.
perdão.- *(perdãu)* s. perdón, remisión de pena.
perder.- *(perder)* v. perder. / P. perderse.
perdição.- *(perdjisãu)* s. perdición.
perdido.- *(perdjidu)* adj. perdido, extraviado, olvidado, sin esperanza, disperso. / pervertido, libertino.
perdigão.- *(perdjigãu)* s. perdigón.
perdiz.- *(perdjis)* s. perdiz.

perdoar.- *(perduar)* v. perdonar, absolver, amnistiar, disculpar, indultar.

perdulário.- *(perduláriu)* adj. perdulario, disipador.

perdurar.- *(perdurar)* v. perdurar.

perdurável.- *(perduráv'eu)* adj. perdurable, duradero.

pereba.- *(peréba)* s. Bras. herida en la piel. / sarna. / pequeña herida.

perecer.- *(pereser)* v. perecer, sucumbir, acabar.

perecível.- *(peresív'eu)* adj. perecedero.

peregrinação.- *(peregrinasãu)* s. peregrinación, romería.

peregrinar.- *(peregrinar)* v. peregrinar.

peregrino.- *(peregrinu)* adj. y s. peregrino. / extranjero, raro, extraño.

pereira.- *(perêra)* s. peral.

pereiral.- *(pereiráu)* s. peral.

peremptório.- *(perenptóriu)*adj. perentorio.

perene.- *(perêni)* adj. perenne.

perfeição.- *(perfeisãu)* s. perfección, exactitud, limpieza, primor.

perfeito.- *(perfeitu)* adj. perfecto, acabado, completo, exacto, ideal, impecable, intachable, íntegro.

perfídia.- *(perfidjia)* s. perfidia, traición.

pérfido.- *(pérfidu)* adj. pérfido.

perfil.- *(perfiu)* s. perfil, silueta.

perfilar.- *(perfilar)* v. perfilar. / P. perfilarse.

perfumado.- *(perfumadu)* adj. perfumado, aromático, fragante, oloroso.

perfumar.- *(perfumar)* v. y p. perfumar(se), aromatizar(se).

perfumaria.- *(perfumaría)* s. perfumería.

perfume.- *(perfumi)* s. perfume, aroma, fragancia, loción.

perfumista.- *(perfumista)* s. perfumista.

perfuração.- *(perfurasãu)* s. perforación.

perfurador.- *(perfuradôr)* adj. y s. perforador.

perfuradora.- *(perfuradôra)* s. perforadora, taladrador.

perfurar.- *(perfurar)* v. perforar, agujerear, pinchar, taladrar.

pergaminho.- *(pergamiñu)* s. pergamino. / Bras. diploma de curso superior.

pergunta.- *(pergunta)* s. pregunta, cuestión, interrogación.

perguntar.- *(perguntar)* v. preguntar, indagar, interrogar.

pericárdio.- *(perikárdjiu)* s. Anat. pericardio.

perícia.- *(perísia)* s. pericia, conocimiento, habilidad.

periculosidade.- *(perikuloz'idadji)* s. peligrosidad.

peridural.- *(peridurâu)* adj. dícese de lo que rodea la meninge externa.

periferia.- *(perifería)* s. periferia.

periférico.- *(periféríku)* adj. periférico. / s. Inform. periférico (impresora, teclado, etc.).

perífrase.- *(perífraz'i)* s. circunloquio.

perigar.- *(perigar)* v. peligrar.

perigo.- *(perigu)* s. peligro, riesgo.

perigoso.- *(perigôz'u)* adj. peligroso, arriesgado, grave.

perímetro.- *(perímetru)* s. perimetro.

periódico.- *(periódjiku)* adj. periódico. / s. prensa periódica.

periodismo.- *(periodjismu)* s. periodismo.

periodista.- *(periodjista)* s. periodista.

período.- *(período)* s. período, edad, estación, etapa, temporada, época.

peripécia.- *(peripésia)* s. peripecia.

périplo.- *(périplu)* s. periplo.

periquito.- *(periquitu)* s. Bras. periquito, cotorra.

periscópio.- *(periskópiu)* s. periscopio.

perito.- *(peritu)* adj. perito, sabio, hábil, práctico. / s. perito.

perjurar.- *(perjhurar)* v. perjurar.

perjúrio.- *(perjhúriu)* s. perjurio.

perjuro.- *(perjhuru)* adj. y s. perjuro.

permanecer.- *(permaneser)* v. permanecer, quedar.

permanência.- *(permanensia)* s. permanencia.

permanente.- *(permanentchi)* adj. permanente, crónico, continuo. / s. Bras. rizado artificial que se hace en el pelo. / 2ª Bras. abono para espectáculos. / pase para transporte público, etc.

permeável.- *(permeáv'eu)* adj. permeable, poroso.

permissão.- *(permisãu)* s. permiso, aprobación, autorización, licencia.

permissível.- *(permisív'iu)* adj. permisible, tolerable.

permissivo.- *(permisiv'u)* adj. permisivo.

permitir.- *(permitchir)* v. permitir, admitir, autorizar, comportar, conceder, consentir, facultar.

permuta.- *(permuta)* s. permuta, substitución, trueque.

permutar.- *(permutar)* v. permutar, conmutar, substituir, trocar.

perna.- *(pérna)* s. Anat. pierna.

pernada.- *(pernada)* s. pernada. / Bras. zancadilla.

pernalto.- *(pernáutu)* adj. zancudo.

perneiras.- *(pernêras)* s. l. Bras. piezas, en general de cuero, que envuelven las piernas para protegerlas.

perneta.- *(pernêta)* s. cojo.

pernicioso.- *(pernisiôz'u)* adj. pernicioso, dañoso, nocivo.

pernil.- *(perniu)* s. pernil.

pernoitar.- *(pernoitar)* v. pernoctar, trasnochar, dormir.

pernóstico.- *(pernóstchiku)* adj. presumido, pedante.

pérola.- *(pérola)* s. perla.

perôneo.- *(perôneu)* s. peroné.

peroração.- *(perorasãu)* s. perorata.

perpendicular.- *(perpendjikular)* adj. perpendicular.

perpetrar.- *(perpetrar)* v. perpetrar.

perpetuar.- *(perpetuar)* v. perpetuar, eternizar.

perpétuo.- *(perpétuu)* adj. perpetuo.

perplexidade.- *(perpleksidadji)* s. perplejidad.

perplexo.- *(perpléksu)* adj. perplejo.

perseguição.- *(perseguisãu)* s. persecución.

perseguir.- *(perseguir)* v. perseguir, seguir, acosar.

perseverança.- *(persev'eransa)* s. perseverancia, insistencia.

perseverante.- *(persev'erantchi)* adj. perseverante, insistente.

perseverar.- *(persev'erar)* v. perseverar, persistir, obstinarse.
persiana.- *(persiana)* s. persiana.
persignar-se.- *(persignarsi)* v. persignarse, santiguarse.
persistência.- *(persistênsia)* s. persistencia, perseverancia, tenacidad.
persistente.- *(persistentchi)* adj. persistente, perseverante, pertinaz.
persistir.- *(persistchir)* v. perseverar.
personagem.- *(personajhen)* s. personaje.
personalidade.- *(personalidaji)* s. personalidad.
personalista.- *(personalista)* adj. personalista, egocéntrico.
personalizar.- *(personaliz'ar)* v. personalizar, personificar.
personificar.- *(personifikar)* v. personificar, personalizar.
perspectiva.- *(perspektchiv'a)* s. perspectiva.
perspicácia.- *(perspikásia)* s. perspicacia, agudeza, argucia, sagacidad.
perspicaz.- *(perspikás)* adj. perspicaz, sagaz, vivaz.
persuadir.- *(persuadjir)* v. persuadir, convencer, imbuir, inducir. / P. persuadirse, convencerse.
persuasivo.- *(persuaz'iv'u)* adj. persuasivo.
pertencer.- *(pertenser)* v. pertenecer.
pertences.- *(pertensis)* s. pl. pertenencias.
pertinácia.- *(pertchinásia)* s. pertinacia, tenacidad, terquedad.
pertinaz.- *(pertchinás)* adj. pertinaz, obstinado, terco.
pertinente.- *(pertchinentchi)* adj. pertinente, concerniente.
perto.- *(pértu)* adv. cerca, cercano. / adj. próximo, vecino.
perturbação.- *(perturbasãu)* s. pertubación.
perturbado.- *(perturbadu)* adj. perturbado, aturdido.
perturbador.- *(perturbadôr)* adj. perturbador, aflictivo.
perturbar.- *(perturbar)* v. perturbar, aturdir, conmover, conturbar, desconcertar, desorganizar, inquietar, trastornar, turbar. / P. perturbarse, trastornarse.
peru.- *(perú)* s. pavo.
peruano.- *(peruanu)* adj. y s. peruano.
peruar.- *(peruar)* v. Bras. observar un juego entrometiéndose en él.
peruca.- *(peruka)* s. peluca, bisoñé, cabellera postiza.
perversão.- *(perv'ersãu)* s. perversión, depravación.
perverso.- *(pervérsu)* adj. perverso, inicuo, malo, malvado.
perverter.- *(perv'erter)* v. pervertir. / trastornar. / P. pervertirse.
pesada.- *(pez'ada)* s. pesada.
pesadelo.- *(pez'adêlu)* s. pesadilla. / Fig. persona molesta o aburrida.
pesado.- *(pez'ádu)* adj. pesado, que pesa mucho. / que tiene mala suerte.
pesagem.- *(pez'ajhen)* s. acción de pesar.
pêsames.- *(pêz'ames)* s. pl. pésame, condolencia.
pesar.- *(pez'ar)* s. pesar, dolor, luto, pésame. / v. gravar, pesar.
pesaroso.- *(pez'arôz'u)* adj. pesaroso.
pesca.- *(péska)* s. pesca.
pescada.- *(peskada)* s. Bras. merluza.
pescado.- *(peskadu)* adj. y s. pescado.
pescador.- *(peskadôr)* s. pescador.
pescar.- *(peskar)* v. pescar. / conseguir con ardid. / Pop. entender, percibir. / 2ª Pop. tener cono-cimientos, nociones. / V. **pegar.**
pescaria.- *(peskaría)* s. pesca, pesquería.
pescoço.- *(peskôsu)* s. cuello.
peso.- *(pez'u)* s. peso. / sólido de metal, usado para evaluar en la balanza el peso de un cuerpo. / Fig. sensación de opresión debido a cansancio físico o psicológico. / prestigio, influencia. / Deport. esfera de metal usada para lanzamiento en competiciones atléticas. / Bras. porción determinada de carne, en las carnicerías.
pespontar.- *(pespontar)* v. pespuntar, pespuntear.
pesponto.- *(pespontu)* s. pespunto.
pesqueiro.- *(pesquêru)* adj. pesquero.
pesquisa.- *(pesquiz'a)* s. pesquisa, investigación, información.
pesquisador.- *(pesquiz'adôr)* adj. investigador. / s. investigador, analista, encuestador.
pesquisar.- *(pesquiz'ar)* v. investigar, buscar, investigar, indagar.
pêssego.- *(pêsegu)* s. durazno, melocotón.
pessimismo.- *(pesimismu)* s. pesimismo, derrotismo.
pessimista.- *(pesimista)* adj. y s. pesimista.
péssimo.- *(pésimu)* adj. pésimo.
pessoa.- *(pesoa)* s. persona, individuo.
pessoal.- *(pesuáu)* adj. persona, individual. / reservado, particular. / s. conjunto de individuos encargados de cierto trabajo. / Bras. la familia, los amigos, la pandilla.
pestana.- *(pestana)* s. pestaña.
pestanejar.- *(pestanejhar)* v. parpadear, pestañear.
peste.- *(péstchi)* s. peste. / Fig. persona mala.
pesticida.- *(pestchisida)* s. pesticida.
pestilência.- *(pestchilensia)* s. pestilencia.
pestilento.- *(pestchilentu)* adj. pestilente, apestoso.
pétala.- *(pétala)* s. Bot. pétalo.
petardo.- *(petardu)* s. petardo.
peteca.- *(petéka)* s. Bras. especie de volante de plumas, que se lanza al aire con la palma de las manos y que constituye un juego infantil.
peteleco.- *(peteléku)* s. Bras. toba, golpe que se da con la punta del dedo medio (corazón), generalmente en las orejas.
peteleque.- *(peteléki)* s. Bras. toba, golpe que se da con la punta del dedo medio (corazón), generalmente en las orejas.
petição.- *(petchisãu)* s. petición, demanda, pedido, recurso, solicitud.
petisco.- *(petchisku)* s. bocado delicioso, manjar exquisito, golosina.
petiz.- *(petís)* s. niño, chico.
petrechar.- *(petreschar)* v. y p. pertrechar(se).

petrechos.- *(petrêschus)* s. l. pertrechos.
pétreo.- *(pétriu)* adj. pétreo.
petrificar.- *(petrifikar)* v. y p. petrificar(se). / hacerse duro, inhumano. / asombrarse, asustarse.
petroleiro.- *(petrolêru)* adj. y s. petrolero.
petróleo.- *(petróliu)* s. petróleo.
petulância.- *(petulansia)* s. petulancia.
petulante.- *(petulantchi)* adj. petulante, procaz.
pexote.- *(pischótchi)* s. jugador inexperto; novato, principiante, bisoño; niño.
pez.- *(pês)* s. brea.
pia.- *(pila)* s. pila.
piá.- *(piá)* s. Bras. indio joven. / niño.
piaçaba.- *(piasaba)* s. Bras. palmera produtora de fibras con que se hacen escobas.
piada.- *(piada)* s. chiste.
pianista.- *(pianista)* s. pianista.
piano.- *(pianu)* s. Mús. piano.
pião.- *(piãu)* s. peonza.
piar.- *(piar)* v. piar.
picada.- *(pikada)* s. picadura, picotada, pinchazo. / Bras. atajo estrecho abierto en la selva o en el bosque, a golpe de machete.
picadeiro.- *(pikadêru)* s. picadero del circo.
picadinho.- *(pikadjiñu)* s. Bras. picadillo.
picado.- *(pikadu)* adj. picado. / se dice del mar agitado.
picadura.- *(pikadura)* s. picadura.
picanha.- *(pikaña)* s. la parte posterior de la región lumbar de la res. / la carne de esa región. / plato preparado con esa carne.
picante.- *(pikantchi)* adj. acre, picante. / Fig. malicioso, mordaz.
pica-pau.- *(pika pau)* s. Bras. picamaderos, pájaro carpintero.
picar.- *(pikar)* v. picar, picotear, pinchar. / herir el toro con las banderillas. / P. picarse, pincharse.
picardia.- *(pikardjía)* s. picardía.
picareta.- *(pikarêta)* s. pico, piqueta, zapapico. / s. Bras. Pop. persona que se aprovecha de todas las oportunidades para sacar provecho.
picaretagem.- *(pikaretajhen)* s. acción propia de un picareta.
pícaro.- *(píkaru)* adj. pícaro.
piçarra.- *(pisar'a)* s. pizarra.
picles.- *(piklis)* s. fruto o legumbre en vinagre, escabeche.
pico.- *(piku)* s. cúspide, pico. / adj. pico, un poco más.
picolé.- *(pikolé)* s. Bras. polo (helado).
picotar.- *(pikotar)* v. Bras. picar, horadar, taladrar.
pictórico.- *(piktóriku)* adj. pictórico.
picuá.- *(pikuá)* s. cesto. / bolso de lona o algodón.
picuinha.- *(pikuíña)* s. los primeros píos de un ave. / dicho picante. / indirecta, alusión satírica. / niñería.
pichar.- *(pischar)* v. Bras. aplicar el alquitrán. / Arg. criticar de modo áspero. / 2ª Arg. escribir en muros y paredes. / V. **grafitar**.
piche.- *(pischi)* s. pez, brea.
piedade.- *(piedadji)* s. piedad, compasión.
piedoso.- *(piedôz'u)* adj. piadoso.
piegas.- *(piégas)* adj. persona ridículamente sentimental.
pifar.- *(pifar)* v. Bras. Arg. dejar de funcionar, averiarse.
pigarrear.- *(pigar'iar)* v. carraspear.
pigarro.- *(pigar'u)* s. carraspera.
pigmentação.- *(pigmentasãu)* s. pigmentación.
pigmento.- *(pigmentu)* s. pigmento.
pigmeu.- *(pigmeu)* adj. y s. pigmeo.
pijama.- *(pijhama)* s. pijama.
pilantra.- *(pilantra)* adj. y s. Bras. se dice de individuo sin carácter, despreciable.
pilantragem.- *(pilantrajhen)* s. acción propia de un pilantra.
pilão.- *(pilãu)* s. pilón, mortero para moler. / pobretón.
pilar.- *(pilar)* s. columna, pilar. / v. machacar.
pilastra.- *(pilastra)* s. Arq. pilastra.
pilha.- *(pilla)* s. pila.
pilhagem.- *(pillajhen)* s. pillaje, saqueo.
pilhar.- *(pillar)* v. pillar, saquear.
pilhéria.- *(pilléria)* s. chiste.
pilotagem.- *(pilotajhen)* s. pilotaje.
pilotar.- *(pilotar)* v. pilotar.
pilotis.- *(pilotchís)* s. Fr. pilote, cada uno de los pilares o columnas que sustentan una edificación, dejando un área abierta para la circulación en la planta baja.
piloto.- *(pilôtu)* s. aviador, piloto. / Bras. piloto de los calentadores de gas.
pílula.- *(pílula)* s. píldora. / Fig. cosa desagradable.
pimenta.- *(pimenta)* s. pimienta. / Bras. Fig. persona inquieta, muy viva.
pimenta-do-reino.- *(pimenta du reinu)* s. enredadera cuyo fruto sirve de aliño.
pimenta-malagueta.- *(pimenta malaguêta)* s. pimienta muy fuerte.
pimentão.- *(pimentãu)* s. ají, pimentón. / pimiento grande.
pimpolho.- *(pimpôllu)* s. brote, pimpollo. / niño pequeño y fuerte.
pinacoteca.- *(pinakotéka)* s. pinacoteca.
pinça.- *(pinsa)* s. pinza.
pinçar.- *(pinsar)* v. pinzar.
pincel.- *(pinséu)* s. pincel.
pincelar.- *(pinselar)* v. pincelar.
pindaíba.- *(pindaíba)* s. Bras. Fam. falta de dinero.
pinga.- *(pinga)* s. trago. / Bras. Pop. aguardiente.
pingar.- *(pingar)* v. pingar, gotear, chorrear. / empezar a llover, lloviznar.
pingente.- *(pinjhentchi)* s. pendiente. / Bras. pasajero que viaja colgado en vehículo.
pingo.- *(pingu)* s. gota. / pequeña mancha dejada por aceite, pintura, etc. / Bras. porción ínfima.
pingue-pongue.- *(pingui pongui)* s. ping pong.
pingüim.- *(pingüin)* s. pingüino.
pinha.- *(piña)* s. piña. / el fruto de los pinos y de otras coníferas. / chirimoya. / V. **fruta-de-conde.**
pinhal.- *(piñáu)* s. pinar.
pinhão.- *(piñãu)* s. piñón.
pinheiral.- *(piñeráu)* s. pinar.

pinheiro.- *(piñêru)* s. pino.
pinote.- *(pinótchi)* s. cabriola.
pinta.- *(pinta)* s. peca. / manchas. / Pop. pinta, apariencia, aspecto.
pintado.- *(pintadu)* adj. pintado. / lleno de pecas o manchas. / Pop. muy parecido, idéntico.
pintar.- *(pinta)* v. pintar. / Bras. parecer prometedor. / hacer travesuras. / Bras. Arg. comparecer en algún sitio. / P. maquillarse.
pintassilgo.- *(pintasiugu)* s. jilguero.
pinto.- *(pintu)* s. pollo.
pintor.- *(pintôr)* s. pintor.
pintura.- *(pintura)* s. pintura. / retrato. / maquillaje. / color, coloreado.
pio.- *(piu)* adj. pío, devoto, religioso. / s. la voz de ciertas aves.
piolhento.- *(piollentu)* adj. piojoso, que tiene piojos.
piolho.- *(piôllu)* s. Bras. piojo.
pioneiro.- *(pionêru)* adj. pionero, precursor.
pior.- *(piór)* adj. peor.
piorar.- *(piorar)* v. empeorar.
pipa.- *(pipa)* s. pipa, tonel. / Bras. Fig. cuba, hombre que bebe mucho. / Pop. persona baja y gorda. / cometa.
piparote.- *(piparótchi)* s. papirote, golpe que se da en la cabeza.
pipeta.- *(pipêta)* s. pipeta.
pipi.- *(pipí)* s. Bras. Inf. orina.
pipoca.- *(pipóka)* s. Bras. palomitas.
pipoqueiro.- *(pipoquêru)* s. vendedor de palomitas.
pique.- *(píqui)* s. Bras. Juego infantil que consiste en que un niño tiene que coger a alguno de los demás antes de llegar a un sitio determinado. Ligar. / Bras. el momento, el instante de mayor intensidad. / *ir a pique: hundirse (una embarcación).
piquenique.- *(piquiniqui)* s. picnic, merienda al aire libre.
piquete.- *(piquêtchi)* s. piquete.
pira.- *(pira)* s. pira.
pirado.- *(piradu)* adj. Bras. Arg. loco.
pirâmide.- *(pirâmidji)* s. pirámide.
piranha.- *(piraña)* s. Bras. piraña.
pirar.- *(pirar)* v. Arg. escapar, huir. Enloquecer. / P. escaparse.
pirata.- *(pirata)* s. corsario, pirata, ladrón. / Bras. enamoradizo, ligón. / adj. edición fraudulenta de libros, discos, cintas, etc., hecha sin autorización del autor.
pirataria.- *(piratería)* s. piratería.
piratear.- *(piratchiar)* v. piratear.
pires.- *(píris)* s. platillo que acompaña la taza.
pírex.- *(piréks)* s. pirex.
pirilampo.- *(pirilampu)* s. luciérnaga.
piriri.- *(pirirí)* s. Bras. Fam. diarrea.
piromaníaco.- *(piromaníaku)* adj. pirómano.
pirômano.- *(pirômanu)* adj. pirómano.
pirotécnico.- *(pirotékniku)* adj. y s. pirotécnico.
pirraça.- *(pir'asa)* s. jugarreta, broma o burla que se hace a o de alguien, chasco.
pirralho.- *(pir'allu)* s. Bras. niño.
pirueta.- *(piruêta)* s. pirueta, cabriola.
pirulito.- *(pirulitu)* s. pirulí, chupa chus.
pisada.- *(piz'ada)* s. pisada, huella, pisotón.
pisar.- *(piz'ar)* v. pisar, calcar con los pies. / machucar, magullar. / Bras. acelerar el coche, camión, etc.
piscadela.- *(piskadéla)* s. guiño.
pisca-pisca.- *(piska piska)* s. Bras. intermitente (en los vehículos).
piscar.- *(piskar)* v. guiñar, parpadear, pestañear.
piscina.- *(piscina)* s. piscina.
piso.- *(piz'u)* s. empedrado, piso, pavimento.
pista.- *(pista)* s. carril, pista. / pista, lugar reservado al baile. / rastro, vestigio
pistão.- *(pistãu)* s. pistón.
pistola.- *(pistóla)* s. pistola, revólver.
pistolão.- *(pistolãu)* s. enchufe (recomendación de persona importante). / el que lo hace.
pistoleiro.- *(pistolêru)* s. pistolero. / asesino.
pistom.- *(pistón)* s. pistón. / Mús. pistón.
pitada.- *(pitada)* s. pizca.
piteira.- *(pitêra)* s. pita, boquilla.
pito.- *(pitu)* s. Bras. pipa. / Bras. Fam. regaño, reprimenda.
pitoresco.- *(pitorêsku)* adj. pintoresco.
pitu.- *(pitú)* s. Bras. gamba grande, de agua dulce.
pivete.- *(piv'étchi)* s. Bras. niño ladrón y / o que trabaja para ladrones. / niño despierto, listo.
pivô.- *(piv'ô)* s. pivote.
pixote.- *(pischótchi)* s. jugador inexperto. / novato, principiante. / chico.
pizza.- *(pitz'a)* s. pizza.
pizzaria.- *(pitz'aría)* s. pizzería.
placa.- *(plaka)* s. matrícula (de los vehículos). / Electr. circuito impreso.
placar.- *(plakar)* s. Bras. marcador (en los juegos deportivos).
placenta.- *(plasenta)* s. placenta,
placidez.- *(plasidês)* s. placidez, tranquilidad, beatitud.
plácido.- *(plásidu)* adj. plácido, tranquilo.
plagiar.- *(plajhiar)* v. plagiar, imitar.
plágio.- *(plájhiu)* s. plagio, copia, imitación.
plaina.- *(plãina)* s. plana, cepillo.
planador.- *(planadôr)* s. planeador.
planalto.- *(planáutu)* s. altiplanicie, meseta.
planejamento.- *(planejhamentu)* s. planificación.
planejar.- *(planejhar)* v. planear, planificar, proyectar.
planeta.- *(planêta)* s. planeta.
planetário.- *(planetáriu)* adj. y s. planetario.
planície.- *(planísii)* s. planicie, llanura.
planificação.- *(planifikasãu)* s. planificación.
planificar.- *(planifikar)* v. planificar.
planisfério.- *(planisfériu)* s. planisferio.
plano.- *(planu)* adj. plano, liso, llano. / s. plano, plan, programa, proyecto.
planta.- *(planta)* s. planta, vegetal, plano, proyecto. / parte inferior del pie.
plantação.- *(plantasãu)* s. plantación.
plantão.- *(plantãu)* s. guardia (hacer guardia).
plantar.- *(plantar)* v. plantar. / P. plantarse, quedar parado.
plantio.- *(plantchíu)* s. plantación.
plaqueta.- *(plaquêta)* s. plaqueta.

plasma.- *(plasma)* s. plasma.
plasmar.- *(plasmar)* v. plasmar.
plástica.- *(plástchika)* s. plástica.
plasticidade.- *(plastchisidadji)* s. plasticidad.
plástico.- *(plástchiku)* adj. plástico, dúctil, blando. / s. plástico.
plastificar.- *(plastchifikar)* v. plastificar.
plataforma.- *(plataförma)* s. plataforma. / terraza en la acera. / andén. / Bras. Fig. programa de candidato a cargo electivo.
plátano.- *(plátanu)* s. plátano, género de árboles frondosos.
platéia.- *(plateía)* s. platea, patio de butacas. / los espectadores.
platina.- *(platchinu)* s. Quím. platino.
platônico.- *(platôniku)* adj. platónico.
plebe.- *(plébi)* s. plebe, vulgo, chusma, gentuza.
plebeu.- *(plebeu)* adj. y s. plebeyo, villano.
plebiscito.- *(plebisitu)* s. plebiscito.
pleitear.- *(pleitchiar)* v. pleitear, litigar.
pleito.- *(pleitu)* s. pleito, litigio.
plenário.- *(plenáriu)* adj. plenario. / s. asamblea o tribunal que reúne los miembros en sesión. / el lugar donde se reúnen.
plenilúnio.- *(plenilúniu)* s. plenilunio.
plenitude.- *(plenitudji)* s. plenitud.
pleno.- *(plenu)* adj. pleno, lleno, entero, completo, perfecto.
pleonasmo.- *(pleonasmu)* s. Gram. pleonasmo.
pletórico.- *(pletóriku)* adj. pletórico.
pleura.- *(pleura)* s. Anat. leura.
plissado.- *(plisadu)* adj. s. plisado.
pluma.- *(pluma)* s. pluma.
plumagem.- *(plumajhen)* s. plumaje.
plúmbeo.- *(plúnbiu)* adj. plúmbeo, plomizo.
plural.- *(pluráu)* adj. plural.
pluralidade.- *(pluralidadji)* s. pluralidad.
pluvial.- *(pluv'iáu)* adj. pluvial.
pluviômetro.- *(pluv'iômetru)* s. pluviómetro.
pluvioso.- *(pluv'iôz'u)* adj. pluvioso.
pneu.- *(pneu)* s. neumático.
pneumático.- *(pneumátchiku)* adj. y s. neumático.
pneumonia.- *(pneumonía)* s. Med. neumonía, pulmonía.
pó.- *(pó)* s. polvo, arena, ceniza
pobre.- *(póbri)* adj. y s. pobre.
pobre-diabo.- *(pobre djiabu)* s. infeliz, miserable. / persona sin importancia y / o sin personalidad. / que no tiene oficio ni beneficio.
pobreza.- *(pobrêz'a)* s. pobreza, indigencia, mengua, miseria.
poça.- *(pôsa)* s. poza, charco.
poção.- *(posãu)* s. poción, brebaje.
pocilga.- *(posiuga)* s. pocilga, porqueriza, establo. / casa o lugar inmundo.
poço.- *(pôsu)* s. cisterna, pozo.
poda.- *(póda)* s. poda.
podar.- *(podar)* v. podar, mondar, cortar las ramas.
pó-de-arroz.- *(pó dji ar'ôs)* s. polvo de talco.
poder.- *(poder)* v. poder. / s. el poder.
poderio.- *(poderiu)* s. poderío, gran poder.
poderoso.- *(poderôz'u)* adj. poderoso, prepotente, pudiente, valioso.
pódio.- *(pódjiu)* s. podio.
podre.- *(pôdri)* adj. podrido, putrefacto, deteriorado.
podridão.- *(podridãu)* s. podredumbre.
poeira.- *(puêra)* s. polvo.
poeirada.- *(puerada)* s. polvareda.
poeirento.- *(puerentu)* adj. polvoriento.
poema.- *(poêma)* s. poema.
poente.- *(poentchi)* adj. s. poniente.
poesia.- *(poez'ía)* s. poesía.
poeta.- *(poéta)* s. poeta.
poético.- *(poétchiku)* adj. poético.
pois.- *(pois)* conj. pues, por lo tanto. / en ese caso. / pero, sin embargo.
polaco.- *(polaku)* adj. y s. polaco.
polaina.- *(polaina)* s. polaina.
polainas.- *(polainas)* s. pl. polainas.
polar.- *(plar)* adj. polar.
polarizar.- *(polariz'ar)* v. polarizar.
polca.- *(póuka)* s. cierto baile de movimiento vivo, originario de Polonia.
polegada.- *(polegada)* s. pulgada.
polegar.- *(polegar)* adj. y s. pulgar.
poleiro.- *(pulêru)* s. vara donde se suben las aves para dormir.
polêmica.- *(polêmika)* s. polémica, discusión.
polêmico.- *(polêmiku)* adj. polémico, discutible.
polemizar.- *(polemiz'ar)* v. polemizar, discutir.
pólen.- *(pólen)* s. Bot. polen.
polenta.- *(polenta)* s. polenta.
polia.- *(polía)* s. polea.
polícia.- *(pulísia)* s. la policía. / s. el policía.
policial.- *(polisiáu)* adj. policial. / s. gendarme, policía.
policiamento.- *(polisiamentu)* s. vigilancia policiaca.
policiar.- *(polisiar)* v. vigilar. / P. dominarse, contenerse.
policlínica.- *(poliklínika)* s. policlínica.
policromo.- *(polikromu)* adj. policromo.
polidez.- *(polidês)* s. pulidez, cortesía, educación.
polido.- *(pulidu)* adj. pulido, lamido. / cortés, atento.
polidor.- *(polidôr)* s. adj. pulidor.
poliéster.- *(poliéster)* s. poliéster.
polifonia.- *(polifonía)* s. Mús. polifonía.
poligamia.- *(poligamía)* s. poligamia.
polígamo.- *(polígamu)* adj. polígamo.
poliglota.- *(poliglóta)* s. políglota.
polígono.- *(polígonu)* s. Geom. polígono.
polimento.- *(polimentu)* s. barniz, pulimento.
polinização.- *(poliniz'asãu)* s. polinización.
polinizar.- *(poliniz'ar)* v. polinizar.
polir.- *(pulir)* v. pulir, alisar, bruñir, cepillar, lustrar.
polissílabo.- *(polisílabu)* adj. polisílabo.
politécnico.- *(politékniku)* adj. politécnico.
politeísmo.- *(politeísmu)* s. politeísmo.
política.- *(polítchika)* s. política.
politicagem.- *(politchikajhen)* s. politiqueo.
político.- *(polítchiku)* adj. y s. político.
polivalente.- *(poliv'alentchi)* adj. polivalente, versátil, polifacético.

pólo.- *(pólu)* s. polo (juego a caballo). / 2ª. s. polo (helado).
polonês.- *(polonês)* adj. polaco.
polpa.- *(poupa)* s. pulpa.
poltrona.- *(poutrona)* s. butaca, sillón.
polução.- *(polusãu)* s. polución, emisión involuntaria de esperma.
poluente.- *(poluentchi)* adj. contaminante.
poluição.- *(poluisãu)* s. contaminación.
poluir.- *(poluir)* v. contaminar, ensuciar, manchar.
polvilhar.- *(pouv'illar)* v. polvorear, empolvar, enharinar. / no va después de polvilho, sino de poluir.
polvilho.- *(pouv'illu)* s. polvo muy fino. / harina muy fina que se obtiene de la mandioca.
polvo.- *(pouv'o)* s. pulpo.
pólvora.- *(pouv'ora)* s. pólvora.
polvorinho.- *(pouv'oriño)* s. polvorera.
polvorosa.- *(pouv'oróz'a)* s. Pop. confusión, follón.
pomada.- *(pomada)* s. pomada,
pomar.- *(pomar)* s. pomar, vergel.
pomba.- *(pomba)* s. paloma.
pombal.- *(pombal)* s. palomar.
pomo.- *(pomo)* s. Bot. pomo, fruta de pulpa carnosa.
pomo-de-adão.- *(pomu dji adãu)* s. nuez del cuello.
pompa.- *(pompa)* s. pompa, aparato suntuoso, lujo exagerado.
pompom.- *(ponpón)* s. pompón, borla.
pomposo.- *(ponposo)* adj. pomposo, suntuoso.
ponche.- *(ponjhi)* s. ponche.
poncho.- *(ponjio)* s. Bras. poncho.
ponderação.- *(ponderasão)* s. ponderación, sensatez, reflexión.
ponderar.- *(ponderar)* v. ponderar, pensar, reflexionar.
ponderável.- *(ponderavel)* adj. ponderable.
pônei.- *(pônei)* s. pony.
ponta.- *(ponta)* s. punta, extremidad. / Bras. papel teatral insignificante.
pontada.- *(pontada)* s. punzada, dolor agudo.
ponta-direita.- *(ponta djireita)* s. Bras. Fut. delantero derecho.
ponta-esquerda.- *(ponta esquerda)* s. Bras. Fut. delantero izquierdo.
pontal.- *(pontáu)* s. puntal.
pontapé.- *(pontapé)* s. puntapié.
pontaria.- *(pontaria)* s. puntería.
ponte.- *(pontchi)* s. puente.
pontear.- *(pontchiar)* v. puntear. / colocar los dedos en los puntos de un instrumento de cuerda para tocar.
ponteira.- *(pontêru)* s. puntera.
ponteiro.- *(pontêru)* s. aguja, puntero.
pontiagudo.- *(pontchiagudu)* adj. puntiagudo.
pontificado.- *(pontchifikadu)* s. pontificado.
pontífice.- *(pontchifisi)* s. pontífice, Papa.
pontifício.- *(pontchifisiu)* adj. pontificio.
ponto.- *(pontu)* s. punto, puntada, término, fin, sitio determinado
pontuação.- *(pontuasãu)* s. puntuación.
pontual.- *(pontuáu)* adj. puntual, exacto, preciso.
pontualidade.- *(pontualidadji)* s. puntualidad, exactitud.
pontuar.- *(pontuar)* v. puntear, puntuar, atildar, tildar.
popa.- *(pôpa)* s. popa.
popelina.- *(popelina)* s. popelín.
população.- *(populasãu)* s. población.
populacho.- *(populaschu)* s. populacho.
popular.- *(popular)* adj. popular. / vulgar, trivial.
popularidade.- *(popularidadji)* s. popularidad, estimación general.
popularizar.- *(populariz'ar)* v. y p. popularizar(se), propagar(se), divulgar(se).
populoso.- *(populôz'u)* adj. populoso, muy poblado.
pôquer.- *(pôquer)* s. póquer.
por.- *(pôr)* prep. por, por causa de.
pôr.- *(pôr)* v. poner.
porão.- *(porãu)* s. bodega de un buque. / Bras. sótano.
porção.- *(porsãu)* s. porción, parte, pedazo, quiñón.
porcaria.- *(porkaría)* s. porquería, inmundicia, suciedad.
porcelana.- *(porselana)* s. porcelana.
porcentagem.- *(porsentajhen)* s. porcentaje.
porco.- *(porku)* adj. puerco, inmundo, guarro, obsceno. / s. cerdo, puerco.
porém.- *(porén)* conj. sin embargo, por tanto, por eso, no obstante.
porfia.- *(porfía)* s. porfía, disputa, insistencia.
porfiar.- *(porfiar)* v. porfiar, altercar, discutir, obstinar.
pormenor.- *(pormenor)* s. pormenor, detalle, particularidad.
pormenorizar.- *(pormenoriz'ar)* v. pormenorizar, detallar.
pornografia.- *(pornografía)* s. pornografía, obscenidad.
pornográfico.- *(pornográfiku)* adj. pornográfico, obsceno.
poro.- *(póru)* s. Anat. poro.
pororoca.- *(pororóka)* s. Bras. macareo de algunos metros de altura y gran efecto destructor y fuerte estruendo, que ocurre próximo a la desembocadura del río Amazonas y de algunos ríos del estado de Amazonas.
poroso.- *(poroz'u)* adj. poroso.
porquanto.- *(porkuantu)* conj. por eso que, visto que, porque.
porque.- *(porquê)* conj. porque.
porquê.- *(porquê)* s. por qué (causa, motivo, razón).
porquinho-da-índia.- *(porquiñu da indjia)* s. cobaya, conejillo de Indias.
porre.- *(pór'i)* s. Bras. Pop. borrachera. / Bras. Arg. *ser un porre: ser (un individuo, una situación) aburrido, pesado.
porrete.- *(por'êtchi)* s. porra.
porta.- *(pórta)* s. puerta.
porta-aviões.- *(porta av'iõis)* s. portaaviones.
porta-bandeira.- *(porta bandêra)* s. portaestandarte.
portada.- *(portada)* s. portada, puerta grande y adornada. / portada de un libro.
portador.- *(portadôr)* adj. y s. portador.
porta-estandarte.- *(porta estandartchi)* s. portaestandarte.

porta-jóias.- *(porta jhóias)* s. joyero, alhajera.
portal.- *(portáu)* s. portal, zaguán.
porta-malas.- *(porta malas)* s. maletero, portaequipaje.
porta-níqueis.- *(porta níqueis)* s. Bras. portamonedas.
portanto.- *(portantu)* conj. por tanto, luego, por lo que.
portão.- *(portãu)* s. portón. / puerta de madera, hierro, etc., que da acceso, desde la calle, a un jardín.
portar.- *(portar)* v. portar, comportarse.
porta-retratos.- *(porta retratus)* s. portarretratos.
portaria.- *(portaría)* s. portería.
porta-seios.- *(porta sêius)* s. sujetador, sostén. / V. **sutiã.**
portátil.- *(portátchiu)* adj. portátil.
porta-voz.- *(porta vós)* s. portavoz, vocero
porte.- *(pórtchi)* s. porte, transporte, franqueo. / talla. / comportamiento.
porteiro.- *(portêru)* s. portero.
portento.- *(portentu)* s. portento.
portentoso.- *(portentôz'u)* adj. portentoso.
pórtico.- *(pórtchiku)* s. Arquit. pórtico, portal.
porto.- *(pôrtu)* s. puerto.
porto-riquenho.- *(pôrtu riqueñu)* adj. y s. portorriqueño.
porto-riquense.- *(portu riquensi)* adj. y s. portorriqueño.
portuário.- *(portuáriu)* adj. portuario.
português.- *(português)* adj. y s. portugués. / la lengua portuguesa.
porvir.- *(porv'ir)* s. porvenir, futuro.
posar.- *(poz'ar)* v. posar.
pose.- *(poz'i)* s. pose.
pós-escrito.- *(pós escritu)* adj. escrito después. / s. posdata.
posição.- *(poz'isãu)* s. posición, postura, situación.
posicionar.- *(poz'isionar)* v. poner en posición. / P. asumir una posición, situarse.
positivar.- *(poz'itchiv'ar)* v. hacerse positivo.
positivismo.- *(poz'itchiv'ismu)* s. positivismo.
positivo.- *(poz'itchiv'ismu)* adj. positivo.
posologia.- *(poz'olojhía)* s. posología.
pospor.- *(pospôr)* v. posponer, retrasar, aplazar.
posposto.- *(pospôstu)* adj. pospuesto, postergado.
possante.- *(posantchi)* adj. poderoso, fuerte, valiente, majestuoso.
posse.- *(pósi)* s. posesión.
posseiro.- *(posêru)* s. Bras. individuo que ocupa tierras desocupadas. / partícipe, el que tiene parte en algo, quiñonero.
posses.- *(pósis)* s. pl. medios de vida: bienes. / *de posses: adinerado; aptitud, capacidad.
possessão.- *(posesãu)* s. posesión, colónia.
possessivo.- *(posesiv'u)* adj. posesivo.
possesso.- *(posésu)* adj. poseso, endemoniado.
possibilidade.- *(posibilidadji)* s. posibilidad, probabilidad.
possibilitar.- *(posibilitar)* v. posibilitar.
possível.- *(posív'eu)* adj. posible, probable, viable.
possuidor.- *(posuidôr)* s. poseedor.
possuir.- *(posuir)* v. poseer. / disfrutar de. / tener cópula con.
posta.- *(pósta)* s. trozo de pescado. / adj. postal.
postal.- *(postáu)* s. tarjeta postal.
postar.- *(postar)* v. Bras. poner las cartas en el buzón. / 2ª v. poner a alguien en un lugar o puesto. / P. permanecer mucho tiempo. / ponerse.
posta-restante.- *(posta restantchi)* s. lista de correos.
poste.- *(póstchi)* s. poste, madero, pilar.
pôster.- *(pôster)* s. póster, cartel.
postergar.- *(postergar)* v. postergar.
posteridade.- *(posteridadji)* s. posteridad.
posterior.- *(posteriôr)* adj. posterior, ulterior, siguiente.
postiço.- *(postchisu)* adj. postizo.
postigo.- *(postchigu)* s. postigo, portillo.
posto.- *(pôstu)* s. puesto. / Bras. *posto de gasolina: gasolinera.
postular.- *(postular)* v. postular, pedir, solicitar, suplicar.
póstumo.- *(póstumu)* adj. póstumo.
postura.- *(postura)* s. postura, actitud.
potássio.- *(potásiu)* s. Quím. potasio.
potável.- *(potáv'eu)* adj. potable.
pote.- *(pótchi)* s. pote, recipiente o tinaja de barro o de otro material para líquidos, etc. / Fig. Fam. persona gorda, achaparrada, rechoncha.
potência.- *(potênsia)* s. potencia.
potencial.- *(potensiáu)* adj. potencial.
potentado.- *(potentadu)* s. potentado.
potente.- *(potentchi)* adj. potente, poderoso, enérgico.
potranco.- *(potranko)* s. Bras. potro de menos de dos años.
potro.- *(pôtru)* s. potro.
pouca-vergonha.- *(poka v'ergoña)* s. desvergüenza.
pouco.- *(pôku)* adv. poco, insuficiente. / *pouco a pouco. / *pouco e pouco. / *aos poucos y *a pouco e pouco: poco a poco. / pron. indef. poco, escaso. / s. poca cantidad..
poupado.- *(popadu)* adj. económico, parco.
poupança.- *(popansa)* s. ahorro, economía. / Bras. *caderneta de poupança: libreta de ahorro.
poupar.- *(popar)* v. ahorrar, economizar.
pousada.- *(poz'ada)* s. posada, albergue, hostería, mesón.
pousar.- *(poz'ar)* v. posar. / P. posarse.
povo.- *(pov'u)* s. gente, pueblo, vulgo, nación.
povoação.- *(pov'uasãu)* s. población, pueblo, poblado.
povoado.- *(pov'uadu)* s. pueblo, poblado, lugar, población pequeña.
povoar.- *(pov'uar)* s. poblar.
praça.- *(prasa)* s. plaza. / mercado, feria. / el comercio en general. / almoneda, subasta, remate.
pracinha.- *(pasiña)* s. soldado de la Fuerza Expedicionaria brasileña en la II Guerra Mundial.
prado.- *(pradu)* s. prado. / Bras. hipódromo.
praga.- *(praga)* s. plaga. / *rogar praga a: maldecir a alguien.

pragmática.- *(pragmátchika)* s. pragmática.
praguejar.- *(praguejhar)* v. maldecir.
praia.- *(praia)* s. playa.
prancha.- *(pranscha)* s. plancha.
prancheta.- *(pranschêta)* s. tabla para dibujar.
pranto.- *(prantu)* sm. llanto.
prata.- *(prata)* s. Quím. plata.
prataria.- *(prataría)* s. conjunto de objetos de plata.
prateado.- *(pratchiadu)* adj. plateado, argénteo.
pratear.- *(pratchiar)* v. platear.
prateleira.- *(pratchelêra)* s. estante, balda, anaquel, entrepaño.
prática.- *(prátchika)* s. práctica, experiencia.
praticante.- *(pratchikantchi)* adj. practicante.
praticar.- *(pratchikar)* v. practicar, ejercer, realizar, conversar.
praticável.- *(pratchikáv'eu)* adj. practicable.
prático.- *(prátchiku)* adj. práctico.
prato.- *(pratu)* s. plato.
prato-feito.- *(pratu feitu)* s. comida trivial y de bajo precio y que ya viene servida en el plato.
pratos.- *(pratus)* s pl. platos (instrumento de percusión).
praxe.- *(praschi)* s. práctica, costumbre.
prazenteiro.- *(praz'entêru)* adj. placentero, agradable, apacible. / alegre, divertido, simpático.
prazer.- *(praz'êr)* s. placer, agrado, goce, alegría, satisfacción.
prazo.- *(praz'u)* s. plazo. / *a prazo: a crédito.
preamar.- *(preamar)* s. marea alta.
preâmbulo.- *(preâmbulu)* s. preámbulo, preliminar, prólogo.
prebenda.- *(prebenda)* s. prebenda. / Bras. tarea desagradable.
precário.- *(prekáriu)* adj. precario, frágil, incierto.
precatar.- *(prekatar)* v. y p. precaver(se), prevenir(se).
precaução.- *(prekausãu)* s. precaución, cautela, resguardo.
precaver.- *(prekavêr)* v. y p. precatar.
precavido.- *(prekav'idu)* adj. precavido, prevenido.
prece.- *(prési)* s. oración, rezo, plegaria, súplica.
precedência.- *(presedênsia)* s. precedencia, anterioridad.
precedente.- *(presedentchi)* adj. precedente, anterior.
preceder.- *(preseder)* v. preceder, anteceder.
preceito.- *(preseitu)* s. precepto, mandamiento, orden, regla, método.
preceptor.- *(preseptôr)* s. preceptor.
precioso.- *(presiôz'u)* adj. de gran precio. / suntuoso. / muy valioso. / presumido, pedante.
precipício.- *(presipísiu)* s. precipicio, abismo.
precipitado.- *(presipitadu)* adj. precipitado, arrebatado, impetuoso.
precipitar.- *(presipitar)* v. precipitar, apresurar, despeñar. / P. precipitarse.
precisão.- *(presiz'ãu)* s. precisión, necesidad, exactitud.
precisar.- *(presiz'ar)* v. precisar, necesitar, determinar.
preciso.- *(presiz'u)* adj. preciso, necesario. / exacto, determinado.
preclaro.- *(prekláru)* adj. preclaro, esclarecido, ilustre.
preço.- *(prêsu)* s. precio, coste, importe, valor, valía.
precoce.- *(prekósi)* adj. precoz, prematuro, adelantado.
precocidade.- *(prekosidadji)* s. precocidad.
preconceber.- *(prekonseber)* v. preconcebir.
preconceito.- *(prekonseitu)* s. prejuicio, intolerancia.
preconizar.- *(prekoniz'ar)* v. preconizar.
precursor.- *(prekursôr)* adj. y s. precursor, predecesor.
predador.- *(predadôr)* s. predador.
predecessor.- *(predesesôr)* s. predecesor.
predestinar.- *(predestchinar)* v. predestinar.
predeterminar.- *(predeterminar)* v. predeterminar
prédica.- *(prédjika)* s. prédica, discurso.
predicado.- *(predjikadu)* s. predicado.
predição.- *(predjisãu)* s. predicción, vaticinio, pronóstico.
predicar.- *(predjikar)* v. predicar.
predileção.- *(predjilesãu)* s. predilección.
predileto.- *(predjilétu)* adj. predilecto.
prédio.- *(prédjiu)* s. edificio, predio.
predispor.- *(predjispôr)* v. y p. predisponer(se).
predisposição.- *(predjispoz'isãu)* s. predisposición.
predisposto.- *(predjispôstu)* adj. predispuesto.
predizer.- *(predjiz'er)* v. predecir, presagiar, vaticinar.
predominância.- *(predominansia)* s. predominancia.
predominante.- *(predominantchi)* adj. predominante.
predominar.- *(predominar)* v. predominar, preponderar, prevalecer.
predomínio.- *(predomíniu)* s. predominio, preponderancia.
preeminente.- *(preeminentchi)* adj. preeminente. / superior, sublime, excelso; notable, distinguido.
preencher.- *(preenscher)* v. henchir, cumplir, rellenar.
pré-escolar.- *(pré eskolar)* adj. preescolar. / s. niño o niña que frecuenta el preescolar.
preexistir.- *(préez'istir)* v. preexistir.
pré-fabricado.- *(pré fabrikadu)* s. prefabricado.
prefaciar.- *(prefasiar)* v. escribir en prefacio,
prefácio.- *(prefásiu)* s. prefacio, preámbulo, prólogo.
prefeito.- *(prefeitu)* s. prefecto, alcalde, gobernador.
prefeitura.- *(prefeitura)* s. prefectura, alcaldía.
preferência.- *(prefeitura)* s. preferencia, predilección.
preferencial.- *(preferensiáu)* adj. preferencial.
preferente.- *(preferentchi)* adj. preferente.
preferir.- *(preferir)* s. preferir, anteponer, escoger.
prefixar.- *(prefiksar)* v. prefijar.
prefixo.- *(prefiksu)* s. prefijo.
prega.- *(préga)* s. pliegue.
pregador.- *(pregadôr)* s. orador, predicador.
pregão.- *(pregãu)* s. pregón.
pregar.- *(pregar)* v. clavar, fijar. / unir, pegar. / hacer creer, engañando. / Bras. agotarse, extenuarse / 2º v. predicar, sermonear, aconsejar, preconizar.
prego.- *(prégu)* s. clavo.
pregoeiro.- *(pregoêru)* adj. pregonero.

preguear.- *(preguiar)* v. plegar, hacer pliegues.
preguiça.- *(preguisa)* s. pereza, indolencia, lentitud, flojedad. / Bras. perezoso (animal).
preguiçoso.- *(preguisôz'u)* adj. perezoso, negligente, indolente, lento, tardo.
pré-história.- *(pré história)* s. prehistoria.
prejudicar.- *(prejhudjikar)* v. perjudicar, damnificar, inutilizar.
prejudicial.- *(prejhudjisiáu)* adj. perjudicial, dañino, nocivo.
prejuízo.- *(prejhuíz'u)* s. perjuicio, pérdida. / prejuicio, superstición.
prelado.- *(preladu)* s. prelado.
preleção.- *(prelesãu)* s. discurso o conferencia didáctica.
preliminar.- *(preliminar)* adj. preliminar. / s. informe que antecede ley o decreto. / 2ª s. condición previa.
prelo.- *(prélu)* s. prensa. / *estar no prelo: se dice de obra que se está imprimiendo.
preludiar.- *(preludjiar)* v. preludiar.
prelúdio.- *(prelúdjiu)* s. preludio.
prematuro.- *(prematuru)* adj. prematuro, temprano. / s. prematuro.
premeditação.- *(premedjitasãu)* s. premeditación.
premeditar.- *(premedjitar)* v. premeditar.
premente.- *(prementchi)* adj. urgente.
premiar.- *(premiar)* v. premiar, galardonar, laurear, recompensar, remunerar.
prêmio.- *(prêmiu)* s. premio, recompensa.
premissa.- *(premisa)* s. premisa.
premonição.- *(premonisãu)* s. premonición.
pré-natal.- *(pré natáu)* adj. prenatal.
prenda.- *(prenda)* s. prenda, dádiva, regalo. / aptitud, habilidad.
prendado.- *(prendadu)* adj. dotado de talento.
prender.- *(prender)* v. prender, unir, atar, asegurar, agarrar. / capturar, aprisionar. / cautivar, atraer, fascinar. / P. agarrarse, prenderse, encariñarse.
prenhada.- *(preñada)* adj. preñada, embarazada, encinta.
prenhe.- *(preñe)* adj. preñada. / lleno, repleto.
prenhez.- *(preñês)* s. preñez.
prenome.- *(prénomi)* s. nombre, el que precede el de familia.
prensa.- *(prensa)* s. prensa.
prensar.- *(prensar)* v. prensar. / apretar mucho.
prenunciar.- *(prenunsiar)* v. predecir.
prenúncio.- *(prenunsiu)* s. prenuncio, presagio, prognóstico.
preocupação.- *(preokupasãu)* s. preocupación.
preocupar.- *(preokupar)* v. preocupar.
preparação.- *(preparasãu)* s. preparación.
preparado.- *(preparadu)* adj. preparado.
preparar.- *(preparar)* v. preparar, disponer con antelación. / P. vestirse.
preparativos.- *(preparatchiv'us)* s. preparativos.
preparatório.- *(preparatóriu)* adj. preparatorio.
preparo.- *(preparu)* s. preparación. / Bras. competencia, instrucción, cultura.
preponderância.- *(preponderânsia)* s. preponderancia
preponderante.- *(preponderântchi)* adj. preponderante
preponderar.- *(preponderar)* v. preponderar, predominar, prevalecer. / Bras. competencia, instrucción, cultura.
preposição.- *(prepoz'isãu)* s. Gram. preposición.
prepotência.- *(prepotensia)* s. prepotencia, abuso del poder.
prepotente.- *(prepotênsia)* adj. prepotente.
prepúcio.- *(prepúsiu)* s. Anat. prepucio.
prerrogativa.- *(prer'ogatchiv'a)* s. prerrogativa.
presa.- *(prez'a)* s. presa. / pillaje , botín. / diente canino.
presbítero.- *(presbíteru)* s. presbítero. / sacerdote, padre.
prescindir.- *(presindjir)* v. prescindir.
prescrever.- *(preskrev'er)* v. prescribir, recetar.
prescrição.- *(preskrisãu)* s. prescripción.
prescrito.- *(preskritu)* adj. prescrito.
presença.- *(prez'ensa)* s. presencia.
presenciar.- *(prez'ensiar)* v. presenciar.
presente.- *(prez'entchi)* adj. actual, presente. / s. presente, dádiva, regalo.
presentear.- *(prez'entchiar)* v. regalar, obsequiar.
presepada.- *(prez'epada)* s. Bras. fanfarronada.
presépio.- *(prez'épiu)* s. belén, pesebre.
preservar.- *(prez'erv'ar)* v. preservar(se), librar(se).
preservativo.- *(prez'erv'atchiv'u)* s. preservativo.
presidência.- *(prez'idensia)* s. presidencia.
presidente.- *(prez'identchi)* s. presidente.
presidiário.- *(pez'idjiáriu)* s. presidiario, penitenciario.
presídio.- *(prez'ídjiu)* s. penitenciaría, presidio.
presidir.- *(prez'idjir)* v. presidir, dirigir.
presilha.- *(prez'illa)* s. presilla.
preso.- *(prez'u)* adj. preso, arrestado. / s. detenido, recluso.
pressa.- *(presa)* s. prisa, premura.
pressagiar.- *(presajhiar)* v. presagiar.
presságio.- *(presájhiu)* s. presagio, agüero, augurio.
pressão.- *(presãu)* s. presión.
pressentimento.- *(presentchimentu)* s. presentimiento, intuición, premonición.
pressentir.- *(presentchir)* v. presentir, intuir, presagiar, sospechar.
pressupor.- *(presupôr)* v. presuponer, prever.
pressuposto.- *(pesupôstu)* s. presupuesto.
pressuroso.- *(presurôz'u)* adj. presuroso.
prestação.- *(prestasãu)* s. prestación, plazos.
prestamista.- *(prestasu)* s. prestamista.
prestar.- *(prestar)* v. prestar, conceder, dispensar. / P. ser adecuado, servir.
prestativo.- *(prestatchiv'u)* adj. servicial, solícito.
prestes.- *(prestchis)* adj. presto. / que está a punto de ocurrir. / adv. rapidamente.
presteza.- *(prestêz'a)* s. presteza, prisa, prontitud.
prestigiar.- *(prestchijhiar)* v. prestigiar.
prestígio.- *(prestchíjhiu)* s. prestigio.
prestimoso.- *(prestchimôz'u)* adj. útil, servicial.
presumido.- *(prez'umidu)* adj. presumido, presuntuoso.

presumir.- *(prez'umir)* v. presumir, suponer, presuponer.
presumível.- *(prez'umív'eu)* adj. presumible.
presunção.- *(prez'unsãu)* s. presunción, sospecha, suposición. / arrogancia, vanidad.
presunçoso.- *(prez'unsôz'u)* adj. presuntuoso, vanidoso, presumido.
presunto.- *(prez'untu)* s. jamón.
pretendente.- *(pretendentchi)* adj. pretendiente, candidato. / pretendiente a boda.
pretender.- *(pretender)* v. pretender, aspirar, solicitar. / P. juzgarse, considerarse.
pretensão.- *(pretensãu)* s. pretensión.
pretensioso.- *(pretensiôz'u)* adj. pretencioso, presumido.
pretenso.- *(pretensu)* adj. pretenso, supuesto, ficticio.
preterir.- *(preterir)* v. preterir.
pretérito.- *(pretéritu)* adj. pretérito.
pretexto.- *(pretestu)* s. pretexto, excusa, subterfugio.
preto.- *(prêtu)* adj. negro. / Bras. difícil, peligroso.
pretor.- *(pretôr)* s. pretor.
prevalecer.- *(prev'aleser)* v. prevalecer, predominar. / P. valerse, aprovecharse.
prevaricar.- *(prev'arikar)* v. prevaricar.
prevenção.- *(prev'ensãu)* s. prevención, preocupación, providencia, reserva.
prevenir.- *(prev'enir)* v. prevenir, anticipar, avisar, precaver, preparar.
preventivo.- *(prev'entchiv'u)* adj. preventivo, profiláctico.
prever.- *(prev'er)* v. prever, calcular, presuponer, suponer, pronosticar.
previdente.- *(prev'identchi)* adj. precavido, preventivo, previsor.
prévio.- *(prév'iu)* adj. previo.
previsão.- *(prév'iu)* s. previsión, pronóstico.
prezado.- *(prez'adu)* adj. estimado, muy querido, preciado.
prezar.- *(prez'ar)* v. preciar, apreciar, estimar.
prima.- *(prima)* s. prima (fem. de primo).
primar.- *(primar)* v. primar, ser el primero.
primário.- *(primáriu)* adj. primario.
primata.- *(primata)* s. Zool. primate.
primavera.- *(primav'éra)* s. primavera.
primaveral.- *(primav'erau)* adj. primaveral.
primazia.- *(primaz'ía)* s. primacía, prioridad, excelencia.
primeiro.- *(primêru)* num. primero. / adj. primero, primordial. / adv. antes, primero.
primícias.- *(primísias)* s. pl. primicias.
primitivo.- *(primitchiv'u)* adj. primitivo.
primo.- *(primu)* s. primo.
primogênito.- *(primojhênitu)* adj. primogénito.
primor.- *(primôr)* s. primor, belleza.
primordial.- *(primordjiáu)* adj. primordial.
primórdio.- *(primórdjiu)* s. principio. / origen, fuente.
primoroso.- *(primorôz'u)* adj. primoroso, excelente, delicado, perfecto.
princesa.- *(prinsez'a)* s. princesa.
principado.- *(prinsipadu)* s. principado.
principal.- *(prinsipáu)* adj. principal.
príncipe.- *(prínsipi)* s. príncipe.
principiante.- *(prinsipiantchi)* adj. y s. principiante, aprendiz.
principiar.- *(prinsipiar)* v. principiar, comenzar, empezar, iniciar.
princípio.- *(prinsípiu)* s. principio.
prior.- *(priôr)* s. prior.
prioridade.- *(prioridadji)* s. prioridad, privilegio.
prioritário.- *(prioritáriu)* adj. prioritario.
prisão.- *(priz'ãu)* s. prisión, apresamiento, cautiverio, cárcel, penal, penitenciaría, presidio.
prisioneiro.- *(priz'ionêru)* s. prisionero, recluso.
prisma.- *(prisma)* s. Geom. prisma.
privação.- *(priv'asãu)* s. privación, abstención, abstinencia.
privado.- *(priv'adu)* adj. privado, personal. / carente.
privar.- *(priv'ar)* v. privar, despojar, abstenerse, cohibir.
privativo.- *(priv'atchiv'u)* adj. privativo, exclusivo.
privilegiar.- *(priv'ilejhiar)* v. privilegiar.
privilégio.- *(priv'iléjhiu)* s. privilegio, regalía.
pró.- *(pró)* adv. a favor. / s. ventaja, conveniencia.
proa.- *(prôa)* s. proa. / Fam. vanidad, presunción.
probabilidade.- *(probabilidadji)* s. probabilidad.
problema.- *(problema)* s. problema.
problemática.- *(problemátchika)* s. problemática.
problemático.- *(problemátchiko)* adj. problemático.
procaz.- *(prokás)* adj. procaz.
procedência.- *(prosedênsia)* s. procedencia.
procedente.- *(prosedentchi)* adj. procedente, oriundo.
proceder.- *(proseder)* v. proceder, provenir, tramitar, venir. / s. procedimiento.
procedimento.- *(prosedjimentu)* s. procedimiento, conducta, comportamiento. / Inform. programa que controla la ejecución de otros programas.
procela.- *(proséla)* s. tempestad marítima.
proceloso.- *(proselôz'u)* adj. proceloso.
prócer.- *(próser)* s. prócer.
processador.- *(prosesadôr)* adj. procesador. / s. Inform. procesador de datos.
processamento.- *(prosesamentu)* s. procesamiento. / *processamento de dados: procesamiento de datos.
processar.- *(prosesar)* v. procesar. / Inform. procesar datos.
processo.- *(prosésu)* s. proceso. / Inform. proceso.
processual.- *(prosesuáu)* adj. procesal.
procissão.- *(prosisãu)* s. procesión.
proclama.- *(proklama)* s. proclama, pregón.
proclamar.- *(proklamar)* v. pregonar, proclamar. / P. proclamarse, hacerse aclamar.
procriar.- *(prokriar)* v. procrear, producir.
procura.- *(prokura)* s. búsqueda.
procuração.- *(prokurasãu)* s. procuración, poder.
procurador.- *(prokuradôr)* s. procurador, apoderado. / abogado del estado.
procuradoria.- *(prokuradoría)* procuraduría.
procurar.- *(prokurar)* v. procurar, buscar. / demandar, solicitar. Indagar, inquirir.
prodigalizar.- *(prodjigaliz'ar)* v. prodigar.

prodígio.- *(prodjijhiu)* s. prodigio, portento.
prodigioso.- *(prodjijhiôz'u)* adj. prodigioso, extraordinario.
pródigo.- *(pródjigu)* adj. pródigo, disipador.
produção.- *(produsãu)* s. producción, trabajo.
produtivo.- *(prodjutchiv'u)* adj. productivo, rentable.
produto.- *(produtu)* s. producto.
produtor.- *(produtôr)* adj. y s. productor.
produzir.- *(produz'ir)* v. producir, fabricar, hacer. / criar, engendrar. / v. refl. Bras. vestirse, arreglarse con esmero.
proeminência.- *(proeminênsia)* s. prominencia.
proeminente.- *(proeminentchi)* adj. prominente.
proeza.- *(proêz'a)* s. proeza, aventura, hazaña.
profanar.- *(profanar)* v. profanar, violar,
profano.- *(profanu)* adj. profano.
profecia.- *(profesía)* s. profecía, vaticinio.
proferir.- *(proferir)* v. proferir, pronunciar.
professar.- *(profesar)* v. profesar.
professor.- *(profesôr)* s. profesor, maestro, pedagogo.
professorado.- *(profesoradu)* s. profesorado, magisterio.
profeta.- *(proféta)* s. profeta, adivino.
profético.- *(profétchiku)* adj. profético.
profetizar.- *(profetchiz'ar)* v. profetizar, adivinar, vaticinar.
proficiente.- *(profisientchi)* adj. competente, eficaz.
profiláctico.- *(profiláktchiku)* adj. profiláctico.
profilaxia.- *(profilaksía)* s. profilaxis.
profissão.- *(profisãu)* s. profesión.
profissional.- *(profisionáu)* adj. y s. profesional.
prófugo.- *(prófugu)* adj. prófugo, fugitivo.
profundidade.- *(profundjidadji)* s. profundidad.
profundo.- *(profundu)* adj. profundo, hondo, penetrante.
profusão.- *(profuz'ãu)* s. profusión.
progênie.- *(projhênii)* s. progenie, prole.
progenitor.- *(projhenitôr)* s. progenitor.
prognosticar.- *(prognostchikar)* v. pronosticar, predecir.
prognóstico.- *(prognóstchiku)* s. pronóstico.
programa.- *(programa)* s. programa. / compromisos por atender.
programação.- *(programasãu)* s. programación.
programador.- *(programadôr)* s. programador. / Inform. programador.
programar.- *(programar)* v. programar.
progredir.- *(progredjir)* v. progresar, avanzar, prosperar.
progressista.- *(progresista)* adj. progresista, amigo del progreso.
progresso.- *(progrésu)* s. progreso, avance, desarrollo.
proibição.- *(proibisãu)* s. prohibición, interdicción, veto.
proibir.- *(proibir)* v. prohibir, vedar.
proibitivo.- *(proibitchiv'u)* adj. prohibitivo.
projeção.- *(projhesãu)* s. proyección.
projetar.- *(projhetar)* v. proyectar.
projetil o **projétil.**- *(projhetchiu* o *projhétchiu)* s. proyectil.
projetista.- *(projhetchista)* adj. s. proyectista.
projeto.- *(projhétu)* s. proyecto, plan, programa.
projetor.- *(projhetôr)* s. proyector.
prol.- *(próu)* s. Antig. ganancia, provecho. / *em prol de: en provecho de o en defensa de.
prole.- *(próli)* s. prole, descendencia, hijos, generación.
proletariado.- *(proletariadu)* s. proletariado.
proletário.- *(proletáriu)* s. proletario.
proliferação.- *(proliferasãu)* s. proliferación.
proliferar.- *(proliferar)* v. proliferar.
prolífero.- *(prolíferu)* adj. prolífico, fructífero, fecundo.
prolífico.- *(prolífiku)* adj. prolífero.
prolixo.- *(proliksu)* adj. prolijo, excesivo, superabundante.
prólogo.- *(prólogu)* s. prefacio, prólogo.
prolongar.- *(prolongar)* v. prolongar, alargar, continuar.
promessa.- *(promésa)* s. promesa, voto.
prometer.- *(prometer)* v. prometer, afirmar, asegurar.
prometido.- *(prometchiu)* s. prometido, novio.
promiscuidade.- *(promiskuidadji)* s. promiscuidad.
promíscuo.- *(promískuu)* adj. promiscuo, mezclado, confuso.
promissor.- *(promisôr)* adj. prometedor, promisorio.
promissória.- *(promisória)* s. pagaré.
promoção.- *(promosãu)* s. promoción. / acceso a cargo o función superior. / Bras. campaña de publicidad.
promontório.- *(promontóriu)* s. promontorio.
promotor.- *(promotôr)* s. promotor.
promotoria.- *(promotoría)* s. Jur. promotoría, fiscalía. / cargo u oficio de promotor o fiscal en los tribunales.
promover.- *(promov'er)* v. promover, fomentar, suscitar. / P. promoverse (frecuentar fiestas y reuniones con el fin de mantenerse siempre conocido).
promulgar.- *(promuugar)* v. promulgar.
pronome.- *(pronomi)* s. Gram. pronombre.
pronominal.- *(pronomináu)* adj. pronominal.
prontidão.- *(prontchidãu)* s. prontitud, presteza, rapidez, brevedad.
prontificar-se.- *(prontchifikarsi)* v. ofrecerse, prestarse, disponerse.
pronto.- *(prontu) adj.* acabado, terminado, listo, preparado. / presto, veloz, ligero. / Arg. Bras. sin dinero.
pronto-socorro.- *(prontu sokôr'u)* s. hospital para casos de urgencia.
pronúncia.- *(pronúnsia)* s. pronunciación.
pronunciamento.- *(pronunsiamentu)* s. pronunciamiento.
pronunciar.- *(pronunsiar)* v. pronunciar, proferir, articular.
propagação.- *(propagasãu)* s. propagación, invasión.
propaganda.- *(propaganda)* s. propaganda.
propagar.- *(propagar)* v. propagar, contagiar, difundir, generalizar, transmitir. / P. propagarse, divulgarse.

propalar.- *(propalar)* v. propalar, alardear, divulgar.
proparoxítono.- *(proparoksitonu)* adj. esdrújulo.
propensão.- *(propensãu)* s. propensión, tendencia, inclinación.
propenso.- *(propensu)* adj. propenso, tendencioso, proclive, favorable.
propiciar.- *(propisiar)* v. propiciar.
propício.- *(propísiu)* adj. propicio.
propina.- *(propina)* s. propina.
propinar.- *(propinar)* v. propinar.
proponente.- *(proponentchi)* adj. proponente.
propor.- *(propôr)* v. proponer. / P. proponerse, disponerse.
proporção.- *(proporsãu)* s. proporción, simetría.
proporcional.- *(proporsionáu)* adj. proporcional.
proporcionar.- *(proporsionar)* v. proporcionar, ofrecer, suministrar, facilitar, proveer.
proposição.- *(propoz'isãu)* s. proposición.
propósito.- *(propóz'itu)* s. propósito, intención.
proposta.- *(propósta)* s. propuesta, oferta.
proposto.- *(propôstu)* adj. propuesto.
propriedade.- *(propriedadji)* s. propiedad, virtud, dominio. / inmueble.
proprietário.- *(proprietariu)* s. propietario, amo, dueño.
próprio.- *(própriu)* adj. propio, privativo, oportuno, adecuado.
propugnar.- *(propugnar)* v. propugnar.
propulsão.- *(propúusãu)* s. propulsión.
propulsar.- *(propúusar)* v. propulsar.
prorrogação.- *(pror'ogasãu)* s. prórroga.
prorrogar.- *(pror'ogar)* v. prorrogar, aplazar.
prorrogável.- *(pror'ogáv'eu)* adj. prorrogable.
prorromper.- *(pror'omper)* v. prorrumpir.
prosa.- *(próz'a)* s. prosa. / Fam. astucia. / Bras. conversación. / Bras. fanfarronada. / s. Bras. fanfarrón.
prosaico.- *(proz'aiku)* adj. prosaico.
proscrever.- *(proskrev'er)* v. proscribir.
proscrito.- *(proskritu)* adj. y s. proscrito.
proselitismo.- *(proz'elitchismu)* s. proselitismo.
prosélito.- *(proz'élitu)* s. prosélito.
prosódia.- *(proz'ódjia)* s. prosodia.
prospecto.- *(prospéktu)* s. programa, prospecto.
prosperar.- *(prosperar)* v. prosperar, progresar, adelantar, mejorar.
prosperidade.- *(prosperidadji)* s. prosperidad.
próspero.- *(prósperu)* adj. próspero.
prospeto.- *(prospétu)* s. prospecto.
prosseguimento.- *(proseguimentu)* s. seguimiento.
prosseguir.- *(proseguir)* v. proseguir, continuar, insistir.
próstata.- *(próstata)* s. Anat. próstata.
prosternar.- *(prosternar)* v. prosternar, postrar.
prostíbulo.- *(prostchíbulu)* s. prostíbulo, burdel.
prostituição.- *(prostchituisãu)* s. prostitución.
prostituir.- *(prostchituir)* v. y p. prostituir(se).
prostituta.- *(prostchituta)* s. prostituta, meretriz.
prostração.- *(prostrasãu)* s. postración.
prostrar.- *(prostrar)* v. postrar, abatir, derrumbar. / P. tirarse boca abajo en el suelo.
protagonista.- *(protagonista)* s. protagonista.
proteção.- *(protesãu)* s. protección, amparo, auxilio, ayuda.
protecionismo.- *(protesionismu)* s. proteccionismo.
proteger.- *(protejher)* v. proteger, amparar, defender, auxiliar, abrigar.
protegido.- *(protejhidu)* adj. y s. protegido, refugiado. / favorito.
proteína.- *(proteína)* s. proteína.
protelar.- *(protelar)* v. prorrogar, demorar, retardar.
prótese.- *(prótez'i)* s. prótesis.
protestante.- *(protestantchi)* adj. protestante.
protestantismo.- *(protestantchismu)* s. protestantismo.
protestar.- *(protestar)* v. protestar.
protesto.- *(protéstu)* s. protesta, reclamación.
protetor.- *(protetôr)* adj. protector, defensor.
protetorado.- *(protetoradu)* s. protectorado.
protocolar.- *(protokolar)* adj. protocolario.
protocolo.- *(protokólu)* s. protocolo. / departamento donde se registra entrada de documentos. / formulario regulador de actos públicos.
protoplasma.- *(protoplasma)* s. Biol. protoplasma.
protótipo.- *(protótchipu)* s. prototipo.
protuberância.- *(protuberansia)* s. protuberancia.
prova.- *(prov'a)* s. prueba, test. / comprobación. / testimonio.
provação.- *(prov'asãu)* s. prueba, desdicha, tormento, pena.
provador.- *(provador)* s. probador.
provar.- *(prov'ar)* v. probar, argüir, demostrar, evidenciar, justificar.
provável.- *(prov'áv'eu)* adj. probable, verosímil.
provedor.- *(prov'edôr)* s. proveedor.
proveito.- *(prov'eitu)* s. provecho, beneficio, goce, interés, lucro.
proveitoso.- *(prov'eitôz'u)* adj. provechoso, útil.
proveniência.- *(prov'eniensia)* s. proveniencia, procedencia, origen.
proveniente.- *(prov'enientchi)* adj. proveniente, originario, procedente.
prover.- *(prover)* v. proveer, abastecer, aprovisionar, equipar, habilitar, mantener surtir. / P. proveerse.
proverbial.- *(prov'erbiáu)* adj. proverbial.
provérbio.- *(prov'érbiu)* s. proverbio, máxima, refrán, adagio.
proveta.- *(prov'êta)* s. probeta.
providência.- *(prov'idênsia)* s. providencia.
providencial.- *(prov'idensiáu)* adj. providencial.
providenciar.- *(providensiar)* v. encargar.
província.- *(prov'insia)* s. provincia.
provincial.- *(prov'insiáu)* adj. provincial.
provinciano.- *(prov'insianu)* adj. y s. provinciano.
provir.- *(provir)* v. provenir, proceder, derivar.
provisão.- *(prov'iz'ãu)* s. provisión, suministro.
provisório.- *(prov'iz'óriu)* adj. provisional, transitorio. / interino.
provocação.- *(provokasãu)* s. provocación, desafío, reto, tentación.
provocador.- *(prov'okadôr)* s. provocador.
provocar.- *(prov'okar)* v. provocar, desafiar, incitar, inducir.

proxeneta.- *(proksenêta)* s. proxeneta, alcahueta.

proximidade.- *(prosimidadji)* s. proximidad, aproximación, inmediación.

próximo.- *(prósimu)* adj. próximo, inmediato, cercano, vecino.

próximo.- *(prósimu)* s. el prójimo, el ser humano, los hombres.

prudência.- *(prudênsia)* s. prudencia, templanza, moderación, parsimonias, formalidad.

prudente.- *(prudentchi)* adj. prudente, comedido, juicioso, cuerdo, cauto, precavido.

prumo.- *(prumu)* s. nivel, plomo, plomada. / *a prumo: verticalmente.

pseudônimo.- *(pseudônimu)* s. seudónimo.

psicanálise.- *(psikanáliz'i)* s. psicoanálisis, sicoanálisis.

psicologia.- *(psikolojhía)* s. psicología, sicología.

psicológico.- *(psikolójhiku)* adj. psicológico, sicológico.

psicólogo.- *(psikólogu)* s. psicólogo, sicólogo.

psicopata.- *(psikópata)* s. psicópata.

psicose.- *(psikóz'i)* s. Med. psicosis, sicosis.

psicoterapia.- *(psikoterapía)* s. psicoterapia, sicoterapia.

psique.- *(psiquê)* s. psique, sique.

psíquico.- *(psíquiku)* adj. psíquico, síquico.

psiz.- *(psis)* interj. voz para imponer silencio.

pua.- *(púa)* s. púa; punta de la espuela. / Pop. borrachera.

puberdade.- *(puberdadji)* s. pubertad.

púbere.- *(púberi)* adj. púber.

púbis.- *(púbis)* s. Anat. pubis.

publicação.- *(publikasãu)* s. publicación.

pública-forma.- *(públika forma)* s. copia de un acto o documento certificada por un notario.

publicar.- *(publikar)* v. publicar, anunciar, editar, imprimir.

publicidade.- *(publisidadji)* s. publicidad.

publicista.- *(publisista)* s. publicista.

publicitário.- *(publisitáriu)* adj. y s. publicitario.

público.- *(públiku)* adj. público. / s. público, audiencia, asistencia.

púcaro.- *(púkaru)* s. vasija de barro o metal con asa para sacar pequeñas cantidades de líquidos.

pudera.- *(pudéra)* interj. claro, faltaría más.

pudico.- *(púdjiku)* adj. púdico

pudim.- *(pudjín)* s. cul. pudín, budín.

pudor.- *(pudôr)* s. pudor, recato, vergüenza, pundonor.

puerícia.- *(puerísia)* s. infancia.

puericultura.- *(puerikuutura)* s. puericultura.

pueril.- *(pueríu)* adj. pueril, infantil.

puerilidade.- *(puerilidadji)* s. puerilidad, niñería, frivolidad.

puérpera.- *(puérpera)* adj. y s. parturienta.

puf.- *(puf)* interj. designa cansancio, enfado, etc.

pugilismo.- *(pugjilismu)* s. boxeo.

pugilista.- *(pujhilista)* s. boxeador, pugilista.

pugna.- *(pugna)* s. pugna.

pugnar.- *(pugnar)* v. pugnar.

puído.- *(puídu)* adj. raído.

puir.- *(puir)* v. pulir, friccionar, desgastar por la fricción.

pujança.- *(pujhansa)* s. pujanza.

pujante.- *(pujhantchi)* adj. pujante, robusto, poderoso, vigoroso.

pular.- *(pular)* v. saltar. / *pular carnaval: bailar en los bailes de carnaval.

pulcro.- *(púukru)* adj. pulcro, hermoso y gentil, bello, atildado, esmerado, acicalado.

pulga.- *(púuga)* s. pulga.

pulgoso.- *(pulgosu)* adj. lleno de pulgas.

pulguento.- *(pulguentu)* adj. lleno de pulgas.

pulha.- *(pulla)* s. pulla. / s. individuo sin carácter, sin vergüenza.

pulmão.- *(puumãu)* s. Anat. pulmón.

pulo.- *(pulu)* s. salto. / ida rápida a un lugar.

pulôver.- *(pulôv'er)* s. jersey.

púlpito.- *(púupitu)* s. púlpito.

pulsação.- *(puusasãu)* s. pulsación, palpitación, latido.

pulsar.- *(puusar)* v. pulsar, palpitar, latir.

pulseira.- *(puusêra)* s. pulsera.

pulso.- *(púusu)* s. pulso, muñeca.

pulular.- *(pulular)* v. pulular, nacer una planta, brotar. / abundar, proliferar.

pulverizar.- *(puuv'eriz'ar)* v. pulverizar.

pum.- *(pun)* interj. designa estruendo o detonación. / s. Fam. pedo.

puma.- *(puma)* s. Zool. puma.

punção.- *(punsãu)* s. estilete quirúrgico.

punçar.- *(punsar)* v. punzar.

pundonor.- *(pundonôr)* s. pundonor, sentimiento de dignidad.

pungente.- *(punjhentchi)* adj. punzante, agudo. / doloroso, conmovedor.

pungir.- *(punjhir)* v. pungir, punzar, herir. / afligir, torturar; incentivar, estimular, incitar.

punguear.- *(punguear)* v. Bras. Arg. robar cartera, joyas, dinero, etc. de alguien en lugar de gran aglomeración.

punguista.- *(punguista)* s. Bras. ladrón de cartera, joyas, etc.

punhado.- *(puñadu)* s. puñado,

punhal.- *(puñáu)* s. daga, puñal.

punhalada.- *(puñalada)* s. puñalada.

punho.- *(puñu)* s. Anat. puño.

punição.- *(punisãu)* s. punición, castigo, pena.

punir.- *(punir)* v. punir, castigar. / P. castigarse a si propio.

punk.- *(punk)* Ingl. movimiento punk. / s. participante de este movimiento.

pupila.- *(pupila)* s. pupila.

pupilo.- *(pupilu)* s. pupilo.

purê.- *(purê)* s. puré.

pureza.- *(purêz'a)* s. pureza, castidad, inocencia, virginidad.

purga.- *(purga)* s. purga.

purgação.- *(purgasãu)* s. purgación.

purgante.- *(purgantchi)* s. laxante, purgante.

purgar.- *(purgar)* v. purgar, limpiar, purificar.

purgativo.- *(purgatchiv'u)* adj. purga, purgante.

purgatório.- *(purgatóriu)* s. purgatorio.

purificar.- *(purifikar)* v. purificar, depurar, sanear.
purista.- *(purista)* s. purista.
puritanismo.- *(puritasnismu)* s. puritanismo.
puritano.- *(puritanu)* adj. y s. puritano.
puro.- *(puru)* adj. puro, limpio, claro, casto.
púrpura.- *(púrpura)* s. púrpura.
purulência.- *(purulensia)* s. purulencia.
purulento.- *(purulentu)* adj. purulento, virulento.
pus.- *(pus)* s. pus.
pusilânime.- *(pusilânimi)* adj. pusilánime.
pústula.- *(pústula)* s. Med. pústula, postilla, úlcera. / Fig. corrupción, perversión, depravación.
pustulento.- *(pustulentu)* adj. pustuloso. / Fig. sujeto infame, de pésimo carácter.
pustuloso.- *(pustulosu)* adj. pustuloso. / Fig. sujeto infame, de pésimo carácter.
putativo.- *(putatchiv'u)* adj. putativo, supuesto.
putrefação.- *(putrefasãu)* s. putrefacción.
putrefacto.- *(putrefaktu)* adj. putrefacto.
putrefazer.- *(putrefaz'er)* v. y p. hacer(se) entrar en putrefacción.
pútrido.- *(pútridu)* adj. pútrido, podrido, putrefacto.
puxa.- *(puscha)* interj. Bras. caramba, caray.
puxada.- *(puschada)* s. empuje, empujón. / la carta que se juega primero en el juego de naipes.
puxado.- *(puschadu)* adj. estirado, tieso, extendido. / Bras. de precio muy alto. / agotador, cansado. / Bras. construcción que prolonga el cuerpo central de la casa.
puxador.- *(puschadôr)* s. tirador.
puxão.- *(puschãu)* s. tirón.
puxa-puxa.- *(puscha puscha)* s. Bras. dulce o caramelo de consistencia elástica o pegajosa.
puxar.- *(puschar)* v. tirar. / empezar a tocar una canción para que otros acompañen. / Arg. Bras. robar coches. / Bras. heredar cualidades o rasgos de un pariente, parecerse a alguien, salir a alguien.
puxa-saco.- *(puscha saku)* s. adulador.

Q

q.- *(quê)* s. decimoséptima letra del abecedario portugués.
quadra.- *(kuadra)* s. cuadra. / manzana (en las poblaciones). / estrofa de cuatroversos. / Bras. campo de deportes
quadrado.- *(kuadradu)* adj. cuadrado. / Bras. Fig. persona muy tradicional. / s. Geom. cuadrado.
quadrangular.- *(kuadrangular)* adj. cuadrangular.
quadrante.- *(kuadrantchi)* s. Geom. cuadrante.
quadrar.- *(cuadrar)* vt. dar forma cuadrada.
quadrícula.- *(kuadríkula)* s. cuadrícula.
quadriculado.- *(kuadrikuladu)* adj. cuadriculado.
quadricular.- *(kuadrikular)* v. cuadricular, cuadrar.
quadriênio.- *(kuadriêniu)* s. Bras. cuatrienio.
quadril.- *(kuadriu)* s. Anat. cuadril, anca, cadera.
quadrilátero.- *(kuadriláteru)* adj. cuadrilátero.
quadrilha.- *(kuadrilla)* s. cuadrilla. / banda de ladrones. / tipo de baile de salón propio de las fiestas brasileñas del mes de junio.
quadrimestre.- *(kuadriméstri)* s. cuatrimestre.
quadrimotor.- *(kuadrimotôr)* s. cuatrimotor.
quadrinho.- *(kuadriñu)* s. viñeta.
quadrinhos.- *(kuadriñus)* s. pl. cómic.
quadro.- *(kuadru)* s. cuadro.
quadro-negro.- *(kuadru negru)* s. pizarra.
quadrúmano.- adj. cuadrúmano.
quadrúpede.- *(kuadrúpedji)* adj. cuadrúpedo.
quadruplicar.- *(kuadruplikar)* v. cuadruplicar.
qual.- *(kuáu)* pron. rel. o interrog. cual, que, quien. / pron. rel. / *o qual: el que, el cual. / conj. como, así como. / interj. designa espanto, negación, etc.
qualidade.- *(kualidadji)* s. cualidad. / virtud, don. / condición social, civil, jurídica, etc. / superioridad, excelencia de algo.
qualificação.- *(kualifikasãu)* s. calificación.
qualificado.- *(kualifikadu)* adj. calificado. / cualificado, idóneo, competente. / notable, reputado.
qualificar.- *(kualifikar)* v. calificar. / evaluar, apreciar. / P. clasificarse.
qualificativo.- *(kualifikatchiv'u)* adj. calificativo.
qualitativo.- *(kualitatchiv'u)* adj. cualitativo.
qualquer.- *(kuauquer)* pron. cualquier, cualquiera.
quando.- *(kuandu)* adv. cuando.
quantia.- *(kuantchía)* s. cuantía.
quantidade.- *(kuantchidadji)* s. cantidad.
quantitativo.- *(kuantchitatchiv'u)* adj. cuantitativo.
quanto.- *(kuantu)* adv. cuánto. / pron. indef. cuanto, que cantidad.
quão.- *(kuãu)* adv. cuan, cuanto, como.
quarar.- *(kuarar)* v. Bras. blanquear, exponiendo al sol.
quarentena.- *kuarentena)* s. cuarentena.
quaresma.- *(kuaresma)* s. cuaresma.
quarta.- *(kuarta)* s. cuarta.
quarta-feira.- *(kuarta - fêra)* s. miércoles.
quarteirão.- *(kuarterãu)* s. cuadra, manzana.
quartel.- *(kuartéu)* s. cuartel.
quarteto.- *(kuartetu)* s. cuarteto.
quarto.- *(kuartu)* num. cuarto. / s. cuarto, habitación, dormitorio.
quartzo.- *(kuartz'u)* s. cuarzo.
quase.- *(kuarz'i)* adv. casi, cuasi, cerca de.
quaternário.- *(kuartenáriu)* adj. cuaternario.
quê.- *(quê)* s. alguna cosa, cualquier cosa. / complicación, dificultad. / nombre de la letra q. / pron. interr. ¿qué? / interj. designa espanto. / 2ª. interj. designa espanto.
quebra.- *(quebra)* s. quiebra.
quebra-cabeça.- *(quebra kabez'a)* s. rompecabezas.
quebrada.- *(quebrada)* s. quebrada, cuesta, pendiente.
quebradiço.- *(quebradjisu)* adj. quebradizo.
quebrado.- *(quebradu)* adj. quebrado, roto. / arruinado, sin dinero.
quebra-luz.- *(quebra lus)* s. pantalla o tulipa para amortiguar la intensidad de la luz.
quebra-mar.- *(quebra mar)* s. rompeolas.
quebra-nozes.- *(quebra nóz'is)* s. cascanueces.
quebrantar.- *(quebrantar)* v. quebrantar, romper.
quebranto.- *(quebrantu)* s. quebrantamiento, decaimiento. / mal de ojo.
quebra-quebra.- *(quebra quebra)* s. Bras. desorden en local cerrado o abierto, con depredaciones.
quebrar.- *(quebrar)* v. quebrar, romper, partir, fragmentar.
queda.- *(quéda)* s. caída, tumbo. / declive, decadencia.
quedar.- *(quedar)* v. y p. quedar, estar quieto, detenerse.
quedo.- *(quêdu)* adj. quedo, quieto, inmóvil, parado. / calmo, lento, tardío.
queijadinha.- *(quejhadjiña)* s. quesadilla.
queijaria.- *(quejharía)* s. quesería.
queijo.- *(quêjhu)* s. queso.
queima.- *(queima)* s. quema. / Bras. liquidación.
queimada.- *(queimada)* s. quema.
queimado.- *(queimadu)* adj. quemado, tostado.
queimadura.- *(queimadura)* s. quemadura.
queimar.- *(queimar)* v. quemar, abrasar, arder, escocer, torrar, tostar.
queima-roupa.- *(queima rôpa)* s. quemarropa, muy de cerca. / usado en la loc. adv. *á queima-roupa: cuerpo a cuerpo, inesperadamente.
queixa.- *(quêscha)* s. queja, lamento.
queixada.- *(queschada)* s. mandíbula, quijada.
queixar-se.- *(queischarsi)* vp. quejarse, lamentarse.
queixo.- *(quêschu)* s. barbilla, mentón.
queixoso.- *(queschôz'u)* adj. quejoso.
queixume.- *(queischumi)* s. quejumbre, quejido.
quem.- *(quen)* pron. quien.

quentão.- *(quentãu)* s. Bras. aguardiente de caña, servida caliente.
quente.- *(quentchi)* adj. caliente.
quentinha.- *(quentchiña)* s. comida conservada aún caliente en tartera de aluminio, para ser consumida en casa, local de trabajo, etc. / tartera.
quepe.- *(quépi)* s. quepis.
querela.- *(queréla)* s. querella.
querência.- *(querênsia)* s. querencia.
querer.- *(querer)* v. querer, desear. / amar. / pretender.
querido.- *(queridu)* adj. querido.
quermesse.- *(quermési)* s. kermese, quermese, festival, verbena, reunión en donde se rifan objetos cuyo producto se destina a un fin benéfico.
querosene.- *(queroz'êni)* s. queroseno.
querubim.- *(querubín)* s. querubín.
quesito.- *(quez'itu)* s. cuestión sobre la que se debe dar una opinión. / requisito.
questão.- *(questãu)* s. cuestión, litigio, problema. / *fazer questão de: exigir de sí mismo o de otro. / no transigir o ceder en (algo).
questionar.- *(questchionar)* v. cuestionar.
questionário.- *(questchionáriu)* s. cuestionario.
quiabo.- *(quiábu)* s. planta brasileña, que tiene frutos comestibles.
quibebe.- *(quibébi)* s. Bras. plato hecho a base de calabaza.
quiçá.- *(quisá)* adv. quizás.
quietar.- *(quietar)* v. quietar, aquietar, tranquilizar.
quieto.- *(quietu)* adj. quedo, quieto, sereno, sosegado.
quietude.- *(quietudji)* s. quietud, descanso, reposo, sosiego.
quilate.- *(quilatchi)* s. quilate.
quilha.- *(quilha)* s. quilla.
quilo.- *(quilu)* s. kilo.
quilograma.- *(quilograma)* s. kilogramo.
quilombo.- *(quilombu)* s. Bras. refugio de esclavos fugitivos.
quilometragem.- *(quilometrajhen)* s. kilometraje.
quilométrico.- *(quilométriku)* adj. kilométrico.
quilômetro.- *(quilômetru)* s. kilómetro.
quimera.- *(quiméra)* s. quimera.
quimérico.- *(quimériku)* adj. quimérico.
química.- *(químika)* s. química.
químico.- *(químiku)* adj. químico. / s. químico.
quimono.- *(quimonu)* s. quimono.
quina.- *(quina)* s. canto, ángulo, esquina. / 2ª s. quina, corteza del quino.
quindim.- *(quindjín)* s. requiebro, donaire. / tocino del cielo.
quinhão.- *(quiñãu)* s. quiñón.
quinina.- *(quinina)* s. quina.
qüinqüenal.- *(qüinqüenal)* adj. quinquenal.
quinquilharias.- *(quinquillarías)* s. pl. bisutería, quincalla.
quinta.- *(quinta)* s. P. quinta, gran propiedad rústica con casa, finca, hacienda.
quinta-essência.- *(quinta esensia)* s. quintaesencia.
quinta-feira.- *(quinta fêra)* s. jueves.
quintal.- *(quintáu)* s. pequeño terreno, muchas veces con jardín o con huerto, detrás de la casa.
quinteto.- *(quintetu)* s. Mús. quinteto.
quinto.- *(quintu)* num. quinto.
quintuplicar.- *(quintuplikar)* v. quintuplicar.
quinzena.- *(quinz'êna)* s. quincena.
quiosque.- *(quiôsqui)* s. quiosco.
qüiproquó.- *(qüiprokuó)* s. equívoco, engaño, confusión.
quiromancia.- *(quiromansía)* s. quiromancia.
quisto.- *(quistu)* s. Med. quiste.
quitação.- *(quitasãu)* s. finiquito, recibo.
quitanda.- *(quitanda)* s. Bras. tienda donde se venden verduras y frutas.
quitanda.- *(quitanda)* s. pastelería casera, bandeja de los vendedores ambulantes.
quitar.- *(quitar)* v. quitar, liquidar, finiquitar. / P. quitarse, librarse.
quitute.- *(quitutchi)* s. manjar delicado, exquisito.
quivi.- *(quiv'í)* s. kiwi.
quixotada.- *(quischotada)* s. quijotada, dicho quijotesco.
quizília.- *(quiz'ília)* s. antipatía, tirria, importunación.
quociente.- *(kuosientchi)* s. cociente, resultado de una división.
quórum.- *(kuórum)* s. Lat. quorum
quota.- *(kuóta)* s. cuota, cupo.
quotidiano.- *(kuotchidjianu)* adj. cotidiano.
quotizar.- *(kuotchiz'ar)* v. cotizar.

R

r.- *(ér'i)* s. decimoctava letra del abecedario portugués.
rã.- *(r'ã)* s. rana.
rabada.- *(r'abada)* s. rabo del buey, cerdo o ternera, usados en la alimentación humana.
rabanada.- *(r'abanada)* s. golpe con el rabo. / torrija.
rabanete.- *(r'abanêtchi)* s. rábano.
rábano.- *(r'ábanu)* s. rábano.
rabeca.- *(r'abéka)* s. Antiq. violín. / Bras. Mús. especie de violín que tiene un sonido gutural.
rabecão.- *(r'abekãu)* s. Pop. contrabajo. / Bras. coche para transporte de cadáveres.
rabino.- *(r'abinu)* s. rabino.
rabiscar.- *(r'abiskar)* v. borronear, garabatear.
rabisco.- *(r'abisku)* s. garabato.
rabo.- *(r'abu)* s. cola, rabo. / las nalgas, el ano.
rabo-de-cavalo.- *(r'abu dji kav'alu)* s. coleta.
rabugento.- *(r'abujhentu)* adj. quisquilloso, regañón.
raça.- *(r'asa)* s. raza.
ração.- *(r'asãu)* s. ración.
racial.- *(r'asiáu)* adj. racial.
raciocinar.- *(r'asiosinar)* v. razonar.
raciocínio.- *(r'asiosíniu)* s. raciocinio.
racional.- *(r'asionáu)* adj. lógico, racional.
racionalidade.- *(r'asionalidadji)* s. racionalidad.
racionalismo.- *(r'asionalismu)* s. racionalismo.
racionalização.- *(r'asionaliz'asãu)* s. racionalización.
racionalizar.- *(r'asionaliz'ar)* v. racionalizar.
racionamento.- *(r'asionamentu)* s. racionamiento.
racionar.- *(r'asionar)* v. racionar.
racismo.- *(r'asismu)* s. racismo.
racista.- *(r'asista)* adj. s. racista.
racha.- *(r'ascha)* s. raja. / s. Bras. disensión.
rachadura.- *(r'aschadura)* s. hendidura, rendija.
rachar.- *(r'aschar)* v. rajar, resquebrajar, hendir, quebrantar. / ofender, injuriar. / pegar, zurrar. / Pop. Bras. dividir proporcionalmente.
radar.- *(r'adar)* s. radar.
radiação.- *(r'adjiasãu)* s. radiación.
radiador.- *(r'adjiadôr)* s. radiador.
radial.- *(r'adjiáu)* adj. radial.
radialista.- *(r'adjialista)* s. Bras. periodista de la radio.
radiante.- *(r'adjiantchi)* adj. radiante.
radiatividade.- *(r'adjiatchiv'idadji)* s. radiactividad.
radiativo.- *(r'adjiatchiv'u)* adj. radiactivo.
radical.- *(r'adjikáu)* adj. y s. radical.
radicalização.- *(r'adjikaliz'asãu)* s. radicalización.
radicalizar.- *(r'adjikaliz'ar)* v. y p. radicalizar(se).
radicar.- *(r'adjikar)* v. enraizar, arraigar. / infundir, fijar. / v. refl. radicarse, arraigarse. / consolidarse. / afirmarse.
radioamador.- *(r'adjioamadôr)* s. radioaficionado.
radioatividade.- *(r'adjioatchiv'idadji)* s. radioactividad.
radioativo.- *(r'adjioatchiv'u)* adj. radiactivo.
radiodifusão.- *(r'adjiudjifuz'ãu)* s. radiodifusión.
radiografia.- *(r'adjiografía)* s. radiografía.
radiologia.- *(r'adjiolojhia)* s. radiología.
radiologista.- *(r'adjiolojhista)* s. radiólogo.
radioscopia.- *(r'adjioskopía)* s. radioscopia.
radioso.- *(r'adjiôz'u)* adj. radioso, que emite rayos de luz. / Fig. radiante, jubiloso.
radioterapia.- *(r'adjioterapía)* s. radioterapia.
ráfia.- *(r'áfia)* s. rafia, fibra de la rafia.
raia.- *(r'aia)* s. raya, surco. / pista de la carrera de caballos.
raiar.- *(r'aiar)* v. rayar. / brillar, lucir. / despuntar en el horizonte. / surgir, aparecer. / radiar, irradiar.
rainha.- *(r'aíña)* s. reina.
raio.- *(r'áiu)* s. centella, rayo.
raiva.- *(r'áiv'a)* s. rabia, indignación, ira, hidrofobia.
raivoso.- *(r'aiv'ôz'u)* adj. rabioso.
raiz.- *(r'aís)* s. raíz.
rajá.- *(r'ajhá)* s. rajá.
rajada.- *(r'ajháda)* s. racha, ráfaga.
rajado.- *(r'ajhádu)* adj. rayado.
ralador.- *(r'aladôr)* s. rallador.
ralar.- *(r'alar)* v. rallar. / P. angustiarse, afligirse. / Bras. Arg. trabajar duro.
ralé.- *(r'alé)* s. ralea, plebe, gentuza.
ralhar.- *(r'allar)* v. regañar, reprender en voz alta.
ralo.- *(r'alu)* adj. ralo, poco espeso. / s. rallo. / rallador, colador. / mirilla de la puerta.
rama.- *(r'ama)* s. rama, ramada.
ramada.- *(r'amada)* s. enramada.
ramagem.- *(r'amajhen)* s. ramaje, follaje.
ramal.- *(r'amáu)* s. ramal, ramificación. / extensión (de la red telefónica).
ramalhete.- *(r'amallêtchi)* s. bouquet, ramillete, ramo.
rameira.- *(r'amêra)* s. prostituta.
ramificação.- *(r'amifikasãu)* s. ramificación.
ramificar.- *(r'amifikar)* v. ramificar.
ramo.- *(r'amu)* s. gajo, rama. / actividad específica en cualquier trabajo o profesión.
rampa.- *(r'ampa)* s. rampa.
rancor.- *(r'ankôr)* s. rencor.
rancoroso.- *(r'ankorôz'u)* adj. rencoroso.
rançoso.- *(r'ansôz'u)* adj. rancio.
rancheira.- *(r'anschêra)* s. ranchera (baile y música popular de origen argentino, común en RS).
rancho.- *(r'anschu)* s. rancho. / comida para muchos, comida en los cuarteles. / grupo de personas y / o de animales. / Folcl. grupo de personas que cantaban, bailaban y, a veces, representaban

verdaderas reisadas (representación de los Reyes Magos) durante las fiestas populares de Navidad.
ranger.- *(r'anjher)* v. crujir, restallar.
rangido.- *(r'anjhidu)* s. crujido.
ranhento.- *(r'añentu)* adj. mocoso.
ranho.- *(r'añu)* s. moco.
ranhura.- *(r'añura)* s. ranura.
ranzinza.- *(r'anz'inz'a)* adj. Bras. enfadado, malhumorado.
rapadura.- *(r'apadura)* s. Bras. azúcar moreno, en forma de lingotes.
rapar.- *(r'apar)* v. raer, rapar. / P. afeitarse.
rapariga.- *(r'apariga)* s. P. joven, muchacha. / Bras. prostituta.
rapaz.- *(r'apás)* s. chaval, muchacho.
rapaziada.- *(r'apaz'iada)* s. pandilla de muchachos jóvenes.
rapé.- *(r'apé)* s. rapé.
rapidez.- *(r'apidês)* s. rapidez, agilidad, celeridad, ligereza, presteza, prisa.
rápido.- *(r'ápidu)* adj. rápido, veloz, ligero, listo, pronto, ágil.
rapina.- *(r'apina)* s. rapina.
rapinagem.- *(r'apinajhen)* s. tendencia para rapiñar.
rapinar.- *(r'apinar)* v. rapiñar.
raposa.- *(r'apôz'a)* s. zorro. / Fig. persona astuta.
raptar.- *(raptar)* v. raptar, secuestrar.
rapto.- *(raptu)* s. rapto.
raptor.- *(r'aptôr)* s. raptor, secuestrador.
raqueta.- *(r'aquéta)* s. pala, raqueta.
raquete.- *(r'aquetchi)* s. raqueta.
raquítico.- *(r'aquítchiku)* adj. raquítico.
raquitismo.- *(r'aquitchismu)* s. raquitismo.
rarear.- *(r'ariar)* v. enrarecer.
rarefeito.- *(r'arefeitu)* adj. poco denso.
raro.- *(r'aru)* adj. raro, contado, escaso, extravagante, sorprendente, singular.
rasante.- *(r'az'antchi)* adj. rasante. / Fig. que efectúa trayectoria en el aire muy próxima a la tierra.
rasar.- *(r'az'ar)* v. enrasar, rasar.
rascunhar.- *(r'askuñar)* v. rasguñar, esbozar, bosquejar.
rascunho.- *(r'askuñu)* s. borrador, minuta, esbozo, bosquejo.
rasgado.- *(r'asgadu)* adj. rasgado, roto.
rasgão.- *(r'asgãu)* s. rasgón, rasgadura.
rasgar.- *(r'asgar)* v. rasgar, desgarrar, cortar. / P. rasgarse.
rasgo.- *(r'asgu)* s. rasgo.
raso.- *(r'az'u)* adj. llano, raso. / plano (vuelo).
raspa.- *(raspa)* s. raspadura.
raspadeira.- *(r'aspadêra)* s. raspador.
raspão.- *(r'aspãu)* s. arañazo.
raspar.- *(r'aspar)* v. raer, rasar, arañar. / P. Pop. fugarse.
rastear.- *(r'astear)* v. rastrear. / Bras. buscar algo.
rasteira.- *(r'astêra)* s. Bras. zancadilla.
rasteiro.- *(r'astêru)* adj. rastrero.
rastejar.- *(r'astejhar)* v. rastrear. / caminar arrastrando los pies.
rasto.- *(r'astu)* s. rastro.
rastreamento.- *(r'astriamentu)* s. rastreo.
rastrear.- *(r'astriar)* v. rastrear.
rastro.- *(r'astru)* s. rastro. / V. **vestígio.**
rasurar.- *(r'az'urar)* v. borrar, tachar, raspar.
rata.- *(r'ata)* s. la hembra del ratón. / Bras. gafe, acto inoportuno o inconveniente.
ratazana.- *(r'ataz'ana)* s. ratón grande.
ratear.- *(r'atchiar)* v. dividir proporcionalmente. / v. Bras. fallar (un motor).
raticida.- *(r'atchisida)* s. raticida.
ratificação.- *(r'atchifikasãu)* s. ratificación.
ratificar.- *(r'atchifikar)* v. ratificar.
rato.- *(r'atu)* s. rato, ratón. / Fig. ladrón.
ratoeira.- *(r'atuêra)* s. ratonera.
ravióli.- *(r'av'ióli)* s. ravioles, raviolis.
razão.- *(r'az'ãu)* s. razón, raciocinio, argumento.
razoável.- *(r'az'uáv'eu)* adj. razonable.
reabastecer.- *(r'eabasteser)* v. y p. volver a abastecer(se). / repostar.
reabertura.- *(r'eabertura)* s. reapertura.
reabilitação.- *(r'eabilitasãu)* s. rehabilitación, regeneración, reintegro.
reabilitar.- *(r'eabilitar)* v. rehabilitar. / P. rehabilitarse.
reabrir.- *(r'eabrir)* v. y p. volver a abrir.
reabsorção.- *(r'eabsorsãu)* s. acto de volver a absorber.
reação.- *(r'easãu)* s. reacción.
reacionário.- *(r'easionáriu)* adj. reaccionario.
readaptação.- *(r'eadaptasãu)* s. readaptación.
readaptar.- *(r'eadaptar)* v. readaptar, reeducar.
reagir.- *(r'eajhir)* v. reaccionar, reactivar.
reajustamento.- *(r'eajhustamentu)* s. reajuste.
reajustar.- *(r'eajhustar)* v. reajustar.
real.- *(r'eáu)* adj. real, regio. Serio, verdadero. / s. antigua unidad del sistema monetario de Portugal y Brasil. / unidad monetaria y moneda brasileña, dividida en 100 centavos, a partir de 01 / 07 / 1994.
realçar.- *(r'eausar)* v. realzar, acentuar.
realce.- *(r'eáusi)* s. realce, relieve.
realejo.- *(r'ealêjhu)* s. organillo.
realeza.- *(r'ealêz'a)* s. realeza.
realidade.- *(r'ealidadji)* s. realidad, verdad.
realismo.- *(r'ealismu)* s. realismo.
realista.- *(r'ealista)* adj. realista.
realização.- *(r'ealiz'asãu)* s. realización, ejecución, producción.
realizador.- *(r'ealiz'adôr)* s. realizador.
realizar.- *(r'ealiz'ar)* v. realizar, actualizar, efectuar, ejecutar, hacer. / P. realizarse.
realizável.- *(r'ealiz'áv'eu)* adj. realizable.
reanimar.- *(r'eanimar)* v. reanimar, reconfortar, vivificar. / reanimarse.
reaparecer.- *(r'eapareser)* v. reaparecer, resurgir.
reaparição.- *(r'eaparisãu)* s. reaparición, resurgimiento.
reaproveitamento.- *(r'eaprov'eitamentu)* s. reciclaje.
reassumir.- *(r'easumir)* v. reasumir.
reatar.- *(r'eatar)* v. reatar.
reativar.- *(r'eatchiv'ar)* v. reactivar.
reativo.- *(r'eatchiv'u)* adj. reactivo.

reator.- *(r'eatôr)* s. Fís y Quím. reactor.
reaver.- *(r'eav'êr)* v. recuperar, recobrar, reanudar.
reavivar.- *(r'eav'iv'ar)* v. reavivar, reanimar.
rebaixar.- *(r'ebaischar)* v. rebajar. / P. humillarse.
rebanho.- *(r'ebañu)* s. rebaño.
rebarba.- *(r'ebarba)* s. resalte, reborde, arista.
rebate.- *(r'ebatchi)* s. rebate. / combate, pendencia, amenaza. / descuento, rebato. / Fig. presentimiento, sospecha.
rebater.- *(r'ebater)* v. rebatir, controvertir, rebotar, refutar.
rebelar.- *(r'ebelar)* v. y p. rebelar(se), insubordinar(se).
rebelde.- *(r'ebéudji)* adj. rebelde, contumaz, incorregible, indócil.
rebeldia.- *(r'ebeudjía)* s. rebeldía, insubordinación.
rebelião.- *(r'ebeliãu)* s. rebelión, insurrección, sedición.
rebentar.- *(r'ebentar)* v. reventar.
rebento.- *(rebentu)* s. yema, botón. / Fig. hijo, descendiente, vástago. / 2ª. Fig. fruto, producto.
rebobinar.- *(r'ebobinar)* v. rebobinar.
rebocador.- *(r'ebokadôr)* adj. remolcador.
rebocar.- *(r'ebokar)* v. remolcar. / revestir de revoque las paredes exteriores de una casa.
reboco.- *(r'ebôku)* s. revoque.
rebolado.- *(r'eboladu)* s. bamboleo, meneo.
rebolar.- *(r'ebolar)* v. bambolear, menear.
reboque.- *(r'ebóqui)* s. remolque.
rebordo.- *(r'ebórdu)* s. realce, borde levantado.
rebordosa.- *(r'ebordóz'a)* s. Bras. censura, crítica severa. / situación desagradable. / Bras. follón, confusión.
rebuçado.- *(r'ebusadu)* s. caramelo.
rebuçar.- *(r'ebusar)* v. rebozar. / P. taparse parte del rosto.
rebuço.- *(r'ebusu)* s. embozo, tapujo, disfraz.
rebuliço.- *(r'ebulisu)* s. agitación, desorden.
rebuscar.- *(r'ebuskar)* v. rebuscar.
recado.- *(r'ekadu)* s. recado, mandado, mensaje.
recaída.- *(r'ekaída)* s. recaída.
recair.- *(r'ekair)* v. recaer.
recalcar.- *(r'ekaukar)* v. recalcar.
recalcitrante.- *(r'ekausitrantchi)* adj. recalcitrante.
recalcitrar.- *(r'ekausitrar)* v. recalcitrar, replicar, rebelarse,
recalque.- *(r'ekauqui)* s. recalcadura. / Psiq. frustración.
recanto.- *(rekantu)* s. lugar retirado.
recapitulação.- *(r'ekapitulasãu)* s. recapitulación, repetición.
recapitular.- *(r'ekapitular)* v. recapitular.
recarga.- *(r'ekarga)* s. recarga.
recarregar.- *(r'ekar'egar)* v. volver a cargar.
recatado.- *(r'ekatadu)* adj. recatado.
recatar.- *(r'ekatar)* v. recatar.
recato.- *(r'ekatu)* s. recato, honestidad, honor, pudor.
recauchutar.- *(r'ekauschutar)* v. reconstituir el neumático con una nueva capa de goma. / Fig. reconstituir, restaurar.
recear.- *(r'esear)* v. y p. recelar, desconfiar, temer.
recebedor.- *(r'esebedôr)* s. receptor; funcionario responsable de recaudar impuestos.
recebedoria.- *(r'esebeduría)* s. administración donde se reciben los impuestos.
receber.- *(r'eseber)* v. recibir, aceptar, admitir, cobrar, heredar.
recebimento.- *(r'esebimentu)* s. recibimiento, recaudo, recibo.
receio.- *(r'eseiu)* s. recelo, aprensión, miedo, temor.
receita.- *(r'eseita)* s. receta, fórmula.
receitar.- *(r'eseitar)* v. recetar.
receituário.- *(reseituáriu)* s. recetario.
recém-chegado.- *(r'esén llegadu)* adj. recién llegado.
recem-nascido.- *(r'esén nasidu)* s. recién nacido.
recenseamento.- *(r'esensiamentu)* s. censo, padrón, empadronamiento.
recensear.- *(r'esensiar)* v. censar.
recente.- *(r'esentchi)* adj. reciente.
receoso.- *(r'eseôz'u)* adj. receloso, aprensivo, desconfiado, miedoso.
recepção.- *(r'esepsãu)* s. recepción.
recepcionista.- *(r'esepsionista)* s. Bras. recepcionista.
receptáculo.- *(r'eseptákulu)* s. receptáculo, recipiente.
receptividade.- *(r'eseptchiv'idadji)* s. receptividad.
receptivo.- *(r'eseptchiv'u)* adj. receptivo, acogedor. / comprensivo.
receptor.- *(r'eseptôr)* adj. receptor. / s. aparato que recibe, registra, grava, etc. / señales acústicas o luminosas.
recessão.- *(r'esesãu)* s. recesión,
recesso.- *(r'esésu)* s. retiro. / suspensión temporal de las actividades del legislativo o del judiciario.
recibo.- *(r'esibu)* s. recibo, vale.
reciclagem.- *(r'esiklaghen)* s. reciclaje.
reciclar.- *(r'esiklar)* v. reciclar.
reciclável.- *(r'esikláv'eu)* adj. recuperable.
recife.- *(r'esifi)* s. arrecife.
recinto.- *(r'esintu)* s. recinto.
recipiente.- *(r'esipientchi)* s. recipiente.
reciprocidade.- *(r'esiprosidadji)* s. reciprocidad.
recíproco.- *(r'esíproku)* adj. recíproco.
récita.- *(r'esita)* s. espectáculo teatral.
recital.- *(r'esitáu)* s. recital.
recitar.- *(r'esitar)* v. declamar, recitar.
reclamação.- *(r'eklamasãu)* s. reclamación.
reclamar.- *(r'eklamar)* v. reclamar, exigir, quejarse.
reclame.- *(r'eklami)* s. reclamo.
reclamo.- *(r'eklamu)* v. reclamación. / publicidad por medio de anuncios, folletos, etc.
reclinar.- *(r'eklinar)* v. reclinar, recostar. / P. reclinarse, recostarse.
recluir.- *(r'ekluir)* v. recluir, recoger.
recluso.- *(r'ekluz'u)* adj. recluso.
recobrar.- *(r'ekobrar)* v. recobrar, restaurar. / recuperar.
recobrimento.- *(r'ekubrimentu)* s. recubrimiento.
recobrir.- *(r'ekubrir)* v. recubrir.

recolher.- *(r'ekoller)* v. recoger, reunir, juntar. / abrigar, alojar. / retirar de la circulación. / P. volver a casa, a su habitación. / huir de la convivencia social.
recolhimento.- *(r'ekollimentu)* s. recogimiento, introversión, retiro.
recomendação.- *(r'ekomendasãu)* s. recomendación. / consejo, aviso.
recomendações.- *(r'ekomendasõis)* s. pl. saludos, recuerdos.
recomendar.- *(r'ekomendar)* v. recomendar, aconsejar, encamar.
recomendável.- *(r'ekomendáv'eu)* adj. recomendable, aconsejable.
recompensa.- *(r'ekompensa)* s. recompensa, pago, premio, retribución.
recompensar.- *(r'ekompensar)* v. recompensar, gratificar, remunerar, retribuir.
recompor.- *(r'ekompôr)* v. recomponer.
recôncavo.- *(r'ekônkav'u)* s. gruta, concavidad, cueva.
reconcentrar.- *(r'ekonsentrar)* v. reconcentrar.
reconciliar.- *(r'ekonsiliar)* v. reconciliar.
recôndito.- *(r'ekôndjitu)* adj. recóndito.
reconduzir.- *(r'ekonduz'ir)* v. reconducir.
reconfortante.- *(r'ekonfortantchi)* adj. reconfortante.
reconfortar.- *(r'ekonfortar)* v. reconfortar.
reconhecer.- *(r'ekoñeser)* v. reconocer. / admitir como correcto.
reconhecido.- *(r'ekoñesidu)* adj. reconocido. / agradecido.
reconhecimento.- *(r'ekoñesimentu)* s. reconocimiento.
reconquista.- *(r'ekonquista)* s. reconquista.
reconquistar.- *(r'ekonquistar)* v. reconquistar.
reconsiderar.- *(r'ekonsiderar)* v. reconsiderar.
reconstituição.- *(r'ekonstituisãu)* s. reconstitución.
reconstituir.- *(r'ekonstituir)* v. reconstituir.
reconstrução.- *(r'ekonstrusãu)* s. reconstrucción.
reconstruir.- *(r'ekonstruir)* v. reconstruir.
recontar.- *(r'ekontar)* v. recontar.
recopilação.- *(r'ekopilasãu)* s. recolección.
recopilar.- *(r'ekopilar)* v. recopilar.
recordação.- *(r'ekordasãu)* s. recuerdo.
recordar.- *(r'ekordar)* v. recordar.
recorde.- *(r'ekórdji)* s. record.
recordista.- *(r'ekordjista)* adj. y s. que o quien bate un récord.
reco-reco.- *(r'éku r'éku)* s. Angol. instrumento de percusión. / Pop. Bras. (RJ). pequeña fiesta con baile.
recorrer.- *(r'ekor'er)* v. recorrer, recurrir. / Jur. interponer un recurso judicial. / apelar.
recortar.- *(r'ekortar)* v. recortar.
recorte.- *(r'ekórtchi)* s. recorte.
recostar.- *(r'ekostar)* v. y p. recostar(se), reclinar(se).
recreação.- *(r'ekriasãu)* s. recreo, deporte, distracción.
recrear.- *(r'ekriar)* v. y p. recrear, divertir.
recreativo.- *(r'ekriatchiv'u)* adj. recreativo.
recreio.- *(r'ekrêiu)* s. recreo, diversión.
recriar.- *(r'ekriar)* v. recrear.
recriminar.- *(r'ekriminar)* v. recriminar, culpar, incriminar.
recrudescer.- *(r'ekrudeser)* v. recrudecer.
recrudescimento.- *(r'ekrudesimentu)* s. recrudecimiento,
recruta.- *(r'ekruta)* s. recluta.
recrutamento.- *(r'ekrutamentu)* s. reclutamiento, alistamiento, leva.
recrutar.- *(r'ekrutar)* v. reclutar.
récua.- *(r'ékua)* s. recua.
recuar.- *(r'ekuar)* v. retroceder.
recuperar.- *(r'ekuperar)* v. recuperar, recobrar, rehabilitar, restaurar. / P. restablecerse, recuperarse.
recuperável.- *(r'ekuperáv'eu)* adj. recuperable.
recurso.- *(r'ekursu)* s. recurso. / Jur. recurso.
recursos.- *(r'ekursus)* s. pl. bienes, propiedades.
recusa.- *(r'ekuz'a)* s. recusación.
recusar.- *(r'ekuz'ar)* v. recusar, rechazar, rehusar, repeler.
rechaçar.- *(r'eschasar)* v. rechazar, rebatir, repudiar.
rechaço.- *(r'eschasu)* s. rechazo.
recheado.- *(r'eschiadu)* adj. relleno.
rechear.- *(r'eschiar)* v. rellenar.
recheio.- *(r'eschêiu)* s. relleno.
rechonchudo.- *(r'eschonschudu)* adj. rechoncho.
redação.- *(r'edasãu)* s. redacción.
redator.- *(r'edatôr)* s. escritor, redactor.
rede.- *(r'êdji)* s. red de pesca. / hamaca. / *red de computadores: red de ordenadores.
rédea.- *(r'édjia)* s. arreo, rienda,
redemoinho.- *(r'edemoiñu)* s. remolino, torbellino, torva.
redenção.- *(r'edensãu)* s. redención.
redigir.- *(r'edjijhir)* v. escribir, redactar.
redil.- *(r'edjiu)* s. redil.
redimir.- *(r'edjimir)* v. y p. redimir(se).
redizer.- *(r'edjiz'er)* v. redecir.
redobrar.- *(r'edobrar)* v. redoblar.
redoma.- *(r'edôma)* s. redoma.
redondeza.- *(r'edondez'a)* s. redondez. / los alrededores de un lugar.
redondo.- *(r'edondu)* adj. redondo.
redor.- *(r'edór)* s. contorno. / *ao redor, em redor: alrededor.
redução.- *(r'edusãu)* s. reducción, restricción,
redundância.- *(r'edundansia)* s. redundancia.
redundar.- *(r'edundar)* v. redundar.
reduplicar.- *(r'eduplikar)* v. reduplicar, redoblar.
reduto.- *(r'edutu)* s. reducto.
redutor.- *(r'edutôr)* s. reductor.
reduzido.- *(r'eduz'idu)* adj. reducido, sumario.
reduzir.- *(r'eduz'ir)* v. reducir. / P. reducirse, limitarse.
reedição.- *(r'eedjisãu)* s. nueva edición.
reeditar.- *(r'eedjitar)* v. reeditar.
reeducar.- *(r'eedukar)* v. reeducar.
reeleger.- *(r'eelejher)* v. y p. reelegir(se).
reeleição.- *(r'eeleisãu)* s. reelección.
reembolsar.- *(r'eembousar)* v. reembolsar.
reembolso.- *(r'eembousu)* s. reembolso.
reencarnar.- *(r'eenkarnar)* v. y p. reencarnar(se).
reencontrar.- *(r'eenkontrar)* v. y p. reencontrar(se).

reentrância.- *(r'eentransia)* s. concavidad.
reerguer.- *(r'eerguer)* v. y p. volver a erguir(se).
refazer.- *(r'eefaz'er)* v. rehacer.
refeição.- *(r'efeisãu)* s. cualquier porción de alimento: desayuno, comida, cena.
refeito.- *(r'efeitu)* adj. rehecho.
refeitório.- *(r'efeitóriu)* s. refectorio, comedor.
refém.- *(r'efén)* s. rehén.
referência.- *(r'eferênsia)* s. referencia.
referendar.- *(r'eferendar)* v. refrendar.
referente.- *(r'eferentchi)* adj. referente.
referir.- *(r'eferir)* v. referir, citar, narrar, relatar.
refinado.- *(r'efinadu)* adj. refinado.
refinar.- *(r'efinar)* v. refinar. / P. refinarse, aprimorarse.
refinaria.- *(r'efinaría)* s. refinería.
refletido.- *(r'efletchidu)* adj. reflexivo, sensato, pausado, ponderado.
refletir.- *(r'efletchir)* v. reflejar, reflexionar, meditar, pensar, ponderar.
refletor.- *(r'efletôr)* s. reflector.
reflexão.- *(r'efleksãu)* s. reflexión, ponderación.
reflexivo.- *(r'efleksiv'u)* adj. reflexivo.
reflexo.- *(r'efleksu)* adj. reflejo, reflejado. / s. reflejo, rayo luminoso.
reflorestar.- *(r'eflorestar)* v. repoblar.
refluir.- *(r'efluir)* v. refluir.
refluxo.- *(r'efluksu)* s. reflujo.
refogado.- *(r'efogadu)* adj. y s. rehogado, guisado.
refogar.- *(r'efogar)* v. guisar, rehogar.
reforçado.- *(r'eforsadu)* adj. reforzado.
reforçar.- *(r'eforsar)* v. y p. reforzar(se), esforzar(se), rebatir(se), remendar(se).
reforço.- *(r'eforsu)* s. refuerzo.
reforma.- *(r'efórma)* s. reforma. / jubilación de militar.
reformar.- *(r'eformar)* v. reformar, renovar, transformar. / jubilar a un militar.
reformatório.- *(r'eformatóriu)* s. reformatorio.
reformista.- *(r'eformista)* adj. y s. reformista.
refractário.- *(réfraktáriu)* adj. refractario.
refrão.- *(r'efrãu)* s. proverbio, refrán. / Mús. estribillo.
refrear.- *(r'efrear)* v. refrenar, reprimir, frenar. / P. refrenarse, reprimirse.
refrega.- *(r'efréga)* s. refriega, lucha. / faena.
refrescante.- *(r'efreskantchi)* adj. refrescante.
refrescar.- *(r'efreskar)* v. refrescar, refrigerar. / P. refrescarse.
refresco.- *(r'efrêsku)* s. refresco.
refrigerado.- *(r'efrigheradu)* adj. climatizado.
refrigerador.- *(r'efrijheradôr)* s. refrigerador, nevera.
refrigerante.- *(r'efrijherantchi)* s. refrigerante, gaseosa, refresco.
refrigerar.- *(r'efrigherar)* v. y p. refrescar(se), refrigerar(se).
refugar.- *(r'efujhar)* v. rehusar, desechar.
refugiado.- *(r'efujhiadu)* adj. refugiado.
refugiar-se.- *(r'efujhiarsi)* vp. refugiarse.
refúgio.- *(r'efújhiu)* s. refugio.
refulgir.- *(r'efuldjir)* v. refulgir.
refundir.- *(r'efundjir)* v. refundir.
refutar.- *(r'efutar)* v. refutar, contestar, rebatir.
rega.- *(r'ega)* s. riego.
regaço.- *(r'egáçu)* s. cavidad formada por traje largo entre la cintura y las rodillas de persona sentada.
regador.- *(r'egadôr)* s. regador, regadera.
regalar.- *(r'egalar)* v. regalar, mimar.
regalia.- *(r'egalía)* s. regalía, prerrogativa, privilegio.
regar.- *(r'egar)* v. regar.
regata.- *(r'egata)* s. regata.
regatear.- *(r'egatchiar)* v. escatimar, regatear.
regato.- *(r'egátu)* s. arroyo, riachuelo.
regência.- *(r'eghênsia)* s. regencia.
regeneração.- *(r'ejhenerasãu)* s. regeneración.
regenerar.- *(r'ejhenerar)* v. regenerar.
reger.- *(r'ejhêr)* v. regir, dirigir, gobernar.
região.- *(r'ejhiãu)* s. región, comarca, tierra, país.
regime.- *(r'ejhimi)* s. régimen, guía, procedimiento. / dieta de alimentación.
regímen.- *(r'ejhímen)* s. régimen.
regimento.- *(r'ejhimentu)* s. regimiento, estatuto, norma.
régio.- *(r'éjhiu)* adj. regio.
regional.- *(r'ejhionáu)* adj. regional.
registrado.- *(r'ejhistradu)* adj. registrado, inscrito.
registradora.- *(r'ejhistradôra)* s. máquina registradora.
registrar.- *(r'ejhistrar)* v. registrar, inscribir, matricular, patentar, reconocer.
registro.- *(r'ejhistru)* s. registro, inscripción.
rego.- *(r'egu)* s. acequia, reguero, canal.
regozijar.- *(r'egoz'ijhar)* v. y p. regocijar(se).
regozijo.- *(r'egoz'ijhu)* s. regocijo.
regra.- *(r'égra)* s. regla. / gobierno, modelo, norma, orden, pauta.
regrado.- *(r'egrádu)* adj. reglado, pautado, rayado, prudente, sensato.
regrar.- *(r'egrar)* v. reglar, medir, componer, ajustar.
regras.- *(r'egras)* s. pl. menstruación.
regredir.- *(r'egredjir)* v. retroceder.
regressão.- *(r'egresãu)* s. regresión, retroceso.
regressar.- *(r'egresar)* v. regresar, tomar, venir.
regressivo.- *(r'egresiv'u)* adj. regresivo, retroactivo,
regresso.- *(r'egrésu)* s. regreso, retomo, venida, vuelta.
régua.- *(r'égua)* s. regla.
regulador.- *(r'eguladôr)* adj. regulador.
regulagem.- *(r'egulajhen)* s. reglaje.
regulamentação.- *(r'egulamentasãu)* s. reglamentación.
regulamentar.- *(r'egulamentar)* adj. reglamentario. / v. reglamentar, regularizar.
regulamento.- *(r'egulamentu)* s. reglamento, regulación.
regular.- *(r'egular)* adj. regular, simétrico. / v. regular, arreglar, condicionar, medir, moderar, reglar.
regularidade.- *(r'egularidadji)* s. regularidad.
regularizar.- *(r'egulariz'ar)* v. regularizar, normalizar.
regurgitar.- *(r'egurjhitar)* v. regurgitar.
rei.- *(r'ei)* s. rey, monarca, soberano.

reimprimir.- *(r'eimprimir)* v. reimprimir.
reinado.- *(r'efinadu)* s. reinado.
reinar.- *(r'einar)* v. reinar.
reincidência.- *(r'einsidênsia)* s. reincidencia.
reincidir.- *(r'eisindjir)* v. reincidir.
reiniciar.- *(r'einisiar)* v. reanudar.
reino.- *(r'einu)* s. reino.
reintegração.- *(r'eintegrasãu)* s. reintegro.
reintegrar.- *(r'eintegrar)* v. reintegrar, restituir.
reisado.- *(r'eiz'adu)* s. Bras. baile dramático popular con el cual se conmemora la víspera del día de Reyes.
reiteração.- *(r'eiterasãu)* s. reiteración.
reiterar.- *(r'eiterar)* v. reiterar.
reiterativo.- *(r'eiteratchiv'u)* adj. reiterativo.
reitor.- *(r'eitôr)* s. rector.
reitoria.- *(r'eitoría)* s. rectoría.
reivindicar.- *(r'eiv'indjikar)* v. reivindicar, pretender, reclamar, intentar.
rejeição.- *(r'ejheisãu)* s. rechazo, excusa.
rejeitar.- *(r'ejheitar)* v. rechazar, recusar, rehusar, repeler.
rejuvenescer.- *(r'ejhuv'eneser)* vt. p. rejuvenecer(se), remozar(se).
relação.- *(r'elasãu)* s. relación.
relacionamento.- *(r'elasionamentu)* s. relación.
relacionar.- *(r'elasionar)* v. relacionar,
relâmpado.- *(r'elâmpadu)* s. relámpago.
relampejar.- *(r'elampejhar)* v. relampaguear.
relançar.- *(r'elansar)* v. relanzar.
relatar.- *(r'elatar)* v. relatar, mencionar, narrar.
relatividade.- *(r'elatchiv'idadji)* s. relatividad.
relativo.- *(r'elatchiv'u)* adj. relativo.
relato.- *(r'elatu)* s. relato, descripción.
relatório.- *(r'elatóriu)* s. informe, descripción.
relaxação.- *(r'elaschasãu)* s. relajación.
relaxado.- *(r'elaschadu)* adj. descuidado. / desaliñado. / 2ª adj. relajado, flojo, blando, negligente.
relaxamento.- *(r'elaschamentu)* s. relajamiento.
relaxante.- *(r'elaschantchi)* adj. relajante.
relaxar.- *(r'elaschar)* v. relajar. / aflojar. / ablandar, suavizar. / debilitar. / P. perder la fuerza o vigor. / descuidarse, desaliñarse.
relegar.- *(r'elegar)* v. relegar.
relembrar.- *(r'elembrar)* v. recordar, rememorar.
relento.- *(r'elentu)* s. relente, rocío.
relevância.- *(r'elev'ansia)* s. relevancia.
relevante.- *(r'elev'antchi)* adj. relevante.
relevar.- *(r'elev'ar)* v. relevar.
relevo.- *(r'elêv'u)* s. relieve.
relicário.- *(r'elikáriu)* s. relicario.
religião.- *(r'elijhiãu)* s. religión.
religioso.- *(r'elijhiôz'u)* adj. y s. religioso, fraile, monje. / pío, religioso.
relinchar.- *(r'elinschar)* v. relinchar.
relincho.- *(r'elinschu)* s. rebuzno.
relíquia.- *(r'elíquia)* s. reliquia.
relógio.- *(r'elójhiu)* s. reloj.
relojoaria.- *(r'elojhoaría)* s. relojería.
relojoeiro.- *(r'elojhoêru)* s. relojero.
relutar.- *(r'elutar)* v. resistir.
reluzente.- *(r'eluz'entchi)* adj. reluciente, brillante, flamante, luciente, lustroso.
reluzir.- *(r'eluz'ir)* v. relucir, brillar, flamear, lucir, relumbrar.
relva.- *(r'éuv'a)* s. césped, prado.
remador.- *(r'emadôr)* s. remador, remero.
remanescente.- *(r'emanesentchi)* adj. remanente.
remanescer.- *(r'emanesêr)* v. remanecer. / restar, sobrar.
remanso.- *(r'emansu)* s. remanso, quietud.
remarcação.- *(r'emarkasãu)* s. porción de cosas con los precios más bajos.
remarcar.- *(r'emarkar)* v. remarcar. / Bras. dar nuevo precio a las cosas.
rematado.- *(r'ematadu)* adj. rematado.
rematar.- *(r'ematar)* v. rematar, terminar.
remate.- *(r'ematchi)* s. remate, acabamiento, término.
remediado.- *(r'emedjiadu)* adj. acomodado, que tiene lo suficiente para vivir sin dificultad.
remediar.- *(r'emedjiar)* v. remediar. / proveer de lo más necesario.
remédio.- *(r'emédjiu)* s. remedio, medicamento.
remeiro.- *(r'emêru)* s. remador.
remela.- *(r'eméla)* s. legaña.
remelento.- *(r'emelentu)* adj. legañoso, lleno de legañas.
remeloso.- *(r'emelosu)* adj. legañoso.
rememorar.- *(r'ememorar)* v. rememorar, recordar.
remendão.- *(r'emendãu)* s. hombre poco habilidoso en su oficio. / zapatero que arregla zapatos.
remendar.- *(r'emendar)* v. remendar.
remendo.- *(r'emendu)* s. remiendo.
remessa.- *(r'emésa)* s. envío, remesa.
remetente.- *(r'emetentchi)* s. remitente.
remeter.- *(r'emetêr)* v. remitir, enviar, mandar.
remexer.- *(r'emeschêr)* v. hurgar, revolver, menear, mezclar. / P. menearse.
reminiscência.- *(r'eminisênsia)* s. reminiscencia.
remir.- *(r'edjimir)* v. redimir.
remissão.- *(r'emisãu)* s. remisión, venia, perdón.
remissivo.- *(r'emisiv'u)* adj. remisivo.
remitir.- *(r'emitchir)* v. remitir, perdonar.
remo.- *(r'emu)* s. remo.
remoção.- *(r'emosãu)* s. remoción.
remoçar.- *(r'emosar)* v. remozar, rejuvenecer.
remodelar.- *(r'emodelar)* v. reformar, renovar.
remoer.- *(r'emoer)* v. remoler.
remoinho.- *(r'emoiñu)* s. remolino.
remontar.- *(r'emontar)* v. remontar.
remorso.- *(r'emórsu)* s. remordimiento.
remoto.- *(r'emótu)* adj. remoto, distante.
remover.- *(r'emov'er)* v. remover.
removível.- *(r'emov'ív'eu)* adj. amovible.
remuneração.- *(r'emunerasãu)* s. remuneración, sueldo.
remunerar.- *(r'emunerar)* v. remunerar, compensar, pagar, premiar, retribuir.
rena.- *(r'ena)* s. reno.
renal.- *(r'enáu)* adj. renal.

renascença.- *(r'enasensa)* s. renacimiento.
renascentista.- *(r'enasentchista)* adj. renacentista.
renascer.- *(r'enaser)* v. renacer.
renascimento.- *(r'enasimentu)* s. renacimiento.
renda.- *(r'enda)* s. Econ. renta, pensión. / encajes que se aplican a vestidos, blusas, manteles, toallas, etc.
rendeira.- *(r'endêra)* s. mujer que se dedica a hacer encajes.
render.- *(r'ender)* v. rendir, vencer, sujetar, durar. / tardar en acabar.
rendição.- *(r'endjisãu)* s. rendición.
rendido.- *(r'endjidu)* adj. rendido, vencido, sumiso.
rendimento.- *(r'endjimentu)* s. rendimiento, pensión, producto, renta, rédito.
rendoso.- *(r'endôz'u)* adj. rentable.
renegado.- *(r'enegadu)* adj. renegado.
renegar.- *(r'enegar)* v. renegar.
renhido.- *(r'eñidu)* adj. reñido.
renhir.- *(r'eñir)* v. pelear, reñir, combatir intensamente.
renome.- *(r'enomi)* s. renombre, gloria, nombradía, reputación.
renovação.- *(r'enov'asãu)* s. renovación, innovación.
renovador.- *(r'enov'adôr)* adj. renovador, innovador.
renovar.- *(r'enov'ar)* v. renovar, rehacer. / innovar. / P. rejuvenecerse, volver a aparecer.
renovável.- *(r'enov'áv'eu)* adj. renovable.
rentabilidade.- *(r'entabilidadji)* s. rentabilidad.
rentável.- *(r'entáv'eu)* adj. rentable.
rente.- *(r'entchi)* adj. próximo, vecino. / adv. por la raíz.
renúncia.- *(r'enúnsia)* s. renuncia, abnegación, dimisión.
renunciar.- *(r'enunsiar)* v. renunciar, abdicar, abjurar, resignar.
reorganizar.- *(r'eorganiz'ar)* v. reorganizar, recomponer, reformar.
reparação.- *(r'eparasãu)* s. reparación.
reparar.- *(r'eparar)* v. reparar, advertir, notar, observar. / recomponer, reformar, rehacer, sanear. / dar importancia, hacer caso.
reparo.- *(r'eparu)* s. reparo.
repartição.- *(r'epartisãu)* s. repartición, reparto. / sección, oficina o establecimiento que atiende intereses comunitarios; oficina de la administración pública.
repartir.- *(r'epartchir)* v. repartir, dividir, fraccionar, distribuir. / v. refl. dividirse.
repassar.- *(r'epasar)* v. repasar.
repasse.- *(r'epasi)* s. repaso.
repatriação.- *(r'epatriasãu)* s. repatriación.
repatriar.- *(r'epatriar)* v. y p. repatriar(se).
repelente.- *(r'epelentchi)* adj. repelente, asqueroso, repulsivo. / s. sustancia usada para evitar la picadura de insectos.
repelir.- *(r'epelir)* v. repeler, detestar, odiar, rechazar. / P. repelerse, ser antagónico.
repentino.- *(r'epentchinu)* adj. repentino, imprevisto.
repentista.- *(r'epentchista)* adj. y s. aquel que improvisa, por ejemplo canciones populares.
repercussão.- *(r'eperkusãu)* s. repercusión, resonancia.
repercutir.- *(r'eperkutchir)* v. repercutir, resonar.
repertório.- *(r'epertóriu)* s. repertorio.
repetente.- *(r'epetentchi)* adj. que repite. / s. alumno que repite curso.
repetição.- *(r'epetchisãu)* s. repetición, frecuencia, redundancia.
repetir.- *(r'epetchidu)* v. repetir. / P. ocurrir de nuevo.
repicar.- *(r'epikar)* v. repicar.
repique.- *(r'epiqui)* s. repique.
repisar.- *(r'epiz'ar)* v. repisar, apisonar.
repleto.- *(r'eplétu)* adj. repleto, lleno, abarrotado.
réplica.- *(r'éplika)* s. réplica, respuesta, reproducción.
replicar.- *(r'eplikar)* v. replicar.
repolho.- *(r'epôllu)* s. repollo.
repor.- *(r'epôr)* v. reponer, rehacer, repostar, restablecer, substituir.
reportagem.- *(r'eportajhen)* s. reportaje.
reportar.- *(r'eportar)* v. reportar. / P. reportarse.
repórter.- *(r'epórter)* s. reportero.
reposição.- *(r'epoz'isãu)* s. reposición, repuesto.
repousar.- *(r'epoz'ar)* v. reposar, descansar, dormir, posar. / basarse, fundarse.
repouso.- *(r'epôz'u)* s. reposo, descanso, holganza, quietud.
repreender.- *(r'epreender)* v. reprender, amonestar, recriminar, regañar, sermonear.
repreensão.- *(r'epreensãu)* s. reprensión, amonestación.
repreensível.- *(r'epreensív'eu)* adj. reprensible.
represa.- *(r'eprêz'a)* s. embalse, represa,
represália.- *(r'eprez'ália)* s. represalia, venganza.
representação.- *(r'eprez'entasãu)* s. representación.
representar.- *(r'eprez'entar)* v. representar.
representativo.- *(r'eprez'entatchiv'u)* adj. representativo.
repressão.- *(r'epresãu)* s. represión.
repressivo.- *(r'epresiv'u)* adj. represivo.
repressor.- *(r'epresôr)* adj. represor, represivo.
reprimir.- *(r'eprimir)* v. reprimir, cohibir, domeñar, refrenar.
réprobo.- *(r'éprobo)* s. réprobo, individuo malo, perverso; condenado.
reprodução.- *(r'eprodusãu)* s. reproducción, copia, transcripción.
reproduzir.- *(r'eproduz'ir)* v. reproducir, transcribir, copiar, multiplicar.
reprovação.- *(r'eprov'asãu)* s. reprobación, condenación.
reprovar.- *(r'eprov'ar)* v. reprobar, condenar, reprochar.
reprovável.- *(r'eprov'áveu)* adj. reprobable.

reptil.- *(r'éptiu)* adj. reptil. / s. reptil.
réptil.- *(r'éptiu)* adj. y s. reptil.
república.- *(r'epúblika)* s. república. / casa donde vive un grupo de estudiantes. / Fig. casa donde no hay gobierno, orden o disciplina.
republicano.- *(r'epublikanu)* adj. republicano.
repudiar.- *(r'epudjiar)* v. repudiar.
repúdio.- *(r'epúdjiu)* s. repudio.
repugnância.- *(r'epugnânsia)* s. repugnancia, asco, fastidio.
repugnante.- *(r'epuganantchi)* adj. repugnante, asqueroso, repelente.
repugnar.- *(r'epugnar)* v. repugnar,
repulsa.- *(r'epuusa)* s. repulsa, antipatía, aversión, repugnancia.
repulsão.- *(r'epuusãu)* s. repulsión.
repulsivo.- *(r'epuusiv'u)* adj. repulsivo, repelente, repugnante.
reputação.- *(r'eputasãu)* s. reputación, fama, renombre
repuxar.- *(r'epuschar)* v. tirar con violencia o hacia atrás.
repuxo.- *(r'epuschu)* s. acto o efecto de tirar con violencia o hacia atrás. / fuente en que el agua se eleva en chorro.
requebrar.- *(r'equebrar)* v. mover las caderas al ritmo de la música. / V. **saracotear**.
requebro.- *(r'equebru)* s. requiebro.
requeijão.- *(r'equijhãu)* s. requesón.
requentar.- *(r'equentar)* v. recalentar.
requerer.- *(r'equerer)* v. requerir, solicitar, reivindicar.
requerimento.- *(r'equerimentu)* s. requerimiento, demanda, petición, solicitud.
réquiem.- *(r'équien)* s. réquiem.
requintado.- *(r'equintadu)* adj. requintado, refinado.
requisitar.- *(r'equiz'itar)* v. requisar.
requisito.- *(r'equiz'itu)* s. requisito.
rés.- *(r'és)* adj. raso.
rescaldo.- *(r'eskáudu)* s. rescoldo.
rescindir.- *(r'esindjir)* v. rescindir,
rescisão.- *(r'esiz'ãu)* s. rescisión.
rés-do-chão.- *(r'ès du schãu)* s. P. el bajo de un edificio.
resenha.- *(r'ez'eña)* s. reseña.
reserva.- *(r'ez'erv'a)* s. reserva. / 2ª s. Bras. atleta que sustituye al titular.
reservado.- *(r'ez'erv'adu)* adj. reservado, oculto, íntimo. / s. reservado en un restaurante.
reservar.- *(r'ez'erv'ar)* v. reservar. / P. reservarse, preservarse.
reservatório.- *(r'ez'ervatóriu)* s. depósito.
reservista.- *(r'ez'erv'ista)* s. reservista. / soldado que está en la reserva. / jugador que está en las mismas condiciones.
resfolegar.- *(r'efolegar)* v. resollar, respirar.
resfriado.- *(r'esfriadu)* adj. resfriado. / s. resfriado, constipado.
resfriar.- *(r'esfriar)* v. resfriar, enfriar, acatarrarse.
resgatar.- *(r'esgatar)* v. rescatar, amortizar, quitar, redimir.
resgatável.- *(r'esgatáv'eu)* adj. rescatable.
resgate.- *(r'esgatchi)* s. rescate.
resguardar.- *(r'esguardar)* v. resguardar, guardar, abrigar, proteger.
resguardo.- *(r'esguardu)* s. resguardo, cuidado, prudencia, decoro, decencia, recato. / dieta. / secreto, misterio. / Pop. Bras. periodo después del parto en el que la mujer observa ciertos cuidados, cuarentena.
residência.- *(r'ez'idênsia)* s. residencia, domicilio.
residir.- *(r'ez'idjir)* v. residir, habitar, morar, vivir.
residual.- *(r'ez'iduáu)* adj. residual.
resíduo.- *(r'ez'iduu)* s. residuo, detrito, resto.
resignação.- *(r'ez'ignasãu)* s. resignación, conformidad.
resignado.- *(r'ez'ignadu)* adj. resignado, conformado, paciente.
resignar.- *(r'ez'ignar)* v. resignar, conformar.
resina.- *(r'ez'ina)* s. resina.
resistência.- *(r'ez'istênsia)* s. resistencia, fuerza, defensa.
resistente.- *(r'ez'istentchi)* adj. resistente, fuerte, duro.
resistir.- *(r'ez'istchir)* v. resistir, aguantar, defenderse, durar.
resma.- *(r'esma)* s. quinientos folios.
resmungar.- *(r'esmungar)* v. refunfuñar, mascullar, rezongar.
resolução.- *(r'ez'olusãu)* s. resolución, decisión.
resoluto.- *(r'ez'olutu)* adj. resuelto, decidido.
resolver.- *(r'ez'ouv'er)* v. resolver, decidir, solucionar.
resolvido.- *(r'ez'ouv'idu)* adj. resuelto, solucionado.
respaldar.- *(r'espaudar)* v. respaldar.
respaldo.- *(r'espáudu)* s. respaldo.
respeitar.- *(r'espeitar)* v. respetar, reverenciar, considerar.
respeitável.- *(r'espeitáv'eu)* adj. respetable, venerable, importante.
respeito.- *(r'espeitu)* s. respeto, respecto, acatamiento, sumisión, consideración.
respeitoso.- *(r'espeituz'u)* adj. respetuoso, obediente, sumiso, cortés.
respingar.- *(r'espingar)* v. respingar, salpicar.
respingo.- *(r'espingu)* s. respingo.
respiração.- *(r'espirasãu)* s. respiración.
respiradouro.- *(r'espiradôru)* s. abertura cualquiera por donde sale el aire.
respirar.- *(r'espirar)* v. respirar.
respiratório.- *(r'espiratóriu)* adj. respiratorio.
resplandecente.- *(r'esplandesentchi)* adj. resplandeciente, flamante, lúcido, reluciente.
resplandecer.- *(r'esplandeser)* v. resplandecer, refulgir, relucir, relumbrar.
resplandor.- *(r'esplandôr)* s. resplandor.
responder.- *(r'esponder)* v. responder, contestar. / responsabilizarse.
responsabilidade.- *(r'esponsabilidadji)* s. responsabilidad, obligación.
responsabilizar.- *(r'esponsabiliz'ar)* v. y p. responsabilizar(se).
responsável.- *(r'esponsáv'eu)* adj. responsable.

resposta.- *(r'espósta)* s. respuesta.
resquício.- *(r'esquísiu)* s. resquicio.
ressabiar.- *(r'esabiar)* v. y p. ofenderse, molestarse, resentirse. / mostrarse el animal asustado.
ressaca.- *(r'esaka)* s. Bras. resaca del mar. / 2ª. Bras. resaca por beber demasiado.
ressaibo.- *(r'esaibo)* s. resabio, mal sabor, resentimiento. / señal, vestigio.
ressalbo.- *(r'esaubo)* s. resabio, mal sabor, resentimiento.
ressaltar.- *(r'esautar)* v. resaltar, sobresalir.
ressalva.- *(r'esauv'a)* s. reserva, claúsula. / resguardo. / excepción, salvedad. / certificado de exención del servicio militar.
ressalvar.- *(r'esauv'ar)* v. licenciar. / salvar. / poner al final de la escritura una nota que haga valer lo enmendado o añadido, poner una claúsula. / enmendar. / exceptuar. / reservar. / eximir. / v. refl. acautelarse, prevenirse.
ressarcir.- *(r'esarsir)* v. y p. resarcir, indemnizar, compensar.
ressecar.- *(r'esekar)* v. resecar, secar.
ressentido.- *(r'esentchidu)* adj. resentido, ofendido, enojado.
ressentir.- *(r'esentchir)* v. resentir. / P. resentirse, sentirse ofendido.
ressonância.- *(r'esonânsia)* s. resonancia.
ressonar.- *(r'esonar)* v. resonar.
ressumar.- *(r'esumar)* v. rezumar.
ressurgimento.- *(r'esurjhimentu)* s. resurgimiento, resurrección.
ressurgir.- *(r'esurjhir)* v. resurgir.
ressurreição.- *(r'esur'eisãu)* s. resurrección.
ressuscitar.- *(r'esusitar)* v. resucitar, resurgir.
restabelecer.- *(r'estabeleser)* v. restablecer, restaurar, renovar, convalecer.
restabelecimento.- *(r'estabelesimentu)* s. restablecimiento, restauración.
restante.- *(r'estantchi)* adj. restante.
restar.- *(r'estar)* v. restar, sobrar, sobrevivir.
restauração.- *(r'estaurasãu)* s. restauración de obra de arte, reconstrucción, reparo
restaurante.- *(r'estaurantchi)* s. restaurante.
restaurar.- *(r'estaurar)* v. restaurar, reconstruir, recuperar.
réstia.- *(r'estchia)* s. ristra; haz de luz.
restinga.- *(r'estinga)* s. restinga, albufera, ma-risma.
restituição.- *(r'estituisãu)* s. restitución, entrega, devolución, reposición.
restituir.- *(r'estituir)* v. restituir, devolver, entregar, reponer, retomar.
resto.- *(r'éstu)* s. resto, restante.
restolho.- *(r'estôllu)* s. rastrojo.
restos.- *(r'éstus)* s. pl. sobras, ruinas, restos mortales.
restrição.- *(r'estrisãu)* s. restricción.
restringir.- *(r'estrinjhir)* v. restringir, coartar, contraer, reducir.
restritivo.- *(r'estritchiv'u)* adj. restrictivo.
restrito.- *(r'estritu)* adj. restricto, limitado.
resultado.- *(r'esz'ultadu)* s. resultado, consecuencia, efecto.
resultar.- *(r'ez'uutar)* v. resultar.
resumido.- *(r'ez'umidu)* adj. reducido, conciso, sintético, sucinto.
resumir.- *(r'ez'umir)* v. resumir, abreviar, sintetizar.
resumo.- *(r'ez'umu)* s. resumen, extracto, sinopsis, síntesis.
resvaladiço.- *(r'esv'aladjisu)* adj. resbaladizo.
resvalar.- *(r'esv'alar)* v. resbalar, deslizar.
reta.- *(réta)* s. línea recta.
retábulo.- *(r'etábulu)* s. retablo.
retaguarda.- *(r'etaguarda)* s. retaguardia.
retalhar.- *(r'etallar)* v. retazar, retajar, cortar, dividir.
retalho.- *(r'etállu)* s. retal, retazo.
retângulo.- *(r'etângulu)* s. rectángulo.
retardado.- *(r'etardadu)* adj. retrasado, retardado.
retardar.- *(r'etardar)* v. retardar, aplazar, atrasar, demorar, tardar.
retardatário.- *(r'etardatáriu)* adj. y s. atrasado, retrasado.
retenção.- *(r'etensãu)* s. retención.
reter.- *(r'eter)* v. retener, detener, embargar.
reticência.- *(r'etchisênsia)* s. reticencia.
reticente.- *(r'etchisentchi)* adj. reticente.
retidão.- *(r'etchidãu)* s. rectitud, equidad, integridad, virtud.
retificação.- *(r'etchifikasãu)* s. rectificación, corrección.
retificar.- *(r'etchifikar)* v. rectificar, corregir.
retina.- *(r'etchina)* s. retina.
retirada.- *(r'etchirada)* s. retirada, evacuación, retiro.
retirado.- *(r'etchiradu)* adj. retirado, recogido, solitario.
retirar.- *(r'etchirar)* v. retirar, ausentar, rehuir. / P. retirarse.
retiro.- *(r'etchiru)* s. retiro.
reto.- *(r'étu)* adj. recto, derecho; directo; honesto, íntegro. / s. Anat. recto.
retocar.- *(r'etokar)* v. retocar.
retomar.- *(r'etomar)* v. reanudar.
retoque.- *(r'etóqui)* s. retoque.
retorcer.- *(r'etorser)* v. retorcer. / P. retorcerse.
retórica.- *(r'etórika)* s. retórica.
retornar.- *(r'etornar)* v. retornar, volver, reaparecer, regresar.
retorno.- *(r'etôrnu)* s. retorno.
retorta.- *(r'etórta)* s. retorta.
retracção.- *(r'etraksãu)* s. retracción.
retraído.- *(r'etraídu)* adj. retraído.
retraimento.- *(r'etraimentu)* s. retraimiento, contracción.
retrair.- *(r'etrair)* v. retraer, encoger, reducir. / P. retraerse, aislarse, apartarse.
retransmitir.- *(r'etransmitchir)* v. retransmitir.
retratar.- *(r'etratar)* v. retractar, retratar. / P. retratarse, desdecirse.
retrato.- *(r'etratu)* s. retrato.
retreta.- *(r'etrêta)* s. Bras. concierto de banda de música en plaza pública.
retrete.- *(retrêtchi)* s. letrina.

retribuição.- *(r'etribuisãu)* s. retribución, gratificación, recompensa.
retribuir.- *(r'etribuir)* v. retribuir, corresponder, gratificar, pagar, recompensar.
retroativo.- *(r'etroatchiv'u)* adj. retroactivo.
retroceder.- *(r'etroseder)* v. retroceder, regresar.
retrocesso.- *(r'etrosésu)* s. retroceso.
retrógrado.- *(r'etrógradu)* adj. retrógrado.
retrós.- *(retrós)* s. hilo de seda torcido o algodón para costura. / torzal.
retrospectivo.- *(r'etrospektchiv'u)* adj. retrospectivo.
retrovisor.- *(r'etrov'iz'ôr)* adj. y s. retrovisor.
retrucar.- *(retrukar)* v. replicar.
retumbar.- *(r'etumbar)* v. retumbar, atronar, resonar.
réu.- *(r'éu)* s. reo.
reumático.- *(r'eumátchiku)* adj. reumático.
reumatismo.- *(r'eumatchismu)* s. Med. reumatismo.
reunião.- *(r'euniãu)* s. reunión.
reunir.- *(r'eunir)* v. reunir, acumular, aglomerar, aglutinar, agrupar, almacenar, compilar, conglomerar, incorporar, juntar.
revalidação.- *(r'ev'alidasãu)* s. reválida, convalidación, confirmación.
revalidar.- *(r'ev'alidar)* v. convalidar, revalidar.
revalorizar.- *(r'ev'aloriz'ar)* v. revalorizar.
revanche.- *(r'ev'anschi)* s. revancha.
revelação.- *(r'ev'elasãu)* s. revelación.
revelador.- *(r'ev'eladôr)* adj. revelador.
revelar.- *(r'ev'elar)* v. revelar, descubrir. / revelar una fotografía. / P. revelarse.
revelia.- *(rev'elía)* s. Jur. rebeldía, omisión del reo o actor rebelde que no comparece en juicio. / loc. adv. *à revelia: en rebeldía, sin la presencia del reo.
revenda.- *(r'ev'enda)* s. reventa.
revender.- *(r'ev'ender)* v. revender.
rever.- *(r'ev'er)* v. rever, revisar.
reverberação.- *(r'ev'erberasãu)* s. reverberación, resonancia.
reverberar.- *(r'ev'erberasãu)* v. reverberar.
reverdecer.- *(r'ev'erdeser)* v. reverdecer.
reverência.- *(r'ev'erênsia)* s. reverencia.
reverenciar.- *(r'ev'erensiar)* v. reverenciar, venerar.
reverendíssima.- *(r'ev'erendjísima)* s. reverendísima. / tratamiento dado a los eclesiásticos, monseñores u obispos.
reverendo.- *(r'ev'erendu)* adj. reverendo. / s. cura.
reversão.- *(r'ev'ersãu)* s. reversión.
reversível.- *(r'ev'ersív'eu)* adj. reversible.
reverso.- *(r'ev'érsu)* s. reverso, revés.
revés.- *(r'ev'és)* s. revés, vicisitud, infortunio.
revestimento.- *(r'ev'estchimentu)* s. revestimiento.
revestir.- *(r'ev'estchir)* v. revestir,
revezar.- *(r'ev'ez'ar)* v. p. revezar(se), alternar(se).
revidar.- *(r'ev'idar)* v. replicar.
revigorante.- *(r'evigorantchi)* adj. energético, revitalizante.
revigorar.- *(r'ev'igorar)* v. robustecer, tonificar, revigorar(se), robustecer(se).
revirar.- *(r'ev'irar)* v. revirar, cambiar, torcer.
reviravolta.- *(r'eviravóuta)* s. pirueta, transformación, cambio de situación.
revisão.- *(r'ev'iz'ãu)* s. revisión.
revisar.- *(r'ev'iz'ar)* v. revisar.
revisionismo.- *(r'ev'iz'ionismu)* s. revisionismo.
revisor.- *(r'ev'iz'ôr)* adj. y s. revisor.
revista.- *(r'ev'ista)* s. revista. / inspección militar en filas, revista musical. / 2ª. s. revista, periódico, magazine.
revistar.- *(r'ev'istar)* v. examinar.
reviver.- *(r'ev'iver)* v. revivir, renacer, resucitar.
revoada.- *(r'ev'uada)* s. revuelo, bando de aves que vuelan.
revogação.- *(r'ev'ogasãu)* s. revocación, anulación.
revogar.- *(r'ev'ogar)* v. revocar, abolir, abrogar.
revolta.- *(r'ev'óuta)* s. revuelta.
revoltado.- *(r'ev'outadu)* adj. sublevado, revoltoso. / indignado.
revoltar.- *(r'ev'outar)* v. revolucionar, amotinar, sublevar, indignar.
revolto.- *(r'ev'outo)* adj. revuelto.
revoltoso.- *(r'ev'outoz'u)* adj. revoltoso, revuelto.
revolução.- *(r'ev'olusãu)* s. revolución, revuelta.
revolucionar.- *(r'ev'olusionar)* v. revolucionar.
revolucionário.- *(r'ev'olusionáriu)* adj. y s. revolucionario.
revolutear.- *(r'ev'olotear)* v. revolotear.
revolver.- *(r'ev'ouv'er)* v. revolver, agitar, desordenar. / cavar.
revólver.- *(r'ev'óuver)* s. pistola, revólver.
reza.- *(r'éza)* s. rezo.
rezar.- *(r'ez'ar)* v. rezar, orar. / curar con rezos.
rezingar.- *(r'ez'ingar)* v. rezongar, refunfuñar.
riacho.- *(r'iaschu)* s. arroyo, riachuelo.
ribanceira.- *(r'ibansêra)* s. ribazo, despeñadero.
ribeira.- *(r'ibêra)* s. ribera.
ribeirão.- *(r'iberãu)* s. corriente de un agua más grande que un riachuelo y más pequeño que un río.
ribeirinho.- *(r'iberiñu)* adj. ribereño.
ribeiro.- *(r'ibêru)* s. riachuelo, arroyo, regato.
rícino.- *(r'isinu)* s. Bot. ricino.
rico.- *(r'iku)* adj. rico, acaudalado, adinerado, pudiente.
ricota.- *(r'ikóta)* s. queso que se prepara con el suero de la leche hervida y colada.
ridicularizar.- *(r'idjikulariz'ar)* v. ridiculizar, satirizar.
ridículo.- *(r'idjikulu)* adj. ridículo, risible, mezquino, escaso, corto.
rifa.- *(r'ifa)* s. rifa, sorteo.
rifar.- *(r'ifa)* v. rifar, sortear.
rifle.- *(r'ifli)* s. rifle.
rigidez.- *(r'ijhidês)* s. rigidez. / austeridad, severidad.
rígido.- *(r'ijhidu)* adj. rígido, tieso, duro, erecto, inflexible.
rigor.- *(r'igor)* s. rigor, severidad, aspereza.
rigoroso.- *(r'igoroz'u)* adj. riguroso, severo, áspero.
rijeza.- *(r'ijhêz'a)* s. dureza, rigidez.
rijo.- *(r'ijhu)* adj. duro, recio, rígido.
rim.- *(r'in)* s. Anat. riñón.
rima.- *(r'ima)* s. rima.

rimar.- *(r'ima)* v. rimar.
rimbombante.- *(r'imbonbantchi)* adj. que retumba.
rimbombar.- *(r'imbonbar)* v. retumbar.
rímel.- *(rímeu)* s. rímel.
rincão.- *(r'inkãu)* s. rincón.
rinchar.- *(r'inschar)* v. relinchar.
ringue.- *(r'ingui)* s. ring, estrado para boxeo.
rinha.- *(r'iña)* s. Bras. pelea de gallos. / 2ª. Bras. lugar donde se realiza.
rinoceronte.- *(r'inoroserontchi)* s. rinoceronte.
rinque.- *(r'inqui)* s. pista de patinaje.
rio.- *(r'iu)* s. río.
ripa.- *(r'ipa)* s. ripia, listón de madera.
riqueza.- *(r'iquêz'a)* s. riqueza.
rir.- *(r'ir)* v. y p. reír(se).
risada.- *(r'iz'ada)* s. risada, carcajada.
risca.- *(r'iska)* s. raya. / raya en el pelo.
riscado.- *(r'iskadu)* adj. rayado, tachado. / s. tejido de rayas.
riscar.- *(r'iskar)* v. rayar, arañar, pautar, surcar, tachar.
risco.- *(r'isku)* s. raya, trazo, surco, línea. / 2ª. s. peligro o posibilidad de peligro.
risível.- *(r'iz ''iveu)* adj. risible, ridículo, irrisorio.
riso.- *(r'iz'u)* s. risa, sonrisa.
risonho.- *(r'iz'oñu)* adj. risueño.
risoto.- *(r'iz'ôtu)* s. plato preparado con arroz y pollo o gambas, etc.
ríspido.- *(r'ìspidu)* adj. grosero.
rítmico.- *(r'ítmiku)* adj. rítmico.
ritmo.- *(r'ítmu)* s. ritmo, cadencia, compás.
rito.- *(r'itu)* s. rito.
ritual.- *(r'ituáu)* s. ritual, liturgia, ceremonia.
rival.- *(r'iv'áu)* adj. rival, émulo, competidor. / s. rival.
rivalidade.- *(r'iv'alidadji)* s. rivalidad, competición.
rivalizar.- *(r'iv'aliz'ar)* v. rivalizar, competir, emular.
rixa.- *(r'ischa)* s. riña, cuestión, pendencia, reyerta, altercado.
robalo.- *(r'obálu)* s. lubina, róbalo.
robe.- *(r'obi)* s. bata.
roble.- *(r'oble)* s. roble.
robô.- *(r'obô)* s. androide, autómata.
robustecer.- *(r'obusteser)* v. robustecer, fortalecer, vigorizar.
robusto.- *(r'obustu)* adj. robusto, vigoroso, poderoso,
roca.- *(r'óka)* s. rueca. / roca.
roça.- *(r'ósa)* s. roza. / el campo, la zona rural.
roçado.- *(r'osadu)* s. el campo de cultivo preparado para plantar.
roçadura.- *(r'osadura)* s. rozadura, rozamiento, roce.
rocambole.- *(r'okamboli)* s. Bras. brazo de gitano (pastelería).
rocambolesco.- *(r'okambolêsku)* adj. que recuerda las aventuras extraordinarias de Rocambole, personaje de una novela del francés Ponson du Terrail.
roçamento.- *(r'osamentu)* s. rozamiento.
roçar.- *(r'osar)* v. rozar, preparar el campo para el cultivo. Tocar levemente.
roceiro.- *(r'osêru)* s. hombre que trabaja la roza.
rocio.- *(r'osiu)* s. rocío.
rocha.- *(r'oscha)* s. roca.
rochedo.- *(r'oschêdu)* s. pequeña roca.
roda.- *(r'óda)* s. rueda.
rodada.- *(r'odada)* s. ronda, cada una de las veces que se sirve bebida a los que beben juntos en un bar.
rodagem.- *(r'odajhen)* s. rodaje, ruedo.
rodamoinho.- *(r'emoíñu)* s. remolino.
rodapé.- *(r'odapé)* s. rodapié.
rodar.- *(r'odar)* v. rodar, rodear. / visitar, recorrer. / transcurrir, pasar el tiempo. / Pop. echarse a perder, malograrse una pretensión. / Inform. transferir para un programa el control del ordenador, ejecutar un programa.
roda-viva.- *(r'oda v'iv'a)* s. movimiento incesante. / Bras. confusión, follón.
rodear.- *(r'odear)* v. rodear, cercar, ceñir. / P. rodearse.
rodeio.- *(r'odêiu)* s. rodeo.
rodela.- *(r'odéla)* s. rodela, rodaja.
rodilha.- *(r'odjilla)* s. rodete para transportar pesos en la cabeza.
rodízio.- *(r'odjíz'iu)* s. pequeña rueda que se fija a las patas de algunos muebles, con el fin de moverlos fácilmente. / rotación en la realización de un trabajo.
rodopiar.- *(r'odopiar)* v. dar vueltas, hacer piruetas, girar.
rodovia.- *(r'odov'ia)* s. Bras. autopista.
rodoviária.- *(r'odov'iária)* s. Bras. estación de autobuses. / empresa de transporte de autobuses.
roedor.- *(r'oedôr)* adj. roedor.
roer.- *(r'oer)* v. roer.
rogar.- *(r'ogar)* v. rogar, suplicar, implorar.
rogativa.- *(r'ogatchiv'a)* s. rogativa, ruego.
rogo.- *(r'ôgu)* s. ruego, plegaria, suplica, oración.
rojão.- *(r'ojhãu)* s. Bras. cachete. / acción y efecto de arrastrar(se). / 2ª. Bras. Fig. ritmo intenso de vida, trabajo. / *agüentar o rojão: aguantar firmemente una situación difícil. / V. **barra** (usado en las expresiones *agüentar a barra, *segurar a barra).
rol.- *(r'óu)* s. rol. / lista, relación, catálogo.
rolar.- *(r'olar)* v. rodar, girar.
roldana.- *(r'oudana)* s. polea, roldana.
roleta.- *(r'olêta)* s. ruleta.
rolha.- *(r'ôlla)* s. corcho, tapón.
roliço.- *(r'olisu)* adj. rollizo.
rolo.- *(r'ôlu)* s. rodillo, rollo, rulo. / Bras. conflicto, confusión en que se envuelven muchas personas.
romã.- *(r'omã)* s. granada.
romance.- *(r'omansi)* s. romance. / novela.
romancista.- *(r'omansista)* s. romancista, novelista.
românico.- *(r'omâniku)* adj. románico.
romano.- *(r'omanu)* adj. romano.
romântico.- *(r'omânchiku)* adj. romántico.
romantismo.- *(r'omantchismu)* s. romanticismo.
romaria.- *(r'omaria)* s. peregrinación, romería.
rombo.- *(r'ombu)* adj. rombo, agujero de grandes proporicones.

romeiro.- *(r'omêru)* s. romero, peregrino.
romeno.- *(r'omenu)* adj. y s. de Rumanía.
rompante.- *(r'ompantchi)* s. Pop. reacción impetuosa o violenta, ímpetu, furia, repente. / arrogancia, altivez, orgullo. / adj. arrogante, orgulloso, altivo.
romper.- *(r'ompêr)* v. romper.
rompimento.- *(r'ompimentu)* s. rompimiento, rotura.
roncar.- *(r'onkar)* v. roncar.
ronco.- *(r'onku)* s. ronquido.
ronda.- *(r'onda)* s. ronda.
rondar.- *(r'ondar)* v. patrullar, rondar.
ronha.- *(r'oña)* s. roña, sarna del ganado lanar. / Pop. maña, astucia.
ronhento.- *(r'oñentu)* adj. roñoso.
ronhoso.- *(r'oñôz'u)* adj. roñoso.
ronqueira.- *(r'onquêra)* s. ronquera.
ronrom.- *(r'onrón)* s. ronroneo, ronquido del gato.
ronronar.- *(r'onr'onar)* v. ronronear.
roque.- *(r'oqui)* s. rock and roll.
roqueiro.- *(r'oquêru)* s. instrumento, canto y / o compositor de rock and roll.
rosa.- *(r'óz'a)* s. rosa.
rosado.- *(r'oz'adu)* adj. rosado.
rosal.- *(r'oz'áu)* s. rosal.
rosário.- *(r'oz'áriu)* s. rosario. / sucesión, serie.
rosbife.- *(r'osbifi)* s. rosbif.
rosca.- *(r'oska)* s. rosca.
roseira.- *(r'oz'êra)* s. rosal.
roseiral.- *(r'oz'eiráu)* s. rosaleda, rosal.
rosmaninho.- *(r'oz'maniñu)* s. romero.
rosnar.- *(r'osnar)* v. gruñir.
rossio.- *(r'osiu)* s. plaza pública espaciosa.
rosto.- *(r'ostu)* s. rostro, cara, frente, semblante.
rota.- *(r'óta)* s. ruta, camino, vía.
rotação.- *(r'otasãu)* s. giro, rotación.
rotativo.- *(r'otatchiv'u)* adj. rotativo.
rotatório.- *(r'otatóriu)* adj. rotatorio.
roteiro.- *(r'otêru)* s. itinerario, ruta, guía. / guión.
rotina.- *(r'otchina)* s. rutina.
rotineiro.- *(r'otchinêru)* adj. rutinario, habitual, ordinario.
roto.- *(r'ôtu)* adj. roto.
rótula.- *(r'ótula)* s. rótula. / Anat. rótula.
rotular.- *(r'otular)* v. rotular.
rótulo.- *(r'ótulu)* s. rótulo, etiqueta, letrero.
rotunda.- *(r'otunda)* s. construcción circular terminada en cúpula. / glorieta.
roubar.- *(r'obar)* v. robar, estafar, hurtar, pillar.
roubo.- *(r'ôbu)* s. robo.
rouco.- *(r'ôku)* adj. ronco.
roupa.- *(r'ôpa)* s. ropa, indumentaria, prenda, vestimenta.
roupagem.- *(r'oupajhen)* s. ropaje.
roupão.- *(r'opãu)* s. bata, albornoz.
roupa-velha.- *(r'opa v'élla)* s. plato preparado con los restos de carne de una comida anterior.
roupeiro.- *(r'opêru)* s. ropero.
rouquidão.- *(r'ouquidãu)* s. ronquera.
rouxinol.- *(r'ouschinóu)* s. ruiseñor.
roxo.- *(r'oschu)* adj. violáceo, violeta, morado.
rua.- *(r'ua)* s. calle, vía.
rubi.- *(r'ubí)* s. rubí.
rubor.- *(r'ubôr)* s. rubor.
ruborizado.- *(r'uboriz'adu)* adj. ruborizado, encendido.
ruborizar.- *(r'uboriz'ar)* v. ruborizar, sonrojar.
rubrica.- *(r'ubrika)* s. rúbrica.
rubricar.- *(r'ubrikar)* v. rubricar.
rubro.- *(r'ubru)* adj. rojo muy vivo, encarnado, colorado. / encendido, incendiado. / exagerado, apasionado en las opiniones y preferencias.
ruço.- *(r'úsu)* adj. rucio, pardusco, entrecano, ceniciento, descolorido. / Arg. difícil, complicado. / Bras. persona que tiene el pelo castaño muy claro.
rude.- *(r'udji)* adj. rústico. / rudo, bronco, inculto, intratable, torpe. / riguroso, severo.
rudeza.- *(r'udêz'a)* s. rudeza, aspereza, grosería, estupidez.
rudimentar.- *(r'udjimentáu)* adj. rudimentario.
rudimento.- *(r'udimentu)* s. rudimento.
ruela.- *(r'uéla)* s. callejón, callejuela.
rufar.- *(r'ufar)* v. tocar el tambor.
rufião.- *(r'ufiãu)* s. rufián.
ruflar.- *(r'uflar)* v. agitar las alas para levantar vuelo.
ruga.- *(r'uga)* s. arruga, pliegue, surco.
ruge.- *(r'ujhi)* s. colorete.
rugido.- *(r'ujhidu)* s. bramido.
rugir.- *(r'ujhidu)* v. rugir.
ruído.- *(r'uidu)* s. ruido, son, sonido.
ruidoso.- *(r'uidoz'u)* adj. ruidoso.
ruim.- *(r'uín)* adj. ruin, vil.
ruína.- *(r'uína)* s. ruina.
ruindade.- *(r'uindadji)* s. maldad, ruindad.
ruinoso.- *(r'uinoz'u)* adj. ruinoso.
ruir.- *(r'uir)* v. caer, despeñarse.
ruivo.- *(r'uiv'u)* adj. pelirrojo.
rum.- *(r'un)* s. ron.
ruminante.- *(r'uminantchi)* adj. rumiante. / s. Zool. rumiante.
ruminar.- *(r'uminar)* v. rumiar. / reflexionar mucho.
rumo.- *(r'umu)* s. rumbo, ruta, dirección, orientación.
rumor.- *(r'umor)* s. rumor.
rumorejar.- *(r'umorejhar)* v. rumorear.
rupestre.- *(r'upéstri)* adj. rupestre.
ruptura.- *(r'uptura)* s. ruptura, fractura, rompimiento.
rural.- *(r'uráu)* adj. rural, rústico.
rusga.- *(r'usga)* s. pequeña pelea, o conflicto entre dos o más personas.
rush.- *(r'usg)* s. Ingl. gran afluencia de vehículos, tráfico muy intenso, en una dirección determinada.
rústico.- *(r'ústchiku)* adj. agreste, rural. / rústico, tosco.
rutilante.- *(r'utchilantchi)* adj. rutilante, resplandeciente, brillante, fulgurante.
rutilar.- *(r'utchilar)* v. rutilar, brillar, resplandecer, fulgurar.
rútilo.- *(r'utchilu)* adj. rutilante.

S

s.- *(ési)* s. decimonovena letra del abecedario portugués.

sabá.- *(sabá)* s. descanso religioso de los judíos, los sábados, consagrado a Dios.

sábado.- *(sábadu)* s. sábado.

sabão.- *(sabãu)* s. jabón.

sabático.- *(sabátchiku)* adj. sabático.

sabatina.- *(sabatchina)* s. sabatina.

sabedor.- *(sabedôr)* adj. sabedor.

sabedoria.- *(sabedoría)* s. sabiduría.

saber.- *(saber)* v. saber, conocer.

sabiá.- *(sabiá)* s. cierta ave cantora. / Pop. bocera, pequeña herida en la comisura de los labios.

sabichão.- *(sabischu)* s. sabelotodo, sabihondo.

sabido.- *(sabidu)* adj. sabido, sabedor, erudito.

sábio.- *(sábiu)* adj. sabio, erudito, doctor.

sabonete.- *(sabonetchi)* s. jabón de tocador.

saboneteira.- *(sabonetêra)* s. jabonera.

sabor.- *(sabôr)* s. sabor, gusto.

saborear.- *(saboriar)* v. saborear, degustar, gustar, paladear.

saboroso.- *(saboroz'u)* adj. sabroso, apetitoso, gustoso.

sabotagem.- *(sabotajhen)* s. sabotaje.

sabotar.- *(sabotar)* v. sabotear.

sabre.- *(sabri)* s. machete, sable.

sabugo.- *(sabujhu)* adj. sabueso. / mazorca sin granos.

saca.- *(saku)* s. gran saco.

sacada.- *(sakada)* s. balcón, salidizo, voladizo.

sacal.- *(sakáu)* adj. Bras. vulgar, aburrido, pesado.

sacana.- *(sakana)* adj. Bras. vulgar, canalla, sin vergüenza. / persona bromista.

sacar.- *(sakar)* v. sacar, arrancar, extraer. / emitir un talón. / Argt. entender, comprender.

sacarina.- *(sakarina)* s. sacarina.

saca-rolhas.- *(saka r'ollas)* s. sacacorchos.

sacarose.- *(sakaróz'i)* s. sacarosa.

sacerdócio.- *(saserdósiu)* s. sacerdocio.

sacerdote.- *(saserdótchi)* s. sacerdote, clérigo, cura, párroco.

saci.- *(sasí)* s. Bras. entidad fantástica. / negrito de una pierna sola, de pipa y con una gorra roja, que persigue a los viajantes.

saciado.- *(sasiadu)* adj. saciado, harto.

saciar.- *(sasiar)* vt. saciar, satisfacer, saturar.

saciável.- *(sasiáv'éu)* adj. saciable.

saciedade.- *(sasiedadji)* s. saciedad.

saco.- *(saku)* s. bolsa, saco.

sacola.- *(sakóla)* s. alforja, saco con alza para la compra.

sacoleiro.- *(sakolêru)* s. Bras. Fam. vendedor ambulante que lleva su mercancía al local de trabajo o a la casa del cliente.

sacolejar.- *(sakolejhar)* v. sacudir o agitar repetidamente.

sacralizar.- *(sakraliz'ar)* v. sacralizar.

sacramental.- *(sakramentáu)* adj. sacramental.

sacramentar.- *(sakramentar)* v. sacramentar.

sacramento.- *(sakramentu)* s. Rel. sacramento.

sacrário.- *(sakráriu)* s. Rel. sagrario.

sacrificar.- *(sakrifikar)* v. sacrificar, inmolar, martirizar. / sacrificarse, ofrecerse en sacrificio.

sacrifício.- *(sakrifísiu)* s. sacrificio, inmolación, martirio.

sacrilégio.- *(sakriléjhiu)* s. sacrilegio.

sacrílego.- *(sakrílegu)* adj. sacrílego.

sacristão.- *(sakristãu)* s. Rel. sacristán.

sacristia.- *(sakristchía)* s. Rel. sacristía.

sacro.- *(sakru)* adj. sacro, sagrado

sacrossanto.- *(sakrosantu)* adj. sacrosanto.

sacudir.- *(sakudjir)* v. sacudir, agitar, estremecer.

sádico.- *(sádjiku)* adj. sádico.

sadio.- *(sadjíu)* adj. sano, saludable.

sadismo.- *(sadjismu)* s. sadismo.

safado.- *(safadu)* adj. Pop. desvergonzado, inmoral, cínico. / adj. gastado o deteriorado por el uso, apagado.

safanão.- *(safanãu)* s. empujón; tirón. / Pop. bofetada, bofetón.

safar.- *(safar)* v. quitar para fuera, extraer, sacar. / verse libre, librarse.

safári.- *(safari)* s. safari.

safira.- *(safira)* s. zafiro.

safo.- *(safu)* adj. salvado, salvo. / libre, desembarazado. / gastado, usado. / Arg. listo, vivo.

safra.- *(safra)* s. cosecha.

saga.- *(saga)* s. saga.

sagacidade.- *(sagasidadji)* s. sagacidad.

sagaz.- *(sagás)* adj. listo, sagaz.

sagrado.- *(sagradu)* adj. sagrado, santo, inmaculado, sacro.

sagrar.- *(sagrar)* v. consagrar, bendecir.

sagu.- *(sagú)* s. sagu.

saguão.- *(saguãu)* s. zaguán, vestíbulo, hall.

saia.- *(saia)* s. falda.

saída.- *(saída)* s. salida.

saideira.- *(saidêra)* s. Bras. Arg. / la última copa que se toma antes de dejar una fiesta o un bar. / la penúltima.

saído.- *(saídu)* adj. salido, saliente.

sainete.- *(sainetchi)* s. sainete.

saiote.- *(saiótchi)* s. falda corta.

sair.- *(sair)* v. intr. salir, partir. / vt. pasar más allá de. / v. refl. apartarse, ausentarse, alejarse, retirarse.

sal.- *(sáu)* s. sal.

sala.- *(sala)* s. salón. / el aula de una escuela.

salada.- *(salada)* s. ensalada.

saladeira.- *(saladêra)* s. ensaladera.

salamaleque.- *(salamaléqui)* s. el saludo entre los turcos.

salamandra.- *(salamandra)* s. salamandra.

salame.- *(salami)* s. salame.
salão.- *(salãu)* s. gran salón. / exposición periódica.
salário.- *(saláriu)* s. salario, paga, sueldo, estipendio.
salchicha.- *(sauschischa)* s. salchicha.
saldar.- *(saudar)* v. saldar.
saldo.- *(saudu)* s. saldo.
saleiro.- *(salêru)* s. salero.
saleta.- *(salêta)* s. salita.
salgadinhos.- *(salgadjiñus)* s. pl. Bras. pastelitos salados como canapés, croquetas, empanadillas, etc., servidos como aperitivo o en reuniones festivas.
salgado.- *(saugadu)* adj. salado.
salgar.- *(saugar)* v. salar.
salgueiro.- *(sauguêru)* s. sauce.
saliência.- *(saliênsia)* s. saliente.
salientar.- *(salientar)* v. y p. volver(se) saliente, sobresalir, resaltar.
saliente.- *(salientchi)* adj. saliente, que sale, que sobresale.
salina.- *(salina)* s. salina.
salinidade.- *(salinidadji)* s. salinidad.
salino.- *(salinu)* adj. salino.
salitre.- *(salitri)* s. salitre.
saliva.- *(saliv'a)* s. saliva.
salivação.- *(saliv'asãu)* s. salivación.
salivar.- *(saliv'ar)* v. salivar.
salmão.- *(saumãu)* s. salmón.
salmo.- *(saumu)* s. salino.
salmoura.- *(saumôra)* s. salmuera.
salobre.- *(salôbri)* adj. salobre.
saloio.- *(saloiu)* s. campesino de los alrededores de Lisboa. / Fig. individuo rústico, aldeano.
salpicadura.- *(saupikadura)* s. salpicadura.
salpicar.- *(saupikar)* v. salpicar.
salsa.- *(sausar)* s. perejil.
salsaparrilha.- *(sausapar'illa)* s. zarzaparrilla.
salsicha.- *(sausischa)* s. salchicha.
salsicharia.- *(sausischaría)* s. salchichería.
saltar.- *(sautar)* v. saltar.
salteado.- *(sautchiadu)* adj. alternado, intercalado. / tomado o cogido de improviso, atacado a traición, atacado, asaltado.
saltimbanco.- *(sautchinbanku)* s. saltimbanqui.
saltitar.- *(sautchitar)* vintr. dar saltitos cortos.
salto.- *(sáutu)* s. salto, bote, cascada.
salubre.- *(salubri)* adj. salubre.
salubridade.- *(salubridadji)* s. salubridad.
salutar.- *(salutar)* adj. saludable, salubre.
salva.- *(sauv'a)* s. salva de tiros. / bandeja redonda y pequeña.
salvação.- *(sauv'asãu)* s. salvación.
salvaguarda.- *(sauv'aguarda)* s. salvaguardia, salvedad.
salvaguardar.- *(sauv'aguardar)* v. salvaguardar.
salvamento.- *(sauv'amentu)* s. salvación, salvamento.
salvar.- *(sauv'ar)* v. salvar.
salva-vidas.- *(sauv'a v'idas)* s. salvavidas. / vigilante de playa o piscina.
salve.- *(sauv'i)* interj. salve.
salvo.- *(sauv'u)* adj. salvado, salvo.
salvo-conduto.- *(sauv'u kondutu)* s. salvoconducto. / Fig. privilegio, prerrogativa, inmunidad, salvaguarda.
samambaia.- *(samanbáia)* Bras. s. helecho.
samaritano.- *(samaritanu)* s. samaritano (de Samaria). / adj. caritativo. / Fig. samaritano.
samba.- *(sanba)* Bras. s. baile popular brasileño.
samba-canção.- *(samba canción)* s. Bras. canción de ritmo lento y poesía sentimental. / Pop. calzoncillos de piernas largas.
sambar.- *(sambar)* v. Bras. bailar la samba.
sambista.- *(sambista)* s. Bras. el que baila la samba. / compositor de samba.
samburá.- *(sanburá)* s. Bras. cesto redondo de boca estrecha para la pesca.
samovar.- *(samov'ar)* s. samovar.
samurai.- *(samurai)* s. samurai.
sanar.- *(sanar)* v. curar, sanar.
sanatório.- *(sanatóriu)* s. sanatorio.
sanção.- *(sansãu)* s. sanción.
sancionar.- *(sansionar)* vt. sancionar.
sandália.- *(sandália)* s. sandalia.
sândalo.- *(sândalu)* s. sándalo.
sandice.- *(sandjisi)* s. sandez.
sanduíche.- *(sanduischi)* s. bocadillo, sandwich.
saneamento.- *(saneamentu)* s. saneamiento.
sanear.- *(saniar)* v. sanear.
sanefa.- *(sanéfa)* s. cenefa.
sanfona.- *(sanfôna)* s. acordeón.
sanfoneiro.- *(sanfonêru)* s. tocador de acordeón.
sangrar.- *(sangrar)* v. sangrar.
sangrento.- *(sangrentu)* adj. sangriento, ensangrentado, cruel.
sangria.- *(sangría)* s. bebida de agua, limón, azúcar y vino tinto. / 2ª. s. sangría.
sangue.- *(sangui)* s. sangre.
sanguessuga.- *(sanguesuga)* s. sanguijuela.
sanguinário o **sangüinário.-** *(sanguináriu o sangüináriu)* adj. sanguinario.
sangüíneo.- *(sangüíniu)* adj. sanguíneo
sanguinolento.- *(sanguinolentu)* adj. sanguinolento.
sanha.- *(saña)* s. saña, ira, furor.
sanidade.- *(sanidadji)* s. sanidad.
sanitário.- *(sanitáriu)* adj. sanitario. / de o propio del cuarto de baño.
santeiro.- *(santêru)* adj. devoto, beato. / s. escultor o vendedor de imágenes de santos.
santidade.- *(santchidadji)* s. santidad.
santificação.- *(santchifikasãu)* s. santificación.
santificar.- *(santchifikar)* v. santificar.
santinho.- *(santchiñu)* s. Bras. Pop. publicidad electoral impresa, con la foto del candidato e información sobre él. / pequeña imagen impresa de un santo.
santo.- *(santu)* adj. santo.
santuário.- *(santuáriu)* s. santuario.
são.- *(sãu)* adj. sano. / s. san (delante de nombres que empiezan por consonante).
sapa.- *(sapa)* s. zapa.
sapataria.- *(sapataría)* s. zapatería.

sapateado.- *(sapatchiádu)* s. zapateado.
sapatear.- *(sapatchiar)* v. zapatear.
sapateiro.- *(sapatêru)* s. zapatero.
sapatilha.- *(sapatchilla)* s. zapatillas (para la danza).
sapato.- *(sapatu)* s. zapato.
sapé o **sapê.-** *(sapé* o *sapê)* s. Bras. hierba usada para cubrir cabañas.
sapeca.- *(sapéka)* adj. Bras. se dice de muchacha muy enamoradiza. / travieso, pillín.
sapiência.- *(sapiensia)* s. sapiencia, sabiduría.
sapiente.- *(sapientchi)* adj. sapiente, sabio, erudito.
sapinho.- *(sapiñu)* s. especie de afta mucosa bucal, frecuente en disturbios estomacales.
sapo.- *(sapu)* s. sapo.
saponáceo.- *(saponásiu)* adj. saponáceo, jabonoso.
sapota.- *(sapota)* s. árbol frutífera.
sapoti.- *(sapoti)* s. Bras. fruto del árbol sapota.
saque.- *(sáqui)* s. saqueo, saque.
saquear.- *(saquiar)* v. saquear, depredar, pillar, robar.
saracotear.- *(sarakotchiar)* v. requebrar, mover el cuerpo con gracia.
saraiva.- *(saraiv'a)* s. granizo.
sarampo.- *(sarampu)* s. Med. sarampión.
sarar.- *(sarar)* v. sanar, curar, recobrar la salud.
sarará.- *(sarará)* adj. Bras. albino. / dícese del mestizo de pelo rubio o rojizo.
sarau.- *(saráu)* s. sarao, velada.
sarça.- *(sarsa)* s. zarza.
sarcasmo.- *(sarkasmu)* s. sarcasmo, escarnio, burla.
sarcástico.- *(sarkástchiku)* adj. sarcástico, irónico, mordaz.
sarcófago.- *(sarkófagu)* s. sarcófago.
sarda.- *(sarda)* s. peca.
sardento.- *(sardentu)* adj. pecoso.
sardinha.- *(sardjiña)* s. sardina.
sardônico.- *(sardôniku)* adj. sardónico, sarcástico.
sargaço.- *(sargasu)* s. sargazo, algas.
sargento.- *(sargentu)* s. sargento.
sarilho.- *(sarillu)* s. argadillo, devanadera. / Pop. confusión, follón.
sarjar.- *(sarjhar)* v. escarificar, practicar una incisión para retirar sangre o pus.
sarjeta.- *(sarjhêta)* s. cuneta.
sarmento.- *(sarmentu)* s. sarmiento.
sarna.- *(sarna)* s. sarna.
sarnento.- *(sarnentu)* adj. sarnoso.
sarpar.- *(z'arpar)* v. zarpar.
sarrabulho.- *(sar'abullu)* s. sangre coagulada del cerdo.
sarrafo.- *(sar'afu)* s. vigueta, viga pequeña, listón, viruta.
sarro.- *(sar'u)* s. sarro. sedimento.
satã.- *(satã)* s. Satán.
satanás.- *(satanás)* s. Satanás.
satânico.- *(satâniku)* adj. satánico, diabólico, infernal.
satanismo.- *(satanismu)* s. satanismo.
satélite.- *(satélitchi)* s. satélite.
sátira.- *(sátchira)* s. sátira.
satírico.- *(satchíriku)* adj. satírico.
satirizar.- *(satchiriz'ar)* v. satirizar, ironizar.
satisfação.- *(satchisfasãu)* s. satisfacción, contentamiento, alegría, pago.
satisfatório.- *(satchisfatóriu)* adj. satisfactorio.
satisfazer.- *(satchisfaz'er)* v. satisfacer, cumplir, pagar, solventar, cancelar, alegrar.
satisfeito.- *(satchisfeitu)* adj. satisfecho, saciado, contento.
saturação.- *(saturasãu)* s. saturación.
saturar.- *(saturar)* v. saturar.
saudação.- *(saudasãu)* s. saludo, salutación, felicitación, cumplimientos.
saudade.- *(saudadji)* s. nostalgia, añoranza.
saudar.- *(saudar)* v. saludar, felicitar.
saudável.- *(saudáv'eu)* adj. saludable, sano.
saúde.- *(saúdji)* s. salud.
saudoso.- *(saudôz'u)* adj. nostálgico.
sauna.- *(sauna)* s. sauna.
savana.- *(sav'ana)* s. sabana.
saxão.- *(saksãu)* adj. y s. sajón.
saxofone.- *(saksofoni)* s. saxofón.
saxônio.- *(saksôniu)* adj. sajón.
se.- *(si)* conj. (condicional o integrante) si. / pron. sí, a sí. / pron. pers. refl. se. / pron. pers. se, sí, a sí.
sé.- *(sé)* s. sede, catedral, Santa Sede.
seara.- *(siara)* s. campo de cereales. / extensión de tierra cultivada.
sebáceo.- *(sebásiu)* adj. sebáceo, ensebado, seboso, untuoso, grasiento.
sebento.- *(sebentu)* adj. seboso, sebáceo, untado de sebo, sucio.
sebo.- *(sebu)* s. sebo, carnaza.
seca.- *(seka)* s. seca, estiaje, sequía.
secador.- *(sekadôr)* s. secador.
secante.- *(sekantchi)* s. secante.
seção.- *(sesãu)* s. sección, parte, corte.
secar.- *(sekar)* v. secar, enjugar, marchitar, mustiar.
seccionar.- *(sesionar)* v. seccionar.
seco.- *(seku)* adj. seco, enjuto, marchito, árido, áspero, rudo.
secos.- *(sekus)* s. pl. mantenimientos sólidos o secos.
secreção.- *(sekresãu)* s. secreción.
secretar.- *(sekretar)* v. secretar.
secretaria.- *(sekretaría)* s. secretaría, oficina.
secretária.- *(sekretária)* s. secretaria.
secretariado.- *(sekretariadu)* s. secretariado.
secretariar.- *(sekretariar)* v. ejercer de secretario.
secretário.- *(sekretáriu)* s. secretario.
secreto.- *(sekrétu)* adj. secreto, oculto, escondido.
secretor.- *(sekretôr)* adj. secretor.
sectário.- *(sektáriu)* adj. sectario.
sector.- *(setôr)* s. setor.
secular.- *(sekular)* adj. secular.
secularizar.- *(sekulariz'ar)* v. secularizar.
século.- *(sékulu)* s. siglo.
secundar.- *(sekundar)* v. secundar.
secundário.- *(sekundáriu)* adj. secundario.
secura.- *(sekura)* s. sequedad.
seda.- *(seda)* s. seda.

sedar.- *(sedar)* v. sedar, acalmar.
sedativo.- *(sedatchiv'u)* adj. y s. sedante.
sede.- *(sédji)* s. sede de una institución. / 2ª. s. sed.
sedentário.- *(sedentáriu)* adj. sedentario.
sedento.- *(sedentu)* adj. sediento.
sedição.- *(sedjisãu)* s. sedición, levantamiento, revuelta.
sedicioso.- *(sedjisiôz'u)* adj. sedicioso.
sedimentar.- *(sedjimentar)* v. sedimentar. / adj. resultado del proceso de sedimentación.
sedimento.- *(sedjimentu)* s. sedimento.
sedoso.- *(sedôz'u)* adj. sedoso, satinado.
sedução.- *(sedusãu)* s. seducción.
sedutor.- *(sedutor)* adj. seductor.
seduzir.- *(seduz'ir)* v. seducir, tentar, cautivar, atraer, sobornar.
sega.- *(sega)* s. siega.
segar.- *(segar)* v. segar.
segmentação.- *(segmentasãu)* s. segmentación.
segmentar.- *(segmentar)* v. segmentar. / adj. relativo o formado de segmentos.
segmento.- *(segmentu)* s. segmento.
segredo.- *(segredu)* s. secreto.
segregação.- *(segregasãu)* s. segregación.
segregar.- *(segregar)* v. secretar, segregar.
seguida.- *(seguida) (seguida)* s. seguimiento.
seguimento.- *(seguimentu)* s. seguimiento, acompañamiento, continuación.
seguinte.- *(seguintchi)* adj. siguiente, inmediato.
seguir.- *(seguir)* v. seguir, acompañar, ir, continuar.
segunda-feira.- *(segunda feira)* s. lunes.
segundo.- *(segundu)* num. segundo. / prep. según.
segurador.- *(segurador)* adj. asegurador.
segurança.- *(seguransa)* s. seguridad, certeza, firmeza, confianza.
segurar.- *(segurar)* v. asegurar, afianzar, agarrar, sujetarse, agarrarse.
seguro.- *(seguru)* adj. seguro, cierto, indudable, constante, confiado.
seio.- *(seiu)* s. seno, pecho, regazo.
seita.- *(seita)* s. secta.
seiva.- *(séuv'a)* s. savia.
seixo.- *(seischu)* s. callao, china, guijarro.
sela.- *(séla)* s. silla de montar.
selar.- *(selar)* v. sellar, timbrar. / ensillar.
seleção.- *(selesãu)* s. selección.
seleccionado.- *(seleksionadu)* adj. selecto.
selecionar.- *(selesionar)* v. seleccionar.
seleiro.- *(selêru)* s. fabricante o vendedor de sillas de montar.
seleta.- *(seleta)* s. antología.
seletivo.- *(seletchiv'u)* adj. selectivo.
seleto.- *(selétu)* adj. selecto.
selo.- *(sêlu)* s. sello, timbre, estampilla.
selva.- *(sélv'a)* s. selva, bosque.
selvagem.- *(selv'ajhen)* adj. salvaje, selvático.
selvageria.- *(seuv'ajhería)* s. salvajismo.
selvático.- *(seuv'átchiku)* adj. selvático.
sem.- *(sen)* prep. sin.
semáforo.- *(semáforu)* s. semáforo.
semana.- *(semana)* s. semana.
semanal.- *(semanáu)* adj. semanal.
semanário.- *(semanáriu)* s. semanario.
semântica.- *(semântchika)* s. semántica.
semblante.- *(semblantchi)* s. semblante.
sêmea.- *(sêmia)* s. salvado.
semeado.- *(semeadu)* adj. sembrado.
semeadura.- *(semeadura)* s. siembra.
semear.- *(semear)* v. sembrar, granear, plantar.
semelhança.- *(semellansa)* s. semblanza.
semelhante.- *(semellantchi)* adj. semejante, parecido, prójimo, similar.
semelhar.- *(semellantchi)* v. semejar, parecer.
sêmen.- *(sêmen)* s. semen, esperma.
semente.- *(sementchi)* s. semilla, simiente, grano.
sementeira.- *(sementêra)* s. sementera.
semestral.- *(semestráu)* adj. semestral.
semestre.- *(semestri)* s. semestre.
semi-analfabeto.- *(semi anaufabétu)* adj. casi analfabeto.
semicircular.- *(semisirkular)* adj. semicircular.
semicírculo.- *(semisírkulu)* s. semicírculo.
seminário.- *(semináriu)* s. seminario.
seminarista.- *(seminarista)* s. seminarista.
seminu.- *(seminú)* adj. medio desnudo. / andrajoso.
semiologia.- *(semiologhía)* s. semiología.
semita.- *(semita)* adj. judío, semita.
sem-número.- *(sen númeru)* s. número indeterminado. / grande número.
sêmola.- *(sêmola)* s. sémola.
sem-par.- *(sen par)* adj. único, sin igual.
sempre.- *(sênpri)* adv. siempre.
sempre-viva.- *(senpri v'iv'a)* s. siempreviva.
sem-vergonha.- *(sen v'ergoña)* adj. Bras. sinvergüenza.
sem-vergonhice.- *(sen v'ergoñisi)* s. Bras. desvergüenza.
sena.- *(sena)* s. Bras. lotería de números en que se sortea seis decenas.
senado.- *(senadu)* s. senado.
senador.- *(senador)* s. senador.
senda.- *(senda)* s. senda, sendero, vereda, camino estrecho.
senha.- *(seña)* s. seña.
senhor.- *(señor)* s. señor, amo, dueño. / tratamiento de ceremonia o respeto dispensado a los hombres, como *usted,* en castellano.
senhora.- *(señora)* fem. de senhor. / esposa, mujer. / tratamiento de ceremonia o respeto dispensado a las mujeres, como *usted*, en castellano.
senhoria.- *(señoría)* s. señoría.
senhorial.- *(señoriáu)* adj. señorial.
senhorio.- *(señoríu)* s. señorío.
senhorita.- *(señorita)* s. señorita, mujer soltera.
senil.- *(seniu)* adj. senil, decrépito.
senilidade.- *(senilidadji)* s. senilidad, vejez.
sensabor.- *(sensabor)* adj. sinsabor, desabrido, insípido.
sensaboria.- *(sensaboría)* s. sinsabor.
sensação.- *(sensasãu)* s. sensación.

sensacional.- *(sensasionáu)* adj. sensacional.
sensacionalismo.- *(sensasionalismu)* s. sensacionalismo.
sensatez.- *(sensatês)* s. juicio, sensatez.
sensato.- *(sensatu)* adj. sensato.
sensibilidade.- *(sensibilidadji)* s. sensibilidad, susceptibilidad.
sensibilizar.- *(sensibiliz'ar)* v. sensibilizar.
sensitivo.- *(sensitiv'u)* adj. sensitivo.
sensível.- *(sensív'eu)* adj. sensible, sensitivo, susceptible.
senso.- *(sensu)* s. facultad de juzgar, de apreciar, de sentir. / sensatez.
sensorial.- *(sensoriáu)* adj. sensorial, sensorio.
sensório.- *(sensóriu)* adj. sensorio.
sensual.- *(sensuáu)* adj. sensual, erótico.
sensualidade.- *(sensualidadji)* s. sensualidad, lujuria.
sentar.- *(sentar)* v. sentar.
sentença.- *(sentensa)* s. sentencia, veredicto.
sentenciar.- *(sentensiar)* v. sentenciar, juzgar.
sentencioso.- *(sentensiôz'u)* adj. sentencioso.
sentido.- *(sentchidu)* adj. sentido, triste, pesaroso, lastimado, ofendido. / s. sentido.
sentimental.- *(sentchimentáu)* adj. sentimental.
sentimentalismo.- *(sentchimentalismu)* s. sentimentalismo.
sentimento.- *(sentchimentu)* s. sentimiento.
sentinela.- *(sentchinéla)* s. centinela, vigilante.
sentir.- *(sentchir)* v. sentir.
senzala.- *(senz'ala)* s. Bras. alojamiento de los esclavos.
separação.- *(separasãu)* s. separación.
separar.- *(separar)* v. separar.
separata.- *(separata)* s. separata.
separatismo.- *(separatismu)* s. separatismo.
separável.- *(separáv'eu)* adj. separable.
septicemia.- *(septchisemía)* s. Med. septicemia.
sepulcral.- *(sepuukráu)* adj. sepulcral, fúnebre, sombrío.
sepulcro.- *(sepruukru)* s. sepulcro, sepultura, tumba, túmulo.
sepultar.- *(sepuutar)* v. sepultar, enterrar, inhumar.
sepultura.- *(sepuutura)* s. sepultura. / sepulcro.
sequaz.- *(secuás)* s. secuaz.
seqüela.- *(secuéla)* s. secuela.
sequência.- *(secuênsia)* s. secuencia.
sequer.- *(sequer)* adv. por lo menos, al menos, siquiera. / *nem sequer: ni siquiera.
seqüestrador.- *(secuestrador)* s. secuestrador.
seqüestrar.- *(secuestrar)* v. secuestrar.
seqüestro.- *(secuéstru)* s. secuestro.
sequidão.- *(sequidãu)* s. secura.
sequilho.- *(sequillu)* s. polvorón, en general, hecho con harina muy fina de mandioca.
sequioso.- *(sequiôz'u)* adj. sediento.
séqüito o séquito.- *(séqüitu* o *séquitu)* s. comitiva, séquito.
ser.- *(ser)* v. ser.
serafim.- *(serafín)* s. serafín.
serão.- *(serãu)* s. velada, vigilia, sarao.
sereia.- *(serêia)* s. sirena.
serelepe.- *(serelepi)* adj. Bras. listo, astuto. / Fig. gracioso, divertido. / s. denominación dada a los esquilos o ardillas.
serenar.- *(serenar)* v. y p. serenar, tranquilizar.
serenata.- *(serenata)* s. serenata.
serenidade.- *(serenidadji)* s. serenidad, sosiego, tranquilidad.
sereno.- *(serenu)* adj. sereno, tranquilo. / s. rocío. / Bras. el aire libre, la calle, la noche.
seresta.- *(seresta)* s. Bras. serenata.
seresteiro.- *(serestêru)* s. el que participa de serenata.
seriado.- *(seriadu)* s. serial.
série.- *(sérii)* s. serie.
seriedade.- *(seriedadji)* s. seriedad, severidad, formalidad.
serigrafia.- *(serigrafía)* s. serigrafía.
serigüela.- *(serigüela)* s. árbol cuyo fruto del mismo nombre es rico en Vitamina C.
seringa.- *(seringa)* s. jeringa.
seringueira.- *(seringuêra)* s. bot. seringueira. / planta de cuyo jugo lechoso se obtiene la goma elástica o caucho.
sério.- *(sériu)* adj. serio, circunspecto, grave, severo.
sermão.- *(sermãu)* s. sermón.
serpente.- *(serpentchi)* s. Bras. serpiente, cobra.
serpentear.- *(serpentchiar)* v. serpentear.
serpentina.- *(serpentchina)* s. serpentina.
serra.- *(ser'a)* s. serranía, sierra.
serração.- *(ser'asãu)* s. aserradura.
serragem.- *(ser'ajhen)* s. serrín.
serralheiro.- *(ser'allêru)* s. cerrajero, herrero.
serralho.- *(ser'allu)* s. serrallo.
serrania.- *(ser'anía)* s. serranía.
serrano.- *(ser'anu)* adj. serrano.
serrar.- *(ser'ar)* v. serrar.
serraria.- *(ser'aría)* s. serrería.
serrote.- *(ser'ótchi)* s. serrucho, sierra,
sertanejo.- *(sertanejhu)* adj. del sertão o el que habita el sertão. / rústico.
sertanista.- *(sertanista)* s. Bras. gran conocedor del sertão y de sus habitantes.
sertão.- *(sertãu)* s. Bras. zona semiárida y poco poblada del interior del país, especialmente del interior del nordeste.
servente.- *(serv'entchi)* s. sirviente, criado, servicial. / s. obrero que auxilia el albañil.
serventia.- *(serv'entchía)* s. utilidad.
serventuário.- *(serventuáriu)* s. funcionario auxiliar de la justicia.
serviçal.- *(serv'isáu)* adj. servicial.
serviço.- *(serv'isu)* s. servicio, trabajo, favor. / Bras. hechizo encomendado.
servidão.- *(serv'idãu)* s. esclavitud, servidumbre.
servidor.- *(serv'idor)* adj. sirviente. / s. funcionario, empleado.
servil.- *(serv'iu)* adj. servil.
servilismo.- *(serv'ilismu)* s. servilismo.
servir.- *(serv'ir)* vintr. servir.

servo.- *(sérv'u)* s. siervo.
sésamo.- *(sésamu)* s. ajonjolí.
sesmaria.- *(sesmaria)* s. trozo de tierra inculta que los reyes de Portugal cedían para cultivo.
sessão.- *(sesãu)* s. sesión.
sesta.- *(sésta)* s. siesta.
seta.- *(séta)* s. flecha, saeta.
setembro.- *(setembru)* s. septiembre.
setentrional.- *(setentrionáu)* adj. septentrional.
sétimo.- *(sétchimu)* num. séptimo.
setor.- *(setor)* s. sector.
setuagenário.- *(setuajhenáriu)* s. septuagenario.
seu.- *(seu)* pron. pos. suyo.
seus.- *(seus)* s. pl. us. en la loc. *os seus: su familia, los suyos.
seu-vizinho.- *(seu v'iz'iñu)* s. Fam. el dedo anular.
severidade.- *(sev'eridadji)* s. severidad.
severo.- *(sev'éru)* adj. severo, grave, serio, riguroso, rígido, sobrio, correcto.
sevícias.- *(sev'ísias)* s. pl. sevicias, malos tratos, crueldad.
sexagenário.- *(seksaghenáriu)* adj. sexagenario.
sexo.- *(seksu)* s. sexo.
sexologia.- *(seksolojhía)* s. sexología.
sexta.- *(sêsta)* s. F. red. de viernes.
sexta-feira.- *(sêsta fêra)* s. viernes.
sextavar.- *(sestav'ar)* v. tallar en seis caras, en forma sexangular.
sexteto.- *(sestêtu)* s. sexteto.
sextilha.- *(sestchilla)* s. estrofa de seis versos.
sexto.- *(sestu)* num. sexto.
sexuado.- *(seksuadu)* adj. sexuado.
sexual.- *(seksuáu)* adj. sexual.
sexualidade.- *(seksualidadji)* s. sexualidad.
si.- *(si)* pron. reflex., cuando va precedido de preposición. / sí, sí mismo. / s. Mús. sí.
siamês.- *(siamês)* adj. siamés.
sibarita.- *(sibarita)* adj. sibarita.
siberiano.- *(siberianu)* adj. y s. siberiano.
sibila.- *(sibila)* s. sibila, profetisa.
sibilar.- *(sibilar)* vintr. silvar.
sibilino.- *(sibilinu)* adj. relativo a sibila.
sicário.- *(sikáriu)* adj. asesino a sueldo.
sicrano.- *(sikranu)* s. zutano.
sideral.- *(siderául)* adj. sideral.
siderurgia.- *(siderurghía)* s. siderurgia.
sidra.- *(sidra)* s. sidra.
sifão.- *(sifãu)* s. sifón.
sífilis.- *(sífilis)* s. sífilis.
sifilítico.- *(sifilítchiku)* adj. sifilítico.
sigilo.- *(sijhilu)* s. sigilo.
sigiloso.- *(sijhiloz'u)* adj. sigiloso.
sigla.- *(sigla)* s. sigla.
sigma.- *(sigma)* s. sigma; la décimo octava letra del alfabeto griego, que corresponde a nuestra *s*.
signatário.- *(signatariu)* s. el que firma un documento.
significação.- *(signifikasãu)* s. significación.
significar.- *(signifikar)* v. significar.
significativo.- *(signifikatchiv'u)* adj. significativo.
signo.- *(signu)* s. signo.
sílaba.- *(sílaba)* s. sílaba.
silabar.- *(silabar)* v. leer o pronunciar por sílabas.
silábico.- *(silábiku)* adj. silábico.
silenciar.- *(silensiar)* vintr. silenciar.
silêncio.- *(silensiu)* s. silencio.
silencioso.- *(silensioz'u)* adj. silencioso.
silente.- *(silentchi)* adj. Poet. silencioso.
silhueta.- *(sillueta)* s. silueta.
silício.- *(silísiu)* s. Quím. silicio.
silo.- *(silu)* s. silo, granero. / poema satírico, especie de parodia entre los griegos.
silogismo.- *(silojhismu)* s. silogismo.
silva.- *(siuv'a)* s. zarza.
silvar.- *(siuv'ar)* v. silvar.
silvestre.- *(siuv'estri)* adj. silvestre.
silvícola.- *(siuv'íkula)* adj. silvícola.
silvicultor.- *(siuv'ikuutor)* s. silvicultor.
silvicultura.- *(siuv'ikuutura)* s. silvicultura.
silvo.- *(siuv'u)* s. silbido, pitido.
sim.- *(sin)* adv. sí.
simbiose.- *(sinbioz'i)* s. simbiosis.
simbólico.- *(sinbóliku)* adj. simbólico, alegórico, emblemático.
simbolismo.- *(sinbolismu)* s. simbolismo.
simbolista.- *(sinbolista)* adj. simbolista.
simbolizar.- *(sinboliz'ar)* v. simbolizar.
símbolo.- *(sínbolu)* s. símbolo.
simbologia.- *(sinbologhía)* s. simbología.
simetria.- *(simetría)* s. simetría.
simétrico.- *(simétriku)* adj. simétrico.
similar.- *(similar)* adj. similar, homogéneo, semejante.
símile.- *(símili)* s. símil.
similitude.- *(similitudji)* s. similitud.
símio.- *(símiu)* s. macaco, simio.
simonia.- *(simonía)* s. simonía.
simpatia.- *(sinpatchía)* s. simpatía.
simpático.- *(sinpátchiku)* adj. simpático.
simpatizante.- *(sinpathiz'antchi)* adj. simpatizante.
simpatizar.- *(sinpatchiz'ar)* vt. simpatizar.
simples.- *(sinplis)* adj. simple, sencillo, fácil, natural, puro, único, vulgar.
simplicidade.- *(sinplisidadji)* s. simplicidad, sencillez, facilidad, naturalidad.
simplificar.- *(sinplifikar)* v. simplificar.
simplista.- *(sinplista)* adj. simplista.
simplório.- *(sinplóriu)* adj. simplón.
simpósio.- *(sinpóz'iu)* s. simposio.
simulação.- *(simulasãu)* s. simulación, fingimiento.
simulacro.- *(simulakru)* s. simulacro.
simular.- *(simular)* v. simular, fingir, imitar, disfrazar.
simultaneidade.- *(simultaneidaji)* s. simultaneidad, semejanza, casualidad.
simultâneo.- *(simultâniu)* adj. simultáneo, sincrónico.
sina.- *(sina)* s. sino, suerte, destino.
sinagoga.- *(sinagoga)* s. sinagoga.
sinal.- *(sinául)* s. seña, estigma, huella, impresión, indicio, insignia, lacra, mancha, marca, vestigio.
sinal-da-cruz.- *(sinául da crus)* s. acción de signarse

o persignarse.
sinaleira.- *(sinalêra)* s. Bras. semáforo.
sinalização.- *(sinaliz'asãu)* s. señalamiento.
sinalizar.- *(sinaliz'ar)* v. señalar.
sinceridade.- *(sinseridadji)* s. sinceridad, franqueza.
sincero.- *(sinséru)* adj. sincero, veraz, natural, honesto.
sincopar.- *(sinkopar)* v. sincopar.
síncope.- *(sínkopi)* s. síncope.
sincretismo.- *(sinkretchimu)* s. sincretismo.
sincronia.- *(sinkronía)* s. sincronía.
sincrônico.- *(sinkrôniku)* adj. sincrónico.
sincronizar.- *(sinkroniz'ar)* v. sincronizar.
sindical.- *(sindjikáu)* adj. sindical.
sindicalismo.- *(sindjikalismu)* s. sindicalismo.
sindicalista.- *(sindjikalista)* s. sindicalista.
sindicalizar.- *(sindjikaliz'ar)* v. sindicar.
sindicância.- *(sindjikânsia)* s. investigación, averiguación. / proceso, expediente.
sindicato.- *(sindjikatu)* s. sindicato.
síndico.- *(síndjiku)* s. síndico.
síndrome.- *(síndromi)* s. síndrome.
sineta.- *(sinêta)* s. campanilla, esquila.
sinfonia.- *(sinfonía)* s. Mús. sinfonía.
sinfônico.- *(sinfôniku)* adj. sinfónico.
singelo.- *(sinjhélu)* adj. sencillo, simple.
singrar.- *(singrar)* v. singlar, navegar, andar la nave con un rumbo determinado.
singular.- *(singular)* adj. singular, extravagante, particular.
singularidade.- *(singularidadji)* s. singularidad.
singularizar.- *(singulariz'ar)* v. singularizar.
sinhá.- *(siñá)* s. Bras. Pop. tratamiento que los esclavos daban a la señora.
sinhá-moça.- *(siña mosa)* s. Bras. tratamiento que daban los esclavos a las hijas de los señores.
sinhô.- *(siñô)* s. Bras. tratamiento que daban los esclavos al señor.
sinhô-moço.- *(siñô mosu)* Bras. tratamiento que daban los esclavos a los hijos de los señores.
sinistra.- *(sinistra)* s. siniestra, la mano izquierda.
sinistro.- *(sinistru)* adj. siniestro, izquierdo. / s. malo, desastre, daño.
sino.- *(sinistru)* s. campana.
sínodo.- *(sínodu)* s. sínodo.
sinônimo.- *(sinônimu)* adj. y s. sinónimo.
sinopse.- *(sinópsi)* s. sinopsis.
sintático.- *(sintátchiku)* adj. sintáctico.
sintaxe.- *(sintáksi* o *sintasi)* s. sintaxis.
síntese.- *(síntez'i)* s. síntesis, compendio, concisión, sumario.
sintético.- *(sintétchiku)* adj. sintético.
sintetizar.- *(sintetchiz'ar)* vt. sintetizar.
sintoma.- *(sintoma)* s. síntoma.
sintomático.- *(sintomátchiku)* adj. sintomático.
sintonia.- *(sintonía)* s. sintonía.
sintonizar.- *(sintoniz'ar)* v. sintonizar.
sinuca.- *(sinuka)* s. Bras. variedad de billar, jugado normalmente con ocho bolas. / situación embarazosa.
sinuosidade.- *(sinuoz'idadji)* s. sinuosidad.
sinuoso.- *(sinuôz'u)* adj. sinuoso, tortuoso.
sinusite.- *(sinuz'itchi)* s. Med. sinusitis.
sionismo.- *(sionismu)* s. sionismo.
sirena.- *(sirena)* s. sirena.
sirene.- *(sireni)* s. sirena.
siri.- *(siri)* s. Bras. nombre de varias especies de crustáceos.
sirigaita.- *(sirigaita)* s. Fam. mujer inquieta, bulliciosa.
sírio.- *(síriu)* adj. sirio.
siroco.- *(sirôku)* s. siroco, viento sudeste.
sisal.- *(siz'áu)* s. sisal.
sísmico.- *(sísmiku)* adj. sísmico.
sismo.- *(sismu)* s. seísmo, terremoto.
sismógrafo.- *(sismógrafu)* s. sismógrafo.
sistema.- *(sistema)* s. sistema.
sistemático.- *(sistemátchiku)* adj. sistemático.
sístole.- *(sístoli)* s. sístole.
sisudo.- *(siz'udu)* adj. sesudo, serio.
sitiar.- *(sitchiar)* v. sitiar, bloquear, cercar, asediar.
sítio.- *(sítchiu)* s. sitio, lugar, paraje, finca. / cerco, asedio, efecto de sitiar.
sito.- *(situ)* adj. situado.
situação.- *(situasãu)* s. situación, colocación, posición, estado, localización.
situar.- *(situar)* v. situar, colocar, poner, localizar.
skate.- *(isqueitchi)* Ingl. s. skate.
slide.- *(islaidji)* s. Ingl. diapositiva. / V. **eslaide.**
slogan.- *(islogan)* s. Ingl. lema publicitario.
só.- *(só)* adj. solo, sin compañía, sin amparo, alejado. / 2ª. adj. y adv. sólo, solamente.
soalhado.- *(sualladu)* s. entarimado.
soalhar.- *(suallar)* v. entarimar.
soalho.- *(suallu)* s. pavimento de madera, entarimado.
soante.- *(soantchi)* adj. sonante.
soar.- *(soar)* vintr. sonar.
sob.- *(sob)* prep. bajo, debajo.
sobejar.- *(sobejhar)* v. sobrar.
sobejo.- *(sobejhu)* s. resto, sobra. / *de sobejo: de sobra. / adj. que sobra, sobrante, demasiado, excesivo, enorme, inmenso.
sobejos.- *(sobejhus)* s. pl. restos, sobras.
soberana.- *(soberana)* s. soberana.
soberania.- *(soberanía)* s. soberanía.
soberano.- *(soberanu)* adj. soberano.
soberba.- *(soberba)* s. soberbia, orgullo.
soberbia.- *(soberbia)* s. soberbia, vanidad.
soberbo.- *(soberbu)* adj. soberbio.
sobra.- *(sobra)* s. sobra, exceso, demasía, hartura.
sobrado.- *(sobradu)* s. Bras. sobrado, casa de dos o más plantas. / piso de un edificio, por encima del bajo, piso, suelo. / adj. que sobró, sobra. / demasiado, excesivo. / Fig. rico.
sobrancelhas.- *(sobransellas)* s. pl. cejas.
sobrar.- *(sobrar)* v. sobrar.
sobre.- *(sobri)* prep. sobre, encima de.
sobreaviso.- *(sobreaviz'u)* s. prevención, precaución.
sobrecarga.- *(sobrekarga)* s. sobrecarga, sobrecargo.

sobrecarregado.- *(sobrekar 'egadu)* adj. sobrecargado.
sobrecarregar.- *(sobrekar'egar)* v. sobrecargar.
sobrecasaca.- *(sobrekaz'aka)* s. levita.
sobre-humano.- *(sobre umanu)* adj. sobrehumano. / Fig. sublime, excelso, sobrenatural.
sobreloja.- *(sobrelojha)* s. entresuelo.
sobremaneira.- *(sobremanêra)* adv. sobremanera.
sobremesa.- *(sobremez'a)* s. postre.
sobrenatural.- *(sobrenaturáu)* adj. sobrenatural.
sobrenome.- *(sobrenomi)* s. apellido.
sobrepaga.- *(sobrepaga)* s. sobrepaga. / gratificación, propina.
sobrepor.- *(sobrepôr)* v. sobreponer, superponer.
sobreposição.- *(sobrepoz'isãu)* s. superposición.
sobrepujar.- *(sobrepujhar)* v. sobrepujar. / sobrepasar, exceder, superar, aventajar, sobresalir, destacarse. / vencer, dominar.
sobressair.- *(sobresair)* v. sobresalir.
sobressalente.- *(sobresalentchi)* adj. y s. sobresaliente.
sobressaltar.- *(sobresautar)* v. y p. sobrecoger, sobresaltar, sorprender.
sobressalto.- *(sobresautu)* s. sobresalto, susto, vuelco.
sobretudo.- *(sobretudu)* s. sobretodo, gabardina, gabán, paletó. / adv. sobretodo, principalmente.
sobrevir.- *(sobrev'ir)* v. sobrevenir,
sobrevivência.- *(sobrev'vênsia)* s. supervivencia.
sobrevivente.- *(sobrev'iv'entchi)* adj. superviviente.
sobreviver.- *(sobrev'iv'er)* v. sobrevivir.
sobrevoar.- *(sobrev'oar)* v. sobrevolar.
sobriedade.- *(sobriedjadji)* s. sobriedad, comedimiento, parquedad.
sobrinho.- *(sobriñu)* s. sobrino.
sóbrio.- *(sóbriu)* adj. sobrio.
socar.- *(sokar)* v. aporrear, dar puñetazos. / meter algo en algún sitio con dificultad, comprimir, apretar, estrujar. / atestar, henchir.
socavar.- *(sokav'ar)* v. socavar.
social.- *(sosiáu)* adj. social.
socialismo.- *(sosialismu)* s. socialismo.
socialista.- *(sosialista)* adj. socialista.
socializar.- *(sosializ'ar)* v. socializar.
sociável.- *(sosiáv'eu)* adj. sociable.
sociedade.- *(sosiedadji)* s. sociedad.
sócio.- *(sósiu)* s. socio.
sociologia.- *(sosiolojhía)* s. sociología.
sociólogo.- *(sosiólogu)* s. sociólogo.
soco.- *(sôku)* s. puñetazo. / Teatr. zuecos de madera usados por los antiguos comediantes griegos, coturnos. / comedia, asunto de poca importancia.
soçobrar.- *(sosobrar)* v. intr. naufragar.
soçobro.- *(sosôbru)* s. naufragio, inquietud, desasosiego.
socorrer.- *(sokor'er)* v. socorrer.
socorro.- *(sokôr'u)* s. socorro.
soda.- *(soda)* s. soda, sosa.
sódio.- *(sódjiu)* s. sodio.
sodomia.- *(sodomía)* s. sodomía.
soer.- *(soer)* v. soler, acostumbrar; ser común, frecuente o vulgar.
soez.- *(soes)* adj. soez, vil.
sofá.- *(sofá)* s. diván, sofá.
sofisma.- *(sofisma)* s. sofisma.
sofisticação.- *(sofistchikasãu)* s. sofisticación.
sofisticar.- *(sofistchikar)* v. sofisticar.
sofredor.- *(sofredor)* adj. sufrido.
sôfrego.- *(sôfregu)* adj. voraz, ávido, ansioso, impaciente.
sofreguidão.- *(sofreguidãu)* s. voracidad, avidez, impaciencia, ansia.
sofrer.- *(sofrer)* v. sufrir.
sofrido.- *(sofridu)* adj. sufrido.
sofrimento.- *(sofrimentu)* s. padecimiento, sufrimiento.
sofrível.- *(sofrív'eu)* adj. sufrible.
soft.- *(soft)* Ingl. Proc. datos. / Inform. red de software.
software.- *(softuére)* Ingl. Proc. datos, software.
soga.- *(sóga)* s. soga.
sogro.- *(sogru)* s. suegro.
soja.- *(sojha)* s. soja, soya.
sol.- *(sóu)* s. sol. / Mús. sol.
sola.- *(sóla)* s. suela.
solapar.- *(solapar)* v. socavar.
solar.- *(solar)* adj. solar, relativo al Sol. / s. solar, casa, casa solariega. / v. intr. pavimentar.
solário.- *(soláriu)* s. solario, solana.
solavanco.- *(solav'anku)* s. vaivén violento, traqueteo. / *dar solavancos: traquetear, sacudirse.
solda.- *(souda)* s. suelda.
soldado.- *(soudadu)* s. soldado.
soldador.- *(soudador)* s. soldador.
soldar.- *(soudar)* v. emplomar, soldar.
soldo.- *(soudu)* s. sueldo, estipendio, soldada.
soleira.- *(solêra)* s. solera, umbral.
solene.- *(soleni)* adj. solemne, grave, pomposo.
solenidade.- *(solinidadji)* s. solemnidad, festividad, función.
soletrar.- *(soletrar)* v. deletrear.
solfejar.- *(solfejhar)* v. y v. intr. solfear.
solfejo.- *(soufejhu)* s. solfa.
solicitação.- *(solisitasãu)* s. solicitación, postulación.
solicitar.- *(solisitar)* v. solicitar, pedir, pretender.
solícito.- *(solísitu)* adj. solícito, cuidadoso, hacendoso, desvelado, atento.
solicitude.- *(solisitudji)* s. solicitud.
solidão.- *(solidãu)* s. soledad.
solidariedade.- *(solidariedadji)* s. solidariedad.
solidário.- *(solidáriu)* adj. solidario.
solidarizar.- *(solidariz'ar)* v. y p. solidarizar.
solidéu.- *(solidéu)* s. solideo, casquete de seda usado por los eclesiásticos.
solidez.- *(solides)* s. solidez, dureza, espesura, fuerza.
solidificação.- *(solidjifikasãu)* s. solidificación.
solidificar.- *(solidjifikar)* v. solidificar.
sólido.- *(sólidu)* adj. sólido.
solilóquio.- *(solilóquiu)* s. soliloquio, monólogo.
solista.- *(solista)* s. solista.
solitária.- *(solitária)* s. tenia. / celda aislada donde se retiene a un detenido.
solitário.- *(solitáriu)* adj. solitario. / s. joya con una

sola piedra preciosa.
solo.- *(sólu)* s. piso, suelo, terreno, tierra. / Mús. solo.
solstício.- *(soustchisiu)* s. solsticio.
soltar.- *(soutar)* v. soltar, desamarrar, desatar, desenganchar, largar.
solteirão.- *(souteru)* s. solterón.
solteiro.- *(souteiru)* adj. soltero, célibe.
solto.- *(soutu)* adj. suelto.
soltura.- *(soutura)* s. soltura.
solução.- *(solusãu)* s. solución.
soluçar.- *(solusar)* v. sollozar.
solucionar.- *(solusionar)* v. resolver, solucionar.
soluço.- *(solusu)* s. sollozo, hipo.
solúvel.- *(solúv'eu)* adj. soluble.
solvência.- *(souvênsia)* s. solvencia.
solvente.- *(souv'entchi)* s. disolvente, solvente.
solver.- *(souv'er)* v. resolver, solventar.
som.- *(son)* s. son, sonido, tono.
soma.- *(soma)* s. suma, totalidad.
somar.- *(somar)* v. sumar, totalizar.
somático.- *(somátchiku)* adj. somático, relativo al cuerpo.
somatologia.- *(somatolojhía)* s. somatología.
sombra.- *(sonbra)* s. sombra, espectro, penumbra.
sombreado.- *(sonbriadu)* adj. sombreado.
sombrear.- *(sonbriar)* v. ensombrecer, sombrear.
sombrinha.- *(sonbriña)* s. parasol, sombrilla.
sombrio.- *(sonbríu)* adj. sombrío, lóbrego, opaco, umbrío.
somenos.- *(somenus)* adj. de menor valor que otro, inferior.
somente.- *(somentchi)* adv. solamente.
sonambulismo.- *(sonambulismu)* s. sonambulismo.
sonâmbulo.- *(sonânbulu)* adj. sonámbulo.
sonata.- *(sonata)* s. Mús. sonata.
sonda.- *(sonda)* s. sonda.
sondagem.- *(sondajhen)* s. sondeo.
sondar.- *(sondar)* v. sondear.
soneca.- *(sonéka)* s. siesta corta.
sonegar.- *(sonegar)* v. ocultar, encubrir.
soneira.- *(sonêra)* s. soñolencia.
soneto.- *(sonetu)* s. soneto.
sonhador.- *(soñador)* adj. soñador, visionario.
sonhar.- *(soñar)* v. soñar.
sonho.- *(soñu)* s. sueño, devaneo, ensueño.
sonífero.- *(soníferu)* adj. y s. somnífero.
sono.- *(sonu)* s. sueño, adormecimiento, deseo de dormir.
sonolência.- *(sonolênsia)* s. somnolencia, soñolencia.
sonolento.- *(sonolentu)* adj. soñoliento.
sonoridade.- *(sonoridadji)* s. sonoridad.
sonorizar.- *(sonor'iz'ar)* v. sonorizar.
sonoro.- *(sonoru)* adj. sonoro.
sonso.- *(sonsu)* adj. disimulado.
sopa.- *(sopa)* s. potaje, sopa.
sopapo.- *(sopapu)* s. bofetada, sopapo, sopetón.
sopeira.- *(sopêra)* s. sopera.
sopesar.- *(sopez'ar)* v. sopesar.
soporífero.- *(soporíferu)* adj. soporífero.
soprano.- *(sopranu)* s. Mús. soprano.
soprar.- *(soprar)* v. resoplar, soplar.
sopro.- *(sopru)* s. soplo.
soquete.- *(soquétchi)* s. puñetazo dado con poca fuerza. / Bras. calcetín muy corto. / comida de mala calidad. / Cul. cocido acompañado de pirão (papilla hecha con harina de mandioca).
sordidez.- *(sordjidês)* s. sordidez.
sórdido.- *(sórdjidu)* adj. sórdido.
soro.- *(sôru)* s. suero.
soror.- *(soror)* s. sor.
sorrateiro.- *(sor'atêru)* adj. astuto, capcioso, bellaco. / hipócrita, disimulado, oculto.
sorrir.- *(sor'ir)* v. y p. sonreír.
sorriso.- *(sor'iz'u)* s. sonrisa.
sorte.- *(sortchi)* s. suerte, dicha, ventura.
sortear.- *(sortchiar)* v. sortear.
sorteio.- *(sortêiu)* s. sorteo.
sortido.- *(surtchidu)* adj. surtido.
sortilégio.- *(sortchiléjhiu)* s. hechicería, sortilegio.
sortir.- *(sortchir)* v. y p. surtir.
sorumbático.- *(sorumbátchiku)* adj. sombrío, triste.
sorver.- *(sorv'er)* v. sorber.
sorvete.- *(sorv'etchi)* s. Bras. helado, sorbete.
sorveteria.- *(sorv'etería)* s. Bras. heladería.
sorvo.- *(sorv'u)* s. sorbo, trago.
sósia.- *(sósia)* s. persona muy parecida con otra.
soslaio.- *(soslaiu)* s. soslayo. / *de soslaio: de soslayo.
sossegado.- *(sosegadu)* adj. sosegado, tranquilo.
sossegar.- *(sosegar)* v. sosegar, descansar, reposar, serenar, tranquilizar.
sossego.- *(sosegu)* s. sosiego, descanso, quietud, reposo, serenidad, tranquilidad.
sotaina.- *(sotaina)* s. sotana del cura.
sótão.- *(sótãu)* s. ático, buhardilla.
sotaque.- *(sotáqui)* s. acento, pronunciación.
soterrar.- *(soter'ar)* v. soterrar.
soturno.- *(soturnu)* adj. soturno, sombrío, lúgubre, taciturno, triste.
sova.- *(sóv'a)* s. paliza, tunda, zurra.
sovaco.- *(sov'aku)* s. sobaco, axila.
sovar.- *(sov'ar)* v. sobar, amasar, zurrar.
sovina.- *(sov'ina)* adj. y s. avaro, tacaño, agarrado, mezquino.
sozinho.- *(soz'iñu)* adj. solo.
status.- *(estatus)* s. status.
stress.- *(estrés)* s. estrés. / V. **estresse.**
suadouro.- *(suadôru)* s. acción y efecto de sudar, transpiración, sudor. / sauna. / sudadero (que se pone debajo de la silla del caballo).
suar.- *(suar)* vintr. sudar, transpirar.
suasório.- *(suasóriu)* adj. persuasivo.
suave.- *(suav'i)* adj. suave, blando, delicado, manso, dócil, cariñoso.
suavidade.- *(suav'idadji)* s. suavidad.
suavizar.- *(suav'iz'ar)* v. y p. suavizar.
subalterno.- *(subauternu)* adj. y s. subalterno.
subconsciente.- *(subkonsientchi)* s. subconsciente.
subcutâneo.- *(subkutâniu)* adj. subcutáneo.
subdesenvolvimento.- *(subdez'env'ouv'imentu)* s. subdesarrollo.

subdividir.- *(subdjiv'idjir)* v. subdividir.
subentender.- *(subentender)* v. sobrentender, subentender.
subentendido.- *(subentendjidu)* adj. subentendido, sobrentendido.
subestimar.- *(subestchimar)* v. subestimar.
subida.- *(subida)* s. subida.
subir.- *(subir)* v. subir.
súbito.- *(súbitu)* adj. súbito, impensado, improviso, instantáneo, repentino.
subjacente.- *(subjhasentchi)* adj. subyacente.
subjetivismo.- *(subjhetchiv'ismu)* s. subjetivismo.
subjugado.- *(subjhugadu)* adj. subyugado, sumiso.
subjugar.- *(subjhugar)* v. subyugar, conquistar, dominar, sojuzgar.
subjuntivo.- *(subjhuntchiv'u)* adj. subjuntivo. / subordinado, dependiente.
subjuntivo.- *(subjhuntchiv'u)* adj. subjuntivo.
sublevação.- *(subv'lev'asãu)* s. sublevación, pronunciamiento, rebelión.
sublevar.- *(sublev'ar)* vt. y p. sublevar, rebelarse, soliviantar.
sublime.- *(sublimi)* adj. sublime.
sublinhar.- *(subliñar)* v. rayar, recalcar, subrayar.
submarino.- *(submarinu)* adj. submarino.
submergir.- *(submerjhir)* v. sumergir, hundir.
submergível.- *(submerjhív'eu)* adj. sumergible
submersão.- *(submersãu)* s. sumersión, hundimiento.
submeter.- *(submeter)* v. someter.
submetimento.- *(submetchimentu)* s. sometimiento.
subministrar.- *(subministrar)* v. suministrar.
submissão.- *(submisãu)* s. sumisión.
submisso.- *(submisu)* adj. sumiso.
subnutrido.- *(subnutridu)* adj. y s. desnutrido.
subordinação.- *(subordjinasãu)* s. subordinación, dependencia, rendimiento.
subordinado.- *(subordjinadu)* adj. subordinado, dependiente, subalterno, sumiso.
subordinar.- *(subordjinar)* v. someter, subordinar.
subornar.- *(subornar)* v. corromper, sobornar.
subornável.- *(subornáv'eu)* adj. sobornable, venal.
suborno.- *(subornu)* s. soborno.
sub-rogar.- *(sub rogar)* v. subrogar, substituir.
subscrever.- *(subskrev'er)* v. subscribir.
subscrição.- *(subskrisãu)* s. subscripción.
subseqüente.- *(subsecuentchi)* adj. subsiguiente.
subserviência.- *(subserv' iênsia)* s. sevilismo, sumisión.
subsidiar.- *(subsidjiar)* v. subvencionar.
subsidiário.- *(subsidjiáriu)* adj. subsidiario.
subsídio.- *(subsídjiu)* s. subsidio, subvención.
subsistência.- *(subsistênsia)* s. subsistencia.
subsistir.- *(subsistchir)* v. subsistir.
subsolo.- *(subsólu)* s. subsuelo.
substância.- *(substânsia)* s. substancia, sustancia, materia.
substancial.- *(substansiáu)* adj. substancial, sustancial.
substancioso.- *(substansiôz'u)* adj. substancioso, sustancioso.
substantivo.- *(substantchiv'u)* s. substantivo.
substituição.- *(substituisãu)* s. substitución, suplencia, sustitución.
substituir.- *(substchituir)* v. substituir, suceder, suplir, sustituir.
substituto.- *(substchitutu)* adj. y s. substituto, suplente, sustituto.
substrato.- *(substratu)* s. substrato.
subterfúgio.- *(subterfújhiu)* s. subterfugio.
subterrâneo.- *(subter'aniu)* adj. y s. subterráneo.
subtil.- *(subtil)* adj. P. sutil.
subtileza.- *(subtilez'a)* s. P. sutileza.
subtração.- *(subtrasãu)* s. resta, disminución.
subtrair.- *(subtrair)* v. substraer, sustraer.
suburbano.- *(suburbanu)* adj. suburbano.
subúrbio.- *(subúrbiu)* s. suburbio.
subvenção.- *(subv'ensãu)* s. subvención.
subvencionar.- *(subv'ensionar)* v. subvencionar.
subversão.- *(subv'ersãu)* s. subversión.
subverter.- *(subv'erter)* v. subvertir, trastocar.
sucata.- *(sukata)* s. chatarra.
sucateiro.- *(sukata)* s. chatarrero.
sucção.- *(suksãu)* s. succión.
sucedâneo.- *(susedâniu)* adj. sucedáneo.
suceder.- *(suceder)* v. suceder.
sucedido.- *(susedjidu)* adj. sucedido, suceso.
sucessão.- *(susesãu)* s. sucesión.
sucessivo.- *(susesiv'u)* adj. seguido, sucesivo.
sucesso.- *(susésu)* s. suceso, éxito, triunfo.
sucessor.- *(susesor)* adj. sucesor, descendiente, heredero.
sucinto.- *(susintu)* adj. sucinto.
suco.- *(suku)* s. jugo, zumo.
suculento.- *(sukulentu)* adj. jugoso, suculento, sustancioso.
sucumbir.- *(sukumbir)* v. sucumbir.
sucupira.- *(sukupira)* s. Bras. árbol de madera de ley.
sucuri.- *(sukurí)* s. Bras. anaconda.
sucursal.- *(sukursáu)* s. sucursal.
sudário.- *(sudáriu)* s. sudario.
sudeste.- *(sudéstchi)* s. sudeste.
súdito.- *(súdjitu)* adj. súbdito.
sudoeste.- *(sudoéstchi)* s. sudoeste.
suéter.- *(suéter)* s. Bras. jersey.
suficiência.- *(sufisiênsia)* s. suficiencia.
suficiente.- *(sufisientchi)* adj. suficiente, bastante.
sufixo.- *(sufiksu)* adj. sufijo.
suflê.- *(suflê)* s. plato de horno, leve y delicado, a base de una crema con legumbres y claras batidas en nieve.
sufocar.- *(sufokar)* v. sofocar.
sufoco.- *(sufôku)* s. sofoco.
sufragar.- *(sufragar)* v. sufragar.
sufrágio.- *(sufrájhiu)* s. sufragio, votación, voto.
sugar.- *(sugar)* v. chupar, absorber, succionar.
sugerir.- *(sujherir)* v. sugerir.
sugestão.- *(sujhestãu)* s. sugestión, sugerencia, insinuación.
sugestionar.- *(sujhestchionar)* v. sugestionar.
sugestivo.- *(sujhestchiv'u)* adj. sugestivo.
suíças.- *(suísas)* s. pl. patillas.

suicida.- *(suisida)* s. suicida.
suicidar-se.- *(suisidarsi)* v. suicidarse.
suicídio.- *(suisídjiu)* s. suicidio.
suíço.- *(suísu)* adj. y s. natural de Suiza.
suíno.- *(suinu)* s. cerdo, suino.
suíte.- *(suítchi)* s. Mús. suite. / habitación con baño incorporado. / 2ª s. Arg. Bras. *dar o suíte: darse el pire, salir corriendo, huir, marcharse.
sujar.- *(sujhar)* v. ensuciar, desasear, embadurnar, enfangar, manchar.
sujeição.- *(sujheisãu)* s. sujeción, sumisión.
sujeira.- *(sujhêra)* s. suciedad, basura, inmundicia, mugre.
sujeitar.- *(sujheitar)* v. sujetar, dominar, prender, rendir.
sujeito.- *(sujheitu)* adj. sujeto.
sujo.- *(sujhu)* adj. sucio, impuro, inmundo, mugriento, sórdido.
sul.- *(suu)* s. sur.
sul-americano.- *(sulamerikanu)* adj. y s. sudamericano.
sulcar.- *(suukar)* v. surcar.
sulfato.- *(suufatu)* s. sulfato.
sulfúrico.- *(suufúriku)* adj. sulfúrico.
sulino.- *(sulinu)* adj. sureño.
sulista.- *(sulista)* adj. sureño.
sultão.- *(suutãu)* s. sultán.
suma.- *(suma)* s. sinopsis, en resumen. / *em suma: en resumen.
sumário.- *(sumáriu)* s. sumario, compendio.
sumiço.- *(sumisu)* s. desaparecimiento, desaparición. / *levar sumiço: perderse.
sumidade.- *(sumidadji)* s. sumidad, eminencia, celebridad. / cima, cumbre.
sumido.- *(sumidu)* adj. sumido, desaparecido, oculto.
sumidouro.- *(sumidôru)* s. sumidero de un río, que vuelve a aparecer en otros sitios más bajos.
sumir.- *(sumir)* v. desaparecer, sumir.
sumo.- *(sumu)* adj. sumo. / s. jugo, zumo.
sumptuosidade.- *(suntuoz' idadji)* s. suntuosidad, grandiosidad.
sumptuoso.- *(suntuôz 'u)* adj. suntuoso.
suor.- *(suor)* s. sudor, transpiración.
superabundância.- *(superabundansia)* s. sobreabundancia.
superação.- *(superasãu)* s. superación.
superalimentar.- *(superalimentar)* v. y p. sobrealimentar.
superar.- *(superar)* v. superar, sobrepasar, sobrepujar, vencer.
superável.- *(superáv'eu)* adj. superable.
supercílio.- *(supersíliu)* s. ceja.
superdotado.- *(superdotadu)* adj. superdotado.
superestimar.- *(superestchimar)* v. sobreestimar.
superestrutura.- *(superestrutura)* s. superestructura.
superexcitar.- *(superesitar)* v. sobreexcitar.
superficial.- *(superfisiáu)* adj. superficial, somero, baladí, frívolo.
superfície.- *(superfisii)* s. superficie.
supérfluo.- *(supérfluu)* adj. superfluo.
super-homem.- *(super omen)* s. superhombre.
superintendência.- *(superintendênsia)* s. superintendencia.
superintender.- *(superintender)* v. presidir. / inspeccionar, supervisar.
superior.- *(superior)* adj. superior, máximo, prominente.
superiora.- *(superiora)* s. superiora (monja que dirije un convento), abadesa.
superioridade.- *(superioridadji)* s. superioridad.
superlativo.- *(superlatchiv'u)* adj. superlativo.
superlotar.- *(superlotar)* v. Bras. exceder la capacidad de un vehículo o un local.
supermercado.- *(supermerkadu)* s. hipermercado, supermercado.
superpopulação.- *(superpopulasãu)* s. superpoblación.
superposição.- *(superpoz'isãu)* s. superposición.
superprodução.- *(superprodusãu)* s. superproducción.
supersônico.- *(supersôniku)* adj. supersónico.
superstição.- *(superstchisãu)* s. superstición.
supersticioso.- *(superstchisiôz'u)* adj. supersticioso.
supervisão.- *(superv'z'sãu)* s. supervisión.
supervisar.- *(superv'iz'ar)* v. supervisar.
supervisionar.- *(superv'iz'ionar)* v. supervisar.
supetão.- *(supetãu)* s. usado en la loc. adv. *de supetão: de repente, súbitamente.
suplantar.- *(suplantar)* v. suplantar.
suplementar.- *(suplementar)* adj. suplemento.
suplemento.- *(suplementu)* s. suplemento.
suplência.- *(suplensia)* s. suplencia.
suplente.- *(suplentchi)* s. substituto, suplente.
súplica.- *(súplika)* s. súplica, petición, plegaria, ruego.
suplicar.- *(suplikar)* vt. y v. intr. suplicar, implorar, rogar.
suplício.- *(suplísiu)* s. suplicio, tormento.
supor.- *(supor)* v. suponer.
suportar.- *(suportar)* v. soportar, sobrellevar.
suportável.- *(suportáv'eu)* adj. soportable, tolerable.
suporte.- *(suportchi)* s. repisa, soporte.
suposição.- *(supoz'isãu)* s. suposición.
supositório.- *(supoz'itóriu)* s. Med. supositorio.
suposto.- *(supostu)* adj. supuesto.
supra-sumo.- *(supra sumu)* s. el más alto grado, el auge.
supremacia.- *(supremasía)* s. hegemonía, supremacía.
supremo.- *(supremu)* adj. supremo, soberano, sumo.
supressão.- *(supresãu)* s. supresión.
suprimento.- *(suprimentu)* s. provisión.
suprimir.- *(suprimir)* v. eliminar, suprimir.
suprir.- *(suprir)* v. suplir.
supuração.- *(supurasãu)* s. supuración.
supurar.- *(supurar)* v. supurar.
surdez.- *(surdês)* s. sordera.
surdina.- *(surdjina)* s. sordina. / *à surdina: a escondidas, a la chita callando, sin estrépito y con disimulo.

surdo.- *(surdu)* adj. sordo.
surdo-mudo.- *(surdu mudu)* adj. sordomudo.
surfe.- *(surfi)* s. Bras. surf.
surgir.- *(surjhir)* v. intr. surgir.
surpreendente.- *(surpreendentchi)* adj. sorprendente.
surpreender.- *(surpreender)* v. sobrecoger, sorprender.
surpresa.- *(surprez'a)* s. sorpresa.
surra.- *(sur'a)* s. paliza, tunda, zurra.
surrar.- *(sur'ar)* v. zurrar.
surripiar.- *(sur' ipiar)* v. Pop. Bras. hurtar, robar, timar, levantar (llevarse algo ajeno a escondidas).
surtir.- *(surtchir)* v. surtir, originar, brotar.
surto.- *(surtu)* s. brote de una enfermedad contagiosa. / vuelo alto. / Fig. deseo, ambición, impulso. / adj. surto, anclado.
sus.- *(sus)* interj. ¡ánimo!, ¡valor!
susceptibilidade.- *(susetchibilidadji)* s. susceptibilidad.
susceptível.- *(susetchív'eu)* adj. susceptible.
suscitar.- *(susitar)* v. plantear, suscitar.
suspeita.- *(suspeita)* s. sospecha.
suspeitar.- *(suspeitar)* v. sospechar, desconfiar, dudar.
suspeito.- *(suspeitu)* adj. sospechoso.
suspeitoso.- *(suspeitoz'u)* adj. sospechoso.
suspender.- *(suspender)* v. suspender, cesar, colgar, inhibir, prorrogar.
suspensão.- *(suspensãu)* s. cese, interrupción, suspensión.
suspenso.- *(suspensu)* adj. suspenso, colgado, pendiente.
suspensórios.- *(suspensóriu)* s. pl. tirantes.
suspicácia.- *(suspikásia)* s. suspicacia.
suspirar.- *(suspirar)* v. suspirar.
suspiro.- *(suspiru)* s. suspiro.
sussurrar.- *(susur'ar)* v. intr. murmurar, susurrar.
sussurro.- *(susur'u)* s. susurro.
sustenido.- *(sustenidu)* s. sostenido.
sustentação.- *(sustentasãu)* s. sustentación, soporte.
sustentáculo.- *(sustentákulu)* s. sustentáculo.
sustentado.- *(sustentadu)* adj. sostenido.
sustentar.- *(sustentar)* v. sustentar, soportar, sostener.
sustento.- *(sustentu)* s. sustento.
suster.- *(suster)* v. sostener, suspender.
susto.- *(sustu)* s. susto, miedo, pavor, sobresalto, recelo.
sutiã.- *(sutiã)* s. sujetador, sostén.
sutil.- *(sutchiu)* adj. sutil, tenue, delicado.
sutileza.- *(sutchilez'a)* s. sutileza.
sutura.- *(sutura)* s. sutura.
suturar.- *(suturar)* v. suturar.
suvenir.- *(suv'enir)* s. suvenir.

T

t.- *(tê)* s. vigésima letra del abecedario portugués.
tá.- *(tá)* Bras. Pop. está bien, está arreglado, de acuerdo.
taba.- *(taba)* s. pequeña población indígena.
tabacaria.- *(tabakaría)* s. estanco, tabaquería, cigarrería.
tabaco.- *(tabaku)* s. tabaco.
tabagismo.- *(tabajhismu)* s. tabaquismo.
tabaqueira.- *(tabaquêra)* s. tabaquera.
tabefe.- *(tabéfi)* s. bofetón, sopapo.
tabela.- *(tabéla)* s. tabla, cuadro, índice, lista, catálogo.
tabelar.- *(tabelar)* v. establecer un precio fijo.
tabelião.- *(tabeliãu)* s. escribano, notario.
taberna.- *(taberna)* s. taberna, fonda, bodega, tasca.
tabernáculo.- *(tabernákulu)* s. tabernáculo.
tabique.- *(tabiqui)* s. pared, tabique.
tablado.- *(tabladu)* s. tablado, estrado de madera.
tablete.- *(tabletchi)* s. tableta.
tabu.- *(tabú)* s. tabú.
tábua.- *(tábua)* s. tabla.
tabuada.- *(tabuada)* s. tabla. / Fig. letanía, repertorio, serie. / índice de libro.
tabuado.- *(tabuadu)* s. tablado, tablaje, porción de tablas.
tabulador.- *(tabulador)* s. tabulador.
tabular.- *(tabular)* v. tabular.
tabuleiro.- *(tabulêru)* s. tablero.
tabuleta.- *(tabuleta)* s. tablilla.
taça.- *(tasa)* s. copa.
tacanho.- *(takañu)* adj. tacaño.
tacape.- *(takapi)* s. maza o espada de madera usada por los indios americanos como ataque.
tácito.- *(tásitu)* adj. tácito, silencioso, callado.
taciturno.- *(tasiturnu)* adj. taciturno, melancólico,
taco.- *(taku)* s. parqué. / taco.
tacha.- *(tascha)* s. tacha, mancha, imperfección moral. / 2ª. s. tachuela, tacha.
tachar.- *(taschar)* v. tachar, censurar, culpar.
tacho.- *(taschu)* s. tachó, vasija, cazo, cazuela.
tafetá.- *(tafetá)* s. tafetán.
tagarela.- *(tagaréla)* adj. gárrulo, hablador, parlanchín.
tagarelar.- *(tagarelar)* v. charlar, parlar, chismear.
tagarelice.- *(tagarelisi)* s. charladuría, parloteo.
taifa.- *(taifa)* s. taifa.
taimado.- *(taimadu)* adj. taimado, malicioso, bellaco, astuto, bribón.
taipa.- *(taipa)* s. tapia.
tal.- *(táu)* pron. éste, ése, aquél, esto, aquello. / tal cual, semejante. / s. Arg. Bras. persona que tiene o juzga tener un valor excepcional en cualquier cosa, el as . / pron. éste, ése, aquél, esto, aquello. / alguno, cierto. / adj. tal, igual, semejante. / adv. tal cual, exactamente.
tala.- *(tala)* s. tablilla.
talagarça- *(talagarsa)* s. cáñamo para bordar.
talante.- *(talantchi)* s. talante.
talão.- *(talãu)* s. talón, calcañar, talonario.
talar.- *(talar)* v. talar, destruir, asolar.
talco.- *(tauku)* s. talco.
talento.- *(talentu)* s. talento, genio, habilidad, ingenio, vocación.
talentoso.- *(talentôz'u)* adj. talentoso, inteligente.
talha.- *(talla)* s. corte, acción de cortar, entalladura. / vaso de barro de gran base.
talhada.- *(tallada)* s. tajada, lonja.
talhadeira.- *(talladêra)* s. cortadera.
talhado.- *(talladu)* adj. tallado, cortado.
talhar.- *(tallar)* v. tajar, tallar, cortar, lapidar.
talharim.- *(tallarín)* s. tallarín.
talhe.- *(talli)* s. talle.
talher.- *(taller)* s. cubiertos (conjunto de tenedor, cuchillo y cuchara). / Fig. el lugar que cada persona ocupa en la mesa (cubierto).
talho.- *(tallu)* s. tajo, cortadura. / corte de carne en la carnicería.
talismã.- *(talismã)* s. talismán, amuleto.
talo.- *(talu)* s. tallo.
talvez.- *(talv'ês)* adv. tal vez, quizás,
tamanco.- *(tamanku)* s. zueco, chanclo.
tamanduá.- *(tamanduá)* s. oso hormiguero.
tamanho.- *(tamañu)* adj. dimensión. / 2ª. adj. tamaño.
tâmara.- *(tâmara)* s. dátil.
tamareira.- *(tamarêra)* s. datilera.
tamarindo.- *(tamarindu)* s. tamarindo.
também.- *(tambén)* adv. también.
tambor.- *(tambor)* s. tambor.
tamborete.- *(tamboretchi)* s. taburete.
tamborilar.- *(tamborilar)* v. intr. tamborilear.
tamborim.- *(tamburín)* s. tamboril.
tampa.- *(tampa)* s. tapa.
tampão.- *(tampãu)* s. tampón.
tampouco.- *(tampouku)* adv. tampoco.
tanajura.- *(tanajhura)* s. Bras. nombre común dado a las hembras de las hormigas que pierden las alas después del vuelo nupcial. / Pop. persona de nalgas muy desarrolladas.
tandem.- *(tânden)* s. bicicleta de dos asientos, uno detrás del otro.
tanga.- *(tanga)* s. tanga, taparrabo.
tangente.- *(tanjhentchi)* adj. tangente.
tanger.- *(tanjher)* v. tañer, tocar.
tangerina.- *(tanjherina)* s. mandarina.
tangível.- *(tanjhív'eu)* adj. tangible.
tango.- *(tangu)* s. tango.
tanino.- *(taninu)* s. tanino.
tanque.- *(tanqui)* s. estanque, tanque, cisterna. / 2ª. s. tanque, carro de asalto.

tantã.- *(tantã)* adj. Bras. Fam. necio, tonto, desequilibrado.
tanto.- *(tantu)* adv. porción indeterminada, tanto. / pron. indef. tanto, en tal cantidad, tamaño. / s. porción, cantidad, cuantía, vez, volumen.
tão.- *(tãu)* adv. tan, tanto, en tal grado.
tapa.- *(tapa)* s. bofetón.
tapar.- *(tapar)* v. tapar, taponar.
tapeação.- *(tapiasãu)* s. engaño, disimulo.
tapear.- *(tapiar)* v. Bras. Pop. disfrazar, engañar, disimular.
tapeçaria.- *(tapesaría)* s. tapicería, tapiz (para muebles, paredes o suelos). / Bras. tienda donde se venden tapices.
tapeceiro.- *(tapesêru)* s. tapicero.
tapera.- *(tapera)* s. Bras. hacienda abandonada sin cultivo, casa arruinada.
tapetar.- *(tapetar)* v. y p. tapizar, entapizar, enmoquetar.
tapete.- *(tapetchi)* s. tapiz, alfombra, moqueta.
tapioca.- *(tapioka)* s. tapioca, fécula de la mandioca.
tapir.- *(tapir)* s. tapir.
tapume.- *(tapumi)* s. barrera, tapia.
taquara.- *(takuara)* s. tacuara, bambú.
taquicardia.- *(taquikardjia)* s. taquicardia.
taquigrafia.- *(taquigrafía)* s. taquigrafía.
taquígrafo.- *(taquígrafu)* s. taquígrafo.
tara.- *(tara)* s. tara. / defecto físico o moral.
tarado.- *(taradu)* adj. tarado.
taramela.- *(taramela)* s. tarabilla. / Fig. mujer parlanchina. / 2ª. Fig. *dar à taramela: parlotear, charlar.
tarantela.- *(tarantela)* s. tarantela.
tarântula.- *(tarântula)* s. tarántula.
tardança.- *(tardansa)* s. tardanza.
tardar.- *(tardar)* v. tardar.
tarde.- *(tardji)* adv. tarde, tardíamente. / s. tarde.
tardinha.- *(tardjiña)* s. tardecita, el final de la tarde.
tardio.- *(tardjíu)* adj. tardío.
tardo.- *(tardu)* adj. tardo, lento, perezoso, tardío.
tarefa.- *(tarefa)* s. tarea.
tarifa.- *(tarifa)* s. tarifa.
tarifar.- *(tarifar)* v. tarifar.
tarimba.- *(tarimba)* s. tarima. / Bras. larga experiencia.
tarimbado.- *(tarimbadu)* adj. muy experimentado.
tarlatana.- *(tarlatana)* s. tarlatana.
tarô.- *(tarô)* s. baraja del tarot.
tarrafa.- *(tar'afa)* s. red para pescar.
tarraxa.- *(tar'ascha)* s. tornillo, tarraja, clavo, punta.
tarro.- *(tar'u)* s. vaso o tinaja usado para ordeñar leche.
tartamudear.- *(tartamudear)* v. tartamudear, gaguear.
tartamudo.- *(tartamudu)* adj. tartamudo.
tártaro.- *(tártaru)* s. tártaro, sarro.
tartaruga.- *(tartaruga)* s. tortuga.
tarugo.- *(tarugu)* s. tarugo.
tasca.- *(taska)* s. tasca, bodegón.
tataraneto.- *(tataranetu)* s. tataranieto.
tataravô.- *(tatarav'ô)* s. tatarabuelo.
tatear.- *(tatchiar)* v. manosear, palpar, tentar.
tatibitate.- *(tatchibitatchi)* adj. y s. el que habla cambiando ciertas consonantes.
tática.- *(tátchika)* s. táctica.
tático.- *(tátchiku)* adj. táctico.
tato.- *(tatu)* s. tacto, tiento, tino.
tatu.- *(tatú)* s. armadillo.
tatuagem.- *(tatuajhen)* s. tatuaje.
tatuar.- *(tatuar)* v. tatuar.
tautologia.- *(tautolojhía)* s. tautología.
taverna.- *(tav'erna)* s. taberna.
taverneiro.- *(tav'ernêru)* s. tabernero.
taxa.- *(tascha)* s. tasa, impuesto.
taxar.- *(taschar)* v. tasar, cotizar, tarifar.
taxativo.- *(taschatchiv'u)* adj. taxativo.
táxi.- *(táksi)* s. taxi.
taxidermia.- *(taksidermía)* s. taxidermia.
taxímetro.- *(taksímetru)* s. taxímetro.
taxista.- *(taksista)* s. taxista.
tear.- *(tear)* s. telar.
teatral.- *(teatráu)* adj. teatral.
teatro.- *(teatru)* s. teatro.
tecelagem.- *(teselajhen)* s. hilandería.
tecelão.- *(teselãu)* s. tejedor.
tecer.- *(teser)* v. tejer, hilar, tramar, tricotar.
tecido.- *(tesidu)* s. tejido, tela, lienzo, paño, trama.
tecla.- *(tekla)* s. tecla.
teclado.- *(tecladu)* s. teclado.
técnica.- *(téknika)* s. técnica.
técnico.- *(tékniku)* adj. y s. técnico.
tecnicolor.- *(tecnicolor)* adj. y s. tecnicolor.
tecnocracia.- *(teknokrasía)* s. tecnocracia.
tecnologia.- *(teknolojhía)* s. tecnología.
tecnológico.- *(teknolójhiku)* adj. tecnológico.
teco-teco.- *(teku teku)* s. pequeño avión monomotor.
tédio.- *(tédjiu)* s. tedio, aburrimiento, fastidio, hastío.
tedioso.- *(tedjiôz'u)* adj. tedioso, aburrido.
teia.- *(teia)* s. telaraña.
teima.- *(teima)* s. manía, porfía, terquedad, obstinación.
teimar.- *(teimar)* v. empecinarse, encasquetar, obstinarse, porfiar.
teimosia.- *(teimoz'ía)* s. obcecación, terquedad.
teimoso.- *(teimôz'u)* adj. reacio, terco, testarudo, tozudo.
tela.- *(tela)* s. tela, paño, tejido.
telecomunicação.- *(telekomunikasãu)* s. telecomunicación.
teleférico.- *(telefíriku)* s. teleférico.
telefonar.- *(telefonar)* v. telefonear.
telefone.- *(telefoni)* s. teléfono.
telefonema.- *(telefonema)* s. comunicación telefónica.
telefonia.- *(telefonía)* s. telefonía.
telefonista.- *(telefonista)* s. telefonista.
telegrafar.- *(telegrafar)* vt. y v. intr. telegrafiar.
telegrafia.- *(telegrafía)* s. telegrafía.
telegráfico.- *(telegráfiku)* adj. telegráfico.
telégrafo.- *(telégrafu)* s. telégrafo.

telegrama.- *(telegrama)* s. telegrama.
telejornal.- *(telejhornáu)* s. Bras. telediario.
telepatia.- *(telepatía)* s. telepatía.
telescópio.- *(teleskópiu)* s. telescopio.
telespectador.- *(telespektador)* s. telespectador.
teletipo.- *(teletchipu)* s. teletipo.
televisão.- *(telev'iz'ãu)* s. televisión.
televisionar.- *(telev'iz'ionar)* v. televisar.
televisor.- *(telev'iz'or)* s. televisor.
telex.- *(teleks)* s. telex.
telha.- *(tella)* s. teja.
telhado.- *(telladu)* s. cubierta, tejado.
telha-vã.- *(tella v'ã)* s. tejado que queda al descubierto en su parte interior.
telheiro.- *(tellêru)* s. cobertura soportada por pilares. / alpende, cobertizo.
tema.- *(tema)* s. tema.
temático.- *(temátchiku)* adj. temático.
temer.- *(temer)* v. recelar, temer.
temerário.- *(temerárıu)* adj. temerario.
temeridade.- *(temeridadji)* s. temeridad.
temeroso.- *(temerôz'u)* adj. temeroso.
temido.- *(temidu)* adj. temido, temeroso, timorato.
temível.- *(temív'eu)* adj. temible.
temor.- *(temor)* s. temor, miedo.
têmpera.- *(têmpera)* s. temple.
temperado.- *(temperadu)* adj. temperado, adobado, guisado, condimentado, templado, afinado.
temperamental.- *(temperamentáu)* adj. temperamental.
temperamento.- *(temperamentu)* s. temperamento, temple, índole.
temperança.- *(temperansa)* s. templanza.
temperar.- *(temperar)* v. temperar, atemperar, adobar, guisar, condimentar, sazonar, suavizar, templar.
temperatura.- *(temperatura)* s. temperatura, clima.
tempero.- *(temperu)* s. condimento, aderezo.
tempestade.- *(tempestadji)* s. borrasca, tempestad, tormenta.
tempestuoso.- *(tempestuôz'u)* adj. tempestuoso, violento.
templário.- *(templáriu)* s. templario.
templo.- *(templu)* s. santuario, templo.
tempo.- *(tempu)* s. tiempo.
temporada.- *(temporada)* s. temporada.
temporal.- *(temporáu)* adj. temporal, pasajero. / s. tempestad, vendaval.
temporão.- *(temporãu)* adj. prematuro, tempranero, temprano.
temporário.- *(temporáriu)* adj. temporario, temporal, transitorio, pasajero.
tenacidade.- *(tenasidadji)* s. tenacidad.
tenaz.- *(tenás)* adj. tenaz. / s. tenaza.
tenção.- *(tensãu)* s. intención, propósito, intento, *tenções dobradas: dobles intenciones. / juego de palabras con doble sentido o ambigüedad. / devoción, veneración. / tensón; riña, pelea. / asunto, tema.
tencionar.- *(tensionar)* v. planear.
tenda.- *(tenda)* s. tienda de campaña. / puesto de mercadillo.
tendão.- *(tendãu)* s. tendón.
tendência.- *(tendênsia)* s. tendencia.
tendencioso.- *(tendensioz'u)* adj. tendencioso.
tender.- *(tender)* v. tender.
tenebroso.- *(tenebroz'u)* adj. tenebroso, lóbrego.
tenente.- *(tenentchi)* s. teniente.
tênia.- *(tênia)* s. tenia, gusano intestinal.
tênis.- *(tênis)* s. tenis.
tenista.- *(tenista)* s. tenista.
tenor.- *(tenor)* s. tenor.
tenro.- *(tenru)* adj. tierno, blando, delicado, nuevo.
tensão.- *(tensãu)* s. tensión.
tenso.- *(tensu)* adj. tenso.
tentação.- *(tentasãu)* s. tentación.
tentáculo.- *(tentákulu)* s. tentáculo.
tentador.- *(tentador)* adj. tentador, seductor.
tentar.- *(tentar)* v. tentar.
tentativa.- *(tentatchiv'a)* s. tentativa.
tentear.- *(tentchiar)* v. tantear.
tento.- *(tentu)* s. tiento, prudencia, timo, cordura.
tênue.- *(tênui)* adj. tenue, delgado, sutil, frágil, muy pequeño.
teologia.- *(teolojhía)* s. teología.
teólogo.-*(teólogu)* s. teólogo.
teorema.- *(teorema)* s. teorema.
teoria.- *(teoría)* s. teoría.
teórico.- *(teóriku)* adj. teórico.
teorizar.- *(teoriz'ar)* v. teorizar.
tépido.- *(tépidu)* adj. templado, tibio.
tequila.- *(tequila)* s. tequila.
ter.- *(ter)* v. tener, haber, poseer.
terapeuta.- *(terapeuta)* s. terapeuta.
terapêutica.- *(terapêutchika)* s. terapéutica.
terapia.- *(terapía)* s. terapia.
terça-feira.- *(tersa fêra)* s. martes.
terceto.- *(tersetu)* s. terceto.
terço.- *(tersu)* num. tercio. / s. rosario.
terçol.- *(tersóu)* s. orzuelo.
terebintina.- *(terebintchina)* s. trementina.
tergiversação.- *(terjhiv'erz'asãu)* s. tergiversación.
tergiversar.- *(terjhiv'ersar)* v. tergiversar.
termas.- *(termas)* s. pl. termas.
térmico.- *(térmiku)* adj. térmico.
terminação.- *(terminasãu)* s. terminación, extremidad, fin.
terminal.- *(termináu)* adj. terminal.
terminar.- *(terminar)* v. terminar, concluir, acabar, consumar, finalizar, rematar, ultimar.
término.- *(términu)* s. término, fin, límite.
terminologia.- *(terminolojhía)* s. terminología.
termo.- *(têrmu)* s. término, límite, meta, raya.
termodinâmica.- *(termodjinâmika)* s. termodinámica.
termômetro.- *(termômetru)* s. termómetro.
termonuclear.- *(termonuklear)* adj. termonuclear.
termostato.- *(termostatu)* s. termostato.
terno.- *(têrnu)* s. traje. / 2ª. s. trio, trinidad. / adj. tierno, afectuoso, cariñoso. / 2ª. adj. tierno.
ternura.- *(ternura)* s. ternura, cariño, mimo.

terra.- *(ter'a)* s. tierra.
terraço.- *(ter'asu)* s. terraza.
terracota.- *(ter'akota)* s. terracota.
terraplenagem.- *(ter'aplenajhen)* s. terraplén.
terráqueo.- *(ter'áquiu)* adj. terráqueo.
terremoto.- *(ter'emótu)* s. terremoto, seísmo.
terreno.- *(ter'enu)* adj. terreno. / s. suelo, terreno.
térreo.- *(tér'iu)* adj. térreo, terroso, a ras del suelo. / Bras. el bajo de un edificio.
terrestre.- *(ter'estri)* adj. terrestre.
terrina.- *(ter'ina)* s. sopera.
território.- *(ter'itóriu)* s. región, territorio.
terrível.- *(ter'ív'eu)* adj. terrible, pavoroso, tremendo.
terror.- *(ter'or)* s. terror, horror, pavor, susto.
terrorismo.- *(ter'orismu)* s. terrorismo.
terrorista.- *(ter'orista)* adj. y s. terrorista.
terroso.- *(ter'oz'u)* adj. terroso.
terso.- *(tersu)* adj. terso, limpio.
tertúlia.- *(tertúlia)* s. tertulia.
tese.- *(tez'i)* s. tesis.
teso.- *(tez'u)* adj. tieso, erecto, rígido, yerto.
tesoura.- *(tez'ôra)* s. tijera.
tesouraria.- *(tez'oraría)* s. tesorería.
tesoureiro.- *(tez'orêru)* s. tesorero, pagador.
tesouro.- *(tez'oru)* s. tesoro.
testa.- *(testa)* s. frente, testa.
testa-de-ferro.- *(testa dji fér'u)* s. testaferro.
testamento.- *(testamentu)* s. testamento.
testar.- *(testar)* v. testar.
teste.- *(testchi)* s. test.
testemunha.- *(testemuña)* s. testigo.
testemunhar.- *(testemuñar)* v. testificar, testimoniar.
testemunho.- *(testemuñu)* s. testimonio, prueba, testigo.
testículo.- *(testchíkulu)* s. Anat. testículo.
testificar.- *(testchifikar)* v. testificar, declarar, testimoniar, atestiguar.
teta.- *(têta)* s. mama, teta.
tetânico.- *(tetâniku)* adj. tetánico.
tétano.- *(tétanu)* s. tétano.
tetéia.- *(tetéia)* s. adorno. / Bras. persona o cosa muy graciosa.
teto.- *(tétu)* s. techo.
tétrico.- *(tétriku)* adj. tétrico.
teu.- *(teu)* pron. pos. tú, tuyo, de ti. / s. pl. los tuyos, tu familia.
têxtil.- *(têstiu)* adj. textil.
texto.- *(testu)* s. texto.
textual.- *(testuáu)* adj. textual, literal.
textura.- *(testura)* s. textura.
tez.- *(tes)* s. tez.
ti.- *(tchi)* pron. pers. 2ª. pers. sing. ti.
tia.- *(tchía)* s. tía. / Fam. solterona. / *ficar para tia: quedarse para vestir santos (solterona).
tiara.- *(tchiara)* s. diadema, tiara.
tíbia.- *(tchíbia)* s. Anat. tibia.
tíbio.- *(tchíbiu)* adj. tibio.
tição.- *(tchisãu)* s. tizón.
tifo.- *(tchifu)* s. tifus.
tigela.- *(tchijhéla)* s. tazón, cuenco.
tigre.- *(tchigri)* s. tigre.
tijolo.- *(tchijholu)* s. ladrillo.
til.- *(tchiu)* s. tilde. / señal gráfica que sirve para nasalizar una vocal (ã, õ).
tília.- *(tchilia)* s. tila.
timão.- *(tchimãu)* s. Bras. camisón largo. / Fig. timón, gobierno, dirección.
timbrar.- *(tchimbrar)* v. timbrar.
timbre.- *(tchimbri)* s. timbre, acento, voz, son, marca.
time.- *(tchimi)* s. equipo.
timidez.- *(tchimidês)* s. timidez, encogimiento, vergüenza.
tímido.- *(tchímidu)* adj. tímido, vergonzoso, retraído.
tímpano.- *(tchímpanu)* s. tímpano.
tina.- *(tchina)* s. tina, cubeta, palangana, bañera.
tingido.- *(tinjhidu)* adj. teñido.
tingir.- *(tchinjhir)* v. teñir.
tino.- *(tchinu)* s. tino, juicio, acierto, prudencia.
tinta.- *(tchinta)* s. tinta.
tinteiro.- *(tchintêru)* s. tintero.
tintura.- *(tchintura)* s. tintura.
tinturaria.- *(tchinturaría)* s. tintorería.
tintureiro.- *(tchinturêru)* s. tintorero.
tio.- *(tchíu)* s. tío. / Pop. Bras. tratamiento dado, por los jóvenes, a cualquier individuo de más edad.
típico.- *(tchípiku)* adj. típico.
tipo.- *(tchipu)* s. tipo.
tipografia.- *(tchipografía)* s. imprenta, tipografía.
tipógrafo.- *(tchipógrafu)* s. impresor, tipógrafo.
tipóia.- *(tchipóia)* s. Bras. cabestrillo.
tique.- *(tchiqui)* s. tic nervioso.
tira.- *(tchira)* s. tira, venda, hijuela, lista.
tiracolo.- *(tchirakólu)* s. us. en la loc. *a tiracolo: en bandolera.
tirada.- *(tchirada)* s. tirada.
tiragem.- *(tchirajhen)* s. tirada.
tirania.- *(tchiranía)* s. tiranía, despotismo, opresión.
tiranizar.- *(tchiraniz'ar)* v. tiranizar.
tirano.- *(tchirar)* s. tirano, déspota.
tirar.- *(tchirar)* v. quitar, sacar.
tira-teimas.- *(tchira teimas)* s. Fam. diccionario. / 2ª. Fam. cualquier instrumento de castigo, como coscorrón, etc.
tireóide. *(tchireóidji)* s. Anat. tiroideo.
tiririca.- *(tchiririka)* adj. Bras. Fam. furioso, enfadado.
tiritar.- *(tchiritar)* v. intr. tiritar.
tiro.- *(tchiru)* s. tiro, disparo.
tiroteio.- *(tchirotêiu)* s. tiroteo.
tisana.- *(tchiz'ana)* s. infusión.
tísica.- *(tchíz'ika)* s. tisis, tuberculosis.
tísico.- *(tchíz'iku)* adj. y s. tísico, tuberculoso.
titã.- *(tchitã)* s. titán.
títere.- *(tchítere)* s. fantoche, títere.
titia.- *(tchitchía)* s. Fam. tía.
titio.- *(tchitchíu)* s. Fam. tío.
titubear.- *(tchitubiar)* v. intr. titubear, vacilar, dudar.
titular.- *(tchitular)* adj. titular.

título.- *(tchítulu)* s. título.
toa.- *(toa)* s. toa, maroma o sirga. / usado en la loc. adv. *à toa: a lo tonto, a la ventura, al azar. / a lo loco, impensadamente, sin ton ni son.
toada.- *(tuada)* s. tonada.
toalete.- *(tualétchi)* s. acto de arreglarse, prepararse. / s. traje femenino muy elaborado. / toilet.
toalha.- *(tualla)* s. toalla.
toalheiro.- *(tuallêru)* s. toallero.
tobogã.- *(tobogã)* s. tobogán.
toca.- *(toka)* s. madriguera, refugio, casucha, casa pequeña pobre.
toca-discos.- *(toka djiskus)* s. tocadiscos.
tocado.- *(tokadu)* adj. Fam. un poco borracho. / Bras. Fam. enloquecido.
toca-fitas.- *(toka fitas)* s. Bras. gravador.
tocaia.- *(tokaia)* s. Bras. emboscada.
tocar.- *(tokar)* v. tocar.
toco.- *(toku)* s. tocón, cepa.
tocha.- *(toscha)* s. antorcha, hacha.
todavia.-*(todav'ía)* conj. todavía, aún, sin embargo, empero.
todo.- *(todu)* adj. todo. / pron. indef. todo, cualquiera, cada.
todo-poderoso.- *(todu poderoz'u)* adj. todopoderoso.
tofu.- *(tófu)* s. tofu.
toga.- *(tóga)* s. toga.
toicinho.- *(toisiñu)* s. tocino.
toirada.- *(toirada)* s. corrida de toros.
toirear.- *(torear)* v. torear.
toireiro.- *(torêru)* s. torero.
toiro.- *(tôru)* s. toro.
tolda.- *(touda)* s. toldo.
toldar.- *(toudar)* v. entoldar, encubrir, anublar, obscurecer.
toldo.- *(toudu)* s. toldo.
tolerância.- *(toleransia)* s. tolerancia, indulgencia.
tolerante.- *(tolerantchi)* adj. tolerante, paciente, permisivo.
tolerar.- *(tolerar)* v. tolerar, consentir, soportar.
tolerável.- *(toleráv'éu)* adj. tolerable, llevadero.
tolher.- *(toller)* v. tullir, dificultar.
tolice.- *(tolisi)* s. tontería, necedad, disparate, pavada.
tolo.- *(tolu)* adj. tolondrón, aturdido, desatinado, ridículo.
tollhido.- *(tollidu)* adj. tullido.
tom.- *(ton)* s. ton, tono, entonación.
tomada.- *(tomada)* s. toma, enchufe.
tomar.- *(tomar)* v. tomar, agarrar, conquistar, robar, ocupar, beber.
tomara.- *(tomara)* interj. Bras. ojalá.
tomate.- *(tomatchi)* s. tomate.
tombar.- *(tombar)* v. tumbar, derribar, volcar. / proteger el estado, por conservar, algún patrimonio, monumento u obra, como bien de la comunidad
tombo.- *(tombu)* s. tumbo, vuelco, caída.
tômbola.- *(tômbola)* s. Bras. tómbola.
tomilho.- *(tomillu)* s. tomillo.
tomo.- *(tomu)* s. tomo, volumen.
tonalidade.- *(tonalidadji)* s. tonalidad.
tonel.- *(tonéu)* s. tonel, cuba, barril.
tonelada.- *(tonelada)* s. tonelada.
tonicidade.- *(tonisidadji)* s. tonicidad.
tônico.- *(tôniku)* adj. y s. tónico.
tonificar.- *(tonifikar)* v. tonificar, fortalecer.
tonsura.- *(tonsura)* s. tonsura.
tonteira.- *(tonteira)* s. vértigo, mareo. / tontería, estupidez.
tonto.- *(tontu)* adj. tonto, bobo, chalado, imbécil. / aturdido, mareado.
tontura.- *(tontura)* s. vértigo, mareo, vahído.
topada.- *(topada)* s. tropezón, topada, choque.
topar.- *(topar)* v. topar, chocar. / encontrarse, depurar. / aceptar una propuesta o una invitación.
topázio.- *(topáz'iu)* s. topacio.
tope.- *(topi)* s. tope.
topete.- *(tupétchi)* s. copete, moño, tupé. / Bras. atrevimiento, descaro, osadía.
tópico.- *(tópiku)* adj. tópico.
topo.- *(topu)* s. tope, cumbre, cima.
topografia.- *(topografía)* s. topografía.
topógrafo.- *(topógrafu)* s. topógrafo.
toque.- *(toqui)* s. tacto, toque, contacto, sonido.
tora.- *(tora)* s. gran tronco de madera.
tórax.- *(tórax)* s. tórax.
torção.- *(torsãu)* s. torsión.
torcedor.- *(torsedor)* adj. torcedor. / s. Bras. hincha de un equipo de fútbol.
torcer.- *(torser)* v. torcer, doblegar, enroscar, quebrar. / apoyar un equipo de fútbol.
torcicolo.- *(torsikólu)* s. tortícolis.
torcida.- *(torsida)* s. Fút. grupo de hinchas que apoya a un equipo determinado para que gane.
torcido.- *(torsidu)* adj. torcido, ladeado.
torço.- *(torsu)* s. Bras. turbante.
tormenta.- *(tormenta)* s. tormenta, temporal.
tormento.- *(tormentu)* s. tormento, pena, suplicio.
tormentoso.- *(tormentoz'u)* adj. tormentoso.
tornado.- *(tornadu)* s. tornado.
tornar.- *(tornar)* v. tornar, retomar, regresar.
tornear.- *(tornear)* v. tornear.
torneio.- *(torneiu)* s. torneo.
torneira.- *(tornêra)* s. grifo.
torneiro.- *(tornêru)* s. tornero.
torno.- *(tornu)* s. torno.
tornozelo.- *(tornuz'êlu)* s. tobillo.
toró.- *(toró)* s. Bras. Pop. lluvia torrencial, en general corta.
torpe.- *(torpi)* adj. torpe, deshonesto, indecoroso, infame, repugnante.
torpedear.- *(torpedear)* v. torpedear.
torpedo.- *(torpedu)* s. torpedo.
torpor.- *(torpor)* s. sopor.
torquês.- *(torquês)* s. tenaza.
torrada.- *(tor'ada)* s. tostada.
torradeira.- *(tor'adêra)* s. tostadora.
torrão.- *(tor'ãu)* s. terrón. / Fig. patria.
torrar.- *(tor'ar)* v. torrar, tostar.
torre.- *(tor'i)* s. torre.
torreão.- *(tor'iãu)* s. torreón.

torrefato.- *(tor'efatu)* adj. torrefacto.
torrencial.- *(tor'ensiáu)* adj. torrencial, abundante, impetuoso, caudaloso.
torrente.- *(tor'entchi)* s. torrente, caudal, raudal, avenida.
torresmo.- *(tor'esmu)* s. torrezno.
tórrido.- *(tór'idu)* adj. tórrido.
torso.- *(torsu)* s. torso.
torta.- *(torta)* s. pastel, tarta, torta.
torto.- *(tortu)* adj. tuerto, torcido, oblicuo.
tortuosidade.- *(tortuoz'idadji)* s. tortuosidad, sinuosidad.
tortuoso.- *(tortuôz'u)* adj. tortuoso, sinuoso.
tortura.- *(tortura)* s. tortura.
torturar.- *(torturar)* v. torturar, atormentar, crucificar, martirizar.
torvar.- *(torv'ar)* v. turbar, irritar, perturbar.
torvelinho.- *(torv'eliñu)* s. torbellino.
torvo.- *(torv'u)* adj. torvo.
tosão.- *(tosãu)* s. toisón.
tosar.- *(tosar)* v. tonsurar, trasquilar, esquilar.
tosco.- *(tosku)* adj. tosco, rudo, torpe.
tosquiar.- *(tosquiar)* v. esquilar, trasquilar.
tosse.- *(tosi)* s. Med. tos.
tossir.- *(tosir)* v. toser.
tostão.- *(tustãu)* s. moneda brasileña antigua, que valía cien reales.
tostar.- *(tostar)* v. torrar, tostar.
total.- *(totáu)* adj. total, completo, global, integral. / s. total, monta, montante.
totalidade.- *(totalidadji)* s. totalidad.
totalitário.- *(totalitáriu)* adj. totalitario.
totalitarismo.- *(totalitarismu)* s. totalitarismo.
totalizar.- *(totaliz'ar)* v. totalizar.
totem.- *(tóten)* s. totem.
touca.- *(toka)* s. cofia, toca.
toucador.- *(tokador)* s. tocador, mueble para peinarse.
touceira.- *(tosêra)* s. pie de planta con raíces, tocón.
toucinho.- *(tosiñu)* s. lardo, tocino.
toupeira.- *(topêra)* s. topo.
tourada.- *(torada)* s. corrida de toros.
tourear.- *(torear)* v. torear.
toureio.- *(torêiu)* s. toreo.
toureiro.- *(toreru)* s. toreador, torero, matador.
touro.- *(toru)* s. toro.
toutiço.- *(toutchisu)* s. nuca.
tóxico.- *(tóksiku)* adj. tóxico.
toxicologia.- *(toksikolojhía)* s. toxicología.
toxicômano.- *(toksikômanu)* s. toxicómano.
toxina.- *(toksina)* s. toxina.
trabalhador.- *(traballador)* adj. trabajador. / s. trabajador, obrero, operario.
trabalhar.- *(traballar)* v. trabajar.
trabalheira.- *(traballêra)* s. Fam. exceso de trabajo.
trabalhista.- *(traballista)* adj. y s. laborista.
trabalho.- *(traballu)* s. trabajo. / Bras. brujería.
trabalhoso.- *(traballoz'u)* adj. trabajoso, costoso, difícil, laborioso, penoso.
trabuco.- *(trabuku)* s. trabuco.
traça.- *(trasa)* s. polilla.
traçado.- *(trasadu)* s. trazado, traza.
tração.- *(trasãu)* s. tracción.
traçar.- *(trasar)* v. trazar, plantear, proyectar.
traço.- *(trasu)* s. trazo.
tracoma.- *(trakoma)* s. Med. tracoma.
tradição.- *(tradjisãu)* s. tradición.
tradicional.- *(tradjisionáu)* adj. tradicional.
tradução.- *(tradusãu)* s. traducción, versión.
tradutor.- *(tradutor)* s. traductor, intérprete.
traduzir.- *(traduz'ir)* v. traducir, representar, interpretar.
trafegar.- *(trafegar)* v. trafagar, traficar, trajinar, negociar.
tráfego.- *(tráfegu)* s. tráfico, transporte.
traficante.- *(trafikantchi)* s. traficante.
traficar.- *(trafikar)* vt. y v. intr. traficar, comerciar, negociar.
tráfico.- *(tráfiku)* s. tráfico, comercio. / Fam. negocio indecoroso.
tragar.- *(tragar)* v. tragar,
tragédia.- *(trajhédjia)* s. tragedia.
trágico.- *(trájhiku)* adj. trágico, funesto.
tragicomédia.- *(trajhikomédjhia)* s. tragicomedia.
trago.- *(tragu)* s. trago. / angustia, infelicidad, adversidad.
traição.- *(traisãu)* s. traición, perfidia.
traiçoeiro.- *(traisuêru)* adj. traicionero.
traidor.- *(traidor)* adj. y s. traidor, pérfido, peligroso.
trailer.- *(treiler)* s. Ingl. caravana, tráiler. / avance de una película.
training.- *(treining)* s. Ingl. chandal.
trair.- *(trair)* v. traicionar.
trajar.- *(trajhar)* v. trajear, vestir.
traje.- *(trajhi)* s. traje, vestuario.
trajecto.- *(trajhéktu)* s. trayecto.
trajectória.- *(trajhektória)* s. trayectoria, vía, órbita.
tralha.- *(tralla)* s. utensilios viejos.
trama.- *(trama)* s. trama, urdidura, tejido. / confabulación, conspiración.
tramar.- *(tramar)* v. tramar, tejer. / conspirar, maquinar.
trambique.- *(tranbiqui)* s. Bras. Argot. negocio fraudulento.
trambolho.- *(tranbollu)* s. trabón, tarugo atado al pie de algún animal para que no se aleje. / Fig. contratiempo.
tramela.- *(traméla)* s. tarabilla.
tramitar.- *(tramitar)* v. Bras. tramitar.
trâmite.- *(trâmitchi)* s. camino o atajo determinado. / *trámite: (con este significado es más usado en pl.).
trâmites.- *(trâmitis)* s. pl. medios apropiados a la consecución de un fin. / trámites.
tramo.- *(tramu)* s. tramo.
tramóia.- *(tramóia)* s. tramoya.
tramontana.- *(tramontana)* s. tramontana. / *perder a tramontana: perder el norte.
trampa.- *(trampa)* s. Pop. trampa, engaño. / excremento, heces.
trampolim.- *(trampolín)* s. trampolín.

tranca.- *(tranka)* s. barrote para cerrar una puerta.
trança.- *(transa)* s. trenza.
trancar.- *(trankar)* trancar.
trançar.- *(transar)* v. trenzar.
trancelim.- *(trasaelim)* s. trencilla, cadena de oro.
tranqüilidade.- *(trankuilidadji)* s. tranquilidad, quietud, serenidad, sosiego.
tranqüilizante.- *(trankuiliz'antchi)* adj. tranquilizante.
tranqüilizar.- *(trankuiliz'ar)* v. tranquilizar, sosegar, serenar.
tranqüilo.- *(trankuilu)* adj. tranquilo, pacífico, plácido, sereno, sosegado.
transa.- *(tranz'a)* s. Bras. Argot. palabra múltiple que traduce idea de: entendimiento, trato, acuerdo, pacto, relación, relación amorosa, etc.
transação.- *(tranz'asãu)* s. transacción. / Arg. V. **transa.**
transar.- *(tranz'ar)* v. Bras. Argot. arreglar, quedar, establecer una relación.
transatlântico.- *(tranz'atlântchiku)* adj. transatlántico.
transbordar.- *(transbordar)* v. transbordar, derramar, desbordar, rebasar.
transbordo.- *(transbordu)* s. transbordo.
transcendência.- *(transendênsia)* s. transcendencia.
transcendental.- *(transendentáu)* adj. trascendental.
transcendente.- *(transendentchi)* adj. transcendente.
transcender.- *(transender)* v. transcender, trascender.
transcorrer.- *(transkor'er)* v. transcurrir.
transcrever.- *(transkrev'er)* v. transcribir.
transcrição.- *(transkrisãu)* s. transcripción.
transcurso.- *(transkursu)* s. transcurso.
transe.- *(tranz'i)* s. trance, agonía, crisis. / *a todo transe: a fuerza, de cualquier modo.
transeunte.- *(tranz'euntchi)* adj. y s. transeúnte.
transexual.- *(transseksuáu)* adj. transexual.
transferência.- *(transferênsia)* s. transferencia.
transferir.- *(transferir)* v. transferir, transmitir, diferir, mudar.
transfigurar.- *(transfigurar)* v. transfigurar.
transformação.- *(transformasãu)* s. transformación.
transformador.- *(transformador)* s. Electrón. transformador.
transformar.- *(transformar)* v. transformar, convertir, transfigurar, variar.
trânsfuga.- *(transfuga)* s. tránsfuga.
transfusão.- *(transfuz'ãu)* s. Med. transfusión.
transgredir.- *(transgredjir)* v. transgredir, contravenir, infringir.
transgressão.- *(transgresãu)* s. infracción, transgresión.
transição.- *(tranz'isãu)* s. transición.
transido.- *(tranz'idu)* adj. transido, aterido.
transigência.- *(tranz'ijhênsia)* s. transigencia.
transigente.- *(tranz'ijhentchi)* adj. transigente, condescendiente.
transigir.- *(tranz'ijhir)* v. intr. y vt. transigir, conciliar, contemporizar.
transistor.- *(tranz'ístor)* s. transistor.
transitar.- *(tranz'itar)* v. transitar.
transitável.- *(tranz'itáv'eu)* adj. transitable.
trânsito.- *(trânz'itu)* s. tránsito, tráfico.
transitório.- *(tranz'itóriu)* adj. transitorio, pasajero, temporal.
transladar.- *(transladar)* v. trasladar.
translúcido.- *(translúsidu)* adj. translúcido.
transluzir.- *(transluz'ir)* v. traslucir.
transmigração.- *(transmigrasãu)* s. transmigración.
transmigrar.- *(transmigrar)* v. intr. transmigrar.
transmissão.- *(transmisãu)* s. transmisión.
transmissível.- *(transmisív'eu)* adj. transmisible.
transmissivo.- *(transmisiv'u)* adj. que transmite.
transmissor.- *(transmisor)* adj. transmisor.
transmitir.- *(transmitchir)* v. transmitir, transferir, trasladar.
transmudar.- *(transmudar)* v. transmudar, transmutar.
transmutar.- *(transmutar)* v. transmutar.
transmutável.- *(transmutáv'eu)* adj. transmutable.
transoceânico.- *(transoseâniku)* adj. transoceánico.
transparecer.- *(transpareser)* v. transparentarse.
transparência.- *(transparênsia)* s. transparencia.
transparente.- *(transparentchi)* adj. transparente.
transpassar.- *(transpasar)* v. y p. traspasar.
transpiração.- *(transpirasãu)* s. transpiración, sudor.
transpirar.- *(transpirar)* v. transpirar, sudar.
transplantar.- *(transplantar)* v. trasplantar.
transplante.- *(transplantchi)* s. trasplante.
transpor.- *(transpor)* v. transponer, trasponer.
transportador.- *(transportador)* adj. transportador.
transportar.- *(transportar)* v. conducir, llevar, portear, trajinar, transferir, transportar.
transportável.- *(transportáv'eu)* adj. transportable.
transporte.- *(transportchi)* s. transporte, vehículo.
transposição.- *(transpoz'isãu)* s. transposición.
transtornar.- *(transtornar)* v. trastornar, perturbar, desorganizar, alterar.
transtorno.- *(transtornu)* s. trastorno, alteración, confusión.
transvasar.- *(transv'az'ar)* v. transvasar, trasegar.
transversal.- *(transv'ersáu)* adj. transversal, travieso.
trapaça.- *(trapasa)* s. trapaza, fraude.
trapacear.- *(trapasiar)* v. trapacear.
trapaceiro.- *(trapasêru)* adj. trapacero.
trapalhada.- *(trapallada)* s. alboroto, enredo, lío, embrollo.
trapalhão.- *(trapallãu)* s. trapo grande. / adj. andrajoso, harapiento. / aquel que organiza confusión, trapacero, embrollón.
trapeiro.- *(trapêru)* s. trapero.
trapézio.- *(trapéz'iu)* s. trapecio,
trapiche.- *(trapischi)* s. almacén donde se guardan mercancías importadas o para exportar.
trapo.- *(trapu)* s. trapo, guiñapo, harapo.
traquéia.- *(traquéia)* s. tráquea.
traquejo.- *(traquejhu)* s. gran práctica.
traquinar.- *(traquinar)* v. hacer travesuras, jugar, saltar, retozar.

traquinas.- *(traquinas)* adj. travieso.
trás.- *(trás)* prep. y adv. atrás, detrás. / en seguida, tras, después de.
traseira.- *(traz'êra)* s. la parte posterior.
traseiro.- *(traz'eru)* s. Pop. trasero, nalga. / adj. trasero.
trasfegar.- *(trasfegar)* v. trasegar, afanarse.
trasladar.- *(trasladar)* v. trasladar.
traspassar.- *(traspasar)* vt. y refl. traspasar.
traste.- *(trastchi)* s. trasto.
tratado.- *(tratadu)* s. tratado.
tratamento.- *(tratamentu)* s. terapia, tratamiento, trato.
tratante.- *(tratantchi)* adj. tratante, bellaco, pícaro.
tratar.- *(tratar)* v. tratar.
tratável.- *(tratáv'eu)* adj. tratable.
trator.- *(trator)* s. tractor.
trauma.- *(trauma)* adj. trauma.
traumatismo.- *(traumatchismu)* s. traumatismo.
trava.- *(trav'a)* s. traba.
travamento.- *(trav'amentu)* s. trabazón.
travar.- *(trav'ar)* v. trabar.
trave.- *(trav'i)* s. madero, viga.
través.- *(trav'és)* s. través. / inclinación, torcimiento, oblicuidad. / flanco. / *de través: de través, de lado.
travessa.- *(trav'ésa)* s. barrote, travesaño, viga. / fuente para servir comida. / travesía.
travessão.- *(trav'esãu)* s. astil.
travesseiro.- *(trav'esêru)* s. almohada.
travessia.- *(trav'esía)* s. travesía.
travesso.- *(travêsu)* adj. travieso.
travessura.- *(trav'esura)* s. travesura, diablura, malicia infantil.
travesti.- *(trav'estchi)* s. travestí.
travo.- *(trav'u)* s. amargor.
trazer.- *(traz'er)* v. traer.
trecho.- *(treschu)* s. trecho.
trégua.- *(trégua)* s. tregua.
treinador.- *(treinador)* s. entrenador.
treinamento.- *(treinamentu)* s. entrenamiento.
treinar.- *(treinar)* v. entrenar, ejercitar, amaestrar, adiestrar.
trejeito.- *(trejheitu)* s. mueca.
trem.- *(tren)* s. tren.
tremebundo.- *(tremebundu)* adj. tremebundo.
tremedal.- *(tremedal)* s. tremedal.
tremedeira.- *(tremedêra)* v. tremielga.
tremendo.- *(tremendu)* adj. tremendo, formidable, horroroso, grande, enorme.
tremer.- *(tremer)* v. tremer, estremecer, ondular, vacilar.
tremoço.- *(tremósu)* s. altramuz.
tremor.- *(tremor)* s. temblor. / temor, miedo, recelo.
tremular.- *(tremular)* vt. tremolar, enarbolar. / v. intr. temblar. / Fig. vacilar, dudar.
trêmulo.- *(trêmulu)* adj. trépido, tembloroso.
trenó.- *(trenó)* s. trineo.
trepadeira.- *(trepadêra)* s. enredadera, hiedra.
trepanação.- *(trepanasãu)* s. trepanación.
trepanar.- *(trepanar)* v. trepanar.
trepar.- *(trepar)* v. trepar.
trepidação.- *(trepidasãu)* s. trepidación, oscilación, temblor.
trepidar.- *(trepidar)* v. trepidar, temblar, estremecerse.
três.- *(três)* num. tres.
tresandar.- *(trez'andar)* v. caminar hacia atrás, desandar.
tresnoitar.- *(tresnoitar)* v. trasnochar.
trespassar.- *(trespasar)* v. y p. traspasar.
treta.- *(tréta)* s. estratagema, truco.
trevas.- *(trev'as)* s. pl. tiniebla.
trevo.- *(trêv'u)* s. trébol.
triagem.- *(triajhen)* s. selección.
triângulo.- *(triângulu)* s. triángulo.
tribo.- *(tribu)* s. clan, tribu.
tribulação.- *(tribulasãu)* s. tribulación.
tribuna.- *(tribuna)* s. tribuna.
tribunal.- *(tribunáu)* s. tribunal, jurado, juzgado.
tributar.- *(tributar)* v. tributar.
tributo.- *(tributu)* s. tributo, contribución, impuesto.
triciclo.- *(trisiklu)* s. triciclo.
tricô.- *(trikô)* s. punto.
tricolor.- *(trikolor)* adj. de tres colores.
tricórnio.- *(trikórniu)* s. tricornio.
tricotar.- *(trikotar)* vintr. hacer punto.
triênio.- *(triêniu)* s. trienio.
trigal.- *(trigáu)* s. trigal.
trigêmeo.- *(trijhêmiu)* adj. y s. trillizo.
trigo.- *(trigu)* s. trigo.
trigonometria.- *(trigonometría)* s. trigonometría.
trigueiro.- *(triguêru)* adj. trigueño, moreno.
trilha.- *(trilla)* s. pista, rastro, senda.
trilhar.- *(trillar)* v. intr. trillar. / 2ª. v. seguir camino, normativa o regla moral.
trilho.- *(trillu)* s. carril, raíl, riel. / rumbo, dirección.
trimestral.- *(trimestráu)* adj. trimestral.
trimestre.- *(trimestri)* s. trimestre.
trinado.- *(trinadu)* s. gorgorito, gorjeo.
trinar.- *(trinar)* vintr. trinar.
trincar.- *(trinkar)* v. trincar.
trinco.- *(trinku)* s. pestillo, picaporte.
trinchar.- *(trinschar)* v. trinchar,
trincheira.- *(trinschêra)* s. trinchera, barricada.
trindade.- *(trindadji)* s. trinidad.
trino.- *(trinu)* s. trino.
trinque.- *(trinqui)* s. percha. / Fig. elegancia, esmero. / *estar no(s) trinque(s): vestir con mucha elegancia, estar elegantísimo.
trio.- *(trinu)* s. trío.
tripa.- *(tripa)* s. tripa.
tripé.- *(tripé)* s. trípode.
tríplice.- *(tríplisi)* adj. triple,
triplo.- *(triplu)* num. s. y adj. triple.
tripulação.- *(tripulasãu)* s. tripulación.
tripulante.- *(tripulantchi)* s. tripulante.
tripular.- *(tripular)* v. tripular.
triste.- *(tristchi)* adj. triste.
tristeza.- *(tristez'a)* s. tristeza, melancolía, nostalgia.
tristonho.- *(tristôñu)* adj. tristón, melancólico, taciturno.
triturar.- *(triturar)* v. moler, triturar.

triunfal.- *(triunfáu)* adj. triunfal.
triunfar.- *(triunfáu)* v. intr. triunfar.
triunfo.- *(triunfu)* s. triunfo, victoria.
trivial.- *(triv'iáu)* adj. trivial, banal, común, vulgar.
triz.- *(tris)* el. s. usado en la loc. *por um triz: por poco.
troar.- *(troar)* v. tronar.
troca.- *(tróka)* s. trueque, canje, intercambio, permuta, substitución.
troça.- *(trósa)* s. broma, escarnio, burla.
trocadilho.- *(trokadjillu)* s. juego de palabras.
trocador.- *(trokador)* s. Bras. cobrador de billetes en el autobús.
trocar.- *(trokar)* v. trocar, cambiar, canjear, conmutar, permutar, substituir.
troçar.- *(trosar)* v. escarnecer, burlar, mofar, ridiculizar.
troco.- *(troku)* s. cambio, vuelta.
troço.- *(trósu)* s. Arg. Bras. cosa, cosa inservible, trasto viejo. / persona importante, influyente. / mal estar indeterminado. / 2ª. Arg. Bras. *um troço: un amor. / una cosa inanimada.
troféu.- *(troféu)* s. trofeo, copa.
troglodita.- *(troglodjita)* adj. y s. troglodita.
tromba.- *(tromba)* s. trompa, tromba. / Bras. Pop. cara enfadada.
tromba-d'água.- *(tromba dagua)* s. lluvia torrencial.
trombada.- *(trombada)* s. trompazo, encontronazo.
trombadinha.- *(trombadjiña)* s. Bras. Pop. menor delincuente.
trombeta.- *(trombêta)* s. trompeta.
trombone.- *(trombôni)* s. Mús. trombón.
trombose.- *(trombóz'i)* s. trombosis.
trompa.- *(trompa)* s. Mús. trompa, trompeta.
tronco.- *(tronku)* s. tronco, madero. / cuerpo (la base del cuerpo humano).
trono.- *(trônu)* s. trono.
tropa.- *(trópa)* s. tropa.
tropeção.- *(tropesãu)* s. tropezón.
tropeçar.- *(tropesar)* v. tropezar.
tropeço.- *(trôpegu)* s. obstáculo.
tropel.- *(tropéu)* s. tropel.
tropical.- *(tropikáu)* adj. tropical.
trópico.- *(trópiku)* s. trópico.
trotar.- *(trotar)* v. trotar.
trote.- *(trótchi)* s. novatada, trote.
trouxa.- *(trôscha)* s. fardo de ropa. / s. Bras. Argot. persona tonta, fácil de engañar.
trova.- *(tróv'a)* s. trova.
trovador.- *(trov'ador)* s. poeta, trovador.
trovão.- *(trov'ãu)* s. trueno.
trovejar.- *(trov'ejhar)* v. tronar.
trovoada.- *(trov'uada)* s. tronada, tempestad acompañada de truenos.
trucidar.- *(trusidar)* v. matar con crueldad, degollar, mutilar.
truculência.- *(trukulênsia)* s. truculencia, ferocidad, crueldad.
truculento.- *(trukulentu)* adj. truculento, tremendo, cruel, atroz.
trufa.- *(trufa)* s. trufa.
truncado.- *(trunkadu)* adj. truncado, mutilado.
truncar.- *(trunkar)* v. truncar, mutilar.
truque.- *(truqui)* s. truque, truco.
truste.- *(trustchi)* s. trust. / acuerdo entre empresas, generalmente ilegal, con el objetivo de restringir la competencia y controlar los precios.
truta.- *(truta)* s. trucha.
tu.- *(tu)* pron. pers. tú.
tubarão.- *(tubarãu)* s. tiburón.
tubérculo.- *(tubérkulu)* s. tubérculo.
tuberculose.- *(tuberkulóz'i)* s. tuberculosis.
tuberculoso.- *(tuberkulôz'u)* adj. tuberculoso.
tubo.- *(tubu)* s. tubo, canuto, sonda, conducto.
tubulação.- *(tubulasãu)* s. tubería.
tucano.- *(tukanu)* s. tucán.
tudo.- *(tudu)* pron. indef. todo.
tudo-nada.- *(tudu-nada)* s. muy pequeña cantidad.
tufão.- *(tufãu)* s. huracán, tifón.
tufo.- *(tufu)* s. montón de plantas, flores o plumas juntas; mechón, porción de pelos juntos.
tugir.- *(tujhir)* v. susurrar, murmurar. / *sem tugir nem mugir: sin rechistar, sin decir palabra, sin decir ni mú.
tugúrio.- *(tugúriu)* s. tugurio.
tule.- *(tuli)* s. tul.
tulha.- *(tulla)* s. granero, silo.
tulipa.- *(tulipa)* s. tulipán.
tumba.- *(tumba)* s. tumba, mausoleo, sepulcro.
tumefacção.- *(tumefasãu)* s. tumefacción.
tumefacto.- *(tumefatu)* adj. tumefacto.
tumefato.- *(tumefatu)* adj. tumefacto.
túmido.- *(túmidu)* adj. túmido, hinchado, inflado, tumefacto. / Fig. vanidoso, orgulloso, arrogante.
tumor.- *(tumor)* s. tumor, hematoma, quiste.
túmulo.- *(túmulu)* s. túmulo, mausoleo, sepulcro.
tumulto.- *(tumuutu)* s. tumulto, disturbio, escándalo, motín, agitación.
tumultuar.- *(tumuutuar)* v. tumultuar.
tumultuoso.- *(tumuutuôz'u)* adj. tumultuoso.
tunda.- *(tunda)* s. tunda, zurra.
túnel.- *(túneu)* s. túnel.
túnica.- *(túnika)* s. túnica.
tupã.- *(tupã)* s. Bras. designación de los indios tupí del trueno, que los misioneros utilizaban para designar a Dios.
tupi.- *(tupí)* s. Bras. pueblo indígena que habitaba las tierras de Brasil cuando fue descubierto.
turba.- *(turba)* s. turba, multitud.
turbante.- *(turbantchi)* s. turbante.
turbar.- *(turbar)* v. turbar.
turbina.- *(turbina)* s. turbina.
turbulência.- *(turbulênsia)* s. turbulencia.
turbulento.- *(turbulentu)* adj. turbulento.
turco.- *(turku)* adj. otomano, turco. / Bras. nombre común a árabes y sirios.
turfe.- *(turfi)* s. hipódromo. / hipismo.
turfista.- *(turfista)* s. aficionado a las carreras de caballo.
túrgido.- *(túrjhidu)* adj. túrgido, turgente, hinchado por contener tumores.

turíbulo.- *(turíbulu)* s. turíbulo, incensario.
turismo.- *(turismu)* s. turismo.
turista.- *(turista)* s. turista.
turístico.- *(turistchiku)* adj. turístico.
turma.- *(turma)* s. grupo, turba, pandilla.
turmalina.- *(turmalina)* s. turmalina.
turno.- *(turnu)* s. turno, vez.
turquesa.- *(turquêz'a)* s. turquesa.
turvação.- *(turv'asãu)* s. turbación, confusión, desorden.
turvar.- *(turv'ar)* v. y p. turbar.
turvo.- *(turv'u)* adj. opaco, turbio.
tutano.- *(tutanu)* s. tuétano.
tutela.- *(tutéla)* s. guarda, tutela, tutoría.
tutelar.- *(tutelar)* v. tutelar.
tutor.- *(tutor)* s. tutor.
tutoria.- *(tutoría)* s. tutoría.
tutu.- *(tutú)* s. Bras. plato de carne de cerdo salada, tocino, fríjoles y harina de mandioca. / Arg. Bras. dinero.

U

u.- *(u)* s. vigesimoprimera letra del abecedario portugués.
uai.- *(uai)* interj. exprime sorpresa, espanto o terror.
ubá.- *(ubá)* s. Bras. Amaz. embarcación indígena hecha con un solo leño.
úbere.- *(úberi)* s. ubre, teta. / adj. productivo, fértil, abundante.
ubiqüidade.- *(ubikuidadji)* s. ubicuidad.
ubíquo.- *(ubíkuu)* adj. ubicuo.
uca.- *(uka)* s. Bras. Argot. aguardiente.
uê.- *(uê)* interj. Bras. expresa espanto, admiración o sorpresa.
ufanar.- *(ufanar)* v. y p. ufanar, jactarse.
ufania.- *(ufanía)* s. ufanía, jactancia, arrogancia, vanidad.
ufano.- *(ufanu)* adj. ufano, jactancioso, engreído, vanidoso, contento.
ui.- *(ui)* interj. expresa dolor, sorpresa, repulsa o admiración.
uirapuru.- *(uirapurú)* s. Bras. pájaro cuyo canto, que sólo se oye unos quince días al año, al amanecer, es considerado especialmente melodioso.
uísque.- *(uísqui)* s. güisqui.
uivar.- *(uiv'ar)* v. aullar.
uivo.- *(uiv'u)* s. aullido.
úlcera.- *(úlsera)* s. Med. úlcera, fístula, herida, llaga.
ulceração.- *(uuserasãu)* s. Med. ulceración.
ulcerar.- *(uuserar)* vt. vintr. y p. ulcerar
ulterior.- *(uuterior)* adj. ulterior.
ultimar.- *(uutchimar)* v. ultimar. / P. ultimarse.
últimas.- *(últchimas)* s. pl. últimas, el punto extremo, la extrema miseria.
ultimato.- *(ultchimatu)* s. ultimátum.
ultimátum.- *(uutchimatun)* s. ultimátum.
último.- *(úutchimu)* adj. último.
ultra.- *(ultra)* s. partidario de ideas extremamente avanzadas o del radicalismo.
ultrajante.- *(uutrajhantchi)* adj. ultrajante.
ultrajar.- *(uutrajhar)* v. ultrajar, injuriar, insultar.
ultraje.- *(uutrajhi)* s. ultraje, injuria, insulto.
ultraleve.- *(uutralev'i)* adj. muy leve. / s. ultraligero, avión de peso ínfimo.
ultramar.- *(uutramar)* s. ultramar
ultramarino.- *(uutramarinu)* adj. ultramarino
ultrapassar.- *(uutrapasar)* v. exceder, sobrar, sobrepasar, transponer.
ultravioleta.- *(uutrav'ioleta)* adj. y s. ultravioleta.
ululante.- *(ululantchi)* adj. que ulula. / Bras. Fig. evidente, muy claro.
ulular.- *(ulular)* vintr. ulular.
um.- *(un)* num. uno. / art. indef. uno.
umbanda.- *(umbanda)* s. Bras. religión originada en la asimilación de elementos de los cultos afrobrasileños por el espiritismo.
umbigada.- *(umbigada)* s. Bras. golpe con el ombligo o la barriga.
umbigo.- *(umbigu)* s. ombligo.
umbilical.- *(umbilikáu)* adj. umbilical.
umbral.- *(umbráu)* s. umbral.
umbroso.- *(umbroz'u)* adj. umbroso, umbrío, oscuro, sombrío, tenebroso.
umedecer.- *(umideser)* v. y p. humedecer.
úmero.- *(úmero)* s. Anat. húmero.
umidade.- *(umidadji)* s. humedad.
úmido.- *(úmidu)* adj. húmedo.
unânime.- *(unânimi)* adj. unánime.
unanimidade.- *(úmidadji)* s. unanimidad.
unção.- *(unçãu)* s. unción.
ungir.- *(unghir)* v. ungir.
ungüento.- *(unguentu)* s. ungüento, emplasto, linimento.
unha.- *(uña)* s. uña.
unhada.- *(uñada)* s. uñada.
unhar.- *(uñar)* v. arañar, rasguñar.
unheiro.- *(uñêru)* s. panadizo.
união.- *(uniãu)* s. unión, casamiento, enlace, matrimonio, vínculo.
unicelular.- *(uniselular)* adj. unicelular.
único.- *(úniku)* adj. único, impar, incomparable, singular.
unicórnio.- *(unikórniu)* s. unicornio.
unidade.- *(unidaji)* s. unidad.
unificar.- *(unifikar)* v. unificar, unir.
uniforme.- *(uniformi)* adj. uniforme. / s. uniforme, farda.
uniformidade.- *(uniformidadji)* s. uniformidad.
uniformizar.- *(uniformiz'ar)* v. uniformar.
unilateral.- *(unilateráu)* adj. unilateral
unir.- *(unir)* v. unir, vincular.
unissex.- *(uniseks)* adj. unisexo.
unissexual.- *(uniseksuáu)* adj. unisexual.
uníssono.- *(unísono)* adj. unísono.
unitário.- *(unitariu)* adj. unitario.
universal.- *(univ'ersáu)* adj. universal.
universalizar.- *(univ'ersaliz'ar)* v. y p. universalizar.
universidade.- *(univ'ersidadji)* s. universidad.
universitário.- *(univ'ersitariu)* adj. universitario.
universo.- *(univ'ersu)* s. cosmos, orbe, universo.
unívoco.- *(unív'oku)* adj. unívoco.
uno.- *(unu)* adj. singular, único.
untar.- *(untar)* v. untar.
unto.- *(untu)* s. unto, manteca de puerco.
untuoso.- *(untuoz'u)* adj. untuoso, pegajoso.
urânio.- *(uraniu)* s. uranio.
urbanidade.- *(urbanidadji)* s. urbanidad.
urbanismo.- *(urbanismu)* s. urbanismo.
urbanístico.- *(urbanístchiku)* adj. urbanístico.
urbanizar.- *(urbaniz'ar)* v. urbanizar.
urbano.- *(urbanu)* adj. urbano.
urbe.- *(urbi)* s. urbe, ciudad.
urdidura.- *(urdjidura)* s. urdidura.

urdimento.- *(urdjimentu)* s. urdimbre.
urdir.- *(urdjir)* v. tramar, urdir.
uréia.- *(uréia)* s. urea.
uremia.- *(uremía)* s. Med. uremía.
ureter.- *(uretér)* s. uréter.
uretra.- *(uretra)* s. Anat. uretra.
urgência.- *(urghênsia)* s. urgencia.
urgente.- *(urjhentchi)* adj. urgente.
urgir.- *(urghir)* v. urgir.
úrico.- *(úriku)* adj. Anat. úrico.
urina.- *(urina)* s. orina.
urinar.- *(urinar)* vintr. orinar.
urinário.- *(urinariu)* adj. urinario.
urinol.- *(urinóu)* s. orinal, urinario.
urna.- *(urna)* s. urna.
urologia.- *(urologhía)* s. urología.
urologista.- *(urolojhista)* s. urólogo.
urrar.- *(ur'ar)* vintr. rugir.
urro.- *(ur'u)* s. rugido.
ursada.- *(ursada)* s. Bras. Fam. traición, deslealtad.
urso.- *(ursu)* s. oso.
urticária.- *(urtchikária)* s. Med. urticaria.
urtiga.- *(urtchiga)* s. ortiga.
urubu.- *(urubú)* s. urubú.
uruguaio.- *(uruguaiu)* adj. uruguayo.
urze.- *(urz'i)* s. brezo.
usança.- *(uz'ansa)* s. usanza, uso, costumbre antigua y tradicional, hábito.
usar.- *(uz'ar)* v. usar, utilizar.
usina.- *(uz'ina)* s. Bras. fábrica, factoría.
uso.- *(uz'u)* s. uso, práctica habitual, costumbre, hábito, usanza.
usual.- *(uz'uáu)* adj. usual, ordinario, acostumbrado.
usuário.- *(uz'uariu)* adj. usuario.
usufruir.- *(uz'ufruir)* v. usufructuar.
usufruto.- *(uz'ufrutu)* s. usufructo.
usufrutuário.- *(uz'ufrutuariu)* s. aquel que usufructua.
usura.- *(uz'ura)* s. usura.
usurário.- *(uz'urariu)* s. y adj. usurero.
usurpar.- *(uz'urpar)* v. usurpar.
utensílio.- *(utensíliu)* s. utensilio.
uterino.- *(uterinu)* adj. uterino.
útero.- *(úteru)* s. matriz, útero.
útil.- *(útiu)* adj. útil
utilidade.- *(utchilidadji)* s. utilidad.
utilitário.- *(utchilitariu)* adj. utilitario.
utilização.- *(utchiliz'asãu)* s. utilización.
utilizar.- *(utchiliz'ar)* v. utilizar.
utilizável.- *(utchiliz'av'eu)* adj. utilizable.
utopia.- *(utopía)* s. utopía.
utópico.- *(utópiku)* adj. utópico.
utopista.- *(utopista)* adj. y s. aquel que concibe o defiende una utopía.
uva.- *(uv'a)* s. uva.
úvula.- *(úv'ula)* s. úvula.

V

v.- *(vê)* s. vigesimosegunda letra del abecedario portugués.
vaca.- *(v'aka)* s. vaca.
vacância.- *(v'akansia)* s. vacancia, vacante.
vacante.- *(v'akantchi)* adj. vacante.
vacaria.- *(v'akaría)* s. vaquería.
vacilação.- *(v'asilasãu)* s. vacilación.
vacilante.- *(v'asilantchi)* adj. vacilante, trémulo, inestable, indeciso.
vacilar.- *(v'asilar)* v. vacilar, oscilar, hesitar.
vacina.- *(v'asína)* s. Med. vacuna.
vacinar.- *(v'asinar)* v. vacunar.
vacuidade.- *(v'akuidadji)* s. vacuidad. / Fig. vanidad, presunción.
vacum.- *(v'akun)* adj. vacuno.
vácuo.- *(v'ákuu)* adj. y s. vacuo, hueco, despejado, vacío.
vadear.- *(v'adiar)* v. vadear, pasar. / vencer una gran dificultad, sortear un obstáculo.
vadiação.- *(v'adjiasãu)* s. vagancia, acción y efecto de vadiar. / V. **vadiar.**
vadiagem.- *(v'adjiajhen)* s. vagancia, tuna.
vadiar.- *(v'adjiar)* v. vaguear, vagar, vagabundear.
vadio.- *(v'adjiu)* adj. vago, vagabundo, desocupado, alumno poco estudioso.
vaga.- *(v'aga)* s. lugar libre. / plaza libre en hotel, escuela, trabajo, aparcamiento, etc. / 2ª. s. ola, oleada, onda.
vagabundagem.- *(v'agabundajhen)* s. vagabundeo, tuna.
vagabundear.- *(v'agabundiar)* v. vagabundear.
vagabundo.- *(v'agabundu)* adj. vagabundo. / Bras. Fig. persona de mala calidad.
vagalhão.- *(v'agalhãu)* s. ola grande.
vaga-lume.- *(v'agalumi)* s. luciérnaga.
vagão.- *(v'agãu)* s. vagón.
vagar.- *(v'agar)* s. vagar, lentitud, ocio, pausa. / v. vagar, vaguear.
vagaroso.- *(v'agaroz'u)* adj. lento, pausado, moroso.
vagem.- *(v'ajhen)* s. vaina, judía verde.
vagina.- *(v'ajhina)* s. vagina.
vago.- *(v'agu)* adj. vago, indeciso, indeterminado, impreciso.
vagonete.- *(v'agonetchi)* s. pequeño vagón.
vaguear.- *(v'aguiar)* v. vagar, vaguear.
vaia.- *(v'aia)* s. abucheo.
vaiar.- *(v'aiar)* v. abuchear.
vaidade.- *(v'aidadji)* s. vanidad, presunción, frivolidad.
vaidoso.- *(v'aidoz'u)* adj. vanidoso.
vaivém.- *(v'aivén)* s. vaivén.
vala.- *(v'ala)* s. foso, valla.
valar.- *(v'alar)* v. vallar.
vale.- *(v'ali)* s. vale, documento. / valle, llanura.
valentão.- *(v'alentãu)* adj. valentón.
valente.- *(v'alentchi)* adj. valeroso, valiente.
valentia.- *(v'alentchia)* s. valentía, valor.
valer.- *(v'aler)* v. valer.
valeriana.- *(v'aleriana)* s. valeriana.
valeta.- *(v'aleta)* s. cuneta, zanja.
valia.- *(v'alía)* s. valor, valía.
validação.- *(v'alidasãu)* s. validación.
validade.- *(v'alidadji)* s. validez.
validar.- *(v'alidar)* v. y p. legalizar, validar.
válido.- *(v'álidu)* adj. válido.
valioso.- *(v'alioz'u)* adj. valioso.
valise.- *(v'aliz'i)* s. maletín, valija de mano.
valor.- *(v'alor)* s. valentía, valor, valía, virtud.
valorização.- *(v'aloriz'asãu)* s. valoración.
valorizar.- *(v'aloriz'ar)* v. evaluar, valorizar.
valoroso.- *(v'aloroz'u)* adj. valeroso.
valsa.- *(v'ausa)* s. Mús. vals.
valsar.- *(v'ausar)* v. intr. bailar un vals.
válvula.- *(v'áuv'ula)* s. válvula.
vampiro.- *(v'ampiru)* s. vampiro.
vanagloriar.- *(v'angloriar)* vt. y v. refl. vanagloriar(se), jactar(se), ufanar(se).
vandalismo.- *(v'andalismu)* s. vandalismo.
vândalo.- *(vândalu)* adj. vándalo.
vanglória.- *(v'anglória)* s. vanagloria, ostentación.
vanguarda.- *(v'anguarda)* s. vanguardia.
vantagem.- *(v'antajhen)* s. ventaja.
vantajoso.- *(v'antajhoz'u)* adj. ventajoso, lucrativo, útil.
vão.- *(v'ãu)* s. vano, espacio vacío, hueco (de la escalera, de un puente, etc), intervalo. / adj. sin valor, fútil, insignificante, frívolo. / fantástico, increíble. / loc. adv. *em vão: en vano, de balde, inútilmente. / 2ª. adj. vano, hueco, vacío.
vapor.- *(v'apor)* s. buque. / *a todo vapor: a toda prisa o velocidad, muy rápidamente. / 2ª. s. vaho, vapor.
vaporizar.- *(v'aporiz'ar)* v. vaporizar.
vaporoso.- *(v'aporoz'u)* adj. vaporoso.
vaqueiro.- *(v'aquêru)* s. vaquero.
vaquinha.- *(váquiña)* s. asociación de varias personas en el juego o para la compra o realización de algo. / *fazer uma vaquinha: hacer un fondo común. / una porra (juego).
vara.- *(v'ara)* s. vara, un trozo de palo. / manada de cerdos.
varal.- *(v'aráu)* s. colgador, tendedero.
varanda.- *(v'aranda)* s. balcón, baranda, terraza, porche delante o alrededor de la casa.
varão.- *(v'arãu)* s. hombre, varón. / vara grande.
varapau.- *(v'arapáu)* s. y adj. Bras. persona alta y delgada.
varar.- *(v'arar)* v. batir con una vara. / traspasar de un lado a otro.
varejão.- *(v'arejhãu)* s. economato.

varejeira.- *(v'arejhêra)* moscón.
varejista.- *(v'areghista)* s. Bras. negociante de al por menor.
varejo.- *(v'arejhu)* s. venta al por menor.
vareta.- *(v'arêra)* s. varilla.
vargem.- *(v'arjhen)* s. campiña, planicie cultivada. / V. **várzea.**
variação.- *(v'ariasãu)* s. variación.
variado.- *(v'ariadu)* adj. variado, vario, múltiple, surtido.
variante.- *(v'ariantchi)* s. variante. / desvío que, en una carretera, sustituye un tramo interrumpido o propone alternativa de otro recorrido.
variar.- *(v'ariar)* v. variar, mudar, cambiar, alternar. / delirar.
variável.- *(v'ariáv'eu)* adj. variable.
varicela.- *(v'ariséla)* s. varicela, viruela benigna.
variedade.- *(v'ariedadji)* s. variedad.
variedades.- *(v'ariedadjis)* s. pl. espectáculo que presenta atracciones diversas.
vário.- *(v'áriu)* adj. vario, matizado. / mudable, inconstante.
varíola.- *(v'aríola)* s. Med. viruela. / Pop. sin vejiga.
varonil.- *(v'aroniu)* adj. varonil, viril, fuerte.
varredor.- *(v'ar'edor)* s. barrendero.
varrer.- *(v'ar'er)* v. barrer, escobar.
varrido.- *(v'ar'idu)* adj. barrido, limpio.
várzea.- *(v'árz'ia)* s. vega, llanura, meseta.
vasculhar.- *(v'ascullar)* v. barrer con el escobón. / Fig. escudriñar, investigar.
vaselina.- *(v'az'ilina)* s. vaselina. / Bras. persona persuasiva, astuta, con mucha labia.
vasilha.- *(v'az'illa)* s. vajilla, vasija.
vasilhame.- *(v'az'illami)* s. conjunto de vasijas.
vaso.- *(v'az'u)* s. frasco, urna, ánfora, pote.
vassalagem.- *(v'asalaghen)* s. vasallaje.
vassalo.- *(v'asalu)* s. súbdito, vasallo.
vassoura.- *(v'asôra)* s. escoba.
vassourada.- *(v'asorada)* s. golpe con la escoba.
vastidão.- *(v'astchidãu)* s. vastedad.
vasto.- *(v'astu)* adj. vasto, muy extendido.
vatapá.- *(v'atapá)* s. Bras. plato de origen africano, a base de pescado o gallina con gambas secas, cacahuetes, etc., condimentado con aceite y pimienta.
vaticano.- *(v'atchikanu)* adj. vaticano.
vaticinar.- *(v'atchisinar)* v. vaticinar, presagiar.
vaticínio.- *(v'atchisíniu)* s. vaticinio, presagio.
vau.- s. *(v'au)* vado.
vazamento.- *(v'az'amentu)* s. vaciamiento.
vazante.- *(v'az'antchi)* s. marea descendiente.
vazar.- *(v'az'ar)* v. vaciar, filtrar, verter, derramar.
vazio.- *(v'az'iu)* adj. hueco, vacío. / Fig. frívolo. / V. **vácuo.**
veado.- *(v'iadu)* s. ciervo, corzo, gamo.
vedação.- *(v'edasãu)* s. vedamiento, veda.
vedado.- *(v'edadu)* adj. vedado.
vedar.- *(v'edar)* v. vedar, cerrar, estancar, prohibir.
vedeta.- *(v'edeta)* s. garita, para abrigo de centinelas. / V. **vedete.**
vedete.- *(v'edetchi)* s. vedette.
vedetismo.- *(v'edetchismu)* s. Bras. actitud de persona que gusta de aparecer, de sobresalir.
veemência.- *(v'eemênsia)* s. vehemencia.
veemente.- *(v'eementchi)* adj. vehemente, ardiente, fervoroso, fuerte.
vegetação.- *(v'eghetasãu)* s. vegetación.
vegetal.- *(v'eghetáu)* adj. vegetal. / s. planta, vegetal.
vegetar.- *(v'eghetar)* v. vegetar. / vivir sin interés, o en la inercia.
vegetariano.- *(v'eghetarianu)* adj. y s. vegetariano.
vegetativo.- *(v'eghetatchiv'u)* adj. vegetativo.
veia.- *(v'eia)* s. Anat. vena. / Fig. tendencia, vocación. / inspiración poética.
veicular.- *(v'eikular)* v. transportar en vehículo. / transmitir, propagar.
veículo.- *(v'eíkulu)* s. vehículo.
veio.- *(v'eiu)* s. filón.
vela.- *(v'ela)* s. vela de embarcación. / vela.
velada.- *(v'elada)* s. velada, vigilia.
velado.- *(v'eladu)* adj. velado, cubierto con velo.
velame.- *(v'elami)* s. velamen, velaje.
velar.- *(v'elar)* v. velar.
veleidade.- *(v'eleidadji)* s. veleidad.
veleiro.- *(v'elêru)* s. velero.
velejar.- *(v'elejhar)* v. navegar a vela.
velhacaria.- *(v'ellakaría)* s. bellaquería, picardía.
velhaco.- *(v'ellaku)* adj. bellaco, bribón, pillo, taimado.
velharia.- *(v'ellaría)* s. propio de los viejos, objeto antiguo.
velhice.- *(v'ellisi)* s. vejez.
velho.- *(v'ellu)* adj. viejo, de mucha edad; muy usado, anticuado. / s. viejo, anciano. / Fam. padre.
velocidade.- *(v'elosidadji)* s. velocidad.
velocímetro.- *(v'elisímetru)* s. velocímetro.
velocípede.- *(v'elosípedji)* s. velocípedo. / triciclo infantil
velódromo.- *(v'elódromu)* s. velódromo.
velório.- *(v'elóriu)* s. velatorio.
veloz.- *(v'elós)* adj. veloz, rápido, ligero, acelerado, pronto.
veludo.- *(v'eludu)* s. velludo, terciopelo.
veludoso.- *(v'eludoz'u)* adj. felpudo, aterciopelado, felposo, suave.
venal.- *(v'ernáu)* adj. venal. / Fig. corrupto, sobornable. / que se puede vender.
vencedor.- *(v'ensedor)* adj. vencedor.
vencer.- *(v'enser)* v. vencer, ganar, superar triunfar.
vencido.- *(v'ensidu)* adj. vencido.
vencimento.- *(v'ensimentu)* s. vencimiento.
venda.- *(v'enda)* s. venda para cubrir los ojos. / 2ª. s. venta, bar de pueblo.
vendar.- *(v'endar)* v. vendar.
vendaval.- *(v'endav'áu)* s. vendaval.
vendedor.- *(v'endedor)* adj. vendedor.
vender.- *(v'ender)* v. vender. / dejarse sobornar.
veneno.- *(v'enenu)* s. veneno.
venenoso.- *(v'enenoz'u)* adj. venenoso.
veneração.- *(v'enerasãu)* s. veneración.

oblíquo.- *(oblikũu)* adj. oblicuo, inclinado.

venerar.- *(v'enerar)* v. idolatrar, venerar.
venerável.- *(v'enerav'eu)* adj. venerable.
venéreo.- *(v'enériu)* adj. venéreo.
veneta.- *(v'eneta)* acceso de locura, impulso repentino.
veneziana.- *(v'enez'iana)* s. persiana.
venezolano.- *(v'enez'olanu)* adj. venezolano.
vênia.- *(v'ênia)* s. venia.
venial.- *(v'eniáu)* adj. venial.
venoso.- *(v'enoz'u)* adj. venoso.
venta.- *(v'enta)* s. agujeros de la nariz.
ventania.- *(v'entania)* s. ventarrón, viento continuo.
ventar.- *(v'entar)* v. hacer viento.
ventarola.- *(v'entaróla)* s. especie de abanico.
ventas.- *(v'entas)* s. pl. nariz. / Pop. cara, morro.
ventilação.- *(v'entchilasãu)* s. ventilación.
ventilador.- *(v'entchilador)* s. ventilador.
ventilar.- *(v'entchilar)* v. ventilar. / debatir, discutir.
vento.- *(v'entu)* s. viento.
ventosa.- *(v'entoz'a)* s. ventosa.
ventosidade.- *(v'entoz'idadji)* s. ventosidad.
ventre.- *(v'entri)* s. vientre.
ventrículo.- *(v'entrikulu)* s. ventrículo.
ventríloquo.- *(v'entrílokuu)* adj. y s. ventrílocuo.
ventrudo.- *(v'entrudu)* adj. de gran vientre, barrigón.
ventura.- *(v'entura)* s. ventura.
venturoso.- *(v'enturoz'u)* adj. venturoso, afortunado.
vênus.- *(v'ênus)* s. venus. / 2ª. s. Astr. Venus.
ver.- *(v'er)* v. ver.
veracidade.- *(v'erasidadji)* s. veracidad, verdad.
veranear.- *(v'eraniar)* v. veranear.
veraneio.- *(v'eraneiu)* s. veraneo.
veranico.- *(v'eraniku)* s. período de calor en estación fresca.
veranista.- *(v'eranista)* s. veraneante.
verão.- *(v'erãu)* s. verano, estío.
veraz.- *(v'erás)* adj. veraz, verdadero, verídico.
verba.- *(v'érba)* s. cada una de las cláusulas de un documento. / partida de dinero para un determinado fin.
verbal.- *(v'erbáu)* adj. verbal, oral.
verbena.- *(v'erbena)* s. planta herbácea.
verbete.- *(v'erbetchi)* s. apunte, nota, ficha. / cada una de las entradas de un diccionario.
verbo.- *(v'erbu)* s. verbo.
verborragia.- *(v'erbor'ajhía)* s. superabundancia de palabras con pocas ideas.
verdade.- *(v'erdadji)* s. verdad.
verdadeiro.- *(v'erdadêru)* adj. verdadero, cierto, legítimo, real, sincero, veraz, verídico.
verde.- *(v'erdji)* adj. verde.
verdejante.- *(v'erdejhantchi)* adj. de color verde.
verdejar.- *(v'erdejhar)* v. verdear, verdecer.
verdor.- *(v'erdor)* s. verdor.
verdugo.- *(v'erdugu)* s. verdugo.
verdura.- *(v'erdura)* s. hortaliza, verdura.
verdureiro.- *(v'erdurêru)* s. verdulero.
vereador.- *(v'ereador)* s. concejal.
vereda.- *(v'ereda)* s. vereda, senda, camino estrecho, rumbo, dirección.
veredicto.- *(v'ereditu)* s. veredicto.
verga.- *(v'erga)* s. verga.
vergalhão.- *(v'ergãu)* gran barra de metal.
vergão.- *(v'ergãu)* marca en la piel, producida por golpe o latigazo.
vergar.- *(v'ergar)* v. cimbrar, doblar en arco, doblegar.
vergel.- *(v'erjhéu)* s. vergel, jardín.
vergonha.- *(v'ergoña)* s. vergüenza.
vergonhoso.- *(v'ergoñoz'u)* adj. vergonzoso, deshonesto, impúdico, indecente, indecoroso.
verídico.- *(v'erídjiku)* adj. verídico, veraz, verdadero.
verificação.- *(v'erifikasãu)* s. verificación, supervisión.
verificar.- *(v'erifikar)* v. verificar, comprobar, examinar, supervisar.
verme.- *(v'ermi)* s. verme, gusano, tenia. / Fig. persona despreciable.
vermelhão.- *(v'ermellãu)* s. bermellón.
vermelho.- *(v'ermellu)* adj. rojo, bermejo.
vermicida.- *(v'ermisida)* adj. y s. vermicida.
vermífugo.- *(vermífugu)* adj. vermífugo. / s. vermicida.
verminose.- *(v'erminóz'i)* s. Med. enfermedad provocada por infección de verme, gusano o tenia.
vermute.- *(v'ermutchi)* s. vermut.
vernáculo.- *(v'ernákulu)* adj. vernáculo. / s. el idioma de un país.
verniz.- *(v'ernis)* s. barniz, charol.
verônica.- *(v'erônika)* s. verónica, lienzo en que quedan estampadas las facciones de Cristo.
verossímil.- *(v'erosímiu)* adj. verosímil.
verruga.- *(v'er'uga)* s. verruga.
verruma.- *(v'er'uma)* s. barrena, taladrador, taladro.
verrumar.- *(v'er'umar)* v. barrenar.
versado.- *(v'ersadu)* adj. versado.
versão.- *(v'ersadu)* s. versión.
versar.- *(v'ersadu)* v. versar.
versátil.- *(v'ersátchiu)* adj. versátil.
versatilidade.- *(v'ersatchilidadji)* adj. versatilidad.
versejar.- *(v'ersejhar)* v. hacer versos. / V. **versificar**.
versículo.- *(v'ersikulu)* s. versículo.
versificação.- *(v'ersifikasãu)* s. versificación.
versificar.- *(v'ersifikar)* v. intr. hacer versos.
verso.- *(v'ersu)* s. reverso, página opuesta a la de delante. / 2ª. s. verso, cada una de las líneas de un poema.
vértebra.- *(v'értebra)* s. Anat. vértebra.
vertebrado.- *(v'ertebradu)* adj. vertebrado.
vertente.- *(v'ertentchi)* s. vertiente.
verter.- *(v'erter)* v. verter, derramar, vaciar. / traducir.
vertical.- *(v'ertchikáu)* adj. vertical.
vértice.- *(v'értchisi)* s. vértice.
vertigem.- *(v'ertchijhen)* s. vahído, vértigo.
vertiginoso.- *(v'ertchijhinoz'u)* adj. vertiginoso.
verve.- *(v'erv'i)* s. calor o vivacidad de la imaginación.
vesgo.- *(v'ersgu)* adj. bizco, tuerto.
vesícula.- *(v'iz'ikula)* s. Anat. vesícula.

vespa.- *(v'espa)* s. avispa.
véspera.- *(v'éspera)* s. víspera.
vespertino.- *(v'es'ertchinu)* adj. y s. vespertino.
vestal.- *(v'estáu)* s. vestal, sacerdotisa de Vesta. / Fig. mujer muy honesta. / doncella, virgen.
veste.- *(v'estchi)* s. veste, vestido, traje.
véstia.- *(v'estchia)* s. abrigo corto, holgado en la cintura.
vestiário.- *(v'estchiáriu)* s. ropero, vestuario de atletas.
vestibulando.- *(v'estchibulandu)* adj. y s. estudiante que se va a presentar al examen de selectividad.
vestibular.- *(v'estchibular)* s. examen de admisión a la universidad, selectividad.
vestíbulo.- *(v'estchibulu)* s. hall, vestíbulo, zaguán.
vestido.- *(v'estchidu)* s. vestido.
vestidura.- *(v'estchidura)* s. vestidura.
vestígio.- *(v'estchíjhiu)* s. vestigio, huella, indicio.
vestimenta.- *(v'estchimenta)* s. vestimenta, vestuario, hábito, ropa, ropaje.
vestir.- *(v'estchir)* v. vestir.
vestuário.- *(v'estuáriu)* s. vestuario, indumentaria, traje.
vetar.- *(v'etar)* v. vetar, prohibir.
veterano.- *(v'eteranu)* adj. veterano.
veterinário.- *(v'eterináriu)* adj. veterinario.
veto.- *(v'étu)* s. veto, prohibición.
vetusto.- *(v'etustu)* adj. vetusto, muy viejo, antiguo.
véu.- *(v'éu)* s. velo.
vexação.- *(v'eschasãu)* s. vejación.
vexame.- *(v'eschami)* s. lo que provoca vejación, vergüenza.
vexar.- *(v'eschar)* v. vejar.
vexatório.- *(v'eschatóriu)* adj. vejatorio.
vez.- *(v'es)* s. vez.
vezo.- *(v'ez'u)* s. costumbre viciosa o criticable; cualquier hábito o costumbre.
via.- *(v'ía)* s. vía, trayectoria, camino, conducto, derrotero, trámite.
viação.- *(v'iasãu)* s. conjunto de carreteras o caminos. / servicio de vehículos para uso público.
viaduto.- *(v'iadutu)* s. viaducto.
viagem.- *(v'iajhen)* s. viaje.
viajado.- *(v'iajhadu)* adj. que ha viajado mucho.
viajante.- *(v'iajhantchi)* adj. viajante.
viajar.- *(v'iajhar)* v. viajar.
vianda.- *(v'ianda)* s. vianda.
viandante.- *(v'iandantchi)* s. viandante.
viático.- *(v'iátchiku)* s. viático. / prevención de lo necesario del que emprende un viaje.
viatura.- *(v'iatura)* s. cualquier vehículo.
viável.- *(v'iáv'eu)* adj. viable.
víbora.- *(v'ibora)* s. víbora. / Fig. persona de mala índole o mal genio.
vibração.- *(v'ibrasãu)* s. vibración.
vibrar.- *(v'ibrar)* v. vibrar, mover, agitar, conmover, echar, despedir, temblar, sonar.
vibratório.- *(v'ibratóriu)* adj. vibratorio.
vicário.- *(v'ikáriu)* adj. vicario.
vice-presidente.- *(v'isi-prez'identchi)* vicepresidente.
vice-rei.- *(v'isi-r'ei)* s. virrey.
vice-versa.- *(v'isi-v'ersa)* adv. viceversa.
viciar.- *(v'isiar)* v. viciar.
vicinal.- *(v'isinal)* adj. vecinal.
vício.- *(v'isiu)* s. vicio.
vicioso.- *(v'isiôz'u)* adj. vicioso.
vicissitude.- *(v'isisitudji)* s. vicisitud.
viço.- *(v'isu)* s. lozanía.
vicunha.- *(v'ikuña)* s. vicuña.
vida.- *(v'ida)* s. vida.
vide.- *(v'idji)* s. vid.
videira.- *(v'idêra)* s. parra, vid.
vidente.- *(v'identchi)* adj. y s. vidente.
video game.- *(v'idjiogueimi)* s. videojuego.
vídeo.- *(v'idjiu)* s. vídeo. / monitor del televisor. / pantalla.
vídeocassete.- *(v'idiukasetchi)* s. vídeo.
vídeoclipe.- *(v'ídjioklipi)* s. vídeoclip.
vidraça.- *(v'idrasa)* s. cristalera de la ventana, vidriera.
vidraçaria.- *(v'idrasaría)* s. vidriería.
vidraceiro.- *(v'idrasêru)* s. vidriero.
vidrado.- *(v'idradu)* adj. vidriado. / Bras. Argot. fascinado, encantado.
vidraria.- *(v'idraría)* s. vidriería, fábrica de vidrios, conjunto de frascos.
vidrilho.- *(v'idrillu)* s. canutillo, abalorios, lentejuelas.
vidro.- *(v'idru)* s. vidrio.
viela.- *(v'iéla)* s. callejuela.
viés.- *(v'iés)* s. biés, en diagonal, oblicuamente.
viga.- *(v'iga)* s. madero, viga.
vigamento.- *(v'igamentu)* s. estructura, armazón, maderamen.
vigarice.- *(v'igarisi)* s. acto propio de timador, estafador.
vigário.- *(v'igáriu)* s. vicario.
vigarista.- *(v'igarista)* adj. y s. timador, estafador.
vigência.- *(v'ijhênsia)* s. vigencia.
vigente.- *(v'ijhentchi)* adj. vigente.
vigia.- *(v'ijhía)* s. vigía, vigilante, guardia.
vigiar.- *(v'ijhiar)* v. vigilar, fiscalizar, guardar, patrullar, rondar.
vigilância.- *(v'ijhilânsia)* s. vigilancia.
vigilante.- *(v'ijhilantchi)* adj. vigilante.
vigília.- *(v'ijhília)* s. vigilia.
vigor.- *(v'igor)* s. vigor, energía, exuberancia, fuerza, poderío, potencia, pujanza.
vigorar.- *(v'igorar)* v. vigorar.
vigoroso.- *(v'igoroz'u)* adj. vigoroso, potente, robusto.
vil.- *(v'iu)* adj. vil, infame, innoble, soez.
vila.- *(v'ila)* s. poblado, villa, ciudad pequeña. / conjunto de pequeñas casas parecidas, dispuestas de modo que forman una calle o plaza interior. / mansión cercada por jardines.
vilania.- *(v'ilanía)* s. villanía.
vilão.- *(v'ilãu)* adj. villano.
vilarejo.- *(v'ilarejhu)* s. pequeño pueblo.
vileza.- *(v'ilez'a)* s. vileza, villanía, bajeza.
vilipendiar.- *(v'ilipendjiar)* v. vilipendiar, injuriar, despreciar, menoscabar.

vilipêndio.- *(v'ilipêndjiu)* s. vilipendio, menoscabo, desprecio, degradación.
vime.- *(v'imi)* s. mimbre.
vimeiro.- *(v'imêru)* s. mimbrera.
vinagre.- *(v'inagri)* s. vinagre.
vinagreira.- *(v'inagrêra)* s. vinagrera.
vincar.- *(v'inkar)* v. plegar, doblar.
vinco.- *(v'inku)* s. doblez, pliegue.
vincular.- *(v'inkular)* v. vincular, ligar, atar, anudar.
vínculo.- *(v'inkulu)* s. vínculo.
vinda.- *(v'inda)* s. venida, llegada.
vindicar.- *(v'indjikar)* v. reclamar o exigir, en juicio, la restitución de algo, exigir legalmente.
vindima.- *(v'indjima)* s. vendimia.
vindimar.- *(v'indjimar)* v. hacer la vendimia.
vindouro.- *(v'indôru)* adj. venidero.
vingador.- *(v'ingador)* s. vengador.
vingança.- *(v'ingansa)* s. venganza.
vingar.- *(v'ingar)* v. vengar, vingarse.
vingativo.- *(v'ingatchiv'u)* adj. vengativo.
vinha.- *(v'iña)* s. viña.
vinha-d'alhos.- *(v'iñadallus)* s. salsa hecha con vinagre o vino, ajo, cebolla, laurel, etc.
vinhateiro.- *(v'iñatêru)* adj. relativo a la cultura de la viña, que cultiva viñas, fabricante de vinos.
vinhedo.- *(v'iñedu)* s. viñedo.
vinho.- *(v'iñu)* s. vino.
vinícola.- *(v'iníkula)* adj. vinícola.
vinicultura.- *(v'inikuutura)* s. vinicultura.
vintém.- *(v'intén)* s. antigua moneda de cobre brasileña, equivalente a 20 reales antiguos.
viola.- *(v'iola)* s. mús. viola.
violação.- *(v'iolasãu)* s. violación.
violáceo.- *(v'iolásiu)* adj. violáceo.
violão.- *(v'iolãu)* s. Mús. guitarra española.
violar.- *(v'iolar)* v. violar, violentar, forzar, transgredir.
violeiro.- *(v'iolêru)* s. Bras. tocador de viola.
violência.- *(v'iolênsia)* s. brutalidad, violencia.
violentar.- *(v'iolentar)* v. violar, violentar, estuprar, forzar.
violento.- *(v'iolentu)* adj. violento, arrebatado, irascible, colérico, drástico.
violeta.- *(v'ioleta)* s. violeta.
violinista.- *(v'iolinista)* s. violinista.
violino.- *(v'iolinu)* s. violín.
violoncelo.- *(v'iolonsélu)* s. Mús. violoncelo.
violonista.- *(v'iolonista)* s. tocador de guitarra española.
viperino.- *(v'iperinu)* adj. viperino.
vir.- *(v'ir)* vt. venir.
vira-casaca.- *(v'ira-kasaka)* s. Bras. el que cambia de partido o de opinión según las conveniencias, chaquetero.
virada.- *(v'irada)* s. acto de cambiar. / gran esfuerzo hecho en la última fase de un proyecto.
viradinho.- *(v'iradjiñu)* s. plato típico de la cocina de São Paulo, hecho con frijoles sin caldo, harina y torrezno.
vira-lata.- *(v'ira-lata)* s. Bras. perro que no es de raza, perro vagabundo, chucho.
virar.- *(v'irar)* v. virar, volver, invertir, cambiar de dirección, de rumbo, de opinión, etc., doblar. / transformarse, convertirse. / sufrir cambio repentino. / Bras. arreglárselas para salirse sólo de una situación difícil.
viravolta.- *(v'irav'outa)* s. vuelta completa; rodeo, subterfugio.
virgem.- *(v'irghen)* s. virgen.
virginal.- *(v'irghináu)* adj. virginal.
virgindade.- *(v'irghindadji)* s. virginidad.
vírgula.- *(v'irgula)* s. coma.
viril.- *(v'iriu)* adj. viril, varonil, masculino, fuerte, vigoroso.
virilha.- *(v'irilla)* s. Anat. ingle.
virilidade.- *(v'irilidadji)* s. virilidad.
virose.- *(v'isóz'i)* s. Med. enfermedad producida por un virus.
virtual.- *(v'irtuáu)* adj. virtual.
virtude.- *(v'irtudji)* s. virtud.
virtuose.- *(v'irtuôz'i)* s. músico de gran talento. / individuo que domina en alto grado la técnica de un arte.
virulento.- *(v'irulentu)* adj. virulento.
vírus.- *(v'irus)* s. virus.
visão.- *(v'iz'adu)* s. visión.
visar.- *(v'iz'ar)* v. visar.
víscera.- *(v'ísera)* s. Anat. víscera,
visceral.- *(v'iseráu)* adj. visceral.
vísceras.- *(v'íseras)* s. pl. vísceras.
visconde.- *(v'iskondji)* s. vizconde.
viscoso.- *(v'iskôz'u)* adj. viscoso, pegajoso.
viseira.- *(v'iz'era)* s. visera.
visionário.- *(v'iz'ionáriu)* adj. y s. visionario.
visita.- *(v'iz'ita)* s. visita.
visitar.- *(v'iz'itar)* v. visitar.
visível.- *(v'iz'iv'eu)* adj. visible.
vislumbrar.- *(v'islumbrar)* v. vislumbrar.
vislumbre.- *(v'islumbri)* s. vislumbre.
viso.- *(v'iz'u)* s. viso, cima. / Fig. apariencia, aspecto, fisionomía. / indicio, señal, vestígio.
visom.- *(v'iz'ón)* s. visón.
visor.- *(v'iz'or)* adj. que permite ver o ayuda a ver, monitor.
vista.- *(v'ista)* s. vista, aparato visual, ambos ojos, panorama, paisaje.
visto.- *(v'istu)* s. visado, visto, visto bueno. / adj. visto, conocido, notorio, sabido.
vistoria.- *(v'istoria)* s. inspección.
vistoriar.- *(v'istoriar)* v. reconocer, inspeccionar.
vistoso.- *(v'istôz'u)* adj. vistoso, ostentoso, aparatoso.
visual.- *(v'iz'uáu)* adj. visual.
vital.- *(v'itáu)* adj. vital.
vitalício.- *(v'italísiu)* adj. vitalicio.
vitalidade.- *(v'italidadji)* s. vitalidad.
vitamina.- *(v'itamina)* s. vitamina.
vitaminado.- *(v'itaminadu)* adj. vitaminado.
vitelo.- *(v'itelu)* s. ternero.
vítima.- *(v'itchima)* s. víctima.
vitimar.- *(v'tchimar)* v. sacrificar, inmolar, matar. / P. sacrificarse.

vitória.- *(v'itória)* s. victoria.
vitória-régia.- *(v'itória-réghia)* s. Bras. nenúfar.
vitorioso.- *(v'oriôz'u)* adj. victorioso, vencedor, triunfante.
vitral.- *(v'itráu)* s. vitral, vidriera de colores.
vítreo.- *(v'ítriu)* adj. vítreo.
vitrificar.- *(v'itrifikar)* vt. vitrificar. / v. intr. y p. vitrificarse.
vitrina.- *(v'itrina)* s. vitrina, escaparate. / P. montra.
vitrola.- *(v'itróla)* s. tocadiscos. / Bras. Argot. el que habla demasiado.
vitupério.- *(v'itupériu)* s. vituperio, ultraje, injuria, insulto.
viuvez.- *(v'iuvês)* s. viudez.
viúvo.- *(v'iúv'u)* s. viudo.
viva.- *(v'iv'a)* s. exclamación de aplauso o de felicitación, ¡viva!
vivacidade.- *(v'iv'asidadji)* s. vivacidad.
vivaldino.- *(v'iv'aldjinu)* adj. y s. Bras. Argot. listo, sagaz.
vivaz.- *(v'iv'ás)* adj. vivaz.
viveiro.- *(v'iv'eru)* s. vivero.
vivenda.- *(v'iv'enda)* s. vivienda.
vivente.- *(v'iv'entchi)* adj. viviente, criatura viva, especialmente los humanos.
viver.- *(v'iv'er)* v. intr. vivir, tener vida, existir, residir, habitar, morar.
víveres.- *(v'iv'eres)* s. pl. víveres.
viveza.- *(v'iv'ez'a)* s. viveza, vivacidad.
vívido.- *(v'ív'idu)* adj. vivido, vivaz.
vivificar.- *(v'iv'ifikar)* v. vivificar.
vivo.- *(v'iv'u)* adj. vivo, listo.
vizinhança.- *(v'iz'iñansa)* s. vecindad, proximidad, cercanías.
vizinho.- *(v'iz'iñu)* adj. vecino, cercano, contiguo, lindero, próximo. / s. vecino, que vive cerca.
voador.- *(v'uador)* adj. volador.
voar.- *(v'uar)* v. volar.
vocabulário.- *(v'okabuláriu)* s. vocabulario.
vocábulo.- *(v'okábulu)* s. vocablo, voz.
vocação.- *(v'okasãu)* s. tendencia, vocación.
vocal.- *(v'okáu)* adj. vocal, oral, verbal.
vocálico.- *(v'okáliku)* adj. vocálico, letras vocales.
vocalizar.- *(v'okaliz'ar)* v. intr. vocalizar.
você.- *(v'osê)* pron. pers. de 3ª. pers. sing. de tratamiento correspondiente a tú en Brasil y Portugal, aunque en algunas partes todavía indica respeto, ligándose semánticamente al vossa mercê originario.
vociferar.- *(v'osiferar)* v. vociferar.
vodca.- *(v'odka)* s. vodka.
voejar.- vintr. revolotear.
voga.- *(v'oga)* s. acción de remar, boga. / moda. /popularidad, fama. / *estar em voga: estar de moda, estar en uso.
vogal.- *(v'ogáu)* adj. vocal, cuerdas vocales. / s. vocal, persona que tiene voto en una asamblea. / 2ª. s. vocal, letra.
vogar.- *(v'ogar)* v. intr. bogar, remar; flotar. / Fig. correr, divulgarse, circular; estar de moda.
volante.- *(v'olantchi)* adj. flotante, que se puede cambiar fácilmente, transitorio, efímero. / s. boleto para las apuestas en las loterías. / dirección de un vehículo. / s. Bras. condutor hábil.
volátil.- *(v'oláchtiu)* adj. volátil.
volatilizar.- *(v'olatchiliz'ar)* v. y p. volatilizar.
vôlei.- *(v'ôlei)* s. forma reducida de voleibol.
voleibol.- *(v'oleibóu)* s. voleibol.
volta.- *(v'óuta)* s. vuelta.
voltagem.- *(v'outajhen)* s. voltaje.
voltar.- *(v'outar)* v. volver.
voltear.- *(v'outchiar)* v. voltear.
voltímetro.- *(v'outchímetru)* s. voltímetro.
volume.- *(v'olumi)* s. volumen.
volumoso.- *(v'olumoz'u)* adj. voluminoso.
voluntariado.- *(v'oluntariadu)* s. voluntarios.
voluntário.- *(v'oluntáriu)* adj. espontáneo, voluntario.
volúpia.- *(v'olúpia)* s. lujuria.
voluptuosidade.- *(v'oluptuoz'idadji)* s. voluptuosidad.
voluptuoso.- *(v'oluptuoz'u)* adj. voluptuoso.
volúvel.- *(v'olúv'eu)* adj. voluble, inconstante, inestable, versátil.
volver.- *(v'ouv'er)* v. volver. / P. volverse, darse la vuelta.
vomitar.- *(v'omitar)* v. vomitar.
vômito.- *(v'ômitu)* s. vómito.
vontade.- *(v'ontadji)* s. voluntad, deseo, gana, querencia, intención, tesón. / *à vontade: a gusto.
vôo.- *(v'ôu)* s. vuelo.
voracidade.-.*(v'orasidadji)* s. glotonería, voracidad.
voragem.- *(v'orajhen)* s. vorágine.
voraz.- *(v'orás)* adj. voraz.
vos.- *(v'ós)* pron. pers. vos, forma de complemento de la 2ª. persona del plural.
vós.- *(v'ós)* pron. pers. 2ª. persona del plural / vos, os, vosotros, forma del sujeto de la 2ª. persona del plural.
vosso.- *(v'ósu)* pron. vuestro.
votação.- *(v'otasãu)* s. elección, votación.
votar.- *(v'otra)* v. votar.
voto.- *(v'ótu)* s. voto, parecer, sufragio.
vovó.- *(v'ov'ó)* s. Bras. infantil. abuela.
vovô.- *(v'ov'ô)* s. Bras. infantil. abuelo.
voz.- *(v'ós)* s. voz.
vozear.- *(v'oz'ear)* v. vocear.
vulcânico.- *(v'ulkâniku)* adj. volcánico.
vulcanizar.- *(v'ulkaniz'ar)* vt. vulcanizar.
vulcão.- *(v'uukãu)* s. volcán.
vulgar.- *(v'uugar)* adj. vulgar, común, ordinario, trivial, frecuente.
vulgaridade.- *(v'uugaridadji)* s. vulgaridad.
vulgarizar.- *(v'uugariz'ar)* v. p. vulgarizar.
vulgo.- *(v'uugu)* s. vulgo.
vulnerar.- *(v'uunerar)* v. vulnerar.
vulnerável.- *(v'uuneráv'eu)* adj. vulnerable.
vulpino.- *(v'uupinu)* adj. vulpino, perteneciente o relativo a la zorra. / Fig. astuto, malicioso, engañoso, traicionero.

vulto.- *(v'uutu)* s. rostro, semblante, cuerpo, figura. / Fig. importancia, notabilidade. / 2ª. Fig. persona importante.

vultoso.- *(v'uutôz'u)* adj. voluminoso.

vulturino.- *(v'uuturinu)* adj. relativo al buitre.

vulva.- *(v'uuv'a)* s. Anat. vulva.

vurmo.- *(v'urmu)* s. pus o sangre purulenta de las heridas.

X

x.- *(chis)* s. vigesimotercera letra del abecedario portugués.
xá.- *(schá)* s. título del soberano del Irán.
xácara.- *(schákara)* s. jácara.
xadrez.- *(schadrês)* s. ajedrez.
xale.- *(schali)* s. chal.
xampu.- *(schampú)* s. champú.
xangô.- *(schangô)* s. Bras. entidad del misticismo afrobrasileño, relacionado con el rayo y el fuego.
xará.- *(schará)* s. Bras. tocayo, homónimo.
xaropada.- *(scharopada)* s. porción de jarabe que se toma de una vez. / Fig. aburrimiento.
xarope.- *(scharópi)* s. jarabe.
xavante.- *(schav'antchi)* s. indígena que ocupa extensa área del Mato Grosso (Brasil).
xaveco.- *(schav'éku)* s. barco viejo y / o sin resistencia. / Bras. Fig. persona o cosa sin importancia.
xelim.- *(schelín)* s. chelín.
xenofobia.- *(schenofobía)* s. xenofobia.
xenófobo.- *(schenófobu)* adj. xenófobo.
xepa.- *(schêpa)* s. Bras. Pop. comida de los cuarteles. / 2ª. Bras. Pop. sobras de los productos de alimentación del mercadillo callejero.
xeque.- *(schequi)* s. jaque, jeque.
xereta.- *(scherêta)* s. Bras. Pop. curioso, intrigante.
xeretar.- *(scheretar)* vt. y v. intr. Bras. pop. fisgonear, intrigar, chismear.
xerez.- *(scherês)* s. jerez.
xerife.- *(scherifi)* s. sheriff.
xerocar.- *(scherokar)* v. fotocopiar.
xerografia.- *(scherografía)* s. xerografía.
xérox.- *(schéroks)* s. fotocopia.
xi.- *(schi)* interj. Bras. exprime admiración, espanto, inquietud, sorpresa o alegría.
xícara.- *(schíkara)* s. jícara, taza.
xilindró.- *(schilindró)* s. Argot. prisión.
xilofone.- *(schilofoni)* s. xilófono.
xilografia.- *(schilografía)* s. xilografía.
xilogravura.- *(schilograv'ura)* s. xilografía.
xiloma.- *(schiloma)* s. cerne.
xingar.- *(schingar)* v. insultar.
xinxim.- *(schinschín)* s. Bras. guisado de gallina con gambas secas, cacahuete, castañas de Brasil.
xisto.- *(schistu)* s. pizarra.
xixi.- *(schischí)* s. Bras. Fam. orina.
xô.- *(schô)* interj. sirve para espantar las aves.
xodó.- *(schodó)* s. Bras. noviazgo (el novio o la novia) , amor, pasión. / cotilleo, intriga, chisme.

Z

z.- *(z'ê)* s. vigesimocuarta y última letra del abecedario portugués.
zabumba.- *(z'abunba)* s. zambomba, bombo.
zaga.- *(z'aga)* s. Fut. la posición de los dos jugadores de la defensa, entre la línea media y el gol.
zagueiro.- *(z'aguêru)* s. Fut. jugador que ocupa la zaga.
zanga.- *(z'anga)* s. cólera, ira, enfado.
zangado.- *(z'angadu)* adj. enfadado.
zangão.- *(z'angãu)* s. zángano.
zangar.- *(z'angar)* v. y p. enfadar, enfadarse.
zanzar.- *(z'anz'ar)* v. zarandear, vaguear.
zarabatana.- *(z'arabatana)* s. cerbatana.
zarcão.- *(z'arkãu)* s. bermellón. / óxido del plomo empleado en la fabricación del lacre.
zarolho.- *(z'arôllu)* adj. tuerto, bizco.
zarpar.- *(z'ar'par)* v. zarpar.
zarzuela.- *(z'arz'uéla)* s. zarzuela.
zás.- *(z'ás)* interj. imita golpe o designación rápida.
zebra.- *(z'ebra)* s. cebra.
zebrar.- *(z'ebrar)* v. listar, rayar.
zebu.- *(z'ebú)* adj. y s. cebú.
zelador.- *(z'elador)* s. celador, conserje.
zelar.- *(z'elar)* v. celar, vigilar.
zelo.- *(z'elu)* s. celo, desvelo, devoción, escrúpulo, esmero.
zeloso.- *(z'elôz'u)* adj. celoso, cuidadoso.
zé-ninguém.- *(z'éninguén)* s. Bras. V. **Juan-nadie**. / Fig. hombre insignificante, mequetrefe.
zênite.- *(z'ênitchi)* s. cenit, auge, apogeo, fausto.
zepelim.- *(z'epelín)* s. zepelín, globo dirigible.
zé-pereira.- *(z'éperêra)* s. cierto ritmo carnavalesco realizado con el bombo. / grupo carnavalesco que lo realiza.
zé-povinho.- *(z'e-pov'iñu)* s. Bras. hombre del pueblo.
zerar.- *(z'erar)* v. reducir (cuenta bancaria, etc.) a cero. / saldar, liquidar.
zero.- *(z'éru)* num. cero.
ziguezague.- *(z'iguez'agui)* s. zigzag
ziguezaguear.- *(zìguez'aguiar)* v. hacer zigzagues. / andar de aquí para allá.
zimbro.- *(z'inbru)* s. enebro. / rocío, orvallo.
zinco.- *(z'inku)* s. cinc, zinc.
zíngaro.- *(z'íngaru)* s. cíngaro, gitano.
zinha.- *(z'iña)* s. Bras. Pop. cualquier mujer.
zipe.- *(z'ipi)* s. cremallera.
zoada.- *(z'uada)* s. zurrido, zumbido. / baraúnda, gritería, barullo, confusión. / 2ª. s. zurrido.
zodíaco.- *(z'odjíaku)* s. zodiaco. / 2ª. s. zodíaco.
zoeira.- *(z'uêra)* s. viento fuerte; / Arg. desorden, barullo, confusión.
zombador.- *(z'ombador)* adj. zumbón, zumbador, mofador, burlón.
zombar.- *(z'ombar)* v. y v. intr. zumbar, burlar, embro-mar, mofar.
zombaria.- *(z'ombaría)* s. zumba, burla, chacota, ironía.
zombeteiro.- *(z'ombetêru)* adj. zumbón.
zona.- *(z'ona)* s. zona.
zonzeira.- *(z'onz'êra)* s. Bras. mareo, vértigo.
zonzo.- *(z'onz'u)* adj. Bras. mareado.
zoologia.- *(z'oologhía)* s. zoología.
zoológico.- *(z'oológhiku)* adj. y s. zoológico.
zorra.- *(z'or'a)* s. vehículo muy bajo, de cuatro ruedas para cargas de gran peso. / trozo de tronco utilizado para arrastrar piedras. / Bras. confusión, barullo.
zuarte.- *(z'uartchi)* s. tejido de algodón, rústico, con hilos blancos y azules mezclados.
zumbido.- *(z'umbidu)* s. zumbido.
zumbir.- *(z'umbir)* v. zumbar.
zunido.- *(z'unidu)* s. zumbo, zumbido, silbido.
zunir.- *(z'unir)* v. silbar, zumbar.
zunzum.- *(z'unz'un)* s. Pop. rumor, intriga, cuento, lío, chisme.
zunzunzum.- *(z'unz'unz'ún)* s. Bras. boato, rumor.
zurrapa.- *(z'ur'apa)* s. zurrapa, vino de mala calidad.
zurrar.- *(z'ur'ar)* vintr. rebuznar, roznar.
zurro.- *(z'ur'u)* s. rebuzno.
zurzir.- *(z'urz'ir)* v. zurriagar, azotar, zurrar, apalear. / Fig. afligir. / criticar con severidad, reprender ásperamente.

ABREVIATURAS UTILIZADAS

s.- Sintagma.
m.- Masculino.
f.- Femenino.
v.- Verbo.
vt.- Verbo Transitivo.
v. int.- Verbo Intransitivo.
v. refl.- Verbo Reflexivo.
adj.- Adjetivo.
pron.- Pronombre.
adv.- Adverbio.
pl.- Plural.
pron. Indf.- Pronombre Indefinido.
Prep.- Preposición.
superl.- Superlativo.
conj.- Conjunción.
Aum.- Aumentativo.
Interj.- Interjección.
Pron. Pers.- Pronombre Personal.

Bras.- Brasil.
Amaz.- Amazonas.
P.- Portugal.
Alem.- Alemania.
Fr-. Francés.
Ing.- Inglés.
Lat.- Latín.

Arg.- Argot.
Pey.- Peyorativamente.
Pop.- Popularmente.

Vulg.- Vulgarmente.
Fig.- Figuradamente.
Poet.- Poeticamente.
Jur.- Juridicamente.
Desprec.- Despreciativamente.

Leng.- Lengua.
Folc.- Folclore.
Anat.- Anatomía.
Qim.- Química.
Fis.- Física.
Astr.- Astronomía.
Bot.- Botánica.
Constr.- Construcción.
Gram.- Gramática.
Mús.- Música.
Psiq.- Psiquiatría.
Electro.- Electrónica.
Arquit.- Arquitectura.
Deport.- Deportes.
Teatr.- Teatro.
Min.- Minería.
Zool.- Zoología.
Med.- Medicina.
Fut.- Fútbol.
Rel.- Religión.
Pat.- Patología.
Econ.- Economía.
Psicol.- Psicología.
Mar.- Marítimo.
Inform.- Informática.
Cul.- Culinario.